옛편지 낱말사전

옛편지 낱말사전 선인들의 간찰 읽기

하영휘, 전송열, 이대형, 임재완, 제송희, 윤성훈, 박형우 편저

2011년 12월 12일 초판 1쇄 발행
2024년 10월 18일 초판 6쇄 발행

펴낸이 한철희 | 펴낸곳 돌베개 | 등록 1979년 8월 25일 제406-2003-000018호
주소 (10881) 경기도 파주시 회동길 77-20 (문발동)
전화 (031) 955-5020 | 팩스 (031) 955-5050
홈페이지 www.dolbegae.co.kr | 전자우편 book@dolbegae.co.kr
블로그 blog.naver.com/imdol79 | 트위터 @Dolbegae79 | 페이스북 /dolbegae

책임편집 이경아
편집 조성웅, 최혜리, 소은주, 권영민, 이현화, 김태권, 김진구, 김혜영
표지디자인 민진기디자인 | 본문디자인 이은정, 박정영, 정운정
마케팅 심찬식, 고운성, 조원형 | 제작·관리 윤국중, 이수민
인쇄 한영문화사 | 제본 경일제책사

ISBN 978-89-7199-454-2 (91300)
713-KDC5
495.73-DDC21

이 도서의 국립중앙도서관 출판시도서목록(CIP)은 e-CIP 홈페이지
(http://www.nl.go.kr/ecip)에서 이용하실 수 있습니다.(CIP제어번호: CIP2011005037)

책값은 뒤표지에 있습니다.

"이 도서는 2007년도 정부재원(교육인적자원부 학술연구조성사업비)으로 한국학중앙연구원의 지원에 의하여 연구되었음.(AKS-2007-HZ-2001)"

옛 편지 낱말사전

선인들의 간찰 읽기

하영휘 외 편저

돌베개

서문

"서찰書札은 유자儒者가 가장 가까이하는 일이다"라는 말이 있듯이, 편지 쓰기는 조선 시대 양반에게 일상적인 일이었다. 중요한 소식, 경조사, 물을 일, 부탁할 일, 선물할 일 등이 있을 때, 그들은 편지를 주고받았다. 또 지인知人이 사는 곳 부근으로 가는 인편이 있으면, 별일 없이도 문안 편지를 반드시 써 부쳤다. 그리하여 조선 사회는 혈연, 지연, 학연 등을 비롯한 갖가지 인연을 따라 오고가는 편지가 만든 촘촘한 그물로 통합되어 있었다. 필자는 그것을 '왕래망 사회'라고 명명한 바 있다.

19세기 유학자 조병덕趙秉悳(1800~1870)은 30여 년 동안 아들에게 간찰簡札을 1,700여 통이나 썼는데, 편지를 보낼 때마다 다른 사람에게 가는 간찰도 여러 통 동봉하여 보내며 아들로 하여금 부치도록 했다. 그가 얼마나 많은 간찰을 썼는지 짐작할 수 있다. 편지지가 떨어지는 것이 그에게는 큰 걱정거리였다.

조선 시대의 간찰은 무지와 무관심 속에 많은 분량이 사라졌지만, 그럼에도 불구하고 나머지 고문서를 다 합친 것보다 훨씬 많은 양이 남아 있다.

간찰에는 조선 사회의 생생한 모습이 고스란히 간직되어 있다. 조병덕이 아들에게 보낸 편지에서 몇 대목을 옮겨 본다.

종계宗契가 이루어지지 않았다. 한 사람도 오지 않았고, 들어온 돈이 한 푼도 없다.

새벽에 예전에 제사 지내던 마루에서 곡을 하니, 애통하기 그지없다. 오직 나 하나뿐이다. 아버지의 아들과 손자가 비록 많지 않지만, 이다지 쓸쓸한 것을 어찌 용납한단 말이냐? 더욱 마음이 아프다.

나는 어제 산소 14위位와 묘사廟祠 세 곳의 가을 제사를 아침부터 해거름까지 단지 네 형과 둘이서 지냈다.

19세기 후반 조선 사회의 종법 제도가 해체되는 모습을 조병덕이 생생하게 말해 주고 있다. 간찰 말고 어디서 이런 이야기를 들을 수 있겠는가? 편집 과정에서 여러 번 걸러진 관찬 사서나 문집에서는 결코 찾아볼 수 없는 사실이다.
간찰에는 조선 시대 사회의 다양한 모습이 있다. 조병덕의 간찰에는 경복궁 중건 때 원납전願納錢이 전국 가가호호에 어떻게 배분되어 징수되었는지도 자세히 쓰여 있다. 또 노비·상민常民·잡류·아전·기생·첩 등 문자 기록을 남길 수 없었던 신분이 낮은 사람들의 살아 있는 모습이 있고, 의식주를 비롯하여 조명·문방구·탈것 등을 실생활에 어떻게 이용했는지도 보여 주며, 자신의 건강에 관하여 쓴 것은 그것 자체로 훌륭한 임상 기록이다. 요컨대, 간찰에는 조선 시대 사람의 모든 생각과 생활이 담겨 있다. 실로 간찰은 '문화사의 보고寶庫'이며, 간찰 연구야말로 한국 전통사회 연구에 가장 기본적이며 필수적인 것이라고 할 수 있다.

그런데 정작 간찰 연구는 21세기에 들어와서야 비로소 시작되었다. 초서로 쓴 간찰을 강독하는 모임들이 만들어져 번역본을 출판하고, 간찰을 소장한 각종 기관에서 영인본을 출간하고 있으며, 간찰 연구로 박사 학위를 받은 사람도 있다. 이제 막 시작 단계에 불과하지만 바람직한 현상이다. 이러한 때 이 사전이 연구자에게 조금이나마 도움이 되기를 바란다.

이 사전의 편찬 작업은 7년 전으로 거슬러 올라간다. 2004년 10월 21일, 당시 필자가 근무하던 아단문고에서 첫 모임을 가졌다. 전송열, 제송희, 최순권, 이대형, 이문현, 남성우, 그리고 필자 등 모두 일곱 명이 모였다. 필자는 1998년부터 지금까지 '사단법인 우리문화사랑'에서 간찰 강의를 해 오고 있는데, 모두 그 강의로 인연을 맺은 사람들이다.

이 사전의 표제어를 뽑을 텍스트로는 탈초가 되지 않은 간찰 영인본을 선정할 것, 데이터베이스를 온라인에 구축하여 공동 작업할 것, 편찬 작업은 2006년 10월에 마무리할 것, 격주로 모여 토론할 것 등을 첫 모임에서 결정했다. 당시 남성우가 작성한 첫 모임의 일지는 다음과 같다.

선생님 주도로 작업 내용과 텍스트, 향후 일정을 토의한 후에 시장 좁은 골목에 있는 작은 횟집에서 2차를 했다. 몇 잔의 소주와 몇 마디 대화로 서로서로 더욱 가까워지면서 작업에 대한 의지를 다졌다.

아직 작업에 대해 아는 바가 없어 말을 아끼지만 본격적으로 작업이 시작되면 많은 토의가 있을 것으로 기대한다.

진작 예상한 바이지만 사전 편찬은 만만한 작업이 아니었다. 작업을 마치기로 한 날이 되었는데도, 작업량은 목표량에 크게 미치지 못했다. 게다가 급한 마음으로 한 작업이라 부실한 설명이나 오류도 적지 않았다. 이러한 상황에서 작업에 다시 활력을 불어넣는 추진제 역할을 한 것이 한국학진흥사업의 한국학기초사전 분야의 과제로 선정된 것이다. 2007년 11월부터 2010년 10월까지 3년 동안 우리는 매년 9,400만 원을 지원받았고, 결과물을 제출하여 A등급 평가를 받았다. 이 기간 동안 우리는 매주 만나며 기존 작업의 오류를 수정하는 한편, 어휘의 수를 많이 추가할 수 있었다. 그리고 마지막 1년 동안은 교차 검토를 하며 오류를 줄이는 데 있는 힘을 다했다. 그동안 모임의 구성원에도 변화가 있었다. 2005년 중반쯤부터 이문현, 최순권이, 그리고 2007년 후반부터 남성우가 직장 일 또는 개인 사정으로 빠지고, 2005년 2월에는 임재완이, 2007년에는 윤성훈과 박형우가 합류했다.

전송열이 이 편찬 작업을 처음 제안했을 때, 필자가 내심 무척 망설였던 것이 기억난다. '아무런 보상도 없고 힘들기 짝이 없는 일을 일부러 만들어 할 필요가 있는가?' 지금 생각하니, 그때 하기로 한 것이 잘한 결정이었다는 생각이 든다. 요즘 우리는 이 작업이 힘들었지만 많은 공부가 되었다고 서로 말한다. 참으로 소중한 세월이었다. 내세울 만한 대단한 업적은 아니지만 중도에 포기하지 않고 마무리 짓게 된 것이 가없이 뿌듯하다.

세상의 바람직한 일치고 남의 도움 없이 이루어지는 일이 있으랴. 이 사전도 예외는 아니다. '사단법인 우리문화사랑'은 필자에게 오랫동안 강의할 기회를 줌으로써 사전 편찬 작업의 바탕과 인연을 만들어 주었다. 연구 과제를 수행하는 기간 동안 '한국학중앙연구원 한국학진흥사업단'으로부터 받은 재정적, 행정적 지원은 이 사전의 완성에 결정적 도움이 되었다. '한림대학교 태동고전연구소' 김만일 소장님은 이 작업이 한국학기초사전 분야의 과제에 선정되는 데 많은 도움을 주고, 연구책임자까지 맡아 주셨다. 국립민속박물관 학예연구사 박수환 선생님은 데이터베이스를 온라인에 구축하여 온라인에서 공동 작업을 할 수 있도록 프로그램을 만들어 주셨는데, 이 방식은 최초로 시도된 것이다. 이분들의 도움이 없었다면 이 사전은 마무리되지 못했을 것이다. 깊이 감사드린다. 돌베개 출판사는 수익성이 불투명한 이 사전의 출판을 흔쾌히 승낙해 주었다. 그리고 열성과 전문성을 겸비한 이경아 인문고전팀장을 편집자로 만난 것 또한 이 사전에 큰 행운이 아닐 수 없다. 우리 모두 진심으로 감사드린다.

2011년 11월 7일 가회고문서연구소에서
편저자 하영휘

해제 | 하영휘

간찰의 형식과 어법

　간찰은 주로 초서로 되어 있어 읽기가 쉽지 않다. 또 사연이 발신자와 수신자 두 사람만이 아는 내용으로 이루어져 있기 때문에 이해하기도 어렵다. 게다가 다양한 수사법과 조어법을 사용하므로 문장도 여타 산문과는 다르며, 특히 호칭과 상투적 용어는 일반 한자 사전의 의미로 해석하면 틀리기 쉽다.

　간찰에는 간찰만의 독특한 형식과 어법이 있다. 형식에는, 봉투 쓰는 법이 있다. 그리고 본문을 쓰는 법으로는, 다른 행보다 글자를 두드러지도록 위로 올리는 대두법擡頭法, 문장의 행을 바꾸는 개행법改行法, 글자 사이를 띄우는 간자법間字法 등이 있다. 어법으로는, 발신자가 자신을 지칭하는 말, 수신자를 지칭하는 말, 안부를 물을 때 쓰는 말 등이 있다. 이러한 것들을 통하여 간찰의 구조를 쉽게 파악할 수 있고, 간찰에서 직접 말하지 않은 행간의 내용을 많이 이해할 수 있다.

　요컨대, 간찰의 내용을 정확하게 이해하기 위해서는 먼저 그 형식과 어법을 통하여 간찰의 구조와 발신자와 수신자의 관계를 알아야 한다. 간찰의 형식과 어법을 도판을 보며 살펴보자.

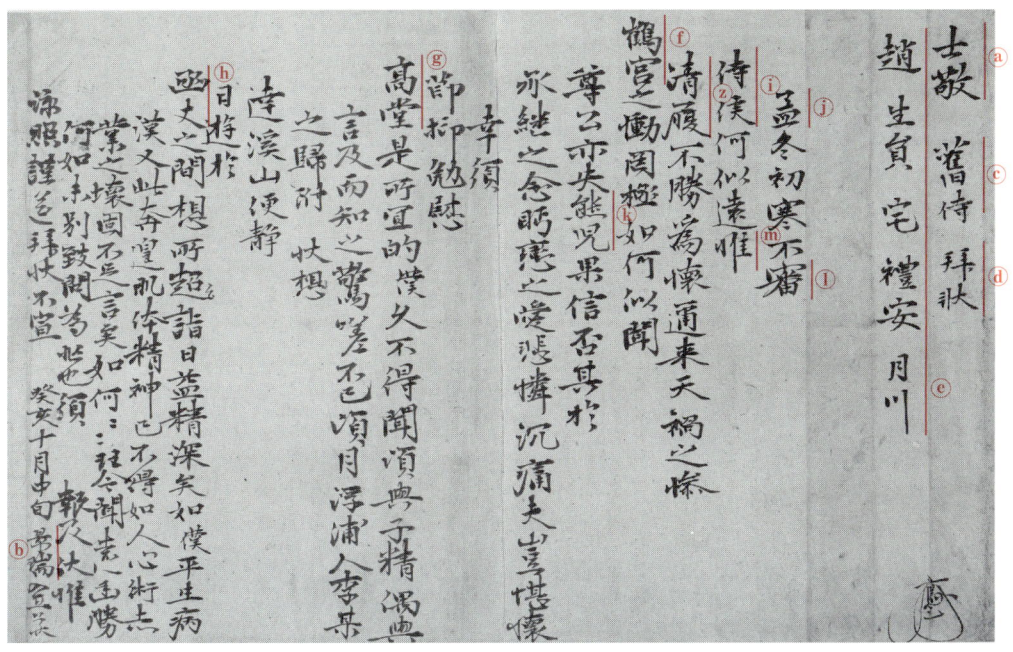

간찰(1) 구봉령이 조목에게 보낸 간찰(1563년)_성균관대학교 박물관 소장

1. 봉투

간찰(1)은 구봉령具鳳齡(1526~1586)이 조목趙穆(1524~1606)에게 1563년에 보낸 간찰이다.

오른쪽에 두 줄로 '士敬 舊侍 拜狀 / 趙 生員 宅 禮安 月川'이라고 쓰고 아래에 화압花押(signature)을 해 놓은 것이 이 간찰의 봉투다. 이 봉투는 이 간찰과 관련된 많은 정보를 담고 있는데, 그중에서 가장 중요한 것이 간찰 수신자를 아는 것이다. 현재 남아 있는 간찰 중에는 봉투가 없는 것이 많은데, 봉투가 없으면 수신자를 알 수 없고, 수신자를 모르면 그 간찰의 내용은 무용지물이나 마찬가지다.

이 간찰의 봉투에 쓰인 구체적인 사항을 살펴보자. 봉투 첫 줄 제일 위는 간찰 수신자를 쓰는 자리다. 이 간찰의 수신자는 '사경'士敬ⓐ임을 알 수 있다. 사경은 조목의 자字이고, 간찰 끝줄 아래 발신자 이름을 쓰는 곳에 있는 '경서'景瑞ⓑ는 구봉령의 자다. 상대방을 자로 부르는 것은 서로 친한 친구 사이일 때이므로, 이 간찰의 발신자와 수신자가 친구임을 알 수 있다. 실제로 두 사람은 이황李滉 문하에서 같이 수학한 친구다. '사경' 아래에 '구시'舊侍ⓒ라고 썼는데, 이것은 간찰에만 쓰는 독특한 조어법으로 만든 말이다. '舊'는 친구라는 뜻이고 '侍'는 자신이 상대방을 모신다는 뜻이다. 실제 모시는 것이 아니라, 자신을 낮추고 상대방을 높이는 간찰의 예법이다. 이것을 '옛날에 모셨다'라고 번역해서는 안 된다. 그 아래 '배장'拜狀ⓓ은 '절하고 올리는 간찰'이라는 뜻이다. 실제 절하건 않건 상관없이 역시 상대방을 높이는 말이다. 이제 봉투 첫 줄을 "사경에게 친구가 올리는 간찰"이라고 옮길 수 있다. 여기서 '사경이'가 아니고 '사경에게'인 것에 유의해야 한다.

봉투 둘째 줄에 '趙 生員 宅 禮安 月川'ⓔ이라고 쓴 것은 간찰의 목적지, 즉 수신자의 주소다. 이 간찰은 '조 생원趙生員 댁宅'에 가는데, 그 댁은 '예안禮安의 월천月川'에 있다는 말이다. 역시 '禮安 月川 趙生員 宅'이 아닌 것에 유의해야 한다. 봉투의 하단을 풀로 붙이고 화압으로 봉인함으로써 간찰이 완성되는데, 이 화압은 간찰의 위조와 내용의 누설을 방지하기 위한 것이다. 보통 화압 밑에 '근봉'謹封이라고 쓰는데, 이 간찰은 생략했다.

요컨대 간찰의 봉투에서 수신자, 수신자 주소, 발신자와 수신자의 구체적인 관계 등을 알 수 있는데, 간찰을 깊이 이해하기 위해서는 이러한 사항을 자세히 살펴야 한다.

2. 대두법·개행법·간자법

간찰(1)을 다시 보자. 윗부분을 횡으로 보면 각 행 첫 글자의 높이가 다름을 알 수 있다. 넷째 줄의 '학'鶴ⓕ 자가 제일 높고, 아홉째 줄의 '고'高ⓖ 자와 열넷째 줄의 '함'函ⓗ 자가 그다음이고, 둘째 줄의 '시'侍ⓘ 자를 비롯한 셋째 줄, 다섯째 줄 등등의 첫 자가 그다음이고, 첫째 줄 '맹'孟① 자 이하 일곱째 줄 등등의 첫 자가 제일 낮다. 이렇게 행의 첫 자를 다른 글자보다 높이는 것을 대두법擡頭法이라고 한다.

제일 높게 쓴 '학궁'鶴宮은 왕세자를 가리키는 말이다. 이 간찰이 작성되기 바로 전달인 9월에 있었던 순회세자順懷世子의 죽음을 애도하고 있다. 국왕과 그 직계의 죽음을 편지 첫머리에 애도하는 것은 신민臣民의 의무이자 예의였다. 두 번째로 높게 쓴 '고당'高堂은 수신자의 부모를 가리킨다. 웅아熊兒ⓚ라는 조목의 아이가 죽었는데, 슬퍼하지 말고 부모를 위로하라고 충고하고 있다. 또 '함장'函丈은 이들의 스승 이황을 가리킨다. 조목이 늘 스승을 가까이 모시며 학문의 조예가 날로 깊어 가는 것이 부럽다고 했다. 그다음으로 높게 쓴 글자는 모두 수신자 조목과 관련이 있는 말들인데, 둘째 줄의 '시후'侍候는 부모를 모시고 있는 조목의 안부를 말한다. 제일 낮게 쓴 것은 사물을 지칭하거나 간찰을 쓰는 발신자와 관련이 있는 말들이다.

다시 간찰의 각 행을 종으로 보자. 첫 행 끝 '심'審ⓛ 자 아래 여백이 있는데도 행을 바꾸어 '시'侍 자를 쓰고, 둘째 행 끝 '유'惟ⓜ 자 아래 여백이 있는데도 행을 바꾸어 '청'清 자를 썼다. 이것은 여섯 째 행에서 여백을 다 채우고 다음 행으로 넘어간 것과는 다르다. 이렇게 간찰의 수신자나 지위가 높은 사람과 관련된 말이 나오면 행을 바꾸어 씀으로써 그 사람을 높이는데, 이것을 개행법改行法이라고 한다.

간자법은 글자 사이를 띄움으로써 상대방을 높이는 간찰 예법을 말한다. 이 간찰 열한 번째 행의 '부'附와 '장'狀 사이가 한 자 간격쯤 떨어지고, 열일곱 번째 행의 '수'須와 '보'報 사이가 두 자 간격쯤 떨어졌는데, 이것이 간자법間字法이다. 전자의 '狀'은 '이모李某가 돌아갈 때 부친 간찰'을 말하는데, 간찰을 쓴 사람은 자신이지만 간찰을 읽을 사람이 상대방이기도 해서 개행하는 대신 소극적으로 간자법을 쓴 것이다. '報'는 역시 서로 친구인 '금문원琴聞遠에게 반드시 안부를 전해 달라'고 부탁하는 말인데, 전하는 주체가 상대방이기 때문에 개행법을 써야 하지만 간찰의 여백이 모자라 그 대신 간격을 두 자 띄우는 간자법을 썼다.

이 세 가지 형식 중 대두법이 가장 적극적이고 간자법이 가장 소극적인 예법이라고 할 수 있는데, 방법도 간단하고 종이의 낭비도 덜하기 때문에 아주 정중한 편지가 아니면 간자법을 쓰는 것이 보편적이었다. 간찰의 여백을 이용한 이러한 간찰의 예법을 통하여 간찰의 구조를 파악하고 생략된 주어를 찾음으로써 간찰 내용을 더 깊이 이해할 수 있다.

3. 종이를 돌려 가며 쓴 간찰

간찰(2)는 송광식宋光栻(1625~1664)이 1662년에 이삿짐을 실을 말을 빌려 달라며 어느 대감에게 보낸 것이다. 이 간찰은 시전지詩箋紙를 가득 메운 사연이 여러 방향으로 나열되어 있어, 어디서 시작되고 어디서 끝나는지조차 알 수 없을 정도다. 이 간찰이 작성된 순서를 알아보자.

간찰은 괘선 안의 첫 줄에서 '별회'別懷ⓝ로 시작되지만, 곧 괘선은 무시된다. '행걸'幸乞ⓞ까지 쓰고 여백이 끝나자, 종이를 시계 반대 방

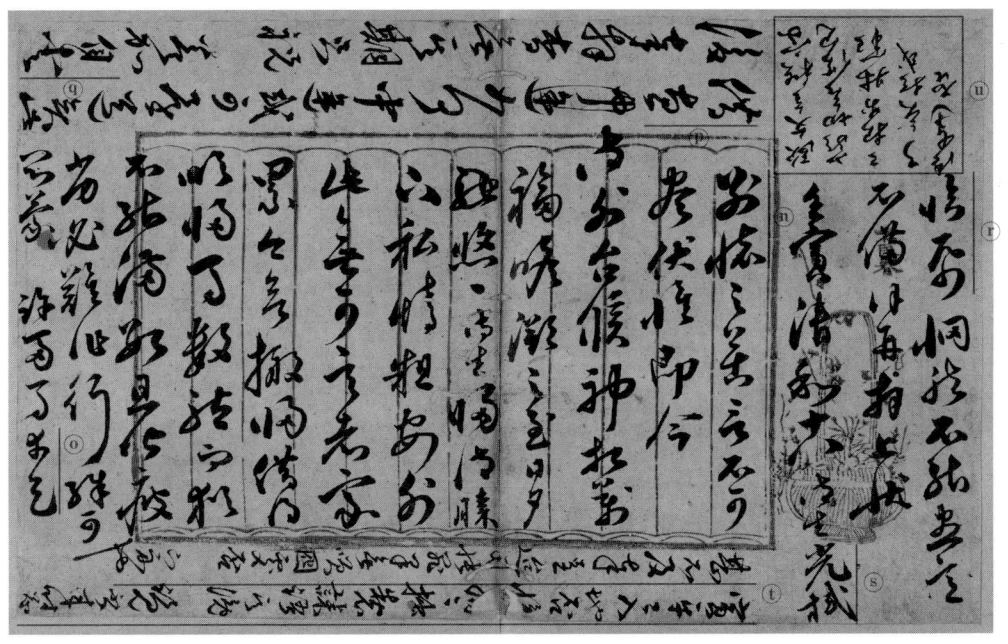

간찰(2) 송광식이 보낸 간찰(1662년)_성균관대학교 박물관 소장

향으로 돌려 '차혜'借惠ⓟ부터 '자애'自愛ⓠ까지 두 줄을 썼다. 또 여백이 없어지자, 다시 시계 방향으로 종이를 돌려 '임지'臨紙ⓡ부터 발신자의 이름 '광식'光栻ⓢ까지 세 줄을 쓰고, 일단 간찰을 끝맺었다. 그런데 간찰을 쓰다 보니 죽은 친구 인평위寅平尉(효종의 사위) 정제현鄭齊賢이 생각나서, 다시 시계 반대 방향으로 종이를 돌려 작은 글씨 두 줄로 언급했다.ⓣ 그리고 또 구양수歐陽脩의 문집을 아버지가 보고 싶어 하시니 빌려 달라는 말ⓤ을, 종이를 시계 반대 방향으로 돌려 우측 상단에 작은 글씨로 썼다.

이러한 간찰은 제대로 읽어 내기가 쉽지 않다. 특히 우측 첫 줄 '임지'臨紙ⓡ부터 읽지 않도록 주의해야 한다. 우측 첫 줄부터 시작하면 아무리 읽어도 내용을 도저히 짐작할 수 없을 것이다. 내용을 구상하고 종이를 안배하며 쓰는 것이 아니라, 무턱대고 시작하여 생각나는 대로 종이의 여백이 허락하는 대로 써 내려간 것이다. 이렇게 종이를 시계 반대 방향으로 돌려가며 간찰을 쓰는 법은 17세기에 시작되어 19세기에는 간찰의 보편적인 형식이 되었다.

4. 발신자의 호칭

이 호칭은 간찰의 수신자인 상대방에 대한 발신자 자신의 호칭을 말한다. 원칙은 두 가지인데, 하나는 수신자와의 관계를 나타내는 것이고 다른 하나는 자신을 낮추어 겸손하게 이르는 것이다. 이 호칭은 한 간찰에 적어도 두 번 나온다. 서두에 수신자의 안부를 물은 후 발신자가 자신의 근황을 소개하기 시작하는 곳과 끝맺음 부분에서 발신자의 이름 앞에 반드시 썼다. 이 호칭으로 발신자와 수신자의 관계를 명확히 알면, 간찰 내용을 더욱 깊이 이해할 수 있다.

간찰(3)은 김집金集(1574~1656)이 1647년 자기가 사는 고을의 수령이 선물로 보내온 먹을 받고 쓴 답장이다. 여기서 김집은 수령에 대한 자신의 호칭을 넷째 줄에서는 '집'集ⓥ이라고 하여 자신의 이름을 쓰고 끝 줄 이름 앞에는 '민'民ⓦ이라고 썼다. 그리고 고을 수령을 가리켜 봉투에 '성주'城主ⓧ라고 썼다. '城主'는 수령을 높여 부른 말이고, '民'은 '화민'化民의 준말로 '성주의 교화를 받는 백성'이라는 뜻이다. 이미 조정의 고관을 지내고 학문적으로도 추앙을 받는 노인 김집과 일개 지방 수령과는 비교할 수 없을 정도로 지위의 격차가 컸지만, 간찰에서

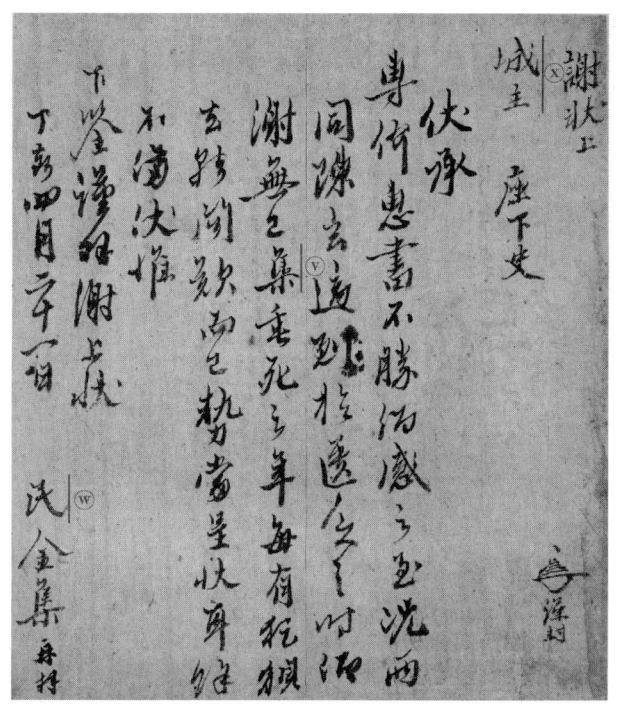

간찰(3) 김집이 보낸 간찰(1647년)_성균관대학교 박물관 소장

는 이렇게 썼다. 관계와 명분을 중시하는 것이 간찰의 예법이었기 때문이다.

예를 하나 더 들어보자. 간찰(4)는 김창업金昌業(1658~1721)이 같이 공부하여 소과小科에 함께 급제한 친구에게 '내년 봄 대과大科에 대비하여 또 같이 공부하자'며 보낸 간찰이다. 이 간찰 다섯째 줄과 끝에서 김창업은 상대방에 대하여 자신을 '방하榜下ⓨ'라고 칭하고 있다. '榜'은 '동방'同榜의 준말로 '과거에 같이 급제하다'라는 뜻이며, '下'는 '자신이 상대방보다 아래'라는 뜻으로 겸사다. '榜'은 상대방과의 관계를,

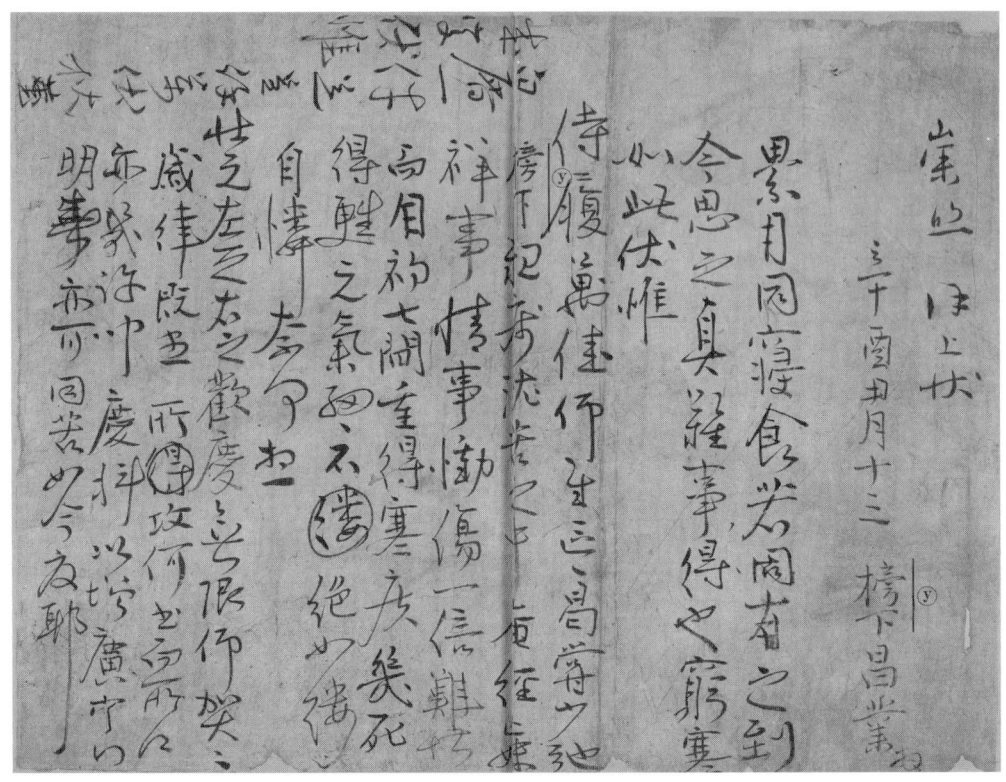

간찰(4) 김창업이 보낸 간찰_성균관대학교 박물관 소장

'下'는 겸손의 뜻을 나타낸 것이다. 두 자 중 한 자는 관계, 한 자는 겸사, 이것이 간찰에서 편지를 쓰는 사람이 자신을 지칭하는 대표적인 조어법이다.

예컨대 두 사람이 같은 성씨면 '종'宗, 인척 관계면 '척'戚, 같은 마을에 살면 '동'洞, 집안끼리 대대로 교분이 있으면 '세'世, 서로 잊지 않고 기억하는 사이면 '기'記, 벼슬아치 동료면 '료'僚 등등, 헤아릴 수 없을 정도로 많다. 그 밑에 붙이는 겸사로는 '생'生, '하생'下生, '제'弟, '하'下,

'말'末 등이 많이 쓰였다. '生'은 원래 나이와 지위가 낮은 사람이 높은 사람에 대하여 쓰는 말인데, 높은 사람이 낮은 사람에게 쓴 경우도 적지 않다. '下生'은 나이나 지위가 낮은 사람이 높은 사람에 대하여 쓴 말이다. '弟'는 친구나 자기보다 어린 사람에게 썼다. '下'와 '末'에 관하여는 조병덕이 아들에게 보낸 편지에서 다음과 같이 설명하고 있다.

> 용곡龍谷 종인宗人 성고씨聖皐氏는 비록 촌수는 멀지만 너희들에게 증조부 항렬이 되니, 너는 스스로 '종하'宗下라고 칭해야 옳다. '종말' 宗末 두 자는 항렬이 높은 사람이 항렬이 낮고 어린 사람에게 쓰는 말이다. 어찌 항렬이 높은 사람에게 쓸 수 있겠느냐.

너무 많아서 일일이 예를 들 수 없지만, 이러한 조어법을 알면 간찰을 읽기가 편하다.

5. 수신자의 호칭

간찰 앞부분에 보통 수신자의 안부를 묻는데, 그때 수신자의 안부를 지칭하는 말이 중요하다. 거기에 수신자가 처한 상황, 하는 일, 관직 등의 정보가 담겨 있기 때문이다. 간찰(1)을 다시 보자. 둘째, 셋째 행의 대두된 '시후'侍候①와 '청리'淸履②는 모두 수신자의 안부와 관련된 말이다. '시후'侍候의 '侍'는 '자식이 부모를 모시고 있음'을, '候'는 '수신자의 안부'를 말한다. 따라서 '侍候'는 '부모를 모시고 지내는 수신자의 안부'라는 뜻이다. '청리'淸履의 '淸'은 '벼슬하지 않고 맑게 지낸다'는 뜻이고, '履'는 '기거'起居 곧 안부라는 뜻이다. 따라서 '청리'는

'벼슬하지 않고 맑게 사는 사람의 안부'라는 뜻으로, 스승을 모시고 학문하며 지내는 조목의 안부를 미화한 말이다.

예컨대 수신자가 학문하는 사람이면 '학'學, 도학道學을 공부하는 사람이면 '도'道, 수령으로서 행정하는 사람이면 '정'政, 벼슬하는 사람이면 '사'仕, 상중喪中에 있어 상복을 입고 있는 사람이면 '복'服, 어른을 모시고 있는 사람이면 '시'侍, 아파서 몸조리 중인 사람이면 '조'調 등등 무수히 많은데, 수신자가 하는 일과 처한 상황을 나타내고 있다. 이 말 밑에 '리'履, '후'候, '미'味, '체'體, '황'況 등 '안부'를 뜻하는 글자가 붙었다. 그리하여 학문하는 사람의 안부는 '학리'學履, '학미'學味, '학황'學況 등이 된다. 이러한 말을 통하여 파악한 수신자의 상황을 염두에 두고 읽으면, 간찰을 제대로 해석할 수 있다.

또 간찰의 특이한 어법 중 하나는 출장이나 여행 중인 상대방을 가리키는 말이다. 이 경우 상대방을 직접 지칭하지 않고 상대방과 밀접한 관계가 있는 다른 낱말을 빌려서 표현하는 수사법, 즉 환유법換喩法을 쓴다. 그래서 자칫하면 오역하기 쉽다. 예컨대 이기원李基元의 편지에 "지금 귀 종족宗族 군君을 만나 어자御者가 고향 마을에 있다는 것을 비로소 알았습니다"(今見華族君 始知御者在故里)라고 한 구절이 있다. 여기 나오는 '어자'御者는 마부를 뜻하는데, 그러면 상대방의 마부가 고향에 있다는 말일까? 아니다. 간찰의 수신자가 고향에 있다는 말이다. 상대방이 타고 다니는 말을 끄는 마부로써 상대방을 지칭한 것이다. 이처럼 상대방을 가급적이면 직접 지칭하지 않는 것이 간찰의 예법이다. 관리가 타는 수레를 모는 사람을 뜻하는 '집어'執御, 여행에 필요한 행장을 뜻하는 '행리'行李, 관리의 행차에 앞세우는 깃발 '패'旆, 행차에 따르는 사람인 '종자'從者, 수령이 타는 수레를 의미하는 '오마'五

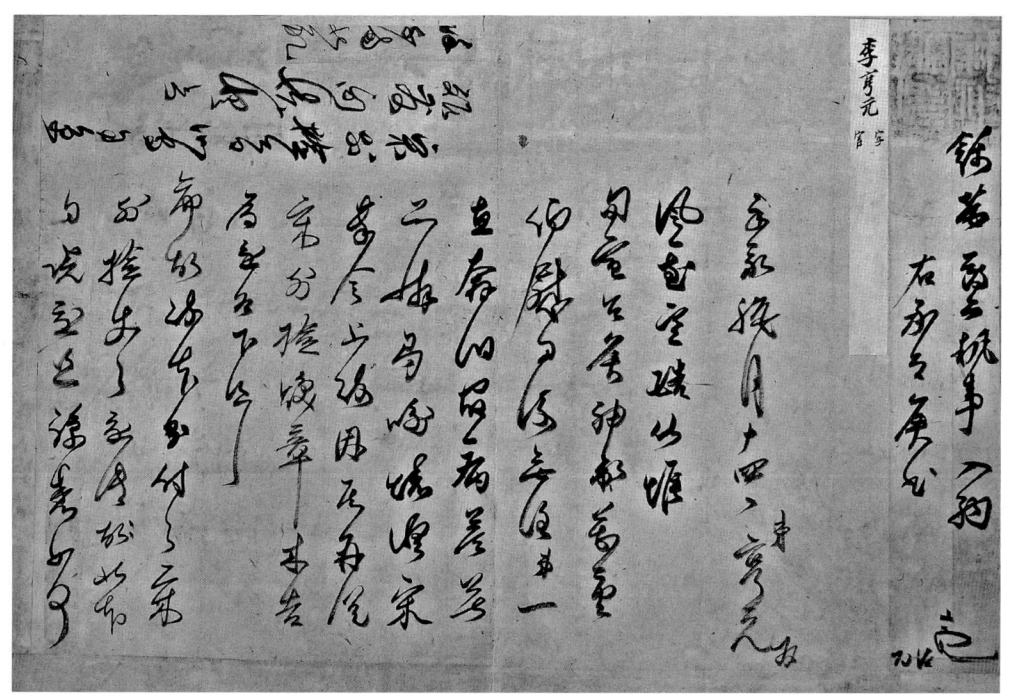

간찰(5) 이형원이 충청감사에게 보낸 간찰_경남대학교 박물관 소장

馬 등도 '어자'御者와 같은 용법으로 사용되었다.

봉투의 서식에도 같은 수사법을 썼다. 간찰(5)는 승지 이형원李亨元(1739~1798)이 충청감사에게 보낸 것이다. 봉투의 수신자란에 '錦營節下執事 入納'이라고 썼다. '금영'錦營은 충청감영을 말한다. '절하'節下의 '節'은 감사가 지니는 신표인 '부절'符節의 약자고 '下'는 겸사로, '절하'는 감사를 가리킨다. 위에서 언급한 환유법이다. '집사'執事는 감사 가까이서 심부름하는 사람을 말한다. 이 간찰의 수신자가 충청감사이지 충청감사의 집사가 아님은 물론이다. 이것도 가급적이면 상대방을 직접 언급하는 것을 회피하려는 간찰의 예법이다.

　사극에 많이 나오는 '폐하'陛下와 '전하'殿下, 요즘도 흔히 쓰는 '귀하'貴下, '족하'足下, '안하'案下 등도 '절하'節下와 같은 범주에 드는 말이다. 봉투에 쓰는 '집사'執事와 같은 뜻으로 쓰이는 말로는 '하사'下史, '하리'下吏, '시하인'侍下人, '장명자'將命者 등이 있다.

　이상 간찰의 형식과 어법에 관하여 간략하게 설명했다. 그런데 이것은 간찰을 읽는 데 필요한 최소한의 기본 지식에 불과하다. 간찰을 잘 이해하기 위해서는 무엇보다도 간찰을 늘 가까이 접해 보기를 권한다. 간찰의 복사본이라도 구하여 책상 앞에 붙여 놓고, 전체의 구도부터 글자 한 자 한 자에 이르기까지 꼼꼼히 살펴보라. 그러면 간찰이 말을 걸어올 것이다.

범례

1. 이 사전의 성격

이 책은 우리 옛편지(간찰簡札)에 나오는 낱말들을 뽑아 풀이한 사전辭典이다. 옛편지는 정치·경제 영역만이 아니라 관혼상제, 의식주, 기후, 질병, 선물, 범죄 등 사회·문화 전 영역의 생생한 목소리를 전해 주는 한국 전통문화의 보고寶庫이다. 옛편지에 등장하는 중요한 낱말들을 정확하게 풀이하고 예문을 수록함으로써, 전통사회 연구의 기초가 되는 각종 사료들을 해독하는 데 길잡이 역할을 하고자 한다.

2. 표제어 선정 원칙

① 수신자 및 발신자 상호 간의 호칭, 인사말, 편지에만 나오는 상투적인 낱말, 봉투의 서식 등에 나오는 낱말.
② 관혼상제 때의 축하 및 위로와 관련된 낱말.
③ 질병 및 건강과 관련된 낱말.
④ 간찰과 함께 보낸 문방구·음식물·약재 등 각종 선물의 물명物名.
⑤ 날씨·농사·시간·집기 등 일상생활과 관련된 낱말.
⑥ 과거·조세·부역·흉년·풍년·구휼 등 행정과 관련된 낱말.

3. 표제어 배열

① 독음에 따라 가나다순으로 배열하였다. 독음은 두음법칙을 적용하였다.

② 표제어의 독음이 같을 경우 한자의 부수순으로 배열하고, 부수가 같을 때는 다음 글자의 부수순으로 배열하였다.

　예) **수쇄**愁殺/**수쇄**收刷/**수쇄**收殺

③ 하나의 표제어가 두 가지 음으로 읽힐 때는 둘 다 살리되, 원음原音에 가까운 표제어에서 뜻풀이를 하고 이음異音에는 '→' 표시를 하였다.

　예) **갱불**更紱　다시 관직에 나아감. 예문 然若有更紱之意 則方今京尹遞代 以速示之 如何如何 〔구인기具仁墍, 26-137〕

　　　경불更紱　→ 갱불更紱

④ 하나의 표제어가 서로 다른 뜻으로 쓰일 경우에는 일련번호를 붙여 따로 표제어를 설정하였다.

　예) **경**京[01]　서울. 예문 餘因入京便 凌遽艸謝 不旣 伏惟台照 狀上 〔이덕수李德壽, 21(禮)-398〕

　　　경京[02]　북경北京. 예문 卽因來价 得審兄候萬重 仰慰仰慰 弟自京還 又得傷寒 苦苦度日 悶極 〔이완李浣, 21(義)-322〕

⑤ 하나의 표제어에서 파생한 복합어도 단일 표제어로 설정하였다.

　예) **계상**稽顙 / **계상재배**稽顙再拜

4. 표제어의 해설

각 표제어에 대한 해설은 "표제어(①), 뜻풀이(②), 유래(③), 예문(④), 출전(⑤), 참고어(⑥)" 순으로 배열하였다.

① 표제어: 한글에 한자를 병기하였다. 표제어 중 약자略字, 본자本字, 통용자通用字가 있는 경우에는 밝혔다.

　예) **소려**疏糲　거친 음식. 소려疏糲. 예문 更見對案疏糲之苦 此去之路 所謂丙穴之地也 〔정양鄭瀁, 22-127〕

② 뜻풀이: 원말, 뜻풀이, 동의어 순으로 서술하였다.

예1) 원말, 뜻풀이의 예

경복更僕　경복난수更僕難數의 준말. 시중드는 사람을 교대시켜도 다할 수 없을 정도로 일이 번잡한 것을 형용하는 말. 예문 世間萬事 眞無所不有 正使相對 更僕猶且說不盡 況可以筆札道耶 直須付之忘言而已 〔정경세鄭經世, 45-453〕

예2) 뜻풀이, 동의어의 예

급복給復　복호復戶를 주는 일. 복호는 충신이나 효자, 기타 특정인에게 호역戶役을 면제하는 일. 사복賜復. 예문 就中給復 只爲尙先賢耳 卽聞減數 想必以此爲疵政也 〔이안눌李安訥, 11-198〕

③ 유래: 유래를 밝힐 수 있는 경우 밝혔다. 유래는 직접 인용이나 간접 인용 방식으로 밝히되, 책명, 편명, 작품명, 구절명은 각각 구분하여 『　』「　」〈　〉 '　' 안에 넣었다.

예) **결활**契闊　멀리 떨어져 있음. 『시경詩經』「패풍邶風」〈격고擊鼓〉의 "죽든 살든 멀리 떨어져 있든 함께하자고 그대와 약속하였네"(死生契闊 與子成說)에서 나온 말. 예문 今日乃成服 悼亡之痛 想益難堪 恨不面慰此懷 雖然吾人平日旣有所養 當死生契闊之際 此心之明 其必有曲當不亂處 〔조성기趙聖期, 44-134〕

④ 예문: 띄어쓰기는 하되 구두점은 생략하였다.

▶ 봉투에 쓰인 낱말은 출전 부분에 '(봉투)'라고 명기하였다.

예) **경좌**經座　경서經書를 공부하는 사람에게 보내는 편지의 봉투에 쓰는 말. 예문 王斯文粹煥氏 經座下 回納 朴權二兄斯文 亦雷覽如何 〔하겸진河謙鎭, 37-144(봉투)〕 → 경황經幌

▶ 예문이 두 개 이상일 경우에는 '|'로 구분하였다.

예) **과행**過行　혼례나 상례 등의 의례를 치름. 예문 醮行上去前 或有下書 便 則以未可輕先過行之意 下眎如何 〔미상, 027〕| 從叔襄事 姑未完定 將以今來月間過行 〔신응선申應善, 31-117〕

▶ 해독할 수 없는 글자는 □, 결락된 글자는 ○로 표기하였다.

예) **막명**莫名 말로 표현할 수 없음. 예문 百尾□魚 可蘇病胃 寔感記注 莫名仰謝耳 〔이재면李載冕, 35-86〕

청패請牌 패를 보내어 신하를 부를 것을 계청함. 예문 且者 新除已有日矣 未知何日出肅也 卽當請牌 而弟於向日○見諒於寮友 每被督迫 心常慨然 故不敢以已所惡者 施之於兄 玆用奉探 幸賜回示如何 〔이정신李正臣, 21(禮)-305〕

⑤ 출전: 간찰의 발신자, 간찰이 실린 책, 표제어가 실린 쪽수를 표기하였다. 간찰이 실린 책은 일련번호를 부여하여 그 번호로 표기하고, 각 책의 일련번호는 이 책 27쪽에 첨부하였다.

예) 〔송준길宋浚吉, 22-139〕

▶ 발신자를 모를 경우 '미상'으로 표기하였다.

예) 〔미상, 26-247〕

⑥ 참고어: 표제어와 유사한 의미를 지닌 표제어를 참고어로 첨부하였다.

예) **계처**啓處 안부. 예문 與世之意灰盡 而彼之疆土 尤不欲掛我舌頭 而我懿親之所棲屑也 念念其水土如何 風霜如何 啓處如何焉 則又不可須臾不忘之地也 〔이기형李基馨, 40-224〕 → 계거啓居, 기미氣味, 기처起處, 기체氣體, 동인動引, 동정動定, 동지動止, 범백凡百02, 범절凡節, 이용履用, 이음二音, 이자二字, 정인鼎茵, 정인鼎裀, 진간震艮, 한훤寒暄, 행주行駐, 흥거興居

예문 출전 자료집 일련번호

※ 일련번호 앞에 '0'이 붙은 것(예 : 051 근역서휘)은 공간公刊되지 않은 자료다.

1 추사 글씨 귀향전(후지츠카 기증 추사 자료전), 과천시·경기문화재단, 2006
2 명현간독名賢簡牘 1 하下, 경남대학교 박물관, 2000
3 근유첩近儒帖, 경남대학교 박물관, 2003
4 간독첩簡牘帖, 경남대학교 박물관, 2004
5 고간첩古簡帖 I, 경남대학교 박물관, 2005
6 고간첩古簡帖 II, 경남대학교 박물관, 2006
7 (한국간찰자료선집 2) 全州李氏石門·白軒家門篇, 한국정신문화연구원, 2002
8 (한국간찰자료선집 13) 海南蓮洞 海南尹氏 孤山(尹善道) 篇宗宅, 한국학중앙연구원, 2008
9 (한국간찰자료선집 10) 己卯諸賢手筆, 己卯諸賢手帖, 한국학중앙연구원, 2006
10 (한국간찰자료선집 11) 慶州李氏 華谷 李慶億 後孫家篇, 한국학중앙연구원, 2007
11 바위틈에 핀 들꽃: 여주이씨 독락당편, 한국학중앙연구원, 2007
12 (한국간찰자료선집 12) 安東金溪 義城金氏 鶴峰宗宅篇, 한국학중앙연구원, 2008
13 (한국간찰자료선집 5) 尙州 延安李氏 息山 李萬敷宗宅篇 I, 한국정신문화연구원, 2004

14 (한국간찰자료선집 14) 尙州 延安李氏 息山 李萬敷宗宅篇 II, 한국학중앙연구원, 2009
15 (한국간찰자료선집 6) 懷德 恩津宋氏 同春堂 宋浚吉後孫家篇 I, 한국정신문화연구원, 2004
16 선현간독先賢簡牘, 경남대학교 박물관, 2008
17 다산 정약용―마파람이 바다 위에 불어, 강진군, 2008
18 만 번 죽어도 변치 않는 마음: 독립운동가 유묵, 순천대학교 박물관, 2009
19 (국립중앙박물관 소장) 정조正祖 임금 편지, 국립중앙박물관, 2009
20 완당평전 3(자료·해제편), 학고재, 2002
21 근묵槿墨 인仁·의義·예禮·지智·신信, 성균관대학교 박물관, 2009
22 조선시대 문인들의 초서 편지글, 호암미술관, 2003
23 옛 문인文人들의 초서草書 간찰簡札, 다운샘, 2003
24 세분선생님의 편지글: 삼현수간三賢手簡, 호암미술관, 2001
25 e-mail시대에 조선선비들의 간찰읽기, 충현박물관, 2004
26 정조대왕의 편지글, 삼성미술관, 2004
027 풍산유씨豊山柳氏 서간집, 성균관대학교 소장, 미출간 자료
28 한국의 묵적―근삼백년近三百年 선각자先覺者의 유묵遺墨, 연세대학교 박물관, 1987
29 조선시대 간찰, 건국대학교 박물관, 1989
30 사문수간斯文手簡, 담수회淡水會, 1988 *도산서원陶山書院 소장『사문수간』발췌 영인본(『사문수간』원본은 현재 한국국학진흥원에 기탁 소장되어 있음.)
31 편지: 조선시대 사대부의 일상, 순천대학교 박물관, 2003
32 (한국간찰자료선집 7) 安東 固城李氏 臨淸閣篇, 한국학중앙연구원, 2005
33 붓 천 자루와 벼루 열 개를 모두 닳아 없애고: 추사의 작은 글씨, 과천문화원, 2005
34 설촌가수집고문서집雪村家蒐集古文書集: 가장家藏·간찰첩편簡札帖篇, 국민대학교 박물관, 2003
35 (한국간찰자료선집 8) 禮山 韓山李氏 修堂古宅篇, 한국학중앙연구원, 2005
36 (한국간찰자료선집 4) 安東金氏 淸陰家門篇 I, 한국정신문화연구원, 2003
37 매천 황현과 매천집, 순천대학교 박물관, 2006

38 부촌阜村 신연철申延澈 명예교수 기증 서화전, 성균관대학교 박물관, 2004
39 조선시대 간찰첩 모음, 다운샘, 2006
40 독립운동가 서한집(한국독립운동사 자료총서 제20집), 독립기념관 한국독립운동사연구소, 2006
41 황병근선생기증黃炳槿先生寄贈 간찰簡札 1, 전주박물관, 2002
42 황병근선생기증黃炳槿先生寄贈 간찰簡札 2, 전주박물관, 2005
43 황병근선생기증黃炳槿先生寄贈 간찰簡札 3, 전주박물관, 2005
44 (한국간찰자료선집 9) 驪州李氏 退老 雙梅堂 藏本, 한국학중앙연구원, 2006
45 (한국간찰자료선집 1) 鄭經世篇, 한국정신문화연구원, 2001
46 간찰 1, 국립중앙박물관, 2006
47 간찰 2, 국립중앙박물관, 2007
48 청관재 소장 서화가들의 간찰, 다운샘, 2008
49 부안김씨우반고문서扶安金氏愚磻古文書—간찰편, 한국정신문화연구원, 1983
50 안동김씨安東金氏 문정공파文正公派 기증유물, 친환경농업박물관, 2009
051 근역서휘槿域書彙, 서울대학교 박물관, 미출간 자료
052 삼선생간첩三先生簡帖, 개인소장, 미출간 자료 *송시열, 송준길, 권상하 간찰첩
53 (한국학자료총서37) 驪州李氏 退老 雙梅堂編, 한국학중앙연구소, 2006
54 경주김씨 급류정계急流亭系 간찰첩, 경남대학교 박물관, 2010
055 의성김씨 만송헌萬松軒 고택 관련 자료, 한국국학진흥원, 미출간 자료
000 기타 미출간 편지. 낱장으로 전해지거나, 현재 소장처가 불분명한 편지 자료

累月同寝食若同胞有之到
念思之真誠莫得也窮塞
此伏惟
俯復萬佳仰生正高堂之地
房下起居沈岩心占息経娠
祥事情動傷一信親女
向目初七間童得寒庚然死
得甦之氣而不圖絶如溺
自悼痒矣了也
之左旁歡慶之汇眼仰賀三
咸律彼出作用攻行出弓所以
明事哭次如中慶仲以答廣十

옛편지 낱말사전

ㄱ

가可 　어찌. '하何'의 의미로 쓰임. 예문 新秋益有阻思 卽承遠存 以審㵱熱 梱履增勝 欣慰可旣 〔권돈인權敦仁, 21(智)-261〕│雖得相見 仍忙旋返 未盡阻懷 依悵可言可言 〔미상, 43-52〕

가가呵呵 　껄껄. 말해 놓고 겸연쩍게 웃는 모습. 예문 弟昨夕還驛 而獨守空舘 長夜無寐 前頭半年 何以堪之 呵呵 〔송응개宋應漑, 21(仁)-218〕

가감加減 　더하고 덜함. 병의 상태를 이르는 말. 예문 但審兄主失平 馳悶無任 未知患何証 秪今加減如何 細示 〔정철鄭澈, 23-21〕

가건加健 　더욱 건강하십시오. 편지 끝에 쓰는 인사말. 예문 力疾艱草 不宣餘冀在塗加健 〔홍언필洪彦弼, 46-65〕

가군家君 　남에게 자기 아버지를 일컫는 말. 예문 侍生屑候免添 家君日久返次 無大損節 私幸之分 〔문영박文永樸, 40-128〕

가권家眷 　집안 식구. 가솔家率. 가속家屬. 권속眷屬. 예문 弟狀風邁浪逐 一任膝下 萬無陽況 無足道矣 而秖以大小家眷 姑無見頉爲幸耳 〔하대우河大佑, 41-58〕
→ 가루家累, 가소家小, 곤비梱庇, 권구眷口, 권비眷庇, 권집眷集, 권취眷聚, 담내覃內, 담비覃庇, 보권寶埢, 보권寶眷, 보담寶潭, 보담寶覃, 비내庇內, 비담庇覃, 비의庇儀, 비절庇節, 비하절庇下節, 제권諸眷, 제솔諸率, 혼권渾眷

가대家垈 　집의 대지垈地. 택전宅廛. 예문 高雲金進士家垈 更屢違換期 倘不從他區處耶 〔이재곤李載崐, 31-152〕

가돈家豚 　자기 아이에 대한 겸칭. 예문 家豚呻吟之症 近有別症 無端下血 此

症世多見於享年老人 而所以驚心 則不些也 〔이의수李宜秀, 32-60〕 → 돈돈, 돈견豚犬, 돈아豚兒, 미돈迷豚, 미식迷息, 미아迷兒, 천식賤息, 치아癡兒

가동呵凍　　추위에 곱은 손을 입김으로 녹이는 것. 예문 呵凍 不宣謝禮 〔홍직필洪直弼, 22-313〕

가란加卵　　계란. 예문 加卵四升 〔이덕운李德運, 35-52〕

가루家累　　집안 식구. 예문 吾粗遣添歲 家累諸撓 尙多攪懷 自憐奈何 不具 〔임상원任相元, 21(禮)-170〕 → 가권家眷, 가소家小, 곤비梱庇, 권구眷口, 권비眷庇, 권집眷集, 권취眷聚, 담내覃內, 담비覃庇, 보권寶嬀, 보권寶眷, 보담寶潭, 보담寶覃, 비내庇內, 비담庇覃, 비의庇儀, 비절庇節, 비하절庇下節, 제권諸眷, 제솔諸率, 혼권渾眷

가면佳眄　　상대방의 얼굴. 예문 未奉佳眄 亦已多年 〔박세채朴世采, 23-137〕 → 미우眉宇, 지미芝眉, 지우芝宇

가물價物　　물건 값. 또는 역역이나 대납한 돈 대신에 받는 물건. 예문 今以推尋價物進去 所仰伏望令採卽時推給如何 緣切敢干 餘祈令自玉 謹拜上狀 〔윤두수尹斗壽, 5-195〕

가본價本　　가격. 예문 價本詳示 則當依敎區處矣 勿泛如何 〔여선기呂善驥, 41-184〕

가색加嗇　　몸을 더욱 잘 보중함. 예문 只冀令以時加嗇 以慰瞻仰 〔전식全湜, 45-300〕 → 가애加愛

가서佳緒　　즐거운 일. 예문 重以家間疾憂連綿 苦無佳緒 奈何 〔송준길宋浚吉, 3-133〕

가소家小　　집안 식구. 예문 家小皆平平過了 穉孫日苗學語爾 〔황현黃玹, 37-25〕

가수呵手　　추워서 언 손을 입으로 붐. 예문 家兒引貴星呵手入門 帶致惠狀 慰不可言 〔홍범식洪凡植, 43-299〕

가승佳勝　　모든 일이 평안함. 안부를 물을 때 쓰는 상투적 표현. 예문 卽拜台惠復 以審潦暑 旬履佳勝 何等披濯 〔조태억趙泰億, 21(禮)-411〕 → 다상多相, 만강萬康, 만기萬祺, 만녕萬寧, 만목萬穆, 만복萬福, 만비萬毖, 만상萬相, 만색萬嗇, 만수萬綏, 만승萬勝, 만안萬安, 만안萬晏, 만왕曼旺, 만왕萬旺, 만위萬衛, 만전萬典, 만중萬重, 만지萬支, 만지蔓支, 만진萬珍, 만호萬護, 만휴萬休, 무휴茂休, 배진倍珍,

보색保嗇, 숭희崇禧, 슬중瑟重, 승적勝迪, 신상神相, 안승安勝, 위중衛重, 지안止安, 진복珍福, 진비珍毖, 진상珍相, 진색珍嗇, 진위珍衛, 진중珍重, 진호珍護, 청강淸康, 청건淸健, 청목淸穆, 청위淸衛, 청적淸迪, 초승超勝, 충비沖毖, 충승沖勝, 충유沖裕, 평길平吉, 평선平善, 평적平迪, 홍희鴻禧.

가식假息 마땅히 죽어야 하는 사람이 여전히 목숨을 부지하고 있다는 의미. 예문 今則安賊已受典刑耶 迄近今假息 痛憤莫甚〔미상, 43-34〕

가십佳什 상대방의 시를 높여서 이르는 말. 예문 雖未承顏 夙稔佳什 每談近世詩家 以先生屈第一指〔왕수환王粹煥 등, 37-75〕 → 양춘陽春, 청제淸製

가애加愛 더욱 몸조심함. 예문 餘祝加愛 不宣〔송시열宋時烈, 052〕 → 가색加嗇

가어加魚 가자미. 예문 加魚二冬音〔이덕운李德運, 35-52〕

가어嘉魚 곤들매기. 연어과의 민물고기. 예문 君餘嘉魚 荷此頻惠 謹領銘感 不啻十朋〔조인영趙寅永, 29-34〕

가언駕言 수레를 타고 행차하는 사람을 지칭하는 말. 또는 상대방의 행차를 이름. '언'言은 어조사. 예문 卽伏承抵從兄書 以審駕言錦上 旅候安重 是則仰慰〔이상정李象鼎, 7-141〕

가엄家嚴 아버지. 예문 家嚴認警閱朔奔迸 尙未撤寓 寧日常少〔유성시柳聖時, 027〕

가인家人 아내. 세군細君, 형포荊布. 예문 卽因家人所傳 伏聞辱臨投銜 不勝感悚〔권혁權爀, 6-35〕 → 내內, 내조內助, 노형老荊, 실가室家, 실내室內, 실인室人, 형처荊妻

가자加資 품계品階를 올려 줌. 예문 以山陵賞典 今日有加資之命〔이소한李昭漢, 051〕

가정加定 물품, 비용, 인원 따위를 더 많이 정함. 예문 府伯以加定無遺儲 論報都事 請移於樂安興陽長興寶城等官矣〔이로李魯, 12-176〕

가제家第 집. 예문 孝寧先祖 追配廟庭 今奉成命 闔族榮感 將以夏享時追腏 而祠宇今在聞慶 當先期奉來 大而家第 小而侑供 遠而祀需 近而盤纏 皆吾輩之責耳〔이돈우李敦宇, 39-225〕

가제家弟 친동생. 예문 家弟在病家未返 非諱之也〔윤문거尹文擧, 3-134〕 → 사제舍弟

가중家仲　　맏형이 자신의 바로 아래 동생을 부르는 말. 예문 望間 俱有來約 而 家仲則汨於官糴之料理 未果作伴〔민창도閔昌道, 21(禮)-274〕

가찬加餐　　음식을 잘 먹음. 건강에 유의하라는 뜻으로 편지 끝에 쓰는 인사말. 예문 不得面送 此懷何喩 只望加餐善保〔김상헌金尙憲, 23-43〕

가초呵艸　　추위에 곱은 손을 호호 불며 편지를 씀. 예문 呵艸 悚息 頓首〔이경석 李景奭, 4-158〕

가필呵筆　　추위에 곱은 손을 호호 불며 편지를 씀. 예문 春寒更峭 呵筆 不宣〔심광수沈光洙, 000〕

가해駕海　　바다를 건넘. 예문 族末蒙除下來 雖庸感祝 而脩路行役 憊撕無餘 且千里駕海 大爲關念〔강면규姜冕奎, 42-8〕

가형家兄　　친형. 예문 家兄家 適有澤堂所選八家文〔김만중金萬重, 5-118〕 → 사형舍兄

각서各書　　수신자가 두 사람 이상일 경우에 따로따로 편지를 씀. 주로 부정사와 결합하여, 따로따로 편지를 쓰지 않으니 함께 읽으라는 의미로 쓰임. 예문 錢文十兩呈去 領作歲時曲會之資 而諸知舊處 以不能各書〔이원조李源祚, 027〕 → 각신各申, 각폭各幅

각소却掃　　각소卻埽. 손님을 거절하고 속세의 일을 물리치고 은거함. 예문 弟却掃南齋 作老頭陀 粥飯生活〔정학연丁學淵, 21(智)-269〕

각수刻手　　비문이나 책판을 새기는 사람. 예문 刻手事 便歸虛套 咄歎咄歎〔이유李濡, 21(禮)-207〕

각습脚濕　　무좀. 예문 鄙生 入秋以來 連患脚濕 殆成廢疾之人〔정경세鄭經世, 45-446〕

각신各申　　수신자가 두 사람 이상일 경우에 따로따로 편지를 씀. 주로 부정사와 결합하여, 따로따로 편지를 쓰지 않으니 함께 읽으라는 의미로 쓰인다. 예문 令季上庠哀前 病未各申〔미상, 027〕 → 각서各書, 각폭各幅

각역刻役　　비문이나 책판을 새기는 일. 예문 賢胤所患 今則如何 兄家刻役 何間當斷手耶〔이홍연李弘淵, 47-36〕

각장刻匠　　글자 새기는 일을 전문으로 하는 장인匠人. 각자장刻字匠. 예문 刻匠忠密者 以諸處銘石事奔走云 未知方在何處也〔오두인吳斗寅, 22-161〕

각폭各幅　　수신자가 두 사람 이상일 경우에 따로따로 편지를 씀. 주로 부정사와 결합하여, 따로따로 편지를 쓰지 않으니 함께 읽으라는 의미로 쓰임. 예문 意叔兄近或相面耶 忙未各幅 〔유도헌柳道獻, 027〕 → 각서各書, 각신各申

각핵刻核　　각박하고 무자비함. 가각苛刻, 각핵刻覈. 예문 但意其立法本意以刻核盡利爲主 而不復致疑矣 〔정경세鄭經世, 45-449〕

간間01　　요즈음. 예문 間蒙恩諒 來住郊墅 〔권돈인權敦仁, 21(智)-261〕 → 내자迺者, 비간比間, 비래比來, 비신比辰, 비일比日, 비자比者, 비천比天, 비하比下, 수천數天, 신하辰下, 이간爾間, 이자爾者, 자신玆辰, 자이自爾, 즉신卽辰, 즉일卽日02, 차래此來

간間02　　그동안. 예문 向者下書 伏慰阻慕之懷 間已多日 更伏問氣候若何 〔송병선宋秉璿, 22-349〕 → 간자間者, 이래伊來, 이래邇來02, 이시伊時, 즉래卽來, 향래向來01

간고幹蠱　　간부지고幹父之蠱의 준말. 아들이 부친의 뜻을 계승 발전시키는 것을 말한다. 『주역』周易 〈고괘〉蠱卦 '초육'初六에 "초육은 아버지의 일을 주관함이니, 자식이 있으면 돌아간 아버지가 허물이 없게 되리라"(初六 幹父之蠱 有子 考无咎) 한 데서 온 말이다. 예문 汝之入門 纔五十日 遽罹荼毒 幹蠱之道 揩拄之策 專擔於藐然隻身之上 〔김정희金正喜, 39-207〕

간관間關　　멀고 험한 길을 가다. 또는 멀고 험한 길. '間'은 '산천으로 격리된 먼 길'을, '關'은 '험한 관문'을 뜻한다. 예문 鄙拙扶此衰朽病喘 萬里間關 得以生還 幸則幸矣 而積傷漸盡之餘 舊症新恙 一時俱劇 奄奄一縷 朝夕難保 悶歎奈何 〔유경창柳慶昌, 21(義)-237〕

간국幹局　　일을 처리하는 재간과 국량. 예문 幹局有非人人所可學得 適因言端漫及 而以此言外微妙之經綸 條條皆然 若欲一一發揮 則如經傳之小註 將至於溢宇充棟 〔정조正祖, 26-85〕

간군干軍　　필요한 일꾼. 예문 初則欲給烟軍 期於一時畢功 而曾在林川時傷於虎者 故改定干軍 有觀勢加定助役之意 此亦然矣 姑欲始役而加請爲計耳 〔민진량閔晉亮, 5-43〕

간두竿頭　　백척간두百尺竿頭. 매우 위태롭고 어려운 지경에 빠짐. 예문 豚兒昏擇來到 雖是預料之事 以若竿頭 猝辦鉅事 實所關念 奈何 〔유철로柳徹魯, 41-151〕

간면簡面　　편지 봉투. 예문 簡面未知其官銜 不書而送 問得書塡而用之 亦何

〔이황李滉, 30-146〕

간봉簡封　　편지 봉투. 예문 惠送兩束銀脣 牛百簡封 亦及於雀羅之門 〔서문유徐文裕, 29-19〕

간자間者　　그동안. 예문 兒子間者 再除騎曹 再得書解 今在城外近郊 〔김조순金祖淳, 21(智)-216〕 → 간間02, 이래邇來02, 이시伊時, 즉래卽來, 향래向來01

간자幹者　　담당자. 예문 所貸木正 適因幹者之出去 不得推移償去 〔송주석宋疇錫, 21(禮)-248〕

간장姦贓　　불법으로 뇌물을 받음. 또는 그러한 사람. 예문 李也事 已捧招於昨日飯後 而此所謂姦贓狼藉 橫被山東者 奈何 〔이시원李是遠, 7-147〕

간장諫長　　사간원司諫院의 우두머리인 대사간大司諫. 예문 諫長新通 二人曾已完定 雖未齊會 日前擬之 玆敢並稟耳 〔이일상李一相, 23-99〕

간지簡紙　　편지지. 예문 下惠簡紙十九幅 淸蜜三升 藥脯二貼 依領 實荷情念 感謝之至 無以爲喩 〔정재륜鄭載崙, 5-136〕 → 간첩簡帖, 간폭簡幅

간척竿尺　　편지. 예문 中疑亦見君書 嬾廢竿尺未有答 卽又承委札 卽是新年替面 又且平信 慰幸當如何 〔이가환李家煥, 44-97〕 → 서각書角, 서간書柬, 서척書尺, 수묵數墨02, 수자數字, 쌍리雙鯉, 안자鴈字, 어안魚鴈, 어홍魚鴻, 인우鱗羽, 지척서尺書, 척소尺素, 척안隻雁, 척저尺楮, 척제尺蹄, 척지尺紙, 함械, 홍리鴻鯉

간첩簡帖　　편지지. 예문 簡帖二十套 略送 〔김상헌金尙憲, 36-19〕 → 간지簡紙, 간폭簡幅

간초艱草　　간신히 편지를 씀. 예문 餘艱草 不備式 〔김정희金正喜, 33-19〕

간침間沈　　중간에 편지가 사라짐. 예문 厥後廖然無信 或有間沈而然歟 訝鬱莫甚 〔이문영李文永, 31-140〕 → 부침浮沈

간폭簡幅　　편지지. 예문 伏承簡幅之賜 封皮有數字手敎 爲慰大矣 〔김창흡金昌翕, 23-173〕 → 간지簡紙, 간첩簡帖

간혼懇溷　　간절히 청함. 자신의 간청을 낮추어 이르는 말. 예문 家乏蒼頭 買得一奴於治下 將欲斜出 而寒士之家 僅備買直之外 更無餘力 無計備納云 幸望特減所納 而卽許斜給 如何如何 所懇似不難施 敢此懇溷 餘忙草 不宣 〔이원李蒝, 5-105〕

간활間闊　　그동안 소식이 뜸했음. 예문 間闊此久 戀思方切 〔이인병李寅炳, 10-63〕

갈고羯鼓　　장구와 비슷하게 생긴 타악기. 인도에서 생겼으며 서역西域을 통해 전해져 당나라 개원開元·천보天寶 연간年間에 성행하였음. 양면을 말가죽으로 메워 대臺 위에 올려놓고 두 개의 북채로 침. 예문 羯鼓仇 今邊山松最鳴云 若然則亦令精磨 送于咸 朱漆則得工可造 〔윤구尹衢, 8-20〕

갈민渴悶　걱정으로 목이 탐. 예문 小標一石 昨自恩津地 賴諸親舊轉輸之力 輸到貴境而置 在路傍更難運一步云 渴悶渴悶 〔송준길宋浚吉, 052〕

갈심생진渴心生塵　가슴이 바짝 말라붙어 먼지가 일어난다는 말로, 상대에 대한 간절한 그리움을 표현한 말. 예문 一覩景星之後 渴心生塵久矣 〔임철상任喆常, 41-21〕

갈의葛誼　과갈지의瓜葛之誼. 인척 관계로 맺어진 정의情誼. 오이와 칡은 모두 덩굴식물로, 서로 얽힌 인척 관계나 사회관계를 비유함. 척의戚誼. 예문 荊識已久 葛誼愈新 卽嘗一書奉候 而尙今未就 尤切悵歎 〔신간정辛潤正, 53-170〕

갈증暍症　더위에 몸이 상하여 생긴 병. 예문 弟旱憂如燻 暍症兼痢 悶悶 〔김시찬金時粲, 21(智)-57〕 → 상서傷暑, 서감暑感, 촉서觸暑, 서증暑症, 환서患暑

갈후渴候　소갈후消渴候, 소갈증. 당뇨병糖尿病. 예문 宗末渴候小差 而身姑無頉 以是爲幸耳 〔이유승李裕承, 42-70〕

감각感刻　감사함을 마음에 새김. 예문 屢枉華翰 感刻之餘 慚負深切 〔최응천崔應天, 3-172〕 → 감전감전感篆, 감전감전感鐫, 감패感佩

감공敢控　감히 부탁함. 예문 就懇 來頭有免新之役 而大小刺紙及簇子等物 無路措辦 倘或留念耶 若非令監 其孰從而求之 專恃敢控 〔박행의朴行義, 21(禮)-266〕

감곽甘藿　미역. 예문 送古刀魚各二及甘藿各一同耳 〔이옥李沃, 14-46〕

감군監軍　감군어사監軍御使의 준말. 지방 군정軍情을 살피는 어사. 예문 此後待京中分付 上去早晩 尙未定期 尤悶尤悶 監軍回程 必在此前 〔민응형閔應亨, 5-37〕

감덕感德　은덕에 대한 감사. 예문 睦家葬事 旣蒙顧恤 感德良深 〔송준길宋浚吉, 052〕

감돈撼頓　돌아다녀 피곤함. 대개 관리의 순시에 많이 쓴다. 예문 姪還營有日 而撼頓之餘 儻病特甚 〔홍중하洪重夏, 21(禮)-307〕

감량鑒亮　편지에 다 쓰지 못하는 나머지 사연을 헤아려 달라는 뜻으로, 편지 끝에 상투적으로 쓰는 말. 예문 伏惟鑒亮 謹拜上狀 〔홍이상洪履祥, 22-63〕 → 부소俯炤, 서량恕亮, 서량恕諒, 서조恕照, 서조犀照, 아량雅亮, 아조雅照, 영유領惟, 이량怡亮, 정재情在, 조급照及, 조량照亮, 조량照諒, 조재照在, 조하照下, 조회照會, 하감下鑑, 하재下在, 하조下照02, 하찰下察

감률勘律　어떤 형률을 적용할지 결정함. 예문 第伯氏令監所遭已是意外 況嚴旨非常 未及勘律 金吾有故 脫出未易 尤用慮念 〔김우항金宇杭, 5-140〕

감모感冒　감기. 예문 鄙積憊之餘 又得泄証 繼以感冒 方此呻痛 私悶如何 〔박세채朴世采, 3-146〕 → 감수感祟, 외감外感, 풍한風寒, 한병寒病, 한수寒祟, 한질寒疾

감목監牧　나라에서 설치한 목장에서 말 기르는 것을 감독하는 일. 또는 그 일을 맡은 감목관. 예문 司僕提調 亦將遞免 則監牧之事 亦難周旋 可嘆可悶 〔심희수沈喜壽, 16-65〕

감부勘簿　장부를 정리하여 마감함. 예문 此邑尙有餘擾未了 未知那下皆已整頓勘簿結局否耶 〔박규수朴珪壽, 26-215〕

감색監色　감관監官과 색리色吏. 감관은 각 관아나 궁방宮房에서 금전·곡식의 출납을 맡아 보거나 중앙 정부를 대신하여 특정 업무의 진행을 감독하고 관리하던 벼슬아치. 색리는 일정한 일이나 책임을 맡은 아전. 예문 公錢私換 百弊具有 而監色輩給換之際 例受饒實人懸保 如有蹉跌 則保者替當 如或誤給於不實之保 則監色輩賠納 〔이충익李忠翊, 7-172〕

감송感悚　감사하고 황송함. 예문 再辱手札 無便稽謝 極用感悚 〔김안국金安國, 22-23〕

감수感祟　감기. 예문 生尙以感祟叫苦耳 〔오응선吾應善, 41-130〕 → 감모感冒, 한수寒祟

감역監役　궁궐이나 관청 등의 건축 공사에 차출되어 감독 책임을 맡은 선공감繕工監 소속의 종9품 관원. 예문 趙監役 宅 〔정시한丁時翰, 22-163(봉투)〕

감운感頵　임금의 은혜에 감사하며 몸둘 바를 모름. 예문 居士 間蒙恩飭 還處舊第 重理簪紱 感頵靡極 〔김정희金正喜, 33-91〕

감의感意　감기 기운. 예문 吾亦微有感意 嗽痰添肆 苦甚 〔김정희金正喜, 29-35〕

감자柑子　귤. 예문 送來柑子 多荷情味 糖薑苡五升幷生淸一升送去 〔이진수李眞洙, 7-203〕

감전感篆　감사함을 마음에 새김. 예문 薄庄凡事 專蒙曲護 有所收拾 感篆倍至 三種情饋 尤用珍謝 〔이숙李䎘, 5-103〕

감전感鐫　　감사함을 마음에 새김. 예문 俯惠珍儀 仰仞盛存 感鐫曷已 〔김정희金正喜, 22-319〕 → 감각感刻, 감패感佩

감점減漸　　병세가 약화되어 점차 좋아짐. 예문 舍弟之病 幸得減漸 而起動杳然 侍病諸兒 擧欲顚仆 〔유도원柳道源, 32-153〕 → 감헐減歇, 병간病間, 차경差境, 차헐差歇, 향간向間02, 향차向差, 향헐向歇, 회두回頭

감제柑製　　귤(柑)을 진상 받고 베풀던 과거 시험. 제주 수령이 귤·유자 등을 진상하면 나라에서 이를 경하하는 뜻에서 특별한 과거를 베풀었음. 황감제黃柑製라 하기도 함. 예문 翌日設柑製取百人 居首及第二二人 賜第 〔신좌모申佐模, 43-163〕

감죄勘罪　　죄를 따져 법에 따라 처리함. 예문 戚弟絶海經年 迄可言歸 而道啓勘罪 反爲沮格 尙此淹冒 〔이원조李源祚, 027〕

감주甘澍　　단비. 예문 頃日自上親禱于社稷 卽有甘澍而但未優足 〔정경세鄭經世, 45-426〕 → 감패甘霈, 시우時雨

감지甘旨　　맛있는 음식. 대개 부모를 봉양하는 음식, 또는 부모 봉양. 예문 峽縣新除 地旣便近 且聞廩入足以奉甘旨 閒僻足以讀書 爲之仰賀 〔김종수金鍾秀, 21(智)-131〕

감집感戢　　고마움을 마음에 간직함. 예문 尊惠雉魚 奉領厚義 感戢無已 〔이합李柙, 5-97〕

감체感滯　　감기와 소화불량. 예문 從歸後 添以感滯 甚悶 而懷行日間 又將發往 行事亦關心 奈何 〔송근수宋近洙, 44-120〕

감태甘苔　　가시파래. 매생이와 비슷한 파래의 일종. 담수의 영향이 많은 조용한 곳의 연안에 서식하며, 주로 남해안 일대에서 겨울철에 채취, 식용한다. 무쳐서 먹거나 건조해서 김처럼 만들어 먹기도 한다. 예문 惠來海衣甘苔 依數受食 極感極感 〔김극효金克孝, 051〕

감패感佩　　감사함을 마음에 새김. 예문 春以躬趁 秋以書信 種種感佩 無以爲謝也 〔이만도李晩燾, 40-234〕 → 감각感刻, 감전感篆, 감전感鐫

감패甘霈　　단비. 예문 信后月易 更謹詢流夏 令篆體萬重 閒得甘霈 年事夬蘇否 〔김규홍金圭弘, 35-90〕 → 감주甘澍, 시우時雨

감하感荷　　받은 은혜를 감사하게 여김. 예문 榮掃奠物 伏蒙委曲下念 尤庸感荷之至 〔이세구李世龜, 5-131〕

감행感幸　　고마움과 기쁨. 예문 一家感幸 有不可以筆札盡喩 〔송준길宋浚吉, 052〕

감헐減歇　　병세에 차도가 있음. 예문 拙者所患 向年□屢發 今比前者 倍覺暴猛 以其發後失調也 八九日之間 所爲侵剝 衰殘精力 損壞殆盡 深自悶然 自去夜 少覺減歇 〔이황李滉, 30-147〕 → 감점減漸, 병간病間, 차경差境, 차헐差歇, 향간向間02, 향차向差, 향헐向歇, 회두回頭

갑甲　　나이. 예문 令甲 雖少於我 而亦已衰矣 〔이원익李元翼, 25-10〕 → 갑기甲紀, 연갑年甲, 연광年光, 연기年紀, 자갑雌甲

갑기甲紀　　나이. 예문 算其年代 作此圖時 先祖甲紀恰爲二十有九 而謙翁爲五十五歲 〔김가진金嘉鎭, 21(智)-427〕

강講　　공부한 내용을 완전히 암송해 선생님 앞에서 외우는 일. 배송背誦. 예문 昨札照未 夜來侍做何似 而講何日當爲之耶 〔김상구金尙耉, 34-44〕

강개江介　　강가. 예문 歲色崢嶸 瞻望江介 氷雪千尺 〔김상현金尙鉉, 22-331〕 → 강국江國

강관講貫　　강습講習. 예문 第以近來憂患踵至 全廢講貫之功 胸次日以憒憒 〔이수붕李壽鵬, 12-255〕

강국江國　　강가. 강 유역. 예문 歲換江國 思人政苦 珍重一札 忽落於寂莫之濱 披感已極 〔정호鄭澔, 21(禮)-227〕 → 강개江介

강도江都　　경기도 강화江華의 다른 이름. 고려 고종高宗 19년(1232)에 몽고의 침입으로 도읍을 이곳으로 옮긴 후, 원종元宗 11년(1270)에 환도還都할 때까지 39년 동안 임시 수도로 삼은 데서 유래한 이름이다. 예문 且有自江都由海路駐箚于羅州之議云 果然則汝岳君 必有所聞 可稟告示及也 〔정경세鄭經世, 45-376〕

강도腔禱　　마음속에서 우러나온 기원. 자신의 기원을 지칭하는 겸사謙辭. '강'腔은 사람 몸속의 빈 곳으로서 마음이 자리 잡고 있는 곳이다. 예문 一陽將生 隻鴈先至 窮蔀病骨 頓覺新意 謹更審比沍 棣體候一如湛樂 諸節勻禧 慰溸規規 允符腔禱 〔정찬석鄭贊錫, 37-103〕

강류江留　　강화 유수. 예문 江留又投疏 伸救宣卜 而批旨嚴峻云矣 〔김보택金普澤, 22-241〕

강릉岡陵　　장수를 축원함. 『시경』詩經 「소아」小雅 〈천보〉天保에 "하늘이 당신을 편안하게 하여, 흥하지 않음이 없게 하였네. 산 같고 언덕 같으며, 멧부리 같고 구릉같이, 마치 냇물이 출렁이듯이 보태지 않음이 없네"(天保定爾 以莫不興 如山 如阜 如岡如陵 如川之方至 以莫不增)라는 구절에서 유래하였다. 예문 景陶令節宣 岡陵 都使致深氏 間亦有面否 〔문영박文永樸, 40-128〕

강문江門　　한수재寒水齋 권상하權尙夏의 문하. 권상하는 서울에서 태어났으나 부친의 유지를 따라 청풍淸風의 황강黃江 선산에 부친을 장례 지내고 이후 그곳에서 학문을 닦았다. 예문 尤齋遺集 謹承來示 固難轉借 而第江門之深囑勿煩人眼 實慮譊譊老齒舌 〔이중협李重協, 6-165〕

강반强半　　거의. 과반過半. 예문 仄聞令阿睹之症 比來强半差減云 似因水土淸凉之效 而果如傳說否耶 〔조인영趙寅永, 44-316〕

강병强病　　병을 무릅씀. 예문 僕强病奔忙 澌頓欲盡 〔송상기宋相琦, 23-181〕 → 강질强疾

강복康復　　건강을 회복함. 예문 省式 上天眷佑 聖痘康復 臣民慶忭 八域同情 〔조헌영趙獻永, 31-86〕

강복제降服弟　　상중에 있는 사람이 상대방에게 자신을 낮추어 이르는 말. 강복降服은 오복五服의 복제服制에 따라 등급을 낮추는 것을 말함. 곧 양자 간 아들이나 시집간 딸의 생가 부모에 대한 복제가 이에 해당한다. 예문 辛亥元月四日 降服弟 李彙寧拜 〔이휘령李彙寧, 027〕

강서强恕　　용서하는 마음을 갖도록 노력함. 『맹자』孟子 「진심 상」盡心上에 "용서를 힘써서 행하면 인을 구함이 이보다 가까울 수 없다"(强恕而行 求仁莫近焉)라고 하였다. 예문 六月潦炎 非八臺病夫近筆硏時節 只此數行 亦復不易 强恕可也 〔전우田愚, 25-45〕

강선江鮮　　민물 생선. 예문 病人思嘗江鮮 而不可得 玆以付送價錢 周買置之 則明間送奴取來爲計耳 〔미상, 027〕

강신講信　　향약鄕約이나 계의 구성원들이 모여서 화목을 도모하거나 안건을 상의함. 예문 璡出穀十五斛 諸員各出二斛 以爲寶上之本 合四十參石 存本取利 辦春秋講信 〔김진金璡, 12-29〕

강악講幄　　임금 앞에서 경서經書를 강론하는 자리. 경연經筵, 강유講帷. 예문 伏承審比來勻節萬安 區區伏慰 俄接小報 始知有講幄之役 〔박회수朴晦壽, 26-165〕

강안强顔　　낮이 두꺼움. 강안彊顔. 예문 自上雖有史官傳諭之異數 亦非出於 誠實 如此而强顔以留 可乎〔조수익趙壽益, 051〕

강왕康旺　　몸이 건강하고 정신도 또렷함. 예문 謹未審秋暮靖養氣體候一向康旺 仰溯不任勞祝〔왕수환王粹煥 등, 37-62〕

강제講製　　과거 시험의 강경講經과 제술製述. 예문 講畫若不減 則苟非專力明經者 難以得中 互試講製 則亦不可不併合額數〔김진규金鎭圭, 21(禮)-302〕

강질强疾　　병을 무릅씀. 예문 此間强疾奔忙 憐悶 奈何〔이상진李尙眞, 3-124〕

→ 강병强病

강필强筆　　억지로 붓을 듦. 즉 억지로 글을 짓는다는 뜻. 예문 弟衰骸遇涼益憊 不能振作 只以自悶 夾錄亦强筆起懶之作也〔박규수朴珪壽, 29-38〕

강하腔賀　　마음속에서 우러나온 축하. 예문 顧此衰極路脩 未克身造腔賀 繼聆得緖論 以祛鄙吝之萌 悵且主臣 倘海恕耶〔정운오鄭雲五, 37-141〕

강획講畫　　강경講經 시험의 결과를 획으로 표시한 성적. 예문 蓋陋見則竊謂減講畫之半 且併彼此五額 合爲十額 而互爲試取 則士子必兼治兩業 朝家庶可得全材矣〔김진규金鎭圭, 21(禮)-302〕

개간開刊　　책판을 새겨 완성함. 예문 東坡筆 如已開刊 印惠數件 是望〔한태동韓泰東, 21(禮)-216〕

개관蓋棺　　관 뚜껑을 닫음. 보통 죽음을 뜻한다. 예문 溪邊縛得數間屋 自今以往 直以蓋棺爲期 嘿坐靜玩 過了殘生〔이황李滉, 30-4〕

개납開納　　임금이 마음을 열어 신하의 의견을 받아들임. 예문 昨日與同僚上箚論五不如初 而痛論拒諫之病 亦頗指陳心術微處 而聖批委曲 大加開納 眞聖主也〔정경세鄭經世, 45-359〕

개망開望　　다음 달 보름. 예문 兄主亦欲開望間上京治病耳〔홍경신洪慶臣, 3-57〕

개백開白　　말씀드림. 예문 此中 開白極悚 方合藥而須用淸酒半甁 而四求不得 幸可覓濟否〔이이李珥, 48-29〕

개산開山　　어떤 일을 가장 먼저 시작함. 시조始祖. 예문 臧明經之祖玉林之書 亦在經解中 此是人明末人 而近代說經之家 皆以此人爲開山耳〔김정희金正喜, 33-45〕

개색改色　　새 곡식이 나오면, 창고에 저장했던 묵은 곡식을 팔고 새 곡식을 사들여서 바꾸던 일. '색갈이'라고도 한다. 예문 留衙改色狀題 出於臘初 故卽今該

色輩 不肯循例出給 〔이충익李忠翊, 21(智)-174〕

개석開釋　　해석함. 또는 일깨우고 설명함. 예문 令公來莅已久 旣已察此事情 則何不於彼等說話 委曲開釋 護得平昔相知一箇癡漢 措諸無過之域 反以彼說爲是而敎以停役 有若推波助瀾之爲者 沈思數日 私切惶惑 〔정경세鄭經世, 45-443〕

개소開素　　상喪을 당하여 소식素食을 하던 사람이 다시 육식肉食을 함. 또는 생활상의 금기禁忌에서 해제됨을 이름. 예문 但弟自今始溫舊讀 且已開素云 今當齊議令出避 〔윤구尹衢, 8-11〕

개수改燧　　찬수개화鑽燧改火의 준말. 해가 바뀜을 의미하는 말. 옛날에, 불씨로 쓰는 나무의 종류를 계절마다 바꾼 데서 유래하였다. 개화改火. 예문 天涯懷往 居然改燧 際承華函 慰仰切至 〔신정희申正熙, 051〕

개심槩審　　대강 앎. 예문 去念得接從叔丈人到淸邑所留書 槩審彼中消息 〔채지홍蔡之洪, 23-213〕

개안開眼　　눈이 번쩍 뜨임. 반가움을 표현하는 말. 예문 三峴英老兄 揮場嵬參 稍爲開眼處耳 〔이휘정李彙廷, 44-57〕

개연開硏　　벼루를 엶. 공부를 시작함. 예문 夏課間已開硏否 須勿放心 着勤課做也 〔신좌모申佐模, 43-118〕

개월開月　　다음 달. 예문 盖家間大忌在開月卄六 欲於其前往返 〔박세채朴世采, 3-146〕

개위開慰　　(상대방 소식이 궁금하여 답답하던 마음이) 활짝 열린 듯 시원하게 위로가 됨. 예문 一別忽已隔歲 悠悠懸想 得書開慰良多 〔이정구李廷龜, 44-148〕 → 위사慰瀉

개유開諭　　타일러 설득함. 예문 且聞 寒岡書齋 有鄭三峯集 雙梅堂集 及政經等冊云 此是士夫家希有之冊 而國家典章 多有可考之蹟 幸須開諭院儒 從速搜出借惠 如何如何 〔최석항崔錫恒, 21(禮)-268〕

개익開益　　일깨워 나아가게 함. 예문 如獲寬假優容 使得以進脩開益 有所展拓 則實爲大幸 〔이세구李世龜, 5-131〕

개정開正　　내년 정초. 예문 自開正別立規限 乃可整理已分事 而又得此一重大擔 可歎 〔조긍섭曺兢燮, 44-70〕

개조改厝　　묘소를 옮겨 다시 장사지내는 일. 예문 生上年遭罔極之變 幸蒙恩

改厝 頑命尙延 苟保散秩耳 〔이호민李好閔, 11-190〕 → 면례緬禮, 면봉緬奉, 면양緬襄, 이조移厝

개주開做　　어버이 곁을 떠나 공부하러 감. 김익金熤의 『죽하집』竹下集 14권 〈재찬에게 준 편지〉(與載瓚書)에 "어버이 곁을 떠나 사우師友에게 가는 것을 개주 開做라고 한다"(離親側就師友 名之曰開做)라는 구절이 있다. 예문 君與諸友 如有 上寺或開做 則容接似好 而事有相掣 則亦似未易 奈何 〔안정복安鼎福, 44-93〕

개차改差　　바꾸어 임명함. 예문 山下事 事無巨細 專委座下矣 終是改差墓直 故視若楚越 誠爲慨咄 〔조병응趙秉應, 43-284〕

개초開初　　다음 달 초. 예문 有事完府 開初 欲爲發行 可得拜謁 伏企伏企 〔김고金櫜, 21(禮)-383〕

개초蓋草　　초가집의 지붕이나 담을 이기 위하여 짚이나 억새 따위로 엮은 물건. 이엉. 예문 蓋草急急 覆蓋墻垣可也 〔이관징李觀徵, 13-122〕

개춘開春　　내년 봄. 예문 李中軍卽爲還鄕 約以開春更會耳 〔김원성金元性, 42-28〕

개확慨廓　　부모 상喪을 당하고 난 뒤의 슬픔과 허전한 마음을 표현하는 말. 『예기』禮記 「단궁 상」檀弓上의 "소상小祥에는 슬퍼하고 대상大祥에는 허전하다"(練而慨然 祥而廓然)에서 나온 말이다. 예문 奄過再朞 几筵已撤 朝夕之哭泣無所 終天慨廓之痛 如何可言 〔신정하申靖夏, 21(禮)-438〕

개회介懷　　마음에 둠, 거리낌. 예문 示及遭謗 常事何足介懷 〔이귀李貴, 22-71〕 → 관념關念, 관심關心, 관정關情, 관회關懷

객동客冬　　지난 겨울. 예문 就 羅州鶴洞羅尙濯氏 客冬致書鄙所而 其書云 有往來便於尊丈宅 〔김굉金紘, 027〕

객랍客臘　　작년 연말. 구랍舊臘. 예문 省禮 闃焉暎阻 又此改歲 瞻溯耿然 祗有神往 客臘惠疏 日庸莊誦 悅攀深墨之容 〔심상규沈象奎, 31-58〕

객리客裏　　객지 생활. 예문 客月十九日郵便書二十五日到此 二十三日金相翼便書今月十二日始到 幷知客裏安適 足慰我懷 〔왕수환王粹煥, 37-98〕

객미客味　　객지에 있는 사람의 안부. 예문 記下生 客味此際一倍辛酸 而惟以衙節勻寧 斯幸斯幸 〔박준기朴俊琪, 42-43〕

객사客使　　외국 사신. 청나라 사신을 낮추어 이르는 말. 예문 似聞 客使不久當來 想策應之苦 爲之搔首 〔박태상朴泰尙, 21(禮)-161〕

객사客舍　　각 고을의 관사館舍. 조선 시대에는 이곳에 왕을 상징하는 전패殿牌를 모시고 매달 초하루와 보름에 대궐을 향해 예를 올렸으며, 외국 사신이나 중앙에서 내려오는 관리들의 숙소로도 사용되었다. 예문 鳳孫臥痛 幾死復生 今僅擧頭 病甚殊常 故出避客舍 龍兒等 令學長率去山寺矣 〔김성일金誠一, 12-155〕

객세客歲　　작년. 예문 承拜客歲問札 兼受三種歲儀 拜荷情餉 無以爲謝 〔유상운柳尙運, 44-265〕

객요客撓　　손님이 많아 분주함. 예문 多少客撓 不成狀 〔정호鄭澔, 21(禮)-226〕

객요客擾　　손님이 많아 분주함. 예문 餘適有客擾 不宣 伏惟崇照 拜謝狀上 〔김성탁金聖鐸, 44-50〕

객월客月　　지난 달. 예문 客月三叔姪兩次枉問 迨今感佩 但因此擾甚 乘暮送別 自顧誠薄之歎 尙爾未已 〔안창제安昌濟, 40-176〕

객추客秋　　지난 가을. 예문 客秋擬一攀仙局 亦病不從心 歎恨而已 〔한창수韓昌洙, 31-153〕

객탑客榻　　객지 생활. 예문 生病餘作客 客榻凉甚 決難堪支 可悶可悶 〔이시직李時稷, 21(義)-56〕

객토客土　　객지客地. 타향. 예문 弟客土逢新 親庭消息 無由得聞 〔이징구李徵龜, 41-10〕

객후客候　　객지에 있는 사람의 안부. 예문 卽問令客候何如 懸懸不已 〔이경석李景奭, 31-11〕

갱고更叩　　다시 편지를 보냄. 예문 餘在更叩 姑不備式 甲戌人日 服弟 成運頓 〔성운成運, 5-189〕

갱불更紱　　다시 관직에 나아감. 예문 然若有更紱之意 則方今京尹遞代 以速示之 如何如何 〔구인기具仁墍, 26-137〕

거간居間[01]　　중매. 예문 弟之平生主意 不欲干涉於婚姻居間等事 〔미상, 027〕

거간居間[02]　　중간에서. 예문 頃因鄭都事聞之 則仲氏丈 以居間傳說之多爽 致疑于戚下之內弟云 〔홍석주洪奭周, 31-61〕

거관居官　　벼슬살이. 예문 果然新除降矣 居官徑還 固知公私多掣 而見處想又甚矣 未知如何 〔정원용鄭元容, 26-157〕 → 공사供仕, 공세供世, 부첩簿牒01, 환유宦遊

거구巨口　　농어. 거구세린巨口細鱗의 준말. 소식蘇軾의 〈후적벽부〉後赤壁賦에, "오늘 저물녘에 그물로 고기를 잡았는데, 입은 크고 비늘은 가는 것이 송강의 농어처럼 생겼네"(今者薄暮 擧網得魚 巨口細鱗 狀如松江之鱸)라고 하였다.
예문 惠來簡幅巨口 依領仰謝 〔이건명李健命, 29-22〕

거국去國　　조정朝廷 또는 서울을 떠남. 예문 蒼黃去國 無計拜別 政爾瞻悵 〔조석윤趙錫胤, 22-133〕

거근祛根　　병의 근원을 제거함. 예문 痰處及色澤 雖似稍軟 而祛根然後 可無他慮 牛糞之尙不附貼 或過加重愼 而有此趑趄耶 〔정조正祖, 26-91〕

거대擧大　　대과에 급제함. 예문 其間又擧大 則何等仰慰且賀之至 〔윤두수尹斗壽, 48-27〕

거류居留　　서울 이외의 별도別都나 행궁行宮 소재지에 두던 지방 장관. 유수留守. 예문 居留特簡 是格外異數 〔김정희金正喜, 33-43〕

거빈去邠　　임금이 난리를 피하기 위해 서울을 떠남. 몽진蒙塵. 주 태왕周太王이 빈邠 땅에 있을 때, 오랑캐의 침입을 받아 기산岐山 아래로 옮겨 간 고사(『사기』史記「주본기」周本紀)에서 유래한다. 예문 國事至此 痛哭何言 唱議去邠 三京旋陷 〔김응남金應南, 12-262〕

거사去思　　가고 없는 사람을 간절히 생각함. 예문 此中去思 可謂中流之失柁 昔於東槎之役 鄭錦南專管衆務 一日病臥 行中不知所爲 今之追詠於君 奚啻一日之病臥耶 〔이충익李忠翊, 7-172〕

거상居常　　평소. 예문 每欲進拜軒下 而汨沒未果 居常罪恨 〔김굉金紘, 027〕

거성巨省　　큰 고을. 예문 巨省弊局 有非踈才堪承 而巧値慘歉 接濟已昧 籌劃矯整 何望 〔조강하趙康夏, 53-130〕

거세去歲　　지난해. 거년去年. 예문 去歲權上舍中敏在金泉時 數次來訪講 〔이의조李宜朝, 22-289〕

거수居首　　과거 시험에서 수석을 차지함. 예문 翌日設柑製取百人 居首及第二二人 賜第 〔신좌모申佐模, 43-163〕

거억정居億貞　　꺽정이. 민물고기의 이름. 예문 行年七十 不知所謂老松是檜 所謂櫱木是松 所謂居億貞是鱸魚 〔정약용丁若鏞, 48-153〕

거업擧業　　과거 공부. 예문 自顧一介俗物 薄修擧業 奔走場屋 〔권용정權用正, 39-

221) → 과공科工, 과의科義

거연居然　　어느덧. 예문 黃葉繽紛 居然秋色 垂老感物興懷 有倍常品 伏惟道體主靜萬旺 寶眷均慶否 仰慕區區賤忱之至〔소휘면蘇輝冕, 21(智)-379〕

거영擧贏　　시굴거영時詘擧贏(時詘擧贏)의 준말. 어려운 시국에 도리어 사치스러운 일을 벌임을 가리키는 말.『사기』史記「한세가」韓世家에, "지난해에 진나라가 의양을 빼앗고 금년엔 가뭄이 들었는데, 소후는 이러한 때에 백성을 구휼할 급선무는 하지 않고 도리어 더욱 사치하니 이는 '시굴거영'이라 하는 것입니다"(往年秦拔宜陽 今年旱 昭侯不以此時卹民之急 而顧益奢 此謂時詘擧贏)라는 구절이 있다. 예문 金滄江之栖屑殊方 不憚擧贏之艱 將欲刊其遺稿 自肯擔夯云 此雖出於愛才之公心 而亦嗚嗚然有漸離擊筑 荊軻和之之氣味 此豈但吾黨之光色 眞可謂千載奇事也〔안종학安鍾鶴, 37-83〕

거이遽爾　　갑자기. 거연遽然. 예문 省下遠離 誠切煎悶 然亦不當遽爾圖免矣 深諒〔민영환閔泳煥, 22-361〕

거자擧子　　과거 시험 응시생. 예문 擧子閔見龍 將以悶迫事呈疏 伏望留念生光〔정협鄭協, 39-37〕

거저居諸　　해와 달을 이르는 말. 시간이나 세월의 비유.『시경』詩經「패풍」邶風〈백주〉柏舟의 "해와 달이여 어찌 번갈아 이지러지는가"(日居月諸 胡迭而微)에서 유래하였다. '거'居와 '저'諸는 모두 조사다. 예문 居諸易逝 荏苒之間 遽經叔父祥期 慟割益新〔○명걸○命杰, 027〕

거저籧篨　　곱추, 병신. 또는 쓸모없는 것을 이름. 예문 只緣數十年來 此事爲世籧篨 進不得展白於朝 退無以傳授於人 獨抱遺經 耿耿以終〔한준겸韓浚謙, 45-216〕

거전居殿　　관리의 근무 성적 평가인 전최殿最에서 낮은 등급을 받음. 예문 本州半刺似有居殿之奇 如此則正月內必難發去〔김성일金誠一, 16-22〕

거정居停　　귀양 간 사람이 머물러 있는 곳. 예문 此系居停緊懇 故不得已如是提醒 幸可另記曲施否〔이영익李令翊, 7-174〕

거조擧措　　조치함. 예문 今日擧措 實百世扶道之大段〔정광필鄭光弼, 3-31〕

거창巨創　　큰일. 창창은 '슬프다'의 뜻. 보통 상喪을 당했을 때 쓴다. 예문 才遭巨創 家事壺落 實無聊遣之道〔이만성李晩成, 23-189〕

거촉炬燭　　불을 밝히는 홰와 초. 예문 就煩 家間有祀事 炬燭幸可覓惠耶〔심지

명沈之溟, 21(義)-300〕

거최居最　관리의 근무 성적 평가인 전최殿最에서 상등上等인 '최'最를 받음. 예문 褒貶居最云 善治則常事 而亦幸矣〔김용열金用說, 49-259〕

거토居土　형벌을 받거나, 전최殿最에서 낮은 성적을 받는 것. 예문 伯氏居土 不須爲歎 而旣已大歸 又未免還歸官次 塊處空衙 想少興味 是可慮念〔민종도閔宗道, 44-242〕

건기件記　보낸 물건의 목록. 예문 都在更幅 而考見件記 則二月大宅祀需中 脯則懸以追付 燭則初不入件 抑何故耶〔미상, 41-131〕

건도愆度　몸이 편치 않음. 몸이 아픈 것을 조심스럽게 표현한 말. 예문 第審水土所傷 體履愆度之中 又遭悼姬之慘 驚嘆憂慮 不任區區〔장선징張善澂, 21(義)-425〕 → 건절愆節, 건화愆和, 건후愆候

건도譽度　몸이 편치 않음. 예문 便中得奉惠字 此新年第一信 就伏諗譽度勿藥 唯憂復常〔이만지李萬祉, 14-124〕

건몰乾沒⁰¹　빠지다. 몰두하다. 예문 飯顆山氣味 雖使濃淡合格 聲律俱工 不過成就襴衫條帶而已 曷若一鞭馳出 放浪於山水之間也 第恐兄輩乾沒於穿硯塚筆之間 未能辦此耳〔이보온李普溫, 21(智)-134〕

건몰乾沒⁰²　시세에 따라 부침하다. 예문 弟春夏不讀一卷書 日益乾沒 每思得一僻靜處 靜坐看字 欲免爲一生虛過之人 而計與心違 輒無所就 誠用悶憐〔박태관朴泰觀, 49-271〕

건반健飯　식욕이 좋아 잘 먹음. '반飯'은 '반飯'과 같다. 예문 弟近日頗健飯 而但索租聲喧聒蓬門 最是攢眉處也〔황현黃玹, 37-19〕

건상健相　건강함. 예문 庶品昭穌 綠陰日厚 此來渾履隨晏 仲節健相〔김정희金正喜, 33-49〕

건선健羨　몹시 부러워함. 건健은 심甚의 뜻. 예문 弟役役於待漏之役 緬想鈴齋淸便 秪切健羨而已 盛惠節簹 感荷無已〔김만기金萬基, 23-141〕

건세巾洗　세수를 함. 예문 記下 間嬰寒感 廢巾洗者 今爲十許日〔유진원兪進源, 41-44〕

건수建樹　내세울 만한 일. 예문 弟衰頹日甚 無所建樹 公私俱悶〔김윤식金允植, 35-93〕

건수어乾水魚　　말린 숭어. 예문 聞島中無石首魚及乾水魚云 切欲優呈 而辭以卜重難運 〔송시길宋時吉, 051〕

건순乾筍　　말린 죽순. 예문 然病患所須 不敢不奉施 玆以卅本乾筍三兩門冬 仰呈耳 〔송광연宋光淵, 16-121〕

건시乾柿　　곶감. 예문 盛惠紙墨乾柿 無非厚誼攸及 感戢不能已 〔김만중金萬重, 22-193〕

건양愆陽　　양기陽氣가 지나치게 성하다는 말로, 겨울의 이상난동異常暖冬을 이름. 『춘추좌씨전』春秋左氏傳 소공昭公 4년 조에, 성인이 나라를 다스릴 때는 겨울에는 건양이 없고, 여름에는 복음伏陰이 없었다는 내용이 있다. 예문 愆陽至作霖潦 此亦非瑞應也 〔정경세鄭經世, 45-433〕

건연巾衍　　두건이나 책 등을 담아 두는 작은 상자. 예문 今以送李信叔序一度草呈 而合封於上從氏兄札中 若作刊所之行 納於巾衍中 是望是望耳 〔이직현李直鉉, 40-294〕

건절愆節　　몸이 편치 않음. 예문 弟僅免疾痛 而家兄遠役之餘 仍有愆節 兒子所患 根蔕不輕 其餘憂惱多端 苦未有佳況也 〔유장원柳長源, 32-150〕 → 건도愆度, 건도僭度, 건화愆和, 건후愆候

건치乾雉　　말린 꿩 고기. 예문 惠送乾柿二貼 乾雉三首 靑魚一多音 依領 〔정재숭鄭載嵩, 44-258〕

건화愆和　　몸이 편치 않음. 예문 玆承委札 始審內況愆和 今已向佳 驚慮且慰 〔김상헌金尙憲, 36-26〕 → 건도愆度, 건도僭度, 건절愆節, 건후愆候

건후愆候　　건강이 좋지 않음. 예문 連得京報 伏聞春宮愆候 漸向平復 〔민유중閔維重, 22-179〕

걸가乞假　　걸가乞暇. 휴가를 청함. 예문 嶺南之擬 旣不得 乞假之計又墮空 不知風雨對床何時可遂 〔이황李滉, 5-180〕

걸린乞鄰　　남에게 빌려서 다른 사람을 도와줌. 『논어』論語 「공야장」公冶長의 "누가 미생고를 정직하다고 하였는가? 어떤 이가 식초를 빌리려고 하니 이웃집에서 빌어다가 주는구나"(孰謂微生高直 或乞醯焉 乞諸其隣而與之)에서 나온 말이다. 예문 鄕居堂叔 來過子昏於弟家 而家兄適出做 凡具弟方責應 而其中黑靴曰 借不得 兄之前日所着 如閑置 未可蹔時許借耶 此近於乞鄰 而事勢亦有不得不然

者矣〔홍용조洪龍祚, 6-173〕

걸면乞免　면직해 주기를 애걸함. 예문 今纔呈司乞免 此願若遂 則春間可以往歸泮舍〔이원조李源祚, 027〕

걸면문자乞免文字　사직상소辭職上疏. 예문 數日後欲入乞免文字 而疏紙他無求處 如有餘儲 覓惠如何〔이기홍李箕洪, 23-155〕

걸해乞解　관직에서 해임시켜 주기를 요청함. 예문 谷相被洪御使力詆 移病引入 如得乞解 亦幸也〔김상헌金尙憲, 36-18〕

걸해乞骸　관리가 퇴직을 청함. 걸해골乞骸骨의 준말. 해골을 고향에 묻겠다는 뜻이다. 예문 誠意淺薄 尙未遂乞骸之至願 悶惱度日 悶惱度日〔심희수沈喜壽, 45-233〕

검년儉年　흉년. 예문 侍生南來以後 親候每多欠和 悶煎中又當儉年 接濟之方茫然沒策〔우기정禹冀鼎, 41-158〕→ 검세儉歲, 겸년歉年, 고겸告歉, 기세饑歲, 비무備無, 세겸歲儉, 세겸歲歉, 세쇄歲殺, 쇄세殺歲, 실임失稔, 황세荒歲, 황소荒騷, 흉겸凶歉, 흉황凶荒

검석이장劍舃已藏　칼과 신발을 거두어들임. 임금이 죽음. 헌원軒轅이 죽었을 때 산이 무너지고 관 속은 텅 비어 다만 칼과 신발만 있었다는 고사에서 유래한다. 예문 劍舃已藏 年籥又改 莫逮之痛 中外益切崩隕〔신임申銋, 23-157〕

검세儉歲　흉년. 예문 儉歲民憂 將何以接濟 想多貽惱 旋用慮仰〔정기세鄭基世, 44-140〕→ 검년儉年, 겸년歉年, 고겸告歉, 기세饑歲, 비무備無, 세겸歲儉, 세겸歲歉, 세쇄歲殺, 쇄세殺歲, 실임失稔, 황세荒歲, 황소荒騷, 흉겸凶歉, 흉황凶荒

검압檢押　검토함. 예문 猶庭唱喏之暇 惠連聯床之際 相與叩發名理 撿押禮法 其樂當何如哉〔유인식柳寅植, 44-68〕

겁계劫界　이 험한 세상. 예문 劫界餘生 春挫於塵臼 沒泪於苦海 片隙無間暇 此所謂報佛者緣業耶〔강은거姜殷擧, 41-68〕

겁운劫運　큰 액운. 예문 海營劫運以後 萬念俱灰 況又時象漸潰 未知來頭 將何以調活 憂悶萬萬〔정헌시鄭憲時, 35-129〕

겁회劫灰　커다란 재난을 뜻함. 이 세계가 멸망할 때에 일어난다는 큰불인 겁화劫火로 타고 남은 재. 예문 吾近以泄症腹痛濡症 比前尤甚 可悶 吳兩人及趙也 屢日困辱 若經劫灰 此何身命也〔이언순李彦淳, 44-77〕

격기膈氣　　가슴이 답답한 증세. 예문 宿證膈氣 終年委頓 病憂又如此長時 悲苦悶惱 實難支當 不如身滅無省亦爲安也〔이광려李匡呂, 7-183〕

격화일파隔靴一爬　　신을 신은 채 한 번 긁음. 즉 만족스럽거나 시원하지 못하다는 뜻. 예문 每因李君敬禹 略探候信 而終若隔靴一爬 未足慰耿怨之萬一矣〔홍우길洪祐吉, 29-39〕

견감蠲減　　세금이나 역역 등을 감면減免함. 예문 但厥倅向來河上時 以族親之事 屢發蠲減之請〔미상, 027〕

견과見寡　　→ 현과見寡

견괘罥罣　　얽힘. 연루됨. 예문 泉老在世時 一年二度 省楸之行 歷訪弊廬 種種討論吟嘯 及其成仁也 操文奔哭 當不後於人 而罥罣於俗累 未遂素蘊〔김효찬金孝燦, 37-130〕

견군牽軍　　사람이 타거나 짐이 실린 말을 끄는 마부. 예문 去馬嚴飭牽軍 卽卽回程 無或暫時留滯如何〔김용순金龍淳, 50-61〕

견굴見屈　　(과거에) 낙방함. 예문 舍兄見屈 一家缺望 何可言狀 子安兄得捷 雖云人事之意外 實是科場之例也 本非怪事 栢悅萬萬〔윤의미尹義美, 8-61〕 → 견월見刖

견권繾綣　　생각하는 정이 살뜰함. 예문 君子有容人之量 反惠手狀 致意繾綣 且感且愧 罔知攸謝〔송수근宋壽根, 40-156〕

견권遣眷　　견권繾綣. 예문 忽承故人遣眷之問 不任欣感 忙作一書 以致慇懃耳〔미상, 6-157〕

견마지치犬馬之齒　　견마치犬馬齒. 자기 나이의 겸칭. 예문 賤狀區區犬馬之齒 已享退陶之壽 而積病積衰 百世人人 已極苦悶〔최학길崔鶴吉, 40-332〕

견매繭梅　　상례喪禮를 지냄. 또는 상례 지내는 이의 몸가짐. 『예기』禮記「옥조」玉藻에 "상을 치르는 태도는 낙심한 듯하니, 얼굴은 걱정스러운 듯, 눈길은 놀라 황급한 듯, 말씨는 힘이 없는 듯하다"(喪容纍纍 色容顚顚 視容瞿瞿梅梅 言容繭繭)라고 하였다. 예문 謹伏請哀體護持 繭梅諸節 無他關惱否〔김평묵金平默, 44-124〕

견면遣免　　별 탈 없이 그럭저럭 지냄. 예문 聖鐸奉老遣免 所叨職名 亦已遞解 自此愚分 庶幾粗安〔김성탁金聖鐸, 44-50〕 → 고보姑保, 구보苟保, 근보僅保, 근지菫支, 연견連遣, 열견劣遣, 의견依遣01, 의보依保, 조견粗遣, 조견면粗遣免, 조면粗免, 조보粗保, 조안粗安, 지장支將, 평평平平

견무畎畝　　민간. 예문 近日時事 實係天數 非人之所爲也 何足嘆也 然想未能 忘世 畎畝之憂 庸有旣乎〔조익趙翼, 21(義)-120〕

견벽청야堅壁淸野　　병법의 하나로, 성벽을 견고히 하고, 들판의 작물을 거두고 가옥을 철거하여 적에게 양식이나 숙사宿舍의 편의를 주지 않음. 예문 與其藉寇 而齎粮 孰如堅壁淸野之爲愈乎〔채지홍蔡之洪, 22-259〕

견복甄復　　벼슬을 그만둔 사람을 심사하여 복직시킴. 예문 近況珍迪 當寠適 難 甄復尙遲 悶甚〔정조正祖, 26-27〕

견사遣辭　　말을 구사함. 예문 雖以區區愚憤之激 不顧其他 而遣辭失當〔이유태李惟泰, 4-171〕

견상遣狀　　지내는 형편. 예문 查下新年遣狀 猶似去年 而但恨年光添一 志氣漸衰〔안희원安禧遠, 53-160〕

견양見樣　　'겨냥'의 취음取音. 견본. 예문 網巾見樣 付于伯玄 明春上來持來如何〔이유승李裕承, 42-70〕

견양見㨾　　견양見樣. 예문 大門釘鍼 當造送 其釘之大小 以木頭見㨾 薄鐵 以紙見㨾 以送爲妙〔조속趙涑, 21(義)-249〕

견여肩輿　　두 사람이 앞뒤에서 메는 가마. 예문 跋涉固不敢望 雖肩輿代步 未可一動耶〔이상룡李相龍, 40-244〕

견월見刖　　과거 시험에 응하였다가 떨어짐. 예문 僕衰病依昨 令胤頃來省試 如奉元賓深慰 但見刖而歸 是用咄咄〔김영조金榮祖, 44-43〕→ 견굴見屈

견임見任　　관리로 임용됨. 예문 近間何況 見任須待守也之出脚 同其去就也〔정조正祖, 26-43〕

견탈見頉　　→ 현탈見頉

결가結價　　토지에 대한 조세액. 예문 貴邑木結價 已酌定云耶〔이상학李象學, 41-40〕

결결缺缺　　섭섭함. 예문 關山遠別 固爲朋儕之缺缺 況兄情理又切者乎〔이경휘李慶徽, 23-105〕

결득決得　　승소 판결을 받음. 예문 其中一婢在於新溪 有崔姓稱名者 託以買得 不爲出給 故訟於本縣 已爲決得 而崔漢本以頑悍百姓 仍執不出 幸望治其決後仍執之罪 如何如何〔정시성鄭始成, 16-117〕

결렴結斂　　결세結稅(토지세)에 덧붙여 돈이나 곡식을 거둬들이는 일. 예문 第 勅行卄五六日間抵京 而結斂條上送〔김종한金宗漢, 31-128〕

결망缺望　　실망스러움. 예문 聞又生女 殊爲缺望 然無事分娩爲幸〔김양행金亮行, 23-235〕

결복闋服　　삼년상을 마침. 탈상脫喪. 예문 親私兩家侍下 有難遲延 此豈不念及 而今則已闋服 勢將以明年春夏過行〔김상구金尙耈, 34-26〕

결색結轖　　마음이 울적하여 풀리지 않음. 예문 令姑無上來之事 會面未易期 只每結轖而已〔이진순李眞淳, 7-204〕

결연缺然　　안타까움. 아쉬움. 예문 第秋夕在近 倩君之去 無物稱情 爲之缺然〔우구하禹龜夏, 41-165〕

결제闋制　　삼년상을 마침. 복결服闋. 예문 戚從弟 居然闋制 痛廓愈深 奈何〔이익구李翊九, 53-39〕

결탄缺歎　　안타까움. 섭섭함. 예문 其在遠情 殊極缺歎〔나만갑羅萬甲, 4-148〕

결탄缺歎　　안타까움. 서운함. 섭섭함. 예문 今距開月下丁不遠 其前無路圓成兩篇文字 季父亦以此深以爲缺歎矣〔윤심형尹心衡, 6-199〕

결한缺恨　　안타까움. 서운함. 예문 初六婚事果無進退否 遠外想多缺恨〔김양택金陽澤, 25-22〕

결활契濶　　멀리 떨어져 있음. 『시경』詩經 「패풍」邶風 〈격고〉擊鼓의 "죽든 살든 멀리 떨어져 있든 함께하자고 그대와 약속하였네"(死生契濶 與子成說)에서 나온 말이다. 예문 今日乃成服 悼亡之痛 想益難堪 恨不面慰此懷 雖然吾人平日旣有所養 當死生契濶之際 此心之明 其必有曲當不亂處〔조성기趙聖期, 44-134〕

결회缺懷　　섭섭함. 아쉬움. 예문 江界令兄 不肯過臨 缺懷萬萬〔이명한李明漢, 23-71〕

겸년歉年　　흉년. 예문 第因此失一良倅 歉年送迎 亦極有弊 是可歎惜也〔조태구趙泰耉, 21(禮)-318〕→ 검년儉年, 검세儉歲, 고겸告歉, 기세饑歲, 비무비無, 세겸歲儉, 세겸歲歉, 세쇄歲殺, 쇄세殺歲, 실임失稔, 황세荒歲, 황소荒騷, 흉겸凶歉, 흉황凶荒

겸대兼帶　　두 가지 이상의 직무를 겸함. 겸임兼任. 예문 但以兼帶爲未安 欲陳情乞免 期以必遞耳〔미상, 45-315〕

겸인慊人　　청지기. 예문 稽顙言 慊人來致辱復札 恭審春暮政履增福 區區曷勝仰慰〔이만성李晩成, 6-78〕

겸창歉悵　　서운함. 안타까움. 예문 辭朝之日 竟未得拚別 至今歉悵〔김창집金昌集, 23-163〕

겸추鉗鎚　　겸겸은 쇠집게, 추鎚는 쇠망치. 둘 다 쇠를 단련하는 도구로, 공부하는 이들이 열심히 공부하도록 엄하게 훈련시킨다는 말. 예문 賢允課程 日受鉗鎚 村內大都僥平安 聖叟華卿 想文思日進矣〔강건姜楗, 41-199〕

겸탄歉歎　　부끄럽고 안타까움. 미안하고 아쉬움. 예문 若而墨丁 前多所造 已散於京裡親舊 ○○只爲記付充資 而餘數不敷 所呈 如是些略 亦且後時 不勝歉歎〔홍중하洪重夏, 21〔禮〕-306〕│ 頃承兄問札 而便還未及知 不得修敬 洎用歉歎〔이여李畬, 23-159〕

겸한歉恨　　미안하고 아쉬움. 예문 不得追拜 第切歉恨 只歎故人情薄〔미상, 027〕

경京01　　서울. 예문 餘因入京便 淩遽艸謝 不旣 伏惟台照 狀上〔이덕수李德壽, 21〔禮〕-398〕

경京02　　북경北京. 예문 卽因來价 得審兄候萬重 仰慰仰慰 弟自京還 又得傷寒 苦苦度日 悶極〔이완李浣, 21〔義〕-322〕

경강京江　　서울 뚝섬에서 양화도楊花渡 사이의 한강을 이르는 말. 예문 末醬數石 自安東來置郡奴鳳鳴家 曾看郡船 春夏間則例載米粮到京江 伏希特敎該吏 載送否耶〔미상, 22-379〕

경개傾盖　　수레를 타고 가다가 서로 만나 수레를 세우고 잠깐 이야기함. 수레를 세우면 일산(盖)이 앞으로 기울게 되므로 생긴 말. 예문 窃念兄長枕之樂 傾盖之歡 自失於弟 而有供於兄 然不久弟當往 而攘還矣〔김동삼金東三, 40-58〕

경겁經劫　　액운을 겪음. 예문 甲戌經劫之後 尙未抱孫 萬念熏灼 頓沒生人意〔이장오李章五, 31-69〕

경결耿結　　잊지 못하여 마음속에 맺힘. 예문 別懷耿結 殆今作惡 意外承拜令札 憑審視篆起居珍相 感慰無已〔이관명李觀命, 23-193〕

경경耿耿　　그리워 잊지 못하는 모양. 예문 寸心耿耿 每嘆再會之難 此承惠翰 多愧先施〔김창흡金昌翕, 21〔禮〕-254〕

경계境界　　상황. 예문 吾病遇寒益甚 已無望爲完人 而旣遞還躓 心恙大發 終

當陷於罪而後已 悶迫如何如何 室人所患 亦非細云 旅懷尤難耐遣 此境界 誠非人所可堪也 〔권유權愈, 21(禮)-120〕

경계지우庚癸之憂　　흉년의 식량 조달에 대한 걱정. 경庚은 서방西方에 속하여 곡식을 주관하고, 계癸는 북방北方에 속하여 물을 주관하기 때문에 고대 진중陣中에서 양식과 음료를 가리키는 은어로 사용된 데서 유래한다. 예문 庚癸之憂 轉以相逼 假貸道絶 買賣亦塞 天將劉我 奈何奈何 〔윤두서尹斗緖, 48-117〕

경고庚鼓　　아주 더운 날씨. 예문 卽者庚鼓 仕履起居連得神相否 〔미상, 027〕

경과慶科　　나라에 경사慶事가 있을 때 실시하는 과거 시험. 예문 聞慶科以增廣 當行明春 亦可同苦如今夏耶 〔김창업金昌業, 21(禮)-300〕

경광耿光　　상대방에 대한 미칭美稱. 예문 伏聞君子謙謙自修 而相距數百里 未能獲承耿光 自慙虛負一生也 〔왕수환王粹煥 등, 37-62〕

경구京口　　서울. 예문 續承令遠札 伏審入夏來 令體履萬福 浣慰不已 京口粗免 而處處喪患 可驚 〔미상, 22-377〕 → 경국京國, 경사京師, 경조京兆, 경화京華, 낙추雒, 낙중洛中, 낙하洛下, 도하都下, 서서西, 수문脩門

경구敬具　　삼가 아룀. 편지 끝에 쓰는 말. 예문 敬具 滄菴生 朴魯重 拜手 〔박노중朴魯重, 37-135〕

경국京國　　서울. 예문 寅嶺外過年 倍切京國之戀 而病情一味無損 悶人悶人 〔조인영趙寅永, 44-177〕

경궤經几　　경서經書를 공부하는 사람에게 편지를 보낼 때 봉투에 쓰는 말. 예문 石灘 貞山經几下 將命者 〔손종수孫鍾壽, 000(봉투)〕 → 경안經案, 경좌經座, 경황經幌

경균도름傾囷倒廩　　곳간에 쌓아 둔 곡식을 다 내놓음. 또는 마음속에 품은 생각을 모두 다 말함. 예문 今行信宿 天雨會事 傾囷倒廩 似無餘蘊 〔이면인李勉人, 7-155〕

경기經紀　　계획하여 처리함. 예문 細奉 仰想感舊采切 而何以經紀耶 爲之獻念耳 〔이상현李象顯, 41-49〕

경도傾倒　　마음속에 있는 것을 남김없이 말함. 예문 又懼其僻處下土 而聞見之未詳也 擧前後可考文字 而傾倒以出之 使免於不知而妄作 〔홍석주洪奭周, 31-60〕

경도耿禱　　그리워하며 기도함. 예문 伏審 侍餘服中體韻 一例旺護 區區伏慰

深符耿禱 〔권응기權應蘷, 31-92〕

경란지보耿蘭之報　　부고訃告. 당나라 문장가 한유韓愈의 하인 중에 경란耿蘭이란 자가 부고를 전한 데서 유래함. 예문 未聞視疾之寄 遽承耿蘭之報 細惟僉孝思號賈 何足堪處 〔유연박柳淵博, 40-200〕 → 애음哀音, 흉음凶音

경리經履　　경서經書를 공부하는 이의 안부. 예문 悲意林上舍便 又奉手筆 益覺眷我之勤至也 以審棣床經履衛重 〔장복추張福樞, 44-59〕 → 경체經體, 경후經候

경모京毛　　서울 소식. 예문 以京毛言之 則別無可聞可見之機 〔김봉술金鳳述, 49-256〕 → 낙모洛耗, 서모西毛, 서신西信

경모京耗　　서울 소식. 예문 京耗 左台被無限醜辱出城 尙未造朝 江留又投疏 伸救宣卜 而批旨嚴峻云矣 〔김보택金普澤, 22-241〕

경문傾聞　　궁금함. 예문 婦阿荷庇無擾否 姑切傾聞 〔유도헌柳道獻, 027〕

경문慶問　　축하 인사. 예문 頃奉咫尺之書 修致慶問 竊計已獲關聽矣 〔정극상丁克相, 41-20〕

경변慶忭　　나라의 경사를 기뻐함. 경변慶抃. 예문 省式 上天眷佑 聖痘康復 臣民慶忭 八城同情 〔조헌영趙獻永, 31-86〕

경보瓊報　　상대방이 보내 준 것에 보답함.『시경』詩經「위풍」衛風〈목과〉木瓜의 "나에게 목과를 던져 주었는데, 아름다운 옥으로 보답하였네. 보답했노라고 여기지 않음은 길이 우호를 하고자 해서이네"(投我以木瓜 報之以瓊琚 匪報也 永以爲好也)에서 나온 말이다. 예문 屢荷珍貺 愧乏瓊報 玆以薄種 爲伸微悰 〔이상선李象先, 41-53〕

경복更僕　　경복난수更僕難數의 준말. 시중드는 사람을 교대시켜도 다할 수 없을 정도로 일이 번잡한 것을 형용하는 말. 예문 世間萬事 眞無所不有 正使相對更僕猶且說不盡 況可以筆札道耶 直須付之忘言而已 〔정경세鄭經世, 45-453〕

경불更紱　　→ 갱불更紱

경사京師　　서울. 예문 仰觀辰極 當差幾度 而無儀器可測 風氣大異於京師 儘乎 吾東疆域爲中國縮本也 〔신석우申錫愚, 26-213〕 → 경구京口, 경국京國, 경조京兆, 경화京華, 낙雒, 낙중洛中, 낙하洛下, 도하都下, 서西, 수문脩門

경사京褫　　서울에 온 역편驛便. '사'褫는 '체'遞와 통용된다. 예문 因京褫 承拜令問札 憑審秋來 令政履增迪 欣慰不容喩 〔민진후閔鎭厚, 23-187〕

경사京肆　　서울의 시장市場. 예문 教五味子 昨年此物全不結 例納數斛 無一掬所捧 幼女染茜之須 買來於京肆 〔채팽윤蔡彭胤, 21(禮)-376〕

경색哽塞　　목이 멤. 예문 未由面陳 臨紙哽塞 〔민정중閔鼎重, 23-125〕

경서京書　　서울에서 보내온 편지. 예문 此道之虎 今已上去云耶 昨見京書 兩南之外 諸道之虎 皆已還朝云耳 〔이장영李長英, 7-214〕

경서庚暑　　삼복더위. 예문 即伏惟庚暑 兄仕履神相 第阻音徽 只自悵慕 〔나양좌羅良佐, 47-153〕 → 경열庚熱

경석慶席　　경사를 축하하는 자리. 주로 과거 합격을 축하하는 잔치를 말한다. 예문 悚稟 侍生家慶席 將行於十八日 而侍生方鎖直廬 同僚又將呈告 唱榜之前 無脫出之路 伏悶如何 〔김좌명金佐明, 6-102〕

경설瓊屑　　상대방의 목소리에 대한 미칭美稱. 예문 際玆華函入手 拭青圭復悅如接芝宇而聽瓊屑 〔김두흠金斗欽, 31-80〕

경소곡저鏡掃鵠竚　　거울처럼 깨끗이 청소하고 고니처럼 목을 길게 뽑고 기다림. 예문 倘肯枉 看此梅 醉此酒 共享此樂否 鏡掃鵠竚耳 〔홍우길洪祐吉, 26-223〕

경수瓊樹　　옥과 같이 아름다운 나무라는 뜻으로 상대방의 고결한 인격을 비유하는 말. 상대방에 대한 미칭美稱. 예문 思竭瓊樹 歲又改矣 忽承手翰 差慰鬱結 〔조경趙絅, 39-77〕

경시經始　　경영經營에 착수함. 예문 示意謹悉 值此歲儉 經始巨役 如有請起之擧 豈無顧助之道乎 〔이인엽李寅燁, 21(禮)-282〕

경안經案　　경서經書를 공부하는 책상. 경서를 공부하는 사람에게 보내는 편지의 봉투에 쓰는 말. 예문 石灘 經案下 下執事 〔신언직申彥稷, 000(봉투)〕 → 경궤經几, 경좌經座, 경황經幌

경앙傾仰　　우러러 그리워함. 예문 即伏聞行軒來住花谷 聲光密邇 傾仰何量 〔이세필李世弼, 5-124〕

경앙景仰　　우러러 그리워함. 『시경』詩經 「소아」小雅 〈거할〉車舝의 "높은 산을 우러러 보며 큰 길을 행하도다"(高山仰止 景行行止)에서 나온 말이다. 예문 伏惟際玆窮律 文體百福 靜裏視玩 想多有人所不及知之樂 遠外之嚮風斂袵 實勞景仰之摯 〔허찬許巑, 31-175〕 → 경앙傾仰, 경현耿懸, 공소拱溯, 공소貢愫, 관송款誦, 교송翹誦, 소溯, 소념溯念, 소앙遡仰, 소왕愫往, 송복誦服, 앙모仰慕, 앙소仰溯, 앙소昂

溯, 연사戀思, 연소戀傃, 연소戀遡, 연앙戀仰, 첨경詹頸, 첨련瞻戀, 첨모瞻慕, 첨상瞻想, 첨소瞻溗, 첨소瞻溯, 첨소瞻遡, 첨송瞻誦, 첨송詹誦, 첨영詹咏, 첨왕瞻迬, 첨주瞻注, 첨향瞻嚮, 첨현瞻懸, 치상馳想, 치소馳傃, 치소馳泝, 치소馳遡, 치정馳情, 하소葭溯, 향소嚮傃, 향앙向仰, 현경懸頸, 현기懸企, 현념懸念, 현련懸戀, 현상懸想, 현소懸傃, 현소懸遡, 현앙懸仰, 현향懸嚮, 현현懸懸

경열庚熱　　삼복더위. 예문 庚熱宦學兩優 以副遠望 〔김성일金誠一, 3-25〕

경염庚炎　　삼복더위. 예문 庚炎比酷 常以侍奉起居爲慮 卽承書問 仍審歡侍萬安 良用慰豁 〔이경여李慶輿, 23-55〕

경외京外　　서울과 지방. 예문 差祭事 今番京外各處 獻官員數甚多 分排極難 而旣聞實有病患 卽欲變通 但單子已入啓 無如何矣 〔이광좌李光佐, 21(禮)-403〕

경위傾慰　　후련함과 위로됨. '경'傾은 답답함을 쏟아 버려 가슴이 후련하다는 뜻. 예문 瞻傃中 卽奉耑札 備審炎霆 字履起居有相 傾慰倍品 怳若披霧 〔이후산李後山, 21(義)-279〕 → 위옥慰沃, 위완慰浣, 위활慰豁, 피위披慰

경일頃日　　지난번. 예문 頃日承主簿之邀 進參賢姪慶席 悲喜兩極 〔미상, 22-379〕 → 이래邇來01, 주석疇昔, 향간向間01, 향래向來02, 향자向者

경장瓊章　　타인의 시문詩文에 대한 미칭美稱. 예문 第所勝瓊章 累累盈幅 故不揆才盡 妄擬釜和 僅就一篇 終不能成章 所以幷書也 〔황현黃玹, 37-27〕

경전지하鯨戰之蝦　　고래 싸움의 새우라는 말로, 강자들이 다투는 틈에 끼인 약자를 일컬음. 예문 但毛將領兵向義州 必欲窺捕虜兵之捍後者 我國恐或爲鯨戰之蝦 此則吾之私憂也 〔정경세鄭經世, 45-403〕

경절磬折　　경쇠 모양으로 허리를 굽혀 절함. 상대방을 공경한다는 의미. 예문 民雖病蹇 方磬折習拜 起以待下車 其時如無大段事故 當趣命 〔김안국金安國, 21(仁)-72〕

경정徑庭　　급히 가로질러 감. 예문 傳又云 莫知其苗之碩 到得苗碩之後 更督允君 不可以徑庭 〔김정희金正喜, 33-41〕

경정逕庭　　차이가 현격함. 예문 惟今之計 固當急備財力 買置墓田 兼治石物 以識士大夫家墳山 而諸孫貧窮 無他出力之路 勢當斥賣奴婢 以成兩件事 而彼此事情 不無逕庭携異之勢 〔강찬姜酇, 41-76〕

경제庚弟　　동갑내기에 대하여 자기를 낮추어 이르는 말. 예문 己卯除夕 庚弟

慶後頓 〔박경후朴慶後, 21(禮)-200〕

경조京兆⁰¹　　서울. 한대漢代에 장안長安을 경조京兆·풍익馮翊·부풍扶風 세 구역으로 나누었던 데서 나온 말이다. 예문 示意覽詳 而五日京兆 尙不可爲官 況兼官乎 〔이상학李象學, 41-39〕 → 경구京口, 경국京國, 경사京師, 경화京華, 낙雒, 낙중洛中, 낙하洛下, 도하都下, 서西, 수문脩門

경조京兆⁰²　　한성부漢城府의 별칭. 예문 京兆 亞尹 執事 〔어재연魚在淵, 21(智)-386(봉투)〕

경좌經座　　경서經書를 공부하는 사람에게 보내는 편지의 겉봉에 쓰는 말. 예문 王斯文粹煥氏 經座下 回納 朴權二兄斯文 亦雷覽如何 〔하겸진河謙鎭, 37-144(봉투)〕 → 경황經幌

경주傾注⁰¹　　그리워함. 예문 每念昔日 逢迎欣倒之時 未嘗不悵悒傾注 〔○이상○履相, 027〕

경주傾注⁰²　　상대방이 자신에게 마음을 써 줌. 예문 誦服聲華之餘 獲拜賜問 遠地傾注 認是百世之誼分 〔이한구李漢久, 53-184〕

경주인京主人　　경저리京邸吏. 고려·조선 시대에, 중앙과 지방 관아의 연락 사무를 담당하기 위하여 지방 수령이 서울에 파견하던 향리鄕吏. 예문 頃日到咸陽 適逢去便付書 傳否 如或未傳 送人問于京主人 推見爲可 〔이진급李眞伋, 7-200〕 → 저리邸吏

경지景祉　　큰 복. 예문 緬惟新年春事珍衛淸和 三政可以妥順 景祉吉禱 〔이하응李昰應, 35-78〕

경찰京察　　도목정사都目政事. 6월과 12월에 행하는 관리들의 정기인사. 예문 戚弟服人 久據重任 纔行京察 擬又陳懇 顒祝恩諒耳 〔정기세鄭基世, 44-140〕 → 도정都政, 도목정都目政

경첩庚帖　　사주단자四柱單子. 예문 辱及盛意 玆庸敢請 令抱庚帖回示 伏望 〔이순의李淳儀, 43-263〕

경체經體　　경서經書를 공부하는 사람의 안부. 예문 伏惟重闈萬壽事加護 定餘經體萬衛 〔권세연權世淵, 32-170〕 → 경후經候

경해謦咳　　어른의 담소, 또는 가르침. 예문 願讀其文者 已不啻汲汲矣 況中煥之嘗親被謦咳 而付托事契之末者哉 〔안중환安中煥, 37-153〕

경해謦欬　　윗사람을 직접 뵙고 이야기를 나눔. 윗사람의 말씀을 '기침소리'로 비유한 표현. 『장자』莊子 「서무귀」徐无鬼에 "저 사람이 없는 곳으로 간 사람이 명아주풀 우거진 족제비 다니는 길에서 서성거릴 때에는 사람 발소리만 들어도 기뻐한다. 하물며 형제나 친척의 바로 곁에서 이야기를 나눈다면 어떠하겠는가"(夫逃虛空者 藜藋柱乎鼪鼬之逕 踉位其空 聞人足音跫然而喜矣 而況乎昆弟親戚之謦欬其側者乎)라는 구절이 있다. 예문 久闕奉候 伏戀方切 伏承尊下書 伏審霖雨餘 尊體起居神相萬安 伏慰伏感 不翅如承謦欬〔조사석趙師錫, 21(禮)-112〕

경해鯨海　　큰 바다. 예문 鯨海渺茫 消息難知 抑或如崔溥之久而後得返者耶〔미상, 3-60〕

경향傾嚮　　그리움. 예문 卽聞從御臨止興院, 道體崇毖 益令人傾嚮〔권진응權震應, 22-271〕

경허傾許　　존중하고 인정함. 예문 萬之於兄 傾許者久 而荷眷亦隆矣〔유만식柳萬植, 44-72〕

경현耿懸　　잊지 못하고 그리워함. 예문 班聯暫展 經時耿懸〔김정희金正喜, 33-45〕 → 경앙傾仰, 경앙景仰, 공소拱溯, 공소貢傃, 관송欸誦, 교송翹誦, 소溯, 소념溯念, 소앙遡仰, 소왕傃往, 송복誦服, 앙모仰慕, 앙소仰溯, 앙소昂溯, 연사戀思, 연소戀傃, 연소戀遡, 연앙戀仰, 첨경詹頌, 첨련瞻戀, 첨모瞻慕, 첨상瞻想, 첨소瞻漆, 첨소瞻溯, 첨소瞻遡, 첨송瞻誦, 첨송詹誦, 첨영詹咏, 첨왕瞻迬, 첨주瞻注, 첨향瞻嚮, 첨현瞻懸, 치상馳想, 치소馳傃, 치소馳泝, 치소馳遡, 치정馳情, 하소葭溯, 향소嚮傃, 향앙向仰, 현경懸頌, 현기懸企, 현념懸念, 현련懸戀, 현상懸想, 현소懸傃, 현소懸遡, 현앙懸仰, 현향懸嚮, 현현懸懸

경현輕儇　　사람의 성품이나 언행言行이 진중하지 못하고 가벼움. 예문 至於某人 則決難越視 大抵後輩輕儇自謂解事 而往往僨誤如此 可歎〔황현黃玹, 37-31〕

경화京華　　번화한 서울. 예문 渠之所讀 四書詩書 文理亦稍生 而但在山中 不可不早見正於台執炷轄 兼看京華諸節耳〔김낙현金洛鉉, 22-333〕

경황經幌　　경서經書를 공부하는 사람을 지칭하는 말. 예문 拜上農山兄經幌下〔이직현李直鉉, 40-294〕 → 경궤經几, 경안經案, 경좌經座

경후經候　　경서經書를 공부하는 사람의 안부. 예문 伏惟西風懍慄 經候萬重 衛道有相 允玉侍學俱勝〔송준필宋浚弼, 40-160〕 → 경리經履, 경체經體

계契　　친하고 의기가 투합하는 사람. 예문 仲季兩契前 忽忽不別有書 可同照 〔신석번申碩蕃, 22-115〕

계啓⁰¹　말씀드림. 알림. 예문 侍教生尹澄之再拜啓 〔윤징지尹澄之, 4-42〕

계啓⁰²　길을 떠남. 출발함. 예문 伏惟此時尊履神相 嶠南行旆 想啓在邇日 區區哀溯 不能弛也 〔이세구李世龜, 3-96〕 → 계가啓駕, 계로啓路, 계정啓程, 발정發程, 착편着鞭, 책편策鞭, 취도就途

계가啓駕　길을 떠남. 예문 稽顙 啓駕後 驟凉旋熱 翹往釆勤 〔민규호閔奎鎬, 44-213〕 → 계계02, 계로啓路, 계정啓程, 발정發程, 착편着鞭, 책편策鞭, 취도就途

계감契勘　대조해 본 결과 일치하여 마감함. 예문 別紙皆奉覽 大體契勘甚幸 〔김양행金亮行, 23-235〕

계거啓居　안부. 예문 中間再書 訖用慰荷 第此昏儂 不克有所奉報也 遠惟履端雅履啓居萬重 〔박세채朴世采, 23-137〕 → 계처啓處, 기미氣味, 기처起處, 기체氣體, 동인動引, 동정動定, 동지動止, 범백凡百02, 범절凡節, 이용履用, 이음二音, 이자二字, 정인鼎茵, 정인鼎裀, 진간震艮, 한훤寒暄, 행주行駐, 흥거興居

계군季君　상대방의 아우를 지칭하는 말. 예문 季君歲前喪耦以來 不可自任內幹 故率去柳妹而任家 〔김봉규金鳳奎, 40-76〕

계극棨戟　붉은색 또는 검은색 비단으로 싼 창槍. 행차 중의 병사兵使나 수사水使를 가리키는 말. 예문 棨戟之發 適有采薪之憂 不得拜別 迨用罪恨 〔박태순朴泰淳, 21(禮)-259〕

계기啓期　계빈啓殯할 날짜. 즉 발인하여 장지로 떠나는 날짜. 『의례』儀禮 「기석례」旣夕禮에 "유사가 주인에게 계빈啓殯을 할 날짜를 물어서 빈객에게 그 날짜를 고해 준다"(請啓期 告于賓)라는 구절이 있다. 예문 客年至月初 因光陽便 得承令阮丈訃告 及襄禮啓期 卽當蒲伏趨慰 巧値迎婦 未得抽身 歎咄何及 〔윤종균尹鍾均, 37-133〕

계달啓達　임금에게 의견을 아룀. 예문 向來筵中都憲 啓達之語 生亦親聞於都憲 雖似峻斥 而無非籠絡之計 令兄近日疲困多矣 可笑可笑 〔이시발李時發, 45-343〕 → 계문啓聞

계등溪藤　종이. 중국 섬계剡溪에서 생산되던 등나무로 만든 종이. 예문 且捐好溪藤 畵大鶴一雙 使之○壁 俾作病裏山齋之玩 〔송준길宋浚吉, 22-139〕

계등鷄燈　　닭 모양으로 만든 등. 사월 초파일에 학, 오리, 거북 등 다양한 동물 모양의 등을 만들어 걸었다고 한다. 예문 少小徵逐 結契殊深 書舍鷄燈 歷歷如昨日事〔이기정李基定, 40-222〕

계란지골鷄卵之骨　　상한 계란. 복이 없는 사람은 아무리 좋은 기회를 만나도 덕을 보지 못하는 것을 비유하는 말. 계란유골鷄卵有骨.『송남잡지』松南雜識 권5 방언류方言類에, "계란유골은 민간에 전하기를, 방촌尨村 황희黃喜가 비록 지위는 재상이었지만, 음식이 부족하여 늘 굶주려 얼굴이 누렇게 뜨고 파리하였다. 그래서 임금이 비답을 내려 하루 동안 남문에 들어오는 물화物貨를 모두 주도록 하였는데, 마침 큰비가 내려 들어오는 것이 없었다. 저녁이 되어 계란 한 포가 왔는데, 삶아서 먹으려고 하니 모두 곯았다고 한다. '골'骨은 '괴'壞의 방언으로, 곧 '단'殰(곯다)이다"(鷄卵有骨 諺傳 黃尨村 雖位尊宰相 然食數不足長頷顑 故御批一日南門所入物貨盡賜矣 適大雨無所入 及暮有鷄卵一包來 烹將食之 皆有骨 骨方言 壞也 卽殰)라는 이야기가 있다. 예문 汝輩雖幸得參榜 而左右邑皆有事 至於狀啓云 恐亦終爲鷄卵之骨也〔미상, 26-247〕

계로啓路　　길을 떠남. 예문 況紆以嘉約 何跂如之 未知今明果啓路不〔김종후金鍾厚, 23-239〕 → 계계啓02, 계가啓駕, 계정啓程, 발정發程, 착편着鞭, 취도就途

계문啓聞　　임금에게 글을 올려 보고함. 예문 今已啓聞 未知結末之如何耳〔김집金集, 22-93〕 → 계달啓達

계방契坊　　역역과 세세를 면제 받고, 아전들이 쓰는 경비를 계를 모아서 조달하는 마을. 혹은 그런 관계를 가리킬 때에 비유적으로 쓰기도 함. 계방契房.
예문 所欲面討者非一 而今已緯繻 前期又杳潤 無論彼此 非平日情誼所當然者 後日恐不可復論吾輩契坊矣〔이태중李台重, 21(禮)-504〕

계방季方　　훌륭한 동생. 보통 남의 동생을 일컫는 말.『세설신어』世說新語 「덕행」德行에, 진심陳諶은 후한後漢 때 사람으로 형 진기陳紀와 함께 명망이 높았다. 진기의 아들 군군과 진심의 아들 충충이 서로 자기 아버지의 공덕이 더 높다고 우기다가 결정을 짓지 못하고 조부 식식寔에게 묻자, '원방元方(진기의 자)의 형 되기 어렵고 계방季方(진심의 자)의 아우 되기 어렵다'고 한 데서 유래한 말이다.
예문 以上所白 爲先輪照於季方氏及諸同志 如何〔김상국金祥國, 37-50〕

계방桂坊　　왕세자의 시위侍衛를 맡아 보던 세자익위사世子翊衛司를 이름.

예문 歲元正出膺洗馬啣 仍上直桂坊 〔정병조鄭丙朝, 35-120〕

계백桂魄 달의 이칭異稱. 예문 暄氣初收 瓊蠟淸泠 雲歛天末 桂魄揚輝 可尋宿約 以申娛玩 玆爲送輔 其能惠然 之子期宿來 孤琴候蘿逕 正爲今日道也 〔윤선도尹善道, 8-47〕

계복稽復 답장이 늦음. 예문 曩拜寵帖 稽復爲悵 〔오희상吳熙常, 22-305〕 → 계사稽謝

계복稽覆 답장이 늦음. 예문 尙且稽覆 雖緣賤家私故 不敢之罪 不敢自恕 〔안종학安鍾鶴, 37-83〕

계본啓本 신하가 정무政務에 관하여 임금에게 상주上奏하는 문서. 예문 啓本時恨未及見 然想必斟酌得宜 豈有輕率之理 〔김익희金益熙, 22-155〕

계분契分 교분. 예문 閒座與靈岩倅契分甚厚 其地居崔也處 所推一數銅 卽地督捧 以送如何 〔김성근金聲根, 42-24〕

계빈啓殯 조문객에게 빈소를 엶. 예문 葬期卜在那日 頃於啓殯之際 適有負薪之憂 未得相紼 若負平昔 愴歎如何 〔이세구李世龜, 21(禮)-199〕

계사啓辭 논죄論罪에 관하여 임금에게 올리던 글. 또는 벼슬이나 어떤 물건을 내려 준 데 대하여 임금에게 글을 올려서 사양하던 일. 예문 久中以啓辭 明日不發 三四日後行發 久中獨爲上去云云 〔미상, 43-48〕

계사稽謝 답장이 늦음. 예문 季秋惠訊 適値遑遽 稽謝至今 悚仄良多 〔박문호朴文鎬, 37-86〕 → 계복稽復, 계복稽覆

계상稽顙 상중喪中에 있는 사람이 편지의 서두에 쓰는 표현. 극도의 근신을 의미함. 예문 稽顙 音徽積闋 悵仰政勤 〔조봉진曺鳳振, 21(智)-91〕

계상재배稽顙再拜 이마를 조아려 두 번 절을 함. 상중喪中에 있는 이가 편지의 서두에 쓰는 표현. 예문 世龜稽顙再拜 伏惟此時尊履神相 〔이세구李世龜, 3-96〕 → 재배언再拜言

계생契生 자신을 일컫는 말. '계契'는 의기가 투합한다는 뜻. 예문 略此不備謝上 癸丑仲秋朔日 天嶺 契生 盧普鉉 拜覆 〔노보현盧普鉉, 37-150〕

계서鷄黍 닭을 잡아 국을 끓이고 기장으로 밥을 지어 특별히 융숭하게 대접하는 것을 이름. 『논어』 「미자微子」의, 하조장인荷蓧丈人이 공자의 제자 자로子路를 만류하여 묵게 하면서 "닭을 잡고 기장밥을 지어 대접하였다"(殺鷄爲黍而食之)

는 내용에서 유래한다. 예문 向徂仙鄕 猥蒙款接 寒廚鷄黍 深情可見 有令人欲忘而 不可得〔홍직필洪直弼, 11-236〕

계연稽延 늦어짐. 예문 久待躬候 趁訊亦至稽延 罪歎何言〔이이근李頤根, 23-241〕

계옥桂玉 서울의 물가가 비싸다는 말. 땔감은 계수나무 값과 같고 쌀값은 옥처럼 비싸다는 데서 온 말. 계옥지지桂玉之地는 서울을 이름. 예문 非不浩然賦歸 依舊寒素 桂玉關心〔신재식申在植, 22-311〕

계완稽綏 미루다가 늦어짐. 예문 先銘 尙未泚筆 合下文拙 又值應接之煩 稽綏至此 愧悚愧悚〔송달수宋達洙, 25-47〕

계자황鷄子黃 계란 노른자. 예문 喘急上氣之時 薑汁竹瀝和鷄子黃五六介 多進爲妙〔김성일金誠一, 12-165〕

계적桂籍 문과 급제의 방목榜目. 과거에 합격한 것을, '이름이 계적桂籍에 오른다'고 한다. 예문 侍生枯木形骸 依舊堇存 而伯兒策名桂籍 認是平日眷庇之澤 仰謝盛德〔안흠安欽, 41-158〕

계정啓程 길을 떠남. 예문 前多行蓋之啓程也 迨往門外 則駕纔發矣〔홍주원洪柱元, 22-143〕→ 계계啓02, 계가啓駕, 계로啓路, 발정發程, 착편着鞭, 취도就途

계주繼廚 끼니를 이어감. 예문 使君之邑 雖云殘薄 而亦足以繼廚無乏 尤可賀也〔미상, 027〕

계처啓處 안부. 예문 與世之意灰盡 而彼之疆土 尤不欲掛我舌頭 而我懿親之所棲屑也 念念其水土如何 風霜如何 啓處如何焉 則又不可須臾不忘之地也〔이기형李基馨, 40-224〕→ 계거啓居, 기미氣味, 기처起處, 기체氣體, 동인動引, 동정動定, 동지動止, 범백凡百02, 범절凡節, 이용履用, 이음二音, 이자二字, 정인鼎茵, 정인鼎裀, 진간震艮, 한훤寒暄, 행주行駐, 흥거興居

계첩禊帖 사대부들이 친목을 도모하기 위해 개최한 계 모임을 그림과 글로 기록한 첩帖. 예문 每對先祖禊帖 以未克繼述 恨紲于中〔윤치현尹致賢, 31-90〕

계체稽滯 뒤로 미룸. 예문 經營未免稽滯 曷勝歎恨〔이경석李景奭, 4-155〕

계초啓草 임금에게 올리는 계문啓文의 초고草稿. 예문 下示啓草 謹悉仰荷〔미상, 027〕

계치啓齒 이를 드러내고 웃음. 예문 孫兒去年秋 幸産男兒 比見其孩笑 日進

差慰 窮寂自有此物以來 其祖母自多啓齒之時 賴有人家生意矣 〔이광려李匡呂, 7-182〕

계편啓便　장계狀啓를 올리는 인편. 예문 此狀依昔而已 餘因啓便 略此 不宣 〔미상, 10-114〕

계하啓下　임금에게 계문啓聞한 일을 임금이 당해 관서에 검토하도록 내려보내는 것. 예문 不得已又有此啓 啓下之後 唯在廟堂之稟處 〔이만웅李萬雄, 21(禮)-138〕

계호契好　교분이 좋음. 예문 舊感自發 而況說及契好處 尤令人動得眞淚澟澟也 〔유필영柳必永, 44-65〕

계활計闊　생계. 예문 吾本不顧生産 而今坐糊口計闊齟齬 眞堪冷哂 〔최산두崔山斗, 9-119〕

계후稽候　문안 인사가 늦음. 예문 自聞御者渡灣 跫予日深 擾汩稽候 方以爲恨 〔신재식申在植, 31-59〕

고고呱　어린아이. 예문 弟餘殃未艾 行到半途 又喪遺呱 痛哭歸庭 〔노수신盧守愼, 051〕

고가高駕　상대방의 행차를 높여서 이르는 말. 예문 今番科時 意謂奉展 而高駕停止 一時叙蘊 亦未容易 〔이치억李致億, 42-74〕

고견瞽見　자신의 의견을 겸손하게 표현한 말. 예문 至若人物性之論 則年前一善倅在此邑講學時 亦已略陳瞽見 〔이의조李宜朝, 22-289〕

고견顧見　돌보아 줌. 예문 牧伯凡事 極力顧見 優送糧饌 雖或過夏於此 吾當繼糧云 〔민진량閔晋亮, 5-42〕 → 고휼顧恤

고겸告歉　흉년. 예문 第此迤西十餘邑 告歉俵災分賑 日事擾惱 悶甚悶甚 〔박영보朴永輔, 41-185〕 → 검년儉年, 검세儉歲, 겸년歉年, 기세饑歲, 비무備無, 세검歲儉, 세겸歲歉, 세쇄歲殺, 쇄세殺歲, 실임失稔, 황세荒歲, 황소荒騷, 흉겸凶歉, 흉황凶荒

고고苦苦　전혀. 예문 苦苦無暇 又緣家間病患避寓 中路憂苦度日 不得一相問 悵悵 〔이정구李廷龜, 23-41〕

고관考官　과거 시험관. 예문 朝奇別無可聞 來問疏論 春臺考官 望猥雜請 監科試官別擇 亞銓疏請 堂上下違牌 罷散人變通 堂上六人 堂下八九人 有敍命云矣 〔조태억趙泰億, 44-164〕

고군雇軍　품삯을 주고 임시로 고용한 노동자. 예문 金剛諸刹 僧徒之難支 專

有藍輿雇軍之費 此若有別般斡弊之道 卽好矣 〔강노姜㳣, 44-188〕

고납考納　　확인하고 받음. 예문 黙院文集 以物力之殘薄 雖未廣布 一帙之粧送高案 此本院士林之意也 欲使弟遞傳 故仍便奉付 考納如何 〔옥진호玉振鎬, 027〕
→ 고령考領

고념顧念　　고려. 예문 小人情勢之齪脆 更加一層 尤異於前 意謂大監必有以顧念 今見下示 大失所望 將置此身於何地耶 〔여성제呂聖齊, 5-100〕

고당高當　　매우 지당함. 예문 儒宮無胄孫之說 實是十分高當 十分切至 〔이휘령李彙寧, 027〕

고도어古刀魚　　고등어. 예문 送古刀魚各二及甘藿各一同耳 〔이옥李沃, 14-46〕

고령考領　　확인하고 받음. 예문 比何況 獸柯烏柴準帖考領也 〔정조正祖, 26-95〕
→ 고납考納

고로孤露　　부모가 죽고 의지할 데 없는 신세를 나타내는 말. 예문 服弟家門不幸 前月念日 奄遭伯兄之喪 孤露之後 依仰如父 一朝遽遭此變 慟霣之極 直欲溘然此中 〔이광사李匡師, 21(智)-38〕

고륜신마尻輪神馬　　엉덩이를 수레로, 정신을 말로 삼음. 몸이 마음에 따라 변화하여 대자연 속에서 자유자재로 노닌다는 의미. 『장자』莊子 「대종사」大宗師에 "나의 꽁무니를 차츰 바꾸어서 수레바퀴를 만들고, 정신을 말로 바꾸어 그것을 타고 다닌다"(浸假而化予之尻以爲輪 以神爲馬 予因而乘之)고 하였다. 예문 發書之日 兄必以尻輪神馬 徜徉乎毘盧衆香之間也 〔신석희申錫禧, 29-39〕

고만苦挽　　힘을 다해 말림. '고'苦는 극력極力과 같은 뜻. 예문 必須苦挽 待其快差 俾無中路狼狽之患 如何 〔허적許積, 5-54〕

고명高明　　상대방을 높여 부르는 말. 예문 昨見明丈兄弟書 力止陳卞之擧 語意俱出至誠 乃與良 初意符合 玆欲姑止 以觀朝家處分 前頭事機 而以定動靜 未知高明 以爲如何 〔나양좌羅良佐, 21(禮)-168〕

고목告目　　하리下吏, 승려, 노비 등 신분이 낮은 사람이 양반에게 보내는 편지. 내용은 단순히 안부를 전하는 것부터 청탁이나 보고 등에 이르기까지 다양하며, 이두를 사용하는 일정한 투식이 있다. 예문 如許事勢 車武已自告目云 想詳悉矣 〔이세백李世白, 4-50〕

고무苦無　　조금도 ~이 없음. 예문 重以家間病憂連綿 苦無佳緖 奈何 〔송준길宋

浚吉, 3-133〕

고반考槃　　은둔처를 마련함.『시경』「위풍」衛風〈고반〉考槃의 "은둔처를 마련하여 산골 물가에 있으니 대인의 너그러운 마음이로다"(考槃在澗 碩人之寬)에서 나온 말. 예문 自家則雖有考槃之樂 同社之人 實不禁巷無居之歎 〔조운철趙雲澈, 31-70〕

고병高屛　　상대방의 집을 높여 부르는 말. 예문 十日前 造拜高屛 閽者阻之 題鳳而還 〔성문준成文濬, 051〕 → 고헌高軒

고보姑保　　그럭저럭 보냄. 예문 査生重省姑保 而兒輩姑無顯警 以是伏幸耳 〔정봉수鄭鳳洙, 43-276〕 → 견면遣免, 구보僅保, 근보僅保, 근지菫支, 연견連遣, 열견劣遣, 의견依遣01, 의보依保, 조견粗遣, 조견면粗遣免, 조면粗免, 조보粗保, 조안粗安, 지장支將, 평평平平

고부孤負　　상대방의 은혜나 기대를 저버림. 예문 卽宜扶衰運奔 與共於練冠拚號之席 而適得眩暈之症 不免依馬旋停 不惟無以效共事之忱 而亦所以孤負夙昔眷敎之厚也 〔김도화金道和, 32-167〕

고부辜負　　상대방의 기대를 저버림. 예문 溫溪仲氏令公宅 亦未一伻相問 辜負幽明 益深慚醜 〔권응정權應挺, 39-31〕

고분叩盆　　아내의 죽음.『장자』莊子「지락」至樂의 "장자 아내가 죽어 혜자가 조문을 갔다. 장자는 두 다리를 쭉 뻗고서 동이를 두드리며 노래를 불렀다"(莊子妻死 惠子弔之 莊子則方箕踞 鼓盆而歌)에서 유래한 말이다. 예문 叩盆之悲 不勝驚甚 此事非徒老年中年之不可爲 少年又不可爲 是所云 一日不可無者 與此君同 〔김정희金正喜, 21(智)-267〕 → 구분扣盆

고비皐比　　호랑이 가죽. 스승의 자리를 가리킴. 송宋나라의 장재張載가 항상 호랑이 가죽에 앉아『주역』周易을 강론한 데서 유래한다. 예문 雖欲減年數 朴輩行親執弟子之禮於皐比之下 亦不可得言之 奈何奈何 〔심희수沈喜壽, 45-238〕

고빈藁殯　　정상적으로 장례를 치르지 못하는 경우에, 임시로 관을 바깥에 두고 이엉 같은 것으로 덮어 두는 일. 예문 畢竟雲叔長逝 藁殯於千里他山 〔조형趙珩, 29-9〕

고사叩謝　　머리를 조아리며 사례함. 예문 各種歲儀 依領眷情 南望叩謝 〔민종도閔宗道, 44-242〕 → 구사扣謝

고사枯肆　　건어물상. 예문 不然則西江之波 恐無補於枯肆 千萬千萬另念 〔이충익李忠翊, 21(智)-174〕

고산故山　　고향. 예문 袗明向故山 俟還拜悉 〔유진柳袗, 3-53〕 → 고원故園, 상향桑鄉, 시리柴里, 향국鄉國, 향산鄉山

고신孤辰　　아주 꺼리는 날. 천간天干을 일日로 삼고 지지地支를 신辰으로 삼아 육갑六甲을 따지면 천간과 짝을 이루지 않는 지지가 나오게 되는데, 이를 '고신'이라 하여 흉하게 여겼다. 예를 들어 갑자甲子로 시작하는 열흘의 경우에는 술戌과 해亥가 짝이 없으니, 이때가 고신이 된다. 예문 當此朔孤辰 舊感新懷 交切于中 〔이하응李昰應, 44-181〕

고애손孤哀孫　　조부모祖父母를 여읜 사람이 상중喪中의 자기를 가리키는 말. 예문 門下孤哀孫 李箕疇 疏上 〔이기홍李箕洪, 22-199〕

고애자孤哀子　　부모를 모두 여의어 상중喪中에 있는 사람이 자신을 가리키는 말. 고자孤子는 아버지가 돌아가신 경우이고, 애자哀子는 어머니가 돌아가신 경우이다. 예문 孤哀子尹舜擧 稽顙再拜言 〔윤순거尹舜擧, 22-119〕

고어枯魚　　말린 생선. 예문 春日和暢 字履萬重 馳慰馳慰 卽蒙兩種枯魚之惠 爲感爲感 〔윤휘尹暉, 21(義)-43〕 → 해고海薨

고어薨魚　　말린 생선. 예문 下惠三色紙及薨魚 依領珍謝 〔권상하權尙夏, 29-15〕

고와高臥　　벼슬하지 않고 은거하여 사는 것을 말함. 진晉나라 사안謝安이 몇 차례나 조정의 부름에 응하지 않은 채 동산에 높이 누워(高臥東山) 지냈던 고사(『진서』晉書「사안전」謝安傳)에서 유래한 말. 예문 想得高臥風軒 足爲吏隱 比諸終日牒訴無暇寢食者 苦樂如何 只切健羨而已 〔김명열金命說, 49-252〕

고원故園　　고향. 예문 鄙人羸病日添 白○滿鬢 故園歸計 未易○得 〔유성룡柳成龍, 3-164〕 → 고산故山, 상향桑鄉, 시리柴里, 향국鄉國, 향산鄉山

고월苽月　　과월瓜月. 관리의 임기. 예문 仍念臨歲之官 每忽忽然 復値苽月正滿 或日滾忙 每夜深無寐 想想可否 〔엄세영嚴世永, 44-230〕 → 과기瓜期

고의高誼　　높은 인품이나 덕망. 예문 聞老兄高誼 欲奔走下風 以遂平生附驥之志 〔황정욱黃廷彧, 5-196〕

고자孤子　　아버지가 돌아가신 경우에 자신을 가리키는 말. 어머니가 돌아가신 경우에는 애자哀子라고 하고, 부모님이 모두 돌아가신 경우에는 고애자孤哀子

라고 한다. 예문 孤子尹鳳朝 疏上 〔윤봉조尹鳳朝, 22-251〕

고정攷訂　　글의 오류를 바로잡음. 고정考訂. 예문 典禮全書 初意其攷訂已精密 只○一二付籤處仰稟 〔권필權韠, 22-79〕

고정藁精　　볏짚, 보리짚, 귀리 등의 단섬유로 만든 종이. 섬유가 짧아 이들 재료만으로는 종이를 만들지 못하고 닥, 마, 뽕나무 등 장섬유의 재료와 혼합해서 사용하였다. 북부 지방에서 귀리짚으로 만든 종이를 북지北紙, 북황지北黃紙라고도 하였다. 예문 金紙藁精書中 較優彼此 則藁精所寫 差勝耳 〔김구金絿, 9-95〕

고제顧濟　　도와주고 구제함. 예문 隨事顧濟 以生光輝 如何 〔이덕성李德成, 3-91〕

고족상高足床　　예식에 쓰는 다리가 높은 상. 예문 同牢宴所用高足床 不能得之 宅中 或有之否 前多參軍宅婚禮時 亦於何取用 倘蒙爲之周旋 則明日欲當人取來 伏乞指敎 〔민우수閔遇洙, 21(禮)-503〕

고준考準　　베낀 부본을 원본과 대조함. 예문 手定諸書句讀 一時呼筆 次次轉謄 必多訛類 玆送二函 細加考準 彼此如有舛誤處 付籤紙頭爲可 〔정조正祖, 26-45〕

고중苦中　　그리움이 간절하던 차에. 예문 不意苦中逢着司果 古之人 雖其友之所與者 如其友焉 況其一體而分者耶 悅若更對兄之十年前面目也 〔김시온金是榲, 21(義)-293〕

고중高中　　과녁에 명중시킨다는 뜻으로, 과거科擧에 우수한 성적으로 합격하는 것을 말함. 예문 聞見選於昨今兩年公都會云 南邑宰可謂能有眼也 以公論言之 則覆試高中 捨此非也 〔김성좌金聖佐, 49-258〕

고참高參　　우수한 성적으로 급제함. 예문 式年則文武初試高叅 可雪無聊 會試講經 皆不足 預慮預慮 〔이문정李聞政, 7-208〕

고첩高捷　　대과大科에 급제함. 예문 季氏兄高捷 而不能躬賀 〔박태보朴泰輔, 29-20〕

고체固滯　　고지식함. 예문 上曰 應對之際 遲鈍而固滯者 則不可爲也 又命擇曉解華語者以從 〔전식全湜, 45-299〕

고추高秋　　날씨가 맑아 하늘이 높은 중추仲秋, 곧 8월. 심추深秋라고도 함. 예문 流火奄過 高秋已屆 此時兄道體如何 只切馳遡 〔이수언李秀彦, 23-147〕 → 박조剝棗, 청추淸秋

고치膏雉　　살진 꿩. 예문 室人病患 今似向蘇 而不能飮食 所思者 大口卵醢 及

膏雉 卵非市上所有 而雉亦吾鄕所罕 令宅有儲 則必不惜相分 敢此煩稟耳〔송민고宋民古, 21(義)-230〕

고표高標　빼어난 사람을 비유하는 말. 또는 상대방에 대한 존칭. 예문 頃因鄕姪入京 得聞高標來坐 守報恩席上 而叔平校理亦與焉〔심희수沈喜壽, 45-234〕

고풍高風　고상한 풍모. 상대를 높여 부르는 말. 예문 用正白 此去仙庄 不滿宿春 每仰高風 思一識荊 而朱墨牽掣 迄未遂誠〔권용정權用正, 39-219〕

고핍告乏　다 떨어짐. '고'는 관습적인 어법으로 별 뜻이 없음. 예문 略干携來者 今幾告乏 他無可乞處 玆以仰煩 幸伏望隨有下惠如何〔정상순鄭尙淳, 21(智)-108〕

고한辜限　보고 기한保辜期限의 준말. 맞은 사람의 사생사생死生이 판명될 때까지 때린 범인의 처벌을 보류하는 기간을 말함. 예문 今聞其子 以毆人事被囚云 事之曲直 姑舍勿論 辜限已過 卽宜疏釋 至今仍囚 恐非法意 望據法卽放 如何如何〔이광덕李匡德, 7-187〕

고헌高軒　상대방의 집을 높여 부르는 말. 예문 約會於高軒 以爲鼎叙之地爲好 如何如何〔이기홍李箕洪, 23-155〕→ 고병高屛

고후叩候　문안 편지. 예문 頃有叩候 想先關照〔김정희金正喜, 33-59〕

고휼顧恤　돌보아 줌. 예문 睦家葬事 旣蒙顧恤 感德良深〔송준길宋浚吉, 052〕
→ 고견顧見

고흘告訖　마침. 예문 汝之本生祥禫 次第告訖 想廓然靡逮 爲之悲念悲念〔김정희金正喜, 33-63〕

곡교曲較　잘못 이해함. 예문 尊之無書 或因曲較 而安信 則大槪承聞〔이종상李鍾祥, 027〕

곡도曲圖　자상하게 조치함. 예문 此君方躬進竢敎 可知其萬萬迫急 更須矜憐而曲圖之 幸甚〔이재李縡, 22-249〕

곡돌사신曲突徙薪　굴뚝을 구부러지게 내고 땔나무를 멀리 옮김. 재화災禍를 미연에 방지한다는 뜻. 전국시대에 순우곤淳于髡이 이웃집의 굴뚝이 곧고 그 옆에 땔나무가 쌓여 있는 것을 보고 불이 날 것이니 굴뚝을 구부러지게 내고 땔나무를 옮기라고 했는데, 그 말을 듣지 않아 뒤에 결국 그 집에 불이 났다. 이웃들이 불 끄는 것을 도와 화재가 진압되자 집주인이 양을 삶고 술을 마련해서 화재를 진압해 준 사람들에게 사례했는데, 순우곤을 초청하지 않았다. 똑똑한 어떤 선비가

"굴뚝을 구부러지게 내고 땔나무를 멀리 옮기라고 일러 준 사람에게는 은혜를 갚지 않고, 불 끄느라 머리와 이마에 그을음이 묻은 사람이 상객上客이 되는구나"(曲突徙薪無恩澤 燋頭爛額爲上客)라고 꾸짖었다는 이야기가 『한서』漢書「곽광전」霍光傳에 나온다. 예문 近讀申報 則昇明之日 勝興旺 歸功于幹務人金某 而不及敎師 兄竟爲曲突徙薪而止耶 〔황현黃玹, 37-27〕

곡란鵠鸞　고니와 난새. 훌륭한 선비 또는 그 자손을 가리킴. 예문 向日所慎諸崇 已復常度 鵠鸞門庭 課讀一如否 〔중섭○重燮, 41-26〕

곡립鵠立　고니처럼 목을 길게 빼고 섬. 조심스럽고 두려워 경계하며 서 있는 모습. 예문 不病者 亦不病而病 盡皆鵠立 望八之年 非所自期 〔이충익李忠翊, 7-172〕

곡반哭班　국상國喪 때에 궁중에서 곡하는 관리의 반열. 예문 向者 哭班之拜 草草莫甚 迨切耿悵 〔신유申濡, 47-15〕

곡시曲施　자상하게 처리함. 예문 此中別錄 乃亡子妾家事 更須破例曲施 千萬切望切望 〔김류金鎏, 23-45〕

곡자曲子　누룩. 예문 欲送魚醢 而官庫如洗 如曲子油淸等物 或貿或貸扵營庫而用之 〔이인병李寅炳, 10-84〕

곡조曲造　자상하게 보살펴 줌. 예문 到底曲造 感祝而已 〔권돈인權敦仁, 21(智)-260〕 → 곡시曲施

곡진曲軫　굽어 보살핌. 예문 累人罪名至重 投荒猶輕 而聖慈曲軫 特借便近地 恩數曠絶 感泣罔極 〔민진원閔鎭遠, 6-85〕

곡채曲採　상세히 들음. 예문 幸招見曲採所訴 假以一號令 專得遂願而歸 如何 〔김수항金壽恒, 21(禮)-74〕

곡회曲會　즐거운 모임. 예문 錢文十兩呈去 領作歲時曲會之資 而諸知舊處以不能各書 〔이원조李源祚, 027〕

곤곤滾滾　끝없이 이어지는 모양. 예문 壽憂病滾滾 自阻同人 酒者先先生竪碑之日 亦不能效誠而觀禮焉 〔송수근宋壽根, 40-156〕

곤곤袞袞　끝없이 이어지는 모양. 예문 袞袞阻懷 路逖 人不相値 固不可憑書也 〔박상朴祥, 9-58〕

곤골滾汨　몹시 바쁨. 예문 弟狀滾汨 無以自振 今夕當面敍也 〔신재식申在植, 31-59〕 → 곤록滾碌, 곤요滾撓, 골요汨擾, 공극供劇, 공요公擾, 구책驅策, 분록奔碌,

분망奔忙, 요골擾汨, 요심擾甚, 요황撓遑, 용록冗碌, 현정懸旌

곤극困劇　피곤함이 매우 심함. 예문 近自省丘墓處 困劇而返 杜門疲臥〔이황李滉, 30-77〕

곤돈困頓　피곤함. 예문 僕稅笻以來 至今困頓 午窓鈔數葉書 煤灯閱數板史 亦難充課〔황현黃玹, 37-28〕

곤록滾碌　힘들고 바쁨. 예문 弟省狀依昨 而公役荐稠 殊覺滾碌〔서희순徐熹淳, 29-37〕

곤리梱履　병사兵使나 수사水使의 안부를 물을 때 쓰는 말. 예문 新秋益有阻思 卽承遠存 以審潦熱 梱履增勝 欣慰可旣〔권돈인權敦仁, 21(智)-261〕 → 곤체閫體, 곤후閫候

곤리梱裏　문지방 안, 곧 집안. 예문 梱裏尊幼各安吉否 不任耿黯之至〔김흥락金興洛, 32-172〕

곤비梱庇　집안 식구. 예문 謹惟此時 尊體震艮萬穆 梱庇均迪〔장석룡張錫龍, 027〕→ 가권家眷, 가루家累, 가소家小, 권구眷口, 권비眷庇, 권집眷集, 권취眷聚, 담내覃內, 담비覃庇, 보권寶婘, 보권寶眷, 보담寶潭, 보담寶覃, 비내庇內, 비담庇覃, 비의庇儀, 비절庇節, 비하절庇下節, 제권諸眷, 제솔諸率, 혼권渾眷

곤성坤聖　왕후를 높여 부르는 말. 예문 坤聖禮陟之痛 遐邇惟均 因山已過 臣民之攀慕靡逮 尤何可言也〔윤지완尹趾完, 29-11〕

곤요滾撓　몹시 바쁨. 예문 弟耐病供劇 一味滾撓 而向來孤侄科名 尙今榮愴交切耳〔조인영趙寅永, 44-316〕

곤용宂冗　잡다한 일. 예문 淨界從容 爲願已素 而宂冗之掣 奈何〔미상, 027〕

곤의壼儀　상대방의 부인. 예문 壼儀已輟 故宅悲慰俱極 何可盡喩〔윤징지尹澄之, 4-42〕→ 소수小嫂, 합내閤內, 합중閤中, 현합賢閤

곤임閫任　곤외지임閫外之任의 준말. 지방의 병마절도사, 수군절도사 등의 직임을 이름. 예문 令從卽閫任 聳賀聳賀 而可以將奉板輿 想惟榮幸 尤無比矣〔윤정현尹定鉉, 26-187〕

곤체閫體　병사兵使나 수사水使의 안부를 물을 때 쓰는 말. 예문 政爾瞻注 下狀際此 憑審冬令閫體增重〔김치인金致仁, 051〕→ 곤리梱履, 곤후閫候

곤후閫候　병사兵使나 수사水使의 안부를 물을 때 쓰는 말. 예문 記惠六種 仰

佩盛眷 珍感不知爲喩 餘希闓候 一向康重 不宣〔조문명趙文命, 39-139〕

골골汩汩⁰¹　　바쁨. 예문 業欲遣人探候 而汩汩未暇 今始替伸 瞻嘆可言〔채지홍蔡之洪, 23-213〕

골골汩汩⁰²　　병이 들거나 몸이 허약한 모양. 예문 吾則疲於做讀 未有若近日之汩汩 蓋課讀必欲成功 序藁必欲趁限〔정조正祖, 26-95〕

골골矻矻　　열심히 애쓰는 모습. 예문 縱不能副意攻苦 矻矻孳孳 而念念在玆 不離乎文字上準的 則自有進益 是之望也〔신좌모申佐模, 43-185〕

골닉骨溺　　순진함. 닉溺은 약弱의 뜻으로 쓰임. 『노자』老子에 "뼈는 약하고 근육은 부드러운데 쥐는 힘은 강하다"(骨溺筋柔而握固)라는 글에서 나옴. 순수한 어린이의 상태를 가리키는 말. 예문 銓郞骨溺之升 又添嫌端 左右抵攔 豈不苦哉〔윤순尹淳, 44-136〕

골돌鶻突　　모호함. 대충 얼버무림. 예문 從如此等書 覓得禪旨 宜其爲塗胡鶻突〔김정희金正喜, 33-127〕

골요汩擾　　어지러울 정도로 바쁨. 예문 下諒之燭 伏望伏望 方以出送汩擾 不備達〔김석룡金錫龍, 31-62〕

공간公幹　　공무公務. 예문 今因公幹進去營下 幸須另加厚遇〔이덕성李德成, 3-91〕→ 공고公故, 공부公簿, 공용公冗, 부첩簿牒02, 송공誦公, 용무酕務, 용요酕擾

공거公車　　과거. 과거 공부를 공거업公車業이라고도 한다. 한대漢代에 징병에 응한 사람을 국가의 거마車馬로 운반한 것에서 유래함. 예문 自顧一介俗物 薄修學業 奔走場屋 旣乃被黜公車 冒進蔭塗 謬承芻牧之任〔권용정權用正, 39-221〕

공고公故　　공무公務. 예문 歲前後公故 人事 略略了勘 而坐無所寂 全廢出入 塊處養疴而已〔신좌모申佐模, 43-130〕→ 공간公幹, 공부公簿, 공용公冗, 부첩簿牒, 송공誦公, 용무酕務, 용요酕擾

공곡공음空谷跫音　　빈 골짜기에 울리는 사람의 발소리. 반가운 손님을 의미함. 『장자』莊子 「서무귀」徐无鬼에 "텅 빈 골짜기에 숨어 사는 사람은 명아주와 콩잎이 족제비의 길마저 막고 있는 터라, 빈 골짜기에서 홀로 걷다 쉬다 하노라면, 다른 사람이 걸어오는 발자국 소리만 들어도 기뻐하는 법이다"(逃虛空者 藜藋柱乎鼪鼬之逕 踉位其空 聞人足音跫然而喜)라는 구절이 있다. 예문 寂寞中 得賢胤來訪 眞所謂空谷跫音〔신석번申碩蕃, 22-115〕

공공空空　　우매한 자. 자신을 겸손하게 이르는 말. 예문 此等處 以高明之見 當 不煩講評 而乃以俯詢於空空 眞所謂以多問寡 不憚下問 感嘆之極 不敢不盡愚耳 〔정경세鄭經世, 45-450〕

공극供劇　　공무公務로 바쁨. 예문 生扶病供劇 筋力盡矣 公私悶嘆 〔김창집金昌集, 21(禮)-228〕 → 곤골滾汨, 곤록滾碌, 곤요滾撓, 골요汨擾, 공요公擾, 교요膠撓, 구책驅策, 분록奔碌, 분망犇忙, 요골擾汨, 요황撓遑, 용록冗碌, 현정懸旌

공극孔劇　　매우 바쁨. 예문 營務孔劇 病狀難强 屢次乞遞 未蒙恩諒 秪自悚悶 〔김윤식金允植, 35-94〕

공극孔棘　　매우 급함. 예문 但千里之外 一言以定者 實出情義相孚 方此艱虞 孔棘 慮有意外之患二三同處 〔심광수沈光洙, 8-111〕

공념控念　　염려됨. 예문 第臨歲百務此時爲期 仰想惱撓百端 爲之控念 〔서유훈 徐有薰, 26-191〕 → 공념貢念, 공려拱慮, 공려貢慮, 봉념奉念, 봉려奉慮, 앙념仰念, 여 앙慮仰, 헌념獻念

공념貢念　　걱정함. 예문 第值勅擾 費惱百端 已是貢念 〔김대근金大根, 44-185〕 → 공려貢慮

공단控摶　　억눌러 제어함. 예문 戚從 日昨遭瘍慽 泡火風燈 雖任司命控摶 而 哀懷易疚 亦復奈何 〔민영목閔泳穆, 31-101〕

공도公道　　누구나 예외 없이 다 겪는 일. 예문 查弟衰鬢添齒 惟是公道耶 〔정창 협丁昌夾, 41-16〕

공려拱慮　　걱정이 됨. 예문 倘無鎭直聯公之損耶 旋庸拱慮 〔안병탁安秉鐸, 41-183〕

공려貢慮　　걱정함. 예문 卽承情問 憑審違和甚重 貢慮無已 〔남노성南老星, 5-47〕 → 공념貢念, 공려拱慮, 봉념奉念, 봉려奉慮, 앙념仰念, 여앙慮仰, 헌념獻念

공령功令　　과거 시험 공부. 예문 只知功令之曲藝小伎 未聞大道者 可以惕然 知戒 〔김정희金正喜, 33-41〕

공로孔路　　통행하는 사람이 많은 큰길. 중국中國 사신使臣이 왕래하는, 서울에서 의주에 이르는 길을 가리킴. 예문 孔路弊局 應接旁午 能不關惱否 〔권돈인權敦仁, 21(智)-261〕

공마貢馬　　공물로 바치는 말. 예문 曾敎奴婢等 嚴治其盜買者 推徵貢馬以送

〔이시방李時昉, 051〕

공목貢木　　노비의 신공身貢으로 바치는 면포. 예문 奴婢等處貢木 使久卜一一捧來 幸甚 〔미상, 43-41〕

공민公民　　임금의 다스림으로 교화된 백성. 예문 仰惟城主年在强壯 誠意篤至 初雖難處 畢竟收殺 則自可游辦恢恢 民則爲公民 賀不暇爲城主憂也 〔박문수朴文秀, 6-229〕

공방孔方　　돈. 둥근 동전에 네모난 구멍이 있어 생긴 명칭. 예문 孔方七兩 以助行資 恨少 〔오명항吳命恒, 21(禮)-397〕

공벽拱璧　　두 손으로 감쌀 만큼 커다란 옥玉. 또는 진귀한 물건을 이르는 말. 예문 歲暮霜雪 嶺路迢迢 矯首東南望 不堪夢想愁絶 忽承令遠札 不啻若拜受拱璧 〔심희수沈喜壽, 45-234〕

공복功服　　상례喪禮에서 상주가 입던 대공복大功服과 소공복小功服을 아울러 일컫는 말. 대공복은 상기喪期 9개월에 소공복보다 거친 옷감을 씀. 소공복은 상기 5개월에 대공복보다 가는 옷감을 씀. 예문 功服弟 聲根 拜 〔김성근金聲根, 22-345〕

공부公簿　　공무公務. 예문 聞國有大慶 以增科定奪云 公簿之餘 時能整理舊業否 〔윤봉오尹鳳五, 6-223〕 → 공간公幹, 공고公故, 공용公冗, 부첩簿牒, 송공誦公, 용무酕務, 용요酕擾

공사供仕　　벼슬살이. 예문 承拜尊問札 從審政履萬勝 如獲奉晤 仰慰十分 鄙董支供仕 餘無足喩 〔이합李柙, 5-97〕 → 거관居官, 공세供世, 부첩簿牒01, 환유宦遊

공사供辭　　범인이 범죄에 대하여 진술하는 말. 예문 事竟至於此 是亦數也 奈何 自有供辭 只當詳陳 以待天日之照 都事乃生相切者 必十分善護以來 〔한여직韓汝溭, 21(義)-159〕 → 초사招辭

공산公山　　공주公州. 예문 公山通判 記室 回納 〔임상원林象元, 6-230(봉투)〕

공상供狀　　벼슬살이하는 형편. 예문 記下供狀如昨 而第有幹事 披塞抵營 惟幸使道氣候萬安耳 〔김영훈金永薰, 42-27〕

공생貢生　　각 고을에서 시험에 합격하여 감시監試에 응시할 자격을 얻은 사람. 향공鄕貢이라고도 함. 예문 貢生入格 當自朝廷處置 別無自此減去耳 〔민응형閔應亨, 5-37〕

공석空石　　빈 섬. 섬은 곡식이나 숯 등을 담기 위해 짚으로 촘촘히 엮어 만든 물건. 예문 就悚 家後墻垣 盡爲毀堆 夏前欲盖覆 而空石未得 伏望特用大斗以惠 生光〔신경진申景禛, 21(義)-86〕

공선貢膳　　중앙과 지방의 관아에서 왕실에 진상하던 물품. 예문 同封牌子命給 春前持貢膳上來事 嚴敎 因次知督令 伏望〔오억령吳億齡, 45-289〕

공세供世　　벼슬살이. 예문 大抵衰年氣力 決不堪供世 雖使黽勉 亦無補益於明時 惟早得退休 溫理舊業 乃爲上策〔정경세鄭經世, 45-366〕→ 거관居官, 공사供仕, 부첩簿牒01, 환유宦遊

공소拱溯　　궁금함. 그리움. 상대방을 높여서 한 말. 예문 向日所愼諸崇 已復常度 鵠鸞門庭 課讀如一否 拱溯拱溯〔○중섭○重燮, 41-26〕→ 경앙傾仰, 경앙景仰, 경현耿懸, 공소貢傃, 관송款誦, 교송翹誦, 소溯, 소념溯念, 소앙遡仰, 소왕傃往, 송복誦服, 앙모仰慕, 앙소仰溯, 앙소昻溯, 연사戀思, 연소戀傃, 연소戀遡, 연앙戀仰, 첨경詹頌, 첨련瞻戀, 첨모瞻慕, 첨상瞻想, 첨소瞻漆, 첨소瞻溯, 첨소瞻遡, 첨송瞻誦, 첨송詹誦, 첨영詹咏, 첨왕瞻迬, 첨주瞻注, 첨향瞻嚮, 첨현瞻懸, 치상馳想, 치소馳傃, 치소馳泝, 치소馳遡, 치정馳情, 하소葭溹, 향소嚮傃, 향앙向仰, 현경懸頌, 현기懸企, 현념懸念, 현련懸戀, 현상懸想, 현소懸傃, 현소懸遡, 현앙懸仰, 현향懸嚮, 현현懸懸

공소貢傃　　궁금함. 그리움. 예문 春雨支離 不審政履若何 伏切貢傃〔이일李鎰, 21(仁)-225〕

공수拱手　　팔짱 끼고 아무 일도 아니함. 예문 拱手默坐 有時收聚〔송익필宋翼弼, 22-41〕

공시지척功緦之慽　　오복五服 가운데 대공大功, 소공小功, 시마복緦麻服을 입는 상喪. 대공은 종형제, 출가 전의 종자매, 중자부, 중손, 중손녀, 질부, 남편의 조부모, 남편의 백숙부모, 남편의 질부 등의 상에 9개월간, 소공은 종조부모, 재종형제, 종질, 종손 등의 상에 5개월간, 시마복은 종증조, 삼종형제, 중현손衆玄孫, 외손, 내외종 등의 상에 3개월간 상복을 입음. 예문 但意外功緦之慽 聞不勝驚愕 然吾輩皆望八人 終當有次第之行 何足深悲也〔최종응崔鍾應, 40-330〕

공안公眼　　공정한 안목. 예문 雖如傳燈錄拈頌 同一蕪襍 全無公眼 揀取者 又何責備於說話耶〔김정희金正喜, 33-127〕

공안貢案　　공물의 수량과 품목을 기록한 공물 장부. 예문 仲文之疏 條陳七事 三南改量田 改貢案 儒生收布 禁旅增置 置延英閣 改備邊司等事 〔조복양趙復陽, 47-23〕

공억供億　　물자 조달. 예문 徵科供億 心疲力竭 一般苦境 可以仰揣俯悉 而此邑尙有餘擾未了 〔박규수朴珪壽, 26-215〕

공여公餘　　공무公務의 여가. 예문 公餘 未知何以消遣耶 南山倭壘 可觀 曾一登覽否 〔조현명趙顯命, 21(禮)-486〕

공요公擾　　공무로 바쁨. 예문 餘公擾不備候禮 〔장석룡張錫龍, 027〕 → 곤골滾汨, 곤록滾碌, 곤요滾擾, 골요汨擾, 공극供劇, 교요膠撓, 구책驅策, 분록奔碌, 분망犇忙, 요골擾汨, 요심擾甚, 요황撓遑, 용록冗碌, 현정懸旌

공용公冗　　공무公務. 예문 濂洛詩 每汨公冗 今始書送 〔이덕성李德成, 29-20〕 → 공간公幹, 공고公故, 공부公簿, 부첩簿牒, 송공誦公, 용무氄務, 용요氄擾

공우지척拱右之慽　　형제를 잃은 슬픔. 예문 宗下生服人 草土餘生 餘殃未已 連遭拱右之慽 而偏候大覺斗陷 慰寧無路 焦悶奈何 〔이항구李炕久, 53-186〕

공위拱慰　　우러러 위로가 됨. 상대방을 높여서 일컫는 말. 예문 謹審老熱 靜體衛重 閤節平善 何等拱慰 〔김흥락金興洛, 44-61〕 → 앙위仰慰

공은貢銀　　외거外居 공노비가 신역身役 대신에 바치던 은자銀子. 예문 無木花 泉作衣袴 尙不得造着 東大門奴處 以其貢銀一兩 貿得木花 從速下送 可也 〔이관징李觀徵, 13-130〕

공전貢錢　　외거外居 공노비가 신역身役 대신에 바치던 돈. 예문 就 平海三陟 奴婢 昨年則兩處九名收捧貢錢十六兩 於社宇未奉來之前 以爲周年備用祭需之地 此則未知彼中完議之如何 先爲收貢以備奉安及改題主時祭需故也 〔강찬姜酇, 41-76〕

공제功制　　공복功服을 입는 상喪. 예문 日前又遭從祖功制 罪辛在躬 招禍至此 痛貫之外 復何仰洴於君子之聽哉 〔이상룡李相龍, 40-240〕

공제共濟　　협조. 예문 或以直講外除而出闕 使歸於吳則幸矣 幸望留念共濟如何 〔이제李濟, 21(禮)-316〕

공직供職　　직무 수행. 예문 卽今旅中起居 能免疾恙 而無撓供職否 〔유위하柳緯河, 027〕

공첩公牒　　관청에서 발행하는 공문서. 예문 絶海音問無從相接 第切瞻想 而時見公牒 槩審無事 是慰是慰 〔정두경鄭斗卿, 23-77〕

공청空青　　푸른 하늘. 예문 回憶舊遊 如復在空青鈍碧之間 兩腋冷然 直行黃鵠峯耳 〔김정희金正喜, 31-68〕

공총倥傯　　바쁨. 예문 示寄別紙 無事時則易報 而邇緣歸事倥傯 〔미상, 027〕

공축拱祝　　두 손 모아 공손히 축원함. 예문 拜審此時 篆體萬護 昂慰且賀 實副拱祝 〔강난형姜蘭馨, 44-214〕

공편公便　　공적인 일로 가는 인편에 부치는 편지. 예문 昨日發船時 行色忙迫 心事罔極 未及修書以付公便 方切悵想 〔김남중金南重, 5-38〕→ 관편官便

공회公會　　공사公事를 토의하기 위한 모임. 예문 公會遇遠接相公 得聞劉爺於漢江又有一絶 謂余 不可不和 〔유근柳根, 3-48〕

공회지척孔懷之戚　　형제를 잃은 슬픔. 예문 伏惟友愛隆至 孔懷之戚 何以堪處 不任馳念 〔최석정崔錫鼎, 47-133〕

공회지통孔懷之慟　　형제를 잃은 슬픔. 『시경』詩經 「소아」小雅 〈상체〉常棣에 "죽음에 대한 두려움, 형제가 서로 크게 생각하네"(死喪之威 兄弟孔懷)에서 유래함. 예문 家禍荐酷 昨年哭妹 今又哭弟 年年嶺外 聞此孔懷之慟 情理痛毒 不自堪忍 〔민진원閔鎭遠, 23-197〕

과窠　　벼슬자리. 예문 似聞松都有窠 〔정지화鄭知和, 5-58〕

과過　　지냄. 거주함. 예문 就達 弊屋始欲私自葺理 率子婦以過 忽有自公修治之擧 則心不能安 〔송시열宋時烈, 16-123〕

과거過擧　　과실過失. 예문 曾不料聖明過擧至此也 不知何故致然 不勝驚憂之極 猥進一箚 略陳所懷 未知其果得達 而聖批果如何 踧踖竢命耳 〔송준길宋浚吉, 15-187〕

과계過計　　실책失策. 예문 凡爲吾黨之士 皆不可無此過計之憂 〔홍석주洪奭周, 31-60〕

과공課工　　계획을 세워서 하는 공부. 예문 卽惟雪寒 旅況善在 課工不至浪度 爲念不尠 〔홍범식洪範植, 22-363〕

과공科工　　과거 공부. 예문 今則無科工之拘 如無他故 來留旬日而去 如何 〔김창협金昌協, 21(禮)-250〕 → 거업擧業, 과의科義

과구 科臼　　과거科擧. 예문 蓋覽來諭 高明之業 凡三變 始也從事科臼 中焉留心文藝 卒乃慨然志於求道〔윤광안尹光顔, 31-54〕

과금 科禁　　계율戒律, 또는 금령禁令. 예문 聞以科禁事 有投紋計 何至是耶〔전식全湜, 45-307〕

과기 瓜期　　관리의 임기. 예문 弟大役今幾垂畢 瓜期從而不遠〔김이양金履陽, 29-27〕→ 고월苽月

과독 課讀　　계획을 세워서 하는 독서. 예문 吾則疲於做讀 未有若近日之汩汩 蓋課讀必欲成功 序藁必欲趁限〔정조正祖, 26-95〕

과명 科名　　과거 시험 합격자 명단. 예문 至如舍弟科名 萬萬榮感 每承一番恩數 輒增一番悚慄〔○문수○汶秀, 26-245〕

과방 過房　　양자를 들임. 예문 過房事 決不可許也 若不善處 吾之心蟋益發 奈何〔이옥李沃, 14-105〕

과섭장대 果涉張大　　결국 일을 크게 벌임. 예문 敎意謹悉 而考籍查政 果涉張大 下帖尊位 終非渠心所安〔장인원張仁遠, 027〕

과성 科聲　　과거 시험 합격 소식. 예문 科聲想非久有聞 果誰爲之也〔유심춘柳尋春, 32-160〕→ 방성榜聲

과수 科數　　과거 시험에 관한 운수. 예문 但聞木牌通於境內 此或反害於科數耶〔서종급徐宗伋, 6-152〕

과숙 瓜熟　　관리의 임기가 다함. 예문 意外覆試 又能挽人於瓜熟之後〔엄즙嚴組, 21(禮)-152〕

과시 裹尸　　송장을 쌈. 객사客死를 말함. 한漢나라 장수 마원馬援의, "대장부는 마땅히 전장에서 죽어서 말가죽에 송장을 싸 가지고 돌아와 장사지내야 한다"(男兒要當死於邊野 以馬革裹屍還葬耳)는 말(『후한서』後漢書「마원전」馬援傳)에서 유래함. 과시裹屍, 과시마혁裹屍馬革. 예문 鄙人抱病出彊 幸免裹尸 而風熱上攻 目疾重作 幾至成盲 而鍼藥數月 今纔向間 一味杜門 寧有可言之況耶〔전식全湜, 45-301〕

과외 瓜外　　임기를 마친 이후. 예문 鄙生疾病纏骨 日向沈痼 瓜外仍命 尤極悶迫〔이시발李時發, 31-10〕

과요 夸耀　　빛을 냄. 예문 只緣世道之紛紜人事之怱劇 尙委箱篋 未克夸耀 誠

爲儒士之歎也 [왕수환王粹煥 등, 37-55]

과요科擾　과거 시험 준비. 예문 季君以下 皆汨於科擾 無復寧靜意思 [김흥락金興洛, 32-172]

과유科儒　과거 시험을 보려는 선비. 예문 卽因科儒行 得承書 兼受詩章之寄 審知近日啓處珍重 慰甚 [남구만南九萬, 44-131]

과의科義　과거 시험 공부. 예문 今夏白浦尹戚兄弟 來留此中 以習科義 此中恨無足下也 [정약용丁若鏞, 44-101] → 거업擧業, 과공科工

과일科日　과거 시험을 보는 날. 예문 阻餘 承慰倍常 科日隔宵 而雨後寒緊 殊可慮也 [미상, 34-273] → 괴기槐期, 괴황槐黃

과일課日　규정된 날짜. 예문 明日冬至問安 百官庭請(東朝回甲 上尊號事) 不得不課日進參 沒器具之中 誠爲悶悶 [신좌모申佐模, 43-131]

과장瓜狀　벼슬자리의 임기가 다했음을 보고하는 글. 예문 瓜狀足可成送 焉用辭狀 [이진휴李震休, 3-95]

과정過庭　아버지가 자식을 가르치는 것. 시례지훈詩禮之訓이라고도 함. 공자의 아들 이鯉가 뜰을 종종걸음으로 지나갈 때 공자가 불러 세우고 시詩와 예禮를 배워야 함을 가르쳤다는 고사(『논어』論語「계씨」季氏)에서 유래함. 예문 彼此如有舛誤處 付籤紙頭爲可 而經覽於過庭之時 亦爲閒中消遣之一助耳 姑此 [정조正祖, 26-45] → 정훈庭訓, 추정趨庭, 훈리訓鯉

과족裹足　발을 싸맴. 멀고 어려운 길을 간다는 뜻. 예문 裹足衝炎 遠訪弟于海上 其意則可尙也 [이건창李建昌, 44-141]

과종過從　서로 왕래함. 친하게 지냄. 예문 別來幾時 親戚凋喪殆盡 無與過從 [이삼환李森煥, 44-100]

과착窠窄　벼슬자리가 적음. 예문 每患窠窄人多 取捨爲難 第當隨機 另念爲計耳 [이재면李載冕, 35-86]

과칩여연窠蟄如燕　둥지에 움츠린 제비와 같이 꼼짝 않고 지낸다는 말. 예문 此窠蟄如燕 了無一寸想耳 [김정희金正喜, 1-81]

과편科便　과거 시험 보러 가는 인편. 예문 適因孫兒科便忙甚 不備狀禮 [이휘정李彙廷, 44-79]

과편過便　지나가는 인편. 예문 千萬過便不能詳 只祝加護 不宣 [한원진韓元震,

23-211〕

과표科表　　과거 시험 과목 중 하나인 표문表文. 예문 英廟朝科表 古束人割章 細書者 其中籍田科表 尹無號弼秉爲壯元矣 〔신좌모申佐模, 43-130〕

과풍극우戈風戟雨　　전란戰亂. 세찬 비바람. 예문 初三日 郵付一書 倘不浮沈 於戈風戟雨 則想必關聽矣 〔안종호安鍾鎬, 40-174〕

과필科筆　　과거를 볼 때 쓰는 붓. 예문 阻餘 承慰倍常 科日隔宵 而雨後寒緊 殊 可慮也 科筆固宜送去 而忘未果矣 〔미상, 34-273〕

과하주過夏酒　　소주와 약주를 섞어 빚어서, 주로 여름에 마시는 술. 예문 蔘花 七十柄 過夏酒三鐥 大口二尾 軟鷄三首 石魚五束 米食三升 淸二升 略呈 〔송광연宋 光淵, 34-152〕

과해寡諧　　남과 어울리는 일이 적음. 예문 泰圭等 窮居寡諧 常獨竊歎 〔김태규金 泰圭, 53-210〕

과행科行　　과거를 보러 감. 예문 允從輩或作科行耶 〔권도權度, 027〕

과행過行　　혼례나 상례 등의 의례를 치름. 예문 醮行上去前 或有下書便 則以 未可輕先過行之意 下眎如何 〔미상, 027〕｜ 從叔襄事 姑未完定 將以今來月間過行 〔신응선申應善, 31-117〕

곽삭郭索　　게. 예문 情惠郭索 深謝深謝 〔서경주徐景霌, 21(義)-126〕

곽탕객藿湯客　　미역국 먹는 손님. 처가 해산한 사람을 가리킴. 예문 近聞 台作 藿湯客 吾人所可喜者 無踰於此 況暮年璋慶 尤豈不奇幸耶 方欲書賀而未果 此拜 先施 慰怍交至 〔서종급徐宗伋, 21(智)-51〕

관關　　관문關文. 동급 또는 하급 관청에 보내는 공문公文. 예문 今因傳關人 問 于豊基 得報委告 伏計 〔유진柳袗, 051〕→ 관문關文, 관자關子

관가寬假⁰¹　　충분한 시간. 예문 先生文集 間緣悲擾 未及卒業 不得已齎往江廬 計 非一年 無以如意抄撮 幸賜寬假 俾得放心觀覽 如何如何 〔정약용丁若鏞, 32-158〕

관가寬假⁰²　　너그러움. 예문 僕於別駕 容之垂二年 待之亦寬假 彼則倨然自肆 出入由己 不有上官 〔박상朴祥, 9-70〕

관건盥巾　　제사를 지내기 전에 손을 씻어 몸을 정결히 함. 예문 罪戚弟頑喘如 昨 爲暑所惱 兄弟相對殊殊 而猶幸不至廢盥巾矣 〔송치규宋穉圭, 44-115〕

관견管見　　대롱 구멍으로 내다봄. 좁은 소견이라는 뜻으로 자신의 견해를 낮

취 이르는 말. 예문 子之去就之計 長者所敎 亦與管見無異 〔채지홍蔡之洪, 21(禮)-452〕

관광觀光⁰¹　　도성의 문물을 구경함. 예문 廢擧非可恨也 汝輩之不文 將不知作何狀人 是可慮也 必勿呈券 只觀光於場內場外 而自今日爲始 限死篤課可也 〔조병덕趙秉悳, 000〕

관광觀光⁰²　　대궐에 들어가 문물을 구경함. 예문 昨承慈敎 則肯大輩入於拔去中爲敎 渠輩旣欲觀光 則何必拔之以致向隅之歎耶 〔정조正祖, 19-85〕

관광觀光⁰³　　과거 시험. 예문 始知兄有膝下之慟 區區賤誠 實切驚慮 而事故迫人 且無信便 不能修一書以慰 繼而有聞詔之行 觀光非所急也 而實欲與兄穩做一夕之款 故勉强作計 〔유진柳袗, 21(義)-147〕

관념關念　　관심을 가짐. 예문 每恨尊丈不求於世 世亦不甚關念矣 〔정호鄭澔, 22-209〕 → 개회介懷, 관심關心, 관정關情, 관회關懷

관려關慮　　걱정. 예문 世下生 昨昏還棲 路憊尙爾中 洛行今方登程 遠路跋踄 預爲關慮處也 〔김광묵金光黙, 31-53〕

관련關捩　　관건關楗. 사물의 가장 중요한 점이나 원리·도리를 비유함. 예문 理氣說 謹依尊敎謄呈 但關捩一段 終未知歸屬處 〔서경덕徐敬德, 22-25〕

관령管領　　감상함. 예문 今旣移接於花山 而此地有泉石林竹 古稱形勝 望須賁臨 管領其淸風明月 如何如何 〔강우진康祐鎭, 41-31〕

관령關領　　편지를 받아 봄. 예문 鄒札亦托邑人之歸 未知一一關領否 〔이숙량李叔樑, 5-177〕 → 관조關照, 관청關聽01, 하조下照01, 혜감惠鑑

관례官隷　　통인通引·사령使令·방수房守 등 관아에 딸린 이속吏屬. 예문 官隷持札 如期而至矣 〔채제공蔡濟恭, 44-167〕

관문關文　　동급 또는 하급 관청에 보내는 공문公文. 예문 就歸期似在念後晦前 而待見關文而治發矣 〔이도중李渡重, 41-26〕 → 관關, 관자關子

관사官祂　　관아의 문서를 전달하는 인편. '사祂'는 '체遞'와 같다. 예문 今又因安義官祂 承見華翰 滿幅辭意 可見情篤 感荷何量 〔정인승鄭寅昇, 41-154〕

관산關山　　변경邊境. 예문 關山遠別 固爲朋儕之缺缺 況兄情理又切者乎 〔이경휘李慶徽, 23-105〕

관상冠裳　　의관衣冠. 예문 表弟日月所迫 冠裳已變 慨廓餘懷 殆難自抑 〔이종상李鍾祥, 027〕

관성管城　　관성자管城子. 붓의 별칭. 한유韓愈의「모영전」毛穎傳에서 붓을 관성자라고 칭한 것에서 유래. 예문 適得二枝管城 呈上耳〔박태겸朴泰謙, 49-266〕
→촌관寸管

관소館所　　외국 사신이나 공무로 출장 중인 관리가 묵는 곳. 예문 餘萬 纔罷館所之役 病憊昏倒 不能一一〔박서朴遾, 6-96〕

관속官屬　　아전. 예문 營門若欲運來 則不難矣 運致之後 付之謹實官屬 使置渠家 仍使告知於此中 如何如何〔조명리趙明履, 6-204〕

관송款誦　　그리움. 예문 入闉以後 尤切款誦〔장석룡張錫龍, 027〕→ 경앙傾仰, 경앙景仰, 경현耿懸, 공소拱溯, 공소貢傃, 교송翹誦, 소溯, 소념溯念, 소앙遡仰, 소왕傃往, 송복誦服, 앙모仰慕, 앙소仰溯, 앙소昂溯, 연사戀思, 연소戀傃, 연소戀遡, 연앙戀仰, 첨경詹頖, 첨련瞻戀, 첨모瞻慕, 첨상瞻想, 첨소瞻潒, 첨소瞻溯, 첨소瞻遡, 첨송瞻誦, 첨송詹誦, 첨영詹咏, 첨왕瞻迬, 첨주瞻注, 첨향瞻嚮, 첨현瞻懸, 치상馳想, 치소馳傃, 치소馳泝, 치소馳遡, 치정馳情, 하소葭溯, 향소嚮傃, 향앙向仰, 현경懸頖, 현기懸企, 현념懸念, 현련懸戀, 현상懸想, 현소懸傃, 현소懸遡, 현앙懸仰, 현향懸嚮, 현현懸懸

관수官守　　관리가 자리를 지킴. 예문 雖接壤之近 官守難越 想不得頻作觀省 尤庸奉念〔김명희金命喜, 027〕

관수官需　　관수미官需米. 지방 수령이 관청과 관원의 경비를 위해 매년 추수 때 거두어들이는 일정한 양의 쌀. 예문 初旣爲百口之計 則今年龍洞郡必無官需 是可仰念〔이이명李頤命, 22-225〕

관수關數　　운수에 관계됨. 운수소관. 예문 福初意欲旋歸去 事不如意 若是濡滯 非素心也 人之行藏 實有關數而然耶 是可歎也〔안정복安鼎福, 44-93〕

관심關心　　마음에 걸림. 예문 生董保病拙 而遍廻列邑 飢莩溢目 賑救無策 憂惱關心 食息靡寧〔이진李袗, 21(義)-310〕→ 개회介懷, 관념關念, 관정關情, 관회關懷

관억寬抑　　마음을 너그럽게 가지면서 슬픔을 억제함. 상중喪中에 있는 사람을 위로하는 말. 예문 大鑑遭喪配之痛 何以寬抑〔홍명하洪命夏, 4-174〕

관오款晤　　여유를 갖고 이야기함. 예문 士剛 頃遇之稱中 不能款晤 殆令悵想〔이상정李象靖, 21(智)-59〕

관외關外　　먼 지방. 예문 門運不幸 若木叔主奄棄子姪 關外悲痛 有不可勝言

〔김응하金應河, 21(義)-139〕

관우官牛　　관가에 속한 소. 예문 夾錄覽悉 前人之刱官牛與七事者 專爲軍弊之最甚 〔강노姜浩, 44-188〕

관우款遇　　정성스레 잘 대우해 줌. 예문 幸望招見賜顏 拔例款遇 以生光色 如何 〔윤심형尹心衡, 29-27〕

관유官遊　　객지에서 관직 생활을 함. 예문 學士賢嗣 官遊在京 進士自勤讀 能訓迪其子姪 一時解紱 則不能無五月戀纏 人情現幻 類如是也 〔엄세영嚴世永, 44-230〕

관유關由　　경유함. 예문 欲上一疏 當關由節下 而家甥在京 有所畏忌 中止其呈 可歎可歎 〔이식李植, 48-55〕

관자關子　　상급 관청에서 하급 관청으로 보내는 공문서. 예문 補充立案 弟所不知 而下吏亦不告達 故果未發關子矣 〔임윤원任胤元, 21(禮)-210〕 → 관關, 관문關文

관장祼將　　강신降神하는 술을 따라 올리며 제사를 행함.『시경』詩經「대아」大雅〈문왕〉文王에 "은나라 선비 중에 아름답고 민첩한 자들이 주周나라 서울에서 강신하는 술을 따라 올리며 제사를 돕는구나"(殷士膚敏 祼將于京)라는 구절이 있음. 예문 兄來弟往 暇得一旬 而輒値悲擾祼將之際 未遑穩叙 〔유동환柳東煥, 40-192〕

관적官糴　　환곡還穀. 예문 今年則異於常年 絶無官糴資賴之望 徒悶而已 〔이상李翔, 5-67〕

관전官奠　　관가에서 차려 주는 제사상. 예문 李主簿涑鄭正言必東 令有雅分否 李之子鄭之弟得參蓮 今將歸榮先壟 願得官奠 要弟先容其意 欲生松楸光彩 〔민진장閔鎭長, 6-83〕

관절關節　　중요한 자리에 있는 사람에게 뇌물을 주고 청탁하던 일. 예문 無論訟理之如何 此在主人生色事 故平生最厭向人關節 而有此縷縷 幸勿怪如何 〔이영익李令翊, 7-174〕

관정關情　　마음에 걸림. 예문 震應纔過迎賓 旋送新行 而孫女之婚 依然關情 惱撓無已 〔권진응權震應, 23-237〕 → 개회介懷, 관념關念, 관심關心, 관회關懷

관제館製　　성균관 제술 시험. 예문 明日館製 是通讀製述云 更令人往泮中詳問後 以爲入去爲妙 〔이하곤李夏坤, 10-20〕

관조關照　　편지를 봄. 예문 頃因奴便奉一書矣 其能關照否 〔박세채朴世采, 3-146〕

→ 관령關領, 관청關聽01, 하조下照01, 혜감惠鑑

관주官廚　　지방 관청의 주방廚房에 관한 사무를 담당하던 곳. 이곳에서 수령과 그 가족들의 식생활을 비롯한 빈객의 접대를 맡았다. 예문 官廚所儲 汁與滓 各惠如干 則誠緊於用 荷賜多矣 〔김광현金光炫, 47-49〕

관중館中　　성균관成均館. 예문 就中 館中切有大段查正之事 而不可人人而當 〔이제李濟, 21(禮)-317〕 → 국자國子, 근궁芹宮, 근사芹舍, 반사泮舍, 현관賢關

관차官次　　벼슬아치의 근무지. 예문 卽聞行旆入城 雖未卽奉 第切欣慰 未知留洛幾日 當還官次耶 〔조태로趙泰老, 21(禮)-308〕

관천舘薦　　성균관의 천거. 예문 偶接邸報 舘薦旣完 想兄已得脫濕 可喜 〔이병상李秉常, 21(禮)-413〕

관청關聽01　　편지를 받아 봄. 예문 頃因趙斗應之便 修付鄙狀 不審以時關聽耶 〔이안도李安道, 44-40〕 → 관령關領, 관조關照, 하조下照01, 혜감惠鑑

관청關聽02　　익히 들음. 예문 又仰今年令藥價 比前二倍 想關聽 而弟之貿藥比前尤大 此則愚事 〔김성규金性圭, 37-128〕

관취觀取　　사물의 내용을 알아차림. 간취看取. 예문 孤哀平生無可觀取 故易誣而難解 無非素所自樹使然 〔윤순거尹舜擧, 22-119〕

관칙關飭　　공문(關)을 보내 타이르고 경계함. 예문 昨見道伯 俾卽關飭 未知聞知耶 〔정조正祖, 26-15〕

관팽官伻　　관아의 심부름꾼. 예문 鄙奴之還 官伻之來 續承華翰 就審秋凉 旬宣起屈萬重 伏慰不已 〔권중경權重經, 21(禮)-295〕

관편官便　　관청에서 보내는 인편人便. 예문 各有職事 未由面唔 曷勝悲悵 適逢官便 略此替慰 〔민응수閔應洙, 6-57〕 → 공편公便

관하關河　　변경의 산하. 예문 秋盡關河 詹悰益勞 〔민영위閔泳緯, 44-200〕

관하수조關河修阻　　먼 변경이라 산과 강으로 막힘. 예문 此來 關河修阻 雖欲寄聲 亦無由 〔김성일金誠一, 3-24〕

관헌祼獻　　제주祭酒를 모사茅沙에 부어 강신降神한 뒤 술을 올림. 예문 樊爺終祥 倏忽已過 悲感何言 以老兄平日情誼 遠在嶺外 無以周旋於祼獻之際 想愴悼交切 〔이가환李家煥, 32-159〕

관황官況　　관직 생활을 하며 지내는 상황. 예문 弟粗保官況 而山外旱災 比山

內尤酷 民憂莫知所屆〔민진장閔鎭長, 23-167〕

관회關懷　마음에 둠. 예문 東堂得失 雖不足關懷 旅窓無人 空○有月 千里思鄉 兩鬢添霜 此時懷抱〔김부륜金富倫, 051〕→ 개회介懷, 관념關念, 관심關心, 관정關情

관후款厚　두터운 정성. 예문 向人款厚 何至此耶〔김경문金敬文, 3-85〕

관흡款洽　즐겁고 흡족함. 예문 前者雖夜 奉晤款洽 因加眷戀〔양성지梁誠之, 051〕

괄괄聒聒　말이 많아 남의 뜻을 어지럽히는 모양. 예문 重惹了一場聒聒 傳聞之說 令人皇恐〔홍석주洪奭周, 31-60〕

괄연恝然　무시함. 모른 척함. 예문 李靈岩則偏於博川 去時似過營下 親知之間 奈可恝然 亦一頭痛處也〔이재의李載毅, 44-117〕

광고光顧　상대방의 방문을 높인 말. 예문 歲底未敢望 兄來開初 必賜光顧幸甚 來時帶筆又望〔김문옥金文鈺, 41-113〕→ 광림光臨, 부림俯臨, 비고賁顧, 비림賁臨, 비연賁然, 임비臨賁

광동光動　생색을 냄. 예문 且蒙下惠各種米饌 非但窮人上下飽喫喜躍 又以米升魚尾 分與隣人 誇示盛眷 光動邑里〔홍무적洪茂績, 22-95〕→ 발휘發揮, 생광生光

광림光臨　상대방의 방문을 높인 말. 예문 昨所以專人仰請其光臨者 將做陽關永夕之樂矣〔이만운李晩運, 44-83〕

광산狂散　상규常規를 벗어나 마음대로 함. 예문 嘗聞晩翁世目之以狂散 駸駸乎方外之倫〔황현黃玹, 37-13〕

광세이수曠世異數　세상에 드문 특별한 예우. 예문 昨於榻前又爲面達 則又令於上下番外別例入侍 此則乃是曠世異數 尤不敢承當 艱得力辭苦爭而免〔정경세鄭經世, 45-368〕

광어廣魚　넙치. 예문 廣魚二尾〔이운근李雲根, 35-45〕

광여曠餘[01]　오랜만에. 예문 弟特蒙恩諒 調病便意 仍承由暇 曠餘省展 到底鴻造 榮感無比〔권돈인權敦仁, 44-178〕

광여曠餘[02]　자리를 비워 둔 나머지. 예문 族從卄八日赴衙 曠餘邑務 果難抖擻 此爲可悶可悶〔김원식金元植, 42-29〕

광일曠日　며칠 자리를 비움. 예문 於今月望間 自外曠日而歸 則一幅華緘 落在塵案 已旬有餘日矣〔유만식柳萬植, 44-72〕

광조曠阻　　소식이 끊김. 예문 南北音信 動輒曠阻 愚村淸境 發於夢想而已也 〔박태관朴泰觀, 49-272〕

괘결掛缺　　원망이나 원한을 삼. 예문 其外則一無掛缺於世路 〔미상, 027〕

괘루挂漏　　괘루挂漏. 예문 餘病起昏憊挂漏 不宣備 伏惟下照 〔이삼환李森煥, 44-100〕 → 누괘漏掛, 누만漏萬

괘루掛漏　　괘일루만掛一漏萬. 한 가지만 적고 나머지 많은 사연은 생략함. 편지 끝에 상투적으로 쓰는 말. 예문 餘萬便忙○多 僅此掛漏 不備 〔박필주朴弼周, 23-199〕 → 누괘漏掛, 누만漏萬

괘일掛一　　한 가지만 적고 나머지 많은 사연은 생략함. 예문 尾錄者自持 胎錄者分與 卽歲饌名色也 撥擾掛一 卽欠 〔정조正祖, 26-51〕

괘치掛齒　　언급함. 입에 올림. 예문 至於弟之小科 迫於篤老侍下情地 勉强從權 而情禮俱違 何足受人賀語 而亦自掛齒耶 〔정대림丁大林, 48-227〕

괴塊　　종이를 세는 단위로, 두루마리 100권을 말함. 예문 狀白紙 各色紙 眞墨 若不滿塊 則得之 如不得 須量此優惠 〔김상석金相奭, 6-188〕

괴과魁科　　과거에 장원급제함. 예문 昨又聞孫兒魁科之報 衰弊之家 有此過分之慶 無非祖先之餘蔭 而窮泰之際大遽 誠不任瞿瞿也 〔이충익李忠翊, 7-171〕 → 괴방魁榜

괴굴愧屈　　부끄러운 마음으로 따름. 예문 誨意愧屈 只恨鬼事非人也 至言 當灌手而讀之 敢留之 〔윤문거尹文擧, 3-134〕

괴기槐期　　과거 날짜. 당나라의 수도 장안長安 거리의 회화나무가 꽃이 피는 7월에 예부禮部의 시험이 있어서, 당시 사람들이 "회화나무에 노란 꽃이 피면 과거 응시생들이 바쁘다"(槐花黃 擧子忙)고 한 데서 유래함. 예문 槐期迫近 而了無樂赴之況 何能振擺於此中 競先年少之兄哉 〔이원봉李元鳳·이원린李元鱗, 32-13〕 → 과일과日, 괴황槐黃

괴방魁榜　　과거에 장원급제함. 예문 侍生 幸承大監宅吹噓緊托 前多公科 得捷魁榜 〔한상현韓象鉉, 41-157〕 → 괴과魁科

괴부愧負　　부끄러움. 예문 兄雖可以俯諒 而弟心愧負 尙何可言 〔유척기兪拓基, 6-211〕

괴산乖散　　헤어져 흩어짐. 예문 方幸麗澤之相益 忽此乖散 歎恨不已 〔이황李滉,

30-5〕

괴악怪愕　괴이하게 여기고 깜짝 놀람. 예문 其爲人也 必多駭絶之行怪愕之辯 有如驚世越俗〔황현黃玹, 37-13〕

괴의乖宜　마땅함을 잃음. 정상적이지 않음. 예문 春候乖宜 伏惟兄體連享萬安〔김진화金鎭華, 32-164〕

괴좌塊坐　우두커니 앉아 있음. 홀로 있음. 예문 重栖舊第 觸目愴感 反不如塊坐鵬舍 兩忘身世之日也〔남이성南二星, 5-98〕

괴책魁策　장원급제한 사람의 책문策文. 예문 柳沈居魁策 幷惠付 爲仰爲仰〔김수일金守一, 21(仁)-178〕

괴처塊處　바깥 출입하지 않고 들어앉아 있음. 예문 僕塊處於家 眼昏不能看字 只心存主靜夜氣章而已 自歎精力之衰耗於古人 書字不能詳考 以資固陋耳〔이서李溆, 8-242〕

괴칩塊蟄　칩거함. 예문 弟塊蟄空谷 秋思益覺悽悷 奈何〔신광수申光洙, 44-333〕

괴폄槐貶　승정원承政院의 인사 평가. 예문 縻此匪據 脫免未易 將欲不參 槐貶以爲居下之計〔신정申晸, 22-165〕

괴한愧汗　부끄러움으로 땀이 남. 선물을 보낼 때 쓰는 상투적인 표현. 예문 數件付呈 愧汗〔구인기具仁墍, 26-137〕

괴함瑰緘　상대방의 편지를 높여서 부르는 말. 예문 瑰緘 寔感先施盛意〔정희鄭僖, 41-18〕→ 권찰眷札, 금옥지음金玉之音, 금음金音, 내시來示02, 덕음德音, 방함芳函, 방함芳緘, 성함盛緘, 손독損牘, 수고手告, 수자手字, 수자手滋, 수한手翰, 수함手緘, 숭찰崇札, 숭첩崇帖, 숭한崇翰, 옥함玉緘, 외첩巍帖, 운함雲函, 위찰委札, 위첩委帖, 자慈, 정신情訊, 청독淸牘, 청신淸信, 총문寵問, 총첩寵帖, 총한寵翰, 총함寵函, 탕찰盪札, 하문下問, 하장下狀, 하한下翰, 혜장惠狀, 혜한惠翰, 혜함惠函, 혜함惠緘, 혜함惠緘, 화독華牘, 화한華翰, 화함華函

괴황槐況　승정원의 상황. 예문 昨答當視矣 槐況如何〔미상, 22-397〕

괴황槐黃　과거 시험 날짜. 당나라 때에는 수도 장안長安 거리의 회화나무에 꽃이 피는 7월에 예부禮部의 시험이 있었으므로, 당시 사람들이 "회화나무에 노란 꽃이 피면 과거 응시생들이 바쁘다"(槐花黃 擧子忙)고 한 데서 유래함. 예문 槐黃卜在中秋 幸須勤做 期奮南之翼也〔이성동李成童, 21(仁)-91〕→ 과일科日, 괴기槐期

괴후乖候　　이상 기후. 예문 便來獲拜惠翰 謹頌乖候 令政體萬祺 〔어윤중魚允中, 35-95〕

교감翹感　　깊이 감사드림. 예문 俯饋諸品 每荷另注 翹感之至 旋又瞿瞿於中 〔김정희金正喜, 33-13〕

교거僑居　　객지 생활. 예문 但所率來婢入京 留數三日逃走 僑居甚艱窘 可慮 〔금난수琴蘭秀, 21(仁)-185〕 → 교우僑寓, 기우寄寓

교구交龜　　도장을 교환함. 지방관의 업무 인수인계를 말함. 예문 新使方在鄕 陳疏 交龜似遲 旣遞久蹲 甚是憫事 奈何 〔홍중하洪重夏, 21(禮)-307〕 → 교부交符, 교승交承

교기翹企　　간절히 기다림. 예문 還朝之期 當在不遠 屈指奉拜 只切翹企 〔홍만용洪萬容, 5-113〕

교배交拜　　신랑과 신부가 마주보고 절을 함. 혼례를 가리킴. 예문 若於數日內 得減漸 則不得不依本日 署擧交拜之儀 但一衾亦恐不得成耳 〔유도원柳道源, 32-152〕 → 근례巹禮, 초례醮禮

교복轎卜　　가마와 가마꾼. '복卜'은 '복僕'과 같은 말. 예문 子婦行明春 果能得 轎卜駿騭耶 〔한영광韓靈光, 6-185〕 → 교정轎丁

교부交符　　부절符節을 교체함. 지방관의 교체를 말함. 예문 前聞數日間將啓京 駕 而今則想難趁參候班 卽爲卷還以爲城外交符之地 如何如何 〔정원용鄭元容, 26-157〕 → 교구交龜, 교승交承

교부轎夫　　가마꾼. 예문 若得一轎夫 則日間委進 〔정학연丁學淵, 22-315〕

교비交臂　　만남.『장자』「전자방」田子方의 "내가 평생토록 너와 한 팔을 끼고 지내도 결국 서로 잃게 되리니 슬프지 않겠는가"(吾終身與汝交一臂而失之 可不哀與)에서 나온 말. 예문 作宰同道 旣阻面敍 今又解歸 遂成交臂之失 〔임상원林象元, 6-230〕

교비驕費　　여비旅費. 예문 日間將陪還鄕第 而到今驕費亦難辦 來頭生活 苦 無津涯 只自飮泣 悠悠蒼天 此何人斯 〔정현시鄭憲時, 35-128〕 → 반비盤費, 반전盤纏

교사僑舍　　임시로 거처하는 집. 예문 弟得一僑舍 昨始還頓城西 自此稍定棲 息 可圖一分攻業耳 〔박태관朴泰觀, 49-269〕

교사翹思　　그리운 마음. 기다리는 마음. 예문 只冀杖屨儼臨 慰我翹思 〔이서구李

書九, 21(智)-193〕

교송翹誦　　몹시 그리워함. 예문 翹誦方切 卽拜惠翰 恪審榴熱轉熇 湯節漸至 翔翔 仰慰拱賀 〔○석문○錫文, 41-48〕 → 경앙傾仰, 교수翹首, 소송溯, 송복誦服, 첨련瞻戀, 치소馳傃, 현향懸嚮

교수矯首　　머리를 듦. 그리움을 표현하는 말. 예문 歲暮霜雪 嶺路迢迢 矯首東南望 不堪夢想愁絶 忽承令遠札 不啻若拜受拱璧 〔심희수沈喜壽, 45-234〕

교수翹首　　고개를 들고 바라봄. 그리움을 표현하는 말. 예문 歲華已闌 朔風正高 翹首瞻想 只切耿耿 〔정인승鄭寅昇, 35-118〕 → 교송翹誦

교승交承　　신구新舊 관리가 임무를 교대하는 일. 예문 何由得補台之交承耶 〔서명응徐命膺, 051〕 → 교구交龜, 교부交符

교염驕炎　　심한 무더위. 예문 微雨初晴 驕炎乍退 〔이최응李最應, 44-198〕

교외嶠外　　영남. 예문 遠役旣旋 洛下知舊諸公 無不面面迎勞 惟兄滯在嶠外 無由承誨 〔이상황李相璜, 21(智)-213〕 → 교하嶠下

교요膠撓　　공무에 매여 바쁨. 예문 此間膠撓 殆無已時 老少皆不能堪 伏伏悶悶 〔송주석宋疇錫, 21(禮)-249〕 → 곤골滾汨, 곤록滾碌, 골요汨擾, 공극供劇, 공요公擾, 교요膠擾, 구책驅策, 분록奔碌, 분망犇忙, 요골擾汨, 요심擾甚, 요황撓遑, 용록冗碌, 현정懸旌

교요膠擾　　공무에 매여 바쁨. 『장자』「천도」天道에, "번거롭게 했군요. 그대는 하늘에 합치되고, 나는 사람에 합치됩니다"(膠膠擾擾乎 子天之合也 我人之合也)라고 한 말에서 유래함. 예문 景在 積務膠擾 熏惱多端 且以宿疴見狀殊殊 〔이경재李景在, 31-75〕

교우僑寓　　타향살이. 예문 侍生粗安僑寓 知荷遠庇 近無西行耶 迎拜是企 〔이경억李慶億, 23-109〕 → 교거僑居, 기우寄寓

교유敎誘　　가르쳐 이끎. 예문 故不知者 直疑孤哀之敎誘 其知者 不欲以汚衊加我 輒謂俊民欺我也 〔윤순거尹舜擧, 22-119〕

교의敎意　　상대방이 말하거나 부탁한 것을 이르는 말. 예문 敎意已有成諾於人 從當隨稟周旋耳 〔윤순尹淳, 3-105〕 → 근교勤敎, 하교下敎, 하시下示

교이交頤　　(눈물이) 두 뺨에 흐름. 예문 梅翁集三卷拜讀 而曠焉若前世事杳邈難攀無從之涕 潸然交頤 廢書發嘆 嗚咽不能已已也 〔조진규趙晉奎, 37-132〕

교적校籍　　향교 유생의 명부. 예문 這中高同贅家豚犬 聞督簿校籍以出 果否 右兒不經禫事 旣吉敢避 乞姑限之禫前如何 恐公不知 故敢爾敢爾敢爾 〔최산두崔山斗, 9-68〕

교절交節　　환절기. 예문 弟旧病當交節例有呻囈坏蟄 了無佳緖 奈何 〔윤심형尹心衡, 6-198〕

교정轎丁　　가마와 가마꾼. 예문 思之又思 伏望大監始終下念之澤 借力轎丁以爲歸鄕 若何若何 〔옥화玉花, 39-273〕 → 교복轎卜

교조敎詔　　가르침. 예문 大嶺之南 是家從祖平生欲居之地 自童子日 稔聞敎詔 故夙昔欽仰 有倍他人 〔이삼환李森煥, 44-100〕

교주巧湊　　우연히도 딱 들어맞음. 예문 關西素稱邑閑 兄則獨賢 亦甚巧湊 奉慮奉慮 〔신재식申在植, 22-311〕

교준校準　　교정. 예문 儻說旣無校準者 則置之無益 當依敎推來耳 〔이병휴李秉休, 44-95〕

교지交知　　친구. 예문 交知零替 無復在世 獨生至今不死 〔이원익李元翼, 3-166〕 → 구기舊記, 구제舊弟, 원빈元賓, 지구知舊, 친구親舊, 친지親識

교지交至　　(여러 감정이) 모두 간절함. 예문 惠付梅集 感悵交至 忙手開卷對眞 撫昔多感 難以形喩 如非僉座之董念 滄江之權變 何可遽成至此哉 〔안용묵安鏞黙, 37-131〕

교침喬沈　　인편에 부친 편지가 도중에 분실됨. 진晉나라 은선殷羨이 예장태수豫章太守가 되어 부임지로 떠날 때 도성 사람들이 그에게 백여 통의 편지를 부쳤다. 석두石頭에 이르러, 그는 그 편지를 모두 물 속에 던지고는 "가라앉을 놈은 가라앉고 뜰 놈은 떠라. 내가 우편배달부 노릇을 할 수는 없잖아"(沈者自沈 浮者自浮 殷洪喬不能作致書郵)라고 한 데서 나온 말이다(『세설신어』世說新語「임탄」任誕). 교喬는 은선의 자字인 홍교洪喬를 가리키고, 침沈은 가라앉는다는 말. 예문 前有復札云 而推索於駱洞趙海州喪家 則曾無來傳之人云 想致喬沈 可歎可歎 〔신임申銋, 39-129〕 → 부침浮沈, 은선殷羨, 은우殷郵, 홍교洪喬, 홍교洪橋

교하嶠下　　영남. 예문 嶠下荒騷 甚於丙子 〔안흠安欽, 41-158〕 → 교외嶠外

구가駈價　　관원이 녹봉祿俸 이외에 사사私事로 부리는 하인下人의 급료로 받던 전곡錢穀이나 포백布帛. 구가丘價, 구가驅價. 예문 水部駈價六兩 沒數盡入於

公故時 下隸療次 只以燭一雙付送 〔신좌모申佐模, 43-175〕

구각軀殼　몸뚱이. 예문 侍生無事入來 董保軀殼 〔박서朴遾, 4-169〕

구간苟簡　구차한 형편. 예문 家有餘地 可以相救 草草覔送 亦出於苟簡 可歎 〔김유金楺, 22-217〕

구갈裘葛　동구하갈冬裘夏葛의 준말. 곧 겨울옷과 여름옷. 넓게는 사철의 의복을 가리킴. 예문 賢者馴習孝弟之謨 趍日謀猷 敬事長上 而鞭督子弟 詩書禮讓 自保其裘葛飮啗之計 孟子所謂歸求有餘師者 〔김동진金東鎭, 40-62〕

구감口疳　입 안이 헐고 터지는 병. 예문 弟近以口疳 可謂委席 自悶奈何 〔강진姜晉, 41-64〕

구검句檢　살피고 검사함. 예문 開窞之事 追悔奈何 專由無狀不能句檢管轄 以致顚倒 雖挹罪諸將 曷及 〔최경회崔慶會, 12-259〕

구관舊貫　예부터 내려오던 관례慣例. 예문 故仍舊貫 只禁其太甚矣 〔어윤중魚允中, 35-97〕

구구區區　작고 못난 마음. 자신을 겸손하게 이르는 1인칭 대명사. 예문 第審水土所傷 體履愆度之中 又遭悼姬之慘 驚嘆憂慮 不任區區 〔장선징張善澂, 21(義)-424〕 | 示事 家姪恳傳盛意 而區區竊以爲不然 有所筵白矣 〔조문명趙文命, 21(禮)-427〕

구구嘔嘔　어린아이처럼 징징거림. 예문 弟本情弱 甚難堪耐子女之相離 而旣無室家之後 情懷尤無聊賴 每每有嘔嘔之態 兄必哂之矣 〔한배하韓配夏, 5-143〕

구구瞿瞿　송구스러움. 예문 俯饋諸品 每荷另注 翹感之至 旋又瞿瞿於中 〔김정희金正喜, 33-13〕

구기嘔氣　화가 치밂. 예문 布草依到 布則姪女之無裳者解頤 草亦堪定嘔氣矣 何幸 〔미상, 22-393〕

구기舊記　오래 전부터 서로 아는 사이인 사람에 대하여 자신을 일컫는 말. 예문 癸七月八日 舊記 翔 〔이상李翔, 22-171〕 → 교지交知, 구제舊弟, 원빈元賓, 지구知舊, 친구親舊, 친지親識

구날構捏　구허날무構虛捏無. 없는 것을 있는 듯이 꾸며냄. 예문 就 此呈小紙 覽可諒悉矣 初無分袷之事 而忽地構捏於不當者 已是冤抑 事係至親家 墓直方來告悶 〔송내희宋來熙, 26-181〕

구당勾當　구당句當. 예문 勅擾想熏惱 果善勾當否 〔민영목閔泳穆, 44-204〕

구당句當　　임무나 사건 등을 담당함. 예문 不審服體連護萬重 咸哀昆季支保 其爲地切迫 無非座下句當 何以堪遣於衰境耶〔이장오李章五, 31-69〕

구대裘帶　　경구완대輕裘緩帶. 가벼운 옷차림을 하고 허리띠를 풀고 여유 있게 지냄. 예문 記下生身上粗安 而多務頗繁冗 殊無裘帶之趣耳〔신위申緯, 39-195〕

구도俱到　　빈틈이 없음. 예문 辭意俱到 令人起嘆〔유성룡柳成龍, 3-22〕

구량口糧　　먹을 양식. 예문 求禮守某 旣送口糧于崔某 又遣人致祭于趙某云〔최산두崔山斗, 9-111〕

구로지감劬勞之感　　자기를 낳아 기른 어버이의 은덕을 생각하는 마음. 『시경』詩經 「소아」小雅 〈육아〉蓼莪의 "슬프고 슬프다, 부모여 나를 낳으시느라 몹시 수고하셨도다"(哀哀父母 生我劬勞)라는 구절에서 유래함. 예문 君子易老 弧甲載屆 慶則慶矣 安得無緣境劬勞之感耶〔이준태李準泰, 40-284〕

구매求媒　　혼처를 구함. 예문 日昨永川鄭參奉丈胤子一夔氏東萊在任 與之聯枕 云有獨子 求媒於上道 余以此兒事 率爾發口 蓋此爲下鄕儒家 昏譜甚好故耳〔권만權萬, 21(禮)-476〕

구목丘木　　무덤가의 나무. 예문 卽欲促鞭倒屣 而明早有不得已伐丘木事 不可 但委役夫 無端斫伐 當於早朝告辭指揮後下去 望須留宿于醫局 以待如何〔정경세鄭經世, 45-424〕

구묘丘墓　　무덤. 예문 近自省丘墓處 困劇而返 杜門疲臥〔이황李滉, 30-77〕→ 묘궁墓宮, 유당幽堂, 택조宅兆

구물舊物01　　원래 모습. 예문 惟日望南方諸將克復舊物 救君父於危亂而已〔김우옹金宇顒, 12-265〕

구물舊物02　　낡은 물건. 자기를 낮추어 이르는 말. 예문 此時郡邑多事 念及舊物 非厚情 安敢望〔장만張晩, 16-58〕

구미狗尾　　'구미속초'狗尾續貂의 준말. 변변치 않은 것으로 훌륭한 것을 잇는다는 뜻. 자기 글에 대한 겸사謙辭로 쓰임. 중국 진晉의 조왕趙王 사마륜司馬倫이 정치를 전횡하여 종에게까지 관작官爵을 남발하여 "관冠을 장식하는 담비 꼬리가 부족하여 개 꼬리로 장식했다"(狗尾續貂)는 고사(『진서』晉書 「조왕륜전」趙王倫傳)에서 유래함. 예문 拙詩須於出城後披覽 如何如何 以言獲罪 而今不以爲戒 可謂竹筒中狗尾也 呵呵〔심희수沈喜壽, 45-244〕→ 속초續貂

구백 具白　　자세히 말하다. 예문 癡兒從使行還任所 送此物來 平日每戒兒 勿爲老父索物於人 不知於何而得 恐或齅齅之肉 然卻之又近矯 敢略呈 一笑 所以具白所從來者 慮士敬後聞 出而哇之故也 〔이황李滉, 30-126〕

구보 苟保　　그럭저럭 지냄. 예문 弟祇奉苟保 而日月易邁 此歲將窮 哀慕之懷 益復罔極 〔윤두서尹斗緖, 48-117〕 → 견면遣免, 고보姑保, 근보僅保, 근지菫支, 연견連遣, 열견劣遣, 의견依遣01, 의보依保, 조견粗遣, 조견면粗遣免, 조면粗免, 조보粗保, 조안粗安, 지장支將, 평평平平

구복 口服　　음식을 먹고 마시는 일. 예문 第恐閔仲叔 而口服累安危 是爲不安耳 〔김상성金尙星, 21(智)-34〕

구분 扣盆　　아내를 잃은 아픔. 예문 朴士寅 慘遭扣盆之痛 驚怛曷言 〔○수○琇, 49-350〕 → 고분叩盆

구사 扣謝　　머리를 조아리며 사례함. 예문 歲饋之及 實出情眷 扣謝扣謝 〔윤계尹堦, 44-253〕 → 고사叩謝

구산 求山　　묏자리를 구함. 예문 所處旣僻 又困於海鄕求山之役 泛未遂意 〔박세채朴世采, 22-183〕

구산 舊山　　조상의 무덤이 있는 곳. 선산先山. 예문 葬地尙未定 將欲雙窆於舊山 而爲日後遷窆之計 〔이수일李秀逸, 35-54〕 → 선추先楸, 송추松楸, 추하楸下, 침추寢楸

구상 口爽　　입맛을 잃음. 『노자』老子에, "다섯 가지 색은 사람의 눈을 멀게 하고, 다섯 가지 소리는 사람의 귀를 먹게 하며, 다섯 가지 맛은 사람의 입맛을 버려 놓는다. ……그래서 성인聖人은 배를 채우기 위한 일은 하지만 눈을 즐겁게 하는 일은 하지 않는다. 그러므로 욕망은 버리고 본성을 취해야 한다"(五色令人目盲 五音令人耳聾 五味令人口爽 ……是以聖人爲腹 不爲目 故去彼 取此)라는 말이 있다. 예문 至尊之餘 及於久潦口爽之時 病若頗蘇 感拜感拜 無以爲謝 〔미상, 6-29〕

구선 口宣　　말로 전함. 예문 多少都在令胤口宣 忙撓不備 〔이간李柬, 22-245〕

구수 丘嫂　　맏형수. 예문 私家禍罰 又哭丘嫂 大多寒威 又使其殯宇一木 不得久住於陽界 情理悲痛 政有不能喩者 〔김회종金會鍾, 40-114〕

구신 舊愼　　묵은 병. 예문 伏惟令篆候 對序益衛 舊愼退聽 百體貞吉 〔김정희金正喜, 33-83〕

구실口悉　　말로 다 전함. 예문 餘在殷卿口悉 略此不一〔신좌모申佐模, 43-145〕

구어口語　　비방하는 말. 예문 弟涉世昧方 橫被口語 至於今日而極矣〔이건명李健命, 23-195〕

구언지교求言之敎　　임금이 신하들의 의견을 구하는 교서敎書. 예문 卽承求言之敎 敢陳葛狗之說 何足以摡聖聽而補萬一乎〔이세화李世華, 5-110〕

구완究玩　　철저하게 감상함. 예문 印惠十圖 蒙令賜 非俗然 而奈此眼患漸劇 艱於究玩何 痛矣〔미상, 22-377〕

구의舊儀　　친구의 모습. 예문 前索書 期在五月之初 指日以待 退溪處已求來 欲作兩屛 張諸左右 以代舊儀 亦出於相慕之至情 伏惟照亮〔송순宋純, 16-41〕

구전口傳　　3품 이하의 벼슬자리에 결원이 생겼을 경우 정상적인 임용 절차를 거치지 않고 이조나 병조에서 승정원을 통하여 구두로 후보자를 천거하는 일. 예문 下敎事 伏悉 日候猝寒 賤慮亦○此而微稟 則事體未安 藥房 欲爲口傳陳啓以 原任大臣之意亦如此 爲辭 未知如何〔유엄柳儼, 21(禮)-492〕

구점口占　　즉석에서 시를 지어 읊음. 예문 率爾口占卽次 而只道實事而已 豈曰詩哉 第一粲如何〔이광찬李匡贊, 7-184〕

구제舊弟　　오래 사귄 친구에 대하여 자신을 낮추어 일컫는 말. 예문 乙三月初六 舊弟 光煜〔김광욱金光煜, 000〕→교지交知, 구기舊記, 원빈元賓, 지구知舊, 친구親舊, 친지親識

구조久阻　　오랫동안 소식이 끊김. 예문 久阻 不堪懸懷〔정두경鄭斗卿, 22-121〕

구졸鳩拙　　무능하다는 말. 흔히 겸사로 쓰임. 두견은 집을 짓는 재주가 없어 까치가 지어 놓은 집에서 산다고 함.『시경』詩經「소남」召南〈작소〉鵲巢에 "까치가 지은 집에 두견이 사는도다"(維鵲有巢 維鳩居之)라고 하였음. 예문 且鳩拙之甚 尙未有朋友止宿之所 近於江上 搆小屋未成〔이만유李萬維, 14-17〕

구중彀中　　활의 사정거리 안. 화가 미치는 범위라는 뜻.『장자』莊子「덕충부」德充符의 "예羿의 활 사정거리 안에서 놀고 있다면 한가운데는 화살이 명중하는 곳이다. 그런데도 명중하지 않는 것은 운이다"(遊於羿之彀中 中央者 中地也 然而不中者 命也)에서 나온 말. 예문 僕之罪甚大 遊於彀中 能復幾日〔김정金淨, 9-114〕

구지九地　　온 세상. 예문 不暇懲畏 九地茫茫 一身搖直欲狂奔 亦不可得〔이상진李尙眞, 051〕

구지일양九地一陽　　쥐구멍에 볕이 듦. 예문 葛菴復爵之命 及於三十年斷望之餘 可謂九地一陽〔이시성李時成, 32-9〕

구진口陳　　말로 진술함. 구술口述. 예문 首揆雖不止之 而頗有難色曰 口陳若不精 則不如書啓云〔미상, 22-375〕

구착拘着　　구애되거나 집착함. 예문 先生之志 凡看易文 不欲拘着〔여세윤呂世潤, 027〕

구책驅策　　공무로 바쁨. 예문 僕一味驅策 尙不顚仆 特幸也〔이천보李天輔, 6-215〕→ 곤골滾汨, 곤록滾碌, 곤요滾擾, 골요汨擾, 공극供劇, 공요公擾, 교요膠撓, 분록奔碌, 분망犇忙, 요골擾汨, 요황撓遑, 용록冗碌, 현정懸旌

구처區處　　분별하여 처리함. 예문 舍兄適入京 當書通此意 使有以區處耳〔김창즙金昌緝, 22-231〕

구축龜縮　　거북이 머리를 집어넣듯이 움츠림. 구축두龜縮頭. 예문 童觀如僕 龜縮塵埃 恨不得從遊是間 細玩天心耳〔이상의李尙毅, 45-227〕

구치駈馳　　공무로 먼 길을 다님. 예문 弟載疾駈馳 日覺憊敗 莫非衰境所祟 奈何〔김성적金盛迪, 21(禮)-198〕

구피욕狗皮褥　　개가죽으로 만든 자리. 예문 如桂之薪 無力溫堗 若得一狗皮褥 則不憂過冬〔신광수申光洙, 44-333〕

구필舊弼　　옛 신하. 예문 當今舊弼宿望如領台 何惜而不爲明主一言 以安宗社 於阽危之際乎〔미상, 45-338〕

구혜口惠　　말로만 베푸는 은혜. 예문 今往人 雖非吾力可信 口惠烏號見付 深望〔신용개申用漑, 21(仁)-56〕

구호口號　　사연을 불러 주며 편지를 대필시킴. 예문 除夕不遠 仍祝迓新增福 口號姑此 不宣狀式〔김위재金偉材, 21(智)-58〕→ 대초代草, 천정倩, 천초倩草, 체초替艸, 호천呼倩

구환舊還　　징수하지 못한 묵은 환곡. 예문 但舊還之政 雖使智者當之 尙患無善策 況尊初當弊局 其所勞心 不言可知 是爲悶慮〔채제공蔡濟恭, 48-145〕

구회疚懷　　마음이 괴로움. 예문 又有此意外貽戚 邵齡疚懷 恐致損節〔조병덕趙秉悳, 31-76〕

구회究懷　　회포를 다 펼침. 예문 臨紙惘惘 不能究懷〔정광필鄭光弼, 3-31〕

구획究劃　　마련함. 예문 鄙行 今月內欲圖 而資斧究劃沒策 姑未知稅駕何地 〔이휘정李彙廷, 44-57〕

국마國馬　　국가의 목장에서 기르는 국가 소유의 말. 예문 白淸一升 眞油三升 秀魚卵一部 送呈 而國馬便 卜重 所示不能盡副耳 〔이진순李眞淳, 21(禮)-415〕

국만國挽　　국상國喪에 지은 만사輓詞. 예문 國挽已呈否 呈於何處 須詳示焉 〔이관징李觀徵, 13-130〕

국상國祥　　국상國喪의 소상小祥이나 대상大祥. 예문 國祥欻過 痛隕采新 連年在外易服 益不勝摧慟之懷 〔조태억趙泰億, 21(禮)-411〕

국생麴生　　술. 예문 吾輩持律不嚴 深於醉鄕中得趣 麴生風味尤亦難忘 〔최산두崔山斗, 9-102〕

국애國哀　　국상國喪. 예문 國哀罔極 時序屢變 眞遊莫攀 俯仰穹壤 哀痛何言 〔정약용丁若鏞, 32-158〕

국월菊月　　9월. 예문 不具 菊月卄朝 〔권돈인權敦仁, 20-65〕

국자國子　　성균관. 국자감國子監의 준말. 예문 弟久滯窮峽 盖緣不敢復當國子之故 〔민정중閔鼎重, 5-107〕 → 관중관中, 근궁芹宮, 근사芹舍, 반사泮舍, 현관賢關

국저國儲　　국가의 재산. 예문 詔使十三日還去云 甚幸 但蕩盡國儲而去 可歎可歎 〔김장생金長生, 22-61〕

군여君餘　　나라에 진상하고 남은 물품. 예문 君餘嘉魚 荷此頻惠 謹領銘感 不啻十朋 〔조인영趙寅永, 29-34〕 → 봉여封餘, 지존지여至尊之餘

굴屈　　과거 시험에 낙방하다. 예문 但前試僉屈 怪訝則深 亦有後試到頭 僉勉僉勉 〔이황李滉, 30-197〕

굴이掘移　　묘를 파서 옮김. 예문 雖千百番費紙勞伻 必掘移後乃已 預爲諒之如何 〔김보현金輔鉉, 42-23〕

굴지屈指　　손가락을 꼽아 헤아림. 예문 念日會 方屈指以待 第恐好事多障耳 〔유장원柳長源, 32-148〕

궁귀窮鬼　　가난 귀신. 예문 僕菫依舊拙 而迫於窮鬼 將移住于湖西之林川地 〔이유李濡, 21(禮)-207〕

궁도窮途　　곤궁한 처지. 예문 窮途無人顧問 客懷甚無聊 〔홍무적洪茂績, 22-95〕

궁동窮冬　　한겨울. 엄동嚴冬. 예문 如此窮冬寒甚 離家極甚 不勝憂慮之至 〔홍

처후洪處厚, 22-125〕

궁률窮律　　연말. 예문 稽顙 伏承遠存 謹審窮律侍省啓居珍勝 〔이상정李象靖, 12-235〕

궁부窮瓿　　거적자리로 지붕을 덮은 가난한 집. 겸사謙辭로 쓰임. 예문 生等窮瓿歲迫 任渠俗累擅辭 向以梅泉集募刊事 使權雅歷拜 而貴邊士友皆樂聞云 〔왕수환王粹煥 등, 37-87〕

궁액宮掖　　궁중의 비빈妃嬪이 거처하는 곳. 예문 國家不幸 凶悖之變 疊出於宮掖之間 驚痛可言 〔이관명李觀命, 21(禮)-327〕

궁양지통穹壤之痛　　하늘이 꺼지고 땅이 무너지는 듯한 고통. 국상國喪이나 부모상을 당한 슬픔. 예문 隙駟迅矣 明日且屆 孝子穹壤之痛 何時可已 〔김도화金道和, 32-167〕

궁음窮陰　　세밑. 섣달. 예문 歲暮戀昂倍切 此際承拜情問翰 就審窮陰政履勝相 仰慰且遡 〔신사철申思喆, 22-239〕

궁정弓旌　　예를 갖추어 상대방을 초빙함. 옛적에 신하를 부를 때 대부大夫는 정旌으로, 사士는 활로 부른 데서 유래함. 예문 近來榮擢 想增不安 而自此弓旌似可罕 〔이이명李頤命, 47-59〕

궁졸窮拙　　가난하고 졸렬함. 예문 老物依保窮拙 餘無足道 〔이숙량李叔樑, 5-177〕

궁춘窮春　　춘궁기春窮期. 예문 仍白 淸風溪三寸家家弟家 旣無田土 値此窮春 殆方絶火 形勢十分切急 而姪家亦未免此患 良悶良悶 〔김시걸金時傑, 21(禮)-257〕
→ 춘빈春貧

궁토躬吐　　직접 말함. 예문 行躬吐謝臆 〔이경석李景奭, 4-151〕

궁품躬稟　　직접 가서 아룀. 예문 昨惠詩篇 謹已藏去 未卽惟命 但斜字下脫漏一字 將擬躬稟 〔이경석李景奭, 4-152〕

궁한窮寒　　연말 추위. 예문 承審窮寒侍履政候平善 仰慰如何 〔서필원徐必遠, 3-100〕

궁호窮冱　　연말 추위. 예문 卽伏惟窮冱 尊丈服履崇迪 區區仰慰 〔한태동韓泰東, 3-101〕

궁후躬候　　직접 찾아 뵘. 예문 久待躬候 趁訊亦至稽延 罪歎何言 〔이이근李頤根, 23-241〕

권관權管　　변경의 각 진鎭에 두었던 종9품 무관 벼슬. 예문 都目政兵相以汝首擬於丑山 而三千權管以特命移授 莫非數也 奈何奈何 〔정경세鄭經世, 45-352〕

권구眷口　　집안 식구. 권솔眷率. 예문 外從依舊是病蟄者 何況可道耶 眷口免頉 而外孫以丹症 幾乎失手 而今才得生道耳 〔김건영金建永, 40-48〕 → 가권家眷, 가루家累, 가소家小, 곤비梱庇, 권비眷庇, 권집眷集, 권취眷聚, 담내覃內, 담비覃庇, 보권寶婘, 보권寶眷, 보담寶潭, 보담寶覃, 비내庇內, 비담庇覃, 비의庇儀, 비절庇節, 비하절庇下節, 제권諸眷, 제솔諸率, 혼권渾眷

권권眷眷　　잊지 않고 늘 돌보아 주는 모양. 예문 今於賢器之過 又復寄音 副之以如斯臺原韻 贇明之眷眷此無狀 何若是其勤且摯也 〔박주대朴周大, 40-140〕

권기圈記　　망기望記에 권점圈點(둥근 점)을 친 기록. 관리를 임명할 때 세 명의 후보자 명단을 적은 망기를 올리면 임금이 임명할 사람의 이름에 둥근 점을 침. 예문 圈記撥煩 親書送之 須卽奉覽 大庭汶阮 如何如何 〔정조正祖, 26-69〕

권념眷念　　아껴 주는 마음. 예문 惠貺各種歲儀 依領眷念 感荷良深 〔김진구金鎭龜, 23-171〕

권당捲堂　　성균관 유생儒生들이 불평이 있을 때 동맹 휴학하여 일제히 관館에서 나가 버리는 일. 예문 第聞館學捲堂 典僕呼哭 至於自上軫念 特命召集者多日矣 而尙未還聚云 此亦非小變也 爲之仰屋竊歎而已 〔정구鄭逑, 11-194〕

권변權變　　임기응변. 시의적절하게 일을 잘 처리함. 예문 惠付梅集 感悵交至 忙手開卷對眞 撫昔多感 難以形喩 如非僉座之薰念 滄江之權變 何可遽成至此哉 〔안용묵安鎔黙, 37-131〕

권비眷庇　　집안 식구. 예문 伏惟孝履起居一向多勝 眷庇均宜 仰慰無任 〔이의수李宜秀, 32-61〕

권사圈事　　관리를 임명하는 일. 관리를 임명할 때 이조나 병조의 판서가 세 사람의 후보자 명단을 올리고 임금이 그중 한 사람의 이름에 둥근 점(圈點)을 친 데서 유래함. 예문 國體寒心 冒沒承膺 粗完圈事 〔김치인金致仁, 051〕

권사權辭　　둘러대는 말. 예문 蘿菖已停喫 然猶不能斷於口 而以我憂念 權辭以對 則難免於甚者 念之哉 〔이관징李觀徵, 13-109〕

권산圈刪　　둥근 점을 찍어서 산삭刪削함. 예문 此去朱書圈刪處 眼昏且乏暇隙 間多 只刪首尾 不能逐字塗乙 此等處 各別照察 一例釐正 〔정조正祖, 26-55〕

권외眷外　　뜻밖에. 예문 眷外伏承惠翰 以審旬宣神相 仰慰區區 〔목임일睦林一, 5-132〕 → 몽매외夢寐外, 불위不謂, 비의匪意, 요박料襮, 요외料外, 요표料表, 정외情外

권의眷意　　돌보아 주는 뜻. 예문 惠來華虫 深領眷意 餘當更進穩叙是計 〔김집金集, 23-47〕

권조權厝　　임시로 장사지냄. 예문 亡女權厝 只隔四五日 慟苦尤不自堪 奈何 〔이진李袗, 21(義)-310〕

권존眷存　　관심을 쏟음. 생각해 줌. 선물에 대한 고마움을 표할 때 쓰는 말. 예문 下惠各種 依領 感認眷存 馳謝無已 餘萬不宣 伏惟下照 謹謝狀上 〔이인엽李寅燁, 21(禮)-283〕 → 별존別存, 성존盛存

권지圈紙　　권점圈點을 쳐서 내린 글. 예문 當以被圈者 派定有司 圈紙有所題判 〔정조正祖, 26-71〕

권집眷集　　집안 식구. 예문 頃見夢弼於府中 聞其眷集平安云耳 〔이상정李象靖, 21(智)-59〕 → 가권家眷, 가루家累, 가소家小, 곤비梱庇, 권구眷口, 권비眷庇, 권취眷聚, 담내覃內, 담비覃庇, 보권寶婘, 보권寶眷, 보담寶潭, 보담寶覃, 비내庇內, 비담庇覃, 비의庇儀, 비절庇節, 비하절庇下節, 제권諸眷, 제솔諸率, 혼권渾眷

권찰眷札　　상대방의 편지를 가리키는 말. 예문 意外遠承眷札 從審春來闈履安穩 頗慰所思 〔이상진李尙眞, 3-124〕

권취眷聚　　집안 식구. 예문 惟篤老節 董免別添 眷聚無別事 是可幸耶 〔이장호李章濩, 53-151〕

권하眷下　　자신의 겸칭. 예문 此際靜履諸節何如 仰傃不任 眷下僅支侍狀 老親行無撓抵達於潦前一日 私幸私幸 〔이만녕李萬寧, 027〕

권환卷還　　일을 마치고 철수하여 돌아감. 예문 弟將以再明卷還矣 日多愁擾 而惟以喪人輩 姑無大恙 爲慰耳 〔정기세鄭基世, 44-193〕

권회卷懷　　거두어 감춤. 자기의 재능을 숨기고 은퇴함을 이름.『논어』論語「위령공」衛靈公에 "나라에 도가 있으면 벼슬하고 나라에 도가 없으면 거두어 감추어 두는구나"(邦有道則仕 邦無道則可卷而懷之)라는 구절이 있음. 예문 第念年迫知非 不明卷懷之道 〔안효제安孝濟, 40-178〕

권회圈會　　모임. 예문 陶院圈會在六日 故昨日以退會之意 書報矣 〔김대金岱,

44-62〕

권후眷厚　두터운 정성. 예문 惠送封餘之魚 荷此眷厚 隨物不遺 哀感僕僕 〔김난순金蘭淳, 29-33〕

궐방闕榜　과거 시험에 낙방하다. 예문 吾鄕近年多闕榜 或人仍有禮安士子不勤業之論 余聞之若芒刺在背 〔이황李滉, 30-199〕

궐의闕疑　의심스러운 것을 일단 제쳐 둠. 『논어』論語 「위정」爲政에 "많이 듣고서 그중 의심스러운 것은 일단 제쳐 두고 그 나머지를 신중히 말한다면 허물이 적을 것이다"(多聞闕疑 愼言其餘則寡尤)라는 구절이 있음. 예문 文選 少時雖嘗讀過 多所闕疑 若以之敎人則必困 〔정경세鄭經世, 45-431〕

궐후闕候　문안 편지를 빠뜨림. 예문 向便闕候 至今伏悵 〔안효제安孝濟, 40-178〕

궤안几案　책상. 탁자. 예문 昨春間在東邑 承見兄在南時覆札 至今留置几案間 每披覽 爲之噴飯滿案矣 〔이덕수李德壽, 21(禮)-398〕

궤연几筵　죽은 이의 혼백魂帛이나 신주神主를 모셔 두는 곳. 예문 卽日蒙恩 祗奉几筵 苟存視息 〔조상경趙尙絅, 41-9〕 → 연궤筵几

궤장几杖　궤장연几杖宴 때에 임금이 나라에 공이 많은 70세 이상의 늙은 대신에게 하사하던 궤几와 지팡이. 예문 重以畏氣鴟張斷將迎 孤陋日甚 盆覺奉几杖於燕閑之際 蒙砭誨於警欬之餘 〔송홍래宋鴻來, 40-168〕

궤전饋奠　상중喪中에 빈소에서 지내는 제사. 예문 今於朱墨之暇 記此苫塊之喘 惠以饋奠之需 眷誼鄭重 哀感無已 〔조상우趙相愚, 44-272〕

궤핍匱乏　다 쓰고 없음. 예문 伏承專价惠書 不勝仰感之至 況兩同陳玄 適到於匱乏之時 仰謝無已 〔김집金集, 21(義)-68〕

귀개貴价　상대방이 보낸 심부름꾼이나 하인을 지칭하는 말. 예문 不意貴价之來 伏承哀問札 備審沍寒哀氣力支勝 仰慰倍常 〔김광찬金光燦, 36-36〕

귀관鬼關　저승으로 가는 문. 예문 若涉險阽危 窮極頂臨絶塹 捨性命以爲能事 此非暢敍幽懷 乃問津鬼關也 〔김정희金正喜, 31-68〕

귀근歸覲　고향으로 돌아가 부모를 뵘. 예문 吾依旅 而入此月 不歸覲 心懷難定 憂愁送日 百惱百惱 〔홍범식洪範植, 22-363〕

귀녕歸寧　시집간 여자가 부모를 뵙기 위하여 친정에 돌아옴. 예문 鐔窮陋病屛 無足仰喩 適此來城 從孫女亦歸寧團會 慰幸可言 〔신심申鐔, 21(禮)-341〕

귀노貴奴　　　상대방의 노비. 예문 貴奴告歸 敢此憑候 只祈盛暑炎瘴 尊莅增重 〔홍이상洪履祥, 5-211〕

귀변貴邊　　　상대방을 높여서 이르는 말. 예문 從當討便仰候 而自貴邊亦賜德音 以爲千里替面之資 如何如何 〔한계원韓啓源, 44-190〕

귀부貴府　　　상대방이 있는 관청을 높여 이르는 말. 예문 髮際小癤作苦 不可疾馳 明若小差 則當抵貴府 餘在奉拜一一 〔이은상李殷相, 23-103〕

귀사鬼事　　　죽음. 예문 此間衰病轉劇 鬼事日迫 〔김치인金致仁, 39-171〕

귀산歸山　　　고향으로 돌아감. 예문 弟爲焚黃奧立石 乞暇歸山 鄕興頗多 不羨兄之燕寢凝香仙區游賞也 〔남용익南龍翼, 42-36〕→ 동귀東歸, 동래東來, 동환東還, 환산還山

귀성貴星　　　상대방이 보낸 심부름꾼을 일컫는 말. 예문 貴星歸後 無緣嗣音 不審酷暑 政履有相否 〔한배하韓配夏, 5-142〕

귀세歸稅　　　→ 귀탈歸稅

귀양장歸養狀　　　고향으로 돌아가 부모를 모시겠다는 뜻을 적어 올리는 사직서. 예문 道聞遞差 爲謝典籍之恩 黽勉達京 留一日 朝謝恩 夕呈歸養狀 乃還 〔남주南趎, 9-92〕

귀영歸榮　　　과거 시험에 합격한 사람이 고향에 돌아가 부모를 뵙거나 조상의 묘에 고함. 예문 李之子鄭之弟得參蓮 今將歸榮先壟 〔민진장閔鎭長, 6-83〕→ 영소榮掃

귀장歸葬　　　객지에서 죽은 사람의 시신을 고향으로 옮겨 장사함. 예문 濟州罪人家有歸葬上言 自金吾將爲回啓 〔김우항金宇杭, 6-38〕→ 반장返葬

귀전歸全　　　몸이 손상되지 않은 채 온전한 모습으로 죽음. 『예기』禮記 「제의」祭義의 "부모가 온전히 낳아 주셨으니, 자식이 온전하게 돌아가야만 효도라 할 것이다"(父母全而生之 子全而歸之 可謂孝矣)에서 유래함. 예문 每念鰲翁 先作古人 悲悼之餘 猶以早得歸全 不受人間煩惱爲幸耳 〔한준겸韓浚謙, 45-216〕

귀주貴州　　　상대방이 다스리는 고을. 예문 貴州賑政 頗爲着實云 程夫子所謂 存心愛物 必有所濟者 信非誣矣 〔이상李翔, 5-67〕

귀중貴中　　　상대방이 있는 곳. 예문 宋君景直適遇 而云向貴中去 故忩忩報此 〔곽종석郭鍾錫, 31-133〕

귀탈歸稅　　　돌아가 여장을 풀다. '탈'稅은 '탈'脫의 뜻. 예문 向來枉晤 至今在心

昨午始承孟夏念六出惠札 以諦歸稅後 學履安勝 欣慰無窮〔김용겸金用謙, 21(智)-18〕
→ 내탈래세, 환탈환세

규각圭角　　홀笏의 뾰족한 모서리. 곧 언행에 모가 나서 원만하지 못함을 이르는 말. 예문 礦務委員金學官 卽勳閣丈至親 而與弟輩最相好 且其人品好文可敬 必無與令兄圭角也〔정병조鄭丙朝, 35-121〕

규고叫呱　　비통함. 예문 罪弟纔自鴻阡還 感時叫呱 如何可言〔이세구李世龜, 3-96〕

규규規規　　잊지 못하는 모양. 예문 伏惟辰下令體字民萬綏 舊伯支送 倘無費神否 仰頌規規〔정헌시鄭憲時, 35-134〕

규리睽離　　서로 헤어져 떨어져 있음. 예문 族姪慈候常不逮之中 伯兄屢月睽離 情私之隱塞 不可名狀〔이지원李止遠, 7-145〕→ 규위睽違

규벽圭璧　　제왕이나 제후가 제사를 지낼 때 사용하던 옥으로, 가뭄이나 흉년이 들 때 신에게 바쳤음.『시경』詩經「대아」大雅〈운하〉雲河의, "하늘이 상란喪亂을 내리시어 기근이 거듭되는데, 신신마다 제사를 지내지 않음이 없고, 희생을 아끼지 않으며, 규벽圭璧을 이미 다 바쳤는데도 어찌 나의 말을 들어주지 않는가"(天降喪亂 饑饉薦臻 靡神不擧 靡愛斯牲 圭璧旣卒 寧莫我聽)에서 나온 말. 예문 近聞洛中屢擧圭璧云 間獲冥應 沁上無此憂否〔김영수金永壽, 22-339〕

규복圭復　　(편지를) 되풀이하여 읽음.『논어』論語「선진」先進의 "남용이 백규白圭란 내용의 시를 하루에 세 번 반복하니, 공자가 형의 딸을 그에게 시집보냈다"(南容三復白圭 孔子以其兄之子 妻之)라는 구절에서 유래. 예문 料外藏緘忽墜 披閱圭復 如對淸致〔김유성金有性, 42-32〕

규위睽違　　헤어져서 만나지 못함. 예문 睽違已近十載 瞻往之私 一味憧憧 何來遠札 忽到此際 滿紙辭意 舊情勤懇 披玩三復 不覺紙生毛也〔유광익柳光翼, 21(禮)-333〕→ 규리睽離

규조睽阻　　서로 떨어져서 소식이 막힘. 예문 昨春賁顧 尙覺草木精彩 間又睽阻 一周而月三易 尋常瞻詠 政爾憧憧〔김성일金誠一, 26-125〕

규초叫楚　　고생이 아주 심함. 예문 弟宿患疝痛發作 數月攻達無效 叫楚日甚 自悶自悶〔이이근李頤根, 23-241〕

규측睽炅　　반목반목. 예문 一自兵判相換之後 尙無一政 而裏面不無睽炅之端

〔장석룡張錫龍, 027〕

규합叫閤　　대궐문에서 부르짖음. 조정에 상소를 올리는 것을 이르는 말. 규합叫閤, 규혼叫閽　예문 胤友叫閤之行 實出斯文之大擧 而日月之明 猶未盡燭 旋有疏頭遠配之命 天也奈何〔정유점鄭維漸, 48-105〕→ 복합伏閤

균밀勻謐　　두루 평안함. 예문 伏惟亢炎 老兄靜養體事萬旺 允玉安侍 面面充善 大少各節勻謐 竝用勞仰罔任〔김재정金在鼎, 31-113〕

균절勻節　　정승의 안부를 물을 때 쓰는 말. '균勻'은 정승을 가리키는 말로, 국정 전반에 두루(勻) 관여한다는 뜻임. 예문 伏承審比來勻節萬安 區區伏慰 俄接小報 始知有講幄之役〔박회수朴晦壽, 26-165〕→ 균체勻體, 균후勻候

균조勻照　　'균勻'은 상대방이 정승임을 나타내고, '조照'는 편지에 다 쓰지 못하는 나머지 사연을 헤아려 달라는 뜻. 편지 끝에 상투적으로 쓰는 말. 예문 餘仰冀體履珍衛 調鼎順迪 伏惟勻照 謹拜謝上書〔이세구李世龜, 5-130〕

균좌鈞座　　정승인 상대방을 가리키는 말. 예문 伏惟大人先生鈞座 昔在都下時 先君子幸獲拜門下 道義之分 實爲深切〔홍적洪廸, 051〕

균찰勻札　　정승의 편지. '균勻'은 정승을 가리키는 말로, 국정 전반에 두루(勻) 관여한다는 뜻임. 예문 勻札 伏慰〔이천보李天輔, 21(禮)-513〕

균체勻體　　정승의 안부를 물을 때 쓰는 말. 예문 伏聞勻體保康〔윤유尹柔, 4-178〕→ 균절勻節, 균후勻候

균탁龜坼　　거북이 등처럼 트고 갈라짐. 예문 鄙則所作龜坼也 貴邊何如耶 隨隙惠臨如何〔이교우李敎雨, 42-61〕

균화菌化　　죽음. 예문 景伯子之片時菌化 此何故也 兒生之可惜〔신좌모申佐模, 43-129〕

균후勻候　　정승의 안부를 물을 때 쓰는 말. '균勻'은 정승을 가리키는 말로, 국정 전반에 두루(勻) 관여한다는 뜻임. 예문 伏承下書 謹審至寒 勻候萬安〔이세구李世龜, 5-130〕→ 균절勻節, 균체勻體

귤중노반橘中老伴　　더불어 바둑을 두는 나이 든 친구. 옛날 중국 파공巴邛 사람이 뜰의 귤나무에 유달리 큰 귤이 열려 따서 쪼개 보니 그 속에 두 명의 신선이 바둑판을 사이에 두고 한창 바둑에 열중해 있었다는 고사에서 유래함. 예문 胤君見訪 詢伏審午熱 調體寢膳萬護 幃幔湛樂之外 時與橘中老伴 手談消日 可驗精

力之彌健 〔이상룡李相龍, 40-244〕

극농 極農　　농번기農繁期. 예문 當此極農 耑伻遠道 反用悚仄 〔남이성南二星, 5-98〕

극률 極律　　사형과 같은 극한 형벌에 해당하는 죄를 정한 법률. 예문 其叔神觀 別無加傷 而極律之啓 方且不止 可慮可慮 〔이광적李匡績, 7-197〕

극리 劇履　　일로 바쁜 중의 안부. 예문 伏未審僉兄劇履動止如何 〔이상정李象靖 등, 44-52〕

극사 隙駟　　빠른 세월. 『예기』禮記 「삼년문」三年問에 "삼년상三年喪은 25개월 만에 마치는데 네 마리의 말이 끄는 수레가 빠르게 지나가는 것을 문틈으로 보는 것처럼 빠르다"(三年之喪 二十五月而畢 若駟之過隙)고 한 데서 유래함. 예문 隙駟 迅矣 明日且屆 孝子穹壤之痛 何時可已 〔김도화金道和, 32-167〕

극수 極宿　　사람의 수명을 맡아 본다고 하는 남극노인성. 예문 極宿增彩 萱闈 花甲載回 〔김창근金昌根, 40-94〕

극읍 劇邑　　행정 업무가 많아 번잡한 고을. 예문 劇邑誃務 竊想不如東郡之淸 閒矣 〔이건창李建昌, 29-46〕 → 극지劇地

극인 棘人　　상주喪主. 『시경』詩經 「회풍」檜風 〈소관〉素冠에 "행여 흰 관을 쓴 수척한 상주를 만날 수 있을까, 근심하며 애태우는 모습이여"(庶見素冠兮 棘人欒 欒兮 勞心慱慱兮)라고 한 데서 유래함. 예문 四月念間 聞尙書爺凶音 卽修慰狀於棘 人 付之京便矣 〔민진원閔鎭遠, 23-197〕

극일 剋日　　기일 안에. 예문 俾令剋日傳致受答 無致中間一刻延滯 如何如何 〔이충익李忠翊, 21(智)-174〕

극정 極頂　　꼭대기. 예문 若涉險阺危 窮極頂臨絶塹 捨性命以爲能事 此非暢 敍幽懷 乃問津鬼關也 〔김정희金正喜, 31-68〕

극지 劇地　　번잡하여 다스리기 어려운 지역. 예문 光顏 兩載劇地 衰病侵尋 生 民疾瘼 百未一捄 〔윤광안尹光顏, 31-54〕 → 극읍劇邑

극택 極擇　　지극히 엄격하게 선발함. 예문 上命極擇從駕之臣 大臣以承旨韓浚 謙許筬啓之 〔전식全湜, 45-299〕

근가 覲駕　　부모 뵈러 가는 행차. 예문 胤兄槎軺穩返 覲駕啓發 仰想團歡無量 遠外仰賀 不任攢禱 〔홍현주洪顯周, 44-173〕

근간勤懇　　진지하고 간절함. 근간勤懇. 예문 數日前見銓相 更爲言及 則歷言前日桃源擬望時事 言頗勤懇 〔남용익南龍翼, 22-169〕

근갑晬甲　　회혼回婚. 결혼 60주년. 예문 尊堂晬甲重回 此爲人世之稀慶 則天之所以佑純孝者多矣 舞彩稱觴 其喜何如 〔이병곤李炳鯤, 53-43〕

근교勤教　　상대방의 말이나 부탁을 높여 이르는 말. 예문 兄之不得相問 何待勤敎而知之 頃對元亮 問兄安否 必因此言 而發衍語也 〔임전林㙇, 21(義)-313〕│主木廣求累處 終不得好品 似未副勤敎 〔이지백李之栢, 027〕→ 교의敎意, 하교下敎, 하시下示

근교斤敎　　시문詩文을 바로잡아 줄 것을 청하는 말. 예문 詩稿盖出於願學 非敢以爲詩也 斤敎是希 〔이경석李景奭, 4-155〕→ 근정斤正

근궁芹宮　　성균관成均館.『시경』詩經「노송」魯頌〈반수〉泮水의 "반수에서 즐김이여, 미나리를 캐노라"(思樂泮水 薄采其芹)에서 나온 말. 근관芹館. 예문 第恨芹宮 距此之遠 不得以時相從耳 〔이황李滉, 30-5〕→ 관중館中, 국자國子, 근사芹舍, 반사泮舍, 현관賢關

근념勤念　　정성스런 마음. 예문 惠送各種 認出勤念 感戢不已 〔조명리趙明履, 6-205〕

근락靳諾　　허락을 받지 못함. 예문 阿嬌婚處 其間或已牢定否 曾前奉溷 旣見靳諾 則吾於此事閉口可也 〔이종상李鍾祥, 027〕

근례晬禮　　혼례婚禮. 혼례식에서 신랑과 신부가 술잔을 주고받는 합근례合晬禮를 말함. 예문 長川公之文 不可闕 齒高行高德高 而且況期之以大書晬禮之長老耶 〔정조正祖, 26-71〕→ 교배交拜, 초례醮禮

근보僅保　　그럭저럭 지냄. 예문 謹伏問安何如 仰戀仰戀 珥僅保 〔이이李珥, 23-19〕→ 견면遣免, 고보姑保, 구보苟保, 근지菫支, 연견連遣, 열견劣遣, 의견依遣01, 의보依保, 조견粗遣, 조견면粗遣免, 조면粗免, 조보粗保, 조안粗安, 지장支將, 평평平平

근사芹舍　　성균관成均館. 예문 歲後當得送解事者 一見而定之 然安知不以芹舍之勵勤也 〔정재원丁載遠, 21(智)-138〕→ 관중館中, 국자國子, 근궁芹宮, 반사泮舍, 현관賢關

근상謹詳　　잘 알았음. 예문 小錄謹詳 〔이산보李山甫, 3-45〕→ 근실謹悉, 배실拜

悉02, 봉실奉悉01, 비실備悉, 앙실仰悉

근성覲省 부모님을 뵘. 예문 雖接壤之近 官守難越 想不得頻作覲省 尤庸奉念〔김명희金命喜, 027〕

근시勤施 힘써 도와줌. 예문 兪洪川家事 特蒙勤施 尤感至義〔윤문거尹文擧, 25-17〕

근실謹實 조심스럽고 착실함. 예문 運致之後 付之謹實官屬 使置渠家 仍使告知於此中 如何如何〔조명리趙明履, 6-204〕

근실謹悉 잘 알았음. 예문 示意謹悉〔민우수閔遇洙, 23-221〕→ 근상謹詳

근업勤業 과거 시험 공부를 열심히 함. 예문 吾鄉近年多闕榜 或人仍有禮安士子不勤業之論 余聞之若芒刺在背〔이황李滉, 30-200〕

근연卺筵 혼례 잔치. 근巹은 표주박으로 만든 술잔으로, 혼례에 사용함. 예문 日昨卺筵 幸遂識荊之願 而適會煩劇 未克穩討 追思悵然〔강준흠姜準欽, 49-244〕

근열近列 근신近臣의 반열班列. 예문 景源 久縻近列 筋力難堪 何悶如之〔황경원黃景源, 21(智)-49〕

근유覲由 부모를 뵈러 가기 위한 말미. 예문 向者覲由 當無以作行 治簿之節 別無關念者耶 紅帶一條 聊作賀資耳〔조인영趙寅永, 44-177〕

근의勤意 정성. 예문 遠郊委訪 多謝勤意〔윤봉구尹鳳九, 23-209〕→ 근지勤摯

근절勤切 깊고 간절한 심정. 예문 書中辭旨滿紙勤切 無非悼亡惜死之語〔박숙朴潚, 027〕

근절近節 근자의 안부. 예문 洛第近節安寧 諸眷無警耳〔홍범식洪範植, 22-363〕

근점靳點 관리의 후보로 삼망三望(수망首望, 부망副望, 말망末望)에 추천이 되었으나 낙점을 받지 못함. 예문 阿咸之首擬靳點 可歎〔조태채趙泰采, 21(禮)-321〕

근정斤正 시문詩文을 바로잡아 줄 것을 청하는 말. 예문 疏草搆出後 擬卽仰呈以受斤正矣〔송환기宋煥箕, 22-291〕→ 근교斤敎

근주勤做 열심히 일함, 열심히 공부함. 예문 汝姑與士吉勤做〔정철鄭澈, 23-21〕

근주勤注 상대방이 자신에게 힘껏 마음을 써 줌. 예문 俯惠諸品 荷此勤注 拜領 珍感不知攸謝〔이유원李裕元, 21(智)-359〕

근지勤摯 성의 있고 친절함. 예문 其回又此惠狀 意益勤摯 益感且愧〔김진상金鎭商, 23-217〕→ 근의勤意

근지勤止　　부지런함. '지'止는 어조사. 『시경』詩經 「주송」周頌 〈뇌〉賚의 "문왕이 이미 부지런하셨거늘 내가 응하여 받으니"(文王旣勤止 我應受之)에서 나온 말. 예문 五馬南爲 仍之歲晏 貽阻款昻 日夕勤止 〔민영목閔泳穆, 31-101〕

근지菫支　　그럭저럭 지냄. 예문 弟菫支 無足縷縷 下睨九簹 足領厚恤 珍謝無已 〔오도일吳道一, 5-126〕→ 견면遣免, 고보姑保, 구보苟保, 근보僅保, 연견連遣, 열견劣遣, 의견依遣01, 의보依保, 조견粗遣, 조견면粗遣免, 조면粗免, 조보粗保, 조안粗安, 지장支將, 평평平平

근진根塵　　세속적인 욕망. 불교의 육근六根(안眼·이耳·비鼻·설舌·신身·의意)과 육진六塵(색色·성聲·향香·미味·촉觸·법法)에서 나온 말. 예문 順之根塵妄生 尙延一脈 而奉老食貧 事事苦惱 無境可避 咄咄奈何 〔윤순지尹順之, 4-143〕

근차謹此　　삼가 이렇게. 편지 끝에 쓰는 상투어. 예문 不宣 謹此 〔유성룡柳成龍, 3-23〕

근체根蔕　　뿌리와 꽃받침. 사물의 기초를 가리킴. 예문 弟僅免疾痛 而家兄遠役之餘 仍有愆節 兒子所患 根蔕不輕 其餘憂惱多端 苦未有佳況也 〔유장원柳長源, 32-150〕

근촉勤囑　　간절히 부탁함. 예문 且勤囑主倅 俾勿虛疏如何 〔이세구李世龜, 3-97〕

근행覲行　　부모님께 문안드리러 감. 예문 妹氏覲行 不但慰自家泉淇之思而已 〔강필효姜必孝, 22-307〕

금거金車　　금으로 장식한 수레. 높은 벼슬아치를 가리키는 말. 예문 比日春寒 友悌節宣加護 金車之困已脫 然無他事否 〔곽종석郭鍾錫, 18-12〕

금기金氣　　가을 기운. 예문 弟金氣乍動 已作舊喘 此生良苦 〔유혁연柳赫然, 3-175〕

금당琴堂　　지방 관아. 『여씨춘추』呂氏春秋 「찰현」察賢의, "복자천宓子賤이 선보單父를 다스릴 때 거문고만 타고 있고 몸이 마루를 내려가지 않았으나 선보가 다스려졌다"(宓子賤治單父 彈鳴琴 身不下堂而單父治)는 고사에서 유래함. 예문 比日甚寒 而琴堂煖室 想未覺此苦 馳羨曷已 〔이광회李匡會, 7-188〕→ 금헌琴軒

금당禁堂　　'의금부義禁府의 당상관'을 줄인 말. 예문 卽承手滋 披豁戀想之意 此中因禁堂之有故 出場姑無期 〔김상구金尙耉, 34-38〕

금득衿得　　→ 깃득〔衿得〕

금랑禁郎　　의금부 낭관郎官. 예문 遠路伻問窮人 且送護資 深謝故人厚情 禁

郞乃押巴陵君 到海南也〔김정金淨, 9-114〕

금려禁旅　　금군禁軍의 별칭. 궁중을 수호하고 임금의 거둥 때에 호위 경비하는 일을 담당하는 군대. 예문 仲文之疏 條陳七事 三南改量田 改貢案 儒生收布 禁旅增置 置延英閣 改備邊司等事〔조복양趙復陽, 47-23〕

금리禁吏　　금령禁令의 위반 행위를 단속하는 관리. 예문 禁吏來 見汝書 審得無事得達甲山 與汝父俱免恙 此外何望〔이관징李觀徵, 13-99〕

금린金鱗　　금색 비늘. 비유하여 물고기를 가리킴. 예문 金鱗之惠 感荷無以爲謝 敗胃可開 尤緊尤緊耳〔○준화○駿和, 41-134〕

금린錦鱗　　금린어錦鱗魚. 쏘가리. 예문 適得小錦鱗一尾 送上耳〔이집성李集成, 7-210〕

금방金榜　　과거 급제자 명단. 예문 且金施普得參金榜 喜不可言〔금난수琴蘭秀, 051〕

금방錦榜　　과거 급제자 명단. 예문 鳳休果參錦榜矣〔신좌모申佐模, 43-107〕

금백錦伯　　충청도 관찰사. 예문 錦伯眞可盛也 且況獲參 終日 尤可幸也〔신좌모申佐模, 43-107〕

금비金錍　　금속으로 화살촉처럼 만든 눈 수술용 도구.『열반경』涅槃經에, "이때 뛰어난 의사가 금비를 가지고 눈의 망막을 긁었다"(是時良醫 卽以金錍 刮其眼膜)고 하였다. 예문 前月扶舁趨朝 眚病最苦 今見尊示 可謂同病相憐 何由共借金錍 以刮重膜耶〔조경趙絅, 39-77〕

금살金殺　　산이나 바위 등에서 나오는 강한 금의 기운. 예문 穴下交劍砂 極可凶慘 龍尾塪砌欲改 而艮坐 則雙金殺 亦可怕 不得已不計交劍砂〔미상, 41-82〕

금상琴祥　　대상大祥. 예문 日月幾何 琴祥已至〔미상, 027〕

금양禁養　　(소나무를) 베는 것을 금지하고 기름. 예문 此亦孤青手植禁養 則以樹木 亦爲人愛惜者 言之〔윤봉구尹鳳九, 6-209〕

금오金吾　　의금부義禁府. 예문 況嚴旨非常 未及勘律 金吾有故 脫出未易 尤用慮念〔김우항金宇杭, 5-140〕

금옥지음金玉之音　　상대방의 편지를 높여 이르는 말. 예문 時有便風 幸勿遐金玉之音〔이시매李時楳, 5-45〕

금은화金銀花　　인동초. 예문 金銀花 依受 多謝〔이경여李敬輿, 23-55〕

금음金音　　상대방의 편지를 높여 이르는 말. 예문 際者 金音轉而墜前 世間會心事 寧有多於是耶 〔권명섭權命燮, 40-30〕→ 괴함瑰緘, 권찰眷札, 금옥지음金玉之音, 내시來示02, 덕음德音, 방함芳函, 방함芳械, 성함盛緘, 손독損牘, 수고手告, 수자手字, 수자手滋, 수함手緘, 숭찰崇札, 숭첩崇帖, 옥함玉緘, 외첩巍帖, 운함雲函, 위찰委札, 위첩委帖, 자慈, 정신情訊, 청독淸牘, 청신淸信, 총문寵問, 총첩寵帖, 총한寵翰, 총함寵函, 탕찰盪札, 하문下問, 하장下狀, 하한下翰, 혜장惠狀, 혜한惠翰, 혜함惠函, 혜함惠械, 혜함惠緘, 화독華牘, 화한華翰, 화함華函

금자今玆　　지금 이렇게. 예문 前送狀草 緣弘溟長在憂患中 勢難下手 今玆還呈 愧歎愧歎 〔정홍명鄭弘溟, 22-105〕

금준琴尊　　거문고와 술. 예문 信後時序屢換 炎熱政苦 不審尊體百福 水竹淸閒 應饒幽趣 書史琴尊 頗能怡神否 羨羨不自已也 〔박규수朴珪壽, 44-337〕

금지金紙　　금박을 입힌 종이. 예문 金紙藁精書中 較優彼此 則藁精所寫 差勝耳 〔김구金絿, 9-95〕

금직禁直　　궁중에서 숙직을 서는 일, 또는 그 사람. 예문 承索三書 覓送不難 而方淹禁直 無人覓出 今便 勢難付送 可歎 〔김용겸金用謙, 21(智)-18〕

금헌琴軒　　지방 관아. 『여씨춘추』呂氏春秋 「찰현」察賢의, "복자천宓子賤이 선보單父를 다스릴 때 거문고만 타고 있고 몸이 마루를 내려가지 않았으나 선보가 다스려졌다"(宓子賤治單父 彈鳴琴 身不下堂而單父治)는 고사에서 유래함. 예문 滐州 琴軒 〔한호韓濩, 5-26(봉투)〕→ 금당琴堂

금호禁護　　타인이 묘를 쓰거나 소나무를 베어 가는 것을 금지하여 지키고 보호함. 예문 鄙家山所 禁護諸節 旣托於尊 故雖在半千里外 相孚之人 惟尊一人而已 〔조병응趙秉應, 43-284〕

급경急景　　세월이 빨리 흐름. 예문 別後急景凋殘 蟄蛇駸駸 懷緖復切 〔송수면宋修勉, 48-229〕

급기及期　　제때에. 예문 連卜及龍奴 次第發行祭物 果能及期入去否 〔이은상李殷相, 21(義)-459〕→ 급시及時

급복給復　　복호復戶를 주는 일. 복호는 충신이나 효자, 기타 특정인에게 호역戶役을 면제하는 일. 사복賜復. 예문 就中給復 只爲尙先賢耳 卽聞減數 想必以此爲疵政也 〔이안눌李安訥, 11-198〕

급시及時　　　때맞추어. 예문 數日前 得見成川兄主書 欲預知定穴及定日 以爲凡 百周旋之地 而吾輩本無主見 哀亦在遠處 莫重大事 不能及時會議 殊可悶也 〔이지안李志安, 21(義)-316〕 → 급기及期

급창及唱　　　관장官長의 명령을 받아 큰 소리로 전달하던 관아의 사령. 예문 夫 馬及後陪及唱 承宣上去 業已上送 竊想發旆矣 方屈指苦企耳 〔이휘정李彙廷, 44-81〕

긍식矜式　　　존중하여 본보기로 삼음. 예문 自聞尊執事樂善好義之盛 綽然爲 一方之所矜式 〔김진효金鎭孝, 40-92〕

기寄　　　물건을 부침. 예문 寄席領謝 初冬間 家行醮禮 此樣一二件 可復得耶 〔이 덕형李德馨, 3-43〕

기期　　　1년상인 기복상기服喪. 예문 伏聞台遭期慘 不勝驚悼 〔조계원趙啓遠, 4-149〕

기거起居　　　안부, 일상생활. 상대방의 안부를 물을 때 쓰는 말. 예문 伏惟卽日初 炎 起居萬勝 區區不任瞻慰 〔이성원李性源, 21(智)-117〕 → 계거啓居, 계처啓處, 기미氣 味, 기정起靖, 기체氣體, 동인動引, 동정動定, 동지動止, 면식眠食, 범백凡百02, 범 절凡節, 안문安問, 이용履用, 이음二音, 이자二字, 정인鼎茵, 정인鼎裀, 진간震艮, 한훤寒暄, 흥거興居, 흥처후興處候

기계企係　　　궁금함. 예문 不審歸次丙舍 孝履支福否 企係增切 〔김창흡金昌翕, 25-21〕

기고忌故　　　금기를 지켜야 하는 일. 즉 제사. 예문 就煩 家間適有忌故 而氷丁無 路得用 玆敢耑伻 仰告 特爲優惠 如何如何 〔홍계적洪啓迪, 21(禮)-428〕

기고羈苦　　　객지 생활의 어려움. 예문 當玆羈苦之際 尤欲源源奉晤 而蟄伏蹤 跡 不能得如意 〔전식全湜, 45-304〕

기구器具　　　탈것. 예문 明日冬至問安 百官庭請(東朝回甲 上尊號事) 不得不課 日進參 沒器具之中 誠爲悶悶 〔신좌모申佐模, 43-131〕

기극紀極　　　끝. 한限. 예문 慢忝有喜○ 況如小的素見撫愛之物 其爲賀忭 寧有 紀極 〔이익한李翊漢, 5-52〕

기기忌器　　　그릇이 깨질까 봐 꺼림. 꺼리는 바가 있음. 투서기기投鼠忌器의 준 말. 무엇을 던져서 쥐를 잡고 싶으나 옆에 있는 그릇이 깨질까봐 꺼린다는 뜻. 예문 愚故曰 如欲攻其人 則尤不可不伸其論 此古人所以有忌器之喩也 〔홍석주洪奭周, 31-61〕

기뇌飢餒　　굶주림. 예문 但賤息隨其夫 向懷德登程 翌日遭此大雨 非有跋涉沾溺之苦 則必有絶粘飢餒之患 亦頗可念 〔정경세鄭經世, 45-433〕

기단氣短　　기운이 꺾임. 예문 況者昨年此時 令人氣短 兄之至慟 尤何能自抑 〔윤봉구尹鳳九, 22-253〕

기도氣度　　건강. 예문 悲疚種種中 氣度何以支持 〔윤봉구尹鳳九, 22-253〕 → 체도體度, 체리體履, 체사體事, 체우體宇, 체운體韻, 체중体中, 체후體候

기동起動　　일어나서 움직임. 예문 舍弟之病 幸得減漸 而起動杳然 侍病諸兒擧欲顚仆 〔유도원柳道源, 32-153〕

기득記得　　기억함. 예문 文義新灘居閔碩才 卽故閔伯才之弟也 令其記得否 〔송준길宋浚吉, 15-186〕

기라총綺羅叢　　화려한 비단옷을 입고 모인 기생. 예문 憒憒 殆無一分佳緖 却羨兄能脫苦海 好赴綺羅叢中 〔윤헌주尹憲柱, 22-229〕

기말記末　　1인칭 겸사. '기'記는 서로 기억하는 사이라는 뜻, '말'末은 자기보다 아랫사람에 대하여 자신을 낮춘 말. 예문 丙戌孟夏念五 記末直弼 頓首 〔홍직필洪直弼, 21(智)-251〕 → 기하記下

기망幾望　　14일. 예문 乙亥至月幾望 辱記 拯頓首 〔윤증尹拯, 44-128〕

기망旣望　　16일. 예문 癸丑 暢月 旣望 〔이상의李尙毅, 45-228〕 → 기생백旣生魄

기망期望　　기대期待. 예문 夏序已屆矣 政當開硯做字 以君篤志 何待加勉 而一意孟晋 以紅紙上題名 爲期望也 〔신좌모申佐模, 43-158〕

기모跂慕　　몹시 궁금함. 예문 近日雅候何如 自公呈病後 每欲披拜 至今未果 跂慕跂慕 幸須惠示 〔주세붕周世鵬, 21(仁)-109〕

기무機務　　국가의 중요한 일. 예문 此眼鼻莫開於臨歲機務 大政又在再明 〔정조正祖, 26-69〕

기문記問　　잊지 않고 문안 인사를 하다. 예문 夏間祇中 謹拜惠狀 兼受時箑之記問 深謝厚意 無以爲喩 〔유최기兪最基, 21(禮)-480〕

기미氣味　　기운과 기분. 안부. 예문 伏承下書 仍審嚴沍 氣味萬安 伏慰不已 〔정세구鄭世矩, 21(義)-169〕 → 계거啓居, 계처啓處, 기처起處, 기체氣體, 동인動引, 동정動定, 동지動止, 범백凡百02, 범절凡節, 이용履用, 이음二音, 이자二字, 정인鼎茵, 정인鼎裀, 진간震艮, 한훤寒暄, 행주行駐, 흥거興居

기반羈絆　　관리라는 굴레에 얽매여 살아감. 관리. 예문 小生尙此羈絆 種種苦惱 無可仰喩 〔신량申湸, 4-177〕

기배棄背　　사망의 완곡한 표현. 주로 손윗사람의 죽음에 쓰는 말. 예문 翊隆家禍尙酷 舍兄奄忽棄背 獨此一身 益復單子 天之不弔 一何至此 〔신익륭申翊隆, 21(義)-297〕

기백圻伯　　기백畿伯. 예문 向後事 則當另言於圻伯 〔이건창李建昌, 22-359〕

기백畿伯　　경기도 관찰사. 예문 今聞畿伯作宰 此則正合宿願 〔최혜길崔惠吉, 6-103〕

기백箕伯　　평안도 관찰사. 예문 領曰臣於向者箕伯薦望時 亦有所達矣 〔서명응徐命膺, 21(智)-87〕

기복인期服人　　기복상期服喪 중에 있는 사람. 기복期服은 1년 동안 입는 상복으로 조부모祖父母, 백·숙부모伯叔父母, 시집가지 않은 고모, 형제, 여자 형제, 아내, 조카, 적손嫡孫의 상에 입으며, 또 아버지가 아들의 상에, 시집간 여자가 조부모와 부모의 상에 입었다. 예문 卽 期服人 逋悚 〔미상, 6-168〕

기부記付　　장부. 또는 장부에 올린 기록. 예문 欲送魚醢 而官庫如洗 如曲子油清等物 或貿或貸於營庫而用之 所謂記付米石 色吏太半偸出 卽今則實無措手之路 〔이인병李寅炳, 10-84〕

기부記府　　고관高官의 서기. 상대방을 직접 가리키지 않고 밑에서 일하는 서기를 가리켜 상대방을 높이는 표현. 예문 向來 汨於劇務 擔閣人事 久闕記府之問 伏歎伏歎 〔이인엽李寅燁, 10-16〕

기사忌事　　기제사忌祭祀. 예문 來初家有忌事 勢將及此入城 當一進候門屛 〔남유용南有容, 23-227〕

기색氣色　　분위기. 표정. 예문 不但儕友間氣色不好 〔최명길崔鳴吉, 000〕

기생백旣生魄　　16일. 예문 七月旣生魄 珥母 謹謝書 〔신사임당申師任堂, 26-121〕
→ 기망旣望

기성寄聲　　소식을 전함. 예문 此來 關河脩阻 雖欲寄聲 亦無由 〔김성일金誠一, 3-24〕

기성記性　　기억력. 예문 老去記性日耗 年前惠書 今不省其承在何時 至於闕焉稽謝 今雖追訟 烏敢望厚恕耶 〔황현黃玹, 37-27〕

기세棄世　　세상을 떠남. 예문 近聞其主人翁棄世 可悼 當時席上諸賢 幷安樂
否〔권반權盼, 45-295〕→ 즉세卽世

기세饑歲　　흉년. 예문 饑歲專城 豈非國恩〔임방任埅, 22-195〕→ 검년儉年, 검세
儉歲, 겸년歉年, 고겸告歉, 비무備無, 세겸歲儉, 세겸歲歉, 세쇄歲殺, 쇄세殺歲, 실
임失稔, 황세荒歲, 황소荒騷, 흉겸凶歉, 흉황凶荒

기소耆所　　기로소耆老所. 나이 많은 임금이나 실직實職에 있는 70세 이상의
정2품 이상 문관들을 예우하기 위해 마련한 기구. 예문 前日 耆所下人所傳三種 深
謝勤念〔이경석李景奭, 25-34〕→ 기영耆英

기솔騎率　　말과 하인. 예문 生每欲一進 而騎率未具 玆未果焉〔이양원李陽元, 051〕

기송起送　　사람을 보냄. 노비나 아랫사람을 보낼 때 쓰는 말. 예문 生遽別小妹
心神至今悽惡 不自聊也 只恃尊愛護 千萬至祝 石奴切有使喚事 今始起送 想應苦
待也〔황일호黃一皓, 21(義)-192〕

기수氣數　　운수, 운명. 예문 增廣雖或如此 不期其如是恍惚 亦關一時氣數耶
〔신재식申在植, 22-311〕

기수羈囚　　감옥에 갇힘. 기수羈囚. 예문 羈囚未脫 家禍孔慘 返櫬及境 凶訃遽
傳 悲悼摧裂 益不堪勝〔김상헌金尙憲, 6-66〕

기실記室　　아전이 근무하는 방. 상대방을 직접 가리키지 않고 밑에서 일하는
아전을 가리켜 상대방을 높이는 표현. 예문 沁營 記室 入納〔이광려李匡呂, 21(智)-61〕
│自言未嘗與記室有雅 而同道之誼 必勝於逆旅孤宿 故請得一書 以款閽者 如此
所托〔신유한申維翰, 32-145〕→ 문사文史, 시사侍史, 존시尊侍, 집사執史, 집사集史,
하집사下執事

기아圻亞　　경기도사京畿都事. 예문 千萬料外 卽見圻亞所報 始知令季有北塞
謫行 私情驚慮 何可勝言〔송준길宋浚吉, 15-180〕

기앙企仰　　간절히 바람. 예문 若得康寧 可以上京求官 弟當以自己求邑之力移
圖 則勢自便可 庶幾可成 唯日企仰〔홍경신洪慶臣, 3-57〕

기여跂予　　기여企予. 서서 기다림. '여予'는 '이'而와 같음. 삼국시대 위魏나라
조비曹丕의 시〈추호행〉秋胡行 중, "서서 바라보며 걸음을 주저하네"(企予望之 步
立躊躇)에서 나온 말. 예문 自聞御者渡灣 跂予日深 擾汨稽候 方以爲恨〔신재식申在植,
31-59〕

기역剞役　　책을 인쇄하는 일. 예문 査弟 一直勞碌 而剞役告訖無期 〔안희원安禧遠, 53-159〕

기역起役　　일을 시작함. 예문 繕城事 未知何日起役耶 〔이시발李時發, 5-204〕

기영箕營　　평안도 감영. 예문 箕營 宣堂 入納 〔이면승李勉昇, 7-162(봉투)〕

기영耆英　　기로소耆老所. 예문 日昨陪耆英諸長老 略設小酌於梨園 〔김상성金尙星, 21(智)-35〕 → 기소耆所

기우寄寓　　객지에서 잠시 머물러 있음. 예문 西望腐心之餘 伏聞東還之報 雖未得卽入脩門 寄寓我地 將攝得宜 豈非天相之者乎 驚喜之至 不知所達 〔이행우李行遇, 4-170〕 → 교거僑居, 교우僑寓

기우氣宇　　타고난 기상氣象. 예문 竊聽於下風 則氣宇舒泰 動止矍鑠 因知定力深有所養 得有以夷險一致而爲然也 〔정극상丁克相, 41-20〕

기운氣韻　　생동감이나 고상한 멋. 혹은 그것을 지닌 인물이나 사물. 상대방의 안부를 높여 이르는 말. 예문 伏惟歲色垂暮 臘尾如蛇 奉歡高堂 氣韻康寧 退餘經履珍重 〔유만식柳萬植, 44-72〕

기의機宜　　중요한 업무. 예문 許多軍務機宜 必欲稟議於令前 然後巡審各邑 擬於二月初頭發程 暫歷文城 趁令駕還營 進到營下伏計 〔권반權盼, 3-35〕

기이期頤　　백세. 『예기』禮記 「곡례 상」曲禮上에 "백세는 '기'期라고 하니, 모든 일을 보살펴 주어야 하는 나이다"(百年日期 頤)라는 구절이 있다. 이頤는 양양의 뜻임. 예문 期頤之壽 世所罕有 每說到座下 如仰老人之星 〔윤증尹拯, 21(禮)-70〕

기이歧貳　　의논이 일치하지 않고 여러 갈래로 나뉨. 예문 及乎奉冊之後 忽復歧貳 指斥校正本之不完 而必欲印出全集云 〔이장규李章珪 등, 53-213〕

기인起人　　사람을 보냄. 예문 不得續起人探來 都由自汨 未遑人情 此所爲恨 〔최흥원崔興原, 027〕

기임圻任　　경기도 관찰사. 예문 弟侍親娛遣中 又忝圻任 榮幸則多 而初味當客行 是可悶也 〔남용익南龍翼, 22-169〕 → 기백圻伯, 기백畿伯

기장奇狀　　아주 좋은 소식. 예문 崔公獻春坊之除 奇狀奇狀 〔미상, 027〕

기조騎曹　　병조兵曹의 별칭. 예문 兒子間者再除騎曹 再得書解 今在城外近郊 幸免迫隘之地云耳 〔김조순金祖淳, 21(智)-216〕

기존寄存　　보내신 문안 편지. '존'存은 보통 수령이 관할 지역 안에 있는 사람에게 보내는 문안 편지를 가리킴. 예문 伏承遠惠寄存 傾慰之餘 一味感荷 〔O욱O項, 49-353〕 → 사존賜存

기존綺存　'잊지 않고 생각해 줌'을 높여 이르는 말. 예문 損惠諸品 荷此綺存 寒廚動色 緊感之至 〔심순택沈舜澤, 051〕 → 기주綺注

기존記存　잊지 않고 생각해 줌. 예문 惠送蜂蜜 依領 深感記存 無以爲謝 〔정재숭鄭載嵩, 21(禮)-110〕

기주綺注　'잊지 않고 생각해 줌'을 높여 이르는 말. 금주錦注. 예문 但以眷率 粗安 差堪告慰綺注耳 〔김윤식金允植, 35-93〕 → 기존綺存

기질起疾　병이 나아 일어남. 병으로 끝내 일어나지 못하고 죽었다는 뜻의 '불기질'不起疾이라는 말로 많이 쓰임. 예문 弟餘禍未艾 又聞孫女竟不起疾 痛割之情 已不可堪 而一年纔周 四哭逆理之慽 雖欲强自寬抑 毋至傷生 其可得乎 〔김유경金有慶, 21(禮)-380〕

기참朞慘　기년복朞年服(1년 동안 입는 상복)을 입는 참상慘喪. 참상은 자기보다 손아래 사람이 먼저 죽었을 때 쓰는 말. 예문 僕方此朞慘 病骨萎頓益甚 日處齋中 看書攝心 雖不敢廢 畢竟不得痛下工夫 自念只如此憒憒 恐遂虛過了一生也 〔이황李滉, 30-13〕

기처起處　일상생활 중의 안부. 기거起居. 예문 聞問之阻絶 居然屢月 悵儜方深 卽奉台札 就審起處萬重 仰慰 〔이익상李翊相, 23-115〕 → 계거啓居, 계처啓處, 기미氣味, 기체氣體, 동인動引, 동정動定, 동지動止, 범백凡百02, 범절凡節, 이용履用, 이음二音, 이자二字, 정인鼎茵, 정인鼎裀, 진간震艮, 한훤寒暄, 행주行駐, 흥거興居

기체氣體　안부. 상대방의 안부를 극진히 높여 이르는 말. 예문 日昨伏奉伻問 遠及 沓荷沓荷 未審比來 台氣體若何 瞻慕之至 〔정지화鄭知和, 5-58〕

기탄起嘆　탄성을 자아냄. 예문 察訪來O書 又得仲甥玉淵詩 辭意俱到 令人起嘆 汝輩才氣如此 少加磨礱 卽成就不難 更須勤於讀書 以慰門望 〔유성룡柳成龍, 3-22〕

기팽起伻　심부름꾼을 보냄. 예문 査兄病報夕聞 晨起伻 故未暇布候 若不知這箇委折 則當賜訝矣 〔이종상李鍾祥, 027〕

기표飢莩　굶어죽은 사람. 표莩는 표殍와 같음. 예문 生僅保病拙 而遍廻列邑 飢莩溢目 賑救無策 憂惱關心 食息靡寧 〔이진李袗, 21(義)-310〕

기하丌下　　　책상 아래. 상대방을 높인 말. 예문 李上舍 丌下〔윤순尹淳, 21(禮)-425〕

기하記下　　　서로 잊지 않고 기억하는 사이의 사람에게 자신을 낮추어 이르는 말. 예문 記下家君間頗養閒於東庄 遠方直事之惱撓 日以益甚 悶憐奈何〔김정희金正喜, 22-319〕→ 기말記末

기하생記下生　　　서로 잊지 않고 기억하는 사이의 사람에게 자신을 낮추어 이르는 말. 예문 記下生奉省一如 他無可仰陳者〔남병철南秉哲, 22-335〕→ 기말記末

기학양주騎鶴揚州　　　학을 타고 양주로 감. 여러 가지 복을 동시에 누린다는 말. 남조南朝 양梁나라 은예殷藝의 『소설』小說 6권의 "나그네들이 모여서 각자 소원을 말했다. 혹자는 양주자사가 되기를 원하고, 혹자는 많은 재물을 갖기를 원하고, 혹자는 학을 타고 승천하고 싶다고 했다. 한 사람이 말하기를 '허리에 십만 냥의 돈을 차고, 학을 타고 양주로 가는 세 가지 소원을 겸하고 싶다'고 하였다"(有客相從 各言所志 或願爲揚州刺史 或願多資財 或願騎鶴上升 其一人曰 腰纏十萬貫 騎鶴上揚州 欲兼三者)는 이야기에서 나온 말. 예문 吏隱仙區 眞所謂騎鶴揚州 此何等淸福也 似在不遠 而無由抖別 悵悵〔권상하權尙夏, 44-112〕

기한祁寒　　　심한 추위. 예문 卽此祁寒 僉況如何 生衰敗滋甚 鬼關不遠 恒恐此生 更不得握手 討此萬懷也〔이숙李翩, 47-125〕

기혜寄惠　　　보내 주신 선물. 예문 諸種寄惠 荷此勤念 珍謝何量〔권돈인權敦仁, 21(智)-260〕→ 성혜盛惠, 하혜下惠, 하황下貺, 혜기惠寄, 혜황惠貺

기혜記惠　　　잊지 않고 보내 준 선물. 예문 記惠六種 仰佩盛眷 珍感不知爲喩 餘希闓侯 一向康重 不宣〔조문명趙文命, 39-139〕

기황岐黃　　　훌륭한 의원. 훌륭한 의술. 기백岐伯과 황제黃帝를 의술의 시조로 받든 데에서 나온 말. 예문 阻誦之中 拜承惠問 仍審比熱 政體連護萬重 區區仰慰 第弊敗已痼 岐黃無術 良手亦此 奈何〔민영목閔泳穆, 29-43〕

긴간緊幹　　　중요한 일. 예문 近非無便 而以無緊幹 遂不答前書〔황현黃玹, 37-33〕

긴감緊感　　　매우 감사함. 예문 惠十介眞瓜 五箇水朴 依受緊感 無以攸謝耳〔오응선吳應善, 41-132〕

길거拮据　　　애써 일하는 모양. 원래 새가 둥지를 만드느라 발과 부리를 부지런히 놀린다는 뜻 『시경』詩經 「빈풍」豳風 〈치효〉鴟鴞에 "내 날개를 부지런히 놀려

물억새의 이삭을 모아 와서 둥지를 만드네"(予手拮据 予所捋荼)라는 구절이 있다. 예문 雖無藥效 撤益無幸 不得不拮据連服 而材料隨竭無繼之 玆敢更溷於聽下 〔송규렴宋奎濂, 22-177〕

길제吉祭　　졸곡卒哭 후에 지내는 제사. 담제禫祭(초상으로부터 27개월만의 제사)를 지낸 다음 달에 지내는 제사. 상주는 길제를 지낸 다음 날부터 상복喪服을 벗고, 평상복을 입는다. 예문 魚産絶貴 吉祭臨迫云 而所呈細小 極歎極歎 〔신임申銋, 22-201〕

깃득〔衿得〕　　상속 받음. 또는 물려받음. 예문 奇孫學語學步 比去時判異 爲食熱之致 眼眚鼻息 似是外家衿得耳 〔정대림丁大林, 17-179〕

끽고喫苦　　고생을 겪음. 예문 新婦亦將以卄七歸覲 盖以其親家之憐其喫苦 而且爲我減一口糧也 姑得任之 然病布之自勞井臼 又可悶也 〔곽종석郭鍾錫, 31-133〕

끽긴喫緊 01　　매우 요긴함. 또는 사태가 매우 절박함. 예문 只是悅而繹 從而改 乃後面一節最喫緊處 區區企望之誠 此時尤切也 〔정경세鄭經世, 45-359〕

끽긴喫緊 02　　자세한 사항. 예문 其文中少加刱削 果依敎 而其喫緊有聞見實地 則非外人有加加損焉 〔강학년姜鶴年, 21(義)-250〕

끽년喫年　　나이를 한 살 더 먹음. 예문 日履連勝 歲饋考領 而新式之初 合有畫一之規 以至乳下兒少 亦各斗斗均派爲喫年之需 〔정조正祖, 26-97〕

ㄴ

나간那間　　어느 때쯤. 예문 高山叔主去就 何以以爲之 而辭朝當在那間云耶
〔이덕운李德運, 35-52〕

나루覶縷　　자세히 진술함. 예문 夫市虎曾殺 尙信於三至 則況孤哀何以自脫於
衆口哉 欲我自明當究彼誣 旣○○紙 已咋指矣 矧今彼言宜實 此言宜虛 哀何敢有
所覶縷哉 〔윤순거尹舜擧, 22-119〕

나복蘿葍　　무. 예문 蘿葍已停喫 然猶不能斷於口 而以我憂念 權辭以對 則難
免於甚者 念之哉 〔이관징李觀徵, 13-109〕

나복지민蘿葍之民　　평범한 백성들. 무처럼 흔하고 평범한 백성이라는 뜻.
예문 仁心藹然 旣明且仁 天下之事 無不裕優 百里製錦 有何難乎 蘿葍之民 將蒙多
祿必矣 〔남언기南彥紀, 44-307〕

나삼羅蔘　　경상도 산산 인삼. '나'羅는 신라新羅의 의미. 예문 江蔘二兩 羅蔘
一兩 鹿茸三對 胡椒六斗 各色扇六十柄 扇香一介 〔정조正祖, 26-17〕

나자騾子　　노새. 예문 姪雖非遣騎俯邀 一拜固所憧憧 況騾子遠至 曷敢不趨
走而一進也 十八九兩日中 定扣門墻 〔김원행金元行, 21(智)-20〕

나직羅織　　죄를 꾸며서 무고한 사람을 얽어맴. 예문 獨當傾軋之習 羅織之謀
現爲笑而堪之 惟彼蒼在上 人何多辨 〔이하응李昰應, 35-80〕

낙洛　　서울. 예문 到洛 庶可得一再奉誨 企仰難喩 〔임영林泳, 29-18〕 → 경구京口,
경국京國, 경사京師, 경조京兆, 경화京華, 낙중洛中, 낙하洛下, 도하都下, 서西, 수
문脩門

낙추 서울. '낙'洛과 같음. 예문 聞五馬留雛有日 而抱疾應公 未因相就以敍 〔박장원朴長遠, 5-56〕

낙가洛駕 서울 행차. 예문 付職事 兄主上京 然後可以周旋 亦有必勝之道 必於正初 與爲洛駕如何 〔이건명李健命, 44-159〕

낙가落痂 천연두의 상처가 나아서 딱지가 떨어짐. 또는 그 딱지. 예문 櫟兒今已落痂 明日間携歸外南 生則仍向山居爲計 〔정경세鄭經世, 45-394〕

낙락落落[01] 멀리 떨어짐. 예문 千里落落 操几承誨 姑毋論已 書尺替候 亦無其路 〔이맹휴李孟休, 21(智)-68〕

낙락落落[02] 그리움. 섭섭함. 예문 向在西關 尙恨會日之少 不意拜城以後 落落更甚也 〔김이재金履載, 22-309〕

낙락落落[03] 소홀함. 예문 趙鎭安於花倅果爲緊托 到官之後 卽爲伻問 弟亦從後入見 則其酬酢似不落落 〔유우목柳宇睦, 027〕

낙막落莫 쓸쓸함. 예문 慶席略設於念五 而只與星山落莫而過終日 〔정호서丁好恕, 21(義)-55〕

낙모洛耗 서울 소식. '모'耗는 소식의 뜻. 예문 洛耗 朝報外無可聞者 玆以朝報呈去·幸覽還如何 〔민진장閔鎭長, 23-167〕 → 경모京毛, 경모京耗, 서모西毛, 서신西信

낙세樂歲 풍년. 『맹자』 「양혜왕 상」梁惠王上에 현명한 임금은 "풍년에는 1년 내내 배부르고 흉년에는 죽음을 면할 수 있게 한다"(樂歲終身飽 凶年免於死亡)는 구절이 있음. 예문 然或仰請慈衷 必無洽受之理矣 然則無寧竚待樂歲 未知何如耶 〔김좌근金左根, 26-197〕 → 대유大有

낙송雒誦 반복해서 읽음. '낙'雒은 '낙'絡과 통함. 낙송洛誦. 예문 卽伏承下狀 欣披雒誦 如親芝馨 〔김정희金正喜, 33-66〕

낙역絡繹 끊이지 않는 모양. 예문 元任文臣 二品以上 入侍留待賜饌之令 賀畢隨入勤政殿 殿座盛顔 只尺昵覿耿光 退出班次 內饔珍膳 絡繹頒給 旣醉且飽 榮祝萬萬 〔신좌모申佐模, 43-125〕

낙우洛寓 서울의 임시 거처. 예문 動作甚不便 悶苦悶苦 而重以洛寓犯疹 尙在奔迸中 〔유후조柳厚祚, 027〕

낙중洛中 서울. 예문 僕粗保如昨 洛中別無異報 〔김반金槃, 22-99〕

낙치사落致仕　　벼슬에서 물러난 사람에게 다시 벼슬을 줌. 예문 落致仕之說 始於宋時 而懸車再脂 投版重理 古今絶罕 〔김정희金正喜, 33-43〕

낙폭落幅　　과거 시험에 낙방한 사람의 답안지. 예문 屋轎當厚塗以紙 休紙卽 乞覓惠生光 轎底則當塗厚紙 落幅一張 亦望圖惠 〔강신姜紳, 3-37〕

낙하洛下　　서울. 예문 濩猶滯洛下 待都目政 決去就耳 〔한호韓濩, 5-26〕

난궤餪餽　　풀보기 의례에 쓰일 음식. 신부가 혼인 후 처음 시댁에 갈 때 함께 가져가는 음식. 난궤은 혼인 후 신부가 처음 시댁에 들어가서 시부모를 뵈는 의식. 난찬餪饌. 난반餪盤. 예문 資粧餪餽 自是俗尙 無則太簡 豊侈非禮也 而曾未料盛算之如是過度耳 〔김동건金東建, 055〕 → 난의餪儀

난극欒棘　　부모상을 당하여 몹시 슬퍼하고 수척한 모양을 형용하는 말.『시경』詩經「회풍」檜風〈소관〉素冠의 "행여 흰 관을 쓴 수척한 상주를 만날 수 있을까, 근심하며 애태우는 모습이여"(庶見素冠兮 棘人欒欒兮 勞心慱慱兮)라는 구절에서 유래함. 예문 相知積年阻濶之際 接以欒棘之容 豈勝驚慰 彼此逆旅中相逢 猶以爲幸 〔이면형李勉衡, 7-153〕

난난赧赧　　부끄러워서 얼굴을 붉힘. 예문 孤哀平生無可觀取 故易誣而難解 無非素所自樹使然 不欲更擧顔面向人開喙 而意外辱存 尙有戀戀之意 故不敢自外 略布心腹 不勝赧赧負負 〔윤순거尹舜擧, 22-119〕

난로難老　　늙지 않음. 장수함. 예문 伏審履玆塡旎壽韻 將延年難老 斑爛庭彩 先發春告吉否 尙德之家 天必大享之 伏庸何祝 〔강상춘姜相春, 42-9〕

난만瀾漫　　매우 즐거움. 실컷 이야기하며 회포를 풂. 예문 一宵聯枕 雖頗瀾漫 而自人觀之 太涉草草 〔황윤석黃胤錫, 28-10〕

난보爛報　　조보朝報. 승정원承政院의 실무 책임자인 주서注書가 담당 승지承旨의 감독 아래 경향 각지에서 일어나는 중요 사항들을 선별하여 기별청奇別廳(조보소朝報所)에서 필사 형태로 매일 발행하는 소식지. 중앙 아문의 기별서리나 경주인京主人(계수주인界首主人 포함) 등이 필요 부분을 필사하고, 이것을 기별군사奇別軍士(조보군사朝報軍士, 기별사령奇別使令)나 경방자京房子, 역참驛站 등을 통해 경향 각지의 해당 관청에 전달한다. 예문 近日事 或以爛報承悉否 卽今聖心 不無開悟 處分轉益嚴重 而位著殆空 危虞多端 〔유복명柳復命, 6-163〕 → 난지爛紙, 조보朝報, 조지朝紙

난사蘭使　　부고訃告를 전하러 온 심부름꾼. 당나라 문장가 한유韓愈의 하인 경란耿蘭이 조카 십이랑十二郞의 부고를 전달했던 고사에서 유래함(한유韓愈,〈제십이랑문〉祭十二郞文). 예문 戚侄一路匍匐 當在於蘭使之後 而閱歲慈憂 汨沒焦煎 〔권석호權錫虎, 40-34〕

난상爛商　　충분히 의논함. 예문 譜役將至不成之境矣 更與在京諸宗爛商 譜廳移定于南門內李敬天家 始揭譜牌 自今初三日 開板已印初傳矣 〔강진수姜鎭秀, 41-65〕

난신難愼　　어렵게 생각하고 신중히 함. 예문 非惟面生客難示 雖相知之人 亦不宜煩至於謄寫以去 恐十分難愼 切望蒼巖深諒善處 〔전우전田愚, 41-129〕

난의餪儀　　풀보기 의례에 쓰일 음식. 신부가 혼인 후 처음 시댁에 갈 때 함께 가져가는 음식. 난찬餪饌. 난반餪盤. 예문 餪儀來云 沒樣則知當何爲 祇自愧窘而已 〔김대락金大洛, 40-52〕 → **난궤**餪餽

난제難制　　감당하기가 어려움. 예문 累狀一以癡冥 間又魏胥因渠家患報忙發 目下情緖之難制 〔김정희金正喜, 33-22〕

난지爛紙　　조보朝報. 예문 爛紙軸依至 前朔軸付呈 而三軸簡 五件曆 忘略伏呈耳 〔홍건주洪健周, 44-315〕 → **난보**爛報, **조보**朝報, **조지**朝紙

난초亂草　　편지를 대강 씀. 예문 萬萬暫傃薄隙亂草 不宣 姑希雅亮 謹上謝狀 〔송규렴宋奎濂, 23-135〕

날연茶然　　병약해짐. 예문 子婦痁患 昨已至三四次 而症勢苦重 元氣大虛 雖不痛之日 茶然不能收拾 且厭食殊甚 此悶如何 〔김춘택金春澤, 21(禮)-378〕

남과覽過　　대충 훑어 봄. 예문 梅花卅聯 特不遲而寄示 故鴛韻雙律 却忘拙而幷和者 第欲斤正於高眼 幸須覽過而掩鼻 但願座右諸益 同聲而相應 須令山中孤旅 盥手而敬讀 〔미상, 41-14〕

남교南嶠　　영남. 예문 南嶠行旆 想啓在邇日 區區哀溯 不能弛也 〔이세구李世龜, 3-96〕

남기濫騎　　법률이나 규정을 어기고 역마驛馬 등을 함부로 탐. 예문 胎錄事 弟前任內局時 使喚下人也 聞以濫騎 今將照律定配云 伏望台量施生光 〔남이웅南以雄, 39-57〕

남도濫叨　　분수에 넘치는 탐을 냄. 관직을 받았을 때 겸사로 쓰는 말. 예문 千

萬不意 濫叨匪據 福輕負重 惶懼罔措耳 〔김상용金尙容45-192〕

남령南靈　　담배. 예문 惠南靈深感厚意 僕僕不在物也 〔김상후金相后, 31-46〕

→ 남종南種, 남초南草, 연초烟草, 영초靈草, 초草

남상濫觴　　과분함. 예문 所謂與飭躬修辭 悅人耳目 其千萬云云者 來諭良是 而其及門之士 以子厚季通況之 則無或濫觴歟 愚則於左右 旣無聞然 故自謂所見 如此 愼勿着他眼 俾招輕薄之謗如何 〔황현黃玹, 37-13〕

남성南省　　진사進士. 남성南省은 상서성尙書省의 별칭인데, 중국 당唐나라 때 상서성이 중서성中書省, 문하성門下省의 남쪽에 있었기 때문에 붙여진 이름이다. 당시 진사시進士試를 상서성 예부禮部에서 주관했기 때문에 진사시를 '남성시'라고도 불렀다. 예문 仰報者尙此延稽 亦切悚惶耳 幸望更求南省一人 如何如何 〔유만식柳萬植, 44-73〕

남시신소攬時神銷　　세월을 붙들고 싶지만 정신이 없어짐. 세상을 떠날 때가 다 되었다는 뜻. 예문 臘殘年瘦 是老者攬時神銷處 若少年送舊迎新 迎新不已 不知老者此苦 〔김정희金正喜, 29-36〕

남여籃輿　　덮개가 없고 의자처럼 생긴 가마. 예문 此邑籃輿無虎皮 方在渴求 而聞貴所有一領花班云 幸爲暫借如何 〔이상학李象學, 41-41〕

남운南雲　　남쪽으로 가는 구름. 부모, 친구, 혹은 고향을 그리워하는 것을 말함(진晉 육기陸機의 〈사친부〉思親賦에서 유래함). 예문 雖欲作答 苦無信便 稽滯至今 瞻望南雲 不勝翹佇 卽此花事闌珊 謹請旅處護重 更切溸祝 〔황현黃玹, 37-27〕

남의濫擬　　분에 넘치는 추천. 예문 近來濫擬 此豈愚劣所可堪 揆則度義 只有 惶懍而已 〔김흥락金興洛, 18-36〕

남장嵐瘴　　풍토병을 일으키는 습한 기운. 예문 似聞嵐瘴 近頗爲祟 風波之外 尤不淺慮也 〔이병연李秉淵, 31-74〕

남존覽存　　살피고 헤아림. 예문 且留續具 幸一一覽存 姑不備謝 〔김정희金正喜, 33-78〕

남종南種　　담배. 예문 寄惠南種 尤感 故人之情味 感戢之心 不但在物而已 〔이징구李徵龜, 41-10〕

남지南至　　동지. 예문 壬子 南至日 損友 在學拜 〔조재학曺在學, 40-324〕

남초南草　　담배. 예문 簡筆十柄 唐毫二枝 南草壹斤 伴送耳 〔조윤형曺允亨, 22-

남행南行　　높은 관직을 지낸 조상의 음덕으로 얻는 벼슬. 음직蔭職. 예문 君欲作南行 果似有可虞 〔이황李滉, 30-146〕→ 음관蔭官, 음도蔭塗

남황南荒　　남쪽 변방. 예문 生朝夕命下 朝夕當行 此生餘年 寧相見期 若謫路出於南荒 或便永訣耶 〔이산해李山海, 11-200〕

납거蠟炬　　밀랍으로 만든 초. 예문 賻細木五丁 蠟炬一雙 曾傳于本宅 想已傳矣 〔임억령林億齡, 39-17〕

납령臘令　　섣달. 예문 卽拜惠狀 以審臘令 聞履增護 尤切仰慰 〔조인영趙寅永, 31-64〕

납미臘尾　　세밑. 예문 臘尾得見遠書 甚慰懸懸 〔김정희金正喜, 33-36〕

납약臘藥　　연말에 조정에서 하사하는 환약 형태의 상비약. '납약'은 동지冬至 후 셋째 미일未日인 납일臘日에 내의원에서 임금에게 진상한 것을 임금이 다시 신하들에게 하사하는 약이다. 주로 소합환蘇合丸·청심환淸心丸 등의 약이었다. 예문 臘藥五種略呈 〔남용익南龍翼, 22-169〕

납잔연수臘殘年瘦　　한 해가 저물고 얼마 남지 않았음. 예문 臘殘年瘦 是老者攪時神銷處 若少年送舊迎新 迎新不已 不知老者此苦 〔김정희金正喜, 29-36〕

납절納節　　부절符節을 도로 바침. 관직을 사임함. 예문 但聞少有欠安之憂 至陳納節之章 無任奉慮 〔이경여李敬輿, 6-97〕

납제臘劑　　납약臘藥. 예문 臘劑五種 略表下忱 〔이행우李行遇, 4-170〕

납창蠟窓　　밀랍을 먹인 종이를 바른 창. 예문 向見令所處 蠟窓棐几 淸玩滿室 所乏者梅耳 〔황현黃玹, 37-29〕

납채納采　　혼인 절차의 하나. 신랑 집에서 신부 집에 청혼서와 사주단자를 보내는 의식. 예문 弟意則卄九行納采禮 閏月初五行婚禮 似爲便當 〔유심柳淰, 051〕

납촉蠟燭　　밀랍으로 만든 초. 의식용으로 쓰는 고급 초. 쇠기름으로 만든 육촉肉燭보다 질이 좋음. 예문 就煩 家有祀事 而蠟燭無可求處 〔이지안李志安, 051〕

납폐納幣　　혼인 절차의 하나. 혼인을 정한 후 신랑 집에서 신부 집으로 예물을 보내는 의식. 예문 賢抱納幣之期已過 想嘉悅倍萬矣 〔권진응權震應, 23-237〕

납한臘寒　　12월의 추위. 예문 卽拜令下札 就審臘寒 令候萬相 仰慰且溯 〔신완申玩, 3-138〕

납호臘冱　　12월의 추위. 예문 間阻多悵 伏惟臘冱 侍餘棣體萬旺 〔김성규金性圭, 37-97〕

납후拉朽　　썩은 나무를 부러뜨림. 일이 매우 쉬움을 비유하는 말. 예문 科事誠可笑 平生作儷策 總不滿十篇 乃能摘科第如拉朽 諺云天性者 誠是矣 〔유척기兪拓基, 31-42〕

낭과浪過　　시간을 헛되이 보냄. 예문 秋必有大小科 無事浪過爲可 〔이운근李雲根, 35-38〕

낭관郞官　　육조六曹의 정랑正郞·좌랑佐郞. 또는 실무를 담당하는 6품 관원. 예문 曹中書已製進祭文 近過庭試後 當下送郞官 已移文本道 使之豫定祭官 卽事整待矣 〔이후원李厚源, 22-123〕

낭도浪度　　헛되이 보냄. 예문 稍阻安信 紆慮實大 卽惟雪寒 旅況善在 課工不至浪度 爲念不淺 〔홍범식洪範植, 22-363〕

내內　　아내. 예문 考籍事非難 而强哉之內 於我爲從姪女 嫌不可聞命 〔반석평潘碩枰, 5-182〕 → 가인家人, 내조內助, 노형老荊, 실가室家, 실내室內, 실인室人, 형처荊妻

내간內幹　　안살림. 예문 季君歲前喪耦以來 不可自任內幹 故率去柳妹而任家 渠則往來兩處 其悽酸之狀 憐不可見 惟失哺兒 幸無恙善茁 此可謂酒中一幸耶 〔김봉규金鳳奎, 40-76〕

내간內簡　　부녀자의 편지. 예문 前書已見之 卽見內簡 汝兄弟皆來在傍云 爲慰 〔정경세鄭經世, 45-389〕 → 내서內書

내간內間　　부녀자가 거처하는 곳. 부녀자 또는 일가친척 아녀자를 뜻하기도 함. 예문 中和尺分與內間 其餘依紙面分送 〔정조正祖, 26-31〕

내교來敎　　편지에서 말씀하신. 상대방이 편지에서 부탁하거나 말한 것. 예문 屈原傳 謹如來敎 但辭賦 不可不去 〔이항복李恒福, 5-30〕 → 내시來示01, 내유來諭

내구內舅　　외숙外叔. 예문 內舅主前 上書 〔김병식金秉植, 40-72(봉투)〕

내국內局　　내의원. 예문 另飭內局 五丸得惠 以救此悶 切祝切祝 〔서경순徐璟淳, 31-88〕

내노內奴　　내수사內需司에 딸린 노비. 내노비. 궁노비. 예문 今進內奴九還者 內事書役時使喚人 而無所託 來寓其父家 情事甚切 今以內事還向治下 伏乞饋酒

常常 饌物特惠 發輝萬萬〔한호韓濩, 5-26〕

내림來臨　　왕림枉臨. 내가來駕. 예문 城主若許來臨 民當與李直長乘早並進伏計 更須定示日期如何〔김안국金安國, 22-23〕

내모來牟　　밀과 보리. '내'來는 소맥小麥(밀), '모'牟는 대맥大麥(보리). 『시경』 「주송」周頌〈사문〉思文에 "우리에게 밀과 보리를 주셨네"(貽我來牟)라는 구절이 있다. 예문 來牟旣豊 秋事可占大有 尤爲之相賀〔김병학金炳學, 44-219〕

내병內病　　아내의 병. 예문 李君盡佐內病 聞甚危篤 矜慮何極〔민진후閔鎭厚, 6-87〕→ 실우室憂, 형병荊病, 형우荊憂

내사內事　　궁중 일. 예문 今進內奴九還者 內事書役時使喚人 而無所託 來寓其父家 情事甚切 今以內事還向治下 伏乞饋酒常常 饌物特惠 發輝萬萬〔한호韓濩, 5-26〕

내사內賜　　임금이 신하에게 물건을 하사함. 예문 璿譜 旣蒙內賜 首卷不必示請 敎意誠然耳〔이근명李根命, 31-125〕

내상內相[01]　　승지承旨의 별칭. 당나라 육지陸贄가 한림학사翰林學士로서 정사政事를 주도하였으므로 당시 사람들이 그를 내상內相이라 부른 이후 '한림학사'(승지)의 별칭으로 쓰였다(『구당서』舊唐書 권139 「열전」89〈육지전〉陸贄傳). 예문 內相許 亦未及修問 俯布是仰〔유세명柳世鳴, 44-48〕

내상內相[02]　　남의 처에 대한 존칭. 예문 內相所患 尙爾彌留 奉慮不淺 所示藥料 明與明間 弟入內局 覓得以送爲計〔원두표元斗杓, 21(義)-234〕

내서內書　　부녀자의 편지. 예문 敬村其間非無內書 卽遠往還 未卽專信〔신사임당申師任堂, 26-121〕→ 내간內簡

내성來星　　온 심부름꾼. 예문 來星立回 不能拖長 都留不宣式〔김정희金正喜, 21(智)-266〕

내세來稅　　→ 내탈來稅

내송內訟　　스스로 반성함. 예문 所謂工夫 只變化氣質而已 承以內訟 內訟之至 自有進就〔기우만奇宇萬, 42-17〕→ 무궁撫躬, 반궁返躬

내시來示[01]　　편지에서 말씀하신. 상대방이 편지에서 부탁하거나 말한 것. 예문 尤齋書集 謹承來示 固難轉借 而第江門之深囑勿煩人眼 實慮譊讀老齒舌 此中傳寫 萬無可慮 而世道至此 大老文字 隻字可貴 此中之必欲謄出一本 不待複言

而兄可神會矣 〔이중협李重協, 6-165〕 → 내교來敎, 내유來諭

내시來示02　　　상대방의 편지. 예문 月初 承紆顧僻陋 適出違奉 亦未追謝 反蒙 來示 尤深愧仄 〔이황李滉, 30-3〕

내야乃爺　　이 늙은이. 자신을 지칭하는 말. 예문 兒曹無善誨 而未免樵牧名 止乃爺之咎 惟三孫明慧 智竅稍開 是暮境況滋耳 〔이능성李能性, 53-187〕

내옹乃翁　　이 늙은이. 서로 편한 사이에 편지 쓸 때 자신을 지칭하는 말.
예문 治下德興社華山里 士人金啓性 卽同宗間 而與乃翁誼同一室以過矣 不幸四五年前作故 而今其子不遠千里來訪矣 其意固可感 而悶悶問候於令兄云 若燭弟之同宗 則似不忍待 〔김규홍金圭弘, 35-91〕 | 或郞在京時 或往來以助 新歲一況 且其周旋動作 頗有進就 眞可謂乃翁之賢堉 看益奇愛 不欲捨手 而謂有庭命 期於告歸 深切黯然耳 〔안희원安禧遠, 53-160〕

내유來諭　　편지에서 말씀하신. 상대방이 편지에서 부탁하거나 말한 것.
예문 蓋覽來諭 高明之業 凡三變 始也從事科臼 中焉留心文藝 卒乃慨然志於求道 〔윤광안尹光顏, 31-54〕 → 내교來敎, 내시來示01

내음來音　　상대방이 보낸 소식 또는 편지. 예문 隆寒奪春 砭人病骨 加以新歲人事紛紛 殊無好況 忽奉來音 用慰心悰 〔이황李滉, 30-75〕

내의內醫　　내의원內醫院의 의원. 예문 伯兄主自七月初四卒得類中風之証 卽用針藥 且有上命 送內醫救療 今幾平復 而此間憂悶爲如何 〔홍경신洪慶臣, 3-57〕

내자迺者　　요즘. 근자近者. 예문 隨好朋友 講好文字 是何等勝事 而迺者數宵 名園 沸沸情樽 誠此生杭州之眉 感荷良深 〔이준문李準文, 40-281〕 → 간간, 비간비간, 비래비래, 비신비신, 비일비일, 비자비자, 비천비천, 비하비하, 수천數天, 신하辰下, 이간이간, 이자이자, 자신茲辰, 자이自爾, 즉신卽辰, 즉일卽日02, 차래此來

내전內典　　불전佛典. 예문 卽又珍存佳果 是內典之頻婆果也 佛供之無上 兼之仙品天然 又譬於君子淡淡臭味 果蔬百物 未有如此其足 〔김정희金正喜, 33-60〕

내정來正　　내년 정월. 예문 安元在行次無事 幸甚 將其入室 似在來正耳 〔신석번申碩蕃, 22-115〕

내제內弟　　고종사촌 아우. 내종제內從弟. 예문 內弟往省松楸 履玆霜露 私痛倍新 今朝始得還家 跋涉之餘 困憊難振 伏悶 〔김노경金魯敬, 21(智)-218〕

내제內除　　내직內職에 제수됨. 예문 此內除 出於意外 私分惶悶 不可盡告 雖

曰內職乃是該官擢拜 旣異於例授 晏然承當 亦有所不敢者 方此呈旬辭遞伏計 〔이세필李世弼, 5-124〕

내조內助　아내. 예문 君之內助 今行率來耶 無故棄別 人多言之 須留念收拾如何 〔김장생金長生, 38-16〕 → 가인家人, 내內, 노형老荊, 실가室家, 실내室內, 실인室人, 형처荊妻

내주內主　안주인. 예문 離愁方苦 書到少慰 但內主患疾云 是用爲慮 〔임제林悌, 3-50〕

내지來紙　보내온 편지. 예문 來紙依悉 朝氣夜氣 分明有涼意 〔정조正祖, 26-89〕

내탈來稅　돌아와 여장을 풂. '탈'稅은 탈가脫駕의 뜻. 예문 弟歸時觸冒風雪 僅僅來稅 而幸免顚仆 他無足道 〔민응수閔應洙, 6-201〕 → 귀탈歸稅, 환탈還稅

내한內翰　예문관의 관원. 예문 崔內翰 座前 孤哀子 李世龜 疏上 〔이세구李世龜, 3-96(봉투)〕

내행內行　부녀자의 행차. 예문 令胤借馬 內行僅能來到 而忙未各書以謝 〔김제겸金濟謙, 23-207〕

내홍內訌　내부에서 서로 다툼. 예문 我國人心浮躁 不能耐靜 外憂旣除 自當內訌 況國運所關 寧有一日無慮之理 〔이덕수李德壽, 21(禮)-398〕

내황內況　부녀자의 안부. 부인의 건강을 물을 때 쓰는 표현. 예문 霜後寒溫不常 未聞消息 方用嚮溯 玆承委札 始審內況愆和 今已向佳 驚慮且慰 〔김상헌金尙憲, 36-26〕

냉문冷門　가난한 집. 예문 況此三雉 是今年始見之物 而蜜栢尤非冷門所宜得者 深荷厚眷 無以爲謝 〔이해李瀣, 051〕

냉치冷齒　웃음거리. 예문 荒步仰呈 江花牧羮 不足以發幽趣 只作冷齒資而已 〔홍택주洪宅疇, 027〕

노로路　지방. 예문 聞兄政令頗慈善 關西異於他路 不宜專尙柔道 幸以子産水火之喩 及武侯治蜀之政 加意如何 〔이덕수李德壽, 21(禮)-398〕

노로露　소주. 예문 貧官歲時 親戚之間 無以爲問 釀秫數斗 燒而取露 甚難爲分 廚吏若供大壺 輒咥之 自愧手細情悋 〔김상숙金相肅, 21(智)-92〕

노각老殼　늙은 몸. 예문 營窆一事 罔有頭緖 顧此老殼 內煎外鑠 無復餘地 奈何奈何 〔유도원柳道源, 32-153〕

노감勞撼　　힘들고 분주함. 예문 卽承俯賜慰問 哀感之至 仍審春寒旅體 連衛萬相 勞撼之餘 不甚憊損 仰慰愜祝 〔이건창李建昌·이건승李建昇·이건면李建冕, 42-59〕

노공魯公　　당나라 때의 서예가인 안진경顔眞卿. 노공은 안진경의 봉호封號. 예문 問請硯履充旺 學兄大都均安 聞兄日臨池揮毫 自詫驟進 進進不已 將不造魯公室耶 魯公故是大偉人 爲其弟子固善 豈比作聖賢脚下 操戈入室人耶 呵呵 〔김문옥金文鈺, 41-116〕

노대老大　　노인. 예문 老大衰落 世事無一切要 只是靜坐安定心神 時閱少義理 以浸灌栽培 乃是第一義 而亦不能專一於斯 日月逝矣 貿貿無聞 而就死地 豈不深惜 〔성혼成渾, 22-45〕

노도勞禱　　그리워함. 간절히 기도함. 예문 紅稀綠暗 景物俱新 此豈勞禱倍品 卽承惠札 謹審比來起居淸迪 何慰如之 〔김수근金洙根, 22-325〕

노력숭명努力崇明　　힘써 밝은 덕을 숭상함. 친구나 후배에게 하는 말. 이릉李陵의〈소무에게 주는 시〉(與蘇武詩)의 "힘써 밝은 덕을 숭상하여, 백발이 되도록 변치 말자"(努力崇明德 皓首以爲期)에서 나온 말(『문선』文選 15권). 예문 不知何時入闉 弟亦姑未卜近期相望 但有悵悵 唯祈努力崇明 副此遠悃 萬萬不備 〔이건창李建昌, 44-141〕

노로老老　　노인을 노인으로 대접함.『맹자』「양혜왕 상」梁惠王上의 "내 노인을 노인으로 섬겨서 남의 노인에게까지 미치며, 내 어린이를 어린이로 사랑해서 남의 어린이에게까지 미친다면 천하를 손바닥에 놓고 움직일 수 있다"(老吾老 以及人之老 幼吾幼 以及人之幼 天下可運於掌)는 구절에서 유래함. 예문 歸自鄕山 見有留書在案 兼荷匭鯉之惠 深認老老之眷 不宣承慰而已 〔박장원朴長遠, 5-56〕

노록勞碌　　하찮은 일로 바쁘고 고달픔. 벼슬아치가 자기 안부를 말할 때 쓰는 표현. 예문 內再從 白鬚殘縣 日事勞碌 自憐奈何 〔김응하金應河, 21(義)-138〕

노망鹵莽　　노쇠하여 정신이 혼미함. 겸사. 예문 金君遠尋窮山 意甚盛矣 實非分之幸也 然鹵莽轉加 無以副其所望 愧歎奈何 〔권상하權尙夏, 22-197〕

노모老耄　　늙음. 혹은 늙은이.『예기』禮記「곡례 상」曲禮上에 "일흔 살을 '노'老라 하니 가사家事를 아들에게 물려준다. 여든, 아흔 살을 '모'耄라 하며 …… 죄가 있어도 형벌을 가하지 않는다"(七十曰老而傳 八十九十曰耄 …… 雖有罪 不加刑焉)라는 구절이 있음. 예문 生當暑雜症 固不足深慮 而唯是老耄澌敗 臥不能起 奈

何奈何 〔이원익李元翼, 23-25〕

노물 老物　　노인이 자기를 지칭하는 말. 예문 鄙札亦已托邑人之歸 未知一一關領否 老物依保窮拙 餘無足道 〔이숙량李叔樑, 5-177〕 → 노인老人

노복 路卜　　전임傳任. 객점客店에서 관원의 짐을 날라 주는 일. 혹은 그 일을 하는 사람. 예문 雖以鄕里之厚風言之 洞有司 稧有司 俱有喫人所不喫之滋味 但店有司 往往被打於往來行旅 而亦不應路卜行炬之役 則有司之稱自公 而如盟府籌司 爲緊任腴窠已如許矣 〔정조正祖, 26-73〕

노비수공 奴婢收貢　　노비의 신공身貢을 걷음. 예문 就中 金安陰 以奴婢收貢 送人于道內 幸採晋人之訴 ○○生光 行粮亦須優給 俾免路中之困 〔홍무적洪茂績, 3-40〕

노서 老暑　　늦더위. 예문 且老暑甚酷 多病氣弱之人 不作遠行 未必不爲福也 〔미상, 26-247〕

노선생 老先生　　선생에 대하여 최고의 존경을 표하는 말. 예문 老先生庶胤金槊爲人 令監聞之耶 守分藏拙 甚有見識 兄弟中最良者 士友之所重 〔이유태李惟泰, 5-49〕

노성인 老成人　　덕이 높은 어른. 예문 寒岡將以來月二日入土 老成人零落殆盡 此豈邦家之福耶 良慟良慟 〔정경세鄭經世, 3-27〕

노수 路需　　노자路資. 예문 六緡路需 荷意甚感 〔박재중朴齋仲, 34-352〕

노숙 老宿　　노사숙유老士宿儒의 준말. 나이가 많고 학식이 풍부한 사람. 예문 校讐之役 世自有具眼者 而況老宿已勘之下 末學淺見 固不敢妄下手分 然先分勤敎 俱難孤負 奉閱 首尾略卞傳寫之誤 恐不免金銀之誚 更望就質於大方諸家 整爲完本 以爲壽傳之道 如何如何 〔이중업李中業, 40-290〕

노양 勞攘　　힘들고 분주함. 예문 遞易之際 文簿久滯 酬應之間 勞攘可想 例問之外 損餉甚優 拜領盛意 不覺僕僕 〔박경후朴慶後, 3-89〕

노어 鱸魚　　농어. 예문 鱸魚二尾 〔이덕운李德運, 35-52〕

노열 老熱　　늦더위. 예문 承審老熱 莅況萬安 遙慰遙慰 〔이덕형李德馨, 3-42〕

노염 老炎　　늦더위. 예문 意表伏承令監遠札 憑審老炎 鳩杖安閑 起居康吉 區區慰荷 迨不容言 〔이현모李顯模, 21(禮)-464〕

노위 魯衛　　형제가 이웃에 살면서 우애 있게 지내는 것을 이름. 『논어』論語

「자로」子路에 "노魯와 위衛의 정사政事는 형제간이다"(魯衛之政 兄弟也)라는 공자의 말이 있다. 노나라와 위나라는 형제간인 주공周公과 강숙康叔의 봉국封國이었음. 예문 契少弟魯衛相守 姑依前樣 而自見新人來 頗作門楣之悅 大方教導 難可誣也 〔이현섭李鉉燮, 40-300〕

노인老人　나이가 많은 사람이 자신을 지칭하는 말. 예문 老人一息未絶 又到今年望八 殘生餘日幾何 只自悲凉 〔김유金楺, 23-45〕 → 노물老物

노자老慈　늙은 어머니. 예문 到配後姑免添病 且欲將歸老慈 私計甚幸 只瞻天攢祝而已 〔민진원閔鎭遠, 6-85〕

노장露章　봉하지 않고 올리는 소장疏章. 예문 以侍女事 守令兩人被逮 為道主者 安得晏然而已 第以三勅留京 亦未得露章 尤悶尤悶 〔정세규鄭世規, 8-103〕

노전路奠　노제路祭. 견전제遣奠祭. 발인할 때 문 앞에서 지내는 제사. 예문 過金地時 奴子及親戚宅奴 轉借出待 過境路奠設行事 告于汝母 〔김성일金誠一, 12-163〕

노제老除　늙어서 역을 면제함. 예문 薄庄在奉化 既無守奴 托於邑居老除鄉吏鄭天敍 使之看護 路遠便稀 聞問不能頻及 以致事多虛疎 每欲一者躬往管檢而歸 尚未之果 〔이세구李世龜, 3-97〕

노좌路左[01]　길에서. 예문 前頭當作燕行 或有路左相逢之便 預以為企 〔민진후閔鎭厚, 23-187〕

노좌路左[02]　길이 어긋남. 예문 頃者巡過槐山時 路左 未得就候 迨用悵歎 〔홍중하洪重夏, 21(禮)-306〕 → 상좌相左, 치지差池

노직老職　노인을 우대하여 주는 관직. 『경국대전』經國大典 권1 「이전」吏典 〈노인직〉老人職에 "80세 이상이면 양천良賤을 가리지 않고 1계階를 주고, 원래 관직에 있는 사람은 1계를 더 올려 주되, 당상관은 왕의 특지特旨가 있어야만 준다"라는 규정이 있다. 노인직老人職, 수직壽職. 예문 老職加資 既已自吏曹送西 而開政不頻 故遠地人 委來京裡 久難等待 且無連臂路 尚未出帖云 〔송징은宋徵殷, 34-116〕

노질駑質　둔하고 미련한 자질. 예문 敬審比天 體宇湛護鬯旺 以獻仰賀者 顧念駑質 恐有所未及於益壯矣 〔임철상任喆常, 41-21〕

노천老喘　늙은 목숨. 예문 生菫保老喘 〔미상, 027〕

노축勞祝　간절히 축원함. 예문 胤君學業 亦與歲增長否 瞻溯區區 不任勞祝 〔이종상李鍾祥, 027〕

노팽勞伻　심부름꾼을 보냄. 예문 雖千百番費抵勞伻 必掘移後乃已 預爲諒之如何 〔김보현金輔鉉, 42-23〕

노형老荊　자기 아내를 겸손히 일컫는 말. 예문 老荊報往拔來 若涉徑廷 而今而思之 實爲萬幸 〔김도화金道和, 32-167〕 → 형처荊妻

노홍老烘　늦더위. 예문 卽見手書 伏審老烘猶肆 父主氣體一享萬康 諸致俱穩 各處安信 亦皆續聆 孫兒頰腫 今則向瘥云 何等喜幸之至 〔정문섭丁文燮, 17-183〕

노후시매奴詬豕罵　심하게 욕하며 꾸짖음. 종이나 돼지를 꾸짖듯이 욕함. 주희朱熹의 『회암집』晦庵集「별집」別集 권1의 〈유공보劉共甫에게 보내는 편지〉에 "(황제의 조서에서) 대신에게 종을 꾸짖듯 욕하고 신하들을 돼지처럼 취급하였다"(奴詬大臣 豕視庶位)라는 구절이 있다. 노후시질奴詬豕叱. 예문 但以爲民陳弊之故 督過之太甚 文移之間 奴詬豕罵 其復體面 亦且任之而已 奈何奈何 〔전식全湜, 45-307〕

녹록碌碌　하찮은 존재. 평범함. 녹록鹿鹿이라고도 씀. 예문 甥生碌碌散秩 亦不免殘弊之憂 想左右何此慨嘆 〔이식李植, 22-101〕

녹명錄名　녹명지錄名紙. 녹명에 쓰는 종이. 녹명은 과거 응시자가 원서를 내고 성명을 등록하는 것. 예문 試筆拾柄 亦送 分用宜當 洪郎處 氣困不能作書 此意傳之 錄名一卷 白紙四束 送去 〔김성일金誠一, 12-146〕

녹명단자錄名單字　녹명을 위해 제출한 단자. 성명, 본관, 거주지와 아버지, 할아버지, 증조할아버지, 외할아버지의 이름과 관직을 기록했다. 예문 錄名單字 須於今明間 送來 爲仰爲仰 萬一有違 恐有分飛之弊也 〔김수일金守一, 21(仁)-178〕

녹명지錄名紙　녹명에 쓰는 종이. 예문 壯紙四卷 白紙伍卷 錄名紙壹卷 藁精二束 與洪郎分用 〔김성일金誠一, 12-166〕

녹지錄紙　별지. 예문 此上錄紙 華留丈下托也 下覽後 卽爲決處掘移 俾生光色 如何如何 〔홍우길洪祐吉, 44-174〕 → 별록別錄, 별지別紙, 별폭別幅, 부저副楮, 소록小錄, 소지小紙, 소폭小幅, 영함另椷, 영협另夾, 태록胎錄, 태지胎紙, 협고夾告, 협록夾錄, 협백夾白, 협소夾疏, 협저夾楮, 협지夾紙, 협편夾片

논계論啓　신하가 임금의 잘못을 논박하여 아뢰는 일. 예문 家兄事 今觀都憲意思 論啓限以三日而卽止云 〔윤원尹暄, 051〕

논열論列　하나하나 따짐. 예문 此承耑札 如得承誨 披慰十分 敎意備悉 不可

以殯殿肅謝 啓請牌招 昨日面誨 不翅丁寧 而今忽有此示 未知何故耶 況以弟等情勢 其可更起抗顏於論列立落之際乎 〔송광연宋光淵, 21(禮)-169〕

논보論報　어떤 일에 대하여 자신의 의견을 붙여 보고한 문서. 예문 命說身病 比來尤劇 廢食委頓之中 差定南原都會試 論報請遞 而卽見回題不許 故不得已强起發行 〔김명열金命說, 49-255〕

농고聾瞽　소식에 어두움. 예문 屛蟄聾瞽 晚始得聞台監喪失冢婦 殊劇驚怛 〔김창협金昌協, 000〕

농극農隙　농사의 여가. 농한農閑. 예문 今則農隙也 旣無妨農之端 又有戶關 則亦非私採 納書之日 卽爲招見賜款 拔例曲護 俾爲成事之地 如何 〔김유근金逌根, 26-163〕

농대籠臺　비석 받침대. 부석趺石. 예문 江石 雖云價輕 又須觀其石品如何 虎谷石並籠臺造出 價又較輕矣 當試商量訪問矣 〔박태보朴泰輔, 22-219〕

농울聾菀　귀머거리와 같은 답답함. 예문 西毛若是細及 可破聾菀耳 〔이만운李晚運, 027〕

농월農月　농번기. 예문 擬於二月初頭發程 暫歷文城 趁令駕還營 進到營下伏計 此行政犯農月 築城亦必未了 此時若循例聚軍 點視操閱 諸邑民兵贏粮留滯 則妨農害事 〔권반權盼, 3-35〕

농장弄璋　아들을 얻음. 딸을 얻음은 농와弄瓦라 함. 예문 卽承惠書 聞女息無事分娩 又得弄璋 喜幸可言 〔김수흥金壽興, 34-16〕 → 장경璋慶, 첨정添丁

농조籠罩　대나무로 만든 물고기를 잡는 기구. 함정을 만드는 술수를 가리킴. 예문 但天下之事 是還他是 非還他非 正還他正 邪還他邪 不可含糊籠罩 苟且彌縫 以爲朋友之道也 〔김평묵金平默, 44-124〕

농호農扈　농관農官. 농민들을 지도·감독하고 농사 행정을 관리하는 관인. 예문 新曆一件上呈 以監農扈之春如何 〔박태겸朴泰謙, 49-267〕

뇌관雷灌　우렛소리가 들림. '여뢰관이'如雷灌耳의 준말. 명성이 큼을 형용하는 말. 예문 聲華雷灌 契分尙阻 常所景仰 非非想中 芳函帶梅泉老文集而辱至 感荷之外 不覺熱淚墮襟 〔김효찬金孝燦, 37-130〕

뇌락牢落　마음이 메마름. 예문 示意備悉 蓋自在京時 於此事 拋棄已久 南歸以後 尤一味牢落 眼力亦又就差茫 凡於鉛槧疎闊殆甚 況於描寫事 何以提起 致

勞送帖 深用愧歎 奈何〔윤두서尹斗緖, 21(禮)-368〕

뇌람雷覽　　돌려서 읽게 함. 회람回覽. 편지를 읽고 난 후 다른 사람에게도 전달하여 읽게 함. 예문 王斯文粹煥氏 經座下回納 朴權二兄斯文 亦雷覽如何〔하겸진河謙鎭, 37-144(봉투)〕→ 뇌조雷照

뇌문雷門　　월越나라 회계會稽의 성문城門 이름으로, 소리가 백 리 밖까지 들리는 큰 북이 걸려 있었는데, 한漢나라 왕존王尊이 "베로 만든 북(소리가 제대로 나지 않는 북)을 가지고 뇌문을 지나지 말라"(毋持布鼓過雷門)고 말했다는 고사(『한서』漢書 권76 「조윤한장양왕전」趙尹韓張兩王傳)가 있다. 뇌문 앞에서 베북을 친다는 것은 대가 앞에서 하찮은 재주를 뽐내는 것을 비유하는 표현. 예문 晬韻旣承敎矣 鼓之雷門 自知其不自量也 蚓叫驢鳴 自得其天機則一也 幸一粲覆瓿 如何如何〔이준태李準泰, 40-284〕

뇌봉雷逢　　잠깐 만남. 예문 松齋電別 合江雷逢 却似夢裏〔홍택주洪宅疇, 027〕
→ 삽봉霎奉

뇌소牢騷　　쓸쓸하고 어수선함. 예문 省禮 月日偏忙 禫事次第而過 奉念仁孝罔極之痛 未審何以慰遣 卽日秋氣牢騷 冠服起居 連衛體用〔장한두張漢斗, 43-216〕

뇌신惱神　　고민 또는 걱정거리. 예문 弊局旣多惱神 瘴濕恐妨調護 旋切憧憧〔이기연李紀淵, 29-35〕

뇌위雷威　　임금의 노여움. 예문 雷威已震 而祝網得開耶 無任憂念〔남구만南九萬, 2-8〕

뇌조雷照　　돌려서 읽게 함. 회람回覽. 편지를 읽고 난 후 다른 사람에게도 전달하여 읽게 함. 예문 臨行漏萬 略此 亦不能各候於伯氏兄主曁季氏兄 雷照幸甚 姑不宣 伏惟黙諒 謹候狀上〔유척기兪拓基, 6-211〕→ 뇌람雷覽

누공屢空　　식량이 자주 떨어진다는 뜻. 『논어』 「선진」先進에 공자가 "안회는 도道에 가까웠고 양식이 자주 떨어졌다"(回也 其庶幾乎 屢空)고 한 말이 있음.
예문 今年艱食 到處同然 而吾與子之羈孤殆甚焉 以吾之屢空 想得左右固窮之狀 不能無一般之憂如何〔한준겸韓浚謙, 45-208〕

누공累功　　유배 중에 상을 당하여 공복功服 중에 있는 자. 누累는 누縲의 통용자. 예문 累功 間遭第二姊喪 情事悲酷〔김정희金正喜, 33-13〕

누괘漏掛　　누만괘일漏萬掛一. 할 말은 많지만 한 가지만 쓰고 나머지는 줄인다는 뜻. 편지 끝에 상투적으로 쓰는 말. 예문 漏掛姑閣 統希體上迓休增慶 謹謝狀 〔김학근金鶴根, 29-42〕 → 괘루掛漏, 괘일掛一, 누만漏萬

누귀부漏鬼簿　　귀신의 장부에서 빠짐. 거의 죽을 뻔하다 다시 살아났다는 말. 예문 弱周疾病窮居 僅漏鬼簿 而惟是眼眚日劇 去盲無幾 以此人事廢絕 莫由進慰 慊恨萬萬 〔박필주朴弼周, 6-70〕

누기累記　　유배된 사람이 자신을 지칭하는 말. 기기는 서로 기억하는 사이라는 뜻. 예문 甲臘旬八 累記煩逌拜 〔미상, 41-24〕

누루縷縷⁰¹　　자세히. 간절하게. 예문 示喩縷縷 罔非悔恨奮勵之意 苟自此而進 亦何遠之不可屈哉 〔전우田愚, 21(智)-412〕

누루縷縷⁰²　　실이 길게 이어지듯 할 말이 많음. 편지 끝에 쓰는 상투적 표현. 예문 餘懷縷縷 何可盡之 伏惟令鑑 謹拜上謝狀 〔홍무적洪茂績, 22-95〕

누만漏萬　　괘일루만掛一漏萬. 할 말은 많지만 한 가지만 쓰고 나머지는 줄인다는 뜻. 편지 끝에 상투적으로 쓰는 말. 예문 餘非書簡可旣 漏萬 姑此不宣 下亮 〔황기천黃基天, 39-185〕

누문縷聞　　자세하게 들음. 예문 縷聞兄以此設難於完席 〔최명길崔鳴吉, 000〕

누민累民　　귀양 가 있는 사람이 고을의 수령에게 자신을 겸손하게 칭하는 말. 예문 累民 病狀轉萎 殊不自力 奈何奈何 〔윤치영尹致英, 31-79〕

누비縷飛　　누비. 두 겹 천 사이에 솜을 넣고 줄이 죽죽 지게 바느질한 물건. 예문 縷飛黑靴壹却 薏苡貳升 淸貳升 〔이진검李眞儉, 7-207〕

누소累所　　유배지. 예문 聞圭復公家屬 皆來累所 無已太遽耶 公謂之何 〔최산두崔山斗, 9-110〕 → 적막지빈寂莫之濱, 택반澤畔

누인累人　　귀양살이하는 사람. 예문 累人海島經歲 愁緒難抑 況以宿眩之瘴癘 添加 苦悶何言 〔황기천黃基天, 39-185〕

누인纍人　　귀양살이하는 사람. 예문 纍人思親悼亡 心肝催腐 只形殼僅存耳 〔민진원閔鎭遠, 23-197〕

누적漏籍　　호적戶籍에서 이름이 누락됨. 예문 就告 咸陽居奴禿灘等被誣 方逮晉州獄 而今聞將被漏籍之罪 此非其罪 略具小紙 以呈 幸望下覽 而寬宥俾無呼冤 如何如何 〔신익상申翼相, 25-42〕

누족累足　　발을 포갬. 두려워 조심하는 모양. 예문 遼陽已爲賊所 天下事可知

朝夕處堂之燕 其有何況 秖自累足 〔이호민李好閔, 45-251〕 → 중족重足

누척纍戚　귀양 가 있는 인척. 발신인이 귀양 가 있기 때문에 '누纍, 인척이 되기 때문에 '척'戚을 씀. 예문 癸臘十八 纍戚 宜顯 〔이의현李宜顯, 23-201〕

누치漏巵　새는 잔. 고생만 한 채 아무런 효과가 없다는 말. 예문 重嬰寒感 僅僅回甦 而前症復發 灌注桂附 殆若漏巵 房闥起居 亦須於人 悶何可言 〔한장석韓章錫, 41-192〕

눈서嫩暑　약한 더위. 초여름 더위를 말함. 예문 嫩暑已能醉人 遠惟辰下 兄靜履萬安 〔이병연李秉淵, 47-176〕

늑열扐熱　윤달의 더위. 예문 伏候扐熱 端居動引 味道凝重 二舍趨庭 服習詩禮 日與○帷益友益復磨光 將就於高明廣大之域否 〔이용락李龍洛, 000〕

늑월扐月　윤달. 『주역』周易 「계사상전」繫辭上傳 제9장에서 시초점을 치는 과정을 설명하면서 "넷씩 세어 사시四時를 상징하고 남은 것을 늑扐(손가락 사이에 시초를 끼움)에 돌려 윤달을 상징한다"(揲之以四 以象四時 歸奇於扐 以象閏)라고 했다. 예문 甲申扐月卄二日 記下 綺老 拜謝 〔송기로宋綺老, 31-138〕

늠름凜凜　오한이 든 모양. 예문 日來起居增福 瞻望戀溯 弟强疾行動 觸暑添劇 歸棲委臥 凜凜難支 奈何奈何 〔민정중閔鼎重, 3-129〕

늠철凜綴　노년老年에 겨우 목숨을 부지하며 지냄. '늠凜'은 '차갑고 쓸쓸하다'는 뜻에서 노년을 가리킴. 예문 世下重省 長時凜綴 戀悶戀悶 〔이정직李貞稙, 31-145〕

능거凌遽　시간이 짧음. 급함. 예문 日前奉晤 尙恨凌遽未穩 卽承崇牘 稍慰未罄之餘 〔서유구徐有榘, 21(智)-214〕 | 餘因入京便 凌遽艸謝 不旣 伏惟台照 狀上 〔이덕수李德壽, 21(禮)-398〕

능긍凌兢　매우 추운 모양. 예문 歲徂矣 風雪凌兢 想北地較更寒也 〔정인표鄭寅杓, 35-113〕

능답陵踏　멋대로 처리함. 무시하고 능멸함. 예문 此非死病 故不藥不針 只是付諸造化兒 任其陵踏而已 〔황현黃玹, 37-33〕

능상후凌霜侯　서리 맞은 감. 예문 寄餉六十柹 古所謂凌霜侯也 卽令人心目爲快 而美味入唇 胸膈開爽 亦可謂淸涼散也 物意俱珍 珍感無量 〔홍직필洪直弼, 11-238〕

능이陵夷　허물어짐. 예문 從高祖父母墳墓 當初封域旣小 陵夷尤極 僅存基址 〔미상, 41-82〕

ㄷ

다관茶罐　　찻주전자. 예문 林先達許麵筒 安祥煥之茶罐貿木 並卽圖 無使前緩可耳〔김정희金正喜, 33-21〕

다구多口　　구설수口舌數. 예문 棄官之計 亦何定易 且醴泉旣如此 今又如此 一牽之人 一時投紱 恐惹多口 少遲看勢 似無妨也〔유성룡柳成龍, 48-37〕

다단多端　　여러 가지 일로 바쁨. 예문 一晋之意 有已久矣 掣碍多端 尙今稽緩 雖無來汝之敎 當於日間進晤矣〔정재함鄭在咸, 41-45〕

다상多相　　평안함. '상'相은 신의 도움이라는 뜻. 예문 喜鵲朝鳴 華札鼎及 憑審炎雨 令候多相 仰慰十分〔김중일金重鎰, 49-260〕

다소多少　　많음. 여러모로. 예문 雪中臥床 病思悄然 令翰忽枉 驚慰何量 多少情語 悅如捉膝細討 尤可喜也〔송규렴宋奎濂, 22-175〕

다식茶食　　유밀과油蜜果의 한 가지. 녹말·송화·밤·검은깨 등의 가루를 꿀에 반죽하여 다식판에 찍어 낸다. 예문 下惠橡實茶食 寔出眷念 伏感 無以仰謝〔서명균徐命均, 47-169〕

단單　　단자單子. 사람의 명단이나 물건의 목록. 예문 況是祠是禮之在於是時 公而爲吉祥 私而爲榮幸 各派子孫進不進 皆令捧單 尤何可息偃〔정조正祖, 26-19〕

단端　　포백布帛(베와 비단)의 길이 단위. 정확한 길이에 대해서는 여러 가지 설이 있으나 대체로 포백척布帛尺 20척이 1단이 된다. 예문 惠送一端布五十簡 無非緊品 感謝不翅百千耳〔홍우창洪祐昌, 41-23〕

단골리丹骨吏　　관리와 오랫동안 신용을 쌓아 행정상의 자문이나 심부름을 해주던 서리. 예문 第見丹骨吏告目 則忌患頗有云 果爾則行止極涉狼狽 闕外近處 如有淨地 則肅謝後 觀勢下來 似爲便宜 伏望詳細探問於親切處 指示何如 〔장진張璡, 000〕

단괄袒括　소렴小殮 전 상제의 복장으로, 왼쪽 어깨를 드러내고 머리를 묶는 것. 예문 內從權生員 生員本生大孝 袒括前 〔조형규趙炯奎, 40-328〕(봉투)

단구丹丘　충청도 단양丹陽. 예문 丹丘新倅 想已莅任 恨無由一面也 〔임방任埅, 23-151〕

단기斷棄　관계를 끊고 돌보지 않음. 예문 重觸一家人之怒 故旣已斷棄之後 猶肆胡叫 流言溢世 指無爲有 喚毫爲山 夫市虎曾殺 尙信於三至 則況孤哀何以自脫於衆口哉 〔윤순거尹舜擧, 22-119〕

단기短氣　실망시킴. 예문 大慶之餘 孼亦隨之 天意人事有不可測者如是 寧不爲之短氣 吾兩家俱罹此禍 亦極怪底事也 〔윤근수尹根壽, 22-51〕

단노單奴　하나뿐인 노비. 예문 單奴爲牛觸傷臥 一月廢農 無應門之童 玆以益山奔哭 尙未成情禮 〔강학년姜鶴年, 21(義)-250〕

단독丹毒　피부의 헌데나 다친 곳으로 세균이 들어가서 열이 높아지고 얼굴이 붉어지며 붓게 되어 종창, 동통을 일으키는 병. 예문 鄙狀經丹毒 面浮方痛 右臂惡瘡 支吾不得 〔유도성柳道性, 40-186〕

단망斷望　절망絶望. 예문 葛菴復爵之命 及於三十年斷望之餘 可謂九地一陽 而輞川金正言喪事 出於夢寐外 公私之痛 曷可勝言 〔이시성李時成, 32-9〕

단선團旋　힘을 모아 주선함. 예문 至於封君 則例有追贈之事云 尤恨其不得團旋也 〔유경하柳經河, 027〕

단송斷送　시간을 헛되이 보냄. 예문 閉戶吟病 斷送三春 瞻戀之懷 一味難堪 卽承令手滋 足當奉晤 〔홍명하洪命夏, 44-155〕

단수斷手　일을 완성하다. 일을 마치다. 예문 賢胤所患 今則如何 兄家刻役 何間當斷手耶 〔이홍연李弘淵, 47-37〕

단숙端肅　편지 끝에 써서 공경을 표하는 말.『성호사설』星湖僿說 22권「경사문」經史門 〈단배〉端拜에 "홍무洪武 3년 조서詔書에, 요즘 서차書箚에 흔하게 돈수頓首·재배再拜·백배百拜라고 칭하는데, 모두 실제로 하는 것이 아니니, 의식을 정하여 사람들에게 준수하도록 하라고 하였다. 이에 예부禮部에서 의논하여,

무릇 윗사람에게 편지를 쓸 때는 '단숙봉서'端肅奉書라 하고, 답서에는 '단숙봉복' 端肅奉復이라 칭한다고 정하였다"(洪武三年詔 今人於書箚 多稱頓首再拜百拜 皆 非實 其定爲儀式 令人遵守 於是禮部定議 凡致書於尊者 稱端肅奉書 答箚稱端肅 奉復云云)는 기록이 있다. 예문 乙未二月卄四 損弟 秉休 端肅 〔이병휴李秉休, 44-95〕

단양端陽　　5월. 예문 端陽七日 希逸 〔조희일趙希逸, 4-86〕

단원團員　　화목함. 즐거움. 원만히 끝냄. 예문 只祝煙雲無恙 行事團員 而無物 將意 敬以一語奉贈 〔김정희金正喜, 31-68〕

단원團圓　　단란한 모임. 예문 吾行卜晴 當發午間 須做團圓 〔이지정李志定, 051〕

단인端人　　정正·종從8품 문무관의 아내에게 주던 외명부의 품계. 예문 德門 不幸 賢閤婦人端人 遽至不淑 承實以來 驚悼之秋 尙不能自已 〔이재락李在洛, 40-272〕

단자單刺　　명함. 예문 單刺 姑爲留此 累度詳見後 還呈爲計 〔이분李蕡, 32-4〕

단자單字　　단자單子. 사람의 명단이나 물건의 목록. 예문 單辭 此漢昏到曉還 老眼緣此 未得詳見 然以大志言之 則亦似不關 幸望各處所送單字 姑爲停止 如何 如何 〔이분李蕡, 32-5〕 → 단單

단적端的　　확실함. 예문 新春深思一者奉敍 方伯卽有先聲云 而未知端的 臨 期當更馳報 但聞方伯遭服 有妨行樂 可嘆 〔고경명高敬命, 3-33〕

단증丹症　　피부의 헌데나 다친 곳으로 세균이 들어가서 열이 높아지고 얼굴 이 붉어지며 붓게 되어 종창, 동통을 일으키는 병. 풍단風丹. 예문 外從依舊是病蟄 者 何況可道耶 眘口免頉 而外孫以丹症 幾乎失手 而今才得生道耳 〔김건영金建永, 40-48〕 → 단독丹毒

단찰短札　　자기 편지에 대한 겸칭. 촌간寸簡, 촌찰寸札. 예문 伏問涼冷 令候 何如 數日前 修上短札 未知入覽 〔조속趙涑, 22-109〕

단첨短簷　　작은 집. 예문 且廊患彌延 再次出寓隣村 短簷畏畏 難堪之端 非 一二 悶惱奈何 〔윤봉구尹鳳九, 6-209〕

단혈지모丹穴之毛　　상대방 아들의 훌륭한 자질을 가리키는 말. 고대 전설 속의 산인 단혈에 사는 봉황. 『산해경』山海經 「남산경」南山經에 "단혈지산丹穴之 山에 모습이 닭과 비슷하고 오채五采에 무늬가 있는 새가 사는데, 봉황이라 한다" 라는 구절이 있다. 예문 允郎留床幾日 第其丰姿雅儀 看看奇愛 可認其鄧林之材 丹 穴之毛 而但其劣嬌之儱侗蔑敎 竊愧爲其對稱 〔유교희柳敎熙, 40-182〕

단회團會　　헤어졌던 친척이 단란하게 모임. 예문 鐔窮陋病屛 無足仰喩 適此來城 從孫女亦歸寧團會 慰幸可言〔신심申鐔, 21(禮)-340〕

달명達命　　오래 사는 운수. 예문 貞齋達命 不獨八十五歲 定州翁 兄勿慮焉〔신광수申光洙, 21(智)-136〕

달소達宵　　밤새도록. 예문 弟冒寒往還 達宵呻痛 子婦之病 又爲添虛 愁憫愁憫〔유도원柳道源, 32-151〕

달제獺祭　　수달이 잡은 물고기를 제물처럼 늘어놓는 것을 이르는 말. 『예기』禮記 「월령」月令에 1월에는 "수달이 물고기로 제사지낸다"(獺祭魚)는 내용이 나온다. 주로 하찮은 미물도 자연의 이치를 따르는 것의 예, 혹은 어떤 것을 나란히 늘어놓는 모양의 비유로 쓰인다. 예문 但從事此學者 只以論辨性命理氣 左右鱗次 如獺祭之魚 都無實得於己 便以爲至 而世亦從而大之〔이기정李基定, 40-222〕

담각擔閣　　외면함. 또는 제쳐 둠. 예문 向來 汨於劇務 擔閣人事 久闕記府之問 伏歎伏歎〔이인엽李寅燁, 10-16〕

담격痰隔　　가래가 막힘. 가래와 조기燥氣가 중초中焦에 막혀서 두통과 헛구역질이 나는 증상. 예문 伏詢視篆氣體候 以痰隔之崇湏洞 父行所以爲遲緩 雖在小減之後 尙伏切區區伏慮之忱〔이중건李中建, 44-84〕

담내覃內　　집안 식구. 예문 謹春寒侍候淸旺 覃內均適 仰溱區區 無任且禱〔이치억李致億, 42-74〕→ 가권家眷, 가루家累, 가소家小, 곤비梱庇, 권구眷口, 권비眷庇, 권집眷集, 권취眷聚, 담비覃庇, 보권寶婘, 보권寶眷, 보담寶潭, 보담寶覃, 비내庇內, 비담庇覃, 비의庇儀, 비절庇節, 비하절庇下節, 제권諸眷, 제솔諸率, 혼권渾眷

담락湛樂　　화목하고 즐겁게 지냄. 『시경』詩經 「소아」小雅 〈북산〉北山에 "어떤 이는 즐겁게 술을 마시지만, 어떤 이는 근심스레 벌을 두려워하네"(或湛樂飮酒 或慘慘畏咎)라는 구절이 있다. 예문 胤君見訪 詢伏審午熱 調體寢膳萬護 幃幔湛樂之外 時與橘中老伴 手談消日 可驗精力之彌健〔이상룡李相龍, 40-244〕

담비覃庇　　집안 식구. 예문 未審忢辰 靜養艮和泰 玉胤充完 覃庇幷慶〔김건영金建永, 40-48〕

담사禫祀　　상을 당한 후 27개월 만에 대상大祥을 치르고 그 다음다음 달 하순의 정일丁日이나 해일亥日에 지내는 제사. 담제禫祭. 예문 伻來承惠書 審月初已經尊先妣夫人禫祀 何光陰不爲孝子而留連也〔김희봉金熙琫, 40-122〕

담월禫月　　담제禫祭를 지내는 달. 예문 禫月卽今月 汝兄當以初丁卽吉 汝等亦 當依此順變耶 〔이관징李觀徵, 13-101〕

담절覃節　　집안의 안부. 예문 伏拜審秋雨支離 侍體連護万裕 覃節勻諡 慰副 頌禱 〔민영환閔泳煥, 22-361〕 → 합리閤履, 합의閤儀, 합절閤節, 합황閤況, 합후閤候, 혼리渾履, 혼위渾衛, 혼절渾節, 혼황渾況

담중湛重　　화목하게 잘 지냄. 예문 伏請寒冱 體上棣候 一直湛重 恒切溸念 〔송하섭宋夏燮, 37-84〕

담지군擔持軍　　가마나 상여를 메는 사람. 예문 忠槐兩邑擔持軍 乞須預爲分付 〔김신국金藎國, 39-47〕

담천痰喘　　가래와 천식. 예문 記末痰喘宿病 近益沈劇 涔涔床簀 憫憐奈何 〔원경하元景夏, 6-212〕

답인踏印　　도장을 찍음. 예문 紬端踏印 裵以布帒而縫之 着圖書耳 〔이정영李正英, 7-213〕

답청일踏靑日　　답청하는 날. 대체로 청명절인 3월 3일을 가리킨다. '답청'은 청명절 전후에 들녘을 거닐며 즐기던 풍습. 예문 餘留奉一 姑不宣 謹拜狀 踏靑日 士逸 〔김반金槃, 22-99〕

답통答通　　답장을 써서 알림. 예문 示意備悉 所謂罪犯倫紀者 亦必詳聞 使渠無辭 然後可以添入於緘答中耳 兄須深思爲之如何 弟等當觀兄之緘答 以爲答通於刑曹矣 〔황신黃愼, 22-73〕

당倘　　~해 주시기 바랍니다. 혹시 ~해 주시겠습니까. 조심스러운 바람 또는 청유의 뜻을 나타냄. 예문 顧此衰極路脩 未克身造腔賀 繼聆得緖論 以袪鄙吝之萌 悵且主臣 倘海恕耶 〔정운오鄭雲五, 37-141〕

당과當窠　　적당한 벼슬자리. 예문 近況珍迪 當窠適難 甄復尙遲 悶甚 〔정조正祖, 26-27〕

당구堂構　　집터를 닦고 집을 짓는다는 뜻으로, 조상의 유업을 이어받음을 이르는 말. 긍구긍당肯構肯堂. 『서경』書經 「대고」大誥에 "아버지가 집을 설계해 놓았는데, 그 아들이 집터도 닦으려고 하지 않는다면 건물을 완공할 수 있겠는가"(若考作室 旣底法 厥子乃弗肯堂 矧肯構)라는 구절에서 유래함. 예문 幸取文元公所從事之書 熟讀精思 躬行而力踐之 則自應紹明先知 嗣聞斯道 不獨爲堂構之肯而已也

〔홍직필洪直弼, 11-236〕

당귀當歸　승검초의 뿌리로 보혈補血이나 활혈活血에 쓰이는 약재. 예문 鄙生自少服藥 當歸等材 亦難繼用 未可留念以助耶 〔미상, 027〕

당내堂內　같은 성씨를 가진 팔촌 안에 드는 일가. 당내친堂內親. 예문 堂內喪威 令人惻惻 且葬期不遠 當寒凡百 實所悶慮處 〔권준희權準羲, 40-44〕

당로當路　권력자. 요직에 앉아서 권세를 가진 사람. 예문 答以向來當路有不快之者 今則未聞有所云云 〔홍서봉洪瑞鳳, 051〕

당모堂母　당숙모. 예문 服弟前月念間 遭堂母喪 日昨剛柔纔畢 一倍情思非不自已 〔유동시柳東蓍, 40-188〕

당상堂上　상대방의 부모를 가리키는 말. 예문 恪審旱潦 堂上動止以時萬衛 省棣履湛樂 〔이병승李秉昇, 027〕

당색搪塞　어물어물 넘김. 예문 所謂中荒租者 摠是不用之物 閉庫不用 苟有餘儲 吾豈敢搪塞至此乎 〔이로李魯, 12-176〕

당성唐城　경기도 남양南陽. 예문 唐城 牙下侍史 〔최천건崔天健, 5-202(봉투)〕

당역唐疫　홍역紅疫. 예문 諸處姑安 而嫂氏往仁鄕 尙未還家 京中所謂唐疫漸漸熾盛 雖不還家 亦非失計 〔이서곤李瑞坤, 10-92〕

당위堂幃　상대방의 부모를 가리키는 말. 예문 且審至候 堂幃體事 對序萬祉 省棣做味日茂 庇致勻吉 尤何等慰仰區區 〔김도화金道和, 40-56〕

당음棠蔭　관찰사. 주周나라의 소백召伯이 문왕文王의 교화를 펼치며 지방을 순행巡行할 때 감당甘棠나무 아래에서 머물며 쉬었다는 고사에서 관찰사를 가리키게 되었다. 『시경』詩經「소남」召南〈감당〉甘棠에 "무성한 감당나무를 자르지 말고 꺾지 말라. 소백께서 쉬어가신 곳이니라"(蔽芾甘棠 勿翦勿敗 召伯所憩)라는 내용이 있다. 예문 鷄黍近局 已有大好夬活底意 農丈人村夫子 何修而致之 是棠蔭福庇耳 〔김정희金正喜, 33-61〕 → 도백道伯, 도신道臣, 도주道主, 사가使家, 사상使相, 순가巡家, 순사巡使

당전唐牋　중국산 편지지. 예문 前數日供縣人傳致 今十月二十三 十一月五日 所寄兩書幷樑頌 而無封皮 唐牋片片破碎 而脫去初面一行 欲詰其由 則其人畏罪不現 蓋以五日京兆故耳 〔전식全湜, 45-308〕

당주唐朱　중국산 주사朱砂. 예문 唐朱艱得少許送贈 而但恐或不足矣 〔이지백

李之栢, 027〕

당차堂箚　　옥당玉堂(홍문관의 별칭)에서 올린 차자箚子. 예문 堂箚批答 今旣見之 第未知令原箚語意如何 切欲見耳 〔홍서봉洪瑞鳳, 4-55〕

당청지唐青紙　　중국산 청색 종이. 예문 唐青紙五片 送於祿兒 二丈則給祉兒可也 前所送小硯 傳之耶 〔이관징李觀徵, 13-98〕

당하堂下　　상대방의 부모를 가리키는 말. 예문 所送至薄 不可謂物 只表情而已 幸進于堂下如何 〔윤근수尹根壽, 22-51〕

당함堂咸　　당질. 예문 堂咸棘人亦何以支保 〔권도權度, 027〕

당헌棠軒　　관찰사가 있는 감영. 당棠은 소백召伯이 순행할 때 감당甘棠나무 아래서 쉬어 가며 어진 정치를 펼쳤다는 고사에 따라, 관찰사를 가리킨다. 예문 海伯 棠軒記室 〔신계화申啓華, 21(禮)-260(봉투)〕

당형堂兄　　팔촌 이내의 형. 예문 但去月堂兄慘制 已極痛怛耳 〔강필姜泌, 40-22〕

당혜唐鞋　　중국식 가죽신. 예문 黃筆 卅柄 眞墨 十笏 唐鞋 一部 〔정조正祖, 26-51〕

당호唐毫　　중국 붓. 예문 簡筆十柄 唐毫二枝 南草壹斤 伴送耳 〔조윤형曺允亨, 22-281〕

대對　　쌍. 수량을 세는 단위. 예문 鹿茸 三對 〔정조正祖, 26-17〕

대臺　　대관臺官. 사헌부 관리. 예문 俞臺銛鋒 忽及於野外靜蟄之人 世路之危險 已知其日甚一日 而弋者猶欲簒冥冥之鴻 亦復奈何 〔윤양래尹陽來, 6-178〕

대가大哥　　주로 동년배에 대한 존칭. 예문 大哥魁元 賀不容口 〔권상하權尙夏, 052〕

대각臺閣　　사헌부司憲府와 사간원司諫院의 병칭. 예문 單馳詣闕下 入侍爭論 實是古者臺閣之風彩 〔유응부兪應孚, 22-15〕

대간臺諫　　간언을 담당한 관리. 예문 臺諫論啓松翁 四上乃停 未知松翁因此辭退耶 逾增耿耿耳 〔이의건李義健, 3-29〕

대계臺啓　　사헌부와 사간원에서 임금에게 올리는 글. 예문 臺啓未停 至今遲待於東郊 悶縮尤不可言 〔김만중金萬重, 44-308〕

대관臺官　　사헌부의 대사헌 이하 지평까지의 관직. 예문 論啓臺官 遭譴遞職 被參之人 復叨其職 決無是理 〔여성제呂聖齊, 5-100〕 → 대臺

대관령大關嶺　　큰 고비. 예문 第是新兒經痘 此固小兒之大關嶺 若因此善爲

保食 得有成立 則實爲兄家莫大之慶 知舊之賀祝 誠不淺淺 〔박태관朴泰觀, 49-268〕

대괴大魁　　장원급제함.　예문 鳳九舍姪小科 堂姪小捷大魁 衰門大慶 私幸何已 〔윤봉구尹鳳九, 6-90〕

대구大口　　대구. 생선 이름.　예문 俯惠大口 仰認不遺之厚 珍謝萬萬 〔이로李潞, 29-32〕

대귀大歸　　벼슬을 그만두고 은퇴하여 고향으로 돌아감.　예문 伯氏兄居土 不須爲歎 而旣已大歸 又未免還歸官次 塊處空衙 想少興味 是可慮念 〔민종도閔宗道, 44-242〕 → 부귀賦歸, 해귀解歸

대기大忌　　큰 제사. 부모의 제사.　예문 盖家間大忌 在開月卄六 欲於其前往返 玆望旬間有以踐約 然則鄙亦當於初五日發行爲計 〔박세채朴世采, 3-146〕

대기大朞　　큰 제사. 부모의 제사.　예문 月前奄過令叔母族大母大朞 在遠親愛之慟 何以堪遣 〔김정섭金鼎燮, 40-86〕

대도大都　　대개. 대체로.　예문 大都一日之間 何時非思兄時 而獨於天晴月朗 望空無涯之際 意若有人 飄然而來 欣然而笑 而風過樹搖 竟夜寂然 此時尤無以爲懷也 〔김문옥金文鈺, 41-105〕

대동색大同色　　대동색리大同色吏. 대동청大同廳에 소속된 아전.　예문 此去牌字 令其處奴 卽傳于工房及大同色 亦如何 〔남천한南天漢, 32-139〕

대령지남大嶺之南　　영남.　예문 大嶺之南 是家從祖平生欲居之地 自童子日稔聞敎詔 故夙昔欽仰 有倍他人 〔이삼환李森煥, 44-100〕

대론臺論　　대간臺諫의 논의.　예문 昨見臺論 良可嘆慨 吾輩非不知許之有此短 而第其所長 乃千百人所難及 今世之人 何可輕之 可恨 〔미상, 027〕

대료大僚　　삼정승三政丞.　예문 敎意謹悉 若赴籌司之坐 謹當稟議於大僚而圖之 第自上每以久任爲重 雖有陳白 恐難動聽 是慮是慮 〔송인명宋寅明, 21(禮)-64〕

대루待漏　　시간을 기다림. '누漏'는 물시계로, 시각을 뜻한다.　예문 弟役役於待漏之役 緬想於鈴齋淸便 秖切健羨而已 〔김만기金萬基, 23-141〕

대리對吏　　혐의가 있어 심문을 받음.　예문 令季對吏之厄 不知所以爲唁 〔유봉휘柳鳳輝, 21(禮)-314〕

대리對履　　계절 안부. 대對는 대시對時, 대서對序의 뜻.　예문 前托稱念 亦蒙採施 多謝不遺 餘希對履益愆 不宣 〔윤유尹游, 31-34〕

대명大命　　죽음. 수명. 예문 第凶年不可說也 無論京鄕 大命近止 亦將奈下 吾强不支 汝弱奚恃者 眞是準備語也 〔홍낙민洪樂敏, 44-103〕

대모관자玳瑁冠子　　바다거북의 등껍질인 대모로 만든 관자. 관자冠子는 원래 관자貫子인데, 망건 좌우에 달린 당줄을 거는 작은 고리이다. 예문 今有玳瑁冠子二雙 價文各八戔 此是難得之物 〔김낙세金洛世, 40-50〕

대모주大母主　　할머니. '주'主는 일가의 손위 유복친有服親을 지칭하는 말 뒤에 붙여 존경을 표하는 접미사. 예문 伏未審伊來 大母主氣體候 一向萬安 侍省兩分氣候萬安 外他家間凡節一如前日 〔이정식李庭植, 32-62〕

대무大無　　혹심한 흉년. 예문 弟置此大無 猝當吏役 手生政梗 觸事憒憒 殆無一分佳緖 却羨兄能脫苦海 好赴綺羅叢中 今見兄示 反以弟爲可羨 而至比於天壤 此正諺所謂 汝物頗大也 好笑好笑 〔윤헌주尹憲柱, 22-229〕

대방大方　　식견이 높은 전문가. 예문 雖曰樂此不疲 其爲見笑於大方 誠不些 還可呵也 〔정조正祖, 19-39〕

대병帶病　　병을 몸에 지님. 예문 伏惟寒天 令政履萬福 仰溯區區 弟帶病隨逐 憒憒依昔耳 〔이헌李巚, 5-104〕

대보代步　　수레나 말과 같이 걷는 것을 대신하는 탈것. 예문 再昨竟夕相待 終無跫音 悵然之極 反以爲訝矣 卽得華札 始知以不得代步致然 可歎 〔이광사李匡師, 48-133〕

대부인大夫人　　상대방의 어머니를 높여 이르는 말. 예문 大夫人今在何地 而氣候如何 〔윤근수尹根壽, 22-51〕

대부장大府丈　　상대방의 아버지를 높여 이르는 말. 예문 大府丈求迪不得 想多悶惱矣 〔이성중李成中, 21(智)-44〕 → 대영감大令監, 대정大庭, 존부尊府, 존정尊庭, 춘당春堂, 춘부春府, 춘부존春府尊

대부주大父主　　할아버지. '주'主는 항렬이 높은 일가 유복친一家有服親을 지칭하는 말 뒤에 붙여 존경을 표하는 접미사. 예문 子大父主兩代分氣候 幸免大添 而惟是用度益艱 甘旨不能稱情 是用伏悶 〔이중린李中麟, 40-286〕 → 왕부王父

대사大事　　큰일. 주로 장례葬禮를 의미하는 말로 많이 쓰인다. 예문 永窆則當在於至月旬間 造墓軍 淸槐及淸安三邑 從優分定 俾完大事 如何 〔김신국金藎國, 39-47〕

대사大使　　상대방의 심부름꾼을 가리키는 말. 예문 唯願行春益勝 以濟飢困 之蒼生 長興乃幷州之鄕 其處士人相識者 甚少 倩大使二字安否 生光大矣 〔심동구沈東龜, 3-99〕

대사大士　　벼슬이 없는 학자를 높여 부르는 말. 주로 젊은 선비에게 사용한다. 예문 金大士 淸案 〔박태관朴泰觀, 49-268(봉투)〕 → 대아大雅, 아사雅士, 석사碩士

대서對序　　이 계절에. 예문 春日向暄 伏惟此時 巡體起居 對序益珍 伏不任傃慰之至 〔이인소李寅熽, 5-116〕 → 대시對時, 약서若序

대석인大碩人　　상대방의 어머니를 높여 부르는 말. 예문 伏審大碩人氣候康安 兄起居有相 尤慰尤慰 〔유장원柳長源, 32-149〕 → 태석인太碩人

대성戴星　　'대성이귀'戴星而歸의 준말로, 객지에서 상을 당하여 별을 머리에 이고 밤낮없이 돌아간다는 의미. 예문 棘人之戴星 尤是人理所極 令人氣短 〔미상, 027〕

대소臺疏　　대간臺諫이 올린 상소. 예문 新元伏惟侍奉萬安 臺疏醜詆 誠是意外 可勝驚慨 想令必有自處之擧 〔이언강李彦綱, 5-134〕

대쇄大殺　　큰 흉년이 듦. 예문 近欲趁秋涼 爲投劾引歸之計 而旱水之極 歲將大殺 因此或不無作戱之事 是可慮也 〔홍우원洪宇遠, 44-331〕 → 검년儉年, 검세儉歲, 겸년歉年, 고겸告歉, 기세饑歲, 비무備無, 세겸歲儉, 세겸歲歉, 세쇄歲殺, 쇄세殺歲, 실임失稔, 황세荒歲, 황소荒騷, 흉겸凶歉, 흉황凶荒

대시對時　　이때에. 이 계절에. 예문 餘伏希 體候對時益護 姑不備 〔정상순鄭尙淳, 21(智)-108〕 → 대서對序, 약서若序

대실對悉　　만나서 이야기함. 예문 寧守事都留 二十六對悉 〔김종후金鍾厚, 23-239〕

대아大牙　　깃대 끝을 상아로 장식한 큰 깃발. 군대 지휘관의 깃발이었으나 흔히 수령을 지칭하는 말로 쓰임. 예문 坡州大牙 下史 〔이세필李世弼, 21(禮)-190(봉투)〕

대아大衙　　지방 수령으로 나가 있는 이를 가리킴. 예문 大衙二音 間復承聞 〔이만인李晩寅, 027〕

대아大雅　　관직이 없는 젊은 학자를 일컬음. 예문 沙汀 鄭 大雅 侍案回納 〔오희상吳熙常, 22-305(봉투)〕 → 대사大士, 석사碩士, 아사雅士

대아사大牙史　　관아의 하리下吏. 편지 봉투에 수신자의 이름을 직접 쓰면 실레이므로 수신자의 아랫사람을 지칭함으로써 상대방을 높일 때 쓰인다. 예문 世兄 謝狀上 順天 大牙史 〔미상, 49-366(봉투)〕 → 아사衙史, 아하衙下, 아하牙下, 아하사牙下史, 아하시사牙下侍史

대악碓樂   백결선생百結先生의 방아 음악. 『신증동국여지승람』新增東國輿地勝覽「경주부」慶州府에 신라 자비왕慈悲王 때 백결선생이 집이 몹시 가난하여 세말歲末에 찧을 곡식조차 없어 아내가 푸념하자 "죽고 사는 것은 명명에 달린 것이고, 부와 귀는 하늘에 달린 것인데, 당신은 어찌 상심하는가?" 하고는 거문고를 타서 방아 소리를 내어 아내를 위로하였다는 이야기가 전한다. 예문 歲暮寒作 伏惟令候淸謐 紙牕爐火 長吟百結先生碓樂 寒苦有餘 亦有一況 〔이호민李好閔, 45-257〕

대양對揚   명령을 받들어 그 뜻을 널리 펼침. 예문 嚴飭之下 未知何以對揚 預用憧憧 〔이인철李仁轍, 31-118〕

대여大轝   상여. 예문 此處所備之物 皆可用 勿以爲慮 大轝竹格雉帳 亦造 嫂氏以此爲念 故別及之耳 〔김성일金誠一, 12-145〕

대영감大令監   편지 수신자의 아버지를 높여 부르는 말. 예문 ○少饌 幷備大令監病中一嘗 台前亦當隨後一見情也 〔박의朴漪, 21(義)-290〕 → 대부장大府丈, 대정大庭, 존부尊府, 존정尊庭, 춘당春堂, 춘부春府

대오對晤   직접 만남. 예문 卽到金川 伏承耑○惠書 從審新春 令起居萬相 如得對晤 慰倒何言 〔이관징李觀徵, 5-64〕

대유大有   풍년豊年. 『주역』周易의 〈대유괘〉大有卦는 성대하고 풍요함을 상징한다. 예문 不意寵札來墜 就審句履 定省餘萬相 農占爲大有 塤篪湛樂 嘯詠多暇 方知刺史之榮 遙擧手頌賀不盡 〔김이양金履陽, 29-27〕 → 낙세樂歲

대윤大胤   상대방의 맏아들. 예문 此去一書 以栗谷文集事 當傳於海州者 望付大胤 遞中俾得 受答以來 千萬迷兒近有所事 幸命數日間還歸亦望 〔박세채朴世采, 000〕

대이大異   대단히 뛰어남. 예문 渠姪雖無大異 而其才藝見識 爲門內之所倚重 〔박숙朴潚, 027〕

대인大仁   상대방에 대한 경칭. 예문 求禮杚亭 朴大仁暢鉉 殿 光陽西石 宋柱賢 謹候函 〔송주현宋柱賢, 37-82(봉투)〕

대작大昨   그제. 예문 大昨之奉 可喜 極熱何況 扇封領至也 〔정조正祖, 26-81〕

대작帶昨　예전 그대로임. 형편이 이전과 다름이 없음. 예문 記下省狀帶昨爲幸 〔이삼현李參鉉, 42-63〕

대절待切　판결을 기다림. 예문 且白 政院書吏洪晉雄 卽家親儷人 以上言事 因何方回啓 方見囚待切 而所坐不至深重 伏乞寬容 俾得仍存其任如何 〔이종성李宗城, 21〔禮〕-494〕

대정大庭　상대방의 아버지를 높여 부르는 말. 예문 公退何況 八家續呈之意 已關大庭之座 臨川南豊兩種 玆送去 須卽轉上爲可 〔정조正祖, 26-49〕 → 대부장大府丈, 대영감大令監, 존부尊府, 존정尊庭, 춘당春堂, 춘부春府

대정大政　12월에 실시하는 정기 인사. 6월에 실시하는 인사는 '소정'小政, 수시로 실시하는 인사는 '산정'散政이라 함. 예문 此眼鼻莫開於臨歲機務 大政又在再明 〔정조正祖, 26-69〕

대제大祭　종묘·사직에서 지내는 큰 제사. 예문 緦不祭 固是四時大祭之謂 非忌墓祭之云也 〔송준길宋浚吉, 15-189〕

대조大操　대규모 군사훈련. 예문 弟昨抵洪州 明行大操 留數日 入向安興 〔이경억李慶億, 051〕

대조大朝　국왕國王. 예문 大朝四月初十 將還漢都 〔이명준李命俊, 051〕

대조大棗　대추. 예문 薏苡大棗之惠 深佩深佩 但薄縣何以供此 知出厚意 謹祗領耳 〔유성룡柳成龍, 3-165〕

대직帶職　관직을 가짐. 예문 只是我國之制 自上不許遞 則無決歸之路 如近日張旅軒 初欲謝恩 便還 而淹留踰月 乞遞不得命 不獲已帶職徑去 此在此人則猶可 吾輩常調官 何可作此擧措 分義之所不敢也 苦苦奈何 〔정경세鄭經世, 45-406〕

대진待盡　죽기만을 기다림. 예문 世弟所苦 雖免於頃刻待盡之境 而尙此奄奄呻苦難堪 〔허극許極, 027〕

대천大闡　문과급제. 예문 胤君大闡 可謂希有之慶 不幾日之間 一門從兄弟次第登科 非但爲之者感祝萬萬而已 聞見之人 孰不致賀 〔남계우南啓宇, 21〔智〕-352〕

대초代草　대필시킴. 예문 統希令鑑 便忙筆凍 代草悚仄 謹上狀 〔김상헌金尙憲, 21〔義〕-34〕

대침大侵　큰 흉년. 예문 向以還穀之太多爲憂 至有作木之請 今則年事大侵 將欲取用於京中 故曾有作木姑徐之關 其已傳去否 〔이인엽李寅燁, 21〔禮〕-282〕

대탄臺彈　　대간臺諫의 탄핵. 예문 臺彈重發 竟至允從 深歎深歎 〔유득일兪得一, 5-144〕→ 대평臺抨

대토對討　　마주하여 이야기함. 예문 卽拜惠札 憑審和煦 侍餘學況佳勝 欣慰之極 足當一遭對討 〔김간金幹, 23-161〕

대통臺通　　사헌부司憲府와 사간원司諫院의 관원 후보자로 추천되는 일. 예문 臺通雖晩 可見公議之終不可泯 然一入苦海 自多憂惱 〔정광진鄭光震, 31-48〕

대패大霈　　임금이 은택恩澤을 크게 베풂. 예문 人至見書 知舊證尙未快 無任傾馳 但審書中 似未聞近日天恩大霈 盡滌存沒之冤云事 今想已聞矣 〔이황李滉, 11-167〕

대패大霈　　큰비. 예문 邸報蒙惠得見 而大霈只阻快山 其奈彼蒼何 〔최응천崔應天, 3-172〕

대평臺抨　　대간臺諫의 탄핵彈劾. 예문 意外臺抨 不任駑歎 〔목임일睦林一, 5-132〕→ 대탄臺彈

대하大何⁰¹　　큰 변고變故. 또는 죽음. 예문 弟兩庭近免大何 餘無見故 復何欲提 〔문창석文昌錫, 40-130〕

대하大何⁰²　　무거운 형벌. 원래 큰 꾸지람이라는 뜻. '하何'는 '가呵'의 뜻. 예문 適以自陷於大何 丈夫五十年 不能識行藏 眞成崔德符之罪人矣 憖痛奈何 〔정경세鄭經世, 45-415〕

대하帶下　　모든 식구들. 예문 日前惠然 尙用感荷 謹詢比熱體上萬旺 帶下均安 仰祝仰祝 〔심면택沈免澤, 41-161〕

대행조大行朝　　왕이나 왕후가 죽은 뒤 시호를 올리기 전의 칭호. 예문 七月十八日卽 大行朝晬辰 行酌獻禮 〔유진한柳進翰, 027〕

대혼大婚　　왕실王室의 혼인. 예문 嘉禮 今初六日 三揀已過 親迎以二十一日擇吉 科日退定於二十六日矣 汝之疥症如無慮 今十五日發程 趂大婚前 入闈可也 〔신좌모申佐模, 43-146〕

대혼지금大婚之禁　　왕실王室의 혼인인 대혼大婚에 따라 민간民間의 혼인을 금지함. 예문 就槀 大婚之禁 已許矣 世道日益危厲 人事亦復難知 令意果有意於弊家成親 先定聘幣之期 卜月日之吉 然後兩家之契彌堅 〔조석윤趙錫胤, 23-85〕

대화大化　　죽음. 예문 荊憂蒼黃六箇月 而忽此大化 悲疚故舍 大費餘貧家事

更無餘地 將何濟去也 〔권응정權應靖, 40-42〕

대효大孝　　상중에 있는 사람에게 편지를 보낼 때 봉투에 쓰는 표현. 예문 宋進士 大孝服次 〔정경세鄭經世, 22-75(봉투)〕

대후待候　　명령을 기다림. 예문 自令兄之入城 卽擬披晤 以敍積戀 而此身苦無暇 又待候於推鞫 不敢他適 尙未遂意 只於稠班 脉脉相望耳 〔미상, 45-320〕

덕기德器　　덕과 도량이 있는 훌륭한 인격. 예문 從於昔年 年沖居遠 雖不能頻侍薰炙 自幼猶能解起敬愛慕 竊伏見蒼古澹泊 儼然有古人風儀 粹盎和厚 靄然有君子德器 至今追惟 實有斯人 難再得之誦矣 〔이면우李勉愚, 7-157〕

덕리德履　　상대방의 안부를 높여 이르는 말. 예문 卽接啓伻 靠伏審層闈壽體候 果無大家損添 省下德履衛重 阻餘慰釋 不能自已 〔남계병南啓炳, 40-124〕

덕문德門　　덕 있는 집안. 상대방의 집안을 높여 이르는 말. 예문 塔洞事 實是僑友之不幸 豈但德門禍厄而已哉 痛矣惜矣 奈何奈何 〔유통원柳通源, 32-147〕

덕범德範　　상대방의 모습을 높여 이르는 말. 예문 獲奉尊下復札 披玩欣暢 宛如躬接德範 〔홍명구洪命龜, 027〕

덕음德音　　상대방 편지를 높여 이르는 말. 예문 此來關河脩阻 雖欲寄聲 亦無由 方以爲嘆 奉此德音 宛若對芝宇披素懷 慰釋不已不已 〔김성일金誠一, 3-24〕 → 괴함瑰緘, 권찰眷札, 금옥지음金玉之音, 내시來示02, 방함芳函, 방함芳械, 성함盛緘, 손독損牘, 수고手告, 수자手字, 수자手滋, 수함手緘, 숭찰崇札, 숭첩崇帖, 옥함玉緘, 외첩巍帖, 운함雲函, 위찰委札, 위첩委帖, 자자, 정신情訊, 청독淸牘, 청신淸信, 총문寵問, 총첩寵帖, 총한寵翰, 총함寵函, 탕찰遝札, 하문下問, 하장下狀, 하한下翰, 혜장惠狀, 혜한惠翰, 혜함惠函, 혜함惠械, 혜함惠緘, 화독華牘, 화한華翰, 화함華函

도叨　　외람됨. 관직을 받고 겸사로 쓰는 말. 예문 弟間關萬里 抵家卽病 蓋是積愆所祟 際又見叨極艱 承當無術 公私悶阨 不可名狀 〔이상황李相璜, 21(智)-212〕

도각都閣　　'(나머지 말은) 모두 미루고'라는 뜻으로 편지 끝에 상투적으로 쓰는 말. 예문 餘悤擾 都閣不備達 〔이희수李喜秀, 39-245〕

도개塗改　　잘못된 문장을 지우고 고쳐 씀. 예문 院記力疾草得 澁劣不成文字 可恨 覽後與諸君評訂 有未安處 一一指出塗改 庶免後人嗤點 〔이황李滉, 30-157〕

도계道啓　　감사가 올린 계문啓文. 예문 戚弟絶海經年 迄可言歸 而道啓勘罪

反爲沮□ 〔이원조李源祚, 027〕

도고塗稿　　되는 대로 마구 글을 씀. 자신이 쓴 편지의 문장을 겸손히 이르는 말. 예문 蘭窩向謂吾 尺牘不工 則不必寄 如欲工而後寄 則是無可寄之日 故聊此塗稿 然愈長則愈不工 不得不止 更希莞亮 〔황현黃玹, 37-32〕

도공逃空　　텅 빈 골짜기에 숨어 삶. 세상 소식을 듣지 못하고 고독하게 지내는 것을 비유하는 말. 『장자』莊子 「서무귀」徐無鬼에서 "텅 빈 골짜기에 숨어 사는 사람은 명아주와 콩잎이 족제비의 길마저 막고 있는 터라, 빈 골짜기에서 홀로 걷다 쉬다 하노라면, 다른 사람이 걸어오는 발자국 소리만 들어도 기뻐하는 법이다" (逃空虛者 藜藿柱乎鼪鼬之逕 踉位其空 聞人足音跫然而喜)라고 한 데서 유래함. 예문 此時倘蒙枉駕 豈但逃空跫然之喜而已耶 幸惟重於然諾 勿負山中鷄黍之約 則披襟討懷 輸寫肝膽 在此時焉 〔성혼成渾, 16-63〕

도관到官　　관직에 부임함. 예문 秋露丹臍之惠 到官之初 記存至此 深用感荷 〔조태채趙泰采, 47-143〕

도궤道几　　도학道學을 공부하는 사람. 예문 灘上 道几下 將命者 〔김태현金台鉉, 000(봉투)〕

도규刀圭　　약藥. 원래 약의 양을 헤아릴 때 쓰는 용기를 가리킨다. 예문 外甥旅食僅依而 失音漸痼 無異於啞 方日事刀圭 伏悶伏悶 〔이재정李在正, 027〕

도극圖隙　　짬을 냄. 예문 餘俟入城 圖隙一進 不宣 伏惟下照 謹候上狀 〔신광수申光洙, 21(智)-136〕 → 투극偸隙, 투한偸閒

도기到記　　도기의 출석 일수를 채운 성균관과 사학四學의 유생들에게 보이던 과거 시험. 본래 성균관 유생들이 출근하여 식당에 출입한 횟수를 적은 장부로, 아침 저녁 두 끼를 1도기로 하여 50도가 되면 과거 볼 자격을 얻게 되었다. 예문 到記 初七日設行 居首李元用(父鎬肅)之次金裕行(父元性) 直赴殿試 〔신좌모申佐模, 43-188〕

도도叨叨　　말이 많은 모양. 할 말이 많음. 예문 歷訪之示 拱竢 叨叨不具 〔이항복李恒福, 16-32〕

도도陶陶　　화락한 모양. 예문 仰惟尊體無損 晉節無警 爲樂且陶陶否 〔하용제河龍濟, 40-338〕

도독荼毒　　상을 당함. 원래는 고통스러운 재난을 가리킴. 씀바귀(荼)의 맛이 쓴 데서 나온 말. 『서경』書經 「탕고」湯誥에 "너희 천하의 백성들이 걸桀의 흉악한 해침을 당하여 견딜 수 없이 고통을 겪고 있다"(爾萬方百姓 罹其凶害 弗忍荼毒)라는 구절이 있다. 예문 不審自罹荼毒 氣力何如 伏乞强加饘粥 俯從禮制 〔신익륭申翊隆, 21(義)-297〕

도두到頭[01]　　바로 눈앞에 있음. 곧 닥침. 예문 但前試歛屈 怪訝則深 亦有後試 到頭 歛勉歛勉 〔이황李滉, 30-197〕

도두到頭[02]　　결국. 마침내. 예문 今日山家 不知此箇道理 只以盲喝瞎棒 到頭殺人 寧非大可悲憫 〔김정희金正喜, 33-126〕

도령공都令公　　미혼 남자를 높여서 이르는 말. 예문 頃日都令公來見 言及君事云 若暫歇 則不可不暫來卽還耳 〔미상, 16-106〕

도록都錄　　도목정사都目政事(정기 인사) 명단. 예문 朴別薦事 不勝柏悅 都錄送之 幸轉及 如何如何 〔이유원李裕元, 44-195〕

도료度了　　지내다. 시간을 보내다. 예문 及其成仁也 操文奔哭 當不後於人 而胃罣於俗累 未遂素蘊 飮恨度了 而乃得其遺集 貯之於書簏 髣髴英靈如在座右 〔김효찬金孝燦, 37-130〕

도류都留　　나머지 사연은 모두 다음으로 미룸. 예문 萬萬都留承討 姑不宣 〔박세채朴世采, 3-146〕

도리道履　　도학道學을 공부하는 중의 안부. 학자의 안부를 물을 때 쓰는 말. 예문 卽惟霜寒 道履珍重 何等仰慰 〔상진尙震, 21(仁)-100〕 → 도미道味, 도양道養

도말塗抹　　아무렇게나 바른다는 뜻으로, 자신의 그림이나 글씨를 이르는 겸사謙辭. 예문 帖子略有塗抹 而日日以客擾 未能多寫 良歎 〔이광사李匡師, 48-132〕

도망悼亡　　아내의 죽음을 슬퍼함. 진晋의 반악潘岳이 아내가 죽자 「도망」悼亡 시 3수를 지었는데, 이후 상처喪妻한 것을 도망이라고 하게 되었다. 예문 纍人思親悼亡 心肝催腐 只形殼僅存耳 〔민진원閔鎭遠, 23-197〕

도목정都目政　　도목정사都目政事. 6월과 12월에 행하는 정기 인사. 예문 護猶滯洛下 待都政 決去就耳 〔한호韓濩, 5-26〕 → 경찰京察

도미道味[01]　　도미. 생선 이름. 예문 道味二尾 〔이덕운李德運, 35-52〕

도미道味[02]　　도학道學을 공부하는 중의 안부. 학자의 안부를 물을 때 쓰는 말. 예문 忽承令遠札 不啻若拜受拱璧 就審閑中靜勝 道味安穩 區區感慰之深 不知

所喩 〔심희수沈喜壽, 45-234〕 → 도리道履, 도양道養

도백道伯　　　관찰사. 예문 昨見道伯 俾卽關飭 未知聞知耶 〔정조正祖, 26-13〕 → 당음棠蔭, 도신道臣, 도주道主, 사가使家, 사상使相, 순가巡家, 순사巡使

도봉都封　　　여러 물건을 한데 모아 봉함. 예문 此中名楮各六張 都封以送 照名以分爲妙 〔김성일金誠一, 12-166〕

도부到付　　　공문이 도달함. 또는 도달한 공문을 수령하는 일. 예문 洪川到付 當初卽令成置 而縣人無去人 今始來 推此則非曺吏之故也 〔이정구李廷龜, 23-41〕

도부桃符　　　설날에 신도神荼와 울루鬱壘 두 신神의 이름을 써서 문 양쪽에 달아 두고 사邪를 막았던 복숭아나무 판자. 후에는 입춘방의 별칭으로 쓰였다. 신도와 울루는 악귀를 제압하는 무섭게 생긴 신으로서 고대 중국에서 문門에 벽사辟邪의 도상으로서 그려 넣었다. 도판桃板. 예문 椒樽餞舊 桃符迎新 懷仰正深 卽承審 春風靜候鴻禧 慰叶願聞 〔서기순徐箕淳, 42-45〕

도사倒屣　　　신을 거꾸로 신음. 손님을 매우 환영한다는 뜻을 표할 때 쓰는 말. 후한後漢의 채옹蔡邕이, 시인 왕찬王粲이 자기 집 문 앞에 와 있다는 말을 듣고 급한 나머지 신을 거꾸로 신고 나가서 그를 맞았던 데서 온 말임. 예문 卽見文叔丈 知僉兄作意連鑣 今夕當到 賤弟欣荷之情 不容盡喩 卽欲促鞭倒屣 而明早有不得已 伐丘木事 不可 〔정경세鄭經世, 45-424〕

도상인道上人　　나그네. 예문 生長作道上人 又此汨汨 自憐自憐 〔김명원金命元, 051〕

도서圖書　　　도장圖章. 예문 圖書 石數少厥 品且不合 還用愧恨 〔이우李俁, 21(禮)-162〕

도석道席　　　도학을 공부하는 사람을 높여 이르는 말. 예문 道席處置 有不遵院規者 有不收鄕議者 深有所慨然于中者 有所云云 〔이휘령李彙寧, 027〕

도시都是　　　전혀. 예문 吾病狀 一向無加減 都是感氣不退 元力不支之故 只待日暄可甦 〔정재원丁載遠, 21(智)-138〕

도신道臣　　　관찰사觀察使. 예문 側聞 自上有厭憚謫宦侵斥道臣之敎云 〔이세화李世華, 5-110〕

도실桃實　　　복숭아. 예문 惠來桃實 始見 感喜 〔김상헌金尙憲, 36-19〕

도아塗鴉　　　글씨가 유치함. 당나라 시인 노동盧仝이 개구쟁이 아들에 대해 쓴

시 「첨정에게 보이다」(示添丁)의 "불쑥 책상 위에서 먹물을 묻혀 시서詩書를 까마귀처럼 새까맣게 칠하네"(忽來案上翻墨汁 塗抹詩書如老鴉)에서 유래함. 예문 弟自今春 忽患風痺 一指遂不可用 作字塗鴉如此 兄必展書 而大怪之矣 輒先自解如此 〔이건창李建昌, 44-141〕

도안道案 '도학道學을 공부하는 분의 책상 앞에'라는 뜻으로, 도학을 공부하는 사람에게 보내는 편지 봉투에 쓰는 말. 예문 聽松道案 〔상진尙震, 21(仁)-100(봉투)〕

도양道養 도학道學을 공부하는 중의 안부. 학자의 안부를 물을 때 쓰는 말. 예문 昨於市便 修附一書矣 想獲下覽矣 夜來 道養體履何似 慕仰不任區區 〔이기홍李箕洪, 23-155〕 → 도리道履, 도미道味02

도어徒御 노복奴僕과 마부. 『시경』詩經 「소아」小雅 〈거공〉車攻의 "쓸쓸히 말 울고 한들한들 깃발 펄럭이네. 종자從者와 마부들 소란스럽지 않으며 군주의 푸줏간 꽉 채우지 않았네"(蕭蕭馬鳴 悠悠旆旌 徒御不驚 大庖不盈)라는 구절에서 유래한다. 예문 非但病情仍苦 徒御極難辦 如有借得之道 豈不力疾進參耶 明當仰報進退耳 〔장지연張志淵, 26-235〕

도역徒役 도형徒刑을 받고 강제 노역을 함. 예문 纔免銀臺 徒役驛程 此出於意慮之外 豈非化兒之所戲劇也 〔남이웅南以雄, 21(義)-69〕

도을塗乙 글을 교정함. '도'塗는 글자를 지우는 것을, '을'乙은 글자를 더하는 것을 말한다. 예문 此去朱書圈刪處 眼昏且乏暇隙 間多只刪首尾 不能逐字塗乙 〔정조正祖, 26-55〕

도일度日 날을 보냄. 예문 苦苦無暇 又緣家間病患避寓 中路憂苦度日 不得一相問 悵悵 〔이정구李廷龜, 23-41〕

도저到底 처음부터 끝까지, 주도면밀하게. 예문 記末 間蒙恩諒 來住郊墅 經濟不出山林 飮食專賴井泉 病氣隨以有微勝 到底曲造 感祝而已 〔권돈인權敦仁, 21(智)-260〕

도전圖田 밭을 일굼. 예문 庶三從權以新 弟在連山時 率置鷄岳下 圖田以居之 〔권이진權以鎭, 21(禮)-362〕

도정都政 6월과 12월에 하는 정기 인사. 도목정사都目政事. 예문 嚴大人 都政遠除西塞之府 可慰而不可賀也 〔조형趙珩, 051〕 → 경찰京察, 도목정都目政

도주道主 관찰사. 예문 以侍女事 守令兩人被逮 爲道主者 安得晏然而已 第

以三勅留京 亦未得露章 尤悶尤悶 〔정세규鄭世規, 8-103〕 → 당음棠蔭, 도백道伯, 도신道臣, 사가使家, 사상使相, 순가巡家, 순사巡使

도주공陶朱公　　범려范蠡. 부귀를 떨쳐버린 은자를 가리킴. 범려는 월왕越王 구천勾踐을 섬겨서 오吳를 멸망시킨 후에 제齊나라에 가서 성명을 치이자피鴟夷子皮로 바꾸고 살았다. 그가 어질다는 말을 듣고 제나라에서 정승으로 삼고자 하자 그는 다시 도陶 지방에 가서 도주공陶朱公이라 이름 하고 많은 부富를 누리고 살다 죽었다. 예문 士憲令大擬下鄕 歸作陶朱公爲身計 固萬幸 而近六十年 逐日相從餘 遽作此別 衰境去留 安得不怊悵也 〔이희조李羲肇, 44-172〕

도지賭地　　소작료. 남의 땅을 빌려서 부치고 그 대가로 해마다 내는 대가. 도조賭租. 예문 賭地木花 雪汗輩不謹太甚 前年捧納不好之花 今年又復如前 故施杖而使之更捧 可痛可痛 〔이광악李匡岳, 7-196〕

도지都地　　소작료. 예문 但兩處還上及徭役所入計除 則所餘零星 故不爲載送 使論曰沙村都地所捧租一石 輸納於汝處 以補藥價 北送魚物之貿耳 〔이관징李觀徵, 13-110〕

도집하道執下　　도학을 공부하는 이에게 편지 보낼 때 쓰는 말. '도道'는 도학, '집하'執下는 집사를 뜻함. 예문 克復齋先生 道執下 〔김광묵金光黙, 31-53(봉투)〕

도척刀尺　　칼자. 지방 관아에 속하여 음식 만드는 일을 맡아보던 하인. 예문 伴鵑花方盛 少油末並送 付之刀尺令造餠 共啖不妨 〔정경세鄭經世, 45-379〕

도체道體　　도학道學을 공부하는 중의 안부. 학자의 안부를 물을 때 쓰는 말. 예문 流火奄過 高秋已屆 此時兄道體如何 只切馳遡 〔이수언李秀彦, 23-147〕 → 도리道履, 도황道況

도하都下　　서울. 예문 都下近日 因兄之狀啓 騷屑日甚 尙未鎭定 可笑可笑 〔이경휘李慶徽, 051〕

도한屠漢　　백정. 예문 屠漢尺條一百兩 旣係庖廚擧行 而明市注給之念 已有面達者 則屠漢又此委送 期於依約出給 若何若何 〔엄경섭嚴景燮, 41-133〕

도한盜汗　　도한증盜汗症. 잠잘 때 땀을 흘리는 증세. 예문 且見汝慈書 汝夜出盜汗云 是雖少時例症 而亦甚關慮也 〔신좌모申佐模, 43-177〕

도헌都憲　　대사헌大司憲. 예문 李都憲前 亦通此意 共爲緘辭 似宜矣 〔황신黃愼, 22-73〕

도혜圖惠　　도모해 주십시오. 힘써 주십시오. 예문 就中 宋掌令時烈患重病 藥餌難措 知舊之所當致力地也 聞耆老所有用藥之例 台鑒幸可圖惠 若干帖以救之耶 〔김집金集, 4-27〕

도황道況　　도학道學을 공부하는 근황. 학자의 안부를 물을 때 쓰는 말. 예문 從審日來道況保重 仰慰區區 〔이상진李尙眞, 051〕→ 도리道履, 도체道體

도회韜晦　　재주를 숨김. 예문 賢關亦有孟門之險 凡百 務爲韜晦 〔이황李滉, 30-6〕

도회시都會試　　도회都會. 해마다 지방의 유생儒生들을 각도의 도회소都會所에 모아 시험을 보이던 일, 또는 그 시험. 매년 6월 관찰사가 해당 도의 향교에서 수학하는 유생들을 모아 제술製述과 강경講經으로 시험을 치러 성적이 우수한 사람에게 생원生員·진사시進士試의 회시會試에 응시할 자격을 주었다. 예문 命說身病比來尤劇 廢食委頓之中 差定南原都會試 論報請遞 而卽見回題不許 故不得已强起發行 〔김명열金命說, 49-255〕

독공篤工　　공부에 매진함. 예문 記文聞有數處失實之語 玆以別呑奉稟 餘冀加護篤工 不備 伏惟尊照 謹狀上 〔정호鄭澔, 4-29〕

독과督過　　잘못을 꾸짖음. 예문 窃意哀執事之督過 當倍他人 而戚誼互好 將不能復如宿昔 中夜以思 且愧且恐 〔홍석주洪奭周, 31-60〕

독교獨轎　　말 한 마리가 끄는 가마. 또는 가마를 소 등에 싣고 소 모는 사람이 뒤에서 가마채를 잡고 가는 가마. 예문 僕行期甚迫 而獨轎尙此不得 聞有貴藏 玆用冒煩 幸乞快借如何 〔남유상南有常, 23-225〕

독로篤老　　심히 노쇠함. 예문 水谷蓋候安衛 而神識漸耗 雖是篤老例症 而種種有極悶慮耳 〔유창식柳昌植, 40-212〕

독삼獨參　　인삼 한 가지만으로 조제한 약. 예문 自大昨 症情越添 藥餌無效 元氣漸下 有凜凜難保之形 朝者醫人 觀形察色 勸以急用獨參 其意可知 〔이서곤李瑞坤, 10-99〕

독요지주瀆擾之誅　　번거롭게 한 죄. 예문 似聞聖明無意許遞 此爲可憫 然勢須再疏三箚 以得請爲期 不暇避瀆擾之誅矣 〔정경세鄭經世, 45-365〕

독우督郵　　찰방察訪. 각 도의 역참 일을 맡아보던 종6품 벼슬. 예문 若干粮太 使此漢負置於坐會 入見督郵 凡事相議 而督郵雖不在 招見兵房 賜顔餽酒 歷路

各驛 如有願見者 亦餽酒殷勤接之 可也 〔이덕운李德運, 35-50〕

독정獨政　이조판서가 사고가 있을 때 참판이나 참의 중 한 사람이 대신해서 정무를 집행함. 예문 前察訪沈憤 佳士也 令公其知之乎 流落湖曲 不能自食 近日令爲獨政 令不留念耶 雖沙斤之薄 若令首擬有成則幸矣 〔윤방尹昉, 051〕

독현獨賢　홀로 고생함.『시경』詩經「소아」小雅〈북산〉北山에 "온 땅 끝까지 왕의 신하 아닌 사람 없거늘 대부들을 공평하게 부리지 못하고 나만 일하게 하며 어질다고 하네"(率土之濱 莫非王臣 大夫不均 我從事獨賢)라는 구절이 있다. '나만 홀로 어질다'라는 말은 '나만 홀로 고생한다'는 것을 시인이 에둘러 표현한 것이다. 현현賢은 노로勞의 뜻. 예문 兄之獨賢 於心豈不未安 〔박정朴炡, 051〕

돈豚　자기 아들을 낮추어 이르는 말. 예문 三豚雖皆不利 悋兒病已向歇 是可慰也 〔금난수琴蘭秀, 051〕 → 가돈家豚, 돈견豚犬, 돈아豚兒, 치아癡兒

돈견豚犬　자기 아들을 낮추어 이르는 말. 오대五代 때 양주梁主 주온朱溫이 진주晉主 이극용李克用의 죽음을 틈타서 진나라를 치다가 극용의 아들에게 크게 패하자, "자식을 낳으려면 이와 같아야 한다. 이씨는 멸망하지 않겠구나. 내 아들들은 돼지나 개다"(生子當如是 李氏不亡矣 吾家諸子乃豚犬爾)라고 한 데서 나온 말임.『구오대사』舊五代史 당서唐書「장종기」莊宗紀. 예문 豚犬之得吾令兄 亦一奇事 豈止云幸也耶 〔조문수曺文秀, 21(義)-215〕

돈무頓無　전혀 없음. 예문 僕長在床蓐 日事呻痛 頓無復起爲人之望 〔정도전鄭道傳, 21(仁)-21〕

돈사頓謝　과로로 쇠약해짐. 예문 弟一月銀臺之役 筋力頓謝 加以宿眩復發 長在昏憒中 私悶可喩 〔한태동韓泰東, 21(禮)-216〕

돈수頓首　머리를 조아림. 편지를 올린다는 뜻. 예문 己未二月初九日 李珥 頓首 〔이이李珥, 23-19〕

돈수재배언頓首再拜言　머리는 조아려 두 번 절하고 아룀. 조문 편지의 첫머리에 쓰는 상투적인 말. 상주가 답장을 보낼 때는 계상재배언稽顙再拜言이라고 함. 예문 翊隆頓首再拜言 不意凶變 先慈闈 奄棄榮養 承訃驚怛 不能已已 〔신익륭申翊隆, 21(義)-297〕

돈아豚兒　자기 자식을 낮추어 이르는 말. 돈식豚息. 예문 豚兒輩迷甚 敎導之責 亦不在僉賢耶 〔미상, 22-393〕

돈장敦匠　　장인匠人을 감독함. 예문 弟敦匠積瘁之餘 又作儐接之行 千里往還 僅免顚仆 莫非王靈攸曁 〔이창의李昌誼, 21(智)-36〕

돈췌頓悴　　지쳐 수척한 모양. 예문 族從親候之頓悴猶前 麥盡已久 而新穀尙遠 艱食有甚於窮春 情私憂迫 不知何時果能展開眉頭也 〔이면백李勉伯, 7-158〕

돌공지서咄空之書　　뜻을 잃고 홀로 한탄하는 모습을 이르는 말. 돌돌서공咄咄書空. 진쯥의 은호殷浩가 벼슬에서 쫓겨난 뒤 날마다 부질없이 허공에 '돌돌괴사'咄咄怪事 네 글자만을 썼다는 데서 유래한 말. 예문 表從孤露餘生 又此添齒 惟有咄空之書而已 〔이종상李鍾祥, 027〕

돌돌咄咄　　쯧쯧. 탄식하는 소리. 예문 弟依保舊狀 而踽踽之態 一日難堪 有是咄咄而已 〔이시매李時楳, 5-45〕

돌탄咄歎　　한탄함. 예문 弟有何厄會 謗言猶甚 方請反庫 尙未決 咄歎奈何爾 〔이산뢰李山賚, 3-58〕

동同01　　먹을 세는 단위. 먹 열 자루를 말한다. 예문 伏承專价惠書 不勝仰感之至 況兩同陳玄 適到於匱乏之時 仰謝無已 〔김집金集, 21(義)-68〕

동同02　　땔감을 세는 단위. 예문 柴炭二百同及十包 向已領到 其餘柴三百同 今方鱗次輸來 〔홍건주洪健周, 44-315〕

동각東閣　　동헌. 예문 公山東閣 下史 〔김만중金萬重, 22-193(봉투)〕

동강東岡　　벼슬을 사양하고 시골에 은거함.『후한서』後漢書「주황서강신도열전」周黃徐姜申屠列傳의, "덕을 닦음은 나라를 위함이고 선조로부터 대대로 고관을 지냈는데 군은 무엇 때문에 동쪽 산등성이 언덕을 지키고 있는가?"(夫修德立行 所以爲國 自先世以來 勳寵相承 君獨何爲守東岡之陂乎)라는 구절에서 유래함. 예문 今日冢宰新命 遽屬台監 天眷加隆 時論同歸 伏想台監未敢牢守東岡之志也 〔조상우趙相愚, 3-140〕

동관童觀　　어린아이처럼 얕은 식견. 예문 童觀如僕 龜縮塵埃 恨不得從遊是間 細玩天心耳 〔이상의李尙毅, 45-227〕

동귀東歸　　고향으로 돌아감. 예문 今日之氣頗爽 人意似穩 但秋風颯然 益起東歸之興 〔유성룡柳成龍, 22-53〕 → 귀산歸山, 동래東來, 동환東還, 환산還山

동귀同歸　　귀착하는 곳이 같음. 또는 일치함. 예문 又稍乾淨 京外相知者 或反以爲可羨 然則其將如是究竟 與木石同歸而已乎 〔이건창李建昌, 35-106〕

동금상조同襟相照　　서로 마음을 환하게 앎. 친밀하게 지내는 사이를 일컫는다. 예문 正愚再拜 同襟相照 奚間乎面與不面 而川陸落落 會合無期 則寧弗悵然興懷耶〔최정우崔正愚, 53-221〕

동기洞記　　같은 마을에 사는 사람으로, 서로 잊지 않고 기억하는 사이의 사람에게 보내는 편지에서 자신을 가리키는 말. 예문 甲寅元月十日 洞記 栟 頓〔이합李栟, 5-96〕

동년同年　　과거 합격 동기. 예문 未同年 文章經術 足令一世慕用〔서거정徐居正, 051〕

동당同堂　　같은 고조부 아래의 친척. 예문 伏詢卽日窮聿 侍餘體韻 神相康旺 同堂節宣 均得鴻休否〔이태형李泰衡, 53-53〕

동당東堂　　식년과式年科, 또는 증광시增廣試 때에 강경 시험講經試驗을 보던 곳. 식년과나 증광시 자체를 동당이라고도 함. 진晉의 궁전인 동당에서 시험을 시행한 데에서 유래됨. 예문 差東堂試官 請改不得 明明發去南平耳〔김성일金誠一, 12-145〕

동당방東堂榜　　문과 시험의 합격자 명단. 예문 東堂榜 借在他處 未及覓來送〔김정희金正喜, 33-38〕

동동憧憧　　염려하여 불안한 모양. 예문 卽問新元侍奉增吉 政履淸裕 而分灸之苦 亦已快祛耶 區區馳仰 不禁憧憧〔송치규宋穉圭, 22-301〕

동래東來　　고향으로 돌아감. 예문 東來之計 日夜耿耿 唯以任便往來爲懼 今爲拜掃之切 擺脫決歸 市塵甚遠 身心稍安 此外無可言者 千萬非遠書可盡〔이상의李尙毅, 45-223〕

동령冬令　　겨울 날씨. 예문 數日來冬令猝緊 伏惟吏隱體神相 仰慰仰慰〔이옥李沃, 3-92〕

동뢰연同牢宴　　혼례에서 신랑과 신부가 번갈아 절을 하고 술잔을 나누는 잔치. 혼례 때 신랑과 신부가 함께 희생을 먹던 의식에서 유래함. 예문 同牢宴所用高足床 不能得之 宅中 或有之否 前多參軍宅婚禮時 亦於何取用 倘蒙爲之周旋 則明日欲專人取來 伏乞指敎〔민우수閔遇洙, 21(禮)-502〕

동말冬末　　작년 연말. 예문 冬末枉顧 尙切瞻悵〔미상, 027〕

동말洞末　　같은 동네에 사는 사람에 대해 자신을 낮추어 이르는 말. 예문 霖熱

挽近無罕 伏問靜履起居如何 昻溯區區 洞末 來此後 病不離身 〔정광진鄭光震, 31-48〕

동몽童蒙　　어린아이. 예문 近始拔置冗故 携一二童蒙 入東巖 居處頗閑靜 可以安養病軀 料理書册 〔유장원柳長源, 32-150〕

동문同門　　같은 문중. 같은 문하. 예문 縣東居金生明漢 自其父宙相親 視同門內人矣 〔윤봉구尹鳳九, 6-92〕

동산東山　　은거하는 곳. 진晉나라 때 사안謝安이 세속을 피하여 동산에 은거하였다는 고사에서 나온 말. 예문 侍敎生 一入名藩 解脫故未易 登門請敎 仍服前慢計 非敢忽 而訖未抽身 日望東山之蒼翠而已 〔최창대崔昌大, 21(禮)-372〕

동상東床　　사위. 진晉나라 태위太尉 치감郗鑑이 사윗감을 고르는데, 왕도王導의 집 동쪽에 놓인 평상 위에서 음식을 먹고 있는 왕희지王羲之를 골랐다는 고사에서 연유한 말. 예문 迎壻之禮 何以了辦 東床玉潤 雖不見猶見 難兄在座 其弟可知 〔이익李瀷, 39-143〕

동색動色　　감동하여 얼굴빛이 변함. 예문 俯惠諸種 謹荷耑饋 足令鄕閭動色 珍感之私 非直爲物之腆也 〔권돈인權敦仁, 44-178〕

동서창東西廠　　명대明代의 관원 감찰 기관으로, 삼엄한 감시를 일컫는 말. 명 성조成祖 영락제永樂帝가 제위에 오른 후 중앙 조정의 대신들을 믿지 못하여 가까운 환관들을 기용해 관원들을 감시·체포하는 기구를 설치하였는데, 그것이 동안문東安門 북쪽에 있어서 동창東廠이라 불렸다. 후에 설치된 서창과 합칭하여 '동서창'이라고 불렀다. 예문 蘭谷間日相從 促其速爲先伯氏先生行狀文 初辭以病 次辭以撓 竟辭以有戒心不敢爲 蓋近來銅巖禁密尤甚 有過於東西廠 蘭之辭正當 而非劫懦也 又非疎於朋友而然也 〔김상국金상國, 37-106〕

동요東撓　　동학東學의 소요. 예문 東撓昨午前始退去 其間凶獰荒謊 無所不至 古之張角流賊 誑了愚民 自是一串心腸 不足深慮 堪付一笑 〔유도성柳道性, 40-186〕

동음冬音　　두름. 물고기를 세는 단위. 한 줄에 열 마리씩 두 줄로 물고기를 엮은 것. 예문 白米三斗 連魚二尾 石花醢三升 銀口魚二冬音 好全卜五六介 得送之意 欲傳于草○○家 〔이덕운李德運, 35-8〕

동인動引　　안부. 예문 卽詢比熱侍奉動引連護 庇內均福 門中平安 〔유후조柳厚祚, 027〕 → 계거啓居, 계처啓處, 기미氣味, 기처起處, 기체氣體, 동정動定, 동지動止, 범백凡百02, 범절凡節, 이용履用, 이음二音, 이자二字, 정인鼎茵, 정인鼎裀, 진간

震艮, 한훤寒暄, 행주行駐, 훙거興居

동일이어同日而語　　같은 차원에서 말할 수 없음. 예문 一自淵勉兩先生殉道以後 欽其學 慕其義 挽之以詩 弔之以淚 與專尙詞章毀道訕學之流 不可同日而語明矣者 始見於難作人間識字人之句語 〔황진모黃晉模, 37-57〕

동적전東籍田　　서울 동쪽에 있던 적전. 왕이 친경親耕의 시범을 보이고 수확물은 종묘에 천신薦新하는 데 사용했다. 예문 似聞 東籍田還租 有可分給者 而必得題辭而後 方可出納云 如蒙下諾 謂欲書呈所志 拔例下副 如何如何 〔김시걸金時傑, 21(禮)-266〕

동접단자同接單字　　과거 시험 공부를 함께 한 사람들의 명단. 예문 尊兄同接單字 今若送來 則士純令書吏 一時盡錄 〔김수일金守一, 21(仁)-178〕

동접우同接友　　과거 시험 공부를 함께 한 친구. 예문 煩達 新及第李公尙馨 乃弟舊日同接友也 堂有鶴髮慈親 將設恩榮慶席 幸須優給宴資 不勝萬幸 〔최유연崔有淵, 21(義)-187〕

동정動定　　안부. 예문 懷緖篆結 瞻溱際殷 卽拜承令札 謹審暮春 鎭候動定 崇衛萬重 仰喜仰喜 〔이유원李裕元, 21(智)-358〕 → 계거啓居, 계처啓處, 기미氣味, 기정起靖, 기처起處, 기체氣體, 동인動引, 동지動止, 면식眠食, 범백凡百02, 범절凡節, 안문安問, 이용履用, 이음二音, 이자二字, 정인鼎茵, 정인鼎裀, 진간震艮, 한훤寒暄, 훙처후興處候

동정動靜　　병의 차도差度. 예문 病憂間有動靜耶 何以用藥 爲之悶念 〔정조正祖, 26-79〕

동제洞弟　　같은 마을의 친구에 대하여 자신을 칭하는 말. 예문 甲寅 菊月 五日 洞弟 成明頓 〔송성명宋成明, 6-95〕

동조同照　　편지를 함께 읽음. 예문 仲季兩契前 忩忩不別有書 可同照 〔신석번申碩蕃, 22-115〕

동조東朝　　대비大妃를 지칭함. 한漢나라 때 태후가 황제의 거처인 미앙궁未央宮의 동쪽 장락궁長樂宮에 거처하였으므로 태후를 동조라 부른 데서 비롯됨. 예문 明日冬至問安 百官庭請(東朝回甲 上尊號事) 不得不課日進參 沒器具之中 誠爲悶悶 〔신좌모申佐模, 43-131〕

동지動止　　안부. 예문 卽祗崇翰 拜審 政候動止 經暑增護 區區欣荷 非同小可

〔이상황李相璜, 21(智)-212〕

동지同知　동지중추부사同知中樞府事의 준말. 예문 同知旣未及付 若不付 則追榮亦不爲之 渠必不知招見嚴矣 〔이수일李秀逸, 35-54〕

동천動天　임금의 마음을 움직임. 예문 運令所患 尙未向安 遠外憂念不可言 辭本雖得入徹 恐難動天 〔김상익金尙翼, 21(智)-14〕

동천洞天　상대방이 거주하는 골짜기. 원래 신선이 거주하는 경치 좋은 골짜기를 가리키는 말이다. 예문 早晚當一入洞天 以酬宿債 異鄕奉袂 豈非一勝耶 〔이삼환李森煥, 44-100〕

동청動聽　설득하여 상대방의 마음을 움직이게 함. 예문 敎意謹悉 若赴籌司之坐 謹當稟議於大僚而圖之 第自上每以久任爲重 雖有陳白 恐難動聽 是慮是慮 〔송인명宋寅明, 21(禮)-64〕

동초凍草　추워서 손이 곱아 대충 씀. 예문 凍草 不盡意 〔미상, 027〕

동탑同榻　책상을 같이 씀. '함께 공부함'을 뜻함. 예문 今春擬與渾氏同榻 因荊妻病甚 不得上洛 仰恨仰恨 〔이이李珥, 23-19〕

동합凍合　날씨가 추워 얼어붙음. 예문 此後雖或艱得載送 日氣如此 恐凍合於中路 姑停以待仲春 其前何以經過 事甚狼貝 極爲心亂 〔이성李宬, 35-53〕

동호지필董狐之筆　거리낌 없이 직필直筆하는 사관史官의 붓. 동호는 춘추시대 진晉나라의 사관으로, 조천趙穿이 영공靈公을 시해했을 때 조돈趙盾이 정경正卿의 자리에 있으면서도 조천을 토벌하지 않고 그 일에 책임을 지지도 않았으므로 "조돈이 영공을 죽였다"고 사서에 기록하였다는 고사가 있음. 예문 安得如董狐之筆 求正其千載未決之案也 〔유동시柳東蓍, 40-188〕

동환東還　고향으로 돌아감. 예문 弟明欲東還 仍作加平掃墳之行 今十一間欲往龍仁 〔이희조李喜朝, 22-223〕 → 동귀東歸, 동래東來

두극斗劇　아주 심함. '두斗'는 '두陡(험하다, 높다)와 통함. 예문 省禮拜言 雪寒斗劇 歲暮景色 令人增想 〔홍범식洪凡植, 43-299〕

두기痘忌　천연두. 예문 中路痘忌梗熾 川前一家之人 皆踰嶺而歸 〔김광찬金光燦, 12-133〕 → 두한痘漢, 두호痘虎, 두환痘患, 천포창天疱瘡, 홍두紅痘

두대斗大　말 분량의 크기. 대개는 작다는 의미이지만 꽤 크다는 의미로도 쓰임. 예문 輒書 書輒必投藥石 受賜甚大 感荷斗大 〔송기로宋綺老, 31-138〕

두동치락頭童齒落　　머리가 벗겨지고 이가 빠짐. 노쇠老衰함을 나타내는 말. 두동치활頭童齒豁. 예문 弟年猶下於從者一甲有餘矣 來以之後 步則杖此木 騎則執此鞭 至以作末釀酒日飮 而少無分致 少而强者猶如此 況頭童齒落回甲之翁乎〔박규환朴奎煥, 49-262〕

두락斗落　　마지기. 한 마지기는 볍씨 한 말의 모를 심을 만한 넓이로, 지방마다 다르나 약 200평 정도이다. 예문 仙庄移種 果至幾斗落 能繼日中之糧耶〔김재정金在鼎, 31-113〕

두로頭顱　　머리. 예문 方冠之另惠 注存之摯 重可感 村儈頭顱上 恐更太侈〔김정희金正喜, 29-36〕

두로처頭顱處　　중요한 곳. 예문 若於此大頭顱處不同 則所謂七十子之服孔子者 何在耶〔이휘재李彙載, 44-58〕

두리肚裡　　뱃속. 가슴 또는 마음의 비유로 쓰임. 예문 阮丈所營事 非不銘着于肚裡 但今政府新式中 未出六之蔭官 不得擬薦于外任 奈何〔이채연李采淵, 39-261〕

두미斗米　　적은 녹봉을 비유적으로 이르는 말. 예문 兒子亦係身於斗米者 以講習事下去達府 已多日而未歸 故未得命送〔유병하柳秉夏, 40-194〕

두수抖擻　　떨어 버림. 자질구레한 일을 모두 처리함. 병을 떨쳐내고 회복함. 원래 범어梵語의 두타頭陀(dhūta)를 한역漢譯한 말. '두타'는 번뇌의 티끌을 떨어버리고 불도를 수행하는 것. 예문 族從卄八日赴衙 曠餘 邑務果難抖擻 此爲可悶可悶〔김원식金元植, 42-29〕

두신頭信　　첫 소식. 예문 卽於家伻之來見書 是年後頭信 傾慰殊深〔김정희金正喜, 33-62〕

두열斗熱　　갑자기 더워짐, 또는 그런 더위. '두斗'는 '돌突과 통함. 예문 天氣斗熱 不審尊仁莅起居 此時若何 仰溯仰溯〔강문상姜文相, 49-244〕

두질頭質　　무릎맞춤. 대질對質. 면질面質. 예문 想似誘引押去者 而不可不一次頭質後 歸正乃已〔김석희金奭熙, 31-139〕

두타頭陀　　승려. 불도를 수행하는 사람. 예문 冷澹枯寂 草草度日 其不爲能言之木偶 有髮之頭陀乎〔이승목李承穆, 32-38〕

두한痘漢　　천연두. 예문 然痘漢之大鴟一村 極爲愁惱耳〔유정희柳鼎熙, 40-206〕

두호斗護　　두둔함. 돌보아 줌. 예문 前日稱念 想已施行耶 定山縣監 幸斗護如

何〔이시매李時楳, 5-45〕

두호痘虎　　천연두. 예문 城北李從父子之順經痘虎 實是罕有之慶〔유성시柳聖時, 027〕

두환痘患　　천연두. 예문 孫兒男女 幸得順經痘患 仲弟家羣稚 皆已送神 優入坦道 是稍慰心耳〔유통원柳通源, 32-147〕

두회斗回　　'북두회표'北斗回杓의 준말. 1월 1일을 가리킴. 북두칠성의 자루 부분을 '표'杓라고 하는데, 초저녁에 이 자루 부분이 봄에는 동쪽, 여름에는 남쪽, 가을에는 서쪽, 겨울에는 북쪽을 가리켜서, 가리키는 방향이 1년에 한 바퀴를 돈다. 당나라 맹호연孟浩然의 시「전가원일」田家元日에 "어제밤 북두칠성이 북쪽을 돌았고 오늘 아침 목성이 동쪽에서 떠오르네"(昨夜斗回北 今朝歲起東)라는 구절이 있다. 예문 伏問斗回 台體度供劇餘無損 伏傃且慮〔이호익李鎬翼, 31-109〕

둔사遁思　　속세를 떠나 은둔하려는 생각. 또는 은퇴함. 예문 頃日徐判中尋見於闕中 語及令公進退 當時遁思 似不得不爾 及今一再有命 義當上來 辭遁不宜一向堅執云 他人論議 亦有如此者〔전식全湜, 45-337〕

둔석窀穸　　무덤에 묻음. '둔석'은 원래 무덤의 구덩이를 가리킨다. 예문 聞已窀穸 其於平日友于加隆之地 何可堪忍〔송호완宋鎬完, 40-166〕

득첩得捷　　과거에 급제함. 예문 舍兄見屈 一家缺望 何可言狀 子安兄得捷 雖云人事之意外 實是科場之例也 本非怪事 栢悅萬萬〔윤의미尹義美, 8-61〕

등대登對　　대궐에 나아가 임금의 물음에 답하는 일. 예문 今則想已經屢次登對 未知上下酬酢果如何〔임성주任聖周, 22-273〕

등람登覽　　자기가 보낸 편지를 읽는 것을 높여 이르는 말. 등登은 취取의 높임말. 예문 日昨書計已登覽 風日不佳 伏問此時 旅候若何〔임성주任聖周, 22-273〕
→ 등조登照, 등철登徹01

등룡登龍　　과거에 급제하거나 입신출세하는 것. 황하黃河 용문龍門의 물살이 험하여 물고기가 거슬러 오르지 못하는데, 거슬러 오르면 용이 된다고 하는 고사에서 나온 말. 예문 登龍之慶 以尊之才 可謂晩矣 而栢悅之極 烏得無賀〔이진李袗, 21(義)-31〕

등림지재鄧林之材　　훌륭한 인재. 중국 고대 신화에 따르면 과보夸父가 해를 쫓아가다가 목이 말라 하수河水와 위수渭水의 물을 다 마시고도 부족하여 북쪽의 대택大澤으로 가다가 죽었는데, 그가 버린 지팡이가 등림이라는 수천 리에 이르는 거대한 숲이 되었다고 한다. 예문 允郞留床幾日 第其丰姿雅儀 看看奇愛 可認其鄧林之材 丹穴之毛 而但其劣嬌之儱侗蔑敎 竊愧爲其對耦 〔유교희柳敎熙, 40-182〕

등문登聞　　중요한 사실이나 사건을 임금에게 아룀. 예문 日前以李郞○停啓事 倂遞差 又○祖永登聞事解見使 而○連不納疏章 當此極寒臣以下 每日求對 此際順幸 〔이수일李秀逸, 35-55〕

등서책謄書册　　글을 베끼기 위하여 묶은 책. 예문 此落句二聯無改處 以此改書于謄書册 〔유근柳根, 3-49〕

등연登筵　　경연에 나아가 임금을 뵘. 예문 雖未知登筵之在何日 而要似不出於匪久 來疏之捧與不捧 亦不關緊 而旣到之後 不可還寢 〔김상익金尙翼, 21(智)-14〕

등장登場　　곡물을 수확함. 예문 秋车已登場耶 一家可免飢餓之患否 〔정경세鄭經世, 45-355〕

등점登占　　과거에 합격함. 예문 去後未聞行色 行期又似悤悤 可慮 忽奉手札 知好到好試 想已登占前列 遙深馳慶 尙未見榜 未知諸友如何 〔이황李滉, 30-145〕

등조登照　　받아 봄. 상대방이 편지 읽음을 높여 이르는 말. '등'登은 '취'取의 높임말. 예문 頃於鄭萬冑便付書 想卽登照 日熱此極 伏惟兄侍履益珍 仰傃仰傃 〔김춘택金春澤, 21(禮)-378〕 → 관령關領, 관조關照, 관청關聽01, 등람登覽, 등철登徹01, 입조入照, 하조下照01, 혜감惠鑑

등철登徹01　　편지를 받아 읽음. 상대방이 편지를 읽는 것을 높여 이르는 말. 예문 才上復書 想已登徹矣 〔이만성李晩成, 21(禮)-310〕 → 등람登覽, 등조登照

등철登徹02　　임금이 상소문을 읽음. 예문 鄙等以疏未登徹 悚惶度了 如何暇及於羈況之私乎 〔김노주金魯洀 등, 34-376〕

등한等閑　　등한시함. 평범함. 예문 治疏思渴之際 靑州從事 帶魚肉尋到柴門 使君風致 亦不等閑矣 仰謝仰謝 〔송시열宋時烈, 48-68〕

등현지시登弦之矢　　시위에 오른 화살. 돌이킬 수 없는 일. 예문 去就殆同登弦之矢 不可復收 〔김용순金龍淳, 50-62〕

등후等候　　소식이 오기를 기다림. 예문 詔使正奇 尙已杳然 等候之間 滯鬱難堪 〔홍명구洪命耉, 22-113〕

마교馬轎　　말에 메운 가마. 예문 三處轎軍若未得 則馬轎亦佳 內行從馬 遠去甚疲 恐不可往還咸昌也 〔김성일金誠一, 12-155〕

마구麻屨　　삼으로 삼은 신. 예문 季氏兄所托麻屨 先送二件 考領 而其餘則當從速督促矣 以此意傍及如何 〔유도발柳道發, 40-184〕

마목麻木　　몸이 저리고 뻣뻣해지는 증상. 예문 手指麻木之症 已收勿藥之效 〔이찬李瓚, 32-31〕

마문동馬門冬　　맥문동麥門冬. 거담제나 강심제로 사용함. 예문 老親方在求藥中 而縣殘不能供 枳實澤瀉馬門冬山茱萸等材 如有餘 幸分惠 憑雜物領吏 敢脩候 〔조경趙絅, 44-326〕

마철馬鐵　　말편자. 예문 馬鐵二部 〔이덕운李德運, 35-51〕

마첩馬帖　　역마驛馬를 이용할 수 있도록 발급해 주는 공문. 예문 兪君馬帖題送 姑不宣 〔김수흥金壽興, 34-20〕

마피馬皮　　말가죽. 예문 馬皮乃前年物 其潤鍊則已久 而功價似甚太過云 勢也奈何 〔이유홍李裕弘, 40-266〕

마한馬漢　　『사기』史記와 『한서』漢書. 예문 馬漢之尙不治送 誠可悶然也 〔이재의李載毅, 44-116〕

막리幕履　　감사, 유수, 병사, 수사 등을 보좌하는 비장裨將의 안부를 물을 때 쓰는 말. 예문 南平喪次之奉 擾卒不得穩 至今耿耿 不審卽熱 幕履淸勝 遠慰且溸 〔오원吳瑗, 21(智)-16〕 → 막황幕況, 좌리佐履

막막漠漠　　　날씨가 어둡고 흐림. 예문 春陰太漠漠 此辰靜候如何 〔성운成運, 5-188〕

막명莫名　　　말로 표현할 수 없음. 예문 百尾□魚 可蘇病胃 寔感記注 莫名仰謝耳 〔이재면李載冕, 35-86〕

막부幕府　　　변방에서 지휘관이 머물면서 군사를 지휘하던 군막軍幕. 예문 應洙意外有從軍之命 來住按撫幕府 距貴治接壤 而各有職事 末由面唔 曷勝悲悵 〔민응수閔應洙, 6-57〕

막비幕裨　　　군중軍中의 비장裨將. 장군將軍을 보좌하는 사람. 예문 慈山有窠 方請口傳差送 而鄙幕中 許營將慶金珍島九岭俱爲可合 必以此兩人擇差 如何如何 以幕裨除朝辭赴任 已有前例云 母以此爲拘 幸甚幸甚 〔권업權懙, 22-235〕

막체지통莫逮之痛　　　따라갈 수 없는 슬픔. 보통 국상國喪이 났을 때 쓰는 말. 예문 劍舃已藏 年籌又改 莫逮之痛 中外益切崩隕 〔신임申銋, 23-157〕

막황幕況　　　감사, 유수, 병사, 수사 등을 보좌하는 비장裨將의 안부를 물을 때 쓰는 말. 예문 未審旱炎 幕況如何 馳慮馳慮 〔김명열金命說, 49-254〕→ 막리幕履, 좌리佐履

만강滿腔　　　가슴속에 가득 찬 생각이나 회포. 예문 每擬躬弔 數行書唁 亦後於人 禮闕情乖 旣愧且悚 無地自容 勢也 或可恕諒否 還山之日 對討滿腔 自有前期 書不盡言 〔김한익金漢益, 41-13〕

만강萬康　　　잘 지냄. 모든 일이 편안함. 예문 卽見手書 伏審老烘猶肆 父主氣體一享萬康 諸致俱穩 各處安信 亦皆續聆 孫兒頰腫 今則向瘥云 何等喜幸之至 〔정문섭丁文燮, 17-183〕

만경晚景　　　늘그막. 예문 季父近候姑安 亦得奉還同處 課蒙有節度 此是晚景一事耳 〔유창식柳昌植, 40-212〕

만근挽近　　　요즈음. 최근. 예문 第義助金家兒所關條爲五円也 挽近收聚無便 未付矣 〔송주현宋柱賢, 37-82〕

만기萬祺　　　모든 일이 평안함. 안부를 물을 때 쓰는 상투적 표현. 예문 便來獲拜惠翰 謹頌乖候 令政體萬祺 〔어윤중魚允中, 35-95〕

만녕萬寧　　　매우 건강하게 잘 지냄. 모든 일이 평안함. 안부를 물을 때 쓰는 상투적 표현. 예문 伏惟體上萬寧 仁庇咸泰 仰溯區區 不任卑私 〔강준흠姜準欽, 49-244〕

만류萬留　　만류萬留. 할 말은 많으나 나머지 사연은 다음으로 미룸. 예문 此間 万謀一進攄穩 而入近心上料理 每每無後力 亦衰症 浩憐 万留 拜不備上 〔신규섭辛奎燮, 53-162〕

만만萬萬⁰¹　　할 말은 많지만 나머지 사연을 생략함. 편지 끝에 상투적으로 쓰는 말. 예문 萬萬 神昏不成狀 伏惟崇照 謹謝狀上 〔윤문거尹文擧, 23-89〕

만만萬萬⁰²　　매우. 예문 省式 家禍孔酷 數朔之內 荐遭叔父之喪 死生訣別之際 情理萬萬慘毒 此豈人理所可堪耶 〔김제겸金濟謙, 23-207〕

만목萬穆　　모든 일이 평안함. 안부를 물을 때 쓰는 상투적 표현. 예문 懷仰益勞 拜承審隆冱政體萬穆 仰慰愜頌 〔김영수金永壽, 22-341〕

만복萬福　　모든 일이 평안함. 안부를 물을 때 쓰는 상투적 표현. 예문 稍不造候 馳仰深矣 辱敎字 伏承體候萬福 殊慰區區 〔홍봉조洪鳳祚, 21(禮)-429〕

만비萬毖　　모든 일이 평안함. 안부를 물을 때 쓰는 상투적 표현. 예문 阻懷山積 卽惟玆辰 兄政履萬毖 仰慰且遡 無任憧憧 〔이세덕李世德, 31-31〕

만상萬相　　모든 일이 평안함. 안부를 물을 때 쓰는 상투적 표현. '상'相은 '신상'神相(신의 도움)이라는 뜻. 예문 第緣便阻 尙闕修謝 伏切恨歎 卽惟起居萬相 傾慰傾慰 〔이경억李慶億, 23-109〕 → 가승佳勝, 다상多相, 만강萬康, 만기萬祺, 만녕萬寧, 만목萬穆, 만복萬福, 만비萬毖, 만수萬綏, 만승萬勝, 만안萬安, 만안萬晏, 만왕曼旺, 만왕萬旺, 만위萬衛, 만전萬典, 만중萬重, 만지萬支, 만지蔓支, 만진萬珍, 만호萬護, 만휴萬休, 무휴茂休, 배진倍珍, 보색保嗇, 숭희崇禧, 슬중瑟重, 승적勝迪, 신상神相, 안승安勝, 위중衛重, 지안止安, 진복珍福, 진비珍毖, 진상珍相, 진색珍嗇, 진위珍衛, 진중珍重, 진호珍護, 청강淸康, 청건淸健, 청목淸穆, 청승淸勝, 청위淸衛, 청적淸迪, 초승超勝, 충비沖毖, 충승沖勝, 충유沖裕, 평길平吉, 평선平善, 평적平迪, 홍희鴻禧

만색萬嗇　　아주 건강함. 안부를 물을 때 쓰는 상투적 표현. 예문 伏惟雪餘 台體萬嗇 懸祝懸祝 弟說病亦支離耳 〔서상우徐相雨, 21(智)-394〕

만수萬綏　　모든 일이 평안함. 안부를 물을 때 쓰는 상투적 표현. 예문 近寒栗烈 瞻誦斯勤 卽奉心論 一讀再讀 至于四五讀矣 藉諗令體萬綏 勛猷一旺 是頌是荷 〔이재면李載冕, 35-83〕

만승萬勝　　아주 평안함. 안부를 물을 때 쓰는 상투적 표현. 예문 信后亦復多日

郵履更得萬勝否〔김원행金元行, 44-114〕

만안萬安　　아주 평안함. 안부를 물을 때 쓰는 상투적 표현. 예문 此時蒸溽 伏惟直候萬安 馳仰區區〔이태좌李台佐, 21(禮)-323〕

만안萬晏　　아주 평안함. 안부를 물을 때 쓰는 상투적 표현. 예문 際審兄政體動止 連護萬晏 副玆款祝 無任區區〔조용화趙容和, 31-71〕

만어挽語　　만사挽辭. 만장挽章. 예문 屛蟄聾瞽 晚始得聞台監喪失家婦 殊劇驚怛 病昏之甚 亦不卽奉狀仰慰 乃於數昨 伏蒙先辱伻問 屬以挽語 下情感媿 何可勝喩〔김창협金昌協, 000〕 → 만폭挽幅

만왕曼旺　　모든 일이 평안함. '만曼'은 '만萬'과 통함. 예문 就謹審雪沍 令政體神相曼旺 災黎接濟 多費籌辦 佇見活青之惠 區區欣慰 允符取頌〔김홍집金弘集, 31-108〕

만왕萬旺　　모든 일이 평안함. 안부를 물을 때 쓰는 상투적 표현. 예문 伏請比天 勻體節公暇萬旺 伏頌伏頌〔신기선申箕善, 21(智)-440〕

만용滿容　　위엄 있는 모습을 갖춤. 부모의 병이 나았음을 의미함. 『예기』禮記「문왕세자」文王世子에 "(천자가) 편치 않을 때 내시가 세자世子에게 알리면 세자는 얼굴에 근심하는 기색을 띠고 위엄을 갖추지 못한다"(其有不安節 則內豎以告世子 世子色憂 不滿容)라는 구절이 있는데, 그에 대한 주석에, "불만용不滿容은 그 위엄 있는 모습의 아름다움을 갖추지 못한 것이다"(不滿容 不能充其儀觀之美也)라고 하였다. 예문 歲暮離索 懷戀正深 伻來惠書 甚慰此情 第審有色憂 爲之貢慮 信後又有日 想已滿容 令人瞻漵〔윤증尹拯, 4-109〕

만위萬衛　　아주 건강함. 안부를 묻거나, 평안을 기원할 때 쓰는 상투적 표현. 예문 時有便風 幸勿遏金玉之音 餘何可盡 只祝若序萬衛 伏惟令在 謹拜謝上狀〔이시매李時楳, 5-45〕

만음漫吟　　떠오르는 대로 시를 읊음. 예문 賢執事占取得自家境界 不可無忝副教意 故忘拙構呈 玆盖病儕漫吟 都不成說話 勿煩卽秘 千萬〔박주대朴周大, 40-140〕

만전萬典　　아주 평안함. 안부를 물을 때 쓰는 상투적 표현. 예문 就審雪沍 政體萬典 大慰瞻企之悰〔민규호閔奎鎬, 31-106〕

만중萬重　　모든 일이 평안함. 안부를 물을 때 쓰는 상투적 표현. 예문 伏承令崇書之問 以審秋陰 令字候萬重 慰瀉已極〔박장원朴長遠, 16-130〕

만지萬支　　모든 일이 평안함. 안부를 물을 때 쓰는 상투적 표현. 예문 遠隣阻仰 伏惟新晴 孝體度萬支 區區所祝〔명범석明範錫, 31-156〕

만지蔓支　　모든 일이 평안함. 상중喪中에 있는 사람의 안부를 묻거나, 평안을 기원할 때 쓰는 상투적 표현. 예문 伏望 餘祝 孝體蔓支 不備 伏惟哀下鑒 上候疏〔이상희李相羲, 32-41〕

만진萬珍　　아주 건강함. 안부를 묻거나, 평안을 기원할 때 쓰는 상투적 표현. 예문 適宋隆來見 憑此一候 只希萬珍 上候狀〔유혁연柳赫然, 3-175〕

만포慢逋　　태만함. '포'逋는 '타연'拖延(해야 할 일을 질질 끌며 하지 않음)의 뜻. 예문 趁圖鳴謝 而在人事後下落 尙此未稽 依然作慢逋人也〔유만식柳萬植, 44-72〕

만폭挽幅　　죽은 이를 애도하여 지은 글. 또는 그 글을 비단이나 종이에 적어 기旗처럼 만든 것. 만장挽章. 예문 挽幅寫呈 但所謂書不盡意者 奈何奈何〔정경세鄭經世, 45-411〕→ 만어挽語

만호萬戶　　각도의 여러 진鎭에 두었던 종4품 무관 벼슬. 예문 就中 杜萬戶起文有奴婢 逃接于縣地 今者親往推尋 伏望所仰曲施生光〔홍경신洪慶臣, 3-147〕

만호萬護　　모든 일이 평안함. 안부를 물을 때 쓰는 상투적 표현. 예문 伏惟棣體萬護 味道益深 今坐而立歲 想有所立 內則天下之大本 而外則千仞之氣象耶〔이태식李泰植, 40-296〕

만휴萬休　　모든 일이 평안함. 안부를 물을 때 쓰는 상투적 표현. '휴'休는 '희경'喜慶, 혹은 '복록'福祿의 뜻. 예문 省式 曾未獲拜 先施惠狀 感戢僕僕 仍審載陽起居對時萬休 仰慰無任區區〔송병선宋秉璿, 44-122〕

말감末減　　감면하여 가벼운 죄에 처함. '말'末은 '경'輕의 뜻. 예문 弟罪狀至重 律從末減 惶隕尤切 多少私情 不俟言 而兄可知矣〔유척기兪拓基, 6-211〕

말선襪線　　하찮은 재주. 탁말선拆襪線(풀린 버선 실). 버선의 실은 위에서 아래까지 다 풀어도 모두 짧으므로, 장점이 한 가지도 없는 사람을 풍자하는 말로 쓰임. 손광헌孫光憲 『북몽쇄언』北夢瑣言 권5에 "한소는 촉나라에서 벼슬이 예부상서, 문사전 태학사에 이르렀는데 문장을 약간 지을 줄 알았고 바둑, 거문고, 글씨, 산수, 활쏘기도 모두 섭렵하여 후주後主에게 아낌을 받았다. 당시 조사朝士 이태하李台嘏는 '한팔좌韓八座가 기예를 하는 것은 풀린 버선 실에 긴 것이 하나도 없는 것과 같다'고 말했다"(韓昭仕蜀 至禮部尙書 文思殿大學士 粗有文章 至於琴棊

書算射法 悉皆涉獵 以此承恩於後主 時有朝士李台嘏 曰韓八座事藝如拆襪線 無一條長)는 구절이 있다. 예문 所謂襪線 未免峽陋 只切愧報 〔우구하禹龜夏, 41-162〕

말애末哀　　막내 상주喪主. 예문 萬姪所患 已至回頭 而末哀患寒 亦至差境耶 〔심단沈檀, 21(禮)-154〕

말유末由　　~할 길이 없음. '말'末은 '무'無와 같음. 예문 如我癃廢之身 末由進叙阻懷 不任泄亂 謹此替候 兼謝前慢 〔조태로趙泰老, 21(禮)-308〕

말의末擬　　벼슬자리에 사람을 천거할 때 세 번째 후보로 올라감. 말망末望. 첫 번째를 수의首擬 또는 수망首望, 두 번째를 부의副擬 또는 부망副望이라고 함. 예문 伊川有闕 命令所決 差出判望 以白東遠首擬 某台副擬 李邦城末擬 白已蒙點 〔이용수李龍秀, 34-354〕

말장末醬　　메주. 예문 就煩 末醬數石 自安東來 置郡奴鳳鳴家 〔미상, 22-379〕

말정末丁　　그 달의 마지막 정일丁日. 예문 練祀之行於末丁 亦因事勢而已 此處已以初丁 行變除節 光陰如邁 痛念尤切 〔이옥李沃, 14-105〕

망곡望哭　　멀리서 바라보고 곡함. 예문 無冠服入參班列 終不穩當 旣來又不可全無禮節 欲望哭而廻 未知如何 〔유성룡柳成龍, 051〕

망궐례望闕禮　　초하루와 보름 또는 명절 등에 각 지방의 관원이 궐패闕牌에 절하던 의식. 임금을 공경하고 충성심을 표시하기 위해 임금을 상징하는 '궐'闕 자를 새긴 패를 각 고을 관아의 객사에 봉안하고 예를 올렸음. 예문 朔講想必不廢 汝又差初一日望闕禮執事 〔정경세鄭經世, 45-372〕 → 망전례望殿禮

망단望斷　　이러지도 저러지도 못하여 처지가 딱함. 예문 卯君忽得支疾 望斷者兩日 始得通氣 通氣之後 往復無常 或至萬分地頭 投試參料 則少定 若是而其可支撐耶 焦煎之狀 一口難說 〔유도원柳道源, 32-152〕

망략忘略　　약소함을 잊고. 약소하지만. 선물을 보낼 때 상투적으로 쓰는 표현. 예문 洪魚二尾 黃蛤二斗 爲是新味 忘略仰呈 〔민희閔熙, 5-60〕

망로忘勞　　힘드시더라도. 부탁하거나 초대할 때 쓰는 말. 예문 明若開霽 當送人馬 忘勞惠然如何 〔홍탁洪㺚, 21(義)-292〕

망말望末　　말망末望. 벼슬자리에 사람을 천거할 때 세 번째로 후보에 들었다는 말. 예문 弟病蟄中 連叨恩召 惶悶方深 未及陳疏之際 又蒙此分外新命 自以疾病淪落 曾何一毫有補於國家 而纔望末 便紆寵擢 此非意慮所或及 令人惶感 實未

知致此者 〔○영○泳, 000〕

망박忙迫　　바쁘고 일정이 촉박함. 예문 前日之訪 迨極慰寫 但兄忙迫 未永夕 令人恨歎恨歎 〔조희일趙希逸, 23-49〕

망사望士　　명망이 높은 인사. 예문 吾宗之居於北者 亦該鄕望族 小雲又沛鄕 望士 想經聞知矣 〔김윤식金允植, 35-93〕

망야罔夜　　밤낮없이. 예문 至蒙聖恩特命 解職徑歸 及時救護 今方罔夜疾馳 而卽又見舍弟書 病情一向沈重云 〔민진후閔鎭厚, 21(禮)-312〕

망어魰魚　　망둑어. 예문 魰魚二尾 扇三柄 白紙二束 送上 惟照 〔곽순郭珣, 16-61〕

망역忘域　　망각忘却. 보통 '치'置 또는 '부付와 함께 쓰임. 예문 別後時月已積 音問又斷 雖欲置忘域 不可得矣 〔이면우李勉愚, 7-157〕

망요忙擾　　바쁘고 혼란스러움. 예문 忙擾不成狀 伏惟下照 謹上狀 〔김육金堉, 23-51〕

망운望雲　　부모를 그리워함. 예문 蘭陔望雲之懷 雪交舣頂之苦 種種無以自遣 悶惱 奈何 〔강진규姜晉奎, 41-182〕

망인亡人　　자신의 죽은 아내를 가리키는 말. 예문 亡人再朞 奄經於客地 懷緖 益復無聊 〔신임申銋, 22-201〕

망자재배芒刺在背　　까끄라기와 가시가 등에 있음. 매우 마음이 편치 못하다 는 뜻. 예문 吾鄕近年多闕榜 或人仍有禮安士子不勤業之論 余聞之若芒刺在背 〔이 황李滉, 30-199〕

망전례望殿禮　　초하루와 보름 또는 명절 등에 궐패闕牌를 모신 곳에서 대궐 을 향해 절하던 의식. 예문 至於望殿禮拜箋等禮 皆傍坐而未參 是何心也 〔박상朴祥, 9-70〕 → 망궐례望闕禮

망조罔措[01]　　어떻게 해야 할지를 모름. 예문 初喪凡百罔措 而全柒尤切急 倘可 留念否 鞦日不遠 趁期速惠 則幸甚 〔강현姜鋧, 22-211〕

망조罔措[02]　　몸 둘 바를 모름. 예문 千萬不意 濫叨匪據 福輕負重 惶懼罔措耳 〔김상용金尙容, 45-192〕

망족望族　　명망 있는 집안. 예문 吾宗之居於北者 亦該鄕望族 小雲又沛鄕望 士 想經聞知矣 〔김윤식金允植, 35-93〕

망지望紙　　후보자 명단을 적은 문서. 예문 憬兒亦幸參望 而望紙未點 是亦萬

幸 得失何言 〔미상, 22-381〕

망창莽蒼⁰¹　교외郊外. 자신이 살고 있는 시골을 말함. 예문 宗末衰病澌頹 坐此莽蒼 未奉慰 祇增憂想 〔송내희宋來熙, 22-323〕

망창莽蒼⁰²　어수선함. 예문 目下情緖之難制 百凡之莽蒼 不知何以濟艱 〔김정희金正喜, 33-23〕

망첩望帖　어떤 직임의 후보자로 추천되었다는 사실을 본인에게 알리는 글. 예문 就白猥蒙儒薦 受此齋有司之望帖 揆分凜蹙 久不能容措 〔권재일權載一, 41-168〕

망초忙草　바빠서 급히 씀. 예문 幸望特減所納 而卽許斜給如何如何 所懇似不難施 敢此懇溷 餘忙草 不宣 〔이훤李蕙, 5-105〕

망촉望蜀　한漢 광무제光武帝가 '농隴 땅을 얻으면 촉蜀 땅을 바란다'(得隴望蜀)고 한 데서 나온 말로, 사람의 욕심이 만족을 모름을 비유하는 말. 예문 所着靴子 年久弊盡 而無價 難以改造 如有餘件 亦望投惠 然有同望蜀 深用未安 〔정유점鄭維漸, 21(禮)-280〕

망팔望八　나이 팔십을 바라봄. 보통 일흔한 살을 일컬음. 예문 老人一息未絶 又到今年望八 殘生餘日幾何 只自悲凉 〔김류金瑬, 23-45〕

매거枚擧　하나하나 들어서 말함. 예문 近有禮曹公事 因前慶監尹靜春狀啓 枚擧禮安諸儒呈書 欲以趙月川令公配享陶山書院事 〔미상, 45-313〕

매매邁邁　무관심한 모양.『시경』詩經「소아」小雅〈백화〉白華의 "집 안에서 종을 두들기면 밖에서 소리가 들리네. 그대를 간절히 생각하거늘 나를 냉담하게 보는구나"(鼓鍾于宮 聲聞于外 念子懆懆 視我邁邁)에서 온 말. 예문 大槪此道之人 深忌他道之軍 得此捕斬之功 平時邁邁越視 而不爲相恤 〔최경회崔慶會, 12-258〕

매서霾暑　장마철 무더위. 예문 絶域又値霾暑 不審台體動靜何似 無任馳遡之至 〔심열沈悅, 4-31〕

매열霾熱　장마철 무더위. 예문 忽承耑札 憑審霾熱 令後起居萬福 〔박세채朴世采, 47-100〕

매우梅雨　초여름의 장마. 매실이 익을 무렵에 내리는 비라는 뜻. 예문 春盡夏屆 梅雨浪浪 翹仰尤勞 〔정헌시鄭憲時, 35-134〕

매원埋冤　원통한 주검을 묻음. 악상惡喪에 쓰는 말. 예문 弟功服人失渠子母 已四十日已幾滿 而當食而食 當寢而寢 蕩然若無事者 此豈情性之正耶 每有悲惋

而已 方以今十七日 爲埋寃計 而淨地旣難 姑爲權厝於家近小谷 〔김도화金道和, 32-169〕

매인 昧人　　서로 잘 모르는 사람. 예문 嘗見叅奉公遺稿 先大父作宰時 爲素昧人 備給婚需 記爲盛德事 台亦當聞知 雄藩比殘邑大異 疎族與素昧懸殊 助婚多少 唯在台手段之如何也 〔이면재李勉齋, 7-156〕

매정 浼呈　　자기가 선물을 보내는 것을 겸손하게 지칭하는 말. 예문 有饋乾魚 敢以浼呈 一破食淡之戒 如何 〔이황李滉, 30-194〕

매천 梅天　　초여름 양자강 유역의 흐리고 비 오는 날씨. 예문 梅天思晴 與詹慕無窮 〔김정희金正喜, 33-42〕

매표 埋標　　산소 자리를 미리 정하여 표지를 묻어 놓는 것. 『목민심서』牧民心書 「형전」刑典 '6조'六條에 "요새 풍속에서는 미리 좋은 묘자리를 정하면 점유한 사람의 성명, 정한 날짜, 그리고 부모 누구의 산소 자리라는 것 등을 백자기에 써서 아래 위를 맞붙여 그 묘자리에 묻으니, 이를 '매표'라 부른다"(今俗預占佳穴 乃以占得人姓名及占穴日月及爲某親壽地等說 書于白瓷器 上下相合 埋于其穴 名之曰 埋標)라고 하였다. 예문 頃送金先達埋標事 其本家聞之 甚好云云 信否 李羽聲 有枉顧之意耶 〔이언순李彦淳, 44-77〕

매하 梅夏　　매실梅實이 익는 여름. 4월. 예문 伏惟梅夏 棣體動止珍護萬重 〔신영조辛泳祚, 53-167〕 → 매천梅天

매하 每下　　매황유하每況愈下. 상황이 갈수록 나빠짐. 예문 瀷數月之間 漸頓益甚 只覺去去每下 幾何不至於窮到其極耶 〔이익李瀷, 39-149〕

맥량 麥涼　　보리나 밀이 익을 무렵인 4월. 예문 卽承審麥涼 政候萬衛 仰慰仰慰 〔이최응李最應, 44-217〕

맥령 麥嶺　　보릿고개. 예문 靑黃之交 其窘有甚於麥嶺 何以爲調度 風雨之餘 損我田穉不少 遠近所望 有可驚心 未知仁庄不受其酷耶 〔김흥락金興洛, 32-174〕

맥설 麥屑　　밀가루. 예문 前日麥屑少呈助用 致勤下謝 反增愧悚 〔김우옹金宇顒, 44-42〕

맥우 麥雨　　보리 익을 무렵의 비. 예문 間頗麥雨頻霑 亢暵之餘 可謂甘露一滴 〔김정희金正喜, 33-48〕

맥주 麥舟　　부의賻儀. 송宋의 명재상 범중엄范仲淹이 아들 순인純仁에게 배로 보리를 운반하게 하였는데, 단양丹陽에서 만난 아버지의 친구 석만경石曼卿이란 이로부터 장사 지낼 비용이 없다는 이야기를 듣고 보리 실은 배를 부의로 주었다는 고사에서 유래함. 예문 曾聞種種麥舟之惠 令人感縮者多矣 〔유동시柳東蓍, 40-188〕

맥지驀地　　갑자기. '지'地는 어조사. 맥연驀然. 예문 堂咸喪變 雖是積祟 豈料此驀地有狀耶 悲係則深 〔조승기趙承基, 40-318〕

맥천麥天　　보리가 익는 계절. 4, 5월. 예문 麥天甚旱 秧事有妨 〔정재함鄭在咸, 41-46〕

맥추麥秋　　익은 보리를 거두어들이는 철. 4, 5월. 예문 麥秋方至何境 麥若始黃 則生計伏想稍可救急 〔이전효李全孝, 7-179〕

맥풍麥風　　보리 익을 무렵인 초여름에 부는 바람. 예문 麥風吹人 瞻仰更切 卽伏承下狀 謹審夏半 政餘體用萬護 仰慰不任 〔김정희金正喜, 22-319〕

맹갈할봉盲喝瞎棒　　맹목적인 고함과 눈먼 몽둥이. 본래 갈봉喝棒은 불가佛家의 말로서 사람의 미오迷誤를 일깨우는 것을 이름. 예문 今日山家 不知此箇道理 只以盲喝瞎棒 到頭殺人 寧非大可悲憫 〔김정희金正喜, 33-126〕

맹문지험孟門之險　　넘기 힘든 험난한 길. 어려운 과정의 비유. 맹문산孟門山은 황하黃河의 물줄기가 거세기로 유명한 용문龍門 상류에 있는 산이다. 황하의 양안兩岸에 우뚝 선 험한 산인데 우禹가 이곳을 뚫고 황하의 물길을 내었다고 한다. 예문 賢關亦有孟門之險 凡百 務爲韜晦 〔이황李滉, 30-6〕

맹부盟府　　충훈부忠勳府의 별칭. 예문 但店有司 往往被打於往來行旅 而亦不應路卜行炬之役 則有司之稱自公 而如盟府籌司 爲緊任腴窠 已如許矣 〔정조正祖, 26-73〕

맹진孟晋　　힘써 나아감. 예문 夏序已屆矣 政當開硯做字 以君篤志 何待加勉 而一意孟晋 以紅紙上題名 爲期望也 〔신좌모申佐模, 43-158〕

멱부覓付　　구하여 보냄. 예문 筆墨各二 扇三 覓付耳 〔이상진李尙眞, 3-127〕

멱혜覓惠　　찾아서, 또는 구하여 주십시오. 상대방에게 물건을 얻거나 빌릴 때 쓰는 말. 예문 數日後欲入乞免文字 而疏紙他無求處 如有餘儲 覓惠如何 〔이기홍李箕洪, 23-155〕

면경面罄　　만나서 다 이야기함. 예문 餘竢面罄 不備禮 〔이병원李炳瑗·이병곤李炳鯤,

53-42〕

면고免故　　별 탈이 없음. 예문 齋中僉益 亦俱免故〔김문옥金文鈺, 41-109〕

면구面究　　만나서 다 이야기함. 예문 餘留 面究未間 竊冀加勉 以慰遠望 不宣〔채지홍蔡之洪, 22-259〕→ 면경面磬, 면기面旣, 면달面達, 면승面承, 면오面晤, 면진面陳, 면토面討, 배실拜悉01, 배토拜討, 봉기奉旣, 봉실奉悉02, 봉진奉盡, 봉토奉討, 봉파奉破, 승토承討, 협구頰口

면기面旣　　만나서 다 이야기함. 예문 餘在面旣 姑此不宣〔강재주姜再周, 41-75〕

면달面達　　만나서 말함. 예문 屠漢尺條一百兩 旣係庖廚擧行 而明市注給之念 已有面達者 則屠漢又此委送 期於依約出給 若何若何〔엄경섭嚴景燮, 41-133〕

면력綿力　　능력이 부족함. 예문 且聞李畫師方在營下云 然耶 綿力末由邀致 玆上一絹衣 幸命侍史裂作各片爲小屛資 精畫瀟湘或關東景 卽加粧䌙以寄 則病中感喜 恐無蹤此〔송준길宋浚吉, 22-139〕

면례緬禮　　묘소를 다른 곳으로 옮겨 다시 장사 지내는 일. 예문 冬初又行先人 緬禮 號慕莫及 哀隕如初 舊壙水患又非常 驚痛尤罔極矣〔한원진韓元震, 22-257〕 → 개조改厝, 면양緬襄, 이조移厝, 천조遷厝

면봉緬奉　　무덤을 옮겨 다시 장사 지내는 일. 면례緬禮를 높여 이르는 말. 예문 緬奉 仰想感舊深切 而何以經紀耶 爲之獻念耳〔이상현李象顯, 41-49〕

면분面分　　얼굴이나 알 정도로 사귄 교분. 예문 貴邑新倅 曾有所面分耶〔조종훈趙鍾勳, 41-27〕

면사面謝　　만나서 감사를 표함. 예문 只竢早晩面謝〔송준길宋浚吉, 052〕 → 봉사奉謝

면상免喪　　상이 끝나 상복을 벗음. 예문 每想 尊侍免喪之後 尙未得一命之官 非不欲用力 而奈此身言輕力綿何 然當與錦陽 某條周旋爲計〔홍영洪霙, 21(義)-157〕

면상面商　　만나서 의논함. 예문 餘近日有一層奇異之事 而非書所旣 留俟面商 不備謝禮〔이병희李炳憙, 53-40〕 → 면의面議

면상緬想　　멀리서 생각함. 예문 庚炎緬想淸履勝常 遙慰遙慰〔한호韓濩, 5-26〕 → 면유緬惟

면생객面生客　　처음 보는 사람. 생면生面. 예문 非惟面生客難示 雖相知之人 亦不宜煩至於謄寫以去 恐十分難愼 切望蒼巖深諒善處〔전우田愚, 41-129〕

면서面敍　　만나서 이야기함. 예문 作宰同道 旣阻面敍 今又解歸 遂成交臂之失 〔임상원林象元, 6-230〕→ 배서拜敍, 배온拜穩, 변서抃敍, 봉서奉敍, 봉전奉展, 상서相敍, 온穩, 온서穩敍, 온오穩晤, 온주穩做, 전오展晤, 조전造展, 합전合展

면소面咲　　면소面笑. 반갑게 만남. 예문 李台面腫卒發極重 戒馬還止 面咲之早晚未必 是慮是慮 〔유경하柳經河, 027〕

면송面送　　직접 만나서 전송함. 예문 不得面送 此懷何喩 只望加餐善保 〔김상헌金尙憲, 23-43〕→ 반송攀送, 배리拜離, 변별抃別, 삼별摻別, 삼수摻手

면승面承　　만나서 이야기함. 예문 仲季兩契前 忩忩不別有書 可同照 多少在早晚面承 不宣 伏惟尊照 拜謝狀上 〔신석번申碩蕃, 22-115〕

면신免新　　신임 관리가 선배 관원들에게 음식을 접대하는 것. 면신허참免新許參. 예문 就懋 來頭有免新之役 而大小刺紙及簇子等物 無路措辦 倘或留念耶 〔박행의朴行義, 21(禮)-266〕

면아面雅　　면식面識. 예문 雖無面雅 慣識聲華 尋常緬仰 而隔海路左 弔慶莫知 椿府尊不淑之報 昨年因姜棘人 始得聞之 〔고처량高處亮, 31-40〕

면앙眄仰　　잠깐 사이에. 예문 綠陰黃鳥 眄仰日長 〔심상규沈象奎, 39-193〕

면앙緬仰　　멀리서 그리워함. 예문 雖無面雅 慣識聲華 尋常緬仰 而隔海路左 弔慶莫知 椿府尊不淑之報 昨年因姜棘人 始得聞之 〔고처량高處亮, 31-40〕

면약面約　　만나서 약속함. 예문 遊山旣已面約 不謂中輟 遂未偕響 至今懷缺 〔이황李滉, 30-94〕

면양緬襄　　묘소를 다른 곳으로 옮겨 다시 장사 지내는 일. 예문 念緬襄以後 焦勞憂迫之辭 每發於切摯書訊之末 〔송규호宋奎灝, 31-94〕

면오面晤　　만나서 이야기함. 예문 餘在面晤 姑不備謝 〔김정진金靖鎭, 41-145〕

면유緬惟　　멀리서 생각함. 예문 何緣相奉以寫幽懷 臨紙惘惘 不能究懷 緬惟下照 不宣謹狀 〔정광필鄭光弼, 3-30〕→ 면상緬想

면의面議　　만나서 의논함. 예문 如此等事 必欲面議 〔권반權盼, 3-35〕→ 면상面商

면임面任　　면의 행정 업무를 담당하는 사람. 예문 示事頑民之請 疲殘城主 決無不從之理 已分付面任耳 〔남태회南泰會, 42-38〕

면전勉旃　　힘씀. '전'旃은 '지언'之焉을 뜻함. 예문 異時卓然 能自樹立 做得大

事業者 安知其不由於今日喫苦之得力耶 惟令勉旃無怠〔홍우원洪宇遠, 44-330〕

면진面陳　　만나서 이야기함. 예문 未由面陳 臨紙哽塞 謹奉狀 不備 謹狀〔민정중閔鼎重, 23-125〕

면질面質　　만나서 질문함. 예문 晌午面質 易文上下經反對卦之數 歸而求之〔여세윤呂世潤, 027〕→ 봉질奉質

면철綿綴　　병세가 중하여 숨이 막 끊어질 듯한 상태. 예문 珥母長時綿綴 惟以豚兒順經 爲幸爲幸〔신사임당申師任堂, 26-121〕

면첨免添　　건강이 더 이상 나빠지지 않음. 예문 戚弟 層省免添 各籬依遣 私分之幸〔이대형李大衡, 53-52〕

면촉面囑　　만나서 부탁함. 예문 此人持來之物 戶議適來 面囑卽捧耳〔이경휘李慶徽, 5-62〕

면토面討　　만나서 이야기함. 예문 欲一面討而未及 故謾及之 覽了卽丙之〔송준길宋浚吉, 15-190〕

면품面稟　　뵙고 아룀. 예문 近當委遣別坐一員 使之面稟一一〔한효순韓孝純, 051〕

면회面誨　　만나서 말함. '회'誨(가르치다)는 상대방을 높이는 표현. 예문 不可以殯殿肅謝 啓請牌招 昨日面誨 不翅丁寧 而今忽爲此示 未知何故耶 況以弟等情勢 其可更起抗顏於論列立落之際乎〔송광연宋光淵, 21(禮)-169〕

명蓂　　달력. 예문 乙丑至月二十二日 膚壽頓首 二蓂送去耳〔안응수安膺壽, 41-32〕

명가命駕　　먼 길을 떠남. 예문 伏未審此時體候若何 命駕時雪積日寒 不瑕有行中添傷之候耶 區區憂慮之私 倍切下懷〔이기홍李箕洪, 22-199〕

명감銘感　　고마움을 마음에 새김. 예문 惠送酒饌 倘非厚眷 何以至此 拜受 銘感之至〔이세화李世華, 23-131〕

명교明敎　　분명한 가르침. 분명하게 알려줌. 예문 曾蒙盛諾 秋後欲往審東陽華山 故今擬扶病下往 而未知其間果無掣肘與否 玆用耑候 幸乞明敎之千萬〔박세채朴世采, 3-146〕

명념銘念　　마음에 새김. 잊지 않고 기억함. 예문 此物雖緣切迫而發口 亦知酬應之甚難 故不敢望也 銘念至此 仰謝不已〔이경휘李慶徽, 23-105〕

명도命途　　운수運數. 예문 今番所遭 固知橫逆之甚 而亦係老兄命途 豈望章子厚所爲耶〔민익수閔翼洙, 22-261〕

명령螟蛉⁰¹　　양아들. 나나니벌이 뽕나무벌레를 잡아 그 유충을 먹이는 것을 데려다가 자기 자식으로 키운다고 오인誤認한 데서 유래한 말.『시경』詩經「소아」小雅〈소완〉小宛에, "뽕나무벌레의 새끼를 나나니벌이 데려가네. 네 자식을 가르쳐 좋은 도를 닮게 하라"(螟蛉有子 蜾蠃負之 敎誨爾子 式穀似之)라는 구절이 있다. 예문 積惡通天 酷禍荐仍 纔葬女息 又哭螟蛉〔박필성朴弼成, 49-291〕→ 명사螟嗣, 명아螟兒, 명축지자螟祝之子

명령螟蛉⁰²　　제자. 예문 秋場試紙 螟蛉輩索我 士華令前以書圖惠 秋來必有蟬蛻者 故敢索筆墨 亦如紙難 廣索送來〔신용개申用漑, 21(仁)-56〕

명명冥冥　　저승. 예문 不暇悲我之悲 而悲號者之悲我於冥冥也〔김정묵金正黙, 22-297〕

명명明明　　모레. 예문 父今到大岾 欲參明明忌祭矣〔정철鄭澈, 23-21〕

명명지홍冥冥之鴻　　아득히 높이 나는 기러기. 세상을 피하여 은거하는 사람의 비유. 양웅揚雄의『법언』法言「문명」問明에 "기러기 아득히 높이 나니 주살 쏘는 사람이 어찌 잡을 수 있겠는가"(鴻飛冥冥 弋人何篡焉)라는 말이 있다. 예문 兪臺銛鋒 忽及於野外靜蟄之人 世路之危險 已知其日甚一日 而弋者猶欲篡冥冥之鴻 亦復奈何〔윤양래尹陽來, 6-178〕

명벌鳴罰　　죄를 주자고 요청함. 예문 第三疏 疏首申耆朝償事 故鳴罰付呈 輪于士林 以爲勸懲之地 幸甚〔이희소李熙紹, 34-372〕

명사螟嗣　　양아들. 예문 雖晚定螟嗣 托身有所 而忽忽不樂置途棲遑〔신좌모申佐模, 43-121〕→ 명령螟蛉01, 명아螟兒, 명축지자螟祝之子

명사銘謝　　감사함을 마음에 새김. 예문 寄惠節扇 實出盛念 拜領珍感 銘謝無已〔조돈趙暾, 6-59〕

명사鳴謝　　진심으로 감사함. 예문 第累次修候 皆爲廊吏所匿 使孟休鳴謝之忱沮而不達 慨歎奈何〔이맹휴李孟休, 21(智)-68〕

명상名狀　　말로 표현함. 예문 客臘惠訊 兼致諸品盛儀 旣慰且感 不容名狀〔김정집金鼎集, 26-221〕

명서蓂書　　달력. 명협蓂莢이라는 풀이 1일부터 15일까지 한 잎씩 나고, 16일부터 30일까지는 한 잎씩 진다는 데에서 유래하였다. 예문 惠饋海味 依領遠情 謝拜僕僕 蓂書節薵 見輒思兄〔송시철宋時喆, 34-86〕

명숙 名宿　　명망이 높은 사람. 숙宿은 숙夙으로도 씀. 예문 鐵禪諸名宿 俱吉祥 自在否 無以另具 〔김정희金正喜, 33-90〕

명시 明時　　현명한 임금이 다스리는 시대. 곧 자신이 사는 당대當代를 가리키는 상투적인 표현. 예문 大抵衰年氣力 決不堪供世 雖使黽勉 亦無補益於明時 惟早得退休 溫理舊業 乃爲上策 〔정경세鄭經世, 45-366〕

명아 螟兒　　양자養子. 예문 弟有螟兒求婚 兄已悉之 窮僻中聞見不廣 兄試思可婚處 指教如何 〔○이성○二星, 000〕→ 명령螟蛉01, 명사螟嗣, 명축지자螟祝之子

명약 命藥　　약을 처방함. 화제和劑. 예문 卽刻見書 知汝母所患又發 慮慮 翁卽刻出站 症錄傳送於沈僉正宅 使之命藥以送耳 餘不悉 〔홍주일洪柱一, 21(義)-335〕

명우 冥祐　　귀신의 도움. 예문 罪弟冥祐不死 常事隔霄哀號 〔정세영鄭世永, 027〕

명응 冥應　　귀신이 감응하여 도와줌. 예문 近聞洛中屢擧圭璧云 間獲冥應 〔김영수金永壽, 22-339〕

명저 名楮　　과거 시험 답안지. 예문 令教名楮 雖曰南州 辦得甚艱 而爲令意圖一事仰呈 〔김광혁金光爀, 051〕→ 명지名紙

명전 銘篆　　마음에 깊이 새김. 예문 向來執事者之未謝郡寄也 三拜下翰 再承山榮之惠 中心銘篆 曷有其已 〔이맹휴李孟休, 21(智)-68〕

명지 名紙　　과거 시험 답안지. 예문 姪子四人 亦參會試 名紙欲得甚切 望令圖惠 〔오윤겸吳允謙, 051〕→ 명저名楮

명축지자 螟祝之子　　양자. 예문 內從兄 螟祝之子 老境此擧 令人可歎 而其在至情 不得一晉慰叙 悚恨悚恨 〔이만상李晩相, 055〕→ 명령螟蛉01, 명사螟嗣, 명아螟兒

명태 明太　　명태. 예문 錢文二兩 曲子一同 明太二束 大口一尾 乾柿一占 白文魚一尾 眞末二斗 眞荏一斗 〔정몽해鄭夢海, 31-30〕

명패 命牌　　임금이 3품 이상의 당상관을 부를 때 보내던, 붉은 칠을 하고 '명'命 자를 쓴 나무패. 부르는 벼슬아치의 이름을 썼는데, 받은 사람은 참석할 수 있으면 '진'進, 참석할 수 없으면 '부진'不進이라고 써서 되돌려 바쳤다. 예문 今刻又以事命牌臨門 不得已出仕 然不久欲還入矣 〔정경세鄭經世, 45-352〕→ 패초牌招

명함 名銜　　이름. 예문 今賤豚之來 得承數字 名銜出於手筆 筆畫宛然 是昔日字樣 〔이원익李元翼, 25-10〕

명행溟涬　　　끝이 아스라한 바다. 예문 滄桑不須提說 南來以後 溟涬入眸 盖不禁滔滔神馳〔서유구徐有榘, 44-335〕

모감冒感　　　감기에 걸림. 예문 弟冒感委㞃 悶苦悶苦〔홍양호洪良浩, 39-175〕 → 병감病感, 중감中感, 첨감添感

모갑생某甲生　　몇 년생. 예문 男女長幼 當書以某甲生 而如卽今有司輩書各家尊長年歲 無已近於朱子所謂計父祖年甲者耶〔정조正祖, 26-73〕

모궤耄憒　　　노쇠하여 정신이 흐려짐. 예문 弟耄憒日甚 兒病久苦 日用憐悶而已〔유치명柳致明, 027〕

모년暮年　　　늘그막. 노년老年, 만년晩年. 예문 暮年離思 有增前昔〔송익필宋翼弼, 22-43〕

모당慕堂　　　경모당景慕堂, 경모궁景慕宮. 정조正祖의 친부親父인 사도세자思悼世子를 모신 사당. 예문 日來何況 慕堂致侑 卜吉於卄五 兼宣華溢 凡爲後裔者孰敢不參〔정조正祖, 26-19〕

모독冒瀆　　　염치를 무릅쓰고 폐를 끼침. 예문 前日宋參議返葬時 旣蒙匍匐之恩 今又冒瀆 不勝惶悚〔김신국金藎國, 39-47〕 → 모매冒浼

모렴冒廉　　　염치를 무릅쓰고. 예문 若少可則將當西笑 然當此險年救活且不暇矧乎續絃餘債資行凡節 束手沒策 故敢此冒廉伏告 隨所用 俯諒優惠 而幸軆古君子大義如何〔정광석鄭光奭, 41-43〕 → 불렴不廉

모매冒浼　　　염치를 무릅쓰고 부탁함. 예문 仍悚 弊燭臺一雙送似 卽此反隅 可知弊府凡具之爲無形耳 幸命付匠手 改造以還 如何如何 事係濟公 且恃台眷 敢此冒浼耳〔민희閔熙, 5-61〕 → 모독冒瀆

모모帽毛　　　털 모자. 예문 帽毛若借 明則可持去也 此毛甚潤澤矣 不宣〔이경직李景稷, 7-217〕

모색茅塞　　　잡초가 길을 막는다는 말로, 마음이 물욕에 가림을 이름. 『맹자』孟子「진심 하」盡心下에 "잡초가 그대의 마음을 꽉 막아 버렸구나"(茅塞子之心矣)라는 구절이 있음. 예문 大槩隨時隨處勿忘本業 毋令心地茅塞爲善〔정경세鄭經世, 45-393〕

모생毛生　　　종이에 보풀이 읾. 예문 惟樂祖兄 跡如流星 路上暫遇 因相別去 旅館忘却 去留未知 袖簡毛生 咄咄負煞 自其叙書 促之如何〔김상국金祥國, 37-115〕

→ 생모生毛

모속冒屬　　자격이 없는 사람이 들어가 소속되는 것. 예문 聞營吏之言 則方伯之言曰 庶孼萬無爲史庫參奉之理 此冒屬也 可定軍役云云 〔김시추金是樞, 12-116〕

모양某樣　　모쪼록. 예문 吾亦有些緊囑者 永柔詳知而去 某樣善圖 卽不費之惠也 〔김정희金正喜, 33-20〕

모장毛帳　　털로 만든 휘장. 예문 風日不佳 不可無毛帳與揮項吐手 故玆以傳人 以及宿所 而亦未可必也 〔이철영李喆榮, 10-116〕

모조某條　　모조某條. 아무쪼록. 어떠한 조건이든 예문 每想 尊侍免喪之後 尙未得一命之官 非不欲用力 而奈此身言輕力綿何 然當與錦陽 某條周旋爲計 〔홍영洪霙, 21(義)-157〕

모주母主　　어머니. '주'主는 일가의 손위 유복친有服親을 지칭하는 말 뒤에 붙여 존경을 표하는 접미사. 예문 但母主有添感之候 不勝慮念 〔이경억李慶億, 051〕

목木　　면포綿布. 무명. 예문 汝家租留卄餘石云 兄意當令盡貿木 爲後日之用 皮牟雖數少 留種外亦當盡令貿之爲計 此於汝意如何 〔윤구尹衢, 8-18〕 → 목단木端, 목필木疋

목각통木角筒　　나무로 만든 각진 필통. 예문 前懇雨傘及木角筒 留念下惠 至望 〔이인소李寅熽, 5-117〕

목과木瓜　　선물로 주고 받는 물건. 『시경』詩經 「위풍」衛風 〈목과〉木瓜의 "나에게 목과를 던져 줌에 옥으로 보답하네"(投我以木瓜 報之以瓊琚)라는 구절에서 온 말. 예문 下惠珍墨 重此拜領 深荷垂眷 而弊邑殘陋 未有木瓜之報 一笑一歎 〔박태보朴泰輔, 21(禮)-272〕

목과전木瓜煎　　모과 달인 것. 예문 頃見汝書 聞聘母患喘甚重 多慮多慮 木瓜煎造送 試進爲當 〔김성일金誠一, 12-153〕

목단木端　　무명베. 목면. '단'端은 포백을 세는 길이의 단위. 예문 下敎 明友家及平山宅昏需願助事 敢不仰副 而但營中非如各邑 人馬極難 且値高風 舡便頓稀 勢將於邸便往來時付送木端 而十勅餘毒 至今未已 恐不能稱意也 〔이홍연李弘淵, 41-172〕 → 목木, 목필木疋

목목氉氉　　그리워하는 모양. 예문 秋抄欲登五臺中峯 仍之重泛鏡湖 而勝遊難再 第切氉氉 〔윤순거尹舜擧, 23-75〕

목숙苜蓿　　거여목. 콩과에 속하는 일년초로 우마牛馬의 사료로 씀. 맛없는 자신의 반찬을 가리킴. 예문 拙和兩律 今付柳奴以呈 幸一笑 海味侈我苜蓿盤 珍感珍感 〔정홍명鄭弘溟, 23-69〕

목정木丁　　나무 못. 예문 惠助苞漆木丁 亶此眷意 感謝無已 〔윤유尹游, 051〕

목천木天　　붓. 원래 한림원翰林院을 가리키는 말인데, 한림학사의 일이 글을 쓰는 것이므로 이러한 뜻을 갖게 됨. 예문 仰請 弊家兩世狀銘 暇或秉其木天 書表碣 則下磋磨而欲謄刻 恭竢下燭 柳月旬朔間俯擲 千萬伏祝 〔김태현金台鉉, 000〕

목필木疋　　무명베. 목면. 예문 前送木疋 尙未貿得印碼紙耶 速送爲望爲望 春內欲印 切計 〔금응훈琴應壎, 21(仁)-258〕 → 목木, 목단木端

목하目下　　눈앞에. 당장. 예문 原城彦爾 渠必書稟 而恐不識忌諱 只以目下義理勉之矣 夫目下義理 雖非父師之訓 何可不從 而近來事 難以恒情測度 疏入之後 事端 出於意外 則此將奈何 〔미상, 6-154〕

목향고木香膏　　국화과 식물인 목향의 뿌리로 만든 약. 예문 敎木香膏 謹以二丸 奉副 〔김종후金鍾厚, 22-277〕

목화目花　　눈에 꽃이 핌. 눈이 침침하여 잘 보이지 않음을 비유하는 말. 예문 目花手戰 臥胡多錯 〔최흥원崔興原, 027〕 → 안화眼花

몰몰沒沒　　전혀 없는 상황을 나타내는 부사. 예문 雲觀匠手果有之 三堂上行下 沒沒無暇 命下卽現 苦未易 等待之際 恐有稽遲之患也 〔조상우趙相愚, 5-122〕

몰수沒數　　모조리. 예문 今者修候 事當懈緩 然諸般事件 沒數判備爲料矣 牛馬東西不如者 十居八九 至今修候 兄須藻諒如何 〔김정현金正鉉, 37-123〕

몰염沒廉　　염치없음. 예문 此債之延拖 今旣六年之久 非如我汗漫 安至於此耶 大抵崔弁之沒廉 如是耳 〔김성근金聲根, 42-24〕

몰책沒策　　방책이 없음. 예문 鄙行 今月內欲圖 而資斧究劃沒策 姑未知稅駕何地 〔이휘정李彙廷, 44-57〕

몽매외夢寐外　　뜻밖에. 예문 此間 夢寐外 又聞仲哥哀音 三朔之內 連折同氣 豈人理所可堪耶 〔권만權萬, 21(禮)-476〕

몽사蒙賜　　염려 덕분에. 예문 僕亦蒙賜 僅保衰病 隣亦粗平 〔이현보李賢輔, 21(仁)-60〕 → 임비臨庇, 탁비托庇, 하사荷賜

몽유蒙諭　　가르침을 받음. 예문 前去文字 想無浮沈 第恐蕪冗不堪入石 方俟

討論示敎 庶得修削 而久未蒙諭 豈私居乏便耶〔정경세鄭經世, 3-27〕

몽윤蒙允　　임금의 윤허允許를 받음. 예문 生病劇乞遞 時未蒙允 可悶〔이홍주李弘胄, 21(仁)-406〕

몽점蒙點　　관리 후보로 추천된 자가 임금의 낙점을 받음. 예문 伊川有窠 命令所決 差出判望 以白東遠首擬 某台副擬 李邦城末擬 白已蒙點 朝已肅謝出去矣〔이용수李龍秀, 34-354〕

몽체蒙遞　　임금으로부터 체직遞職을 허락받음. 예문 久占閑靜之樂 必多頤養之效 爲之馳仰 第縣道疏狀 蒙遞未易 而曠久帶職 身雖安而心不安 是用奉悶〔어유구魚有龜, 6-166〕

묘군卯君　　간지干支에 묘卯가 들어간 해에 출생한 사람이란 뜻으로 동생을 가리킴. 소식蘇軾의 동생 소철蘇轍이 기묘생인데, 그의 생일날 소식이 생일 축하시인 〈자유의 생일날에 단향관음상과 신합인향은전반으로 축수한다〉(子由生日以檀香觀音像及新合印香銀篆盤爲壽)에서 "동파가 이 물건으로 묘군의 장수를 기원한다"(東坡持是壽卯君)라고 한 데서 유래함. 예문 昨日午后 與卯君暫時邂逅于路上 金出童母子 近皆無恙耶〔황원黃瑗, 37-44〕

묘궁墓宮　　무덤. 예문 徐公之墓宮 在精舍傍近矣 其後孫德遠 方營立孤青墓碣〔윤봉구尹鳳九, 6-209〕→ 구묘丘墓, 유당幽堂, 택조宅兆

묘당廟堂　　조정朝廷. 예문 權思誠替君之職 將欲何爲云耶 西報之虛實緩急 實未之知 廟堂不以爲急〔미상, 22-381〕

묘선妙選　　사람을 아주 잘 선발함. 또는 그렇게 선발된 사람. 주로 왕비나 관리를 뽑는 것을 가리킴. 예문 妙選之敎 可認盛意 而玆事無人擔當 且館僚中亦無提說者 匪久完了之云 未知從何得聞耶〔어유구魚有龜, 6-167〕

묘신卯申　　관리들의 근무 시간. 묘유卯酉. 묘사유파卯仕酉罷. 『경국대전』經國大典 「이전」吏典 고과조考課條에, "제사 諸司의 관원은 묘시卯時(오전 5시~7시)에 출근하여 유시酉時(오후 5시~7시)에 퇴근한다. 해가 짧은 때에는 진시辰時(오전 7~9시)에 출근하고 신시申時(오후 3~5시)에 퇴근한다"(諸司官員 卯仕酉罷 日短時 辰仕申罷)고 하였다. 예문 世下生省節幸安 而日以公役 卯申奔走 可悶可悶〔민영익閔泳翊, 39-257〕

묘유卯酉　　관리들의 근무 시간. 예문 弟卯酉汨汨 癃病日甚 自怜自怜〔이익李翊,

무간無間　　흠잡을 데가 없음. 또는 빈틈이 없음. 예문 彼情大抵無間 豈不先我 難不自彼〔김기수金綺秀, 22-343〕

무궁撫躬　　반성함. 반궁反躬. 예문 民疾病漸痼 朝夕待盡 茲未得進詣行帷之下 少伸酌水之誠 只自撫躬咄嗟而已〔송시열宋時烈, 000〕→ 내송內訟, 반궁返躬

무녀포巫女布　　무당이 국가에 세금으로 바치는 베. 예문 巫女布 臺啓全減勿爲上納 行關來到於尊發行翌日 貴奴之不送尺文 以其不納之故 而遠地未卽聞 未能與尊議其還報 可歎可歎〔김명열金命說, 49-254〕

무념撫念　　아련히 생각함. 예문 撫念疇昔 只切悲悼 想兄隣比依遺之餘 絶多悲裂也〔박춘보朴春普, 6-207〕

무독지충無毒之虫　　하는 일 없이 밥만 먹는 사람을 가리킴. 자신을 낮추어 이르는 말. 예문 生無毒之虫 得全性命 年今八十 猥超資憲 恩眷罔極 何幸如之〔이형욱李馨郁, 21(義)-60〕

무량서리無粮書吏　　급료가 없는 서리. 예문 無粮書吏金時立 於我相切 無異金愛雲 聞有實窠 幸望行下陞差欲生光 以酬其恩〔오준吳竣, 39-83〕

무로無路　　길이 없음. 방법이 없음. 예문 示事 情非不足 近者下輩朔下未給滿月 怨聲載路 用手無路 奈何〔조희일趙希逸, 23-49〕

무망재거無忘在莒　　고생하던 때의 일을 잊지 않음. 춘추시대 제齊나라의 환공桓公이 그의 형인 양공襄公이 문란하고 사람을 함부로 죽이므로 화가 자기에게 미칠 것을 두려워하여 거莒로 달아나 고초를 겪었다. 그 후 양공이 무지無知에게 죽고 무지도 옹름雍廩에게 죽은 뒤에 환공은 거에서 제齊로 돌아와 임금이 되었다. 이때 제 환공이 관중管仲에게 묻기를, "어떻게 나라를 다스릴까?" 하니, 관중이 대답하기를, "원컨대 공께서는 거莒에 있었던 일을 잊지 마소서"라고 하였다는 고사에서 유래. 예문 兄弟子姓聚首談舊 追記此時事 而以爲歡笑之資鑑戒之本 有如古人所謂無忘在莒者 如何如何〔김규식金奎寔, 41-110〕

무망지아無妄之痾　　병의 미칭美稱. 무망지질无妄之疾. 병이 빨리 낫길 바라는 기원이 담긴 말.『주역』周易〈무망괘〉无妄卦 '구오'九五의 효사爻辭에서 "망령됨이 없는 질병이니, 약을 쓰지 않아도 나으리라"(无妄之疾 勿藥有喜)라고 하였다. 예문 晦叔無妄之痾 固無待藥之 而後有喜 唯冀老兄安心聽天 勿以是撓靈臺焉耳

〔윤휴尹鑴, 47-13〕

무망지희无妄之喜　　병이 나아서 기쁨. 『주역』周易 〈무망괘〉无妄卦 '구오'九五의 효사爻辭에 "약을 쓰지 않아도 나으리라"(勿藥有喜)라는 말이 있다. 예문 第間者湯節彌留 豈勝驚慮 信后閱月 已收无妄之喜〔이용희李容熙, 31-89〕

무면지박탁無麵之餺飥　　밀가루 없는 수제비. 밀가루가 없으면 수제비를 만들지 못한다는 뜻. 즉 어떤 일을 하기 위해서는 그에 상응하는 조건이 갖추어져야 한다는 의미이다. 또는 이와 반대로 조건이 합당하지 않더라도 열심히 노력해서 일을 성취한다는 뜻으로 쓰이기도 한다. 박탁餺飥은 탕병湯餠(국수, 수제비, 떡국류)의 별칭이며, '불탁'不托으로도 쓴다. 비슷한 말로 '무미지취'無米之炊가 있다.
예문 所論事 據外而觀 果似失於謀始 然使善處事者當之 亦能爲無麵之餺飥耶〔전우田愚, 29-44〕

무명無名　　명분이 없음. 예문 惠送二繒 何以有此也 却之不恭 受之無名 故一留一還 互相表情之意也〔정범조鄭範朝, 41-156〕

무무貿貿　　흐리멍덩함. 예문 日月逝矣 貿貿無聞而就死地 豈不深惜〔성혼成渾, 22-45〕

무범毋泛　　예사로 여기지 않음. 무범무범. 예문 妄恃厚意 玆用煩溷 更乞毋泛〔이관명李觀命, 23-193〕→ 물범勿泛

무사無似　　형편없음. 겸사. 불초不肖. 예문 筆硯吟囈之抛 自國哀前已久矣 然雪冤伸枉 平生之志 哀窮悼屈 況於賢乎 尤焉對人說及 則未嘗虛 而愁裡江外未暇酬應 亦勢所使也 情豈然哉 且閑局一介老病夫 雖或有所云云 無似之言 不能見信 奈何奈何〔이경석李景奭, 3-137〕→ 무형無形

무상無狀　　형편없음. 겸사. 불초不肖. 예문 罪喘頑冥忍死 至今無非德宇 而持身無狀 厚蒙不潔之誚 秖自內省竊痛而已〔윤순거尹舜擧, 22-119〕→ 무형無形

무송霧鬆　　상고대. 나무 서리. 날씨가 맑고 추운 겨울철 밤에 대기 중의 수증기가 나무에 하얗게 얼어붙는 현상. '송'鬆은 '송'淞. 해가 뜨면 곧 사라지는데, 이것이 많으면 풍년이 들 조짐이라고 한다. 예문 冬來霧鬆 古稱豊德 而明年十月得辛 又是雨暘均適之兆云〔정조正祖, 26-39〕

무요無撓　　별 탈 없음. 예문 子無撓得到 而函丈氣候萬安 伏幸不容喩〔채지홍蔡之洪, 21(禮)-452〕

무용蕪冗　　글이 번잡하고 산만함. 예문 前去文字 想無浮沈 第恐蕪冗不堪入石 方俟討論示敎 庶得修削 〔정경세鄭經世, 3-27〕

무응茂應　　복을 많이 받음. 예문 卽惟此時 政履茂應休慶 遙切慰賀 〔김류金鎏, 23-45〕

무의無意　　생각이 없음. 예문 上有君恩當報 下有鶴髮在堂 其將何以爲事 而顧以飮成疾 甚無意也 〔기준奇遵, 9-57〕

무자撫字　　백성을 어루만져 기름. 수령이 고을을 다스리는 것을 말함. 예문 竊想 撫字之餘 日勤佔畢 瞻羨瞻羨 〔신심申鐔, 21(禮)-340〕

무졸蕪拙　　거칠고 졸렬함. 자신의 작품에 대한 겸사. 예문 蕪拙不足仰塵 而又不敢違勤 騂顔仰塞 幸一粲正之爲望 〔김윤식金允植, 39-239〕

무첨無忝　　죽은 조상을 욕되게 하지 않음. 『서경』書經 「군아」君牙에 "지금 너에게 명하노니, 네 죽은 할아버지, 아버지가 옛날 하던 일을 이어 나를 보좌하여 그들에게 욕됨이 없도록 하라"(今命爾予翼作股肱心膂 纘乃舊服無忝祖考)라는 구절이 있다. 예문 豚兒輩迷甚 敎導之責 亦不在僉賢耶 無忝懶習 可悶 須痛繩之 〔미상, 22-393〕

무타無他　　별 탈 없음. 예문 春生嶺嶠 想惟政體淸勝 仰慰之至 侍生奉老無他 此外何喩 〔○황○潢, 000〕

무탈無頉　　탈이 없음. 예문 宗末渴候少差 而身姑無頉 以是爲幸耳 〔이유승李裕承, 42-70〕

무하無何01　　까닭이 없음. 무단無端. 예문 五月晦間 乳嬌以無何之祟 數日重痛 忽焉化去 〔김재정金在鼎, 31-113〕

무하無何02　　무위자연無爲自然의 이상향을 가리키는 무하유지향無何有之鄕의 준말. 상대방이 있는 곳을 가리킴. 『장자』莊子 「소요유」逍遙遊에 "지금 혜자惠子께서는 큰 나무가 있는데 쓸모가 없어 걱정인 듯하오만, 어째서 아무것도 없는 곳, 드넓은 들판에 심고 그 곁에서 한가로이 쏘다닌다든가 그늘에서 누워 자려 하지 않소?"(今子有大樹 患其無用 何不樹之於無何有之鄕 廣莫之野 彷徨乎無爲其側 逍遙乎寢臥其下)라는 구절이 있다. 예문 日前自無何 來傳小紙 乃長公手墨也 〔유장원柳長源, 32-150〕

무함蕪函　　문장이 거친 편지. 자기 편지를 낮춰 부르는 말. 예문 菊月初 附呈蕪

函 計登籤收 天氣始寒 葭想尤切 〔정헌시鄭憲時, 35-126〕

무형無形　　형편없음. 예문 仍悚 弊燭臺一雙送似 卽此反隅 可知弊府凡具之爲
無形耳 幸命付匠手 改造以還 如何如何 〔민희閔熙, 5-60〕→ 무사無似, 무상無狀

무화霧花　　안개꽃. 눈이 흐릿한 것을 표현하는 말. 예문 此送陸律 以今霧花實
難徹尾 照檢於朱墨批圈之樣 依此凡例 爲我分力 如何如何 〔정조正祖, 26-87〕

무휴茂休　　평안하고 건강하게 잘 지냄. 안부를 물을 때 쓰는 상투적 표현.
예문 伏惟卽辰層堂闈體度 神相茂休 〔이만인李晩寅, 027〕

묵경墨卿　　먹. 먹을 의인화擬人化한 말. 예문 下示墨卿 布衣案上 所儲元尠 而
散盡於兩科 只遺一笏 故冒愧呈上 倍償之敎 莫非涉於世態耶 伏呵伏呵 〔윤의미尹
義美, 8-61〕→ 묵정墨丁, 묵홀墨笏, 사매麝煤, 오옥烏玉, 진현陳玄, 현정玄精

묵량黙諒　　말하지 않아도 앎. 예문 萬萬都付黙諒 不宣 拜狀 〔성만징成晩徵, 23-
215〕→ 묵회黙會

묵정墨丁　　먹. 예문 若而墨丁 前多所造 已散於京裡親舊 ○○只爲記付充資 而
餘數不敷 所呈 如是些略 亦且後時 不勝歎歎 〔홍중하洪重夏, 21(禮)-306〕

묵홀墨笏　　먹. 예문 頃者李希哲還傳覆札 兼拜碑本墨笏之惠 便信無憑 未緣
附謝 〔박태보朴泰輔, 21(禮)-272〕

묵회黙會　　말하지 않아도 앎. 예문 下走 種種傷損 到官之初 卒然危劇 恐不自
全 近幸少蘇 然亦非昔狀 萬萬苦懷 唯在黙會中 〔박의朴漪, 21(義)-290〕→ 묵량黙諒

문견問遣　　죄를 물어 유배 보냄. 예문 第未知鄕中問遣 可能免謗否 〔곽재우郭再
祐, 22-65〕

문계文契　　학문하는 사람을 가리키는 말. '계'契는 친하고 의기가 투합하는
아랫사람을 지칭하는 말로서, 제자나 나이 어린 편한 사람에게 쓰는 말이다.
예문 吳山書院 文契 僉史 〔정구鄭逑, 44-38(봉투)〕

문과文窠　　문관의 벼슬자리. 예문 聞院正及守令文窠 明政當出 或以司藝直講
次次陞差 或以直講外除而出闕 使歸於吳則幸矣 〔이제李濟, 21(禮)-316〕

문기文祺　　학문하는 사람의 안부를 물을 때 쓰는 말. 예문 恪詢秋淸 文祺燕
超萬旺 頂祝區區 〔이학래李鶴來, 17-221〕

문년問年　　혼례 시에 결혼 당사자의 사주를 묻는 일. 예문 第孫兒親事 旣蒙盛
諾 至於問年之境 其義可感耳 〔조용진趙鏞振, 41-164〕

문동門冬　　맥문동. 예문 然病患所須 不堪不奉施 玆以卅本乾筍三兩門冬 仰呈耳〔송광연宋光淵, 16-121〕

문망門望　　가문의 바람. 예문 察訪來○書 又得仲甥玉淵詩 辭意俱到 令人起嘆 汝輩才氣如此 少加磨礱 卽成就不難 更須謹於讀書 以慰門望〔유성룡柳成龍, 3-22〕

문명聞命　　말씀을 그대로 따름. 예문 考籍事非難 而强哉之內 於我爲從姪女 嫌不可聞命〔반석평潘碩枰, 5-182〕

문목問目　　물어보는 항목. 예문 問目之外 又有可改者 卽子某妻某氏 以一行連字書之之事也〔정조正祖, 26-77〕

문문聞問　　편지 또는 기별. 예문 萬兒一家 姑留京中否 何以處之耶 聞問甚間 極鬱極鬱〔이운근李雲根, 35-41〕

문미門楣　　가문家門, 또는 집안. 예문 契少弟魯衛相守 姑依前樣 而自見新人來 頗作門楣之悅 大方敎導 難可誣也〔이현섭李鉉燮, 40-300〕

문병門屛　　상대방의 집을 높여 일컫는 말. 예문 云亡之慟 人遠之歎 並切于中 每過門屛 未嘗不悽然以悵也〔이현석李玄錫, 3-145〕

문사文史　　문서를 맡아 보는 집사. 봉투에 쓰는 투식. 상대방을 직접 언급하지 않고 그 밑에서 일하는 이를 일컬어서 상대방을 높이는 말. 예문 郭生員 文史〔정구鄭逑, 22-57(봉투)〕→ 시사侍史, 존시尊侍, 종인從人, 종자從子, 집사執事, 집사집사史, 하사下史, 하집사下執事, 현집사賢執事

문서問書　　문안 편지. 예문 謹承問書 具審旱炎 令監旬履佳福 豈勝仰慰〔유득일兪得一, 5-144〕→ 문자問字, 문장問狀, 문찰問札, 문첩問帖, 서고書叩, 평서平書, 후후候, 후서候書, 후의候儀

문신問訊　　문안 편지. 예문 昨日德綏專人問訊 報以聖堂之會 德綏亦必來話也〔이의건李義健, 3-28〕

문신안文臣案　　과거 시험 합격자 명단. 예문 上笑曰 閱文臣案屢次 終不得其人 今始得之矣〔서명응徐命膺, 21(智)-87〕

문운門運　　가문의 운수. 예문 僕門運不幸 參判兄嫂 意外捐世 悲痛之懷 何可盡喩〔정박鄭樸, 44-240〕→ 문조門祚

문유問遺　　문안 편지와 선물. 예문 負辜伏枕之中 忽承問遺 抵書穉孫 拜感之

餘 從審侍泣安福 而第有愆和之憂 慰且慮 難爲雙也 〔○상진○尙眞, 000〕

문이文移　　문서. 공문公文. 예문 但以爲民陳弊之故 督過之太甚 文移之間 奴 詰豕罵 其復軆面 亦且任之而已 奈何奈何 〔전식全湜, 45-307〕

문자問字　　문안 편지. 예문 積戀如渴 忽得問字 披慰不可言 〔김원행金元行, 23-229〕 → 문서問書, 문신問訊, 문찰問札, 문첩問帖, 서고書叩, 평서平書, 후후, 후서候書, 후의候儀

문장問狀　　문안 편지. 예문 河起溟來告行 聊此候起居 不盡所欲言 伏惟心炤 謹上問狀 〔정경세鄭經世, 3-27〕

문장文狀　　공문서. 예문 卽因文狀 審兄已作群山之行 自洛還任 未知幾日耶 〔이해조李海朝, 21(禮)-324〕

문장門墻　　선생님. 『논어』論語 「자장」子張의, "선생님의 담장은 수십 척尺이어서 그 문 안으로 들어가지 않으면 종묘宗廟의 아름다움과 백관百官의 풍부함을 볼 수 없다"(夫子之牆數仞 不得其門而入 不見宗廟之美 百官之富)라는 말에서 나온 말. 예문 卽今症情 殊異於前 能任遠動 似難易期 朝夕門墻 自不免久曠 憂鬱下懷 益難自勝 〔이이근李頤根, 23-241〕

문조門祚　　가문의 운수. 예문 經世門祚不幸 叔父於七○奄忽棄背 摧痛酸苦 不自堪忍 〔정경세鄭經世, 23-37〕 → 문운門運

문족門族　　친족親族. 예문 老姊有禮泉 聞其病重 遣人探問 阻水空返 今復遣 未還 未知消息如何 煎灼無以爲心 又水災太酷 溫溪尤甚 門族將無以存活 悶惻 奈何奈何 〔이황李滉, 30-160〕

문존問存　　안부를 물음. 예문 從班地嚴 尙煩問存 書牘繼投 情意之厚 令人感歎 病蟄已久 昏憒亦甚 不敢旋修謝語 〔민정중閔鼎重, 3-128〕

문진問津　　나루터가 있는 곳을 물음. 길을 물음. 『논어』論語 「미자」微子의 "장저와 걸익이 나란히 밭을 갈고 있을 때 공자가 지나다가 자로에게 나루터가 있는 곳을 묻게 하였다"(長沮桀溺 耦而耕 孔子過之 使子路 問津焉)에서 나온 말. 예문 若涉險阽危 窮極頂臨絶塹 捨性命以爲能事 此非暢敍幽懷 乃問津鬼關也 〔김정희金正喜, 31-68〕

문찰問札　　문안 편지. 예문 新春懷想 更覺難堪 忽奉問札 兼受惠送各種歲儀 〔김류金鎏, 23-45〕 → 문서問書, 문신問訊, 문자問字, 문장問狀, 서고書叩, 평서平書,

후候, 후서候書, 후의候儀

문첩問帖　　문안 편지. 예문 別後瞻想徒深 料外伏承問帖 憑審早熱 兄政履淸福 慰瀉難勝 〔신심申鐔, 21(禮)-340〕

문첩門帖　　관청 같은 곳에 출입하는 것을 허가받았다는 증명서. 문표門標. 문감門鑑. 예문 兄家形勢 亦不忍忍然 玆以成送門帖 〔윤헌주尹憲柱, 22-229〕

문체文體　　학문하는 사람의 안부. 예문 歲色崢嶸 瞻望江介 氷雪千尺 此時令文體崇祉 〔김상현金尙鉉, 22-331〕

문혈抆血　　피눈물을 닦음. 곧 매우 애통해함을 이름. 예문 叩胸抆血 寧欲溘然而無知也 〔강현姜鋧, 22-211〕

문황問貺　　편지와 선물. 예문 下惠精簡四十幅 依領 如非厚意 何能記憶 而有此問貺 深荷深荷 〔○재숭○載嵩, 000〕

문희聞喜⁰¹　　과거 시험 합격자를 위해 집에서 여는 잔치. 문희연聞喜宴. 예문 今初十日 爲姪兒 略設聞喜 兄須早臨如何 禁直想已周旋耳 〔김익희金益熙, 23-97〕

문희聞喜⁰²　　경상북도 문경聞慶의 이칭. 예문 前月旬後 始聞歷過聞喜路 而厥後憑信無階 方切溯菀 〔김간金侃, 31-29〕

물고物故　　사고로 죽거나, 죄를 지어 죽임을 당함. 예문 貴縣論報事 幷依施 而其中三人査案 與物故置簿 皆無所付 未知其由 〔신여철申汝哲, 21(禮)-140〕

물괘인안勿掛人眼　　남의 눈에 띄게 하지 말라는 뜻. 예문 前書及此書幷覽 勿掛人眼 伏望伏望 〔윤순尹淳, 43-14〕→ 물번인안勿煩人眼, 물번타안勿煩他眼

물괘타안勿掛他眼　　남의 눈에 띄게 하지 말라는 뜻. 예문 二絶句 自述也 幸勿掛他眼若何 〔송태회宋泰會, 37-136〕

물물勿勿　　부지런히 힘쓰는 모양. 예문 已想令監夙夜勿勿病難支吾 切切欲附候以書 而頃日圻便之廻 恐煩未敢焉 〔정양鄭瀁, 5-40〕

물번인안勿煩人眼　　남에게 보이지 말라는 뜻. 예문 第江門之深囑 勿煩人眼 〔이중협李重協, 6-165〕→ 물괘인안勿掛人眼, 물괘타안勿掛他眼

물번타안勿煩他眼　　남에게 보이지 말라는 뜻. 예문 淸製諷詠 再三牙頰 深覺涼矣 無聊中 忘拙和呈 覽後秘之 勿煩他眼 〔유명현柳命賢, 21(禮)-194〕

물범勿泛　　소홀히 하지 말라는 뜻. 예문 勿泛 另着有另效之意 及之爲佳 〔김정희金正喜, 33-20〕→ 무범毋泛

물약勿藥　　약을 쓰지 않음. 병이 나음을 뜻함.『주역』周易〈무망괘〉无妄卦의 "약을 쓰지 않아도 나으리라"(勿藥有喜)에서 나온 말. 예문 不審此時 兄政履如何 調攝想臻勿藥也 〔김진상金鎭商, 21(禮)-463〕

물자物子　　물자物資. 돈. 예문 示助役物子 私家窘劣 只以五緡銅仰副 些略可愧 〔박건중朴建中, 31-57〕

미尾　　마리. 생선을 세는 단위. 예문 洪魚二尾 黃蛤二斗 爲是新味 忘略仰呈 〔민희閔熙, 5-60〕

미간未間　　다음 편지 때까지. 또는 다시 만날 때까지. 예문 適値雨水未果 竢後委上亦計 未間 尊學履萬重 伏惟監察 不備 謹答狀 〔김극일金克一 등, 12-108〕

미감微感　　가벼운 감기. 예문 近患微感 新歲不卽拜謁於尊丈前 此意詮達 〔오도일吳道一, 3-103〕

미건彌㝡　　병이 오래 계속됨. 예문 愼節因緣何祟 彌㝡若是耶 仰慮不任憧憧 〔유현상兪鉉庠, 41-57〕 → 미류彌留, 미엄彌淹, 엄침淹沈, 침면沈綿

미건微愆　　가벼운 병. 예문 前者 貴价言尊前微愆 不得作書云云 意謂一時偶感 旋以勿藥矣 〔유도원柳道源, 32-153〕

미공美工　　솜씨가 뛰어난 기술자. 예문 舍役關心 美工姑奪 殊爲之奉悶 〔송근수宋根洙, 38-35〕

미금彌襟　　가슴에 가득함. 예문 歲寒詹誦彌襟 〔민영목閔泳穆, 44-204〕

미노迷奴　　자신의 노비를 낮추어 부르는 말. 예문 細聞迷奴之言 弊莊凡事 賴兄粗成模樣 〔이경억李慶億, 10-55〕

미도味道　　도道를 음미하고 체득함. 예문 伏惟棣體萬護 味道益深 今坐而立歲 想有所立 內則天下之大本 而外則千仞之氣象耶 〔이태식李泰植, 40-296〕

미돈迷豚　　자기 자식을 낮추어 이르는 말. 예문 迷豚無事來到 〔기형奇逈, 051〕 → 가돈家豚, 돈돈, 돈견豚犬, 돈아豚兒, 미식迷息, 미아迷兒, 천식賤息, 치아癡兒

미두眉頭　　양미간兩眉間. 예문 族從親候之頓悴猶前 麥盡已久 而新穀尙遠 艱食有甚於窮春 情私憂迫 不知何時果能展開眉頭也 〔이면백李勉伯, 7-158〕

미령靡寧　　편찮음. 병의 완곡한 표현. 예문 則嚴候以夙崇更添 靡寧已有日 而視膳頓減 筋力太損 日事刀圭 而似無減勢 〔유병하柳秉夏, 40-194〕

미록尾錄　　편지 끝에 씀. 예문 尾錄者自持 胎錄者分與 卽歲饌名色也 〔정조正祖,

미류彌留　　병이 오래도록 낫지 않음. 예문 弟親病一向彌留 請東未易 焦煎何喩〔강선姜銑, 22-205〕 → 미건彌愆, 미엄彌淹, 엄침淹沈, 침면沈綿

미모米牟　　쌀보리. 예문 下諸麰種 歸家問知 則果爲太半不足 故敢玆仰白 米牟七 八斗 惠貸如何〔김성재金聖材, 49-257〕

미목眉目　　용모. 예문 生斯世 不識蒼樊翁眉目 士之恥也〔곽종석郭鍾錫, 40-26〕

미문彌文　　문식文飾을 더함. 예문 夫所謂呵斥云者 非呵斥稱子之論也 呵斥其近於彌文也〔홍석주洪奭周, 31-60〕

미미娓娓　　말이 끊임없이 이어지는 모양. 예문 對存汝娓娓話及 而爲之悵望〔이직보李直輔, 22-295〕

미부美赴　　상대방의 부임赴任에 대한 미칭美稱. 예문 美赴屬耳 治聲洋溢於中外〔안종해安宗海, 6-182〕

미상微尙　　작은 뜻. 자신의 뜻을 낮추어 이르는 말. 예문 最基殘年一麾 粗愜微尙 而再當賑夏 求賬之計 反成勞心 悶撓奈何〔유최기兪最基, 21(禮)-480〕

미선尾扇　　둥근 부채의 일종. 궁중의 의식에 사용됨. 예문 尾扇二柄 扇子二柄 及福同鬃冠 同封以送耳〔신좌모申佐模, 43-119〕

미식米食　　미숫가루. 미시. 찹쌀·멥쌀·보리쌀 등을 볶아서 만든 가루. 예문 蓼花七十柄 過夏酒三鐥 大口二尾 軟鷄三首 石魚五束 米食三升 淸二升 略呈〔송광연宋光淵, 34-152〕

미식迷息　　자신의 자식을 낮추어서 가리키는 말. 예문 況意外 迷息倖竊一第 寒門眇福 凜然不知其爲喜也〔이재李縡, 21(禮)-422〕

미신美愼　　상대방의 병을 에둘러 일컫는 말. 미구美疚. 예문 仰審美愼閱月 妄五尙遲 久貽維憂 不勝代悶〔기우만奇宇萬, 31-132〕 → 미양美恙

미아迷兒　　자기 자식을 낮추어 일컫는 말. 예문 每聞迷兒病狀 客中憂慮 有不可形言〔홍명하洪命夏, 23-95〕

미양微恙　　몸이 조금 아픔. 예문 昨臨 稍豁阻懷 松叟有微恙〔○개청○介淸, 3-169〕

미양美恙　　상대방의 병환을 높여서 이르는 말. 예문 今承延生袖中書 始知美恙間劇 不能出門〔송명흠宋明欽, 23-231〕 → 미신美愼

194

미엄彌淹　　병이 오래 계속됨. 예문 記末親癠身憂 長時彌淹 臨歲邑務 式日添惱 悶憐曷狀〔이양연李亮淵, 44-176〕→ 미건彌愆, 미류彌留, 엄침淹沈, 침면沈綿

미우眉宇　　상대방의 얼굴을 높여서 이르는 말. 예문 日星凡民所覩 顯然符彩 卜之眉宇矣 近來用工 別有語人而警人者否〔유지호柳止鎬, 40-210〕→ 가면佳眄, 지미芝眉, 지우芝宇

미유靡遺　　남은 이가 없음. 미유혈유靡有孑遺.『시경』詩經「대아」大雅〈운한〉雲漢의 "가뭄이 너무 심해(旱旣太甚)…… 살아남은 이가 없어(靡遺孑遺)"에서 나온 말. 예문 旱勢至此 聞外方皆然 若此不已 則民將靡遺〔정경세鄭經世, 45-426〕→ 미혈靡孑

미종微悰　　자신의 기쁨을 겸손히 이르는 말. 예문 屢荷珍貺 愧乏瓊報 玆以薄種 爲伸微悰〔이상선李象先, 41-53〕

미천薇薦　　미천제薇薦祭. 숙종 대의 사액서원賜額書院이던 서산서원西山書院에서 매년 3월 중정일中丁日(두번째 정일丁日)에 생육신에게 올리던 제사. 중양절인 9월 9일에는 같은 서원에서 국천제菊薦祭를 지냈다. 예문 某里薇薦之營 可見尊衛之至意 前旣以邦禁廢 則邦禁未弛之地 有此設行 殊有未安 俯諒如何〔장복추張福樞, 44-59〕

미첩米帖　　쌀 지급 문서. 예문 米帖成呈 幸命從者 取用如何〔○성중○成中, 6-226〕

미침微忱　　자신의 마음을 낮추어 이르는 말. 예문 從兄千里步來 今方告歸 欲以數鐥紅露 仰表微忱 而遠莫致之 奈何奈何〔박규환朴奎煥, 49-262〕

미품微稟　　격식을 갖추지 않고 구두로 임금께 아룀. 예문 下敎事 伏悉 日候猝寒 賤慮亦○此而微稟 則事體未安 藥房 欲爲口傳陳啓以原任大臣之意亦如此 爲辭 未知如何〔유엄柳儼, 21(禮)-492〕

미한迷漢　　어리석은 놈. 자신을 낮추어 이르는 말. 예문 俾迷漢曉然知其所以然如何〔미상, 6-168〕

미혈靡孑　　남은 이가 없음. 미유혈유靡有孑遺.『시경』詩經「대아」大雅〈운한〉雲漢의 "가뭄이 너무 심해(旱旣太甚)…… 살아남은 이가 없어(靡遺孑遺)"에서 나온 말. 예문 聞水田亦不好云 然耶 若爾則 民將靡孑 尤可憫也〔정경세鄭經世, 45-401〕→ 미유靡遺

미황迷荒　　어지럽고 정신이 없음. 예문 回便甚忙 迷荒中無暇修謝 追用罪歎 〔김계탁金啓鐸, 027〕

민民　　자기가 사는 고을의 수령에게 편지를 쓸 때 자신을 겸손하게 일컫는 말. 예문 民病不去身 長事呻痛 自悶奈何 〔이세화李世華, 22-181〕

민강閩薑　　중국 복건성福建省의 생강. 예문 閩薑 頃者兄爲進之叔主前求之 故玆用覓呈兩□ 〔민형수閔亨洙, 6-197〕

민동緡銅　　동전 꾸러미. 예문 惠饋藥果 旣洽平昔慣慣情誼 而加以二緡銅 感緝 〔○보상○輔相, 41-50〕

민면黽勉　　있는 힘을 다함. 예문 惟令兄嘿運試思之 以今貌樣亦或有天道周星之日耶 恐未敢信也 低頭下心 安得不爾也 黽勉折腰於故人 〔정헌시鄭憲時, 35-131〕

민사民事　　농사. 예문 今年民事 又遭凶歉 勅使之行 出於不意 憂慮萬萬 〔이시백李時白, 21(義)-210〕 → 역본力本, 연사年事

민사民社　　지방 고을, 또는 수령. 예문 莅任纔數月 便有欲歸之示 無乃民社之憂 終不如北窓之睡耶 〔서호수徐浩修, 44-166〕

민전悶煎　　애를 태움. 예문 弟入洛之後 憂患連綿 女病弟病 在方危急之境 悶煎奈何 〔박경후朴慶後, 3-89〕 → 전우煎憂, 전작煎灼

민정民丁　　정군正軍 또는 군보軍保의 역역을 지는 남자. 예문 今則唯宜作地室築灰隔 而灰亦在近地易貿 運土等節 不必預勞民丁 葬日負土 足以畢役 〔성대중成大中, 11-234〕

민천民天　　백성의 식량. 『사기』史記 「역이기전」酈食其傳의 "왕은 백성을 하늘로 삼고, 백성은 식량을 하늘로 삼는다"(王者以民人爲天 而民人以食爲天)에서 나온 말. 예문 三春已過 南畝闃然 有甚於經變之地 民天兵食 大有後慮 恢復之策 亦無所賴也 〔이순신李舜臣, 12-264〕

밀이蜜餌　　밀과蜜果. 밀가루나 쌀가루를 반죽하여 적당한 크기로 빚어서 바싹 말린 다음 기름에 튀겨 꿀이나 조청을 바르고 튀밥이나 깨고물 등을 입힌 과자. 예문 卽接惠問 兼貽蜜餌 以慰此病情 厚意未易言也 〔정약용丁若鏞, 29-28〕

박薄 얇음. 적음. 메마름. 자신과 관련된 사물에 붙여 겸사를 만드는 접두어. 예문 薄庄在奉化 旣無守奴 不能收拾 〔이세구李世龜, 3-97〕

박마樸馬 갈기를 다듬지 않은 말. 거상居喪 기간에 외출할 때 사용하는 말. 『주자가례』朱子家禮 권4 「상례」喪禮의 성복일成服日 구절에 대한 주석에 "이로부터 이유 없이 나가지 말아야 한다. 만약 상사喪事나 부득이한 일로 출입할 때에는 베로 싼 안장을 깐 박마를 타거나 베로 된 발을 친 소교素轎를 타야 한다"(自是無故不出 若以喪事及不得已而出入 則乘樸馬布鞍 素轎布簾)고 하였다. 예문 省式 樸馬柱臨 不較已三之感且愧也 〔유필영柳必永, 44-65〕

박상剝喪 깎이고 잃음. 모든 일의 앞이 막힘. 박剝은 『주역』周易의 괘 이름으로 막히어 고민하는 상象임. 예문 吾兄弟凡幾人 而一年二年 剝喪治盡 門戶之托 緖業之傳 無復可望 〔이서곤李瑞坤, 10-98〕

박상剝床 상이 손상됨. 충신들이 해를 입음. 또는 급박한 재난. 『주역』周易〈박괘〉剝卦에서 나온 말로, '초육'初六의 상象에는 "상의 다리가 손상되니 아래가 소멸됨이다"(剝床以足 以滅下也)라고 하였고, '육사'六四의 상象에는 "상이 손상되어 피부에 이르니 재난이 매우 가깝다"(剝床以膚 切近災也)라고 하였다. 예문 弟蠢候粗遣 兄弟無故 但剝床之患 外食之憂 日復凜綴 險世經歷 良覺苦憐 奈何奈何 〔유인식柳寅植, 44-68〕

박조剝棗 8월. 『시경』詩經 「빈풍」豳風〈칠월〉七月의 "팔월에는 대추를 털며 시월에는 벼를 수확하여 봄 술을 만들어 미수眉壽를 돕네"(八月剝棗 十月穫稻 爲

此春酒 以介眉壽)에서 나온 말. 예문 惟希鑑諒 辛亥剝棗月六日 〔황진모黃晉模, 37-56〕
→ 고추高秋, 청추淸秋

박종薄種　　보잘것없는 물건. 자신이 보낸 선물을 겸손하게 이르는 말. 예문 屢荷珍貺 愧乏瓊報 玆以薄種 爲伸微悰 〔이상선李象先, 41-53〕

박찬博粲　　웃음거리가 됨. 글씨를 써 주며 끝에 쓰는 겸사. 예문 偶述戀懷 奉寄竹西樓主人博粲 〔유지발柳之發, 21(禮)-124〕

반간伴簡　　편지와 함께 보냄. 예문 秋露參鐥 伴簡愧歎 〔신임申銋, 22-201〕 → 반서伴書, 반송伴送

반고反庫　　→ 번고反庫

반곡反哭　　장례 절차의 하나. 매장 후 신주를 모시고 집에 돌아와 영좌靈座에 모시고 곡하는 것. 예문 慘喪纔經反哭 神迷眼昏 草此不備 〔이경석李景奭, 47-31〕

반곡返哭　　반곡反哭. 예문 咸卿令公 已作人地人 今日將爲返哭 〔홍주원洪柱元, 22-145〕

반관班冠　　양반이 쓰는 관冠. 예문 校生方載元之濫着班冠 有所招來 脫其冠之擧矣 〔이경오李慶五, 34-396〕

반궁返躬　　반성함. 예문 重表侄 偶一出脚 陷于千仞坑坎 積收人唾罵 從以胎憂於家庭 只伏切返躬之責也 〔이정희李庭禧, 40-274〕 → 내송內訟, 무궁撫躬

반노叛奴　　주인을 배반한 노비. 예문 爲治叛奴 冒此鴌發 委走治下 〔이옥李沃, 3-93〕

반란정채斑爛庭彩　　부모를 모심. 반란斑爛은 색동옷의 알록달록한 무늬, 정채庭彩는 추정채복趨庭彩服이나 추정채무趨庭彩舞의 뜻. 춘추시대 초나라 사람인 노래자老萊子가 70여 세의 나이에도 색동옷을 입고 재롱을 떨어 부모를 즐겁게 하였다는 데서 유래한다. 예문 伏審履玆塤壽韻 將延年難老 斑爛庭彩 先發春告吉否 〔강상춘姜相春, 42-9〕 → 시채侍彩, 채의彩儀, 채환彩歡, 희채戲彩

반련班聯　　조정의 반열. 예문 班聯暫展 經時耿懸 〔김정희金正喜, 33-45〕

반마班馬　　대열에서 이탈한 말. 또는 외톨이가 된 처지를 이름. 『좌전』左傳 양공襄公 18년에 "반마의 울음소리가 들리니 제나라 군사가 달아난 것입니다"(有班馬之聲 齊師其遁)라는 구절이 있다. 예문 前日不料南邁 如是之遽 馳至東城 駕已遠矣 悵然班馬 此懷何可盡言 〔이정구李廷龜, 45-286〕

반면지분半面之分　　얼굴만 약간 알 정도의, 교분이 두텁지 못한 사이. 반면식半面識, 반면지식半面之識. 예문 君欲作南行 果似有可虞 蘇相公之子名遂 曾有半面之分 今不知其存沒 〔이황李滉, 30-146〕

반메접우攀袂接宇　　소매를 붙잡고 서로 얼굴을 맞댐. '접우'接宇는 원래 처마가 서로 맞닿는 것을 말함. 예문 鄙當攀袂接宇 罄此素衷 南雲迢遞 不覺忡悵 〔박노중朴魯重, 37-135〕

반모攀慕　　붙잡고 따라가고 싶을 정도로 사모함. 죽은 이를 그리워할 때 쓰는 말이다. 반염지모攀髥之慕. 옛날 황제黃帝가 형산荊山 밑에서 보정寶鼎을 주조하고 나서 용을 타고 승천昇天하였을 때 뭇 신하들과 후궁들도 함께 올라갔는데, 용을 타지 못한 소신小臣들은 용의 수염을 붙잡고 있다가 수염이 빠지는 바람에 떨어지고 황제의 활도 같이 떨어지니, 백성들이 수염과 활을 안고 울었다는 고사(『사기』史記 권28 「봉선서」封禪書)에서 나온 말이다. 예문 祖母忌祀 已經一日 攀慕未及 情理當復如何 〔황윤석黃胤錫, 28-10〕→ 반화攀和

반목지용蟠木之容　　미리 선도함. 『문선』文選에 실린 추양鄒陽의 〈옥에서 글을 올려 해명함〉(於獄上書自明)에서 "굽은 나무의 뿌리는 얼기설기 서려 있는데 천자의 그릇이 되는 것은 무슨 이유인가, 좌우에서 미리 다듬었기 때문이다"(蟠木根柢 輪囷離奇 而爲萬乘器者 何則 以左右先爲之容也)라고 한 데서 나온 말. 예문 知舊中未知何人當入試官 第先入鄒鄕 與兒相議 以眉院事爲說 以圖蟠木之容 如何如何 〔정약용丁若鏞, 44-101〕

반문盤問　　일의 곡절을 자세하게 캐어물음. 예문 所寄令弟金 昨往郵局盤問 尙爾不來 未知書則先發 而金故未來耶 〔김문옥金文鈺, 41-109〕

반문半門　　지게문. 호戶. 예문 鳳孫者 自汝去後 專不讀書 夜夜踰出半門 奸妓生 無以防閑 甚可憎也 〔김성일金誠一, 12-151〕

반박盤礴　　자유롭게 노닒. 반박盤薄. 예문 但恨不能與諸兄同舟直向伴鷗盤礴 數日也 〔유장원柳長源, 32-148〕

반벽攀擗　　못 가게 붙잡고 가슴을 치며 슬퍼함. 예문 第其長時攀擗之狀 俾不可忘也 〔이겸순李謙淳, 027〕

반비盤費　　여비旅費. 예문 俾卽向北 而盤費亦爲區劃以置 〔정헌시鄭憲時, 35-125〕→ 교비驕費, 반전盤纏

반사泮舍 　　성균관. 예문 今纔呈司乞免 此願若遂 則春間可以往歸泮舍 〔이원조李源祚, 027〕→ 관중館中, 국자國子, 근궁芹宮, 근사芹舍, 현관賢關

반사返謝 　　답장을 보냄. 예문 因便返謝 伏惟恕照 不宣 〔민정중閔鼎重, 3-129〕

반서伴書 　　편지와 함께 보냄. 예문 前書及伴書者 並此追呈 〔이복원李福源, 21(智)-98〕→ 반간伴簡, 반송伴送

반서攀敍 　　만나서 회포를 폶. 예문 未知此生復有攀敍之期耶 臨書愴然 〔노사신盧思愼, 21(仁)-42〕

반선盤旋 　　머무름. 예문 敢請御者之姑此盤旋以圖合席者 實出衷曲 其必合與否 〔이휘령李彙寧, 027〕

반송伴送 　　편지와 함께 보냄. 예문 黃筆十柄 唐毫二枝 南草壹斤 伴送耳 〔조윤형曺允亨, 22-281〕→ 반간伴簡, 반서伴書

반송攀送 　　직접 만나서 전송함. 예문 攀送英蕩 悠已歲改 政有頌仰 卽拜台翰 〔강시영姜時永, 26-173〕→ 면송面送, 배리拜離, 변별拚別, 삼별摻別, 삼수摻手

반우反隅 　　미루어 앎. 『논어』論語 「술이」述而에 "한 귀퉁이를 들어 주었는데 남은 세 귀퉁이를 미루어 알지 못하면 다시 일러주지 않는다"(擧一隅 不以三隅反 則不復也)라고 하였다. 예문 仍悚 弊燭臺一雙送似 卽此反隅 可知弊府凡具之爲無形耳 〔민희閔熙, 5-60〕

반우返虞 　　장례 지낸 뒤에 신주神主를 집에 모셔오는 일. 반혼返魂, 반전返奠. 예문 因山時則當自此直詣陵所參班 待返虞進發後 又將直還郊舍耳 〔권돈인權敦仁, 20-68〕

반이搬移 　　이사함. 예문 祠版行次 果以晦來臨 而元塘搬移 亦是的報耶 俱係伏念 〔박희성朴羲成, 027〕

반이般移 　　이사함. 예문 第聞宿計得遂 將圖般移 想多少費念 然旣在樂國 餘外何論 〔이병휴李秉休, 44-95〕

반자半刺 　　별가別駕나 별승別乘 같은 주군州郡 장관長官의 속관屬官을 이르던 말로, 목사牧使나 부사府使의 보좌관을 가리킴. 진晉나라 유량庾亮이 곽예郭預에게 답한 편지에, "별가는 옛날 자사刺史의 별승과 함께 왕화王化를 만 리에 펴던 자로 직임이 자사의 절반을 차지합니다"라고 한 데서 유래함. 예문 本州半刺 似有居殿之奇 如此則正月內必難發去 〔김성일金誠一, 16-22〕→ 반관半判, 이아貳衙, 통

판通判

반장返葬　　객지에서 죽은 사람의 시신을 고향으로 옮겨 장사 지냄. 예문 就告 尹大諫彙貞令公 喪其獨子於漁泉之客地 將以近間返葬於治下 葬時所用苞竹等 物 幸依此錄 另飾覓借 俾完大事 千萬至望 〔유척기兪拓基, 21(禮)-488〕 → 귀장歸葬

반전盤纏　　여비. 예문 至給盤纏而還送 何其厚念 旣有如干所收 何必乃已 莫 非添債處 不安不安 〔정헌시鄭憲時, 35-133〕 → 교비驕費, 반비盤費

반전飯氈　　음식과 옷. 예문 飯氈之戒 食息靡甘 奈何 〔권세연權世淵, 32-171〕

반정半程　　중간 지점까지 마중 나가는 것. 예문 此有忌故 過祀後伊日發程耶 半程人馬 定日後下送 伏望耳 〔이선경李善慶, 32-51〕

반제返第　　관아로 돌아옴. 관직에 복귀함을 말함. 예문 世路之危險 已知其日 甚一日 而弋者猶欲纂冥冥之鴻 亦復奈何 想台倚枕一笑 而從此尤堅不欲返第之 意 〔윤양래尹陽來, 6-179〕

반좌지율反坐之律　　무고誣告 또는 위증僞證으로 남을 죄에 빠뜨린 자에 대 하여 그 죄와 동일한 형벌을 과하는 일. 예문 光裕尙不伏反坐之律 人心以此憤鬱 〔정경세鄭經世, 22-75〕

반주가泮主家　　반촌泮村에 기거하는 유생의 주인집. 예문 注書及在泮僉候一 安 泮主家渾致均吉 并儳仰 〔이휘정李彙廷, 44-56〕

반질反秩　　→ 번질反秩

반질頒秩　　책을 배포함. 예문 歲前拜頒秩之敎 而至此稽謝 逋慢極矣 〔박영순朴 英舜, 53-234〕

반체胖體　　동기同氣를 잃음. 예문 昌緝白 伏聞尊荐罹胖體 同氣之戚 豈勝驚 悒 〔김창즙金昌緝, 41-174〕

반촌泮村　　성균관을 중심으로 그 근처에 있는 동네를 일컫는 말. 예문 比來泮 村 不可久稽 纔得一丘僶息之所於近江之地 〔이경억李慶億, 10-51〕

반츤返櫬　　영구靈柩를 고향으로 옮김. 예문 初終凡百無非債貸 返櫬又當茫然 尤爲悲念 〔송명흠宋明欽, 22-269〕

반칩絆縶　　고삐에 얽매임. 예문 族下公務私擾 一視絆縶 良覺悶憐已耳 爲探 不宣 疏式 〔박정양朴定陽, 44-231〕

반판半判　　판관判官. 예문 公山半判 仁軒 入納 〔윤봉구尹鳳九, 6-208(봉투)〕

반패返斾　　깃발을 돌림. 사신으로 먼 길을 갔다 오거나 지방 수령을 지내다가 돌아온다는 뜻. 예문 卽惟返斾後 閑中啓居 蓋以佳迪〔정시한丁時翰, 22-163〕

반편泮便　　성균관에서 온 인편人便. 예문 卽於泮便 獲承惠書 披復慰荷〔강필효姜必孝, 22-307〕

반표伴表　　물건을 곁들여 감사함을 표함. 예문 百鳥鷄 荷此勤念 尤切仰謝 京裏難得之物也 只自僕僕無伴表 故只新曆二件 忘略仰呈〔조기영趙冀永, 31-63〕

반할胖割　　신체의 반을 잘라내는 듯한 아픔이라는 뜻으로, 부인이나 형제의 상을 당한 것을 말함. 예문 伉儷義重 悲慟沈痛 何以堪居 暮年胖割之憾 非但孤懷傷神 其於奉身之方 必多難堪〔김한익金漢益, 41-13〕

반함頖啣　　성균관의 벼슬. 반頖은 반泮과 같음. 예문 弟慈節近又添損 煎悶中重縻頖啣 一月試役 滾惱難耐 公私悶憐〔한장석韓章錫, 44-226〕

반향半餉　　밥 한끼 먹는 시간의 반. 짧은 시간. 예문 昨對仲玉戚兄有所云云者 非半餉之間別有事端〔이휘령李彙寧, 027〕

반형班荊　　반형도고班荊道故의 준말. 친구끼리 만나 이별의 정을 나눔을 이름. 『춘추좌전』春秋左傳 양공襄公 26년에 초楚나라의 오거伍擧가 진晋나라로 망명하러 가다가 정鄭나라 교외에서 친구 성자聲子를 만나 싸리나무를 깔고 앉아 음식을 나눠 먹으면서 옛날을 이야기했다는 고사에서 유래함. 예문 副使之行 當在何辰 欲於長川路上班荊敍別 故敢請日期耳〔정경세鄭經世, 45-442〕

반호攀號　　용의 수염을 잡고 곡함. 왕이나 왕비의 죽음을 애도할 때 쓰는 표현. 옛날 황제黃帝가 형산荊山 밑에서 보정寶鼎을 주조하고 나서 용을 타고 승천昇天하였을 때 뭇 신하들과 후궁들도 함께 올라갔는데, 용을 타지 못한 소신小臣들은 용의 수염을 붙잡고 있다가 수염이 빠지는 바람에 떨어지고 황제의 활도 같이 떨어지니, 백성들이 수염과 활을 안고 울었다는 고사(『사기』史記 권28 「봉선서」封禪書)에서 나온 말이다. 예문 聖母禮陟 臣民痛隕 況令與我尤切攀號 可以相弔矣〔유치명柳致明, 027〕

반화攀和　　붙잡고 따라가 함께함. 죽은 이를 그리워하는 마음을 가리킴.
예문 祖考妣遷禮 纔已經行 攀和莫逮之痛 去益如新 奈何奈何〔이후정李後靖·이상정李象靖, 12-233〕→ 반모攀慕

반환泮渙　　제멋대로 풀림. 일을 되는 대로 내버려 둔다는 뜻. 예문 委臥未起之

中 海運之期 剋在卄八 凡事是處泮渙 愁惱難狀〔이충익李忠翊, 21(智)-174〕

반회攀誨　　직접 가르침을 들음. 겸손한 표현. 예문 卽承惠函 欣慰之至 若得攀誨〔정기세鄭基世, 44-140〕→ 승효承曉, 자지炙漬, 훈자薰炙

반회군磻灰軍　　석회군石灰軍. 무덤을 만들 때 석회 일을 하는 일꾼. 예문 安東城主 給造墓磻灰軍否 未知 極慮極慮〔김성일金誠一, 12-168〕

발撥　　파발. 예문 汝慈則和衣瞥睡 不啻五起 恐生他憂 極悶極悶 有撥云 火下暫草不一〔김용순金龍淳, 50-55〕

발래보왕拔來報往　　빨리 가고 빨리 옴. 『예기』禮記 「소의」少儀에 "빨리 오지 말고, 빨리 가지 말라"(毋拔來 毋報往)고 한 구절에서 나옴. 이에 대한 정현鄭玄의 주석에서, "보報는 부질赴疾이라고 할 때의 부赴로 읽어야 하니, 발拔과 부赴는 모두 '빠르다'(疾)는 뜻이다"라고 했다. 예문 人常患拔來報往 而須周愼以避危言 又計好謀 何可徑窘 惟深諒裁之 如何〔고용주高墉柱, 37-52〕→ 보왕발래報往拔來

발례拔例　　예외적으로. 특별히. 부탁할 때 쓰는 말. 예문 今去新及第李壽昌 卽李參判之孫 永春兄之子 永春與弟如兄弟 壽昌不意學劒 作此成行 誰復怨哉 幸令兄拔例善處 置諸軍官 以濟苦海中艱狀 萬中特施 專恃敢告〔오준吳竣, 21(義)-182〕

발리跋履　　여행 중에 있는 이의 안부. 예문 伏承下札 憑審冒寒跋履餘 道體珍衛〔김진규金鎭圭, 23-185〕

발막發莫　　부유한 집에서 신던 마른신의 하나. 뒤축과 코에 꿰맨 솔기가 없고, 코끝이 넓적하며, 가죽 조각을 대고 하얀 분을 칠하였음. 부혜鳧鞋. 예문 木靴一件 發莫二件 西草二封內 一封置之 一封送之 一室分味也〔신좌모申佐模, 43-124〕

발망拔忙　　바쁜 가운데 틈을 냄. 예문 所託忠烈祠奉安文 重違勤敎 拔忙撰呈〔정호鄭澔, 23-165〕→ 발번撥煩, 발요撥撓, 발요撥擾, 발용撥冗

발망撥忙　　바쁜 가운데 틈을 냄. 예문 餘臨行撥忙呼倩 不備謝禮〔송기로宋綺老, 31-138〕

발문發文　　통문通文을 보냄. 예문 侮蔑先正 不悛官令 一邊呈邑訴營 一邊發文聲罪〔김원식金元植, 42-29〕

발배發配　　죄인을 유배지로 보냄. 예문 期於今日乃移囚鎭邑幾處發配之地 千萬千萬〔박영수朴永壽, 31-65〕

발번撥煩　　바쁜 가운데 틈을 냄. 예문 圈記 撥煩親書送之 須卽奉覽〔정조正祖,

26-69) → 발망拔忙, 발망撥忙, 발요撥撓, 발요撥擾, 발용撥冗

발비撥憊　　고단함을 무릅씀. 예문 撥憊 姑此 欠草〔정조正祖, 26-67〕

발섭跋涉　　먼 길을 감. 여행길이 힘듦을 나타냄. 발跋은 육지로 가는 것이고, 섭涉은 물길로 가는 것. 예문 卽承令問札 就審冒寒跋涉之餘 赴營萬安〔김창집金昌集, 23-163〕

발신發身　　한미한 처지를 벗어나 입신출세함. 예문 長兒三篇古文 比之前作有佳 但專抛科文 承穩發身之規在科 安可廢也〔이옥李沃, 14-104〕

발요撥撓　　바쁜 가운데 틈을 냄. 예문 撥撓掛一〔정조正祖, 26-51〕→ 발망拔忙, 발망撥忙, 발번撥煩

발요撥擾　　바쁜 가운데 틈을 냄. 예문 餘撥擾 姑不備謝禮〔김병시金炳始, 44-209〕

발용撥冗　　바쁜 가운데 틈을 냄. 예문 佇待開春 撥冗委就〔이홍연李弘淵, 49-333〕

발인撥人　　발군撥軍. 역에 소속되어, 관청 문서를 전달하는 사람. 예문 撥人連到 連見初三四兩書 欣慰〔김정희金正喜, 20-50〕

발정發程　　길을 떠남. 예문 已得由暇 晦初間當發程 眼靑非遠 何幸如斯〔송광순宋光洵, 34-130〕→ 계계啓02, 계가啓駕, 계로啓路, 계정啓程, 착편着鞭, 책편策鞭, 취도就途

발춘發春　　초봄. 맹춘孟春. 예문 謹承台翰 仍審發春來 台體萬福 仰慰仰賀〔이선李選, 21(禮)-107〕→ 신양新陽

발치撥置　　제쳐 놓음. 예문 胤君 荷托負之意甚勤 近纔撥置冗故 略施鞭督 明日當了大學〔이상정李象靖, 12-236〕

발패發旆　　수령이 부임하기 위해 임지로 출발함. 예문 君之發旆何日 明日果歟 五馬意氣 吾不欲見 呵〔최산두崔山斗, 9-46〕

발패發牌　　금령을 위반한 사람을 잡아오게 하기 위하여 금란패禁亂牌를 보내는 것을 말함. 예문 就中 一直山直張封者 爲人所訴 以炮手 自官發牌推捉 若果現身 則難以支堪〔남천한南天漢, 32-139〕

발편撥便　　파발편. 파발擺撥을 통한 편지 전달을 가리킴. 예문 卽因撥便 伏承耑札 拜慰之至 不翅披睹〔장선징張善澂, 21(義)-425〕

발해發解　　과거 초시 합격자를 뜻함. 공문서를 발송한다거나, 상급 관청에 알린다거나, 사람을 선발하여 보낸다는 뜻으로 쓰일 때는 '解'를 '古隘切'(개)로 읽으므로 '발개'로 읽어야 하지만, 관습적으로 '발해'發解라고 한다. 예문 賢胤發解 仰賀無已〔황운조黃運祚, 39-95〕→ 초해初解

발휘發揮　　드러내어 밝힘. 예문 以此無外微妙之經綸 條條皆然 若欲一一發揮 則如經傳之小注 將至於溢宇充棟〔정조正祖, 26-85〕

발휘發輝　　체면을 세움. 예문 今以內事還向治下 伏乞饋酒常常 饌物特惠 發輝萬萬〔한호韓濩, 5-27〕→ 광동光動, 생광生光, 생색生色

방과放過　　그냥 지나침. 예문 我性不喜於攷校名物 所以語類 亦多放過處〔이진상李震相, 44-60〕

방관方冠　　평상시에 사대부가 쓰던 관의 한 가지. 예문 方冠之另惠 注存之摯重可感 村傖頭顱上 恐更太侈〔김정희金正喜, 29-36〕

방군榜軍　　과거에 급제한 사람의 집에 소식을 전달해 주던 사령使令. 예문 鄕第榜軍 切勿送之 聞日甲上來云 急急下送 可也〔신좌모申佐模, 43-114〕

방달房闥　　방 안. 예문 重嬰寒感 僅僅回甦 而前症復發 灌注桂附 殆若漏巵 房闥起居 亦須於人 悶何可言〔한장석韓章錫, 41-192〕

방돈放豚　　다잡지 않고 제멋대로 하도록 놓아둠. 예문 喜昌間能開卷 畢讀通史否 以吾在此 任其放豚 誠爲悶悶〔신좌모申佐模, 43-168〕

방록邦籙　　나라의 운수. 예문 邦籙無彊 東朝舟梁週甲 揚徽稱賀 慶祝欣忭〔신헌申櫶, 21(智)-365〕

방미防微　　잘못이나 나쁜 일이 커지기 전에 막음. 예문 此風何其甚惡也 無處不遍 幸預設另算 防微於未然之前 俾一境蒙福如何〔정인승鄭寅昇, 35-118〕

방백方伯　　관찰사觀察使. 예문 聞方伯府伯 皆以前府使板子事被論 府伯則已爲辭狀云云 未知結末何如云 而方伯何間離營 由何邑留何邑云耶〔남천한南天漢, 32-140〕→ 당음棠蔭, 도백道伯, 도신道臣, 도주道主, 사가使家, 사상使相, 순가巡家, 순사巡使

방부放鈇　　나침반. 무덤의 좌향坐向을 보는 일. 예문 示中坐向審查之敎 舜也非徒素昧放鈇 況又病勢如右 未能趁卽登山 而姑待病稍輕路稍乾〔민순호閔舜鎬, 40-134〕

방성傍省　　곁에서 모심. 부모를 모시는 이의 안부를 물을 때 쓰는 말. 예문 謹審傍省萬衛 寶婼都寧 險歲喜報 孰大於是〔이진상李震相, 44-60〕→ 성리省履, 성상

省狀, 성시省侍, 성여省餘, 성체省體, 성후省候, 시리侍履, 시봉侍奉, 시상侍狀, 시성侍省, 시여侍餘, 시위侍闈, 시절侍節, 시체侍體, 시체도侍體度, 시하侍下, 시황侍況, 시후侍候, 신혼晨昏, 양시兩侍, 정성定省, 해체陔體, 환시歡侍, 효체孝體, 효체도孝體度

방성榜聲　　과거 시험 합격 소식. 예문 試圍播華 想居前列 佇聞榜聲耳〔이황李滉, 30-157〕→ 과성科聲

방심放心　　마음을 놓음. 예문 先生文集 間緣悲擾 未及卒業 不得已齋往江廬 計 非一年 無以如意抄撮 幸賜寬假 俾得放心觀覽 如何如何〔정약용丁若鏞, 32-158〕

방영方營　　군영. 대체로 정사각형 모양이었음. 예문 第聞方營更移醴泉 已有所排置者云 是可賀也〔이기양李基讓, 44-102〕

방오旁午⁰¹　　왕래가 번다함. 또는 일이 번잡함. 예문 孔路弊局 應接旁午 能不關惱否〔권돈인權敦仁, 21(智)-260〕

방오旁午⁰²　　사면팔방. 도처. 예문 況有山水亭坮之勝 以兄雅量 雖在旁午薨目之中 忙裏偸閒 一觴一咏 未害爲良吏生活 可羨可羨〔미상, 35-112〕

방외方外　　세속의 예법을 벗어남. 예문 嘗聞晚翁 世目之以狂散駸駸乎方外之倫〔황현黃玹, 37-13〕

방자房子　　관아에서 심부름하는 남자 하인. 예문 京房子來時 告行奉書事 曾已嚴○○ 尙不擧行云 深憒深憒〔정세구鄭世矩, 21(義)-168〕

방장方丈　　큰 상에 음식을 풍성하게 잘 차림을 이름. 『맹자』孟子 「진심 하」盡心下에 "큰 상에 음식을 차려 놓고 수백 명의 첩이 시중드는 짓은 내가 뜻을 이루더라도 하지 않는다"(食前方丈 侍妾數百人 我得志弗爲也)라는 말이 있다. 예문 然所處非蕭寺 所喫乃方丈 還自不妨〔이선李選, 22-185〕

방조傍祖　　육대조六代祖 이상의, 직계가 아닌 방계의 조상. 예문 且以鄙傍祖松亭公事 極用賢勞 中心感暢 何嘗少弛也〔김진효金鎭孝, 40-92〕

방존旁尊　　백부나 숙부. 예문 承書 始審遭旁尊之喪 驚怛無已〔윤증尹拯, 16-128〕

방주防奏　　임금의 명령을 시행할 수 없다고 아룀. 예문 因此又有發揮本意者 玄風等邑作錢 難以防奏 乃以儲置餘米之在該各邑者 請令換割 於是乎米則依舊上來 而作錢條歸於該邑儲置之代 民反受困 倅亦無利 竟以依前作米上納 成出事目〔정조正祖, 26-83〕

방초 榜草　　과거 시험 급제자 명단인 방목榜目의 초본. 예문 頃見榜草 季胤高中 〔이단상李端相, 44-133〕

방촉 房燭　　방안에서 쓰는 초. 예문 生淸二升 房燭四柄 〔김상구金尙耈, 34-42〕

방하 榜下　　과거 시험에 함께 급제한 친구에 대하여 자신을 칭하는 말. 예문 榜下 親病沈苦之中 奄經亡妹祥事 情事慟傷 一倍難堪 〔김창업金昌業, 21(禮)-301〕

방함 芳凾　　상대방의 편지를 높여서 이르는 말. 예문 聲華雷灌 契分尙阻 常所景仰 非非想中 芳凾帶梅泉老文集而辱至 感荷之外 不覺熱淚墮襟 〔김효찬金孝燦, 37-130〕

방함 芳械　　상대방의 편지를 높여서 이르는 말. 예문 意表芳械遽到 擎手摯讀 頓覺淸風滿室 〔김시중金時中, 42-25〕

방회 榜會　　과거에 함께 합격한 이들의 모임. 예문 今以榜會 欲趁三淸洞矣 〔한호韓濩, 22-55〕

배견 排遣　　밀어젖힘. 제쳐 놓음. 예문 勘簿作行已入量 而但有排遣 他不得須白 任之耳 〔이휘재李彙載, 027〕

배근 倍勤　　더욱 절실함. 예문 別後 依戀倍勤 書來 承審動靜佳福 感與慰 幷有難容喩 〔유진柳袗, 3-52〕

배도 倍道　　배정배정. 길을 가는데 평소보다 배나 빨리 달려감. 예문 弟頃往灣上 聞兒輩患痘 倍道馳還 〔○행원○行遠, 000〕

배도 配徒　　도형徒刑에 처한 뒤에 귀양을 보냄. 도배徒配. 찬배도류竄配徒流. 예문 旣除配徒 天恩不可狃也 方前進箚安 欲與舍弟 往來相守 此亦情理之不可已者 奈何奈何 〔이옥李沃, 14-57〕

배독 拜讀　　편지를 받아서 읽음. 예문 向來物安族人便拜讀 沒便稽謝 可勝歎悵 〔유후조柳厚祚, 027〕

배리 拜離　　직접 만나 송별함. 예문 全羅外臺 又出於令門 西南隔遠 恨不得拜離 令公之懷如何 〔김덕함金德諴, 5-200〕 → 면송面送, 반송攀送, 변별拚別, 삼별摻別, 삼수摻手

배문 拜問[01]　　문안 편지를 받음. 예문 便中拜問 仍熱爲況佳勝 欣慰區區 〔이숙李䎘, 23-117〕

배문 拜問[02]　　문안 편지를 올림. 예문 士深 拜問 〔김반金槃, 22-99(봉투)〕

배박坏璞　　완성되기 이전에 처음 규모를 갖춘 상태. 틀. 배박坏璞. 예문 宋雅姿稟絶佳 坏璞已成 略叩所存 已頗精詣 甚可嘉尙 〔이진상李震相, 44-60〕

배보賠補　　배상賠償. 예문 惠貺五文 傾產賠補 一母七子 不亦過乎 〔김윤식金允植, 39-239〕

배복拜復　　답장을 올림. 예문 台兄 拜復 〔미상, 6-224(봉투)〕 → 봉복奉復, 봉사奉謝01, 사복謝復, 상복上復, 상복上覆

배복拜覆　　답장을 올림. 예문 惟照之 謹拜覆 〔노진盧禛, 21(仁)-157〕 | 德涵 拜覆 〔임서林瑞, 42-77(봉투)〕

배사拜辭　　관직에 부임하기 위하여 임금에게 절하고 떠남. 예문 余十三日拜辭 出來於漢江 食梨柑數枚 卽患水痢 〔유희춘柳希春, 21(仁)-138〕 → 사조辭朝, 사폐辭陛, 숙명肅命, 숙배肅拜, 숙사肅謝, 조사朝辭, 출사出謝, 출숙出肅, 폐사陛辭

배서拜敍　　직접 만나 이야기함. 예문 今番慶科 意謂拜敍矣 竟失拜穩 冲悵曷已 〔강종운姜鍾雲, 41-50〕 → 면서面敍, 배온拜穩, 변서抃敍, 봉서奉敍, 봉전奉展, 상서相敍, 온穩, 온서穩敍, 온오穩晤, 온주穩做, 전오展晤, 조전造展, 합전合展

배서拜書　　편지를 받음. 예문 拜書 甚慰平安 此中元氣 日覺耗損 〔한원진韓元震, 21(禮)-444〕 → 봉함奉函, 승문承問, 승배承拜, 승시承示

배소拜掃　　성묘. 예문 今爲拜掃之切 擺脫決歸 市塵甚遠 身心稍安 此外無可言者 千萬非遠書可盡 〔이상의李尙毅, 45-223〕 → 성분省墳, 성소省掃, 성전省展, 성추省楸, 소분掃墳, 요성澆省

배수拜手　　엎드려 절하고 편지를 올림. 편지 끝 이름 뒤에 쓰는 상투적 표현. 예문 辛丑三月二日 世末尹鳳九 拜手 〔윤봉구尹鳳九, 6-90〕

배실拜悉01　　직접 만나 자세히 말함. 예문 袗明向故山 俟還拜悉 伏惟尊鑑 謹拜上謝狀 〔유진柳袗, 3-53〕 → 면경面罄, 면구面究, 면기面旣, 면달面達, 면승面承, 면오面晤, 면진面陳, 면토面討, 배토拜討, 봉기奉旣, 봉실奉悉02, 봉진奉盡, 봉토奉討, 봉파奉破, 승토承討, 협구頰口

배실拜悉02　　편지를 받아 보고 앎. 예문 書示拜悉 而合郡之論 比近稍息 不必爲慮 〔민영환閔泳煥, 22-361〕 → 근상謹詳, 근실謹悉, 봉실奉悉01, 비실備悉, 앙실仰悉

배오陪晤　　직접 만남. 예문 愁緖良無盡 衷情悵有違 何時更陪晤 春草佇菲菲

〔기대승奇大升, 5-23〕 → 봉오奉晤

배온拜穩　　직접 만나 이야기함. 예문 今番慶科 意謂拜敍矣 竟失拜穩 冲悵曷已 〔강종운姜鍾雲, 41-50〕

배자牌子　　양반이 신분이 낮은 사람에게 보내는 편지. 예문 換租事已有他料理 故牌子還完 此意傳布如何 〔김제겸金濟謙, 23-207〕

배자牌字　　배자牌子. 예문 此去牌字 令其處奴 卽傳于工房及大同色 亦如何 〔남천한南天漢, 32-139〕

배자背子　　저고리 위에 덧입는, 단추가 없는 짧은 조끼 모양의 옷. 배자褙子. 예문 己卯三月初二午 子喆榮上書 背子送呈耳 〔이철영李喆榮, 10-116〕

배전拜箋　　임금에게 경하慶賀·진사陳謝 등의 뜻을 아뢰는 전箋을 올릴 때 절하는 의식. 예문 於望殿禮拜箋等禮 皆傍坐而未參 是何心也 〔박상朴祥, 9-70〕

배전陪箋　　임금에게 올리는 관찰사觀察使의 전문箋文을 받들고 대궐로 감. 예문 外舅以若病勢又作 歲前陪箋之行 輿疾往返 餘崇倍添 日事惶惶 荒歲民擾 展眉無暇 又當營門遞交 出站數百里 公私薰惱 筆舌難旣 〔이휘정李彙廷, 44-80〕

배조拜阻　　만나지 못함. 예문 省式 拜阻今幾年矣 居常耿結而已 〔김보순金普淳, 41-193〕 → 이조貽阻, 적위積違, 조배阻拜, 조봉阻奉

배존拜存　　수령의 문안 편지를 받음. 예문 卽又拜存 謹審愆度彌留 〔홍직필洪直弼, 22-313〕

배종陪從　　왕의 행차를 따라감. 예문 生帶呻供劇 又將陪從 私悶奈何 〔○선징○善澂, 000〕

배지牌旨　　양반이 신분이 낮은 사람에게 보내는 편지. 예문 雲祚去時 詳細寄書 兼送牌旨於徐有福處 回便幷無早白 〔미상, 027〕

배지陪持　　급한 문서나 진상물을 말을 타고 서울로 나르는 임무, 또는 그런 임무를 가진 사람. 예문 二十四日 陪持去 伏上白是 想已下覽矣 十八日出陪持回 伏承下書 〔강박姜樸, 21(禮)-481〕

배진倍珍　　더욱 몸을 보중함. 안부를 묻거나, 평안을 기원할 때 쓰는 표현. 예문 餘願節宣倍珍 不備 〔신익성申翊聖, 23-61〕 → 가승佳勝, 만강萬康, 만기萬祺, 만녕萬寧, 만목萬穆, 만복萬福, 만비萬毖, 만상萬相, 만수萬綏, 만승萬勝, 만안萬安, 만안萬晏, 만왕曼旺, 만왕萬旺, 만위萬衛, 만전萬典, 만중萬重, 만지萬支, 만지蔓支,

만진萬珍, 만호萬護, 만휴萬休, 무휴茂休, 보색保嗇, 숭희崇禧, 슬중瑟重, 신상神相, 안승安勝, 위중衛重, 지안止安, 진복珍福, 진비珍毖, 진상珍相, 진색珍嗇, 진위珍衛, 진중珍重, 진호珍護, 홍희鴻禧

배참排站　　역참을 미리 배정함. 예문 明日午後 將抵貴閒計 而公行排站 似難直進 〔강면규姜冕奎, 42-8〕

배충坏蟲　　구멍을 틀어막고 그 속에서 동면하는 벌레. '배'坏는 '배'坏로도 쓰는데, 구멍 입구를 빈틈없이 틀어막는다는 뜻이다. 『예기』禮記 「월령」月令에 "이달(중추仲秋)에는 밤과 낮의 길이가 같아지고 우레가 소리를 내지 않기 시작하며, 동면하려는 벌레가 구멍 입구의 틈새를 막는다"(是月也 日夜分 雷始收聲 蟄蟲坏戶)고 하였고, 또 "이달(중춘仲春)에는 밤과 낮의 길이가 같아지고 우레가 소리를 내어 번개가 치기 시작하며, 동면하던 벌레가 모두 깨어나 움직여 구멍 입구를 열고 나오기 시작한다"(是月也 日夜分 雷乃發聲始電 蟄蟲咸動 啓戶始出)는 구절이 있다. '벌레가 구멍의 입구를 막는다'(坏戶)는 것은 가을의 징후를, '배충坏蟲이 움직이기 시작한다'는 것은 봄의 징후를 가리키는 상투적 표현이다. 예문 病跧部戶 陽春載回 庶見坏蟲之蠢動矣 〔정운오鄭雲五, 37-141〕

배칠北漆　　글자를 새길 때 글씨 쓴 쪽에 밀칠을 하고 뒤쪽에 비치는 글자의 테두리를 그린 후 돌에 붙이고 문질러서 글씨 자국이 나타나도록 하는 일. 예문 不失筆意 則些少出入長短 不足爲欠也 失於北漆 則全失本色 〔조윤형曺允亨, 22-281〕

배토拜討　　만나 이야기함. 예문 餘竢拜討 艸謝 姑不宣 〔송성명宋成明, 6-95〕

배품倍品　　평소보다 배가 됨. '품品은 '상'常과 같은 말. 예문 恭審潦暑奔忙中 起居神相 仰慰倍品 〔김수항金壽恒, 23-129〕

배후拜候　　문안 인사를 드림. 예문 一自卓蓋南下 豈不欲以一書拜候 〔강세황姜世晃, 31-49〕

백간白簡01　　무늬를 찍지 않은 편지지. 예문 白簡五十幅 略呈 〔정시윤丁時潤, 21(禮)-218〕

백간白簡02　　관리를 탄핵하는 상주문上奏文. 예문 頃者白簡 是何事耶 〔김명열金命說, 49-251〕

백골白骨　　칠을 하지 않은 목기木器나 목물木物 따위. 예문 安轝回之 以白骨磨來 而加漆 故始付今便 而價則白骨一錢 漆價五分云 誠可異也 〔정재원丁載遠,

21(智)-138〕

백납白納　고치지 않고 그냥 보냄. 예문 反復展玩 未見有可指議處 未免白納 〔이희조李喜朝, 23-177〕

백답白沓　가뭄으로 물이 없어 말라붙은 논. 예문 近接故信 自春亢旱 池率村極 已無擧論 而郡上洑坪 頓無靑色 如干白沓泥揷 已皆龜折云云 〔김태주金兌柱, 41-99〕

백랍白蠟　희게 정제한 밀랍. 초를 만드는 데 사용한다. 예문 白蠟良謝 千萬不一 癸巳九月十七日 病拙 不名 〔김상용金尙容, 23-35〕

백력白曆　표지를 흰 종이나 비단으로 꾸민 책력. 백장력白粧曆. 예문 白曆一件送呈 餘萬 伏枕 僅成字 〔김창업金昌業, 21(禮)-300〕

백리제금百里製錦　큰 고을의 수령. 예문 旣明且仁 天下之事 無不裕優 百里製錦 有何難乎 蘿葍之民 將蒙多祿必矣 〔남언기南彦紀, 44-307〕

백문어白文魚　껍질을 벗겨 말린 문어. 예문 錢文二兩 曲子一同 明太二束 大口一尾 乾柿一占 白文魚一尾 眞末二斗 眞荏一斗 〔정몽해鄭夢海, 31-30(별지)〕

백복령白茯苓　약재藥材로 쓰는 흰 복령. 복령은 소나무 따위의 뿌리에 기생하는 버섯의 일종이다. 예문 所示白茯苓二兩餘略上 但其品不甚好 恐不合用耳 〔한두韓㞁, 39-19〕

백붕百朋　많은 돈.『시경』詩經「소아」小雅〈청청자아〉菁菁者我에 "이미 군자를 만나 보니, 나에게 많은 돈을 주신 듯하네"(旣見君子 錫我百朋)라고 하였다. 예문 此誠知音相贈 豈比錫百朋 〔김옥균金玉均, 22-357〕

백시白是01　사룀. 예문 度日如年 燥鬱何達 餘不備 白是 〔유진한柳進翰, 027〕

백시白是02　→ 수리〔白是〕

백안白眼　눈을 흘김. 미워함을 말함. 예문 普天飢火 連歲玆酷 環顧左右 無非白眼 客計艱楚 彼此一般 〔유명현柳命賢, 21(禮)-194〕

백열柏悅　친구의 좋은 일을 함께 기뻐함. 송무백열松茂栢悅. 서진西晉 육기陸機의〈탄서부〉歎逝賦에 "참으로 소나무가 무성하니 잣나무가 기뻐하고, 슬프다! 지초가 불에 타니 혜초가 탄식하네"(信松茂而柏悅 嗟芝焚而蕙歎)라고 한 데서 유래하였다. 예문 況久歲僑寓 始返故庄 韋樹團會 宴席圓滿 尤何等頌賀之深 病拙蟄伏窮廬 不無區區柏悅之忱 〔김창근金昌根, 40-94〕

백열栢悅　　　백열柏悅. 예문 登龍之慶 以尊之才 可謂晚矣 而栢悅之極 烏得無賀〔이진李袗, 21(義)-310〕

백엽百葉　　　처녑. 천엽千葉. 소나 양 등 되새김질하는 동물의 위. 예문 百葉滑石三塊 因便送上 年年可知此情味也〔이병연李秉淵, 47-177〕

백오계白烏鷄　　　흰 털과 검은 털이 섞여 있는 닭. 예문 白烏鷄 荷此勤念 尤切仰謝〔조기영趙冀永, 31-63〕

백이百爾　　　모든. 여러. 백百은 범凡, 이爾는 어조사. 예문 戚弟去年宿疾 尙有餘萎 百爾思料 實難在家趁治〔최종응崔鍾應, 40-330〕

백일장白日場　　　각 지방에서 유생들의 학업을 장려하기 위하여 실시하던 글짓기 시험. 해가 떠 있는 낮 동안에만 시험을 보게 한 데서 유래한다. 예문 白日場隨諸君偕入不妨 汝弟必難獨留 累騎以來亦可〔정경세鄭經世, 45-378〕

백자栢子　　　잣. 예문 栢子價 已給貴奴耳〔이산뢰李山賚, 3-59〕→ 해송지실海松之實

백정伯庭　　　백부伯父. 정庭은 아버지라는 뜻. 예문 惟伯庭候 免洝 以是伏倖〔김택진金澤鎭, 40-34〕

백제百鱭　　　웅어. 웅어는 갈대가 자라는 얕은 물에 많으므로 '위어'葦魚라고도 한다. 예문 百鱭之餉 此與踏破康成蔬畦之羊 其爲感 寧異且殊哉〔조두순趙斗淳, 44-183〕

백족白足　　　고승高僧을 가리킴. 후진後秦 구마라집鳩摩羅什의 제자인 담시曇始가 맨발로 진흙 밭을 걸어도 더러워지지 않았다고 하여 당시에 백족화상白足和尙이라 불렸다. 예문 白足 千里名茶持來 爲感爲感 近日茶品多得 有香者無矣〔이하응李昰應, 39-121〕

백주白紬　　　흰 명주. 예문 壬至月十八 汀老 大乾文魚一尾 六布二匹 白紬一匹〔윤근수尹根壽, 22-51〕

백지白地　　　아무 연고도 없는 지역. 또는 아무 턱도 없이, 생판으로. 예문 此幸蒙恩宥 而兒息宿患 至今未已 無計起動 姑留溫陽驛村 坐此白地 狼狽難狀 奈何奈何〔남구만南九萬, 47-107〕

백청白淸　　　꿀. 예문 白淸一升 眞油三升 秀魚卵一部送呈〔이진순李眞淳, 21(禮)-415〕→ 청清, 청밀淸蜜

백출白朮　　삽주의 연한 뿌리. 이뇨利尿와 소화를 돕는 약재로 쓰임. 예문 且白朮 曾無下示 故未及上送 今送十兩 〔홍명구洪命耉, 22-113〕

백화白靴　　문무관들이 국상이 났을 때 신던 신발. 흰 가죽이나 흰 천으로 만든 목이 긴 신발. 예문 國恤酬應倍劇 此生良苦 頃日書 皆已照無諒 太今已傳達耶 白靴造送耳 〔이관징李觀徵, 14-22〕

백후白厚　　백후지白厚紙. 희고 두꺼운 종이. 예문 壯紙絕貴 不得送呈 而別白厚云者 足□壯紙之劣者 以一束及白厚一束 送上 〔김재찬金載瓚, 44-168〕

번고反庫　　창고의 재고를 조사함. 예문 弟有何厄會 謗言猶甚 方請反庫 尙未決 〔이산뢰李山賚, 3-58〕

번극煩劇　　번거롭고 바쁨. 예문 猝當煩劇之地 想何以耐遣 區區慮戀並切于中 不能暫已 〔유세형柳世馨, 027〕

번달煩達　　드릴 말씀은. 인사말 다음에 본론에 들어가며 쓰는 말. 예문 煩達 新及第李公尙馨 乃弟舊日同接友也 堂有鶴髮慈親 將設恩榮慶席 幸須優給宴資 不勝萬幸 〔최유연崔有淵, 21(義)-187〕 → 앙공앙공, 앙모앙모, 앙유앙유, 잉번잉번, 차중차중, 취취, 취간취간, 취고취고, 취공취공, 취공취공, 취난취난, 취달취달, 취루취루, 취번취번, 취송취송, 취앙취앙, 취중취중, 취첩취첩, 취품취품

번송煩頌　　번거롭게 말씀드림. 예문 煩頌侍安 弟 李完用 拜拜 〔이완용李完用, 051〕

번신藩臣　　각 도의 관찰사. 예문 方伯果與姜相切然乎 有藩臣自辟守令於榻前之時乎 以理推之 必無其事 〔이후원李厚源, 22-123〕

번연幡然　　선뜻 태도를 바꾸는 모양. 예문 明示其所以不然之故 則戚下雖無勇 亦不敢不幡然易轍負荊而造門矣 〔홍석주洪奭周, 31-61〕

번열繙閱　　책을 펼쳐서 읽음. 예문 星湖文集 謹此齋歸 以供老人親繙閱之資 吾兄之賜 不已多乎 〔유인식柳寅植, 44-68〕

번적蕃籍　　관찰사가 다스리는 지역. 원래는 봉건 왕조에서 분봉한 제후국의 영지를 말함. 예문 國中名山 金剛爲最 旣在台兄蕃籍之內 而無以作靑鞵布襪之游 甚可歎也 〔신석희申錫禧, 29-39〕

번절藩節　　관찰사. 원래는 관찰사가 지니는 부절符節을 말함. 예문 弟匪分藩節 實出異數 感悚交摯 而行期漸近 冗擾多端 甚悶甚悶 〔남헌교南獻敎, 44-314〕

번질反秩　　환곡을 빼내어 유용하고 거짓 문서를 꾸미는 일. 번질反作. 예문 以

正租數萬餘石 以不捧爲捧 歷世反秩 徒擁虛器 將爲棄邑 〔이로李魯, 12-176〕

번포煩逋　　번거롭게 자신의 이름을 쓰지 않는다는 말. 편한 사이에 보내는 편지 끝에 씀. 예문 甲臘旬八 累記煩逋拜 〔미상, 41-24〕 → 불명不名, 포遞, 포송逋悚, 흠欠02, 흠명欠名

번풍番風　　봄을 가리킴. '24번풍番風'의 준말. 24절기節氣의 소한小寒에서 곡우穀雨까지 닷새마다 새로운 꽃이 피는 것을 알려 주는 바람. 예문 謹伏請番風萱闈壽韻 萬衛康隮 定餘蓴樓 震艮潭休 允咸各房穩侍 覃節勻禧否 〔이준태李準泰, 40-284〕

번한藩翰　　변방을 담당함. 관찰사 직임을 가리킴. 『시경』詩經 「대아」大雅 〈판〉板의, "대덕인은 나라의 울타리이며, 많은 무리는 나라의 담이며, 큰 제후국은 나라의 병풍이며, 강한 종족은 나라의 기둥이네"(价人維藩 大師維垣 大邦維屛 大宗維翰)에서 나온 말. 예문 藩翰南服 終樹大勳 不勝跂跂 病臥不備 〔이덕형李德馨, 12-191〕

번혼煩溷　　번거롭게 부탁함. 예문 妄恃厚意 玆用煩溷 更乞毋泛 〔이관명李觀命, 23-193〕 → 봉혼奉溷, 앙번仰煩, 앙혼仰溷

범계凡界　　세속 세계. 예문 淨土凡界 判若銀漢 理難梯接 〔김정희金正喜, 33-90〕

범교泛交　　평범한 사귐. 예문 人之交道於面於書 俱無相長之益 則乃泛交也 〔송병순宋秉珣, 22-351〕

범구範驅　　법대로 수레를 몲. 바르게 행함. 『맹자』孟子 「등문공 하」滕文公下의 "내가 그를 위하여 말을 법대로 몰았더니 종일토록 짐승 한 마리도 잡지 못하였고, 부정한 방법으로 짐승을 만나게 하였더니 하루아침에 열 마리를 잡았습니다"(吾爲之範我馳驅 終日不獲一 爲之詭遇 一朝而獲十)라는 말에서 나온 말. 예문 筆則優可入格 文亦刮目 正道範驅 足以取勝 切勿爲妄想妄計也 〔정약용丁若鏞, 44-101〕

범기凡奇　　잡다한 소식. 예문 此中 或有得者 試券付送 及閫中凡奇 示及如何 〔이광정李光庭, 31-35〕

범륜犯輪　　돌림병에 걸림. 예문 麾內有犯輪者 雖免危境 而餘戒尙多耳 〔신영조辛泳祚, 53-167〕 → 입역入疫

범백凡百 01　　제반 사항. 예문 弟凡百粗遣 而自送女息 倏已半載 戀想之懷 與日俱深 秋凉後 極欲津送人馬率來 未知許送否 〔한배하韓配夏, 5-143〕

범백凡百 02　　일상의 여러 안부. 예문 歸侍後 視引攻學 凡百一切平善否 區區尤

用懸溯〔윤봉구尹鳳九, 23-209〕→ 계거啓居, 계처啓處, 기미氣味, 기처起處, 기체氣體, 동인動引, 동정動定, 동지動止, 범절凡節, 이용履用, 이음二音, 이자二字, 정인鼎茵, 정인鼎裀, 진간震艮, 한훤寒暄, 행주行駐, 흥거興居

범범泛泛   대수롭지 않게 여김. 예문 弟得好家 兄得比隣 可謂兩全 更乞兄休泛泛〔정지호鄭之虎, 051〕

범사汎使   배를 타고 가는 사신. 범사泛使. 예문 連年汎使 皆歸吾輩 亦天也奈何〔이정구李廷龜, 16-25〕

범섭泛涉   널리 두루 섭렵함. 예문 程朱之說 自在方册 一生誦習 猶有不能盡者 何暇泛涉他書 以亂自來眞是非耶〔김위재金偉材, 21(智)-58〕

범야犯夜   야간 통행금지를 위반함. 예문 日勢日暮 馳往交山 難免犯夜 故今日不能迎哭 悲咽悲咽〔이관징李觀徵, 13-111〕→ 범종犯鐘

범절凡節   안부. 예문 侍敎生 兩親凡節 長患欠寧 私情悶迫 曷勝言喩〔이맹휴李孟休, 21(智)-68〕

범종犯鐘   야간 통행금지를 위반함. 예문 吾昨日祗迎犯鐘而歸 憊不能堪 外他出入等節 無不苟艱 可悶也〔신좌모申佐模, 43-132〕→ 범야犯夜

범포犯逋   나라에 낼 세금을 내지 않음. 예문 目下三大政 並湊束奴 作止四千兩 尙未收刷 營關日嚴 差人時督犯逋者 只納命爲旅者 但稱怨官令 其間何能堪當乎〔유진원兪進源, 41-188〕

법부法府   형조·사헌부·한성부 등 법을 집행하는 기관. 예문 生且明知其被誣 極可痛冤 受賄若此其多 則周旋或有其便 豈至於移送兵曺定役之理 頑人移怒於掌務 爲此○濫之計 可惡可惡 不得已將呈法府以辨〔서경우徐景雨, 051〕

벽경壁經   『서경』書經을 말함. 공자의 옛집 벽 속에서 발견된 데서 붙여진 이름. 벽중서壁中書. 예문 壁經讀至八卷云 須於今月內畢讀 來月則讀離騷九歌杜詩長篇等屬〔신좌모申佐模, 43-129〕

벽루僻陋   구석지고 외진 곳. 자기가 사는 곳의 겸칭. 예문 月初 承紆顧僻陋 適出違奉 亦未追謝 反蒙來示 尤深愧仄〔이황李滉, 30-3〕

벽어碧魚   청어. 예문 伏承尊惠家親季父問札及碧魚之貺 仰感之至 家親季父俱奉使命 遠出未還 書物當奉留以傳 替謝不備〔민진주閔鎭周, 21(禮)-213〕

벽이辟咡   입 곁에 대고 말한다는 뜻으로, 어른이나 스승의 가르침을 말함.

『소학』小學 「명륜편」明倫篇에 "어른이 손을 잡고 이끌면 두 손으로 어른의 손을 받들듯이 잡고, 마치 칼을 등에 진 것처럼 허리를 굽혀 입 곁에 대고 말씀하시거든 입을 가리고 대답한다"(長子與之提携 則兩手奉長者之手 負劍辟咡詔之 則掩口而對)라고 함. 예문 罪弟 奉奠之暇 與姪輩處小齋 而去離函筵 無辟咡之詔 不堪離索之嘆 〔오정표吳政杓, 41-93〕

벽적襞積　마치 옷을 개어 놓듯이 할 말이 많이 쌓였다는 말. 예문 阻闊旣久 且多襞積 〔조명택趙明澤, 6-193〕

변권弁卷　서문. 예문 先集奉玩 而弁卷之托 極知不堪承當 〔조인영趙寅永, 31-64〕 → 변어弁語, 서인序引

변례弁禮　관례冠禮. 예문 今日卽從姪兒弁禮也 招隣燕飮 足爲團圓 但路間便阻 未能仰請 〔안희원安禧遠, 53-159〕 → 변수弁首

변배抃拜　바닥을 쓸고 인사를 함. 길에서 만난 것을 가리키는 말. 예문 想瓜熟不遠 或可抃拜軒盖於野次 叙鬱耳 〔조경趙絅, 6-34〕

변별抃別　만나서 작별함. 예문 吏隱仙區 眞所謂騎鶴揚州 此何等淸福也 似在不遠 而無由抃別 悵悵 無以爲裁 〔권상하權尙夏, 44-112〕 → 면송面送, 반송攀送, 배리拜離, 삼별摻別, 삼수摻手

변보邊報　변경에서 보내온 위급한 소식. 예문 近聞西事又動 無足絶氣踰嶺 豈此時不可得 誠如跛鼈坐井待死 豈謂吾儕末年情事止此耶 邊報若干紙封上 〔이호민李好閔, 45-262〕

변서抃敍　만나서 이야기함. 예문 陛辭時 奔走公冗 未及抃敍 〔이재李縡, 22-249〕 → 면서面敍, 배서拜敍, 배온拜穩, 봉서奉敍, 봉전奉展, 상서相敍, 온穩, 온서穩敍, 온오穩晤, 온주穩做, 전오展晤, 조전造展, 합전合展

변수弁首　관례冠禮. 예문 令胤○鳳毛 而待弁首然後送來 〔강필효姜必孝, 22-307〕 → 변례弁禮

변어弁語　머리말. 서문. 예문 一册送上 乞下數轉弁語 〔김택영金澤榮, 21(智)-438〕 → 변권弁卷, 서인序引

변장자卞莊子　노노나라 변읍卞邑의 대부大夫. 용기 있는 사람을 가리킴. 『논어』論語 「헌문」憲問의 "자로가 온전한 사람에 대해 물으니, 공자께서 대답하시길, 장무중의 지혜와 공작의 무욕과 변장자의 용기와 염구의 재주에다 예악으로 문채를 내면 또한 온전한 사람이 될 수 있을 것이라 하셨다"(子路問成人 子曰 若臧武仲之知 公綽之不欲 卞莊子之勇 冉求之藝 文之以禮樂 亦可以爲成人矣)에서 나온 말. 예문 鄕約所謂 不悛者絶之 恐是白直道理 日後卞莊子 有不暇怕也 〔김평묵金平默, 44-124〕

변저邊儲　유사시를 대비하여 변경에 저장한 곡물. 예문 多少示意謹悉 邊儲不宜容易下手者 誠切至之言也 財散之後 難復聚者 弟亦豈不知 而民命之上 事迫燃眉 亦何可膠守常套 〔조태구趙泰耉, 21(禮)-318〕

변제變制　상복喪服을 바꾸어 입는 일. 예문 今於變制之日 準擬寸寸扶舁 積濕中人 兄弟俱病 浹月呻委 尙欠痊可 不敢生意 〔이상정李象靖, 41-178〕

변제變除　상복喪服을 바꾸어 입는 일. 변복變服과 제복除服. 변복은 소상小祥을 마치고 나서 상복喪服을 빨고 수질首絰을 벗는 것이고, 제복은 대상大祥을 마친 뒤 상복을 벗는 것이다. 예문 汝之發喪 旣在成服入棺前 則一二日之間 無甚有間 故初意 則以祥日變除爲無妨矣 〔미상, 10-100〕

변파지사卞破之辭　변명의 말. 예문 示事 過自已作 何敢有卞破之辭 但當引過謝罪而已 〔이세형李世衡, 53-48〕

변폭邊幅　겉치레. 예문 竊欲一趍下風 庶幾有獲於觀感 而家貧親老畊樵爲職 奚暇修人事上邊幅耶 〔김진효金鎭孝, 40-92〕

변호抃號　땅을 치며 통곡함. 예문 卽宜扶衰運奔 與共於練冠抃號之席 而適得眩暈之症 不免依馬旋停 不惟無以效共事之忱 而亦所以孤負夙昔眷敎之厚也 〔김도화金道和, 32-167〕

별가別駕　주군州郡 장관의 보좌관. 예문 僕於別駕 容之垂二年 待之亦寬假 彼則倨然自肆 出入由己 不有上官 非惟一州之人知也 四隣皆知之 非惟四隣知之 一道之人皆知之 〔박상朴祥, 9-70〕

별래別來　이별한 이후. 예문 溪亭聚散 已成陳跡 別來依然 〔정홍명鄭弘溟, 22-107〕

별록別錄　따로 첨부한 글. 예문 此中別錄 乃亡子妾家事 更須破例曲施 千萬切望切望 〔김류金瑬, 23-45〕

별사別謝　별도의 답장. 예문 擾甚未別謝 罪恨 〔○형한○炯漢, 027〕

별성別星　임금의 명을 받들고 외국으로 가는 사신. 봉명사신奉命使臣.

예문 第別星之接應 簿牒之綜理 不遑休養 旋用悶念 〔이승원李升遠, 7-143〕

별존別存　　특별히 관심을 쏟음. 예문 惠貺 謹領別存 甚庸感慕 不知爲謝 〔김병학金炳學, 44-201〕 → 권존眷存, 성존盛存

별지別紙　　따로 써서 편지에 동봉하는 종이쪽. 예문 別紙中所問之事 曾所未聞 〔이후원李厚源, 22-123〕 → 녹지록지綠紙, 별록별록別錄, 별폭별폭別幅, 부저副楮, 소록小錄, 소지小紙, 소폭小幅, 영함另械, 태록胎錄, 태지胎紙, 협고夾告, 협록夾錄, 협백夾白, 협소夾疏, 협저夾楮, 협지夾紙, 협편夾片

별차別差　　나라에서 특정한 임무를 위해 파견하던 임시 관원. 예문 貴邑別差 張舜範 卽切緊切緊 爲弟最緊人也 三緊字 可以爲弟生色 隨事另護耶 〔정만조鄭萬朝, 35-114〕

별천別薦　　조정에서 필요에 따라 별도로 관리 후보들을 천거하는 일, 또는 그렇게 천거된 사람. 예문 朴別薦事 不勝柏悅 都錄送之 幸轉及 如何如何 〔이유원李裕元, 44-195〕

별첨別添　　건강이 더 나빠짐. 예문 惟篤老節 蕫免別添 眷聚無別事 是可幸耶 〔이장호李章濩, 53-151〕

별폭別幅　　별지別紙. 예문 餘具別幅 令心照 不備 〔이상의李尙毅, 45-227〕

병丙　　편지를 받아보고 태우라는 말. 병丙은 오행五行 중 화火에 속하므로 불태운다는 의미를 지닌다. 예문 此紙 卽丙爲可 〔김정희金正喜, 20-50〕 → 병정丙丁, 부병付丙

병간病間　　병에 차도가 있음. 예문 春和病間 甚欲爲三餐之計 以酬此瞻嚮也 〔윤휴尹鑴, 47-13〕 → 감점減漸, 감헐減歇, 차경差境, 차헐差歇, 향간向間02, 향차向差, 향헐向歇, 회두回頭

병감病感　　감기에 걸림. 예문 但秋初病感後 阻命氣眩 尋裴亦難 〔김낙현金洛鉉, 22-333〕 → 모감冒感, 중감中感, 첨감添感

병계病契　　병든 자신을 지칭하는 말. 예문 戊申二月六日 病契郭鍾錫謝狀 〔곽종석郭鍾錫, 41-197〕

병고病故　　병과 사고. 예문 此每擬進敍 而病故多端 末由遂意 尋常恨歎 〔오두인吳斗寅, 22-161〕

병궤屛几　　병풍과 안석. 상대방을 직접 가리키는 대신 거처하는 곳을 가리켜, 상대방을 높이는 표현. 예문 經春曁夏 嗣音無路 惟是憧憧一忱 未嘗不懸於屛几之下〔유심춘柳尋春, 32-161〕

병몽缾幪　　장막. 둘러치는 것을 병缾, 위를 가리는 것을 몽幪이라 하므로, 감싸고 보호하는 것을 가리킨다. 예문 春秋五十一歲 而篤學實踐 以爲當世缾幪耳 不知自分猥侍函席 然切恐陰厓之木 但貽累於姬天而已〔송상도宋相燾, 40-152〕

병물病物　　병든 물건. 자기를 낮추어 이르는 말. 예문 癸亥五月小望 族生 病物〔이상진李尙眞, 3-127〕

병복屛伏　　바깥 출입을 하지 않음. 예문 吾儕年迫七十或六十 親識凋寥 理固然矣 而其與存者 又各屛伏 謝絕人事 不相聞問 徒自耿切而已〔전식全湜, 45-300〕

병사丙舍　　묘막墓幕. 예문 不審歸次丙舍 孝履支福否 企係增切〔김창흡金昌翕, 25-21〕

병세幷世　　동시대同時代. 예문 省式 幷世責沈之歎 尙矣 每爾頎頎〔장승택張升澤, 53-150〕

병용病冗　　병과 잡무. 예문 自餘適緣病冗 不暇奉悉〔정구鄭逑, 21(仁)-280〕

병우病憂　　질병. 예문 病憂間有動靜耶 何以用藥 爲之悶念〔정조正祖, 26-79〕

병작缾雀　　병 속의 참새. 답답한 상황을 이르는 말. 예문 昨無人不卽賀 情如缾雀 顧令何日當行 此吾輩此生之別 吾居東南路岐 或有面訣便耶〔이호민李好閔, 45-264〕

병잔病孱　　병약함. 예문 鐔窮陋病孱 無足仰喩 適此來城 從孫女亦歸寧團會 慰幸可言〔신심申鐔, 21(禮)-341〕

병장病狀　　병이 들었다고 올리는 사직서. 예문 更作病狀 以送于司吏〔임성주任聖周, 22-273〕

병저지탄病諸之歎　　'어렵다'는 탄식.『논어』論語「옹야」雍也의 "자공이 말하기를 '백성에게 은혜를 널리 베풀어서 많은 사람을 구제한다면 어떻습니까? 인仁하다고 할 만합니까?'라고 묻자, 공자께서 말씀하시기를, '어찌 인을 일삼는 데 그치겠는가. 반드시 성인일 것이다. 요·순도 이에 있어서는 오히려 어렵다고 여기셨을 것이다'라고 하셨다"(子貢曰 如有博施於民而能濟衆 何如 可謂仁乎 子曰 何事於仁 必也聖乎 堯舜 其猶病諸)라는 구절에서 유래한 말이다. 예문 然餓者漸多 官儲本少 則雖以令兄之才 必不免病諸之歎 是慮是慮〔이상李翔, 5-67〕

병전兵銓　　병조판서. 무관의 인사권人事權을 가졌기 때문에 칭하는 표현.
예문 吏議坐罷 銓長必欲同去取 則兵銓亦難獨出議地〔윤순尹淳, 39-89〕

병정丙丁　　불태움. 예문 偶並及之 此紙卽丙丁之丙丁之〔이유태李惟泰, 5-49〕
→병병, 부병付丙

병정病情　　병의 상태. 예문 査弟溜雨病情 支離難耐〔허임許恁, 027〕

병졸病拙　　병들고 못난 사람. 자신을 낮추어 일컫는 말. 예문 白蠟良謝 千萬不一 癸巳九月十七日 病拙 不名〔김상용金尚容, 23-35〕

병주지향幷州之鄕　　병주가 고향이라는 뜻. 오래 살아서 정든 타향을 고향에 견주어 이르는 말. 제2의 고향. 당唐나라 시인 가도賈島가 병주에 오래 살다가 떠난 후 시를 지어 그곳을 고향처럼 그리워했다는 고사에서 유래한 말이다. 〈상건하를 건너며〉(渡桑乾)에 "병주에서 나그네살이 십 년이 지나도록, 돌아가고픈 마음 밤낮으로 함양을 그렸네. 일없이 다시금 상건수를 건너니, 돌아보매 병주가 바로 고향 같구나"(客舍幷州已十霜 歸心日夜憶咸陽 無端更渡桑乾水 却望幷州是故鄕)라고 하였다. 예문 唯願行春益勝 以濟飢困之蒼生 長興乃幷州之鄕 其處士人相識者 甚少 倩大使二字安否 生光大矣〔심동구沈東龜, 3-99〕

병초病草　　몸이 아파서 대략 씀. 예문 餘祝萬安 病草 姑不宣 伏希兄照 謹謝狀上〔이진휴李震休, 3-95〕

병촉炳燭　　늙어서도 학문을 좋아함. 유향劉向의 『설원』說苑에 나오는 다음과 같은 고사에서 유래한 말이다. 진晉나라 평공平公이 사광師曠에게 "내 나이 70이 되었으니 배우고자 하여도 너무 늦었다"고 하자, 사광이 "젊을 때 배우기를 좋아하는 것은 태양이 막 뜰 때의 햇볕과 같고, 어른이 되어 배우기를 좋아하는 것은 한낮의 태양빛과 같고, 늙어서 배우기를 좋아하는 것은 촛불의 밝음과 비슷합니다. 촛불을 밝히고 가는 것이 어찌 캄캄한 길을 가는 것과 같습니까"(少而好學 如日出之陽 長而好學 如日中之光 老而好學 如炳燭之明 炳燭之明 孰與昧行乎)라고 했다. 예문 恐有汗染之慮 況可望少補於炳燭之工耶〔황현黃玹, 37-23〕

병표並鑣　　나란히 말을 타고 동행함. 예문 兄以無所着目爲慮 前日並鑣之意 果在斯也 而非爲弟同居也 好咲好咲〔민형수閔亨洙, 6-196〕

병혈丙穴　　맛 좋은 물고기가 나는 곳. 『수경주』水經注 권27 「면수」沔水에 "포수는 또 동남쪽에서 병수의 입구와 합류하는데, 그 물은 위로 병혈에서 온다. 병혈에서는 맛 좋은 물고기가 난다. 봄 3월에 물고기가 구멍에서 나왔다가 가을 9월에 들어간다. ……구멍의 입구가 병丙 방향을 향해서 병혈이라 한다"(褒水又東南得丙水口 水上承丙穴 穴出嘉魚 常以三月出 十月入地 ……穴口向丙 故曰丙穴) 하였다. 예문 旣見對案疏糲之苦 此去之路 所謂丙穴之地也 未知令監東海之味 何者爲羊棗之病 須毋難示及 〔정양鄭瀁, 22-127〕

보保 군보軍保(군역을 면제해 주는 대가)로 쌀이나 베를 상납할 의무가 있는 사람. 처음에는 군인 한 명에 대하여 두 명의 보인保人을 정하고 베나 무명을 내게 하여 군인의 생활을 도와주게 하였으나 나중에는 군역에 복무하지 않는 사람들에게 세금의 하나로서 징수하였다. 보인保人, 봉족奉足. 예문 近來法廢而弊滋 保與監色 晏然自在 而乃使侵徵於其族屬 延及於他道邑 〔이충익李忠翊, 7-172〕

보과保過 편히 지냄. 예문 再昨得敷二月望出書 從知邇來侍爾父保過 喜與悲幷 〔이관징李觀徵, 13-106〕

보과報瓜 임기가 만료되었다고 보고함. 임기가 만료됨. 예문 我依遣 而三月報瓜 八月間當歸 幾何相見汝也 〔이만유李萬維, 14-116〕

보교步轎 벼슬아치들이 타는 가마. 네 기둥을 세워 사면으로 휘장을 둘렀고, 뚜껑은 정자亭子 지붕 모양임. 예문 雖農役方張 以吾言分付甲孫 正出乘步轎以來也 〔신좌모申佐模, 43-146〕

보권寶婘 상대방의 가족에 대한 높임말. 안부를 물을 때 씀. 예문 謹審傍省萬衛 寶婘都寧 險歲喜報 孰大於是 〔이진상李震相, 44-60〕

보권寶眷 상대방의 가족에 대한 높임말. 예문 此荷惠訊 如親英盼 慰不可喩 藉審令祺篆安 寶眷覃慶 尤愜心頌 〔서병수徐丙壽, 35-109〕 → 가권家眷, 가루家累, 가소家小, 곤비梱庇, 권구眷口, 권비眷庇, 권집眷集, 권취眷聚, 담내覃內, 담비覃庇, 보담寶覃, 비내庇內, 비담庇覃, 비의庇儀, 비절庇節, 비하절庇下節, 제권諸眷, 제솔諸率, 혼권渾眷

보급報及 안부를 전함. 예문 琴聞遠幽勝何如 未別致問 爲忙也 須報及 〔구봉령具鳳齡, 21(仁)-172〕

보담寶潭 보담寶覃. 예문 恪詢比辰靜體動止 益護萬重 寶潭均慶否 〔김병휴金炳休, 31-135〕

보담寶覃 상대방의 가족에 대한 높임말. 예문 阻隔政懸 卽承寵翰 藉審比寒

體居護旺 寶覃均安 慰荷副禱〔남규희南奎熙, 42-35〕

보방保放　　보증을 세우고 죄수를 방면함. 예문 此意令論告而保放 俾免獄卒之侵 如何〔남이웅南以雄, 051〕

보보甫甫　　매우 심하게. 예문 伏惟秋涼 起居珍相 奔忙甫甫 病狀又甚 一未就候 尋常悵仰〔이의현李宜顯, 44-161〕

보사報使　　하급 관아에서 상급 관아에 보고하기 위해 보내는 하리下吏. 예문 加定則業已全無 至於報使 更無出給之理〔이로李魯, 12-176〕

보상寶上　　→ 보자〔寶上〕

보색保嗇　　몸을 아끼고 잘 보호함. 안부를 물을 때 쓰는 표현. 예문 伏惟至寒 靜中起居一向保嗇 無任區區遠溱〔박규환朴奎煥, 49-262〕

보소譜所　　족보를 만들기 위하여 임시로 설치한 사무소. 예문 譜所通章 已輪湖南 而各處諸族 一不來見 此何故也〔강운희姜運熙, 41-55〕

보왕발래報往拔來　　빨리 가고 빨리 옴. 보報는 부赴의 뜻.『예기』禮記「소의」少儀에 "빨리 오지 말고, 빨리 가지 말라"(毋拔來 毋報往)고 한 데서 유래함. 예문 老荊報往拔來 若涉徑廷 而今而思之 實爲萬幸〔김도화金道和, 32-167〕→ 발래보왕拔來報往

보외補外　　외직外職에 보임됨. 예문 意外聞有補外之命 無任驚歎〔이경억李慶億, 6-32〕

보자〔寶上〕　　보寶. 공공사업을 위하여 기금을 마련하고, 이를 백성에게 꾸어 주어 이자를 받아 운영하는 제도. 환자〔還上〕에 비겨서 보자라고 함. 예문 璡出穀十五斛 諸員各出二斛 以爲寶上之本 合四十參石 存本取利 辦春秋講信〔김진金璡, 12-29〕

보장報狀　　보고서. 예문 以刑獄事 報狀 亦多無寸暇〔미상, 027〕

보정步呈　　상대방이 지은 시의 운韻에 따라 시를 지어 드린다는 말. 차운次韻. 예문 來詩心擾難和 從當步呈〔홍명하洪命夏, 000〕

보지報知　　보고함. 예문 猝發之聞 已呈文於本官云 未知報知該曺耶 旣展不可縮〔이유태李惟泰, 5-48〕

보책譜册　　족보. 예문 若於卷首之張 列書各派 標以字號 則雖不書長房次房 亦可瞭然 而此則人家譜册之規 亦不必援用矣〔정조正祖, 26-75〕

보천保薦　　　책임지고 천거함. 예문 人之好我 歸斯受之 伏冀用保薦者〔황정욱黃廷彧, 5-197〕

보첩報牒　　　하급 관아에서 상급 관아에 올리는 공문. 예문 就以營錢請貸事 報牒成○ 幸望從容稟達 俾得優數題送 使此孱邑 得蒙顧恤之意 如何如何〔오원吳瑗, 21(智)-16〕

보통普痛　　　나라 전체의 슬픔. 국상에 대한 표현. 예문 因山已過 普痛采切〔이현조李玄祚, 44-249〕

복卜　　　짐. 예문 魚卵一部 此亦是也以卜重爲辭 幸勿以少爲咎〔유이승柳以升, 3-87〕

복경부중福輕負重　　　복은 없고 책임만 무거움. 예문 千萬不意 濫叨匪據 福輕負重 惶懼罔措耳〔김상용金尙容, 46-192〕

복계覆啓　　　거듭 왕에게 계啓를 올림. 예문 未知該曹 覆啓措辭 果云何〔김진규金鎭圭, 21(禮)-302〕

복군卜軍　　　짐꾼. 예문 安州書簡 與敎下事 當上稟力圖 以付申先達卜軍回便〔김광묵金光黙, 31-53〕

복길卜吉　　　길일을 정함. 예문 承卜吉 尙未定 想費神觀矣〔송시열宋時烈, 3-118〕

복당福堂　　　감옥. 예문 公山判官福堂〔윤혁尹爀, 6-202(봉투)〕→ 획지畫地

복리服履　　　상중喪中에 있는 이의 안부. 예문 家姪之行 謹承惠書 就審服履增勝 遙切慰荷〔김수증金壽增, 23-111〕→ 복체服體, 복후服候, 애리哀履, 애후哀候, 제리制履, 효리孝履

복마卜馬　　　짐 싣는 말. 예문 外官之○問朋儕 亦關事體 誠是不可已之事 而卜馬無辦出之路〔이재李梓, 051〕

복복僕僕　　　꾸벅꾸벅. 절하는 모양. '복복기배'僕僕亟拜의 준말. 『맹자』孟子 「만장 하」萬章下에 "자사께서 생각하시기를, 삶은 고기가 자기를 번거롭게 자주 절하게 하니, 군자를 봉양하는 예가 아니라고 하셨다"(子思以爲 鼎肉使己僕僕亟拜也 非養君子之道也)라는 구절이 있다. 예문 所貺六把節簜 特出尋常 佩服風誼 珍謝僕僕〔나양좌羅良佐, 5-121〕

복분覆盆　　　엎어진 동이. 죄를 뒤집어쓴 채 억울함을 풀 길이 없는 경우를 비유하는 말. 예문 時宰欲爲分疏 前後罪廢之人 條陳上箚 歡聲遠騰 不知餘光亦及於覆盆之下耶〔황석黃奭, 39-25〕

복분조일覆盆照日　　엎어진 동이 아래 햇빛이 비침. 임금의 은혜가 구석진 곳까지 미침을 비유한 말. 예문 如弟罪大 百謫難贖 覆盆照日 初無倖望 何能生渡此水 〔유명현柳命賢, 21(禮)-194〕

복사鵩舍　　유배지의 거처. 가의賈誼의 〈복조부〉鵩鳥賦 서序에, "가의가 (폄천貶遷되어) 장사왕의 태부가 된 지 3년에, 복조가 날아들어 와서 앉은 자리 근처에 머물렀다. 복조는 부엉이와 비슷한 불길한 새다"(誼爲長沙王傅三年 有鵩鳥飛入賈舍 止于坐隅 鵩似鴞 不祥鳥也)라고 하였다. 예문 重栖舊第 觸目愴感 反不如塊坐鵩舍兩忘身世之日也 〔남이성南二星, 5-98〕

복성福星　　복을 내려주는 신神. 훌륭한 지방관을 가리킨다. 예문 第麥農到底者 福星所臨 雨岐之淫 可以側耳 〔김정희金正喜, 22-319〕

복시覆試　　초시初試의 입격자入格者들을 서울에 모아서 치르는 2차 시험. 예문 意外覆試 又能挽人於瓜熟之後 縷縷懇迫之辭 如水投石 〔엄즙嚴楫, 21(禮)-152〕

복심覆審　　재차 깊이 조사하다. 예문 想卽今已發覆審之行 而啓居勝常否 瞻傃不已 〔이유李濡, 21(禮)-206〕

복역覆逆　　거듭 아뢰어 반대함. 예문 承旨旣在出納之地 目見過擧 有所覆逆 則其可以此譴罷乎 此似揚湯而止沸矣 〔미상, 6-161〕

복월復月　　11월. 예문 庚辰 復月 三日 〔김진규金鎭圭, 23-185〕 → 창월暢月

복음復音　　답장. 예문 幸望卽賜復音 付諸從弟家便如何 不備狀例 〔조명택趙明澤, 6-192〕 → 복찰覆札, 복첩覆帖, 복첩覆帖, 사어謝語, 사의謝儀, 사첩謝貼, 신사申謝

복의復儀　　답장. 예문 才修復儀 而五月出惠書踵至矣 〔윤용구尹用求, 18-84〕

복의復意　　답장에 쓴 뜻. 예문 細悉復意 爾事若不亟亟爲之 則明日午後 定不免入獄之患 〔심의겸沈義謙, 16-64〕

복장復狀　　답장. 예문 伏惟下照 謹上復狀 〔김성일金誠一, 3-25〕

복장覆狀　　답장. 예문 伏惟尊照 上覆狀 〔허적許積, 5-55〕

복전服前　　상중喪中에 있는 사람에게 편지를 보낼 때 봉투에 쓰는 말. 예문 忠淸巡相服前 服人宋時烈狀上 〔송시열宋時烈, 47-102(봉투)〕 → 복좌服座, 복차服次, 제좌制座

복정卜定　　공물 이외의 필요한 물건을 상급 관청에서 하급 관청에 배정하여

강제로 납입케 하던 일. 예문 早穀種子 稍完官卜定 關子成送 〔성삼문成三問, 21(仁)-33〕

복제服弟　　상중喪中에 있는 사람이 친구에 대하여 자신을 이르는 말. 예문 癸卯二月十三日 服弟 束 頓首 〔이간李柬, 23-203〕

복종服從　　상중喪中에 있는 사람이 종형제에 대하여 자신을 일컫는 말. 예문 服從 近來親候 以泄患 日事苦劇 焦煎何狀 〔이갑李柙, 051〕

복좌服座　　상중喪中에 있는 사람에게 보내는 편지의 봉투에 쓰는 말. 복좌하服座下, 복좌전服座前. 예문 曲江 服座 入納 族姪 錦倅 候書 〔조현영趙獻永, 31-86(봉투)〕 → 복전服前, 제좌制座

복차服次　　상중喪中에 있는 사람에게 보내는 편지의 봉투에 쓰는 말. 대효복차大孝服次 예문 趙參判 服次 〔박필주朴弼周, 6-220(봉투)〕

복찰覆札　　답장. 예문 頃者李希哲還傳覆札 兼拜碑本墨笏之惠 便信無憑 未緣附謝 〔박태보朴泰輔, 21(禮)-272〕

복첩復帖　　답장. 예문 卽承復帖 細審秋來 起居安穩 多慰阻懷 〔이진순李眞淳, 7-204〕

복첩覆帖　　답장. 예문 回撥 承拜台廿七初五兩幅覆帖 披慰之極 不翅合席晤言 〔조태구趙泰耉, 21(禮)-319〕

복체服體　　상중喪中에 있는 사람의 안부. 예문 不審服體 連護萬重 咸哀昆季支保 其爲地切迫 無非座下旬當 何以堪遣於衰境耶 〔이장오李章五, 31-69〕 → 복리服履, 복후服候, 애리哀履, 애후哀候, 제리制履, 효리孝履

복침伏枕　　병으로 누워 있음. 예문 負病謝事 調救沒效 伏枕送日 〔최응천崔應天, 3-172〕

복합伏閤　　조정의 신하나 유생이 대궐 문 앞에 엎드려 상소하던 일. 예문 四先生建院事 春夏以來 至三疏 承嚴旨 惶悚中 又値罔極 祗待因山後 伏閤耳 〔이희소李熙紹, 34-372〕 → 규합叫閤

복해覆解　　복시覆試에 합격함. 예문 仲胤兄覆解 不勝栢悅 〔이재정李在正, 027〕

복후服候　　상중喪中에 있는 사람의 안부. 예문 不審邇來僉服候衛重 惟冀深自寬抑 以慰此誠 〔송내희宋來熙, 22-323〕 → 복리服履, 복체服體, 애리哀履, 애후哀候, 제리制履, 효리孝履

본관本官　　자기가 사는 고을의 수령. 예문 自營還來 勢將待本官事出場 而遲

延至此 極可悶歎〔송환기宋煥箕, 22-291〕

본생本生　　생부나 생모. 예문 汝之本生祥禫 次第告訖 想廓然靡逮 爲之悲念 悲念〔김정희金正喜, 33-63〕

본정本庭　　본가本家. 예문 卽惟線陽 孝履繭梅支衛 本庭大被壽韻陵岡否〔김호직金浩直, 40-106〕

봉奉01　　받음. 예문 雖欲寄聲 亦無由 方以爲嘆 奉此德音 宛若對芝宇披素懷 慰釋不已不已〔김성일金誠一, 3-24〕

봉奉02　　만남. 예문 前者再訪 一違一奉 又奉於壓尊之處 殊未從容 昨偶迷路 過門 可得就面 而又緣曛暮 只以伻問 恨怍不暇〔이황李滉, 30-15〕

봉奉03　　상대방을 높이는 말. 접두어로서, 상대방에 대한 자신의 행위를 언급할 때 사용한다. 예문 租船之敗 尊丈想費神觀 奉念何已〔송시열宋時烈, 6-64〕

봉격지희奉檄之喜　　관리가 되어 어머니를 모시게 된 기쁨. 격檄은 관리 임명장. 『후한서』後漢書 「열전」 제29의 〈서〉序에 다음과 같은 고사가 전한다. 후한後漢의 모의毛義는 집이 가난하였지만 효행孝行으로 소문이 널리 났다. 장봉張奉이 그의 명성을 듣고 모의를 찾아갔을 때 마침 수령으로 임명한다는 부격府檄이 왔다. 모의가 임명장을 들고 매우 기뻐하자 장봉이 모의를 비루한 사람으로 여겼다. 나중에 모의의 어머니가 죽자 모의는 즉시 관직을 그만 두었다. 조정에서 여러 번 불러도 나아가지 않자, 장봉이 감탄하면서, 지난날에 벼슬한 것은 어머니를 위함이었다고 평하였다. 예문 兼見政草 則君換集慶殿矣 猶可謝恩赴任 以遂昔人奉檄之喜 可喜〔이황李滉, 30-164〕

봉고封庫　　물품의 출납을 못하도록 창고를 봉하여 잠그는 것. 예문 子無事下來 卽以封庫事 往于通津 昨夕僅得還歸〔이철영李哲英, 7-212〕

봉궤奉几　　궤연几筵을 받듦. 궤연은 죽은 이의 혼백魂帛이나 신주神主를 모셔 두는 곳이다. 예문 頑縷如繩 尙不滅絶 奉几之期 未滿半年 隕廓何可盡狀〔홍의섭洪宜燮, 41-13〕

봉기奉旣　　만나서 다 이야기함. 예문 餘容奉旣 姑不具〔이익상李翊相, 23-115〕

봉납封納　　봉하여 돌려줌. 예문 五峯處書 幸照後封納爲佳〔정경세鄭經世, 25-12〕

봉념奉念　　궁금함. 예문 其間京信又聞 而君府迎柩之行 當發於何間耶 爲之奉念不已〔이순신李舜臣, 22-59〕→ 공념控念, 공념貢念, 공려拱慮, 공려貢慮, 봉려奉

慮, 앙념仰念, 여앙慮仰, 헌념獻念

봉단捧單　　명단을 올림. 예문 況是祠是禮之在於是時 公而爲吉祥 私而爲榮幸 各派子孫進不進 皆令捧單 尤何可息偃 〔정조正祖, 26-19〕

봉려奉慮　　상대방에 대한 걱정. 예문 腫處其得快差否 奉慮不已 〔김수흥金壽興, 23-119〕

봉마蓬麻　　착한 사람과 사귀면 따라서 착해짐을 비유하는 말.『순자』荀子「권학」勸學의 "쑥이 삼대 밭에 나면 붙잡아 주지 않아도 곧아진다"(蓬生麻中 不扶而直)는 말에서 나옴. 예문 胤兄 幸因瓜葛之緣 申取蓬麻之益 欣喜難裁 而遽爾分袂 還切怒如 〔강기술姜奇述, 49-244〕

봉매奉浼　　상대방의 귀를 더럽힘. 상대방에게 자기 근황을 말하는 것을 겸손하게 표현하는 말. 예문 弟衰年旅食 百苦備之 無足奉浼 千里雖邈 嗣聞有道 以是稍慰自餘 〔정옥鄭玉, 31-44〕

봉몌奉袂　　뵘. 예문 早晚當一入洞天 以酬宿債 異鄕奉袂 豈非一勝耶 〔이삼환李森煥, 44-100〕

봉모鳳毛　　자식이 아버지의 훌륭한 풍채를 닮았음을 비유한 말. 진晉나라 때 왕소王邵가 자기 아버지인 왕도王導의 풍채를 닮았는데, 그가 시중侍中이 되어 공복公服을 입고 들어오자, 환온桓溫이 그를 바라보고 말하기를, "대노大奴(왕소의 자)에게 진실로 봉모鳳毛가 있다"고 하였다는 고사(『세설신어』世說新語「용지」容止)에서 유래하였다. 예문 令胤○鳳毛 而待弁首然後送來 〔강필효姜必孝, 22-307〕

봉문奉聞　　말씀을 드림. 예문 賤狀仍苦陸陸 他無足奉聞 〔송병순宋秉珣, 22-353〕

봉문蓬門　　쑥대로 만든 문. 자기 집에 대한 겸사. 예문 弟近日頗健飯 而但索租聲喧聒蓬門 最是攢眉處也 〔황현黃玹, 37-19〕 → 봉조蓬藋, 봉창蓬窓, 봉필蓬蓽, 손와損窩, 야옥野屋, 한미寒楣, 형문荊門

봉복奉復　　답장을 올림. 대체로 서로 편한 사이의 사람에게 보내는 편지에 쓰는 말. 윗사람에게 보낼 때는 봉사奉謝라고 하며 또 어떤 문제에 대해 답을 줄 때는 봉답奉答이라고 함. 예문 奉復 李秀才 贅寓 〔미상, 027(봉투)〕 → 배복拜復, 배복拜覆, 사복謝復, 상복上復, 상복上覆

봉사奉謝[01]　　답장을 올림. 윗사람에게 보내는 편지에 쓰는 말. 예문 餘望自愛萬萬 忘言 不宣 奉謝 〔윤두서尹斗緖, 21(禮)-369〕 | 奉謝 萬頃衙軒 〔이덕형李德馨, 3-42(봉투)〕

봉사奉謝[02]　　뵙고 사례함. 뵙고 말씀드림. 예문 公私痛惜 如何如何 萬萬不備 只竢奉謝 伏惟兄下照 〔이경석李景奭, 31-11〕→ 면사面謝

봉서奉敍　　직접 만나 회포를 풂. 예문 會盟時 想還來 奉敍不遠 〔김반金槃, 22-99〕→ 면서面敍, 배서拜敍, 배온拜穩, 변서拚敍, 봉전奉展, 상서相敍, 온穩, 온서穩敍, 온오穩晤, 온주穩做, 전오展晤, 조전造展, 합전合展

봉서封書　　봉투를 봉한 편지. 예문 封書伏見耳 餘不備白 〔김유근金逌根, 22-317〕

봉성奉省　　부모를 모심. 예문 記下生奉省一如 他無可仰陳者 〔남병철南秉哲, 22-335〕→ 봉친奉親, 시방侍傍, 시성侍省, 시측侍側

봉소奉疏　　편지를 올림. 상중喪中에 있는 사람의 편지는 '서'書라 하지 않고 '소'疏라고 한다. 예문 祗冀行軒 動靜珍重 謹奉疏仰候 暈顫不次 謹疏 〔이세구李世龜, 3-97〕→ 봉장奉狀

봉식封植　　분묘의 봉분을 만들고 주위에 나무를 심는 것. 예문 曾前 宗家喪敗 孔慘 吾恐不必不由於此生 知而仍舊封植 若不告於宗家 則似有殃於我 故如是僂僂 幸勿泛聽 〔미상, 41-82〕

봉신奉身　　자신의 몸을 돌봄. 예문 暮年胖割之憾 非但孤懷傷神 其於奉身之方 必多難堪 剪紙滋筆 無以仰慰 〔김한익金漢益, 41-13〕

봉실奉悉[01]　　잘 알았음. 예문 示意奉悉 頃以牌不進之故 方在應罷中 注擬間事 非所與聞 而試當懇通於銓官爲計 〔송규렴宋奎濂, 22-175〕→ 근상謹詳, 근실謹悉, 배실拜悉[02], 비실備悉, 앙실仰悉

봉실奉悉[02]　　만나서 자세히 말씀드림. 예문 餘在從後奉悉 荒迷不次 疏禮 〔홍의섭洪宜燮, 41-13〕

봉심奉審　　임금의 명을 받들어 능릉이나 묘廟를 살핌. 예문 ○指之痛漸劇 不能行步於平地 況望登陟山阜 奉審陵上乎 〔조한영曺漢英, 5-50〕

봉심捧心　　가슴을 싸안음. 맹목적으로 모방함을 가리킨다. 춘추시대 미녀 서시西施가 심통心痛이 있어 항상 가슴을 싸안으며 이맛살을 찡그렸더니, 이웃에 사는 추녀醜女가 그것을 보고는 흉내를 내었는데, 더욱 보기 흉해서 사람들이 그녀를 피했다는 고사(『장자』莊子 「천운」天運)에서 유래한다. 예문 晩翁解一首 眞捧心 卽效嚬者有不被哂於大方否 〔황현黃玹, 37-13〕→ 효빈效嚬

봉양封襄　　장례. 예문 居然而封襄已過 萬事已矣 此時哀履節抑勉持 無至傷

孝 克體慈念否 〔유연박柳淵博, 40-200〕 → 수양樹襄, 양襄, 양례襄禮, 양사襄事, 폄례窆禮

봉여封餘　나라에 진상進上하고 남은 물품. 예문 封餘牛皮方席一坐 眞墨五丁呈似 〔조희일趙希逸, 4-86〕 → 군여君餘, 지존지여至尊之餘

봉영逢迎　반갑게 만남. 예문 每念昔日 逢迎欣倒之時 未嘗不悵悒傾注 〔○이상○履相, 027〕

봉오奉晤　만나 뵘. 예문 方極瞻歎 委帖忽到 怳若奉晤 慰感可言 〔유응부兪應孚, 22-15〕 → 배오陪晤

봉완奉完　돌려보냄. 잠시 빌린 물건을 온전한 상태로 다시 보내드린다는 뜻이다. 예문 就先生文集 可與日月爭輝 未嘗不慚負鄙陋 故生亦於人處 趁早借觀 自謂足矣 豈敢望受惠一帙乎 理不敢受 卽欲奉完 又思不恭之訓 姑爲奉留 〔한양석韓良錫, 37-151〕 → 완벽完璧

봉위奉違　만나 뵙지 못함. 예문 奉違隔年 一紙之信 亦不以時相寄 此中悵慕如何仰喩 〔김성일金誠一, 3-24〕 → 실오失晤, 위봉違奉, 위회違誨

봉의丰儀　아름다운 모습. 상대방을 가리키는 말. 예문 謝禮 家兒回 得奉手滋 怳如再奉丰儀 〔강화영姜華永, 42-15〕

봉입捧入　문서나 물건을 걷거나 받아들임. 예문 今以朝報中大臣所達見之 疏章 旣令定式捧入 且無一並禁捧之請 則家親辭疏 恐不宜一向持難矣 〔이태좌李台佐, 21(禮)-322〕

봉장奉狀　편지를 올림. 예문 姑先奉狀 仰候憂疾中興寢之狀 信得的報 力疾當趨 〔미상, 3-60〕 → 봉소奉疏

봉전奉奠　장례 후에 제사를 받들어 모시는 일. 예문 罪弟 奉奠之暇 與姪輩處小齋 而去離函筵 無辟咡之詔 不堪離索之嘆 〔오정표吳政杓, 41-93〕

봉전奉展　만나서 흉금을 털어놓음. 예문 奉展多少苦懷 已無可望 痛憐 聞有歸便 敢附一書 伏惟台下鑑 〔강석기姜碩期, 4-49〕 → 면서面敍, 배서拜敍, 배온拜穩, 변서拚敍, 봉서奉敍, 상서相敍, 온穩, 온서穩敍, 온오穩晤, 온주穩做, 전오展晤, 조전造展, 합전合展

봉정奉庭　아버지를 모심. 예문 數日來 奉庭安穩耶 念慮不已 〔미상, 43-73〕

봉조蓬藋　초가집. 자기 집에 대한 겸칭. 예문 稽顙言 公便叩蓬藋 得驪岸二月

所惠書 字字果故人顔面〔신유한申維翰, 21(禮)-437〕

봉진奉盡　(나머지 사연은 모두) 만나서 다 말씀드리겠다는 말. 예문 都在奉盡 姑此不具〔이상진李尙眞, 000〕

봉질奉質　직접 만나서 질의함. 예문 雖是自己所刱 似是良規 恨不奉質也〔안정복安鼎福, 39-167〕→ 면질面質

봉창蓬窓　자기 집에 대한 겸칭. 예문 俄者悠忽分手 往往回顧悵決之懷 靡所整定 而歸臥蓬窓 只自瞻望南雲而已〔김시중金時中, 42-25〕→ 봉문蓬門, 봉조蓬藋, 봉필蓬蓽, 손와損窩, 야옥野屋, 한미寒楣, 형문荊門

봉초捧招　진술을 받음. 예문 妻甥逃婢 定日捧招云 亦望限內來現〔김시양金時讓, 051〕

봉치捧置　돈이나 물건을 받아 둠. 예문 弟僑狀依如 第向者鄭朴金三處 已爲受諾 而李泳奎金 已爲捧置〔김정현金正鉉, 37-123〕

봉친奉親　부모를 모심. 예문 目疾難復 不宣 惟祈奉親力學 弟奉親姑支〔전우田愚, 21(智)-412〕→ 봉성奉省, 시방侍傍, 시성侍省, 시측侍側

봉토奉討　직접 만나서 이야기를 나눔. 예문 郊扉寂莫中 忽承惠問札 謹審盛熱 政履起居佳勝 區區慰荷 不減奉討〔김상성金尙星, 47-172〕

봉파奉破　만나서 다 이야기함. 예문 所示之期 今以榜會 欲趁三淸洞矣 餘竢明日奉破 切切不宣〔한호韓護, 22-55〕

봉폐封閉　재고 조사를 위해 창고의 문을 닫고 봉인하는 것. 예문 敎還上銘念已久 但以反庫事封閉度日 開庫當後另施 而恐不多得也〔이산뢰李山賚, 3-59〕

봉필蓬蓽　봉문필호蓬門蓽戶의 준말. 자신의 집을 낮추어 이르는 말. 예문 不意華翰遠落蓬蓽 玩以循環 不敢釋手〔심열沈悅, 051〕

봉함奉函　편지를 받음. 예문 奉函何欣 如披雲霧而睹靑天〔김기수金綺秀, 22-343〕→ 배서拜書, 승문承問, 승배承拜, 승시承示

봉혼奉溷　번거롭게 말씀드림. 부탁할 때 쓰는 말. 예문 阿嬌婚處 其間或已牢定否 曾前奉溷 旣見靳諾 則吾於此事閉口可也〔이종상李鍾祥, 027〕

봉후奉候　안부를 물음. 봉奉은 상대방을 높인 말. 예문 尺疎奉候 尙此闃然 人理都盡 有靦恩義〔윤징지尹澄之, 4-42〕

봉흔奉恩　번거롭게 말씀드림. 본론을 꺼내며 상대방을 높이는 말. 예문 聊此

奉恩 得不爲傍人所指點耶 [미상, 027] → 번혼煩溷, 앙번仰煩, 앙혼仰溷

부浮　　돗자리, 담요, 차일 등을 세는 단위. 예문 曾達油芚二浮 今書無下答 似歸遺忘 [곽재우郭再祐, 22-65]

부고俯叩　　하문下問. 상대방의 질문을 높여서 이르는 말. 부俯는 상대방을 높이는 접두어. 예문 頃敎石經論語之意抑相通 是古訓也 承此俯叩 欣喜無比 [김정희金正喜, 39-211]

부공赴公　　출근함. 예문 戚弟逐日奔走扵虞祭及卒哭 公故又爲入直 眼鼻莫開 今日又赴公 [이건명李健命, 44-159]

부교副敎　　상대방의 가르침이나 부탁에 부응함. 예문 張判書亦未脫稿 近當副敎矣 [정홍명鄭弘溟, 22-105]

부군府君　　죽은 아버지를 일컫는 말. 예문 東俗以君字爲賤辭 東人之學中國者二千年 而此陋尙未洗 如其果賤也 則何以稱其父曰家君先君府君 而不曰公乎 中國君公二字 毫無差等 一笑及之 王朴權三君鑒 [김택영金澤榮, 37-109]

부귀賦歸　　벼슬을 그만두고 고향으로 돌아감. 공자孔子가 진陳나라에서 "돌아갈까 보다! 돌아갈까 보다!"(歸與歸與)라고 한 『논어』論語 「공야장」公冶長의 구절과, 도잠陶潛이 〈귀거래사〉歸去來辭를 짓고 고향으로 돌아간 것에서 유래한 말. 예문 非不浩然賦歸 依舊寒素 桂玉關心 [신재식申在植, 22-311] → 대귀大歸, 해귀解歸

부극簿隙　　공무 중의 짬. 예문 萬萬暫傃簿隙 亂草 [송규렴宋奎濂, 23-135]

부기附驥　　천리마에 붙어서 감. 남의 덕을 입음. 예문 有再從禁衛李雲 可備裨幕 聞老兄高誼 欲奔走下風 以遂平生附驥之志 人之好我 歸斯受之 伏冀用保薦者 [황정욱黃廷彧, 5-197]

부다급不多及　　이만 줄임. 예문 曆封依領至可 不多及 卽欠 [정조正祖, 26-63]

부대浮大　　크게 부어오름. 예문 右足拇指所患 似疔非疔 而浮大作痛者 今過數十日 [홍명하洪命夏, 44-155]

부도符到　　저승사자가 이름. 예문 弟衰頹日甚一日 病隨不離扵身 只竢符到而已 餘無足道者耳 [송병순宋秉珣, 44-123]

부령俯聆　　(사연을) 들어줌. 부俯는 상대방을 높이는 접두어. 예문 老朽之近日遭罹 筆不可言 而庶幾俯聆 此爲不愧不怍 [이하응李昰應, 35-80]

부령簿領　　관청의 장부와 문서. 예문 第催科簿領 想多惱神 旋用獻念 [한장석韓

章錫, 44-226〕

부로지의覆露之誼 도와주고 이끌어 주는 정의. 『한서』漢書 「엄조전」嚴助傳의 “폐하께서 은덕을 내리시어 보호하고 길러주시어”(陛下垂德惠 以覆露之)에 대한 안사고顔師古의 주석에 “노露는 적셔서 윤택하게 한다는 뜻이니, 적셔 주고 덮어 준다는 것은 양육한다는 뜻이다”(露謂使之沾潤澤也 或露或覆 言養育也)라고 했다. 예문 瀁幸蒙市南覆露之誼 今向杅城 必祛臺路矮屋之苦 而得此楓岳探討 〔정양鄭瀁, 22-127〕

부림俯臨 왕림함. 예문 頃在直廬 猥蒙俯臨 下情迨不勝惶感 〔고경명高敬命, 22-37〕

부마夫馬 마부와 말. 예문 夫馬及後陪及唱 承宣上去 業已上送 竊想發旆矣 方屈指苦企耳 〔이휘정李彙廷, 44-81〕

부망副望 벼슬자리에 추천된 세 사람 중 두 번째 후보에 오른 사람. 예문 夫餘懷仁 以歲抄之以生爲死作罷 懷仁之代 柳鎭九以末望爲之 有○之代 姜世靖爲之 吳琰入其副望耳 〔정재원丁載遠, 21(智)-138〕 → 부의副擬

부물賻物 부의賻儀. 예문 惠送賻物 依受仰感 〔송시철宋時喆, 34-90〕

부백府伯 부사府使. 예문 聞方伯府伯 皆以前府使板子事被論 府伯則已爲辭狀云云 未知結末何如云 而方伯何間離營 由何邑留何邑云耶 〔남천한南天漢, 32-140〕

부범負犯 임금의 은혜를 저버리고 법을 어김. 예문 小生負犯甚重 而幸蒙寬典 得此近地之配 感泣之外 更何言喩 〔남구만南九萬, 000〕

부병付丙 ‘부병정’付丙丁의 준말. 병정丙丁은 오행五行의 화火에 속하므로 불에 태우라는 뜻. 예문 此紙覽過 付丙幸甚 〔김수항金壽恒, 23-129〕 → 병丙, 병정丙丁

부부覆瓿 항아리 덮개. 자기 글이 변변치 못하여 항아리 덮개로나 쓰일 정도라는 뜻으로, 자기 글에 대한 겸칭. 예문 此兄來 承拜惠翰 知鄙書已洪喬矣 覆瓿之資 無足可惜 而因此再煩勤念 有此辱索 皆吾不敏所致 悚歎何喩 〔하겸진河謙鎭, 40-334〕

부비浮費 잡비. 예문 襴衫諸具 如何辦備 三日騶隷 從何借得 遊街浮費 如何推用 〔신좌모申佐模, 43-165〕

부서拊序 계절에 따라. ‘부’拊는 ‘부’附와 같다. ‘서’序는 계절의 뜻. 예문 略此草草 不備追覆禮 敬希拊序增泰 〔정운오鄭雲五, 37-141〕

부서簿書 장부와 문서, 즉 벼슬아치의 업무. 예문 一行作吏 雖不免簿書拜跪之勞 而猶可以少試半生讀書之所得 〔김종수金鍾秀, 21(智)-130〕 → 부첩簿牒

부서赴西　　연경에 사신으로 감. 서西가 북경을 가리킬 때도 있고 한성漢城을 가리킬 때도 있다. 예문 沈參判蒙超擢 可喜 自昂旣在外 參判又赴西 此處無料理之 員 而參議亦不在京 〔미상, 027〕

부석浮石　　석재로 쓰기 위하여 돌을 뜸. 예문 年前鎭岑趙聞慶宅 爲先山表石 浮石於藍浦 出置載船處 未及運來矣 〔조명리趙明履, 6-205〕

부소俯炤　　(나머지 사연을) 헤아려 주십시오. 편지 끝에 쓰는 말. 예문 不備謹 謝 伏惟俯炤 〔곽종석郭鍾錫, 18-10〕 → 감량鑒亮, 서량恕亮, 서량恕諒, 서조恕照, 서조 犀照, 아량雅亮, 아조雅照, 영유領惟, 이량怡亮, 정재情在, 조급照及, 조량照亮, 조 량照諒, 조재照在, 조하照下, 조회照會, 하감下鑑, 하재下在, 하조下照02, 하찰下察

부소復笑　　병이 나음. 예문 仍審寒令 侍履小欠和節 閤憂亦非細 雖卽復笑 餘 慮未全弛耳 〔이상정李象靖, 12-234〕

부속俯速　　상대방의 초대를 높여 이르는 말. 예문 先大監延諡之典 想切榮感 旣知日子 則雖無俯速 敢不趁進 獲覩盛擧 〔윤동섬尹東暹, 21(智)-62〕

부순俯詢　　상대방의 물음을 높여 이르는 말. 예문 別集校正事 前已俯詢 曾以 區區愚意 書稟 〔권필權韠, 22-79〕

부순拊循　　어루만져 달램. 예문 弊軍自七月至于今 久留嶺外 未得受暇 多有忿 意 故過半給由 姑拊循其情 〔최경회崔慶會, 12-259〕

부시俯示　　상대방의 말이나 부탁을 높여 이르는 말. 예문 俯示 梅泉公文集刊 行事 有關世道 切爲僉君子賀之 而凡在知舊之列者 夫孰無泣淚添河之願 〔박문호朴 文鎬, 37-86〕

부신지우負薪之憂　　병환. 채신지우採薪之憂.『맹자』孟子「공손추」公孫丑 의, "어제 왕명이 있었으나 병환이 있어서 조회에 나아가지 못하셨습니다"(昔者有 王命 有採薪之憂 不能造朝)라는 구절에서 나온 말. 예문 頃於啓殯之際 適有負薪 之憂 未得相紼 〔이세구李世龜, 21(禮)-199〕

부아婦阿　　며느리. 예문 伏惟此時 棣床兄體度 更若何 庇覃勻慶 婦阿節何如 〔유도헌柳道獻, 027〕

부앙俯仰　　짧고 덧없는 인생을 비유하는 말. 예문 俯仰人世 萬事無聊 尙何足 言 〔김수증金壽增, 23-111〕

부여扶舁　　병든 몸을 이끌고. 예문 前月扶舁趨朝 省病最苦 今見尊示 可謂同

病相憐 何由共借金鎞 以刮重膜耶〔조경趙絅, 39-77〕

부염附炎　　성대한 세력에 빌붙음. 예문 僕老摧不振 氣勢灰冷 無知附炎之輩 無不乃爾〔박상朴祥, 9-71〕

부옹婦翁　　장인. 예문 婦翁佐輔 頓〔신좌모申佐模, 43-158〕

부용향芙蓉香　　향의 한 가지. 주로 혼례식 때 피웠다. 예문 芙蓉香一封呈似 庶少助發其趣耳〔이황李滉, 30-10〕

부의副擬　　벼슬자리에 두 번째 후보로 추천된 사람. 첫 번째를 수망首望, 두 번째를 부망副望, 세 번째를 말망末望이라고 함. '의'擬는 '망'望과 같다. 예문 金司藝南直講 皆久次當陞 而南則前擬不利 然似以副擬之在散故耶〔이제李濟, 21(禮)-316〕→ 부망副望

부의浮議　　근거 없는 여론. 예문 至今浮議方生 染累許多人〔미상, 22-383〕

부장不狀　　이만 줄임. 편지 끝에 쓰는 말. 예문 手掉不成字 都付神會 不狀〔정호鄭澔, 44-156〕

부장不莊　　'불공'不恭과 같은 뜻으로, 편지 끝에 쓰는 겸손한 표현. 예문 當於再明早進爲計 先此鳴謝 卽請台安 不莊〔조영하趙寧夏, 21(智)-424〕

부저副楮　　별지別紙. 예문 餘在副楮 不宣式〔민겸호閔謙鎬, 051〕

부전不腆　　보잘것없는 물건. 주로 선물을 보낼 때, 겸손한 표현으로 쓰는 말. 예문 謹將不腆 聊表情爾〔이지정李志定, 21(義)-199〕

부제婦弟　　아내의 동생. 처남이 매부에게 자기를 일컫는 말. 예문 婦弟當日抵達 幸無他事 而但路儞莫振 悶悶〔곽수빈郭守斌, 40-24〕

부조不吊　　(하늘의) 연민과 비호를 받지 못함. 예문 翊隆家禍尙酷 舍兄奄忽棄背 獨此一身益復單子 天之不吊 一何至此〔신익륭申翊隆, 21(義)-297〕

부조不祧　　나라에 큰 공훈이 있는 사람의 신주神主를 묻지 않고 영구히 사당에 모심. 예문 恩侑晟禮也 不祧曠典也 在公允副崇報 在私相切榮瞻〔서염순徐念淳, 26-239〕

부조浮躁　　경박하고 조급함. 예문 我國人心浮躁 不能耐靜 外憂旣除 自當內訌 況國運所關 寧有一日無慮之理〔이덕수李德壽, 21(禮)-399〕

부죽釜竹　　담뱃대의 일종. 예문 玆呈釜竹二介 與敦若兄 分用如何〔유기환兪箕煥, 39-267〕

부죽립付竹笠　　가느다란 대오리로 결어 만든 갓. 예문 付竹笠 得蒙盛諾 已極感謝 而一束雲孫 一介眞梳 又出意外 依受仰感 無以爲喩 〔박사엄朴師淹, 49-263〕

부지浮紙　　종이를 뜸. 예문 浮紙以惠啓 如無近寺而有弊 則已之如何 〔이인상李麟祥, 39-159〕

부지방말付之榜末　　과거에 특전으로 합격시키는 사람의 이름을 방목의 끝에 붙임. 예문 日前 傳曰 宗親武科之付之榜末 不可番番如是 而昨秋洋擾後尤念 同休戚之誼 初解入格人 並付之榜末 〔신좌모申佐模, 43-188〕

부질婦侄　　고모부에 대하여 자기를 일컫는 말. 예문 孤子 婦侄 李翊九 疏上 〔이익구李翊九, 53-38〕

부집父執　　아버지의 동년배. 예문 今年四十四歲 則汝之父執也 〔전우田愚, 22-355〕

부첩簿牒⁰¹　　장부와 문서. 벼슬살이. 예문 耽寂厭繁 此固執事所素願想也 累年簿牒之餘 榮衛神觀 得無損減之節耶 〔이맹휴李孟休, 21(智)-68〕 → 거관居官, 공사供仕, 공세供世, 환유宦遊

부첩簿牒⁰²　　관청 업무. 예문 山邑簿牒無多 而土地侵割 民役煩重 〔박태보朴泰輔, 22-221〕 → 부서簿書

부촉俯燭　　굽어 살핌. 부탁할 때 쓰는 말. 예문 想已台監俯燭而垂憐之矣 望須特爲留念 〔정지화鄭知和, 5-59〕

부취浮取　　종이를 떠냄. 예문 扇節將迫 色楮浮取時 紅黃淡靑三色紙 望須各惠數十幅如何 不須太長 可備詩箋則足矣 〔이익수李益壽, 44-274〕

부침浮沈　　인편으로 부친 편지가 도중에 없어짐. 『세설신어』世說新語 「임탄」任誕의, "은홍교殷洪喬가 예장군豫章郡 태수가 되어 임지로 떠날 때, 도하都下 사람들이 그에게 백여 통이나 되는 편지를 부쳤다. 석두石頭에 이르러 그는 편지를 모두 물에 던지고 말했다. '가라앉을 놈은 가라앉고 뜰 놈은 뜨라. 은홍교가 편지나 부치는 집배원이 될 수는 없잖아'"(殷洪喬作豫章郡 臨去 都下人因附百許函書 旣至石頭 悉擲水中 因祝曰 沈者自浸 浮者自浮 殷洪喬不能作致書郵)라는 고사에서 나온 말이다. 예문 適逢信便 卽已傳送云 未知果免浮沈否 〔민진원閔鎭遠, 23-197〕 → 교침喬沈, 은선殷羨, 은우殷郵, 홍교洪喬, 홍교洪橋

부포俯布　　대신 안부를 전해 달라는 말. 부俯는 상대방을 높이는 접두어.

예문 內相許 亦未及修問 俯布是仰 〔유세명柳世鳴, 44-48〕

부표付標　　문서 중에 특별히 유념해야 할 부분이 있을 경우 그곳에 쪽지 등을 붙이는 것. 예문 就告收刷 雖曰難捧 付標已爲月餘 尙不出稍以給 似或推拖之意也 〔엄경섭嚴景燮, 41-130〕

부학副學　　부제학副提學. 홍문관의 정3품 당상관 벼슬. 예문 示事 如生聾瞽 安得以知之 但朝來適見都憲與人小紙 則以爲副學已爲上疏 自明當中止云 以此觀之 停寢明矣 〔이시발李時發, 45-343〕

부행인副行人　　정사正使, 부사副使, 서장관書狀官 세 사신 중 부사. 행인行人은 사신使臣을 말함. 예문 副行人執事 〔신재식申在植, 31-59(봉투)〕

부현례婦見禮　　며느리가 시댁으로 처음 와서 시부모를 뵙는 예식. 예문 四晦爲過婦見禮 暫入城 而値雨卽出 無暇可圖從容 〔김종수金鍾秀, 21(智)-131〕

부형負荊　　가시나무로 만든 매를 짐. 처벌을 달게 받겠다는 뜻의 상투어. 부형청죄負荊請罪의 준말. 예문 明示其所以不然之故 則戚下雖無勇 亦不敢不幡然易轍負荊而造門矣 〔홍석주洪奭周, 31-61〕

부혜鮒醯　　붕어젓. 예문 鮒醯一器 想是祭餘 拜受感深 〔김우옹金宇顒, 44-42〕

부황浮黃　　굶주린 나머지 얼굴이 누렇게 뜨는 것. 예문 百弊難堪之地 逐日盈庭泣訴 無非浮黃欲死者 萬無接濟之道 〔김상구金尙耈, 34-32〕

부후付候　　인편을 통해 문안 편지를 보냄. 예문 適有浦南往懇事 玆付候 所以破些嫌碍也 〔유치명柳致明, 027〕

북객北客　　청淸나라 사신을 비하하여 이르는 말. 예문 北客何日當過貴站耶 如聞之報 示之爲妙 〔이세필李世弼, 21(禮)-191〕

북관北關　　함경북도 지방. 예문 北關之命 誠荷朝廷委曲收用之意 但此蹤跡實有可避之嫌 〔민정중閔鼎重, 5-107〕

북당北堂　　남의 어머니를 높여 이르는 말. 예문 初十日 始自松都還京 權君見及 以北堂有痁疾 不勝仰念 〔이광려李匡呂, 21(智)-61〕 → 대부인大夫人, 대석인大碩人, 자위慈闈, 존당尊堂, 천지天只, 태석인太碩人, 훤당萱堂, 훤위萱闈

북백北伯　　함경도 관찰사. 예문 初拜北伯 因病遞 今已又除憲長 而病不承召入京 狼狽悶蹙耳 〔김광찬金光燦, 36-34〕

북병사北兵使　　함경도 병마절도사. 예문 令前上狀 北兵使 行軒 〔황정욱黃廷彧,

5-196(봉투)〕

북사北使　　청나라 사신. 예문 近來 玉候違豫已久 而尙未平復 北使先聲又到 憂虞之事 何可勝道 〔이시매李時楳, 5-44〕

북안北雁　　북방으로 가는 기러기. 예문 臨紙神往 歆如北雁 不備 謹謝禮 〔이건창李建昌, 35-106〕

북창지수北窓之睡　　은거 생활을 가리킴. 진晉나라 도잠陶潛이 「자엄 등에게 주는 글」(與子儼等疏)에서, "오뉴월에 북창 아래 누워 언뜻 부는 시원한 바람을 맞으면 복희씨 이전의 옛사람이라 생각된다"(五六月中 北窓下臥 遇涼風暫至 自謂是羲皇上人)고 했던 말에서 유래한다. 예문 苞任纔數月 便有欲歸之示 無乃民社之憂 終不如北窓之睡耶 〔서호수徐浩修, 44-166〕

북칠北漆　　→ 배칠北漆

북판北板　　북영北營이 있는 함경도 함흥에서 출판한 책. 예문 家兄家適有澤堂所選八家文 韓碑之見取者 不無多 錄其中不入於北板者八首 以上 〔김만중金萬重, 5-119〕

북포北布　　함경도에서 나는 삼베. 예문 第有所懇者 北布限三疋 隨便惠貺切仰 〔정헌시鄭憲時, 35-129〕

북행北行　　북경에 사신으로 감. 예문 悌父親遞還 慮有北行 不得已赴洛 〔임제林悌, 3-50〕

분간分揀　　죄상罪狀을 살펴서 죄를 용서함. 예문 李元植叔姪 依昨日敎意 卽速分揀 千萬千萬 〔윤호섭尹皥燮, 31-102〕

분고賁顧　　→ 비고賁顧

분곡奔哭　　분상奔喪. 객지에 있다가 부모상을 당해 급히 달려감. 예문 切欲趨候掃門 而未奔哭之前 歷謁未安 不敢專耳 〔김응하金應河, 22-97〕

분관分館　　문과文科에 새로 급제한 36인을 승문원承文院·성균관成均館·교서관校書館 세 관아에 배정하여 실무를 익히게 하던 일. 1등급은 승문원에, 2등급은 성균관에, 3등급은 교서관에 배정되었다. 예문 分館已過 從速上來 回剌則可得每朔米十斗太五斗 豈不愈於道塗勞苦耶 〔신좌모申佐模, 43-119〕

분구分灸　　형제의 병고病苦를 함께 나눔. 송宋 태종太宗이 병에 걸려 뜸을 뜨자 태조太祖도 뜸을 뜨며 아픔을 함께 나눈 고사에서 나온 말. 예문 客臘惠書 甚

慰戀儻 第弟病作搖之示 爲慮迨不能言 卽問新元侍奉增吉 政履淸裕 而分灸之苦 亦已快祛耶 區區馳仰 不禁憧憧〔송치규宋穉圭, 22-301〕→ 분통分痛

분금分衿　　→ 분깃[分衿]

분금分襟　　이별. 예문 分襟之懷 想必一般 不須更提〔이용준李容準, 29-52〕→ 분메分袂

분깃[分衿]　　유산을 분배함. 예문 就 此呈小紙 覽可諒悉矣 初無分衿之事 而忽地構捏於不當者 已是寃抑 事係至親家 墓直方來告悶〔송내희宋來熙, 26-181〕

분대粉黛　　얼굴에 분을 바르고 먹으로 눈썹을 그린 여자. 기생. 예문 新莅已久 事務多暇 池閣粉黛 穩享佳趣否〔이종우李鍾愚, 26-203〕

분록奔碌　　공무로 바쁘고 힘듦. 예문 弟都監奔碌之餘 殆難支吾 極悶奈何〔김상성金尙星, 6-219〕→ 공극供劇, 공요公擾, 교요膠撓, 구책驅策, 용록冗碌, 현정懸旌

분망犇忙　　정신없이 바쁨. 주로 공무公務로 바쁠 때에 쓰는 말. 분망奔忙. 예문 八月初生喪六歲兒子 以後連有病患 蟄伏度日 猝此犇忙 其苦殆難堪矣〔서필원徐必遠, 3-100〕

분메分袂　　이별. 분수分手. 예문 分袂秖增瞻耿 計欲登時就所館 布此區區 因得以仰叩洪鍾 豁此昏瞢〔최창대崔昌大, 25-37〕→ 분금分襟

분발分發　　분발分撥. 승정원에서 조보朝報를 발행할 때 먼저 초안을 만들어 관원들에게 회람시키는 것을 말함. 예문 卽見分發 知令監將有海行〔장유張維, 4-108〕

분배分排　　문장의 내용과 구성. 예문 祭文分排始來到 卽爲搆草以呈〔강희백姜淮伯, 051〕

분산墳山　　산소. 예문 就向者所仰託 安雅直良家墳山逢變 議送呈狀事 想應記念而當另施嚴處之矣〔이약우李若愚, 26-151〕

분소分疏　　분소分疏. 예문 其所聞以推之 則傍人必以不好目之也 是則不知而易言者 我何用分疏乎〔강상필姜相弼, 42-10〕

분소分疏　　조목조목 따지어 밝힘. 예문 時宰欲爲分疏 前後罪廢之人 條陳上箚 歡聲遠騰 不知餘光亦及於覆盆之下耶〔황석黃奭, 39-25〕

분소分素　　분수分數. 예문 直長丈侍 久處林下 壽考康寧 淸福之享 足可欣慰 生之托分素矣〔이원익李元翼, 25-9〕

분수分數　　타고난 성향. 예문 同生中色慾分數 唯君最寡 豈意衰境有此可笑之

事 〔강인姜絪의 형, 16-52〕

분오償誤　일이나 계획을 그르침. 예문 至於某人 則決難越視 大抵後輩輕償者謂解事 而往往償誤如此 可歎 〔황현黃玹, 37-31〕

분요紛擾　어수선하고 소란스러움. 예문 餘適紛擾 謹此不宣 尊照 狀上 〔정여창鄭汝昌, 22-17〕

분우分憂　지방 수령의 직책. 임금의 근심을 나눈다는 의미. 예문 邑樣雖曰蕞爾如斗 有社稷焉 有民人焉 如人皆各具一太極 五臟具 而五官備 無以小而忽之 克盡分憂之責 至可至可 〔정조正祖, 26-13〕

분운紛紜　많고 어지러운 모양. 예문 近看時事 日益紛紜 〔송익필宋翼弼, 22-43〕

분죽分竹　지방 수령에 임명함. 한漢나라 때 태수太守에게 대나무로 만든 죽사부竹使符를 나누어 준 데서 유래한 말. 예문 西來消息 不若南信之大騷 固知福星喜曜 盡是攝篆分竹 且誦且祝 〔김정희金正喜, 33-67〕

분첩粉帖　판자나 두꺼운 종이에 유분油粉을 발라 미끄럽고 희게 하여, 글씨를 썼다 지웠다 연습할 수 있게 만든 판. 분판粉板. 예문 厚紙二張 兒輩以其可作粉帖 故起之而去 欲以壯紙倍數出 還未知高意不薄之否 〔성대중成大中, 11-232〕

분통分痛　아픔을 나눈다는 말로 형제간의 깊은 정을 일컬음. 송宋나라 태조太祖와 태종太宗이 형제간의 정이 아주 깊었는데, 태종이 병을 앓자 태조가 가서 병세를 살펴보고는 직접 뜸을 뜨면서 태종이 아파하면 자신의 몸에도 뜸을 떠서 아픔을 함께한 데서 유래함. 예문 靜兄有分痛之憂 遠地雖不得專伻問候 區區懸念 實不自勝 〔정경세鄭經世, 45-413〕 → 분구分灸

분황焚黃　나라에서 조상에게 관직이나 시호를 추증하면, 그 내용을 누런 종이에 옮겨 써서 제사 지내고 무덤 앞에서 태우는 것. 예문 留潭陽四五日 行焚黃祭 直向海鄕 遣景濂 祭順天爲計 〔유희춘柳希春, 21(仁)-138〕

분휴分携　헤어짐. 예문 省式 昨年分携之後 候爾周歲 〔○경철○景澈, 027〕

불구不具　이만 줄임. 예문 只冀萬安 不具 僅謝 〔윤방尹昉, 23-39〕

불구不口　알리지 않음. 예문 瓮津下來時 付以前不口消息 可也 〔민진량閔晉亮, 5-43〕

불구不究　이만 줄임. 구究는 진盡의 의미. 편지 끝에 쓰는 말. 예문 只俟早晚一討 姑此追謝 不究 〔박세채朴世采, 23-137〕

불녕不佞　　재주 없는 사람. 자신을 가리키는 겸사. 예문 不佞以爲已上八卦 雖無所對 以之倒看 而還成本卦 〔여세윤呂世潤, 027〕

불두분佛頭糞　　부처 머리의 똥. 좋은 것에 더러운 것을 덧붙임을 비유적으로 일컫는 말. 구양수歐陽修가 『오대사』五代史를 지었을 때 어떤 이가 서문을 그 앞에 덧붙이려 하자, 왕안석王安石이 "부처 머리 위에 어찌 똥을 바를 수 있겠는가?"(佛頭上豈可著糞)라고 말했다고 한다. 예문 集中題辭若序跋 雖欲效嚬 閣筆已久 世當有作者先之 何可着佛頭糞耶 〔송태회宋泰會, 37-110〕

불렴不廉　　염치가 없음. 예문 二山欲請岸船齋序及其樓詩 而書于生日 幷請不廉 君其爲我請序 故生傳其意也 〔왕수환王粹煥, 37-120〕 → 모렴冒廉

불록不祿　　죽음. 『예기』禮記 「곡례」曲禮에 "천자의 죽음을 붕이라 하고, 제후는 훙이라 하고 대부는 졸이라 하고 사는 불록이라 한다"(天子死曰崩 諸侯曰薨 大夫曰卒 士曰不祿)라고 하였다. 예문 通汝不祿 久益惋惜 〔박규수朴珪壽, 28-15〕 → 개관蓋棺, 귀사鬼事, 균화菌化, 대하大何01, 대화大化, 불숙不淑, 성인成仁, 송하진松下塵, 승화귀진乘化歸盡, 엄홀奄忽02, 영체零替, 운무云亡, 윤몰淪沒, 읍결泣玦, 입지入地, 장서長逝, 조상凋喪, 천화遷化, 취목就木, 화거化去

불명不名　　자신의 이름을 쓰지 않음. 편한 사람에게 보내는 편지 끝에 쓰는 말. 번흠煩欠이라고도 씀. 예문 白蠟良謝 千萬不一 癸巳 九月十七日 病拙 不名 〔김상용金尙容, 23-35〕 → 번포煩逋, 포逋, 포송逋悚, 흠欠, 흠명欠名

불민不敏　　죄송함. 예문 小生近緣冗病 久未晉陪 不敏不敏 〔강백년姜栢年, 6-30〕

불병지병不病之病　　겉으로 드러나지 않은 병. 예문 族從 癃廢之甚 不病之病 良可憐也 奈何奈何 〔김대근金大根, 44-185〕

불비不備　　이만 줄임. 예문 餘外多少 擾甚不備 〔유이승柳以升, 3-87〕 → 불선불선

불비서례不備書禮　　편지의 격식을 제대로 갖추지 않음. 편지 끝에 쓰는 말. 예문 伏惟諸公加餐自愛 副此遠懷 餘不備書禮 伏惟僉諒 〔왕경환王京煥, 37-78〕

불비식不備式　　격식을 갖추지 않음. 상중喪中에 있는 사람에게 보내는 편지나 상중에 있는 사람이 편지를 보낼 때 끝에 쓰는 말. 불선식不宣式. 예문 餘在更叩 不備式 甲戌人日 服人弟 成運頓 〔성운成運, 5-189〕

불사不似　　형편없음. 같잖음. 불상不狀. 자신을 겸손하게 표현할 때 쓰는 말. 예문 弱周衰病到極 更無餘地 而過福至此 不似莫甚 〔박필주朴弼周, 23-199〕

불선不宣　　이만 줄임. 예문 餘適有客擾 不宣 伏惟崇照 拜謝狀上 〔김성탁金聖鐸, 44-50〕→ 불비不備

불수일不輸一　　일일이 쓰지 않음. 편지 끝에 상투적으로 쓰는 말. 예문 餘萬不輸一 舍弟今望後赴任耳 伏望下照 〔민응형閔應亨, 5-36〕

불숙不淑　　죽음. 예문 幼功之不淑 悼惜之外 自此筆法 無所可倚 重可歎也 〔조윤형曺允亨, 22-281〕

불식지보不食之報　　조상의 은덕이 이어져 자손이 보답을 받는다는 의미. 불식不食은 『주역』周易 〈박괘〉剝卦의 "큰 과일이 먹히지 않고 달려 있다"(碩果不食)에서 나온 말로, 아래 다섯 음효陰爻 위에 마지막 하나 남은 양효陽爻를 '큰 과일'(碩果)에 비유하여 양陽이 다 없어지지 않고 다음 복괘復卦의 첫 양효로 변하여 다시 이어지는 원리를 말한 것임. 예문 渠以有所重 無他能之人 乃能容易拾取 豈不奇哉 此皆不食之報 〔이면승李勉昇, 7-162〕

불실不悉　　(나머지 사연은) 이만 줄임. 예문 伏枕 他不悉 〔이상진李尙眞, 3-127〕

불심不審　　자세히 알지 못함. 상대의 안부를 물을 때 쓰는 말. 예문 近來風日甚不佳 不審啓居何似 〔하위지河緯地, 22-13〕

불용구不容口　　입이 닳도록 계속하여 말함. 예문 蒼石書中 譽汝不容口 更宜勤業愼行 無使爲過情之聲 甚善甚善 〔정경세鄭經世, 45-389〕

불위不謂　　뜻밖에. 예문 不謂兄翰先至 感慰且愧 〔이경휘李慶徽, 23-105〕→ 권외拳外, 몽매외夢寐外, 비의匪意, 요박料襮, 요외料外, 요표料表, 정외情外

불유지후不遺之厚　　잊지 않고 생각해 주는 두터운 정성. 예문 俯惠大口 仰認不遺之厚 珍謝萬萬 〔이로李潞, 29-32〕

불의拂衣　　옷을 걷어붙임. 격분하여 떨쳐 일어나는 모양. 예문 天下未有雜用君子小人 而可以有爲者 拂衣之擧 正當速決 〔미상, 45-339〕

불인不仁　　피부나 지체肢體가 마비되는 것. 예문 向日腫祟 尙未合定 不仁於屈伸 恐有後患 報然而已 〔장한두張漢斗, 43-210〕

불일不一　　일일이 다 쓰지 못함. 편지 끝에 쓰는 상투적인 말. 예문 白蠟良謝千萬不一 癸巳九月十七日 病拙 不名 〔김상용金尙容, 23-35〕

불지佛紙　　사찰에서 만든 종이. 예문 這中 君輸松廣佛紙 無慮五百餘卷 但分與兩冊 殊失本望 殊失本望 〔최산두崔山斗, 9-119〕

불차不次　　이만 줄임. 예문 餘萬萬不次 謹疏上 〔이명한李明漢, 23-71〕

붕운崩隕　　부모를 여읨. 예문 省式 新年只隔 崩隕之慟 想復如新 〔이용상李容象, 42-67〕

붕중弸中　　가슴속에 가득 참. 예문 達洙久病餘喘 遇寒藏六 而歲暮百感 徒覺弸中 秖自憐歎 〔송달수宋達洙, 25-47〕

비鄙　　자기 자신을 낮추어 표현할 때 쓰는 접두어. 비생鄙生. 비인鄙人. 예문 鄙生粗保病狀 而咸卿令公 已作入地人 今日將爲返哭 〔홍주원洪柱元, 22-145〕

비간比間　　요즘. 예문 謹承惠札 以審比間政履淸勝 仰慰無已 〔송인수宋麟壽, 23-13〕 → 내자迺者, 비래比來, 비신比辰, 비일比日, 비자比者, 비천比天, 비하比下, 수천數天

비거匪據　　비거非據. 예문 千萬不意 濫叨匪據 福輕負重 惶懼罔措耳 〔김상용金尙容, 46-192〕

비거非據　　분수에 넘치는 직책 또는 관직. 『주역』周易 「계사하전」繫辭下傳 제6장의 "무거운 돌에 곤궁함을 겪고 찔려서 앉을 수 없는 남가새에 앉아 있다'는 곤괘困卦 육삼六三의 효사에 대해 공자孔子가 '곤困할 바가 아닌데 곤하니 이름이 반드시 욕될 것이며, 앉을 곳이 아닌데 앉으니 몸이 반드시 위태로울 것이다'라고 말했다"(易曰 困于石 據于蒺藜 ……子曰 非所困而困焉 名必辱 非所據而據焉 身必危)라는 구절에서 나온 말. 예문 天使以宣諭事 近將出來 鄙人叨竊非據 慚愧奈何 萬萬不盡 〔유근柳根, 12-263〕

비견鄙見　　비천한 견해. 자기의 견해를 낮추어 이르는 말. 예문 前示戒懼之說 與鄙見相符 甚幸甚幸 〔김장생金長生, 23-27〕

비고賁顧　　상대방의 방문을 높여 이르는 말. 예문 昨春賁顧 尙覺草木精彩 間又暌阻 一周而月三易 尋常瞻詠 政爾憧憧 〔김성일金誠一, 26-125〕 → 광고光顧, 광림光臨, 부림俯臨, 비림賁臨, 비연賁然, 임비臨賁

비구悲疚　　비통함. 예문 百憂纏繞 疾病悲疚 非一二端 〔이경석李景奭, 3-136〕

비국備局　　비변사. 예문 當忝備局有司之任 無由遞免 〔김안국金安國, 051〕

비권批圈　　글을 비평하고 권점圈點을 찍음. 예문 鐵圓之行 何當發去 批圈所擬之卷秩甚多 校役不知爲幾箇月 未前往來爲可 又其前一番入來 亦可 〔정조正祖, 26-53〕

비궤棐几　　비자나무로 만든 책상. 상대방을 높여 이르는 말. 예문 仰想晴窓棐几 手提口授 樂固無窮 而亦可無其德矣 〔김택진金澤鎭, 40-100〕

비내庇內　　집안 식구들. 안부를 물을 때 쓰는 말. 예문 庇內他節 則果平迪耶 仰傃不淺淺 〔송규호宋奎灝, 31-95〕 → 가권家眷, 가루家累, 가소家小, 곤비梱庇, 권구眷口, 권비眷庇, 권집眷集, 권취眷聚, 담내覃內, 담비覃庇, 보권寶眷, 보담寶覃, 비담庇覃, 비의庇儀, 비절庇節, 비하절庇下節, 제권諸眷, 제솔諸率, 혼권渾眷

비념費念　　신경을 씀. 염려함. 예문 第聞宿計得遂 將圖般移 想多少費念 然旣在樂國 餘外何論 〔이병휴李秉休, 44-95〕

비담庇覃　　집안 식구들. 안부를 물을 때 쓰는 말. 예문 伏惟此時棣床兄體度更若何 庇覃匀慶 婦阿節何如 〔유도헌柳道獻, 027〕 → 가권家眷, 가루家累, 가소家小, 곤비梱庇, 권구眷口, 권비眷庇, 권집眷集, 권취眷聚, 담내覃內, 담비覃庇, 보권寶眷, 보담寶覃, 비내庇內, 비의庇儀, 비절庇節, 비하절庇下節, 제권諸眷, 제솔諸率, 혼권渾眷

비답批答　　상주문上奏文에 대한 임금의 답변. 예문 堂箚批答 今旣見之 第未知令原箚語意如何 切欲見耳 〔홍서봉洪端鳳, 4-55〕

비래比來　　요즘. 예문 弟比來運値蹇屯 毒癘之患 偏酷一室 死喪之多 至於六七 〔이상李翔, 5-66〕 → 내자邇者, 비간比間, 비신比辰, 비일比日, 비자比者, 비천比天, 비하比下, 수천數天

비량悲凉　　슬프고 처량함. 예문 老人一息未絶 又到今年望八 殘生餘日幾何 只自悲凉 〔김류金鎏, 23-45〕

비류紕謬　　잘못됨, 틀림. 예문 語類疑條驟復 應多紕謬 更望鐫駁 〔이진상李震相, 44-60〕

비림賁臨　　영광스럽게도 왕림함. 상대방의 방문을 높여 이르는 말. 예문 今旣移接於花山 而此地有泉石林竹 古稱形勝 望須賁臨 管領其淸風明月 如何如何 〔강우진康祐鎭, 41-31〕 → 광고光顧, 광림光臨, 부림俯臨, 비고賁顧, 비연賁然, 임비臨賁

비막裨幕　　비장裨將이 거하는 막사. 비장을 가리킴. 예문 有再從禁衛李雲 可備裨幕 〔황정욱黃廷彧, 5-196〕

비무備無　　흉년. 예문 偵便未易 更未替候 嗣音亦無路 居常慕鬱 間經備無而尤切 老炎益驕 〔이능현李能玄, 027〕 → 검년儉年, 검세儉歲, 겸년歉年, 고겸告歉, 기세

饑歲, 세겸歲儉, 세겸歲歉, 세쇄歲殺, 쇄세殺歲, 실임失稔, 황세荒歲, 황소荒騷, 흉겸凶歉, 흉황凶荒

비미卑微　　비루함. 예문 生等塵臼縶絆 未能廣交士友 卑微何言 〔왕수환王粹煥 등, 37-62〕

비박지전菲薄之奠　　변변치 못한 제물祭物. 비전菲奠. 예문 門人以菲薄之奠 敢服宗伯霞溪先生權公之靈 〔이덕운李德運, 35-23〕

비변鄙邊　　자기 쪽을 낮추어 이르는 말. 예문 鄙邊方以梅泉集募刊事 前呼後應 而此事專在於遠近士友之相助 故玆以發文及募刊記各一度抄呈 望須通知於貴近士友間 〔왕수환王粹煥 등, 37-60〕

비보飛報　　빨리 알림. 예문 此後凡報 連續飛報可也 〔미상, 22-391〕

비본碑本　　비碑의 탁본. 예문 頃者李希哲還傳覆札 兼拜碑本墨笏之惠 便信無憑 未緣附謝 〔박태보朴泰輔, 21(禮)-273〕

비비상非非想　　여러 가지 세밀한 생각. 비상비비상非想非非想의 준말. 불교에서, 선정禪定에 들어 거친 생각이 없는 상태를 비상非想이라 하고, 비상 중에 일어나는 여러 세밀한 생각을 비비상非非想이라 함. 예문 春風吹柳 江光浮綠 卽非非想中 此荷惠訊 如親英盼 慰不可喩 〔서병수徐丙壽, 35-109〕

비색否塞　　꽉 막혀 통하지 않음. 예문 下部否塞 脇間刺痛諸症 夜來稍減 〔이운근李雲根, 35-44〕

비생鄙生　　자기를 낮추어 이르는 말. 예문 此行遲滯至此 專由鄙生 〔권반權盼, 3-34〕→비열鄙劣, 비인鄙人, 산인散人, 차한此漢01, 추생鯫生

비소匪所　　귀양살이하는 곳. 예문 趙尙州 匪所侍史 〔정호鄭澔, 25-26(봉투)〕

비시憊撕　　지치고 피곤함. 예문 族末蒙除下來 雖庸感祝 而脩路行役 憊撕無餘 且千里駕海 大爲關念 〔강면규姜冕奎, 42-8〕

비식鼻息　　코를 곪. 예문 奇孫學語學步 比去時判異 爲食熱之致 眼眚鼻息 似是外家衿得耳 〔정대림丁大林, 17-179〕

비신比辰　　요즘. 예문 悚詢比辰靜體動止 益護萬重 寶潭均慶否 〔김병휴金炳休, 31-135〕→내자迺者, 비간比間, 비래比來, 비일比日, 비자比者, 비천比天, 비하比下, 수천數天

비실備悉　　자세히 앎. 예문 示意備悉 所謂罪犯倫紀者 亦必詳聞 〔황신黃愼, 22-

73) → 근상謹詳, 근실謹悉, 배실拜悉02, 봉실奉悉01, 앙실仰悉

비심備審　　자세히 앎. 예문 卽拜情翰 備審春暢 族候萬護 區區仰慰〔서정순徐正淳, 42-39〕

비심備諗　　자세히 앎. 예문 秋夕先發便 再昨入來得書 備諗平安狀〔이덕운李德運, 35-50〕

비아婢兒　　여자 종. '아兒'는 명사 뒤에 붙는 접미사. 예문 婢兒 特煩捉送 已極感矣〔권중경權重經, 21(禮)-294〕

비연賁然　　상대방의 방문을 높인 말. 『시경』詩經 「소아」小雅 〈백구〉白駒에 "깨끗하고 흰 망아지를 타고 환한 모습으로 찾아오시네"(皎皎白駒 賁然來思)라는 구절이 있다. 예문 亂山積雪 加以歲暮之懷 甚欲奉話以豁心胸 而此時何能望賁然也〔미상, 22-393〕 → 광고光顧, 광림光臨, 부림俯臨, 비고賁顧, 비림賁臨, 임비臨賁

비연호鼻烟壺　　중국 전래의 코담배를 피우는 도구. 예문 鼻烟壺與簽函送之付之信祇也〔김정희金正喜, 33-21〕

비열備閱　　두루 살핌. 예문 昨自進香退 益增罔極 摧殞之中 得對庭玉 備閱書疏 一慰一悲 無以爲懷〔이경석李景奭, 3-136〕

비열悲裂　　몹시 슬픔. 예문 撫念疇昔 只切悲悼 想兄隣比依遣之餘 絶多悲裂也〔박춘보朴春普, 6-207〕

비열鄙劣　　자기를 낮추어 이르는 말. 예문 鄙劣疾病侵尋 長在床席中 苦不可言〔김집金集, 39-55〕

비우庇憂　　가족 걱정. 예문 庇憂尙未就蔗境 已極貢悶〔이겸순李謙淳, 027〕

비음費吟　　힘들여 시를 지음. 예문 峽中七字之諾 雖小費吟 想此有厚望 願令量〔여유길呂裕吉, 45-231〕

비의備儀　　격식을 갖춤. 대개 부정의 형태로, 편지 끝에 겸사로 쓰는 말.
예문 忙草 不備儀〔미상, 6-168〕

비의備擬　　벼슬자리에 후보자를 추천하는 일. 보통 세 명을 올린다. 의망擬望. 예문 示意甚當 以此三人 備擬如何 餘不備 卽 僚末 之源〔심지원沈之源, 47-50〕

비의匪意　　뜻밖에. 예문 匪意承手滋 足慰向日餘懷〔송치규宋穉圭, 22-303〕 → 권외拳外, 몽매외夢寐外, 불위不謂, 요박料襮, 요외料外, 요표料表, 정외情外

비의庇儀　　가족의 안부. 예문 令胤專訪 袖致惠函 謹審靖體萬重 庇儀均祺 仰

慰且荷 〔이건방李建芳, 44-320〕 → 가권家眷, 가루家累, 가소家小, 곤비梱庇, 권구眷口, 권비眷庇, 권집眷集, 권취眷聚, 담내覃內, 담비覃庇, 보권寶眷, 보담寶覃, 비내庇內, 비담庇覃, 비절庇節, 비하절庇下節, 제권諸眷, 제솔諸率, 혼권渾眷

비익裨益　보충하고 더하여 도움이 되게 함. 예문 弟狀課日趨公 毫無裨益 公私耦悶 〔어윤중魚允中, 35-96〕

비인鄙人　1인칭 대명사. 겸칭. 예문 鄙人昨始到鄕庄 得覲老母 〔최천건崔天健, 5-202〕 → 비생鄙生, 비열鄙劣, 산인散人, 차한此漢01, 추생鯫生

비일比日　요즘. 예문 比日春寒料峭 伏惟文體百福 僉宗體候康勝 至以仰頌 〔왕성순王性淳, 31-160〕 → 내자迺者, 비간比間, 비래比來, 비신比辰, 비천比天, 비하比下, 수천數天

비자比者　요즘. 근자近者, 근래近來. 예문 伏問 比者令體候何如 〔김응하金應河, 22-97〕

비적脾積　비장에 든 병. 적적은 '쌓임', '막힘'의 뜻. 예문 珥近日脾積日增 〔이이李珥, 23-19〕

비전飛錢　어음. 예문 惠簡及廣魚先來 而飛錢未推者 尋當來投 承遠惠深荷 〔이광려李匡呂, 7-182〕

비절庇節　가족의 안부. 예문 敬惟友體 一味莊穆 庇節淸純 〔곽종석郭鍾錫, 31-133〕

비좌備坐　비변사備邊司의 모임. 예문 昨聞台監早進備坐 仍入侍靑筵 〔이일상李一相, 23-99〕

비지批旨　상소에 대하여 임금이 내리는 처분. 예문 江留又投疏 伸救宣卜 而批旨嚴峻云矣 〔김보택金普澤, 22-241〕

비창臂蒼　매사냥. 길들인 매로 사냥하는 일. 예문 承方還朝 臂蒼高岡 不知更在何間否 早晚當一叩郊扉耳 〔이재李縡, 21(禮)-422〕

비천比天　요즘. 예문 伏請比天 勻體節公暇萬旺 伏頌伏頌 〔신기선申箕善, 21(智)-440〕 → 내자迺者, 비간比間, 비래比來, 비신比辰, 비일比日, 비자比者, 수천數天

비하比下　요즘. 예문 阻昂際切 卽拜審比下政體萬護 仰喜愜禱 〔김병시金炳始, 44-222〕

비하절庇下節　가족의 안부. 예문 伏承春殷棣床動止候萬重 庇下節均休 〔윤

주하尹冑夏, 44-64) → 가권家眷, 가루家累, 가소家小, 곤비梱庇, 권구眷口, 권비眷庇, 권집眷集, 권취眷聚, 담내覃內, 담비覃庇, 보권寶眷, 보담寶覃, 비내庇內, 비담庇覃, 비의庇儀, 비절庇節, 제권諸眷, 제솔諸率, 혼권渾眷

비호가기非毫可旣　　편지로는 할 말을 다 쓰지 못합니다. 예문 萬萬非毫可旣 惟祈以時自玉 [이건창李建昌, 38-41]

비확悲廓　　상을 당한 슬픔. 예문 於焉過葬禮 萬事邈古 苦不禁悲廓也 [이희조李羲肇, 44-172]

비황飛黃　　비황등답飛黃騰踏. 말이 나는 듯이 달리는 모습. 관직이 빠르게 승진하는 것을 비유하는 말. 비황飛黃은 신마神馬로서 승황乘黃이라고도 한다. 예문 彌兄飛黃 柏悅可掬 其已錦還否 [윤문거尹文擧, 23-89]

빈객賓客　　왕세자에게 경사經史와 도의道義를 가르치던 세자시강원世子侍講院의 정2품 벼슬. 세자빈객. 예문 上曰 湜也拙 何不以沈喜壽爲之乎 沈則以賓客 已在從官中 乃以都承旨尹覃茂陪從 [전식全湜, 45-299]

빈번蘋蘩　　네가래와 산흰쑥. 제사 또는 변변치 못한 제수祭需를 가리킴. 예문 虞卒在前 爲念蘋蘩之重 勢將續絃 涓吉於開月六日 [이하응李昰應 39-295]

빈사儐使　　접반사接伴使. 예문 此等事 必有儐使或譯院提調之發端 然後始可以助力 [서용보徐龍輔, 25-53]

빈전殯殿　　국상 때 시신을 입관한 후 매장할 때까지 모셔두는 곳. 예문 不可以殯殿肅謝 啓請牌招 昨日面誨 不翅丁寧 而今忽爲此示 未知何故耶 況以弟等情勢 其可更起抗顔於論列立落之際乎 [송광연宋光淵, 21(禮)-169]

빈접儐接　　사신을 영접함. 예문 弟敦匠積瘁之餘 又作儐接之行 千里往還 僅免顚仆 莫非王靈攸曁 [이창의李昌誼, 21(智)-37]

빈천賓天　　왕이나 왕비의 죽음을 이르는 말. 예문 聖后賓天 因山已完 莫攀之痛 率土惟均罔極 [이해李瀣, 21(義)-221]

빈청賓廳　　정승이나 비변사의 당상관들이 정기적으로 모여 정무를 논의하던 곳. 예문 以尊號事 自去卄五始啓 賓廳三日 庭請已五日 而尙靳允 [이성효李性孝, 7-180]

빈파과頻婆果　　사과. 예문 卽又珍存佳果 是內典之頻婆果也 [김정희金正喜, 33-61]

빙憑　　~을 통해. 예문 適宋隆來見 憑此一候 只希萬珍 〔유혁연柳赫然, 3-175〕

빙가氷家　　처가. 빙가빙가聘家. 예문 但石姪往其氷家 留做未歸 不無遠外之慮 〔송규호宋奎灝, 31-95〕 → 췌가贅家

빙군氷君　　장인. 예문 人馬以正月十日上送 汝妻之行 以正○會後 卽卽發程爲可 汝之氷君前 亦以下送事修答矣 〔미상, 43-42〕

빙당氷糖　　사탕. 사탕이 얼음처럼 투명해서 나온 표현. 예문 倭橘 珍感珍感 正果氷糖 豈其忘之耶 黃連渴症所啓 須母忽母忽 〔김익희金益熙, 22-155〕

빙서憑書　　인편으로 편지를 보냄. 예문 袞袞阻懷 路逖 人不相値 固不可憑書也 〔박상朴祥, 9-58〕

빙신憑信　　인편으로 소식을 보냄. 예문 前月旬後 始聞歷過聞喜路 而厥後憑信無階 方切溯菀 〔김간金侃, 31-29〕

빙심憑審　　편지를 보고 앎. 예문 南來汨汨憂戚 尙闕一書仰候 恒切罪歎 意外伏承先施下訊書 憑審向來體候起居萬安 仰慰之餘 豈勝感愧 〔심택현沈宅賢, 21(禮)-407〕 → 빙체憑諦, 승심承審, 잉심仍審, 자심藉諗, 종심從審, 취심就審

빙암憑諳　　편지를 보고 앎. 예문 卽因億男自平山來 得見汝書 憑諳渾舍無事 喜慰不已 〔민진량閔晉亮, 5-42〕

빙정氷丁　　얼음덩이. 또는 얼음을 뜨는 사람. 예문 就煩 家間適有忌故 而氷丁無路得用 玆敢耑伻 仰告 特爲優惠 如何如何 〔홍계적洪啓迪, 21(禮)-428〕

빙체憑諦　　편지를 보고 앎. '체諦'는 '심審'의 뜻이다. 예문 懸溯中 承拜惠翰 兼荷情貺 憑諦字履萬勝 宛承清誨 慰感無已 〔신정申晸, 23-121〕

빙편憑便　　믿을 만한 인편. 예문 白茯令 終未得堅白極品 欲求營門 而憑便未易 〔윤봉오尹鳳五, 6-223〕

빙후憑候　　인편을 통해 편지를 부침. 예문 以四寸家喪事送人 敢此憑候 〔이후원李厚源, 23-79〕

사䂖 역편驛便, 파발. '체'遞와 통용된다. 예문 因京䂖 承拜令問札 〔민진후閔鎭厚, 23-187〕

사私 사심私心. 예문 近又迷兒恩譜 迸居江干 悚蹙之私 無以爲喩 〔신헌申櫶, 21(智)-364〕

사가使家 관찰사. 예문 第於來初期欲營門之行 而日昨亦有使家速教矣 果若此行 伊時伴䚊 甚好甚好 〔이충구李忠求, 35-122〕 → 당음棠蔭, 도백道伯, 도신道臣, 도주道主, 방백方伯, 사상使相, 순가巡家, 순사巡使

사개使个 심부름꾼. 예문 使个旣生足頣 〔박희성朴羲成, 027〕

사거私居 자기가 사는 곳. 예문 前去文字 想無浮沈 第恐蕪冗 不堪入石 方俟討論示敎 庶得修削 而久未蒙諭 豈私居乏便耶 〔정경세鄭經世, 3-27〕

사경紗景 세모歲暮. 예문 更伏請紗景 堂幃鼎茵 對序萬安 阮庭氣力連衛 省餘棣體節宣 一味藏裕 學初兄哀履 亦支護耶 溱昻且祝 〔김동삼金東三, 40-58〕

사계事契 정의情誼. 예문 敎意奉悉 此係士林公議 且論以平日事契 豈有一毫推辭之理 〔윤심형尹心衡, 6-198〕

사계舍季 자신의 막내동생. 예문 舍季有沈綿之罪 罪甚不尋常矣 〔김재정金在鼎, 31-113〕

사곡絲穀 곡복사신穀腹絲身의 준말. 배를 채우는 곡식과 몸을 가리는 실이라는 뜻으로, 먹는 것과 입는 것을 이르는 말. 예문 從姪家亦依遣 而聞方看事於大邱 雖未知所看何事 然要不出絲穀耳 〔최종응崔鍾應 40-330〕

사관寫官　　사자관寫字官. 예문 如待其淨寫 則又不知費了幾歲 從當以原本送呈 寫官略有文識 則可以摸索 不至於全無脈絡也 〔이시원李是遠, 26-177〕

사관篩冠　　갓의 일종. 예문 篩冠問之 則當入價錢一兩五錢 然姑無造置處 給價約之 則可得云 價物覓送如何 〔박태보朴泰輔, 22-219〕

사관舍館　　여관. 예문 今春蓮榜 見高門名行有參選者 亟欲伻賀 而未詳舍館 遂未果 〔홍양호洪良浩, 31-52〕

사국史局　　실록청實錄廳. 또는 예문관藝文館과 춘추관春秋館을 아울러 이르는 말. 예문 史局書役 去卄七日始下 〔유진한柳進翰, 027〕

사군使君　　지방 수령의 존칭. 예문 使君之邑 雖云殘薄 而亦足以繼廚無乏 尤可賀也 〔미상, 027〕

사급斜給　　관아에서 어떤 권리를 증명하는 문서를 작성하여 내어 줌. 예문 幸望特減所納 而卽許斜給如何如何 所懇似不難施 敢此懇涇 餘忙草 不宣 〔이훤李蕿, 5-105〕→ 사출斜出

사기事機　　일의 기미. 예문 昨見明丈兄弟書 力止陳卞之擧 語意俱出至誠 乃與良 初意符合 玆欲姑止 以觀朝家處分 前頭事機 而以定動靜 未知高明 以爲如何 〔나양좌羅良佐, 21(禮)-168〕

사념賜念　　염려해 줌. 예문 小子實荷賜念 侍奉老母 如他日耳 〔김명원金命元, 21(仁)-205〕

사단辭單　　정사단자呈辭單子. 사직辭職의 뜻을 임금께 아뢰는 문서. 예문 昨日右相辭單之批 慰諭隆摯 有踰尋常 聞匪久有出仕之議云矣 〔조태억趙泰億, 44-164〕

사당砂磄　　사탕. 예문 一家姑無他患 而痘疾大肆 砂磄一圓 得送耶 〔미상, 027〕→ 빙당氷磄

사대賜對　　임금이 신하를 불러 만나 대화함. 예문 今觀書進故事 深嘉誠焉 噫以大禹之聖 猶惜寸陰 況欲效三代者乎 宜當惜其分陰 而第今日不爲賜對者 豈思逸心倦而然哉 〔영조英祖, 21(禮)-500〕

사략些略　　양이 적음. 예문 示助役物子 私家窘劣 只以五緡銅仰副 些略可愧 〔박건중朴建中, 31-57〕

사루沙漏　　모래시계. 예문 在此 欲製沙漏 向托白沙汀沙 無忘 如何 〔권유權愈, 47-116〕

사륜絲綸　　임금의 조서詔書.『예기』禮記「치의」緇衣에 "왕의 말은 실오라기같이 가늘어도 나와서 미치는 영향은 동아줄 같다"(王言如絲 其出如綸)는 말에서 유래한다. 예문 大院位曉喩之文 警民絲綸謄呈 俯覽如何 〔유도성柳道性, 40-186〕

사리仕履　　관직에 있는 이의 안부. 예문 戀嫪方深 斂書遠辱 欣審春盡 侍奉仕履勻勝 〔송준길宋浚吉, 23-87〕

스리〔白是〕　　상민이 양반에게, 자식이 아버지에게, 노비가 상전에게 보내는 편지. 예문 貴奴白是亦送上 家人則適病 未及修謄書耳 〔송시길宋時吉, 21(義)-285〕

사만仕滿　　임기를 다 채움. 예문 仕滿旣報 卽當節次陞付 而聞次第當在第四云 恐尙費時月耳 〔이가환李家煥, 44-97〕

사매麝煤　　먹. 먹의 향기를 사향의 향기에 비유한 말. 예문 卽惟多暄候節護重 鼠鬚麝煤涓慶得佳趣 溯仰切至 〔신헌申櫶, 39-229〕→ 묵경墨卿, 묵정墨丁, 묵홀墨笏, 오옥烏玉, 진현陳玄, 현정玄精

사문似聞　　얼핏 ~라고 들음. 예문 似聞 君帶來龍灣之物云 初不之信 細訊之果然 不勝驚怪 〔강인姜絪의 형, 16-51〕

사문斯文　　유학자儒學者나 선비를 가리키는 말. 주로 학문적 경향을 함께하는 같은 학파 내의 사람들 사이에서 쓰였다. 예문 稔仰聲光 固非一日 意表 權斯文歷枉 欣慰無比 〔안재구安在龜 등, 37-89〕

사민私悶　　개인적으로 걱정됨. 나라를 위한 걱정일 때는 '민'悶이라고만 쓴다. 예문 此抱病奔忙 私悶難狀 〔이이명李頤命, 23-183〕

사백舍伯　　자기의 맏형. 예문 舍伯外除 榮耀之外 亦增不洎之懷也 〔민겸호閔謙鎬, 051〕

사병辭病　　병 때문에 사직함. 예문 僕蹭蹬歸來 辭病俟命 〔이황李滉, 3-20〕

사복謝復　　답장을 올림. 예문 病苦且忙 他不宣 統惟情照 謹謝復 〔이상진李尙眞, 3-125〕→ 배복拜復, 봉복奉復, 봉사奉謝, 상복上復, 상복上覆

사복賜覆　　상대방이 답장을 보냄. 예문 又辱專使賜覆 辭旨諄悉 有踰尋常 區區感戢 不省所喩 〔김창협金昌協, 000〕

사본辭本　　사직 상소. 예문 身病極重 切願脫濕 就醫求活 而辭本再不出 不知所以爲處 〔이후원李厚源, 23-79〕→ 사소辭疏

사분私分　　사사로운 분수. 예문 謹已拜手 而揆諸私分 實深惶懼 〔윤문거尹文擧,

25-17〕

사사謝使　　사은사謝恩使. 예문 前於謝使之行 附送一書 想已傳致否〔○성관○聖觀, 027〕

사상使相　　관찰사. 원래는 중국의 절도사를 지칭. 당唐, 송宋 대에 절도사에게 실직이 아닌 중앙의 재상직을 겸직하게 하며 '사상'이라 부른 데서 유래한다. 예문 弟家慶席欲設於卄五 使相亦來參 伏望掃萬榮臨奈何〔윤황尹煌, 16-20〕→ 당음棠蔭, 도백道伯, 도신道臣, 도주道主, 방백方伯, 사가使家, 순가巡家, 순사巡使

사상자蛇床子　　뱀도랏의 씨. 요통·음위陰痿·음호종통陰戶腫痛·낭습증 등의 약재로 쓰임. 예문 蛇床子覓惠 其勤念可感〔유장원柳長源, 32-149〕

사서司書　　세자시강원世子侍講院의 정6품 벼슬. 예문 答上狀 黃司書座前〔정작鄭碏, 5-24(봉투)〕

사선史選　　『사기영선』史記英選. 사마천司馬遷의 『사기』史記와 반고班固의 『한서』漢書 중에서 중요한 부분을 가려 뽑아서 엮은 책으로, 1795년(정조 19)에 간행되었다. 8권 5책. 예문 此中批八家讀史選 爲今年三餘之工 而手定諸書句讀〔정조正祖, 26-45〕

사소絲梳　　실빗. 예문 絲梳二箇仰呈〔고처량高處亮, 31-40〕

사소辭疏　　사직 상소. 예문 辭疏一向退却 待人何太薄耶〔강현姜鋧, 6-41〕→ 사본辭本

사수寫手　　과거 답안의 글씨를 대신 써 주는 사람. 예문 意外科事有定 未知欲趁此來赴耶 家兒老懶不欲見 而勸勉使之入場 而寫手終難得 將不免坐停 悶悶〔안종해安宗海, 6-183〕

사수祀需　　제사에 올릴 음식. 예문 會洞祀需付上 卽爲傳札受答付回 如何〔미상, 41-131〕

사숙舍叔　　친숙부. 예문 但非登穴詳監 何可定其必然 前頭欲一見 舍叔所占處 可以前看〔권욱權煜, 6-181〕→ 숙주叔主

사식謝式　　답장의 서식. 예문 餘姑不宣謝式〔김병시金炳始, 051〕

사안賜顔　　아랫사람을 좋은 낯으로 대함. 예문 督郵雖不在 招見兵房 賜顔饋酒〔이덕운李德運, 35-50〕

사어謝語　　답장. 예문 書牘繼投 情意之厚 令人感歎 病蟄已久 昏憒亦甚 不敢

旋修謝語 〔민정중閔鼎重, 3-128〕 → 복음復音, 복의復儀, 복장復狀, 복장覆狀, 복찰復札, 복첩復帖, 복첩覆帖, 사의謝儀, 사첩謝帖, 신사申謝

사염寫染　　글씨를 베낌. 예문 昏書 彼家無可寫染者 使弟請之於宋兄 而宋兄方在砥平云 故謹此奉納 乞寫惠 〔민우수閔遇洙, 21(禮)-502〕

사월蜡月　　12월. 예문 戊辰蜡月卄九日 査弟金賚植狀上 〔김뇌식金賚植, 40-66〕 → 납월臘月, 축월丑月

사육事育　　부모님 모시고 아이들 키우며. 예문 臘寒折綿 伏審體節萬安 區區仰慰 定符遠頌 生事育僅依耳 〔송기면宋基冕, 37-94〕

사음嗣音　　계속 소식을 전함. 예문 貴星歸後 無緣嗣音 不審酷暑政履有相否 〔한배하韓配夏, 5-142〕

사음舍音　　마름. 예문 此雅乃是從弟家如干薄庄之舍音也 〔민계호閔啓鎬, 31-154〕

사의謝儀　　답장. 예문 旣失回便 伊後終無信便 尙闕謝儀 唯有耿然在中 〔홍양호洪良浩, 31-52〕

사의辭意　　편지 내용. 예문 辭意且勤 感慰感慰 〔이원李䋣, 5-172〕

사장査丈　　사돈어른. 예문 伏審此際 堂上査丈氣力 無大添損 侍奠餘哀體候支護 姉氏若甥輩 俱免顯憂 〔정세영鄭世永, 027〕

사장辭狀　　사직 상소. 예문 瓜狀足可成送 焉用辭狀 〔이진휴李震休, 3-95〕 → 사본辭本, 사소辭疏

사정査政　　인사 기록을 조사함. 예문 敎意謹悉 而考籍查政 果涉張大 下帖尊位 終非渠心所安 〔장인원張仁遠, 027〕

사제査弟　　사돈에게 자신을 낮추어 일컫는 말. 예문 甲子八月十一日 罪査弟 郭相鎬 〔곽상호郭相鎬, 43-222〕 → 사하査下

사제舍娣　　자신의 여동생. 예문 舍娣中經重感 尙未蘇平 私悶私悶 〔이광려李匡呂, 21(智)-60〕

사제舍弟　　친동생. 예문 城主下車之初 卽爲垂問舍弟 優給糶米 得以資活 其爲感幸 何可悉達 〔이세화李世華, 22-181〕 → 가제家弟

사제賜第　　임금이 특명으로 과거에 급제한 사람과 똑같은 자격을 내려 주던 일. 예문 翌日設柑製取百人 居首及第二二人 賜第 〔신좌모申佐模, 43-163〕

사조辭朝　　부임지로 가면서 임금께 하직 인사를 함. 예문 當兄辭朝之日 適値

入直 未得奉別於河橋 〔김경문金敬文, 3-84〕 → 배사拜辭, 사폐辭陛, 숙명肅命, 숙배肅拜, 숙사肅謝, 조사朝辭

사존賜存　수령이 문안 편지를 보내는 것을 높여 이르는 말. 예문 委書賜存 副以歲饋 〔조사석趙師錫, 44-252〕

사종四從　10촌 형제자매. 예문 四從衰老日甚 可悶 〔민헌구閔獻久, 42-41〕

사종舍從　사촌 형제. 예문 舊邸吏事 當以此意 另誦于舍從 而其許施與否 亦難預質耳 〔이재면李載冕, 35-86〕

사중裎中　파발 편으로. 사裎는 '치'裎로도 쓰는데 '체'遞의 뜻이다. 역편驛便, 파발. 예문 裎中 承拜下狀 披慰 〔신위申緯, 48-165〕 → 체중遞中, 치중裎中

사중舍仲　자신의 둘째 형제. 예문 又遭黃州舍仲喪變 情理慟割 無以形言 〔이희조李羲肇, 44-172〕

사지四知　비밀은 숨겨도 언젠가는 반드시 드러남. 후한後漢의 양진楊震에게 왕밀王密이 뇌물을 건네며 아무도 모른다고 하자 양진이 "하늘과 땅과 그대와 내가 아는데 어떻게 아무도 모른다고 하는가"(天知地知我知子知 何謂無知) 하며 거절하였다는 고사에서 유래한다. 예문 鄭寬卿有書云 令公有所寄者 拜而登受 此亦四知 而寬卿又知之矣 〔○영대○榮大, 35-116〕

사지辭摯　사연이 진지함. 예문 辭摯物腆 實庸伏感 〔남병철南秉哲, 22-335〕

사질舍姪　친조카. 예문 鳳九舍姪小科 堂姪小捷大魁 〔윤봉구尹鳳九, 6-90〕 → 질아姪阿

사차원赦差員　사면령을 시행하기 위해 파견된 사람. 예문 赦差員 卽此處人也 今方還去 因其便暫草 姑不具 〔김용순金龍淳, 50-8〕

사첩謝貼　답장. 예문 普門 泥厓 洪參判 謝貼 〔홍양호洪良浩, 31-52(봉투)〕

사청瀉靑　사청환瀉靑丸. 간의 화기火氣를 빼내어 맑게 하는 약. 간은 오행으로는 목木에, 색으로는 청색에 속하기 때문에 '청'으로 표현한 것이다. 예문 眎藥 此亦無儲 只呈抱龍瀉靑各二丸 略甚可歎 〔권시경權是經, 44-269〕

사체事體　도리, 사리. 예문 其言之虛實是非 姑捨無論 其在事體 似難晏然 〔이세필李世弼, 21(禮)-190〕

사체辭遞　사의를 표명하여 체직됨. 예문 頃日徐判中尋見於闕中 語及令公進退 當時遁思 似不得不爾 及今一再有命 義當上來辭遞 不宜一向堅執云 他人論議

亦有如此者 〔전식全湜, 45-337〕

사초槎軺　　사신 행차. 예문 胤兄槎軺穩返 觀駕啓發 仰想團歡無量 遠外仰賀 不任攢禱 〔홍현주洪顯周, 44-173〕

사출斜出　　관아에서 어떤 권리를 증명하는 문서를 작성하여 내어 줌. 예문 家乏蒼頭 買得一奴於治下 將欲斜出 〔이훤李藼, 5-105〕 → 사급斜給

사칙查勅　　사찰查察하기 위하여 오는 칙사. 예문 查勅何日入京云 而事當至何樣云耶 退屛之人 亦不能無憂矣 〔이관징李觀徵, 13-109〕

사토莎土　　무덤의 잔디와 흙. 예문 改莎土時 雇立軍丁 而物力似有不足者 是悶 〔강재주姜再周, 41-75〕

사통私通　　벼슬아치가 공문서 양식을 빌리지 않고 사사로이 쓰는 통지서通知書. 예문 以道下戕 獲田地收拾下歸 望須令招見款待 所控一一令採聽 私通成給 使之快施 如何 〔윤의립尹毅立, 21(義)-246〕

사판祠板　　신주. 예문 宗中諸老 以尊之一不歲謁於莊襄公祠板 罰名如此 玆今書送 而此是尊不善爲事矣 幸須勿尤人自責己也 〔이유경李儒慶, 21(禮)-510〕

사패司敗　　형벌을 맡은 관청. 곧 형조刑曹. 예문 再上章煩擾 似不穩 或呈告祈遞 則猶可也 請下司敗 無乃過乎 〔미상, 45-340〕

사패賜牌　　임금이 궁방이나 공신들에게 노비나 토지를 내려 줌. 또는 그 증서. 예문 莫重賜牌之地 非一齋任所可擅賣 而至於折價受錢之境 則難免疎率之責 〔오희상吳熙常, 31-56〕

사폐辭陛　　지방으로 떠나는 신하가 임금에게 하직 인사를 함. 예문 卽接朝報令已辭陛矣 悵黯之懷 曷勝仰喩 〔이경헌李景憲, 39-75〕 → 배사拜辭, 사조辭朝, 숙명肅命, 숙배肅拜, 숙사肅謝, 조사朝辭, 출사出謝, 출숙出肅, 폐사陛辭

사표辭表　　언외언外. 예문 久待南便 忽擎手札 悲痛之情 溢於辭表 再三披閱 〔정작鄭碏, 5-24〕

사하查下　　사돈에 대해 자신을 낮추어 이른 말. 예문 查下服人 前月遭再從祖母喪 〔이겸순李謙淳, 027〕 → 사제查弟

사학황미仕學況味　　벼슬하는 형편과 학문하는 재미. 예문 謹問 仕學況味若何 前此累奉情翰 殊荷不鄙 〔이숙량李叔樑, 5-177〕

사한乍寒　　갑작스런 추위. 예문 伏承下書 伏審日間乍寒 氣體候萬安 伏慰伏慰

〔김유근金逌根, 22-317〕

사한蠟寒　　12월의 추위. 예문 蠟寒比劇 伏詢侍餘政體事萬旺 僾祝不任〔심순택沈舜澤, 31-110〕

사협笥篋　　예단을 넣는 상자. 예문 二段明紬 眷念之厚 積於絲縷 不敢却 亦不忍却 然此豈朋友相餽遺之時 況此之厚耶 其不可但以感作 例辭謝爲言而已 家有妹姪當嫁者 欲留之爲笥篋之資 亦不敢不以情告 而誠不能不騂汗也〔이건창李建昌, 35-106〕

사형舍兄　　친형. 예문 翊隆家禍尙酷 舍兄奄忽棄背 獨此一身益復單孑 天之不弔 一何至此〔신익륭申翊隆, 21(義)-297〕→ 가형家兄

사환使喚　　곁에 두고 부리는 사람. 예문 生遽別小妹 心神至今悽惡 不自聊也 只恃尊愛護 千萬至祝 石奴切有使喚事 今始起送 想應苦待也〔황일호黃一皓, 21(義)-192〕

사환賜環　　유배된 자를 사면하여 돌아오게 함. 예문 書到後繼聞 令蒙賜環之典 生入玉關 聖恩天大〔유명현柳命賢, 21(禮)-195〕

사황仕況　　벼슬살이하는 형편. 예문 寂廖中 忽得手札 仍審仕況珍勝 喜慰可言〔이선李選, 22-185〕

사후伺候　　옆에서 받들어 모심. 예문 適使相之行到館 伺候匆卒 不復一一〔정경세鄭經世, 45-347〕

사후仕後　　퇴근 후. 예문 仕後當進 照遲景仰 可會別終宵 樂亦至矣〔최산두崔山斗, 9-46〕

사후謝候　　답장. 예문 餘留 不備謝候禮〔허전許傳, 21(智)-306〕

삭강朔講　　매월 한 번씩 여는 강회講會. 예문 朔講想必不廢 汝又差初一日望闕禮執事〔정경세鄭經世, 45-372〕

삭미朔米　　매달 급료로 주는 쌀. 예문 當此催科 似不如惠局朔米穩享也 弟狀依遺 而公私事務 日以劇酕 切悶切悶〔이승보李承輔, 44-194〕

삭연索然　　쓸쓸함. 예문 日氣陰酸 意緖索然〔이휘정李彙廷, 44-58〕

삭하朔下　　다달이 주는 급료. 예문 示事 情非不足 近者下輩朔下未給滿月 怨聲載路 用手無路 奈何〔조희일趙希逸, 23-49〕

산가山家　　풍수가. 예문 似是山家察脈洞見地中之事耳 其然否〔이상진李尙眞, 3-

256

123) → 패철객佩鐵客, 형가形家

산가疝瘕　　생식기와 고환이 붓고 아픈 산증疝症의 하나. 예문 侍生素抱疝瘕長時不健中 近又酷罹寒感 伏枕呻吟 殆治一望〔민순호閔舜鎬, 40-134〕

산건酸蹇　　(다리가) 저리고 힘이 없음. 예문 下體酸蹇 起步不便 自此不復爲完人〔여필중呂必重, 21(禮)-290〕

산고酸苦　　괴로움. 예문 經世門祚不幸 叔父於七〇奄忽棄背 摧痛酸苦 不自堪忍〔정경세鄭經世, 23-37〕

산골酸骨　　뼈에 사무침. 분함과 슬픔을 형용한 말. 예문 柳浦伯姪 客土流寓之中 又失十歲子 驚痛酸骨 何可盡言〔박태관朴泰觀, 49-269〕

산공山供　　산림에 사는 사람에게 소용되는 물건. 예문 惠送各種 有侈山供 而簡尤切於日用 感幸感幸〔윤봉오尹鳳五, 6-223〕

산귤山橘　　귤의 일종. 예문 山橘 二十介 簡紙 三十幅 脂燭 二十柄〔정조正祖, 26-65〕

산두山斗　　태산북두泰山北斗. 인격이나 학문이 우러러볼 만한 사람을 가리킴. 예문 久仰山斗之餘 遂連梱之議 感荷實深〔정상윤丁相潤, 43-277〕

산랑山郞　　능참봉陵參奉. 예문 適逢山郞 聊修片字 忙擾不能一一 只此謹拜〔이원익李元翼, 16-30〕

산량山梁　　꿩의 이칭. 『논어』論語 『향당』鄕黨의 "산속 다리의 꿩이여, 좋은 때로다 좋은 때로다"(山梁雌雉 時哉時哉)에서 나온 말. 예문 寶愚兩童各給山梁之半 烏椑之五 而唐鈴一對 卽昨年色囊之阿嬌也〔정조正祖, 26-65〕

산례刪禮　　인사는 생략함. 예문 刪禮 復因華宗素齊公 稔聞足下嗣守舊家 克追令望 每切傾艷之私 而恨相距稍隔 無由得一接洽〔김황金榥, 40-110〕

산릉山陵　　국장國葬의 능을 만드는 일. 예문 山陵之時 念此筋力 無計更動 而職名尙未蒙鐫改 日夕黃懼耳〔이유태李惟泰, 22-153〕

산문山門　　벼슬아치가 은퇴하여 사는 시골집. 예문 遠書落於山門 遡念今昔 悲慰盈懷〔이원익李元翼, 3-166〕

산복刪復　　이만 줄이고 답장을 올립니다. 예문 申報十板付鴎 毋待督還 卽旋梅弟 刪復〔황현黃玹, 37-30〕

산비酸鼻　　눈물이 나려고 코끝이 찡함. 예문 想將喪行色 一倍摧慟 爲之酸鼻

〔김수흥金壽興, 23-119〕

산사山事　　묘자리를 보는 일. 예문 此間山事 尙未定 霖雨如此 罔知爲計 〔김신겸金信謙, 22-263〕

산사山查　　아가위. 산사나무의 열매. 맛이 시며 약용으로도 사용한다. 예문 山查似可求得耶 前日採取於朔峽 不甚爲勞 今則視前有異 俱用鬱鬱于懷耳 〔윤용구尹用求, 28-25〕

산아山椏　　산삼. 예문 二根山椏 有意賫來而惠之者 係我老力之養也 感荷則切矣 〔이하응李昰應, 35-81〕

산역山役　　산소山所 만드는 일. 예문 再蒙皂蓋枉顧山役之地 旣感且仄 不知所喩 〔남구만南九萬, 3-171〕

산음지도山陰之棹　　친구를 찾아감.『세설신어』世說新語「임탄」任誕 편에 나오는 왕휘지王徽之의 고사에서 나온 말. 왕휘지가 회계會稽 산음현山陰縣에 은거하고 있던 어느 날 밤, 큰 눈이 내리자 문득 섬계剡溪에 살고 있는 친구 대규戴逵가 생각나서 밤새 배를 타고 찾아갔는데, 대규의 집 앞에 이르러 들어가지 않고 돌아갔다. 어떤 이가 그 까닭을 묻자, 왕휘지가 "흥이 올라서 갔다가 흥이 다해 돌아온 것이니, 어찌 반드시 대규를 만날 필요가 있겠는가?"(吾本乘興而行 興盡而返 何必見戴)라고 말했다. 예문 梅集多有疑晦處 別無可叩質 欲趁明春 更駕山陰之棹 興盡而返 計矣 〔이강제李康濟, 37-154〕 → 섬계지흥剡溪之興

산인散人　　시시한 사람. 자신의 겸칭. 예문 亦非散人之所宜及也 如何如何 〔○영○泳, 000〕 → 비생鄙生, 비열鄙劣, 비인鄙人, 차한此漢01, 추생鰍生

산주山廚　　은거한 사람의 소박한 식생활. 예문 海錯登盤 山廚動色 老饕饞肚 不慣於喫菜茹草 得以開醒病胃 甚可喜也 〔신석희申錫禧, 29-39〕

산질散秩　　산관산직. 관직만 있고 실제로 하는 업무가 없는 관리. 예문 鰍生碌碌散秩 亦不免殘弊之憂 〔이식李植, 22-101〕

산통酸痛　　저리고 쑤시는 신경계통의 증세. 예문 聞有患酸痛之候 爲慮衰境事可畏 須愼調愼調 〔이산보李山甫, 3-45〕

산퇴지통山頹之慟　　산이 무너지는 듯한 슬픔. 스승이 돌아가셨을 때 하는 말. '산량지퇴'山樑之頹, '산퇴양절'山頹樑絶이라고도 함.『예기』禮記「단궁 상」檀弓上에, 공자가 일찍 일어나 지팡이를 끌면서 문 앞에서 거닐며 "태산이 무너지려

하는구나. 대들보가 부러지려 하는구나. 철인哲人이 병들려 하는구나"(泰山其頹乎 梁木其壞乎 哲人其萎乎)라고 노래하고 이레 동안 앓다가 죽었다는 고사에서 유래한다. 예문 山頹之慟 無處可洩 只瞻望抆涕而已 〔민익수閔翼洙, 23-219〕

삼가三加   관례冠禮 때 관을 세 번 갈아 쓰는 의식. 예문 五郞三加 聞之嘉慰 〔강박姜樸, 051〕

삼경三庚   삼복三伏. 하지 이후 세 번째 경庚에 초복이 시작된다. 예문 節屆三庚 伏惟此時僉塱儀支勝 〔이교악李喬岳, 6-158〕

삼대선三臺扇   부채의 양쪽 가장자리 대에 뿔이나 대나무를 붙인 부채.
예문 黃筆一柄 黑帽子一立 三臺扇一柄 伏呈 〔박내준朴來俊, 49-262〕

삼대정三大政   전정田政. 군정軍政. 환정還政. 예문 目下三大政 並瀆吏收 非止四千兩 尙未收刷 營關日嚴 差人時督犯逋者 只納命爲旅者 但稱怨官令 其間何能堪當乎 〔유진원兪進源, 41-188〕

삼도三刀   삼도몽三刀夢. 수령이 됨을 비유하는 말. 진晉나라 때 왕준王濬이 어느 날 칼 세 자루를 들보에 걸어 놓았다가, 그날 밤 꿈에 칼 한 자루를 그 곁에 더 걸어 놓는 꿈을 꾸고는 이를 불길하게 생각하자, 이의李毅가 그 꿈을 해석하기를 "칼 세 자루는 곧 '주'州 자인데 칼 한 자루를 더하였으니, 이는 곧 '익주'益州가 된다. 그러니 그대가 익주 자사益州刺史가 될 길몽이다"고 하였는데, 뒤에 과연 왕준이 익주 자사가 되었다는 고사에서 온 말. 예문 從一宦支離 三刀望斷 世間公道 只是鬢邊華髮 奈何奈何 〔이봉징李鳳徵, 41-175〕

삼명三明   글피. 예문 弟三明當發楸行 〔윤심형尹心衡, 051〕

삼반三班   삼반관속三班官屬의 준말. 지방 관아에 딸린 향리鄕吏, 군교軍校, 관노官奴를 아울러 이르는 말. 예문 弟身姑無恙 而間以新式塗抹沒策 萬無成樣 三班嗷之 以是悶沓也 〔정윤조鄭閏朝, 35-117〕

삼백三白   정월에 사흘 동안 내리는 눈. 풍년의 징조로 여겨진다. 예문 來歲瑞兆 已占三白 此際惠函 忽開雙靑 〔이상현李象顯, 41-43〕

삼별摻別   직접 만나서 이별함. 예문 弟入兄出 竟孤摻別 終日瞻遡 未暫弭 〔김만기金萬基, 23-141〕 → 면송面送, 반송攀送, 배리拜離, 변별拚別, 삼수摻手

삼분오락三分五落   뿔뿔이 흩어진 모양. 예문 到今形勢 三分五落 不可成說 將於送報後 加留長 吾卽會同於黃旅 仍爲率去計 還家料不出此月內耳 〔김용순金龍

淳, 50-64〕

삼상參商　　서로 멀리 떨어져 있음. 삼參은 삼성參星이고 상商은 상성商星으로, 삼성은 서쪽, 상성은 동쪽에 있으면서 한쪽 별이 뜨면 다른 별이 사라져 영원히 서로 만나지 못한다는 데서 나온 말이다. 예문 天公 每如是餉我曹 何憂乎參商 何憚乎圓缺〔김정희金正喜, 33-67〕

삼색지三色紙　　세 가지 색이 섞인 종이. 예문 下惠三色紙及鼇魚 依領珍謝〔권상하權尙夏, 29-15〕

삼성三星　　각각 복福, 녹祿, 수壽를 맡은 삼신三神. 예문 此人崎嶇 三星隨事多防障〔이만인李晩寅, 027〕

삼손三飡　　세 끼니. 하룻길.『장자』莊子「소요유」逍遙遊에 "망창莽蒼을 가는 자는 세 끼 먹을 양식만 가지고 가도 배가 든든하다"(適莽蒼者 三飡而反 腹猶果然)고 하였다. 망창莽蒼은 교외郊外의 희미한 하늘 빛으로, 멀지 않은 거리를 말한다. 예문 但塩醬之索 本謀在此邑緩急之計 不必遽惠爲也 若伏玆處 無遷徙 距吾家可三飡往復 可能伻取之 不必賴于人〔최산두崔山斗, 9-118〕

삼수摻手　　악수. 직접 대면하여 이별함. 예문 希元告歸 關外摻手 人情自別 亦復奈何〔채제공蔡濟恭, 31-51〕→ 면송面送, 반송攀送, 배리拜離, 변별拚別, 삼별摻別

삼아三椏　　인삼을 달리 이르는 말. 삼아오엽三椏五葉. 예문 敎三椏 所儲無多 僅以五戔奉副〔이시수李時秀, 34-320〕

삼양三陽　　정월. 예문 向復承慰 三陽已生 一寒未已〔김진상金鎭商, 21(禮)-462〕

삼양회태三陽回泰　　정월. 정월을 의미하는 태괘泰卦에는 삼양三陽이 아래에 있기 때문이다. 삼양교태三陽交泰. 예문 抱孫大慶 在於三陽回泰之初〔신석희申錫禧, 29-39〕

삼여三餘　　여가시간餘暇時間. 겨울·밤·비올 때는 한가한 시간이니 독서讀書에 힘을 쏟아야 함을 뜻함. 겨울은 한 해의 남음이고, 밤은 하루의 남음이고, 비오는 날은 한가한 시간의 남음이다(冬者歲之餘 夜者日之餘 陰雨者時之餘也)라고 한 데서 한가한 시간을 가리킴.『삼국지』三國志「위서」魏書 13〈왕랑王朗의 아들 숙肅〉의 주석에 인용된『위략』魏略에 나오는 말이다. 예문 近況益勝 三餘之工 果能專一否 歲儀領至爲可 姑此〔정조正祖, 26-41〕

삼연森然　　삼삼하게. 선하게. 분명하게. 예문 細讀來書 窮邊絶塞 寒苦況味 森

然如在眼中 令人悽黯 更切傾向之懷 〔홍우원洪宇遠, 44-331〕

삼원三元 　　연·월·일의 처음이라는 뜻으로, 정월 초하루의 아침을 이르는 말.
예문 三元令辰 伏惟令履萬福 遙賀無已 〔전식全湜, 45-309〕

삼자三字 　　봉조하奉朝賀. 퇴임한 종2품 이상의 관원에게 특별히 내린 벼슬. 종신토록 녹봉을 주었음. 예문 吳丈與花倅果爲從妹夫 向日諺書中以三字不到未好 裁書云 〔유우목柳宇睦, 027〕

삼재三宰 　　재상의 차례에서 세 번째가 된다는 뜻으로, 좌참찬을 달리 이르는 말. 예문 昨日寃死人等 一皆伸理 秋相則 復官致祭 吳季文則 諸臣皆以快雪爲難 而自上特命伸寃 至於復官 籍産緣坐 自在勿論中 趙碻父子 亦勿以逆論之 吳三宰感激天恩 今曉肅謝矣 〔이관징李觀徵, 13-135〕

삼전三殿 　　왕대비·왕·왕비 또는 대왕대비·왕대비·왕비를 이름. 예문 伏聞三殿已臨溫泉 體氣俱豫 喜忭不可言 〔송준길宋浚吉, 15-184〕

삼전三銓 　　이조참의吏曹參議를 달리 이르는 말. 예문 吳令丈之亞銓特授 丁令敬賓之三銓添點 俱是開眼處也 〔정헌시鄭憲時, 35-125〕

삼종三從 　　팔촌 형제. 예문 令三從委訪 華翰肇墜 〔기우만奇宇萬, 31-132〕

삼찬지계三餐之計 　　상대방을 한 번 찾아갈 계획. 『장자』莊子 「소요유」逍遙遊에 "망창莽蒼을 가는 자는 세 끼 먹을 양식만 가지고 가도 배가 든든하지만, 백 리를 가는 자는 전날 밤에 양식을 찧어서 준비해야 하고, 천 리를 가는 자는 석 달 양식을 가져야 한다"(適莽蒼者 三飡而反 腹猶果然 適百里者 宿舂糧 適千里者 三月聚糧)고 하였다. 망창莽蒼은 교외郊外의 희미한 하늘 빛으로, 멀지 않은 거리를 말한다. 예문 春和病間 甚欲爲三餐之計 以酬此瞻嚮也 〔윤휴尹鑴, 47-13〕

삼출蔘朮 　　인삼과 창출蒼朮(당삽주). 예문 雖服蔘朮之屬 此何以扶得已削之眞元耶 〔홍순목洪淳穆, 31-93〕

삼하三夏 　　여름 석 달. 예문 去年三夏從頌如昨日 而天機不停 居然歲換 而春又暮 髮又添白 〔이영호李齡鎬, 40-254〕

삽면霎面 　　잠깐 만나 봄. 예문 昨日路次霎面 迨依依不敢忘也 〔유성원柳誠源, 21(仁)-37〕

삽봉霎奉 　　잠깐 만남. 예문 月前路次霎奉 迨切依依 〔○담○譚, 027〕 → 뇌봉雷逢

상감霜柑 　　감귤. 대개 서리를 맞은 다음에 익는다. 예문 日前承拜大函 蒙惠二

筐霜柑 謹領腆注 莫名感謝 〔김가진金嘉鎭, 25-57〕

상관上官　　지방관이 되어 임지任地에 도착함. 예문 別懷迨猶黯然 卽於料外承
崇翰 憑諦上官後 視篆安吉 仰慰無已 〔조영복趙榮福, 21(禮)-394〕 → 상임上任

상국上國　　중국. 예문 上國徵兵 朝家多事 〔김안국金安國, 051〕

상긴爽緊　　날씨가 청량하고 쌀쌀함. 예문 比日秋意爽緊 伏不審此際 味道頤閑
體履若何 〔이맹휴李孟休, 21(智)-68〕

상난相難　　어려운 처지를 도움. 예문 從弟之病 十分危急 故本家人相難於煩
應也 〔윤문거尹文擧, 3-135〕

상년上年　　지난해. 예문 上年旱乾至此 熬恤徒深 〔송시열宋時烈, 25-19〕

상담祥禫　　대상大祥과 담제禫祭. 예문 汝之本生祥禫 次第告訖 想廓然靡逮
爲之悲念悲念 〔김정희金正喜, 33-63〕

상덕지문狀德之文　　죽은 이의 덕을 기록하는 글. 행장行狀. 예문 向托狀德之
文 非愚所可承當 且誌碣諸作 已爲具備 則到今追成 可謂晩矣 〔송내희宋來熙, 11-240〕

상도上道　　경상북도慶尙北道. 하도下道는 경상남도慶尙南道. 예문 日昨永川
鄭參奉丈胤子一夔氏東萊在任 與之聯枕 云有獨子 求媒於上道 余以此兒事 率爾
發口 蓋此爲下鄕儒家 昏譜甚好故耳 〔권만權萬, 21(禮)-476〕

상락上洛　　서울로 올라감. 예문 今春擬與渾氏同楊 因荊妻病甚 不得上洛 〔이이
李珥, 23-19〕

상량商量01　　헤아림. 생각함. 예문 小錄謹詳 當更伏商量 然浮言不足信 更願加
思之 〔이산보李山甫, 3-45〕

상량商量02　　토론 또는 토의. 예문 家禮輯覽校正事 初欲一會商量而淨寫 故
又復遷就矣 到此尤有難便之勢 〔이유태李惟泰, 22-153〕

상령霜令　　겨울철. 예문 卽惟霜令 政候增勝 仰慰區區 生一味吟病 可悶 〔조엄
趙曮, 31-50〕

상로霜露　　부모를 그리며 슬퍼함. 예문 內弟往省松楸 履玆霜露 私痛倍新 今
朝始得還家 跋涉之餘 困憊難振 伏悶 〔김노경金魯敬, 21(智)-218〕

상류上流　　높은 관직에 있는 사람. 예문 想上流諸賢 有以善處之矣 〔정광필鄭光
弼, 3-31〕

상림上林　　창덕궁 요금문曜金門 밖에 있던 왕의 정원. 예문 上林穫稻 倍出於

常年 推此所收 可驗八路之同熟 降康之休 百拜攢謝耳 〔정조正祖, 19-71〕

상망相望　　서로 떨어진 거리. 예문 馭人 想來住安陵 令人馳情 而相望稍左 不卽奉晤 悵菀何已 〔황정黃晸, 21(禮)-478〕

상명지우喪明之憂　　자식을 잃은 슬픔. 『예기』禮記 「단궁상」檀弓上에 "자하가 그 자식을 잃고서 시력을 잃어버렸다"(子夏喪其子 而喪其明)라고 한 데서 나온 말. 예문 相思一念 換歲增深 謹奉尊翰 憑審春寒 製錦萬安 欣慰不淺 但審 尊仲氏 遭喪明之憂 驚慮亦極 〔이형욱李馨郁, 21(義)-60〕 → 슬하지통膝下之慟

상명지척喪明之戚　　자식을 잃은 슬픔. 예문 舐犢之悲 去益難忍 尙何可言 令季喪明之戚 在傷虎之情 倍切慘怛 不能忘也 〔김창협金昌協, 23-169〕

상문相問　　문안 인사를 함, 또는 문안 편지를 보냄. 예문 兄之不得相問 何待勤教而知之 頃對元亮 問兄安否 必因此言 而發衍語也 〔임전林嶹, 21(義)-313〕

상문相聞　　서로 연락함. 예문 初欲使人相聞 以圖一敍 適使喚無人 〔미상, 027〕

상미上味　　맛 좋은 음식. 예문 年年茶來 兼承安信 現在吾生 業緣重矣 醍醐上味 必不及於此香 十分銘感 〔이하응李昰應, 39-116〕

상방上房　　부모. 예문 宗下上房體節粗寧 身亦無頉 私幸私幸 魚醬謹受 而可助上房之饌 而煎焦中何以念及於此耶 〔강흥姜弘, 41-34〕

상백시上白是　　→ 상ᄉ리〔上白是〕

상복上復　　답장을 올림. 예문 伏惟尊照 謹拜上復 〔김부륜金富倫, 44-36〕 → 배복拜復, 봉복奉復, 봉사奉謝, 사복謝復

상복上覆　　답장을 올림. 예문 前日貴旨人還 草草上覆 想已關照 〔○영○泳, 000〕

상봉相奉　　서로 만남. 예문 九月當下去湖中 相奉爲期 是卽可慰 〔남이성南二星, 5-99〕

상비지간相毖之間　　절친한 사이. 예문 閔哨官宣重 連家情親 素若相毖之間 今因公幹 進去營下 〔이덕성李德成, 3-90〕

상빈上賓　　왕세자나 왕비의 죽음을 미화한 말. 천제天帝의 손님이 된다는 뜻으로 도교적 표현이다. 예문 臣民無福 鶴馭上賓 慟冤之極 久而何言 〔이구원李龜遠, 7-148〕

상사上事　　국사國事, 또는 왕사王事. 예문 弟今十八辭朝 爲治葬事 留滯龍仁 昨日始還弊寓 氣力委頓 脅痛兼發 而因上事急 來初六日 曳病就途 〔정언황丁彦璜,

21(義)-281〕

상사上使　　정사正使·부사副使·서장관書狀官 세 사신 가운데 정사. 예문 六寸族生前典醫奉事朴霽 今隨上使之行 〔송인宋寅, 051〕

상사上舍　　성균관 유생儒生 중 상재上齋에 기숙하며 공부하는 학생. 예문 昨聞令旆當歷此境郵亭 卽令文上舍弘獻 持書馳候 到昏虛還 不審何故馳擾事 〔최경회崔慶會, 21(仁)-194〕

상사常事　　때마다 돌아오는 제사. 예문 此中奄經常事 俯仰靡極 只欲無生而已 〔김정희金正喜, 33-116〕

상스리〔上白是〕　　상민이 양반에게, 자식이 아버지에게, 또는 종이 주인에게 쓰는 편지. 예문 二十四日 陪持去伏上白是 想已下覽矣 〔강박姜樸, 21(禮)-481〕

상상上庠　　성균관의 생원生員. 예문 令季上庠哀前 病未各申 〔미상, 027〕

상서傷暑　　더위를 먹음. 예문 夏間西關之行 未達徑還 而身患傷暑 因此特重閱月沈綿 〔이세원李世瑗, 027〕 → 갈증喝症, 서감暑感, 서증暑症, 촉서觸暑, 환서患暑

상서相敍　　만나서 회포를 풂. 예문 各此抱病 何由相敍 〔송준길宋浚吉, 052〕 → 면서面敍, 배서拜敍, 배온拜穩, 변서拚敍, 봉서奉敍, 봉전奉展, 온穩, 온서穩敍, 온오穩晤, 온주穩做, 전오展晤, 조전造展, 합전合展

상수上手　　손을 이마에 올려 축하드림. 예문 枉書良慰 況審老炎 兄靜履萬重 尤足上手 弟老狀如昨 〔김대金岱, 44-62〕

상신翔矧　　부모의 병환이 나음.『예기』禮記「곡례」曲禮에 부모가 병환이 있을 때 자식은 "다닐 때에도 어깨를 펴고 빨리 걸어서는 안 되며(行不翔), 웃어도 잇몸이 드러나도록 크게 웃어서는 안 된다(笑不至矧)"고 한 데서 유래함. 예문 伏審高秋 堂上愆候之已就翔矧 可卜於剛州之旆 〔권명섭權命燮, 40-30〕

상실橡實　　도토리. 예문 下惠橡實茶食 寔出眷念 伏感 〔서명균徐命均, 47-168〕

상실爽實　　사실에 어긋남. 예문 杓庭丈之言 非但陞降之無慮 且謂殿最之爽實 〔이건창李建昌, 22-359〕

상악相握　　서로 만남. 예문 又兼陪還妹行 此計若成 則相握亦在不遠矣 〔김춘택金春澤, 31-33〕

상언上言　　백성이 임금에게 올리는 글. 예문 濟州罪人家有歸葬上言 自金吾將爲回啓 〔김우항金宇杭, 6-38〕

상우喪耦　　아내 상상喪을 당함. 상우喪偶, 상처喪妻. 예문 季君歲前喪耦以來 不可自任內幹 故率去柳妹 而任家 〔김봉규金鳳奎, 40-76〕

상원尙院　　상의원尙衣院. 임금의 의복과 궁내의 일용품·보물 따위를 관리하던 관서. 예문 戚生久徼 卽者委訪 細聞尙院事 而兒郞之文 副學尙未製送云 〔민진후閔鎭厚, 6-87〕

상위喪威　　상사喪事. '위'威는 '벌'罰의 뜻. 예문 且同堂內喪威添一場悲擾 只覺惱悶奈何 〔이만인李晩寅, 027〕

상유桑楡　　해가 지는 곳. 인생의 노년을 비유하는 말. 예문 滉初四日 始拜承有旨書狀 諭許遞職 可遂退閑 聖恩如天 何以上報 只有收拾桑楡 少免罪過 此一事可庶幾耳 〔이황李滉, 30-91〕

상의尙衣　　상의원尙衣院. 임금의 의복과 궁내의 일용품·보물 따위를 관리하던 관서. 예문 尙衣匠人有名者去 津路潦草 不備再拜 〔김응하金應河, 22-97〕

상일祥日　　대상大祥. 죽은 지 두 돌 만에 지내는 제사. 예문 又經亡兒祥日 情理慘痛 尙何忍言 〔민우수閔遇洙, 22-265〕

상임上任　　지방관이 되어 임지任地에 도착함. 예문 卽因賢胤尊侍所傳 承兄手札之復 憑審上任後 字況萬安 仰慰不已不已 〔이단상李端相, 22-167〕 → 상관上官

상자평向子平　　상평向平이라고도 함. 자평子平은 상장向長의 자字. 후한後漢 때 사람으로 자녀의 혼사를 다 끝내자 오악 명산五嶽名山을 유람하러 떠나 그의 자취를 찾을 수 없었다고 함. 예문 惟思持一笻 遍遊名山水 與向子平爲伴 而親老矣 家累又相牽 待了婚嫁償 則華髮必千莖矣 向平竟是神仙人 寧可及耶 〔김문옥金文鈺, 41-118〕

상절相切　　서로 절친함. 예문 都事乃生相切者 必十分善護以來 〔한여직韓汝溭, 21(義)-159〕

상정上丁　　음력으로 매달 초순에 드는 정丁 날. 대개 이날에 나라나 개인의 집에서 연제練祭 또는 담제禫祭 등의 제사를 지냄. 예문 婦弟去月上丁 行先考禫事 至今行吉禮 冠服如常 〔정욱재鄭旭載, 53-179〕

상제喪制　　상례喪禮. 예문 此間喪制甫畢 衰病日劇 〔송준길宋浚吉, 3-133〕

상제庠製　　성균관의 제술 시험. 예문 盛緘亦當泣呈 而此囑之難 甚於庠製 恐難諧得 是悶 〔김명희金命喜, 39-215〕

상조관常調官　　과거를 거쳐 등용된 관리. 예문 吾輩常調官 何可作此擧措 分義之所不敢也 苦苦奈何 〔정경세鄭經世, 45-406〕

상좌相左　　서로 어긋남. 상위相違. 예문 近日國事漸乖 比初秋時 一切相左 如弟栍守舊規 政宜退放田廬 而此亦不容易 〔김종한金宗漢, 35-102〕→ 노좌路左02, 치지차지差池

상지常紙　　보통 백지. 저상지楮常紙. 예문 常紙二卷 亦送之 負重略略 可笑 〔미상, 43-37〕

상직上直　　당직 또는 숙직. 예문 信後日富 更未審近上直中 氣體若何 〔미상, 027〕

상책牀簀　　침상과 대자리. '엄병'淹病 등과 함께 써서 병석病席에 있음을 나타냄. 예문 遇洙牀簀淹病 近益殊殊 無足言者 〔민우수閔遇洙, 23-221〕

상척喪戚　　상을 당한 슬픔. 예문 服人喪戚疾病 董得支遣 無可言者 〔이유李濡, 5-128〕

상천常川　　늘. 끊임없이. 예문 常川仰慕之極 忽得下書 憑審尊候康勝 〔한호韓濩, 22-55〕

상취相就　　서로 만남. 예문 聞五馬留雛有日 而抱疾應公 未因相就以敍 姑此奉書以謝 〔박장원朴長遠, 5-56〕

상투常套　　평상시의 관습이나 규범. 예문 多少示意謹悉 邊儲不宜容易下手者 誠切至之言也 財散之後 難復聚者 弟亦豈不知 而民命之上 事迫燃眉 亦何可膠守常套 〔조태구趙泰耈, 21(禮)-318〕

상품常品　　평소, 보통. 예문 頃有委訪 今又書問 感慰之懷 實倍常品 〔이우李俁, 21(禮)-162〕

상하상上下牀　　침상의 위와 아래. 적지 않은 차이. 예문 尙且稽覆 雖緣賤家私故 不敏之罪 不敢自恕 洊伏承惠狀 仰認不較之盛德 而勤慢相去 奚止上下牀之間哉 〔안종학安鍾鶴, 37-83〕

상한常漢　　상놈. 양인. 상민. 예문 至於木牌 則乃是常漢之常時所佩者 佩去佩來之際 時或見失於路上 又何足怪乎 〔이후영李後榮, 32-46〕

상한霜寒　　서리가 내리기 시작하는 가을 추위. 예문 卽惟霜寒 道履珍重 何等仰慰 〔상진尙震, 21(仁)-100〕

상향桑鄕　　고향. 예문 尊於桑鄕之行 或賜歷訪 則未化前一握 只在此耳 〔여이명呂以明, 027〕 → 고산故山, 고원故園, 시리柴里, 향국鄕國, 향산鄕山

상허相許　　인정함. 칭찬함. 예문 第僕無其實 相許太深 豈以賢之雅飭不俗 乃復爲此外面人事耶 〔김위재金偉材, 21(智)-58〕

상호지정傷虎之情　　호랑이에게 물려 본 사람이 호랑이에게 물린 사람의 심정을 앎. 같은 경험을 한 사람끼리 심정을 잘 이해한다는 말. 예문 舐犢之悲 去益難忍 尙何可言 令季喪明之戚 在傷虎之情 倍切慘怛 不能忘也 〔김창협金昌協, 23-169〕

상확商確　　의논하여 확정 지음. 예문 須與敬仲諸兄爛熳商確 差待異日 未知如何 〔채지홍蔡之洪, 22-259〕

상효傷孝　　어버이의 죽음을 너무 슬퍼한 나머지 병이 나서 도리어 효도에 어긋남. 예문 竊惟撫時調護 必不親犯傷孝之至戒矣 〔안병휘安秉輝, 42-52〕

상후上候⁰¹　　임금의 건강. 예문 上候又不如前 憂灼曷喩 民意外叩此匪據 不稱之懼 固無足言 〔김유金楺, 22-217〕

상후上候⁰²　　안부 편지를 올림. 예문 日前 從轉褫 付上候矣 伏詢比涼 政體內若何 〔윤치영尹致英, 31-79〕

색고色庫　　창고를 담당하여 관리하는 아전. 예문 所捧色庫處 兄若示主倅相親之意 則雖不屑屑分付 渠輩自當奉行 必無點退加捧徵索賂物之患矣 〔이해조李海朝, 21(禮)-324〕

색려嗇慮　　애석함과 걱정. 예문 晩聞君奉親庭 避寓南村 不勝嗇慮 〔성혼成渾, 23-17〕

색리色吏　　일을 담당한 아전. 예문 昨來色吏 完事後告去 故略此申謝 〔남구만南九萬, 3-171〕

색미索米　　녹미祿米를 받음. 관직 생활을 함. 예문 情記無補公私 只自擾惱 而索米長安 已多年所 此何人斯 期於從近卸官還山計耳 〔신기선申箕善, 44-232〕

색백塞白　　억지로 글을 씀. 예문 此來衰昏日甚 文字間强拙塞白者 果已截斷此路有年 〔김흥락金興洛, 027〕

색양色養　　즐거운 얼굴로 부모를 모심. 또는 부모의 안색을 잘 살펴 순종함. 예문 淵博頓首痛哭言 不意凶變 先府君文兄 奄違色養 承訃驚怛 尙復何言 〔유연박柳淵博, 40-200〕

색우色憂　　자식이 부모의 병환을 걱정하는 것, 또는 부모의 병환. 『예기』禮記 「문왕세자」文王世子에 "문왕의 아버지 왕계王季가 편치 않을 때 내시가 문왕에게 알리면, 문왕은 얼굴에 근심하는 기색을 띠고 걸음을 똑바로 걷지 못하였다"(其有不安節 則內豎以告文王 文王色憂 行不能正履)고 한 데서 나온 말. 예문 別戀可道 此時色憂 未知若何 一念滔滔 〔박의朴猗, 21(義)-290〕

색조索租　　세금을 독촉함. 예문 弟近日頗健飯 而但索租聲喧聒蓬門 最是攢眉處也 〔황현黃玹, 37-19〕

색책塞責　　책임을 면하기 위하여 간신히 때운다는 뜻의 겸사. 예문 壹仟圓送呈 但表情僅塞責 烏可曰助儀云乎 〔유병하柳秉夏, 40-194〕

생경生梗　　낯섦. 예문 加以惡客 到處生梗 此間苦狀 令人頭白 〔홍명하洪命夏, 23-95〕

생광生光　　자기 얼굴을 빛내 줌. 생색을 냄, 또는 체면을 세워 줌. 예문 伏望令監稱念招見 凡其所控 各別施行 生光若何 〔미상, 22-373〕 → 광동光動, 발휘發輝, 생색生色

생광색生光色　　자기의 얼굴을 빛내 줌. 생색을 냄, 또는 체면을 세워줌. 예문 此人於從有雅分 故如是縷縷 毋泛另施 以生光色焉 〔이간李侃, 31-23〕

생광휘生光輝　　자기의 얼굴을 빛내 줌. 생색을 냄, 또는 체면을 세워줌. 예문 隨事顧濟 以生光輝如何 〔이덕성李德成, 3-91〕

생량生涼　　날씨가 서늘해짐. 가을이 됨. 예문 奏藁中草稿 待生涼出送耶 姑此 〔정조正祖, 26-87〕

생령生靈　　백성. 예문 家間所率姑依 而似輪之症 種種未已 天時不適 而使生靈有此也 〔권준희權準羲, 40-44〕

생례省禮　　상대방이 상중喪中에 있을 때 인사말을 생략하고 대신 쓰는 말. 예문 省禮白 令愛閔氏婦喪變 不勝驚怛 〔조병덕趙秉悳, 31-76〕 → 생식省式

생리生理　　살림살이. 예문 全就生理稍優 耕畓方在砥平 姑匪定居耳 〔이직보李直輔, 22-293〕

생마生馬　　길들이지 않은 어린 말. 예문 有一生馬 無蒭粮 而方喂於其家 〔이정영李正英, 47-66〕

생모生毛　　보풀이 읾. 예문 睽違已近十載 瞻往之私 一味憧憧 何來遠札 忽到

此際 滿紙辭意 舊情勤懇 披玩三復 不覺紙生毛也 〔유광익柳光翼, 21(禮)-332〕 → 모생毛生

생병眚病　　눈에 백태가 끼는 병. 예문 前月扶舁趨覲 眚病最苦 今見尊示 可謂 同病相憐 何由共借金鎞 以刮重膜耶 〔조경趙絅, 39-77〕

생사生事　　사단事端을 일으킴. 예문 欲以討拔平壤 尙今遲留 機會漸晚 悶極 悶極 加以廟失宜 衆情俱怫 生事之徒 因而兩起 只欲速死 而無所知而已 〔이덕형李德馨, 12-191〕

생식省式　　격식은 생략함. 편지의 발신자나 수신자가 상중喪中에 있을 때 인사말을 생략하고 대신 쓰는 말. 예문 省式 暑熱不審僉孝履支安 日月不居 奄迫再期 〔김창협金昌協, 23-169〕

생우省憂　　걱정을 덞. 예문 家眷並無事 是可謂省憂耶 〔성해응成海應, 25-54〕

생정生庭　　양자가 자기가 태어난 집을 일컫는 말. 생가生家. 예문 生庭湯憂 不任貢慮 〔김명희金命喜, 027〕

생조生朝　　생일. 예문 玆因本月十五日 家從兄生朝 將欲遍邀參契諸員 〔이병곤李炳鯤, 53-42〕

생졸生拙　　생소하고 서툶. 예문 去春醮子 來十月晦間 欲女息許笄 謀計生拙 資消無由 深以爲恨 〔이해李瀣, 5-179〕

생지生紙　　채색하지 않은 맨 종이. 채전彩牋의 반대말. 예문 自作罪人 方在血淚追愆之中 故不可彩牋上有所題述 故前來十幅 謹全緘藏 前後拙語 姑將生紙錄呈耳 〔이안눌李安訥, 5-34〕

생진生進　　생원生員과 진사進士. 예문 至於限年之規 以祿仕之年爲限 生進則三十歲 幼學則四十歲似好 〔정조正祖, 26-73〕

생청生淸　　열을 가하지 않고 걸러낸 꿀. 예문 生淸二升 房燭四柄 〔김상구金尙耉, 34-42〕

생칠生漆　　정제하지 않은 옻나무의 진. 예문 所索生漆 此正非時 艱難四處求得 今始送去 此果可合於所用否也 〔박세표朴世標, 49-264〕

생포生鮑　　말리지 않은 전복全鰒. 포鮑는 포鮑의 의미. 예문 有甲生鮑卅介 照氷呈似 〔윤황尹煌, 16-21〕

생포生鮑　　말리지 않은 전복. 예문 惠饋三種海味 依領遠情 無以爲謝 第生鮑魚藿 不可勝用 〔송시철宋時喆, 34-84〕

생황生況　　기쁜 일. 예문 行次後 兩度下書 次第伏承 而槩不及路中節度 向後 聲息 仍茫然 萬般愁惱 了然無生況〔김흥락金興洛, 12-139〕

서西　　서울. 예문 令胤西行後 連有信息否〔권진응權震應, 23-237〕→ 경구京口, 경국京國, 경사京師, 경조京兆, 경화京華, 낙洛, 낙雒, 낙중洛中, 낙하洛下, 도하都下, 수문脩門

서각書角　　편지. 예문 河東所付書角 沒便未能趁付〔구연학具然學, 41-47〕→ 간척竿尺, 서간書柬, 서척書尺, 수묵數墨02, 수자數字, 쌍리雙鯉, 안자鴈字, 어안魚鴈, 어홍魚鴻, 인우鱗羽, 지척서咫尺書, 척소尺素, 척안隻雁, 척저尺楮, 척제尺蹏, 척지尺紙, 함械, 홍리鴻鯉

서각犀角　　약재명. 코뿔소의 뿔 끝 부분을 분말로 만들거나 얇게 썬 것. 성질이 차서 해열제나 해독제 등으로 쓰인다. 예문 龍腦犀角兩材 覓呈耳〔민제인閔齊仁, 46-67〕

서간書柬　　편지. 서간書簡, 간서柬書. 예문 伏知園洞與巡營書柬來到 惶悚無地〔오덕영吳悳泳, 31-96〕

서감暑感　　더위 먹어 생긴 병. 예문 弟舌病月半 暑感旬餘 辛苦千端 僅僅支吾〔권상하權尙夏, 29-14〕→ 갈증暍症, 상서傷暑, 서증暑症, 촉서觸暑, 환서患暑

서거西去　　서울로 감. 예문 再明定欲西去 落落更可歎也〔윤순尹淳, 38-23〕→ 서소西笑

서경署經　　심사를 거쳐 동의한다는 뜻. 당하관堂下官을 임명하라는 명령이 내리면, 이조에서 수직자受職者의 성명, 내외 사조四祖 및 처妻 사조를 기록하여 사헌부·사간원에 가부를 묻는 의견을 요구하고, 양사兩司는 수직자와 그의 사조에 하자가 없는지 조사하여 하자 없음이 판명되면 양사의 관원이 서명하여 동의를 표하고, 이조는 이로써 사령서辭令書를 발부함. 예문 兩司多故 尙未署經 吾行未定耳〔이운근李雲根, 35-38〕

서계書啓　　관리가 명을 받아 일을 처리한 후에 임금에게 그 사정을 아뢰는 일. 예문 見其形止 或便宜行事 歸來書啓後 黜陟自朝廷處置云〔이경휘李慶徽, 5-63〕→ 복명復命

서고書叩　　문안 편지. 예문 間有書叩 亦復靑照耶〔김정희金正喜, 33-51〕

서공書空　　허공에 글씨를 씀. 뜻을 잃고 한탄하는 모습을 이르는 말. 진晉의 은호殷浩가 벼슬에서 쫓겨난 뒤 날마다 허공에 '돌돌괴사'咄咄怪事 네 글자만을 썼다는 데서 유래함. 예문 但盡日西輾 種種書空嘿立者太牛 是吾兄暌違之思也 〔이준문李準文, 40-281〕 → 돌돌서공咄咄書空

서과西果　　수박. 예문 司諫申點 掌令河晋寶 以換米賞加西果事來啓 不允 〔미상, 027〕

서과西瓜　　수박. 예문 侍生衝泥冒熱 今到鳳山 郡人以眞西瓜貿得事 急向府下 敢此附候 〔김수증金壽增, 48-80〕 → 서과西果

서관西關　　황해도와 평안도를 아울러 이르는 말. 예문 向在西關 尙恨會日之少 〔김이재金履載, 22-309〕

서구恕究　　줄이는 사연을 잘 헤아려 달라고 편지 끝에 쓰는 말. 예문 餘被忙不備 謝候上 只望恕究 〔안동준安東峻, 42-51〕 → 감량鑒亮, 부소俯炤, 서량恕亮, 서조恕照, 서조犀照, 아량雅亮, 아조雅照, 영유領惟, 이량怡亮, 정재情在, 조급照及, 조량照亮, 조량照諒, 조재照在, 조하照下, 조회照會, 하감下鑑, 하재下在, 하조下照02, 하찰下察

서길筮吉　　길한 날을 뽑음. 신부 집에서 신랑 집에 허혼서許婚書를 보낼 때 함께 보내는 택일단자擇日單子. 연길단자涓吉單子라고도 함. 예문 親事猥蒙盛諾 至承投庚 則亦不可一任稽滯 故筮吉呈上 〔황현黃玹, 051〕

서대書帶　　서대초書帶草. 부추 비슷한 풀. 독서하는 곳을 가리킴. 정현鄭玄이 독서하던 곳에 많이 있었다고 하여 정현의 자를 따서 '강성서대초'康成書帶草라고 함. 예문 小同列侍於禮堂書帶之間 想多傳授之精業 仰賀 〔김상현金尙鉉, 22-331〕

서대犀帶　　물소 뿔로 장식하여 만든 허리띠. 예문 十二日上冊 當被朝服 聞台家有犀帶云 幸借送 如何如何 〔황경원黃景源, 23-233〕 → 서각대犀角帶, 각대角帶

서등書燈　　책이 잘 보이도록 만든 등촉. 홍만선洪萬選이 편찬한 『산림경제』山林經濟 권3에 다음과 같은 설명이 있다. "서등은 얇은 목판으로 함처럼 만들어 흑칠을 하는데 넓이는 6, 7촌이라서 겨우 등잔 하나 들어간다. 높이는 8촌이며 위쪽에 둥근 구멍이 있는데 직경 3촌이다. 앞쪽에 창이 있어서 열어 놓으면 등잔 빛이 바로 책 위를 비추니 그 밝음이 일반 등잔보다 배가 된다."(書燈 以薄木板 作之 如木櫃狀 黑漆 寬六七寸 只可容一燈盞 高八寸 頂有圓竅 徑三寸 前有吊窓 挂起 則燈光直射於書上 其明倍於常燈) 예문 許多頭緖 姑且噤之 但謀口腹 連二蹄去 如

書燈薏苡諸物件 君幸優之〔최산두崔山斗, 9-97〕

서량恕亮　줄이는 사연을 잘 헤아려 달라고, 편지 끝에 의례적으로 쓰는 말. 예문 千萬切祝切祝 伏惟台恕亮〔정지화鄭知和, 5-29〕→ 감량鑒亮, 부소俯炤, 서구恕究, 서조恕照, 서조犀照, 아량雅亮, 아조雅照, 영유領惟, 이량怡亮, 정재情在, 조급照及, 조량照亮, 조량照諒, 조재照在, 조하照下, 조회照會, 하감下鑑, 하재下在, 하조下照02, 하찰下察

서량恕諒　줄이는 사연을 잘 헤아려 달라고, 편지 끝에 의례적으로 쓰는 말. 예문 萬萬病草不成字 統希令兄恕諒〔민정중閔鼎重, 5-106〕

서례書例　편지의 격식. 예문 餘忙撓 不備書例〔황운조黃運祚, 39-95〕

서로西路　서쪽으로 가는 길이라는 광범위한 의미로 쓰이지만 특히 평안도를 의미하는 말로 많이 쓰인다. 예문 兩麥已熟 西路亦可無憂否〔김상성金尙星, 47-172〕

서론緒論　서론序論. 실마리가 되는 의론. 예문 向蒙辱臨 野屋增光 歸駕言邁 不得款承緒論 耿歎難勝〔이익李瀷, 44-91〕

서리敍離　송별. 예문 西南隔遠 而不得敍離 令公之懷如何〔김덕함金德諴, 5-201〕

서명敍命　서용敍用, 즉 관리로 등용하라는 명. 예문 朝奇別無可聞 來問疏論春臺考官 望猥雜請 監科試官別擇 亞銓疏請 堂上下違牌 罷散人變通 堂上六人 堂下八九人 有敍命云矣〔조태억趙泰億, 44-164〕

서모西毛　서울 소식. 예문 西毛若是細及 可破聾菀耳〔이만시李晩蓍, 027〕→ 경모京毛, 경모京耗, 낙모洛耗, 서신西信

서목書目01　연유를 적은 문서, 또는 사정을 적은 문서. 예문 以後娶下去湖西同任請出假官 而令不許 將至生事云 今使更呈書目〔조복양趙復陽, 051〕

서목書目02　보고서에 요지를 써서 첨부하는 문서. 동등同等 이상의 관官에 보고할 때 사용되며, 처분處分을 받은 뒤 보낸 사람에게 반송된다. 지방에서만 사용되었으며, 서명署名만 있고 압押은 없다. 예문 聞京大同五百石上納云 而未捧其數 何以爲之 報使受書目 則至於無弊耶〔김용열金用說, 49-259〕

서문書問　편지. 예문 卽荷委伻書問 尤爲之欣釋此行〔정원용鄭元容, 21(智)-288〕

서사筮仕　처음으로 벼슬함. 벼슬을 할 때 길흉을 점치던 데서 나온 말. 『좌전』左傳 민공閔公 원년 "필만이 진나라에 벼슬함의 길흉을 점쳐서, 둔괘에서 비괘로 변하는 점사를 얻었다"(畢萬筮仕於晉 遇屯之比)는 데서 나온 말. 예문 筮仕 爲之

感祀〔윤완진尹完鎭, 41-36〕

서상 西上　　서울로 올라감. 예문 來春西上時 又蒙歷臨 則可以復展離懷 預企預企〔민유중閔維重, 25-25〕

서서 庶紓　　(마음이) 풀어지기를 바람. 예문 庶紓年前未及拜別之遺恨也〔신량申湸, 4-176〕

서서 棲棲　　마음이 불안한 모양. 예문 顧今病妹棲棲 斗屋新搆不成〔권진응權震應, 22-271〕

서설 棲屑　　분주하고 불안한 모양. 예문 以交龜之稍遲 危城中拖延棲屑 初吉新伯始到營〔정헌시鄭憲時, 35-128〕

서성 西成　　가을에 농작물이 여묾. 또는 수확. 예문 此處農事 稍有西成之望 以病未耘 此可慮也〔윤구尹衢, 8-19〕

서소 書疏　　조문 편지. 예문 昨自進香退 益增罔極 摧殞之中 得對庭玉 備閱書疏 一慰一悲〔이경석李景奭, 3-136〕

서소 西笑　　서울로 감. 한나라 환담桓譚이 편찬한 『신론』新論「거폐」祛蔽에 "관동지방에, 장안의 즐거움을 들으면 문을 나가 서쪽을 향하여 웃고, 고기 맛이 좋음을 알면 푸줏간 문을 대하여 입맛을 다신다는 말이 있다"(關東鄙語曰 人聞長安樂 則出門西向而笑 知肉味美 則對屠門而大嚼)라는 구절이 있음. 예문 僕今念間西笑 切欲進辭隴雲 退與公討論 以冀一曝之益〔유주柳澍, 21(義)-294〕

서소 西遡　　서울로 감. 예문 書至 知西遡在爾〔정경세鄭經世, 25-12〕

서수 書手　　글씨를 써주는 사람. 예문 續述數回較正 雖不能盡意 而大抵少勝於前 往往有塗乙胡亂處 然此無他書手〔이시원李是遠, 26-177〕

서수 鼠鬚　　쥐 수염 붓. 예문 卽惟多暄 候節護重 鼠鬚麝煤 涓受得佳趣 溯仰切至〔신헌申櫶, 39-229〕

서숙 庶叔　　서출庶出 숙부. 예문 就悚 庶叔寓所 有冊子所送者 而不得信便〔권진응權震應, 23-237〕

서신 西信　　서울 소식. 예문 慈庇蔭厚 倘能恰受增祉矣 替庭奎候韶旺 西信亦承安耶〔유인식柳寅植, 40-204〕→ 경모京耗, 경모京耗, 낙모洛耗, 서모西毛

서실 閪失　　잃어버림. 예문 主倅抵書 今亦入去已久 而尙無所答於衛率宅 未知其果有聽施書託之事者耶 抑或閪失本札而未之傳而無皁白耶〔이전효李全孝, 7-179〕

서약棲弱　　인생이 덧없음을 형용하는 말. 『소학』小學 「선행」善行에, "사람이 세상에서 사는 것이 가벼운 먼지가 연약한 풀에 깃듦과 같다"(人生世間 如輕塵棲弱草耳)라고 한 데서 온 말. 예문 頃荷委存 牛晌劇談 庶可慰浮生棲弱之懷 〔송수면宋修勉, 48-228〕

서언書唁　　상을 당한 사람에게 편지로 조문함. 예문 每擬躬弔 數行書唁 亦後於人 禮闕情乖 旣愧且悚 〔김한익金漢益, 41-13〕

서여緖餘　　남은 것. 실을 뽑은 뒤 고치에 남아 있는 실이라는 뜻. 예문 隻字片紙 寶之不啻百朋 況此一牘滿紙談論 求諸古聖人緖餘 無有過於此者 〔정경세鄭經世, 45-349〕

서역書役　　글씨 쓰는 일. 예문 吾狀依前 而書役 子商來後 僅爲三手 〔송병선宋秉璿, 22-347〕

서염暑炎　　심한 더위. 예문 無前暑炎 能無他故否 阻愈爲勞 〔조윤형曺允亨, 22-281〕

서원西原　　지금의 청주. 예문 戚孫方到西原 明向木川 〔이옥李沃, 3-92〕

서윤庶胤　　상대방의 서자庶子를 높인 말. 예문 老先生庶胤 金槃爲人 令監聞之耶 〔이유태李惟泰, 5-49〕

서인序引　　서문. '서'序와 '인'引은 각각 서문을 말한다. 예문 近況甚苦 實記序引 今欲編謄 而字句之疊用与釐正處 間已校看耶 〔정조正祖, 26-99〕 → 변권弁卷, 변어弁語

서자逝者　　흐르는 세월. 예문 歲月忽忽 將及再朞 逝者只如此 奈何奈何 〔윤증尹拯, 22-173〕

서장막급噬腸莫及　　창자를 물어뜯으려고 해도 미치지 못한다는 뜻으로, 이미 기회를 잃어 때늦은 일을 비유하는 말. 예문 記下之肉眼 不知金漢默之如是 吾浪噬腸莫及 自愧自歎 〔조병응趙秉應, 43-286〕 → 서제막급噬臍莫及, 후회막급後悔莫及

서전署篆　　관청의 도장. 관청의 도장은 전서篆書로 새겼기 때문에 이렇게 일컫는다. 지방 수령이 행정行政하는 것을 가리킨다. 예문 竊聞自令署篆以來 閫境稍賴 隱若一畝 盖聖人所謂是亦爲政也 〔황현黃玹, 37-27〕

서전西銓　　병조. 예문 西銓固亦疲矣 然其筋力與情迹 豈侍生比哉 〔김창협金昌協,

000]

서제噬臍　　사향노루가 사람에게 잡혀 죽게 될 때에 제 배꼽의 향내 때문이라 하여 배꼽을 물어뜯는다는 말로, 일이 잘못된 뒤에는 후회해도 소용없다는 뜻. 예문 過冬之策 萬難措手 不量之 或想多噬臍 汝旣不支 況敎植乎 〔신좌모申佐模, 43-180〕

서조恕照　　너그러이 헤아려 달라고, 편지 끝에 의례적으로 쓰는 말. 예문 因便 追謝 伏惟恕照 不宣 謹拜謝狀上 〔민정중閔鼎重, 3-129〕 → 감량鑒亮, 부소俯炤, 서량恕亮, 서량恕諒, 서조犀照, 아량雅亮, 아조雅照, 영유領惟, 이량怡亮, 정재情在, 조급照及, 조량照亮, 조량照諒, 조재照在, 조하照下, 조회照會, 하감下鑑, 하재下在, 하조下照02, 하찰下察

서조敍阻　　오랜만에 만나서 쌓인 회포를 풂. 예문 如我衰暮者 與有敍阻之幸 耳 〔강필효姜必孝, 22-307〕

서조犀照　　줄이는 사연을 잘 헤아려 달라고, 편지 끝에 의례적으로 쓰는 말. 진晉의 온교溫嶠가 불에 태운 무소뿔로 비춰서 우저기牛渚磯의 괴물을 확인하였다는 고사에서 유래한다. 예문 餘万都縮 不備 伏惟犀照 〔김뇌식金賚植, 40-66〕

서존書存　　편지를 보내어 안부를 물음. 예문 囊拜寵帖 稽復爲悵 卽又書存 披慰之餘 〔오희상吳熙常, 22-305〕

서증暑症　　더위 때문에 생긴 병. 예문 卽見崔生書 審有暑症 實深慮仰 想已痊可 〔송시열宋時烈, 3-120〕 → 갈증喝症, 상서傷暑, 서감暑感, 촉서觸暑, 환서患暑

서증暑證　　더위 때문에 생긴 병. 예문 暑證重發 泄瀉不止 食不知味 多臥少坐 勢難登途 〔이이李珥, 22-49〕

서척書尺　　한 장의 편지. 예문 千里落落 操几承誨 姑毋論已 書尺替候 亦無其路 怛切瞻戀 〔이맹휴李孟休, 21(智)-68〕 → 간척竿尺, 서각書角, 서간書柬, 수묵數墨02, 수자數字, 쌍리雙鯉, 안자鴈字, 어안魚鴈, 어홍魚鴻, 인우鱗羽, 지척서咫尺書, 척소尺素, 척안隻雁, 척저尺楮, 척제尺蹏, 척지尺紙, 함緘, 홍리鴻鯉

서체書替　　편지로 대신함. 예문 極欲躬進以控 而感寒畏蟄 敢以書替 悚仄悚仄 〔송상기宋相琦, 4-93〕

서초西草　　평안도 담배. 예문 木靴一件 發莫二件 西草二封 內一封置之 一封送之 一室分味也 〔신좌모申佐模, 43-124〕

서하西下　　서울에 감. 예문 貽阻之故 亦坐於此 西下計在望間 〔김이재金履載, 22-309〕

서하지척西河之慽　　자식을 잃은 슬픔. 자하子夏가 서하西河에 있을 때 자식을 잃고 눈이 멀었다고 함. 예문 仲和遽抱西河之慽 天之偏禍善人 何至此也 〔김진규金鎭圭, 23-185〕→ 상명지우喪明之憂

서하지통西河之痛　　자식을 잃은 슬픔. 예문 服生昨秋奄當西河之痛 頓無陽界上好悅 〔황봉黃㦿, 37-80〕→ 상명지우喪明之憂, 상명지척喪明之慽, 슬하지통膝下之慟

서학생西學生　　서학의 유생. 서학은 학자를 양성하기 위하여 설립한 서울의 사학四學 중 하나이다. 예문 事與心違 時不與我 四十之年 居然而至 尙不免西學生 〔이서곤李瑞坤, 10-94〕

서해書解　　사직서를 올려 면직을 받음. 예문 兒子間者 再除騎曹 再得書解 今在城外近郊 〔김조순金祖淳, 21(智)-216〕

서행西行01　　서울로 감. 예문 令胤西行後 連有信息否 〔권진응權震應, 23-237〕→ 서소西笑

서행西行02　　사신으로서 북경에 감. 예문 生之西行 期在來初 嗣音益不易 寧不爲之悵悵也 〔이성동李成童, 21(仁)-90〕

서호西湖　　마포 나루 일대의 한강 지역. 서강西江이라고도 함. 예문 弟自西湖入城 多有冗故 久不能還出 所做亦尠 〔김석주金錫胄, 23-143〕

서황栖遑　　서성거림. 예문 疾病深固 又此栖遑岐路 近日始得安泊於故里 〔임영林泳, 44-135〕

서황棲遑　　서성거림. 예문 病身旣出城門 猶未敢便歸 棲遑岐路 殆將殞絶 自憐奈何 〔이여李畬, 22-203〕

서후書候　　문안 편지를 올림. 예문 數日前專伻書候 且送舍兄之札 適値尊駕自山所未及還 不得受復以來 迨極依歎 〔이단상李端相, 16-114〕

석釋　　마음이 놓임. 예문 卽荷委伻書問 尤爲之欣釋 〔정원용鄭元容, 21(智)-288〕

석강夕講　　임금이 저녁에 경연을 열어 신하들과 더불어 글을 강론講論하던 일. 예문 昨日詣闕之際 準擬歷拜 而拜領台出門之時 被催於夕講之入 未得遂意 達夜耿耿 〔이시발李時發, 45-344〕

석고席藁　벌을 청함. 거적을 깔고 그 위에 엎드려 청죄請罪함. 석고席槀.

예문 近因鞫事 連被臣子不敢聞之嚴敎 席藁金吾 已多日矣〔민진후閔鎭厚, 44-157〕

석묘막지碩苗莫知　자기 벼가 더 큰 줄을 알지 못함. 자기의 상황이 더 나은 것을 알지 못함을 비유하는 말. 『대학』大學에 "속담에 이르기를, '사람들이 그 자식의 악함을 알지 못하며, 그 어린 벼의 큼을 알지 못한다' 하였다"(諺有之曰 人莫知其子之惡 莫知其苗之碩)는 데서 나온 말. 예문 第歎憂二字 似難着上得於今年貴邑 無乃碩苗莫知之蔽耶 好呵好呵〔조인영趙寅永, 44-316〕

석부釋負　짐을 벗음. 관직에서 물러남을 말한다. 예문 生釋負居閑 私計誠幸 而脚疾非常 專不行動 悶苦悶苦〔김우항金宇杭, 47-122〕

석붕錫朋　석아백붕錫我百朋. 나에게 백붕이나 되는 돈을 준 것과 같음. 『시경』詩經 「소아」小雅〈청청자아〉菁菁者莪에, "무성한 풀이 언덕에 있구나. 이미 군자를 보았으니 나에게 백붕을 준 것 같다"(菁菁者莪 在彼中陵 旣見君子 錫我百朋)라고 한 데서 나온 말. 백붕百朋은 옛날 화폐貨幣로써, 5패貝가 1붕朋이 된다.

예문 營行時歷訪 則其慰不啻錫朋 而有鄭重之責 不勝悚冤〔강종운姜鐘雲, 41-39〕

석사碩士　관직에 나아가지 않은 학자를 가리키는 말. 예문 鄭碩士 禫制前〔윤봉구尹鳳九, 21(禮)-448(봉투)〕 → 대사大士, 대아大雅, 아사雅士

석수釋手　손에서 놓음. 주로 '손에서 놓을 수가 없다'(不能釋手)라는 표현으로 쓰임. 예문 書示文字 尤切感玩 不能釋手耳〔전식全湜, 45-305〕

석수어石首魚　조기. 예문 聞島中無石首魚及乾水魚云 切欲優呈 而辭以卜重難運〔송시길宋時吉, 051〕

석약石藥　광물질로 된 약. 예문 俯惠三種 祗領 而石藥政當治暑 尤庸感幸〔정존겸鄭存謙, 44-162〕

석어石魚　조기. 예문 惠送乾柿石魚 依領 感荷無已〔김진구金鎭龜, 44-272〕

석의石儀　묘소의 석물石物. 석인石人·양마석羊馬石·상석床石 등을 말함. 예문 安山先墓 纔畢石儀之役 又有山坂之不得不買者 以吾寒宗 實難爲力〔왕성순王性淳, 44-321〕

석화石花　굴. 예문 石花二升〔윤헌주尹憲柱, 22-229〕

석화해石花醢　굴젓. 예문 石花醢二升〔윤헌주尹憲柱, 22-229〕

선旋　즉시. 바로. 예문 從班地嚴 尙煩問存 書牘繼投 情意之厚 令人感歎 病蟄

已久 昏憒亦甚 不敢旋修謝語 〔민정중閔鼎重, 3-128〕

선鐥　　부피 단위. 두 되에 해당함. 세종 때에 편찬된 전순의全循義의 『산가요록』山家要錄에서는 두 홉(合)이 한 잔盞이 되고 두 잔이 한 작爵이 되고, 두 되(升)가 한 대야(鐥)가 되고 세 대야(鐥)가 한 병瓶이 되고 다섯 대야(鐥)가 한 동이(東海)가 된다고 기록했다. 예문 從兄千里步來 今方告歸 欲以數鐥紅露 仰表微懷 而遠莫致之 奈何奈何 〔박규환朴奎煥, 49-262〕

선각蟬殼　　매미 허물. 사람이 곤경을 겪고 피폐해져 겨우 육신만 부지함, 혹은 건물 등이 황폐해져 겨우 형체만 남아 있음을 형용하는 말. 예문 服生 月正夏初 疊遭碁功之制 悲痛久愈難抑 而現狀只一蟬殼已耳 〔안종학安鍾鶴, 37-145〕

선격성책船格成冊　　선박 및 뱃사공의 명단을 기록한 책. 예문 今方通問于豊基郡 而貴郡船格成冊 一依上年爲之 幸甚幸甚 〔이후근李厚根, 051〕

선경仙扃　　신선이 사는 곳의 문이라는 뜻으로, 상대방이 사는 집을 가리킴. 예문 客秋擬一攀仙扃 亦病不從心 恨歎而已 〔한창수韓昌洙, 31-153〕

선구仙區　　경치 좋은 곳. 선경仙境. 예문 弟爲焚黃與立石 乞暇歸山 鄕興頗多 不羨兄之燕寢凝香仙區游賞也 〔남용익南龍翼, 42-36〕

선달先達　　무과에 급제하고 아직 벼슬하지 못한 사람. 예문 高先達本官便兩次書 伏仰上白否 〔김성채金成采, 31-166〕

선당宣堂　　관찰사가 업무를 보던 곳. 예문 箕營 宣堂 入納 〔이면승李勉昇, 7-162(봉투)〕

선도善圖　　잘 처리함. 예문 吾亦有些緊囑者 永柔詳知而去 某樣善圖 卽不費之惠也 〔김정희金正喜, 33-20〕

선래先來　　외국 갔던 사신이 돌아올 때 사신에 앞서 오는 사람. 예문 苦待先來之渡灣 公私企竚矣 卽伏聞使事順了 行軺穩旋 欣喜之極 無以名言 〔김시환金始煥, 21(禮)-330〕

선명先銘　　돌아가신 아버지의 비명碑銘. 예문 先銘 尙未泚筆 合下文拙 又值應接之煩 稽緩至此 愧悚愧悚 〔송달수宋達洙, 25-47〕

선문旋聞　　얼핏 들음. 예문 黃金橫帶 馳騁康莊之上 生刮目相對 區區茂說何已 旋聞恩許陛辭 〔황정욱黃廷彧, 5-196〕

선병善病　　병에 잘 걸림. 예문 小小雜症次第鱗生 老而善病如此 安敢久視於

世耶〔미상, 027〕

선보善保　몸을 잘 보존함. 예문 不得面送 此懷何喩 只望加餐善保〔김상헌金尙憲, 23-43〕

선보璿譜　왕실 및 그 일족一族의 족보. 선원보첩璿源譜牒, 선원보략璿源譜略. 예문 況今始祖之碑 旣無事行之流傳 而以積德餘蔭 子孫顯盛 甲於璿譜 若皆備述 以彰祖德 甚是着題〔이광사李匡師, 7-194〕

선봉扇封　부채를 싼 봉투. 예문 墨坊金益熞處 扇封因便傳擲爲望〔송시열宋時烈, 052〕

선비先妣　돌아가신 어머니. 예문 伻來承惠書 審月初已經奠先妣夫人禫祀 何光陰不爲孝子而留連也〔김희봉金熙琫, 40-122〕

선사善事　선물. 예문 凡事多不如意 未知何以訖功 亦慮筆子 天將有歸計 處處求束 爲善事之資 市中亦蕩然〔김륵金玏, 16-50〕

선사繕寫　잘못을 바로잡아 다시 베껴 쓰는 것. 예문 行狀草定已久 猶未正寫 人回不得付送 恨恨 隨當繕寫 人便送傳 來月望前後 似可達也〔이황李滉, 11-167〕

선석鱣席　강학講學하는 곳. '선'鱣은 '선'鱔, 혹은 '선'鱓과 같다. 철갑상어를 뜻할 때는 '전', 드렁허리를 뜻할 때는 '선'이라고 읽는다. 후한後漢 때 황새가 드렁허리를 물고 양진楊震의 강당 앞에 날아와 모였다는 고사에서 유래한 말. 선당鱣堂, 선정鱣庭. 예문 侍生久蒙鱣席之誨 感服之心 何嘗食息忘也〔정유점鄭維漸, 48-105〕

선성先聲01　미리 통보한 것. 예문 近來 玉候違豫已久 而尙未平復 北使先聲 又到 憂虞之事 何可勝道〔이시매李時楳, 5-44〕

선성先聲02　전부터 널리 알려져 있는 명성. 예문 先聲耳慣 而面阻 仰慕之私 恒切憧憧 卽拜先施 眞可謂所求未能者也〔이기준李琪峻, 53-153〕

선어善御　좋은 마부. 예문 玆以專人 貴驄並善御篤前 而偕此奴送之如何〔허임許恁, 027〕

선어빈천仙馭賓天　왕의 죽음. '선어'仙馭는 학鶴을 탐을 뜻하고 '빈천'賓天은 하늘나라에 손님으로 갔다는 말이다. 예문 仙馭賓天 玄宮奄閉 攀號之痛 益復罔極〔이직보李直輔, 22-293〕

선유善柔　아부하여 무조건 받듦. 『논어』論語 「계씨」季氏의, "편벽된 이를 벗하고 부드럽기만 한 이를 벗하고 말만 잘하는 이를 벗하면 손해다"(友便辟 友善柔

友便佞 損矣)에서 나온 말. 예문 當今善柔成風 誰肯爲執事 能進逆耳之言哉 〔송시열宋時烈, 23-91〕

선자扇子　　부채. 예문 下賜扇子 謹受而耳 〔남병철南秉哲, 22-335〕 → 인풍仁風, 절선節扇, 편면便面, 청풍淸風

선장仙庄　　상대가 사는 곳을 높여 이르는 말. 예문 回路如無大端相掣 則當如向書 而訪仙庄 伏計耳 〔박규호朴圭浩, 40-136〕 → 선향仙鄕

선장先丈　　상대방의 돌아가신 아버지. 예문 須諸哀得保 然後大孝可全 此不得不相勉耳 僕固宜一慟於先丈靈筵 〔김춘택金春澤 31-33〕

선절璇節　　상대방의 안부를 높여 부른 말. 예문 同堂璇節 亦爲印穩否 〔안민중安珉重, 53-165〕

선정先庭　　돌아가신 아버지. 예문 世道一至於此 追謫之律 至及於先庭 〔이의현李宜顯, 23-201〕

선정先正　　선대의 현인. 예문 侮蔑先正 不悛官令 一邊呈邑訴營 一邊發文聲罪 〔김원식金元植, 42-29〕

선정扇政　　부채를 공물貢物로 바치는 일. 예문 扇政晩到始役 元數不敷 〔미상, 051〕

선조善調　　몸조리 잘 함. 예문 戀承書問 憑知愆候 慮極 幸善調 〔유근柳根, 4-25〕

선채仙債　　신선처럼 살고 싶다는 생각. 평소 이루지 못한 생각을 빚진 것처럼 표현한 것. 예문 夏叔 超塵臼酬仙債 如我病骨 只切健羨而已 〔이인숙李寅燾, 10-43〕

선추先楸　　선산先山. 예문 不意日間有眞城先楸偸埋之變 全門方捲入 則鄙亦義難辭退 非此騎 又無以往復 不得已以李家所喂者代呈 〔김상종金象鍾, 40-78〕 → 구산舊山, 송추松楸, 추하楸下, 침추寢楸

선패旋斾　　관리가 행차를 마치고 돌아옴. 예문 頃者當寒 歷過囚山 感荷至今不勝依依 不意 又承委札垂問 就審旋斾萬相 政履益衛 〔남구만南九萬, 47-106〕 → 반패返斾, 환패還斾

선편扇便　　부채를 보내는 인편. 예문 簿書紛叢 殆難抵敵 悶然悶然 玆因扇便略探 不備 〔서유구徐有榘, 44-335〕

선항先行　　항렬行列이 위가 되는 어른. 예문 家內先行 次第已盡零落 痛悼曷勝 〔유우목柳宇睦, 027〕

선향仙鄕　　상대방이 사는 곳을 높여 이르는 말. 예문 向徂仙鄕 猥蒙款接 寒廚鷄黍 深情可見 有令人欲忘而不可得 〔홍직필洪直弼, 11-236〕 → 선장仙庄

선향扇香　　부채의 고리나 자루에 다는 장식품을 선추扇錘 또는 선초扇貂라고 하는데, 선추 안에 넣는 향을 선향扇香이라 한다. 예문 江蔘二兩 羅蔘一兩 鹿茸三對 胡椒六斗 各色扇六十柄 扇香一介 〔정조正祖, 26-17〕

선후宣候　　관찰사의 안부. 예문 千萬意外 伏承辱書 就審早熱 宣候起居萬福 〔나양좌羅良佐, 5-120〕

설관舌官　　역관譯官. 예문 飭屬舌官 不至坐事 何待兄勤敎 此人輩必欲充壑欲而後已 是可痛歎 〔이관징李觀徵, 5-65〕

설도說到　　이런저런 이야기를 함. 예문 今見丕應 說到不已 〔조식曺植, 21(仁)-122〕

설병說病　　병을 설명함. 병이 많은 사람이 자기 안부를 말할 때 쓰는 표현. 예문 伏惟雪餘 台體萬嗇 懸祝懸祝 弟說病亦支離耳 〔서상우徐相雨, 21(智)-395〕

설약設若　　만약. 만일. 예문 雖保放 如此極農時 久久留京 事事極可悶慮 且設若事畢而歸 汝無鞍馬 欲何以爲之 〔미상, 43-41〕

설유舌諭　　심부름꾼을 보내어 전하는 말. 예문 卽承舌諭 憑審老炎直履起居萬重 〔○헌묵○憲默, 027〕

설장設場　　과거 시험장을 설치함. 예문 適當設場之日 亦無作書之暇 萬不能一 〔이운근李雲根, 35-37〕

설점設店　　호조의 허가를 받아 금점金店, 은점銀店, 연점鉛店, 동점銅店 따위의 광산을 세우던 일. 예문 就此去金君佑永 方持戶曹採銅關文 往昌原漆原兩處設店 若無營門別般顧護 則恐有不如意之患矣 〔김유근金逌根, 26-163〕

설체雪涕　　눈물을 흘림. 예문 窆禮已過 而無階一哭靈筵 北望雪涕而已 〔민진원閔鎭遠, 23-197〕

설호雪沍　　눈 내리는 추위. 예문 謹憑審雪沍 僉尊體候 崇衛葆重 仰頌至祝 〔김창규金昌圭, 37-126〕

섬계지흥剡溪之興　　친구를 찾아가는 흥취. 예문 已有雪月剡溪之興 第不能如古人勇斷直棹扁舟往也 〔황현黃玹, 37-19〕 → 산음지도山陰之棹

섬등剡藤　　품질 좋은 종이. 중국 섬계剡溪에서 나는 등나무로 만든 종이가 유명했기 때문에 '섬등'이 종이의 대명사가 되었다. 예문 惠寄二卷剡藤 荷此另注 於

到任之際 尤切緊感 〔조종서趙鐘緒, 53-139〕

섬어譫語　　쓸데없는 소리. 예문 別紙數疊 乃枕淚餘發譫語也 爲先替面如何 〔신좌모申佐模, 43-137〕

섭리攝履　　몸조리. 예문 日爲改歲 伏惟攝履沖勝 〔신흠申欽, 3-46〕 → 섭양攝養, 섭조攝調

섭생攝生　　적당한 운동과 식사로써 건강을 유지하도록 꾀하는 일. 예문 此必攝生乖方 有以致之 自羞向長者說道也 奈何奈何 〔이맹휴李孟休, 21(智)-68〕

섭양攝養　　몸조리. 예문 春候漸舒 想攝養有方 已復天和 〔송명흠宋明欽, 23-231〕 → 섭리攝履, 섭조攝調

섭월涉月　　한 달이 지나도록. 예문 餘禍未已 過晬孫兒 因疹又化 世豈有此慘 而家間子女 相繼傳痛 涉月焦惱 令人腸欲腐而髮盡白也 〔이건명李健命, 21(禮)-342〕

섭조攝調　　몸조리. 예문 托眼掩門 不知攝調卽何 〔권호문權好文, 051〕 → 섭리攝履, 섭양攝養

섭학涉學　　학문을 섭렵한 것. 예문 吾人涉學甚淺 故不知道義之悅心甚於芻豢之悅口 〔홍직필洪直弼, 11-238〕

성城　　편지에서 쓰일 때는 도성都城, 즉 서울을 지칭하는 경우가 많음. 예문 聞兄又入城 而未由更拜 只切瞻想而已 〔이희조李喜朝, 22-223〕

성星　　상대방의 심부름꾼을 높여서 부르는 말. 예문 來星立回 不能拖長 都留不宣式 〔김정희金正喜, 21(智)-266〕

성광聲光　　목소리와 광채 나는 모습. 상대방을 높인 말. 예문 卽伏聞行軒來住花谷 聲光密邇 傾仰何量 〔이세필李世弼, 5-124〕 → 미우眉宇, 지우芝宇, 청범淸範

성교盛教　　상대방의 말이나 부탁을 높인 말. 예문 旣領盛教 自當有以周宰 〔임상원林象元, 6-231〕

성교聖教　　임금의 교서教書. 예문 日昨聖教 令人感泣 台無以引入爲諉 而惟思共濟之義 另副所請 如何如何 〔조태구趙泰耈, 21(禮)-318〕

성구盛求　　상대방의 부탁을 높인 말. 예문 精舍和韻 有難以詞拙孤盛求 荒步仰呈 〔홍택주洪宅疇, 027〕

성국省鞫　　삼성추국三省推鞫의 준말. 삼강三綱과 오상五常의 도덕을 위반한 죄인을 의정부·사헌부·의금부의 관원들이 함께 신문하던 일. 예문 方在省鞫 俱忙

草草〔정엽鄭曄, 45-298〕

성권盛眷　　돌보아 주심. 상대방이 자기를 돌보아 주는 것을 높인 말. 예문 又以米升魚尾 分與隣人 誇示盛眷 光動邑里〔홍무적洪茂績, 22-95〕

성근省覲　　부모님을 뵈는 일. 예문 省覲之行 知在歲後 是爲會面之便 深企深企〔허후許厚, 051〕

성급成給　　관아에서 문건을 만들어 줌. 예문 道下戕獲田地收拾下歸 望須令招見款待 所控一一 令採聽 私通成給 使之快施 如何〔윤의립尹毅立, 21(義)-246〕

성기省記[01]　　기억함. 예문 厥後未奉下覆 計中間或浮沈 或執事者偶未省記於過時之後耶〔박필경朴必慶, 027〕

성기省記[02]　　조선 시대 궁궐과 중요 관청에서 숙직하는 이들의 명단을 장부에 기록하는 것. 또는 그 장부. 예문 自政院分付 必使實官省記云 想由於未諒情實之致〔심수현沈壽賢, 6-49〕

성기聲氣　　소식이나 편지. 예문 座下或有聲氣 則亦爲通 使之相助 如何〔왕수환王粹煥 등, 37-60〕

성녕省寧　　부모의 안부가 평안함. 예문 弟滾擾甚苦 省寧幸私耳〔민영달閔永達, 051〕

성단星單　　사주단자四柱單子. 예문 弟親事 伏蒙盛眷 星單依敎書呈耳〔홍우찬洪祐瓚, 43-302〕 → 성첩星帖

성두聖痘　　임금이나 왕자가 마마를 앓는 것. 예문 此中新年大禍 惟兩孫之聖痘順就耳〔이하응李昰應, 39-49〕

성락成諾　　승낙을 받음. 예문 敎意 已有成諾於人 從當隨稟周旋耳〔윤순尹淳, 3-105〕

성락盛諾　　승낙. '성'盛은 상대방을 높인 말. 예문 曾蒙盛諾 秋後欲往審東陽華山〔박세채朴世采, 3-146〕

성례成禮　　혼례婚禮를 치름. 예문 只以家間形勢不逮 不得趁未寒成禮 事多有妨 彼此俱欠〔홍명구洪命龜, 027〕

성록省錄　　잊지 않고 기억해 줌. 예문 各種嘉貺 良荷省錄 珍謝不已〔강선姜銑, 21(禮)-208〕

성리盛履　　상대방의 안부를 높여서 이르는 말. 예문 近來盛履萬重 僉宅亦皆

平善耶〔강유姜游, 42-11〕

성리省履　부모를 모시고 지내는 사람의 안부. 예문 比來 省履連勝 諸眷俱穩否 旋庸溯念憧憧〔이용희李容熙, 31-89〕 → 방성傍省, 성상省狀, 성시省侍, 성여省餘, 성체省體, 성후省候, 시리侍履, 시봉侍奉, 시상侍狀, 시성侍省, 시여侍餘, 시위侍闈, 시절侍節, 시체侍體, 시체도侍體度, 시하侍下, 시황侍況, 시후侍候, 신혼晨昏, 양시兩侍, 정성定省, 해체陔體, 환시歡侍, 효체孝體, 효체도孝體度

성망盛望　상대방의 기대. 예문 實甚昧昧 孤負盛望 奈何奈何〔미상, 027〕

성명成命　임금이 이미 내린 명령. 예문 得因筵白 姑寢成命 稍以爲幸〔어유봉魚有鳳, 22-243〕

성모聖母　왕비를 높여 부르는 말. 예문 聖母禮陟 因山奄訖 普痛采深〔김구金構, 29-17〕

성복盛覆　상대방이 보낸 답장. 예문 頃承盛覆 迺在此報之先 認自另注 感愧並湊〔김정희金正喜, 33-79〕

성복成服　초상이 나서 처음으로 상복을 입음. 보통 초상난 지 나흘 되는 날부터 입는다. 예문 昨者聞訃 卽往其家耳 葬事已過 成服後當還耳〔이관징李觀徵, 13-143〕

성분省墳　성묘. 예문 生今方啓省墳之行 不得就拜 可歎〔정엽鄭曄, 45-342〕 → 배소拜掃, 성소省掃, 성전省展, 성추省楸, 소분掃墳, 요성澆省

성비聖批　임금의 비답批答. 예문 聖明過擧至此也 不知何故致然 不勝驚憂之極 猥進一箚 略陳所懷 未知其果得達 而聖批果如何 踧踖竢命耳〔송준길宋浚吉, 15-187〕

성사星使　심부름꾼. 본래 왕의 사신을 가리키는 말이나, 편지에서는 주로 심부름꾼을 가리킨다. 예문 將謨向家 謹修星使 餘不備 伏惟下在〔정극상丁克相, 41-18〕

성사省事　모시고 있는 어른의 안부를 물을 때 쓰는 말. 예문 日前之逢 恩急殊可欠 省事連安耶〔정조正祖, 26-51〕

성산星散　사방으로 흩어짐. 예문 奴人星散 柴薪政窘 病裏況緖 尤極凄切 誰可告急 自嘆而已〔손필대孫必大, 21(義)-298〕

성상省狀　모시고 있는 부모의 안부. 예문 戚下省狀粗遣 而痁痰成痼 百病隨之 已覺蒲柳之衰 自憐奈何〔조병구趙秉龜, 21(智)-318〕 → 방성傍省, 성리省履, 성시省

侍, 성여省餘, 성체省體, 성후省候, 시리侍履, 시봉侍奉, 시상侍狀, 시성侍省, 시여侍餘, 시위侍闈, 시절侍節, 시체侍體, 시체도侍體度, 시하侍下, 시황侍況, 시후侍候, 신혼晨昏, 양시兩侍, 정성定省, 해체陔體, 환시歡侍, 효체孝體, 효체도孝體度

성소省掃 성묘함. 예문 問爲春姸令履神相 此咫尺松楸 久隔省掃 欲趁寒食西去 而不可幾耳 〔송시열宋時烈, 23-91〕

성속盛速 초청을 높여서 이르는 말. 예문 盛速在他人 固不敢輕許 然兄我間 豈宜膠守 適病勢 實有難强 〔이상정李象靖, 12-231〕

성솔省率 모시고 있는 부모와 그 밖의 딸린 식구들. 예문 弟一是役役 而省率幸安已耳 〔민영환閔泳煥, 22-361〕

성시省侍 모시고 있는 부모의 안부. 예문 熹淳省侍粗遣 而公役冗擾無整暇 極悶 〔서희순徐熹淳, 29-37〕

성시省試 지방 시험에 합격한 사람을 서울에 모아서 거행하던 시험. 복시覆試, 회시會試라 하기도 함. 예문 僕衰病依昨 令胤頃來省試 如奉元賓深慰 但見刖而歸 是用咄咄 〔김영조金榮祖, 44-43〕

성식聲息 소식. 예문 行次後 兩度下書 次第伏承 而槩不及路中節度 向後聲息 仍茫然 萬般愁惱 了然無生況 〔김흥락金興洛, 12-139〕

성안省安 시성안온侍省安穩, 정성안녕定省安寧의 준말. 부모 모시고 잘 지내고 있다는 뜻. 예문 秋候多乖 伏承審台體度旬按萬晏荷祝 下生一是前樣省安耳 〔김병국金炳國, 42-20〕

성안省晏 부모를 모시고 편안히 잘 지냄. 예문 卽承甚慰 且審邇候省晏 〔김정희金正喜, 33-15〕

성안省案 부모를 모시고 지내는 사람을 가리키는 말. 주로 봉투에 씀. 예문 朴雅士良泰 省案 回呈 〔이용희李容熙, 31-89(봉투)〕

성안騂顔 붉은 얼굴. 부끄러워 얼굴을 붉힘. 예문 惠械向出門時 道上適拜矣 現住松廣山中 倉卒搆得 大覺騂顔 覽後可送 則送之如何 〔송태회宋泰會, 37-110〕

성야星夜 밤낮을 가리지 않고 황급히. 예문 老兄卒遇末疾 胤君星夜馳歸云 遠地傳聞 不知果然否 〔윤휴尹鑴, 47-13〕

성여省餘 부모를 모시는 여가. 예문 謹審比沍 重闈體度無損 省餘做履晏勝 〔이만시李晩蓍, 027〕

성열盛熱　　한더위. 성염盛炎, 성서盛暑. 예문 姑不備 只冀盛熱加護 副此遠意
〔유척기兪拓基, 31-42〕

성육省育　　부모를 모시고 자식을 기르며 지냄. 예문 族孫 省育無警 是幸耳 〔김규진金圭鎭, 31-157〕

성의盛意　　상대방의 지극한 정성. 예문 例問之外 損貺甚優 拜領盛意 不覺僕僕 〔박경후朴慶後, 3-89〕

성의省依　　부모를 모시고 여전히 잘 지냄. 예문 惟幸省依耳 〔민영소閔泳韶, 051〕

성인成仁　　인仁을 성취함. 죽음을 미화하여 이르는 말. 『논어』論語 「위령공」衛靈公의 "뜻있는 선비와 인仁한 사람은 삶을 구해서 인仁을 해치는 일이 없고, 자신을 죽여서 인을 이루는 일이 있다"(志士仁人 無求生以害仁 有殺身以成仁)에서 온 말. 예문 泉老在世時 一年二度 省楸之行 歷訪弊廬 種種討論吟嘯 及其成仁也 操文奔哭 當不後於人 而冒罣於俗累 未遂素蘊 〔김효찬金孝燦, 37-108〕

성작盛作　　상대방이 지은 글을 높인 말. 예문 盛作幸從速 示之爲望 〔김응순金應淳, 22-283〕

성전省展　　성묘省墓. 예문 弟特蒙恩諒 調病便意 仍承由暇 曠餘省展 到底鴻造 榮感無比 〔권돈인權敦仁, 44-178〕 → 배소拜掃, 성분省墳, 성소省掃, 성추省楸, 소분掃墳, 요성澆省

성절省節　　모시고 있는 부모의 안부. 또는 부모를 모시는 사람의 안부. 예문 弟省節幸安 〔조희일趙熙一, 051〕

성조盛照　　자신의 입장을 헤아려 달라고 편지 끝에 쓰는 말. 예문 老夫專賴腆念 粗保殘喘 統希盛照 〔미상, 22-379〕

성존盛存　　상대방이 자신을 기억해 준 것을 높인 말. 예문 俯惠珍儀 仰仞盛存 感鐫曷已 〔김정희金正喜, 22-319〕 → 권존眷存, 별존別存

성좌省座　　부모를 모시고 있는 상대방을 높여 이르는 말. 예문 外基 省座回敬 〔전우田愚, 44-126(봉투)〕

성주城主　　자기 고을 수령을 일컫는 말. 예문 城主若許來臨 民當與李直長乘早並進伏計 〔김안국金安國, 22-23〕

성중省中　　대궐. 금중禁中. 예문 蓬山奉別 豈知有省中一拜耶 〔정홍명鄭弘溟, 4-107〕

성진聲塵　　명성名聲. 예문 自兄付仕戾洛 聲塵若邇 〔이원조李源祚, 027〕

성첩星帖　　사주단자. 예문 第舍弟家親事 星帖旣受 實是天定 豈容人意 〔강재주姜在胄, 41-147〕→ 성단星單

성청聖聽　　임금이 들음을 높여 이르는 말. 예문 但同僚過爲引重之言 以誤聖聽 至令於常規之外頻數入侍 上箚不得命 〔정경세鄭經世, 45-369〕

성체省體　　부모를 모시고 지내는 사람의 안부. 예문 謹啓 春暖省體萬旺 〔이완용李完用, 051〕

성체리省棣履　　어른을 모시고 있는 형제들의 안부. 예문 恪審早澇 堂上動止以時萬衛 省棣履湛樂 〔이병승李秉昇, 027〕

성초星軺　　사신이 타는 수레. 사신의 행차. 예문 原濕之役 非不勞且苦矣 而不害爲一時暢叙耶 在此阻拜卽一也 而星軺一啓 南此尤隔絶 所以欝結之倍常也 〔이지연李止淵, 21(智)-254〕

성추省楸　　성묘省墓. 산소 주변에 소나무와 가래나무를 많이 심은 데서 유래함. 예문 小弟爲省楸 與見侄女與堂侄婦寓治下 歷到治下九洞面 〔조종진趙琮鎭, 29-30〕→ 배소拜掃, 성분省墳, 성소省掃, 성전省展, 소분掃墳, 요성澆省

성측省側　　부모를 모시고 지냄. 예문 記下省側幸安 〔김보근金輔根, 22-329〕

성하省下　　부모를 모시고 지냄. 예문 省下遠離 誠切煎悶 〔민영환閔泳煥, 22-361〕

성함盛緘　　상대방의 편지를 높여 이르는 말. 예문 盛緘亦當泣呈 而此囑之難 甚於庤製 恐難諧得 是悶 〔김명희金命喜, 39-215〕→ 괴함瑰緘, 구운邱雲, 권찰眷札, 금옥지음金玉之音, 금음金音, 내시來示02, 덕음德音, 방함芳函, 방함芳緘, 손독損牘, 수고手告, 수자手字, 수자手滋, 수한手翰, 수함手緘, 숭찰崇札, 숭첩崇帖, 숭한崇翰, 옥함玉緘, 외첩巍帖, 운함雲函, 위찰委札, 위첩委帖, 자자, 정신情訊, 청독淸牘, 청신淸信, 총문寵問, 총첩寵帖, 총한寵翰, 총함寵函, 탕찰瀇札, 하문下問, 하장下狀, 하한下翰, 혜장惠狀, 혜한惠翰, 혜함惠函, 혜함惠緘, 혜함惠緘, 화독華牘, 화한華翰, 화함華函

성혜盛惠　　상대방이 보내준 선물을 높여 이르는 말. 예문 救窮之粟 每當盛惠 只愧家貧 致煩兄費念不少也 〔박태관朴泰觀, 49-269〕

성화城化　　성주城主와 화민化民. 자기 고을 수령과 자신을 일컫는 말. 예문 示意依悉 而城化間情面甚疎 此等請囑 殊涉煩屑 〔김유경金有慶, 22-233〕

성화聲華　　명성. 좋은 평판. 예문 雖無面雅 慣識聲華 尋常緬仰 而隔海路左 弔慶莫知 椿府尊不淑之報 昨年因姜棘人 始得聞之〔고처량高處亮, 31-40〕

성회盛誨　　상대방이 준 가르침을 높여 부르는 말. 예문 誠如盛誨 當更加校閱 以鄙見條錄以稟〔권필權韠, 22-79〕

성효聖孝　　임금의 효도. 예문 第此儀節 聖孝之所嘗行之者 而但歲飢民瘼 不遑暇豫 則亦不可容易議到之事也〔김좌근金左根, 26-197〕

성후省候　　부모를 모시고 있는 사람의 안부를 이르는 말. 예문 奉函何欣 則如披雲霧而覩靑天 況審省候無損〔김기수金綺秀, 22-343〕

성후聖候　　임금의 병환. 예문 聖候至今彌留 臣民憂煎 如何何喩〔송상기宋相琦, 23-181〕

성후聖后　　왕후를 높여 이르는 말. 예문 聖后賓天 因山已完 莫攀之痛 率土惟均罔極〔이해李瀣, 21(義)-220〕

세가稅駕　　→ 탈가稅駕

세객歲客　　세배하러 온 손님. 예문 餘適値歲客撓甚 卒卒布此〔이종상李鍾祥, 027〕

세검歲儉　　흉년. 예문 示意謹悉 値此歲儉 經始巨役 如有請起之擧 豈無顧助之道乎〔이인엽李寅燁, 21(禮)-282〕 → 검년儉年, 검세儉歲, 겸년歉年, 고겸告歉, 기세饑歲, 비무備無, 세쇄歲殺, 쇄세殺歲, 실임失稔, 황세荒歲, 황소荒騷, 흉겸凶歉, 흉황凶荒

세겸歲歉　　흉년. 예문 峽裏歲歉 兄亦何以支過 不得信便 尙未奉咫尺書〔신흠申欽, 3-46〕

세고世故　　세상일. 예문 其於世故 未免虛愡〔윤순지尹順之, 4-142〕

세곡稅穀　　세금으로 받은 곡식. 예문 所示稅穀 依狀報許賣 而其價卽有難異同於他邑 奈何〔김우항金宇杭, 5-141〕

세궤歲饋　　설 선물. 예문 歲饋按例送似 照領 如何如何〔정조正祖, 26-19〕

세기世記　　집안 사이에 대대로 알고 지내는 사람에 대하여 자신을 이르는 말. 예문 世記 尹鳳九 拜手〔윤봉구尹鳳九, 051〕

세년하世年下　　집안 사이에 대대로 교분이 있으며, 나이가 자기보다 많은 사람에 대하여 자신을 일컫는 말. 예문 世年下 李慶全拜〔이경전李慶全, 3-168〕 → 세말世末, 세하世下

세단歲單　　연말. 예문 歲單雪厚 懷仰正甚 〔한장석韓章錫, 44-226〕

세도細度　　세세한 법도나 예의. 예문 臨發忙倩 不備細度 伏惟統賜亮察 〔김규식金奎寔, 41-111〕

세로世路　　인생살이, 또는 벼슬살이. 예문 見事不明 觸處生梗 自料難容於世路 切擬退藏鄕閭 〔윤황尹煌, 21(義)-36〕

세마洗馬　　왕세자의 시위侍衛를 맡아보던 세자익위사世子翊衛司에 속한 정9품 벼슬. 예문 歲元正出膺洗馬啣 仍上直桂坊 〔정병조鄭丙朝, 35-120〕

세말世末　　집안 사이에 대대로 교분이 있는 사람에게 자신을 낮추어 부르는 말. 횡액橫厄. 예문 世末奉老依遣 此外無足煩長者之聽 〔이만녕李萬寧, 027〕→ 세하世下

세망世網　　세상의 그물. 횡액橫厄. 예문 落於世網中 顚沛之厄 實自取之 竊擬自此爲棄物 得放山海間 恩降慮外 復作世間一陳人 〔이해창李海昌, 8-115〕

세목細木　　올이 가늘고 고운 무명. 예문 贐細木五丁 蠟炬一雙 曾傳于本宅 想已傳矣 〔임억령林億齡, 39-16〕

세문歲問　　세밑에 윗사람에게 선물을 보내며 안부 인사를 여쭙는 일. 예문 谷中歲問 虛牝黃金 冒禁何事 與世差遠 無由得聞 拙句非唯羞顙 不敢示人 處世貴無迹 不欲以不平鳴於人 〔이정구李廷龜, 45-245〕

세미世味　　세상 사는 맛. 예문 梅丈遺集云云 幷自下家汩沒農役 且無世味 尙未見朴宋兩兄 勤惰何止三十里也 從后圖之矣 勿速之也 〔황병중黃炳中, 37-58〕

세미歲味　　연말에 보내는 음식 선물. 예문 兩種歲味 亦依領 深謝 〔이선李選, 21(禮)-106〕→ 세의歲儀, 세찬歲饌

세분世分　　대대로 쌓은 교분. 예문 歲去歲來 人無相問 今承心貺 每及年年 非尊世分 何能連及於老病之門 爲謝千萬 不知攸喩 〔이형욱李馨郁, 21(義)-60〕

세색수진歲色垂盡　　한 해가 거의 저물어감. 예문 歲色垂盡 音徽阻絶 不審兄近候復如何 區區瞻戀又倍他時矣 〔한원진韓元震, 22-257〕→ 세우사박歲又紗薄

세생世生　　집안 사이에 대대로 교분이 있는 사람에 대하여 자신을 낮추어 이르는 말. 예문 辛未月正旬六日 世生 鄭克相拜手 〔정극상丁克相, 41-18〕

세서歲書　　달력. 예문 病敗委蟄 與世隔絶 人事久陊 如筆墨歲書臘劑 何由得之 有求未副 慚歎而已 〔이해李瀣, 21(義)-220〕

세석細席　　올이 가늘고 고운 돗자리. 예문 委蒙令監書問 兼致海味細席之惠 〔이하진李夏鎭, 21(禮)-58〕

세쇄歲殺　　흉년. 예문 姪仲春大病之餘 元氣未復 值此歲殺 飢民日來 號捄者 千百爲群 悶苦奈何 〔장선징張善澂, 21(義)-424〕 → 겸년儉年, 겸세儉歲, 겸년歉年, 고겸告歉, 기세饑歲, 비무備無, 세겸歲儉, 세겸歲歉, 쇄세殺歲, 실임失稔, 황세荒歲, 황소荒騷, 흉겸凶歉, 흉황凶荒

세쇠世衰　　세상의 도리가 쇠약해짐. 예문 尊伯氏臺雲叔主喪事 出於夢寐之外 此何變也 承訃驚怛 益有痛於世衰之日 〔권석호權錫虎, 40-34〕

세시世侍　　대대로 교분 있는 집안의 어른께 자신을 낮추어 이르는 말. 예문 世侍 拜謝狀 〔이귀李貴, 22-71(봉투)〕 → 세시생世侍生

세시歲時　　연말. 예문 貧官歲時 親戚之間 無以爲問 〔김상숙金相肅, 21(智)-92〕

세시생世侍生　　대대로 교분 있는 집안의 어른께 자신을 낮추어 이르는 말. 예문 世侍生 李世龜 頓首 〔이세구李世龜, 5-130〕 → 세시世侍

세식歲食　　설밥. 눈이 쌓인 모습을 쌀밥으로 비유한 것. 풍년 들 조짐으로 여겨진다. 예문 昨夜之雪 俗所謂歲食也 明年大有可以預占 〔이상현李象顯, 41-34〕

세심細諗　　자세히 앎. 예문 夕對載昌 細諗兄還消息 〔유척기兪拓基, 6-211〕

세안歲晏　　연말年末. 예문 歲晏瞻嚮耿耿 〔김상성金尙星, 6-218〕

세알歲謁　　섣달 그믐이나 정월 초하루에 조상의 사당에 배알하는 일. 예문 宗中諸老 以尊之一不歲謁於莊襄公祠板 罰名如此 玆今書送 而此是尊不善爲事矣 幸須勿尤人自責已也 〔이유경李儒慶, 21(禮)-510〕

세약歲籥　　12월. 약籥은 고대 중국에서 기후를 살피는 데 썼던, 갈대의 재를 채운 옥관(葭琯)을 가리킨다. 예컨대 동지冬至가 되면 황종黃鍾의 율관律管 속에 넣어둔 갈대 재가 비동飛動한다고 한다. 예문 弟狀百憂蝟集 又當歲籥 這間辛苦 難以筆舌旣也 〔김하연金夏淵, 31-169〕

세용世冗　　세속적인 여러 가지 번거로운 일. 예문 記下姑依昔樣 而汩於世冗 就緖無路 〔이봉덕李鳳德, 41-184〕

세우사박歲又紗薄　　해가 비단처럼 얇음. 즉 한 해가 저물어간다는 뜻. 예문 積雪深巷 歲又紗薄 引領瞻誦 〔김학근金鶴根, 29-42〕 → 세색수진歲色垂盡

세유歲遺　　새해 선물. 예문 惠來兩種歲遺 益感千里遠情 〔오두인吳斗寅, 4-255〕

세율歲律　　세시歲時. 매년 일정하게 반복되는 사계절. 한 해. 보통 "세율이 바뀜(改, 更)", 혹은 "세율이 다함(窮)"과 같은 표현으로 쓰여, 한 해가 저무는 연말을 가리킴. 예문 別來 歲律忽窮 瞻望嶺雲 馳傃悠悠 〔김익희金益熙, 22-155〕

세율歲聿　　한 해. 세율歲律.『시경』詩經「당풍」唐風〈실솔〉蟋蟀의 "귀뚜라미가 집 안에 들어오니 이 해가 드디어 저무는구나"(蟋蟀在堂 歲聿其莫)라는 구절에서 나온 말. 원래 '율'聿은 '드디어'(遂)란 뜻의 부사어인데, 후에 '세율'이란 단어로 굳어져 쓰이게 되었다. 주로 "세율이 저문다(暮)"와 같은 표현으로 쓰여 연말을 가리킨다. 예문 弟抱病濱死之中 將見歲聿之改 反以更屈一指 第幸安耳 事有何問 議於病廢之故相耶 〔이후원李厚源, 21(義)-288〕 → 세제歲除

세음世蔭　　대대로 음서蔭敍로 벼슬함. 예문 侍生豈隱逸遐遁之士耶 自是世蔭中人 而朝廷別爲薦目 驅之於不敢當之科 非不欲仕 但惡得之不以其道耳 〔이세구李世龜, 5-131〕

세의世誼　　대대로 집안끼리 내려오는 정의情誼. 예문 冶匠役夫 皆未藉本官之力 大異所料 幸更懇裁一書 以爲顧見之地 如何 專恃通家世誼 又此煩凂 悚悚 餘不宣 伏惟尊照 〔강현姜鋧, 47-157〕

세의歲儀　　설 선물. 예문 新春懷想 更覺難堪 忽奉問札 兼受惠送各種歲儀 益知舊情不替 〔김유金鎏, 23-45〕 → 세찬歲饌, 세향歲餉, 세황歲貺

세정世情　　세상의 인심. 예문 年老多閱世情 只親戚情 最可樂 何必從他人遊耶 〔김상숙金相肅, 21(智)-92〕

세제世弟　　대대로 교분이 있는 집안 사이의 사람에게 자기를 낮추어 이르는 말. 예문 世弟 敬文拜 〔김경문金敬文, 3-85〕

세제歲除　　연말. 예문 歲除不遠 只祈迓新增重 〔이현석李玄錫, 3-145〕 → 세율歲律, 세율歲聿

세조歲朝　　정월 초하루. 예문 歲朝只隔兩宵 因病故久阻之餘 勢將饒歲 尤切瞻悵 〔이장영李長英, 7-214〕

세찬歲饌　　음식 선물. 예문 尾錄者自持 胎錄者分與 卽歲饌名色也 〔정조正祖, 26-51〕 → 세의歲儀, 세향歲餉, 세황歲貺

세체世諦　　세상의 잡다한 인연. 예문 顧此避風鍵戶 一切世諦 了無交涉 〔서상우徐相雨, 21(智)-394〕

세초歲抄　　6월과 12월에 결원된 군사를 뽑아서 보충하는 일. 예문 扶餘懷仁以歲抄之 以生爲死作罷 〔정재원丁載遠, 21(智)-138〕

세토細討　　자세히 의논함. 예문 令翰忽枉 驚慰何量 多少情語 怳如促膝細討 尤可喜也 〔송규렴宋奎濂, 22-175〕

세하世下　　집안 대대로 왕래가 있는 사람에게 자신을 낮추어 부르는 말. 예문 世下杜門省諐之中 憂患不細 悶惱何已 〔이재李縡, 22-249〕 → 세년하世年下, 세말世末, 세제世弟

세하생世下生　　집안 대대로 왕래가 있는 사람에게 자신을 낮추어 부르는 말. 예문 世下生 昨昏還棲 路憊尙爾中 洛行今方登程 遠路跋跲 預爲關慮處也 〔김광묵金光黙, 31-53〕 → 세년하世年下, 세말世末, 세제世弟

세향歲餉　　설음식 선물. 예문 自昨復申冬令 侍餘安未 歲餉 依受爲可 〔정조正祖, 26-29〕 → 세의歲儀, 세찬歲饌, 세황歲貺

세형世兄　　대대로 교분이 있는 집안의 친구 사이인 상대방을 가리키는 말. 예문 世兄 謝上狀 潭陽 衙下史 〔오도일吳道一, 44-266(봉투)〕

세호世好　　집안 사이에 대대로 맺어 온 우호. 예문 今又專送官人 幸須爲念世好 求得貿送 〔이순신李舜臣, 22-59〕

세화歲華　　세월. 또는 한 해. 예문 歲華將盡 益有翹耿 卽伏承惠書 謹審殘冱政履動靖神晏 區區慰荷 〔권돈인權敦仁, 26-159〕

세화지歲畫紙　　세화歲畫를 그리는 데 쓰는 종이. 세화는 새해를 맞이하여 그리는 그림. 예문 歲畫紙十張送上 欲造屛風爲珍玩 〔한두韓㞳, 39-18〕

세황歲貺　　설 선물. 예문 謹承書問 兼受歲貺各種 慰感不已 〔김육金堉, 49-259〕 → 세의歲儀, 세찬歲饌, 세향歲餉

세후歲後　　해가 바뀐 후. 예문 歲後寒猶酷 嫂主氣力 何以支保 〔심단沈檀, 21(禮)-154〕

소溯　　궁금함. 상대방에게 향하는 자신의 마음을 나타냄. 소遡, 소泝, 소沂, 소溸, 소傃 등과 같다. 현소懸溯, 앙소仰溯, 애소哀溯 등으로 쓰임. 예문 南崎行旆想啓在邇日 區區哀溯 不能弛也 〔이세구李世龜, 3-96〕

소소疏　　상중喪中에 있는 사람이 쓴 편지나, 상중에 있는 사람에게 보내는 편지를 이르는 말. 상중이기 때문에 근신하는 의미가 담겨 있다. 예문 癸巳十月三日 弟禫

服人 申靖夏 疏上 〔신정하申靖夏, 21(禮)-438〕

소가小可　　보통. 평소. 예문 卽遞崇翰 拜審 政候動止 經暑增護 區區欣荷 非同小可 〔이상황李相璜, 21(智)-212〕

소간宵旰　　소의간식宵衣旰食의 준말. 날이 새기 전에 일어나 옷을 입고, 해가 진 후에 저녁밥을 먹음. 곧 임금이 정사政事에 부지런함을 이르는 말. 예문 現在風塵 人是宵旰 餘事何論 書來承安 書去報安 〔이하응李昰應, 35-77〕

소간素簡　　색이나 무늬가 없는 편지지. 예문 惠餉素簡乾魚 足認眷意不泛 〔이평李枰, 29-21〕

소감蘇感　　기쁨과 감사. 예문 玆承辱存 蘇感深矣 〔유장원柳長源, 32-149〕

소거素車　　상사喪事에 쓰는 수레나 문상하러 가는 사람이 타는 수레. 예문 秋來當下鄕 應有一番素車之行 此時庶得拚敍 〔김영조金榮祖, 21(義)-110〕

소거지사素車之事　　장례 전에 영결을 고하는 일. 『후한서』後漢書 「독행열전」獨行列傳의 범식范式의 고사에서 나온 말. 소거素車는 상례喪禮에 쓰는 흰 수레. 장소張劭가 죽으면서 죽음을 함께할 친구인 범식을 보지 못하고 죽는 것이 한이라고 하며 죽었는데, 범식의 꿈에 장소가 현면玄冕을 쓰고 나타나 자신이 언제 죽었고 언제 장례를 치를 것이라고 말했다. 장례일에 장소의 널이 이상하게도 무덤 구덩이 앞에서 더 이상 나아가지 않고 있었는데, 소거와 백마를 타고 범식이 도착하여 통곡을 하며 영결을 고하자 널이 움직였다고 한다. 예문 但襄事必行於其前 此行不及古人素車之事矣 〔김춘택金春澤, 31-33〕

소건蘇健　　건강 회복. 예문 生離病之後 姑得粗遣 敗削之餘 蘇健未易 是悶是悶 〔이덕성李德成, 3-90〕

소결疏決　　죄인을 관대하게 처결함. 예문 所謂覈處者 乃査覈之意也 何敢直爲疏決乎 〔홍명하洪命夏, 47-69〕

소념少念　　19일. 예문 癸酉臘月少念 洪直弼頓 〔홍직필洪直弼, 11-238〕

소념溯念　　그리움. 예문 比來 省履連勝 諸眷俱穩否 旋庸溯念憧憧 〔이용희李容熙, 31-89〕

소도蘇倒　　매우 기쁨. 또는 매우 위로가 됨. 예문 侍奉外 閤況珍重 此實令人蘇倒處也 〔이성동李成童, 21(仁)-90〕

소동小同　　손자. 소동은 후한後漢의 대학자인 정현鄭玄의 손자 이름으로, 후대에 손자를 의미하는 말로 쓰임. 예문 小同列侍於禮堂書帶之間 想多傳授之精業 仰賀〔김상현金尙鉉, 22-331〕 → 포랑抱郞, 포아抱兒

소두小痘　　수두水痘. 예문 此中姑無大擾 而洛中小痘 日以大熾 十室九不得免 爲兒少慮〔이만지李萬祉, 14-123〕

소득消得　　향수享受함. 누림. 예문 悋詢比辰靜棣體履連旺 明窓淨几 消得雅趣否〔송수면宋修勉, 48-229〕

소래宵來　　밤사이. 예문 宵來僉況更何如〔유장원柳長源, 32-148〕

소려疏糲　　거친 음식. 소려疏糲. 예문 更見對案疏糲之苦 此去之路 所謂丙穴之地也〔정양鄭瀁, 22-127〕

소례疏禮　　격식을 갖추지 않음. 상중喪中에 있는 사람에게 보내는 편지나, 상중에 있는 사람이 편지를 보낼 때 끝에 쓰는 말. 예문 餘惟祝行李萬安 荒迷姑不次疏禮〔한계원韓啓源, 44-190〕 → 소식疏式

소록小錄　　편지에 동봉한 별지別紙. 예문 塞外消息 依保幸也 小錄謹詳〔이산보李山甫, 3-45〕 → 녹지錄紙, 별록別錄, 별지別紙, 별폭別幅, 부저副楮, 소지小紙, 소폭小幅, 영함另械, 영협另夾, 태록胎錄, 태지胎紙, 협고夾告, 협록夾錄, 협백夾白, 협소夾疏, 협저夾楮, 협지夾紙, 협편夾片

소리素履　　관직에 있지 않은 사람의 안부를 물을 때 쓰는 말. 예문 比日侍奉外素履佳適 僕方此薺慘 病骨萎頓益甚〔이황李滉, 30-13〕

소만掃萬　　만사를 제쳐 두고. 예문 來月初七果行享禮 則誠欲掃萬 隨往彝盛儀 而但未知其時事故有無如何耳〔이희조李喜朝, 23-177〕

소망小望　　14일. 예문 庚五小望 記末 百源 拜〔유백원劉百源, 31-126〕

소문掃門　　간절히 찾아가 만나고 싶음. 한漢나라의 위발魏勃이 재상인 조참曹參을 만나고 싶었으나 만날 길이 없어 날마다 새벽에 재상의 문을 쓸었는데, 문지기가 괴이하게 여겨 물어보자 재상을 만나고 싶어 매일 문을 쓸었다고 대답하여 재상을 만나게 되었다는 데서 유래한 말. 예문 切欲趨候掃門 而未奔哭之前 歷謁未安 不敢專耳〔김응하金應河, 22-97〕

소문疏問　　조문 편지. 상대방이 상중에 있으므로 소疏를 쓴다. 예문 頓首 旣爲枉敍 繼以疏問 欣然一線生氣 如死灰復然於涔涔中〔미상, 41-50〕 → 소疏, 소문疏問, 소의疏儀, 수소手疏

소문謏聞　보잘것없는 견문見聞. 검사. 예문 先狀拜受 自念謏聞陋辭 固不足 以闡揚盛德 〔정호鄭澔, 25-26〕

소물素物　나물. 예문 素物覓送 亦領之 〔김성일金誠一, 12-167〕

소미小米　좁쌀. 속미粟米, 황미黃米, 소황미小黃米. 예문 示意細悉 而係是本邑之謬例 營門若以小米分作 則本邑初無所損 而至若移貿之添劃 稔知邑民之不願 故 初不留意 幸須從長善處 俾完弊局 至企至企 〔신석우申錫愚, 31-84〕

소미燒尾　벼슬길. 관직으로 나아가는 길. 소미는 당唐나라 때 과거 급제자를 축하해 주는 잔치를 이르는 말이었는데, 후대에 현달顯達하는 것, 또는 벼슬길로 진출하는 것을 가리키게 되었다. 예문 點額徒勞 燒尾竟失 〔이황李滉, 000〕

소발지년韶發之年　인생의 가장 아름다운 시절인 청년 시절. 예문 第此韶發之年 已及盛壯 精進之工 亦當日新 爲之耿祝耿祝 〔김정희金正喜, 1-85〕

소방상小方牀　큰 상여(大轝) 안에 관을 안치하기 위해 짠 장방형 상牀. 양쪽 긴 변의 나무 가운데에 각각 기둥을 세워 관이 움직이지 않도록 고정시켰다. 예문 不須他覓 造送小方牀諸具 可也 〔김성일金誠一, 12-168〕

소보小報　조보朝報를 발행하기 전에 그날의 긴요한 사항을 소지小紙에 써서 관원에게 먼저 돌리던 문서. 예문 伏承審比來 勻節萬安 區區伏慰 俄接小報 始知有講幄之役 〔박회수朴晦壽, 26-165〕 → 분발分發

소복小僕　자신을 낮춘 말. 예문 小僕時無恙而行 〔황희黃喜, 051〕

소봉蘇奉　기쁘게 만남. 예문 弟之瓜期迫頭 蘇奉有日 企望私切 〔윤선각尹先覺, 12-257〕

소분掃墳　조상의 묘에 성묘하는 일. 예문 弟明欲東還 仍作加平掃墳之行 今十一間 欲往龍仁 〔이희조李喜朝, 22-223〕 → 배소拜掃, 성분省墳, 성소省掃, 성전省展, 성추省楸, 소묘掃墓, 요성澆省

소비疏批　상주上奏한 상소에 대한 임금의 비답批答. 예문 疏批果已祗受 而更無他節拍耶 〔송환기宋煥箕, 22-291〕

소사蕭寺　사찰. 양 무제梁武帝 소연蕭衍이 불교를 신봉하여 사원을 많이 건립하였으므로, 그 성을 붙여서 부르게 됨. 예문 聞有人傳語 兄近在蕭寺 大開講席 學者坌集云 〔이건창李建昌, 44-141〕

소삭銷鑠　몸이 쇠약해짐. 예문 人謂暑氣稍斂 僕則銷鑠之餘 一向畏伏 〔김상현

金尙憲, 36-19〕

소산小産　　유산流産. 예문 第聞嫂氏又小産 驚愕 吾輩行年三十 今雖得男 及其冠 將迫五十 況又遷延無期者耶 〔남학명南鶴鳴, 21(禮)-276〕

소상消商　　깊이 생각함. 예문 續而道村宗言有先稿消商之端 未免前期發去 遂失一穩 〔권만權萬, 44-51〕

소상消詳　　자세히 생각함. 예문 若僉意大以爲不可 則亦當更入消詳耳 〔김수항金壽恒, 23-129〕

소상疏上　　상주喪主에게 또는 상주가 보내는 편지. 예문 餘萬萬不次 謹疏上 〔이명한李明漢, 23-71〕

소석疏釋　　너그럽게 처결하여 죄수를 석방함. 예문 聞其子 以毆人事被囚云 事之曲直 姑舍勿論 辜限已過 卽宜足疏釋 至今仍囚 恐非法意 望據法卽放 如何如何 〔이광덕李匡德, 7-187〕

소설騷屑　　시끄럽고 사소함. 예문 近日景色 尤覺騷屑 杜門益牢 惟此苦心 其誰知之 〔전식全湜, 45-304〕

소성小成　　소과小科에 합격하던 일. 예문 穆遠小成奇幸 況與洪郞而並焉 慶莫大矣 〔이면승李勉昇, 7-162〕

소성蘇醒　　몸이 회복됨. 예문 鄙人扶病 昨至浦上 稍似蘇醒 〔이시발李時發, 5-204〕

소소少小　　소년 시절. 예문 少小徵逐 結契殊深 書舍鷄燈 歷歷如昨日事 〔이기정李基定, 40-222〕

소솔疎率　　경솔함. 예문 莫重賜牌之地 非一齋任所可擅賣 而至於折價受錢之境 卽難免疎率之責 〔오희상吳熙常, 31-56〕

소수小嫂　　상대방의 부인, 특히 자기보다 나이가 어린 상대방의 부인을 지칭하는 말. 예문 比來小嫂 病患如何 爲兄深慮 〔이경직李景稷, 46-199〕 → 곤의壼儀, 합내閤內01, 합중閤中, 현합賢閤

소수消受　　근심을 삭이고 처지를 받아 들임. 예문 連日風威 閉戶習靜 此亦一隨境消受法 〔김정희金正喜, 33-25〕

소수搔首　　머리를 긁음. 걱정이 되어 마음이 놓이지 않는 모양. 예문 似聞 客使不久當來 想策應之苦 爲之搔首 〔박태상朴泰尙, 21(禮)-161〕

소수疏首　　여러 사람이 함께 상소上疏할 때, 그 대표. 예문 第三疏 疏首申耆

朝償事〔이희소李熙紹, 34-372〕

소술紹述　선대의 위업을 이어받아 발전시킴. 예문 況賢史資質聰彗 且舊德可食 紹述家聲 不爲細事 幸留意焉〔송기식宋基植, 40-150〕

소시所示　상대방이 부탁한 것, 또는 말한 것. 예문 國馬便卜重 所示 不能盡副耳〔이진순李眞淳, 21(禮)-414〕

소식疏式　격식을 갖추지 않음. 상중喪中에 있는 사람에게 보내는 편지나 상중에 있는 사람이 편지를 보낼 때 끝에 쓰는 말. 예문 餘不宣 疏式〔권람權擥, 21(仁)-31〕→ 소례疏禮

소신所愼　질병. 『논어』論語 「술이」述而의 "공자께서 조심하신 것은 제사와 전쟁과 질병이었다"(子之所愼 齊戰疾)라는 구절에서 나온 말. 예문 令婦所愼夬復云 爲慰〔이휘정李彙廷, 44-57〕→ 신절愼節

소실小悉　병이 다소 나음. 실悉은 곧 신伸의 의미임. 예문 自六月患痢疾 將三十日矣 比來小悉〔정몽주鄭夢周, 21(仁)-18〕

소심素心　평소의 마음. 본래 마음. 예문 福初意欲旋歸去 事不如意 若是濡滯 非素心也 人之行藏 實有關數而然耶 是可歎也〔안정복安鼎福, 44-93〕

소앙遡仰　그리움. 예문 卽今未認閑履何若 遡仰徒切〔양성지梁誠之, 051〕

소어蘇魚　밴댕이. 예문 蘇魚等物 亦爲配付幸矣〔이면형李勉衡, 7-153〕

소역小疫　홍역紅疫. 예문 海兒小疫後 餘症尙苦〔송광속宋光涑, 34-96〕

소완小阮　조카. 소완小阮은 진晉의 완함阮咸을 이르는 말로 숙부 완적阮籍과 함께 죽림칠현竹林七賢에 속하였는데, 세간에서 완적을 대완大阮, 완함을 소완小阮이라 일컬었다는 데서 후에 조카를 지칭하는 말로 쓰임. 예문 小阮已不在側 應與老蒼頭但說客苦而已 爲之慮念不能忘懷〔허극許極, 027〕→ 아함阿咸, 영함令咸, 현질賢姪, 현함賢咸

소왕俟往　궁금함. 그리움. 예문 卽惟近暄頗怪 政履連衛康勝 俟往勞止〔이호준李鎬俊, 42-76〕

소우少友-　나이가 어린 벗. 예문 李兄 則家兄少友 弟之竹馬交也〔유만식柳萬植, 44-72〕

소위疏慰　조문 편지. 예문 親知之間 雖聞有遭艱 一有疏慰 未能申候〔김상숙金相肅, 39-37〕→ 소문疏問, 소식疏式, 소의疏儀, 수소手疏

소유疏儒　　상소한 유생儒生들. 예문 前府伯亦言于疏儒 以自己誤察未盡減之意 更呈于該曺云 〔유성시柳聖時, 027〕

소의疏儀　　격식을 갖추지 않음. 상중喪中에 있는 사람에게 보내는 편지나 상중에 있는 사람이 편지를 보낼 때 끝에 쓰는 말. 예문 餘只冀節哀寬抑 姑不宣 疏儀 〔이용상李容象, 42-67〕 → 소문疏問, 소식疏式, 수소手疏

소절인所切人　　절친한 사람. 예문 弟之所切人 故敢達 伏惟下鑑 謹拜上狀 〔홍경신洪慶臣, 3-147〕

소제小除　　그믐 전날. 예문 十二月 小除 果答 〔김정희金正喜, 33-36〕

소족疎族　　촌수가 먼 일가. 예문 嘗見烝奉公遺稿 先大父作宰時 爲素昧人 備給婚需 記爲盛德事 台亦當聞知 雄藩比殘邑大異 疎族與素昧懸殊 助婚多少 唯在台手段之如何也 〔이면제李勉齊, 7-156〕

소주燒酒　　곡주나 고구마주 따위를 끓여서 얻는 증류식 술. 예문 燒酒四鐥 〔이운근李雲根, 35-45〕

소지小紙　　본 편지에 동봉하여 보내는 별지別紙. 예문 奴婢事 晦之處曾通小紙 亦見得之 〔김경문金敬文, 3-85〕 → 녹지錄紙, 별록別錄, 별지別紙, 별폭別幅, 부저副楮, 소록小錄, 소폭小幅, 영함另椷, 영협另夾, 태록胎錄, 태지胎紙, 협고夾告, 협록夾錄, 협백夾白, 협소夾疏, 협저夾楮, 협지夾紙, 협편夾片

소지掃地　　비로 쓴 듯 사라지고 없음. 예문 生泄病 近尙無減 元氣轉益澌薾 未由進洩一哀於筵几未撤之前 情禮掃地 生不如死矣 瞻望摧隕 不知所云 〔김창즙金昌緝, 21(禮)-338〕

소지疏紙　　상소문을 쓸 종이. 예문 數日後欲入乞免文字 而疏紙他無處 如有餘儲 覓惠如何 〔이기홍李箕洪, 23-156〕

소진小盡　　그믐날 바로 전날. 예문 辛卯三月小盡 弟 光洙頓 〔신광수申光洙, 21(智)-136〕

소찬素餐　　시위소찬尸位素餐. 직무를 옳게 이행하지 못하면서 공밥만 먹음. 예문 尊弟子筆腕日健 可無素餐之憂否 〔김문옥金文鈺, 41-114〕 → 시록尸祿, 시절尸竊

소첩小捷　　소과小科에 급제함. 예문 鳳九舍姪小科 堂姪小捷大魁 衰門大慶 私幸何已 〔윤봉구尹鳳九, 6-90〕

소첩梳貼　　빗접. 비녀, 빗, 뒤꽂이, 빗치개 등을 넣어두는 통. 소첩梳帖. 예문 此

中欲用於婚姻時男女梳貼各一部 造送爲仰 〔김장생金長生, 22-61〕

소초疏草　　상소문의 초고草藁. 예문 玆欲更申一疏 疏草纔已脫藁 敢此呈覽 未知如何 〔김수항金壽恒, 23-129〕

소춘小春　　10월. 예문 小春暄姸 〔이중하李重夏, 051〕

소출小出　　잠시 외출함. 예문 頃於三孫便 伏承下覆書 其歸也 適値小出 未爲 上書 〔유심춘柳尋春, 32-160〕

소탑掃榻　　자리를 깨끗이 하고 손님을 기다림. 손님을 초대하는 말. 소탑이대 掃榻以待. 예문 雞酒已具 只恨無伴從 有枉臨之敎 喜不可勝言 掃榻以竢 〔허목許穆, 21(義)-262〕

소폭小幅　　별지별지. 예문 小幅所示 非關吾事 君可自首也 〔이선李選, 22-185〕

소하遡賀　　멀리서 축하를 함. 예문 新歲想應萬福 遡賀遡賀 〔미상, 4-36〕

소한霄漢　　왕을 측근에서 모시는 높은 자리. 예문 洛下相從 遠隔十餘寒暑 霄 漢故人 安能記川澤之癯耶 〔이상운李相運, 027〕

소허少許　　조금. 예문 示敎砂糖 少許送上 〔윤근수尹根壽, 23-23〕

소혼所溷　　자신이 부탁하는 일을 겸손히 이른 말. 예문 所溷數款 亦已蒙施 俱 是感極 〔허후許厚, 051〕

소회宵回　　밤사이에. 예문 昨承惠覆 感慰治切 不審宵回 政體動止 連護万重 仰傃不任勞祝 〔이만운李晩運, 44-83〕

소회小晦　　그믐 하루 전날. 예문 五月 小晦日 隣史 權用正 再拜謝 〔권용정權用正, 39-221〕

속고續叩　　다음 편지. 예문 都留續叩 不式 〔김정희金正喜, 33-117〕

속광屬纊　　임종. 임종 때 솜을 코밑에 대어 숨이 지지 않았는지 알아보는 일. 예문 叔母主病患 不至大段危劇 而遽聞屬纊之報 摧隕痛割 更復何言 〔송징은宋徵殷, 34-246〕

속구俗臼　　속세俗世. 예문 生等俱陷俗臼 未能跳出 自憐自憐 〔왕수환王粹煥 등, 37-61〕 → 연홍진軟紅塵, 진구塵臼, 진환塵寰

속구續具　　연이어 편지를 씀. 예문 另械謹悉 此不可不更有辨明 又此續具 〔김 정희金正喜, 33-71〕

속례俗例　　세속적인 선례. 예문 幸兄須於官府百事 母論大事小事 覺於吾心

有少不快活 便截斷勿爲 雖有邑規俗例 亦勿顧也 〔김종수金鍾秀, 21(智)-130〕

속습束濕　　젖은 물건을 묶음. 곤궁한 상황. 혹은 엄하게 단속함. 관리가 아랫사람을 가혹하게 부림을 가리키는 말.『한서』漢書「혹리전」酷吏傳〈영성〉寗成에 "윗사람이 되어서는 아랫사람 다루기를 젖은 물건 묶듯 급하게 하였다"(爲人上 操下急如束濕)고 하였다. 이에 대한 안사고顏師古의 주석에 "젖은 물건을 묶는다는 것은 매우 급하다는 말이다. 젖은 물건은 묶기가 쉽다"(束濕 言其急之甚也 濕物則易束)고 하였다. 예문 不出明春 一兩家入去 然後李也可逐 而吾輩勢如束濕 雖意中人 兄我外皆觀望 不欲先着鞭 尤爲咄咄 〔권암權巖, 44-94〕

속초續貂　　구미속초狗尾續貂의 준말. 담비 꼬리가 부족하여 개꼬리로 잇는다는 말. 원래 관직을 남발하는 것을 가리켰으나, 후에 자신의 보잘것없는 글로 남이 완성하지 못한 글을 잇는다는 의미로 쓰이게 되었다.『진서』晉書「조왕륜전」趙王倫傳에 나오는 고사에서 나온 말이다. 진晉의 조왕趙王인 사마륜司馬倫이 정치를 전횡하며 관작을 남발하여 관冠을 장식하는 담비 꼬리가 부족해져 개꼬리로 대신 이어 보충하였다고 한다. 예문 新詩懶未續貂 收書時知舊書札亦盡入於其中 今幷原本不存 可慨已 近作一詩錄呈 覽後仍寄于滄翁如何 〔왕성순王性淳, 37-124〕
→ 구미狗尾

속현續絃　　끊어진 금슬琴瑟의 줄을 다시 이음. 곧 새 아내를 맞는 일을 비유하는 말. 예문 迷孫之去臘續絃 果然得配 大是吾門之行 〔이하응李昰應, 35-79〕

속화速化　　죽을 때가 가까움. 예문 種種微恙 無一日疹安 此蓋速化之兆 奈何 〔허목許穆, 16-124〕

손독損牘　　상대방의 편지를 높여서 이른 말. '손'損은 자기와 사귀면 손해라는 뜻의 겸칭. 예문 卽於風便 承拜損牘 〔김진옥金鎭玉, 6-186〕 → 괴함瑰緘, 구운邱雲, 권찰眷札, 금옥지음金玉之音, 금음金音, 내시來示02, 덕음德音, 방함芳函, 방함芳緘, 성함盛緘, 수고手告, 수자手字, 수자手滋, 수한手翰, 수함手緘, 숭찰崇札, 숭첩崇帖, 숭한崇翰, 옥함玉緘, 외첩巍帖, 운함雲函, 위찰委札, 위첩委帖, 자慈, 정신情訊, 청독淸牘, 청신淸信, 총문寵問, 총첩寵帖, 총한寵翰, 총함寵函, 탕찰疊札, 하문下問, 하장下狀, 하한下翰, 혜장惠狀, 혜한惠翰, 혜함惠函, 혜함惠械, 혜함惠緘, 화독華牘, 화한華翰, 화함華函

손말損末　　자신을 겸손하게 일컫는 말. 예문 臨便悤悤不盡言 只希黙亮 五月

十七日 損末重敎復〔유중교柳重敎, 25-46〕→ 손하損下

손설飡泄　찬 것을 많이 먹어서 생기는 설사. 예문 宗下孫 納節江居 爲調將計 而反以數旬飡泄〔한장석韓章錫, 41-192〕

손와損窩　친구에게 자기 집을 낮추어 이르는 말. 예문 文成後 窃望下投損窩 之意 亦然也〔최창대崔昌大, 44-132〕→ 봉문蓬門, 봉조蓬藋, 봉창蓬窓, 봉필蓬蓽, 야옥野屋, 한미寒楣, 형문荊門

손우損友　손해를 끼치는 친구. 『논어』論語 「계씨」季氏에 "도움이 되는 세 종류의 친구가 있고, 손해를 끼치는 세 종류의 친구가 있다. 벗이 정직하며, 벗이 성실하며, 벗이 견문이 많으면 유익하다. 벗이 외모에만 치우쳐 정직하지 못하며, 벗이 아첨하기만 하고 성실하지 못하며, 벗이 말만 앞세우고 실력이 없으면 손해가 된다"(孔子曰 益者三友 損者三友 友直 友諒 友多聞 益矣 友便辟 友善柔 友便佞 損矣) 고 하였다. 예문 開門延接 無所裁節 卽益友無幾 損友多至〔권용정權用正, 39-218〕

손인損人　친구 사이에 자신을 낮추어 이르는 말. 예문 損人 金澤榮 頓〔김택영金澤榮, 37-109〕→ 손우損友

손절損節　건강을 해침. 예문 祥期纔過之餘 又有此意外貽戚 邵齡疢懷 恐致損節〔조병덕趙秉悳, 31-76〕

손제損弟　친구에게 자기를 겸손하게 일컫는 말. 예문 損弟 柬 頓首〔이간李柬, 22-245〕

손하損下　친구에게 자신을 겸손하게 일컫는 말. 예문 辛丑七月十四日 損下 時烈〔송시열宋時烈, 25-19〕

손향損餉　상대방이 자기에게 보낸 음식을 높여서 부른 말. 예문 例問之外 損餉甚優 拜領盛意 不覺僕僕〔박경후朴慶後, 3-89〕→ 투향投餉, 하향下餉, 혜미惠味, 혜향惠餉

손혜損惠　보내주신. 손損은 필자의 겸사, 혜惠는 상대방에 대한 경어. 예문 損惠諸品 荷此綺存〔심순택沈舜澤, 051〕

솔다率多　대부분, 대개. 예문 書院儒生李豐等八十餘人 聯名呈書 而其實四十餘人 率多向壁云云〔미상, 45-312〕

솔토率土　나라 전체. 모든 백성들. 『시경』詩經 「소아」小雅 〈북산〉北山의 "온 땅의 안이 왕의 신하 아님이 없다"(率土之濱 莫非王臣)라는 구절에서 나옴. 예문 國

運不幸 坤聖賓天 痛纏率土 曷勝焉喩 〔이현일李玄逸, 44-47〕

송류松留　　개성開城 유수留守. 예문 趙校理 淨案 回呈 松留謝狀 〔미상, 6-171(봉투)〕

송리訟理　　소송의 법리法理. 예문 雖論文書不察之律 渠宜自當云 未知訟理果然否 〔이영익李令翊, 7-174〕

송법誦法　　칭송하고 본받음. 예문 然獨不授以科擧之文曰 此義利所由分 斯事也 區區所誦法也 〔홍직필洪直弼, 11-238〕

송복誦服　　그리워함. 예문 誦服聲華之餘 獲拜賜問 遠地傾注 認是百世之誼分 〔이한구李漢久, 53-184〕

송사送似　　보내드림. '사似는 급給의 의미. 예문 簡帖五十幅 送似 〔이진李袗, 21(義)-310〕

송서送西　　실직에서 물러난 정1품 영의정에서 정3품 문무 당상관까지를 우대하여 서반西班 소속의 중추부中樞府로 보내는 일. 예문 老職加資 旣已自吏曹送西 而開政不頻 故遠地人 委來京裡 久難等待 且無連臂路 尙未出帖云 〔송징설宋徵殷, 34-116〕

송식悚息　　송구스러워 숨이 막힘. 편지 끝에 쓰는 상투어. 예문 呵艸 悚息 頓首 〔이경석李景奭, 4-158〕

송신送神　　마마 귀신을 달래어 보냄. 예문 孫兒男女 幸得順經痘患 仲弟家羣稚 皆已送神 優入坦道 是稍慰心耳 〔유통원柳通源, 32-147〕

송심松蕈　　송이버섯. 예문 惠送松蕈三十 依受 〔정세규鄭世規, 051〕

송역誦譯　　읊어서 다시 되새겨 봄. 예문 白雲先生學規寫往 可時時誦譯而體行焉 〔전우田愚, 21(智)-412〕

송종送終　　장례를 치름. 예문 錦湖叔主家 送終諸般 無或艱擾難備者否 〔김규식金奎寔, 41-111〕

송지松脂　　송진. 예문 松脂 令門中奴子等採之否 此處極貴難得 可恨可恨 〔김성일金誠一, 12-144〕

송추松楸　　산소. 소나무와 가래나무를 무덤 주변에 많이 심기 때문에 생긴 말. 예문 今纔上章乞免 若得順遞 直歸西原松楸 以爲終焉之計 〔이수언李秀彦, 23-147〕

송측悚仄　　송구스러워 몸 둘 바를 모름. 송측悚側. 예문 眼昏胡草 悚仄 〔정경세

鄭經世, 23-37〕

송하진松下塵　죽음을 완곡히 이르는 말. 무덤에 흔히 소나무를 심은 데서 나온 말. 예문 金溝老人 爲松下塵 業已知之 其子若孫 見在何處〔기정진奇正鎭, 31-72〕

송형送形　장례를 치름. 예문 浚弼罪逆不滅 禍延本親 啼號罔極 五內崩隕 顧以頑甚忍甚 旣其送形 視息自保〔송준필宋浚弼, 53-232〕

쇄세殺歲　흉년. 예문 纔下車而逢此殺歲〔여이명呂以明, 027〕→ 겸년儉年, 검세儉歲, 겸년歉年, 고겸告歉, 기세饑歲, 비무備無, 세검歲儉, 세겸歲歉, 세쇄歲殺, 실임失稔, 황세荒歲, 황소荒騷, 흉겸凶歉, 흉황凶荒

쇄전鎖殿　궁궐에서 숙직을 섬. 예문 謹問日來 令履若何 頃審鎖殿之苦〔한준겸韓浚謙 46-161〕

쇄직鎖直　궁중에서 숙직 서는 일. 예문 弟復叨匪分 鎖直莫出 遙想鈴閣風流 只用羨歎 奈何奈何〔이관명李觀命, 23-193〕→ 금직禁直

쇄질瑣質　보잘것없는 자질. 자신에 대한 겸칭. 예문 蒙惠示晩翁手筆 儘君子贈人言之義 在瑣質不敢當〔황현黃玹, 37-13〕

쇄포刷逋　미납한 조세인 포흠逋欠을 추징함. 예문 生莅此弊局 邑事就緖 刷逋淸帖 尙無良策 悶悚悶悚〔신좌희申佐熙, 42-50〕

쇄환刷還　잡아 보냄. 예문 淸陰已陷不測地勢 未免西行 尤痛尤痛 以刷還 日加督責〔민응형閔應亨, 051〕

쇠경衰境　늘그막. 노경老境. 예문 弟間者所經 非衰境所可堪也〔김영수金永壽, 22-341〕

쇠사衰謝　정력이 쇠퇴함. 예문 霆衰謝日漸 行步艱難 人事全廢 世又多艱 他日會面未期 其無悵悵乎〔이정李霆, 21(仁)-268〕

수修　편지를 씀. 예문 吾則明日齋宿 再明受香 故預修此書出送〔정재원鄭載遠, 21(智)-138〕

수가需價　관청에 들어가는 경비. 예문 營底年形奇荒 軍民接濟 想大費心算 而需價減捧 砲料指支 重以城役 自辦爲慮甚多 有限之廩 將何以繼之乎 且頌且悶耳〔김홍집金弘集, 44-229〕

수개燧改　찬수개화鑽燧改火의 준말. 해가 바뀜을 의미하는 말. 옛날에, 불씨로 쓰는 나무의 종류를 계절마다 바꾼 데서 유래함. 개화改火. 예문 更請燧改新

元 軆上膺福 闈内協慶 並用區區不任遠頌 〔박태영朴台榮, 21(智)-455〕 → 개수改燧

수결受玦   유배 명령을 받음. 유배를 감. 예문 受玦之日 忽承兄惠字 而嚴程忙劇 闕然脩謝 至今悵恨 〔홍수주洪受疇, 21(禮)-192〕

수경修敬   '답장을 씀'의 경어. 예문 便去 懶未修敬 便回 伏承惠敎 未開緘 而先自訟 〔이시원李是遠, 21(智)-282〕

수경垂罄   바닥이 남. 예문 汝之糧道 想已垂罄 常平極貴 仰市之家 何以過活 〔신좌모申佐模, 43-169〕

수계修契   계를 모음. 예문 葛墊修契 甚盛事 參以鄙名 實有榮焉 〔장복추張福樞, 44-59〕

수계修禊   3월 상사일上巳日(첫 번째 사일巳日)에 액을 떨치기 위해 물가에서 지내는 제사. 이때 친목과 유람도 함께 한다. 동진東晉 목제穆帝 영화永和 9년(353) 3월 3일, 왕희지王羲之와 사안謝安 등 42인의 명사名士가 산음山陰의 난정蘭亭에서 수계修禊를 하고 시를 지으며 풍류를 즐긴 일이 왕희지王羲之의 「난정기」蘭亭記에 묘사되어 있다. 예문 浴沂佳辰 曁守空堂 山陰修禊 亦復讓與少輩 〔이진상李震相, 44-60〕

수고壽考   천수天壽를 누림. 예문 直長丈侍 久處林下 壽考康寧 淸福之享 足可欣慰 生之托分素矣 〔이원익李元翼, 25-9〕

수고手告   상대방의 편지. 예문 忽領手告 承台候增祉 欣慰不可狀 〔이덕수李德壽, 051〕 → 괴함瑰緘, 권찰眷札, 금옥지음金玉之音, 금음金音, 내시來示02, 덕음德音, 방함芳函, 방함芳械, 성함盛緘, 손독損牘, 수자手字, 수자手滋, 수한手翰, 수함手緘, 숭찰崇札, 숭첩崇帖, 숭한崇翰, 옥함玉緘, 외첩巍帖, 운함雲函, 위찰委札, 위첩委帖, 자자, 정신情訊, 청독淸牘, 청신淸信, 총문寵問, 총첩寵帖, 총한寵翰, 총함寵函, 탕찰盪札, 하문下問, 하장下狀, 하한下翰, 혜장惠狀, 혜한惠翰, 혜함惠函, 혜함惠械, 혜함惠緘, 화독華牘, 화한華翰, 화함華函

수공手功   공임工賃. 장인의 품삯. 예문 前日所送靴皮 問其手功 卽當給五斗米云 〔이해조李海朝, 21(禮)-324〕

수과隨窠   벼슬 자리가 나는 대로. 예문 敎意已有成諾於人 從當隨窠周旋耳 〔윤순尹淳, 3-105〕

수교修校   책을 교정함. 예문 記跋及日月 留念謄示 俾卽修校 其幸何可量 〔권

상하權尙夏, 6-81〕

수교手教　　직접 쓴 편지, 또는 보내온 편지에 대한 경칭敬稱. 예문 伏承簡幅之賜 封皮有數字手教 爲慰大矣〔김창흡金昌翕, 23-173〕

수교讎校　　책을 교정함. 예문 禮書讎校已畢〔김집金集, 43-12〕

수권手卷　　두루말이. 예문 弟對梅手卷 是爲閑中消受法 亦堪自詫耳〔김홍집金弘集, 31-108〕

수권袖卷　　소매에 시권詩卷을 넣음. 예문 間屬余和之 余以荒蕪辭焉 無何袖卷强之〔금응협琴應夾, 5-186〕

수규首揆　　영의정領議政. 예문 首揆之見 似或異於疇曩 後日當事 亦何必其不如前也〔이경석李景奭, 3-137〕→ 수신首臣

수극隨隙　　틈나는 대로. 예문 鄙則所作龜坼也 貴邊何如耶 隨隙惠臨如何〔이교우李敎雨, 42-61〕

수념垂念　　염려해 줌. 예문 謬惠數種 過於垂念 受之無說 欲還呈 則此從又牢不聽 直令人汗下而已〔권상익權相翊, 40-32〕

수담嗽痰　　기침과 가래. 예문 吾亦微有感意 嗽痰添肆 苦甚〔김정희金正喜, 29-35〕

수담手談　　바둑. 또는 바둑을 둠. 손으로 바둑알을 움직여 서로의 의사를 표현했다는 데서 유래함. 예문 胤君見訪 詢伏審午熱 調體寢膳萬護 幃幔湛樂之外 時與橘中老伴 手談消日 可驗精力之彌健〔이상룡李相龍, 40-244〕

수도手掉　　손이 떨림. 예문 多少手掉 不成狀〔정호鄭澔, 23-165〕

수도收賭　　소작료를 거두어들임. 예문 年形何如 收賭何如 座下豈不干涉乎 記下則專恃座下矣〔조병응趙秉應, 43-285〕

수라水剌　　임금의 식사. 예문 細聞玉候 水剌稍勝 神氣頓蘇云〔송준길宋浚吉, 44-308〕

수려殊慮　　몹시 걱정됨. 예문 弟病狀尙苦 將何跋涉 殊慮殊慮〔이진휴李震休, 3-94〕

수력隨力　　힘 닿는 대로. 예문 元也橫厄連綿 束手而坐 無以奉祀事 極可憐 望須隨力相救〔오억령吳億齡, 3-39〕

수련垂憐　　불쌍히 여김. 예문 想已台監俯燭而垂憐之矣〔정지화鄭知和, 5-59〕

수로脩路　　먼 길. 예문 族末蒙除下來 雖庸感祝 而脩路行役 儘撕無餘 且千里

駕海 大爲關念〔강면규姜冕奎, 42-8〕

수로垂老　늘그막. 예문 黃葉繽紛 居然秋色 垂老感物興懷 有倍常品 伏惟道體主靜萬旺 寶眷均慶否 仰慕區區溯忱之至〔소휘면蘇輝冕, 21(智)-378〕

수륙지전水陸之雋　바다와 육지에서 생산되는 맛있는 음식. 예문 惠寄水陸之雋 來到彈鋏之際〔홍서봉洪瑞鳳 46-197〕

수림愁霖　긴 장마. 예문 愁霖連月 不審靜履此時萬重〔김이양金履陽, 22-299〕

수망手忙　바빠서 두서가 없음. 예문 方有草疏事 手忙不宣〔미상, 027〕

수망首望　관직에 세 명의 후보자 명단을 올릴 때, 첫 번째로 올라감. 예문 令弟遭新年 又擬同知 春出首望 生氣勃然 此亦年少故耶〔이호민李好閔, 45-254〕 → 수의수의首擬

수명手命　상대방이 보낸 편지를 높여 부르는 말. 예문 春間手命 得之未易 而懶與病謀 趁未修覆 心爲結轖〔최익현崔益鉉, 39-237〕

수묵數墨[01]　심행수묵尋行數墨의 준말. 글줄을 찾고 대충 책이나 읽으면서 글자를 헤아림. 독서, 또는 독서의 겸손한 표현. 예문 以此益欲斂迹鄕里 與村秀數墨爲無悔吝也〔송시열宋時烈, 4-168〕

수묵數墨[02]　편지. 예문 有多少所報事 玆時商便付數墨 覽諒如何〔이교하李敎夏, 41-62〕 → 간척竿尺, 서각書角, 서간書東, 서척書尺, 수자數字, 쌍리雙鯉, 안자鴈字, 어안魚鴈, 어홍魚鴻, 인우鱗羽, 지척서咫尺書, 척소尺素, 척안隻雁, 척저尺楮, 척제尺蹄, 척지尺紙, 함械, 홍리鴻鯉

수문修問　문안 편지를 씀. 예문 道路阻絶 且無歸便 一未修問 尋常恨仰〔노직盧稷, 5-206〕 → 포후布候

수문修文　지하수문랑地下修文郞의 준말. 재능 있는 문인의 요절을 이르는 말. 진晉나라 소소蘇韶란 사람이 죽은 뒤에 형제에게 모습을 나타내어 안연顔淵과 복상卜商은 지하에서 문장文章을 관장하는 수문랑이 되어 있으며 나도 그 자리에 있다고 말한 고사에서 유래함. 예문 轉聞東赫兄鐵窓暗屋 遽作修文 而因閡手段 其人也年也才也 無不一慘惜矣〔이용락李龍洛, 40-256〕

수문脩門　도성 문. 즉 서울. 예문 惟是逃歸脩門 復得樞趨 而旹序荏苒 今已累閱月矣〔윤순지尹順之, 4-142〕 → 경구京口, 경국京國, 경사京師, 경조京兆, 경화京華, 낙추, 낙중洛中, 낙하洛下, 도하都下, 서西[01]

수문垂問　　상대방의 문안 인사를 높여 이르는 말. 예문 城主下車之初 卽爲垂問舍弟 優給糶米 得以資活 其爲感幸 何可悉達 〔이세화李世華, 22-181〕

수미需米　　수령이 관청의 경비를 위해 매년 추수 때에 거두어들이는 일정한 양의 쌀. 예문 郵卒之頑 其亦甚矣 需米 其時趁不受去 旣分之後 有何代送之穀乎 已盡於回移 不須更煩 〔김명열金命說, 49-252〕

수박水朴　　수박. 예문 惠十介眞瓜 五箇水朴 依受緊感 無以攸謝耳 〔오응선吳應善, 41-132〕

수반隨班　　신하가 조회에 참석하여 반열班列의 차례에 따라서 서는 일. 예문 生蒙恩出仕 夙疾已痼 氣力已不可强 一二遭隨班之後 不能作出門計 依舊郊居尸祿 可愧 安居調病 殊不如向日 可歎 〔이호민李好閔, 45-251〕

수보垂報　　상대방이 답장 보내는 것을 높인 말. 예문 知君僮奴無閑 如欲垂報 徐遇風便 或附赴場市人 可傳來也 〔이황李滉, 30-128〕

수복受復　　답장을 받음. 예문 數日前專伻書候 且送舍兄之札 適値尊駕 自山所未及還 不得受復以來 迨極依歎 〔이단상李端相, 16-115〕

수복手復　　손수 쓴 답장. 예문 慕仰高風 無日不勤 伏奉手復 憑悉尊候動止神贊萬珍 〔이수붕李壽鵬, 12-255〕

수복手覆　　손수 쓴 답장. 예문 李希哲歸時 兩度手覆及藥物 拜領 銘感 〔박태보朴泰輔, 23-175〕

수봉收捧　　세금을 징수하는 일. 예문 必須一依前約 收捧之際 十分顧藉 毋令貧民 失望而歸 如何 〔이해조李海朝, 21(禮)-324〕

수부水部　　공조工曹의 별칭. 예문 水部駄價六兩 沒數盡入於公故時 下隷療次 只壬一具付送 〔신좌모申佐模, 43-175〕

수사修謝　　일이 있을 때마다. 예문 第緣便阻 尙闕修謝 伏切恨歎 卽惟起居萬相 傾慰傾慰 〔이경억李慶億, 23-109〕 → 수문修問, 수서修書

수사輸寫　　답답하던 가슴이 후련해짐. 예문 忽此顓伻見問 輸寫幽鬱 自不覺凍魂之春融也 〔곽종석郭鍾錫, 18-10〕

수사隨事　　일이 있을 때마다. 예문 貴君境內 多有弟家宗黨 或有雅分否 想隨事加意 如對小弟也 〔이직보李直輔, 22-293〕

수산囚山　　향촌鄕村에서 느긋하게 생활함을 말함. 또는 그런 장소. 또는 고

달픈 유배 생활을 뜻함. 당唐나라의 유종원柳宗元이 영주永州로 좌천되자 자신을 산에 갇힌 신세라 여겨 〈수산부〉囚山賦라는 글을 지었다. 예문 頃者當寒 歷過囚山 感荷至今 不勝依依 〔남구만南九萬, 47-107〕

수상修上　　편지를 써서 올림. 예문 月前因往便 修上一書 想已下覽矣 〔이인소李寅熽, 5-116〕

수상水相　　공조工曹 판서. 예문 弟才識昏愚 旣無善觀德行之知 又從學之日無多 別無聞人所不聞見人所不見 則將何以寫出一二 以傳盛德之萬一乎 此事自有吾兄與水相在耳 〔이의조李宜朝, 22-289〕

수생手生　　솜씨가 서툶. 예문 弟値此大無 猝當吏役 手生政梗 觸事憒憒 殆無一分佳緖 〔윤헌주尹憲柱, 22-229〕

수서修書　　편지를 씀. 예문 未及修書以付公便 方切悵想 〔김남중金南重, 5-38〕

수서手書　　손수 쓴 편지. 예문 乘暮而歸 手書留案 不免虛歸 一感一愧 〔이간李柬, 23-205〕

수서首鼠　　수서양단首鼠兩端의 준말. 쥐가 의심이 많아 동굴 속에서 머리를 밖으로 내놓고 형세를 관망하는 것처럼 양편 중에 어느 편을 택해야 좋을지 몰라 망설이는 것을 말함. 곧 진퇴進退와 거취去就를 결정하지 못하고 망설이는 것을 비유한 말. 예문 草兄去就 首鼠可念 〔송시열宋時烈, 43-9〕

수석壽席　　생일 잔치. 수연壽宴. 예문 壽席當設於再明 故銘記心上 必欲往赴矣 〔이명李蓂, 44-145〕

수석誰昔　　옛날, 또는 접때. '수誰는 의미가 없는 발어사發語辭. 예문 弟鹿鹿如誰昔耳 〔김응순金應淳, 22-283〕

수세守歲　　섣달 그믐날 밤에 등불을 밝히고 밤을 새우는 풍습. 예문 當俟少暖宜及臘前守歲于川上咸庄往還 〔신석번申碩蕃, 22-115〕

수세手細　　쩨쩨함. 손이 작음. 예문 貧官歲時 親戚之間 無以爲問 釀秫數斗 燒而取露 甚難爲分 廚吏若供大壺 輒啞之 自愧手細情悋 〔김상숙金相肅, 21(智)-92〕

수소手疏　　상대방의 위문편지를 높여 이르는 말. 예문 書成後 貴星來傳手疏 從審日來安穩 甚幸甚幸 〔이서곤李瑞坤, 10-98〕

수쇄愁殺　　몹시 슬프게 하거나 시름에 잠기게 함. 예문 貽阻匪久 秋風秋雨 更添愁殺 得十分懷緖也 〔안민중安珉重, 53-166〕

수쇄收刷　수습함. 예문 來頭未可知也 多少間收刷 則鱗次輸送伏計 〔오덕영吳惠泳, 31-96〕

수쇄收殺　수습함. 예문 初雖難處 畢竟收殺 則自可游辦恢恢 〔박문수朴文秀, 6-229〕

수수囚首　수수상면囚首喪面. 죄수처럼 머리를 빗지 않고, 상제喪制처럼 세수를 하지 않는다는 뜻으로, 용모를 치장하지 않음을 이르는 말. 예문 鈺兩堂俱失安和 連數日迭次歇劇 焦心囚首 無暇念及他事 〔김문옥金文鈺, 41-109〕

수수袖手　손을 소매 속에 넣음. 즉 수수방관袖手傍觀함. 예문 州兄就 則知初不孤 猶可救得一二 而知是廟堂 全不相信却之 先生袖手而歸 以是不敢相勉 〔송시열宋時烈, 43-9〕

수시垂示　상대방의 말을 높여 이르는 표현. 예문 垂示山北水石 明麗可玩 〔송익필宋翼弼, 22-43〕

수시水柹　연홍수시軟紅水柹. 연시, 홍시. 예문 惠來水柹 政及於悄坐孤寂中 窮村得此 何異於苦海中甘露酒也 〔이단상李端相, 44-133〕

수신晬辰　생일. 예문 七月八日 卽大行朝晬辰 行酌獻禮 〔유진한柳進翰, 027〕

수신首臣　영의정. 예문 大軍 尙留平壤 以糧草不給 天將大怒 峻責首臣西厓尹相 然大東印 辨出無路云云耳 〔김명원金命元, 21(仁)-204〕 → 수규首揆

수악殊渥　특별한 은혜. 예문 陽春移脚 仰戴殊渥 感祝無地 〔김정희金正喜, 20-69〕

수액數厄　운수運數가 나쁜 재액災厄. 예문 女息初見殘忍事 驚愓受傷之外 乳部自再昨刺痛 不無成癰之慮 兒愓姑舍 此憂非細悶 莫非弟苦惱 數厄奈何 〔홍양호洪良浩, 39-175〕

수양樹襄　장례. 예문 從以樹襄在卽 伏唯此際 服中體候 或無悲懷所損 〔권석호權錫虎, 40-34〕 → 봉양封襄, 양襄, 양례襄禮, 양사襄事, 폄례窆禮

수어秀魚　숭어. 예문 秀魚二尾 〔윤헌주尹憲柱, 22-229〕

수언受言　잘 받아 간직함. '수언장지'受言藏之의 준말. '언'言은 조사助辭. 『시경』詩經 「소아」小雅 〈동궁〉彤弓에 "시위 풀린 붉은 활을 고이 받아 간직해 두네. 좋은 손님 생기면 기꺼이 드리리라"(彤弓弨兮 受言藏之 我有嘉賓 中心貺之)라는 구절이 있다. 예문 幸不遐棄 至於以珠投暗 受言鳴謝 〔황재묵黃在默, 37-143〕

수역繡役　　서적 간행. 예문 示來印事 經紀果何居 盖當初繡役事出卒遽 恐或 有未合至當者 〔김창숙金昌淑, 40-96〕 → 수재壽梓, 수조繡棗, 침재鋟梓

수운壽韻　　회갑을 축하하는 시. 예문 伏審履玆 塤篪壽韻 將延年難老 斑爛庭彩 先發春告吉否 〔강상춘姜相春, 42-9〕

수운晬韻　　생일을 축하하는 시. 예문 晬韻不成說 然至於兄我間 不可無一語之攢祝 故忘拙構呈 勿露如何如何 〔유림柳琳, 26-133〕

수위修慰　　위문 편지를 씀. 예문 旣不得修慰 又未卽貢喜 慶弔俱廢 勢所然也 〔이원익李元翼, 25-9〕

수유受由　　관리가 휴가를 얻는 것. 예문 生今方受由還鄕 病身恐難復來 〔이여李畲, 29-16〕

수유須臾　　아주 짧은 시간. 예문 與世之意灰盡 而彼之疆土 尤不欲掛我舌頭 而我懿親之所棲屑也 念之念水土如何 風霜如何 啓處如何焉 則又不可須臾不忘之地也 〔이기형李基馨, 40-224〕

수유隨有　　있는 대로, 또는 되는 대로. 예문 略干携來者 今幾告乏 他無可乞處 玆以仰煩 幸伏望隨有下惠如何 〔정상순鄭尙淳, 21(智)-108〕

수율手栗　　손이 떨림. 예문 手栗不備 伏惟下鑑 謹狀 〔권극중權克中, 49-250〕

수응酬應[01]　　접대. 예문 凶歉之餘 勑行出來外邑 將何酬應 極慮極慮 〔이관징李觀徵, 5-65〕

수응酬應[02]　　수요를 충족시킴. 예문 藥料果難於酬應 家有三重病 踰濫朔用 故不得如意 可歎 〔서명균徐命均, 21(禮)-430〕

수의繡衣　　암행어사. 예문 黜陟自朝廷處置云 異於常時繡衣矣 但被抄者年少居多 必不解事 恐其有害無盆耳 〔이경휘李慶徽, 5-63〕 → 수행繡行, 수호繡虎, 지부持斧, 직지사直指使

수의首擬　　수망首望. 관직이 비어 세 명의 후보자 명단을 올릴 때, 첫 번째로 올라감. 예문 雖沙斤之薄 若令首擬有成則幸矣 〔윤방尹昉, 051〕

수인사修人事　　인사치례를 함. 예문 但如此修人事 生所不喜 〔이원익李元翼, 051〕

수일讐日　　원망스러운 날이라는 뜻으로, 부모의 기일忌日을 이름. 예문 今且讐日不遠 如新罔極之痛 俯仰穹壤 何所逮及 罪死罪死 〔김봉규金鳳奎, 40-76〕

수임水荏　　들깨. 수소마水蘇麻, 유마油麻. 예문 前言種子似忙 麻種水荏等物

可以覓送後便耶 〔김수항金壽恒, 6-73〕

수자手字　　　상대방의 편지. 예문 前復披慰 卽又獲奉手字, 尤以爲慰 〔유숙기兪肅基, 23-223〕 → 괴함瑰緘, 권찰眷札, 금옥지음金玉之音, 금음金音, 내시來示02, 덕음德音, 방함芳函, 방함芳械, 성함盛緘, 손독損牘, 수고手告, 수자手滋, 수한手翰, 수함手緘, 숭찰崇札, 숭첩崇帖, 숭한崇翰, 옥함玉緘, 외첩巍帖, 운함雲函, 위찰委札, 위첩委帖, 자자情訊, 청독淸牘, 청신淸信, 총문寵問, 총첩寵帖, 총한寵翰, 총함寵函, 탕찰瀁札, 하문下問, 하장下狀, 하한下翰, 혜장惠狀, 혜한惠翰, 혜함惠函, 혜함惠械, 혜함惠緘, 화독華牘, 화한華翰, 화함華函

수자手滋　　　상대방의 편지. 예문 匪意承手滋 足慰向日餘懷 〔송치규宋穉圭, 22-303〕

수자數字　　　편지. 예문 昨有數字錄上矣 卽伏承下札 伏審日間政體候 尙未夬復 伏用獻慮之至 〔이건창李建昌, 22-359〕 → 간척竿尺, 서각書角, 서간書束, 서척書尺, 수묵數墨02, 쌍리雙鯉, 안자鴈字, 어안魚鴈, 어홍魚鴻, 인우鱗羽, 지척서咫尺書, 척소尺素, 척안隻雁, 척저尺楮, 척제尺蹏, 척지尺紙, 함械, 홍리鴻鯉

수작數昨　　　며칠 전. 예문 姊忌不遠 李室或從近覲行耶 數昨得聞其安報耳 〔유낙휴柳洛休, 32-154〕

수작酬酌　　　말, 또는 술잔을 주고 받음. 예문 趙鎭安於花倅果爲緊托 到官之後 卽爲伻問 弟亦從後入見 則其酬酌似不落落 〔유우목柳宇睦, 027〕

수장收藏　　　추수. 예문 當此收藏之節 未可輕用民力 諒之 〔성대중成大中, 11-234〕 → 추무秋務, 추사秋事, 추성秋成

수재壽梓　　　오래 전하기 위해 책판에 새김. 인쇄. 예문 迺者 僉謀允同 亟擧壽梓 顧吾道榛塞之日 廣傳先生之書 而不墜先生之道 斯文之幸 〔서정옥徐廷玉, 53-202〕 → 수조繡棗, 침재鋟梓

수재繡梓　　　책을 출판함. 예문 貴省諸君子 出義醵金 繡梓而公之天下 安知其意不出於此乎 〔하겸진河謙鎭, 37-144〕

수적사루銖積絲累　　　아주 조금씩 쌓아 나감. 예문 嘗從交遊之末 益究未究 益聞未聞 庶幾銖積絲累 免於庸龜之科 而亦不可得 〔추연용秋淵蓉, 41-98〕

수전袖傳　　　직접 전해 줌. 예문 不意賢胤過訪 袖傳惠書 披慰如渴得水 〔채지홍蔡之洪, 22-259〕

수절愁絶　　　큰 걱정. 예문 僕來初三 欲辭陛西下 而關外遠出 殊無好況 家間事

勢 亦多愁絶 奈何〔이성중李成中, 21(智)-44〕

수정脩程　긴 여정. 예문 此間懸戀之私 豈頃刻弛于懷 祗是脩程無信便 起居疎節 闕然至此耳〔권반權盼, 45-296〕

수제受題　제사題辭를 받음. 제사는 백성이 올린 소장이나 진정에 대하여 관부에서 내린 처분을 말한다. 예문 所教事 即爲分付備局吏 使之受題以出〔김상성金尙星, 21(智)-34〕

수제구수手提口授　손으로 끌고 입으로 전수함. 곧 학문을 가르친다는 뜻. 예문 仰想晴窓棐几 手提口授 樂固無窮 而亦可無其德矣〔김택진金澤鎭, 40-98〕

수조繡棗　책을 출판함. 대추나무 판에 글씨를 새겨 책을 찍은 데서 유래함. 예문 紫東遺稿 今至繡棗 庸爲遠邇之幸耳〔이태식李泰植, 40-296〕→ 수재壽梓, 수재繡梓, 침재鋟梓

수졸守拙　명리를 다투지 않고 자신의 분수를 지킴. 주로 자신의 형편을 겸손하게 이르는 표현. 예문 若弟者 平生守拙 每見譏於兄 豈有心念及於世路名論哉〔이덕수李德壽, 21(禮)-398〕

수주守株　수주대토守株待兎. 나무 그루터기를 지키며 마냥 기다림. 『한비자』韓非子「오두」五蠹에 중국 송나라의 한 농부가 우연히 나무 그루터기에 토끼가 부딪쳐 죽은 것을 잡은 후, 다시 그와 같이 토끼를 잡을까 하여 일도 하지 않고 그루터기만 지키고 있었다는 이야기가 전한다. 예문 弟侍率俱迪 爲目下之幸 而尙未葬親之故 無守株之暇 山靈不許一席 何哉 焦泣焦泣〔이동흠李棟欽, 40-230〕

수즙修葺　집을 고치고 지붕을 새로 이는 일. 예문 家舍果有趁即修葺之道耶〔이창원李彰遠, 41-56〕

수지受知　지우知遇를 입음. 지우는 자신의 인격이나 학식을 알아주는 것을 말한다. 예문 磋受知靜養餘三十年 平生交誼 可謂不淺〔정작鄭碏, 5-24〕

수지隨地　처지에 따라. 예문 只祈隨地珍毖 慰此愛慕 伏惟尊照〔정경세鄭經世, 45-434〕

수진手眞　직접 쓴 편지. 예문 子範袖致手眞 欣然若更晤也〔홍직필洪直弼, 21(智)-250〕

수진袖進　직접 전달함. 소매 속에서 꺼내어 내어준다는 뜻. 수전袖傳. 예문 幸乞即爲袖進呈徹 以示若何〔신기선申箕善, 21(智)-440〕

수찰手札　　손수 직접 쓰신 편지라는 뜻으로 상대방을 높인 말. 예문 卽伏承手札下存 伏慰區區 〔윤지완尹趾完, 5-114〕

수천數天　　요즘. 근래. 예문 仍審數天 令篆候曼重 仰慰多少 〔김정희金正喜, 33-73〕→ 내자迺者, 비간比間, 비래比來, 비신比辰, 비일比日, 비자比者, 비천比天, 비하比下

수첩手帖　　편지. 예문 秋高峽裡 阻思益深 忽承手帖 慰浣十分 〔정탁鄭琢, 5-190〕

수청垂靑　　반갑게 편지를 읽음. 청안靑眼으로 본다는 뜻. 상대방이 자신의 편지를 읽는 것을 높여 이르는 말. 예문 月前仰覆 想經垂靑 卽日令體萬旺是禱 〔이재면李載冕, 35-84〕

수체壽體　　나이 든 이의 안부. 예문 不審窮沍大夫人 壽體萬護 省棣莊重 〔이건李鍵, 31-15〕

수치袖致　　소매 속에 넣어 직접 전달함. 예문 令胤專訪 袖致惠函 謹審靖體萬重 庇儀均禛 仰慰且荷 〔이건방李建芳, 44-320〕

수탁垂槖　　빈 주머니를 참. 예문 朴生三伏遠來 垂槖而歸 信乎遠生無處不窮也 〔한준겸韓浚謙, 45-197〕

수택手澤　　손수 쓴 편지. 예문 苦寂中 得見手澤 兼受客資 蘇晤何極何極 〔한충韓忠, 9-112〕

수토소상水土所傷　　풍토병風土病으로 건강이 상함. 보통 다른 지역으로 부임가거나 유배갔을 경우에 그 지역의 기후나 물이 맞지 않을 경우에 사용한다. 예문 瞻戀中 拜書之辱 恰有如面之慰 第審有愆度 恐是水土所傷 懸慮不淺 〔최석정崔錫鼎, 29-17〕

수파隨波　　시세를 따름. 예문 弟君無恙隨波 幷照 不具 〔박상朴祥, 9-59〕

수판壽板　　관으로 사용할 목재. 예문 向時壽板輸貫 尙未了當 日日受困於人 此亦前所未見 始知事之成敗 難容己力矣 〔권철신權哲身, 44-98〕

수폭修幅　　편지를 씀. 예문 蓋僕不欲區區修幅 移左右 兼煩人耳目 聊口授以仰達之耳 〔최산두崔山斗, 9-106〕

수필手畢　　손수 쓴 편지. '필畢'은 '간簡'의 뜻. 예문 昨日惠函 一宿猶慰 又拜手畢 就審陔體日安 〔김옥균金玉均, 22-357〕

수필讎筆　　잘못된 글을 바로잡음. 예문 第伏念先生之文 章章錦繡 句句金玉

則一字片言 不可抛棄 然其於丁乙之際 豈無讎筆於其間之誤矣 〔이우구李宇九, 53-217〕

수하殊荷　　특별한 은혜를 입음. 예문 謹問仕學況味若何 前此屢奉情翰 殊荷不鄙 〔이숙량李叔樑, 5-176〕

수하首夏　　초여름. 4월. 예문 謹拜上狀 庚 首夏 二日 德誠 頓 〔김덕함金德誠, 5-201〕

수한手翰　　손수 쓴 편지. 예문 卽拜手翰 謹審仰後秋涼起居連愆 區區欣慰 〔○성중○成中, 6-226〕 → 괴함瑰緘, 권찰眷札, 금옥지음金玉之音, 금음金音, 내시來示02, 덕음德音, 방함芳凾, 방함芳械, 성함盛緘, 손독損牘, 수고手告, 수자手字, 수자手滋, 수함手緘, 숭찰崇札, 숭첩崇帖, 숭한崇翰, 옥함玉緘, 외첩巍帖, 운함雲凾, 위찰委札, 위첩委帖, 자慈, 정신情訊, 청독淸牘, 청신淸信, 총문寵問, 총첩寵帖, 총한寵翰, 총함寵凾, 탕찰盪札, 하문下問, 하장下狀, 하한下翰, 혜장惠狀, 혜한惠翰, 혜함惠函, 혜함惠械, 혜함惠緘, 화독華牘, 화한華翰, 화함華函

수함手緘　　손수 쓴 편지. 상대방의 편지를 높인 말. 예문 邇來手緘之枉存 可謂頻繁 則悅承崇誨多少 受賜大矣 〔신립申砬, 26-127〕

수행繡行　　암행어사의 행차. 예문 其間繡行來到 二十日留延 聞始還發 這間支供之節 艱辛已過 邑樣去益難狀 悶悶奈何 〔이문연李文淵, 41-128〕 → 수의繡衣, 수호繡虎

수향殊鄕　　타향他鄕. 예문 千里殊鄕 四顧無親 其所矜惻 不可形言 〔이인소李寅燝, 5-117〕

수호繡虎　　암행어사. 예문 公私憂悶如此 豈有一分好況而 況繡虎諸徒往來羅絡 〔이만시李晩蓍, 027〕 → 수의繡衣, 수행繡行, 지부持斧, 직지사直指使

수회手誨　　상대가 보낸 편지를 높여 부르는 말. 예문 伏奉手誨 仰感仰感 入耳出口之戒 區區所深留意 〔유근柳根 46-203〕

수후修候　　문안 편지를 씀. 예문 適憑親庭問安便 暫此修候 〔박태보朴泰輔, 22-221〕

숙면宿面　　얼굴을 익히 서로 아는 사이. 예문 雖無勤敎 已有科時宿面 而詳聞所懷曁狀辭 深歎深歎耳 〔최두원崔斗元, 41-38〕

숙명肅命　　관직을 제수 받은 사람이 대궐로 가서 임금께 인사드리고 부임지로 가는 것. 사은숙배謝恩肅拜. 예문 且令入侍 恩諭鄭重 此豈微末庶僚 所可堪者乎 可謂曠世恩數 初意只欲肅命而歸 一入塵網 牽掣至此 尤悶奈何 〔안정복安鼎福, 39-169〕 → 배사拜辭, 사조辭朝, 사폐辭陛, 숙배肅拜, 숙사肅謝, 조사朝辭

숙배肅拜　　관직을 제수받은 사람이 대궐로 가서 임금께 인사드리고 부임지로 가는 것. 예문 前患落傷處 今已快蘇否 何日肅拜乎 〔이의건李義健, 23-15〕

숙사肅謝　　관직을 제수받은 사람이 대궐로 가서 임금께 인사드리고 부임지로 가는 것. 예문 想左右以此當一城 其已肅謝否 〔신임申銋, 22-201〕

숙상宿狀　　이전 상태. 예문 生董支宿狀 無足仰喩 〔신완申玩, 3-139〕

숙석宿昔　　예전. 과거. 예문 窃意哀執事之督過 當倍他人 而戚誼互好 將不能復如宿昔 〔홍석주洪奭周, 31-60〕

숙설熟設　　음식을 만들어 진설함. 예문 伏望尊教下人 俾於卄五到此熟設如何 〔최천건崔天健, 5-203〕

숙세叔世　　말세末世. 예문 尊門譜事 實叔世之合義 亦伏切讚賀 渠家世單 依教草呈 下考 若何若何 〔이정희李庭禧, 40-274〕

숙수熟手　　요리사. 예문 鋪陳等物 非官家 則無得路 熟手亦然 〔미상, 22-373〕

숙수菽水　　변변치 못한 음식. 예문 小生奉母 深伏菽水粗宜 只是年去業退 日負初心 〔송시열宋時烈, 39-280〕

숙신宿愼　　고질병. 예문 吾甥女宿愼 亦漸至勿藥否 區區仰慰且禱 〔이병희李炳熹, 53-40〕

숙아夙痾　　고질병. 예문 夙痾新祟 恒時吟苦 〔신헌申櫶, 21(智)-364〕 → 숙아宿痾

숙아宿痾　　고질병. 예문 身且宿痾沈綿 日事苦呻 殘生節節可憐 〔이상진李尙眞, 3-122〕

숙약宿約　　오래 전에 한 약속. 예문 妹阿之行 曾有宿約矣 〔이장박李章璞, 53-36〕

숙온宿蘊　　오랫동안 묵혀 두었던 생각. 예문 向行得遂荊願 而客裏凌遽 未得穩攄宿蘊而歸 尙今茹恨耳 〔김제원金濟元, 53-140〕

숙용宿舂　　하룻밤 묵을 양식. 보통 백 리 길을 비유하는 말로 쓰임.『장자』莊子「소요유」逍遙遊에 "교외의 들판에 나가는 사람은 세 끼의 식사를 하고 돌아와도 배가 여전히 부르다. 100리를 가는 사람은 하루를 묵을 양식을 준비한다"(適莽蒼者 三飡而後反 腹猶果然 適百里者宿舂糧)라고 하였다. 예문 用正白 此去仙庄 不

滿宿昔 每仰高風 思一識荊 而朱墨牽掣 迄未遂誠 〔권용정權用正, 39-218〕

숙위宿衛　　임금을 가까이에서 모심. 예문 京兆之啣 雖得卸免 而宿衛之役 近甚鞅掌 〔홍양호洪良浩, 44-138〕

숙주叔主　　숙부님. 주主는 가족 중 손윗사람의 호칭 뒤에 붙이는 접미사.
예문 叔主葬地 終定於何處耶 〔권욱權煜, 6-181〕

숙증宿證　　고질병. 예문 弟老人宿證 近尤沈篤 焦悶度日 〔민익수閔翼洙, 22-261〕

숙특淑慝　　선악善惡. 또는 선한 자와 간사한 자. 『서경』書經 「주서」周書〈필명〉畢命에 "선한 자와 간사한 자를 구별하여 마을을 달리한다"(旌別淑慝 表厥宅里)는 구절이 있다. 예문 至今未聞有乍別淑慝之事 使善良之士 相繼引去 邪議洶洶 終至於喪國而後已 〔미상, 45-338〕

숙평淑平　　평안히 잘 지냄. 예문 佐郞宅永和來傳 仍知淑平 〔이파李坡, 051〕

숙현宿眩　　오래된 현기증. 예문 累人海島經歲 愁緒難抑 況以宿眩之瘴癘添加 苦悶 何言 〔황기천黃基天, 39-184〕

순가巡家　　관찰사. 예문 春間愆候 尙遲痊安 由駕旋淹 想之紆鬱 況值巡家遞代 迎送爲擾 種種馳耿 如何可已 〔심상규沈象奎, 39-192〕 → 당음棠蔭, 도백道伯, 도신道臣, 도주道主, 방백方伯, 사가使家, 사상使相, 순사巡使

순귀順歸　　상대방 쪽으로 가는 인편. 예문 適值順歸 暫此問候 餘祝閤內珍重 〔김구金球, 6-31〕 → 순편順便

순례循例　　관례에 따라. 예문 留衙改色狀題 書於臘初 故卽今該色輩 不肯循例出給 〔이충익李忠翊, 21(智)-174〕

순리旬履　　관찰사의 안부를 물을 때 쓰는 말. 예문 謹承問書 具審旱炎 令監旬履佳福 豈勝仰慰 〔유득일兪得一, 5-144〕 → 순선旬宣, 순선巡宣

순리巡履　　관찰사의 안부. 선후宣候. 예문 卽承問札 憑審新春令巡履萬相 仰慰仰慰 〔홍주원洪柱元, 22-141〕 → 순선旬宣, 순선巡宣, 순안旬按, 순체巡體, 순후旬候, 안후按候

순변부취順變俯就　　변화에 순응하여 슬픔을 가라앉힘. 보통 상을 당한 사람에게 위로의 말을 하면서 쓰는 말. 예문 餘不宣 只祈順變俯就 謹疏上 〔김창협金昌協, 23-169〕

순복諄複　　자상함. 예문 頃承淸信 語意諄複 爲賜深重 不勝感歎 〔정탁鄭琢, 16-

44)

순부 巡部　　관찰사가 관하의 군현을 순시하는 일. 예문 謹審巡部利稅 邨體度萬安 區區拱慰 〔홍현주洪顯周, 44-173〕

순부 順付　　상대방 쪽으로 인편에 부침. 예문 前借禮記傳口訣已訖 今欲順付奉還 而適值雨水 未果 竢後委上亦計 〔김극일金克一 등, 12-108〕

순사 巡使　　관찰사. 예문 則渾江代送 何如 受諾云者 未知受諾於何人耶 本守耶 巡使耶 後便詳示 〔이성李宬, 35-53〕 → 당음棠蔭, 도백道伯, 도신道臣, 도주道主, 방백方伯, 사가使家, 사상使相, 순가巡家

순삭 旬朔　　열흘, 또는 한 달. 예문 伏惟 孝心純至 思慕號絶 何可堪居 日月逾邁 遽踰旬朔 哀痛奈何 罔極奈何 〔신익륭申翊隆, 21(義)-297〕

순상절하 巡相節下　　관찰사에게 편지 보낼 때 봉투에 쓰는 말. 예문 平安 巡相節下 〔오억령吳億齡, 3-39(봉투)〕

순서 順序　　계절에 순응하여. 예문 切擬廉祭昭穆先墓 敢此仰達 餘祝尊履順序萬重 〔최천건崔天健, 5-203〕

순선 旬宣　　관찰사의 안부를 물을 때 쓰는 말. 『시경』詩經 「대아」大雅 〈강한〉江漢에 "왕이 소호에게 명을 내려, 왕의 덕을 널리 펴라 하시네"(王命召虎 來旬來宣)라고 한 데서 나온 말임. 예문 適因風便 奉此起居 所冀旬宣外節宣益重 以副遠企 〔정옥형丁玉亨, 21(仁)-88〕 → 순리巡履, 순안旬按, 순체巡體, 순후旬候, 안후按候

순선 巡宣　　관찰사의 안부를 물을 때 쓰는 말. 예문 伏惟漸暄 令巡宣萬福 瞻仰日積 〔권반權盼, 3-34〕

순설 脣舌　　입술과 혀. 말이나 의론의 비유. 예문 吾之瘧疾 一度卽退 而惟是脣舌不靜 爲厄不小 〔정경세鄭經世, 45-367〕

순송 順頌　　축복祝福하는 뜻을 담은, 편지 끝의 인사말. 예문 尊意何如耶 示知爲荷 專此 順頌台安 〔성기운成岐運, 21(智)-429〕

순수 順手　　손에 잡히는 대로. 대충. 예문 得書 知讀尙書 深喜 但此書 須先知古今來歷 不可順手閱過也 〔정약용丁若鏞, 17-119〕

순시익진 順時益珍　　계절에 따라 더욱 몸을 살피라는 뜻으로 편지 끝에 상투적으로 쓰는 말. 예문 餘祈字履順時益珍 不宣 〔서문유徐文裕, 29-19〕

순안 旬按　　관찰사 임무를 수행함. 관찰사의 안부를 물을 때 쓰는 말. 예문 秋

候多乖 伏承審台體度旬按萬晏荷祝 下生一是前樣省安耳〔김병국金炳國, 42-20〕
→ 순리巡履, 순선旬宣, 순선巡宣, 순체巡體, 순후旬候, 안후按候

순영巡營　　감영監營. 예문 玆敢書呈病狀 伏望傳送巡營〔임수간任守幹, 051〕

순요詢蕘　　나무꾼에게 물음. 나무꾼 같은 천민에게도 들을 만한 것이 있다는 뜻. 『시경』詩經 「대아」大雅 〈판〉板의 "이전 사람이 말하길, 나무꾼에게 묻는다 하였네"(先民有言 詢于芻蕘)라는 구절에서 나온 말. 예문 謀及於老頏無聞之人 詢蕘擇狂 雖云古道 非禮過恭 亦所當愼〔최익현崔益鉉, 44-121〕

순자醇疵　　좋음과 나쁨, 정확함과 틀림. 예문 且亡兄學問之暇 有少論著 環顧一世 如非左右 未有可以指其醇疵 論其是非者〔한준겸韓浚謙, 45-215〕

순장旬狀　　열흘 만에 올리는 사직 상소. 예문 已呈旬狀 杜門思愆 惶懼踡伏 不敢進步〔이유태李惟泰, 4-172〕

순체巡體　　관찰사의 안부를 물을 때 쓰는 말. 예문 伏惟此時巡體起居對序益珍〔이인소李寅熽, 5-116〕→ 순리巡履, 순선旬宣, 순선巡宣, 순안旬按, 순후旬候, 안후按候

순체順遞　　관직이 순조롭게 교체됨. 순체의 예로 정약용丁若鏞의 『목민심서』牧民心書 권14 「해관6조」解官六條 〈체대〉遞代에서는 '만기가 되어 갈려가는 과체瓜遞, 상위직으로 옮겨가는 승체陞遞, 경관京官으로 옮기는 내체內遞, 임금의 소명召命을 받아 삼사三司, 규장각奎章閣, 승정원承政院 등의 직으로 옮기는 소체召遞, 다른 고을과 맞바꾸는 환체換遞 등 다섯 가지'(一曰瓜遞 六年三年 瓜期滿 二曰陞遞 自縣而郡 自府而牧類 三曰內遞 移付京官職 四曰召遞 以三司京院承召 五曰換遞 與他邑相換 此五者 名之曰順遞者也)를 들고 있다. 예문 承宣其又順遞否〔송준길宋浚吉, 15-183〕

순편順便　　편지의 수신자가 있는 쪽으로 가는 인편. 예문 頃承下札 未遇順便 不卽修謝 迨今罪恨〔김구만金龜萬, 21(禮)-114〕

순후旬候　　관찰사의 안부를 물을 때 쓰는 말. 예문 卽伏承下問書 敬審秋炎旬候動止 對時萬安〔남유용南有容, 23-227〕→ 순리巡履, 순선旬宣, 순선巡宣, 순안旬按, 순체旬體, 안후按候

술삭戌削　　비쩍 마른 모양. 예문 元氣日益憊敗 戌削轉劇 委頓度日 私閔罔涯〔이분李蕡, 32-44〕

숭보崇報　　은덕을 기리고 갚음. 예문 恩侑晟禮也 不祧曠典也 在公允副崇報 在私相切榮瞻 〔서염순徐念淳, 26-239〕

숭위崇衛　　평안함. 상대방의 건강 상태가 좋음을 높여서 부른 말. 예문 卽拜承 令札 謹審暮春 鎭候動定 崇衛萬重 仰喜仰喜 〔이유원李裕元, 21(智)-358〕

숭재崇在　　이만 줄이니 헤아리기 바란다는 뜻. 편지의 끝에 쓰는 상투어. 예문 數字書送耳 萬不一 崇在 謝上 〔송일중宋日中, 21(禮)-113〕

숭적崇迪　　평안함. 잘 지냄. 예문 伏惟窮沍 尊丈服履崇迪 區區仰慰 〔한태동韓泰東, 3-101〕

숭조崇朝　　잠깐. 원래 새벽부터 아침 먹을 때까지를 말함. '숭'崇은 '종'終과 같은 뜻. 예문 日者渡江之訪 實出意表 驚荷盛意 崇朝相對 若有所得 及其別來 惘然 如失 〔정광성鄭廣成, 21(義)-95〕

숭조崇照　　헤아림. '숭'崇은 상대방을 높이는 말. 예문 不宣 伏惟崇照 謹謝狀 上 〔이천보李天輔, 6-66〕

숭주崇注　　상대방이 자기에게 관심을 가져줌을 높여서 이른 말. 예문 但此頖 放蕉萃 不足以當崇注 〔김정희金正喜, 33-57〕

숭찰崇札　　상대방의 편지를 높여서 이르는 말. 예문 匪意承崇札 就審秋涼政 履增迪 仰慰多矣 〔이천보李天輔, 6-214〕 → 괴함瑰緘, 권찰眷札, 금옥지음金玉之音, 금음金音, 내시來示02, 덕음德音, 방함芳函, 방함芳械, 성함盛緘, 손독損牘, 수고 手告, 수자手字, 수자手滋, 수한手翰, 수함手緘, 숭첩崇帖, 숭한崇翰, 옥함玉緘, 외 첩巍帖, 운함雲函, 위찰委札, 위첩委帖, 자慈, 정신情訊, 청독淸牘, 청신淸信, 총문 寵問, 총첩寵帖, 총한寵翰, 총함寵函, 탕찰盪札, 하문下問, 하장下狀, 하한下翰, 혜 장惠狀, 혜한惠翰, 혜함惠函, 혜함惠械, 혜함惠緘, 화독華牘, 화한華翰, 화함華函

숭첩崇帖　　상대방의 편지에 대한 경칭. 예문 忽拜崇帖 如奉談晤 無任慰荷之 至 〔송시열宋時烈, 11-228〕

숭청崇聽　　상대방이 듣는 것을 높여 부르는 말. 예문 每返而自思 一抱樹枯蜕 豈有可以仰裨崇聽者耶 〔기정진奇正鎭, 44-118〕

숭체절崇體節　　상대방의 안부를 높여서 이르는 말. 예문 伏承審比涼 崇體節 萬安 伏慰叶祝區區 〔이인철李仁轍, 31-118〕

숭한崇翰　　상대방이 보낸 편지를 높인 말. 예문 歲晏益瞻往 卽伏承崇翰 謹審

嚴沍 台體節制 萬重 〔서희순徐憙淳, 29-37〕

숭희崇禧　　평안함. 잘 지냄. 예문 拜察惠函 謹審侍候崇禧 慰仰 〔김정희金正喜, 31-68〕

슬축瑟縮　　몸이 떨리고 움츠러듦. 예문 鄕曲熅堗 尙不免瑟縮 況京第冷房乎 〔신좌모申佐模, 43-102〕

슬하지통膝下之慟　　자식을 잃은 슬픔. 예문 向在赤羅 每逢人自宣城來者 輒問兄安否 又問兄未來 始知兄有膝下之慟 區區賤誠 實切驚慮 而事故迫人 且無信便 不能修一書以慰 〔유진柳袗, 21(義)-146〕 → 상명지우喪明之憂, 상명지척喪明之戚, 서하지통西河之痛

습의濕衣　　힘든 벼슬자리. 예문 弟脫濕養拙 依舊荊門一衣布衣也 良幸良幸 弟之濕衣 歸於台矣 果能大振風裁 以副衆望耶 〔이익상李翊相, 23-115〕

습정習靜　　조용한 심성을 익힘. 예문 連日風威 閉戶習靜 〔김정희金正喜, 33-25〕

습종濕腫　　습기로 인하여 생긴 부종浮腫의 한 가지. 예문 弟大病才歇 濕腫繼之 苦痛數日 今始針破 而種種疾恙 侵身不已 苦悶如何 〔이장영李長英, 7-214〕

습진習陣　　진을 치는 법을 익힘. 예문 自餘多少 今方進去 習陳處 忙甚 只此 〔이운근李雲根, 35-43〕

승관承款　　진심 어린 이야기를 들음. 예문 兼奉兄手札 仰悉縷縷 接席承款 寧逾於是 〔이간李東, 22-245〕

승당承當　　관직에 임명된 것을 받아들임. 예문 雖曰此職乃是該官擢拜 旣異於例授 晏然承當 亦有所不敢者 方此呈旬辭遞 伏計 〔이세필李世弼, 5-125〕

승룡乘龍　　사위. 예문 未知何間復尋乘龍之路也 莫待櫻桃熟 趁此頒柑時 如何如何 〔김두흠金斗欽, 31-80〕

승륙陞六　　7품 이하 관리가 6품으로 올라감. 6품 이상을 참상관參上官, 7품 이하를 참하관參下官이라고 한다. 6품 이상이 되어야 임금에게 정무를 보고하는 상참常參에 참석할 수 있고, 지방 수령으로 부임할 수 있었다. 예문 陞六之命 至今廢閣 亦豈非蔭塗中一冤耶 〔이병연李秉淵, 47-177〕

승묵繩墨　　법. 또는 형률. 예문 不料仁明之政 至被繩墨之科 不勝咄歎 〔윤문거尹文擧, 22-137〕

승문承問　　편지를 받음. 예문 承問受貺 深荷厚意 情照 謹謝狀 〔오윤겸吳允謙,

23-33]

승배承拜　　편지를 받음. 예문 聞問久阻 瞻溯不已 昨自懷鄕 略到黃湖 承拜初三日惠書 槪審近況安勝 〔송시열宋時烈, 3-118〕 → 배서拜書, 봉함奉函, 승문承問, 승시承示

승부陞付　　품계를 올려서 벼슬을 줌. 예문 仕滿旣報 卽當節次陞付 而聞次第當在第四云 恐尙費時月耳 〔이가환李家煥, 44-97〕

승불蠅拂　　파리를 쫓거나 먼지를 떨 때 썼던 도구. 말총으로 만들었다. 예문 謹承令札 兼領蠅拂一柄 深荷盛意 〔이광李珖, 21(義)-200〕

승삭繩削　　바로잡음, 수정함. 예문 盛撰遺事 略而盡矣 更何繩削耶 〔장복추張福樞, 44-59〕

승상升庠　　생원·진사시에 합격하여 성균관에 입학하는 것을 말함. 예문 升庠間設 幾物所得 亦何如 遠外遡念 不能已也 〔신좌모申佐模, 43-186〕

승선承宣　　승정원承政院의 승지承旨. 예문 弟近爲承宣 適値上候不寧 晝夜憂遑奔走 已二十五箇日矣 〔이하진李夏鎭, 5-109〕

승솔乘率　　말과 마부, 또는 탈것과 하인. 예문 鄙生乘率不具 未得一趨以叙 尋常竦罪 〔이지완李志完, 21(義)-79〕

승승殊殊　　목숨이 끊어지려고 하는 모양. 예문 景在 積務膠擾 熏惱多端 且以宿痾見狀殊殊 公私苦悶 如何形喩 〔이경재李景在, 31-75〕

승시乘時　　때를 틈타. 예문 素疾寒積 乘時肆劇 〔서기순徐箕淳, 26-185〕

승시承示　　편지를 받음. 예문 承示 知其恬然於死生之際 略無怛化之意 〔유숙기俞肅基, 23-223〕

승심承審　　편지를 받고 ~을 알게 됨. 예문 承審老熱 莅況萬安 遙慰遙慰 〔이덕형李德馨, 3-42〕 → 빙심憑審, 빙암憑諳, 빙체憑諦, 잉심仍審, 자심藉諗, 종심從審, 취심就審

승위承慰　　편지를 받으니 위로가 됨. 편지 앞머리에 쓰는 말. 예문 承慰 吾行到東小門外 而復命前入宿家中 大段未安 〔김조순金祖淳, 50-11〕

승적勝迪　　잘 지냄. 평안함. 예문 就審邇間 政履勝迪 慰浣何極 〔이경휘李慶徽, 49-338〕

승차陞差　　품계를 올려서 그에 맞는 벼슬을 시킴. 예문 無糧書吏金時立 於我

相切 無異金愛雲 聞有實稟 幸望行下陞差欲生光 〔오준吳竣, 39-83〕

승청丞廳　　역승驛丞이 근무하는 청사廳舍. 예문 似聞叔姪並興往龜道潭云 想已還丞廳耶 〔이관징李觀徵, 13-137〕

승탁陞擢　　승진과 발탁. 예문 陞擢來月間爲之云 姑未聞的傳 甚鬱甚鬱 〔이재정 李在正, 027〕

승토承討　　만나서 이야기함. 예문 萬萬都留承討 姑不宣 〔박세채朴世采, 3-146〕
→ 면경面罄, 면구面究, 면기面旣, 면달面達, 면승面承, 면오面晤, 면진面陳, 면토 面討, 배실拜悉01, 배토拜討, 봉기奉旣, 봉실奉悉02, 봉진奉盡, 봉토奉討, 봉파奉 破, 협구頰口

승판承辦　　업무를 처리함. 예문 弟際此艱虞 承辦昧方 且湖匪胥蠢 剿撫失宜 是可悶也 〔어윤중魚允中, 35-95〕

승학陞學　　승학시陞學試. 성균관에서 유생들의 학업 진전 상태를 알아보기 위하여 보던 시험. 예문 就姪今觀陞學 而自湖鄕四月還京 則只有三抄也 被抄後 四五六抄 〔이익원李翼遠, 7-144〕

승화귀진乘化歸盡　　자연에 순응하여 죽음으로 돌아감. 승화乘化. 도연명陶 淵明의 〈귀거래사〉歸去來辭 끝 부분에 "자연의 변화 따라 죽을 때 되면 가면 그뿐, 주어진 천명 즐기면 되지 다시 무엇을 의심하랴"(聊乘化以歸盡 樂夫天命復奚疑) 라는 구절이 있음. 예문 老少俱當乘化歸盡 人間事可長吁也 〔이원익李元翼, 45-266〕

승환承懽　　부모를 모시고 기쁘게 지냄. 승환承歡. 예문 省式恪惟小春 兄體服 履晏重 胤友承懽善學 仰慰且溯不任 〔이종기李種杞, 44-63〕

승효承曉　　만나서 가르침을 받음. 만나서 이야기함. 예문 潤甚 相思之苦 雖不 承曉 各自了了 不須多辭 〔최산두崔山斗, 9-110〕 → 반회攀誨, 자지炙漬, 훈자薰炙

시示　　편지에서 지시하신. 상대방이 편지에서 부탁한 말을 가리킨다. 예문 示 助役物子 私家窘劣 只以五緇銅仰副 些略可愧 〔박건중朴建中, 31-57〕

시경時警　　돌림병. 예문 隣底時警 聞甚懍怖 爲所戒慮 〔정세영鄭世永, 027〕 → 시 기時氣, 시질時疾, 시환時患, 여기沴氣, 여기癘氣, 염환染患, 윤증輪症, 윤행輪行, 윤환輪患, 행역行疫

시교示敎　　편지에서 말씀하신. 상대방의 부탁을 높여 이른 말. 예문 示敎砂糖 少許送上 〔윤근수尹根壽, 23-23〕

시교생侍敎生　　학덕이 있는 사람에게 자신을 낮추어 이르는 말. 예문 侍敎生 積殃在身 仲女夭逝 痛苦之懷 不自堪忍 〔이세필李世弼, 5-124〕

시급示及　　편지에서 언급하신. 상대방의 부탁을 높여 이른 말. 예문 示及別紙 藏於橐中 豈有遺失乎 〔민응형閔應亨, 5-37〕

시기侍丌　　어른을 모시고 있는 사람에게 보내는 편지의 봉투에 쓰는 말. 예문 江西 侍丌 〔정조正祖, 26-51(봉투)〕

시기時奇　　시국과 관련된 소식. 예문 時奇別無可聞 而三昨私廟行幸時 有景福舊闕掛書之變 而諸公蒼黃宵命 上敎開釋無餘 而世道至此 咄歎何言 〔김상성金尙星, 21(智)-34〕

시기時氣　　돌림병. 예문 外甥自虎坪還 侍纔數日 而親候常在沈淹中 簾底有時氣之慮 奉避數旬 幸得還 〔유심춘柳尋春, 32-161〕

시돈澌頓　　기운이 빠짐. 예문 弟强病一行 果致添傷 澌頓呻楚 尙不能興眞 〔김창협金昌協, 22-213〕

시령時令　　계절병. 예문 然此北地 時令也 此地人及窮途所率 皆患此證 而終歸於無傷也 〔홍무적洪茂績, 22-95〕

시록尸祿　　신하가 직책을 다하지 않고 자리만 차지하여 녹을 받아먹는 것. 시尸는 신상神像으로, 그 자리에 있으면서 일을 하지 않는 것을 말함. 시소尸素·시록소찬尸祿素餐·시위소찬尸位素餐. 예문 生蒙恩出仕 夙疾已痼 氣力已不可强一二遭隨班之後 不能作出門計 依舊郊居尸祿 可愧 安居調病 殊不如向日 可歎 〔이호민李好閔, 45-251〕→ 소찬素餐, 시절尸竊

시륜時輪　　돌림병. 예문 從弟伯兒 以無何之症十餘日傾痛 似是時輪之間 〔유우목柳宇睦, 027〕 → 시기時氣, 시질時疾, 시환時患, 여기沴氣, 여기癘氣, 염환染患, 윤증輪症, 윤행輪行, 윤환輪患, 행역行疫

시리侍履　　부모를 모시고 있는 상대방의 안부를 물을 때 쓰는 말. 예문 伏惟侍履凡百神相 區區瞻慰 〔조상우趙相愚, 3-140〕 → 방성傍省, 성리省履, 성상省狀, 성시省侍, 성여省餘, 성체省體, 성후省候, 시봉侍奉, 시상侍狀, 시성侍省, 시여侍餘, 시위侍闈, 시절侍節, 시체侍體, 시체도侍體度, 시하侍下, 시황侍況, 시후侍候, 신혼晨昏, 양시兩侍, 정성定省, 해체陔體, 환시歡侍, 효체孝體, 효체도孝體度

시리柴里　　고향. 예문 柴里寃窆 或已定日否 寞然不聞 悲鬱悲鬱 詳示之 如何

〔유낙휴柳洛休, 32-155〕 → 고산故山, 고원故園, 상향桑鄕, 향국鄕國, 향산鄕山

시마 視馬　　역驛 업무를 봄. 찰방察訪의 안부를 물을 때 쓰는 말. 예문 比日霜冷 不審兄視馬起居如何 區區溱慰交至 〔이창의李昌誼, 21(智)-37〕

시망 試望　　과거 시험관 후보로 세 명을 추천한 명단. 예문 今日則當出試望 而誰當立席 有可望之道耶 雖或得分 若講法至嚴 則更無可望 奈何奈何 同接人及 寫手 擧皆備數耶 〔이언순李彦淳, 44-77〕

시모 時毛　　시국 소식. 예문 時毛別無可聞 而一自兵判相換之後 尙無一政而裏面不無朕兆之端 到今行世 比前極難 〔장석룡張錫龍, 027〕

시모 時耗　　시국 소식. 예문 福金亦以長瘧委呻 見甚憂慮 時耗間有何可聞耶 〔신좌모申佐模, 43-100〕

시민 視民　　수령의 안부를 물을 때 쓰는 표현. 예문 春寒 視民起居 與時偕泰 慰賀交至 〔황경원黃景源, 21(智)-49〕

시방 侍傍　　부모를 모심. 예문 姪侍傍如昨 〔이조李肇, 21(禮)-367〕 → 봉성奉省, 봉친奉親, 시성侍省, 시측侍側

시보 時報　　시국時局에 관한 소식. 예문 時報與科事 具漢卿想必詳傳 〔박태관朴泰觀, 49-269〕

시복 侍服　　어른을 모시고 상중喪中에 있음을 나타낸 말. 예문 餘願 侍服體 爲學自重 不備 〔박계현朴啓鉉, 41-84〕

시봉 侍奉　　부모를 모심. 예문 想初寒侍奉諸況佳福 〔송준길宋浚吉, 3-132〕

시사 侍事　　모시고 있는 어른의 안부. 예문 日昨暫面 尙切慰思 劇寒侍事安勝 〔정조正祖, 26-21〕

시사 侍史　　윗사람의 곁에서 문서를 맡아보는 사람. 편지 봉투에 상대방을 높여서 쓰는 말. 예문 何生員 侍史 〔유진柳袗, 3-52(봉투)〕 → 기실記室, 문사文史, 존시尊侍, 집사執史, 집사集史, 하집사下執事

시사 示事　　편지에서 말씀하신 일. 예문 示事詳在小紙 〔엄즙嚴緝, 21(禮)-153〕

시삭 柴削　　몸이 땔나무와 같이 바싹 마른 상태. 예문 儀哀喉病未差 柴削已甚 悲憐不可言 〔김신겸金信謙, 22-263〕

시삽 時箑　　단오 부채. 예문 夏間祗中 謹拜惠狀 兼受時箑之記問 深謝厚意 無以爲喩 〔유최기兪最基, 21(禮)-480〕 → 절삽節箑

시상侍狀　　부모를 모시고 지내는 안부. 예문 眷下僅支侍狀 老親行無撓抵達 於潦前一日 私幸私幸〔이만녕李萬寧, 027-261〕

시상柿霜　　곶감 거죽에 돋은 하얀 가루. 예문 蹲柿 姑未出柿霜 故只以五十送 去 略略知味如何〔미상, 10-74〕

시상時象　　시국의 상황. 예문 或說時象 必至於賣天之境 此言誠然矣〔조용숙趙 鏞肅, 40-320〕

시생侍生　　어른이나 높은 사람에 대하여 자신을 낮추어 하는 말. 예문 侍生伏 荷台監下賜 粗保病裏官況〔조문수曹文秀, 4-144〕

시서時序　　철, 계절. 예문 信後時序屢換 炎熱政苦 不審尊體百福 水竹清閒 應 饒幽趣 書史琴尊 頗能怡神否 羨羨不自已也〔박규수朴珪壽, 44-337〕

시선視膳　　부모의 진지를 보살피는 일. 또는 부모의 진지. 예문 嚴候以夙崇更 添 靡寧已有日 而視膳頓減 筋力太損 日事刀圭 而似無減勢〔유병하柳秉夏, 40-194〕

시성侍省　　부모를 모심. 예문 未審雪沍 侍省起居如何〔이상정李象靖, 21(智)-59〕 → 봉성奉省, 봉친奉親, 시방侍傍, 시측侍側

시순示詢　　편지에서 물으심. 예문 示詢九人文字 似當具有全集〔김정희金正喜, 33-45〕

시식視息　　눈으로 보고 코로 숨 쉰다는 뜻으로 겨우 살아있다는 의미로 쓰 임. 예문 鳳朝頑然視息 去月奄經大祥〔윤봉조尹鳳朝, 22-251〕

시애撕捱　　관직에 임명되었으나 수락하여 나오지 않고 사의를 표하며 버티는 것. 예문 僕聞新伯決意辭遞 撕捱之際 出場不易 交龜之期漠然矣〔송규렴宋奎濂, 23-135〕

시여侍餘　　부모를 모심. 예문 阻久懸菀 卽承惠狀 以審霜冷 侍餘起居增勝 區 區慰荷殊至〔김양행金亮行, 22-275〕

시역試役　　과거의 시험관으로 참여하는 일. 예문 小生才經試役 又有對吏之 事 宿病添重 悶憐 奈何奈何〔박태순朴泰淳, 21(禮)-258〕

시우時雨　　때맞춰 오는 비. 단비. 예문 麥旣均登 時雨頻仍 豊兆可占 未知寶壤 如何〔서병선徐丙善, 35-101〕 → 감주甘澍, 감패甘霈

시원試院　　과거 시험을 맡아 치르는 임시 관아. 예문 侍生試院七箇日 氣力盡 矣〔홍서봉洪瑞鳳, 21(義)-49〕

시위侍闈　　부모를 모심. 예문 望裏老兄帶惠問而至 欣審霜暖 侍闈無損節 兄候萬重 慰瀉甚大 〔이만인李晩寅, 027〕

시위試圍　　과거 시험장. 예문 試圍播華 想居前列 佇聞榜聲耳 〔이황李滉, 30-157〕

시유示喩　　편지에서 말씀하신 것. 예문 示喩縷縷 罔非悔恨奮勵之意 苟自此而進 亦何遠之不可屆哉 〔전우田愚, 21(智)-412〕

시음視蔭　　해그림자를 본다는 뜻으로 인생이 빨리 흘러 죽음이 가까워 옴을 말함. 예문 直是視蔭 人事無足爲相愛者道耳 〔오희상吳熙常, 22-305〕

시의示意　　편지에서 말씀하신 것. 예문 示意備悉 〔윤두서尹斗緖, 21(禮)-368〕

시이澌薾　　기력이 다하여 허약함. 예문 生泄病 近尙無減 元氣轉益澌薾 未由進洩一哀於筵几未撤之前 情禮掃地 生不如死矣 〔김창즙金昌緝, 21(禮)-339〕

시일市日　　장날. 예문 使个旣生足頑 且欲待市日貿蓬 今始歸去耳 〔박희성朴羲成, 027〕

시일是日　　편지 받은 날. 편지 끝에 날짜 대신에 씀. 예문 是日 戚末 東暹頓 〔윤동섬尹東暹, 21(智)-62〕

시재時宰　　현직 재상. 예문 時宰欲爲分疏 前後罪廢之人 條陳上箚 歡聲遠騰 不知餘光亦及於覆盆之下耶 〔황석黃奭, 39-25〕

시저匙箸　　숟가락과 젓가락. 식사食事. 예문 老人近粗向安 而匙箸頓未復常 〔유장원柳長源, 32-149〕

시전侍奠　　상인喪人이 궤연几筵을 모시고(侍) 아침저녁으로 음식을 올리고 제사지냄(奠). 예문 伏審此際 堂上查丈氣力 無大添損 侍奠餘哀體候支護 姉氏若甥輩 俱免顯憂 〔정세영鄭世永, 027〕

시전視篆　　일을 보고 도장을 찍는다는 뜻으로 수령이 사무를 봄을 지칭하는 말. 관인官印은 전문篆文을 사용하기 때문에 생긴 말. 시인視印이라고도 한다. 예문 別懷耿結 殆今作惡 意外承拜令札 憑審視篆起居珍相 〔이관명李觀命, 23-193〕

시절侍節　　부모를 모시고 지내는 안부. 예문 侍節能免感咳否 〔정학교丁學敎, 21(智)-397〕

시절尸竊　　하는 일 없이 녹만 받음. 시위尸位. 예문 不欲死於尸竊之中 狼狼來歸 時議以不待山陵事畢而歸 大以爲責 慚懼方深 〔이황李滉, 11-167〕 → 소찬素餐,

시록尸祿

시정柴政　　땔나무 사정. 예문 且柴政之艱 稅納之督 不目可想 果如何過歲耶
〔신좌모申佐模, 43-148〕

시정기지時政記紙　　조보朝報와 같은 성격의 것으로, 시국 상황 전반에 걸쳐 적은 기록. 예문 時政記紙 只餘此二丈 故送上〔권상유權尙游, 23-179〕→ 조보朝報

시지試紙　　과거 답안지로 쓰던 종이. 예문 秋場試紙 螟蛉輩索我 士華令前 以書圖惠〔신용개申用漑, 21(仁)-56〕→ 명지名紙, 정초지正草紙

시진澌盡　　기력이 완전히 다함. 예문 鄙拙扶此衰朽病喘 萬里間關 得以生還 幸則幸矣 而積傷澌盡之餘 舊症新恙 一時俱劇 奄奄一縷 朝夕難保 悶歎奈何〔유경창柳慶昌, 21(義)-237〕

시질時疾　　돌림병. 예문 癖翁以時疾捐館 悲悼之心 無異骨肉〔권철신權哲身, 44-98〕→ 시경時警, 시기時氣, 시륜時輪, 시환時患, 여기沴氣, 여기癘氣, 염환染患, 윤증輪症, 윤행輪行, 윤환輪患, 행역行疫

시채侍彩　　부모를 모시며 효도함. 초楚나라 때 노래자老萊子가 나이가 칠십인데도 색동옷을 입고 재롱을 떨며 그의 부모님을 기쁘게 해 드렸다는 데서 나온 말. 예문 胤君侍彩佳安否 幷卽遡仰不任勞祝〔김성택金聲宅, 31-167〕→ 채의彩儀, 채환彩歡, 희채戲彩

시철澌惙　　기력이 다하여 쇠약해짐. 예문 弟病情日益澌惙 只俟朝露之何時晞也〔윤문거尹文擧, 23-89〕

시첩柴帖　　땔감을 지급하라고 지시하는 공문서. 예문 近況 當寒更勝 靜居能有誦讀之益否 懸懸 此一如耳 柴帖送之 略艸〔정조正祖, 26-37〕

시체侍體　　부모를 모시고 지내는 이의 안부를 물을 때 쓰는 말. 예문 就審近日雪寒侍體萬穆〔김응순金應淳, 22-283〕

시체時體　　당시에 유행하는 문체. 예문 近得時體私集 多有可觀之作〔신정申晸, 21(禮)-60〕

시체도侍體度　　부모를 모시고 지내는 이의 안부를 물을 때 쓰는 말. 예문 謹審臘沍侍體度 益爲萬禛 恭頌慰賀之至〔김재남金在南, 42-34〕

시체리侍棣履　　부모를 모시고 사는 형제들의 안부. 예문 侍棣履用 日有節度 梱廡大致 在之錦安 仰爲慰浣且賀〔권명섭權命燮, 40-30〕→ 성체리省棣履

시초詩草　　시의 초고초고草稿. 예문 汝之詩草 昨夕任實宅來 故未及盡改而送之 〔미상, 43-81〕

시측侍側　　부모를 모심. 예문 侍生粗保侍側 〔홍만용洪萬容, 5-113〕 → 봉성봉성奉省, 봉친奉親, 시방侍傍, 시성侍省

시탕侍湯　　탕약을 달임. 부모 병간호를 함. 예문 日間尙在侍湯 仰惟久不解帶 〔이광려李匡呂, 21(智)-60〕

시파示破　　빠짐없이 알려줌. 예문 玆送一力 無秘示破如何 〔미상, 6-169〕

시패柴敗　　몸이 마르고 피폐함. '시'柴는 몸이 땔감처럼 마른 것을 이름. 예문 弟做旣久苦 柴敗日甚 〔심순택沈舜澤, 051〕

시패澌敗　　기력이 쇠함. '시'澌는 다하다의 뜻. 예문 唯是老耄澌敗 臥不能起 〔이원익李元翼, 23-25〕

시편市便　　시장 보러 가는 인편人便. 장날에 장을 보러 가는 사람이나 장사치를 통해서도 편지를 전하는 일이 있었다. 예문 昨於市便 修附一書矣 想獲下覽矣 〔이기홍李箕洪, 23-155〕

시폐澌廢　　기력이 소진되어 활동을 하지 못함. 예문 此中又患寒熱之症 不免澌廢者數旬 〔이익李瀷, 44-92〕

시필試筆　　시험용 붓. 예문 兒輩欲赴省試 而試筆絶難 未可覓惠耶 〔채지홍蔡之洪, 23-213〕

시하侍下　　부모를 모심. 예문 春來侍下字履增福 旋切懸悰 〔김원행金元行, 23-229〕

시하생侍下生　　부모를 모시고 지내는 사람이 자신을 낮추어 이르는 말. 예문 卽旋 侍下生 金錫龍 上書 〔김석용金錫龍, 31-62〕 → 시생侍生, 하생下生

시학侍學　　상대방이 부모님을 모시고 학문하는 사람일 경우 그 안부를 물을 때 쓰는 말. 예문 侍學亦安勝耶 〔이순신李舜臣, 22-59〕

시호市虎　　근거 없는 말도 여러 번 들으면 믿게 된다는 말. 삼인성호三人成虎. 예문 夫市虎曾殺 尙信於三至 則況孤哀何以自脫於衆口哉 〔윤순거尹舜擧, 22-119〕

시환侍歡　　부모를 모시고 사는 사람의 안부를 물을 때 쓰는 말. 예문 就想雨雪中 尊侍歡政履勻福 〔송준길宋浚吉, 052〕 → 환시歡侍

시환時患　　돌림병. 예문 后今年阤會非細 兄弟三家 皆以時患 上下俱染 〔김상후金相后, 31-46〕 → 시경時警, 시기時氣, 시륜時輪, 시질時疾, 여기沴氣, 여기癘氣, 염

환染患, 윤증輪症, 윤행輪行, 윤환輪患, 행역行疫

시황侍況　부모를 모시고 지내는 사람의 안부. 예문 槩審新元僉侍況多吉 慰賀良深 〔이원봉李元鳳, 32-50〕

시후侍候　부모를 모시고 지내는 사람의 안부. 예문 拜察惠函 謹審侍候崇禧 慰仰 〔김정희金正喜, 31-68〕

시훼柴毀　부모의 상에 너무 슬퍼하여 몸이 몹시 야윔. 예문 家親柴毀之餘 氣力凜凜 尤切愈悶 〔조명하趙明夏, 43-281〕

시휘時諱　시국의 금기. 예문 向來一疏 蓋欲爲世道明倫紀 而大觸時諱 咎責四至 奈何 〔정호鄭澔, 21(禮)-226〕

식式　예의나 격식. 예문 都留不宣式 〔김정희金正喜, 21(智)-267〕

식息　자식. 아들이 아버지에 대하여 자신을 칭하는 말. 예문 息症勢比甚 語音如瘖 妻子産期 亦在此月 臥痛今已數日 不能卽日奔哭 尤增哽塞 〔채성구蔡聖龜, 21(義)-340〕

식근食芹　자신의 식견이나 선물이 변변치 못함을 겸손하게 표현하는 말.『열자』列子「양주」楊朱 편의 "옛날에 어떤 사람이 콩, 깨, 미나리, 떡쑥을 맛있다고 여겨서 고을의 귀인에게 그 맛을 칭찬하였다. 귀인이 뜯어다 맛을 보니 입에 까끌까끌했고 배탈이 났다. 모두들 비웃고 나무라자 그가 크게 부끄러워하였다"(昔人有美戎菽甘枲莖芹萍子者 對鄕豪稱之 鄕豪取而嘗之 蜇於口慘於腹 衆哂而怨之 其人大慙)라는 고사에서 유래한 말. 예문 今此云云 亦知其爲贅語食芹而美 不敢不分獻其味耳 〔김위재金偉材, 21(智)-58〕

식년式年　국가에서 과거를 보이거나 호적을 작성하는 시기를 지정한 해. 태세太歲에 자子·묘卯·오午·유酉가 드는 해였다. 예문 吾家每式年戶口丈 無一留在 汝輩持去 散置於何處 而不爲還送耶 〔이운근李雲根, 35-40〕

식담食淡　담백한 음식, 즉 채소만 먹음. 예문 有饋乾魚 敢以浼呈 一破食淡之戒 如何 〔이황李滉, 30-194〕

식도食道　양식. 예문 就喋 先墓碑石 今當入刻 而食道頓乏 將銜恨入地 〔이민구李敏求, 21(義)-203〕

식보食報　보답을 받음. 음덕陰德. 예문 淨居康攝 炳燭增輝 左墳右典 講究千古 朝負暮辟 嘉惠來人 人間樂事 此已極矣 況滿庭琳琅 箇箇是希世之良珍 善家

食報 理所不誣 〔노상직盧相稷, 53-173〕

식부媳婦　　며느리. 예문 恩鎬陸陸如昨 無足可道 而媳婦之樣 依前度 可幸也 〔성은호成恩鎬, 43-240〕

식식食息.　　잠시도. 또는, 늘. 예문 生僅保病拙 而遍廻列邑 飢莩溢目 賑救無策 憂惱關心 食息靡寧 〔이진李袗, 21(義)-310〕

식언息偃　　안식언와安息偃臥의 준말. 집에서 편히 쉬며 누워 있다는 말. 예문 各派子孫進不進 皆令捧單 尤何可息偃 須與後도 〔정조正祖, 26-19〕

식열食熱　　어린이가 과식으로 인해 나는 신열. 예문 奇孫學語學步 比去時判異 爲食熱之致 眼眥鼻息 似是外家衿得耳 〔정대림丁大林, 17-178〕

식옥취계食玉炊桂　　도시 생활에서 물가가 비싸다는 말. 예문 食玉炊桂 不獨入楚 全恃宿諾 敢此奉訴 馬草蟹胥 何時踐信耶 一紙三請 支離可笑 〔손필대孫必大, 21-465〕 → 계옥桂玉

식일式日　　매일. 예문 記下自春以來 式日公役 悲瘁轉甚 私悶私悶 〔민치상閔致庠, 42-40〕

식절여자食節如蔗　　점입가경漸入佳境. 사탕수수는 뿌리가 줄기보다 단데, 고개지顧愷之는 항상 맛없는 줄기부터 먹기 시작해서 뿌리를 먹는 것을 사람들이 괴이하게 여기며 물어보니 '점입가경'이라고 말했다는 고사에서 온 말. 점차 상황이 호전됨을 이르는 말. 예문 涉夏及秋 想食節如蔗 久而後知佳境也 〔이황李滉, 30-187〕 → 자경蔗境

식청拭靑　　청안靑眼을 닦다. 반가운 마음을 나타냄. 예문 際玆華函入手 拭靑圭復 怳如接芝宇 而聽瓊屑 〔김두흠金斗欽, 31-80〕

식형識荊　　평소 흠모하는 사람을 한 번 만나봄. 이백李白이 형주자사荊州刺史인 한조종韓朝宗에게 보낸 편지인 〈여한형주서〉與韓荊州書에서 "천하의 말 많은 선비들이 모여서 말하기를, '살아서 만호후에 봉해질 필요가 없고, 단지 형주자사인 한조종을 한 번 알기를 원합니다'"(天下談士 相聚而言曰 生不用封萬戶侯 但願一識韓荊州)라고 하였다. 예문 用正白 此去仙庄 不滿宿舂 每仰高風 思一識荊 而朱墨牽掣 迄未遂誠 〔권용정權用正, 39-219〕 → 형식荊識

식후息後　　잠시 후에. 예문 仍悚 貴族諡及安參判墓誌文 幸望下借 息後當卽還送 〔이후원李厚源, 051〕

식희飾喜　　부모의 경사에 잔치를 베풂. 예문 弟家親弧辰重回 非不歡慶 而孔懷之痛益新 勿令飾喜 親敎截嚴 寥寥度日 頓無悰況 爲人子者 豈不虛悵也〔정학연丁學淵, 17-174〕

신가身家　　자기 자신. 예문 文鎬以家中喪禍及病故 滾汩三四朔 訖無開霽時刻 身家亦以寒祟 長在伏枕 悶事何喩〔박문호朴文鎬, 37-68〕

신관神觀01　　정신. 예문 承卜吉 尙未定 想費神觀矣〔송시열宋時烈, 3-118〕

신관神觀02　　모습. 예문 向者得望皇大監 神觀入春頓淸健 伏想氣候萬安也 爲令監致賀不已〔조위명趙威明, 21(禮)-176〕

신교神交　　정신적으로 사귐. 예문 省式 幷世而生 幸遂旣覯之願再矣 猶勝古人千里神交之嘆耶〔유동시柳東蓍, 40-188〕

신극辰極　　북극성. 예문 仰觀辰極 當差幾度 而無儀器可測 風氣大異於京師 儘乎 吾東疆域爲中國縮本也〔신석우申錫愚, 26-213〕

신기神氣　　정신과 기운. 예문 細聞玉候 水刺稍勝 神氣頓蘇云〔송준길宋浚吉, 44-308〕

신단神短　　정신이 혼미함. 예문 神短止此 遠惟照悉〔기정진奇正鎭, 051〕

신둔神遁　　정신이 달아남, 곧 혼미함. 예문 餘 神遁草草 不宣謝〔김도화金道和, 32-169〕

신량新涼　　초가을 날씨. 예문 各此抱病 何由相敍 但祈新涼加愛〔송준길宋浚吉, 052〕

신력新曆　　새해 달력. 예문 新曆四件分呈 考領如何〔이시수李時秀, 34-320〕

신례新禮　　관리가 첫 부임 시 신고하는 예식. 예문 高山○○明日當到城 聞六七過新禮 得能無故得達耶〔이덕운李德運, 35-50〕

신리伸理　　사건을 변론하고 심리함. 예문 昨日寃死人等 一皆伸理 秋相則復官致祭 吳季文則 諸臣皆以快雪爲難〔이관징李觀徵, 13-135〕

신리新履　　관직에 새로 부임함. 예문 想査兄新履殘縣 又當大侵 賑濟之策 誠難措手 其何以爲計耶〔미상, 027〕

신리新莅　　관직에 새로 부임함. 예문 頃枉迨荷 卽承問札 憑諦殘炎 新莅起居萬安〔조태채趙泰采 47-142〕

신명新命　　새로운 인사 명령. 예문 今日冢宰新命 遽屬台監 天眷加隆 時論同

歸 伏想台監未敢牢守東岡之志也 〔조상우趙相愚, 3-140〕

신명新蓂　새해 달력. 예문 新蓂當覓待矣 姑欠見存 不卽奉副 重可歎也 姑欠見存 不卽奉副 重可歎也 〔홍직필洪直弼, 22-313〕

신묵訊墨　문안 편지. 예문 阻鬱中 忽奉訊墨 欣慰叵量 〔김흥락金興洛, 32-174〕

신문信問　소식과 안부. 예문 尙春許 亦及此信問 好耳 〔김정희金正喜, 33-51〕

신미新味　색다른 먹을거리. 예문 洪魚二尾 黃蛤二斗 爲是新味 忘略仰呈 〔민희閔熙, 5-60〕

신백新伯　새로 부임한 관찰사. 예문 僕聞新伯決意辭遞 撕捱之際 出場不易 交龜之期漠然矣 〔송규렴宋奎濂, 23-135〕

신보愼補　몸을 조심하고 돌봄. 예문 弟衰邁轉甚 難以收拾 愼補之工 只自悶憐 〔장석룡張錫龍, 53-133〕

신사信祂　믿을 만한 인편人便. '사祂는 '체'遞와 같음. 예문 如値信祂 幸付數字之答 〔유척기俞拓基, 6-62〕

신사申謝　답장을 씀. 예문 日承惠問 未及申謝 〔윤순거尹舜擧, 22-119〕

신상神相　평안함. 잘 지냄. 신의 도움으로 잘 지낸다는 뜻. 예문 辱問忽至 就審令體神相 慰倒十分 〔유계俞棨, 23-93〕

신색愼嗇　삼가고 조심함. 예문 秋早山中 想齋況何如 惟冀愼嗇別樣 〔정탁鄭琢, 051〕

신수信手　손 가는 대로 씀. 예문 閉眼信手 艱草不宣 〔김정희金正喜, 33-115〕

신수哂收　웃으면서 받음. 예문 二十筆寄呈 哂收如何 〔윤용구尹用求, 28-25〕

신숙信宿　이틀 동안 묵음. 예문 旣還之後 子峻及以志聞 追到信宿而歸云 〔김영조金榮祖, 44-44〕→ 신신信信

신식信息　소식. 예문 令胤西行後 連有信息否 〔권진응權震應, 23-237〕

신식神識　정신과 기억. 예문 神識鎖亡 人事已絶 〔윤증尹拯, 21(禮)-70〕

신신信信　이틀 동안 묵음. 『시경』詩經「주송」周頌〈유객〉有客에 "손님이 유숙하고 유숙하며, 손님이 이틀 밤을 묵고 묵으니"(有客宿宿 有客信信)라는 구절에서 유래함. 예문 但此之禮意簡慢 未能申戒御者奉與信信 嗛悵之懷 蓋累日不釋 〔조용호趙鏞浩, 40-322〕→ 신숙信宿

신신薪薪　섶 신薪 자의 훈차訓借로, 섭섭하다는 말. 예문 但衰麻之身 未得一

晉奉賀 只以草草疏語 尤切薪薪 〔홍의섭洪宜燮, 41-13〕

신양身恙　　몸의 병. 예문 生身恙有日耳 一扇送之 〔유운柳雲, 5-175〕

신양新陽　　초봄. 예문 新陽旣建 而餘寒尙酷 切祝行途愼護 〔민익수閔翼洙, 22-261〕 → 발춘發春

신어贐語　　송별시. 예문 贐語之遷延至今 正坐不敏 固知誚責之至 近當自贖耳 〔권중경權重經, 21(禮)-294〕

신연新延　　지방 관아의 관속들이 새로 부임하는 감사나 수령을 맞이하는 일. 예문 新延以舊伯之故 遲遲不起送 未必其速來 〔정헌시鄭憲時, 35-125〕

신영新迎　　신연新延. 예문 適憑新迎下人之去 寄此平信 兼付醯缸及魚封 〔이덕운李德運, 35-52〕

신왕神往　　정신이 상대방에게 쏠림. 예문 省禮 闊焉睽阻 又此改歲 瞻溯耿然 祇有神往 客臘惠疏 日庸莊誦 悅攀深墨之容 〔심상규沈象奎, 31-58〕

신우新寓　　새로 마련한 거처. 예문 未委新寓茵鼎若何 憂慮不已 〔김광욱金光煜, 46-201〕

신우薪憂　　병. 채신지우採薪之憂의 준말. 『맹자』孟子 「공손추 하」公孫丑下에 제왕齊王이 맹자를 부르자 맹자가 나무를 할 수 없을 정도로 병이 들어서 나아갈 수 없다고 한 데서 나온 말. 예문 此間親候 未有輕安之日 荊病薪憂 種種未已 〔곽재우郭再祐, 22-65〕

신우身憂　　병病. 예문 少弟近以身憂 跨朔叫苦 尙未淨夬 〔여선기呂善驥, 41-184〕

신원新元　　정월 초하루. 예문 新元伏惟侍奉萬安 臺疏醜詆 誠是意外 〔이언강李彦綱, 5-134〕

신은新恩　　새로 과거에 급제한 사람. 예문 賢胤今以新恩歸榮 亦積慶所延耶 〔이호민李好閔, 11-190〕

신인新人　　새색시. 예문 仲姪親事 日吉順成 新人德容 極愜所望 〔김응순金應淳, 22-283〕

신자訊字　　안부 편지. 예문 戀承訊字 仍想新元政履增祉 區區慰賀 〔남익훈南益熏, 44-243〕

신전信專　　믿을 만한 심부름꾼(專人). 예문 水寒在洪兄之書胎送 卽爲信專 家豚永駿 兄須善導 書到卽爲返寄 〔김정현金正鉉, 37-123〕 → 전인專人, 신사信使, 신편

信便

신전愼旃　　부디 몸조심하라는 말. 전旃은 어조사로서 '지언'之焉의 뜻.『시경』詩經「위풍」魏風〈척호〉陟岵에 "아, 내 막내아들이 부역에 나가서 밤낮으로 잠도 자지 못할 터인데, 부디 몸조심해서 죽지 말고 살아서 돌아오기만 해라"(嗟予季行役 夙夜無寐 上愼旃哉 猶來無棄)라는 구절이 있음. 예문 節交寒暑 路險關嶺 唯願行李 愼旃愼旃〔이덕운李德運, 35-50〕

신절愼節　　질병.『논어』論語「술이」述而에 "선생님께서 조심하신 것은 제사·전쟁·질병이었다"(子之所愼 祭戰疾)라고 하였다. 예문 第仲胤愼節 拱慮萬萬〔홍현주洪顯周, 39-217〕 → 소신所愼

신접新接　　처음 차린 살림살이. 예문 汝叔內外 亦安遣 而新接凡節 尙未整頓〔신좌모申佐模, 43-175〕

신정新正　　정월. 예문 新正二十日 鳴吉〔최명길崔鳴吉, 3-55〕

신제新除　　새로 벼슬을 제수받음. 예문 新除想深惶凜 一行似不可已 未知何以爲之耶〔서명응徐命膺, 21(智)-87〕

신조愼調　　삼가 몸조리를 잘함. 예문 義伯父見書知蹔歇 深喜 然百分愼調〔미상, 43-45〕

신조神照　　마음으로 헤아림. 편지 끝에 쓰는 말. 예문 萬萬都在神照 不宣〔허극許極, 027〕

신주神州　　신성한 고을이란 뜻으로 중국의 별칭. 예문 嗚呼 神州陸沈 今二百三十年 紅羅法服 無地可覩〔정극상丁克相, 41-19〕

신지新祉　　새해의 복복. 예문 惠饋歲儀依受 多謝 惟冀益膺新祉〔신임申銋, 23-157〕

신찰信札　　편지. 예문 金玉信札之來 雖非手筆 亦極感慰感慰〔심희수沈喜壽, 45-239〕

신천新阡　　새 무덤. 예문 新阡凡百 亦何居 種種悲念 不可言〔이하곤李夏坤, 10-88〕

신초呻楚　　신음함. 예문 弟强病一行 果致添傷 漸頓呻楚 尙不能興眞〔김창협金昌協, 22-213〕

신충宸衷　　임금의 뜻. 예문 今番三科 可謂柱公屈 而斷自宸衷 都出於公 大慰人心 誠可加額耳〔이재의李載毅, 44-116〕

신편信便　　믿을 만한 인편. 예문 就夏枯草萬緊入用處 向京局雖有之 非眞品 而藥力不如完山所産 故玆以仰懇 限三四斤 從速隨信便貿送 則於弟生色不些 另 念施之 切仰切仰〔여선기呂善驥, 41-184〕→ 신사信祇, 신전信專, 전인專人

신포新抱　　갓난 손자. 예문 又新抱色囊一〔정조正祖, 26-50〕

신필信筆　　붓 가는 대로 씀. 예문 燭下信筆 作此多少語 想覽之一笑也 不宣式〔김상숙金相肅, 21(智)-92〕

신하辰下　　요즈음. 예문 嫩暑已能醉人 遠惟辰下 兄靜履萬安〔이병연李秉淵, 47-176〕

신함新啣　　새로운 벼슬을 받음. 예문 許判官之軍器判官新啣 甚幸甚幸 爲其求仕數三年 積苦於京下 竟得此啣 何幸何幸〔정인승鄭寅昇, 41-152〕

신행新行　　혼인한 후 신부가 신랑 집으로 가는 행차. 예문 震應纔過迎賓 旋送新行 而孫女之婚 依然關情 惱撓無已〔권진응權震應, 23-237〕

신행贐行　　먼 길을 떠나는 사람에게 주는 돈, 또는 물품. 예문 惠送貳緍 出於念外 還甚慘然 至於贐行 古亦有之 何可辭耶〔이도중李樂重, 41-26〕

신행어贐行語　　여행을 떠나는 사람에게 주는 글. 예문 諸人各有贐行語 況左右固可無情耶 幸須毋泛以寓規戒 至佳至佳〔송준길宋浚吉, 15-181〕

신혼晨昏　　부모를 모심. 혼정신성昏定晨省의 줄인 말. 예문 晨昏餘棣履 亦膺新祉否 區區者慰溯之摯〔이만인李晩寅, 027-220〕

신회神會　　마음으로 헤아림. 마음으로 이해함. 편지 끝에 쓰는 말. 예문 王靈所仗 唯冀跋涉珍重自愛耳 都付神會 不具狀〔오명항吳命恒, 21(禮)-396〕

신후信後　　편지를 받은 후에. 예문 信後月改 春和正闌〔김문옥金文鈺, 41-12〕

신후愼候　　병환. 예문 向來愼候夬復而 同舍僉候亦何如〔이능현李能玄, 027〕

신후申候　　안부를 물음. 예문 適因便 略此申候〔이의현李宜顯, 23-201〕

실가室家　　아내. 예문 顯光不幸 奄遭室家之喪 方在悲悼中〔장현광張顯光, 23-31〕→ 가인家人, 내內, 내조內助, 노형老荊, 실내室內, 실인室人, 형처荊妻

실과實窠　　실무가 있고 급료를 받는 실질적인 벼슬자리. 예문 無粮書吏金時立 於我相切 無異金愛雲 聞有實窠 幸望行下陞差欲生光〔오준吳竣, 39-83〕

실관實官　　급료를 받고 실제로 직무를 보는 관리. 예문 自政院分付 必使實官 省記云 想由於未諒情實之致〔심수현沈壽賢, 6-49〕

실내室內　　아내 또는 부인. 예문 聞兄遭姪兒之亡 尋常慘痛 今又聞宜寧室內 之計 不勝驚慘〔성초객成楚客, 47-84〕

실농失農　　농사에 실패함. 예문 聞其處失農爲甚 卒歲之謀 何以爲之〔김성일金誠一, 12-143〕

실달悉達　　모두 다 말씀드림. 예문 城主下車之初 卽爲垂問舍弟 優給糶米 得以資活 其爲感幸 何可悉達〔이세화李世華, 22-181〕

실섭失攝　　건강이 좋지 않음. 예문 玉音久絕 ○○之至 承惠札 極慰極慰 第審失攝 慮深〔한두韓岰, 39-19〕

실시失眡　　간호하지 못함. 예문 戚下生親候昨又添感 薪憂失眡〔이휘령李彙寧, 027〕

실오失晤　　만나지 못함. 예문 華蓋南發之日 委進 値已啓 失晤 虛還〔조종진趙琮鎭, 29-30〕→ 봉위奉違, 위봉違奉, 위회違誨

실우室憂　　아내의 병. 예문 夏秋以來 室憂加劇 子病亦甚 撓遑之極 人事廢絕〔유복명柳復命, 6-162〕

실음失音　　목소리가 잘 나오지 않음. 예문 外甥旅食僅依 而失音漸痼 無異於啞〔이재정李在正, 027〕

실인室人　　자기의 아내를 이르는 말. 예문 前晉昏擾猶未也 卽惟令體若何 鄕信昨到 室人病患 今似向蘇 而不能飲食 所思者 大口卵醢 及膏雉〔송민고宋民古, 21(義)-231〕

실임失稔　　흉년. 예문 今年又爲失稔 如或淹滯 實有自盡之慮〔신재식申在植, 22-311〕→ 검년儉年, 검세儉歲, 겸년歉年, 고겸告歉, 기세饑歲, 비무備無, 세검歲儉, 세겸歲歉, 세쇄殺歲, 쇄세殺歲, 황세荒歲, 황소荒騷, 흉겸凶歉, 흉황凶荒

실조失調　　건강 관리를 잘못함. 예문 拙者所患 向年亦屢發 今比前者 倍覺暴孟 以其發後失調也〔이황李滉, 30-147〕

실중失中　　규칙이나 규범에서 벗어남. 또는 중도를 잃음. 예문 想當此際去就 時義 甚不易決 未知何樣處置 得無失中之患耶〔전식全湜, 45-337〕

실체失體　　체통이나 체면을 잃음. 예문 但道之所在雖固 責彼在此 亦當措語 無自失體 更招彼之罔極 如何如何〔정광필鄭光弼, 3-31〕

실평失平　　평안을 잃음, 병이 남. 예문 但審兄主失平 馳悶無任 未知患何症 秪

今加減如何 細示 〔정철鄭澈, 23-21〕

심尋　　곧. 머지않아. 예문 尋爲搆草以呈 黙改其疵病如何 〔강회백姜淮伯, 21(仁)-20〕

심계心契　　뜻이 서로 맞는 친구. 예문 望外此友遠訪 傳致一甬書 乃吾舊日心契家賢胤也 忙手展讀 無限萬感與新悵 〔유필영柳必永, 40-214〕

심단尋單　　사직서를 올림. 예문 右揆今日又再爲尋單 以不許下答爲敎 未敢知究竟如何也 〔김정희金正喜, 1-47〕

심량深凉　　매우 서늘함. 늦가을의 서늘한 기온. 예문 匪意伏承下札 恭審深凉斂政履起居萬相 〔김상후金相后, 31-46〕

심묵深墨　　새까만 얼굴빛. 복상服喪 중일 때의 슬픈 모습을 가리킴. 예문 省禮闊焉暌阻 又此改歲 瞻溯耿然 祇有神往 客臘惠疏 日庸莊誦 悅攀深墨之容 〔심상규沈象奎, 31-58〕

심문深文　　글 뜻을 깊이 파고듦. 또는 의미심장한 문장. 예문 寂寞中 得賢胤來訪 眞所謂空谷跫音 況孤獨深文 忘却異鄕之身 〔신석번申碩蕃, 22-115〕

심복心腹　　진심眞心 또는 충정衷情. 예문 意外辱存 尙有戀戀之意 故不敢自外 略布心腹 〔윤순거尹舜擧, 22-119〕

심사甚事　　무슨 일. 예문 伏問雨中體節萬旺 伏頌伏頌 第聯疏譴罷 是甚事耶 爲之仰悶 〔이도재李道宰, 31-137〕

심상尋常　　늘. 예문 此每擬進敍 而病故多端 末由遂意 尋常恨歎 〔오두인吳斗寅, 22-161〕

심상인心喪人　　상복을 입지 않더라도 상주와 같은 마음으로 몸을 삼가는 사람. 보통 스승이 돌아갔을 경우 3년 심상心喪을 함. 또는 대상大祥과 담제禫祭 사이에 상복은 벗었지만 마음으로는 상복을 입은 것처럼 계속 근신하는 사람.
예문 心喪人 趙廷虎 疏上 〔조정호趙廷虎, 051〕

심서心緖　　심사. 마음. 예문 餘心紙飛越 不備狀禮 〔미상, 41-67〕

심소心炤　　마음으로 읽어 달라는 말. 편지 끝에 쓰는 말. 예문 不盡所欲言 伏惟心炤 〔정경세鄭經世, 3-27〕

심수尋數　　심행수묵尋行數墨의 준말. 글의 행을 찾고 글자를 헤아림. 독서를 말하는 것이다. 예문 從來尋數之業 一切廢却 寒喧書尺之間等 作笆籬物事 種種情愛之地 不諳本狀 或惠問而商確 似若可取焉 是非愛我 祇益其過耳 〔유동시柳東蓍,

40-188)

심아沁衙　　강화 유수留守. 심도沁都는 강화도를 가리킴. 예문 沁衙泄患 劇歇 無常 憂悶憂悶〔김춘택金春澤, 22-237〕

심약審藥　　궁중에 바치는 약재를 조사하기 위하여 각도에 파견하던 종9품의 잡직雜職 벼슬. 전의감, 혜민서의 의원 중에서 선임하였음. 예문 就審藥姜君 卽親切 匪泛之人 而窮不能資身 情寔可悶〔김정희金正喜, 33-59〕

심언審讞　　죄를 심리함. 예문 弟病餘遇寒 倍覺圍圍 而審讞尙未了勘 無暇調息 公私悶惱不可狀〔김재현金再顯, 44-186〕

심영沁營　　강화부江華府. 예문 沁營 記室 入納〔이광려李匡呂, 21(智)-61〕

심요心擾　　마음이 바쁨. 예문 餘心擾 只此 伏惟○○○〔송시열宋時烈, 3-121〕

심의深衣　　양반의 평상복. 흰 베로 만든 두루마기 모양의 옷으로, 소매를 넓게 하고 검은 비단으로 가를 둘렀다. 예문 童子深衣 在於板橋景天家 以爲借用如何〔송병선宋秉璿, 22-349〕

심제인心制人　　심상인心喪人. 예문 心制人 權煜 狀上〔권욱權煜, 6-180〕

심패深佩　　깊이 감사함. '패'佩는 마음에 새긴다는 뜻. 예문 薏苡大棗之惠 深佩深佩〔유성룡柳成龍, 3-165〕

심화心畫　　글씨. '심획'으로도 읽음. 『법언』法言 「문신」問神의 "말은 마음의 소리요, 글씨는 마음의 그림이다"(言 心聲也 書 心畫也)에서 나온 말. 예문 忽見二妙入門 兒子繼至 袖呈惠書 略道徑歸之由 一悵一慰 心畫以替顏範 筒目以替牙香〔이진상李震相, 44-60〕

심황心貺　　마음이 담긴 선물. 예문 伴書三種謹領 心貺不知所以報謝 而屢辱勤意 殊極不安〔송달수宋達洙, 25-47〕

십백기인十百其人　　많은 숫자의 사람. 예문 且以梅集中詩 誦傳于諸處 謄傳于各處者 奚翅十百其人 緣是之故 右海一帶 梅集文風 大行于世〔이강제李康濟, 37-155〕

십부종사十部從事　　많은 관리들. '한 장의 편지가 십부종사보다 낫다'는 뜻으로 편지의 훌륭함을 형용하는 상투어로 쓰인다. 『삼국지』三國志 「위지」魏志 〈유복전〉劉馥傳에 "(유홍이 형주자사荊州刺史가 되어) 창고를 열어 구호 곡식을 나누어 줄 때마다 예하 군국郡國들에게 손수 간곡하게 편지를 써 보내니 모두 감복하여 급히 달려 왔다. 그러자 모두들 '유공劉公의 편지 한 장을 얻는 것이 많은 관리들보다도 낫다'고 말하였다"(每有興發 手書郡國 丁寧欸密 故莫不感悅 顚倒奔赴 咸曰 得劉公一紙書 賢於十部從事也)라고 하였다. 예문 歲暮山窓 忽得聯床之喜 而 兼拜讀惠箋 果賢於十部從事也 〔장기림張基林, 37-105〕

십분十分 충분히. 넉넉하게. 너무. 대단히. 예문 辱問忽至 就審令體神相 慰倒十分 〔유계兪棨, 23-93〕

십붕十朋 귀중한 선물. 고대에는 조개를 화폐로 사용하였으며 조개 5개를 1붕朋이라고 하였다. 일설에는 조개 2개라고도 한다. 예문 君餘嘉魚 荷此頻惠 謹領銘感 不啻十朋 〔조인영趙寅永, 29-34〕 → 백붕百朋

십행十行 열 줄의 글. 후한後漢 광무제光武帝가 십행十行으로 조밀하게 쓴 편지를 조서로 내렸다는 고사에서 비롯되어, 임금의 친필 서한이나 조서詔書를 이르게 되었다. 예문 邸狀一紙送去 恐契兄未及見 幸達之 十行森嚴 足以破奸諛之膽 而只恐渠輩視爲屢試無驗之言 可愼可愼 〔정경세鄭經世, 45-374〕

쌍리雙鯉 편지. 쌍리척소雙鯉尺素. 옛 악부시樂府詩의 "먼 곳에서 손님이 와 두 마리 잉어를 주었는데, 아이를 시켜 요리했더니 배 속에서 비단 편지가 나왔네"(客從遠方來 遺我雙鯉魚 呼兒烹鯉魚 中有尺素書)라는 구절에서 유래한 것이다(『문선주』文選註 권27 〈장성의 천굴泉窟에서 말에게 물을 먹이며〉飮馬長城窟行). 예문 五馬出塞 雙鯉滯信 回首北雲 寸心如月 〔영대○榮大, 35-116〕 → 간척竿尺, 서각書角, 서간書柬, 서척書尺, 수묵數墨02, 수자數字, 안자鴈字, 어안魚鴈, 어홍魚鴻, 인우鱗羽, 지척서咫尺書, 척소尺素, 척안隻雁, 척저尺楮, 척제尺蹏, 척지尺紙, 함械, 홍리鴻鯉

쌍부雙鳧 수령을 비유하는 말. 『후한서』後漢書 권82 「방술열전」方術列傳 〈왕교〉王喬의 고사에서 나온 말. 왕교王喬는 섭현령葉縣令으로 신술神術이 있었는데, 매월 삭망朔望 때면 섭현에서 조정朝廷으로 갔다. 황제가 그가 자주 오는 것은 보았지만 그가 타고 온 거마車馬를 보지 못한 것을 이상하게 여겨서 사람을 시켜 몰래 지켜보게 하였더니, 그가 올 때면 한 쌍의 물오리(雙鳧)가 동남쪽에서 날아오므로 그물을 쳐서 잡게 하였다. 그런데 그것은 물오리가 아니라 신발 한 켤레였으며, 그 신발은 일찍이 황제가 상서 관속尙書官屬들에게 내려 준 것이었다고 한다. 예문 伏承下札 備認雙鳧入洛 況味有相 披慰萬萬 〔임의백任義伯, 16-104〕

쌍빈지설雙鬢之雪 양쪽 귀밑머리가 눈처럼 하얗게 셈. 예문 二載西州 博得

雙鬢之雪 至於政令施措 都沒籌策 〔홍우길洪祐吉, 29-39〕

쌍죽雙竹　　쌍죽장雙竹杖. 대지팡이 한 쌍. 예문 雙竹之贈 最要於扶病 珍謝僕僕 〔권상하權尙夏, 6-81〕

쌍포雙抱　　손자 두 명. 예문 似聞近間聯得雙抱 人家後來之望 惟是之係焉 伏賀萬萬 〔윤주하尹冑夏, 44-64〕

아계阿季　　막내. 예문 阿季以達 伏望聯駕枉臨 以光此日之席 千萬千萬 〔박상진朴尙鎭, 40-138〕

아계雅契　　편지 봉투에 쓰는 말로 '아'雅는 상대를 높이는 말이며, '계'契는 친한 관계임을 나타냄. 주로 가까운 제자에게 쓰는 말. 예문 雅契 拜復 具進士 侍史 〔송준길宋浚吉, 052〕

아교阿嬌　　따님. 상대방의 여식. 예문 阿嬌婚處 其間或已牢定否 〔이종상李鍾祥, 027〕

아권衙眷　　수령이 데리고 있는 권속들. 예문 況審此時 政候衙眷 並得安寧 〔김조순金祖淳, 21(智)-217〕

아도阿堵　　눈. 예문 想靜中意趣與物象俱佳 一倍瞻注 前患阿堵之症 其已快復否 〔이여李畬, 23-159〕

아도雅度　　상대방의 생각이나 헤아림을 높여서 부르는 말. 예문 其斟酌抽添 惟在雅度商正 〔김상현金尙鉉, 22-331〕

아랑지문兒郞之文　　상량문. 상량문 투식에 "어영차! 떡을 대들보 동쪽에 던지노니"(兒郞偉抛樑東)라는 말이 있다. 예문 成生久徵 卽者委訪 細聞尙院事 而兒郞之文 副學尙未製送云 〔민진후閔鎭厚, 6-87〕

아량雅亮　　줄이는 사연을 잘 헤아려 달라고 편지 끝에 쓰는 말. '아'雅는 상대방을 높여 이르는 말. 예문 餘懷不能具悉 玆惟雅亮 謹拜謝狀 〔유성룡柳成龍, 5-199〕 → 감량鑒亮, 부소俯炤, 서량恕亮, 서량恕諒, 서조恕照, 서조犀照, 아조雅照, 영유

領惟, 이량怡亮, 정재情在, 조급照及, 조량照亮, 조량照諒, 조재照在, 조하照下, 조회照會, 하감下鑑, 하재下在, 하조下照02, 하찰下察

아리衙履　관직 생활 중의 안부. 예문 近甚阻絶 瞻響如何 卽日炎暑 衙履淸迪 〔홍이상洪履祥, 5-210〕

아리雅履　상대방의 안부를 높여 이르는 말. 예문 中間再書 訖用慰荷 第此昏德 不克有所奉報也 遠惟履端雅履啓居萬重 〔박세채朴世采, 23-137〕

아분雅分　평소의 친분이나 교분. 예문 貴郡境內多有弟家宗黨 或有雅分否 〔이직보李直輔, 22-293〕

아사亞使　감영의 도사都事. 예문 今逢北路亞使 問台衰謝之如何 則謂之不甚 殊可喜也 〔이진일李眞一, 7-199〕

아사衙史　지방관 휘하의 아전을 일컫는 말. 지방관에게 편지 보낼 때 그 아래 아전에게 보내는 형식을 취함으로써 상대방을 높이는 격식에 쓰인다. 예문 上狀 衙史 〔홍경신洪慶臣, 3-147(봉투)〕 → 대아사大牙史, 아하牙下, 아하衙下, 아하사衙下史, 아하시사牙下侍史

아사雅士　벼슬이 없는 선비를 높여 부르는 말. 주로 젊은 선비에게 사용함. 예문 黃雅士 侍史 回展 〔김병연金炳淵, 42-21(봉투)〕 → 대사大士, 대아大雅, 석사碩士

아사雅史　지방관 휘하의 아전을 일컫는 말. 지방관에게 편지 보낼 때 그 아래 아전에게 보내는 형식을 취함으로써 상대방을 높이는 격식에 쓰인다. 예문 褒察訪 雅史 〔정탁鄭琢, 16-56(봉투)〕

아서迓序　이 계절에. 예문 方此黯黯之際 兒還而又憑其口 就伏審靜中體度 迓序萬衛 子舍若堂內僉節 一例淸勝 〔김대락金大洛, 40-52〕 → 대서對序

아세亞歲　동짓날을 이르는 말. 『동국세시기』東國歲時記에 "동짓날은 아세라고 한다"(冬至日稱亞歲)라고 하였다. 예문 孤子又逢亞歲 逢新之慟 益復罔極 〔김난순金蘭淳, 29-33〕

아신迓新　새해를 맞음. 예문 餘冀迓新多福 不宣 伏惟令照 〔송상기宋相琦, 23-181〕 → 이단履端

아양痾恙　병병. 예문 第審調候 尙遲康復 痾恙不已 貢慮萬萬 〔조태채趙泰采, 21(禮)-320〕

아양衙釀　관아에서 담은 술. 예문 衙釀未及熟 官酒卽不堪飮 計復奈何 〔이단

상李端相, 16-114]

아영亞營　　도사都事. 『목민심서』 권3 「봉공육조」奉公六條 '문보'文報에 "아영은 도사를 말한다"(亞營者 都事也)라고 하였다. 예문 寄淇亞營 [이재의李載毅, 44-116]

아전亞銓　　이조참판. 예문 注擬間事 非所與聞 以試當懇通於銓官爲計 但首席則分尤不熟 無已則可求於亞銓耳 [송규렴宋奎濂, 22-175]

아전만지迓餞蔓祉　　묵은해를 보내고 새해를 맞이하면서 더욱 복 많이 받기를 바란다는 말. 예문 餘歲色垂窮 伏冀迓餞蔓祉 不備候禮 [윤치현尹致賢, 31-90]
→ 아희迓禧, 전아만기餞迓蔓祺

아절衙節　　수령의 안부. 예문 記下近承衙節之寧 諸眷皆安 爲私之幸 [김성근金聲根, 42-24] → 아리衙履, 아후衙候

아조雅照　　다 쓰지 못한 사연을 잘 살펴주기를 바란다는 뜻으로 편지 끝에 쓰는 말. 예문 伏惟雅照 七月 旣望日 [정경세鄭經世, 25-12] → 감량鑒亮, 부소俯炤, 서량恕亮, 서량恕諒, 서조恕照, 서조犀照, 아량雅亮, 영유領惟, 이량怡亮, 정재情在, 조급照及, 조량照亮, 조량照諒, 조재照在, 조하照下, 조회照會, 하감下鑑, 하재下在, 하조下照02, 하찰下察

아중阿仲　　둘째 아우. '아'阿는 친근한 관계일 때 붙이는 접두어. 예문 但阿仲南爲 溢目愁惱 又重熏心 [김정희金正喜, 33-67]

아책訝責　　의아해하며 책망함. 예문 病蟄已久 昏憒亦甚 不敢旋修謝語 想被訝責 [민정중閔鼎重, 3-129]

아척兒慼　　아이를 잃어버린 슬픔. 예문 女息初見殘忍事 驚慽受傷之外 乳部自再昨刺痛 不無成癰之慮 兒慼姑舍 此憂非細悶 莫非弟苦惱數厄 奈何 [홍양호洪良浩, 39-175]

아팽牙伻　　관아의 심부름꾼. 예문 適有牙伻 草此 [김홍욱金弘郁, 23-83]

아하牙下　　관아의 아랫사람. '아'牙는 '아'衙. 수령에게 보내는 편지에 쓰는 투식. 예문 令兄 謝狀上 原州 牙下 [정지화鄭知和, 051(봉투)] → 대아사大牙史, 아사衙史, 아사雅史, 아하衙下, 아하사牙下史, 아하시사牙下侍史

아하衙下　　상대방 관아의 하리下吏. 상대방을 직접 언급하는 것은 실례이므로 아랫사람을 지칭함으로써 상대방을 높여서 일컫는 말. 예문 江西 衙下傳納 [이유

李濡, 5-128(봉투)〕

아하사衙下史　　상대방 관아의 하리下吏. 편지 봉투에 수신자의 이름을 직접 쓰면 실례이므로 아랫사람을 지칭함으로써 상대방을 높이는 것. 예문 陜川 衙下史 〔이원익李元翼, 3-166(봉투)〕

아하시사牙下侍史　　상대방 관아의 하리下吏. 상대방을 직접 언급하는 것은 실례이므로 아랫사람을 지칭함으로써 상대방을 높여서 일컫는 말. 주로 봉투에 쓴다. 예문 唐城 牙下侍史 〔최천건崔天健, 5-202(봉투)〕

아함阿咸　　상대방의 조카. 진晉나라 죽림칠현竹林七賢의 한 사람인 완적阮籍의 조카 완함阮咸의 재주가 뛰어나, 세상 사람들이 조카를 아함阿咸이라고 부른 데서 유래한 말. 예문 幸賴阿咸每來相訪 不覺心開目明 〔이상李翔, 22-171〕 → 소완小阮, 영함令咸, 현질賢姪, 현함賢咸

아향牙香　　상대방의 말을 높여 이르는 말. 예문 忽見二妙入門 兒子繼至 袖呈惠書 略道徑歸之由 一悵一慰 心畫以替顔範 筍目以替牙香 〔이진상李震相, 44-60〕

아협牙頰　　이와 뺨. 또는 말하는 것을 이름. 예문 遠地朋舊 未諳實際 謬加過情之奬 則直是愧窘欲逃者 而賢者亦用此套 甚恨其不惜牙頰也 〔유필영柳必永, 40-214〕

아후衙候　　수령의 안부를 가리키는 말. 예문 只祝春寒令衙候萬安 〔조정호趙廷虎, 051〕

아희迓禧　　새해를 맞이하여 많은 복을 받기 바란다는 말. 예문 弟衰髲轉甚 宿恙頻發 且當年底 劇務叢集 有非病骸所可抵敵 悶憐悶憐 歲行盡矣 唯祝迓禧 〔김상현金尙鉉, 44-189〕 → 전아만기餞迓蔓祺, 아전만지迓餞蔓祉

악객惡客　　반갑지 않은 손님. 예문 加以惡客, 到處生梗 此間苦狀 令人頭白 〔홍명하洪命夏, 23-95〕

악군岳君　　장인丈人. 예문 岳君龍安倅凡事 幸留意焉 〔오도일吳道一, 5-127〕

악서握敍　　만나서 회포를 풂. 예문 此窮遠無由握敍 引領而已 〔권상하權尙夏, 052〕

악장岳丈　　장인. 중국의 동악東岳에 해당하는 태산泰山에 장인봉丈人峯이 있어 세상에서 장인을 악부岳夫, 장인丈人, 악장岳丈이라고 한다. 예문 岳丈宅安寧 老人不至凜綴 〔이건창李建昌, 38-41〕

악조惡阻　　입덧. 악조증惡阻症. 예문 遠途觸熱 未知爲況何似 新婦惡阻之候 近復如何 懸戀不能忘〔정경세鄭經世, 45-377〕

악창惡瘡　　악성 부스럼. 예문 鄙狀經丹毒 面浮方痛 右臂惡瘡 支吾不得〔유도성柳道性, 40-186〕

악토握吐　　만나서 이야기함. 예문 若蒙歷訪 可得握吐 是企是企〔김명열金命說, 49-41〕

안고眼苦　　눈병. 예문 弟眼苦尙甚 而自惟幸親節承甯耳〔김성근金聲根, 22-345〕

안무按撫　　안무사按撫使. 변란이 일어났을 때 민심을 수습하기 위하여 지방에 파견하던 특사. 예문 應洙意外有從軍之命 來住按撫幕府〔민응수閔應洙, 6-57〕

안문安問　　소식. 안부. 예문 且承京裏安問者乎〔송치규宋穉圭, 22-303〕

안박安泊　　편안히 머물고 있음. 예문 未委寓況安泊否〔성혼成渾, 23-17〕

안범顔範　　상대방의 모습에 대한 존칭. 예문 頃承手札 奉玩三復 如獲顔範 殊慰孤懷〔성혼成渾, 051〕

안비막개眼鼻莫開　　바빠서 눈코 뜰 새 없다는 말을 한자로 바꾼 것. 예문 如孫者 自覺眼鼻莫開 實無勸人之方 深恐負下托之勤也〔송주석宋疇錫, 21(禮)-249〕

안사顔私　　안면이 있어서 생기는 사사로운 정의情誼. 예문 稽顙 向疏拘於顔私 未免揮却〔조용화趙容和, 31-71〕

안생眼眚　　눈에 백태가 끼어 잘 보이지 않는 것을 말함. 예문 惟是眼眚日劇 去盲無幾〔박필주朴弼周, 6-221〕

안설按說　　생각해 보건대. 자신의 견해를 밝힐 때 쓰는 말. 예문 謹採朝野輯要及河晉山所撰神道碑 書入 而附以按說數十行〔이민응李敏應, 000〕

안세安稅　　→ 안탈安稅

안승安勝　　평안함. 예문 承拜初三日惠書 槪審近況安勝 忻慰無任〔송시열宋時烈, 3-118〕

안신安信　　평안하다는 소식. 예문 稍阻安信 紆慮實大〔홍범식洪範植, 22-363〕

안앙지통安仰之痛　　스승을 잃은 슬픔.『예기』禮記「단궁 상」檀弓上의 고사에서 유래한 말. 공자가 세상을 떠나기 전에 "태산이 무너지는구나, 대들보가 꺾이는구나, 철인이 시드는구나"(泰山其頹乎 梁木其壞乎 哲人其萎乎)라고 노래하자, 자공子貢이 이를 듣고는, "태산이 무너지면 우리가 장차 어디를 우러러보며, 대들보가 꺾이고 철인이 시들면 우리가 장차 어디에 의지하겠는가"(泰山其頹 則吾將安仰 梁木其壞 哲人其萎 則吾將安放)라고 했다고 한다. 예문 遂菴先生之喪 忽已三年 安仰之痛 吾黨同然 〔어유봉魚有鳳, 22-243〕

안여安轝   가마. 예문 安轝回之 以白骨磨來 而加漆 故始付今便 〔정재원丁載遠, 21(智)-138〕

안우案右   책상 아래. 상대방을 높인 표현. 예문 徐大雅 案右 〔이의경李毅敬, 44-137(봉투)〕

안자鴈字   편지. 안서雁書. 흉노에 억류된 소무蘇武의 소식이 적힌 비단이 한漢 소제昭帝가 잡은 기러기 발에 묶여 있었다는 고사(『한서』漢書 권54 「이광소건전」李廣蘇建傳)에서 나온 말. 예문 千里照靈犀 祗有一鴈字 拜承仰慰 〔이정직李貞稙, 31-145〕 → 간척竿尺, 서각書角, 서간書柬, 서척書尺, 수묵數墨02, 수자數字, 쌍리雙鯉, 어안魚鴈, 어홍魚鴻, 인우鱗羽, 지척서咫尺書, 척소尺素, 척안隻雁, 척저尺楮, 척제尺蹏, 척지尺紙, 함械, 홍리鴻鯉

안적眼赤   눈이 충혈되는 병. 예문 尊翁數作與函丈 作山洞行 昨纔返駕 而見以眼赤爲苦耳 〔김문옥金文鈺, 41-109〕

안적鞍赤   → 안치〔鞍赤〕

안종雁從   편지 전하는 인편人便. 예문 適因雁從之過 暫此寄信 〔윤봉구尹鳳九, 22-253〕

안중眼中   눈에 선함. 예문 眼中親舊 日覺凋零 而西河之病 若非天幸 難望回春 公私歎惜何可言 〔이선李選, 21(禮)-106〕

안청眼靑   정다운 만남. 진晉의 완적阮籍이 친한 사람은 청안靑眼으로, 보기 싫은 사람은 백안白眼으로 대하였다는 고사에서 나온 말. 예문 已得由暇 晦初間當發程 眼靑非遠 何幸如斯 〔송광순宋光洵, 34-130〕 → 청안靑眼

안치〔鞍赤〕   언치. 안장이나 길마 밑에 까는 물건. 예문 鞍赤一部 亦呈耳 〔박규환朴奎煥, 49-262〕

안탈安稅   무사히 잘 도착함. 예문 頃日三山行旆 想安稅 〔윤봉구尹鳳九, 6-92〕 → 온탈穩稅, 이탈利稅

안항顔巷   누추한 거처. 안회顔回가 누추한 거리에서 살았다는 데서 나온 말. 예문 數日來 未得往探爲鬱 此兄來致惠墨 固知高棲調攝 淸閑可掬 而有簞空之

歎 顔巷之樂 自在其中耶〔노상직盧上稷, 40-126〕

안화安和　　건강. 예문 鈺兩堂俱失安和 連數日迭次歇劇 焦心囚首 無暇念及他事〔김문옥金文鈺, 41-109〕

안화眼花　　눈이 어둡고 침침함. 예문 眼花難艸〔김정희金正喜, 20-65〕→ 목화目花

안후按候　　관찰사의 안부. 예문 仍審按候有相〔이여李畬, 4-150〕→ 순리巡履, 순선旬宣, 순선巡宣, 순안旬按, 순체巡軆, 순후旬候

알과謁科　　알성과謁聖科. 예문 謁科若退定卄二日 則似難留待 未知何以爲之也〔김광찬金光燦, 12-133〕

알릉謁陵　　임금이 능행陵行하는 일. 예문 僕竊聞謁陵期迫 今方催發歸舟耳〔민진후閔鎭厚, 23-187〕

암암黯黯　　슬픈 모습. 예문 不相見 巧在楓菊佳辰 一倍黯黯 非他時可比〔황현黃玹, 37-18〕

암연黯然　　슬픈 모습. 예문 何日更接光儀 思之至此 不堪黯然〔홍무적洪茂績, 4-146〕

압존壓尊　　어른 앞에서 말이나 행동이 자연스럽지 못함. 예문 前者再訪 一違一奉 又奉於壓尊之處 殊未從容 昨偶迷路過門 可得就面 而又緣曛暮 只以伻問 恨作不暇〔이황李滉, 30-15〕

앙仰　　상대방을 높이기 위하여 동사 앞에 붙이는 접두사. 예문 不勝仰慮之至〔허전許傳, 21(智)-307〕

앙고仰叩　　말씀드림. 예문 玆先仰叩 且留續達 姑不備〔김정희金正喜, 33-43〕

앙공仰恐　　드릴 말씀은. 예문 仰恐 母親痔腫已歇〔강신姜紳, 3-36〕→ 번달煩達, 앙모仰冒, 앙유仰喩, 앙백仰白, 잉번仍煩, 차중且中, 취就, 취간就懇, 취고就告, 취공就拱, 취공就控, 취난就戁, 취달就達, 취루就縷, 취번就煩, 취송就悚, 취앙就仰, 취중就中, 취첩就喋, 취품就稟

앙념仰念　　상대방에 대한 걱정. 예문 但審困于酷暑 體中不康 仰念不已〔이이李珥, 22-49〕→ 공념控念, 공념貢念, 공려拱慮, 공려貢慮, 봉념奉念, 봉려奉慮, 여앙慮仰, 헌념獻念

앙달仰達　　말씀드림. '앙'仰은 상대방을 높이는 의미로 붙이는 말. 예문 渠不敢仰達 故敢此禀之 藥名書上 以生材帖惠伏望〔김집金集, 4-27〕

앙모仰冒　　염치 불고하고 드릴 말씀은. 예문 仰冒二黃元 是生對病之藥 外備 熟地黃 得之無路 劑出實難 〔정탁鄭琢, 16-56〕

앙모仰慕　　상대방을 그리워함. 예문 伏問令候若何 仰慕仰慕 〔강신姜紳, 3-36〕

앙번仰煩　　번거롭게 부탁드림. 예문 第白節簡竹 間果求置否 緊切所用處 故玆又仰煩 〔조현영趙獻永, 31-86〕 → 번혼煩溷, 봉흔奉焄, 앙혼仰溷

앙부仰副　　상대방의 뜻에 부응함. 예문 示助役物子 私家窘劣 只以五緡銅仰副 些略可愧 〔박건중朴建中, 31-57〕

앙색仰塞　　상대방의 청에 답함. 주로 시에 화답할 때 쓰는 표현. 예문 蕪拙不足仰塵 而又不敢違勤 騂顏仰塞 幸一粲正之爲望 〔김윤식金允植, 39-100〕

앙소仰溯　　상대방의 안부가 궁금함. 예문 伏惟寒天 令政履萬福 仰溯區區 〔이원李薳, 5-104〕 → 경앙傾仰, 경앙景仰, 경현耿懸, 공소拱溯, 공소貢儀, 관송款誦, 교송翹誦, 소溯, 소념溯念, 소앙溯仰, 소왕儀往, 송복誦服, 앙모仰慕, 앙소昂溯, 연사戀思, 연소戀儀, 연소戀遡, 연앙戀仰, 첨경詹頸, 첨련瞻戀, 첨모瞻慕, 첨상瞻想, 첨소瞻漾, 첨소瞻溯, 첨소瞻遡, 첨송瞻誦, 첨송詹誦, 첨영詹咏, 첨왕瞻迬, 첨주瞻注, 첨향瞻嚮, 첨현瞻懸, 치상馳想, 치소馳儀, 치소馳泝, 치소馳遡, 치정馳情, 하소葭溯, 향소嚮儀, 향앙向仰, 현경懸頸, 현기懸企, 현념懸念, 현련懸戀, 현상懸想, 현소懸儀, 현소懸遡, 현앙懸仰, 현향懸嚮, 현현懸懸

앙소昂溯　　상대방의 안부가 궁금함. 예문 霖熱挽近無罕 伏問靜履起居如何 昂溯區區 洞末來此後 病不離身 〔정광진鄭光震, 31-48〕

앙식秧食　　모낼 때의 음식. 예문 方憂秧食 數日後 卽擬委人奉溷 留勅廳下以須之 幸甚也 〔박세당朴世堂, 21(禮)-62〕

앙실仰悉　　상대방이 말한 바를 잘 알았다는 뜻. '앙仰'은 상대방을 높이는 의미로 붙이는 말. 예문 頃日藝吏來傳下札 仰悉下敎之意 〔이일상李一相, 23-99〕 → 근상謹詳, 근실謹悉, 배실拜悉02, 봉실奉悉01, 비실備悉

앙옥仰屋　　누워서 대들보만 바라봄. 어려운 상황에 대책이 없음을 표현하는 말. 예문 南邊頗云有可憂 未知將來作何狀 而仰屋竊歎 所可慮者非一 當奈何 〔김령金坽, 21(義)-109〕

앙우秧雨　　모내기 철에 내리는 비. 예문 此近秧雨不洽 今雖至矣 已晚矣 〔허훈許薰, 40-344〕

앙위仰慰　　위로가 됨. 예문 況諦炎天 新莅旬宣益復神相 仰慰不任〔박경후朴慶後, 3-88〕

앙유仰喩　　드릴 말씀. 예문 小生遠蒙台眷 董保前狀 他無仰喩者〔심연沈演, 4-160〕

앙장鞅掌　　직무에 분주함. '앙'鞅은 맡겨진 일, '장'掌은 그것을 받든다는 뜻으로, 일이 바빠서 용모를 가다듬을 겨를이 없는 상황을 이르는 말.『시경』詩經「소아」小雅〈북산〉北山에, "혹은 소리쳐 부르짖는 것도 모르고, 혹은 참혹하게 고생을 하며, 혹은 집에서 편안히 누웠다 일어났다 하고, 혹은 나랏일에 분주하여 용모를 가다듬지 못하는구나"(或不知叫號 或慘慘劬勞 或棲遲偃仰 或王事鞅掌)라고 한 데서 유래한다. 예문 昨拜惠覆 以審酷炎 兄仕履增重 區區仰 近亦職務之鞅掌一樣否〔김시찬金時粲, 21(智)-57〕

앙제仰提　　말씀드림. 예문 玆因齊齋便仰提 卽卽送投 如何如何〔미상, 027〕

앙진仰塵　　말씀드림. '진'塵은 자신의 말을 겸손하게 표현하는 말. 예문 弟一味勞碌 了無好況可仰塵者〔홍택주洪宅疇, 027〕

앙침秧針　　볏모. 예문 麥雨未洽 秧針難移 恪詢比者候事萬重 溱仰且念〔김연승金連升, 42-26〕

앙하仰荷　　감사함. 예문 下示啓草 謹悉仰荷〔미상, 027〕

앙혼仰溷　　상대방의 마음을 어지럽힌다는 뜻으로, 부탁할 때 쓰는 말. 예문 是亦爲誦公之一條 故如是仰溷耳〔유우목柳宇睦, 027〕→ 번혼煩溷, 봉혼奉溷, 앙번仰煩

앙후仰候　　문안 편지를 올림. 예문 適因光燼入瀋 暫此仰候〔○시영○時英, 4-175〕

애哀　　편지에서 상중喪中에 있는 상대방을 이르는 이인칭 대명사. 예문 再拜言 光陰水逝 先祖妣祥事奄過 窃想哀慟慕若新 仰儢不能已也 卽日得承哀札 恭審餘炎 哀候支安 爲慰何言〔윤봉구尹鳳九, 21(禮)-449〕

애각涯角　　궁벽하고 먼 곳. 예문 千里殊鄕 四顧無親 其所矜惻 不可形言 而家有老父 各離涯角 想其情事 亦可戚矣〔이인소李寅熽, 5-117〕

애리哀履　　상중喪中에 있는 상대방의 안부를 물을 때 쓰는 말. 예문 卽承哀書 兼受兩種鄕味 仍審哀履支遣 伏慰伏慰〔정홍명鄭弘溟, 22-105〕→ 복리服履, 복체服體, 복후服候, 애후哀候, 제리制履, 효리孝履

애만哀挽　　　만사輓詞. 예문 監司及奇上舍哀挽 幷附送矣 〔김성일金誠一, 16-22〕

애사哀詞　　　만사輓詞. 예문 哀詞 草土之餘 不作韻語 已十載 略此草上 文不能起懷耳 〔이세구李世龜, 21(禮)-199〕

애서哀書　　　상주喪主로부터 받은 편지. 예문 卽承哀書 兼受兩種鄕味 仍審哀履支遣 伏慰伏慰 〔정홍명鄭弘溟, 22-105〕 → 애찰哀札

애영지전哀榮之典　　　나라에서 죽은 신하를 애도하여 베푸는 전례典禮. 신하를 보내 조문吊問하고 부물賻物을 하사하거나 시호諡號를 내림. 예문 國家哀榮之典 旣蒙特恩 又申別賻 不敢以不安之私 〔윤문거尹文擧, 25-17〕

애음哀音　　　부고訃告. 예문 此間 夢寐外 又聞仲哥哀音 三朔之內 連折同氣 豈人理所可堪耶 〔권만權萬, 21(禮)-476〕 → 경란지보耿蘭之報, 흉음凶音

애자哀子　　　모친상母親喪 중에 있는 자신을 가리키는 말. 『정조실록』정조 즉위년(1776) 5월 5일 조에 총호사 김상철金尙喆이 "삼가 열성列聖의 지장誌狀을 고찰해 보건대 대왕의 시장諡狀에는 '고자'孤子라 했고 왕비의 시장에는 '애자'哀子라 하였습니다"(謹考列聖誌狀 大王諡狀 稱孤子 王妃諡狀 稱哀子)라고 아뢴 내용이 있다. 예문 哀子頑縷 苟延而已 〔민태호閔台鎬, 44-210〕

애장哀丈　　　상중喪中에 있는 어른을 가리키는 말. 예문 此公元非富貴相 因知會有此行 亦不料其早敗至此 然敗早則禍小 又安知非福耶 尊堂哀丈 想能寬遣 俾慰渠懷也 〔송준길宋浚吉, 15-180〕

애차哀次　　　상주喪主에게 보내는 편지의 봉투에 상투적으로 쓰는 표현. 상대방이 평소의 생활공간에서 벗어나 임시로 머무르는 곳에 편지를 보낼 때 '차'次를 붙인다. 예문 金生員 哀次 〔박태겸朴泰謙, 49-267(봉투)〕 → 복차服次, 좌차座次

애찰哀察　　　줄이는 사연을 헤아려 달라는 말. 수신인受信人이 상주喪主일 경우에 '애'哀를 쓴다. 예문 千萬不備 伏惟哀察 謹疏上 〔민익수閔翼洙, 23-219〕

애찰哀札　　　상주喪主로부터 받은 편지. 예문 昨奉哀札 悲咽何言 〔이명한李明漢, 23-71〕 → 애서哀書

애편艾編　　　엮어서 말린 쑥. 예문 惠及魚果依受 珍謝珍謝 艾編尤荷勤念 〔박세당朴世堂, 44-129〕

애형哀兄　　　상중喪中에 있는 친구를 가리키는 말. 예문 山城訣別之後 雖因參判哀兄 憑悉起居 而一未修書仰候 只自引領南望 區區瞻慕而已 〔김대덕金大德, 4-

95〕

애황哀遑　　상을 당한 슬픔으로 어찌할 바를 모름. 예문 朞服人積瘁於哀遑之中 衰病倍添 日事呻囈 憫憐奈何〔김도희金道喜, 26-155〕

애후哀候　　상중喪中에 있는 사람의 안부. 예문 卽日得承哀札 恭審餘炎 哀候支安 爲慰何言〔윤봉구尹鳳九, 21〔禮〕-449〕 → 복리服履, 복체服體, 복후服候, 애리哀履, 제리制履, 효리孝履

액회厄會　　여러 재앙이 모임. 액운厄運이라고도 함. 예문 今年厄會 至於此極 尙誰咎哉〔홍명하洪命夏, 23-95〕

야락夜落　　밤새. 예문 卽不審夜落兄候寄居如何 仰遡無任區區〔이시성李時成, 32-8〕 → 야회夜回

야옥野屋　　자기 집을 낮추어 이르는 말. 예문 向蒙辱臨 野屋增光 歸駕言邁 不得款承緖論 耿歎難勝〔이익李瀷, 44-91〕 → 봉문蓬門, 봉조蓬藋, 봉창蓬窓, 봉필蓬蓽, 손와損窩, 한미寒楣, 형문荊門

야유揶揄　　빈정거리며 놀림. 예문 然世祿之家 屢違除命 其在分義 大不安 而不知者 又從以揶揄之〔이세구李世龜, 5-131〕

야장冶匠　　대장장이. 예문 冶匠役夫 皆未藉本官之力 大異所料 幸更懇裁一書 以爲顧見之地 如何 專恃通家世誼 又此煩浼 悚悚〔강현姜鋧, 47-157〕

야회夜回　　밤사이에. 예문 伏不審夜回 氣候若何〔심벌沈橃, 21〔禮〕-203〕 → 야락夜落

약과藥裹　　약봉지. 예문 藥裹付諸季華行〔한준겸韓浚謙, 45-211〕

약도略到　　잠시 들름. 예문 聞問久阻 瞻溯不已 昨自懷鄕 略到黃湖 承拜初三日惠書 槩審近況安勝 忻慰無任〔송시열宋時烈, 3-118〕

약략略略　　너무 적음. 예문 兩病何能會面如意 惟冀善調速差 蘇合三丸 甚愧略略 得來本少 散之幾盡故也〔이황李滉, 3-21〕

약빙略憑　　인편에 몇 자 써 부침. 예문 許癡 又此出去 略憑 不宣〔김정희金正喜, 33-110〕

약서若序　　절기에 따라서. '서'序는 계절, '약'若은 순순을 의미함. 예문 只冀若序神相 以副遠誠〔윤징지尹澄之, 4-42〕 → 대서對序, 대시對時, 약시若時

약설略設　　조촐하게 차림. 예문 慶席略設於念五而 只與星山落莫而過終日 筵

上向左右不知刺刺幾許 尊其耳痒否〔정호서丁好恕, 21(義)-55〕

약시若時　　절기에 따라서. 순시順時. 예문 只祝若時倍加珍毖 不宣〔정구鄭逑, 44-39〕

약원藥院　　내의원內醫院의 별칭. 예문 筵話昨所錄呈外 藥院提調所達語 書呈下方耳〔미상, 6-160〕

약이藥餌　　약. 예문 藥餌所須生薑 有所仰托 尙無回示 恐或浮沈而然歟 泄菀泄菀〔이유경李儒慶, 21(禮)-511〕

약이若而　　약간. 예문 若而墨丁 前多所造 已散於京裡親舊 〇〇只爲記付充資 而餘數不敷 所呈 如是些略 亦且後時 不勝歎歎〔홍중하洪重夏, 21(禮)-306〕

약차부수略此附修　　대략 이렇게 몇 자 적어 부칩니다. 예문 聞有歸使 略此附修 曉燈蓺草 不備 伏惟下詧 謹再拜候狀上〔한태동韓泰東, 3-101〕

약포藥脯　　쇠고기를 얇게 저며 양념하여 말린 포. 예문 下惠簡紙九十幅 淸蜜三升 藥脯二貼 依領 實荷情念 感謝之至 無以爲喩〔정재륜鄭載崙, 5-136〕

약폭略暴　　대충 급하게 씀. 예문 適因迷豚去便 略暴鄙衷 只祝體宇崇深保重〔김제원金濟元, 53-140〕

약후略候　　간단히 문안 인사드림. 예문 餘有便略候 不備〔박필경朴必慶, 027〕

양襄　　장사葬事. 양사襄事. 예문 前所已給之軍丁 纔以完襄來告耳〔김진옥金鎭玉, 6-186〕→ 봉양封襄, 수양樹襄, 양례襄禮, 양사襄事, 폄례窆禮

양계陽界　　이 세상. 저승(陰界)에 대응하는 말. 예문 跨夏見苦 逢秋未甦 此乃不久於陽界之候也〔송병순宋秉珣, 22-351〕

양관陽關　　양관곡陽關曲의 준말. 친구와 이별할 때 부르는 노래를 가리킴. 왕유王維의 〈안서로 사신 가는 원이를 보내며〉(送元二使安西)에 "위성의 아침 비가 가벼운 먼지를 씻으니, 객사의 푸르디푸른 버들빛이 더욱 새롭구나. 자네, 한 잔 더 마시게. 서쪽으로 양관을 나가면 친구가 없으리니"(渭城朝雨浥輕塵 客舍靑靑柳色新 勸君更進一杯酒 西出陽關無故人)에서 나온 말. 예문 昨所以專人仰請其光臨者 將做陽關永夕之樂矣〔이만운李晩運, 44-83〕

양기襄期　　장례일葬禮日. 예문 殷卿襄期 以來月十三日 擇定云〔신좌모申佐模, 43-169〕

양답채원羊踏菜園　　염소가 채소밭을 밟아 망쳤다는 뜻으로, 평소 채식만 하던 사람이 어쩌다 육식을 한 것을 익살스럽게 비유한 말. 송대宋代 『해록쇄사』海錄碎事에 평소에 야채만 먹던 사람이 갑자기 양고기를 먹었더니, 꿈에 오장신五臟神이 나타나 "염소가 내 채소밭을 밟아 망쳐 놓았다"고 했다는 이야기가 있음. 양답羊踏, 양답파채원羊踏破菜園. 예문 蒙惠海味 感領盛意 羊踏菜園之語驗矣 〔한준겸韓浚謙, 45-220〕

양당兩堂　　부모. 예문 鈺兩堂俱失安和 連數日迭次歇劇 焦心囚首 無暇念及他事 〔김문옥金文鈺, 41-109〕

양도糧道　　양식. 예문 稅納果準納 不至見辱 租包想已罄矣 糧道果如何爲計 〔신좌모申佐模, 43-130〕

양독洋毒　　성홍열猩紅熱. 예문 孫婦雖云近免 而春間經洋毒乳腫 雜病層生 見甚悶憐 〔윤두수尹斗壽, 48-27〕

양례襄禮　　장례葬禮. 예문 從氏嫂氏喪事 豈勝驚怛 而襄禮定於何間耶 〔조현영趙獻永, 31-86〕 → 봉양封襄, 수양樹襄, 양襄, 양사襄事, 폄례窆禮

양로陽露　　술. 예문 記惠兩種海蠥 適及彈鋏之中 又帶一壺陽露 開嘗飮德 〔조상우趙相愚, 29-13〕

양맥兩麥　　보리와 밀. 예문 兩麥已熟 西路亦可無憂否 〔김상성金尙星, 47-173〕

양목洋木　　너비가 넓고 발이 고운 수입 서양 피륙. 당목唐木. 예문 吾之周衣 及洋木道袍 同封于先達衣裌中以送 〔신좌모申佐模, 43-132〕

양복陽復01　　동짓달. 10월에 음陰이 가장 왕성하다가 동짓달이 되면 비로소 일양一陽이 생기는 데서 유래한다(『주역』周易 〈복괘〉復卦). 예문 卽因趙生 伏承下復 仍審陽復 撫字起居超勝 〔이숙李䎘, 5-102〕

양복陽復02　　흉한 것이 다하고 좋은 일이 생김. 예문 遠近騷擾爻象 未知何時定帖 想貴邊如之 陽復果在何時 只切仰屋 〔이만규李晩煃, 40-232〕

양봉襄奉　　장례식을 행함. 예문 襄奉之期在那耶 〔강홍姜𦰞, 41-52〕

양사兩司　　사헌부司憲府와 사간원司諫院. 예문 兩司論執 時未允耳 〔정경세鄭經世, 22-75〕

양사襄事　　장례葬禮. 예문 今者襄事旣畢 似無餘憾 〔정작鄭碏, 5-25〕 → 봉양封襄, 수양樹襄, 양襄, 양례襄禮, 폄례窆禮

양생凉生　　기온이 서늘해짐. 예문 崇史過重之禮 今尙蹙蹙 當於症間凉生 懇

用拙力 而近日神思尤遁 收拾不上 恐無以副盛意也 〔유필영柳必永, 44-65〕

양성사兩省事　　부모와 조부모를 모시고 섬기는 일. 예문 生兩省事免添 各集依遣 私幸何煩 〔박상진朴尙鎭, 40-138〕

양송樑頌　　상량문. 예문 前數日供縣人傳致 今十月二十三 十一月五日 所寄兩書幷樑頌 而無封皮 唐牋片片破碎 而脫去初面一行 欲詰其由 則其人畏罪不現 蓋以五日京兆故耳 〔전식全湜, 45-308〕

양수襄需　　장례식의 제수祭需. 예문 纔到楸下 而客地襄需 率多齟齬 離違日久 歸期掣肘 〔김광현金光炫, 47-49〕

양시兩侍　　부모를 모심. 안부를 물을 때 쓰는 말. 예문 新歲 兩侍增慶 仰賀不已 〔권만權萬, 21(禮)-476〕

양아養痾　　병을 잘 다스려 낫게 함. 몸조리. 예문 歲前後公故 人事略略了勘 而坐無所寂 全廢出入 塊處養痾而已 〔신좌모申佐模, 43-130〕

양역量役　　논밭을 측량해서 양안量案을 만드는 일. 양안은 조세를 부과하기 위하여 만든 토지 대장이다. 양전量田. 예문 已送內行 坐待量役完了 卽當解歸耳 〔정홍명鄭弘溟, 39-67〕

양왕희래穰往熙來　　어지러이 오고감. 인심이 부박함. 희래양왕熙來穰往. 예문 霜寒木落 天道有定 而穰往熙來 人心無常 杜門病蟄 只切漆憂 〔최익현崔益鉉, 44-121〕

양우凉踽　　고집스럽고 남과 잘 사귀지 못하는 모양. 우우량량踽踽凉凉.『맹자』孟子「진심 하」盡心下의 "옛사람은 행실을 어찌하여 이렇게 외롭고 고집스럽게 하는가?"(古之人 行何爲踽踽凉凉)라는 구절에서 유래함. 예문 僕碌碌隨塵 凉踽日甚 所得只滿顚華髮耳 〔김용金涌, 45-230〕

양우襄虞　　장례와 우제虞祭. 예문 襄虞次第奄過 伏惟悼廓益新 〔김정희金正喜, 33-47〕

양월梁月　　지붕 위의 달. 사무치는 그리움을 말함. 두보杜甫의 시 〈몽이백〉夢李白에 "지는 달빛 들보에 가득하니, 마치 그대 얼굴을 비추는 것 같네"(落月滿屋梁 猶疑照顔色)라고 한 데서 나왔다. 예문 五年相憶 第切梁月之感 何來一札 忽破層溟 十回珍玩 眞箇他生消息 披瀉傾慰 當作何如懷也 〔유명현柳命賢, 21(禮)-195〕

양월樑月　　양월梁月. 예문 太素兄初朞 於焉之間 奄迫樑月之感 已不可喩 〔김

헌웅金憲雄, 49-261〕

양월陽月　10월. 예문 陽月念六日 族姪 德馨 再拜 〔이덕형李德馨, 26-131〕

양육粱肉　기름진 음식과 고기. 고량진미膏粱珍味. 예문 惠寄諸種 何物非緊 而至於蔘料調補之力 有勝於粱肉 〔이인명李寅命, 41-63〕

양의涼意　날씨가 서늘한 느낌. 예문 來紙依悉 朝氣夜氣 分明有涼意 〔정조正祖, 26-89〕

양이量移　섬이나 변경으로 멀리 귀양 보낸 사람의 상황을 참작하여 내지內地나 가까운 곳으로 옮기는 일. 예문 書成後 聞有量移之命 天恩罔極 〔홍수주洪受疇, 21(禮)-193〕

양인揚仁　인덕仁德을 널리 베풂. 『진서』晉書 권92 「문원열전」文苑列傳〈원굉〉袁宏에, 원굉이 동양태수東陽太守로 나갈 때 사안謝安이 전별품으로 부채 한 자루를 주자, "마땅히 인풍仁風을 받들어 드날려서 저 백성들을 위로하겠소"(奉揚仁風 慰彼黎庶)라고 한 이야기가 있다. 예문 惠送諸種 可以揚仁 可以加餐 銘感 無以爲謝 〔서명응徐命膺, 44-165〕

양적良覿　여유 있는 만남. 예문 江外遠枉 曾是料外 雖未展良覿 一面之別 亦足慰懷 〔심동구沈東龜, 3-98〕

양정兩庭　양친. '정'庭은 아버지를 뜻함. 『논어』論語 「계씨」季氏에 공자의 아들 이鯉가 뜰을 달려 지나갈 때 공자가 불러 세우고 시詩와 예禮를 배워야 함을 가르쳤다는 고사에서 유래함. 예문 弟兩庭近免大何 餘無見故 復何欲提 〔문창석文昌錫, 40-130〕

양조지병羊棗之病　삼가는 음식. 『맹자』孟子 「진심 하」盡心下에 "증삼曾參의 아버지 증석曾晳이 생시에 대추를 즐겨 먹었는데, 증석이 죽은 뒤 증삼은 어버이를 생각하여 차마 대추를 먹지 못하였다"(曾晳嗜羊棗 而曾子不忍食羊棗)는 데서 나온 말. 예문 更見對案 疏糲之苦 此去之路 所謂丙穴之地也 未知令監 東海之味 何者爲羊棗之病 須毋難示及 〔정양鄭瀁, 22-127〕

양지陽至　동지冬至. 예문 兩件佳味 珍荷珍荷 餘陽至加愛 不宣 下照 〔송시열宋時烈, 3-119〕

양초梁楚　중국 양자강 하류 일대의 양梁과 초楚 지역. 양은 지금의 하남성河南省 임여현臨汝縣 동쪽 지역, 초는 지금의 호남성湖南省·호북성湖北省 지역이다. 『사기』史記 「계포열전」季布列傳의 "초나라 사람의 속담에, 황금 백 근을 얻는 것이 계포季布의 한 번 승낙을 얻는 것만 못하다고 하니, 족하足下는 어떻게 양과 초 사이에서 이런 명성을 얻었습니까?"라는 말에서 '양초 간의 명성'이란 말이 나왔다. 예문 半日相對 令人心氣醒然 宜乎 得此聲梁楚間 〔정경세鄭經世, 45-434〕

양춘陽春　　고상하여 일반인이 배우기 어려운 옛 악곡의 이름. 상대방의 시문에 대한 존칭. 예문 且不敢不和 玆步韻以呈 巴俚之於陽春 匪報也 〔곽종석郭鍾錫, 40-26〕

양태涼臺　　갓양태. 갓의 챙. 갓모자의 밑 둘레 밖으로 둥글넓적하게 된 부분. 가늘고 얇게 쪼갠 대오리를 엮어서 만든다. 예문 涼臺數立 以二百餘周別造 以付此回 卽可以緊用 未可肯施否 〔김보순金普淳, 41-193〕

양패良貝　　낭패狼狽. 예문 卽爲操問于鳴巖 俾不至良貝 若何若何 〔신응선申應善, 31-117〕

양한養閑　　한가하고 느긋한 생활을 함. 예문 弟呈告得遞 自此庶可養閑 此則幸也 〔이후산李後山, 47-43〕

양함良緘　　반가운 편지. 예문 卽承良緘 從審麥風 侍履晏相 〔김정희金正喜, 33-17〕

양행良幸　　매우 다행임. 예문 弟脫濕養拙 依舊荊門一布衣也 良幸良幸 〔이익상李翊相, 23-115〕

양호兩湖　　호서와 호남. 예문 欲丐一縣養親 韓山近地兩湖之間有窠 記念否 〔권열權說, 027〕

양화陽和　　화창한 봄. 예문 卽惟陽和 令候起居萬福 〔박세채朴世采, 22-183〕

양황陽況　　좋은 형편. 예문 弟狀風邁浪逐 一任膝下 萬無陽況 無足道 〔하대우河大佑, 41-58〕

어곽魚藿　　물고기와 미역. 예문 惠餽三種海味 依領遠情 無以爲謝 第生鮑魚藿 不可勝用 〔송시철宋時喆, 34-84〕

어교魚膠　　민어의 부레를 끓여서 만든 풀. 접착제로 씀. 예문 今送魚膠 依領 〔윤구尹衢, 8-18〕

어란魚卵　　참기름을 발라 말린 물고기의 알. 예문 魚卵一部 此亦是也以卜重爲辭 幸勿以少爲咎 〔유이승柳以升, 3-87〕

어문飫聞　　익히 들어 잘 알고 있음. 예문 飫聞執事坐鎭 一萬靈光 有屹尋常 識

荊之願 有切于中 〔이기윤李基允, 40-220〕

어병語病　말의 폐단. 오해 받기 쉬운 말. 예문 此正戚下所謂語病耳 豈或以此而致疑於情外 如某某之所論哉 〔홍석주洪奭周, 31-60〕

어선魚鮮　신선한 생선. 예문 送惠魚鮮 節食入口 珍謝何喩 〔신위申緯, 29-31〕

어안魚鴈　어안魚雁. 편지. '어'魚는 '쌍리척소'雙鯉尺素(두 마리의 잉어에서 나온 비단)를 지칭한다. 옛 악부시樂府詩의 "먼 곳에서 손님이 와 두 마리 잉어를 주었는데, 아이를 시켜 요리했더니 뱃속에서 비단 편지가 나왔네"(客從遠方來 遺我雙鯉魚 呼兒烹鯉魚 中有尺素書)라는 구절(『문선주』文選註 권27 〈장성의 천굴泉窟에서 말에게 물을 먹이며〉飮馬長城窟行)에서 유래한 것이다. '안'鴈은 '안서'雁書를 가리킨다. 흉노에 억류된 소무蘇武의 소식이 적힌 비단이 한漢 소제昭帝가 잡은 기러기 발에 묶여 있었다는 고사에서 나온 말이다. 예문 夏間逢南坡 得未過海消息 此書又是海外魚鴈 〔기정진奇正鎭, 051〕 → 간척竿尺, 서각書角, 서간書柬, 서척書尺, 수묵數墨02, 수자數字, 쌍리雙鯉, 안자鴈字, 어홍魚鴻, 인우鱗羽, 지척서 尺書, 척소尺素, 척안隻雁, 척저尺楮, 척제尺蹄, 척지尺紙, 함械, 홍리鴻鯉

어어圉圉　몹시 지쳐서 기운을 차리지 못하는 모양. 예문 去晦前間關 入都獲承營節之安 以是爲幸 而積儤添感圉圉 〔정헌시鄭憲時, 35-126〕

어언於焉　어느새. 예문 於焉過葬禮 萬事逢古 苦不禁悲廓也 〔이희조李羲肇, 44-172〕

어자御者　말을 타고 여행중인 상대방을 가리키는 말. 편지에서 상대방을 직접 지칭하는 것은 실례이기 때문에 그가 탄 말의 마부馬夫로써 상대방을 가리키는 것이다. 예문 只今御者留連賞了嘉境 瞻望流耿 政切勞往 〔조병현趙秉鉉, 22-321〕

어장魚醬　생선을 넣고 담근 장. 예문 魚醬謹受 而可助上房之饌 〔강홍姜竑, 41-34〕

어홍魚鴻　편지. 예문 其間 魚鴻之誤 千里遠途 亦復無怪 〔김정희金正喜, 33-97〕 → 간척竿尺, 서각書角, 서간書柬, 서척書尺, 수묵數墨02, 수자數字, 쌍리雙鯉, 안자鴈字, 어안魚鴈, 인우鱗羽, 지척서 尺書, 척소尺素, 척안隻雁, 척저尺楮, 척제尺蹄, 척지尺紙, 함械, 홍리鴻鯉

언간諺簡　한글 편지. 예문 居平諺簡 昨付船便 今則忙遽 未及受送矣 〔이성효李性孝, 7-180〕

언건偃蹇　　높은 모양. 세상에 초연한 모양. 예문 屋後多樹木蓊蔚 雜以石榴桃花丹杏櫻桃樹 又多嘉蔬美荣 新篁數十頭 當牕露立 有偃蹇風雨晚意〔최산두崔山斗, 9-103〕

언식偃息　　물러나서 편안히 쉼. 예문 鄉廬偃息 似得便宜 慎節亦向復耶〔이지원李止遠, 7-145〕

언실偃室　　언의 집(偃室). 사사로운 일로 상관上官의 집에 가는 것을 비유한 말. 언偃은 공자의 제자 자유子游의 이름. 『논어』論語「옹야」雍也에, 자유가 무성재武城宰로 있을 때 공자가 그에게 "네가 인재를 얻었느냐?"고 묻자, "담대멸명澹臺滅明이란 사람이 지름길로 다니지도 않고, 공적인 일이 아니면 한 번도 언의 집(偃室)을 온 적이 없습니다"라고 한 이야기가 있다. 예문 今夕祇可談風月 則偃室不足嫌 幸圖乘隙一顧 如何〔김계진金啓鎭, 41-31〕

언자言者　　간관諫官. 예문 弟致身煴房 不知戶外大雪埋山 看書日覺有味 此亦言者之厚餉耳〔이덕수李德壽, 21(禮)-399〕

언지言地　　간관諫官의 직위. 예문 得見政眼 首入言地 爲公而賀 爲私則慮〔신임申銋, 22-201〕

언책言責　　간관諫官. 예문 此時言責益難稱塞 惶蹙靡容 奈何奈何〔여선장呂善長, 21(禮)-470〕

언척言斥　　책망. 예문 時奇 昨者閔掌憲 以大臣言斥 榻前引避〔조명택趙明澤, 6-193〕

얼얼지육鷃鷃之肉　　거위 고기. 보통 뇌물로 받은 고기라는 의미로 쓰임. 제齊나라의 진중자陳仲子는 청렴결백한 사람이었는데 어떤 사람이 그의 형에게 거위를 선물하자 이마를 찌푸리며, "꽥꽥거리는 이 놈을 어디에다 쓰겠는가"(惡用是鷃鷃者爲哉)라고 하였다. 그 뒤 어머니가 거위를 잡아 진중자에게 먹게 하였는데, 형이 밖에서 돌아와 이놈은 얼얼지육鷃鷃之肉이라고 하자, 진중자가 밖으로 나가 토했다는 고사가 『맹자』孟子「등문공 하」滕文公下에 나온다. 예문 癡兒從使行還任所 送此物來 平日每戒兒 勿爲老父 索勿於人 不知於何而得 恐或鷃鷃之肉 然却之又近矯 敢略呈 一笑 所以具白所從來者 慮士敬後聞 出而哇之故也〔이황李滉, 30-125〕

얼올臲卼　　위태로움. 예문 小人情勢之臲卼 更加一層 尤異於前〔여성제呂聖齊, 5-100〕

엄俺　　나. 자기 자식이나 조카 정도의 어린 사람에게 자신을 가리키는 말.
예문 卽今初暑 合衙安否如何 馳戀不已 俺僅保眠食〔김상헌金尙憲, 22-85〕

엄견嚴譴　　임금의 견책. 예문 罪合誅流 不勝惕恐 固宜重被嚴譴 坐待坐待〔이현李袨, 051〕

엄교嚴敎　　임금의 명령. 예문 不侫親病未濟 嚴敎日迫 竦懼悶蹙 不知死所〔이덕형李德馨, 48-45〕

엄기색양奄棄色養　　갑자기 색양色養(즐거운 얼굴로 부모를 모심)을 버리셔서. 부모를 여읜 사람을 위로하는 글(疏)에서 자식이나 부모의 관직이 없는 경우 그 부모의 죽음을 지칭하는 말. 죽은 부모의 관직이 높은 경우 엄연관사奄捐館舍, 자식의 관직이 높으면 엄기영양奄棄榮養이란 표현을 썼다. 예문 不意凶變 先參奉府君 奄棄色養 天乎天乎 此何事耶〔박세표朴世標, 49-264〕→ 엄위색양奄違色養

엄기영양奄棄榮養　　갑자기 영양榮養(영예롭게 부모를 모심)을 버리셔서. 부모를 여읜 사람을 위로하는 글(疏)에서 자식의 관직이 높은 경우 그 부모의 죽음을 지칭하는 말. 죽은 부모의 관직이 높은 경우 엄연관사奄捐館舍, 자식과 부모가 모두 관직이 없으면 엄기색양奄棄色養, 엄위색양奄違色養이란 표현을 썼다.
예문 翊隆頓首再拜言 不意凶變 先慈闈 奄棄榮養 承訃驚怛 不能已已〔신익륭申翊隆, 21(義)-297〕

엄명淹命　　목숨을 부지함. 예문 東風猶峭 氣味何如 僕時淹命海島耳〔김구金絿, 21(仁)-93〕

엄모淹冒　　지체함. 예문 戚弟絶海經年 迄可言歸 而道啓勘罪 反爲沮格 尙此淹冒〔이원조李源祚, 027〕

엄비嚴批　　엄한 비답. 임금의 비답을 말함. 예문 僕妄陳一箚 遽承嚴批 方此出城乞解 惶悶何喩〔김창집金昌集, 47-165〕

엄비掩鼻　　자신의 작품을 낮추어 겸손히 표현한 말. 『맹자』孟子 「이루 하」離婁下에 "서시西施와 같은 미인이라도 불결한 것을 뒤집어쓰면 사람들은 모두 코를 막고 지나갈 것이다"(西子蒙不潔 則人皆掩鼻而過之)라고 한 말이 있음. 예문 第欲斥正於高眼 幸須覽過而掩鼻〔미상, 41-14〕→ 파리巴俚, 폐작弊作, 폐추弊帚

엄엄奄奄　　숨이 끊어질 듯 미약한 모양. 예문 直輔癃疾轉劇 奄奄垂盡〔이직보李直輔, 22-295〕

엄연淹延　　오랫동안 머무름. 예문 第因淹延海曲 未得參席 瞻言詠悵 〔김노경金魯敬, 21(智)-218〕

엄연관사奄捐館舍　　갑자기 관사館舍를 버리셔서. 부모를 여읜 사람을 위로하는 글(疏)에서 죽은 사람의 관직이 높은 경우 그 죽음을 지칭하는 말. 자식의 관직이 높으면 엄기영양奄棄榮養, 자식과 부모가 모두 관직이 없으면 엄기색양奄棄色養, 엄위색양奄違色養이란 표현을 썼다. 거연관사遽捐館舍. 예문 第從氏令監奄捐館舍 承訃驚愕 夫復何達 〔권도權度, 027〕

엄위색양奄違色養　　갑자기 색양色養(즐거운 얼굴로 부모를 모심)을 버리셔서. 부모를 여읜 사람을 위로하는 글(疏)에서 자식이나 부모의 관직이 없는 경우 그 부모의 죽음을 지칭하는 말. 예문 淵博頓首痛哭言 不意凶變 先府君文兄 奄違色養 承訃驚怛 尙復何言 〔유연박柳淵博, 40-200〕→ 엄기색양奄棄色養

엄이掩耳　　귀마개. 예문 就中多深 掩耳不可無 〔이황李滉, 30-166〕

엄자崦嵫　　노년老年. 엄자崦嵫는 중국 감숙성甘肅省 천수현天水縣 서쪽에 있는 산으로, 해가 지는 곳이라는 전설이 있어 노년老年을 가리키는 말로 쓰인다. 예문 病人崦嵫日迫 百事缺陷 何足道 〔기정진奇正鎭, 051〕

엄정嚴程　　유배 가는 길. 예문 受玦之日 忽承兄惠字 而嚴程忙劇 闕然脩謝 至今悵恨 〔홍수주洪受疇, 21(禮)-193〕

엄지嚴旨　　왕의 뜻. 예문 弟病憊尙未蘇 而屢違嚴旨 悚蹙何可言 〔유척기兪拓基, 21(禮)-488〕

엄침淹沈　　병이 낫지 않고 오래도록 계속됨. 예문 喪威之餘 疾疹淹沈 人事絶矣 〔미상, 027〕→ 미건미뉴彌留, 미엄彌淹, 침면沈綿

엄호嚴冱　　엄동설한의 추위. 통상 섣달의 심한 추위를 말함. 예문 歲晏益瞻往 卽伏承崇翰 謹審嚴冱 台體節制闔萬重 〔서희순徐熹淳, 29-37〕

엄호嚴号　　임금의 엄한 명령. 예문 況嚴号非常 未及勘律 金吾有故 脫出未易 尤用慮念 〔김우항金宇杭, 5-140〕

엄홀奄忽01　　갑자기. 주로 죽음과 관련된 동사를 수식한다. 예문 經世門祚不幸 叔父於七○ 奄忽棄背 催痛酸苦 不自堪忍 〔정경세鄭經世, 23-37〕

엄홀奄忽02　　죽음. 예문 芝台權台相繼奄忽 吾黨不幸 更何言哉 〔이교악李喬岳, 6-159〕

엄후嚴候　　아버지의 건강이나 안부. 예문 唯以嚴候粗安爲幸 〔박희성朴羲成, 027〕

업이業已　　이미. 벌써. 예문 就邱吏宋潤默 卽緊切下人也 爲其政敎 業已下往 而適當交遞 〔서희순徐熹淳, 29-37〕

여廬　　10리里를 가리키는 말. 고대 중국의 제도로는, 길을 따라 10리마다 빈객을 맞이하는 건물을 두었다고 한다. 『주례』周禮 「지관」地官 '유인'遺人 조條에 "도로에는 십 리마다 '여'를 두고 여에는 음식을 둔다"(凡國野之道 十里有廬 廬有飮食)라는 구절이 있다. 예문 稽顙白 相距四廬 未有雅分 片丹抱耿 意表承俯問 感悚交切 〔안재우安在宇, 37-127〕

여간如干　　얼마간. 약간. 예문 奴人星散 柴薪政窘 病裏況緒 尤極凄切 誰可告急 自嘆而已 知左右監刈而歸 必有所得 幸分惠如干 以煖此寒如何 〔손필대孫必大, 21(義)-298〕

여교女轎　　시집갈 때 딸이 타는 가마. 또는 딸을 시집보냄. 예문 査弟自送女轎 心糾不佳 〔이만인李晩寅, 027〕

여기沴氣　　전염병. 예문 邑底與境內 時沴氣未息 所聞甚悚甚悚 〔홍영주洪永周, 41-145〕 → 시경時警, 시기時氣, 시륜時輪, 시질時疾, 시환時患, 여기癘氣, 염환染患, 윤증輪症, 윤행輪行, 윤환輪患, 행역行疫

여기癘氣　　전염병. 예문 海鄕有癘氣 妻子奔竄 而不得往救 心思無聊 可嘆可嘆 〔이이李珥, 22-49〕

여도旅度　　여행 중의 안부. 예문 旅度益復貞勝 懸情切切 〔홍직필洪直弼, 21(智)-251〕

여락戾洛　　서울에 이름. 예문 秋科想戾洛 或可不之他而來枉否 〔박제가朴齊家, 38-24〕

여류餘留　　나머지 사연은 남겨 두고. 편지 끝에 상투적으로 쓰는 말. 예문 餘留不備謝候禮 〔허전許傳, 21(智)-306〕

여리旅履　　여행 중의 안부. 예문 承拜問札 以審無前暑濕 旅履佳勝 區區慰昻 〔곽재우郭再祐, 22-65〕

여만餘萬　　그 밖의 많은 사연. 예문 餘萬便忙人多 僅此掛漏 不備 〔박필주朴弼周, 23-199〕

여망輿望　　여러 사람들의 바람. 중망衆望. 예문 黃閣擢位 實副輿望 區區喜賀

〔이세화李世華, 5-110〕

여묘廬廟　돌아가신 부모님의 묘소를 지킴. 시묘侍墓. 예문 近聞若齋廬廟 幸今官閑 欲與陶隱匹馬往弔〔정몽주鄭夢周, 21(仁)-18〕

여범餘範　남은 규범. 고인의 풍모를 이르는 말. 유풍여범遺風餘範. 예문 伻到 獲奉惠疏 辭致筆翰 宛對某巖山裡筆床餘範〔유필영柳必永, 44-65〕

여병舁病　병을 무릅쓰고. 예문 僕舁病炎程 僅僅得逢於新築〔송준길宋浚吉, 052〕→ 여질舁疾

여사旅史　여행 중인 사람에게 보내는 편지의 봉투에 쓰는 말. '사史는 아랫사람. 상대방을 직접 가리키는 것은 실례이므로 상대방의 아랫사람에게 편지를 보내는 형식을 취한 것이다. 예문 崔書房 旅史奉展〔이휘정李彙廷, 44-80(봉투)〕

여쇄旅瑣　여행 중의 곤궁함이나 불편함. 『주역』周易〈여괘〉旅卦 '초육'初六에 "나그네가 자질구레하니, 이 때문에 재앙을 취하게 된다"(旅瑣瑣 斯其所取災)라고 한 데서 나온 말임. 예문 並及旅瑣之狀 乃有廩治之命〔이유태李惟泰, 4-171〕

여식旅食　타향살이. 예문 患寒數日 仍有渴漸 此豈非累月奔走旅食 畢竟匪齰所祟 觸處令人憒惋 不無源委 尤可苦也〔이하곤李夏坤, 10-87〕

여아女阿　남에게 자기 딸을 지칭하는 말. '아阿는 친근함을 표시함. 예문 女阿彌憂 過期尙寂 預切頭重〔이휘정李彙廷, 44-56〕

여아廬兒　종복 또는 가노家奴. 예문 今日始通東館之路 廬兒亦得出入矣〔미상, 000〕

여앙慮仰　상대방에 대해 우러러 걱정함. 예문 卽見崔生書 審有暑症 實深慮仰 想已瘥可〔송시열宋時烈, 3-120〕→ 공념控念, 공념貢念, 공려拱慮, 공려貢慮, 봉념奉念, 봉려奉慮, 앙념仰念, 헌념獻念

여온餘蘊　남아 쌓인 것. 예문 今行信宿 天雨會事 傾困倒廩 似無餘蘊〔이면인李勉人, 7-155〕

여이犁耳　보습. 여경犁鏡. 예문 犁耳欲付送 而下人辭以無匠未易造成 未知厭其持去而然否也〔김수항金壽恒, 6-73〕

여일與日　나날이. 예문 弟凡百粗遣 而自送女息 倐已半載 戀想之懷 與日俱深 秋涼後 極欲津送人馬率來 未知許送否〔한배하韓配夏, 5-143〕

여작如昨　여전히. 예문 區區瞻慰 不容云喩 侍生粗遣如昨 是亦遠賜〔이숙李䎘,

여좌旅座　　여행 중에 머물고 있는 곳. 주로 봉투에 씀. 예문 晚遊 旅座 拜上 〔이휘정李彙廷, 44-56(봉투)〕

여주旅廚　　여행 중의 음식. 예문 幸趁此旬後 特以一力擔送若干糧饌 毋使旅廚罄絶如何 〔윤봉구尹鳳九, 6-91〕

여질旅疾　　병든 몸으로 억지로. 병을 무릅쓰고. 예문 方爲聽候處分 旅疾登程 而阻雨濡滯嘉興江村 〔민정중閔鼎重, 5-107〕 → 여병旅病

여차旅次　　여행 중에 머물고 있는 곳. 주로 봉투에 씀. 예문 金生員 旅次 〔한호韓濩, 22-55(봉투)〕

여창茹悵　　아쉬움. 예문 昨日失奉 茹悵 卽履甚似 〔정조正祖, 26-63〕

여체旅體　　여행 중인 상대방의 안부. 예문 謹問比來 旅體動止 連護萬衛 〔이휘정李彙廷, 44-56〕

여츤旅櫬　　객지에서 사망한 사람의 영구. 예문 罪息今日已送舍兄旅櫬 萬事已矣 〔이지백李之栢, 027〕

여탑旅榻　　여행 중인 상대방의 안부. 예문 此拜惠札 能審新元 旅榻起居狀 〔미상, 027〕

여택麗澤　　→ 이택麗澤

여패旅斾　　공무로 출장 중인 관리의 안부. 예문 矧審旅斾無擾 定省餘起居衛迪 豈勝欣濯之至 〔송내희宋來熙, 11-240〕

여한茹恨　　섭섭함. 예문 當兄辭朝之日 適値入直 未得奉別於河橋 至今茹恨多矣 〔김경문金敬文, 3-84〕

여환旅宦　　객지의 벼슬살이. 예문 西南夐脩 奉晤無際 悵恨曷極 伏惟中夏 旅宦起止神相 慰昂區區之至 〔김응하金應河, 21(義)-138〕

여황旅況　　객지에서의 안부. 예문 卽惟雪寒 旅況善在 課工不至浪度 爲念不尠 〔홍범식洪範植, 22-363〕

여후旅候　　여행 중인 상대방의 안부. 예문 風日不佳 伏問此時旅候若何 〔임성주任聖周, 22-273〕

역力　　하인. 예문 兒輩以劑藥事 出去 只送一力 未安未安 〔권필權韠, 21(義)-28〕

역고歷叩　　지나다가 들름. 예문 昨夕入城之路 歷叩盤谷則 故人已持斧出矣

此非病骨所可堪 憧憧憂念 不自但已〔오명항吳命恒, 21(禮)-396〕

역고歷顧　　지나가다가 들름. 상대방이 지나가는 길에 자신을 방문해 줌을 높여 이르는 말. 예문 日待坪基會下 或蒙歷顧矣 今承延生袖中書 始知美恙間劇 不能出門 敬歎之極 不知所喩〔송명흠宋明欽, 23-231〕→ 역왕歷枉

역길歷吉　　길일吉日을 잡음. 예문 願托婚姻 亦出於宿昔傾嚮之心 幸荷不鄙亟賜厚諾 殆非天定者耶 玆敢歷吉以告 但恐衰戶薄禮 無以承盛德也〔심광수沈光洙, 8-110〕

역도歷到　　지나가다 들름. 예문 小弟爲省楸 與見姪女與堂姪婦寓治下 歷到治下久洞面〔조종진趙琮鎭, 29-30〕

역려逆旅　　객사客舍 또는 여관旅館. 예문 世鳴逆旅一疾 幾死不死〔유세명柳世鳴, 44-48〕

역리지척逆理之慽　　이치를 거스르는 상. 자손이 먼저 죽는 것을 이르는 말. 예문 弟餘禍未艾 又聞孫女竟不起疾 痛割之情 已不可堪 而一年纔周 四哭逆理之慽 雖欲强自寬抑 毋至傷生 其可得乎〔김유경金有慶, 21(禮)-381〕

역면力綿　　힘이 부족함. 예문 容兒家力綿 新郎所騎不能別備〔홍주원洪柱元, 22-145〕

역배歷拜　　지나는 길에 찾아뵘. 예문 前頭倘過鳥嶺 則可得歷拜耳〔이운근李雲根, 35-35〕→ 역서歷敍

역본力本　　농사에 힘씀. 예문 力本明農 自是吾人合做底 況士出於農 盛世已然耶〔김흥락金興洛, 32-174〕→ 민사民事, 연사年事

역생酈生　　초한楚漢 때의 책사策士 역이기酈食其. 예의범절이나 격식 따위에 구애받지 않는 호방한 인물을 가리킴. 한 고조漢高祖 유방劉邦이 그의 면회 요청을 받고서 사람을 시켜 사절하게 하자, "나는 고양 출신의 술꾼이지, 유학의 글이나 떠받드는 꽉 막힌 사람이 아니다"(吾高陽酒徒 非儒人也)라고 하여 뜻을 관철시킨 고사가 전한다(『사기』권97「역생열전」酈生列傳). 예문 若德死生 其爲酈生之里人者乎〔황정욱黃廷彧, 5-197〕

역서歷敍　　지나는 길에 방문함. 예문 又數日後 欲適元堂 方擬歷敍〔장현광張顯光, 22-67〕

역여怒如　　역여조기怒如調飢의 준말. 거듭 굶은 듯 허전하다는 말로, 몹시 그립다는 뜻. 『시경』詩經 「주남」周南 〈여분〉汝墳의 "그대 얼굴 보지 못하여 거듭 굶은 듯하네"(未見君子 惄如調飢)라는 구절에서 유래함. 예문 奉晤久 而山中秋事漸緊矣 遙瞻歸雲 政不禁惄如 而只切道途落莫 便梯斷阻矣 此意倘與吾兄一般也否 〔이유홍李裕弘, 40-266〕

역역役役　쉬지 않고 힘써 일하는 모양. 예문 弟一是役役 而省率幸安已耳〔민영환閔泳煥, 22-361〕

역왕歷枉　지나다가 들름. 예문 頃蒙歷枉 迨切感荷〔정시한丁時翰, 22-163〕

역우여우易憂如右　'역책易簀의 근심이 바로 곁에 있다'는 뜻으로 어른이나 스승의 죽음이 임박한 것 같다는 말. '역책'易簀은 증자가 죽을 무렵에 깐 자리를 바꾸었다는 데서 나온 말이다. 예문 下生 重省恒在凜掇焦煎中 易憂如右 暫難出入〔구연학具然學, 41-47〕

역입歷入　지나다가 들름. 예문 弟之返京 遲速難期 程途不至迂回 則敢不如示歷入耶〔민취도閔就道, 21(禮)-123〕

역정驛程　역로驛路. 예문 纔免銀臺 徒役驛程 此出於意慮之外 豈非化兒之所戱劇也〔남이웅南以雄, 21(義)-69〕

역지役志　마음을 씀. 뜻을 둠. 예문 汝書以擧業爲言 叔世士子立身 此爲通衢 而國俗尤以此爲重 從前豈不欲汝致力 但念幼時全不勸課 將至過時難成 故不欲役志於此耳 非惡之也〔정경세鄭經世, 45-361〕

역질力疾　병을 무릅쓰고. 예문 直甫瘧疾轉劇 奄奄垂盡 無足奉聞 力疾艱艹 只伏祝隨時珍衛 不宣 伏惟下照 謹謝狀〔이직보李直輔, 22-295〕

역철易轍　수레의 길을 바꿈. 방법이나 계획을 바꾸는 것을 비유하는 말. 예문 明示其所以不烈之故 則戚下雖無勇 亦不敢不幡然易轍負荊而造門矣〔홍석주洪奭周, 31-60〕

역후歷候　지나는 길에 들러서 인사함. 예문 兄能來會江上 則大幸 而若不能爾 當於歸路歷候矣〔한원진韓元震, 22-257〕

연蓮　연막蓮幕. 막부幕府의 미칭美稱. 남제南齊 때 장군 왕검王儉의 막부를 연화지蓮花池라고 일컬은 고사에서 유래함. 예문 李安興令蓮卽展 靑左謝書〔김정희金正喜, 33-61 (봉투)〕

연갑年甲　나이. 예문 男女長幼 當書以某甲生 而如卽今有司輩書各家尊長年

歲 無已近於朱子所謂計父祖年甲者耶〔정조正祖, 26-73〕 → 갑갑, 갑기甲紀, 연광年光, 연기年紀, 자갑雌甲

연견連遣　　그럭저럭 지냄. 예문 侍生侍狀連遣 而苦無間隙 久不作貴邊人事 貽阻軒屛至此〔박필경朴必慶, 027〕 → 견면遣免, 고보姑保, 구보苟保, 근보僅保, 근지董支, 열견劣遣, 의견依遣01, 의보依保, 조견粗遣, 조견면粗遣免, 조면粗免, 조보粗保, 조안粗安, 지장支將, 평평平平

연결戀結　　그리움이 가슴에 맺힘. 예문 一見而更不見 戀結甚矣〔박문수朴文秀, 21(禮)-491〕

연계軟鷄　　병아리보다 조금 큰 어린 닭. 약병아리. 영계. 연계 백숙을 연계유軟鷄濡 또는 연계증軟鷄蒸이라 함. 예문 蔘花七十柄 過夏酒三鐥 大口二尾 軟鷄三首 石魚五束 米食三升 淸二升 略呈〔송광연宋光淵, 34-152〕

연관延款　　맞아서 후하게 대접함. 예문 幸卽延款 另借顔色 如何如何〔김정희金正喜, 33-77〕

연관捐館　　관사館舍를 버림. 관직에 있던 이의 죽음을 가리키는 말. 연관사捐館舍, 연사捐舍. 예문 判書大監 此時捐館 在自家未必非福 而公私痛悼之懷 則在此時尤倍矣〔민진원閔鎭遠, 23-197〕

연관練冠　　흰 모자. 상喪을 당했을 때 착용하는 모자. 예문 卽宜扶衰運奔 與共於練冠挵號之席 而適得眩暈之症 不免依馬旋停 不惟無以效共事之忱 而亦所以孤負夙昔眷敎之厚也〔김도화金道和, 32-167〕

연광年光　　나이. 예문 査下新年遣狀 猶似去年 而但恨年光添一 志氣漸衰 平日之營於心上者 似無了勘之期 此將奈何 可歎可歎〔안희원安禧遠, 53-160〕 → 갑갑, 갑기甲紀, 연갑年甲, 연기年紀, 자갑雌甲

연교戀膠　　사무치는 그리움. 예문 分離之後 信便無憑 戀膠之懷何已〔정시성鄭始成, 16-116〕

연교筵敎　　임금이 신하와 정무政務를 논하는 연석筵席에서 내린 명령. 예문 昨日筵敎又至嚴 去就將欲何居〔윤순尹淳, 38-22〕

연구緣具　　딸린 도구. 예문 葬具諸物 則依趙秀才所示 造送爲料 大轝雄帳上蓋諸緣具 亦可造送〔김성일金誠一, 12-168〕

연군烟軍　　연군煙軍. 연호군煙戶軍. 각호各戶에 배당되어 부역賦役에 동원

되던 인부人夫. 예문 初則欲給烟軍 期於一時畢功 〔민진량閔晉亮, 5-43〕

연궤筵几　　장례식 후 탈상脫喪 때까지 죽은 이의 혼백魂帛이나 신주神主를 모셔 두는 곳. 예문 生泄病 近尙無減 元氣轉益漸薾 未由進洩一哀於筵几未撤之前 情禮掃地 生不如死矣 〔김창즙金昌緝, 21(禮)-339〕 → 궤연几筵

연기年紀　　나이. 예문 且生旣傷於前後喪敗 年紀衰耗 如日將傾 〔강찬姜酇, 41-76〕 → 갑甲, 갑기甲紀, 연갑年甲, 연광年光, 연기年紀, 자갑雌甲

연기年記　　동년배 사이에서 자신을 일컫는 말. 예문 甲戌初秋旣晦 年記 大欽拜 〔목대흠睦大欽 47-63〕

연기涓期　　날짜가 결정됨. 예문 因封涓期 奄隔數旬 慟賷冤酷 中外惟均 〔김유근金逌根, 34-356〕

연기練期　　연제사練祭祀. 아버지가 생존해 있는 경우 어머니의 소상小祥을 당겨서 11개월 만에 지내는 제사 예문 內喪練期已過云 遙自仰慰 〔신익성申翊聖, 4-112〕

연길涓吉　　혼인 날짜를 잡는 일. 신부 집에서 신랑 집에 허혼서許婚書를 보낼 때 연길단자涓吉單子를 함께 보낸다. 예문 中女昏定於姜公世之伯氏家 涓吉在二月卄七日 而兩手握拳 全無所貯 不是小悶耳 〔이병탁李秉鐸, 027〕

연대烟臺　　담뱃대. 예문 惠貺烟臺拜領 而綺注銘感 鑴謝僕僕 〔박준기朴俊琪, 42-44〕 → 연배烟盃

연두戀頭　　그리움. 예문 懷想政緊 從郵九日之函 得見者在於第四日矣 戀頭欣豁 可慰可慰 〔김창숙金昌淑, 44-66〕

연락然諾　　승낙承諾. 예문 此時倘蒙枉駕 豈但逃空跫然之喜而已耶 幸惟重於然諾 勿負山中鷄黍之約 則披襟討懷 輸寫肝膽 在此時焉 〔성혼成渾, 16-63〕

연래年來　　근년近年. 예문 卽琴湖輔德族叔從孫 名在寅字景恊 而年來又 與貴族汝言兄結查者也 〔이종상李鍾祥, 027〕

연로輦路　　임금의 수레가 지나는 길. 연도輦道. 예문 輦路田夫之秋還除耗 卽欲爲所重施民惠 而路邊民戶尙多未聞知之弊 是豈還到津頭不憚憊 下諭該路邑之意哉 〔정조正祖, 26-13〕

연류성하涓流成河　　작은 시냇물이 모여 큰 강을 이룸. 조그만 것이 모여 큰 것을 이룬다는 말. 예문 通文中 涓流成河 眞格言也 幸勿鄙薄劣 以補萬一之費 如何 〔송기면宋基冕, 37-94〕

연리硯履　　글씨를 공부하는 이의 안부를 물을 때 쓰는 말. 예문 問請 硯履充旺 學兄大都均安 〔김문옥金文鈺, 41-116〕

연말年末　　자기와 동갑인 사람에 대하여 자기를 낮추어 이르는 말. 예문 辛亥正月卄六日 年末 威明頓 〔조위명趙威明, 21(禮)-177〕

연메聯袂　　소매를 나란히 함. 곧 동행함을 뜻함. 예문 姪女昏期 定在今初六 伊時或可賁臨 而與令仲氏 聯袂如何 〔김낙세金洛世, 40-50〕

연미燃眉　　눈썹이 탐. 사태가 매우 급박함을 비유하는 말. 예문 多少示意謹悉 邊儲不宜容易下手者 誠切至之言也 財散之後 難復聚者 弟亦豈不知 而民命之上 事迫燃眉 亦何可膠守常套 〔조태구趙泰耉, 21(禮)-319〕

연미連楣　　혼인. 예문 茲蒙連楣盛諾 感頌至矣 〔강준흠姜準欽, 49-244〕

연방蓮榜　　소과小科인 생원과·진사과의 향시鄕試·회시會試에 합격한 사람의 이름을 적은 명부名簿. 예문 今春蓮榜 見高門名行有參選者 亟欲伻賀 而未詳舍館 遂未果 〔홍양호洪良浩, 31-52〕

연배烟盃　　담뱃대. 예문 烟盃差晚何傷 但以烟火口氣 而煩人者 還覺笑愧也 〔손후익孫厚翼, 40-148〕 → 연대烟臺

연번延番　　연번군延番軍. 상여를 호송하는 사람들. 예문 柳生歸葬于榮川 而未得延番及造墓軍云 〔김성일金誠一, 12-148〕

연보전捐補錢　　연봇돈. 남을 돕기 위해 내는 헌금. 예문 捐補錢事 當自七月以後 勿施而旣有輸上者 故果已準捧 非有中絶之端 諒之如何 〔어윤중魚允中, 35-96〕

연북硯北　　공부하는 사람이 앉는 자리. 보통 책상과 벼루는 남쪽을 향해 놓고, 사람은 벼루의 북쪽에 앉는다고 한다. 연북硏北. 예문 此去金鍊百 卽夙知而十數年間終始如一 其人非末俗之與之上下者也 爲其子讀書計 要我託付於君輩 其意亦有可尙 幸於硯北一寸地 許其容旋 〔김정희金正喜, 1-77〕

연비聯轡　　말고삐를 나란히 함. 함께 간다는 뜻. 예문 諸人聯轡赴席爲可 歲饋按例送似 照領 如何如何 〔정조正祖, 26-19〕

연비連毖　　계속 잘 지냄. 예문 卽拜手翰 謹審仰後秋凉起居連毖 區區欣慰 〔○성중○成中, 6-226〕

연비連臂　　간접적인 연줄로 하여 서로 알게 되는 일. 연비聯臂. 예문 老職加資 旣已自吏曹送西 而開政不頻 故遠地人 委來京裡 久難等待 且無連臂路 尙未出帖

云〔송징설宋徵卨, 34-116〕

연빙淵氷　　깊은 연못에 임하거나 얇은 얼음을 밟는 것처럼 신중히 함.『시경』詩經「소아」小雅 〈소민〉小旻에 "전전긍긍하여 깊은 연못에 임하듯이, 얇은 얼음을 밟듯이 하라"(戰戰兢兢 如臨深淵 如履薄氷)는 구절이 있다. 예문 況執事年過知命 工專淵氷 雖欲使矗豪手段 自然心不應 而氣不從 不至如來敎云云〔최익현崔益鉉, 44-121〕

연사年事　　농사. 예문 向以還穀之太多爲憂 至有作木之請 今則年事大侵 將欲取用於京中 故曾有作木姑徐之關 其已傳去否〔이인엽李寅燁, 21(禮)-282〕 → 민사民事, 역본力本

연사延賜　　임금이 하사하는 시호諡號를 예를 갖춰 받음. 예문 贈典已完 爲之貢賀 聞有明春延賜之擧 新莅殘邑之餘 何以經營大事耶〔신광수申光洙, 44-333〕 → 연시延諡

연사戀思　　그리워함. 예문 前書披慰 卽日爲況如何 相離已久 戀思如噎〔김상용金尙容, 23-35〕

연사練祀　　연제사練祭祀. 아버지가 생존해 있는 경우 어머니의 소상小祥을 당겨서 11개월 만에 지내는 제사. 예문 練祀之行於末丁 亦因事勢而已 此處已以初丁 行變除節 光陰如邁 痛念尤切〔이옥李沃, 14-105〕

연상聯床　　친구와 함께 잠. 예문 歲暮山窓 忽得聯床之喜 而兼拜讀惠箋 果賢於十部從事也〔장기림張基林, 37-105〕

연상連床　　책상을 나란히 놓고 공부함. 예문 壻郞連床甚喜 終年可無斁〔김창흡金昌翕, 25-21〕

연석燕石　　연산燕山에서 나는 돌. 옥 비슷하면서도 옥이 아니어서 사이비似而非한 것, 가치가 없는 것을 비유함. 예문 何必舍己之玉而艶人之燕石耶〔황현黃玹, 37-31〕

연소戀遡　　그리워함. 예문 戀遡日勤 忽枉情訊 披寫倍品〔여이징呂爾徵, 23-59〕

연시延諡　　조상의 시호諡號를 받음. 예문 先大監延諡之典 想切榮感 旣知日子則雖無俯速 敢不趁進 獲覩盛擧〔윤동섬尹東暹, 21(智)-63〕 → 연사延賜

연시燕市　　연경燕京(북경北京) 시장. 예문 且鄙藏群玉一峡 乃燕市之最劣者 欲備老境遺忘 覓得 曾請題面於左右 擬爲閑中對故人之顔 而久未見還 令人遡想

〔한준겸韓浚謙, 45-218〕

연안聯案　　여러 명에게 보내는 편지의 봉투에 쓰는 말. 예문 情兄 川坊所 聯案
〔이상정李象靖 등, 44-52(봉투)〕

연안連安　　계속 편안하게 잘 지냄. 예문 近久阻信 伏不審萱闈體力康健 省餘
棣候連安 甥輩男妹 亦皆無恙否 種種慕仰 無虛日也 〔유낙휴柳洛休, 32-154〕

연안鍊案　　공부하는 사람을 가리키는 말로 주로 봉투에 씀. 예문 磻谷 鍊案
入納〔미상, 49-356(봉투)〕

연앙戀仰　　그리워함. 예문 戀仰中 伏承下翰 伏審初炎 莅政凡百俱佳 慰浣不
容喩〔오도일吳道一, 5-126〕

연애涓埃　　물방울과 티끌. 아주 작은 것을 가리키는 말. 예문 下書中敎意伏覽
而尤當十分殫勵 以圖涓埃之報 見識淺淺 伏悶何達〔미상, 41-159〕

연약年籥　　해. 연도. 연약은 원래 날짜를 기록하는 대나무 조각이다. 예문 劍舃
已藏·年籥又改 莫逮之痛 中外益切崩隕〔신임申銋, 23-157〕

연어燕語　　자기 글을 제비의 지저귀는 소리에 비유한 겸사. 예문 俯戒齋記 盛
意不敢孤 以箴體構置幾句燕語 第俟相對炎炎 始可出之〔김성일金誠一, 26-125〕

연업緣業　　인연과 업보. 예문 劫界餘生 春挫於塵臼 汨沒於苦海 片隙無間暇
此所謂報佛者緣業耶〔강은거姜殷擧, 41-68〕

연업鍊業　　학업을 닦음. 예문 比來鍊業何似〔김성일金誠一, 12-153〕

연옥鍊玉　　학업을 닦음. 예문 況審炎雨 兄侍奉鍊玉有相 欣喜又何可言〔안연석
安鍊石, 6-191〕

연운年運　　그해의 운수. 예문 杏亭及花岡 松虫又大起 盡食無餘云 不特年運
然也 吾之不肖無狀 有以致之 痛恨奈何 雖虫蝕 勿爲斫刈 待吾下去之意分付山直
輩也〔신좌모申佐模, 43-172〕

연운煙雲　　먼 여행길. 예문 只祝煙雲無恙 行事團員 而無物將意 敬以一語奉
贈〔김정희金正喜, 31-68〕

연울戀鬱　　궁금하고 답답함. 예문 ○○阻音 未知兒率 何以爲遣耶 戀鬱而已
〔이운근李雲根, 35-43〕

연위連衛　　계속 잘 지냄. 예문 省式 積雪新霽 懷想益切 恪維比辰 哀候連衛支
重 僾念切切無時〔박정양朴定陽, 44-231〕

연의戀儀　　그리운 모습. 예문 邇間頻夢戀儀 晤語分明 覺來未嘗不撫枕傷心 〔정광성鄭廣成, 4-94〕

연이燕爾　　혼인婚姻. 예문 中心喜欣 不直以燕爾之私耳 〔김응순金應淳, 22-283〕

연인連姻　　이성異姓 친척. '연連'은 '친척'의 뜻. 예문 此弟於令有連姻之誼 不待鄙言 亦必賜款 而悾億中 恐或遺忽 玆復申及耳 〔이만성李晩成, 23-189〕

연자涓字　　연길단자涓吉單子. 택일한 혼례 날짜를 적은 것. 예문 涓字謹受 而當於該日早發 趁午入抵 以爲行禮計 〔이원건李源健, 34-364〕

연저年底　　세밑. 연말年末. 예문 弟衰憊轉甚 宿恙頻發 且當年底 劇務叢集 有非病骸所可抵敵 悶憐悶憐 歲行盡矣 唯祝迓禧 不備禮 〔김상현金尙鉉, 44-189〕

연절緣切　　사정이 절박함. 예문 今以推尋價物進去 所仰伏望令採卽時推給如何 緣切敢干 餘祈令自玉 謹拜上狀 〔윤두수尹斗壽, 5-195〕

연제練祭　　연제사練祭祀. 아버지가 생존해 있는 경우 어머니의 소상小祥을 당겨서 11개월 만에 지내는 제사. 예문 凡喪 朞以上不計閏 大功以下 乃計閏者 乃通行之禮耶 今次練祭 當從朞以上不計閏 〔미상, 45-284〕

연제緣際　　왕래. 예문 只是無緣際 吾殊鬱鬱耳 〔정경세鄭經世, 3-26〕

연좌緣坐　　부자, 형제, 숙질叔姪의 죄로 무고하게 처벌을 당하는 일. 예문 昨日冤死人等 一皆伸理 秋相則 復官致祭 吳季文則 諸臣皆以快雪爲難 而自上特命伸冤 至於復官 籍産緣坐 自在勿論中 趙確父子 亦勿以逆論之 吳三宰感激天恩 今曉肅謝矣 〔이관징李觀徵, 13-135〕

연죽煙竹　　담뱃대. 예문 山橘 二十箇 簡紙 五十幅 煙竹 一箇 〔정조正祖, 26-97〕

연찰聯札　　연명聯名하여 보낸 편지. 예문 袖致聯札 謹審伊時 僉候萬勝 慰昂無任 〔강태우姜泰禹, 41-69〕

연참鉛槧　　글을 쓰는 일. 연鉛은 연분필鉛粉筆, 참槧은 목판 조각으로 글을 쓰는 도구를 가리킨다. 예문 眼力亦又就蒼茫 凡於鉛槧疏闊殆甚 況於描寫事 何以提起 〔윤두서尹斗緖, 21(禮)-368〕

연초烟草　　담배. 예문 烟草之惠 多謝 〔이상진李尙眞, 3-124〕 → 남령南靈, 남종南種, 남초南草, 영초靈草, 초草

연초燕超　　연처초연燕處超然의 준말. 세상사에 얽매이지 않고 한가하게 사는 것을 이름. 『도덕경』道德經 26장의 "비록 영화로운 곳에 있어도 편안히 처하고

초연하다"(雖有榮觀 燕處超然)라는 말에서 유래하였다. 예문 卽伏惟小春 閑中啓居 神相燕超否 〔김효윤金孝胤, 49-261〕

연침燕寢　편히 쉬는 처소. 또는 침실. 연침연침宴寢. 예문 弟爲焚黃輿立石 乞暇歸山 鄕興頗多 不羨兄之燕寢凝香仙區游賞也 〔남용익南龍翼, 42-36〕

연침聯枕　베개를 나란히 하고 함께 잠. 예문 一宵聯枕 竊覸患候非細 歸來 尤切慮仰 夜來更何如 〔유도원柳道源, 32-151〕

연타延拕　질질 끌어서 미룸. 예문 旣諾之者也 亥能時日延拕者乎 但其草本 不精爲慮而已耳 〔안희제安熙濟, 40-180〕

연편聯翩　연달아. 예문 袱中 獲聯翩兩札 慰抵千金 〔김상성金尙星, 21(智)-35〕

연표連鑣　나란히 말을 타고 나아감. 예문 卽見文叔丈 知僉兄作意連鑣 今夕當到 賤弟欣荷之情 不容盡喩 卽欲促鞭倒屣 而明早有不得已伐丘木事 不可 〔정경세鄭經世, 45-425〕

연품筵稟　경연經筵에서 임금께 아룀. 예문 入坊時 羽聲某事標情如何 冽上有別般指示耶 其家日以試之進設云云 大不可耳 自大僚筵稟之事 何敢私自進定耶 〔이언순李彦淳, 44-78〕

연풍楝風　곡우穀雨. 24절기의 하나. 예문 更問楝風 令政候日晏万重 〔김정희金正喜, 33-70〕

연하기상烟霞氣像　산수를 좋아하는 성벽性癖이 있다는 말. '연하'는 안개와 노을이란 뜻으로, 고요한 산수 경치를 비유하는 말. 연하고질煙霞痼疾, 연하벽煙霞癖. 예문 自想惟有烟霞氣像 回來煩惱 仍作依舊 一塊基也 自訟伏愧 〔이원기李源祺, 40-260〕

연함聯函　연명聯名하여 쓴 편지. 예문 頃伏覩 星湖先生之文集鋟梓事聯函 凡在後學 孰不欣幸 〔한상원韓商源, 53-218〕

연형年形　농사가 잘 되고 못 된 형편. 예문 年形何如 收賭何如 座下豈不干涉乎 記下則專恃座下矣 〔조병응趙秉應, 43-285〕

연호連護　계속 잘 지냄. 예문 卽詢比熱侍奉動引連護 庇內均福 門中平安 〔유후조柳厚祚, 027〕

연홍지창燕鴻之悵　제비가 오니 기러기가 간다는 말로, 한 사람이 오니 한 사람이 간다는 뜻. 서로 길이 엇갈려 만나지 못해 섭섭함을 표현할 때 쓰는 말.

예문 自南而還 便有燕鴻之悵 尙今耿耿 〔신재식申在植, 22-311〕

연홍진軟紅塵　　홍진紅塵. 속세를 상징한다.　예문 僕卜地陶山之南 未構數椽 而來入軟紅塵裏 恨懷懸懸 〔이황李滉, 30-199〕 → 속구俗曰, 진구塵臼, 진환塵寰

연화筵話　　연석筵席에서 임금과 신하가 나눈 대화.　예문 筵話 昨所錄呈外 藥院提調所達語 書呈下方耳 〔미상, 6-160〕

연화구기烟火口氣　　밥 짓는 연기와 입에서 나는 냄새라는 뜻으로 속세의 일을 일컫는다.　예문 烟盃差晩何傷 但以烟火口氣 而煩人者 還覺笑愧也 〔손후익孫厚翼, 40-148〕

연황年荒　　흉년.　예문 年荒村窮 可以想見春後農眹甚好 〔김정희金正喜, 20-44〕

연황鍊況　　공부 중의 안부.　예문 別來已浹旬矣 想唯鍊況佳勝 瞻慰采切 〔김석주金錫胄, 23-143〕

열劣　　자신을 낮추어 이르는 말.　예문 劣入城有日 而病憊莫振 無計晉敍 第用瞻悵 〔○명유○命唯, 6-171〕

열견劣遣　　그럭저럭 보냄.　예문 弟侍奉劣遣 無可喩者 〔채지홍蔡之洪, 23-213〕 → 견면遣免, 고보姑保, 구보苟保, 근보僅保, 근지菫支, 연견連遣, 의견依遣01, 의보依保, 조견粗遣, 조견면粗遣免, 조면粗免, 조보粗保, 조안粗安, 지장支將, 평평平平

열로熱老　　무더위.　예문 且審熱老益肆 政履晏重 欣慰 〔김정희金正喜, 33-67〕

열록列錄　　목록.　예문 其中筆墨 尤切於日用 但列錄云 筆二柄而 在封中者 乃一柄也 或者忘却否 〔미상, 027〕

열서閱序　　계절이 지나감.　예문 阻久瞻誦 閱序采廑 卽拜審肇熱政候護旺 仰慰愜禱 〔김병시金炳始, 44-209〕

열세閱歲　　일 년이 지남.　예문 姪老母宿病 閱歲彌留 爲就醫藥 月初奉還洛中 〔오시복吳始復, 21(禮)-165〕

열식劣息　　자신의 자식을 낮추어 이르는 말.　예문 劣息所苦 若謂之例症則幸矣 〔이겸순李謙淳, 027〕

염념　　20일.　예문 去念得接令從嫂丈人到淸邑所留書 槪審彼中消息 〔채지홍蔡之洪, 23-213〕

염객廉客　　일의 형편을 몰래 살피는 사람. 밀정.　예문 三南廉客出之云 而歲後

潛潛復命旨耳〔장석룡張錫龍, 027〕

염로炎爐　　무더위. 예문 省式 炎爐中阻唔日久 耿仰非平品〔김흥락金興洛, 44-61〕

염림炎霖　　더위와 장마. 예문 方以久阻爲盃 忽此料外辱惠手札 如對慰滿 況承炎霖兄候益相 尤切欣寫 不任區區〔이분李蕡, 32-4〕

염매炎霾　　더위와 흙비. 예문 伏候炎霾 台啓處佳勝 瞻注無已〔송광속宋光涑, 34-102〕

염문稔聞　　익히 들음. 예문 删禮 復因華宗素齊公 稔聞足下嗣守舊家 克追令望 每切傾艷之私 而恨相距稍隔 無由得一接洽〔김황金榥, 40-110〕

염서炎序　　여름철. 예문 便中承拜辱翰 就審炎序 政履淸福 仰慰倍常〔김수항金壽恒, 16-110〕

염앙艷仰　　부러움. 예문 建溪風霞 到秋日勝 終朝臨對 必有深得其夜氣之淸 艷仰不任〔홍택주洪宅疇, 027〕

염우廉隅　　청렴하고 행실이 단정함. 예문 百爾思之 不無懲羹之私 且廉隅所在 重冒此任 斷無其義 故望紙玆封呈 伏願僉尊俯恕情勢 更差可爲之人〔정순원鄭淳元, 41-166〕

염우炎雨　　무더위와 장마. 예문 炎雨侍奉何似 懸傃〔유운柳雲, 5-174〕

염정染呈　　글씨를 써 줌. 예문 陛辭來紙染呈 一笑 餘不盡 都付神會〔권상하權尙夏, 44-112〕

염제廉祭　　조촐한 제사. 예문 如蒙兩床措送之惠 則其感如何 切擬廉祭昭穆先墓 敢此仰達 餘祝尊履順序萬重 伏惟尊下察 謹狀上〔최천건崔天健, 5-203〕

염지染指　　손가락을 솥에 넣어 국물을 찍어서 맛보는 것. 자기 분수에 지나친 이득을 얻으려는 것을 비유하는 말. 춘추시대 정 영공鄭靈公이 공자 송公子宋을 불러 놓고 자라 요리를 먹으면서 그에게만 주지 않자, 공자 송이 노하여 국 솥에 손가락을 넣어 국물을 찍어 맛을 보고 나가 버렸다는 고사(『좌전』左傳 선공宣公 4년)가 있다. 예문 至於染指云云 雖有往來行言 豈容形諸文字 以爲自引之端乎〔오희상吳熙常, 31-56〕

염지稔知　　익히 잘 앎. 예문 府居從事 兵房金志溫之親切於我 事事效勞 君想稔知之矣〔이충익李忠翊, 7-172〕

염진厭進　　음식 먹기를 싫어함. 윗사람에게 쓰는 말. 예문 弟老親厭進眩暈 近

益澌綴之中 分司職務多端 往來勞攘 日來添損 私悶何喩 〔정대림丁大林, 17-178〕

염출染出　글씨를 씀. 예문 就此去表石字 因主家之求 柳法依樣染出 〔조윤형曺允亨, 22-281〕

염환染患　전염병. 염병染病, 염질染疾. 예문 自京還 始聞兄主家有染患 〔조지겸趙持謙, 46-83〕 → 시경時警, 시기時氣, 시류時輪, 시질時疾, 시환時患, 여기沴氣, 여기癘氣, 윤증輪症, 윤행輪行, 윤환輪患, 행역行疫

엽葉　달력을 세는 단위. 예문 新葉二葉 伴呈耳 〔유해로柳海魯, 31-104〕

영令⁰¹　장張. 얇고 넓적한 물건을 세는 단위. 예문 李譯官以羊皮四十令來給 雖已節晚 尙有深冬 深謝 〔최명길崔鳴吉, 3-54〕

영令⁰²　영감. 편지 수신인을 지칭하는 말. 영감은 종2품, 정3품의 관원을 가리킨다. 예문 因京祇 承拜令問札 憑審秋來 令政履增迪 欣慰不容喩 〔민진후閔鎭厚, 23-187〕

영令⁰³　상대방의 친족에 대해 붙이는 경사敬辭. '영'令은 '선미'善美의 뜻. 예문 令季之申於久屈 公私喜幸 有非尋常 況兄友于之心 尤當如何 〔이세백李世白, 23-145〕

영각鈴閣　지방관청. 당대唐代에 태수太守를 영하鈴下라 부른 데서 유래함. 예문 弟復叨匪分 銷直莫出 遙想鈴閣風流 只用羨歎 奈何奈何 〔이관명李觀命, 23-193〕 → 영재鈴齋, 영헌鈴軒

영감令鑒　영감令監께서 헤아려 주십시오. 편지 끝에 쓰는 말. 예문 伏惟令鑒不宣 〔김상헌金尙憲, 22-83〕

영갱嬴坑　선비가 화를 입음. '영'嬴은 진시황秦始皇의 성姓, '갱'坑은 분서갱유焚書坑儒를 말함. 예문 賤子一身 受禍之外 世之以儒名者 不並及於嬴坑 則何幸何幸 〔전우田愚, 41-129〕

영격影格　글씨 쓸 때 줄을 가지런히 맞추기 위하여 종이 밑에 놓고 비치게 하여 쓰는, 가로세로 격자 선을 그은 종이. 예문 影格畢竟揷往 汝之健忘 可謂難醫也 此回付來也 〔정약용丁若鏞, 17-83〕

영계令季　상대방의 막내 동생. '영'令은 '선미'善美의 뜻. 예문 令季之申於久屈 公私喜幸 有非尋常 況兄友于之心 尤當如何 〔이세백李世白, 23-145〕

영고營庫　감영의 창고. 예문 欲送魚鹽 而官庫如洗 如曲子油淸等物 或貿或

貸於營庫而用之 所謂記付米石 色吏 太半儳出 即今則實無措手之路 〔이인병李寅炳, 10-84〕

영곡迎哭　맞아들이며 곡을 함. 예문 且日勢日暮 馳往交山 難免犯夜 故今日不能迎哭 悲咽悲咽 〔이관징李觀徵, 13-112〕

영관另款　특별히 생각하는 마음. 예문 寄惠衣資 認由另款 領有感銘 〔윤자덕尹滋悳, 051〕

영관瀛館　홍문관弘文館. 영각瀛閣, 옥당玉堂이라고도 한다. 예문 一入瀛館 替直無人 到底是厄會 〔신재식申在植, 22-311〕

영관營關　감영의 관문關文. 예문 伏知園洞與巡營書束來到 惶悚無地 向者專人之意 但以得營關故爾 〔오덕영吳悳泳, 31-96〕

영구另具　따로 편지를 써서 보냄. 예문 鐵禪諸名宿 俱吉祥自在否 無以另具 〔김정희金正喜, 33-91〕

영귀榮歸　과거에 급제한 후 고향으로 부모님을 뵈러 가는 것. 예문 注書榮歸後 間阻來信 政此懸菀 〔신좌모申佐模, 43-120〕

영근郢斤　글을 잘 고침. 영郢 땅 사람의 도끼질이란 뜻으로, 『장자』莊子 「서무귀」徐無鬼의 "영郢 땅 사람이 코끝에 파리 날개같이 얇은 백토白土를 발라 놓고 장인匠人 석石을 시켜 깎게 하니 석이 도끼에 바람 소리가 나도록 움직여도 코끝을 상하게 하지 않았다"라는 구절에서 나온 말이다. 예문 此等酬唱工拙 似一般矣 幸加郢斤如何 〔김병철金柄轍, 41-90〕

영념另念　특별히 생각함. 부탁할 때 쓰는 말. 예문 竝令隨行書吏 私通於留直營門之首吏 俾令剋日傳致受答 無致中間一刻延滯 如何如何 不然則西江之波 恐無補於枯肆 千萬千萬另念 〔이충익李忠翊, 21(智)-174〕

영대靈臺　마음. 예문 晦叔無妄之痾 固無待藥之 而後有喜 唯冀老兄安心聽天 勿以是撓靈臺焉耳 〔윤휴尹鑴, 47-13〕

영량令亮　영감께서 헤아려 주십시오. 편지 끝에 쓰는 말. 예문 餘不宣 伏惟令亮 拜謝上狀 〔박경후朴慶後, 3-89〕

영록瀛錄　홍문관 관원으로 뽑힘. 홍문관을 영관瀛館, 영각瀛閣, 옥당玉堂이라고도 함. 예문 謹審臘寒 靜候萬相 鄕廬靜煖 與世相忘 何等淸福 第瀛錄有命 恐兄之淸福 不耐久享 是慮 〔서영보徐榮輔, 34-316〕

영루鴒淚　　형제가 죽었을 때 흘리는 눈물. 예문 況友愛隆篤 到□難分之鴒淚 何以爲抑也 〔권석호權錫虎, 40-34〕 → 척령鶺鴒, 영원지통鴒原之痛

영문另問　　별도로 문안 편지를 씀. 예문 另問之及於迷豚 可想勤念之周及 而渠又樂之 〔김명희金命喜, 027〕

영문營門　　감영監營. 예문 營門交龜 似在來望間 〔박희성朴羲成, 027〕

영밀寧謐　　평온함. 예문 卽承遠翰 從審臘寒 令候爲政晏重 邊門寧謐 軍民整暇 慰仰愜禱 〔신헌申櫶, 21(智)-365〕

영방營房　　군영軍營이나 감영監營의 아전衙前이 사무를 보던 곳. 예문 就控敬差官行時不善之事 已於迷豚便有所略陳 而此則果在書者身上之事 而枉傳營房老爺矣 〔정철鄭澈, 44-146〕

영백嶺伯　　경상도 관찰사. 예문 右相 以嶺伯許遞之意陳達 上允之 仍下詢其代 〔서명응徐命膺, 21(智)-87〕

영비永閟　　영원히 감춘다는 뜻으로, 임금이나 왕비의 죽음을 이르는 말. 예문 慈徽永閟 匝域均慟 〔이서구李書九, 34-298〕

영빈迎賓　　사위를 보는 일. 예문 震應纔過迎賓 旋送新行 而孫女之婚 依然關情 惱撓無已 〔권진응權震應, 23-237〕

영사領謝　　고맙게 받음. 예문 寄席領謝 初冬間 家行醮禮 此樣一二件 可復得耶 〔이덕형李德馨, 3-43〕

영삭靈鑠　　훌륭함. 예문 卽接邸報 兄出仕 而進啓矣 靈鑠哉 〔미상, 027〕

영서靈犀　　영묘靈妙한 무소뿔. 무소뿔의 한가운데에 난 구멍으로 양쪽이 통하므로 두 사람의 의기義氣가 서로 투합함을 비유하는 말로 쓰인다. 예문 千里照靈犀 秖有一鴈字 拜承仰慰 〔이정직李貞稙, 31-145〕

영소榮掃　　과거에 합격하거나 벼슬을 제수받는 등 경사로운 일이 있을 때, 선조의 무덤에 고하고 제사 지내는 것. '영榮'은 영광, '소掃'는 무덤을 깨끗하게 정리한다는 뜻. 예문 榮掃奠物 伏蒙委曲下念 尤庸感荷之至 〔이세구李世龜, 5-131〕 → 귀영歸榮

영시另施　　특별히 은혜를 베풂. 예문 敎還上銘念已久 但以反庫事封閉度日 開庫當後另施 而恐不多得也 〔이산뢰李山賚, 3-59〕

영시榮侍　　수령이 부모를 모시고 있음. 예문 秋凉日緊 不審榮侍政履 比更如

何 〔안종해安宗海, 6-182〕

영신令辰　　길한 날. 또는 좋은 때. 예문 三元令辰 伏惟令履萬福 遙賀無已 〔전식全湜, 45-309〕

영신靈辰　　길한 날. 예문 靈辰不淹 因封禮成 臣民慟廓 大小同情 〔서유훈徐有薰, 26-191〕

영심另深　　특별히 깊이 생각해 줌. 예문 俯貺便面 良荷委注 感篆另深 〔김정희金正喜, 33-19〕

영악迎握　　맞이하여 악수함. 만남. 예문 頃聞眷移在邇 日竢迎握 望眼終孤 悵焉如失 〔유복명柳復命, 6-163〕

영영營營　　명예나 이익 따위를 얻기 위하여 몹시 분주하고 바쁜 모양. 예문 其在至情之列者 固不當如是 故營營一哭 終未遂意 體禮廢矣 〔김관현金觀鉉, 43-224〕

영영盈盈　　물이 출렁거리는 모양. 예문 僕時抱病淹命耳 盈盈隔水 脉脉無言 情思奈何 〔김구金絿, 9-105〕

영오領悟　　깨달아 앎. 예문 至若人物性之論 則年前一善倅在此邑講學時 亦已略陳瞽見 則雖不至非斥 而亦不見其領悟 每欲仰質於高明 以正其得失 而遷就至今者也 〔이의조李宜朝, 22-289〕

영외嶺外　　영남嶺南. 예문 嶺外舊寓 益覺荒涼 〔신량申湸, 4-176〕

영요榮邀　　영친연榮親宴에 초대함. 영친연은 문무과文武科에 급제한 사람의 부모를 기쁘게 하기 위하여 개설하는 연회로, 예조에서 임금에게 아뢰어 술과 풍악을 하사하는데, 급제자가 지방 거주자인 경우에는 그곳 수령이 개설한다. 예문 伏承台下書 仰感 初十日榮邀 敢不依教 〔한흥일韓興一, 39-79〕

영원靈源　　마음. 영혼의 원천. 예문 卒乃慨然志於求道 又嫌塵紛俗冗之攪累我靈源 而欲誅茅結社於山水幽靚之區 以講此事 其意誠美矣 其事誠奇矣 〔윤광안尹光顏, 31-54〕

영원지통鴒原之痛　　형제가 죽었을 때의 슬픔이나 고통. 『시경』詩經 「소아」小雅 〈상체〉常棣에 "할미새 언덕에 있으니, 형제가 위급함을 구원하네"(脊令在原 兄弟急難)라는 구절에서 유래한다. 척령脊令, 또는 척령鶺鴒은 형제를 뜻한다.
예문 不意伏承哀札遠問 不勝感慰之餘 始審哀又遭鴒原之痛 〔김광찬金光燦, 36-34〕

영위榮衛　　혈기血氣. 혈액과 생기生氣. 영榮은 혈血의 순환, 위衛는 기氣의

순환이다. 예문 累年簿牒之餘 榮衛神觀 得無損減之節耶 〔이맹휴李孟休, 21(智)-68〕

영윤令允   상대방의 아들을 높여서 부르는 말. 영식令息. 예문 餘在令允口達 衣製依呈 〔이가순李家淳, 44-55〕 → 영윤令胤, 영윤英胤, 옥윤玉胤, 윤군允君, 윤군胤君, 윤랑胤郞, 윤사允舍, 윤사胤舍, 윤아胤兒, 윤옥允玉, 윤우允友, 윤우胤友, 재방梓房, 재사梓舍, 현기賢器, 현랑賢郞, 현사賢嗣, 현윤賢允, 현윤賢胤

영윤令胤   상대방의 아들을 높여서 부르는 말. 예문 令胤又選備郞 聲譽日進 可賀可賀 〔남용익南龍翼, 22-169〕 → 영윤令允, 영윤英胤, 옥윤玉胤, 윤군允君, 윤군胤君, 윤랑胤郞, 윤사允舍, 윤사胤舍, 윤아胤兒, 윤우允友, 윤우胤友

영윤英胤   상대방의 아들을 높여서 부르는 말. 예문 頃見仁里趙掌令 聞英胤 樂善氏夭折 〔정온鄭蘊, 051〕

영인嶺人   영남인. 예문 嶺人前典籍金南田金華重聯名上疏 請上尊號 逐日呈院見却 〔조태억趙泰億, 44-164〕

영장令丈   어르신. 예문 金參判令丈 竟未起疾 〔윤순거尹舜擧, 22-119〕

영장營將   지방 군대를 통솔하던 각 진영鎭營의 으뜸 장관將官. 팔도의 감영監營·병영兵營 계통과 총융청摠戎廳·수어영守禦營·진무영鎭撫營 계통이 있었다. 예문 洪州營將李積 妄毒刻薄 大失軍情 皆懷逃散 不得已罷黜矣 〔이경억李慶億, 051〕

영재令在   영감께서 헤아려 주십시오. 편지 끝에 쓰는 말. '재'在는 '찰察(살피다)의 뜻. 예문 時有便風 幸勿遲金玉之音 餘何可盡 只祝若序萬衛 伏惟令在 謹拜謝上狀 〔이시매李時楳, 5-45〕 → 영량令亮

영재鈴齋   지방의 관아. 당대唐代에 태수太守를 영하鈴下라 부른 데서 유래한다. 예문 弟役役於待漏之役 緬想於鈴齋淸便 秖切健羨而已 〔김만기金萬基, 23-141〕 → 영각鈴閣, 영헌鈴軒

영저嶺底   영남 지역. 예문 弟徘徊嶺底 已經兩箇月 〔홍명구洪命耉, 22-113〕

영전令前   영감님 앞에. 편지 봉투에 쓰는 표현. 예문 令前 拜謝狀 〔유근柳根, 4-26(봉투)〕

영전迎餞   한 해를 보내고 새해를 맞이함. 예문 唯冀迎餞吉慶 〔김명희金命喜, 027〕

영정領情   정情으로 받음. 예문 新曆一件 忘略送之 領情如何 〔김성좌金聖佐, 49-258〕

영존領存　　받아서 간직함. 예문 蘭話一卷 妄有題記 順此寄呈 可蒙領存 〔김정희金正喜, 33-56〕

영종令從　　상대방의 종형제. 예문 令從卽遠訪 欣握感慰 以敍積懷 旋卽分手 慰不補悵 〔신좌희申佐熙, 42-50〕

영좌令座　　상대방을 가리킴. 예문 向來處分 霜雪雨露 無非恩造 在令座感惶之地 宜乎倍切報答而已 〔김홍집金弘集, 44-229〕

영좌鈴座　　수령의 안부를 물을 때 쓰는 말. 예문 伏未審茲辰 鈴座旅體候 一向萬晏 漵仰區區無任下懷之至 〔정철鄭澈, 44-146〕

영좌靈座　　죽은 이의 혼백魂帛을 모시는 자리. 예문 病伏之蹤 出入不便 不得展一哭之情於靈座之下 但切痛悼而已 〔정경세鄭經世, 45-411〕 → 궤연几筵, 연궤筵几

영주另注　　특별히 관심을 기울임. 예문 俯饋諸品 每荷另注 翹感之至 〔김정희金正喜, 33-13〕

영중嶺中　　영남嶺南에. 예문 嶺中爲令兄謀者 不曉進退間大義 亦將由由與偕爲非 以此以彼俱不關念 未知吾令於何爲策耶 〔전식全湜, 45-336〕

영착另着　　각별히 유념함. 예문 孫先達許 書本一丁書送 而孫君許 吾亦有些緊囑者 永柔詳知而去 某樣善圖 卽不費之惠也 勿汎 另着有另効之意 及之爲佳 〔김정희金正喜, 33-20〕

영체令體　　상대방의 안부를 높여서 이르는 말. 예문 阻抱正是一般 辱問忽至 就審令體神相 慰倒十分 〔유계兪棨, 23-93〕

영체零替　　죽음. 예문 交知零替 無復在世 獨生至今不死 呻痛度日 苦苦奈何 〔이원익李元翼, 3-166〕

영초靈草　　담배. 예문 昨蒙靈草之惠 深感厚情 無以爲謝 〔이지안李志安, 051〕

영탁榮擢　　영광스럽게 발탁됨. 관리가 되어 조정에 나아가 벼슬을 함. 예문 近來榮擢 想增不安 而自此弓旌似可罕 至山門阿行 又得駟官 似亦通運 爲之慰幸 〔이이명李頤命, 47-59〕

영탕英盪　　대나무에 사명使命을 새겨 사신이 지니던 고대의 부절符節. 후대에 외임外任 관원의 인신印信과 증서, 또는 외임 관원 자체를 이르는 의미로도 쓰였다. 예문 攀送英盪 焂已歲改 政有頎仰 卽拜台翰 〔강시영姜時永, 26-173〕

영패榮斾　　관리가 행차할 때 앞세우는 깃발. 상대방에 대한 경칭. 예문 不審榮

영편營便　감영監營에서 보낸 인편. 예문 卽者營便 來待鳳山 承拜令手筆 如對慰極〔여필중呂必重, 21(禮)-290〕

영폄永窆　가매장했다가 정식으로 치르는 장례. 완폄完窆. 예문 永窆則當在於至月旬間 造墓軍 淸槐及淸安三邑 從優分定 俾完大事 如何〔김신국金藎國, 39-47〕

영폄營窆　장례를 치름. 예문 營窆一事 罔有頭緖 顧此老殼 內煎外鑠 無復餘地 奈何奈何〔유도원柳道源, 32-153〕

영포令抱　상대방의 손자. 『예기』禮記 「곡례 상」曲禮上의 "군자는 손자는 안지만 아들은 안지 않는다"(君子抱孫不抱子)라는 구절에서 나온 말. 예문 令抱之訪 備聞近日起居淸康 忻慰不可量〔권상하權尙夏, 23-153〕→ 옥포玉抱, 욱랑彧郎, 욱방彧房, 욱사彧舍, 포랑抱郎, 포아抱兒, 현욱賢彧, 현포賢抱

영하營下　상대방이 다스리는 감영監營이나 수영水營, 병영兵營. 예문 且聞李畫師方在營下云 然耶〔송준길宋浚吉, 22-139〕

영하鈴下01　수령인 상대방을 지칭하는 말. 주로 봉투에 쓴다. 예문 綾州 鈴下 記室〔김광현金光炫, 47-49〕│鄙僕適有行過鈴下者 因憑數字 或賜答此回否〔미상, 3-142(봉투)〕

영하鈴下02　상대방이 다스리는 지역. 예문 鄙僕適有行過鈴下者 因憑數字 或賜答此回否〔김광현金光炫, 47-49〕

영함令咸　상대방의 조카. 예문 省式 昨夏令咸喪變 萬萬驚愕 何辭仰慰〔이교하李敎夏, 41-61〕→ 소완小阮, 아함阿咸, 현질賢姪, 현함賢咸

영함另械　별지別紙. 예문 另械謹悉 此不可不更有辨明 又此續具〔김정희金正喜, 33-71〕→ 녹지錄紙, 별록別錄, 별지別紙, 별폭別幅, 부저副楮, 소록小錄, 소지小紙, 소폭小幅, 태록胎錄, 태지胎紙, 협고夾告, 협록夾錄, 협백夾白, 협소夾疏, 협저夾楮, 협지夾紙, 협편夾片

영헌鈴軒　수령이 집무하는 곳. 편지 봉투에 씀. 예문 濟州 鈴軒 傳納 吏曹判書謝狀〔신완申玩, 3-138(봉투)〕→ 영각鈴閣, 영재鈴齋

영혼營昏　혼인을 치름. 예문 營昏在邇 愁惱多端 是固例也 而亦不無貢憫之私耳〔이정식李庭植, 32-63〕

영후營候　관찰사觀察使의 안부. 예문 戚下營候粗安是幸 而兒憂數朔連綿 愁

悶何喩〔서홍보徐鴻輔, 44-317〕

예간例懇　　예사로 하는 간청. 예문 更望勿視例懇 必另施之如何〔김정희金正喜, 33-58〕

예난禮餪　　혼례 후 사돈댁에 보내는 잔치 음식. 예문 所謂禮餪存羊而已 愧泚先顙 恕諒之如何〔우구하禹龜夏, 41-169〕

예납例納　　지방관이 예례에 따라 중앙 관서에 바치는 토산물. 예문 敎五味子 昨年此物 全不結 例納數斛 無一掬所捧〔채팽윤蔡彭胤, 21(禮)-376〕

예녀醴女　　딸을 시집보냄. 예문 醴女醮子 節次看過 只增緣感觸緖 惡乎有俗所謂況味〔조용호趙鏞浩, 40-322〕

예당禮堂　　학문을 배우고 예례를 익히는 곳. 예문 小同列侍於禮堂書帶之間 想多傳授之精業 仰賀〔김상현金尙鉉, 22-331〕

예마曳麻　　일이 얽히고 헝클어짐. 예문 罪記下 旅喘尙支 而洛駕未還 鄕行無期 曳麻人事 誠切私悶〔맹기술孟夔述, 41-37〕

예문例問　　지방관이 예례에 따라 중앙 관서에 바치는 토산물. 예문 遞易之際 文簿久滯 酬應之間 勞攘可想 例問之外 損餉甚優 拜領盛意 不覺僕僕〔박경후朴慶後, 3-89〕

예봉例封　　예문例問. 예문 扇政晩到始役 元數不敷 例封外 只以拾柄加呈〔권엄權𢢜, 051〕

예봉例捧　　예문例問. 예문 下敎藥料 僅將卄貼呈上 而從來弊營例捧 極其零星〔신점申點, 21(仁)-176〕

예사禮斜　　예조禮曹에서 발급하던 양자養子 허가 문서. 예문 汝之表叔 近果來住耶 禮斜出後 彼家所言 何如云耶 無子而有子有孫 是可幸也〔신좌모申佐模, 43-176〕

예상翳桑　　양식이 떨어져서 굶주림. 춘추시대 진晉의 영첩靈輒이 예상에서 굶주리자 조돈趙盾이 보고 음식을 주었다는 고사에서 비롯되었다. 예문 弟僅支供劇 而家間病患 已無可望之勢 而洛陽飢甚 渾家將迫翳桑之患 切迫之憂 種種難堪 可憐可憐〔윤순지尹順之, 21(義)-214〕

예수例授　　전례前例에 따라 관직을 주는 것. 예문 纔過葬事 歸滯振鄕 比內除 出於意外 松分惶悶 不可盡告 雖曰 此職乃是該官擢拜 旣異於例授〔이세필李世弼,

5-125)

예수例祟　감기와 같이 어떤 때가 되면 으레 걸리는 병. 예문 卽拜承審 夜寒靜體 以感有損 雖是此時例祟 可謂同憐 〔김영구金永耉, 41-55〕

예수禮數　신분에 따라 각각 달리하는 예절상의 제도. 예문 此去金友出入吾家十餘年 其見識操行 極不易得 今年四十四歲 則汝之父執也 必拜見 初見雖未及拜 開見此紙 再起請納拜而拜之 可也 請降禮數 又必敬 聽其指敎也 〔전우田愚, 22-355〕

예식禮食　예를 갖추고 먹음.『맹자』孟子「고자 하」告子下에 "예를 갖추고 먹으면 굶어죽고, 예를 갖추지 않고 먹으면 먹을 것을 얻을 수 있는 경우라도 반드시 예를 갖추어야 하는가"(以禮食則飢而死 不以禮食則得食 必以禮乎)라는 구절이 있음. 예문 聖上爲宗社生靈億萬年之計 不得已而爲此擧 所謂飢死重而禮食輕耶 〔정경세鄭經世, 45-445〕

예신例訊　의례적인 편지. 예문 卽伏承台問札 雖是草草數句例訊 而猶可槩想近來政履啓處萬勝 區區慰釋不已 〔이조李肇, 21(禮)-366〕

예예泄泄　답답함. 또는 게으르고 느슨한 모양.『맹자』孟子「이루 상」離婁上에 "예예는 답답하다는 말이다"(泄泄 猶沓沓也)라고 함. 예문 首揆疏 未得準請廟堂事 亦可泄泄 〔김양택金陽澤, 25-22〕

예요瘞夭　어린 자식의 죽음. 예문 鎭圭慘遭瘞夭之慽 倍切悼亡之慟 蒙此辱存 曷勝感荷 〔김진규金鎭圭, 21(禮)-302〕

예위禮闈　복시覆試. 초시에 합격한 후 2차로 보는 과거 시험. 예문 長公禮闈之行 想已登程 涉險可慮 關嶺又可念 〔권세연權世淵, 40-36〕

예척禮陟　왕이나 왕비의 죽음. 예문 聖母禮陟 臣民痛隕 〔유치명柳致明, 027〕

예칙例飭　의례적으로 하는 훈시. 예문 呈牒只有例飭 不勝岨峿 〔최두원崔斗元, 41-38〕

예환例患　흔히 있는 질병. 예문 腰痛 老人例患 善攝可速見差矣 〔이정영李正英, 48-75〕

오午　5월. 예문 癸午旬一 〔홍이상洪履祥, 5-211〕→ 오월午月

오내五內　오장五臟. 예문 摧慟之懷 尙鬱五內 〔정작鄭碏, 5-25〕

오대烏帶　관복 위에 두르는 검은 허리띠. 예문 承諦直況安重 慰甚 烏帶無他

副件 此吾佳品送 勿轉借 用後而完也 〔미상, 34-274〕

오두五斗　　보잘것없는 녹봉祿俸. 오두미五斗米. 진晉나라 도잠陶潛이 팽택령彭澤令이 되었을 때, 섣달에 군郡에서 파견하는 독우督郵(지방 감찰관)의 행차에 관복을 입고 뵈어야 한다고 하자, "내가 어찌 오두미五斗米 때문에 향리 소배鄕里小輩에게 허리를 굽힌단 말이냐" 하고는 관직을 그만두었다는 데서 유래한다. 예문 尙不妨於對床看書 則旣無五斗應折之地 庸何傷乎 〔한준겸韓浚謙, 45-203〕

오두烏頭　　부자附子. 바꽃의 덩이뿌리로 까마귀 머리처럼 생겼다 하여 붙여진 이름이다. 성질이 따뜻하고 독성이 있어 극약이나 진통제로 쓰인다. 예문 時復誦中庸 疑滯層生 而旨理了無得 譬如食不知味 而烏頭力去之證 亦在裏面也 奈何 〔이태식李泰植, 40-296〕

오래汚萊　　쭉정이. 예문 雨暘頗調適 可以有年 而秧耘失時 汚萊居半 秋後事可知 〔이충익李忠翊, 7-172〕

오륭汚隆　　낮음과 높음. 또는 쇠함과 성함. 예문 先師道德之汚隆 實無關於崇奉之早晩 而彼方猖然傍伺 如欲甘心於我 〔채지홍蔡之洪, 22-259〕

오마五馬　　지방 수령. 한나라 때 태수의 수레를 다섯 필의 말이 끌었던 데서 유래한다. 예문 五馬之屈洛 亦難頻得 尤不勝向風馳神 〔이조李肇, 21(禮)-366〕

오복五服　　다섯 가지의 전통적 상례 복제服制. 참최斬衰, 자최齊衰, 대공大功, 소공小功, 시마緦麻를 이른다. 예문 總不祭 固是四時大祭之謂 非忌墓祭之云也 然擊蒙要訣 又以五服未成服之前 忌祭亦廢之敎 雖未知果與古意相應 而求之情理 似亦宜 〔송준길宋浚吉, 15-189〕

오불두汚佛頭　　부처의 머리를 더럽힘. 좋은 것에 더러운 것을 덧붙임. 다른 이의 책에 자신의 글을 싣는 것을 일컫는 겸사謙辭. 예문 至於拙文未附於卷 心自爲得 亦何云也 一生所愧 咸丘蒙輩 不能自傳 賴師有名 況以不潔敢汚佛頭 〔김상국金祥國, 37-115〕 → 불두분佛頭糞

오비烏椑　　감의 일종. 흑시黑柿라고도 한다. 예문 寶愚兩童各給山梁之牛 烏椑之五 而唐鈴一對 卽昨年色囊之阿嬌也 〔정조正祖, 26-65〕

오시烏柴　　땔감으로 쓰는 숯. 예문 比何況 獸柯烏柴 準帖考領也 〔정조正祖, 26-36〕

오어晤語　　만나서 이야기함. 예문 儂繞暑苦唸 而欲與晤語 懷尤鬱矣 〔윤선도尹

善道, 8-50〕

오어烏魚　　가물치. 예문 烏魚荷此情念 感不容喩 〔강태중姜泰重, 41-72〕

오옥烏玉　　먹. 예문 金京麗在何處耶 金兄亦無恙否 幷傳二言 烏玉一笏送上 〔유주柳澍, 21(義)-295〕 → 묵경墨卿, 묵정墨丁, 묵홀墨笏, 사매麝煤, 진현陳玄, 현정玄精

오월午月　　5월. 예문 庚辰午月十六日 弟蘭馨 拜 〔강난형姜蘭馨, 44-214〕 → 오午

오월梧月　　7월. 예문 己丑 梧月初二日 〔김정진金靖鎭, 41-145〕

오은誤恩　　임금이 내린 은혜. 자신에게 내린 것이 잘못이라는 뜻으로 쓴 겸사. 예문 又蒙誤恩 史官再至 不勝惶懼 〔윤증尹拯, 47-18〕

오읍於邑　　몹시 애통해함. 예문 所經歷千古罕有 來者有聞 亦當於邑 〔김신겸金信謙, 22-263〕

오인午人　　(사색당파 중의) 남인南人. 예문 洛耗 別無可聞者 領台 頃者屢次遣承台敦諭則 陳箚以韓重赫按法處致之意 及午人幷宥收拾之意 則批旨極溫 重赫則斯速按法爲敎 〔김고金槹, 21(禮)-382〕

오일경조五日京兆　　닷새 동안의 경조윤京兆尹이라는 뜻으로, 자주 교체되는 관직을 말한다. 한나라 선제宣帝 때 장창張敞이 경조윤京兆尹으로 있으면서 치적을 올렸는데, 양운梁惲의 일당으로 몰려 탄핵을 받았다. 그때 장창이 아전으로 있던 여순絮舜의 죄를 조사하는데 여순은 그냥 집으로 돌아가 남에게 말하기를 "장창은 탄핵을 받고 있으니 5일 동안밖에 경조윤으로 있지 못할 것이다" 하였다. 그러나 장창은 파면되지 않고 형장에 끌려 나온 여순에게 "그래 5일 경조五日京兆가 어떤가?" 했다고 한 고사(『한서』漢書「장창전」張敞傳)에서 나온 말. 예문 示意覽詳 而五日京兆 尙不可爲官 況兼官乎 〔이상학李象學, 41-39〕

오적어烏賊魚　　오징어. 예문 就中 秋間有迎婦事 而乾烏賊魚 必欲優得 此正其時 或可爲我備置耶 專恃專恃 〔박태승朴泰升, 49-289〕

오제梧製　　칠월 칠석에 보는 과거 시험. 명절에 과거 시험을 베푸는 것을 절제節製라고 일컫는데, 정월 초이렛날의 인일제人日製, 삼월 삼짇날의 화제花製, 칠월 칠석의 오제梧製, 구월 구일의 국제菊製 등 네 종류가 있다. 예문 子固爲觀梧製 入闈 間已下往 〔신좌모申佐模, 43-111〕

오창午窓　　낮. 예문 僕稅笻以來 至今困頓 午窓鈔數葉書 煤灯閱數板史 亦難

充課〔황현黃玹, 37-28〕

오홍午烘　　뜨거운 여름 햇볕. 예문 天中佳節 午烘轉劇〔강난형姜蘭馨, 44-214〕

옥교屋轎　　지붕이 있는 가마. 3품 이상의 관리가 탔다. 예문 來卄六定爲發行之計 屋轎當厚塗以紙 休紙卽乞覓惠生光〔강신姜紳, 3-37〕

옥권玉圈　　옥관자玉貫子. 망건에 달아 당줄을 걸어 넘기는 구실을 하는 작은 고리로, 당상관이 패용하였다. 권자圈子라고도 한다. 예문 玉圈送于商洞耶 轉聞其苦待云 可悶〔정문섭丁文燮, 17-182〕

옥랑玉郎　　사위. 예문 遽見玉郎之徑歸 此心悵觖〔곽종석郭鍾錫, 31-133〕→ 옥윤玉潤

옥삽玉翣　　옥으로 장식한 부채. 예문 玉翣之惠 便成年例 意謂惠及於此矣 炎熱將半 頒給不至 想或緣忘耶 幸望下賜之 如何 此所謂衝脰受拜〔이하응李昰應, 29-41〕

옥설玉屑　　훌륭한 글. 예문 玉屑之漸長 常在眼中 其何能堪戀想之懷耶〔윤양래尹陽來, 6-179〕

옥성玉成　　옥 같은 인품이 이루어짐. 예문 願老兄動心忍性 毋徒尤人 則豈不爲暮年玉成之地耶〔민익수閔翼洙, 22-261〕

옥오屋烏　　어떤 사람을 사랑하는 마음을 나타내는 말. 사람을 사랑하면 그가 사는 집 위의 까마귀에게까지 사랑이 미친다는 뜻. 예문 直弼生也 復罔克摳衣於養眞庵中 竊不勝仰山之慕 於座下 亦不堪屋烏之愛 是故惟始言之 可蒙見諒否〔홍직필洪直弼, 11-236〕

옥온玉溫　　옥같이 온화한 모습. 예문 胤郎珠朗玉溫可賀 餘慶之方興 未艾〔정극상丁克相, 41-19〕

옥윤玉潤　　사위. 『진서』晉書 「위관열전」衛瓘列傳 〈위개전〉衛玠傳에 위가가 총각일 때 양이 끄는 수레를 타고 시장에 들어가면 보는 사람들이 모두 옥인玉人이라고 했다. 위가의 장인이 된 악광樂廣은 세상에 명망이 있었다. 그래서 사람들이 "장인은 빙청冰淸하고, 사위는 옥윤玉潤하다"(婦公冰淸 女壻玉潤)고 한 데서 유래함. 예문 玉潤之患 年少之人 何羔至此 仰慮殊切〔유명천柳命天, 21(禮)-105〕

옥윤玉胤　　상대방의 아들에 대한 미칭美稱. 예문 未審懇辰靜養震艮和泰 玉胤充完 覃庇幷慶〔김건영金建永, 40-48〕→ 영윤令允, 영윤令胤, 영윤英胤, 윤군允君,

윤군胤君, 윤랑胤郎, 윤사允舍, 윤사胤舍, 윤아胤兒, 윤옥允玉, 윤우允友, 윤우胤友, 재방梓房, 재사梓舍, 현기賢器, 현랑賢郎, 현사賢嗣, 현윤賢允, 현윤賢胤

옥포玉抱　　상대방의 손자에 대한 미칭美稱. 현포玄抱. 예문 省餘棣體節履 時譚寧 玉抱充健 閣節均慶 花樹僉節 連安否 〔이문영李文永, 31-140〕 → 영포令抱, 욱랑彧郎, 욱방彧房, 욱사彧舍, 포랑抱郎, 포아抱兒, 현욱賢彧, 현포賢抱

옥함玉緘　　상대방의 편지를 높여 이르는 말. 예문 塞樓秋深 孤懷不裁 玉緘忽屆 忙手披遍 如承淸標 驩然自慰 〔박상朴祥, 9-64〕

옥후玉候　　임금의 안부. 예문 近來玉候違豫已久 而尙未平復 〔이시매李時楳, 5-44〕

온穩　　만나서 회포를 품. 예문 池上會穩 至今依然 〔이진순李眞淳, 21(禮)-414〕

온결蘊結　　슬픔이나 그리움이 마음에 쌓여 맺힘. 예문 無因一握 以敍悲歎 秪增蘊結 〔미상, 027〕

온과穩過　　편안하게 지냄. 예문 我時留西村 僅得穩過 〔민진량閔晉亮, 5-42〕

온리溫理　　복습하고 정리함. 예문 杜門溫理朱書 〔장복추張福樞, 44-59〕

온비溫批　　임금의 온화한 비답. 예문 前多○村茂亨疏請之後 蒙溫批而 更無所聞 〔유도헌柳道獻, 027〕

온서穩敍　　여유를 갖고 만나서 회포를 품. 예문 惠來華虫 深領眷意 餘當更進穩敍是計 〔김집金集, 23-47〕

온세穩稅　　→ 온탈穩稅

온역溫繹　　복습하고 깊이 연구함. 예문 薰窮居無狀 只以溫繹一事爲消遣之資 〔허훈許薰, 027〕

온오穩晤　　여유를 갖고 만나서 회포를 품. 예문 方汨修史之役 更未成穩晤 其恨當如何 〔박문수朴文秀, 21(禮)-490〕

온적穩迪　　잘 지냄. 예문 令胤亦遠役後歸侍穩迪 何等仰慰之至 〔이병승李秉昇, 027〕

온주穩做　　여유를 갖고 만나서 회포를 품. 예문 頃者華斾來住弊境之時 拘於公冗 不得更進穩做 尙今耿嘆 〔이명담李命聃, 49-310〕

온중穩重　　평안하고 건강함. 예문 各宅僉候 亦一例穩重 〔강진규姜晉奎, 41-182〕

온지溫旨　　임금의 온후한 윤음綸音. 예문 先生從祀事 嶺南左右道儒生陳疏

闕下溫旨 諭以從容處之 繼有館學儒生之疏 亦下溫旨 雖未卽見之施行 公論得伸 可喜 〔윤근수尹根壽, 11-191〕

온첩穩帖　　온당하게 잘 처리됨. 예문 兄如下一遞字於李諫 凡百穩帖都無事 而無如本然之天何 〔미상, 22-383〕

온탈穩稅　　무사히 도착함. '탈'稅은 '탈'脫과 같은 뜻. 예문 季從送後 聞穩稅之奇 並切漵願聞 〔김건영金建永, 40-48〕

온토穩討　　조용히 정담을 나눔. 예문 須促還京師 留一二日 穩討後返旆 勤企勤企 〔조위한趙緯韓, 051〕

온행溫行　　온천 가는 행차. 예문 湖中厲氣大熾 見聞實多驚慘 故君之溫行 勢將中止 〔김상구金尙耉, 34-34〕

옹翁　　아버지가 자식에 대하여 자신을 칭하는 말. 예문 卽刻見書 知汝母所患又發 慮慮 翁卽刻出站 症錄傳送於沈僉正宅 使之命藥以送耳 餘不悉 〔홍주일洪柱一, 21(義)-335〕

옹기顒企　　크게 기대함. 예문 春間可以往歸泮舍 相逢知有邇期 預所顒企耳 〔이원조李源祚, 027〕

옹망顒望　　큰 기대. 예문 今番意謂坐屈 竟孤顒望 極爲歎恨 幸須從近另圖 以光寒楣 切仰切仰 〔신간정辛潤正, 53-170〕

옹산甕算　　망상. 자기 생각을 겸손하게 이르는 말. 옹산甕算. 원나라 위거안衛居安의 『매간시화』梅磵詩話 중권中卷에 인용된 소동파蘇東坡의 시주詩註에 나오는 구절. 어떤 가난한 이가 항아리 하나를 애지중지했는데 어느 날 밤에, 부귀를 얻게 되면 집과 밭을 사고 기생을 데리고 큰 수레를 타고 다니리라 생각하고는 저도 모르게 일어나 춤을 추다가 항아리를 깨뜨려 버렸다는 고사에서 나온 말. 예문 續得從氏丈第二書 謂已招工肇役 而區區甕算 亦多不着 〔조긍섭曺兢燮, 44-70〕

옹초擁楚　　이불을 덮고 누워 신음함. 예문 此身近添感疾 方此擁楚 切迫可言 〔미상, 6-154〕

와주窩主　　나쁜 무리의 우두머리. 예문 反被窩主之嚴責 一味悚縮 還可呵也 〔권진응權震應, 22-271〕

완대緩帶　　띠를 느슨히 맴. 여유 있고 편안함을 형용하는 말. 예문 但知北塞荒凉 弊局凋殘 應酬接濟 多勞心籌 似無緩帶長嘯之趣 是所貢慮 〔서기순徐箕淳, 26-

185〕

완량莞亮　　너그러이 양해함. 상대방에게 부탁하는 말로 쓴다. 예문 尺牘不工 則不必寄 如欲工而後寄 則是無可寄之日 故聊此塗稿 然愈長則愈不工 不得不止 更希莞亮〔황현黃玹, 37-32〕

완령莞領　　보낸 선물을 웃으면서 받아 달라는 말. 예문 漆扇三十矢 節簾壹柄 忘略俯上 品劣且愧 莞領伏冀〔윤종균尹種均, 41-24〕

완루頑縷　　모질고 질긴 목숨. 상주가 쓰는 상투적인 표현. 예문 罪下 頑縷僅存 一如前樣者耳〔심상훈沈相薰, 29-47〕

완벽完璧　　완벽귀조完璧歸趙. 소중한 물건을 온전히 돌려보냄. 전국시대 진秦나라 소양왕昭襄王이 열다섯 개의 성城과 화씨벽和氏璧이라는 보옥寶玉을 바꾸자고 하여 조趙나라의 인상여藺相如가 진나라에 사신으로 갔다가 소양왕이 거짓말을 한다는 것을 알고, 임기응변으로 그 구슬을 빼앗기지 않고 무사히 가지고 돌아왔다는 고사에서 온 말. 예문 君家所有冊中 兩全秩 依夾錄 一一收錄 緊封裏 送也 如非緊關 則豈有是書 如非可考之急關 則亦不有是要也 諒而又諒 期於入送 焉 詳考後完璧矣〔김봉술金鳳述, 49-256〕→ 봉완奉完

완부阮府　　숙부. 숙부와 조카 사이였던 진晉나라 죽림칠현竹林七賢인 완적 阮籍과 완함阮咸의 이름에서 따 후대에 완阮을 삼촌, 함咸을 조카의 의미로 쓴다. 예문 謹未審歲暮 重闈節宣萬康 阮府體候安寧 省餘體履萬重否〔김택진金澤鎭, 40-100〕

완부장阮府丈　　숙부. 예문 謹審靜履一安 阮府丈鼎祜萬護〔이가순李家淳, 44-55〕 → 완부阮府, 완장阮丈

완인頑忍　　목숨이 모질고도 질김. 주로 상주喪主가 쓰는 상투어. 예문 罪記下 頑忍 而近患眼眚委苦〔조병응趙秉應, 43-285〕

완장阮丈　　숙부. 예문 阮丈所營事 非不銘着于肚裡 但今政府新式中 未出六 之蔭官 不得擬薦于外任 奈何〔이채연李采淵, 39-261〕→ 완부阮府, 완정阮庭

완전宛轉　　자세히 읽는 모양. 예문 今承來札 反覆宛轉 如對楊講論 深慰深慰 〔김정金淨, 9-62〕

완접宛接　　마주 대한 듯함. 예문 承書宛接 大慰離情〔이연경李延慶, 9-74〕

완정阮庭　　숙부. 예문 更伏請紗景 堂幃鼎茵 對序萬安 阮庭氣力 連衛 省餘棣 體節宣 一味藏裕 學初兄哀履 亦支護耶 溱昻且祝〔김동삼金東三, 40-58〕

완천구연頑喘苟延　　모진 목숨을 구차하게 이어감. 상주喪主가 쓰는 상투어. 완명구연頑命苟延. 예문 相琦頑喘苟延 禫事奄過 叫號天地 靡所逮及〔송상기宋相琦, 29-21〕

완헐緩歇　　표현이 애매하고 느슨함. 예문 仲父表文中 公見陰陽消長已兆八文字 李哀同甫 以爲太緩歇〔김창협金昌協, 25-21〕

왈위개세曰爲改歲　　해가 바뀌었음. 『시경』詩經 「빈풍」豳風〈칠월〉七月의 "아, 아녀자와 아이들아, 해가 바뀌려 하니 이 집으로 들어와 살자꾸나"(嗟我婦子 曰爲改歲 入此室處)에서 유래한 말. 『시경』에서는 원래 장차 해가 바뀌려는 무렵에 쓴 말이나, 편지에서는 보통 해가 바뀐 초봄 즈음을 가리킨다. 예문 曰爲改歲 伏惟攝履沖勝〔신흠申欽, 3-46〕

왕고枉顧　　왕림. 상대방의 방문을 높여 이르는 말. 예문 前蒙枉顧 方極依悵 忽承情問書〔이산뢰李山賚, 3-58〕

왕고王考　　돌아가신 조부. 조고祖考. 예문 治下顯德齋 卽王考俎豆之所也 聞已復設云 而令兄旣莅此地 凡事隨其齋生所告 另加庇護 千萬千萬〔정윤조鄭聞朝, 35-117〕

왕도고王道糕　　구선왕도고九仙王道糕. 정신을 기르고 원기를 도우며 비위脾胃를 튼튼하게 하여 식욕이 돋게 하는 약. 예문 身病則多服治瘧之劑 欲瘳未瘳之際 服王道糕快却〔이삼환李森煥, 44-100〕

왕령王靈　　왕조의 위엄. 예문 王靈所仗 唯冀跋涉珍重自愛耳 都付神會 不具狀〔오명항吳命恒, 21(禮)-396〕

왕모王母　　할머니. 예문 家門凶禍 王母棄背 痛苦摧裂 不自勝堪 特賜遠存 悼恤備至〔김정섭金鼎燮, 40-86〕

왕부王父　　할아버지. 예문 王父終祥不遠 父主孝思罔涯之痛 盍復如新矣〔이동봉李東鳳, 40-228〕

왕사王謝　　부귀자제富貴子弟. 왕사王謝는 진晉나라를 대표하는 왕씨王氏와 사씨謝氏, 즉 왕도王導와 사안謝安으로, 이들의 자제들을 오의랑烏衣郎이라고 한다. 예문 王謝家爲文酒之會 而逸少作序 黃仲本著朋友之說 而晦翁題跋 況重倫厚俗之本乎〔정조正祖, 26-71〕

왕사미고王事靡盬　　국사에 바쁨, 또는 국사에 바빠서 편히 쉬지를 못함. 『시경』詩經「당풍」唐風 〈보우〉鴇羽에 "나랏일에 바빠서 편히 쉬지도 못하고, 기장을 심지도 못하였다"(王事靡盬 不能蓺黍稷)라고 함. 예문 王事靡盬 不遑啓居 政是高明之慮 〔권시權諰, 47-56〕

왕존枉存　자기가 사는 지역의 수령이 보낸 문안 편지를 높여 이르는 말.
예문 曩荷枉存 尙玆藏戢 而連値酬擾 竟未造別 〔서희순徐熹淳, 29-37〕 → 존문存問

왕찰枉札　상대방이 보내준 편지를 높여 이르는 말. 예문 昨承枉札 憑審疾勢 向蘇 欣慰不已 〔이의건李義健, 22-33〕

왕첩枉帖　상대방이 보낸 편지를 높여 이르는 말. 예문 前後枉帖 連審比日動止 〔김원행金元行, 22-267〕

왕한枉翰　상대방이 보낸 편지를 높여 이르는 말. 예문 春事已闌 耿想益切 料外枉翰忽墜 認荷勤注 〔송근수宋根洙, 38-35〕

왜귤倭橘　귤의 한 가지. 귤에는 왜귤을 비롯하여 금귤金橘·유감乳柑·동정귤洞庭橘·청귤靑橘·산귤山橘·감자柑子·유자柚子·당유자唐柚子의 아홉 가지가 있었다. 예문 適得新曆五件倭橘二十枚奉呈 兼候起居 〔김우명金佑明, 051〕

외간外艱　아버지의 상사喪事. 또는 아버지가 없을 때의 할아버지의 상사.
예문 大槇君猝當外艱 驚怪無已 〔김뇌식金賚植, 40-66〕

외감外感　감기. 예문 喜朝今十五 董董到任 而老親自道中添痛 兼以外感 見方委頓苦痛 煎悶不可狀喩 〔이희조李喜朝, 21(禮)-270〕

외고外姑　장모. 예문 外姑喪事痛哭 何言 〔김신겸金信謙, 22-263〕

외대外臺　관찰사 아래에서 실무를 총괄하는 종5품 문관인 도사都事의 이칭. 예문 全羅外臺 又出於令門 西南隔遠 ○不得拜離 令公之懷如何 〔김덕함金德諴, 5-200〕

외면인사外面人事　겉치레 인사. 예문 第僕無其實 相許太深 豈以賢之雅飭不俗 乃復爲此外面人事耶 〔김위재金偉材, 21(智)-58〕

외보外補　외직外職에 임명함. 예문 平安都事宋贊 今日爲禮正 而用弟不入望 必以兄外補爲難必也 〔윤구尹衢, 8-16〕

외상外商　외상. 값은 나중에 치르기로 하고 물건을 매매하는 일. 예문 又仰今年令藥價 比前二倍 想關聽 而弟之貿藥 比前尤大 此則愚事 然有所關 不得不尤優 故如是仰懇 欲服藥人有之 則勸送郵局如何 此則卽外商 間說明製去焉 俗所謂

嫂酒賤則多貿飮格也 以此諒下〔김성규金性圭, 37-128〕

외생外生　　외생外甥. 예문 外生親節 近免大何 〔이재정李在正, 027〕

외생外甥　　사위가 장인에 대하여 스스로를 칭하는 말. 예문 外甥旅食僅依 〔이재정李在正, 027〕

외식外息　　사위가 장인에 대하여 자신을 일컫는 말. 예문 外息親候僅遣魯衛幸私無事耳〔이용하李用夏, 000〕

외약畏約　　곤궁한 처지로 남과 만나는 것을 꺼리며 움츠려 지냄. 예문 淳自九月之後 雖寒暄例語 亦不敢常通於滄翁 畏約之甚如此 想他有不言而黙喩者矣 何時可得奉晤〔왕성순王性淳, 37-102〕

외왕고外王考　　돌아가신 외할아버지. 예문 外王考苦心在於只免稅 幷免賦稅 或恐相混 則此條決不可刪去〔정조正祖, 26-83〕

외왕부外王父　　외할아버지. 예문 每念我外王父 鞠養期望之意 尤無以奉謝於僉執事也〔권상익權相翊, 40-32〕

외외畏畏　　갑갑함. 답답함. 예문 短檐畏畏 難堪之端非一二 悶惱奈何〔윤봉구尹鳳九, 6-209〕

외일畏日　　여름 해. 예문 屋小如舟 畏日鬱蒸 每想高軒 間於松竹間 淸凉自別於蓬山之勝〔미상, 49-356〕

외임外任　　지방의 벼슬자리. 예문 弟之欲得外任者 盖爲先山有立石之役 且有遷葬之事 欲賴一分官力也〔최혜길崔惠吉, 6-103〕

외점巍占　　과거 시험에 급제함. 외과巍科. 예문 白紙一束 或資路用 餘望善行巍占〔이황李滉, 30-196〕

외제外除　　지방관에 제수됨. 예문 聞院正及守令 文窠明政當出 或以司藝直講次次陞差 或以直講外除而出闕 使歸於吳則幸矣〔이제李濟, 21(禮)-316〕

외지外至　　밖에서 오는 복. 내면의 수양과 대비되는 벼슬과 부귀. 예문 伏想體氣已向平泰 而外至之失得 又不足以久浼胸次也〔이후정李後靖·이상정李象靖, 12-233〕

외참嵬參　　과거 시험에 급제함. 예문 三峴英老兄 揮場嵬參 稍爲開眼處耳〔이휘정李彙廷, 44-57〕

외첩嵬捷　　과거 시험에 급제함. 예문 春府丈嵬捷 子弟隨從 在他之地 猶爲喜聞〔홍의섭洪宜燮, 41-13〕

외첩 巍帖　　상대방의 편지를 높여 이르는 말. 예문 中路病劇 越期到家 則巍帖在案 披玩再四 不啻苦海甘露 〔이세억李世億, 49-316〕

외훈 外訓　　지방 군현의 향교에서 교생을 가르치는 훈도訓導. 예문 尙未付外訓否 其間公幹與僕 皆有未及周旋之 愧恨愧恨 〔이황李滉, 3-21〕

요객 繞客　　혼인婚姻 때에 가족 중에서 신랑이나 신부를 데리고 가는 사람. 위요圍繞, 상객上客 예문 堯叟家請繞客 或可得團聚否 〔유계俞棨, 23-93〕

요견 聊遣　　겨우 생활함. 예문 才遭巨創 家事壺落 實無聊遣之道 〔이만성李晩成, 23-189〕

요골 擾汨　　어지러울 정도로 바쁨. 예문 記下 年底冗務 日事擾汨 苦悶苦悶 〔유해로柳海魯, 31-104〕 → 골요汨擾

요과 饒窠　　녹봉이 많은 벼슬자리. 예문 渠之所願 卽超陞饒窠也 姪之生色卽助成其願也 〔이형원李衡遠, 7-146〕

요괄 擾聒　　산만하고 시끄러움. 예문 但於昨日寒場毳帷 擾聒不能掛一 是歎是歎 〔정조正祖, 26-67〕

요금 腰金　　금으로 장식한 조정 대관大官의 요대腰帶. 높은 벼슬을 이름. 예문 記下立春以後 病情益纏綿 意想忽忽 似非久於世者 其苟延數年 固不可必 雖眞箇腰金 將以何心受情親間賀語耶 〔이시원李是遠, 26-177〕

요기 療飢　　조금 먹어서 시장기를 면하는 것. 예문 療飢次燒酒一瓶 藥果一封 皮狄栗一囊 亦爲送之耳 〔정조正祖, 26-47〕

요단 鬧端　　시끄러운 일을 일으키는 단서. 예문 上章自列 恐生鬧端 靜嘿呈告 觀勢出仕 未知如何如何 〔이시발李時發, 45-344〕

요당 了當　　처리함. 예문 然大事 不可卒卒了當 〔권욱權煜, 6-181〕

요당수 坳堂水　　뜰의 움푹한 곳에 고인 물. 작다는 의미. 『장자』莊子 「소요유」逍遙遊에, "물이 많이 고이지 않으면 큰 배를 띄울 수 없는 법이다. 한 잔의 물을 움푹 패인 곳에 부으면 겨자씨를 배로 삼을 수는 있으나, 잔을 그곳에 띄우면 곧바로 바닥에 닿아버린다. 물은 얕고 배는 크기 때문이다"(且夫水之積也不厚 則其負大舟也無力 覆杯水於坳堂之上 則芥爲之舟 置杯焉則膠 水淺而舟大也)라는 말이 보인다. 예문 但別後 厥信交隊之有恨實大 僕常欲供一言也 尊君大非坳堂水 芥豈爲之舟乎 此僕之不易者也 〔성수종成守琮, 9-84〕

요대瑤臺　　아름다운 누대樓臺. 예문 數日仙區之遊 怳然如瑤臺夢 昨日果泊舟 水明樓下否 〔유장원柳長源, 32-148〕

요락寥落　　쓸쓸함, 적막함. 예문 近自省丘墓處 困劇而返 杜門疲臥 寥落中承 見來音 慰遣多矣 〔이황李滉, 30-77〕

요량嘹亮　　소리가 맑고 높게 울려 퍼짐. 예문 伯氏率諸胤下去 遙想大同江頭 出迎之際 嘯聲必當嘹亮 不可謂無興 未知令於此 終不把一杯耶 〔홍주원洪柱元, 22-145〕

요뢰聊賴　　안심하고 의지함. 예문 弟本情弱 甚難堪耐子女之相離 而旣無室家 之後 情懷尤無聊賴 每每有嘔嘔之態 兄必哂之矣 〔한배하韓配夏, 5-143〕

요료了了　　분명함. 예문 潤甚 相思之苦 雖不承曉 各自了了 不須多辭 〔최산두崔山斗, 9-110〕

요리料理01　　처리. 예문 季父二從 望間 俱有來約 而家仲則汨於官糶之料理 未 果作伴 〔민창도閔昌道, 21(禮)-274〕

요리料理02　　가르침. 예문 近始拔置冗故 携一二童蒙 入東巖 居處頗閑靜 可以 安養病軀 料理書冊 〔유장원柳長源, 32-150〕

요마么麽　　하찮은. 예문 今此么麽邑校之晏然偸葬於宰相山所局內不幾步之 地 紀網所在 萬萬無嚴 〔남헌교南獻敎, 44-314〕

요말僚末　　같은 관청에서 근무하는 동료에 대하여 자신을 낮추어 부르는 말. 예문 示意甚當 以此三人 備擬如何 餘不備 卽 僚末 之源 〔심지원沈之源, 47-50〕 → 요제 僚弟, 요하僚下

요모遙慕　　멀리서 그리워함. 예문 伏未審涉夏徂秋 起居若何 無任遙慕之至 〔홍경신洪慶臣, 3-56〕

요민撓民　　백성을 힘들게 함. 예문 經紀賑濟之際 必不無太惱 心官爲之奉慮 不已 然不撓民 是三字符也 〔여이명呂以明, 027〕

요박料襮　　뜻밖에. 예문 料襮伏承下書 欣豁曷已 〔이희수李喜秀, 39-241〕 → 요표 料表

요벽繞壁　　벽을 돌며 서성거림. 장애물을 만나 막혀 있는 상태를 이른다. 예문 見狀雖甚漸綴 有不可自卹 公私憂悶 只有繞壁而已 〔홍종응洪鍾應, 26-153〕

요생聊生　　겨우 생활함. 간신히 삶. 예문 其異母弟志恭 卽一城中 有名稱之無

賴 屢破其産 貽累於其兄者 前後不貲 並至於不聊生之境矣 〔이충익李忠翊, 7-172〕

요서 了書　　최종 원고. 예문 泰安了書 成上 但未知果成否也 〔이산보李山甫, 3-45〕

요서 潦暑　　장마철의 무더위. 예문 伻回承拜辱復 恭審潦暑奔忙中起居神相仰慰倍品 〔김수항金壽恒, 23-129〕

요선 僚選　　특별한 업무를 위한 임시 기구의 일원으로 선발됨. 예문 第今國有大憂 歡忭之中 如寅永無似者 猥玷僚選 行將北歸 〔조인영趙寅永, 31-64〕

요설 饒說　　쓸데없이 말을 많이 함. 수다쟁이. 예문 饒說所以爲非者 不知有所以然所當然 只就所當然處 分表裏精粗 故有說不通處 而失朱子本旨矣 〔이재李栽, 12-229〕

요성 澆省　　성묘. 예문 瀀也呻囈不健 滿也泪於澆省 幷不發程 愧負無辭 〔김동진金東鎭, 40-62〕

요소 澆掃　　술을 땅에 뿌리고 무덤 주변을 청소함. 곧 조상 무덤에 제사지내는 시향時享을 이름. 예문 來汝之敎 何待申勤 而方玆秋務洶汩 澆掃不遠 姑不能卜陳時日 〔김대락金大洛, 40-52〕

요심 擾甚　　몹시 바쁨. 예문 餘外多少 擾甚不備 〔유이승柳以升, 3-87〕

요알 夭閼　　일찍 죽음. 요절. 예문 鄭友之夭逝 誠意外 聞其病勢已痼 難望復起 而想渠爲人 豈遽至於夭閼 而其爲慘惜不可言 〔김노진金魯鎭, 21(智)-156〕

요양 擾攘　　바쁘고 어지러움. 예문 治簿之節 自多擾攘 果能有把筆時耶 〔조인영趙寅永, 31-64〕

요염 潦炎　　장마철의 무더위. 예문 竊以潦炎彌月不已 調攝動止 近復若何 區區瞻迃 實非歇後 〔유척기兪拓基, 31-42〕

요외 料外　　뜻밖에. 예문 料外承拜惠札 就想初寒 侍奉諸況佳福 欣慰不可言 〔송준길宋浚吉, 3-132〕 → 권외拳外, 몽매외夢寐外, 불위不謂, 비의匪意, 요박料襮, 요표料表, 정외情外.

요요 撓撓　　어지러움. 번잡함. 예문 大中撓撓送日 苦惱難狀 奈何 〔성대중成大中, 44-310〕

요월 拗月　　3월. 예문 辛丑拗月十一 金洙根 拜書 〔김수근金洙根, 22-325〕

요장 饒腸　　배불리 먹음. 예문 鯨魚 是恩津杏洲兩浦外 更無所産處 而其貴如金 吾之忘此味 爲三十年矣 今可以殊得饒腸 〔윤용구尹用求, 28-25〕

요전 澆奠　산소에 차려 놓는 제물상. 예문 盖爲節日已迫 而兼有恩賜澆奠故也 承知此事 貴縣當之 屛薄之地 何以爲辦 〔송준길宋浚吉, 052〕

요절 要切　긴요하고 절실함. 예문 略以主理主氣等語起頭 其下附以高峰後說 摠論中一二要切語 〔이휘재李彙載, 44-58〕

요제 僚弟　같은 관청에서 근무하는 동료에 대하여 자신을 낮추어 부르는 말. 예문 卽 僚弟 秉鼎 拜 〔윤병정尹秉鼎, 22-337〕 → 요말僚末, 요하僚下

요졸 擾卒　바쁘고 급함. 예문 南平喪次之奉 擾卒 不得穩 至今耿耿 不審卽熱節履淸勝 遠慰且溸 〔오원吳瑗, 21(智)-16〕

요진 要津　중요한 나루. 곧 요직要職을 이름. 예문 要津論議 皆以令監之尼山 爲深謹 至擬淸顯之地 而道內多士之評 或不無譏誚 高明者云 兩皆可笑可笑 〔심희수沈喜壽, 45-233〕

요차 聊此　부족하나마 이렇게. 예문 河起溟來告行 聊此候起居 不盡所欲言 伏惟心炤 謹上問狀 〔정경세鄭經世, 3-27〕

요참 夭慘　어린아이의 죽음. 예문 乾川洞夭慘 姑無論 鑄洞喪患 又出意外 〔김춘택金春澤, 22-237〕

요척 夭慽　어린아이의 죽음. 예문 貴處各宅夭慽 驚慘驚慘 〔유성시柳聖時, 027〕

요초 擾草　바빠서 대충 씀. 편지 끝에 겸손을 나타내기 위해 상투적으로 쓰는 표현. 예문 擾草 不宣 〔미상, 027〕 → 주료走潦, 호기胡寄, 호서胡書, 호암초胡暗草, 호초胡草

요초 料峭　쌀쌀함. 예문 春寒料峭 伏問尊起居如何 向溯不已 〔김광찬金光燦, 36-40〕

요초 潦草　급하게 대충 씀. 예문 尙衣匠人有名者去 津路潦草 不備 再拜狀上 〔김응하金應河, 22-97〕

요탁 遙度　멀리서 헤아림. 예문 邊上利害事情 非坐此者所能遙度 兄旣任仕 自當隨事善處 〔김익희金益熙, 22-155〕

요표 料表　뜻밖에. 예문 料表令允之來 兼承惠翰 仍拜審潦炎 令體有愆 仰慮不已 〔민병석閔丙奭, 39-255〕

요하 僚下　같은 관청에서 근무하는 동료에 대하여 자신을 낮추어 부르는 말. 예문 僚下 景賢 頓 〔이경현李景賢, 051〕 → 요말僚末, 요제僚弟

요하蔞夏　　초여름. 예문 就伏審蔞夏 御者間自襄陽仙界歸〔이병승李秉昇, 027〕

요혈廖泬　　혈료泬廖. 혈류泬漻. 청명하고 광활한 모양. 맑게 갠 가을 하늘. 『초사』楚辭「구변」九辯에, "맑게 개었네, 하늘은 높고 날씨는 맑구나"(泬漻兮天高而氣淸)라는 구절이 있다. 예문 廖泬秋色 詹誦曷極 謹詢勞攘餘 調候起居 增護平安利稅否 並切仰慰且傃〔신완申琓, 31-27〕

요화蓼花　　여뀌꽃 모양의 산자. 산자는 찹쌀가루를 반죽하여 납작하게 빚어 말려 기름에 튀기고 조청이나 꿀을 발라 옷을 입혀 만든 유밀과이다. 요화병蓼花餠. 요산蓼㦃. 예문 蓼花七十柄 過夏酒三鐥 大口二尾 軟鷄三首 石魚五束 米食三升 淸二升 略呈〔송광연宋光淵, 34-152〕

요황撓遑　　몹시 바쁨. 예문 子病亦甚 撓遑之極 人事廢絕〔유복명柳復明, 6-163〕

욕辱　　상대방이 자신에게 한 행위를 언급할 때 쓰는 겸손을 표하는 접두어. 예문 從者之入城已久 傷心之祀事又過 而無由就慰 悵歎方深 匪意辱書以問 感仄何已 乙亥至月幾望 辱記 拯頓首〔윤증尹拯, 44-128〕

욕기辱記　　서로 기억하는 사이에 자기를 낮추어 이르는 말. '욕'辱은 겸사. 예문 乙亥至月幾望 辱記 拯頓首〔윤증尹拯, 44-128〕

욕기가신浴沂佳辰　　기수에서 목욕할 만한 좋은 시기. 늦봄을 가리킨다. 『논어』論語「선진」先進의, "늦봄에 봄옷이 이미 이루어지면 관을 쓴 5, 6인과 아이들 6, 7명과 함께 기수沂水에서 목욕하고 무우에서 바람 쐬고 노래하면서 돌아오겠습니다"(莫春者 春服旣成 冠者五六人 童子六七人 浴乎沂 風乎舞雩 詠而歸)라는 말에서 유래한다. 예문 浴沂佳辰 曁守空堂 山陰修禊 亦復讓與少輩〔이진상李震相, 44-60〕

욕문辱問　　보내 주신 편지. 예문 辱問忽至 就審令體神相 慰倒十分〔유계兪棨, 23-93〕→ 욕서辱書, 욕찰辱札

욕복辱復　　보내 주신 답장. 예문 伻回 承拜辱復〔김수항金壽恒, 23-129〕

욕복辱覆　　보내 주신 답장. 예문 謹承辱覆 憑審起居 感慰可言〔허적許積, 5-55〕

욕불일浴佛日　　'초파일' 즉 4월 8일을 달리 이르는 말. 이날 석가모니가 태어났는데, 제석천이 하늘에서 내려와 향수로 목욕시켰다고 한다. 예문 丙辰 浴佛日〔김세기金世基, 12-119〕

욕서溽暑　　무더위. 예문 溽暑比酷 伏惟此時 ○體神相萬福〔조태동趙泰東, 5-138〕

→ 욕열溽熱

욕서辱書　　보내 주신 편지. '욕'辱은 겸사. 예문 辱書遠至 感慰之心 深無以爲喩福〔유성룡柳成龍, 3-164〕→ 욕문辱問

욕열溽烈　　무더위. 예문 新秋益有阻思 卽承遠存 以審溽熱 梱履增勝 欣慰可旣〔권돈인權敦仁, 21(智)-261〕

욕존辱存　　상대방이 자신에게 안부를 물음을 일컫는 말. 예문 盖非有善恕曲諒 又何以俯勤辱存哉〔유척기兪拓基, 31-42〕

욕혜서辱惠書　　보내주신 편지. '욕'辱은 겸사. 예문 金允立之來 謹奉辱惠書〔정구鄭逑, 44-39〕→ 욕서辱書

용고冗故　　번거롭고 잡다한 일. 예문 弟自西湖入城 多有冗故〔김석주金錫冑, 23-143〕

용금湧金　　솟아오르는 달을 형용하는 말. 금파金波 또는 금륜金輪이 솟는다고 함. 예문 雨晴協適 秧麥俱宜 湧金月色 可想興復不淺也〔조두순趙斗淳, 44-183〕

용뇌龍腦　　용뇌수龍腦樹(나무 이름) 줄기의 갈라진 틈에서 추출하여 만드는 약재. 각종 염증에 많이 사용된다. 용뇌의 이명으로 편뇌片腦, 용뇌향龍腦香, 매화뇌梅花腦, 매편梅片 등이 있다. 예문 龍腦犀角兩材 覓呈耳〔민제인閔齊仁, 46-67〕

용대容貸　　너그럽게 용서함. 예문 間谷山事 畢竟以今卄七日 擇定出柩 以其再明將復爲權奉計 不肯罔念 悔無所及 天壤之間 何可容貸 以此一家長少 尋常受欺耳 無展眉之時 奈何奈何〔남계병南啓炳, 40-124〕

용록冗碌　　번다한 공무로 바쁨. 예문 自家亦一味冗碌耳〔○시발○示發, 027〕

용료舂料　　남의 곡식을 찧어 주고 받는 대가代價. 예문 米糧少有準備 而近日則舂料粗多 幸使兩親之供〔김규식金奎寔, 41-110〕

용무宂務　　잡다한 공무. 예문 劇邑宂務 竊想不如東郡之淸閒矣〔이건창李建昌, 29-46〕→ 용요宂擾

용산冗散　　별로 할 일이 없어 한가함. 예문 査第合下冗散 無足仰煩 而舍仲粗安 大第姑依 以是爲幸耳〔신간정辛澗正, 53-170〕

용어상빈龍馭上賓　　천자의 마차가 하늘로 올라간다는 뜻으로, 국왕의 승하를 말한다. 예문 天篤降喪 龍馭上賓 臣民之痛 極矣〔이회李禬, 051〕

용요宂擾　　번잡하고 잡다한 공무. 예문 曩荷柱存 尙玆藏戢 而連値宂擾 竟未

造別 〔서희순徐熹淳, 29-37〕

용정龍井　　중국차茶의 일종. 예문 寄惠龍井佳品竹筒舊刻 不有另注 何以辦此 〔김정희金正喜, 21(智)-266〕

용훼容喙　　주둥이를 놀림. 어떤 사안에 대해 주제넘게 말참견을 하거나 자기 생각을 냄. 예문 非不知多士已定之論, 猝難容喙 〔채지홍蔡之洪, 22-259〕

우각구牛角灸　　소뿔 뜸. 소뿔을 잘라서 뾰족한 부분을 배꼽에 놓고 그 안에 뜸쑥을 채워 뜨는 간접 뜸법. 예문 此乃濕疾 近日人多痛之 亦緣風氣之不佳而然也 按摩最好 時時牛角灸亦可 〔이경석李景奭, 7-215〕

우고紆顧　　방문해 주심. 예문 月初 承紆顧僻陋 適出違奉 亦未追謝 反蒙來示 尤深愧仄 〔이황李滉, 30-3〕

우귀于歸　　신부가 시집에 처음 들어가서 행하는 의식. 예문 于歸之日 三嘉丈 約以帶臨 伊時或蒙幷輿 則何幸何幸 〔홍수구洪守龜, 027〕 → 우례于禮

우규右揆　　우의정右議政. 예문 右揆今日又再爲尋單 以不許下答爲敎 未敢知 究竟如何也 〔김정희金正喜, 1-47〕

우려紆慮　　이러저러한 걱정들. 예문 遠外以是紆慮 尤無以弛下矣 〔김정희金正喜, 33-49〕

우례于禮　　신부가 시집에 처음 들어가서 행하는 의식. 예문 于禮 以二十五日 完定 似好耳 〔김기직金箕直, 34-362〕 → 우귀于歸

우리寓履　　객지 생활 하는 이의 안부를 물을 때 쓰는 말. 예문 千里緘封 怡慰 嚮往之懷 仍審初夏寓履起居淸勝 〔이삼환李森煥, 44-100〕

우리郵履　　찰방察訪의 안부를 물을 때 쓰는 말. 예문 信后亦復多日 郵履更得 萬勝否 〔김원행金元行, 44-114〕

우명牛鳴　　소 울음소리가 들릴 만한 가까운 거리. 일우명一牛鳴, 일우후지一牛吼地. 예문 如可以風 須少出入 始自牛鳴之墟無妨 稍倍之 又可能渡漢而南否 〔이맹휴李孟休, 44-96〕

우복憂服　　부모상. 예문 此家之事 令必盡心 僕亦與職連家情厚 敢此縷縷 權 臍方在憂服中 不敢自扣 伏惟令諒 謹上狀 〔윤의립尹毅立, 21(義)-246〕

우분愚分　　자신의 못난 분수. 겸사이다. 예문 聖鐸奉老遺免 所叨職名 亦已遞 解 自此愚分 庶幾粗安 〔김성탁金聖鐸, 44-50〕

우분牛糞　　우분고牛糞膏. 예문 痎處及色澤 雖似稍軟 而祛根然後 可無他慮 牛糞之尙不附貼 或過加重愼 而有此趑趄耶 〔정조正祖, 26-90〕

우분고牛糞膏　　소똥을 태운 재로 만든 고약. 수종水腫 치료에 쓰인다. 『동의보감』東醫寶鑑 「탕액편」湯液篇 '수부'獸部에 쇠똥의 효능에 대해 "쇠똥의 재는 잘 낫지 않는 오래된 구창을 치료한다"(糞灰 主灸瘡久不差)라고 한 내용이 있다. 예문 其間牛糞膏幾次付貼 而核處果有消低之意耶 〔정조正祖, 26-93〕

우석牛夕　　견우와 직녀가 만난다는 칠월 칠석날. 예문 雨意又漫空 是牛夕之不得不已處耶 〔김정희金正喜, 33-14〕

우심牛心　　소의 심장. 구운 소의 심장은 고급 요리였다. 예문 貴地牛心 流涎久矣 服嚼瓊液 深佩故人正味 〔채유후蔡裕後, 21(義)-302〕

우용優容　　여유롭고 편안함. 예문 如獲寬假優容 使得以進修開益 有所展拓 則實爲大幸 〔이세구李世龜, 5-131〕

우우友于　　형제간의 우애. 『서경』書經 「군진」君陳의, "효도야말로 부모에게 효순孝順하고 형제끼리 우애한다"(惟孝友于兄弟)에서 나온 말. 예문 令季之伸於久屈 公私喜幸有非尋常 況兄友于之心 尤當如何 〔이세백李世白, 23-145〕

우우憂虞　　걱정. 예문 僕蹭蹬歸來 辭病俟命 未知如何 憂虞不淺 〔이황李滉, 3-20〕

우우踽踽　　홀로 가는 모양 또는 외로운 모양. 우우양량踽踽涼涼. 예문 弟依保舊狀 而踽踽之態 一日難堪 有是咄咄而已 〔이시매李時楳, 5-44〕

우운감척懮隕感惕　　황송함. 예문 僕意外昇擢 旣踰賤分 而日昨疏批 尤極隆摯 懮隕感惕 不知置身之所也 〔윤양래尹陽來, 6-179〕

우울紆鬱　　답답함. 울적鬱積. 『초사』楚辭 「구탄」九歎 '우고'憂苦에서, "피리를 빌어 근심을 펴고 싶으나 마음이 울적하여 풀기 어렵네"(願假簧以舒憂兮 志紆鬱其難釋)라고 하였으며, 이 구절에 대한 왕일王逸의 주에, "우紆는 굽음이요, 울鬱은 근심이다"(紆屈也 鬱愁也)라고 하였다. 예문 嶺駕發後 未聞回音 方以紆鬱 玆拜遠牘 凭審寒程 行李保重 〔이병휴李秉休, 44-95〕

우위右圍　　경상우도慶尙右道에서 관장한 향시鄕試. '위'圍는 과거 시험장을 가리킨다. 예문 就控 咸陽士人鄭疇永 卽弟之同族也 方赴右圍 已爲納名於掌試 似有道理 而通路無階 故玆以奉懇 隨機周旋 期有實效之地 如何如何 〔정인석鄭寅奭,

41-142〕

우의雨意　　비가 내릴 듯함. 예문 雨意又漫空 是牛夕之不得不已處耶〔김정희金正喜, 33-14〕

우전신다雨前新茶　　우전차雨前茶. 이른 봄 곡우穀雨 이전에 새로 딴 차.
예문 雨前新茶 曾求之湖南 得之不敷 少許分上 幸試之〔이덕형李德馨, 16-59〕

우졸虞卒　　삼우제三虞祭와 졸곡卒哭. 예문 家門不幸 竟遭舍季喪變 虞卒已畢〔김보현金輔鉉, 051〕

우졸郵卒　　역졸驛卒. 예문 郵卒之頑 其亦甚矣 需米 其時趁不受去 旣分之後 有何代送之穀乎 已盡於回移 不須更煩〔김명열金命說, 49-252〕

우진紆軫　　마음이 답답하고 괴로움. 예문 然一截無問聞 今幾朔矣 豈非紆軫菀悶處耶〔정학연丁學淵, 22-315〕

우체友體　　친구의 안부. 예문 敬惟友體 一味莊穆 庇節淸純〔곽종석郭鍾錫, 31-133〕

우합右閤　　우의정. 예문 松留陞資後 大有生氣 而不下於右閤〔장석룡張錫龍, 027〕

우헌郵軒　　역참驛站의 관아官衙. 예문 金井 郵軒 回呈〔홍양호洪良浩, 21(智)-110〕

우화羽化　　홍문관弘文館의 벼슬. 우화羽化는 신선神仙이 된다는 뜻인데, 영각瀛閣(신선이 사는 집)으로 불리던 홍문관에 오른다는 의미로 쓰였다. 예문 令獨有何靈氣 乃專三年羽化耶〔이호민李好閔, 45-260〕

우황寓況　　객지 생활의 안부. 예문 晩聞君奉親庭避寓南村 不勝嗇慮 未委寓況安泊否〔성혼成渾, 23-17〕→ 우리寓履

욱랑或郎　　상대방 손자의 이칭. 예문 或郎在京時 或往來以助 新歲一況 且其周旋動作 頗有進就 眞可謂乃翁之賢壻 看益奇愛 不欲捨手 而謂有庭命 期於告歸 深切黯然耳〔안희원安禧遠, 53-160〕→ 영포令抱, 옥포玉抱, 욱방或房, 욱사或舍, 포랑抱郎, 포아抱兒, 현욱賢或, 현포賢抱

욱방或房　　상대방 손자의 이칭. 예문 伏惟履玆 燕養體韻 珍衛康福 逸韻淸快 趨庭之際 色色供歡 一益佳相 或房寓況 覃庇節度 次第安迪 邨內諸公 擧在福田 而和植兄長第奉侍節 亦平吉否〔이승탁李承鐸, 055〕

욱사或舍　　상대방 손자의 이칭. 예문 仍伏審春寒 經體鼎茵 循序萬旺 梓房或舍 次第穩侍 新人亦在輕中 區區戀溯之忱 何等昻賀滿萬耶〔김동건金東建, 055〕

운결隕結　　목숨을 바쳐 은혜에 보답함. 살아서는 목숨을 바치고(隕首) 죽어서는 결초보은結草報恩하겠다는 뜻. 예문 以昌植遭罹凶矜 遠垂慰賻 悼恤滿重 窮途之感 不勝隕結 〔유창식柳昌植, 40-212〕

운관雲觀　　관상감觀象監의 별호. 서운관書雲觀. 예문 豈比於除夕重午雲觀搨頒之禳辟符 自今兩名日 代貼此偈 以印本遍與之 〔정조正祖, 26-33〕

운망云亡　　→ 운무云亡

운무云亡　　죽음. 예문 云亡之慟 人遠之歎 並切于中 每過門屏 未嘗不悽然以悵也 〔이현석李玄錫, 3-145〕

운손雲孫　　종이를 의인화한 표현. 예문 付竹笠 得蒙盛諾 已極感謝 而一束雲孫 一介眞梳 又出意外 依受仰感 無以爲喩 〔박사엄朴師淹, 49-263〕

운수雲樹　　서로 멀리 떨어져 있음. 두보杜甫의 시「봄날에 이백을 생각함」(春日憶李白) 중 "꽃 피는 봄날 위북의 나, 날 저문 저녁놀 강동의 그대"(渭北春天樹 江東日暮雲)에서 두보가 자신을 위북에 있는 나무(樹)에, 이백을 강동에 있는 구름(雲)에 비유한 데서 나온 말. 예문 雲樹長天 時夢淸標 〔양사언楊士彦, 21(仁)-154〕

운액運厄　　액운厄運. 예문 第遭無前大無 方在孔乏之中云 哀之運厄 當未盡遙爲之慮 〔이서李溆, 8-243〕

운함雲凾　　상대방의 편지를 높여 부르는 말. '운雲'은 '고高'의 뜻. 예문 昨日趙令便 伏拜雲凾 審喜令體之途中無損 〔정헌시鄭憲時, 35-124〕

운함雲緘　　상대방의 편지를 높여 부르는 말. '운雲'은 '고高'의 뜻. 예문 卽承雲緘 從審邇寒邇暄 侍履棣吉 〔김정희金正喜, 29-36〕

운향雲鄕　　하늘나라. 죽은 사람이 돌아간다고 여기던 곳. 예문 因封奄過 雲鄕寢邈 慟廓靡逮 大小同情 〔김도희金道喜, 26-155〕

운확隕廓　　상을 당하고 난 뒤의 슬픔을 표현하는 말. 예문 頑縷如繩 尙不滅絶 奉几之期 未滿半年 隕廓何可盡狀 〔홍의섭洪宜燮, 41-13〕

운확賈廓　　상을 당하고 난 뒤의 슬픔을 표현하는 말. 예문 日月迅駛 奄經初忌 餘哀賈廓 俯仰靡逮 〔이건창李建昌·이건승李建昇·이건면李建冕, 42-59〕

울결鬱結　　우울하고 답답한 마음. 예문 豈亂離中 過傷心氣 鬱結不解 仍以致此耶 〔정탁鄭琢, 5-190〕

울답鬱沓　　우울하고 답답함. 예문 近日凡奇 終不得聞 鬱沓何言 詳示所聞爲可

〔이운근李雲根, 35-41〕

웅번雄藩　　큰 고을. 예문 甞見㕘奉公遺稿 先大父作宰時 爲素眛人 備給婚需 記爲盛德事 台亦當聞知 雄藩比殘邑大異 疎族與素眛懸殊 助婚多少 唯在台手段 之如何也 〔이면제李勉齊, 7-156〕

웅부雄府　　큰 고을. 예문 兩兒俱登科宦 侄在雄府 身亦屢被恩造 惶感無比 〔민헌구閔獻久, 42-41〕

원결圓缺　　달이 찼다 이지러졌다는 뜻에서, 세월을 이르는 말. 예문 天公 每如是餉我曹 何憂乎參商 何憚乎圓缺 〔김정희金正喜, 33-67〕

원교遠翹　　멀리서 그리워함. 예문 邇惟寒威 起居怡晏 年豐村樂 鷄豚社局 風味可想 遠翹曷已 〔김정희金正喜, 44-336〕

원령의圓領衣　　옷깃이 둥근 옷. 단령團領. 관리들의 평상복이나 신랑의 예복으로 입었다. 예문 圓領衣一件 望賜付來 〔이준李埈, 051〕

원망元望　　정월 보름. 예문 餘懷 都在不言中 謹問 元望海若頓 〔김구金絿, 21(仁)-92〕

원망遠望　　멀리 있는 사람의 바람. 예문 庚熱宦學兩優 以副遠望 〔김성일金誠一, 3-25〕

원문遠問　　먼 곳에서 온 편지. 예문 謹承遠問 仍領節扇八柄惠 仰謝盛意 〔김남중金南重, 23-73〕

원비遠庇　　멀리서 아껴 줌. 예문 侍生粗安僑寓 知荷遠庇 近無西行耶 迎拜是企 〔이경억李慶億, 23-109〕

원빈元賓　　친구를 가리키는 말. 원빈은 당唐나라 이관李觀의 자로, 한유韓愈가 아끼는 친구 중의 한 사람이었다. 예문 僕衰病依昨 令胤頃來省試 如奉元賓深慰 但見刖而歸 是用呲呲 〔김영조金榮祖, 44-43〕 → 교지交知, 구기舊記, 구제舊弟, 지구知舊, 친지親識

원사遠賜　　멀리서 염려해 주는 덕분에. 예문 侍生粗遣如昨 是亦遠賜 〔이숙李䎘, 5-103〕

원삭元朔　　정월. 예문 癸酉元朔十一日 弟譚拜 〔미상, 027〕

원삼圓衫　　부녀 예복의 일종. 예문 就圓衫借得於翼村李友矣 〔신응선申應善, 31-117〕

원성遠誠　　멀리 있는 사람의 정성. 예문 就審旱熱宣候 起居萬福 旣慰且感 無任遠誠〔나양좌羅良佐, 5-120〕

원습原濕　　사명使命을 띠고 먼 길을 다녀옴. 예문 卽伏承惠札委辱 謹審霜重旬體万晏 原濕餘憊 不至甚損 慰釋欣荷 可勝旣耶〔권돈인權敦仁, 44-178〕

원습지역原濕之役　　사신 가는 일. 『시경』詩經 「소아」小雅 〈황황자화〉皇皇者華에, "찬란하게 핀 꽃들, 저 언덕과 습지에 있도다. 무리지어 질주하는 사신들 일행이여, 해내지 못할까 걱정이 태산 같네"(皇皇者華 于彼原隰 駪駪征夫 每懷靡乃)라고 한 데서 유래한 말. 예문 原濕之役 非不勞且苦矣 而不害爲一時暢叙耶 在此阻拜卽一也 而星軺一啓 南北尤隔絶 所以欝結之倍常也〔이지연李止淵, 21(智)-254〕

원업遠業　　원대한 사업. 대개 학업을 가리킨다. 예문 所冀 益懋遠業 以副側佇之情〔윤순거尹舜擧, 23-75〕

원역遠役　　사신 가는 일. 예문 遠役旣旋 洛下知舊諸公 無不面面迎勞 惟兄滯在嶠外 無由承誨 政有頲然在心〔이상황李相璜, 21(智)-212〕

원외遠外　　멀리 떨어진 지방. 예문 仍想遠外聞訃 摧痛之懷 何以敢抑耶〔여필중呂必重, 21(禮)-290〕

원원源源　　끊이지 않는 모양. 예문 城中源源之奉 迨入夢想 卽惟雨餘風淸 起居佳勝〔정호鄭澔, 23-165〕

원월元月　　정월. 예문 丙子元月念九日 弟李勝照拜謝〔이승조李勝照, 42-64〕

원유院儒　　서원書院에서 공부하는 유생儒生. 예문 半帖与紙 卽傳院儒耳〔송준길宋浚吉, 22-139〕

원일遠日　　멀리 가는 날. 장례일. 예문 此病若少間 必欲於葬前一往撫柩 遠日定後 須專人相示如何〔유숙기兪肅基, 23-223〕

원정元正　　정월 초하루. 원단元旦. 예문 歲元正出賸洗馬喞 仍上直桂坊〔정병조鄭丙朝, 35-120〕

원존遠存　　멀리서 보낸 존문存問. 존문은 지방관이 보낸 문안 편지를 말함. 예문 新秋益有阻思 卽承遠存 以審溽熱 梱履增勝 欣慰可旣〔권돈인權敦仁, 21(智)-261〕

원침遠忱　　멀리 있는 사람의 정성. 예문 便遽神迷不能究懷 只祝履候萬安以副遠忱〔미상, 027〕

원행遠行　　시집감. 예문 就中 今廿九日 女息遠行 凡事不一〔안방준安邦俊, 22-91〕

원호미체冤號未逮　　원통하게 울부짖어도 따라갈 수 없음. 보통 국상國喪이 났을 때 쓰는 말. 미체지통未逮之痛. 예문 日月迅駛 因封奄過 冤號未逮 大小均情 〔정철鄭澈, 28-5〕

원화冤化　　원통한 죽음. 예문 繼以□□婦母子冤化 亦何理亦何天也 孝廬三霜未畢 一室慘酷 若是之荐耶 〔이종극李鍾極, 53-65〕

월단평月旦評　　인물평. 후한 때 허소許劭가 매달 초하루에 품제品題를 정하여 향당의 인물을 비평한 고사에서 나온 말. 예문 記末 歲暮客館 國家之戀 無以裁抑 只切悶憐 道內月旦評 玆以伴送 從近還完如何 〔유인협柳寅協, 31-103〕

월린越鄰　　향의 일종인 대월린패향大越鄰佩香. 예문 越鄰淸遠數枝覓呈 公餘淸坐時 燒去宜矣 〔최석정崔錫鼎, 25-35〕

월모月姥　　월로月老. 월하노인月下老人. 부부의 인연을 맺어주는 신. 예문 幸賴化公黙祐 因月姥而脩世好 自賀不已 〔윤치현尹致賢, 31-90〕

월시越視　　자신과는 무관한 일로 여김. 월시진척越視秦瘠의 준말. 월나라 사람이 진나라 사람의 수척한 것을 무관심하게 본다는 데서 나온 말. 예문 至於某人 則決難越視 大抵後輩輕償者謂解事 而往往償誤如此 可歎 〔황현黃玹, 37-31〕

월조越俎　　도마를 넘어감. 곧 다른 사람의 직권을 침해하여 일을 처리함을 비유하는 말. 예문 若或越俎參涉 必有違制之謗 然則唯閉閣讀書之外 無他勤瘁之務 〔이재완李載完, 35-100〕

월조越鳥　　고향을 그리는 정을 나타낼 때 쓰는 말. 무명씨無名氏의「고시 십구수古詩十九首에 "호지의 말은 북풍에 몸을 의지하고, 월지의 새는 남쪽 가지에 둥지를 짓네"(胡馬依北風 越鳥巢南枝)라고 한 데서 옴. 예문 歸期杳然 越鳥之戀 令我實同懷 況如累弟 〔이옥李沃, 14-87〕

위慰　　위문편지. 예문 昨復承慰 明日午間 當行祭祀 〔민유중閔維重, 23-133〕

위고委告　　자세하게 알림. 예문 不勝區區過慮 敢此委告 〔최명길崔鳴吉, 000〕

위고委顧　　방문함. 예문 望外賢器委顧 兼致惠狀 感荷僕僕 無以爲謝也 〔최시교崔蓍敎, 53-154〕

위곡委曲　　자상함. 예문 北關之命 誠荷朝廷委曲收用之意 但此蹤跡 實有可避之嫌 〔민정중閔鼎重, 5-107〕

위공委控　　간절하게 부탁함. 예문 此令家與弟家世好 殆同一家之狀 一世所共

知 玆以委控 必望快施生光 〔유척기兪拓基, 21(禮)-488〕

위과委過　　지나는 길에 들름. 예문 每荷委過 永夕於寂寞之濱 感叙幽鬱 〔이덕형李德馨, 48-45〕

위답位畓　　제수祭需를 마련하기 위하여 설정한 논. 제위답祭位畓. 예문 位畓事 從公處決矣 〔서기순徐箕淳, 42-45〕

위도委到　　상대방이 자신을 찾아 줌. 예문 山人不忘平生 際此委到 哀感無已 〔김정희金正喜, 33-117〕

위도慰倒　　위로가 되고 후련함. '倒'는 답답함을 쏟아버려 후련하다는 뜻. 예문 阻抱正是一般 辱問忽至 就審令體神相 慰倒十分 〔유계兪棨, 23-93〕 → 위사慰瀉

위도衛道　　도를 지킴. 도학자의 안부. 예문 餘只祝衛道萬重 以副多士之望 〔송준필宋浚弼, 44-71〕

위돈委頓　　쇠약함. 예문 僕一疾 恰過一月 臨歲委頓 亦一厄會 奈何 〔김위재金偉材, 21(智)-58〕

위돈萎頓　　병들고 쇠약함. 예문 僕方此碁慘 病骨萎頓益甚 〔이황李滉, 30-13〕

위렴違簾　　시에서 평측平仄이 맞지 않음을 이르는 말. 예문 前呈三絶詩 第二絶中 若爲爲字違簾 改以安得 如何 〔김문옥金文鈺, 41-116〕

위림委臨　　왕림함. '위'委는 '왕'枉과 같다. 예문 頃荷委臨 卽當回款 〔유심柳淰, 051〕

위모蝟毛　　고슴도치의 털. 매우 많음을 비유할 때 사용하는 말. 예문 頃值勅行 策應蝟毛 未暇委候 〔목대흠睦大欽, 47-62〕

위문委問　　상대방이 보낸 문안 편지를 높여서 이르는 말. 예문 伏承委問 感慰之至 〔이경전李慶全, 3-168〕

위방委訪　　왕림함. 예문 頃有委訪 今又書問 感慰之懷 實倍常品 〔이우李俁, 21(禮)-163〕 → 왕고枉顧, 왕림枉臨.

위보委報　　자세히 알림. 예문 彼中所用 必也優齋 玆用委報 〔미상, 6-41〕

위복委復　　상대방이 보내준 답장을 높여서 이르는 말. 예문 承荷委復 感戢之至 〔이원익李元翼, 23-25〕

위봉違奉　　만나지 못함. 예문 安東還日違奉 勢使然耳 〔이황李滉, 38-15〕

위사委謝　　자세한 답장 편지. 예문 餘竢病間 委謝 姑此不備 〔○지선○趾善, 000〕

위사慰寫　　위사慰瀉. 예문 前日之訪 迨極慰寫 但兄忙迫 未永夕 領人恨歎恨歎〔조희일趙希逸, 23-49〕

위사慰瀉　　(궁금하던 차에 상대방의 편지를 받아 답답한 마음이) 위로되고 시원해짐. 예문 歲事改矣 遠懷尤深 情緖委問 辭意眷眷 仍伏審 政履萬福 慰瀉當拜〔정유악鄭維岳, 21〔禮〕-108〕

위서委書　　상대방이 보낸 편지를 높여서 이르는 말. 예문 意外忽承委書 仍審至寒政履佳勝 慰荷良深〔이유李濡, 5-128〕

위석委席　　자리에 누움. 몸이 아픈 것을 말함. 예문 舜必妻病 亦以勞疧 長在委席云〔신좌모申佐模, 43-100〕

위섭違攝　　건강이 좋지 않음. 예문 承審雅候違攝 深慮深慮〔이찬李燦, 21〔仁〕-115〕

위세違世　　세상을 떠남. 예문 不意凶變 尊伯叔父奄忽違世 驚怛之極 更復何喩〔송내희宋來熙, 22-323〕

위송委送　　맡겨서 보냄. 예문 再度回便上札 下照否 日期已迫 不得已委送人馬〔김육金堉, 23-51〕

위수韋樹　　위씨韋氏 집안의 화수회花樹會. 당나라 때의 명문가인 위씨들이 섬서성陝西省 장안현長安縣에 있는 위곡韋曲에서 화수회를 결성하고 대대로 살았던 데서 유래하며, 곧 종족의 모임을 일컫는다. 예문 況久歲僑寓 始返故庄 韋樹團會 宴席圓滿 尤何等頌賀之深〔김창근金昌根, 40-94〕

위신喟呻　　아파서 끙끙거림. 예문 歸栖之後 連事喟呻 積逋恩召 一味惶蹙 誠無足以奉聞者〔조태채趙泰采, 21〔禮〕-320〕

위신委申　　간곡히 부탁함. 예문 亟欲得見 敢此委申 幸乞蹔借序跋附卷 俾慰此懷〔성운成運, 5-189〕

위실委實　　정말, 확실하게. 예문 至於編摩之役 區區豈敢自外 而此間事勢 委實難動〔조긍섭曺兢燮, 44-70〕

위심委審　　잘 앎. 예문 忽奉令翰 委審此時令履淸相〔김류金鎏, 000〕

위앙慰昂　　궁금한 마음에 위로가 됨. 예문 伏承留省餽時惠札 伏審極寒 政候萬勝 慰昂且荷 難以形言〔강세황姜世晃, 31-49〕

위양渭陽　　외삼촌.『시경』詩經「진풍」秦風〈위양〉渭陽의 "내가 외삼촌을 전송하느라고 위양에 도달했네"(我送舅氏 曰至渭陽)에서 유래한다. 진秦나라 강공康公

의 외삼촌은 오패五覇의 한 사람인 진晉나라 문공文公이었다. 예문 姉氏連得平安 甚幸甚幸 第艱苦到處一樣 悶慮悶慮 不具 二十二日夜 渭陽 〔김상구金尙耉, 34-46〕

위예違豫   임금의 병. 예문 近來 玉候違豫已久 而尙未平復 北使先聲又到 憂虞之事 何可勝道 〔이시매李時楳, 5-44〕

위옥慰沃   (궁금하고 답답하던 마음이 편지를 받아) 위로가 되고 후련함. 예문 伻到 得擎手札 備悉上官后諸節均保 慰沃千萬 〔김간金侃, 31-29〕| 前夏中 得承手書 兼領借覽或問 因審力量益裕 所造冲茂 迨今慰沃慰沃 〔유주柳澍, 21(義)-294〕
→ 경위傾慰, 위완慰浣, 위활慰豁, 피위披慰

위와委臥   쓰러져 누움. 예문 日來起居增福 瞻望戀遡 弟强疾行動 觸暑添劇 歸棲委臥 凜凜難支 〔민정중閔鼎重, 3-129〕

위완慰浣   (궁금하고 답답하던 마음이 편지를 받아) 위로가 되고 후련함. 예문 涼意乍生 懸頌際勤 襒至得承委狀 就審邇來 郵履連勝 慰浣實深 〔김유근金逌根, 21(智)-265〕

위왕委枉   왕림해 줌. 예문 委枉失拜 追切慊悵 〔민영환閔泳煥, 22-361〕

위외謂外   뜻밖에. 예문 卽玆謂外 忽承崙价眷問札 忙手開緘 如得更拜 〔박경후朴慶後, 3-88〕

위장慰狀   상喪을 당한 사람에게 보내는 위로 편지. 예문 曾於歸便 附上慰狀 未知其登徹否也 〔김수증金壽增, 23-111〕

위장衛將   각 지방에 있는 전묘殿廟를 수호하던 벼슬. 그 지방의 진위대 대장이 겸하였다. 예문 所謂衛將虛章追贈 非所可論 〔이수일李秀逸, 35-54〕

위저位著   조정. 위저位宁. 중정中庭의 좌우 양측에 신하가 서는 자리를 위位라고, 문병門屛의 사이 임금이 앉는 자리를 저著(宁)라고 한다. 예문 近日事或以爛報 承悉否 卽今聖心不無開悟 處分轉益嚴重 而位著殆空 危虞多端 〔유복명柳復命, 6-163〕

위전位田   특별한 목적에 쓰기 위하여 설정한 토지. 위토位土. 예문 位田之用 籍田例 不欲出賦者 何異於宮畓之免稅 又欲免賦耶 〔정조正祖, 26-83〕

위절委折   자세한 사연. 예문 若得一轎夫 則日間委進 大一吐此弸懷耳 爲探近日委折走矣 〔정학연丁學淵, 22-315〕

위조委弔   조문을 감. 예문 秋間委弔之日 値兄不在 未得面慰 〔이현석李玄錫, 3-

144]

위주委注　　자상하게 생각하고 살펴 줌. 예문 俯貺便面 良荷委注〔김정희金正喜, 33-19〕

위중衛重　　건강함. 예문 備審冬暖如春 侍候衛重 慰仰慰仰〔조기영趙冀永, 31-63〕 → 가복佳福, 가승佳勝, 가안佳安, 만강萬康, 만녕萬寧, 만목萬穆, 만복萬福, 만비萬毖, 만상萬相, 만색萬嗇, 만수萬綏, 만승萬勝, 만안萬安, 만안萬晏, 만왕曼旺, 만왕萬旺, 만위萬衛, 만전萬典, 만중萬重, 만지萬支, 만지蔓支, 만진萬珍, 만호萬護, 만휴萬休, 무휴茂休, 숭희崇禧, 슬중瑟重, 신상神相, 안승安勝, 위중衛重, 지안止安, 진복珍福, 진비珍毖, 진상珍相, 진색珍嗇, 진위珍衛, 진중珍重, 진호珍護, 홍희鴻禧

위지委贄　　처음 벼슬하는 사람이 임금 앞에 나아갈 때 예물禮物을 바침. 예문 委質亦只是致身之義 若以委贄爲言 則豈不淺乎〔정경세鄭經世, 45-451〕 → 위질委質

위진委進　　일부러 찾아가 뵘. 예문 若得一轎夫 則日間委進 大一吐此弸懷耳 爲探近日委折走笑〔정학연丁學淵, 22-315〕

위질委質　　자기 몸을 임금에게 맡긴다는 뜻으로, 몸을 바쳐 충성을 맹세한다는 뜻. 처음 벼슬하는 사람이 임금 앞에 나아갈 때 예물禮物을 바치므로 위지委贄와 혼용하여 '위지'로도 읽는다. 책명위지策名委質. 예문 委質亦只是致身之義 若以委贄爲言 則豈不淺乎〔정경세鄭經世, 45-451〕

위집蝟集　　고슴도치의 털처럼 많이 모임. 예문 弟狀百憂蝟集 又當歲籥 這間辛苦 難以筆舌旣也〔김하연金夏淵, 31-169〕

위찰委札　　상대방의 편지를 높여서 이르는 말. 예문 今得委札 悉天只之平復 及君之康吉 喜慰〔기준奇遵, 9-78〕

위천危喘　　위태로운 목숨. 예문 鄙生枕席危喘 遇寒益縮 濱死亡無日 餘何足道〔한준겸韓浚謙, 45-212〕

위철危惙　　쇠약해짐. 예문 近日 老人重經疹患之餘 氣息一倍危惙〔미상, 6-157〕

위철委綴　　몸 상태가 매우 허약하고 좋지 않음. 예문 族從邇來 病情轉益委綴 殆無以支過 悶憐奈何〔김병덕金炳德, 44-218〕 → 늠철凜綴, 위돈委頓

위첩委帖　　상대방의 편지를 높여서 이르는 말. 예문 卽承委帖 就審新元政履

多福 慰賀交至 〔유하익兪夏益, 44-247〕 → 위서委書, 위찰委札

위첩慰帖　　상사喪事에 대한 위문 편지. 예문 曩聞令妹之喪 卽裁慰帖 使人送 眞於校谷 訖未承覆 〔김원행金元行, 23-229〕

위탁慰濯　　위로가 되고 답답함 등이 씻겨나감. 예문 再昨沈生之來 憑審邇來 台候萬勝 兼悉多少 區區豈勝慰濯 〔조명택趙明澤, 6-192〕 → 흔탁欣濯

위통委痛　　앓음. '위'委는 '위'萎의 뜻. 예문 弟近添時感 方此委痛 愁悶何狀 〔남붕한南鵬翰, 31-170〕

위패違牌　　신하를 부르는 왕명王命을 어기는 것. 예문 半月撕捱 皇悶罔措 今日又將違牌矣 〔이이명李頤命, 25-28〕

위팽委伻　　일부러 사람을 보내 안부를 물을 때 쓰는 말. 예문 蒙此委伻 歎愧 〔미상, 22-393〕

위하慰荷　　위로가 되고 감사함. 예문 奇問忽至 五稚隨之 慰荷良深 〔윤방尹昉, 23-39〕

위화違和　　상대방이 건강이 좋지 않음을 높여서 이르는 말. 예문 向者得聞台監違和之奇 而未得其詳 〔송시길宋時吉, 051〕

위활慰豁　　위로가 되고 후련함. 예문 庚炎比酷 常以侍奉起居爲慮 卽承書問 仍審歡侍萬安 良用慰豁 〔이경여李慶輿, 23-55〕 → 경위傾慰, 위옥慰沃, 위완慰浣, 피위披慰

위황爲況　　학문하는 상황. '위'爲는 '학'學과 같다. 학문하는 사람에게 안부를 묻는 말. 예문 前書披慰 卽今爲況如何 相離已久 戀思如噎 〔김상용金尙容, 23-35〕

위회違誨　　가르침을 받지 못함. 즉 만나지 못한 것을 겸손하게 표현한 말. 예문 違誨居然十許年 〔김굉金紘, 027〕 → 봉위奉違, 실오失晤, 위봉違奉

위획緯繣　　어긋남. 일이 틀어짐. 예문 板輿入城之期 忽承退行之報 令人不勝悵然 未知開旬能無緯繣否也 〔이하곤李夏坤, 10-86〕

위후委候　　인편으로 문안 편지를 보냄. 예문 令鑒着先手 局傍奕秋皆愧死矣 第慮范景仁之勇決 必多苦談 玆用委候 〔김덕함金德諴, 4-78〕

유가由暇　　휴가. 예문 弟特蒙恩諒 調病便意 仍承由暇 曠餘省展 到底鴻造 榮感無比 〔권돈인權敦仁, 44-178〕

유가由駕　　휴가. 예문 大衙二音間復承聞 而由駕謂在何時 晨昏餘棣履 亦臁

新祉否〔이만인李晩寅, 027〕

유가遊街　　과거 급제자가 광대를 앞세우고 풍악을 잡히면서 거리를 돌고 시험관과 친척들을 찾아뵙는 일. 예문 襴衫諸具 如何辦備 三日鬚隸 從何借得 遊街浮費 如何推用〔신좌모申佐模, 43-165〕

유고襦袴　　솜을 넣어 만든 속바지. 예문 襯衣襪子下隸天翼依來 而襦袴不至 是可悶也〔신좌모申佐模, 43-128〕

유곡維谷　　진퇴유곡進退維谷의 준말. 예문 弟童保添齒 而意外恩除 適增維谷之勢〔한규직韓圭稷, 44-237〕

유과腴窠　　좋은 관직官職. 예문 廚院雖非腴窠 而亦可支過 但不陞於詞訟之司 前頭一縣漸遲 是可憮然〔미상, 027〕

유교乳嬌　　유모乳母. 예문 五月晦間 乳嬌以無何之祟 數日重痛 忽焉化去〔김재정金在鼎, 31-113〕

유궁儒宮　　유학儒學을 공부하는 집. 성균관, 향교, 서원 등을 말한다. 예문 儒宮無胄孫之說 實是十分高當 十分切至〔이휘령李彙寧, 027〕

유년流年　　흘러간 세월. 나이. 예문 吾固知 造化翁必不虛生君子於斯世 流年未滿四十 由今而望奄 茲莫非盛業光輝 上報君親之日〔신유한申維翰, 21(禮)-437〕

유당幽堂　　무덤. 예문 幽堂諸銘 實非老泊 所可闡揚 而重違勤教 略加檃括 而不勝悚恧〔장석룡張錫龍, 53-133〕→ 구묘丘墓, 묘궁墓宮, 택조宅兆

유당謬當　　주제넘음. 예문 弟之疎迂鈍滯 本不知酬應草事 兄主之素所知 而謬當重寄 未免妄作 致此語事〔이현李袨, 051〕

유둔油芚　　비를 가리기 위해 이어 붙인, 기름 먹인 두꺼운 종이. 예문 曾達油芚二浮 今書無下答 似歸遺忘〔곽재우郭再祐, 22-65〕

유람留覽　　눈여겨봄. 예문 適有朝坐 不能具悉 寶鑑留覽爲佳〔이상의李尙毅, 45-224〕

유람蹂濫　　방만하여 한도가 없음. 예문 藥料果難於酬應 家有三重病 蹂濫朔用 故不得如意 可歎〔서명균徐命均, 21(禮)-430〕

유례流例　　나쁜 관례. 예문 未知有實效也 自明年則當大減 至於各司例納 流例一體停閣 以此諒之量減 於事例如何〔어윤중魚允中, 35-97〕

유리由吏　　관원 교체, 즉 해유解由에 관한 일을 맡아 보는 아전. 각 고을의 이방吏房. 예문 昨夜踰墻而入來者 下隸逐出云耳 卽聞元塘人云 春川由吏 亦來留云 可痛可痛 李書房來見耶 若來見卽錢兩播及如何 〔이언순李彦淳, 44-77〕

유망謬妄　그릇되고 망령됨. 예문 兒輩之歸 有小札 登覽否 其書史官云云 旋覺謬妄 〔송시열宋時烈, 22-147〕

유망遺忘　잊음. 예문 曾達油芚二浮 今書無下答 似歸遺忘 〔곽재우郭再祐, 22-65〕

유면留面　나머지 사연은 만날 때로 미룸. 예문 寶愚兩童各給山梁之牛 烏椑之五 而唐鈴一對 卽昨年色囊之阿嬌也 留面 略草 卽欠 〔정조正祖, 26-65〕→ 유봉留奉, 유전留展

유명惟命　'시키는 대로 하겠습니다'라는 뜻. 유명시종惟命是從. 예문 昨惠詩篇 謹已藏去 未卽惟命 但斜字下脫漏一字 將擬躬禀 〔이경석李景奭, 4-152〕

유모孺慕　돌아가신 어버이를 그리워함. 예문 伏惟新正 哀體侍奠萬護 日月流速 週祥奄過 燧火亦改 孝思孺慕 益復罔極 〔심상규沈象奎, 31-58〕

유문流聞　소문으로 들음. 예문 流聞上候日久未寧 而無由得其詳 遠外憂鬱 爲之爛煎也 〔김수항金壽恒, 16-109〕

유방遊方　사방으로 여행함. 예문 就中 族生愼得義兄弟 雅有遊方之志 今着尋山之屐 欲自楓嶽遍踏嶺外名區 〔전식全湜, 45-306〕

유사有司　관청이나 단체에서 일정한 사무를 맡아보는 직무. 또는 그 직무를 가진 사람. 소임所任. 예문 節目事 有司有聞之耶 明日必須出往 詳議細示如何 〔정조正祖, 26-67〕

유상有相　잘 지냄. '상'相은 '신의 도움'이라는 뜻. 예문 卽承辱札 仍審極寒 政履有相 〔이이명李頤命, 23-183〕

유서留書　상대방이 남겨 놓고 간 편지. 예문 歸自鄕山 見有留書在案 〔박장원朴長遠, 5-56〕

유속留續　나머지는 다음 편지에서 말씀드리겠음. 예문 適因家伻之歸 略付數字 並原槭奉及耳 留續 十月六日 那翁 〔김정희金正喜, 33-108〕

유수濡首　머리끝까지 술에 취함. 『주역』周易 〈미제〉未濟에 "머리끝까지 취하는 것 역시 절제를 모르는 것이다"(飮酒濡首 亦不知節也)라는 말이 있다. 예문 旨酒珍饌 亦以膏腸而濡首 豈非樂事 〔김안국金安國, 22-23〕

유신留神　마음에 둠. 유념留念. 예문 雖非此窠 而使渠可合者 亦須留神如何

〔김정희金正喜, 22-319〕

유아儒雅　　상대방의 학문을 높여서 부른 말. 예문 鄙生之所知於左右者 儒雅爲長 而實不知有鹽鐵通才〔이준李埈, 000〕

유악지구帷幄之舊　　왕의 정책에 영향을 줄 수 있는 최측근의 신하. 유악지신帷幄之臣. 유악帷幄은 왕의 처소에 치는 장막을 말한다. 예문 若謂夏間左 揆陳自之力 則向來數月何爲久靳天點 今乃用其言耶 此殆聖明尙或垂念於帷幄之舊 當如兄示耳〔미상, 000〕

유안留案　　책상 위에 놓여 있음. 예문 間緣滯雨 過限始歸 歸見下帖留案 披讀伏慰〔김노경金魯敬, 21(智)-218〕

유안遺安　　자손들에게 관록官祿을 남기지 않아 자손들이 편안한 생활을 누리게 함. 후한後漢의 은자 방덕공龐德公이 관록이란 몸을 망칠 수 있는 위태로운 것이라 하여 한평생 처자와 함께 녹문산鹿門山에서 약초를 캐며 살다 죽었다는 고사에서 유래한다. 예문 閒靜亦便做業 而趨庭承順者 懇實而不外馳 此世遺安 孰有過於是〔배동환裵東煥, 40-142〕

유애동향遺愛桐鄕　　선조가 수령으로서 선정을 베푼 고을. 예문 再可兄 長水未必非相尙之窠 廩雖殘 而幣不甚痼 又是遺愛桐鄕 可賀也〔이원조李源祚, 027〕

유액誘掖　　이끌어서 도와 줌. 예문 顧先生之於道出 誘掖之數旬 則其病可悉伏願因崇適劑 免爲下流也〔신도출愼道出, 40-170〕

유열榴熱　　5월 더위. 예문 懇誦方切 卽拜惠翰 恪審榴熱轉熇 湯節漸至翔矧仰慰拱賀〔미상, 41-48〕→ 유홍榴烘

유예游藝　　선비로서 배워야 할 여섯 가지 기예, 즉 예禮, 악樂, 사射, 어御, 서書, 수數를 공부한다는 뜻. 『논어』論語 「술이」述而에 "공자께서 말씀하시기를, 도에 뜻을 두며 덕을 굳게 지키며 인에 의지하며 예에 노닐어야 한다"(子曰 志於道 據於德 依於仁 游於藝)라고 함. 예문 與家兒游藝山齋 實有源源之喜 更何提煩〔박규찬朴圭瓚, 31-171〕

유우惟憂　　자식이 병이 들어 부모에게 근심을 끼침. 자식의 병을 가리킨다. 『논어』論語 「위정」爲政에, "부모는 오직 그 자식의 병을 근심한다"(父母惟其疾之憂)라고 한데서 유래한다. 예문 所冀 加餐自愛 無貽惟憂也〔유척기兪拓基, 6-211〕

유우溜雨　　장맛비. 예문 査弟溜雨病情 支離難耐〔허임許恁, 027〕

유원留院　　공사公事 중에서 임금에게 올리지 않고 임시로 승정원에 보관 또는 보유하는 것. 예문 旣以留院 出於分發 而至今還却牌招 其在事理 亦似未安 〔홍중보洪重普, 051〕

유월榴月　　석류꽃이 피는 달. 5월. 예문 乙未榴月卄九日 弟 丙善 拜手 〔서병선徐丙善, 35-101〕

유월流月　　6월. 유두流頭의 달. 유두는 유월 보름날로, 나쁜 일을 떨어 버리기 위하여 동쪽으로 흐르는 물에 머리를 감는 풍속이 있었다. 예문 己未流月初二 罪弟 宋奎灝 稽顙 〔송규호宋奎灝, 31-95〕

유월지제踰月之制　　한 달이 지난 후에 장사를 치르는 제도. 예문 故自此亦方奉議 葬期亦宜用踰月之制 〔송명흠宋明欽, 22-269〕

유유悠悠　　그지없음. 예문 卽想春日學履珍福 阻闊已久 懸溯悠悠 〔이상진李尙眞, 3-122〕

유유由由　　태연하고 여유 있는 모양. 『맹자』孟子 「공손추 상」公孫丑上에 "따라서 그는 바르지 않은 사람과 함께 있어도 항상 여유작작하며 스스로 올바른 태도를 잃지 않았다"(故由由然與之偕而不自失焉)라는 구절이 있음. 예문 嶺中爲令兄謀者 不曉進退間大義 亦將由由與偕爲非 以此以彼俱可關念 未知吾令於何爲策耶 〔전식全湜, 45-336〕

유의油衣　　기름종이로 만든 비옷. 예문 寄貺諸種 謹領勤意 而尤以油衣之當節 禦雨爲緊幸耳 〔조인영趙寅永, 39-199〕

유인濡忍　　우유부단하게 지체함. 예문 此時歸從先人 以無負平生所讀之書 而躊躇屢日 濡忍未決 頑矣無恥哉 〔김문옥金文鈺, 41-112〕

유일柔日　　천간天干에서 을乙, 정丁, 기己, 신辛, 계癸가 든 날. 나머지 날은 '강일'剛日이라고 한다. 『예기』禮記 「곡례 상」曲禮上에, "외사는 강일에 하고 내사는 유일에 한다"(外事以剛日 內事以柔日)는 말이 있다. 예문 承□祀 已卜柔日 想感懷彌切 然親舊聞來 深以宗事有托爲慰耳 〔이재李栽, 12-229〕

유장油帳　　기름종이로 만든 휘장. 예문 轎子油帳 亦不可不早造 還駕時分付邸人 價爲五錢者 正草紙四件貿來 又似好耳 〔이후원李後遠, 7-151〕

유장由狀　　휴가를 얻기 위해 올리는 문서. 예문 第尊累辭未得 又不許給暇云 初頭請由 必無退送之理 而三辭之後 乃有由狀 故未免見退 伏想尊情勢之切迫 爲

之奉慮耳 [이명담李命聃, 49-263]

유전留展　나머지 사연은 만날 때로 미룸. 예문 餘留展 不宣 [김정희金正喜, 33-15] → 유면留面, 유봉留奉

유정猶庭　숙부叔父. 예문 猶庭唱喏之暇 惠連聯床之際 相與叩發名理 撿押禮法 其樂當何如哉 [유인식柳寅植, 44-68]

유주遺珠　빠뜨린 진주. 천거薦擧에서 빠진 인재를 이름. 예문 肉食者遺珠未及察耶 敎所遇之 拂意容多然矣 然古人於抱關擊柝之任 尙甘自居 此乃治民之長也 [이재완李載完, 35-99]

유지諭旨　관찰사·절도사·방어사·유수 등 군사권을 가진 관리가 부임할 때 밀부密符와 함께 내리는 명령서. 예문 承中丞諭旨 悶蹙不知所出也 [이기홍李箕洪, 23-155]

유지석油紙席　기름 먹인 종이로 만든 자리. 예문 如油紙席及笠帽一兩事 眞梳四五枚 幸付順來人 何如 [최산두崔山斗, 9-69]

유체濡滯　지체됨. 예문 方爲聽候處分 昪疾登程 而阻雨濡滯嘉興江村 [민정중閔鼎重, 5-107]

유추有秋　풍년이 듦. 예문 秋事之大有 何其福分之甚多也 見今八路年形 雖有甚歇之別 擧槪言不可曰有秋 [남병철南秉哲, 44-196]

유하乳下　젖을 먹는 어린아이. 예문 日屨連勝 歲饋考領 而新式之初 合有畫一之規 以至乳下兒少 亦各斗斗均派爲喫年之需 [정조正祖, 26-97]

유하有何　무엇 때문에. 어찌하여. 예문 弟抱病濱死之中 將見歲聿之改 反以更屈一指爲幸 安興事 有何問議於病廢之故相耶 [이후원李厚源, 21(義)-288]

유하榴夏　5월. 예문 卽伏承下翰 謹審榴夏 旬宣動止 以時萬衛 區區欣慰 [홍경모洪敬謨, 21(智)-248] → 유월榴月

유홍榴烘　5월 더위. 예문 伏拜審榴烘 政體事連護旺安 [조강하趙康夏, 051]
→ 유열榴熱

유화流火　7월. '화火는 대화성大火星(전갈자리 알파성 안타레스)을 가리킨다. 5월에 대화성이 초혼初昏에 남중南中하다가 7월에는 서쪽으로 기울어지는 데서 7월을 의미함. 『시경』詩經 「빈풍」豳風 〈칠월〉七月 "7월에 대화성이 서쪽으로 기우네"(七月流火)란 구절이 있음. 예문 流火奄過 高秋已屆 此時兄道體如何 只切馳溯

〔이수언李秀彦, 23-147〕

유화油靴　　유목화油木靴. 이화泥靴. 진 땅을 걸어도 젖지 않도록 기름에 결은 가죽신. 예문 且前日造惠油靴 春間喪事紛擾中 忽失不得 可歎〔이정영李正英, 31-16〕

유환由還　　말미를 얻어 돌아감. 예문 方謀某條畢膽 欲以念前由還〔유진한柳進翰, 027〕

육간肉柬　　구두口頭로 전하는 기별. '간柬'은 '간簡의 뜻. 예문 貴星忽到 奉傳肉柬 槪審其所苦 爲之仰慮 而不得見一字書問 是甚悵然也〔미상, 6-156〕

육륙陸陸　　평범하고 무능한 모양. 예문 賤狀仍苦陸陸 他無足奉聞〔송병순宋秉珣, 22-353〕

육백관시六百館試　　성균관에서 치르는 육백별시六百別試. 육백별시는 초시初試에서 육백 명을 뽑는 과거 시험으로, 삼백 명을 뽑는 삼백별시三百別試에 상대하여 이르는 말. 예문 老生亦以老匠 待榜六百館試之末 其等想在圓禿交之間 危哉危哉〔이호민李好閔, 45-253〕

육속陸續　　끊이지 않고 계속 이어짐. 예문 餘外留泮僉候一樣而 金浦安信陸續否〔이능현李能玄, 027〕

육식자肉食者　　고기 먹는 사람. 곧 지위가 높은 벼슬아치를 이른다. 『좌전』左傳에 "높은 벼슬아치들은 어리석어 원대한 계획을 꾀할 수 없소"(肉食者鄙 未能遠謀)라는 구절이 있다. 예문 肉食者遺珠未及察耶 敎所遇之 拂意容多然矣 然古人於抱關擊柝之任 尙甘自居 此乃治民之長也〔이재완李載完, 35-99〕

육위六偉　　상량문. 상량문에 '아랑위포량동'兒郞偉拋樑東 등 사방과 상하로 여섯 번 위偉가 나오므로 이렇게 부른다. 예문 見索齋扁 素拙於書 至於六偉 又所不嫺〔윤광안尹光顏, 31-54〕

육정六政　　6월의 정기인사. 예문 兄主初仕 六政 則似有可望之道耶〔유우목柳宇睦, 027〕

육정肉正　　쇠고기. 예문 下送肉正及饌物 依數伏受 而上溪去祭需上送耳〔이중건李中建, 44-84〕→ 황육黃肉

육조朒朓　　한 달이 흘렀음을 나타내는 말. '육'朒은 초하루에 동쪽 하늘에 뜨는 달이며, '조'朓는 그믐에 서쪽 하늘에 뜨는 달이다. 예문 書出 月有朒朓 更伏請淸和 經體僉旺 夐輪溯禱之私〔정운오鄭雲五, 37-141〕

육족六足　발이 모두 여섯 개라는 뜻으로 말과 마부를 이르는 말. 예문 再邀擬以正初 而拘於俗三月之例 今纔送六足 望須帶臨以擴初筵未奉底懷〔신재문愼在文, 41-148〕

육촉肉燭　쇠기름으로 만든 초. 예문 周紙參軸 肉燭二拾柄 正肉參斤 物雖薄略 敢表情曲 笑領如何〔이창원李彰遠·이상현李象顯, 41-34〕

육침陸沈　묻혀짐. 망함. 예문 嗚呼 神州陸沈 今二百三十年 紅羅法服 無地可覿〔정극상丁克相, 41-19〕

육포六布　여섯 새(六升) 면포綿布. 새(升)는 피륙의 날을 세는 단위로, 날실 여든 올을 한 새로 침. 예문 六布二匹〔윤근수尹根壽, 22-51〕

윤감輪感　유행성 독감. 돌림감기. 예문 比間輪感大熾 殆乎無人不病 或不至轉而南下否〔조인영趙寅永, 38-28〕

윤거輪去　실어 감. 예문 馬草 再度惡客 所儲已竭 且貴奴不欲輪去 奈何〔이산뢰李山賚, 3-59〕

윤군允君　상대방의 아들을 높여 부르는 말. 예문 允君時時逢場 輒語到無已〔이유원李裕元, 21(智)-358〕 → 영윤令允, 영윤令胤, 영윤英胤, 옥윤玉胤, 윤군胤君, 윤랑胤郎, 윤사允舍, 윤사胤舍, 윤아胤兒, 윤옥允玉, 윤우允友, 윤우胤友, 재방梓房, 재사梓舍, 현기賢器, 현랑賢郎, 현사賢嗣, 현윤賢允, 현윤賢胤

윤군胤君　상대방의 아들을 높여 부르는 말. 예문 胤君尙滯京寓耶〔이건창李建昌, 38-41〕 → 영윤令允, 영윤令胤, 영윤英胤, 옥윤玉胤, 윤군允君, 윤사允舍, 윤사胤舍, 윤아胤兒, 윤옥允玉, 윤우允友, 윤우胤友, 재방梓房, 재사梓舍, 현기賢器, 현랑賢郎, 현사賢嗣, 현윤賢允, 현윤賢胤

윤랑胤郎　상대방의 아들을 높여 부르는 말. 예문 胤郎入城有日 顧此滯直 尙未一面〔신재식申在植, 22-311〕

윤몰淪沒　죽음. 예문 就中 烏川金上舍 遽爾淪沒 凡在知舊 孰不摧慟〔김극일金克一 등, 12-108〕

윤박輪舶　외륜선外輪船. 19세기 후반 이후 조선 연안에 출몰했던 서양 및 일본의 선박을 가리킨다. 예문 聞有輪舶來泊仁港者云 未知信否〔서상우徐相雨, 21(智)-394〕

윤사胤舍　상대방의 아들을 높여 부르는 말. 예문 伊后胤舍見顧 叩審返駕利

稅矣〔김뇌식金賚植, 40-66〕

윤아胤兒　　상대방의 아들을 높여 부르는 말. 예문 胤兒在京幾日 從以源源 甚慰甚慰〔민치상閔致庠, 42-40〕

윤옥允玉　　상대방의 아들을 높여 부르는 말. 예문 伏惟亢炎 老兄靜養體事萬旺 允玉安侍 面面充善 大少各節 勻謐 竝用勞仰罔任〔김재정金在鼎, 31-113〕

윤우允友　　상대방의 아들을 높여 부르는 말. 예문 允友 屢朔源源之餘 有此分手 其所悵懷 無以堪遣〔김병국金炳國, 25-55〕

윤우胤友　　상대방의 아들을 높여 부르는 말. 예문 客冬下訊 在配地承讀矣 伏問抄夏 體候萬旺 胤友安侍 伏傃區區〔어윤중魚允中, 21(智)-431〕

윤조輪照　　편지를 여럿이 돌려가며 봄. 예문 以上所白 爲先輪照於季方氏及諸同志 如何〔김상국金祥國, 37-50〕→ 뇌람雷覽, 뇌조雷照

윤증輪症　　돌림병. 예문 伯子婦輪症 夬得生道 數日間撤寓計耳〔이휘정李彙廷, 44-56〕→ 시경時警, 시기時氣, 시륜時輪, 시질時疾, 시환時患, 여기沴氣, 여기癘氣, 염환染患, 윤행輪行, 윤환輪患, 행역行疫

윤차輪次　　윤차 제술輪次製述. 유생들에게 한 달에 세 번 제술을 부과하여 시험하는 것. 일 등한 사람이 성균관 유생일 경우는 문과文科 전시殿試에, 사학 유생일 경우는 문과 회시會試에 바로 응시할 수 있는 자격을 준다. 예문 所敎通讀輪次事 鄙疏本意 蓋爲請復舊規 而仍欲就其規 略加潤澤於節目之間 少捄時弊也 此不特陋見如是 亦與知館事商論而陳白矣〔김진규金鎭圭, 21(禮)-303〕

윤택潤澤　　수정. 예문 所敎通讀 輪次事 鄙疏本意 蓋爲請復舊規 而仍欲就其規 略加潤澤於節目之間 少捄時弊也〔김진규金鎭圭, 21(禮)-302〕→ 윤색潤色

윤행輪行　　돌림병. 예문 尊堂尊眷 前經輪行 可謂一小劫 而老弱胃薄 起尙圉圉 爲之憫念〔김문옥金文鈺, 41-108〕

윤환輪患　　돌림병. 예문 衙內輪患 七朔彌留〔조형趙珩, 29-9〕

율기律己　　몸가짐을 법도에 맞게 함. 예문 小人與此人 曾無一面之分 而來此之後 觀其所爲 則律己盡職 多有歎服處〔이세화李世華, 5-111〕→ 율신律身

율렬栗烈　　몹시 추움. 예문 近寒栗烈 瞻誦斯勤 卽奉心諭 一讀再讀 至于四五讀矣〔이재면李載冕, 35-83〕

율신律身　　몸가짐을 법도에 맞게 함. 예문 生侍老僅遣 知荷遠念 只以向學以

誠 律身以敬 不負庭訓 爲望不淺耳 〔정여창鄭汝昌, 22-17〕

융리 戎履　　병사兵使, 수사水使 등 군사 관련 직책에 있는 사람의 안부를 물을 때 상대방을 지칭하는 말. 예문 此年 只餘一宵 懷想尤勤 卽承審殘沍 戎履連勝 甚慰且喜 〔이하응李昰應, 39-234〕

융원 戎垣　　금위대장禁衛大將. 예문 記未早蒙特恩 濫叨戎垣 〔민겸호閔謙鎬, 051〕

융위 隆委　　높은 관직을 내림. 예문 祗恨不能揣分引退 猥當隆委 重得罪於絶距心也 〔○상운○尙運, 000〕

융지 隆摯　　융숭하고 진지함. 예문 僕意外昇擢 旣踰賤分 而日昨疏批 尤極隆摯 憂隕感惕 不知置身之所也 〔윤양래尹陽來, 6-179〕

융질 癃疾　　중병重病. 예문 直輔癃疾轉劇 奄奄垂盡 〔이직보李直輔, 22-295〕

융한 隆寒　　매서운 추위. 예문 隆寒奪春 砭人病骨 加以新歲人事紛紛 殊無好況 忽奉來音 用慰心悰 〔이황李滉, 30-75〕

융호 隆沍　　심한 추위. 예문 懷仰益勞 拜承審隆沍政體萬穆 仰慰愜頌 〔김영수金永壽, 22-341〕

은견 恩譴　　임금에게 견책을 당함. 예문 近又迷兒恩譴 迸居江干 〔신헌申櫶, 21(智)-364〕

은괄 檃栝　　은괄檃栝. 고쳐 바로잡음. 휜 것을 곧게 하는 것을 檃이라 하고 뒤틀린 방형方形을 바로잡는 것을 괄栝이라 한다. 예문 幽堂諸銘 實非老泊 所可闡揚 而重違勤敎 略加檃栝 而不勝悚悆 〔장석룡張錫龍, 53-133〕

은구어 銀口魚　　은어銀魚. 예문 白米三斗 連魚二尾 石花醢三升 銀口魚二冬音好全卜五六介 〔이덕운李德運, 35-9〕 → 은순銀唇

은권 恩眷　　임금의 은혜. 예문 前仁城君配杆城 自上命中使護送 恩眷非常 〔김반金槃, 22-99〕

은근 慇懃　　두터운 정의情誼. 예문 防築事 時未始役 而牧伯 凡事極力顧見 優送糧饌 雖或過夏於此 吾當繼糧云 其慇懃之意 可知也 〔민진량閔晉亮, 5-42〕

은념 殷念　　두터운 우의. 예문 惠貺三種 以若殘況 何以有是佳品 殷念受言 多謝 〔박영보朴永輔, 41-185〕

은대 銀臺　　승정원承政院. 송나라 때 승정원이 은대문銀臺門 안에 있어서 생긴 별칭. 예문 弟一月銀臺之役 筋力頓謝 加以宿眩復發 長在昏憒中 私悶可喩 〔한태

은명恩命　벼슬을 내리는 임금의 명령. 예문 轉承恩命荐疊 敦諭彌勤 固知素履愈貞 尙志不渝〔이의조李宜朝, 22-289〕

은서恩敍　임금이 벼슬을 내림. 예문 惟老親 間蒙恩敍 感戴蹈慶 不知塵刹何以報答也〔김정희金正喜, 33-93〕

은선殷羨　편지가 도중에 분실됨. 『세설신어』世說新語「임탄」任誕에 자字가 홍교洪喬인 진晉나라 은선殷羨이 예장태수豫章太守로 있다가 임기를 마치고 떠날 때에 사람들이 백여 통의 편지를 모아 전달해 줄 것을 부탁했는데, 석두石頭에 이르러 모두 물속에 던지고는 "가라앉을 놈은 가라앉고 떠오를 놈은 떠올라라. 내가 우편배달부 노릇을 할 수는 없다"(沈者自沈 浮者自浮 殷洪喬不能作致書郵)라고 한 데서 유래한다. 예문 郵便無殷羨 而久無賜復 甚訝甚訝〔왕수환王粹煥, 37-59〕
→ 교침喬沈, 부침浮沈, 은우殷郵, 홍교洪喬

은소恩召　임금의 부름. 예문 際承恩召 殆若被謫而蒙放〔신재식申在植, 22-311〕

은수恩數　임금의 특별한 대우. 예문 且令入侍 恩諭鄭重 此豈微末庶僚 所可堪者乎 可謂曠世恩數〔안정복安鼎福, 39-165〕

은순銀唇　은어銀魚. 예문 惠送兩束銀唇 半百簡封 亦及於雀羅之門〔서문유徐文裕, 29-19〕 → 은구어銀口魚

은연狺然　개가 짖는 모양. 예문 先師道德之汚隆 實無關於崇奉之早晚 而彼方狺然傍伺 如欲甘心於我〔채지홍蔡之洪, 22-259〕

은우殷郵　편지가 도중에 분실됨을 말함. 은우殷郵는 은홍교殷洪喬를 가리킨다. 예문 書此以付於門外 未知何日果到案下 而得免殷郵之歎耶〔박태승朴泰升, 49-289〕 → 교침喬沈, 부침浮沈, 은선殷羨, 홍교洪喬

은우隱憂　깊은 근심. 예문 兒病一味澒洞 形症乖常 始也頭瘧 一大隱憂 久當完合矣〔이의수李宜秀, 32-61〕

은유恩侑　임금이 내리는 술이나 음식. 연향宴享. 예문 弟家叔從享 榮感交切 將於卄八日 祗受恩侑 幸賜光顧 敢此勤祝〔이돈영李敦榮, 26-205〕

은유恩宥　임금이 은혜를 내려 용서를 해 줌. 예문 此幸蒙恩宥 而兒息宿患 至今未已 無計起動 姑留溫陽驛村 坐此白地 狼狽難狀 奈何奈何〔남구만南九萬, 47-106〕

은유恩諭　임금의 유지諭旨. 예문 近日恩諭荐降 召命繼下 想台益復難安〔어진

익어진익鸞翼, 051〕

은잉恩仍　　임금의 은혜를 계속 입음. 예문 向來恩仍 想極感激 區區賀喜 久而靡已〔김홍집金弘集, 44-228〕

은자恩資　　임금의 은혜로 품계가 올라감. 예문 强病赴公 無事竣役 猥蒙恩資 感祝之極 還切兢懼〔김한익金漢益, 41-13〕

은제恩除　　임금이 관리로 임명함. 예문 昨秋 自海上來 則吾兄間蒙恩除 五馬已出矣〔김규홍金圭弘, 35-91〕

은조恩造　　임금의 은혜. 예문 兩兒俱登科宦 侄在雄府 身亦屢被恩造 惶感無比〔민헌구閔獻久, 42-41〕

은파恩波　　임금의 은혜. 예문 近審猶未見勿藥之喜 至有遣醫異數 想惟恩波所及 已得平吉〔윤국형尹國馨, 027〕

음관蔭官　　높은 관직을 지낸 조상의 음덕으로 벼슬을 한 사람. 예문 阮丈所營事 非不銘着于肚裡 但今政府新式中 未出六之蔭官 不得擬薦于外任 奈何〔이채연李采淵, 39-260〕

음도蔭塗　　음관蔭官으로 관직에 나가는 것. 남행南行, 음로蔭路, 음직蔭職.
예문 自顧一介俗物 薄修擧業 奔走場屋 旣乃被黜公車 冒進蔭塗 謬承剸牧之任〔권용정權用正, 39-221〕

음림淫霖　　장맛비. 예문 淫霖纔收 新涼乍動〔조사석趙師錫, 000〕

음모音耗　　소식. 예문 一年垂盡 音耗莫憑 悵戀徒切〔김광찬金光燦, 36-34〕

음묵飮墨　　과거 낙방. 과거 답안지의 내용이나 글씨가 형편없을 때, 일으켜 세워 먹물 한 되를 마시게 한 데서 유래함. 『수서』隋書 「예의지」禮儀志에 나오는 말. 예문 向來遘癘之慮 飮墨之唁 雖在旣往 豈勝驚惋〔이후정李後靖·이상정李象靖, 12-233〕

음문音問　　소식 또는 편지. 예문 湖嶺杳隔 音問頓阻 悠悠底悵想 安得不久而愈切也〔이의조李宜朝, 22-289〕

음빙飮氷　　왕의 명령을 수행함. 『장자』莊子 「인간세」人間世에 "오늘 내가 아침에 왕명을 받고서 속이 뜨거워져 저녁에 얼음물을 마셨다"(今吾朝受命 而夕飮氷 我其內熱與)고 한 데서 나온 말. 예문 每想 左右當此時 而承重寄飮氷之餘 勞傷必多〔송준길宋浚吉, 25-18〕

음예吟嚘　　읊조림. 시. 예문 筆硯吟嚘之抛 自國哀前 已久矣〔이경석李景奭, 3-

137)

음읍 飮泣　　눈물을 삼킴. 몹시 비통하여 소리 내지 않고 우는 것을 이름.
예문 日間將陪還鄕第 而到今騎費亦難辦 來頭生活 苦無津涯 只自飮泣 悠悠蒼天 此何人斯 〔정헌시鄭憲時, 35-128〕

음진 音塵　　소식. 예문 歲聿云暮 音塵渺然 引領南望 思想紛如 忽蒙令訊 〔한준겸韓浚謙, 45-203〕

음탁 飮啄　　새들이 물을 마시고 모이를 쪼아 먹음. 자유롭고 한적하게 살아감을 비유하는 말. 예문 方且息偃飮啄 自同平人所居 〔이건창李建昌, 35-106〕

음한 飮恨　　한을 품음. 예문 當此臣死之秋 生爲痛恨 死爲飮恨 此次惟望者 天爲祚宗而已 〔이하응李昰應, 35-77〕

음휘 音徽　　편지. 또는 소식. 예문 稽頼 音徽積閡 悵仰政勤 卽者未意 伏承惠疏 謹審霜寒 旬宣體履 增衛萬重 區區哀慰 〔조봉진曺鳳振, 21(智)-91〕

읍결 泣訣　　눈물 흘리며 이별함. 죽음을 말함. 예문 侍生伯父泣訣 情理無比 〔이세원李世瑗, 027〕

읍교 邑校　　고을의 장교. 예문 今此么麽邑校之晏然偸葬於宰相山所局內不幾步之地 紀網所在 萬萬無嚴 〔남헌교南獻敎, 44-314〕

읍양 邑樣　　고을의 규모나 형편. 예문 邑樣雖曰蕞爾如斗 有社稷焉 有民人焉 〔정조正祖, 26-13〕

읍편 邑便　　고을 관아에서 보낸 인편. 예문 邑便催發 恩恩附謝 悵然西睎 肝膽蒼熱 〔신유한申維翰, 21(禮)-436〕

응방 應榜　　과거에 급제한 사람을 발표하는 행사에 응하는 것. 예문 吾則明日自此發去 而應榜之節 全沒容措 甚悶 〔신좌모申佐模, 43-116〕

응연 鷹連　　매. 예문 鷹連二坐 自擇着標以送耳 〔이인병李寅炳, 10-63〕

응하 應下　　관청에서 마땅히 지급해야 할 지출. 곧 경상經常 지출을 이름.
예문 所捧 僅爲六百石 久無上納之令 每朔應下進上價及他需用數多 無路加捧 以捧留之米 用下垂盡之後 上納之催關來到 以不得上送之意 具由馳報 而回題極嚴 必爲上納 不送 則論罪狀啓云云 〔김명열金命說, 49-255〕

의 宜　　의원. 의醫의 가차자. 예문 黃病痢則幾乎止息 而遍身刺痛 晝夜苦痛 且緊虛症 對食則還甚壓意 間或失時 昏昏不省 所見甚悶 又無問議處 海伯來在黃州

故專書請卜宜 而姑不到耳 〔김용순金龍淳, 50-55〕

의擬 ~하려고 함. 예문 又數日後欲適元堂 方擬歷敍 〔장현광張顯光, 22-67〕

의衣 책의 표지. 예문 吾往北京時日記册 在其處 愛先出時 堅封以送可也 其册以青紙作衣爾 〔이관징李觀徵, 13-122〕 → 의지衣紙, 책의 책의冊衣

의건依件 건수에 따라서. 예문 曆書依件貿呈 而邇來紙品之劣 年減歲下 大肆力貿得者 只如此 可歎 〔권응기權應夔, 31-92〕

의견依遣[01] 예전처럼 그럭저럭 지냄. 예문 此中依遣 只是一病字 終謝不去耳 〔김상용金尙容, 23-35〕 → 의작依昨

의견依遣[02] 서로 의지하여 잘 지냄. 예문 撫念疇昔 只切悲悼 想兄隣比依遣之餘 絶多悲裂也 〔박춘보朴春普, 6-206〕

의교依敎 말씀하신 대로. 상대방의 부탁을 높여 이르는 말. 예문 下示給糧事依敎施之 〔유이승柳以升, 000〕

의납依納 보내준 대로 잘 받음. 예문 對聯依納 〔전기田琦, 000〕

의도依到 보내준 대로 잘 받음. 예문 兩小册依到 餘只祈益加策勉 以副區區之望 〔김간金榦, 23-161〕 → 의령依領, 의수依受

의래依來 (물건 등이) 보낸 대로 잘 옴. 예문 襯衣襪子下隷天翼依來 而襦袴不至 是可悶也 〔신좌모申佐模, 43-128〕

의려倚閭 부모가 자식을 기다림. 초楚나라 왕손가王孫賈의 어머니가 왕손가가 밖에 나가서 돌아오지 않으면 마을의 문에 기대서서 기다렸다는 고사가 있다. 예문 今歲行且暮矣 兩堂之倚閭方切 而兄主之歸期未定 情事悶絶 〔김규식金奎寔, 41-111〕

의련依戀 그리움. 예문 別後 依戀倍勤 書來 承審動靜佳福 感與慰 幷有難容 〔유진柳袗, 3-52〕

의령依領 보내준 대로 잘 받음. 예문 惠貺各種歲儀依領 眷念感荷良深 〔김진구金鎭龜, 23-171〕 → 의도依到, 의수依受

의막依幕 임시로 거처하는 천막. 예문 依幕所用 自今日勿下之意 當分付耳 〔어유구魚有龜, 21(禮)-412〕

의망擬望 왕에게 관원 후보자를 추천하는 것. 보통 세 명의 후보자를 올려서 왕이 한 명의 이름 위에 낙점落點을 하여 결정한다. 예문 數日前見銓相 更爲言及

則歷言前日桃源擬望時事 言頗勤懇 〔남용익南龍翼, 22-169〕

의매黑昧 　　새까맣게 어두움. 전혀 알 수 없음. 예문 梅公集中 凡爲勉翁而作者 皆當一切拔去矣 其必有取捨者 抑又何義歟 雖然 此於勉翁 亦有何加損焉 獨惜 夫梅公平日尊尙華勉兩翁之意 因以黑昧 是可歎也 〔최영설崔永卨, 37-148〕

의박意橋 　　뜻밖에. 예문 意橋伏承下札 感鐫無崖 〔이휘령李彙寧, 027〕

의보依保 　　여전히 그럭저럭 지냄. 예문 僕依保如前 〔김장생金長生, 23-27〕

의부依副 　　부탁을 들어줌. 예문 耀狀依副 春車卽今捧受矣 〔민진장閔鎭長, 23-167〕

의상意象 　　기상氣像. 예문 承旨已決投紱 想意象浩然 〔민진원閔鎭遠, 6-85〕

의서意緖 　　마음. 예문 況聞窮探勝絶 沈痾祛體 令人意緖亦佳 〔미상, 22-367〕

의소依遡 　　여전히 그리워함. 예문 洛下電拜 迨極依遡 伏問 卽今尊駕還治 莅 況諸履何棻 瞻慕區區 〔최천건崔天健, 5-202〕

의송議送 　　감영監營에 소장訴狀을 올림. 예문 就 向者所仰託 安雅直良家墳 山逢變 議送呈狀事 想應記念 而當另施嚴處之矣 〔이약우李若愚, 26-151〕

의수依受 　　보내준 대로 잘 받음. 예문 下餉生乾雉各二首 栢子餠一樻 依受 不 任珍感之至 〔정태화鄭太和, 23-81〕 → 의도依到, 의령依領

의실依悉 　　편지를 잘 받아 봄. 예문 來紙依悉 朝氣夜氣 分明有涼意 〔정조正祖, 26-89〕

의암依黯 　　여전히 슬퍼함. 예문 省式言 向者再奉 俱極草草 迨庸依黯 〔김성적金盛迪, 21(禮)-198〕

의양依樣 　　여전히. 변함없이. 예문 僕依樣以遣 〔이하진李夏鎭, 21(禮)-58〕

의연依然01 　　여전히. 예문 孫女之婚 依然關情 惱撓無已 〔권진응權震應, 23-237〕

의연依然02 　　기억에 생생하여 잊지 못함. 예문 池上會穩 至今依然 〔이진순李眞淳, 21(禮)-415〕

의의依依01 　　서운한 모양. 예문 交龜之日 因忙未穩晤 依依之懷 彼此何殊 〔박경후朴慶後, 3-88〕

의의依依02 　　생생함. 예문 昨日路次霎面 迨依依不敢忘也 〔유성원柳誠源, 21(仁)-37〕

의이薏苡 　　율무. 예문 薏苡大棗之惠 深佩深佩 〔유성룡柳成龍, 3-165〕

의작依昨　　예전처럼 지냄. 예문 弟依昨 時政記紙 只餘此二丈 故送上 〔권상유權尙游, 23-179〕→ 의견依遺01

의제衣製　　신랑 될 사람 옷의 치수. 예문 餘在令允口達 衣製依呈 〔이가순李家淳, 44-55〕

의조疑阻　　의심이 나서 망설임. 예문 不過儕友間一場激談 何可逆料其必合與否 而輕先自斷耶 幸勿以此疑阻 〔이휘령李彙寧, 027〕

의중倚重　　의지하고 존중함. 예문 渠姪雖無大異 而其才藝見識 爲門內之所倚重 〔박숙朴潚, 027〕

의지衣紙　　책의 표지로 쓰는 종이. 예문 衣紙卽納 〔서성徐渻, 051〕

의창依悵　　못내 서운하던 차에. '의'依는 '여전히'라는 뜻. 예문 方極依悵 忽承情問書 〔이산뢰李山賚, 3-58〕

의친懿親　　매우 가까운 친족. 예문 與世之意灰盡 而彼之疆土 尤不欲掛我舌頭 而我懿親之所棲屑也 念念其水土如何 風霜如何 啓處如何焉 則又不可須臾不忘之地也 〔이기형李基馨, 40-224〕

의표意表　　뜻밖에. 예문 千萬意表 問翰遠至 開緘驚倒 恍接淸塵 積鬱之思 稍覺開豁 〔이원익李元翼, 25-9〕

의행依幸　　기쁨이 여전함. 예문 阻際頃晤 雖極恩擾 迨切依幸 〔윤노동尹魯東, 027〕

이간邇間　　요즈음. 예문 因審邇間 侍政無愆 慰感倍至 〔송규렴宋奎濂, 21(禮)-79〕

이견理遣　　순리대로 지냄. 순탄하게 지냄. 예문 弟奄奄一線未斷 回首少年事 每爲之作○ 雖欲理遣而不得 奈何 〔김응조金應祖, 44-43〕

이곡裏曲　　속내. 속사연. 예문 旣無會面之路 便使往復 亦無由憑 尙不能以一字仰叙裏曲 想兄必致訝鬱也 〔이기양李基讓, 44-102〕

이궁異宮　　거처하는 집을 달리 함. 예문 父子方得異宮 兄弟亦異宮而同財 然所謂異宮 非如後世之各異家業 特別其門墻而已 〔정경세鄭經世, 45-451〕

이단履端　　새해를 맞이함. 『좌전』左傳 「문공」文公 원년元年에 "선왕이 달력을 바르게 정하면서 한 해의 시작을 미루어 계산하였다"(先王之正時也 履端於始)라 했는데, 공영달孔穎達은 「소」疏에서 "이履는 밟는다는 뜻이다. 달력의 처음을 미루어 계산하여 달력을 계산하는 기원으로 삼는 것이다"(履步也 謂推步曆之初 始以爲術曆之端首)라고 하였다. 예문 中間再書 訖用慰荷 第此昏憊 不克有所奉報

也 遠惟履端 雅履啓居萬重〔박세채朴世采, 23-137〕 → 이신履新

이달利達　　순조롭게 잘 도달함. 예문 謹未審遠旆利達 旅中台體 神相萬福〔이종태李鍾泰, 32-37〕

이동異同　　다르게 함. 예문 所示稅穀 依狀報許賣 而其價卽有難異同於他邑 奈何〔김우항金宇杭, 5-141〕

이래伊來　　그동안. 예문 謹未審伊來旅候萬重 京信種種得聞 仰傃區區不任〔이진악李鎭岳, 42-72〕 → 간간間02, 간자間者, 이래邇來02, 이시伊時, 향래向來01

이래邇來01　　지난번에. 예문 邇來 天禍之慘 鶴宮之慟 罔極如何〔구봉령具鳳齡, 21(仁)-172〕

이래邇來02　　그동안. 예문 未審邇來候連護 小宅叔母寢飯節 亦一如耶〔이종상李鍾祥, 027〕

이량怡亮　　다 쓰지 못한 나머지 사연을 헤아려 달라는 뜻으로 편지 끝에 상투적으로 쓰는 말. 예문 餘不宣 伏惟怡亮 謹謝狀〔구인후具仁垕, 39-23〕

이리迤邐　　천천히 걷는 모양. 예문 秋來倘得沿牒之便 思欲一見楓嶽 迤邐而南 遍觀一帶勝地 仍與令鑑 會見於某處 果能如計否〔이시발李時發, 45-345〕

이립세而立歲　　30세. 『논어』論語 「위정」爲政의 "서른 살에 서다"(三十而立)라는 말에서 나온 말. 예문 伏惟棣體萬護 味道益深 今坐而立歲 想有所立 內則天下之大本 而外則千仞之氣象耶〔이태식李泰植, 40-296〕

이묘二妙　　동시대의 재주가 뛰어난 두 사람을 가리키는 말. 진晉나라 때 학문에 조예가 깊고 문장이 뛰어난 위관衛瓘이 상서령尙書令이 되었을 때, 상서랑尙書郞 색정索靖 역시 초서草書를 잘 썼으므로, 당시 사람들이 '일대이묘'一臺二妙라 한 데서 유래함. 예문 忽見二妙入門 兒子繼至 袖呈惠書 略道徑歸之由 一悵一慰 心畫以替顏範 筒目以替牙香〔이진상李震相, 44-60〕

이문移文　　문서를 보냄. 예문 近過庭試後 當下送郞官 而移文本道 使之豫定祭官 卽事整待矣〔이후원李厚源, 22-123〕

이민莅民　　백성을 다스림. 예문 卽拜惠牘 敬審重陽 令體莅民康旺 何如慰也〔미상, 35-111〕

이배移拜　　다른 벼슬자리에 임명됨. 예문 移拜海臬 仰想榮萬榮萬 舍季亦移來便近之地 從玆無分離之緖〔남병철南秉哲, 26-229〕

이병移病　　병을 핑계로 사직상소를 옮김. 예문 拜謝天恩 仍卽移病而歸 前頭 事勢大狼狽 不知所爲計〔조복양趙復陽, 000〕

이사離思　　그리움. 예문 暮年離思 有增前昔〔송익필宋翼弼, 22-43〕

이삭離索　　헤어져 쓸쓸히 지냄. 이군삭거離群索居의 준말. 예문 山中一別 奄奄夏盡秋生 離索之懷 曷敢云喩 未知卽目 學履如何〔유주柳澍, 21(義)-294〕

이세利稅　　→ 이탈利稅

이소耳小　　몹시 좁음. 예문 龍洞貴第果斥賣 所餘董三百云 以此買京第 不免耳小〔신좌모申佐模, 43-111〕

이수異數　　특별한 예우禮遇. 예문 近審猶未見勿藥之喜 至有遣醫異數〔윤국형尹國馨, 027〕

이시伊昔　　이시伊時. 昔는 時의 옛 글자. 예문 月前章天家奴歸便付書 到陶山橋邊 還送于聖立家 自其處還來 人心果若是乎 伊昔仍置 玆付今便耳〔이휘정李彙廷, 44-56〕

이시伊時　　그동안. 예문 況審伊時兄候萬吉 尤以爲慰〔한원진韓元震, 22-257〕 → 간間02, 간자間者, 이래邇來02, 향래向來01

이신履新　　새해를 맞이함. 예문 餘萬唯祝履新增慶 不具 謝狀上〔신정申最, 23-121〕 → 이단履端

이아吏亞　　이조참판. 예문 示事吏亞分不熟 雖發言不易 然此是機會 若失此而令叔入銓席 則尤無得期 當勉作一書以請〔유성룡柳成龍, 22-53〕

이아貳衙　　판관判官. 예문 公州 貳衙 記室卽納〔안종해安宗海, 051(봉투)〕 → 반자半刺, 반판半判, 통판通判

이양頤養　　수양. 이신양성頤神養性 또는 이신양기頤神養氣. 마음을 가다듬어 정신을 수양함을 말함. 예문 久占閑靜之樂 必多頤養之效 爲之馳仰〔어유구魚有龜, 6-166〕

이언二言　　안부安否. 예문 金京豔在何處耶 ○兄亦無恙否 幷傳二言 烏玉一笏送上〔유주柳澍, 21(義)-295〕

이엄耳掩　　귀마개. 예문 僕之耳掩 忘未着來 可笑 惠付〔김수일金守一, 21(仁)-178〕

이역吏役　　아전衙前의 임무. 또는 지방관으로 부임하여 일하는 것. 예문 今夏潦炎特甚 而南土下濕 衰年吏役 得無所損否〔한원진韓元震, 22-255〕

이연犂然　분명히 깨달은 모양. 예문 戚下之從 初未能犂然於仲氏丈之論者 果在於僞滋二字 〔홍석주洪奭周, 31-60〕

이용履用　안부. 예문 卽奉惠翰 恭審潦暑以來 履用佳勝 復有弄璋之喜 深慰 馳念之懷 〔정약용丁若鏞, 44-334〕

이원梨園　장악원掌樂院. 예문 日昨陪耆英諸長老 略設小酌於梨園 〔김상성金尙 星, 21(智)-35〕

이위離違　떠나감. 예문 數日前纔還京廬 始伏聞先生執御之離違京城 已多日 矣 〔이기홍李箕洪, 22-199〕

이위離闈　부모 곁을 떠나 있음. 위闈는 정위庭闈를 말함. 예문 記下歸後供劇 比前有加 而眼眚苦劇 觸風尤添 私悶難喩 歲暮離闈之懷 又不待言也 〔홍석주洪奭周, 21(智)-246〕

이유夷猶　머뭇거림. 이유夷由. 예문 西北分疆 未易聞問 每諷誦甯齋侍郎 一 心自來往 山川不能阻之句 輒夷猶久之 已復春風吹柳 江光浮綠 〔서병수徐丙壽, 35-108〕

이은吏隱　벼슬살이를 하면서도 명예와 이익에 초연하여 은자隱者처럼 생활 하는 관리. 보통 상대방을 높이는 말로 쓰임. 예문 數日來冬令猝緊 伏惟吏隱體神 相 仰慰仰慰 〔이옥李沃, 3-92〕

이은異恩　특별한 은혜. 예문 今者知申之命 又是異恩 其不以兄輕去爲罪 而 益加惓惓之盛意 蓋可想矣 〔권반權盼, 45-310〕

이음二音　안부. 예문 聖期許忙未有書 下希二音如何 〔김고金杲, 21(禮)-382〕

이의吏議　이조참의吏曹參議로 정3품 당상관. 예문 吏議坐罷 銓長必欲同去 取 則兵銓亦難獨出議地 〔윤순尹淳, 39-89〕

이자二字　안부. 예문 諸公皆無恙否 須傳二字 〔성현成俔, 21(仁)-45〕

이자履玆　이때. 예문 伏惟履玆 燕養體韻 珍衛康福 逸韻淸快 趨庭之際 色色 供歡 一盆佳相 或房寓況 覃庇節度 次第安迪 邨內諸公 擧在福田 而和植兄長第 奉侍節 亦平吉否 〔이승탁李承鐸, 055〕

이자邇者　요즈음. 예문 卽伏承下狀 謹審邇者政體萬護 仰慰仰慰 如奉良誨 〔조병현趙秉鉉, 22-321〕

이작異爵　특별한 관직. 예문 昨見政目 大令公除拜異爵 仰賀不已 〔이의건李義

健, 23-15〕

이전苡篆　　고을 행정 중에. 수령의 안부를 물을 때 쓰는 말. 예문 伏惟比沍 令體苡篆益旺 催科不甚爲惱 胤友安侍否 忱頌且禱〔정헌시鄭憲時, 35-129〕

이정苡政　　고을 행정 중에. 수령의 안부를 물을 때 쓰는 말. 예문 戀仰中 伏承下翰 伏審初炎 苡政凡百俱佳 慰浣不容喩〔오도일吳道一, 5-126〕

이정離亭　　길 가는 사람이 쉬어 가도록 성 밖 길가에 세운 정자. 여기서 떠나는 사람을 송별하기도 했다. 예문 方赴德興離亭 立草不備〔심벌沈橃, 21(禮)-202〕

이조移厝　　이장移葬. 예문 今得汝等正月晦書 而汝等未聞移厝日子 絶塞人事例如此 奈何奈何〔이관징李觀徵, 13-104〕→ 개조改厝, 면례緬禮, 면봉緬奉, 면양緬襄

이조貽阻　　서로 만나지 못함. 예문 貽阻匪久 秋風秋雨 更添愁殺 得十分懷緖也〔안민중安珉重, 53-166〕

이차移次　　거처를 옮김. 예문 今曉疏便時 兼有移次事 擾甚〔김진상金鎭商, 23-216〕

이촉䗶燭　　밀랍으로 만든 초. 예문 䗶燭 方以封裹大極難云矣 奈何奈何 鄙所都無所貯 未能仰副 只切悚恧耳〔이상현李象顯, 41-49〕→ 납촉蠟燭

이탈利稅　　무사히 잘 도착함. 예문 日昨反旆 無撓利稅否 下懷伏悵〔유상렬柳相烈, 42-55〕→ 안탈安稅

이택麗澤　　학우學友가 서로 도와 학문과 덕을 닦음. 『주역』周易 〈태괘〉兌卦 '상전'象傳의 "두 개의 연못(澤)이 붙어 있는 것이 태괘이니 군자가 이 괘를 본받아 벗들과 강습한다"(麗澤兌 君子以 朋友講習)라는 구절에서 유래함. 예문 方幸麗澤之相益 忽此乖散 歎恨不已〔이황李滉, 30-5〕

이포離抱　　이별의 회포. 예문 臨書南望 倍增離抱〔이상진李尙眞, 49-314〕

이한頤閑　　휴양하며 한가롭게 지냄. 예문 窮冬積雪 伏惟頤閑起居萬福〔성혼成渾, 051〕

이험夷險　　순탄함과 험난함. 예문 竊聽於下風 則氣宇舒泰 動止矍鑠 因知定力深有所養 得以夷險一致而爲然也〔정극상丁克相, 41-20〕

이환以還　　이후. 예문 展讀以還 不勝驚訝〔미상, 6-21〕

이활離濶　　멀리 떨어져 있음. 예문 顧今年病尤劇 去死無幾 離濶思戀 不類恒時 雖餉以千金 終不如一面 奈何〔미상, 6-149〕

이황苊況　　수령의 안부. 예문 承審老熱 苊況萬安 遙慰遙慰 〔이덕형李德馨, 3-42〕

이회理會　　사리를 깨달아 앎. 이해理解. 예문 至於着緊理會之敎 何能○○○全 〔권필權韠, 22-79〕

이회離懷　　이별의 회포. 예문 獮壽病裏逢秋 離懷益慄 緣人生之易感 隨時皆然 況作客於千里者乎 〔송인수宋麟壽, 23-13〕

이후伊後　　그 후. 예문 伏承下覆 尙今慰仰 而伊後阻隔旣久 雖在繆擾 未嘗不懸往 〔김재찬金載瓚, 44-168〕

이후苊候　　수령의 안부. 예문 伏惟霜寒 苊候神相萬福 區區向慕無已 〔김주신金柱臣, 21(禮)-328〕

이휼嫠恤　　'이불휼위'嫠不恤緯의 준말. 개인의 사사로운 일을 잊고 주제넘게 국사를 근심함. 또는 자기가 맡은 직분을 다하지 않음의 비유. 『좌전』左傳 소공昭公 24년 조의, 길쌈하는 한 홀어미가 베 짜는 일은 걱정하지 않고 나라가 망할까봐 근심하였다는 고사에서 나온 말. 예문 上年旱乾至此 嫠恤徒深 〔송시열宋時烈, 25-19〕

익부益復　　더욱더. 예문 歲後寒甚 未委氣力何以支持 日月易得 大祥奄迫 想號慕之痛 益復罔極 〔김창즙金昌緝, 21(禮)-339〕

익우益友　　도움이 되는 친구. 『논어』論語 「계씨」季氏에, "도움이 되는 세 종류의 친구가 있고, 손해를 끼치는 세 종류의 친구가 있다. 벗이 정직하며, 벗이 성실하며, 벗이 견문이 많으면 유익하다. 벗이 외모에만 치우쳐 정직하지 못하며, 벗이 아첨하기만 하며 성실하지 못하며, 벗이 말만 앞세우고 실력이 없으면 손해가 된다" (孔子曰 益者三友 損者三友 友直 友諒 友多聞 益矣 友便辟 友善柔 友便佞 損矣) 라고 하였다. 예문 開門延接 無所裁節 卽益友無幾 損友多至 〔권용정權用正, 39-221〕

인각仁閣　　고을 관아를 높여 이르는 말. 수령에게 보내는 편지의 봉투에 씀. 예문 井邑 仁閣 記室 〔김성좌金聖佐, 49-258(봉투)〕

인견引見　　왕이 신하를 불러서 만남. 예문 昨日大臣引見 生亦入侍矣 〔이경휘李慶徽, 5-63〕

인계印契　　생각이 일치됨. 예문 若平心細究 必有印契耳 〔김정희金正喜, 33-126〕

인과引過　　허물을 자신에게 돌림. 예문 示事 過自已作 何敢有卞破之辭 但當引過謝罪而已 〔이세형李世衡, 50-48〕

인귀관人鬼關　　사람과 귀신의 문턱. 즉 생과 사의 갈림길에 놓인 것을 말함.

예문 錦陽猝得風疾 尙不分人鬼關 〔김류金鎏, 000〕

인량引凉　　기온이 서늘해짐. 예문 卽不審旱潦引凉 經几體度若序衛重 抱玉侍課珍謐 庇節均吉否 〔강필효姜必孝, 44-139〕

인령引領　　목을 길게 빼고 멀리 내다봄. 곧 간절히 바라는 모양을 이름. 『맹자』孟子「양혜왕 상」梁惠王上에 "만일 사람 죽이기를 좋아하지 않는 자가 있으면 천하의 백성들은 모두 목을 늘이고 바라볼 것입니다"(如有不嗜殺人者 則天下之民 皆引領而望之矣)라는 구절이 있음. 예문 盛饋諸種 多荷不遺 無以報厚意也 何當奉晤 引領愴神 〔김창숙金昌淑, 40-96〕

인리仁履　　상대방의 안부. 예문 仁履萬珍 不宣 謹上狀 〔허목許穆, 44-328〕

인리仁里　　어진 마을. 상대방이 사는 마을을 높이는 말. 『논어』論語「이인」里仁에, "어진 사람이 사는 마을은 아름다우니, 어진 곳을 골라서 살지 않으면 어찌 지혜로우리오"(里仁爲美 擇不處仁 焉得知)라는 구절이 있음. 예문 遽離仁里 已不勝悵然 〔김창즙金昌緝, 22-231〕

인리隣吏　　이웃 고을에 있는 관리 또는 친구. 자신을 칭하는 겸사謙辭로 쓰임. 예문 五月 小晦日 隣吏 權用正 再拜謝 〔권용정權用正, 39-219〕

인문仁門　　상대방의 가문을 높여 부르는 말. 예문 仁門喪患 若此稠疊 李丈執義 又喪小室 驚慘何言 〔김익희金益熙 47-72〕

인보吝保　　몸조심함. 예문 伏惟下照 謹祝吝保 餘不具 〔임제林悌, 3-51〕

인봉因封　　왕이나 왕비 또는 왕세자 등의 장례를 말함. 예문 日月迅馳 因封奄過 冤號未逮 大小均情 〔정철鄭澈, 28-5〕 → 인산因山

인비仁庇　　상대방 가족의 안부. 예문 伏惟體上萬寧 仁庇咸泰 仰溯區區 不任卑私 〔강준흠姜濬欽, 49-244〕

인산因山　　왕이나 그 직계 존비속의 장례. 예문 因山禮畢 臣民之痛 盍無所及 〔민정중閔鼎重, 3-128〕

인석印昔　　여전함. 예문 記下印昔劣狀 無足仰浼 〔임영수林英洙, 34-390〕

인성仁聲　　어진 정치를 한다는 평판. 예문 北來仁聲藹菀 何等幸何等喜也 〔정헌시鄭憲時, 35-126〕

인순因循　　꾸물거림. 예문 常欲起人探候 而因循至此 罪悚之私 難以鳴喩矣 〔김봉규金鳳奎, 40-76〕

인연貪緣　　인연因緣. 예문 幸得貪緣 厠身穩討數日之暇〔유인식柳寅植, 44-68〕

인온印穩　　예전과 같이 평온함. 예문 同堂璇節 亦爲印穩否〔안민중安珉重, 53-165〕

인우鱗羽　　편지. 어안魚雁과 같은 말. 예문 聞兄一麾南爲 而鱗羽莫憑 政爾悵望〔임방任埅, 22-195〕→ 쌍리雙鯉, 안자鴈字, 어안魚鴈, 어홍魚鴻, 지척서咫尺書, 척소尺素, 척안隻雁, 척저尺楮, 척제尺蹏, 척지尺紙, 홍리鴻鯉

인음引飮　　갈증이 심해서 물이 계속 당기는 증세. 예문 汝病何若是極甚耶 引飮何如〔정약용丁若鏞, 17-83〕

인일人日　　정월 초이레. 예문 餘在更叩 姑不備式 甲戌人日 服弟 成運頓〔성운成運, 5-189〕

인일引日　　발인發靷하는 날. 예문 廣州之歸路 欲轉哭靈筵 而齒痛觸寒添發 未遂初計 悲念益新 引日漸迫 其無進退否耶〔심단沈檀, 21(禮)-154〕

인일기십人一己十　　남이 하나를 할 때 자기는 열을 한다는 뜻으로, 많이 한다는 의미. 『중용』中庸에 "남이 한 번에 능하거든 나는 백 번을 한다"(人一能之 己百之)라는 구절이 있음. 예문 幸必不以所授爲限 通同齊力 惟以卒業爲計 豈以人一己十 遂袖手已耶 必不然矣〔심상규沈象奎, 26-141〕

인입引入　　벼슬아치가 잘못된 일에 대하여 스스로 책임을 지고 물러남. 예문 日昨聖敎 令人感泣 台無以引入爲諉 而惟思共濟之義 另副所請 如何如何〔조태구趙泰耉, 21(禮)-319〕

인작印昨　　여전함. 예문 弟客狀印昨 屢月離違 情私難耐之中 日前會事 又居山外 侍下人事 尤難爲情〔홍우길洪祐吉, 44-313〕

인장印粧　　인쇄하여 책으로 꾸밈. 예문 如欲更得他件 則覓送潔白敦厚紙如何 印粧亦似不難矣〔강찬姜酇, 41-77〕

인장隣長　　이웃에 사는 어른. 예문 適隣長在座 不能盡所懷 竢後更報一一〔이황李滉, 30-17〕

인정茵鼎　　깔개와 솥. 상대방의 살림살이나 일상생활에 대한 안부를 물을 때 쓰는 말. 예문 未委新寓茵鼎若何 憂慮不已〔김광욱金光煜, 46-201〕

인중引重　　높이 치켜세움. 예문 吾供職僅保 但同僚過爲引重之言 以誤聖聽 至令於常規之外 頻數入侍 上箚不得命〔정경세鄭經世, 45-369〕

인질姻侄　　고모부에 대하여 자기를 이르는 말. 때로는 종고모부나 재종고모부에게도 통용된다. 예문 姻侄罪人 罪蟄形狀 不敢仰煩於君子立身之初 〔이수악李壽岳, 40-246〕

인차鱗次　　차례대로. 예문 來頭未可知也 多少間收刷 則鱗次輸送伏計 〔오덕영吳悳泳, 31-96〕

인천引輤　　영구靈柩를 끌다. 예문 金參判令丈 竟未起疾 驚怛罔喩 卽聞引輤 歷玆 想惟旬候有相 〔윤순거尹舜擧, 22-119〕

인침우몰鱗沈羽沒　　편지가 없음. 소식이 끊어짐. 예문 一欲修牘 以替戀之 而鱗沈羽沒 候已歲晏 〔김효윤金孝胤, 49-261〕

인퇴引退　　사직辭職함. 예문 國事危急 朝夕難期 所恃台鑑 又欲引退 此豈前日所望扵台鑑之意乎 〔윤두수尹斗壽, 21(仁)-198〕

인풍仁風　　부채를 달리 이르는 말. 진晉나라 사안謝安이 동양군東陽郡 고을 수령을 마치고 떠나는 연별회에서 원굉袁宏에게 부채를 주니, 원굉이 부채를 받고 즉시 "어진 바람을 일으켜 많은 백성들을 위로하겠다"(輒當奉揚仁風 慰彼黎庶)라고 대답한 데서 유래한다. 예문 古有秋風扇 而冬扇則創見於兄矣 謹緘錄在篋 以待陽春 奉揚仁風 然製樣不甚新異 可見兄之衰懶也 好笑好笑 〔신위申緯, 48-165〕

인피引避　　혐의를 피하여 사직함. 예문 其便又以左右特爲之掌議 幸勿復引避 〔김양행金亮行, 22-275〕

인해人海　　바다처럼 많은 사람이 모인 상태를 이르는 말. 인산인해人山人海. 예문 人海之中 見如不見 吾則連日役役 今又侵申闕飯 㦲何可言 〔정조正祖, 26-67〕

인헌仁軒　　동헌東軒의 높임말. 수령에게 편지 보낼 때 봉투에 쓰는 말. 인당仁堂. 예문 泰安 仁軒 入納 〔윤봉구尹鳳九, 31-37(봉투)〕

인혐引嫌　　혐의嫌疑를 피하여 사직함. 예문 此非 臣子引嫌之日 〔윤두수尹斗壽, 21(仁)-198〕 → 피혐避嫌

인형仁兄　　친구 또는 약간 어린 사람을 높여 이르는 말. 예문 李竹邨 李春圃 兩位仁兄 同照 石年又拜 〔김준영金準榮, 39-247(봉투)〕

일가日家　　택일가擇日家. 천문가天文家. 예문 將謨日家 謹修星使 〔정극상丁克相, 41-18〕

일개一皆　　모두, 한꺼번에. 예문 昨日寃死人等 一皆伸理 秋相則 復官致祭 吳

李文則 諸臣皆以快雪爲難 〔이관징李觀徵, 13-135〕

일관駽官　　역마驛馬를 타고 소식을 전하는 관리. 예문 近來榮擢 想增不安 而自此弓旌似可罕 至山門阿行 又得駽官 似亦通運 爲之慰幸 〔이이명李頤命, 47-58〕

일대一對　　한 쌍. 예문 惠節扇一對依領 多謝 〔최석정崔錫鼎, 43-19〕

일두一蠧　　한 마리의 좀벌레. 자기 자신을 겸손히 표현한 말. 예문 無事而食 難乎免於一蠧之歸 是可愧汗 〔권상하權尙夏, 29-14〕

일래日來　　며칠 동안. 예문 日來起居增福 瞻望戀遡 弟强疾行動 觸暑添劇 歸棲委臥 凜凜難支 〔민정중閔鼎重, 3-129〕

일력一力　　종 한 명. 또는 일꾼 한 명. 예문 玆送一力 母秘示破如何 〔미상, 6-169〕

일련一臠　　한 점의 고기. 어떤 사람의 전작全作 중 일부. 보통 "한 점의 고기만 맛보아도 솥 전체(全鼎)의 맛을 미루어 알 수 있다"는 문장처럼, "작품 하나만 보아도 그 사람의 작품 세계 전체의 훌륭함을 충분히 짐작할 수 있다"는 뜻으로 쓰임. 예문 僕早時從士友間 得公詩文 於一二轉誦之餘 固已一臠 而知全鼎矣 〔하겸진河謙鎭, 37-144〕 → 전정지미全鼎之味

일례一例　　한결같이. 예문 伏詢比辰 令政體一例萬相 〔김윤식金允植, 35-94〕

일로一路　　해당 지역 전체. 예문 弟一路大賑 濟活無術 憂悶何言 〔서지수徐志修, 44-175〕

일면지별一面之別　　잠깐 보고 헤어짐. 예문 江外遠枉 曾是料外 雖未展良覿 一面之別 亦是慰懷 〔심동구沈東龜, 3-98〕

일모칠자一母七子　　7할의 이자. 예문 惠貺五文 傾産賠補 一母七子 不亦過乎 〔김윤식金允植, 39-239〕

일미一味　　한결같이. 예문 歸栖之後 連事喟呻 積逋恩召 一味惶蹙 誠無足以奉聞者 〔조태채趙泰采, 21(禮)-320〕

일반一斑　　규표일반窺豹一斑의 준말. 표범 가죽의 얼룩무늬 하나만을 보았다는 뜻으로 일부분만 보고 완전한 모습을 보지 못했다는 뜻임. 예문 損友自弱冠以來 出入於德長之門 而無一斑之窺 白首紛如此 春府丈之所痛悉也 安有開蒙眞詮耶 〔조재학曺在學, 40-324〕

일배一倍　　더욱. 예문 想將喪行色 一倍摧慟 爲之酸鼻 〔김수흥金壽興, 23-119〕

일변一邊　　한편으로는. 예문 此中閉戶深居 看閱杜律割付件 而一邊以不緊冗務酬應 苦事〔정조正祖, 19-37〕

일부日富　　여러 날이 지나감. 예문 伏聞所患一向無減 伏慮之至 信後日富 更伏未審 近上直中 氣體若何〔미상, 027〕

일비一埤　　더욱 많아짐.『시경』詩經「패풍」邶風〈북문〉北門에 "나랏일 내게 돌아오고 정사도 모두 내게 밀려오네"(王事適我 政事一埤益我)라고 하였다. 예문 記文時未構 姑勿督 官事一埤乃何 梅月待君親授 敢汚俗手耶〔박상朴祥, 9-42〕

일서一敍　　한번 만나서 회포를 풂. 예문 切欲與兄一敍 兼有緊急相議事 敢玆奉邀 未可惠然耶〔유세하柳世河, 027〕

일소一笑　　한 번 웃을 거리. 자기가 지은 시문詩文에 대한 겸칭. 예문 拙和兩律 今付柳奴以呈 幸一笑 海味侈我莒蓿盤 珍感珍感〔정홍명鄭弘溟, 23-69〕→ 일찬一粲

일시一是　　한결같이. 예문 生一是病頓 而如干憂故 亦甚悶惱 奈何〔조병호趙秉鎬, 31-136〕

일시一視　　한결같이. 여전히 예문 族下公務私擾 一視絆罥 良覺悶憐已耳 爲探 不宣 疏式〔박정양朴定陽, 44-231〕

일악一握　　한 번 만남. 예문 無因一握 以敍悲歎 秖增蘊結〔미상, 027〕

일안一安　　모두 평안함. 예문 更問 日間侍奉一安〔송병선宋秉璿, 22-347〕

일양一樣　　여전함. 한결같음. 예문 或云 令侍神精 差減於舊時 或云 與昔一樣〔이원익李元翼, 25-10〕

일양방생一陽方生　　동짓달을 가리킴. 동지冬至에 양기陽氣가 처음 발동하기 때문이다. 예문 一陽方生 伏問 玆際兄候動止萬安〔이존수李存秀, 25-44〕

일우충동溢宇充棟　　지붕에 가 닿고 대들보에까지 찬다는 뜻으로 많음을 비유하는 말. 충동充棟. 예문 若欲一一發揮 則如經傳之小註 將至於溢宇充棟 還可呵也〔정조正祖, 26-85〕

일울壹鬱　　답답함. 울적함. 일울一鬱. 예문 以疾屛處 已閱歲年 壹鬱之積 理必然也〔이맹휴李孟休, 44-96〕→ 우울紆鬱

일월신사日月迅駛　　세월이 빨리 흐름. 보통 상喪이 난 뒤에 세월이 빠름을 뜻함. 예문 日月迅駛 因封奄過 寃號未逮 大小均情〔정철鄭澈, 28-5〕

일의一依　　한결같이. 예문 且有牌子傳致受答外 別招見款待 勉其善檢 一依

稱念 〔이세구李世龜, 3-97〕

일인一印　　한결같음. 예문 謹請比天 棣體候萬重 區區溱仰之至 弟省狀一印而已 〔송주현宋柱賢, 37-82〕

일자日者　　며칠 전에. 예문 日者便廻 伏承下覆札 迨切仰感之至 〔이세화李世華, 5-110〕

일작日昨　　며칠 전. 일전日前. 예문 日昨暫面 尙切慰思 〔정조正祖, 26-21〕

일직一直　　계속. 예문 悶旱之餘 晩得一霈 亦可賀也 畿近一直惜乾 今日之雨 恐無及矣 〔미상, 35-104〕 → 일향一向

일착一着　　한 번의 계획. 예문 今此一着 關係國家興喪 〔미상, 6-22〕

일찬一粲　　한 번 웃을 거리. 자기가 지은 시문의 겸칭. 예문 拙者近廢吟咏 聊記山中偶興 以供一粲 兼替面目 〔신익성申翊聖, 23-61〕 → 일소一笑

일탕洪蕩　　질탕하게 놂. 예문 幸卽命駕 一來名天下區 洪蕩如何 〔김이안金履安, 22-279〕

일하一何　　어쩌면 그렇게도. 예문 忙手開緘 平安存訊外 所以致眷 而長慮者 無所不周 一何其用意之深至哉 〔권명섭權命燮, 40-30〕

일하日下　　제왕이 있는 도시를 가리킴. 제왕을 태양에 비유한 데서 유래함. 예문 見今癘疫 彌滿遠近 未知日下卽何如 〔이종태李鍾泰, 32-37〕

일향一向　　계속해서. 예문 上候一向進退 諸症近又頓加於前 煎迫何可喩 〔이여李畬, 22-203〕

일향日向　　나날이. 예문 窃伏聞兩殿違豫之候 日向平復 臣民之慶 孰有大於此者乎 〔이유태李惟泰, 22-153〕

일후一候　　한 번 문안 인사를 함. 예문 省式 久擬一候 滾撓未遂 旣切悵仰 〔정윤용鄭允容, 25-40〕

일휘一麾　　지방관에 임명됨. 예문 最基殘年一麾 粗愜微尙 而再當賑夏 求閑之計 反成勞心 悶撓奈何 〔유최기兪最基, 21(禮)-480〕

임광臨壙　　장례葬禮에 참여함. 예문 前日有往便 而其時適有手忙事 且擬臨壙 非久拜謁 故不果書候 迨切悵仰 〔이원곤李元坤, 10-89〕

임금林檎　　능금. 예문 林檎幾許 適有所獲 付便耳 〔정조正祖, 26-57〕

임랑琳琅　　아름다운 시문詩文을 비유하는 말. 예문 承讀惠書 不惟情溢紙面

其辭采琳琅 令人開豁心胸 慰喜何可量也 〔송기식宋基植, 40-150〕

임비臨庇　　굽어 보살펴 주심. 예문 良奉老粗保 知荷臨庇 餘不備 〔나양좌羅良佐, 5-121〕

임비臨賁　　상대방의 방문을 높여 이르는 말. 예문 曩荷從人臨賁於寂寞中 此意良厚 迨不敢忘也 〔김치후金致垕, 21(禮)-443〕 → 광고光顧, 광림光臨, 부림俯臨, 비고賁顧, 비림賁臨, 비연賁然

임세臨歲　　연말年末. 예문 吾則疲於做讀 未有若近日之汨汨 蓋課讀必欲成功 序藁必欲趁限 緣是臨歲王務民事 或未免積滯時耳 〔정조正祖, 26-95〕

임습淋濕　　장맛비. 예문 今夏淋濕異常 晩炎又酷 悲疢種種中 氣度何以支持 戀念無日可忘 〔윤봉구尹鳳九, 22-253〕

임신恁辰　　이때. 예문 未審恁辰 靜養震艮和泰 玉胤充完 覃庇幷慶 〔김건영金建永, 40-48〕 → 간간01, 내자迺者, 비간比間, 비래比來, 비신比辰, 비일比日, 비자비자比者, 비천比天, 비하比下, 수천數天, 신하辰下, 이간爾間, 이자爾者, 자신玆辰, 자이自爾, 즉신卽辰, 즉일卽日02, 차래此來

임염荏苒　　세월이 자꾸 흐름. 예문 相別已經五個月矣 弟於尺墨踈拙一書探候 荏苒至今 實非平昔源源之誼 夙咎難逭 悚悵交至 〔서병호徐丙祜, 35-108〕

임유荏油　　들기름. 예문 長夜無燈 不眠獨坐 可任此間耶 如有來者 荏油筧付 薏苡亦望 料理生涯所干 可咲可咲 〔한충韓忠, 9-113〕

임지臨池　　글씨를 연마함. 혹은 글씨를 씀. 후한後漢의 명필가名筆家 장지張芝가 못물이 까맣게 되도록 글씨를 익혔다는 데서 나온 말. 왕희지王羲之의 글에 "장지가 못가에서 글씨 익히고 벼루 씻은 물로 못물이 까맣게 되었다"(張芝臨池習書 池水盡黑)는 내용이 있다. 예문 台家好法書携來 而無暇臨池 〔이민서李敏叙, 22-187〕 | 寒如此 尙能臨池否 尺地阻久 仰傃而已 〔윤희구尹喜求, 21(智)-487〕

임편任便　　편한 대로 함. 예문 東來之計 日夜耿耿 唯以任便往來爲懼 〔이상의李尙毅, 45-223〕

임혈臨穴　　장례식에 참여함. 예문 緣此官冗 未獲往從斂契之後 以伸臨穴之慟 瞻望長吁 一飯再噎 〔정경세鄭經世, 45-422〕

입감入鑑　　글을 받아서 읽음. 예문 病冗之中 草草搆就 而全不成文 然不得不入鑑 故玆以夾呈 〔신기선申箕善, 21(智)-440〕

입계入啓　　　신하가 임금에게 아룀. 예문 雖未擇日入啓 似聞溫泉擧動今月十九日二十二日中當爲之云 〔홍주원洪柱元, 22-145〕

입덕入德　　　인품과 덕성을 닦아 성인의 경지에 듦. 예문 伏未審菊秋 道體候以時入德 允玉穩侍篤課 賢或善養 一洞花樹 色色均慶否 溸仰區區 無任下誠之至 〔김형식金亨植, 40-104〕

입독수답立督受答　　　심부름꾼이 편지를 받아가려고 서서 독촉한다는 말. 예문 來价立督受答 呼燈草復 不能一一 〔김익희金益熙, 22-155〕

입락立落　　　옳음과 그름. 예문 不可以殯殿肅謝 啓請牌招 昨日面誨 不翅丁寧 而今忽爲此示 未知何故耶 況以弟等情勢 其可更起抗顔於論列立落之際乎 〔송광연宋光淵, 21(禮)-169〕

입모笠帽　　　갈모. 갓모. 비가 올 때 갓 위에 덮어 쓰는, 기름종이로 만든 우장雨裝. 우모雨帽. 예문 目前之急 多般無地 寒乞可笑 如油紙席及笠帽一兩事 眞梳四五枚 幸付順來人 何如 〔최산두崔山斗, 9-68〕

입문入門　　　양자로 들어감. 예문 汝之入門 纔五十日 遽罹荼毒 幹蠱之道 撑拄之策 專擔於藐然隻身之上 〔김정희金正喜, 39-207〕

입반入泮　　　반궁泮宮, 즉 성균관에 들어감. 예문 日間渾況何如 汝叔已入泮云 任兒得正馬發程否 〔이수일李秀逸, 35-54〕

입사立謝　　　즉시 답장을 씀. 입립은 '바로' 또는 '즉시'라는 의미. 예문 眼花立謝 不得拖長 〔김정희金正喜, 20-44〕

입성入城　　　도성都城에 들어옴. 예문 從者之入城已久 傷心之祀事又過 而無由就慰 悵歎方深 匪意辱書以問 感仄何已 〔김재로金在魯, 21(禮)-441〕

입수入手　　　일이 성사됨. 예문 計若入手 則何異蘇仙赤壁之遊 〔김두남金斗南, 000〕

입안立案　　　매매賣買, 분재分財, 도망 노비 추쇄 등의 사유로 관에서 발급해 주는 공증 문서. 예문 改立案事 亦另施 瓮山居者火田稅 亦減却耳 〔손필대孫必大, 051〕

입역入疫　　　돌림병에 걸림. 예문 衙內入疫小女無事過行 婢兒方不順云 可慮可慮 〔김성일金誠一, 12-168〕

입인入闉　　　서울에 들어옴. 예문 族弟 今方入闉 路儂添感 〔이석영李錫泳, 31-161〕

입조入照　　　(편지를) 받아 봄. 예문 前上復札 其已入照未 〔임방任埅, 23-151〕 → 관령關領, 관조關照, 관청關聽01, 등람登覽, 등조登照, 등철登徹01, 입조入照, 철조徹

照, 하조下照01, 혜감惠鑑

입지入地　　사입지하死入地下. 죽음. 예문 吾弟之再解 吾侄之三解 竟齋恨入地矣〔신좌모申佐模, 43-107〕

입철入徹　　상소문이 승정원을 통하여 임금께 전달됨. 예문 運令所患 尙未向安 遠外憂念不可言 辭本雖得入徹 恐難動天〔김상익金尙翼, 21(智)-15〕

잉仍　　그대로. 여전히. 예문 昨聞台監早進備坐 仍入侍靑筵〔이일상李一相, 23-99〕

잉류仍留　　계속 머무름. 예문 此時一馬甚關 新郞騎去之馬 姑無仍留之事〔홍주원洪柱元, 22-145〕

잉백仍白　　드릴 말씀은, 다름 아니오라. 예문 仍白 淸風溪三寸家 家弟家旣無田土 値此窮春 殆方絶火 形勢十分切急〔김시걸金時傑, 21(禮)-257〕

잉번仍煩　　드릴 말씀은. 예문 仍煩十月初三發引 由水路上去 下陸於忠州金遷 轉向淸州地平城新卜之山〔김신국金藎國, 39-47〕

잉복仍服　　상중에 또 상을 당하여 먼저 입었던 상복을 벗고도 계속 상복을 입는 것. 예문 侍敎生 一入名藩 解脫故未易 登門請敎 仍服前慢計 非敢忽而訖未抽身 日望東山之蒼翠而已〔최창대崔昌大, 21(禮)-372〕

잉송仍悚　　죄송하지만 드릴 말씀은. 안부 인사를 마치고 용건을 꺼낼 때 쓰는 말. 예문 仍悚 弊燭臺一雙送似 卽此反隅 可知弊府凡具之爲無形耳〔민희閔熙, 5-60〕 → 번달煩達, 앙공仰恐, 앙모仰冒, 앙백仰白, 앙유仰喩, 잉백仍白, 잉번仍煩, 차중且中, 취취就就, 취간취간就懇, 취고취고就告, 취공취공就拱, 취공취공就控, 취난취난就難, 취달취달就達, 취루취루就縷, 취번취번就煩, 취송취송就悚, 취앙취앙就仰, 취중취중就中, 취첩취첩就喋, 취품취품就稟

잉심仍審　　~을 통해 알게 됨. 예문 仍審日間寒劇 行中體候萬安〔고경명高敬命, 22-37〕 → 빙심憑審, 빙암憑諳, 빙체憑諦, 승심承審, 자심藉諗, 종심從審, 취심就審

잉작仍昨　　예전과 같음. 여전함. 예문 此間凡百仍昨 而辭章三上 未蒙恩許 狼狽悶感 有難狀言〔이경억李慶億, 10-54〕

자慈　　상대방의 편지를 지칭하는 말로 쓰임. 예문 昨拜一書 竊訟其稽綏已甚 茲蒙台慈 不惟不以爲罪〔김창협金昌協, 000〕

자갑雌甲　　나이. 원래 회갑이 지난 동년배 두 사람 가운데 생일이 늦은 사람의 갑자를 일컫던 말. 예문 草衣木食 又經一臘 雌甲亦滿五十〔김정희金正喜, 33-93〕

자거自居　　자처함. 자신만만해함. 예문 來教云云 知出愛我之深 而此是自居者事 興何敢焉〔김흥락金興洛, 18-36〕

자경蔗境　　병세가 나아짐을 비유하는 말. 고개지顧愷之가 사탕수수를 먹을 때 맛없는 줄기부터 먹으면 차츰 맛이 좋아진다고 한 데서 유래함. 점입가경漸入佳境. 예문 省式 間因士友來往 承美慎轉向蔗境 肩輿出遊於陶泗之間 慮仰之餘 殊切喜幸〔이상룡李相龍, 40-244〕→ 식절여자食節如蔗

자기慈忌　　모친의 기일. 예문 今日又是慈忌 觸緖痛毒 殆不自堪耳〔이상정李象靖, 12-235〕

자량資粮　　노자와 양식. 예문 家奴啓奉 以事下往 幸乞給以資粮 隨所告 另賜顧施 如何如何〔황경원黃景源, 21(智)-49〕

자뢰資賴　　의지함. 예문 今年則異於常年 絶無官糶資賴之望 徒悶而已〔이상李翔, 5-67〕

자료自聊　　스스로 견딤. 예문 生遽別小妹 心神至今悽惡 不自聊也 只恃尊愛護 千萬至祝 石奴切有使喚事 今始起送 想應苦待也〔황일호黃一皓, 21(義)-192〕

자리字履　　백성을 다스리는 중의 안부. 수령의 안부를 물을 때 쓰는 말. 자字

는 '기름', '다스림'의 뜻. 예문 憑諦字履萬勝 宛承淸誨 慰感無已 〔신정申晸, 23-121〕

자리慈莅　　자애롭게 다스림. 수령의 안부를 물을 때 쓰는 말. 예문 聞以兼任往來不邇之邑 豈無貽勞 奉慮 歲已臨除 仰惟慈莅萬福 〔장현광張顯光, 23-31〕

자무字撫　　백성을 어루만져 다스림. 수령의 안부를 물을 때 쓰는 말. 예문 得兄惠音 此可自喜且自賀也 矧審春溫令體氣字撫甯旺 慰頌何極 〔정병조鄭丙朝, 35-119〕

자미滋味01　　재미. 예문 雖以鄕里之厚風言之 洞有司 稧有司 俱有喫 人所不喫之滋味 〔정조正祖, 26-73〕

자미滋味02　　맛난 음식. 예문 哀兄與不孝 俱皆困裏甚 其不能養親以滋味同 而遭値巨創亦同 其送終不以禮 抱至恨於終身亦同 〔김문옥金文鈺, 41-120〕

자민字民　　백성을 다스림. 수령의 안부를 물을 때 쓰는 말. 예문 伏惟霜冷 令體字民護旺 公務想已整頓 得無滋惱否 〔정헌시鄭憲時, 35-126〕

자벽自辟　　장관이 자기 뜻대로 관원을 추천하여 벼슬을 시킴. 예문 有藩臣自辟守令於榻前之時乎 〔이후원李厚源, 22-123〕

자병疵病　　오류 또는 결점. 예문 尋爲搆草以呈 黙改其疵病如何 〔강희백姜淮伯, 21(仁)-20〕

자부資斧　　재물이나 비용. 자부資鈇 라고도 씀. 예문 若或艱於資斧 則量其所費 兄須替納 助其速往 則弟當從近償之矣 〔황현黃玹, 37-19〕

자사子舍　　자제들이 거처하는 집. 상대방의 자식들을 가리킴. 예문 謹問日間侍餘僉動靜更何如 子舍諸況俱安吉否 〔유장원柳長源, 32-150〕

자사字辭　　관례冠禮 때 자字를 명명하고 그 의미를 적은 글. 예문 字卽依所示甚好 字辭辭涸 未敢下筆 劉屛山祝晦翁字辭 眞可佩服 不當別有說也 〔이상정李象靖, 12-234〕

자성子姓　　후손. 예문 兄弟子姓聚首談舊 追記此時事 而以爲歡笑之資鑑戒之本 有如古人所謂無忘在莒者 如何如何 〔김규식金奎寔, 41-110〕

자송自訟　　자책자책. 예문 便去 懶未修敬 便回 伏承惠敎 未開緘 而先自訟 〔이시원李是遠, 21(智)-283〕

자수藉手　　도움을 받음. 이용함. 예문 況其手植之木 旣仆而旣斫 則欲得以藉手 事理誠然 〔윤봉구尹鳳九, 6-208〕

자신玆辰　　요즈음. 예문 伏惟玆辰 令起居神相萬福 〔한인급韓仁及, 4-111〕 → 간

間01, 내자迺者, 비간比間, 비래比來, 비신比辰, 비일比日, 비자比者, 비천比天, 비하比下, 수천數天, 신하辰下, 이간爾間, 이자爾者, 임신恁辰, 자이自爾, 즉신卽辰, 즉일卽日02, 차래此來

자신資身　생계를 꾸려나감. 예문 就審藥姜君 卽親切匪泛之人 而窮不能資身 情寔可悶 〔김정희金正喜, 33-59〕

자심藉諗　~을 통해 알게 됨. 예문 近寒栗烈 瞻誦斯勤 卽奉心諗 一讀再讀 至于四五讀矣 藉諗令體萬綏 勛猷一旺 是頌是荷 〔이재면李載冕, 35-83〕 → 빙심憑審, 빙암憑諳, 빙체憑諦, 승심承審, 잉심仍審, 종심從審, 취심就審

자옥自玉　몸을 옥같이 보존하라는 말. 자징自徵. 예문 餘祈令自玉 謹拜上狀 〔윤두수尹斗壽, 5-195〕

자위慈闈　남의 어머니를 높여 부르는 말. 예문 慈闈氣度 安得不然 爲之悲念 〔김신겸金信謙, 22-263〕 → 대부인大夫人, 대석인大碩人, 북당北堂, 존당尊堂, 천지天只, 태석인太碩人, 훤당萱堂, 훤위萱闈

자의咨議　세자시강원世子侍講院의 정7품 벼슬. 예문 李咨議 侍下使 〔어유봉魚有鳳, 22-243(봉투)〕

자이自爾　자연히. 예문 每欲一者晉候床下 此意良勤 而自爾多拘 尙此未果 徒言傾嚮 不已誣乎 〔조사석趙師錫, 21(禮)-112〕

자인自引　스스로 인책함. 예문 至於染指云云 雖有往來行言 豈容形諸文字 以爲自引之端乎 〔오희상吳熙常, 31-56〕

자자刺刺　자자한. 말이 많은 모습. 예문 筵上向左右不知刺刺幾許 尊其耳痒否 至蒙專問 感且未安 〔정호서丁好恕, 21(義)-54〕

자자玆者　지금. 이번에. 예문 鼎植貿貿一野人 跧伏隴畝 自分櫛櫌 不圖玆者 文獻大方 致此瓊集 旣感無類之盛意 又慚聾者之瓊琦也 〔권정식權鼎植, 37-121〕

자저自沮　스스로 용기를 잃음. 예문 慮人之譏笑而加勉則善矣 憂人之非毁而自沮 則恐不足以爲士也 〔이황李滉, 30-4〕

자저趑趄　주저함. 예문 痎處及色澤 雖似稍軟 而袪根然後 可無他慮 牛糞之尙不附貼 或過加重愼 而有此趑趄耶 〔정조正祖, 26-91〕

자제資濟　비용을 댐. 예문 去春醮子 來十月晦間 欲女息許笄 謀計生拙 資濟無由 深以爲恨 〔이해李瀣, 5-179〕

자주慈主　　어머니. '주主'는 손위의 일가유복친一家宥服親을 지칭하는 말 뒤에 붙여 존경을 표하는 접미사이다. 예문 但慈主血症 又爲添損 悶慮萬萬 〔김유근金逌根, 22-317〕

자중自重　　건강에 유의함. 몸을 아낌. 예문 餘願 侍服體 爲學自重 不備 〔박계현朴啓鉉, 41-84〕

자중藉重　　의지하여 값을 높임. 예문 士民必知 一册送上 乞下數轉弁語 此册現欲印賣四方 使窮山絶澨之人 知亞洲外 有極樂風景 亦欲得善價 一引觴于太液荷花之邊 卽此藉重 非吾老仙先生而誰哉 〔김택영金澤榮, 21(智)-438〕

자지刺紙　　명함 종이. 예문 就懸 來頭有免新之役 而大小刺紙及簇子等物 無路措辦 倘或留念耶 〔박행의朴行義, 21(禮)-266〕

자지炙漬　　직접 찾아가 가르침을 받음. 상대방을 높인 말. 예문 此身空作天地間一病漢 自始厥後 不出戶庭 玆以未遂炙漬之禮 〔정극섭鄭克涉, 41-20〕 → 반회攀誨, 승효承曉, 훈자薰炙

자지紫芝　　자초紫草와 지초芝草. 현명한 사람을 비유하는 말로, 편지에서는 보통 상대방을 높여 이르는 데 쓰인다. 『회남자』淮南子「숙진훈」俶眞訓에 "무산巫山에 바람을 따라 불을 놓으면 고하膏夏와 자지紫芝가 쑥과 함께 모두 죽는다"(巫山之上 順風縱火 膏夏紫芝 與蕭艾俱死)라는 구절이 있다. 예문 呼之則應 問之則答 而自我慵疎 無一字往復 至四五朔 是則欠事 然此何足恨也 第以不見紫芝眉字 爲恨 〔왕수환王粹煥, 37-58〕

자직自直　　저절로 바르게 자람. 『순자』荀子「권학」勸學에 "쑥이 삼 가운데서 자라면 도와주지 않아도 저절로 곧게 된다"(蓬生麻中 不扶自直)라는 구절이 있다. 예문 汝若全心問讀 則盡族之稚弟 亦當觀感而興起 殆若麻蓬之自直矣 〔이광교李廣敎, 35-72〕

자해紫蟹　　붉은 게. 예문 君得主割一縣 爲樂無不至 及得紫蟹銀唇 狼藉前川 波及吾老母否 〔최산두崔山斗, 9-83〕

자황字況　　행정 중의 안부. 수령의 안부를 물을 때 쓰는 말. '자字'는 백성을 사랑한다는 의미. 예문 憑審上任後 字況萬安 仰慰不已不已 〔이단상李端相, 22-167〕

자후字候　　수령의 안부. 예문 伏承令崙書之問 以審秋陰 令字候萬重 慰瀉已極 〔박장원朴長遠, 16-130〕

자후慈候　　어머니의 안부. 예문 聞慈候不安 而亦不能以時歸覲 向往奈何 〔유성룡柳成龍, 3-23〕

자휘慈徽　　임금의 어머니. 예문 慈徽永閟 匪域均慟 〔이서구李書九, 34-298〕

작경作梗　　방해. 어려움. 예문 頃於便中 得奉僉札 審得侍在寓裡 艱楚可想 葬事亦有作梗 恐不能如期日 深慮深慮 〔이경휘李慶徽, 10-11〕

작계作契　　사귐. 예문 余與仲氙諱彦璣 作契有年 〔금응협琴應夾, 5-186〕

작과作窠　　벼슬자리가 빔. 예문 今聞畿伯作窠 此則正合宿願 〔최혜길崔惠吉, 6-103〕

작나作拏　　농간을 부림. 예문 嚴科場 隨從奴僕之作拏者 特命宣傳官別軍職一一執捉 卽移刑曹者 多至二十餘人 場中肅然畏縮 此豈沖辟之所易辦者耶 〔이재의李載毅, 44-116〕

작뇌作惱　　고민함. 예문 戚姪當此大侵 作惱度日 公私之悶 如何 〔유이승柳以升, 3-86〕

작뇨作鬧　　소란을 피움. 예문 華院事初不知委折之如此 或意酒城之李又爲作鬧 〔김양행金亮行, 22-275〕

작라雀羅　　높은 벼슬에서 은퇴한 사람을 가리키는 말. 『사기』史記 「급정열전」汲鄭列傳에 "처음 적공翟公이 정위廷尉가 되었을 때는 빈객이 문을 메웠는데, 그가 벼슬을 그만두자 문 밖에 참새 그물을 칠 정도로 한산하였다"(始翟公爲廷尉 賓客闐門 及廢 門外可設雀羅)라고 한 데서 유래한 말. 예문 虎關難通 雀羅無力 兩紙悲辭 不知攸答 〔이경석李景奭, 3-137〕

작로作路　　갈 길을 정함. 예문 昨日雨終日 涉川未易 而作路亦未知其由何路也 〔이경석李景奭, 7-215〕

작면作面　　체면치레를 함. 예문 昔日披霧夜道 方寸一場 至今有思 此豈作面者看 〔성수종成守琮, 9-84〕

작목作木　　곡물로 징수하는 전세田稅를 무명으로 대체하도록 함. 예문 向以還穀之太多爲憂 至有作木之請 今則年事大侵 將欲取用於京中 故曾有作木姑徐之關 其已傳去否 〔이인엽李寅燁, 21(禮)-282〕

작미作米　　세세를 쌀로 환산한 것. 예문 因此又有發揮本意者 玄風等邑作錢難以防奏 乃以儲置餘米之在該各邑者 請令換劃 於是乎米則依舊上來 而作錢條

歸於該邑儲置之代 民反受困 倅亦無利 竟以依前作米上納 成出事目 〔정조正祖, 26-83〕

작산作散　　산관散官 즉 품계만 있고 직무가 없는 관원이 됨. 예문 不可以時任與作散 動其聽也 況無通情之路乎 〔김시추金是樞, 12-116〕

작서作書　　편지를 씀. 예문 戀極而不能時作書耳 〔유성룡柳成龍, 3-22〕

작수酌水　　술잔을 나누는 것을 말함. '수작'酬酌과도 같은 말이나, 수작이 친한 사이에 쓰는 말인 반면에 '작수'酌水는 청렴한 관리에게 쓰는 표현이다. 예문 民疾病漸痼 朝夕待盡 玆未得進詣行帷之下 少伸酌水之誠 〔송시열宋時烈, 000〕

작수성례酌水成禮　　물만 떠 놓고 혼례를 치름. 예문 春間酌水成禮 則惟在台執議定矣 〔김낙현金洛鉉, 22-333〕

작악作惡　　우울하여 기분이 좋지 않음. 육유陸游의 시 〈매화절구〉梅花絕句에 "늙어갈수록 마음엔 울적함만 많아지네"(漸老情懷多作惡)라고 하였다. 예문 別懷耿結 殆今作惡 意外承拜令札 憑審視篆起居珍相 〔이관명李觀命, 23-193〕

작약雀躍　　참새가 뜀. 기쁨을 나타낼 때 비유적으로 쓰이는 표현. 예문 自聞行㫌 得脫北窖 私心雀躍 〔윤순지尹順之, 4-142〕

작연綽然　　넉넉한 모양. 예문 自聞尊執事樂善好義之盛 綽然爲一方之所矜式 〔김진효金鎭孝, 40-92〕

작온作穩　　회포를 품. 여유를 가지고 이야기함. 예문 頃者晦而意外來過 而忙未作穩 迨以爲悵 〔윤증尹拯, 16-129〕 → 온주穩做

작재作宰　　고을 원이 됨. 예문 弟衰氣當寒 恒多病苦 而送兒作宰 千里離索 不能無繾綣于中也 〔홍순목洪淳穆, 44-224〕

작전作錢　　전세田稅를 돈으로 바꾸어 내게 하는 일. 예문 夾示租作錢事 未知君意之如何 〔김창숙金昌淑, 44-67〕

작헌례酌獻禮　　임금이 몸소 왕릉, 영전影殿, 종묘宗廟, 문묘 따위에 참배하고 잔을 올리던 제례. 예문 弟今十八日景陵酌獻禮時 以大祝勞陞通政階 〔서병호徐丙祜, 35-108〕

작헐作歇　　(병세가) 더하기도 하고 덜하기도 함. 예문 星也 初痁作歇無常 切悶切悶 〔미상, 027〕

잔경殘庚　　늦더위. 예문 餘何能自盡 只祝殘庚 啓居益康 〔최창대崔昌大, 21(禮)-

373〕

잔국殘局　　힘든 형편. 예문 頃惠諸種依受 而負債殘局 有此優送 深用感戢 〔송치규宋穉圭, 22-301〕

잔년殘年　　만년. 예문 弟殘年供劇之中 憂病滿室 悶惱何言 〔신광수申光洙, 21(智)-137〕

잔루殘縷　　실낱처럼 남아 있는 목숨. 예문 疾病筋力 固是朝暮人 而蒼黃震剝 備經險阻 僅保殘縷 艱持于玆 亦旣一月有餘 〔김정희金正喜, 38-31〕

잔생殘生　　남은 인생. 여생餘生. 예문 溪邊縛得數間屋 自今以往 直以蓋棺爲期 黙坐靜玩 過了殘生 〔이황李滉, 30-4〕

잔손屛孫　　못난 자손. 예문 具石已過卄年 而不得立 屛孫之渴悶 爲如何哉 〔김용金涌, 45-229〕

잔염殘炎　　늦더위. 예문 頃枉迨荷 卽承問札 憑諦殘炎新苡起居萬安 〔조태채趙泰采, 47-142〕

잔읍殘邑　　가난한 고을. 예문 如弟殘邑 賙賑無策 夙夜憂勞 寢息靡安 〔임방任埅, 22-195〕

잔일殘日　　해질 무렵. 석양. 예문 生陽路上 果逢軒騎 而殘日倦慘 投店甚忙 未克停鞭而過 到箕與少尹言而歎之矣 〔민창도閔昌道, 21(禮)-275〕

잔천殘喘　　얼마 남지 않은 목숨. 예문 老夫專賴腆念 粗保殘喘 統希盛照 〔미상, 22-379〕

잔호殘冱　　한겨울이 지나간 뒤의 남은 추위. 예문 歲華將盡 益有翹耿 卽伏承惠書 謹審殘冱 政履動靖神晏 區區慰荷 〔권돈인權敦仁, 26-159〕

잠불簪紱　　관잠冠簪(관을 상투에 고정하는 비녀)과 인끈. 관직官職을 말함. 예문 居士 間蒙恩飭 還處舊第 重理簪紱 感賈靡極 〔김정희金正喜, 33-91〕

잠영보簪纓譜　　각 성씨 중 벼슬한 양반 집안의 계보를 뽑아 놓은 책. 예문 簪纓譜頹惠之日 卽留山房 如非珪之躬往 鋼藏緊鎖 有不可以輕動 〔조현규趙顯珪, 40-326〕

잠잠涔涔 01　　골골댐. 병자가 앓는 모양. 예문 近來瘁病轉深 不出戶庭 已爲年所 而況添近來輪感 委臥涔涔 萬無自力躬造之望 〔윤동섬尹東暹, 21(智)-62〕

잠잠涔涔 02　　눈물이 줄줄 흐르는 모양. 예문 舊感自發 而況說及契好處 尤令人

動得眞淚涔涔也 〔유필영柳必永, 44-65〕

잠전暫展　　잠시 동안의 만남. 예문 日昨暫展 少抒積懷 〔김정희金正喜, 33-14〕

잠체箴體　　잠언箴言 식의 운문투 문체. 예문 俯戒齋記 盛意不敢孤 以箴體構置幾句燕語 第俟相對炎炎 始可出之 〔김성일金誠一, 26-125〕

잡역匝域　　나라 전체. 예문 慈徽永閟 匝域均慟 〔이서구李書九, 34-298〕

잡하雜下　　잡비로 지급하는 비용. 하下는 지급한다는 뜻. 예문 紙價及雜下 依教額七十六兩付送 〔최익수崔翊壽, 53-203〕

장경璋慶　　아들을 낳은 경사. 예문 近聞 台作藿湯客 吾人所可喜者 無踰於此 況暮年璋慶 尤豈不奇幸耶 方欲書賀 而未果 此拜先施 慰怍交至 〔서종급徐宗伋, 21(智)-51〕 → 농장弄璋

장구杖屨　　지팡이와 신발. 외출을 뜻함. 예문 杖屨之移住甁泉 當在何間 〔권진응權震應, 22-271〕

장기인杖期人　　상장喪杖을 짚고 일 년 동안 상복을 입는 사람. 예문 情少弟杖期人 尹冑夏 狀上 〔윤주하尹冑夏, 44-64〕

장니障泥　　말이 달릴 때 튀는 흙을 막는 마구馬具. 말다래. 예문 前送障泥垂破 可能更造靑其色以送否 〔이소한李昭漢, 051〕

장덕長德　　나이가 많고 덕이 있는 사람. 예문 損友自弱冠以來 出入於長德之門 而無一斑之窺 白首紛如此 春府丈之所痛悉也 安有開蒙眞詮耶 〔조재학曺在學, 40-324〕

장독章牘　　공문서. 예문 日昨答書 示意謹悉 凡諸章牘 果一切不捧則 固無奈何 而今以朝報中大臣所達見之 疏章 旣令定式捧入 〔이태좌李台佐, 21(禮)-323〕

장동牆東　　벼슬을 그만두고 저잣거리에 은거함. 왕망王莽이 전한前漢을 찬탈하여 세상이 어지러워지자, 봉맹逢萌과 서방徐房·이자운李子雲 등은 모두 덕을 숨기고 고의로 나쁜 행동을 저질러 면책免責된 다음 시골로 돌아가 은둔하였는데, 오직 왕군공王君公만은 고향으로 돌아가지 않고 시장에서 소 거간꾼 노릇을 하며 은둔하니, 당시 사람들이 지목하여, "세상 피해 담장 동쪽에 사는 왕군공"(避世牆東王君公)이라 하였다. 『후한서』後漢書 「일민전」逸民傳 〈봉맹〉逢萌. 예문 牆東之思 病裏益切 〔강박姜樸, 051〕

장렴粧奩　　경대鏡臺, 빗, 빗치게 등의 화장도구 일체. 신부가 시집갈 때 혼수

로 마련해 간다. 예문 俗儀之從簡 兩相叶約 而奈此粧匳之豊侈華美 終不踐言也 〔유교희柳敎熙, 40-182〕

장례狀禮　편지의 격식. 예문 餘不備狀禮 壬寅四月二十一日 李景在拜 〔이경재李景在, 31-75〕

장롱粧聾　귀머거리인 체함. 예문 京毛時或入耳 不如粧聾 西笑從以晼晩 來月擬一往 而姑未可必也 〔정헌시鄭憲時, 35-130〕

장륙藏六　칩거하여 꼼짝도 하지 않음. 거북이가 머리, 꼬리, 다리 4개를 모두 움츠리고 꼼짝 않고 있는 것에 비유한 말. 예문 只是載病衝寒 宿症添劇 方此藏六而過耳 〔송시열宋時烈, 4-167〕

장명자將命者　명령을 받들어 전하는 자. 주로 봉투에 씀. 상대방을 직접 언급하는 것은 실례이므로 그의 아랫사람을 지칭함으로써 상대방을 높여 일컫는 말. 예문 許生員 將命者 〔정극상丁克相, 41-19(봉투)〕

장무掌務　실무를 맡은 관리. 예문 受賄若此其多 則周旋或有其便 豈至於移送兵曹定役之理 頑人移怒於掌務 爲此○濫之計 可惡可惡 〔서경우徐景雨, 051〕

장문杖問　매질하며 심문함. 예문 示事豈敢歇後治也 但杖問有漸 不可急進爲之也 〔권대림權大臨, 42-16〕

장문狀聞　장계를 올려 임금에게 보고함. 예문 此是依法施行者 狀聞似無不可矣 〔박문수朴文秀, 6-81〕

장방長房　살아 있는 사람 중에 항렬이 가장 높은 사람. 최장방最長房. 예문 若於卷首之張 列書各派 標以字號 則雖不書長房次房 亦可瞭然 而此則人家譜册之規 亦不必援用矣 〔정조正祖, 26-75〕

장보狀報　하급 관청에서 상급 관청에 보고하는 문서. 예문 所示稅穀 依狀報許賣 〔김우항金宇杭, 5-141〕

장산葬山　장례. 예문 初喪則已過矣 葬山何以爲之 〔김집金集, 44-109〕

장상長殤　16세부터 19세 사이에 죽은 사람. 11세에서 15세까지는 중상中殤이며, 8세에서 11세까지는 하상下殤이라고 한다(『의례』儀禮 「상복」喪服). 예문 姪女未婚 二十一而夭折 過長殤之年 又未婚禮 無降服之文 〔허목許穆, 16-124〕

장서長逝　죽음. 예문 畢竟雲叔長逝 藁殯於千里他山 〔조형趙珩, 29-9〕

장석丈席　강석講席, 또는 스승의 자리. 학문을 논하는 자리는 선생과의 사이를 1장丈 정도 떨어져 앉는다는 데서 나온 말.『예기』禮記「곡례 상」曲禮上에 "만일 음식을 대접할 손님이 아닌 경우에는 자리를 펼 때에 자리의 간격을 한 길 정도로 한다"(若非飮食之客 則布席 席間函丈)라는 말이 있다. 예문 輒有可疑者 近圖躬詣丈席之間 欲爲恭承敎誨 適有薪憂 姑未可辦 〔길재吉再, 21(仁)-22〕 → 장함丈函, 함석函席, 함연函筵, 함장函丈

장섭將攝　　보양보양, 휴양休養. 예문 秋氣稍爽 不審日間 興居將攝更若何 〔이맹휴李孟休, 44-96〕

장수匠手　　기술자. 예문 雲觀匠手果有之 三堂上行下 沒沒無暇 命下卽現 苦未易 〔조상우趙相愚, 5-123〕

장습瘴濕　　축축하고 더운 땅에서 나는 독한 기운. 남쪽 바닷가 지역에 유배되거나 벼슬살이하는 사람이 편지에 주로 쓰는 말. 예문 弊局旣多惱神 瘴濕恐妨調護 旋切憧憧 〔이기연李紀淵, 29-35〕

장식狀式　　편지 격식이나 예법. 예문 餘忙甚 不宣狀式 〔성희안成希顔, 21(仁)-54〕

장열瘴熱　　습기가 많은 남쪽 바닷가의 더위. 예문 卽承惠牘 謹諦瘴熱 政履安重 〔김정희金正喜, 33-13〕

장영獐穎　　노루 털로 만든 붓. 예문 獐穎荷惠 甚珍 爲其曾所未試故爾 〔이황李滉, 30-55〕

장옥場屋　　과거 시험. 예문 自顧一介俗物 薄修擧業 奔走場屋 〔권용정權用正, 39-221〕

장요長腰　　장요미長腰米의 준말로, 가장 품질이 좋은 쌀의 별칭. 예문 高靈獨送長腰一斛 豈不以連姻之誼耶 〔이옥李沃, 14-58〕

장원지락蔣園之樂　　세 사람이 모여서 즐겁게 노는 것. 한나라의 장후蔣詡가 왕망王莽 아래서 벼슬하기 싫어 은거 생활을 하면서, 집 앞에 작은 길 셋을 만들어 구중求仲·양중羊仲 두 사람하고만 어울렸다는 고사에서 나온 말.
예문 恨不能邀兄住此 以成蔣園之樂 〔이여李畬, 23-159〕

장음長吟　　오래도록 앓음. 예문 女息之長吟不健 聞甚可憐 〔김창숙金昌淑, 44-66〕

장의將意　　뜻을 표함. 마음을 전달함. 예문 只祝煙雲無恙 行事團員 而無物將意 敬以一語奉贈 〔김정희金正喜, 31-68〕

장의掌議　　성균관·서원·향교 등의 유생의 우두머리. 예문 其後又以左右特爲

之掌議 幸勿復引避 〔김양행金亮行, 22-275〕

장의狀儀　　편지의 서식. 예문 餘擾甚 不宣狀儀 壬臘 念五日 〔홍양호洪良浩, 21(智)-110〕

장이長耳　　당나귀. 예문 明將治送棲碧妹行 而迷豚使之隨後計 然但其無代脚 貴長耳若無相値 則二三日間惠借如何 〔강국원姜國元, 000〕

장제狀題　　소장訴狀에 쓴 제음題音. 예문 留衙改色狀題 書於臘初 故卽今該色輩 不肯循例出給 〔이충익李忠翊, 21(智)-174〕

장제章製　　신랑의 옷을 만들기 위한 몸의 치수. 예문 第舍弟家親事 星帖旣受 實是天定 豈容人意 差敎仰呈 倘無所碍耶 章製錄示如何 〔강재주姜在冑, 41-147〕

장졸藏拙　　겸손함. 예문 老先生庶胤金㭆爲人 令監聞之耶 守分藏拙 甚有見識 兄弟中最良者 士友之所重 〔이유태李惟泰, 5-49〕

장지壯紙　　도침搗砧하여, 두껍고 질이 좋은 종이. 예문 壯紙四卷 白紙伍卷 錄名紙壹卷 藁精二束 與洪郞分用 〔김성일金誠一, 12-166〕

장지狀紙　　장지壯紙. 예문 惠來狀紙二束 依受仰感 〔박필성朴弼成, 49-292〕

장집莊戢　　삼가 가슴에 새김. 예문 曩荷枉存 尙玆莊戢 而連値酝擾 竟未造別 〔서희순徐熹淳, 29-37〕

장착腸窄　　좁은 소견. 예문 至於有書亦無答 俗人自是腸窄 不能無憾於大圓融之地 〔김정희金正喜, 33-91〕

장첩粧帖　　글씨나 그림 등을 보존하기 위해 첩을 꾸밈. 예문 切欲自此粧帖以送 而不但好紙之難得 且門憂冗 玆以未果 深悵深悵 〔강찬姜鄼, 41-77〕

장초萇楚　　다래나무.『시경』詩經「회풍」檜風의 〈습유장초〉隰有萇楚는 어지러운 정치와 무거운 세금에 고생하는 백성이, 걱정없이 사는 초목인 '장초'를 부러워한다는 내용이다. 예문 且目下劇憂 開霽無期 惟有萇楚之羨而已 〔이종상李鍾祥, 027〕

장침長枕　　장침대금長枕大衾의 준말. 긴 베개와 큰 이불이란 뜻으로 형제간의 우애를 이르는 말. 당 현종이 우애가 깊어 긴 베개와 큰 이불로 형제들과 함께 잤다는 고사에서 유래함. 예문 兄長枕之樂 傾盖之歡 自失於弟 而有供於兄 然不久弟當往 而攘還矣 〔김동삼金東三, 40-58〕

장파狀罷　　죄를 저지른 수령에 대해 해당 지역의 감사監司가 장계狀啓를 올려 파직시킴. 예문 聞溫陽郡守狀罷云 此若不爲差出 則今番漕運後 遷轉此窠 極涉

可慮〔김진화金鎭華, 12-136〕

장함丈函　　스승. 예문 聞丈函近得靑川 而鬚髮猶有勝昔云耳〔노수신盧守愼, 051〕
→ 장석丈席, 함석函席, 함연函筵, 함장函丈

장함長銜　　위계·관직·성명·수결 등을 기록해 넣은 명함. 예문 但數字手翰 斬於相示 小單長銜 是表襮事〔여유길呂裕吉, 45-232〕

장행狀行　　행장. 예문 先王考公狀行 頃承子弟委囑 忘拙謹此撰上〔이종기李種杞, 44-63〕

장허獎許　　칭찬. 예문 拙詩過蒙獎許 豈其然乎〔오도일吳道一, 3-102〕

장헌掌憲　　대사헌大司憲. 예문 時奇 昨者 閔掌憲 以大臣言斥榻前引避〔조명택趙明澤, 6-193〕

장황粧䌙　　표구. 예문 精畵瀟湘或關東景 卽加粧䌙以寄 則病中感喜 恐無踰此〔송준길宋浚吉, 22-139〕

장획牂獲　　장획藏獲. 노비. 예문 爾下牂獲田地收拾下歸 望須令招見款待 所控一一令採聽 私通成給 使之快施 如何〔윤의립尹毅立, 21(義)-246〕

재才　　나이. 예문 此婢四五才 自先世家使喚者 至七八只 卽此婢之買得稱云者 尤極怪惡 幸望嚴治 如何如何〔정시성鄭始成, 16-117〕

재궁齋宮　　무덤을 지키고, 죽은 이의 명복을 빌기 위하여 묘소 옆에 지은 절. 예문 且聞本府士夫齋宮 僧數稍多之處 猶有漏落者〔이상정李象靖 등, 44-52〕

재기再朞　　대상大祥. 예문 再朞只隔十數日〔조정호趙廷虎, 051〕

재답裁答　　답장을 씀. 예문 裁答人束 而紙筆難繼 甚甚切迫〔여이명呂以明, 027〕

재도再度　　두 차례. 예문 再度回便上札 下照否 日期已迫 不得已委送人馬〔김육金堉, 23-51〕

재도在塗　　길 가는 중에. 예문 力疾艱草 不宣 餘冀在塗加健〔홍언필洪彦弼, 46-65〕

재도裁度　　→ 재탁裁度

재랑齋郎　　능참봉陵參奉. 예문 來此 與柳齋郎相見 稍可喜也〔조한영曺漢英, 5-50〕

재로載路　　길에 가득함. 예문 示事 情非不足 近者下輩朔下未給滿月 怨聲載路 用手無路 奈何〔조희일趙希逸, 23-49〕

재리齋履   능참봉의 안부를 물을 때 쓰는 말. 예문 伏惟春盡 齋履增重 仰慰且溸 〔신광수申光洙, 21(智)-136〕 → 재후齋候

재명再明   모레. 예문 書來忻諗勝節 此眼鼻莫開扵臨歲機務 大政又在再明 諸條所示者 草草作答 〔정조正祖, 26-69〕

재방梓房   상대방의 아들을 지칭하는 말. 교재橋梓는 부자父子를 의미한다. 『세설신어』世說新語 「배조」排調 편의 주註에 "상자商子가 말했다. '남산의 남쪽에 교喬라는 나무가 있다.' 백금伯禽과 강숙康叔이 가서 교를 보았더니 정말로 높다랗게 위로 솟아 있었다. 돌아가 상자에게 고했더니 상자가 말했다. '교라는 나무는 아버지의 도이다. 남산 북쪽에 개오동나무라는 나무가 있다.' 두 사람이 다시 가서 개오동나무를 보았더니 정말로 공손하게 아래로 숙이고 있었다. 돌아가서 상자에게 고했더니 상자가 말했다. '개오동나무는 아들의 도이다"(商子曰 南山之陽有木焉 名喬 二三子往觀之 見喬 實高高然而上 反以告商子 商子曰 喬者父道也 南山之陰有木焉 名曰梓 二三子復往觀焉 見梓 實晉晉然而俯 反以告商子 商子曰 梓者子道也)라는 구절이 있다. 예문 仍伏審春寒 經體鼎茵 循序萬旺 梓房或舍 次第穩侍 新人亦在輕中 區區戀溸之忱 何等昻賀滿萬耶 〔김동건金東建, 055〕 → 영윤令允, 영윤令胤, 영윤英胤, 옥윤玉胤, 윤군允君, 윤군胤君, 윤랑胤郎, 윤사允舍, 윤사胤舍, 윤아胤兒, 윤옥允玉, 윤우允友, 윤우胤友, 재사梓舍, 현기賢器, 현랑賢郎, 현사賢嗣, 현윤賢允, 현윤賢胤

재배언再拜言   상주喪主가 편지 쓸 때 글머리에 쓰는 말. 통상 '계상재배언' 稽顙再拜言이라고 함. 예문 箕疇再拜言 〔이기홍李箕洪, 22-199〕 → 계상재배稽顙再拜

재사梓舍   상대방의 아들을 지칭하는 말. 재방梓房. 예문 伏惟太碩人鼎茵康護在視餘棣體事 增衛豈弟 梓舍愉侍 區區勞溸且祝 〔김성규金聖奎, 055〕

재사齋舍   공부하는 서재. 예문 齋舍今已畢功否 靜中逐日功程不輟 其味無窮 〔이황李滉, 30-10〕

재서裁書   편지를 씀. 예문 向日諗書中以三字不到 未好裁書云 〔유우목柳宇睦, 027〕

재양載陽   절기가 비로소 따스해짐. 예문 仍審載陽 起居對時萬休 仰慰無任區區 〔송병선宋秉璿, 44-122〕

재요再邀   결혼 후 친정에 근행覲行 가 있는 신부를 신랑이 데리러 오는 일.

예문 再邀擬以正初 而拘於俗三月之例 今纔送六足 望須帶臨以據初筵未奉底懷 〔신재문愼在文, 41-148〕

재우宰牛　소를 도살屠殺함. 예문 第廚所依敎分付 則明朝當宰牛則奉行云 〔이상현李象顯, 41-49〕

재유사齋有司　서원이나 향교의 실무를 담당하는 유생. 예문 就白 猥蒙儒薦 受此齋有司之望帖 揆分凜蹙之久 不能容措 〔권재일權載一, 41-168〕

재임齋任　성균관이나 향교, 서원 등에 소속된 유생 중의 임원. 예문 莫重賜牌之地 非一齋任所可擅賣 而至於折價受錢之境 卽難免疎率之責 〔오희상吳熙常, 31-56〕

재재在在　이곳저곳. 예문 今年水潦 在在墊溺 而嶠南則不知孔酷云 〔남헌교南獻敎, 44-314〕

재정灾政　흉년에 백성을 구제하기 위하여 펼치는 행정. 예문 賑事尙未就緖 灾政大段難處 悶甚悶甚 〔김보택金普澤, 22-241〕

재진在陳　재진지액在陳之厄. 궁핍하여 양식이 떨어진 것을 이르는 말. 공자가 진陳나라에 있을 때 양식이 떨어져 액운을 겪은 데서 유래함.『논어』論語「위령공」衛靈公에 "공자께서 진나라에 계실 때에 양식이 끊어지니 따르는 자가 병들어 일어나지 못했다. 자로가 불평하기를, '군자도 역시 궁함이 있습니까'라 하니 공자가, '군자는 진실로 궁한 것이니 소인은 궁하면 그릇된 일이라도 하게 된다'고 말했다"(孔子在陳 絶糧 從者病 莫能興 子路慍見曰 君子亦有窮乎 子曰 君子固窮 小人窮斯濫矣)라는 구절이 있다. 예문 從者皆集 京饋不至 在陳之憂 又是目下事 〔이시원李是遠, 7-147〕

재질載疾　병든 몸으로. 부질負疾. 예문 載疾入城 日事呻㗆 尙闕一拜 方用耿耿 伏奉下札 昂慰良至 〔이광좌李光佐, 21(禮)-403〕

재측在側　부모를 모시고 있음. 예문 侍生伏荷下賜 依保在側 他何足喩 〔김창국金昌國, 49-260〕→ 시측侍側

재탁裁度　헤아려 생각함. 예문 幸望留念共濟如何 亦仰裁度 而敎可否耳 〔이제李濟, 21(禮)-316〕

재택財擇　재단하여 채택함. '재'財는 '재'裁의 의미. 예문 則當就草本 而略可修潤爲計 而深淺之見 無以合宜稱停於財擇 是所悶慮也 〔송내희宋來熙, 11-240〕

재해再解　　과거의 초시初試에 두 번이나 합격함. 예문 吾弟之再解 吾侄之三解 竟齋恨入地矣 〔신좌모申佐模, 43-107〕

재후齋候　　능참봉의 안부를 물을 때 쓰는 말. 예문 謹承情札 憑審雨中齋候神相 慰感區區 〔이시성李時成, 32-48〕 → 재리齋履

쟁영崢嶸　　연말. 예문 歲色崢嶸 瞻望江介 氷雪千尺 〔김상현金尙鉉, 22-331〕

저궐儲闕　　빈 벼슬자리. 예문 洪提川則 都目在前 自後政一切儲闕 似未易遽擬於實職 如何 〔권상유權尙游, 21(禮)-286〕

저리邸吏　　경저리京邸吏와 영저리營邸吏를 이르는 말. 경저리는 서울에 주재하면서 서울에 대한 지방관청의 일을 대행하는 향리이고, 영저리는 지방의 감영에 있으면서 감영과 각 고을 사이의 연락을 취하는 아전이다. 예문 有所往復 托其傳致答書還托仲蘊可耳 又或直付邸吏 使之邀授 〔한원진韓元震, 22-255〕

저보邸報　　지방장관들이 해당 지방의 서울 사무소인 경저京邸로부터 전달받은 신문. 중앙 아문의 기별서리나 경주인京主人(계수주인界首主人 포함) 등이 필요 부분을 필사하고, 이것을 기별군사奇別軍士(朝報軍士, 奇別使令)가 경병자京房子, 역참驛站 등을 통해 경향 각지의 해당 관청에 전달하였다. 예문 卽惟窮臘 侍餘仕況珍勝 偶接邸報 舘薦旣完 想兄已得脫濕 可喜 〔이병상李秉常, 21(禮)-413〕 → 저장邸狀, 저지邸紙

저사邸使　　저리邸吏. 예문 幸依別時所懇 頻頻因邸使附書 以破此鬱 至仰至仰 〔임성주任聖周, 22-273〕

저생楮生　　종이. 저선생楮先生. 예문 日長無聊 弄筆消遣 筆墨楮生 望須力圖 優惠至禱 扇子亦望 〔유용근柳庸謹, 9-99〕

저선생楮先生　　종이를 의인화한 말. 한유韓愈의 〈모영전〉毛穎傳에서 붓은 모영, 종이는 저선생으로 의인화한 데서 유래한다. 예문 別紙三昧之貺 感領 而楮先生 滿駄驟至 慚悚兼發 無以處焉 〔정구鄭述, 11-196〕

저어岨峿　　마음이 편치 않음. 불안함. 예문 呈牒只有例飭 不勝岨峿 〔최두원崔斗元, 41-38〕

저온底蘊　　깊은 회포. 예문 高情綣綣 必副呼丐不違 區區感慕 恨不相候 倒了底蘊耳 〔최산두崔山斗, 9-66〕

저유羝乳　　귀양 생활이 끝남. 원래는 숫양이 새끼를 낳아서 젖을 먹인다는 뜻으로서, 절대로 불가능함을 뜻하는 말이다. 한漢나라의 소무蘇武가 흉노에게 잡혀갔을 때 흉노가 소무더러 숫양을 키우게 하면서, 숫양이 새끼를 낳아서 젖을 먹인다면 본국으로 돌려 보내주겠다고 한 고사가 있다. 예문 羯人尙延頑喘 豈非命也 羝乳未期 只待造化耳〔김상헌金尙憲, 36-23〕

저인邸人　　저리邸吏. 예문 此必邸人遲滯之致 兄須捉來邸人 猛治之爲可〔윤헌주尹憲柱, 22-229〕

저장邸狀　　저보邸報. 예문 得見邸狀〔미상, 22-383〕→ 저보邸報, 저지邸紙

저적抵敵　　버팀. 견디어 냄. 예문 記下逐日公擾 實難抵敵耳〔김윤식金允植, 39-239〕

저졸邸卒　　역졸. 예문 黃江邸卒還 上覆書 下照否乎〔이옥李沃, 3-92〕

저중這中　　근래에. 예문 這中高同贅家豚犬 聞督簿校籍以出 果否〔최산두崔山斗, 9-68〕

저지邸紙　　저보邸報. 예문 借人呈疏 已涉苟簡 日賸邸紙 亦甚苦悶〔강현姜鋧, 6-41〕→ 저보邸報, 저장邸狀

저척詆斥　　남을 헐뜯어 배척함. 예문 偶以台兄不入講筵爲高智 又以避出而不得免詆斥爲幸也〔정엽鄭曄, 45-341〕

저편邸便　　경저京邸나 영저營邸를 오가는 인편. 예문 適聞邸便甚妥 略付數字 亦望寄答於此回也〔김정희金正喜, 33-93〕

저회低回　　배회함. 예문 低回城闉 旅進朝班 有若顧戀榮利者 然此何人 斯顧影忸尼而已〔김종한金宗漢, 35-102〕

적각赤脚　　계집종. 예문 朝因赤脚 伏審夜來哀候平安 伏慰伏慰〔미상, 027〕

적경積慶　　적선여경積善餘慶의 준말.『주역』周易 〈곤괘〉坤卦 '문언'文言의 "덕행을 쌓은 집안은 자손에까지 경사가 미친다"(積善之家 必有餘慶)라는 말에서 유래한다. 예문 賢胤今以新恩歸榮 亦積慶所延耶〔이호민李好閔, 11-190〕

적기的奇　　확실한 소식. 예문 詔使之來 時無的奇云〔미상, 16-52〕→ 적보的報

적기積氣　　오랜 체증滯症으로 인하여 배 속에 덩어리가 생기는 병. 예문 庶從五六日前 積氣衝心 幾至窒塞 一晝夜不省人事 連服峻劑 始爲回甦〔미상, 10-107〕

적년積年　　오랜 세월. 적년누월積年累月의 준말. 예문 治下德興社士人崔秉圭 卽積年同硏 屢擧初解而文華也〔서병선徐丙善, 35-101〕

적립赤立　　재정이 고갈됨. 예문 第聞公私赤立云 何乃至此乎 〔김좌명金佐明, 23-101〕

적막중寂寞中　　조용하고 쓸쓸한 곳. 보통 유배된 사람이 자기가 유배되어 있는 곳을 가리킬 때 쓰는 표현. 예문 曩荷從人臨賁於寂寞中 此意良厚 迨不敢忘也 〔김치후金致垕, 21(禮)-443〕

적막지빈寂莫之濱　　쓸쓸한 물가. 유배된 사람이 자신의 유배지를 가리키는 말. 예문 歲換江國 思人政苦 珍重一札 忽落於寂莫之濱 披感已極 〔정호鄭澔, 21(禮)-227〕 → 복사붕사, 적막중寂寞中, 택반澤畔

적보的報　　정확한 소식. 예문 信得的報 力疾當趨 〔미상, 3-60〕 → 적기의기

적부賊夫　　배움이 충분치 않은데 벼슬에 나아감. 『논어』論語 「선진」先進에, 아직 배우지 못한 사람에게 벼슬을 주는 것은 그를 해치는 것(賊夫人之子)일 뿐이라는 말이 있다. 예문 允兄想必靜帖於對案工夫 而過去汩沒 無乃犯賊夫之責否 〔이수악李壽岳, 40-246〕

적산籍產　　중죄인의 재산을 몰수함. 적몰籍沒. 예문 昨日冤死人等 一皆伸理 秋相則復官致祭 吳季文則諸臣皆以快雪爲難 而自上特命伸冤 至於復官 籍產緣坐 自在勿論中 趙䃺父子 亦勿以逆論之 吳三宰感激天恩 今曉肅謝矣 〔이관징李觀徵, 13-135〕

적석赤舃　　귀족들이 신는 신발. 상대방을 지칭하는 말로 쓰임. 예문 第未卜赤舃還朝之日 是用黙禱 區區於日夜耳 〔조문수曺文秀, 4-144〕

적앙積殃　　쌓인 재앙. 상사喪事를 당한 사람이 쓰는 말. 예문 健命白 積殃在躬 仲子夭折 目前慘切 殆非人理所堪 頃蒙台遠賜慰問 哀感之至 〔이건명李健命, 21(禮)-343〕

적애積閡　　소식이나 왕래가 오랫동안 끊어짐. 예문 入秋積閡 一如隔年 〔홍의섭洪宜燮, 41-13〕

적온積蘊　　마음에 쌓인 것. 예문 但一夜擾話 無以展此積蘊 〔윤봉구尹鳳九, 23-209〕

적우積雨　　장마. 예문 積雨不止 未審哀候何如 馳慮萬萬 〔이지안李志安, 21(義)-316〕 → 매서霾暑, 매우梅雨, 염림炎霖, 요서潦暑, 요염潦炎, 유우溜雨

적위積違　　오랫동안 만나지 못함. 예문 積違芝輝 時深葭溯 〔김가진金嘉鎭, 21

(智)-427〕 → 배조拜阻, 이조貽阻, 조배阻拜, 조봉阻奉

적전籍田　　임금이 친히 경작하던 밭. 예문 位田之用籍田例 不欲出賦者 何異 於宮畓之免稅 又欲免賦耶 〔정조正祖, 26-83〕

적조積阻　　오랫동안 소식이 막힘. 예문 前奉出於積阻 而未得做穩 迨切悵想 〔정홍명鄭弘溟, 23-69〕

적지的知　　적실的實하게 앎. 예문 生雖日遭彈 脫濕可幸 而交龜遲速 時未的 知 罪罷久留 苦悶何言 〔권시경權是經, 44-263〕

적지赤地　　흉년이나 전쟁으로 풀 한 포기 자라지 않는 땅. 예문 但以旱乾 赤地 千里 民將塡于溝壑 何以聊生 〔김장생金長生, 23-27〕

적패積敗　　기운이 몹시 지침. 예문 弟病 自數日稍有蘇意 而積敗之餘 完復未 易 甚悶甚悶 〔이인병李寅炳, 10-61〕

적편的便　　믿을 만한 인편. 예문 伏望命推 堅藏于叔主處 以待的便之來 轉送 于此 何如何如 〔이안도李安道, 44-40〕 → 빙편憑便, 신사信使, 신편信便

적환謫宦　　강등되어 지방으로 쫓겨 내려간 수령. 예문 側聞 自上有厭憚謫宦侵 斥道臣之敎云 〔이세화李世華, 5-111〕

적환賊患　　도적들로 인한 근심과 걱정. 예문 明春當卽上來云 賊患可慮可慮 〔이관징李觀徵, 13-116〕

전專　　편지를 보내기 위하여 일부러 보내는 사람. '전'耑으로도 씀. 예문 纔專奉 書 兼致函丈簡了 〔송규렴宋奎濂, 23-135〕 → 전개專价, 전개耑价, 전인專人, 전지專趾, 전팽專伻

전가痊可　　질병이 나음. 예문 卽見崔生書 審有暑症 實深慮仰 想已痊可 〔송시열 宋時烈, 3-120〕

전가銓家　　조선 시대에 문무관文武官을 전형銓衡하던 이조나 병조의 관원. 예문 陞移可賀 夏赴儘好 銓家待以第一窠 感說感說 〔이휘재李彙載, 027〕

전가지율全家之律　　전가사변全家徙邊. 죄인의 전 가족을 변경으로 이사하 게 하는 법. 예문 未知罪狀如何 而皆入於全家之律耶 一訟五人之全家 似無其理 〔이익수李益壽, 6-51〕

전각篆閣　　수령이 집무하는 관아. 예문 靑陽 篆閣 執事 回納 〔남병철南秉哲, 44-196(봉투)〕

전감篆感　　감사함을 마음에 새김. 예문 伴來三種 領認情注 篆感踰常 〔이용희李容熙, 31-89〕→ 감전감篆, 감전감鐫, 감패감佩

전개專价　　편지를 전하기 위하여 일부러 보내는 사람. 예문 伏承專价惠書 不勝仰感之至 況兩同陳玄 適到於匱乏之時 仰謝無已 〔김집金集, 21(義)-68〕

전개耑价　　편지를 전하기 위하여 일부러 보내는 사람. 예문 即玆謂外忽承耑价眷問札 忙手開緘 如得再拜 〔박경후朴慶後, 3-2〕→ 전專, 전개專价, 전인專人, 전지專趾, 전팽專伻

전개餞改　　연말연시. 예문 餞改不遠 申冀迓新 〔홍석주洪奭周, 41-181〕

전거前車　　앞사람이 한 일을 본보기로 삼는다는 말. 앞수레가 넘어지면 뒷수레가 조심한다는 '전거복후거계'前車覆後車戒의 준말. 예문 惜乎不自力 到老追悔 何補於事 惟座下視爲前車 及時矻矻 無或一刻放過 是朋友之望也 〔최익현崔益鉉, 39-237〕

전관銓官　　조선 시대에 문무관文武官을 전형銓衡하던 이조나 병조의 관원. 예문 注擬間事 非所與聞 而試當懇通於銓官爲計 〔송규렴宋奎濂, 22-175〕

전괄箭括　　화살의 오늬. 화살의 머리를 활시위에 끼도록 도려낸 부분. 예문 遙想 貴園金砂烏竹 堅如箭括矣 幸望拔其梗直者十餘枚 優惠之如何如何 〔유현상兪鉉庠, 41-48〕

전납傳納　　전하여 바침. 예문 濟州 鈴軒 傳納 〔신완申玩, 3-138(봉투)〕

전념腆念　　두터운 정의情誼. 예문 老夫專賴腆念 粗保殘喘 〔미상, 22-379〕

전달詮達　　자세히 설명하여 전달함. 예문 憊困不得上候進士叔主 不勝罪恨 未敢望詮達也 對客流潦不盡宣 〔이상정李象靖, 12-230〕

전두前頭　　앞으로. 예문 前頭溫陽擧動不遠 兒輩三人雖不盡往 二人則萬無得免之理 〔홍주원洪柱元, 22-145〕

전두轉頭　　머리 한 번 돌린 사이에. 어느새. 예문 前拜 轉頭換歲 不任戀悵 卽承問字 就審氣候佳裕 遙慰遙慰 〔김륵金玏, 16-49〕

전량錢兩　　돈. 예문 昨夜踰墻而入來者 下隷逐出云 耳卽聞元塘人云 春川由吏亦來留云 可痛可痛 李書房來見耶 若來見卽錢兩播及如何 〔이언순李彦淳, 44-77〕

전륵耑泐　　오로지 이 점만을 마음에 새기라는 말. 예문 時晚緊要尤於前日 拜登珍謝耑泐奉覆 〔이하응李昰應, 35-78〕

전망銓望　　이조吏曹와 병조兵曹에서 관리 후보자를 추천하는 일. 예문 渾狀 俱無撓耳 銓望尙不下〔김정희金正喜, 20-34〕

전멱轉覓　　몇 군데를 거쳐서 구함. 예문 兒藥一種 累督尙未得 如果有轉覓之 路 雖先試半劑 固無妨矣 幸爲圖之〔김종후金鍾厚, 23-239〕

전문奠文　　제사 지낼 때 올리는 애도의 글. 제문祭文. 예문 奠文一讀 愴然情深〔윤증尹拯, 22-173〕

전문專問　　심부름꾼(專人)을 시켜 보낸 문안 편지. 전문耑問. 예문 筵上向左右不知剌剌幾許 尊其耳痒否 至蒙專問 感且未安〔정호서丁好恕, 21(義)-55〕

전문錢文　　돈. 예문 錢文三十兩送去 今日美谷金仇之當來於此處 受明文後計給此錢可也〔이시성李時成, 32-49〕

전미展眉　　미간을 폄. 한숨 돌림, 마음을 놓음. 예문 從子親節 恒時靡寧 焦邊如何形言 而年底熏惱 展眉無暇〔김윤근金輪根, 31-168〕

전민煎悶　　걱정으로 속이 탐. 예문 卽今舍伯之病 久執愈篤 煎悶曷喩〔김창흡金昌翕, 22-215〕

전박煎迫　　몹시 마음을 졸임. 예문 上候一向進退 諸症近又頓加於前 煎迫何可喩〔이여李畬, 22-203〕

전방全榜　　방목榜目에 든 전체 합격자 명단. 예문 昨聞榜奇 卽往里內 見全榜 則汝果發解矣〔신좌모申佐模, 43-113〕

전배電拜　　잠깐 만남. 예문 洛下電拜 迨極依遡〔최천건崔天健, 5-202〕

전번剸煩　　번거로운 행정 업무를 처리함. 예문 德仲去後 姑無來信 而渠有本病 恐難剸煩〔미상, 6-149〕

전별電別　　급하게 헤어짐. 예문 松齋電別 合江雷逢 却似夢裏〔홍택주洪宅疇, 027〕

전복全卜　　전복全鰒. 예문 白米三斗 連魚二尾 石花醢三升 銀口魚二多音 好全卜五六介〔이덕운李德運, 35-9〕

전복典僕　　노복奴僕. 예문 第聞館學捲堂 典僕呼哭 至於自上軫念 特命召集者多日矣 而尙未還聚云 此亦非小變也 爲之仰屋竊歎而已〔정구鄭逑, 11-194〕

전봉前逢　　앞날의 만남. 예문 一別周歲 已堪悵嘆 而況復前逢無期 此懷當何如哉〔왕수환王粹煥 등, 37-65〕

전부田夫　　농부. 예문 輦路田夫之秋還除耗 卽欲爲所重施民惠 而路邊民戶尙

多未聞知之弊 是豈還到津頭不憚儃 下諭該路邑之意哉〔정조正祖, 26-13〕

전부銓部　　이조吏曹. 예문 惟在兄周旋銓部 從速出代耳〔이진휴李震休, 3-95〕

전사專使　　상대방에게 편지를 전달하기 위해 일부러 보내는 심부름꾼. 예문 方以寧父治行事多之故 一未修謝 迨深罪恨 玆承專使致問 跪讀再三〔조헌趙憲, 16-29〕

전사耑使　　전사專使. 예문 伏承耑使惠覆〔송준길宋浚吉, 052〕

전사腆賜　　두터운 은혜. 예문 荷深荷腆賜 喘喘居津耳〔한호韓濩, 22-55〕

전상銓相　　이조판서. 예문 數日前見銓相 更爲言及 則歷言前日桃源擬望時事 言頗勤懇〔남용익南龍翼, 22-169〕

전서耑書　　일부러 사람을 시켜 보낸 편지. 예문 此又謹承耑書申問 披復三四 足當一遭承誨也〔이희조李喜朝, 23-177〕 → 전찰耑札

전석銓席　　이조판서. 예문 然此是機會 若失此 而令叔入銓席 則尤無得期〔유성룡柳成龍, 22-53〕

전석鱣席　　→ 선석鱣席

전성專城　　한 고을의 수령. 예문 饑歲專城 豈非國恩〔임방任埅, 22-195〕

전성展省　　성묘. 예문 伏聞近有展省之行 雖欲趨謁於駐駕之所 而行次不知的在何日 伏歎伏歎〔장진張璡, 000〕

전세餞歲　　묵은해를 보냄. 예문 記下 只是病劣無可言 而客館餞歲 了去懷緖耳〔신응조申應朝, 25-48〕

전송專送　　어떤 특별한 목적을 위해 일부러 사람을 보내는 것. 예문 今又專送官人 幸須爲念世好 求得貿送〔이순신李舜臣, 22-59〕

전송轉誦　　다른 사람을 통해 소식을 전함. 예문 新牧莅行 不得付候 只以轉誦於貴棣座事矣〔김성근金聲根, 42-17〕

전수典守　　향교나 묘 등을 맡아서 지킴. 예문 此是儒宮典守數三殘衲 本不當與於寺刹之科〔이상정李象靖 등, 44-52〕

전시殿屎　　→ 전희殿屎

전시殿試　　과거제도의 하나. 복시覆試에서 선발된 문과 33명과 무과 28명에게 왕이 몸소 보이는 과거. 복시의 합격으로 급제는 결정되고 전시는 급제의 순위를 정하는 시험이다. 이 시험의 성적에 따라 문과는 갑과甲科 3인, 을과乙科 7인,

병과丙科 23인, 무과는 갑과 3인, 을과 5인, 병과 20인의 등급으로 나누어진다.
예문 初五日花製 崔判書之次子鳳求 直赴殿試矣〔신좌모申佐模, 43-128〕

전시篆侍　　부모를 모시고 있는 수령의 안부를 물을 때 쓰는 말. '전'篆은 수령을 가리키고, '시'侍는 부모를 모시고 있다는 의미이다. 예문 餘冀篆侍增禧 眼花難艸〔김정희金正喜, 20-65〕

전식傳食　　아침저녁으로 밥을 나름. 예문 吾初五除承旨 課日曉仕 奔走在公 已近一望矣 傳食之艱 供劇之勞 万難支吾 良悶良悶〔신좌모申佐模, 43-166〕

전아餞迓　　묵은해를 보내고 새해를 맞이함. 주로 연말에 보내는 편지에서 복 많이 받기를 기원하는 뜻으로 씀. 전아만지餞迓曼祉, 아전만지迓餞蔓祉, 전아증지餞迓增祉, 전아만희餞迓萬禧. 예문 此歲無多 惟餞迓蔓祺 恩恩 萬不備〔강화영姜華永, 42-15〕

전안腆顏　　부끄러움. 후안厚顏. 예문 家本淸寒 凡百無一稱矣 還自腆顏耳〔홍우찬洪祐瓚, 43-302〕

전영餞迎　　묵은해를 보내고 새해를 맞이함. 예문 歲色垂盡 只希餞迎增祉 不備〔성대중成大中, 44-310〕 → 전아餞迓

전오展晤　　서로 만나 회포를 풂. 예문 入城之日 卽辱臨枉 欣慰則多 殊未展晤 爲恨〔이황李滉, 30-55〕

전오電晤　　잠깐 만남. 예문 向者人海電晤 追思只增悵耿〔이기정李基定, 40-222〕

전요纏繞　　괴롭힘. 또는 훼방 놓음. 예문 第彼不克逞于我 而移到於洪俊民 反復纏繞 終始不已〔윤순거尹舜擧, 22-119〕

전우煎憂　　애태우며 걱정함. 예문 此中老人之症 屢瀕危境 今幸向差 而仍至安平 亦未保矣 煎憂度日耳〔송시열宋時烈, 3-120〕 → 민전悶煎, 전작煎灼

전익轉益　　더욱더. 예문 生泄病 近尙無減 元氣轉益澌爾 未由進洩一哀於筵几未撤之前 情禮掃地 生不如死矣〔김창즙金昌緝, 21(禮)-339〕

전인專人　　편지를 전하기 위해 일부러 보내는 심부름꾼. 예문 二十一日 專人上書 伏想下鑑矣〔오덕영吳悳泳, 31-96〕 → 전專, 전개專价, 전개耑价, 전지專趾, 전팽專伻

전임銓任　　이조판서. 예문 銓任還授 在私心兢慄 在公體苟艱〔김치인金致仁, 051〕

전작煎灼　　근심으로 마음을 태움. 예문 老姊有禮泉 聞其重病 遣人探問 阻水

空返 今復遣未還 未知消息如何 煎灼無以爲心 〔이황李滉, 30-160〕 → 민전悶煎, 전우煎憂

전장典章　　제도와 법령. 예문 且聞 寒岡書齋 有鄭三峯集 雙梅堂集 及政經等册云 此是士夫家希有之册 而國家典章 多有可考之蹟 幸須開諭院儒 從速搜出借惠 如何如何 〔최석항崔錫恒, 21(禮)-269〕

전장銓長　　이조 판서. 예문 又撓斥銓長 至於遞職 世俗嘲訕 固所甘心 〔이유태李惟泰, 4-172〕 → 전상銓相, 전석銓席, 전임銓任

전정지미全鼎之味　　솥 안에 있는 모든 음식의 맛. 한 개인의 시문詩文이나 서화書畫를 아우른 작품 전체의 수준이나 품격. 전정일련全鼎一臠. 예문 金滄江旣見梁泉詩文集 始知全鼎之味 致書于李方氏 促其辦財 而自擔役 〔왕수환王粹煥, 37-58〕

전조銓曹　　이조吏曹. 예문 誠一已遞銓曹 得閑地耳 〔김성일金誠一, 3-25〕

전좌篆座　　수령이 집무하는 자리. 예문 靑陽知縣篆座 〔이하응李昰應, 39-295〕

전주篆朱　　수령의 업무. 예문 第篆朱之擾 不甚爲惱否耶 〔윤자덕尹滋悳, 051〕

전주腆注　　후하게 베풀어 줌. 예문 日前承拜大函 蒙惠二筐霜柑 謹領腆注 莫名感謝 〔김가진金嘉鎭, 25-57〕

전죽饘粥　　쌀가루와 고기 간 것을 섞어 쑨 죽. 예문 不審自罹荼毒 氣力何如 伏乞强加饘粥 俛從禮制 〔신익륭申翊隆, 21(義)-297〕

전중傳重　　아들이 없어 할아버지가 손자에게 제사를 승계시키는 일. 예문 晚抱在傳重地 今想已十許歲矣 所學漸就 可趾家聲耶 〔유창식柳昌植, 40-212〕

전지專趾　　편지를 전하기 위해 일부러 보내는 심부름꾼. 예문 向蒙專趾 申之以手眞 荷意之厚 至於斯極 以感以慰 不容于心 〔홍직필洪直弼, 11-238〕 → 전專, 전개專价, 전인專人, 전팽專伻

전지田地　　발을 디디고 있는 곳. 근거지. 예문 本來田地虛薄 志氣又懶散日縮下山之勢 自料是別樣人 〔유동시柳東蓍, 40-188〕

전지銓地　　전선銓選 즉 인사 행정을 담당하는 자리. 곧 이조와 병조의 관직. 예문 弟之爲養求郡 出於萬分悶迫 而尙未遂願 今適在銓地 弟之情事 可推己而知之 豈不動念耶 〔조수익趙壽益, 21(義)-268〕

전지顚躓　　발이 걸려 넘어짐. 또는 곤란을 당함. 전질顚跌. 예문 每想吾兄吟弄

於寂寬之中 雖不得久此樂 却勝鄙生驅策病軀 顚躓於塵埃間也〔정엽鄭曄, 45-335〕

전차塡差　　인사 명령을 내려 빈자리를 메움. 예문 示意備悉 而將校數窠 纔已塡差 前頭待闕 奉施爲計〔ㅇ명유ㅇ命唯, 6-171〕

전차轉借　　자기가 빌린 것을 남에게 빌려 줌. 예문 尤齋遺集 謹承來示 固難轉借 而第江門之深囑勿煩人眼 實慮譊譊老齒舌〔이중협李重協, 6-165〕

전찰耑札　　심부름꾼을 시켜 보낸 편지. '전'耑은 '전'專과 통용된다. 예문 此又耑札垂問 且審日間體履加勝〔민진장閔鎭長, 23-167〕

전체篆體　　수령의 안부. '전'篆은 도장을 찍는다는 뜻으로 수령을 가리킨다. 예문 仍拜審篆體神護曼重〔김성근金聲根, 22-345〕

전체轉遞　　직접 상대방에게 가는 인편이 아니라, 전전轉轉하여 가는 인편. 예문 餘聞有江亭便轉遞 不可作他語〔임성주任聖周, 22-273〕 → 전편轉便

전체절篆體節　　수령의 안부. 예문 卽伏承惠狀 謹審殘沍篆體節萬旺 仰慰區區叶祝〔이재원李載元, 44-208〕 → 전체篆體, 전후篆候

전최殿最　　감사監司가 관할 지역 내 수령守令들의 성적成績을 매기는 일. 성적이 최상이면 최最, 최하면 전殿이라 한 데서 유래함. 통상 6월과 12월에 걸쳐 두 번 하는데 도목정사都目政事 또는 대정大政이라고 한다. 예문 杓庭丈之言 非但陞降之無慮 且謂殿最之爽實〔이건창李建昌, 22-359〕

전춘일餞春日　　삼월 그믐날. 전춘餞春은 3월을 달리 이르는 말임. 예문 餞春日 記下 允植拜〔김윤식金允植, 39-239〕

전치傳致　　인편을 통해 편지를 보냄. 예문 付送聖膺邊傳致 早晚亦未可幾耳〔이간李柬, 23-203〕

전치轉褫　　전체轉遞. 예문 日前 從轉褫 付上候矣 伏詢比凉 政體內若何〔윤치영尹致英, 31-79〕

전칠全漆　　관의 부식을 방지하기 위하여 칠하는 옻. 예문 令慈回賜慰問 辭旨惻怛 以一升全漆 特垂仁濟 哀感之至〔윤문거尹文擧, 25-17〕

전칠全柒　　전칠全漆. 예문 初喪凡百罔措 而全柒尤切急 倘可留念否〔강현姜鋧, 22-211〕

전토展討　　마음을 털어놓음. 예문 餘當一進展討〔이기홍李箕洪, 23-155〕

전패顚沛　　쓰러지고 넘어짐. 예문 觸熱添傷 恐或顚沛於中途 ○○爲悶〔미상,

22-365〕

전팽專伻　편지를 전하기 위해 일부러 보내는 심부름꾼. 예문 專伻還答 破却 平生痼疾〔미상, 000〕

전팽耑伻　편지를 전하기 위해 일부러 보내는 심부름꾼. 예문 大賓當至 坐想 惱擾之狀 令人想心 而爲能耑伻於遠路 仰認眷意〔권상유權尙游, 6-53〕→ 전專, 전개 專价, 전개耑价, 전인專人, 전팽專伻

전편轉便　직접 상대방에게 가는 인편이 아니라, 전전轉轉하여 가는 인편. 예문 餘因轉便 力疾仰復〔조병덕趙秉悳, 22-327〕→ 전체轉遞

전포展布　솜씨나 기량을 발휘함. 예문 此友所蘊將展布 何時俯就蔭路 豈非 枳棲之歎耶〔김종한金宗漢, 35-102〕

전포轉佈　안부를 전함. 예문 參書令許 忙未有書 轉佈如何〔김가진金嘉鎭, 39- 251〕

전품轉稟　다른 사람을 통해 여쭘. 예문 若招之則何幸 而固知窠窄 未知如何 屢次轉稟若何〔이철영李徹榮, 10-109〕

전한耑翰　심부름꾼을 시켜서 보내는 편지. 예문 拜承耑翰際在馳 仰喜可知 也〔박이양朴彝陽, 35-115〕

전함展函　편지를 읽음. 예문 展函循復 亦覺香味沁透紙間〔김정희金正喜, 33-61〕

전함耑函　심부름꾼을 시켜서 보내는 편지. 예문 卽伏拜 先施耑函 謹審新年 令政體萬旺 仰喜叶祝〔이중하李重夏, 35-105〕

전형典刑　법에 의한 형벌. 예문 今則安賊已受典刑耶 迄今假息痛憤〔미상, 43- 34〕

전후專候　심부름꾼을 시켜 문안 편지를보냄. 예문 委此專候〔이단상李端相, 051〕

전후篆候　수령의 안부. 예문 仍審數天 令篆候曼重 仰慰多少〔김정희金正喜, 33- 73〕

전후耑候　전후專候. 예문 未知其間果無掣肘與否 玆用耑候 行乞明敎之千萬 〔박세채朴世采, 3-146〕

전히殿屎　신음함. 『시경』詩經「대아」大雅〈판〉板에, "백성들이 신음하고 있거 늘 우리를 헤아려 주는 이가 없나니"(民之方殿屎 則莫我敢葵)라고 하였다. 예문 功 服人 逢新百感 已難按住 只病與齒添 長臥殿屎〔김두흠金斗欽, 31-80〕

절節　　부절符節. '사신'의 뜻도 있음. 예문 北海回節 不待羝乳 足見天道之无妄 〔신량申湸, 4-176〕

절가折價　　값을 깎음. 예문 莫重賜牌之地 非一齋任所可擅賣 而至於折價受錢之境 卽難免疎率之責 〔오희상吳熙常, 31-56〕

절간折簡　　짧은 편지. 예문 歷路轎軍甚難 故龍宮則折簡于咸昌 使傳之 〔김성일金誠一, 12-155〕

절거竊據　　자신이 관직에 나아감을 낮추어 이르는 말. 예문 弟奉老湯撓之中 冒恥竊據 只自惶悶而已 〔박장원朴長遠, 16-131〕

절계折桂　　장원급제.『진서』晉書 권52「극선」郤詵에 현량 대책賢良對策에서 장원을 한 극선郤詵에게 진 무제晉武帝가 소감을 묻자, 극선이 "계수나무 숲의 가지 하나를 꺾고, 곤륜산崑崙山의 옥돌 한 조각을 쥔 듯합니다"(猶桂林之一枝 崑山之片玉)라고 답변하였다는 내용이 보인다. 예문 二子折桂 壻李逢吉 去春亦折桂 〔김진金璡, 12-29〕

절도絶倒　　포복절도抱腹絶倒. 배를 잡고 넘어질 정도로 몹시 우스움. 예문 隨身不離者 唯病一物 君我對此款 僅□暇也 其可有厭念之心耶 絶倒 〔상진尚震, 16-54〕

절렬節烈　　절조節操가 굳은 사람. 예문 吾儕幸蒙先王先儒培養燻陶之澤 不隨節烈而去 則收拾前人英華 以遺後人 此後死者之責 而如生等卑微者 何敢當也 〔왕수환王粹煥 등, 37-64〕

절면折綿　　추위로 솜옷이 얼어서 부러짐. 대단한 추위를 비유한 말. 예문 臘寒折綿 歲薄如紗 詹懷頌結 際玆彌勤 〔김대근金大根, 44-185〕

절문節問　　단오절에 보내는 문안 편지. 예문 卽承節問 兼蒙清風之惠 慰感萬萬 〔유혁연柳赫然, 48-73〕

절사節祀　　명절에 지내는 제사. 예문 節祀 當於望日過行云 〔이시성李時成, 32-49〕

절삽節箑　　단오절에 선물로 주는 부채. 예문 所貺六把節箑 特出尋常 佩服風誼 珍謝僕僕 〔나양좌羅良佐, 5-121〕

절색絶塞　　끊기고 막힘. 예문 今得汝等正月晦書 而汝等未聞移厝日子 絶塞人事例如此 奈何奈何 〔이관징李觀徵, 13-104〕

절선節宣　　상대방의 안부를 묻는 인사말. '절'節은 절제나 긴장 상태를, '선'宣

은 펼침 곧 이완 상태를 말하므로 '절'과 '선'이 어느 한쪽으로 치우치지 않고 조화된 상태라야 건강할 수 있다는 뜻이 내포되어 있다. 예문 謹未審歲暮 重闈節宣萬康 阮府體候安寧 省餘體履萬重否 〔김창우金昌禹, 40-98〕

절선節扇　　단오절에 선물로 보내는 부채. 예문 謹承遠問 仍領節扇八柄惠 仰謝盛意 〔김남중金南重, 23-73〕

절속切屬　　절친한 사이. 예문 宋天龍切屬也 在北時 以鹿皮足中黃毛四條送於我 〔윤근수尹根壽, 16-27〕

절송竊訟　　자기 스스로를 책망함. 예문 昨拜一書 竊訟其稽緩已甚 〔김창협金昌協, 000〕

절식節食　　제철 음식. 예문 送惠魚鮮 節食入口 珍謝何喩 〔신위申緯, 29-31〕

절애순변節哀順變　　슬픔을 절제하고 변화에 순응함. 상중喪中에 있는 사람에게 위로의 말을 할 때 쓰는 말. 예문 餘祝嚴沍節哀順變 以守愼保康 〔김광찬金光燦, 36-33〕

절억節抑　　(슬픔을) 억제하고 절제함. 예문 似聞尊公 亦失熊兒 果信否 其於乘繼之念 眄戀之愛 悲憐沈痛 夫豈堪懷 幸須節抑 〔구봉령具鳳齡, 21(仁)-173〕

절요折腰　　허리를 굽힘. 낮은 직급의 관리 생활을 가리킴. 예문 況蒼顏白髮 滿鏡衰颯 每當束帶折腰之際 未嘗不愧生于中 顏變於外 〔홍우원洪宇遠, 44-331〕

절의絶意　　단념. 예문 曾審恩除不來謝 可想絶意於人世 似當然矣 但年齡不至於老衰 前頭去就 亦何可了也 〔심희수沈喜壽, 45-236〕

절의節儀　　단오에 선물하는 부채. 예문 惠來節儀 何視物乎 感不遐也 〔유광익柳光翼, 21(禮)-332〕

절일節日　　명절. 예문 明有節日之薦 願得氷用敢控執事 因以拜候 〔정제두鄭齊斗, 000〕

절저節底　　감사監司, 유수留守, 통제사統制使 등을 지칭하는 말. '절節'은 부절符節을 말한다. 예문 聞敷則欲於今卄四五間下來云 濡奴處兩奴 當往節底 辦行粮以待之意 已爲分付 且以得馬持去之意 亦爲諄諄分付耳 〔이관징李觀徵, 13-111〕

절절節節　　굽이굽이. 곳곳마다. 예문 身且宿痾沈綿 日事苦呻 殘生節節可憐 〔이상진李尙眞, 3-122〕

절제節製　　명절에 시행하는 과거 시험. 정월 초이렛날의 인일제人日製, 삼월 삼짇날의 화제花製, 칠월 칠석의 오제梧製, 구월 구일의 국제菊製 등 네 종류가 있다. 예문 節製鄉居之人 無以得見 而二月初十日 親耕設科 卽英廟朝後 初有之盛擧也〔신좌모申佐模, 43-130〕

절족切族　　절친한 인척. 예문 李正郎 卽外家切族也〔오준吳埈, 44-151〕

절주截住　　감당함. 예문 質夫留連 非不多時 頓無趣況 離違之情 無以截住〔김정희金正喜, 44-336〕

절참絶塹　　까마득한 구덩이. 예문 若涉險阽危 窮極頂臨絶塹 捨性命以爲能事 此非暢敍幽懷 乃問津鬼關也〔김정희金正喜, 31-68〕

절하節下　　감사監司, 유수留守, 통제사統制使 등을 지칭하는 말. 예문 就告 嶺儒數人 卽前日相知者也 幸見欲行 進現於節下云 須招見如何〔조상경趙尙絅, 21(禮)-435〕

절화絶火　　불을 지피지 못함. 양식이 떨어졌음을 말함. 예문 仍白 淸風溪三寸 家家弟家 旣無田土 値此窮春 俱方絶火 形勢十分切急 而姪家亦未免此患 良悶良悶〔김시걸金時傑, 21(禮)-256〕

절후節候　　관찰사의 안부를 물을 때 쓰는 말. 예문 匪意 承拜下札 憑審炎序 節候動靜神相萬安 不任仰慰區區〔엄경우嚴慶遇, 21(禮)-421〕

점과占科　　과거에 합격함. 예문 兒子之占科 曾非始望所及 惟此私喜之難涯 想兄有以諒之〔이세백李世白, 23-145〕

점괴苫塊　　부모상을 지냄. 부모상을 지낼 때 풀로 만든 거적을 깔고 흙으로 만든 베개를 벤 데서 나온 말. 예문 今於朱墨之暇 記此苫塊之喘 惠以饋奠之需 眷誼鄭重 哀感無已〔조상우趙相愚, 44-272〕 → 초토土草

점긴漸緊　　점점 매서움. 예문 數日寒事漸緊 家中一安 侍節能免感咳否〔정학교丁學敎, 21(智)-397〕

점린占悋　　분수에 맞지 않게 차지함. 예문 但聞昇平府伯 亦有阻當占悋之意 云 是何怪物之多耶 不勝痛心〔이로李魯, 12-187〕

점보占報　　답장을 씀. 예문 力疾占報〔홍직필洪直弼, 21(智)-251〕

점액點額　　시험에 떨어짐. 물고기가 황하黃河의 용문龍門을 오르면 용이 되고, 오르지 못하면 이마가 돌에 부딪쳐서 되돌아왔다는 이야기에서 이마가 돌에 부딪치는 것을 점액點額이라 하니, 과거에 응시하여 낙방하면 점액이라고 하였다.

예문 點額徒勞 燒尾竟失 未免交遊之恨 〔이황李滉, 000〕

점완點浣　　더럽힘. 예문 歷數南州 風流文彩之盛 指先屈於仁里 點浣了一片 雲林 餘半生于玆矣 〔유인식柳寅植, 44-68〕

점위阽危　　낭떠러지에 가까워 떨어질 듯함. 예문 若涉險阽危 窮極頂臨絶塹 捨性命以爲能事 此非暢敍幽懷 乃問津鬼關也 〔김정희金正喜, 31-68〕

점전苫前　　상주가 간 거적자리의 앞이란 뜻으로, 상주에게 편지를 쓸 때 상주 이름 아래 쓰는 말. 예문 許碩士 至孝 苫前 〔이도중李燾重, 41-25(봉투)〕

점정粘呈　　원래 문서에 첨부해서 올리는 일. 예문 幸乞 到卽粘呈 受題 急付營 便 〔이충익李忠翊, 21(智)-174〕

점증痁證　　학질. 예문 子婦痁證 昨日善過 似已遣却而大敗 甚悶 〔미상, 22-397〕

점토苫土　　띠와 흙으로 지은 오두막. 상중喪中임을 말한다. 예문 苫土中 時時 點檢佛書 以空滅現 以幻除妄 日覺向來懣羨伎倆 減得一分 恨用工不早耳 〔신유한 申維翰, 21(禮)-436〕

점필佔畢　　공부함. 원래는 대강 읽는다는 뜻. '필畢'은 '간簡'의 뜻. 『예기』禮記 「학기」學記에 "요즘의 가르침은, 보는 책을 읊조릴 뿐이다"(今之教者 呻其佔畢)라고 함. 예문 竊想 撫字之餘 日勤佔畢 瞻羨瞻羨 〔신심申鐔, 21(禮)-340〕

점화點化　　글을 고쳐 미화함. 예문 玆呈本草 幸須隨意點化 〔송환기宋煥箕, 22-291〕

점환痁患　　학질. 점병痁病, 점질痁疾. 예문 伏惟霜寒侍履起居萬安 痁患離却 後 蘇完如常耶 〔김보택金普澤, 22-241〕

점후痁候　　학질. 예문 權君見及 以北堂有痁候 不勝仰念 〔이광려李匡呂, 21(智)-61〕

접반사接伴使　　외국 사신을 접대하던 벼슬아치. 예문 故太監出來椵島 銓曹以 我差接伴使 老病炎程 且莫道逢彼 困辱必萬端 極以爲憫 〔정경세鄭經世, 45-405〕
→ 빈사儐使

접제接濟　　흉년에 양식을 공급하여 구제함. 예문 百弊難堪之地 逐日盈庭泣訴 無非浮黃欲死者 萬無接濟之道 〔김상구金尙耈, 34-32〕

접하接下　　같이 공부한 사람에 대하여 자신을 낮추어 일컫는 말. 예문 接下 一 直憧憧 巷無居人 踽廧所騁 此將奈何 〔김정근金正根, 31-105〕

정丁 01　　사내아이. 예문 季家姪婦順娩得丁 奇幸何達 〔송병선宋秉璿, 22-349〕

정丁⁰²　　김을 세는 단위. 예문 海苔五丁 送呈耳 〔조운철趙雲澈, 31-70〕

정丁⁰³　　먹을 세는 단위. 예문 營中例用 略造眞墨 而適不甚劣 玆以數丁 仰備 科用 些甚可愧 〔서지수徐志修, 44-175〕

정政　　관리들의 인사 이동. 도목정사都目政事. 예문 聞院正及守令文窠 明政當 出 〔이제李濟, 21(禮)-316〕

정각停閣　　중지하고 그만둠. 예문 未知有實效也 自明年則當大減 至於各司例 納 流例一體停閣 以此諒之 量減於事例 如何 〔어윤중魚允中, 35-97〕

정각政閣　　고을의 관아. 예문 靈巖 政閣執事回納 〔서호수徐浩修, 44-166(봉투)〕 → 정당政堂, 정헌政軒

정간井間　　정井 자 모양으로 괘선罫線을 그은 종이. 예문 摹字玆先付便 而要 以己意變通井間以呈 伏望參酌 〔이면기李勉耆, 7-151〕

정거靜居　　고요하고 한가하게 지냄. 주로 벼슬을 그만둔 사람의 상황을 이르 는 말. 예문 近況 當寒更勝 靜居能有誦讀之益否 懸懸 此一如耳 柴帖送之 略艸 〔정 조正祖, 26-37〕 → 정리靜履, 정안靜案, 정좌靜座, 정체靜體, 정후靜候

정계停啓　　사헌부나 사간원에서 특정인의 죄에 대해 논계論啓하던 것을 그 만둠. 예문 還收之論 轉增糾紛 停啓亦似未易 去留難便之狀 何可伏想也 〔이경억李慶 億, 6-32〕

정계情契　　마음이 통하는 아랫사람이나 편한 사람에게 쓰는 말로 주로 봉투 에 씀. 예문 崔正言 情契 〔장현광張顯光, 22-67(봉투)〕 → 현계賢季

정계訂契　　정교訂交. 서로 친구 관계를 맺음. 예문 再飫華聞 晚此訂契 〔강화영 姜華永, 42-14〕

정고呈告　　관리가 사직서를 올림. 예문 此間呈告近百度 而訖未解職 世安有 如許鬱陶之境耶 直令人欲狂也 〔김재로金在魯, 21(禮)-440〕

정고正告　　명백하게 알림. 예문 明年政七十 悩以齒至 正告歸田 畢命依松楸 〔미상, 027〕

정곡情曲　　간곡한 정성. 예문 周紙參軸 肉燭二拾柄 正肉參斤 物雖薄略 敢表 情曲 笑領如何 〔이창원李彰遠·이상현李象顯, 41-34〕

정곤情悃　　정성. 예문 鄭丈救窮之外 又寄足襪 如許情悃 令人興感 〔이원익李元 翼, 25-9〕

정과正果　　과일·인삼·생강 등을 꿀에 재거나 졸인 음식. 예문 倭橘 珍感珍感 正果氷糖 豈其忘之耶 黃連渴症所啓 須毋忽毋忽 〔김익희金益熙, 22-155〕

정과程課　　일정하게 과정을 정하여 하는 공부. 예문 杜詩時時諷讀爲妙 八大家文抄或漢書 作程課 從首至尾 精看爲妙 〔이하곤李夏坤, 10-19〕

정관呈官　　관아에 소장訴狀을 올림. 예문 徐生將欲呈官 須詳察其委折 其風折者及 將斫者一株 屬之徐生 俾了其碍役 則士林之幸也 〔윤봉구尹鳳九, 6-208〕
→ 정소呈訴

정권呈卷　　과거의 답안을 시관試官에게 냄. 예문 呈卷等節 以汝文筆 何能取早 須勿拘早晚 盡心製寫 以呈可也 〔신좌모申佐模, 43-133〕

정궤情饋　　정성 어린 선물. 예문 薄庄凡事 專蒙曲護 有所收拾 感篆倍至 三種情饋 尤用珍謝 〔이숙李翩, 5-103〕

정궤靖几　　관직에 있지 않고 조용히 수양하면서 지내는 이를 높여서 이르는 말. 예문 石灘 靖几下 將命者 〔권혁연權赫淵, 000(봉투)〕

정기情記　　정의가 두터운 사이에 자기를 낮추어 이르는 말. 예문 情記 宿痾頻肆 寧日常少 苦憐不可狀 〔이용희李容熙, 31-89〕

정기正奇　　정확한 소식. 예문 詔使正奇 尙已杳然 等候之間 滯鬱難堪 〔홍명구洪命耉, 22-113〕

정념情念　　정성 어린 마음. 예문 下惠簡紙十九幅 淸蜜三升 藥脯二貼 依領 實荷情念 感謝之至 無以爲喩 〔정재륜鄭載崙, 5-136〕

정녕丁寧　　간곡함. 예문 崇信來到 瀔札行披 情悰款恰 勉誨丁寧 之慰如何 〔이서구李書九, 21(智)-193〕

정당政堂　　고을 관아. 예문 靈巖 政堂記室 〔서명응徐命膺, 44-165(봉투)〕 → 금당琴堂, 금헌琴軒, 인헌仁軒, 정각政閣, 정헌政軒

정란䅐卵　　홍시. 예문 惠貺紅玉䅐卵 認出另注 感荷僕僕 〔김계진金啓鎭, 41-31〕

정력定力　　수양을 깊이 하여 속된 생각에 흔들리지 않는 힘. 예문 竊聽扵下風 則氣宇舒泰 動止翾鑠 因知定力深有所養 得有以夷險一致而爲然也 〔정극상丁克相, 41-20〕

정령政令　　정책과 법령. 예문 聞兄政令頗慈善 關西異於他路 不宜專尙柔道 幸以子産水火之喩 及武侯治蜀之政 加意如何 〔이덕수李德壽, 21(禮)-398〕

정례停例　전례에 따라 보내주던 예봉例捧이 끝남. 예봉은 관례적으로 지방의 토산품을 나라에 바치는 일. 예문 惠貺節簹 荷此另注 停例之時 其爲珍感 有倍常品 〔김병덕金炳德, 44-218〕

정리政履　행정 중의 안부. 수령의 안부를 물을 때 쓰는 말. 예문 向往中 伏承問札 仍審秋杪 政履萬福 昻慶區區 〔이인엽李寅燁, 21(禮)-283〕 → 자리字履, 정황政況, 정후政候

정리靜履　정양靜養 중의 안부. 벼슬에서 물러나 있는 사람의 안부를 물을 때 쓰는 말. 예문 頃者巡過槐山時 路左未得就候 迨用悵歎 伏惟淸和 靜履神相 昻慰區區 〔홍중하洪重夏, 21(禮)-307〕

정망政望　관리를 임명할 때 3배수의 후보자를 추천하는 것. 예문 且責其政望中 正言一窠之望 〔미상, 6-224〕

정명政命　인사 명령. 예문 昨有政命 又陳懇耳 〔김정희金正喜, 1-41〕

정목政目　인사 명령. 도목정사都目政事. 예문 昨見政目 大令公除拜異爵 〔이의건李義健, 23-15〕

정문情問　정감 어린 문안 편지. 예문 此承情問 憑審字履安勝 傾慰傾慰 〔이은상李殷相, 22-159〕

정문서情問書　정감 어린 문안 편지. 예문 前蒙枉顧 方極依悵 忽承情問書 審得兄駕入洛平安 〔이산뢰李山賚, 3-58〕

정미情味　정성이 담긴 음식. 예문 惠貺諸種謹領 情味深用嘉謝 〔송상기宋相琦, 25-27〕

정미正味　참된 맛. 예문 貴地牛心 流涎久矣 服嚼瓊液 深佩故人正味 〔채유후蔡裕後, 21(義)-303〕

정배定配　장소를 정하여 유배를 보냄. 찬배竄配. 예문 胎錄事 弟前任內局時 使喚下人也 聞以濫騎 今將照律定配云 〔남이웅南以雄, 39-57〕

정병呈病　병으로 사직서를 올림. 예문 自公呈病後 每欲披拜 至今未果 〔주세붕周世鵬, 21(仁)-109〕

정분定分　정해진 운명. 예문 死生禍福 皆有定分 只一聽於天而已 〔김정희金正喜, 38-30〕

정비情費　납세할 때 아전들에게 인정으로 주던 잡비雜費. 예문 貴邑則納布匹

此時而有此輪送 可見實政之一端 飭卽無弊完納 而情費也 姑仍舊貫 只禁其太甚矣〔어윤중魚允中, 35-97〕

정사呈似　　선물을 보냄. 사似는 급給의 의미. 예문 有甲生飽卅介 照氷呈似〔윤황尹煌, 16-21〕

정사呈辭　　사직서를 올림. 예문 頃日政尹絳令監爲刑判 三台皆呈辭 以憲府箚中 有臺閣無人之語也〔이경석李景奭, 7-215〕

정사情事　　마음. 예문 榜下 親病沈苦之中 奄經亡妹祥事 情事慟傷 一倍難堪〔김창업金昌業, 21(禮)-301〕

정서鼎叙　　셋이 모여 이야기함. 정鼎은 발이 셋 달린 솥. 예문 約會於高軒 以爲鼎叙之地爲好 如何如何〔이기홍李箕洪, 23-155〕 → 정화鼎話

정석鼎席　　정승의 지위. 예문 夏日朝暮太凉 更伏請台體鼎席 神勞萬康〔이찬李瓚, 32-30〕

정섭靜攝　　요양. 예문 靜攝之中 又遭小家喪變 尤不勝驚慮〔이이근李頤根, 23-241〕

정성定省　　부모를 모심. 혼정신성昏定晨省의 준말. 예문 就審旬履 定省餘萬相〔김이양金履陽, 29-27〕

정소呈疏　　관아에 진정서를 올림. 예문 擧子閔見龍 將以悶迫事呈疏 伏望留念生光〔정협鄭協, 39-37〕

정소呈訴　　관아에 소장을 올림. 예문 俯托此勤 當待其呈訴 量處計耳〔이창의李昌誼, 051〕 → 정관呈官

정순呈旬　　열흘에 한 번씩 연달아 사직서를 제출함. 예문 雖曰此職乃是該官擢拜 旣異於例授 晏然承當 亦有所不敢者 方此呈旬辭遞伏計〔이세필李世弼, 5-125〕 → 순장旬狀

정시庭試　　나라에 경사가 있을 때 대궐 안마당에서 보이는 과거 시험. 예문 近過庭試後 當下送郞官 而移文本道 使之豫定祭官 卽事整待矣〔이후원李厚源, 22-123〕

정시政是　　참으로 옳음. 예문 鎭岑享官之示 政是政是〔김집金集, 22-93〕

정신情訊　　정이 담긴 편지. 상대방의 편지를 이르는 말. 예문 戀溯日勤 忽枉情訊 披寫倍品〔여이징呂爾徵, 23-59〕

정아政衙　　지방 수령에게 편지할 때, 봉투에 지명 아래 붙여 쓰는 말. 예문 公

山 政衙 回納 〔윤봉오尹鳳五, 6-222(봉투)〕 → 금헌琴軒, 인헌仁軒, 정헌政軒

정안政案　　행정 업무를 보는 책상. 지방 수령에게 보내는 편지의 봉투에 쓰는 말. 예문 珍山 政案下 〔조인영趙寅永, 26-149(봉투)〕

정안政眼　　벼슬아치의 임명과 해임, 그 밖의 중요 사실을 기록한 문서. 정목政目. 예문 得見政眼 首入言地 爲公而賀 爲私則慮 此時此任 傷虎者知之 可呵 〔신임申銋, 22-201〕

정안淨案　　깨끗한 책상. 상대방을 지칭하며 주로 봉투에 쓴다. 예문 趙校理 淨案 回呈 松留謝狀 〔○명유○命唯, 6-171(봉투)〕

정안靜案　　조용한 책상. 상대방을 지칭하며 주로 봉투에 쓴다. 예문 鴉田 靜案 回納 〔김상후金相后, 31-46(봉투)〕

정양靖養　　정양정양. 예문 謹未審秋暮靖養氣體候一向康旺 〔왕수환王粹煥 등, 37-62〕

정양靜養　　심신을 고요히 하여 요양함. '정靜'은 대개 벼슬하다가 쉬는 경우에 쓰는 표현. 예문 伏惟亢炎 老兄靜養體事萬旺 允玉安侍 面面充善 大少各節 勻謐 並用勞仰罔任 〔김재정金在鼎, 31-113〕

정언靜言　　곰곰이. 또는 조용히. '언言'은 어조사. 예문 因風相候 一切未遑 靜言感念 良以厚恨 〔이간李柬, 22-245〕

정여定餘　　혼정신성昏定晨省(저녁에는 부모의 잠자리를 살펴드리고, 아침에는 문안을 드림) 하는 중에. 예문 伏惟重闈萬壽事加護 定餘經體萬衛 〔권세연權世淵, 32-171〕

정역定役　　범죄자에게 가하는 일정한 노역. 예문 受賄若此其多 則周旋或有其便 豈至於移送兵曹定役之理 〔서경우徐景雨, 051〕

정영呈營　　관찰사에게 직접 소장訴狀을 올림. 예문 然呈營事 旣有公議則 恐不可中撤 〔이휘령李彙寧, 027〕

정옥庭玉　　뜰의 아름다운 나무(玉樹)라는 뜻으로, 상대방의 자식을 높여 부르는 말. 예문 人家疊慶雖未易 庭玉之獨屈 不能無少恨 〔이세백李世白, 23-145〕

정외情外　　뜻밖에. 예문 頃因鄭都事聞之 則仲氏丈 以居間傳說之多爽 致疑于戚下之內弟云 此則誠情外也 〔홍석주洪奭周, 31-61〕

정외지설情外之說　　사실과 다른 말. 예문 僕雖昏耄之甚 安敢爲情外之說 以

調戱令左右也 千萬不然 千萬不然〔심희수沈喜壽, 45-238〕

정운停雲　　멈춰 선 구름. 진晉나라 도잠陶潛의 시〈정운〉停雲에 "자욱한 먹구름, 보슬보슬 내리는 단비"(靄靄停雲 濛濛時雨)라는 구절이 있고, 자서自序에 "친우親友를 생각하며 지은 시"라 하였다. 친구에 대한 그리움을 표현하는 말로 쓰인다. 예문 自北生還 所幸者 在京親舊 皆得相見 而獨令鑒遠在遐荒 消息亦未相通 只切停雲而已〔조정호趙廷虎, 21(義)-53〕

정위목석精衛木石　　정위精衛는 염제炎帝의 막내딸 여와如娃가 동해에서 놀다가 빠져 죽어 변했다는 신화 속의 새 이름으로, 동해에 원한을 품고 복수를 하려고 늘 서산西山의 목석木石을 물어다 바다를 메우려 했다고 한다. 사람의 한恨이 깊음을 비유하는 뜻으로 쓰인다. 예문 舊冤尙存 精衛木石 去益茫茫〔김정희金正喜, 20-66〕

정유呈由　　관리가 휴가를 신청함. 예문 書役若是未前 無呈由之路 不健又如是 此豈非大悶處耶〔유진한柳進翰, 027〕

정유庭籲　　조정의 부름. 예문 然在外病蟄之蹤 勇赴於庭籲 未知出處之義 果何如哉〔이덕수李德壽, 051〕

정을丁乙　　글을 교정함. 예문 第伏念先生之文 章章錦繡 句句金玉 則一字片言 不可抛棄 然其於丁乙之際 豈無鑢筆於其間之吳矣〔이우구李宇九, 53-217〕

정읍呈邑　　고을 수령에게 소장訴狀을 제출함. 예문 侮蔑先正 不悛官令 一邊呈邑訴營 一邊發文聲罪〔김원식金元植, 42-29〕

정인鼎茵　　솥과 방석. 일상생활상의 안부. 예문 未審日來初冬層堂鼎茵 益享康福 侍餘棣樂珍相 從妹亦將兒安好耶〔이정식李庭植, 32-63〕→기거起居

정인鼎裀　　정인鼎茵. 예문 謹審靜履一安 阮府丈鼎裀萬護〔이가순李家淳, 44-55〕

정일定日　　혼인하기, 집의 기둥 세우기, 장사葬事 지내기, 방아 안치하기(安碓), 가축 들이기, 자식 및 복을 구하는 기도하기 등의 일을 하기에 마땅하며, 출행하기, 송사訟事하기, 나무 심기 등의 일은 꺼리는 날(『산림경제』 제4권 「선택」選擇 '건제십이신길흉'建除十二神吉凶). 예문 交山金甚贊 定以前定日 移汝慈墓 而汝在病父所 不得來 想汝情理涕自隕也〔이관징李觀徵, 13-102〕

정자情字　　정겨운 편지. 예문 伏奉正四兩月惠翰 半年之間 再獲情字 山河數千里之外 此豈易得者哉〔홍우원洪宇遠, 44-331〕

정장呈狀　　사직서를 제출함. 예문 集垂死之年 每有狼狽 去就悶歎而已 勢當 呈狀耳〔김집金集, 21(義)-68〕

정장情長　　서로 정의가 있는 사이의 어른. 봉투에 쓰는 말. 예문 情長 謹再拜 狀上〔강문상姜文相, 49-244(봉투)〕

정재情在　　마음으로 헤아려 주십시오. 편지 끝에 쓰는 인사말. '재'在는 '찰' 察과 같은 뜻. 예문 餘萬便遽不宣 統惟情在 卽夕 槃拜〔윤계尹棨, 21(義)-156〕

정적情迹　　사정事情. 형편. 예문 西銓固亦疲矣 然其筋力與情迹 豈侍生比哉〔김창협金昌協, 000〕

정전情腆　　정이 두터움. 예문 俯惠諸種物 隨情腆 珍謝無已〔민규호閔奎鎬, 31-106〕

정절旌節　　정절旌節. 사신使臣이 지니던 기치旗幟와 부절符節. 사신이나 지방관, 혹은 그들의 행차를 가리키는 말. 예문 旌節遙去 竟失自送 關雲重隔 徒切殷誦〔서기순徐箕淳, 26-185〕

정정鼎鼎　　세월이 빨리 흐르는 모양. 예문 春徂夏至 日月鼎鼎 有懷同人 邈焉愈阻 過從之旣無望矣〔한준겸韓浚謙, 45-208〕

정제情弟　　다정한 벗에게 자기를 이르는 말. 예문 己亥 菊秋 情弟 姜眞玉 拜拜〔강진옥姜眞玉, 42-12〕

정조情照　　정으로 살핌. 편지 끝에 쓰는 상투적인 말. 예문 但恨相面未易 以是悵悵度日 姑惟情照 不宣〔이시백李時白, 23-67〕

정조正朝　　정월 초하룻날 아침. 예문 茂生以病化去 慘慘之中 正朝祭祀未免廢闕 追慕罔極之懷 不可形言〔이관징李觀徵, 13-145〕

정조正租　　벼. 예문 以正租數萬餘石 以不捧爲捧 歷歲反秩 徒擁虛器 將爲棄邑〔이로李魯, 12-176〕

정조호장正朝戶長　　정월 초하룻날 궐문闕門에 나아가 임금에게 문안드리는 호장戶長. 호장은 향리鄕吏의 수석을 말한다. 예문 聞當有正朝戶長之便 果然否〔정재원丁載遠, 21(智)-139〕

정종疔腫　　못대가리(釘盖)처럼 불쑥 솟아나는 부스럼. 열독이 모여 쌓여서 생기는데, 처음에는 좁쌀만 하다가 급속히 퍼지며 통증이 심하다. 정창疔瘡. 예문 此處慈主 自大昨 猝得右眉末疔腫 面部浮氣大段〔이서곤李瑞坤, 10-24〕

정종지척情鍾之戚　　자식을 잃은 슬픔. 진晉나라 때 아들을 잃은 왕융王戎이 비통함을 감당하지 못하자 산간山簡이 "어린애는 품 안의 물건이거늘, 어찌 이 지경에 이른단 말인가"(孩抱中物 何至於此)라고 했다. 왕융은 "성인은 정을 잊고, 가장 하등인은 정을 이해하지 못하며, 정은 바로 우리들에게 모여 있다"(聖人忘情 最下不及情 然則情之所鍾 正在我輩)라고 말했다고 한다(『세설신어』世說新語 「상서」傷逝). 예문 第審荐遭情鍾之戚 悲疚之懷 人理之所不堪〔장선징張善澂, 000〕 → 종정지통鍾情之慟

정좌政座　　관청. 예문 未知政座處分之如何耳 從速還遭 如何如何〔김영훈金永薰, 42-20〕

정좌靜座　　관직에 있지 않고 조용히 수양하면서 지내는 이를 높여서 이르는 말. 예문 鄭生員 靜座 齋洞 候狀〔김영근金英根, 31-83(봉투)〕

정좌鼎坐　　셋이서 둘러앉음. 예문 淨遠亦明夕當來 鼎坐作盡夕之晤 極是幸事 想亦必無忙迫之故也〔정경세鄭經世, 45-424〕

정주情注　　정을 쏟음. 예문 惠貺謹領 情注珍謝珍謝〔김병학金炳學, 42-22〕

정중靜中　　정양靜養 중에. 대개 벼슬하다가 쉬는 이의 안부를 물을 때 쓰는 표현. 예문 伏問 苦熱靜中體履神相萬安 區區仰慕之至〔최창대崔昌大, 21(禮)-372〕

정중鼎重　　지극한 정성. 예문 數日前伏承初五日所惠書 今日又伏受初一日所惠書及藥料 多謝故人鼎重至眷 無以爲喩〔이태연李泰淵, 21(義)-439〕

정지情地　　심정心情. 예문 恩義難全 昔人所難 而如弟今日情地 可謂窮且憾矣〔어유구魚有龜, 6-167〕

정지淨地　　좋은 묏자리. 예문 方以今十七日 爲埋寃計 而淨地旣難 姑爲權厝 於家近小谷〔김도화金道和, 32-169〕

정질貞疾　　고질병. 『주역』周易 〈예괘〉豫卦 '육오'六五 효사에 "정貞하되 병이 있어서 늘 앓지만 죽지는 않는다"(貞疾 恒不死)라는 구절에서 유래함. 예문 甥姪重候當暑善添 身亦合下貞疾 每値溫濕不調之時 種種作苦〔이능현李能玄, 027〕

정찬精餐　　정미精米. 쌀. 예문 家間調度 方至百尺竿頭 玆用雇馬以送 其急可想 幸望以精粲擇給 毋至欠縮 如何如何〔정유점鄭維漸, 21(禮)-280〕

정찰情札　　정겨운 편지. 예문 謹承情札 憑審雨中齋候神相 慰感區區〔이시성李時成, 32-48〕

정찰情詧　　정찰情察. 정의情誼로 헤아림. 예문 姑不宜 統希情詧 〔박태승朴泰升, 49-290〕

정철呈徹　　승정원을 통해 임금에게 상소함. 예문 全不成文 然不得不入鑑 故玆以夾呈 幸乞卽爲袖進 呈徹以示若何 〔신기선申箕善, 21(智)-440〕

정첩定帖　　안정됨. 예문 遠近騷擾爻象 未知何時定帖 想貴邊如之陽復 果在何時 只切仰屋 〔이만규李晩煃, 40-232〕

정첩靜帖　　안정됨. 안정첩식安靜帖息. 예문 允兄想必靜帖於對案工夫 而過去汩沒 無乃犯賊夫之責否 〔이수악李壽岳, 40-246〕

정청庭請　　세자世子나 의정議政이 백관을 거느리고 궁전 뜰에서 큰일을 아뢰어 하교를 기다림. 예문 明日冬至問安 百官庭請(東朝回甲 上尊號事) 不得不課日進參 沒器具之中 誠爲悶悶 〔신좌모申佐模, 43-131〕

정체政體　　관직에 있는 사람의 안부. 예문 卽伏承下狀 謹審邇者政體萬護 仰慰仰慰 如奉良誨 〔조병현趙秉鉉, 22-321〕

정체靖體　　정체靜體. 예문 令胤專訪 袖致惠函 謹審靖體萬重 庇儀均祺 仰慰且荷 〔이건방李建芳, 44-320〕

정체靜體　　조용히 수양하면서 지내는 사람의 안부를 물을 때 쓰는 말. 예문 悚詢比辰靜體動止 益護萬重 寶潭均慶否 〔김병휴金炳休, 31-135〕 → 정리靜履, 정후靜候

정초政草　　관리의 인사이동 내용을 적은 도목정사都目政事 초안. 예문 兼見政草 則君換集慶殿矣 猶可謝恩赴任 以遂奉檄之喜 可喜 〔이황李滉, 30-163〕

정초지正草紙　　과거 답안지로 쓰던 종이. 예문 轎子油帳 亦不可不早造 還駕時分付邸人 價爲五錢者 正草紙四件貿來 又似好耳 〔이후원李後遠, 7-151〕 → 명지名紙, 시지試紙

정축頂祝　　공손히 기원함. 예문 謹詢日來僉體萬旺 仰傃區區 不任頂祝 〔김원식金元植, 42-29〕

정축情祝　　진심으로 기원함. 예문 伏審比冱侍體事 連護萬典 伏慰區區 實愜情祝 〔박준기朴俊琪, 42-43〕

정침停寢　　하던 일을 중도에 그만둠. 예문 示事 如生聾瞽 安得以知之 但朝來適見都憲與人小紙 則以爲副學已爲上疏 自明當中止云 以此觀之 停寢明矣 〔이시발

李時發, 45-343〕

정타停妥　　공정하고 타당함. 예문 曾見令擬謝恩使之望 初擧四人中 令居第三 而有加薦之命 又擧二人 又有加薦之命 仍此未及停妥 深用憂念 〔이정구李廷龜, 16-24〕

정탈定奪　　임금의 재결재결. 예문 昨日大臣引見 生亦入侍矣 救荒廉問御使發送事定奪 〔이경휘李慶徽, 5-63〕

정패庭斾　　상대방 아버지의 행차. '정'庭은 아버지라는 뜻. 예문 庭斾今番未知能迤及於此間否耶 〔권명섭權命燮, 40-30〕

정편偵便　　인편人便을 구함. 예문 偵便未易 更未替候 嗣音亦無路 居常慕鬱 間經備無而尤切 〔이능현李能玄, 027〕

정포情抱　　마음, 심정. 예문 弟之此行 固知不免 而惟以相逢兒輩爲幸 行色甚急 逢別俱忙 只能使兒輩情抱益惡 〔이관징李觀徵, 5-64〕

정하庭賀　　대궐 뜰에서 하례賀禮를 올림. 예문 天休滋至 惟我春宮邸下 代聽機務 庭賀誕擧 歡欣慶抃 中外唯均 〔김이교金履喬, 44-170〕

정하情下　　정의가 두터운 사이에 자신을 낮추어 이르는 말. 예문 情下省事 新舊餞送幸安 而以兒憂經世惱憂 悶事悶事 〔김영근金英根, 31-83〕

정하正夏　　한여름. 예문 伏惟正夏 僉尊體動止 衛道萬相 仰祝區區之至 〔김기요金基堯, 53-224〕

정한正寒　　정월 추위. 예문 間有遞 信息積阻 悵煩不尠 不審正寒靜體上萬重 〔한창수韓昌洙, 31-153〕

정향情餉　　마음이 담긴 선물. 예문 伴惠諸種 及此歲時 實出情餉 珍謝無已 〔홍양호洪良浩, 21(智)-110〕 → 정혜情惠, 정황情貺

정헌政軒　　수령이 행정 업무를 보는 동헌. 지방 수령에게 편지할 때, 봉투의 지명 아래 붙여 쓰는 말. 예문 公山 政軒 回納 〔이천보李天輔, 6-214(봉투)〕 → 금헌琴軒, 인헌仁軒

정형情兄　　다정한 벗을 이르는 말. 예문 情兄 謹候上狀 〔이상정李象靖 등, 44-52(봉투)〕

정형正兄　　맏형. 예문 正兄未免海外使行 開春二月初 將赴日本 〔김복일金復一, 21(仁)-265〕

정혜情惠　　정성 어린 선물. 예문 兼受情惠兩種 慰感幷至 罔知攸謝 〔김경문金敬文, 3-84〕→ 정향情餉, 정황情貺

정화鼎話　　세 사람이 둘러앉아 대화함. 예문 華翰適到於此際 驚喜之極 如得鼎話 〔남태회南泰會, 42-38〕→ 정서鼎叙

정황情貺　　정情이 담긴 선물. 예문 懸遡中 承拜惠翰 兼荷情貺 〔신정申晸, 23-121〕→ 정향情餉, 정혜情惠

정황政況　　행정 중의 안부. 주로 지방 수령의 안부를 물을 때 쓰는 말. 예문 臘寒頗解 未知十八以後政況如何 〔정재원丁載遠, 21(智)-139〕→ 자리字履, 정리政履, 정후政候

정회鼎會　　세 사람의 만남. 고대 예기禮器인 솥(鼎)의 발이 세 개인 데서 유래함. 예문 西行當在何間 伯瞻未還時 謀一鼎會 而終未果焉 極歎極歎 〔김진옥金鎭玉, 6-187〕

정후庭候　　아버지의 안부. 예문 方衝暑濕 喘喘度日 自顧已苦憐 惟幸庭候姑免別添 遠寓諸節亦如之耳 〔강필姜泌, 18-8〕→ 친성親省, 친절親節

정후政候　　행정 중의 안부. 주로 지방 수령의 안부를 물을 때 쓰는 말. 예문 餘祈政候萬福 〔김좌명金佐明, 23-101〕→ 자리字履, 정리政履, 정황政況

정후靜候　　조용히 수양하면서 지내는 사람의 안부를 물을 때 쓰는 말. 예문 仍審靜候超勝 尤不任區區欣頌 〔송병순宋秉珣, 22-353〕→ 정리靜履, 정체靜體, 정체靖體

정훈庭訓　　아버지의 가르침. 공자의 아들 이鯉가 뜰을 지나갈 때 공자가 불러 세우고 시詩와 예禮를 배워야 함을 가르쳤다는 고사에서 유래함. 예문 只以向學以誠 律身以敬 不負庭訓 爲望不淺耳 〔정여창鄭汝昌, 22-17〕→ 과정過庭, 추정趨庭

제강除講　　경전 암기 시험을 면제함. 예문 除講與否 外此京毛 並敎伏望耳 〔미상, 41-131〕

제곤制閫　　병마절도사兵馬節度使나 수군절도사水軍節度使를 일컫는 말. 예문 謹審至寒 制閫動止衛重 區區伏慰 〔신재식申在植, 29-32〕

제공濟公　　공무를 도움. 예문 仍悚 弊燭臺一雙送似 卽此反隅 可知弊府凡具之爲無形耳 幸命付匠手改造以還 如何如何 事係濟公 且恃台眷 敢此冒浼耳 〔민희閔熙, 5-61〕

제권諸眷　　집안 식구들. 예문 第近節安寧 諸眷無警耳〔홍범식洪範植, 22-363〕
→ 가권家眷, 가루家累, 가소家小, 곤비梱庇, 권구眷口, 권비眷庇, 권집眷集, 권취眷聚, 담내覃內, 담비覃庇, 보권寶眷, 보담寶覃, 비내庇內, 비담庇覃, 비의庇儀, 비절庇節, 비하절庇下節, 제솔諸率, 혼권渾眷

제금製錦　　숙련된 장인이 비단으로 옷을 만듦. 수령이 행정을 잘 수행함을 비유적으로 표현하는 말. 주로 수령의 안부를 물을 때 쓴다.『좌전』左傳 양공襄公 31년에 정鄭나라 자피子皮가 윤하尹何를 읍재邑宰로 삼으려 하자, 자산子產이 '그대가 아름다운 비단이 있다면 초보자에게 옷을 만들게 하지는 않을 것인데(子有美錦 不使人學製焉) 큰 고을을 초보자에게 맡기려고 하느냐'며 반대한 데서 유래함. 예문 卽承令札 憑審朱炎戲彩製錦增福 慰豁當拜〔김만기金萬基, 23-141〕

제대지탄臍大之歎　　배보다 배꼽이 더 크다는 탄식. 예문 生之意 則若石兄及多少門生負募金之文 千里裹足而來 歷訪諸老 則諸老拘於形式上貌樣 似不向恝然 來往之費不少 豈無臍大之歎〔김상국金祥國, 37-79〕

제리制履　　상중喪中에 있는 사람의 안부를 물을 때 쓰는 말. 예문 春日更寒 伏惟制履際茲若何〔이충익李忠翊, 21(智)-175〕

제면題面　　표지의 제목. 예문 且鄙藏群玉一峽 乃燕市之最劣者 欲備老境遺忘 覓得 曾請題面於左右 擬爲閑中對故人之顔 而久未見還 令人遡想〔한준겸韓浚謙, 45-217〕

제명除命　　관직을 제수하는 임금의 명. 예문 今玆續被除命 皇恐震慄 令人益瘁耳〔성혼成渾, 16-62〕

제명提命　　제이면명提耳面命. 귀를 끌어당겨 마주 보고 가르침. 곡진하게 타이름. 예문 念小生離親遠行恃○戒 開警諄切 宛承提命 仰喜無量〔조헌趙憲, 16-29〕

제모除耗　　모곡耗穀, 즉 환곡還穀의 이자를 면제함. 예문 輦路田夫之秋還除耗 卽欲爲所重施民惠 而路邊民戶尙多未聞知之弊 是豈還到津頭不憚憊 下諭該路邑之意哉〔정조正祖, 26-13〕

제목除目　　관리들의 인사 발령 명단. 예문 纔見除目 爲之歎嗟〔이경휘李慶徽, 23-105〕

제반祭班　　나라의 제사에 제관祭官으로 참여하는 반열班列. 예문 子僅經祭班 粗保如昨 而全孝內病 久而危篤 症似輪疾 不無疑慮〔이성효李性孝, 7-180〕

제배除拜　　천거 절차를 거치지 않고 임금으로부터 관직을 임명받음. 제수除授. 예문 昨見政目 大令公除拜異爵 仰賀不已 〔이의건李義健, 23-15〕

제봉題鳳　　벗을 방문하였다가 헛걸음함. 진晉의 여안呂安이 친구 혜강嵇康을 찾아갔는데 혜강은 없고 그의 형 혜희嵇喜가 나와 맞이하자 문 위에 '봉'鳳 자만 써 놓고 그대로 돌아갔다는 데에서 유래한다. '봉'鳳 자는 파자破字하면 '범조凡鳥가 되니 '보통 새'라는 의미로 혜희를 놀린 것인데 혜희가 그것을 모르고 좋아하였다고 한다. 예문 十日前 造拜高屛 閽者阻之 題鳳而還 〔성문준成文濬, 051〕

제사除辭　　사폐辭陛를 면제함. 사폐辭陛는 지방관이나 사신이 되어 출발하는 신하가 임금에게 하직 인사를 하는 것을 이른다. 예문 除朝辭與否 尙未之知 重親方以此庸慮 若除辭 則父主似當卽爲還稅 而若未卽急急治發肅行 使急急知之 如何 〔이중건李中建, 44-85〕→ 제조사除朝辭

제사題辭⁰¹　　하급 관청에서 올린 문서에 대하여 그 문서의 여백에 쓴 처분.
예문 似聞 東糴田還租 有可分給者 而必得題辭而後 方可出納云 〔김시걸金時傑, 21(禮)-256〕

제사題辭⁰²　　백성이 올린 소장訴狀이나 진정陳情에 대하여 관부에서 내린 처분. 제음題音. 예문 朴生事 可矜可矜 而旣泄乙丙年賣土退給之意 □意鄭重 且此戚事 非他之比矣 且看題辭則 稍若歇後 〔미상, 027〕

제서除書　　관직을 내리는 임명장. 예문 淳自承主辱之敎 驚痛在心 不得不力疾趨命 而意外除書 理難冒入 猶不免棲屑於郊次 奈何奈何 〔윤순尹淳, 48-125〕

제석除夕　　섣달 그믐날 밤. 예문 除夕不遠 仍祝迓新增福 口號姑此 不宣狀式 〔김위재金偉材, 21(智)-58〕

제설提說　　말을 꺼냄. 예문 且館僚中 亦無提說者 〔어유구魚有龜, 6-167〕

제솔諸率　　집안 식구들. 예문 其在慕義之地 宜先乎人而出力謀忠 奈此景況 不忍提說 諸率溝壑之命不能救之 則其餘推可知也 是以拜敎已有日而不敢仰答者此也 〔박항래朴恒來, 37-92〕

제송題送　　하급 관아에서 올린 공문에 상급 관아에서 결재 사항을 써서, 올린 관아에 돌려보냄. 예문 就以營錢請貸事 報牒成送 幸望從容稟達 俾得優數題送 使此屛邑 得蒙顧恤之意 如何如何 〔오원吳瑗, 21(智)-17〕

제승濟勝　　좋은 경치를 감상함. 예문 差遲 諸般濟勝 無碍爲之 如何 〔김성근金聲

根, 051〕

제우儕友　　친구들. 예문 不但儕友間 氣色不好〔최명길崔鳴吉, 000〕

제익諸益　　여러 친구들. 예문 生五年之間所得 霜鬢而已 社中諸益 俱爲太平〔왕수환王粹煥 등, 37-71〕

제인制人　　상중喪中에 있는 사람. 복인服人. 예문 甲戌陽月十一日 制人 李承五 謝狀〔이승오李承五, 31-119〕

제일除日　　섣달 그믐날. 예문 戊午歲除日 迷頓〔정구鄭逑, 44-38〕

제절諸節　　여러분의 안부. 예문 夜回諸節 更若何〔김유근金逌根, 22-317〕

제조사除朝辭　　사폐辭陛를 면제함. 사폐辭陛는 지방관이나 사신이 되어 출발하는 신하가 임금에게 하직 인사를 하는 것을 이름. 예문 除朝辭與否 尙未的知 重親方以此庸慮 若除辭 則父主似當卽爲還稅 而若未卽急急治發肅行 使急急知之如何〔이중건李中建, 44-85〕 → 제사除辭

제좌制座　　상중喪中에 있는 사람에게 보내는 편지의 봉투에 쓰는 말. 예문 玄同室制座入納 椒園候狀〔이충익李忠翊, 21(智)-175(봉투)〕

제좌齊坐　　사헌부司憲府나 사간원司諫院의 관원이 일을 의논하기 위해 모두 모여 앉는 것. 예문 每擬晉拜 因齊坐之數 遷延未果〔정유일鄭惟一, 051〕

제중濟衆　　의원의 별칭. 예문 濟衆淸節益旺 庇下均休 願遡馳神 日夕無射〔서성준徐聖濬, 40-146〕

제지除旨　　벼슬을 내리는 임금의 교지敎旨. 예문 弟等僅依昨狀 啓震除旨又荷降 不敢久淹鄕廬〔한원진韓元震, 25-33〕

제초구실齊楚俱失　　양쪽이 모두 잘못함. 초楚나라 사신인 자허子虛와 제齊나라 사람인 오유선생烏有先生이 서로 자기 나라 사냥터의 광대함을 자랑하자, 무시공無是公이 "초나라 쪽 이야기도 잘못되었고, 제나라 쪽 말도 맞지 않다"(楚則失矣 齊亦未爲得也)고 말했다는 이야기에서 유래한 말이다(『사기』史記 「사마상여열전」司馬相如列傳 〈상림부〉上林賦). 예문 有便闕候 齊楚俱失 而來諭中頹懶二字 政是我歌査唱〔이병승李秉昇, 027〕

제치諸致　　여러 사람들의 안부. 예문 卽見手書 伏審老烘猶肆 父主氣體一享萬康 諸致俱穩 各處安信 亦皆續聆 孫兒頰腫 今則向瘥云 何等喜幸之至〔정문섭丁文燮, 17-183〕

제칙提飭　　문제를 제기하여 경계하고 타이름. 예문 第某事至有提飭 而姑無擧行形止之報來者 〔송기로宋綺老, 31-138〕

제탁提托　　환기하여 부탁함. 예문 別紙所示 備悉 春間亦已另托 而今當更爲提托矣 〔이희갑李羲甲, 44-171〕

제판題判　　판정하여 결재한 글. 예문 當以被圈者 派定有司 圈紙有所題判 〔정조正祖, 26-71〕

제포綈袍　　두터운 명주로 만든 솜옷. 친구를 위하는 정情. 전국시대 위魏나라의 범저范雎가 중대부中大夫 수가須賈의 비방을 받아서 죽을 정도로 매질을 당하고는 진秦나라로 도망하여 이름을 장록張祿으로 바꾸고 재상이 되어 권세를 누렸다. 위나라에서는 진나라가 동벌東伐할 것이라는 말을 듣고 수가를 사신으로 보냈는데, 범저가 헌 옷을 입고 가서 만나자 수가는 그가 재상임을 알지 못하고 추울까 걱정하여 솜옷(綈袍)을 주었다. 후에 그가 재상 장록임을 알고는 잘못을 빌자, 범저는 솜옷을 준 정을 생각해서 용서했다는 고사(『사기』史記 〈범저전〉范雎傳)가 있다. 예문 如桂之薪 無力溫堗 若得一狗皮褥 則不憂過冬 貴邑雖薄 多則十二張 小則九張狗皮 不費多錢 可鎰之 兄能以綈袍之義 造惠一浮 足當一裘 且爲禦寒之良方 深有望於故人耳 〔신광수申光洙, 44-333〕

제호醍醐　　우유·양젖을 정제하여 만든 진하고 달콤한 액체. 예문 年年茶來 兼承安信 現在吾生 業緣重矣 醍醐上味 必不及於此香 十分銘感 〔이하응李昰應, 39-117〕

조가朝家　　조정 또는 국가. 예문 朝家之無人才 未有若此時 如生無才 猥忝大臣列 心甚爲歎愧 〔상진尙震, 21(仁)-101〕

조각皁角　　조협皁莢. 쥐엄나무 열매를 말린 한약재. 성질이 따뜻하고 맛은 시고 짜며 약간의 독이 있다. 중풍이나 마비 증상을 치료하고 가래를 없애는 데 쓴다. 조협皁莢을 물에 끓인 조각수皁角水는 세척에 쓰인다. 예문 向來皁角之惠 已領厚眷耳 〔이삼환李森煥, 44-100〕

조간遭艱　　부모의 상喪. 아버지가 돌아가시면 외간外艱, 어머니가 돌아가시면 내간內艱이라고 한다. 예문 親知之間 雖聞有遭艱 一有疏慰 未能申候 〔김상숙金相肅, 39-91〕

조감藻鑑　　안목 또는 감식안. 예문 湖山千里之勝負 悉直前後之妖怪 莫逃於

藻鑑之中 豈但侍生焉獨有光乎〔○존경○存敬, 45-348〕

조개皂蓋　　수령이 행차 때 쓰던 검은 일산日傘. 수령을 가리킨다.『후한서』後漢書「여복지 상」輿服志上에, "중이천석中二千石·이천석二千石은 모두 검정색 수레 덮개를 하고 양쪽에 붉은색 흙막이 장식을 한다"(中二千石 二千石 皆皂蓋 朱兩轓)라고 한 데서 유래함. 예문 昨聞皂蓋到洛 以書奉候 則五馬朝已東矣〔임방任埅, 21(禮)-181〕

조격阻隔　　소식이 막힘. 예문 阻隔已久 靡日不思 卽奉惠札 慰不可言〔정두경鄭斗卿, 21(義)-279〕→ 조애阻閡, 조음阻音, 조절阻絶, 조활阻闊

조견粗遣　　그럭저럭 지냄. 예문 生離病之後 姑得粗遣 敗削之餘 蘇健未易 是悶是悶〔이덕성李德成, 3-90〕→ 견면遣免, 조견면粗遣免, 조면粗免

조견면粗遣免　　그럭저럭 지냄. 예문 此處幸粗遣免〔정경세鄭經世, 22-75〕

조경朝京　　중국에 사신使臣 감. 예문 不意今者 蒙差謝恩上使 將有朝京之行 衰年遠役 公私兩悶 如何如何〔전식全湜, 45-303〕

조경阻頉　　소식이 막혀서 궁금함. 예문 歲暮雪深 阻頉正勞〔홍순목洪淳穆, 41-186〕

조곡早穀　　보리. 예문 旣無早穀 今距收穫 當餘一朔 不知如何支過〔이충익李忠翊, 7-172〕

조관照管:01　　명료하게 파악함. 예문 病裡神思 計多失照管也〔오희상吳熙常, 22-305〕

조관照管:02　　(편지를) 읽음. 예문 殷春令胤之歸仰覆 想卽照管矣〔송병순宋秉珣, 44-123〕

조국凋局　　고을의 어려운 형편. 예문 凋局催科 費惱必多 仰慮〔김영수金永壽, 22-341〕

조궁무소措躬無所　　몸 둘 바를 모르겠음. 예문 以若晉之無似 豈齒於士友之數 而不遺及此耶 不覺顔赤措躬無所也〔조진규趙晉奎, 37-132〕

조궤승회操几承誨　　스승을 모시고 직접 가르침을 받음. 예문 千里落落 操几承誨 姑毋論已 書尺替候 亦無其路〔이맹휴李孟休, 21(智)-68〕

조급照及　　(이만 줄이니 나머지 사연은) 잘 헤아리라는 말. 예문 餘祈政履珍毖 統希照及 奉謝狀〔이경여李慶輿, 23-55〕→ 감량鑒亮, 부소俯炤, 서량恕亮, 서량恕諒,

서조恕照, 서조犀照, 아량雅亮, 아조雅照, 영유領惟, 이량怡亮, 정재情在, 조량照亮, 조량照諒, 조재照在, 조하照下, 조회照會, 하감下鑑, 하재下在, 하조下照02, 하찰下察

조기朝奇　　조정의 소식. 예문 朝奇別無可聞 來問疏論 春臺考官 望猥雜請 監科試官別擇 亞銓疏請 堂上下違牌 罷散人變通 堂上六人 堂下八九人 有敍命云矣 〔조태억趙泰億, 44-164〕

조납照納　　(물품 목록과) 대조하여 받음. 예문 木一疋 燭一雙 炬一同 照納是希 不備謹狀 〔이경석李景奭, 25-34〕 → 조령照領

조단照單　　물품 목록과 대조하여. 예문 下送祭物 照單謹領 〔김창업金昌業, 22-227〕 → 조록照錄, 조수照數

조단造端　　비롯함. 또는 실마리를 만듦. 예문 望凡事護短 教之而不能則責之 責之而不能然後怒之 摯而有別 敬而不疏 此君子之道造端處也 〔정경세鄭經世, 45-399〕

조당阻當　　가로막음. 방해함. 예문 但聞昇平府伯 亦有阻當占恡之意云 是何怪物之多耶 不勝痛心 〔이로李魯, 12-187〕

조대措大[01]　　서생書生. 예문 今去鄭措大 卽戚孫外從妹夫也 〔이옥李沃, 3-93〕｜公達 李 措大 案下 〔윤증尹拯, 22-173(봉투)〕

조대措大[02]　　현실적으로 무능한 서생을 지칭하는 말. 예문 縻此匪據 脫免未易 將欲不參 槐貶以爲居下之計 冷措大平生 每每如此 亦復奈何 〔신정申晸, 22-165〕

조대阻對　　만난 지 오래됨. 예문 阻對懷悵 承手字 不覺歊煩之祛體也 〔이황李滉, 30-1〕

조도照到　　(편지를) 받아서 읽어 봄. 예문 前付一械 未知與此鱗次照到 〔김정희金正喜, 33-111〕

조도調度[01]　　식량을 조달하는 일. 이 일을 맡은 자를 조도사調度使라고 한다. 예문 曾聞調度之命 更委於漕使 〔이준李埈, 000〕

조도調度[02]　　식량 사정. 예문 家間調度 方至百尺竿頭 玆用雇馬以送 其急可想 幸望以精粲擇給 毋至欠縮 如何如何 〔정유점鄭維漸, 21(禮)-280〕

조동肇冬　　초겨울. 10월. 예문 拜後閱月 至今殆悵 謹詢肇冬 靜中棣體候萬安 大小閤均吉 遠溯區區 〔김정현金正鉉, 37-123〕

조량照亮　　조량照諒. 예문 僕董保病劣 餘姑不宣 伏惟照亮〔김수흥金壽興, 23-119〕

조량照諒　　(이만 줄이니 나머지 사연은) 잘 헤아리라는 말. 예문 秋成後庶幾還歸奉討 姑此不宣 統惟照諒 謝狀上〔남구만南九萬, 3-131〕

조련阻戀　　소식이 끊겨 그리움. 예문 歲暮寒極 阻戀政深 卽承委狀 慰喜慰喜〔이용희李容熙, 31-89〕→ 조모阻慕, 조사阻思, 조송阻誦, 조회阻懷

조령照領　　(물품 목록과) 대조하여 받음. 예문 諸人聯訾赴席爲可 歲饌按例送似 照領 如何如何〔정조正祖, 26-19〕→ 조납照納

조례曹隸　　관아에 딸린 노비. 예문 曹隸告行 草草憑候〔조상우趙相愚, 3-141〕

조로朝露　　아침 이슬. 죽음을 비유하는 말. 예문 衰病人事 恐不復再接淸盼 而遂有朝露之恨〔박세당朴世堂, 31-20〕

조록照錄　　물품 목록과 대조하여. 예문 各種惠饋 寔出厚意 照錄謹領 感戢無已〔신사철申思喆, 22-239〕→ 조단照單, 조록照錄, 조수照數

조리棗梨　　출판. 책판冊版으로 대추나무나 배나무를 많이 사용한 데에서 온 말. 예문 若非泉老遺集 何以得群賢之寵函 又非群賢之血誠 何以竣棗梨之功 而使此窮巷固陋者 獲見泉老遺集乎〔김효찬金孝燦, 37-130〕

조리操履　　절조. 지조와 실천. 예문 執事操履抱負 盖嘗因往來士友 不啻耳稔〔기우만奇宇萬, 44-125〕

조리찰임調理察任　　몸조리를 한 후에 임무를 맡음. 예문 兵判如或不許卽遞 則姑以調理察任之意措辭題給 則猶勝於無題還給〔임성주任聖周, 22-273〕

조면粗免　　그럭저럭 지냄. 예문 此處粗免 向有不如意事 憂撓 奈何〔조속趙涑, 48-63〕→ 견면遣免, 조견粗遣, 조견면粗遣免

조모朝暮　　아침저녁을 기약할 수 없다는 말. 죽을 때가 되었다는 뜻. 예문 仰荷朝野詩選 弟於此 不無費精力 今則無異休紙也 然弟年在朝暮 不忍眼見爲覆瓿物也〔이기李琦, 21(智)-461〕

조모阻慕　　소식이 끊겨 궁금함. 예문 去市便下復書 阻慕之餘 伏慰萬萬〔신응선申應善, 31-117〕→ 조련阻戀, 조사阻思, 조송阻誦, 조회阻懷

조모우朝暮遇　　경지에 오르기는 어렵지만, 일단 오르고 보면 쉽다는 말. 『장자』莊子 「제물론」齊物論에 "공자도 당신도 모두 꿈을 꾸고 있소. 그리고 내가 당신에게 꿈 이야기를 하고 있는 것도 꿈이오. 이런 말은 매우 괴이한 이야기(弔詭)라 하오. 만 세가 지난 후에야 어렵사리 대성인을 만날 수도 있지만, 이 이야기의 뜻을 잘 아는 대성인에게는 아침저녁 사이의 만남이나 다름없을 것이오"(丘也與女皆夢也 予謂女夢亦夢也 是其言也 其名爲弔詭 萬世之後 而一遇大聖 知其解者 是旦暮遇之也)라는 말이 있다. 예문 是何遠近之可論哉 但願各自勉焉 敬義夾持 知行兩進 以造其極 則莊生所謂朝暮遇也〔김병철金柄轍, 41-90〕

조모인朝暮人　　아침저녁을 기약할 수 없을 정도로 목숨이 경각에 달린 사람. 나이 많은 사람이 자조적으로 하는 말. 예문 疾病筋力 固是朝暮人 而蒼黃震剝 備經險阻 僅保殘縷 艱持于玆 亦旣一月有餘〔김정희金正喜, 38-30〕

조묘군造墓軍　　무덤을 조성하는 일꾼. 예문 造墓軍圖得事 主倅前若無通情之路 鄙簡試傳於洪慈山前 何如〔김상현金尙憲, 36-15〕

조무曺務　　육조六曹의 사무. 예문 弟艱棘曺務 去益茫然 雖自熏憓 無補國計〔민치상閔致庠, 44-203〕

조문阻聞　　소식이 막힘. 예문 阻聞此久 日夕懸念 承拜問札 以審無前暑濕 旅履佳勝〔곽재우郭再祐, 22-65〕

조미糶米　　고을에서 백성에게 꾸어주는 쌀. 환곡還穀. 예문 城主下車之初 卽爲垂問舍弟 優給糶米 得以資活 其爲感幸 何可悉達〔이세화李世華, 22-181〕 → 환상미還上米, 환조還租

조배阻拜　　오랫동안 만나지 못함. 예문 阻拜瞻戀中 伏奉令下札 憑審令起居萬安 仰慰區區〔심익현沈益顯, 21(禮)-183〕 → 배조拜阻, 이조貽阻, 적위積違, 조봉阻奉

조백皁白　　검은 것과 흰 것. 시비是非 또는 가부可否. 예문 懷鄕所來者 尙無皁白 則雖專伻 以爲覓來區處〔송병선宋秉璿, 22-347〕

조변措辨　　마련함. 예문 就懸 來頭有免新之役 而大小刺紙及簇子等物 無路措辨 措辨〔박행의朴行義, 21(禮)-266〕

조별造別　　찾아가서 작별함. 예문 曩荷枉存 尙玆藏戢 而連値氄擾 竟未造別〔서희순徐憙淳, 29-37〕

조보粗保　　그럭저럭 지냄. 예문 生粗保 新春深思一者奉敍 方伯有先聲云〔고경명高敬命, 3-32〕

조보朝報　　승정원承政院에서 처리한 사항을 매일 아침에 기록하여 반포하던 관보官報. 예문 洛耗 朝報外無可聞者 玆以朝報呈去 〔민진장閔鎭長, 23-167〕 → 난보爛報, 난지爛紙, 조지朝紙

조복遭服　상喪을 당함. 예문 但聞方伯遭服 有妨行樂 可嘆 〔고경명高敬命, 3-33〕

조봉阻奉　만나지 못함. 예문 昨秋忽漫之拜 得於積年阻奉 心每不能忘 〔박필주朴弼周, 23-199〕

조비祖妣　돌아가신 할머니. 예문 沍陰祖妣誌文 因李應敎選得於嶺外 而刊於長城而來 須命授飛僧 藏置原板之未 如何如何 〔송시열宋時烈, 22-149〕

조빙照氷　음식이 상하지 않도록 얼음과 같이 포장함. 생선을 신선한 상태로 운반하기 위해서는 조빙궤照氷櫃를 사용함. 예문 有甲生鮑卅介 照氷呈似 〔윤황尹煌, 16-21〕

조사措辭　공문의 내용, 또는 기안起案. 예문 此不特陋見如是 亦與知館事商論 而陳白矣 未知該曹覆啓措辭果云何 而玆事 恐不當分兩段而議也 〔김진규金鎭圭, 21(禮)-302〕

조사朝謝　당하관을 임명한 후에 대간臺諫의 서경署經을 거쳐서 임명장을 내어주는 일. 또는 그 임명장. 예문 廣文朝謝卽出送 〔김성일金誠一, 3-25〕

조사朝辭　지방관으로 부임하거나 사신으로 길을 떠나기 전에 조정에 나아가 임금에게 하직 인사를 올림. 예문 以幕裨除朝辭赴任 已有前例云 毋以此爲拘 幸甚幸甚 〔권업權懾, 22-235〕 → 배사拜辭, 사조辭朝, 사폐辭陛, 숙명肅命, 숙배肅拜, 숙사肅謝, 출사出謝, 출숙出肅, 폐사陛辭

조사調事　몸조리. 예문 近來寒甚 台調事如何 〔박문수朴文秀, 21(禮)-491〕

조사詔使　중국에서 온 사신. 예문 詔使十三日還去云 甚幸 〔김장생金長生, 22-61〕 | 詔使正奇 尙已杳然 等候之間 滯鬱難堪 〔홍명구洪命耉, 22-113〕

조사阻思　소식이 끊겨 궁금함. 예문 新秋益有阻思 卽承遠存 以審潦熱 梱履增勝 欣慰可旣 〔권돈인權敦仁, 21(智)-261〕 → 조련阻戀, 조모阻慕, 조송阻誦, 조회阻懷

조상凋喪　죽음. 예문 別來幾時 親戚凋喪殆盡 無與過從 〔이삼환李森煥, 44-100〕

조선租船　운조선運租船. 조租를 걷어 운반하는 배. 예문 租船之敗 尊丈想費神觀 奉念何已 〔송시열宋時烈, 6-65〕

조속調束　단속함. 예문 玉川事 今日始送坌村兄主 而近來人言 不無喧騰 雖

百般調束 其何能密勿耶〔김흥락金興洛, 12-139〕

조송阻誦　　소식이 막혀 그리워함. 예문 阻誦方殷 伏拜惠存 謹審始熱 兄體萬旺〔장인원張仁遠, 027〕→ 조련阻戀, 조모阻慕, 조사阻思, 조회阻懷

조수措手　　손을 대어 처리함. 예문 想查兄新履殘縣 又當大侵 賑濟之策 誠難措手 其何以爲計耶〔미상, 027〕

조수照數　　물품 목록에 쓰인 숫자와 대조하여. 예문 惠來霜後郭索 照數依受〔서경徐景, 051〕→ 조단照單, 조록照錄

조식調息　　숨 고르기. 휴식하며 몸조리함. 예문 族從病狀値寒益苦 而公擾近煩 調息無暇 殊悶殊悶〔김병시金炳始, 44-222〕

조식阻食　　식욕이 없음. 예문 宗末注夏阻食 比益漸頓 而憂惱熏心 悶憐悶憐〔이계선李啓善, 42-60〕

조신粗伸　　대략 말함. 예문 故頃對貴門僉兄 粗伸先入之斷斷如是〔이휘령李彙寧, 027〕

조안早晏　　조만간. 머지않아. 예문 燕岩集正是好事 然本邦風氣素隘 今則慕金正難 彼有規則故也 然與朴權諸友議 則皆無異辭 當早晏隨機力圖矣〔왕수환王粹煥, 37-120〕

조안粗安　　그럭저럭 편안함. 예문 此間侍事粗安 殊幸殊幸〔김상성金尙星, 21(智)-35〕

조애阻閡　　소식이 막힘. 예문 多年阻閡 但有瞻往 匪意下翰遠辱 就審霜寒 台體履萬福 仰慰區區〔이재李縡, 21(禮)-423〕→ 조격阻隔, 조음阻音, 조절阻絶, 조활阻闊

조어措語　　어휘의 선택, 또는 글의 내용. 예문 但道之所在雖固 責彼在此 亦當措語無自失體 更招彼之罔極 如何如何〔정광필鄭光弼, 3-31〕

조열肇熱　　4월의 더위. 예문 謹詢肇熱 仕候連衛萬勝 慰傃慰傃〔오취선吳取善, 31-82〕

조우阻雨　　비 때문에 가지 못함. 예문 方爲聽候處分 旱疾登程 而阻雨濡滯嘉興江村〔민정중閔鼎重, 5-107〕

조운漕運　　각 도에서 국가에 수납하는 전세田稅 및 대동미大同米를 수운水運으로 경창京倉까지 수송하던 일. 예문 聞溫陽郡守狀罷云 此若不爲差出 則今番

漕運後 遷轉此窠 極涉可慮 [김진화金鎭華, 12-136]

조율照律　　범죄의 경중에 따라 법을 적용함. 예문 胎錄事 弟前任內局時 使喚下人也 聞以濫騎 今將照律定配云 伏望台量施生光 [남이웅南以雄, 39-57]

조음阻音　　소식이 끊김. 예문 阻音如隔世 唯有一念耿耿 書至意外 得審向來學履珍毖 [이상진李尙眞, 3-126] → 조격阻隔, 조애阻閡, 조절阻絶, 조활阻闊

조장朝章　　조정의 제도制度와 문물文物. 예문 僕微諷曰 不知朝章 彼則乘醉縱酗 詬怒前席 狂言妄談 口不可形 [박상朴祥, 9-70]

조장糶狀　　환자(還上)를 요청한 서장書狀. 예문 糶狀依副 春卒卽今捧受矣 [민진장閔鎭長, 23-167]

조장調將　　몸조리. 예문 兄於此時 必有惡夢頓醒之感矣 唯望益加調將 亟臻健康 弟蟄伏窮山 才於日昨 始聞喜報 [윤효정尹孝定, 21(智)-468]

조재照在　　(이만 줄이니 나머지 사연은) 잘 헤아리라는 말. 예문 餘不具 伏惟照在 上謝狀 [이숙李翻, 23-117]

조저朝著　　조정朝廷. 예문 當此朝著波蕩 左右安銄好過 殊非此世之人也 [이진순李眞淳, 7-205]

조전造展　　만나서 이야기함. 예문 銘念至此 仰謝不已 只在造展 不宣 [이경휘李慶徽, 23-105]

조절阻絶　　소식이 끊김. 예문 近甚阻絶 瞻嚮如何 卽日炎暑 匃履淸迪 [홍이상洪履祥, 5-210] → 조격阻隔, 조애阻閡, 조음阻音, 조활阻闊

조정調鼎　　음식물을 조리함. 재상이 되어 나라를 다스림을 비유하는 말. 『한시외전』韓詩外傳 권7의, "이윤伊尹은 유신씨의 후손으로, 정鼎을 지고 조俎를 잡고 오미五味를 조절하다가 탕왕을 만나 조정에 들어가서 재상이 되었다"(伊尹故有莘氏僮也 負鼎操俎 調五味 而立爲相 其遇湯也)는 고사에서 유래함. 예문 餘仰冀體履珍衛 調鼎順迪 伏惟勻照 謹拜謝上書 [이세구李世龜, 5-130]

조제遭制　　상喪을 당함. 예문 戚弟遭制 非但悲廓 言情理絶酷 雖路人流涕 況同黨者乎 [남일우南一祐, 42-37]

조조慥慥　　독실하게. 예문 且因人聞近來大有所成就 喜幸不可量 慥慥着功 尤所望也 [이상진李尙眞, 3-127]

조종棗種　　붓털을 대추씨 모양으로 만든 붓. 조심필棗心筆 또는 조핵필棗核

筆. 예문 所用筆枝已盡 無繼用之物 分付邸人 一貫錢給善手筆工 以靑鼠毛束得 而製樣則必可棄種 如何 〔이후원李後遠, 7-151〕

조좌朝坐　　조회朝會. 예문 適有朝坐 不能具悉 寶鑑留覽爲佳 〔이상의李尙毅, 45-224〕

조좌稠座　　많은 사람이 모인 자리. 조좌稠坐, 조인광좌稠人廣座. 예문 昨於稠座 未能一一詳陳 〔박영수朴永壽, 31-65〕

조중稠中⁰¹　　바쁜 중에. 예문 士剛 頃遇之稠中 不能款晤 殆令悵想 工夫想着實矣 〔이상정李象靖, 21(智)-159〕

조중稠中⁰²　　여러 사람들 틈에. 예문 經之事 吾豈薄之而甚論哉 只言其短處於兄弟間耳 又何忍毁之於稠中乎 〔이연경李延慶, 9-77〕

조중調中　　몸조리하는 중에. 예문 伏未審調中氣候若何 伏慕區區 無任下誠 〔강박姜樸, 21(禮)-481〕

조지朝紙　　승정원承政院에서 처리한 사항을 매일 아침에 기록하여 반포하던 관보官報. 예문 昨見過去朝紙 今忽遞職 未知事端之果如何 〔유엄柳儼, 29-26〕
→ 난보爛報, 난지爛紙, 조보朝報

조체調體　　조섭調攝하는 중의 안부. 예문 伏惟調體 此時安寧 〔정학연丁學淵, 22-315〕

조탄遭彈　　탄핵을 받음. 예문 生雖曰遭彈 脫濕可幸 而交龜遲速 時未的知 罪罷久留 苦悶何言 〔권시경權是經, 44-263〕

조판措辦　　마련함. 예문 就戀 來頭有免新之役 而大小刺紙及簇子等物 無路措辦 倘或留念耶 〔박행의朴行義, 21(禮)-266〕

조포朝晡　　양식糧食. 조朝는 진시辰時(아침 8시), 포晡는 신시申時(오후 4시)를 가리킨다. 또는 하루 두 끼의 식사를 뜻하기도 한다. 예문 況蒙厚周朝晡之急 兼之以雉魚之味 感荷千萬 拜謝拜謝 〔정유악鄭維岳, 21(禮)-109〕

조포租包　　벼를 담은 섬. 예문 稅納果準納 不至見辱 租包想已罄矣 糧道果如何爲計 〔신좌모申佐模, 43-130〕

조포阻抱　　오랫동안 소식 듣지 못한 마음. 예문 阻抱正是一般 辱問忽至 就審令體神相 慰倒十分 〔유계兪棨, 23-93〕

조하照下　　(이만 줄이니 나머지 사연은) 잘 헤아려 달라고, 편지 끝에 의례적

으로 쓰는 말. 예문 伏希令照下 謹謝狀上 〔이관징李觀徵, 5-65〕

조하肇夏　　초여름. 예문 阻拜餘 伏奉下翰 謹審肇夏 調體彌留 〔허전許傳, 21(智)-307〕

조한肇寒　　초겨울의 추위. 예문 卽拜惠翰 謹審肇寒兄侍餘 政候神衛萬重 〔신재식申在植, 22-311〕

조호調護　　몸조리. 예문 弊局旣多惱神 瘴濕恐妨調護 旋切憧憧 〔이기연李紀淵, 29-35〕

조화造化　　조물주造物主 또는 운명運命. 예문 纍人尙延頑喘 豈非命也 舐乳未期 只待造化耳 〔김상헌金尙憲, 36-23〕 → 화공化公, 화아化兒

조활阻濶　　조활阻濶. 소식이 끊김. 예문 卽想春日學履珍福 阻濶已久 懸溯悠悠 〔이상진李尙眞, 3-122〕 → 조격阻隔, 조애阻閡, 조음阻音, 조절阻絶

조황調況　　병세病勢를 완곡하게 표현하는 말. 예문 不審歸稅後 調況何如 腫處其得快差否 奉慮不已 〔김수흥金壽興, 23-119〕

조회照會　　(이만 줄이니 나머지 사연은) 잘 헤아려 달라는 말. 예문 憑便略此 不宣 伏惟照會 謹候 狀上 〔이복원李福源, 21(智)-98〕

조회阻懷　　소식이 막혀 궁금한 마음. 예문 阻懷逢春轉苦 卽伏惟餘寒兄履萬重 猝當煩劇之地 想何以耐遣 區區慮戀並切于中 不能暫已 〔유세형柳世馨, 027〕 → 조련阻戀, 조모阻慕, 조사阻思, 조송阻誦

조후調候　　병세病勢를 완곡하게 표현하는 말. 예문 頃自京第傳送台札 披慰當面 第審調候 尙遲康復 疴恙不已 貢慮萬萬 〔조태채趙泰采, 21(禮)-320〕

족견足繭　　발이 부르틈. 예문 弟省楸嶺外 費旬還家 足繭脛痛 尙圍圍耳 〔정찬석鄭瓚錫, 37-103〕

족말族末　　친족 간에 항렬이 높은 사람이 낮은 사람에게 자기를 낮추어 일컫는 말. 항렬이 낮은 사람이 높은 사람에게 자기를 가리킬 때는 족하族下라고 함. 예문 族末蒙除下來 雖庸感祝 而脩路行役 憊撕無餘 且千里駕海 大爲關念 〔강면규姜冕奎, 42-8〕 → 종말宗末

족말足襪　　버선. 예문 鄭丈救窮之外 又寄足襪 如許情悃 令人興感 〔이원익李元翼, 25-3〕

족생族生　　나이 많은 친족 어른에 대하여 자기를 낮추어 일컫는 말. 예문 癸亥

五月 小望 族生 病物 〔이상진李尙眞, 3-127〕

족조族祖　　조부뻘 되는 집안 어른.　예문 己卯七月卄六 族祖 〔송치규宋穉圭, 22-303〕

족종族從　　항렬이 같은 친족에 대하여 자기를 일컫는 말.　예문 縗服族從 偶有落傷之厄 始謂不甚大端之漸矣 〔유후조柳厚祚, 027〕

족징族徵　　세금을 내지 못하는 사람이 있는 경우에 그 친족에게 대신 납부케 하던 일.　예문 今此志恭所逋負 分明是酒色賭博之用 而監色輩利其花費 不計其捧納之難易 而只恃日後公文族徵於他都邑 〔이충익李忠翊, 7-172〕

족편足鞭　　소의 발, 꼬리 등을 고아서 굳힌 음식.　예문 下惠銀唇足鞭以飯 深謝深謝 〔김상헌金尙憲, 36-28〕

족하族下　　친족 간에 항렬이 낮은 이가 높은 이에게 자기를 낮추어 일컫는 말. 항렬이 높은 이가 낮은 이에게 자기를 가리킬 때는 족말族末이라고 함.　예문 族下公務私擾 一視絆罪 良覺悶憐已耳 爲探 不宣 疏式 〔박정양朴定陽, 44-231〕

존尊　　상대방을 높여서 이르는 말.　예문 承拜尊問札 從審政履萬勝 如獲奉晤 仰慰十分 鄙蕫支供仕 餘無足喩 〔이합李柙, 5-96〕

존가尊駕　　여행 중인 상대방을 높여 일컫는 말.　예문 又値尊駕未還 不得拜謝而來 尤用耿結 〔김창즙金昌緝, 22-231〕

존감尊鑒　　(이만 줄이니 나머지 사연은) 잘 헤아려 달라는 말.　예문 伏惟尊鑒 謹謝狀上 〔김안국金安國, 22-23〕

존당尊堂　　상대방의 어머니를 높여서 이르는 말.　예문 尊堂尊眷 前經輪行 可謂一小劫 而老弱胃薄 起尙圉圉 爲之憫念 〔김문옥金文鈺, 41-108〕 → 대부인大夫人, 대석인大碩人, 북당北堂, 자위慈闈, 천지天只, 태석인太碩人, 훤당萱堂, 훤위萱闈

존록存錄　　배려하고 기억함.　예문 稍闕拜問 馳嚮彌切 伏承不遺存錄 以賤齒六十一歲之初度 特枉專使 貺以珍苞佳果 感戴之私 云何勝言 〔조현규趙顯珪, 40-326〕

존리尊履　　상대방의 안부를 높여서 이르는 말.　예문 世龜稽顙再拜 伏惟此時尊履神相 〔이세구李世龜, 3-96〕 → 존후尊候

존리尊莅　　관직에 있는 이의 안부.　예문 貴奴告歸 敢此憑候 只祈盛暑炎瘴 尊莅增重 〔홍이상洪履祥, 5-211〕

존몰存沒　　생사生死.　예문 君欲作南行 果似有可虞 蘇相公之子名遂 曾有半

面之分 今不知其存沒 〔이황李滉, 30-146〕

존문存問　　수령이, 관내에 사는 사람이나 고향 또는 선영先塋의 연고가 있는 사람에게 보내는 문안 편지. 예문 程數日之遠 而再發專价 惠致存問之厚意 令義出乎至情 〔정구鄭逑, 5-28〕 → 존신存訊, 존찰存札, 존첩存帖

존문尊問　　상대방이 보낸 편지를 높여서 이르는 말. 예문 卽者雨中 又承尊問 感荷不已 〔이양원李陽元, 051〕

존백씨尊伯氏　　상대방의 맏형을 높여 이르는 말. 예문 吾黨不幸 尊伯氏臺雲叔主喪事 出於夢寐之外 此何變也 〔권석호權錫虎, 40-34〕

존부尊府　　상대방의 아버지를 높여서 이르는 말. 예문 尊府計已奉來 怡愉之樂 是豈以萬鍾易也 爲之奉賀 〔윤봉오尹鳳五, 6-222〕 → 대부장大府丈, 대정大庭, 존정尊庭, 춘당春堂, 춘부春府

존시尊侍　　'존'尊은 상대방, '시'侍는 상대방의 시자侍者를 뜻함. 주로 봉투에 쓰는 말로 편지를 상대방에게 직접 전하지 않고 시자에게 전함으로써 존경의 뜻을 담는다. 예문 尊侍 上謝狀 金生員 旅次 〔한호韓濩, 22-55(봉투)〕 → 문사文史, 시사侍史, 종인從人, 종자從者, 집사執事, 집사執史, 하사下史, 하집사下執事, 현집사賢執事

존신存訊　　지방관이 자기 고을 사람에게 보내는 문안 편지. 예문 忽承專伻惠書 委加存訊 旣感情誼之彌厚 〔윤증尹拯, 21(禮)-71〕 → 존문存問, 존찰存札, 존첩存帖

존양存羊　　형식적인 예이기는 하지만 예전부터 하던 대로 한다는 뜻. 『논어』論語 「팔일」八佾에 자공子貢이 초하룻날에 종묘에 '고유告由하면서 바치는 희생양'(告朔之餼羊)을 없애고자 하니, 공자가 "너는 양을 아끼는가? 나는 그 예를 아까워하노라"라고 한 데서 나온 말. 예문 所謂禮餕存羊而已 愧泚先額 恕諒之如何 〔우구하禹龜夏, 41-169〕

존위尊衛　　상대방에 대한 존칭. 예문 某里薇薦之營 可見尊衛之至意 前旣以邦禁廢 則邦禁未弛之地 有此設行 殊有未安 俯諒如何 〔장복추張福樞, 44-59〕

존자尊慈　　조문 편지에 대한 답서에서 상대방을 높여 이르는 말. 예문 伏蒙尊慈俯賜慰問 哀感之至 無任不誠 〔우성전禹性傳, 21(仁)-214〕

존장尊丈　　어르신. 예문 老敗之人 適得尊丈惠露 一醉欠敬 恕之 〔정호鄭澔, 22-

209〕

존정 尊庭　　상대방의 아버지에 대한 존칭. 예문 尊庭歸稅平穩 深用欣喜〔이진수 李眞洙, 7-203〕

존조 尊照　　(이만 줄이니 나머지 사연은) 잘 헤아려 달라는 말. 예문 餘適紛擾 謹此不宣 尊照 狀上〔정여창鄭汝昌, 22-17〕

존찰 存札　　지방관이 자기 고을 사람에게 보내는 안부 편지. 예문 此伏承遠存札 仰審嚴沍政履有相〔홍계적洪啓迪, 6-46〕→ 존문存問, 존신存訊, 존첩存帖

존첩 存帖　　지방관이 자기 고을 사람에게 보내는 안부 편지. 예문 伏承遠存帖 仰諦新正 政履增祉 慰賀區區〔남치훈南致薰, 44-245〕→ 존문存問, 존신存訊, 존찰存札

존후 尊候　　상대방의 안부를 높여 일컫는 말. 예문 伏承辱札 比日春寒 尊候萬福〔민우수閔遇洙, 23-221〕→ 존리尊履

졸세 卒歲　　한 해를 남. 예문 聞南方旱甚云 今年若又凶歉 則貧如汝家 何以卒歲 可慮可慮〔정경세鄭經世, 45-353〕

졸졸 卒卒.01　　바쁜 모양. 예문 頃蒙辱枉 而卒卒未穩 迨用依悵〔이희조李喜朝, 22-223〕

졸졸 卒卒.02　　급하게. 경솔하게. 예문 然大事 不可卒卒了當〔권욱權煜, 6-181〕

종가 從駕　　임금이 탄 수레를 모시고 따라감. 임금을 수행함. 예문 上命極擇從駕之臣 大臣以承旨韓浚謙許筬啓之〔전식全湜, 45-299〕

종권 從權　　그때그때의 형편에 따라 알맞게 변통함. 예문 至於弟之小科 迫於篤老侍下情地 勉强從權 而情禮俱違 何足受人賀語 而亦自掛齒耶〔정대림丁大林, 48-227〕

종기 宗記　　서로 기억하는 먼 친척에 대하여 자기를 일컫는 말. 예문 卽夕 宗記 奎濂 頓首〔송규렴宋奎濂, 22-175〕

종년 終年　　일 년 내내. 예문 弟終年奔走 近始卸還〔이중하李重夏, 35-105〕

종당 從當　　지금, 즉시, 곧. 예문 敎意 已有成諾於人 從當隨槖周旋耳〔윤순尹淳, 3-105〕

종덕 種德　　덕을 쌓음. 예문 慘酷之禍 連仍於種德之家 是何天道之難知 一至此耶〔정경세鄭經世, 45-436〕

종마 從馬 하인과 말. 예문 祭物 緣無從馬 未得如意備送 深以爲恨 〔김성일金誠一, 12-148〕

종말 宗末 종씨宗氏 사이에 항렬이 높은 사람이 낮은 사람에게 자기를 낮추어 일컫는 말. 예문 卽惟霜令侍履連佳 溯念不已 宗末侍奉粗安 而滯症甚苦 悶事 〔이익회李翊會, 21(智)-221〕 → 족말族末

종매 從邁 행렬을 따라감. 예문 從弟親節粗安 是幸是幸 而從邁在卽 儱眩强策 恐難免顚仆之患也 〔홍우길洪祐吉, 44-174〕

종명야행 鍾鳴夜行 나이 70이 넘은 노쇠한 사람이 관직에 있음을 가리키는 말. 『위서』魏書 〈전예전〉田豫傳에 "나이 70이 지나서도 관직에 있는 것은 비유컨대 종이 거의 다 울렸는데도 밤길을 그치지 않는 것과 같으니, 이는 죄인입니다"(年過七十而以居位 譬猶鐘鳴漏盡而夜行不休 是罪人也)라는 내용이 있다. 예문 老劣尙包鍾鳴夜行之數 而西日易下 筋骸頓衰 雖欲一枻相訪 何可得也 〔이광적李光迪, 31-19〕

종반 從班 임금을 가까이 모시는 벼슬. 예문 從班地嚴 尙煩問存 書牘繼投 情意之厚 令人感歎 〔민정중閔鼎重, 3-128〕

종백 宗伯 문중門中에서 가장 높은 어른. 예문 門人以菲薄之奠 敢服宗伯霞溪先生權公之靈 〔이덕운李德運, 35-23〕

종부 宗簿 종부시宗簿寺. 왕실의 계보인 선원보첩璿源譜牒을 편집 기록하고 종실宗室의 잘못을 조사·규탄하는 임무를 맡아보던 관청. 예문 日前以□擬除宗簿正 亦覺感祝 〔신좌모申佐模, 43-138〕

종사 從祀 문묘文廟에 후세의 유학자를 배향하는 일. 예문 先生從祀事 嶺南左右道儒生陳疏 闕下溫旨 諭以從容處之 繼有館學儒生之疏 亦下溫旨 雖未卽見之施行 公論得伸 可喜 〔윤근수尹根壽, 11-191〕

종상 終祥 죽은 지 2년 만에 지내는 대상大祥을 달리 이르는 말. 예문 樊爺終祥 倏忽已過 悲感何言 以老兄平日情誼 遠在嶺外 無以周旋於祼獻之際 想愴悼交切 〔이가환李家煥, 32-159〕

종생 宗生 종씨宗氏 어른에 대하여 자기를 낮추어 일컫는 말. 예문 宗生朞服人 今卄一日 過葬禮於乾坪 〔이건승李建升, 051〕

종서 悰緖 즐거운 일. 예문 家間又有病患 日夕憂撓 皆無悰緖 新年又極索然耳

〔김익희金益熙, 22-155〕

종속從速   속히. 예문 示意謹悉 而瓜狀足可成送 焉用辭狀 惟在兄周旋銓部 從速出代耳 〔이진휴李震休, 3-95〕

종송從頌   → 종용從頌

종수從嫂   종형제의 아내. 예문 家家內是無故 汝從嫂當作如何喜也 〔신좌모申佐模, 43-107〕

종숙從叔   아버지의 사촌형제. 당숙堂叔. 예문 令從叔丈外除 寔出公議另戒 亦當俟物議耳 〔어윤중魚允中, 35-95〕

종심從審   편지를 보고 앎. 예문 路奉草草 耿悵在中 卽承惠札 從審雪沍政候 增勝 區區披慰此心 〔윤봉오尹鳳五, 6-222〕 → 빙심憑審, 빙암憑諳, 빙체憑諦, 승심承審, 잉심仍審, 자심藉諗, 취심就審

종씨從氏   상대방의 사촌 형제를 이르는 말. 예문 從氏近安 而齊行不至頻數 耶 餘適憑便 姑此不宣 〔정광진鄭光震, 31-48〕

종어鯮魚   종어鯮魚. 하천 하류나 강물이 바닷물로 흘러드는 곳에서 서식하는 민물고기. 금강에서 잡히는 종어는 맛이 좋아 임금에게 진상품으로 올렸다. 예문 鯮魚 是恩津杏洲兩浦外 更無所産處 而其貴如金 吾之忘此味 爲三十年矣 〔윤용구尹用求, 28-25〕

종용從容   여유 있는 만남. 예문 許多所欲言者 擬於南行之路 圖所以從容 須 問諸木川 而留意也 〔이상진李尙眞, 3-123〕

종용從頌   종용從容. 예문 前進忙暮 未克從頌 卽承惠翰 頗慰未恰之懷 〔김집金集, 23-47〕

종우從優   넉넉히. 예문 前日所達藥材 其能留念耶 書上材料 從優惠付此便之 還如何 〔정유성鄭維城, 21(義)-264〕

종인宗人   종씨宗氏에 대하여 자기를 가리키는 말. 예문 宗人發行二十五日 出 入海嶽千餘里 方到襄陽邑底 其慰幽悁 則大矣 〔김이안金履安, 22-279〕

종인從人   상대방을 지칭할 때 쓰는 말. 상대방을 직접 지칭하는 것이 실례이기 때문에 상대방을 모시고 따르는 종자從者를 지칭함으로써 상대방에 대한 공경을 표하는 표현. 예문 曩荷從人臨賁於寂寞中 此意良厚 迨不敢忘也 〔김치후金致垕, 21(禮)-443〕 → 문사文史, 시사侍史, 존시尊侍, 종자從者, 집사執事, 집사集史, 하사

下史, 하집사下執事, 현집사賢執事

종자從子　　조카. 조카가 숙부에 대하여 자신을 지칭하는 말. 예문 從子大小諸狀 姑無顯警〔송병선宋秉璿, 22-349〕

종자從者　　상대방을 지칭할 때 쓰는 말. 상대방을 직접 지칭하는 것이 실례이기 때문에 상대방이 데리고 다니는 종자로써 상대방을 대신 지칭하는 표현. 예문 從者之入城已久 傷心之祀事又過 而無由就慰 悵歎方深 匪意辱書以問 感仄何已〔김재로金在魯, 21(禮)-440〕

종장終場　　사흘로 나누어 보는 과거의 마지막 날 시험장. 첫날 시험장을 초장初場, 둘째날 시험장을 중장中場이라고 한다. 예문 家弟向過大痢 數日前出做終場文字耳〔김종후金鍾厚, 22-277〕

종정지통鍾情之慟　　자식을 잃은 슬픔. 예문 第聞遭鍾情之慟 德門喪禍 何至於斯 無任悲係〔박태겸朴泰謙, 49-266〕→ 정종지척情鍾之戚

종조리終條理　　조리 있게 마무리 지음.『맹자』孟子「만장 하」萬章下에 "금金으로 소리를 퍼뜨린다는 것은 조리條理를 시작함이요, 옥玉으로 거둔다는 것은 조리를 끝냄이니"(金聲也者 始條理也 玉振之也者 終條理也)라는 구절이 있다.
예문 惠送各種 似是終條理 此時此亦難 多謝至意〔이이명李頤命, 22-225〕

종종種種01　　가지가지. 예문 此間親候 未有輕安之日 荊病薪憂 種種未已 悶擾何言〔곽재우郭再祐, 22-65〕

종종種種02　　성글어짐. 예문 弟喪病叢中 兩鬢日覺種種 把鏡 我不知爲我〔안연석安鍊石, 6-191〕

종지踵至　　꽁무니를 이음. 예문 第以近來憂患踵至 全廢講貫之功 胸次日以憒憒〔이수붕李壽鵬, 12-255〕

종질宗姪　　본本이 같은 아저씨뻘 사람에 대하여 자기를 가리키는 말. 예문 姑此替書以謝 餘不宣 卽日宗姪端夏頓〔이단하李端夏, 31-17〕

종차從此　　이제부터, 앞으로. 예문 賤息今將出來 從此尤無聞問之便 悵歎悵歎〔심열沈悅, 4-31〕

종천終天　　이 세상의 끝이라는 뜻으로, 영원을 이르는 말. 예문 果爾則去年道南之別 遂爲終天之訣 而軒昂之姿 奇偉之論 終不得以相接矣〔정경세鄭經世, 45-419〕

종하宗下　　항렬이 높은 종씨宗氏에 대하여 자기를 낮추어 일컫는 말. 예문 宗

下 舁服人 傳拜手〔허전許傳, 21(智)-307 (봉투)〕

종하생宗下生　　항렬이 높은 종씨宗氏 어른에 대하여 자기를 낮추어 일컫는 말. 예문 宗下生 以脚崇 未得出門 已屢月〔이인철李仁轍, 31-118〕

종향從享　　공이나 학덕이 있는 사람의 신주를 종묘나 문묘, 서원에 모시는 일. 배향配享. 예문 弟家叔從享 榮感交切 將於卄八日 祗受恩侑 幸賜光顧 敢此勤祝〔이돈영李敦榮, 26-205〕

종헐從歇　　대수롭지 않음. 예문 亨仲事 初聞從歇 昨者因人傳說 至于訊鞫云 驚痛〔최산두崔山斗, 9-110〕→ 헐후歇後01

종황怱況　　즐거운 상황이나 형편. 예문 服弟病與齒添 方落席呻囈 有甚怱況 可言〔이휘령李彙寧, 027〕

종효終孝　　어버이의 임종을 지킴. 예문 終孝之喩 敢不再拜 勉奉 餘難具〔최산두崔山斗, 9-111〕

좌고左顧　　왕림枉臨. 상대방의 방문을 높여 이르는 말. 예문 頃蒙左顧 適値身病 孫兒不言 竟致虛枉〔심지명沈之溟, 21(義)-301〕

좌곤坐困　　연루되어 곤경을 겪음. 또는 어떤 일로 인하여 곤궁하여짐. 예문 錫美由我坐困 此又可恨矣〔이여李畲, 25-25〕

좌굴坐屈　　왕림枉臨. 상대방의 방문을 높여 이르는 말. 예문 今番意謂坐屈 竟孤顒望 極爲歎恨 幸須從近另圖 以光寒楣 切仰切仰〔신간정辛潤正, 53-170〕→ 광림光臨, 내림來臨, 부림俯臨, 비고賁顧, 비림賁臨, 비연賁然, 왕고枉顧, 좌고左顧

좌규左揆　　좌의정. 예문 若謂夏間左揆陳自之力 則向來數月何爲久靳天黜 今乃用其言耶〔임영林泳, 000〕

좌리佐履　　비장裨將의 안부. 평교平交 사이에 쓴다. 좌황佐況, 좌후佐候. 예문 謹問此豈侍外 佐履奚如〔이후원李厚源, 22-123〕→ 막리幕履, 막황幕況

좌벽左僻　　견해가 남과 많이 차이남. 벽좌僻左. 예문 諸經釋義 鄙見左僻 不欲示人〔이황李滉, 30-13〕

좌사坐事　　일 때문에 죄를 얻음. 예문 飭厲舌官 不至坐事 何待兄勤教 此人輩必欲充壑欲而後已 是可痛歎〔이관징李觀徵, 5-65〕

좌요坐擾　　좌요座擾. 예문 餘楮窄坐擾 不備謝〔장복추張福樞, 44-59〕

좌요座擾　　자리가 어수선하고 바쁨. 예문 餘座擾 不備候禮〔김응원金應元, 39-

좌우左右　　평교 사이에 상대방을 가리키는 말. 예문 鰥生碌碌散秩 亦不免殘弊之憂 想左右何此慨嘆〔이식李植, 22-101〕

좌우座右　　상대방을 높여서 이르는 말. 예문 秋事比前稍加 寔賴座右之力〔김정희金正喜, 33-39〕→ 좌전座前, 좌하座下

좌임左袵　　옷깃을 왼쪽으로 여밈. 오랑캐 복장을 뜻하며 오랑캐의 지배 아래 있다는 의미. 좌임左衽, 좌대左帶. 예문 中原消息一惡一善 大抵左袵幾矣〔이식李植, 22-101〕

좌재坐齋　　제사 전에 외출을 삼가고 몸과 마음을 청결히 함. 예문 忌日已迫 不得坐齋 如不祭也 可歎可歎〔이경직李景稷, 7-217〕

좌전座前　　상대방을 높여서 일컫는 말. 봉투에 많이 씀. 예문 崔內翰 座前〔이세구李世龜, 3-96(봉투)〕→ 좌우座右, 좌하座下

좌정坐停　　사정으로 인하여 과거 시험을 보지 않음. '정停'은 '정거停居'를 말함. 예문 意外科事有定 未知欲趁此來赴耶 家兒老懶不欲見 而勸勉使之入場 而寫手終難得 將不免坐停 悶悶〔안종해安宗海, 6-34〕

좌차座次　　상주喪主에게 보내는 편지의 봉투에 상투적으로 쓰는 표현. 상대방이 평소의 생활공간에서 벗어나 임시로 머무르는 곳에 편지를 보낼 때 차次를 붙임. 예문 權喪人 座次〔조윤형曺允亨, 22-281(봉투)〕→ 복차服次, 애차哀次

좌태左台　　좌의정. 예문 前者屢承左台之教 卽者永兄容姪兄弟久之諸公皆有書 而皆以此意答送耳〔이단상李端相, 23-123〕

좌파坐罷　　관리가 죄에 연좌되어 파면됨. 예문 吏議坐罷 銓長必欲同去就 則兵銓亦難獨出議地 殆空矣〔윤순尹淳, 39-89〕

좌하座下　　상대방을 높여서 일컫는 말. 예문 洛昌君 孝廬 座下〔윤순尹淳, 3-104(봉투)〕→ 좌우座右, 좌전座前

죄려罪戾　　죄악. 또는 허물. 예문 欽罪戾所極 又遭姊喪 恨不遄○不見世間苦惱耳〔신흠申欽, 3-46〕

죄식罪息　　상중喪中에 있는 사람이 자신을 가리키는 말. 예문 罪息今日已送舍兄旅櫬 萬事已矣〔이지백李之栢, 027〕

죄파罪罷　　죄를 지어 파직됨. 예문 生雖曰遭彈 脫濕可幸 而交龜遲速 時未的

知 罪罷久留 苦悶何言 〔권시경權是經, 44-263〕

주主　　손위의 일가유복친一家有服親과 외삼촌(內舅), 장인(外舅) 등을 지칭하는 말 뒤에 붙여 존경을 표하는 접미사. 예를 들면 '부주'父主는 '아버님', '숙주'叔主는 '숙부님', '형주'兄主는 '형님'을 가리킨다. 예문 數日前 得見成川兄主書 欲預知定穴及定日 以爲凡百周旋之地 而吾輩本無主見 哀亦在遠處 莫重之大事 不能及時會議 殊可悶也 〔이지안李志安, 21(義)-316〕

주각령당籌閣鈴堂　　절도사節度使가 업무를 보는 건물. 예문 籌閣鈴堂 亦頗蚊甚 何況此蟹宕蝸廬 〔김정희金正喜, 33-77〕

주견主見　　주장. 자기의 견해. 예문 數日前 得見成川兄主書 欲預知定穴及定日 以爲凡百周旋之地 而吾輩本無主見 哀亦在遠處 莫重之大事 不能及時會議 殊可悶也 〔이지안李志安, 21(義)-316〕

주교사舟橋司　　임금의 거둥 때 배다리를 만들거나 선박·교량 및 조운漕運 등에 대한 사무를 관장하던 부서. 예문 上納收刷 間果幾數 而冰信漸迫 誠不勝悶菀 昨聞舟橋司促關 又爲下去云矣 關念不細也 〔홍우길洪祐吉, 44-174〕

주구炷灸　　뜸을 뜸. 예문 伯兄所苦 當寒倍劇 日事炷灸 煎悶何言 〔이상정李象靖, 12-236〕

주급周急　　다급한 형편에 처한 사람을 구해줌. 예문 南風不佳 小習丕變 心竊喜愛 何可不周急耶 〔임의백任義伯, 051〕

주급周給　　구제해 줌. 예문 就中 鄙奴自他鄕來寓興德庄下 而上典貧甚 不能周給 必有饑死之患 麥秋後 如有告急之事 幸以牟斗覓給 以濟其死 如何 〔박태겸朴泰謙, 49-266〕

주낭疇曩　　옛날에, 이전에. 예문 蘭窩令是福命人也 飮酒賦詩 不減疇曩否 〔황현黃玹, 37-27〕

주단柱單　　사주단자四柱單子. 예문 雖未禀報前 書送柱單 〔미상, 027〕

주당周堂　　혼인, 신행新行, 이사, 안장安葬 등을 할 때 해가 되는 귀신. 예문 婚期 卽覓一卜問之 則擇以七月初六 八月二十六七日 却云無周堂 殊未可知 若然則此兩日皆好 〔박태보朴泰輔, 22-219〕

주련株連　　한 사람의 범죄에 여러 사람이 연루됨. 주련株聯. 예문 去九月中 梅集滄翁稿 同見被收 其時豈不欲以書仰佈 恐有株連之累 不果 只告于滄翁 使之

轉達 今接來示 猶未悉此中事也 〔왕성순王性淳, 37-124〕

주료走潦　　급히 써서 글씨가 고르지 못함. 편지 끝에 겸손을 나타내기 위해 상투적으로 쓰는 표현. 예문 適出外還 聞有便 燈下走潦 不宣 謹狀 〔이상정李象靖, 21(智)-59〕 → 요초擾草, 주초走草, 주호走毫, 호기胡寄, 호서胡書, 호초胡草

주리做履　　공부하는 중의 안부. 예문 春寒惻惻 不審兄做履佳勝 〔홍용조洪龍祚, 6-172〕 → 주미做味, 주황做況, 주후做候, 학리學履, 학미學味

주리籌履　　병마절도사兵馬節度使와 수군절도사水軍節度使 등 고위 무관의 안부를 물을 때 쓰는 말. 예문 一自棨戟之西 瞻遡日積 卽伏承下札 憑審到營以來 籌履啓屈萬勝 區區仰慰之至 〔김만기金萬基, 21(禮)-119〕 → 주후籌候

주무綢繆　　조밀하게 엮음. 예문 旣黜之後 可謂都無事 而面中不逞之徒 方且 綢繆謀議 必欲陷人而後已 〔권찬도權纘度, 32-157〕

주묵朱墨[01]　　주사朱砂로 만든 붉은 먹. 예문 此送陸律 以今霧花實難徹尾照 檢 於朱墨批圈之樣 依此凡例 爲我分力 如何如何 〔정조正祖, 26-87〕

주묵朱墨[02]　　관리의 행정 업무. 관청에서 붉은색, 검은색 먹으로 문서를 만든 데에서 유래함. 예문 弟朱墨中 苦況日復日無已時 才弱事煩 實爲可悶 〔이재李梓, 051〕

주미做味　　공부하는 맛. 공부하는 사람의 안부를 물을 때 쓰는 말. 예문 未認 比來 兩庭萱闈體力 保無損節 省餘做味增勝 女阿亦將幼安過耶 〔이휘정李彙廷, 44-80〕 → 주리做履, 주황做況, 주후做候

주백主伯　　자기가 거주하는 지역의 관찰사. 예문 僅扶至南原 尙不得見主伯 明旭暫拜而西 〔남주南越, 9-92〕

주부主簿　　각 관아에 딸린 종6품 낭관郎官 벼슬. 예문 頃日承主簿之邀 進參 賢姪慶席 悲喜兩極 〔미상, 22-379〕

주사籌司　　비변사備邊司의 별칭. 비국備局. 예문 但店有司 往往被打於往來 行旅 而亦不應路卜行炬之役 則有司之稱自公 而如盟府籌司爲緊任腴窠 已如許 矣 〔정조正祖, 26-73〕

주석疇昔　　지난날. 예문 此間必欲掃萬往赴 家內病憂 自去臘 連綿不絶 無計 抽身 顧念疇昔 不勝拉涕 〔이봉상李鳳祥, 22-285〕

주성周星　　목성木星. 세성歲星. 세성이 12년을 주기로 하늘을 한 바퀴 돌기 때문에 1주성은 보통 12년의 시간을 가리킨다. 예문 惟令兄嘿運試思之 以今貌樣

亦或有天道周星之日耶 恐未敢信也 低頭下心 安得不爾也 黽勉折腰於古人〔정헌시鄭憲時, 35-131〕

주세 周歲　　일 년. 예문 一別周歲 已堪悵嘆 而況復前逢無期 此懷當何如哉〔왕수환王粹煥 등, 37-65〕

주송 走送　　급히 보냄. 예문 吳哥時在瓮津 士幸所付文記搜出 奴子一人走送爲妙〔민진량閔晉亮, 5-43〕

주수 主帥　　군대를 통솔하는 사람. 주장主將. 예문 承主帥丈教意 玆仰陳 庶可默會耳〔정인표鄭寅杓, 35-113〕

주쉬 主倅　　자기가 거주하는 고을의 수령. 예문 兄若示主倅相親之意 則雖不屑屑分付 渠輩自當奉行〔이해조李海朝, 21(禮)-324〕

주시 主試　　과거 시험관. 예문 主試之有情與否未可知 而雖有和水之托 通望等節 亦何以如意〔신좌모申佐模, 43-133〕

주신 主臣　　죄송함. 예문 燈暗草謝 主臣主臣〔조석윤趙錫胤, 22-133〕

주연 冑筵　　왕세자를 가르치는 자리. 서연書筵. 예문 昨聞台監早進備坐 仍入侍冑筵〔이일상李一相, 23-99〕

주염 朱炎　　불볕 더위. 예문 卽承令札 憑審朱炎戲彩製錦增福 慰豁當拜〔김만기金萬基, 23-141〕

주오 麈晤　　상대방과의 만남을 미화하는 말. 주미麈尾를 들고 청담淸談을 나눈다는 의미의 주담麈談에서 유래함. 예문 伏承 審殘冱台旬體崇護悠重 區區慰浣 如獲麈晤〔서유훈徐有薰, 26-191〕

주온 做穩　　여유를 가지고 이야기함. 예문 山外往還後 期會安平一日做穩之意 已約於子澄 待此期日更報 可以來會於安平耶〔황익재黃翼再, 21(禮)-446〕

주원 廚院　　사옹원司饔院. 예문 廚院雖非腴窠 而亦可支過 但不陞於詞訟之司 前頭一縣漸遲 是可憐然〔○경철○景澈, 027〕

주의 周衣　　두루마기. 예문 吾之周衣 及洋木道袍 同封于先達衣褓中以送〔신좌모申佐模, 43-132〕

주의 注擬　　이조吏曹와 병조兵曹에서 관리를 뽑을 때 후보자를 심사하여 추천하던 일. 예문 注擬間事 非所與聞 而試當懇通於銓官爲計〔송규렴宋奎濂, 22-175〕

주인 主人　　자기가 거주하는 곳이나 고향의 수령. 예문 且中奉世長者 亂離時

主人 而伯仲死後 力護殯葬 恩義實多 〔조희일趙希逸, 21(義)-78〕

주인走人　심부름꾼을 보냄. 예문 月初有自此走人貴邊者矣 而以查兄病報夕聞 晨起佇 〔이종상李鍾祥, 027〕

주자做字　글씨 연습을 함. 예문 夏序已屆矣 政當開硯做字 以君篤志 何待加勉 而一意孟晋 以紅紙上題名 爲期望也 〔신좌모申佐模, 43-158〕

주장周章　주선함. 예문 但前此差擬者 俱是有履歷世閥家也 其在公格 不得不先施之 此後如有得間之道 可不爲之周章耶 〔이창의李昌誼, 051〕

주장譸張　속임. 기만함. 예문 天不欲平治我東耶 何故使此等輩譸張幻惑 以敗人國家也 〔미상, 45-339〕

주재周宰　주선하여 처리함. 예문 旣領盛敎 自當有以周宰 不須用帖 帖子謹留以識之 〔임상원林象元, 6-231〕

주전廚傳　지방에 나가는 관원에게 경유하는 역참驛站에서 음식과 역마를 제공하는 것을 이름. '주'廚는 음식, '전'傳은 역마驛馬의 뜻이다. 예문 且聞四方荒報 亦無煩廚傳出入意 可歎 〔이호민李好閔, 45-261〕

주절注切　상대방에 대한 생각이 간절함. 예문 遠儀且慮 無任注切 〔이교악李喬岳, 6-159〕

주존注存　정성을 쏟아 문안 편지를 보냄. 예문 方冠之另惠 注存之摯 重可感 村傖頭顱上 恐更太侈 〔김정희金正喜, 29-36〕

주좌籌坐　비변사備邊司의 회의. 예문 然近因籌坐之不能行 姑不得題出 而初吏處 亦爲嚴飭之耳 〔김상성金尙星, 21(智)-34〕

주지周紙　두루마리. 예문 生雉 二首 石魚 二束 山橘 卄介 周紙 三軸 黃筆 卅柄 眞墨 十笏 唐鞋 一部 〔정조正祖, 26-51〕

주지奏紙　상주문上奏文을 쓰는 데 사용되는 종이. 예문 惠來奏紙 照數敬領 〔홍수헌洪受瀗, 29-13〕

주진朱陳　두 집안 사이의 혼인을 이르는 말. 당나라 때 서주徐州 풍현豐縣의 한 마을에서 주씨와 진씨가 대대로 혼인을 하며 화목하게 살아, 그들이 사는 마을을 주진촌朱陳村이라 한 데서 유래한다. 백거이白居易의 〈주진촌〉朱陳村 시詩가 있다. 예문 第念吾兩人共托管鮑之契 終成朱陳之誼 〔김응순金應淳, 22-283〕

주책籌策　계책. 책략. 예문 二載西州 博得雙鬢之雪 至於政令施措 都沒籌策

〔홍우길洪祐吉, 29-39〕

주초走草 　급히 씀. 편지 끝에 상투적으로 쓰는 겸사. 예문 餘萬萬 臨撥走草 不宣〔이만웅李萬雄, 21(禮)-138〕→ 요초擾草, 주료走潦, 주초走草, 주호走毫, 호기胡寄, 호서胡書, 호초胡草

주친周親 　더할 수 없이 친한 사이. 지친至親. 예문 以周親切摯之間 而落落焉 不相問聞 有時矯仰 茅切詹悵〔강진규姜晉奎, 41-73〕

주태主台 　주인 대감. 예문 以其事稟于主台 則主台丈答以甚好云〔이재李栽, 25-27〕

주판籌辦 　계획하여 일을 처리함. 예문 就謹審雪沍 令政體神相曼旺 災黎接濟 多費籌辦 佇見活靑之惠 區區欣慰 允符取頌〔김홍집金弘集, 31-108〕

주하注夏 　여름철에 원기가 부족하여 생기는 병. 두통과 체열이 있고 나른하고 식욕이 없음. 주하疰夏. 예문 宗末注夏阻食 比益漸頓 而憂惱熏心 悶憐悶憐〔이계선李啓善, 42-60〕

주해走奚 　하인을 보냄. 주개走价. 예문 爲探近日委折 走奚 不備〔정학연丁學淵, 22-315〕

주혜注惠 　은혜를 베풀어 줌. 예문 蟹螯之屬 荷此注惠 良感〔김정희金正喜, 33-23〕

주호走毫 　급히 씀. 주필走筆. 편지 끝에 겸손을 나타내기 위해 상투적으로 쓰는 표현. 예문 餘來价立促 走毫不備〔남계병南啓炳, 40-124〕→ 요초擾草, 주료走潦, 주초走草, 호기胡寄, 호서胡書, 호암초胡暗草, 호초胡草

주황做況 　공부하는 사람의 안부. 예문 未審鷔寒 兩庭候以時康躋 晨昏餘做況珍鍊否〔이종태李鍾泰, 32-34〕

주후做候 　공부하는 사람의 안부. 예문 憑審炎方暑熱 做候對勝 令人慰瀉 不能盡喩〔박태관朴泰觀, 49-272〕→ 주리做履, 주미做味, 주황做況, 학리學履, 학미學味

주후籌候 　병마절도사兵馬節度使와 수군절도사水軍節度使 등 고위 무관의 안부를 물을 때 쓰는 말. 예문 卽承節問 兼蒙淸風之惠 慰感萬萬 遠惟此時籌候神相耶〔유혁연柳赫然, 48-73〕→ 주리籌履

죽격竹格 　대나무로 틀을 만들고 채색 실로 묶은 후 위에 휘장을 드리우고,

휘장의 네 귀퉁이에는 오색실로 만든 수술을 드리운 것으로, 상여를 덮는 데나 상여 대신 썼다. 예문 此處所備之物 皆可用 勿以爲慮 大擧竹格雉帳 亦造 嫂氏以此 爲念 故別及之耳〔김성일金誠一, 12-145〕

죽력竹瀝　　참대의 줄기를 불에 구워서 받은 진액. 성질이 차고 독이 없어 열담熱痰이나 번갈煩渴을 고치는 데 쓴다. 예문 就悚 賤疾及舍兄之病 俱用竹瀝 而所謂此君 得之不易 前此累蒙盛惠 今又開喙 實涉無恥 以猥恃分誼 敢此復控 幸以十餘條見惠如何〔○하명○夏明, 49-363〕

죽청지竹淸紙　　죽청지竹靑紙. 대나무 속껍질처럼 희고 얇으며 질긴 고급 한지韓紙. 예문 運籌題咏書送之 汝見之後 依此書樣 汝善寫以送 爲可 竹淸紙寫送亦可〔미상, 43-74〕

죽통竹筒　　대나무로 만든 통으로, 시를 담아서 보내는 데 썼다. 당나라의 시인 백거이白居易와 원진元稹은 항상 시를 지어 죽통에 담아서 주고받았다고 한다. 예문 拙詩須於出城後披覽 何如何如 以言獲罪 而今不以爲戒 可謂竹筒中狗尾也 呵呵〔심희수沈喜壽, 45-244〕

준납準納　　원래의 세액대로 바침. 예문 稅納果準納 不至見辱 租包想已罄矣 糧道果如何爲計〔신좌모申佐模, 43-130〕

준미俊味　　맛있는 음식. 예문 臨遞多事之際 有此省錄垂問 已云感矣 況箠之以俊味珍煤乎〔강백년姜栢年, 21(義)-328〕

준봉準捧　　원래의 세액대로 받아들임. 예문 麥農雖云不實 不至大段全棄 日昨與隣倅相議 則皆當準捧云〔남취명南就明, 41-175〕

준비어準備語　　딱 들어맞는 말. 바로 그 말. 예문 第凶年不可說也 無論京鄕 大命近止 亦將奈何 吾强不支 汝弱奚恃者 眞是準備語也〔홍낙민洪樂敏, 44-103〕

준사竣事　　일을 성사시킴. 예문 望須隨便措處 以圖竣事 千萬千萬〔장인원張仁遠, 027〕

준순逡巡　　어떤 일을 단행하지 못하고 우물쭈물함. 또는 뒤로 멈칫멈칫 물러남. 예문 士友不安於朝 去者進退狼狽 留者重足逡巡 似此氣象 令人憂懣 不知竟作如何〔오윤겸吳允謙, 45-316〕

준시蹲柿　　꼬챙이에 꿰지 않고 납작하게 눌러 말린 곶감. 예문 蹲柿 姑未出柿霜 故只以五十送去 略略知味如何〔미상, 10-74〕

준우蠢愚　　굼뜨고 어리석음. 예문 其爲人則初年勸農 以他人觀之 似是蠢愚 亦不無才能之可取 惟在於指導成就之 如何 〔이상두李象斗, 7-142〕

준의準擬　　~하려고 요량함. 예문 歸程則將憂仙鄕 準擬歷候 預庸欣慰之至 〔강장환姜長煥, 41-74〕

준적準的　　표준. 기준. 예문 縱不能副意巧告 矻矻孳孳 而念念在玆 不離乎文字上準的 則自有進益 是之望也 〔신좌모申佐模, 43-185〕

준제峻劑　　약성藥性이 강한 약. 예문 庶從五六日前 積氣衝心 幾至窒塞 一晝夜不省人事 連服峻劑 始爲回甦 〔미상, 10-107〕

준첩準帖　　문서의 내용대로. 예문 比何況 獸柯烏柴 準帖考領也 〔정조正祖, 26-95〕

준청准請　　요구한 것이 받아들여짐. 예문 侍生一家 病憂纏綿 不免作解歸之計 而辭狀尙未准請 悶復奈何 〔박태보朴泰輔, 23-175〕

준허準許　　청원에 따라 임금이나 관아에서 허가함. 예문 濟恭辭疏 未蒙準許 苦不得浩然 悶鬱難狀 〔채제공蔡濟恭, 31-51〕

중감中感　　감기에 걸림. 예문 外甥三日始抵 而足繭脚疼 且兼中感 呻吟度日 〔정대초丁大楚, 17-180〕

중감重感　　독감. 예문 亮行近患重感 本病頓劇 方委席苦痛 私悶何喩 〔김양행金亮行, 22-275〕

중구지상中鉤之狀　　낚싯바늘에 걸린 물고기처럼 옴짝달싹 못하는 상태. 예문 弟昨暮抵此 囷囷若中鉤之狀 實難振作 〔박선현朴璿鉉, 41-58〕

중기重寄　　나라의 중임重任을 맡음. 예문 每想 左右當此時 而承重寄飮氷之餘 勞傷必多 〔송준길宋浚吉, 25-18〕

중당重堂　　조부모. 예문 待重堂還次之日 兄須一顧 如何如何 〔황현黃玹, 37-20〕 → 중성重省

중력中曆　　겉장을 따로 꾸미지 않은 달력. 잘 꾸민 상품上品 달력은 장력粧曆이라 한다. 예문 中曆二件送之 父子見之 〔박문수朴文秀, 39-153〕

중론重論　　대간臺諫의 무거운 탄핵을 받음. 예문 方被重論 出城待罪 已涉三朔 歲已換矣 〔이산해李山海, 11-200〕

중방中房　　수령을 따라다니며 시중드는 사람. 예문 此去趙順良 乃醴之世吏也

昨年聞虛聲 來留吾家屢月 人頗信實 又有識字 今則進謁 須置之中房 必當效力 〔이휘재李彙載, 027〕

중복重服　사촌이나 고모 또는 고종사촌 등 대공친大功親의 상을 당했을 때의 복제服制. 아홉 달 동안 굵은베로 지은 대공大功을 입음. 예문 想左右亦同此懷也 緣遭重服 弔慰亦不能以時 尤切傷嘆 〔김극일金克一 등, 12-108〕

중사中使　궁중에서 왕명을 전달하는 내시內侍. 예문 前仁城君配杆城 自上命中使護送 恩眷非常 〔김반金槃, 22-99〕

중서中書　승정원 주서注書의 별칭. 예문 曺中書已製進祭文 近過庭試後 當下送郞官 而移文本道 使之豫定祭官 卽事整待矣 〔이후원李厚源, 22-123〕

중서中暑　더위를 먹음. 예문 盆癃房中暑 長呻床簀 他何足喩 〔박사익朴師益, 6-175〕

중설重舌　혀 밑의 혈관이 부어 작은 혀 같은 것이 돋아난 병증. 예문 齒痛之外 添得重舌之症 幾死幸甦 〔정호鄭澔, 44-156〕

중성重省　조부모. 예문 世下重省 長時凜綴 戀悶戀悶 〔이정직李貞稙, 31-145〕
→ 중당重堂

중승中丞　집의執義. 조선 초 사헌부司憲府의 종3품 벼슬. 태종太宗 원년에 명칭을 집의執義로 고쳤다. 예문 都憲之除 想益難安 弟亦於昨日承中丞諭旨 悶蹙不知所出也 〔이기홍李箕洪, 23-155〕

중시重侍　조부모와 부모를 같이 모시는 일. 예문 族下重侍之事 恒欠愆節 〔강전姜銓, 41-73〕

중신中身　중년中年. 예문 稟質純確 年未中身 往年對叙時 雖聞症祟之非細 而就次平復 〔이장오李章五, 31-69〕

중양重陽　9월 9일. 국신菊辰. 예문 己酉 重陽日 時發 頓 〔이시발李時發, 5-205〕

중외中外　중앙과 지방. 예문 美赴屬耳 治聲洋溢於中外 未知行何德政 而致是耶 〔안종해安宗海, 6-182〕

중원中原　중국中國. 예문 延平先生答問等數件書抄 一册寄去 幸僉覽 則可見近世中原道術之得失矣 〔이황李滉, 30-10〕

중위重違　(부탁을) 거절하기 어려움. '중'重은 '난'難의 뜻. 예문 下敎碣文 極知不似 而重違盛意 夏間已得勉就 今始呈上 府量進退之 幸甚幸甚 〔김집金集, 051〕

중위重闈　　부모와 조부모. 예문 甥侄 重闈下奄當新歲 喜懼之餘 感古懷事 去益難堪 奈何 〔이선경李善慶, 32-51〕 → 층위層闈

중자重慈　　할머니. 예문 孫重慈候 種種苦添 親侍正犯初寒 受傷不少 伏悶伏悶 〔이중건李中建, 44-84〕

중족重足　　발을 포개 모아 서서 앞으로 나아가지 못함. 두려워서 활보하지 못하는 상태. 예문 士友不安於朝 去者進退狼狽 留者重足逡巡 似此氣象 令人憂憫 不知竟作如何 〔오윤겸吳允謙, 45-316〕 → 누족累足

중청重聽　　귀가 어두워서 소리를 잘 듣지 못하는 증상. 예문 但寒甚之日 重聽倍前云 此誠悶也 此雖衰境常事 更須愼調 勿冒寒氣 幸甚 〔윤구尹衢, 8-16〕

중초中草　　초고를 교정하여 새 종이에 베껴 쓰는 일. 책을 편찬할 때는 초초初草·중초中草·정초正草의 과정을 거친다. 예문 禮書讎校已畢 自明日始寫中草 晦間來初當畢 〔김집金集, 43-12〕

중춘仲春　　2월. 예문 此後雖或艱得載送 日氣如此 恐凍合於中路 姑停以待仲春 其前何以經過 事甚狼貝 極爲心亂 〔이성李宬, 35-53〕

중친重親　　할아버지. 또는 아버지와 할아버지. 예문 除朝辭與否 尙未的知 重親方以此庸慮 若除辭 則父主似當卽爲還稅 而若未卽急急治發肅行 使急急知之如何 〔이중건李中建, 44-85〕

중하仲夏　　5월. 예문 伏問仲夏 篆體萬旺 冗務不至爲惱 而貴弟安節 種種承聆耶 〔김규홍金圭弘, 35-91〕

중화척中和尺　　중화절中和節(2월 초하루)에 임금이 농업에 힘쓰라는 뜻으로 신하들에게 나누어 주던 자. 예문 就也好在耶 此詩和送 中和尺分與內間 其餘依紙面分送 〔정조正祖, 26-31〕

즉卽　　편지를 받아 보고 즉시 답장을 쓴다는 말. 예문 不備 卽 應孛 〔유응부兪應孚, 22-15〕 → 즉일卽日01

즉길卽吉　　상기喪期가 끝나 상복을 벗는 일. 예문 禫月卽今月 汝兄當以初丁卽吉 汝等亦當依此順變耶 〔이관징李觀徵, 13-101〕

즉래卽來　　그동안. 예문 卽來啓處平安 粗慰遠懷 〔이현영李顯英, 4-84〕

즉목卽目　　지금. 목전目前, 또는 목하目下. 예문 山中一別 奄奄夏盡秋生 離索之懷 曷敢云喩 未知卽目 學履如何 〔유주柳澍, 21(義)-295〕

즉사卽事　나아가 그 일에 관계함. 예문 近過庭試後 當下送郎官 而移文本道 使之豫定祭官 卽事整待矣 〔이후원李厚源, 22-123〕

즉석卽夕　편지를 받은 날 저녁에 답장을 쓴다는 말. 예문 餘萬便遽不宣 統惟 情在 卽夕 棨拜 〔윤계尹棨, 21(義)-156〕

즉선卽旋　편지를 가져온 사람이 돌아가는 길에 바로 답장을 보낸다는 말. 예문 謹謝狀上 卽旋 金昌緝 拜 〔김창즙金昌緝, 22-231〕

즉세卽世　세상을 떠남. 거세去世. 예문 東陽錦陽 相繼卽世 浮生益覺如夢 〔김 광욱金光煜, 000〕 → 기세棄世

즉신卽辰　요즈음. 지금. 예문 伏未審卽辰 其已得勿藥之喜否 〔미상, 22-387〕

즉오卽午　편지를 받은 날 낮에 답장을 쓴다는 말. 예문 伏惟下察 謹拜上謝狀 卽午 弟命夏頓 〔홍명하洪命夏, 000〕

즉일卽日 01　편지를 받은 날 바로 답장을 쓴다는 말. 예문 伏惟令鑒 謹拜上謝 狀 卽日 煌頓首 〔윤황尹煌, 4-79〕 → 즉卽

즉일卽日 02　요즈음. 예문 尊候卽日如何 仰慕無任 〔안방준安邦俊, 22-91〕

즉자卽者　지금. 예문 前者屢承左台之敎 卽者永兄容姪兄弟久之諸公皆有書 而皆以此意答送耳 〔이단상李端相, 23-123〕

즉자卽玆　지금. 예문 卽玆謂外 忽承峀价眷問札 忙手開緘 如得更拜 〔박경후朴 慶後, 3-88〕

즉조卽朝　편지를 받은 날 아침에 답장을 쓴다는 말. 예문 伏惟兄照 謹拜上狀 卽朝 〔이행원李行遠, 23-65〕

즉즉卽卽　'즉시'를 강조하는 말. 예문 令示之意 卽卽面告台○前 伏惟令照 〔정 탁鄭琢, 5-191〕

증경增慶　더욱 평안함. 안부를 묻거나 평안을 기원할 때 쓰는 상투적 표현. 예문 新歲 兩侍增慶 仰賀不已 〔권만權萬, 21(禮)-476〕 → 증복增福, 증승增勝, 증중增 重, 증적增迪

증과增科　증광시增廣試. 예문 聞國有大慶 以增科定奪云 公簿之餘 時能整 理舊業否 〔윤봉오尹鳳五, 6-223〕

증년曾年　지난해. 예문 曾年惠函 非止一再 而坐無去便 遽覆可悚 〔기우만奇宇 萬, 18-22〕

증록症錄　　병의 증상을 적은 기록. 예문 卽刻見書 知汝母所患又發 慮慮 翁卽刻出站 症錄傳送於沈僉正宅 使之命藥以送耳 餘不悉 〔홍주일洪柱一, 21(義)-335〕

증복增福　　평안함. 예문 日來起居增福 瞻望戀遡 弟强疾行動 觸暑添劇 歸棲委臥 凜凜難支 〔민정중閔鼎重, 3-129〕

증살曾殺　　사실이 아닌데도 여러 번 들으면 사실인 것처럼 믿게 됨을 이르는 말. 증삼曾參이 살인을 하지 않았는데 어떤 사람이 증삼의 어머니에게 그가 살인을 하였다고 알리자 어머니는 믿지 않다가 세 사람이 같은 말을 하자 베틀을 던지고 달아났다는 고사를 일컫는다. 증삼살인曾參殺人. 예문 夫市虎曾殺 尙信於三至 則況孤哀何以自脫於衆口哉 〔윤순거尹舜擧, 22-119〕

증승增勝　　잘 지냄. 예문 家姪之行 謹承惠書 就審服履增勝 遙切慰荷 〔김수증金壽增, 23-111〕

증언贈言　　송별시. 예문 前者兄行 卒構拙文 擬充古人贈言之儀 而文庸甚 輒罷之矣 〔김석주金錫冑, 23-143〕

증염蒸炎　　찌는 듯한 무더위. 예문 近日蒸炎 伏惟令體萬重 〔김이재金履載, 22-309〕

증욕蒸溽　　찌는 듯한 무더위. 예문 此時蒸溽 伏惟直候萬安 馳仰區區 〔이태좌李台佐, 21(禮)-323〕

증적增迪　　평안함. 잘 지냄. '적'迪은 '복'福과 같은 뜻. 예문 匪意承崇札 就審秋涼政履增迪 仰慰多矣 〔이천보李天輔, 6-214〕

증전贈典　　추증追贈하는 전례典禮. 예문 贈典已完 爲之貢賀 聞有明春延賜之擧 新莅殘邑之餘 何以經營大事耶 〔신광수申光洙, 44-333〕

증중增重　　평안함. 잘 지냄. 예문 伏惟春盡 齋履增重 仰慰且溯 〔신광수申光洙, 21(智)-137〕

지견支遣　　간신히 지탱하며 지냄. 상중喪中에 있는 사람이 쓰는 상투적인 표현. 예문 服人喪慽疾病 菫得支遣 無可言者 四種海味 感領佳貺 餘不宣 〔이유李濡, 5-128〕→ 지과支過

지골至骨　　뼈에 사무침. 정도가 심함. 예문 但春貧至骨 親家尤急 將無以久留可悶 〔최천건崔天健, 5-202〕

지과支過　　간신히 지탱하며 지냄. 예문 兄亦何以支過 衰病日深 形神已脫披

〔신흠申欽, 3-47〕 → 지견支遣

지관사知館事　　지성균관사知成均館事. 성균관에 속한 정2품 벼슬. 예문 此不特陋見如是 亦與知館事商論 而陳白矣〔김진규金鎭圭, 21(禮)-302〕

지교指敎　　가르침. 예문 請降禮數 又必敬聽其指敎也〔전우田愚, 22-355〕

지구知舊　　친구. 예문 年前聞令遭膝下之慘 驚悼無已 而慮有闇阻 尙稽慰問 此豈知舊之義〔이상李翔, 5-66〕 → 교지交知, 구기舊記, 구제舊弟, 원빈元賓, 친지親識

지군知郡　　군수郡守. 예문 知郡 李範溲 拜〔이범직李範溲, 42-62〕

지난持難　　빨리 처리하지 않고 어물어물 미루며 버팀. 예문 今以朝報中大臣所達見之 疏章旣令定式捧入 且無一並禁捧之請 則家親辭疏 恐不宜一向持難矣〔이태좌李台佐, 21(禮)-322〕

지독舐犢　　어미 소가 송아지를 사랑하여 핥아 줌. 자식을 몹시 사랑하는 부모의 마음을 비유하는 말. 예문 勿爲阻搪 快許歸來 以慰舐犢之情 如何如何〔김몽렴金夢濂, 32-143〕

지독지비舐犢之悲　　자식의 죽음을 슬퍼함. 『후한서』後漢書 「양표전」楊彪傳에서, 양표의 아들 양수楊修가 조조曹操에게 살해되었는데, 후에 조조가 양표에게 왜 그렇게 수척하냐고 묻자 "김일제金日磾와 같은 선견지명이 없는 것이 부끄럽긴 합니다만, 아직도 어미소가 송아지를 핥아주는 사랑을 품고 있어서 그렇습니다"(愧無日磾先見之明 猶懷老牛舐犢之愛)라고 한 데서 유래한다. 예문 舐犢之悲 去益難忍 尙何可言 令季傷明之戚 在傷虎之情 倍切慘怛 不能忘也〔김창협金昌協, 23-169〕

지돈遲頓　　→ 지둔遲頓

지두地頭　　현재 처해 있는 상황이나 위치. 예문 不佞尙荷遠念 苟保匪據 而危機敗兆已到十分地頭 天也 何言〔한준겸韓浚謙, 45-198〕

지둔遲頓　　어떤 일을 늦게 처리함. 답장을 늦게 보냄. 지둔遲鈍. 예문 兩度惠函 久未爲答 遲頓之罪 豈可免哉〔김상국金相國, 37-79〕

지로地爐　　봉당을 파고 묻은 화로. 예문 冷齋硯氷 炭一石 聊備地爐之熏〔이황李滉, 30-61〕

지류遲留　　떠나지 않고 머뭇거림. 예문 憂患遲留葬事 將以二初爲之 自痛哭疚

懷而已 〔백인걸白仁傑, 000〕

지막紙幕　　기름종이로 만든 장막帳幕. 유지막油紙幕. 예문 出柩不謂若是之遽也 遮帳屛風使並紙幕墓閣使於今日造送矣 〔성대중成大中, 11-234〕

지만支蔓　　지리한 군더더기. 예문 若其供世首末 居家梗槩 與夫讀書爲學 大段工夫 隨事具錄 未免支蔓 〔한준겸韓浚謙, 45-215〕

지망地望　　지위와 명망. 예문 世間公道 自在於地望之超俗 節節伏喜 〔이상두李象斗, 7-142〕

지면漬緜　　상사喪事에 조문하는 것을 말함. 후한後漢 때의 고사高士인 서치徐穉는 남의 초상집에 조문을 잘 다녔는데, 술에다 푹 적셔 햇볕에 바싹 말린 솜으로 구운 닭 한 마리를 싸가지고 무덤으로 가서 솜을 다시 물에 적셔 주기酒氣가 나오도록 하여 그 술과 닭을 차려 놓고 제전祭奠을 드렸다는 고사에서 온 말. 예문 每屆指祥期 謂能趨走靈幃 漬緜以訣矣 又被冗瑣所牽 不能如心 〔노상익盧相益, 53-171〕

지명知名　　이름을 쓰지 않아도 좋을 만큼 가까운 친구 사이에 편지 끝에 쓰는 말. 예문 卽 知名 弟 拜謝 〔정재함鄭在咸, 41-46〕

지모紙毛　　종이가 닳아서 보풀이 일어남. 예문 斂政履起居萬相 十分慰豁 如得對話千里面目者 信格語 再三披翫 不覺墨渝紙毛 惠南靈深感厚意 僕僕不在物也 〔김상후金相后, 31-46〕

지미芝眉　　상대방의 얼굴을 높여 이르는 말. 예문 不圖嚴命終至於黜譴 自此奉對芝眉 未易爲期 〔이광적李光迪, 31-19〕 → 가면佳眄, 미우眉宇, 지우芝宇

지보地步　　거리. 예문 省式 地步稍邈 戀仰弥切 〔임헌회任憲晦, 44-119〕

지보支保　　지탱하며 보존함. 상주에게 보내는 위문 편지에 쓰는 말. 예문 未知諸哀氣力何以支保 葬地亦有所定耶 〔이선李選, 23-139〕

지부地部　　호조戶曹의 별칭. 예문 季章昨除地部 已踰江矣 此何景也 〔서문유徐文裕, 6-43〕

지부持斧　　왕명을 받은 암행어사를 말함. 한 무제漢武帝 말기에 군사를 자주 징발하여 군국郡國에서 도적이 떼지어 일어나자, 포승지暴勝之가 수의繡衣를 입고 황제가 내린 부월斧鉞(도끼)을 가지고서 도적들을 모두 소탕하여 위엄을 떨쳤던 데서 유래한다. 예문 昨夕入城之路 歷叩盤谷 則故人已持斧出矣 此非病骨所可堪 憧憧憂念 不自但已 〔오명항吳命恒, 21(禮)-397〕 → 수의繡衣, 수호繡虎, 직지사直指使

지부知府　　부사府使. 예문 許雅士 靜座 回納 知府 謝狀〔김기현金箕絢, 41-23(봉투)〕

지부知負　　심히 죄송함. 예문 近緣秋務冗忙 奴屬四散闕焉 不得奉候 知負萬萬〔심희수沈喜壽, 45-241〕

지분芝焚　　지분혜탄芝焚蕙歎의 준말. 지초芝草가 불에 타면 같은 난초과의 풀인 혜초蕙草가 탄식한다는 뜻으로, 동류의 일에 대해 가슴 아파하거나 동정함을 비유하는 말. 예문 寒岡公奄忽至此 樂善好禮 老而不倦 世豈復有斯人耶 芝焚之嘆 相爲同好者 所深至也〔한준겸韓浚謙, 45-209〕

지비知非　　50살의 나이. 또는 자기의 잘못을 깨달음. 중국 위衛나라의 현인 "거백옥蘧伯玉이 50살의 나이에 지난 49년 동안의 잘못을 알았다"(蘧伯玉年五十而知四十九年之非)고 한 데서 유래한다(『회남자』淮南子「원도훈」原道訓). 예문 第念年迫知非 不明卷懷之道〔안효제安孝濟, 40-178〕

지사知謝　　감사를 표함. 예문 節扇簡幅之貺 謹領知謝〔유득일兪得一, 5-145〕

지속紙束　　종이 묶음. 예문 惠味及紙束 深謝深謝〔이은상李殷相, 22-159〕

지수祗受　　임금이 하사下賜하는 것을 공경히 받음. 예문 弟家叔從享 榮感交切 將於卄八日 祗受恩侑 幸賜光顧 敢此勤祝〔이돈영李敦榮, 26-205〕

지순支順　　순조롭게 잘 지탱함. 예문 未審此時仲夏哀履連得支順否〔김희주金熙周, 44-54〕

지승支勝　　잘 버팀. 예문 卽聞 西笑之行 中路返旆 體力支勝云 還用慰釋〔이현일李玄逸, 44-47〕→ 지적支迪, 지중支重

지신持身　　몸가짐. 예문 持身無狀 厚蒙不潔之誚 秪自內省竊痛而已〔윤순거尹舜擧, 22-119〕

지신知申　　도승지都承旨. 예문 此事不可不一番擧似於筵席 故俄作書於知申 則所答如此〔서명응徐命膺, 051〕

지실地室　　시신이 놓이는 무덤구덩이. 광중壙中. 예문 今則唯宜作地室築灰隔 而灰亦在近地易貿 運土等節 不必預勞民丁 葬日負土 足以畢役〔성대중成大中, 11-234〕

지실枳實　　덜 익은 탱자를 썰어 말린 약재. 가래를 없애며 배뇨 작용과 적취積聚를 다스리는 데 쓴다. 예문 老親方在求藥中 而縣殘不能供 枳實澤瀉馬門冬山

茱萸等材 如有餘 幸分惠 憑雜物領吏 敢脩候〔조경趙絅, 44-326〕

지안支安　　지탱하여 지냄. 상중喪中에 있는 사람의 안부를 물을 때 쓰는 말. 예문 即伏承審比來晚炎孝體上省餘神扶支安 伏喜不任區區〔남일우南一祐, 42-37〕

지역紙役　　종이 만드는 일. 예문 必欲安集僧徒 故或官家紙役等節 收合士子錢物 以爲責應之計〔이상정李象靖 등, 44-52〕

지영祗迎　　임금의 거둥을 맞이함. 예문 吾昨日祗迎 犯鐘而歸 憊不能堪 外他出入等節 無不苟艱 可悶也〔신좌모申佐模, 43-132〕

지오支吾　　몸을 지탱함. 예문 拜迎心醉 鞭撻省躗 殆不可支吾〔미상, 027〕

지우芝宇　　상대방의 얼굴을 높여서 부르는 말. 예문 又得拜令監手札 宛然在洛中 瞻對芝宇時也〔○일상○一相, 000〕→ 가면佳眄, 미우眉宇, 지미芝眉

지월至月　　동짓달. 예문 庚申至月卄六日 煥箕頓〔송환기宋煥箕, 21(智)-124〕

지위知委　　통지나 고시 따위의 형식으로 명령을 내려 알려 줌. 예문 外邑知委不免遲滯 殊可悶〔정기선鄭基善, 26-161〕

지의地衣　　돗자리. 예문 諸種之惠 並依領 而地衣舊件向弊 尤幸荷耳〔이광려李匡呂, 21(智)-60〕

지의紙衣　　솜 대신에 종이를 넣어서 만든 겨울 옷. 예문 紙衣精造送上 袴則送父主行次還營後 亦當送上耳〔이한곤李漢坤, 10-23〕

지인旨人　　편지 심부름꾼. 예문 前日貴旨人還 草草上覆 想已關照〔○영○泳, 000〕

지일至日　　동짓날. 예문 甲寅至日 戚侍生 李翮 頓〔이숙李翮, 5-100〕

지자支子　　맏아들 이외의 아들. 예문 私廟封大院 立支子奉祀等事 則已無異議〔이정구李廷龜, 45-321〕

지장支將　　그럭저럭 지탱하며 지냄. 예문 卽惟殘冱 侍奠哀履支將 而色憂夬臻常度 慰溸且慮〔이용상李容象, 42-67〕→ 견면遣免, 고보姑保, 구보苟保, 근보僅保, 근지堇支, 열견劣遣, 의견依遣01, 의보依保, 조견粗遣, 조견면粗遣免, 조면粗免, 조안粗安, 평평平平

지장知奬　　인정하고 장려함. 예문 上忽降特旨 此乃上之知奬 不干涉於他人也〔유희춘柳希春, 5-21〕

지적支迪　　지탱해 감. 예문 憑審無前賑救之餘 政履支迪 仰慰仰慰〔미상, 49-366〕→ 지승支勝, 지중支重

지접止接　　잠시 몸을 의탁하여 거주함. 예문 貴宗本以流來人 止接於禹監官四濟籬下 幷作居生 已過三年 〔권연權衍, 49-250〕

지정紙政　　종이 사정. 종이 수급 상황. 예문 紙政極艱 必須隨便優惠也 〔박종연朴宗衍, 34-334〕

지정至情　　지극한 심정, 곧 효심孝心. 예문 弟獲伸至情 實爲私幸 而承聞上候不得以時 遠外憂鬱 曷可勝喩 〔이병상李秉常, 21(禮)-413〕

지존지여至尊之餘　　왕에게 진상하고 남은 물품. 예문 至尊之餘 及於久瀁口爽之時 病若頗蘇 感拜感拜 無以爲謝 〔미상, 6-29〕 → 군여君餘, 봉여封餘

지좌地左　　땅이 궁벽함. 예문 相距雖甚不遠 地左無便 相問不及 尋常鬱歎 〔박세해朴世楷, 49-265〕

지주地主　　자기가 사는 고을의 수령을 지칭하는 말. 예문 地主今月內上京云 幸望某條周旋緊入從涌之道 如何如何 〔유우목柳宇睦, 027〕

지중支重　　잘 버팀. 예문 未意 伏承哀下札 敬審秋高孝履支重 區區不任仰慰 〔윤순尹淳, 3-104〕 → 지승支勝, 지적支迪

지지紙地　　종이. '지'地는 접미사. 예문 此處貿用紙地 品色極麤 不堪作簡 畧干携來者 今幾告乏 他無可乞處 玆以仰煩 幸伏望隨有下惠如何 〔정상순鄭尙淳, 21(智)-108〕

지차之次　　버금. 두 번째. 예문 到記 初七日設行 居首李元用(父鎬肅) 之次金裕行(父元性) 直赴殿試 〔신좌모申佐模, 43-188〕

지차只此　　이만 줄임. 예문 只此 壬子八月七日 服弟 時烈 〔송시열宋時烈, 22-147〕

지척指斥　　지적하여 탓함. 예문 及乎奉冊之後 忽復歧貳 指斥校正本之不完 而必欲印出全集云 〔이장규李章珪, 53-213〕

지척서咫尺書　　편지. 옛날 죽간의 길이가 한 척尺이었기 때문에 붙은 이름. 예문 不得信便 尙未奉咫尺書 〔윤순지尹順之, 4-142〕 → 서척書尺, 척지尺紙

지촉脂燭　　소·양·돼지 등 동물성 기름으로 만든 초. 예문 山橘 二十介 簡紙 三十幅 脂燭 二十柄 〔정조正祖, 26-65〕

지칙支勅　　중국의 사신 일행을 접대하는 일. 지공支供. 예문 第支勅之役 能無他撓否 〔김상성金尙星, 21(智)-35〕

지피持被　　이불을 가지고 가서 숙직함. 예문 族從持被禁廬 滾汨而已 餘何奉

陳 〔이유경李儒慶, 21(禮)-510〕

지한至寒　　동짓달 추위. 예문 卽惟至寒 令政履增勝 慰浣殊至 〔이만성李晩成, 23-189〕

지행선地行仙　　걸어 다니는 신선. 건강하고 한가하게 사는 노인을 가리킴. 예문 如玆者 以齒則纔五十餘 髮不甚皤 顔不甚皺 而眞元日耗 自上年來 疾大劇者 屢現 不離藥爐 而奈鼎器久壞 有非陳根蠡滓之所挽回 其視命 如地行仙者 寧不廢然自歎哉 〔황현黃玹, 37-25〕

지호至沍　　동짓달 추위. 예문 伏惟至沍 台體宇連護晏重 膝下勻慶 仰溯且祝 〔김낙현金洛鉉, 22-333〕

지황주地黃酒　　지황을 섞어서 빚은 술. 예문 山河間之不得重把地黃酒一杯 愴望愴望 〔심희수沈喜壽, 45-237〕

지회遲回　　망설이며 결정하지 못함. 예문 立後事 不可一日少緩 而顧反遲回 乃爲此無益有害之事 殊非故舊之所期望 令人慨歎不已 〔박태관朴泰觀, 49-269〕

지희志喜　　기쁜 마음을 표함. 예문 來物依到 而數種回付 一則志喜 一則酬其費 好呵好呵 〔정조正祖, 26-17〕

직려直廬　　당직當直 서는 곳. 예문 悚稟 侍生家慶席 將行於十八日 而侍生方鎖直廬 同僚又將呈告 唱榜之前 無脫出之路 伏悶如何 〔김좌명金佐明, 6-102〕

직리直履　　당직當直 서는 사람의 안부를 물을 때 쓰는 말. 예문 數日來熱甚 直履若何 向戀向戀 〔장유張維, 39-81〕

직부전시直赴殿試　　합격자의 순서를 가르는 최종 시험인 전시殿試에 직접 응시할 자격을 주던 일. 식년과式年科 문과의 예비시험인 초시와 본시험인 복시를 면제함. 예문 到記 初七日設行 居首李元用(父鎬肅) 之次金裕行(父元性) 直赴殿試 〔신좌모申佐模, 43-188〕 → 수의繡衣, 수호繡虎, 지부持斧

직사職事　　직무와 관계되는 일. 예문 職事徒自役役 無一裨益 兼一目眩暈 足步艱澁 宿病尙多餘祟 公私憫憐 〔박이양朴彝陽, 35-115〕

직성直聲　　곧다는 명성. 예문 兄在朝時 直聲聞天下 大名播遠邇 何乃見困於僻遠一小邑哉 〔미상, 35-111〕

직소直所　　당직當直 서는 곳. 예문 卽欲躬進面達 曠闕直所 亦爲未安 以書替告 只切伏悚 〔한준현韓駿鉉, 41-159〕

직지사直指使　암행어사. 한漢나라 때 조정에서 직접 지방에 파견하여 문제를 처리하게 했던 벼슬. 직지直指. 예문 以直指使者 拘禁許多吏鄕校屬 兼以粟賤金貴 民力告罄 〔박규수朴珪壽, 26-215〕 → 수의繡衣, 수호繡虎, 지부持斧

직차直次　당직當直, 또는 당직 서는 곳. 예문 近日常陰 蒸炎且苦 伏不諗辰下體節更何若 直次享役 俱應神惱 伏溱且念 〔조병현趙秉鉉, 26-183〕

직체直體　당직當直 서는 사람의 안부. 예문 日前枉存尙感 又伏拜審直體康護 仰慰仰慰 〔윤용선尹容善, 31-111〕 → 직황直況, 직후直候

직황直況　당직當直 중의 안부. 예문 承諦直況安重 慰甚 烏帶無他副件 此吾佳品送 勿轉借 用後而完也 〔미상, 34-274〕

직후直候　당직當直 서는 사람의 안부. 예문 此時蒸溽 伏惟直候萬安 馳仰區區 〔이태좌李台佐, 21(禮)-323〕

진趁　지금까지. 여태. 예문 頃者得承左右遠慰之書 悲感何言 厥後累月在道 還營之後 又緣國哀奔遑 趁未修謝 罪歎如何 〔남구만南九萬, 3-130〕

진간震艮　안부. '진震'은 '뇌'雷의 뜻으로 움직인다는 의미이며 '간'艮은 '산'山의 뜻으로 머물러 있다는 의미로 기거起居와 같다. 예문 兄候震艮 連爲晏重 〔이경오李慶五, 34-396〕 → 계거啓居, 계처啓處, 기거起居, 기미氣味, 기처起處, 기체氣體, 동인動引, 동정動定, 동지動止, 범백凡百02, 범절凡節, 이용履用, 이음二音, 이자二字, 정인鼎茵, 정인鼎裀, 한훤寒暄, 행주行駐

진감珍感　음식 선물에 대한 감사의 표현. 예문 拙和兩律 今付柳奴以呈 幸一笑 海味侈我首蓿盤 珍感珍感 〔정홍명鄭弘溟, 23-69〕

진고振古　옛날부터. '진'振은 '자'自의 뜻. 예문 重煥向來所遭 卽一振古所無之變怪 不欲更提 〔이중환李重煥, 32-142〕

진과眞瓜　참외. 예문 惠十介眞瓜 五箇水朴 依受緊感 無以攸謝耳 〔오응선吳應善, 41-132〕

진구塵臼　속세俗世. 예문 生等塵臼縶絆 未能廣交士友 卑微何言 〔왕수환王粹煥 등, 37-62〕 → 속구俗臼, 연홍진軟紅塵, 진환塵寰

진기趁期　때맞추어. 예문 全柒尤切急 倘可留念否 靷日不遠 趁期速惠 則幸甚 〔강현姜鋧, 22-211〕

진념軫念　윗사람이 아랫사람이나 백성의 사정을 불쌍히 여김. 예문 第聞館學

捲堂 典僕呼哭 至於自上軫念 特命召集者多日矣 而尙未還聚云 此亦非小變也 爲之仰屋竊歎而已 〔정구鄭逑, 11-194〕

진달陳達　　임금께 말씀드림. 예문 右相 以嶺伯許遞之意陳達 上允之 仍下詢 其代 〔서명응徐命膺, 21(智)-87〕

진람塵覽　　읽음. 자신의 글을 읽는 것이 상대방을 욕되게 한다는 뜻의 겸사. 예문 日前偶成一篇 俚語如倡優德談 因轉便付去 早晚似或塵覽 〔이시원李是遠, 26-177〕

진력陳曆　　묵은 달력. 예문 夏間仰候 今始伴呈 便同陳曆也 〔홍기주洪岐周, 051〕

진말眞末　　밀가루. 예문 朞服人 鄭夢海 欠頓 錢文二兩 曲子一同 明太二束 大口一尾 乾柿一占 白文魚一尾 眞末二斗 眞荏一斗 〔정몽해鄭夢海, 31-30〕

진매珍煤　　진귀한 먹. 예문 臨遞多事之際 有此省錄垂問 已云感矣 況兼之以 俊味珍煤乎 〔강백년姜栢年, 21(義)-328〕

진면晉面　　직접 가서 만남. 예문 一番晉面 尙此未遂 倘不以我爲情薄耶 〔이병승李秉昇, 027〕

진예進袂　　직접 가서 만남. 예문 餘在累日進袂之奉 〔박정朴炡, 051〕

진묵眞墨　　참먹. 예문 生雉二首 石魚二束 山橘卄介 周紙三軸 黃筆卅柄 眞墨十笏 唐鞋一部 〔정조正祖, 26-51〕

진미陳米　　묵은 쌀. 예문 秋米數斗僅得送 此本調病者最良 其陳米未知 新米亦勝於他新耶 〔노상직盧上稷, 40-126〕

진박震剝　　부인상을 당함. 예문 疾病筋力 固是朝暮人 而蒼黃震剝 備經險阻 僅保殘縷 艱抵于玆 亦旣一月有餘 〔김정희金正喜, 38-30〕

진배晉拜　　찾아가서 뵘. 예문 卽欲晉拜之 而騎率難圖 姑未遂 〔손이웅孫以雄, 31-36〕 → 진후晉候

진배趁拜　　달려가서 뵘. 예문 義健病未遠出 不得趁拜 仰歎而已 〔이의건李義健, 23-15〕

진변陳卞　　사실을 진술하여 옳고 그름을 따짐. 예문 昨見明丈兄弟書 力止陳卞之擧 語意俱出至誠 乃與良 初意符合 玆欲姑止 以觀朝家處分 前頭事機 〔나양좌羅良佐, 21(禮)-168〕

진복珍福　　평안함. 예문 卽想春日學履珍福 阻濶已久 懸溯悠悠 〔이상진李尙眞,

3-122〕

진분賑分　　진휼곡賑恤穀을 나눠줌. 예문 到二月則風和日近 賑分方急 守令例 不得受由云 極以爲慮〔김성일金誠一, 16-22〕

진비珍愼　　몸을 아낌. 상대방의 건강을 기원하는 말. 예문 餘祈政履珍愼 統冀 照及 奉謝狀〔이경여李慶輿, 23-55〕

진사珍謝　　감사드림. 예문 況承佳貺兩種 珍謝之餘 以遠地省錄爲尤荷爾〔강백 년姜栢年, 44-153〕

진사賑事　　백성을 구휼救恤하는 일. 예문 來頭賑事 茫如捕風 雖升穀 實難念 及於知舊間救窮〔윤헌주尹憲柱, 22-229〕

진사進賜　　'나리'의 이두식 표기. 이규경李圭景의 『오주연문장전산고』五洲衍 文長箋散稿에서는, "진사進賜란 당하관堂下官의 칭호로, 속음俗音은 나아리羅 阿里인데, 무엇을 뜻한 것인지 알 수 없다"라고 하였다. 예문 伏未審秋凉 進賜政體 若何 伏慕之至〔김독경金篤敬, 49-251〕

진상珍相　　신의 도움으로 평안함. 예문 別懷耿結 殆今作惡 意外承拜令札 憑 審視篆起居珍相〔이관명李觀命, 23-193〕

진색珍嗇　　몸을 아낌. 상대방의 건강을 기원하는 말. 예문 別錄三珍盛惠 謹領 至意 感作深增 切祝令順序珍嗇 副此遠懷〔정구鄭逑, 5-29〕

진서晋敍　　찾아가 만남. 예문 劣入城有日 而病德莫振 無計晋敍〔○명유○命唯, 6-171〕

진서進敍　　찾아가 만남. 예문 此每擬進敍 而病故多端 末由遂意〔오두인吳斗寅, 22-161〕

진섭珍攝　　몸조리. 예문 春盡近夏 天氣向熱 想惟靜居珍攝 日就康健〔정경세鄭 經世, 3-26〕

진소眞梳　　참빗. 예문 惠送眞梳 優念至此 感荷實深耳〔김하연金夏淵, 31-169〕

진송津送　　인솔하여 보냄. 예문 弟凡百粗遣 而自送女息 倏已半載 戀想之懷 與日俱深 秋凉後 極欲津送人馬率來 未知許送否〔한배하韓配夏, 5-143〕

진수進修　　진덕수업進德修業의 준말. 덕을 쌓고 학업을 닦음. 예문 如獲寬假 優容 使得以進修開益 有所展拓 則實爲大幸〔이세구李世龜, 5-131〕

진시陳試　　초시初試에 급제한 사람이 사정이 있어서 예조禮曹에 고하고 다

음 기회에 회시會試를 보는 것. 예문 禮曹論以降服 不許陳試 此無族禮者之禮也 〔허목許穆, 16-125〕

진실盡室 온 가족. 예문 曾見水原書 亦欲与相會 而但聞數日內將盡室入來 云 此計恐未能諧也 〔이희조李喜朝, 22-223〕

진애津涯 물가. 기댈 만한 곳. 예문 日間將陪還鄕第 而到今騎費亦難辦 來頭 生活 苦無津涯 只自飮泣 悠悠蒼天 此何人斯 〔정헌시鄭憲時, 35-128〕

진요塵擾 세상의 번잡하고 시끄러운 일들. 예문 餘塵擾荒迷不次 〔정직현鄭直鉉, 41-149〕

진원眞元 원기元氣. 예문 吾行役之餘 眞元大虛 而又得虛疾 深以爲慮 〔이운근李雲根, 35-36〕

진위珍衛 몸을 아낌. 상대방의 건강을 기원하는 말. 예문 只伏祝隨時珍衛 〔이직보李直輔, 22-295〕 → 가복佳福, 가승佳勝, 가안佳安, 다상多相, 만강萬康, 만기萬祺, 만녕萬寧, 만목萬穆, 만복萬福, 만비萬毖, 만상萬相, 만색萬嗇, 만수萬綏, 만승萬勝, 만안萬安, 만안萬晏, 만왕曼旺, 만왕萬旺, 만위萬衛, 만전萬典, 만중萬重, 만지萬支, 만지蔓支, 만진萬珍, 만호萬護, 만휴萬休, 무휴茂休, 보색保嗇, 숭희崇禧, 슬중瑟重, 승적勝迪, 신상神相, 안승安勝, 위중衛重, 지안止安, 진복珍福, 진비珍毖, 진상珍相, 진색珍嗇, 진중珍重01, 진호珍護, 청강淸康, 청건淸健, 청목淸穆, 청승淸勝, 청위淸衛, 청적淸迪, 초승超勝, 충비沖毖, 충승沖勝, 충유沖裕, 평길平吉, 평선平善, 평적平迪, 홍희鴻禧

진유眞遊 임금의 죽음. 예문 國哀罔極 時序屢變 眞遊莫攀 俯昂穹壤 哀痛何言 〔정약용丁若鏞, 32-158〕

진의珍儀 귀한 선물. 예문 惠饋珍儀 認從厚注 隨境另至 泂謝 〔김정희金正喜, 33-85〕

진인陳人 쓸모없는 사람. 예문 弟 宜死不死 頑甚石木 便成一陳人 〔김정희金正喜, 33-64〕

진임眞荏 참깨. 예문 錢文二兩 曲子一同 明太二束 大口一尾 乾柿一占 白文 魚一尾 眞末二斗 眞荏一斗 〔정몽해鄭夢海, 31-30〕

진자眞字 해서楷書. 예문 眞字 卽尤非惡筆所能就 以朝夕觀玩省身思家之具 無適筆 不能楷書 反汚寶賤 尤恨尤恨 〔김구金絿, 9-95〕

진장鎭長　　오래 지속함. 당나라 한유韓愈의 시〈행화〉杏花에 "열매 맺지 않는 꽃, 오래갈 듯하나 금방 피었다가는 도리어 안개 속에 지네"(浮花浪藥鎭長有 纔開還落瘴霧中)라는 구절이 있다. 예문 俎豆之奉 尙未遂多士之誠 盖以荐歲凶荒 本錢欠縮 官無顧恤之意 前頭之事 無鎭長之道而然耳 不勝痛〔고처량高處亮, 31-40〕

진전塵纏　　세상의 복잡한 일들. 예문 此中 塵纏所絆 了無佳悰 奈何〔김정희金正喜, 33-22〕

진전眞殿　　역대 임금의 초상肖像을 보관하던 전각殿閣. 창덕궁 안에 있었다. 선원전璿源殿. 예문 眞殿板韻 荷此踏惠 不但在弟感謝也〔박기양朴箕陽, 35-107〕

진정賑政　　흉년에 백성을 구제하기 위해 펴는 행정. 예문 諸路皆飢 而賑政難擧 用此憂歎〔김좌명金佐明, 29-10〕

진제賑濟　　흉년에 백성을 구제함. 예문 想査兄新履殘縣 又當大侵 賑濟之策 誠難措手 其何以爲計耶〔미상, 027〕

진조趁早　　한시라도 빨리. 진작, 진즉. 예문 就先生文集 可與日月爭輝 未嘗不斬負鄙陋 故生亦於人處 趁早借觀 自謂足矣 豈敢望受惠一帙乎〔한양석韓良錫, 37-151〕

진중珍重01　　몸을 아낌. 상대방의 건강을 기원하는 말. 예문 餘祝對時珍重 伏惟令鑑〔홍주원洪柱元, 22-141〕

진중珍重02　　정중한. 예문 歲換江國 思人政苦 珍重一札 忽落於寂莫之濱 披感已極〔정호鄭澔, 21(禮)-227〕

진즉趁卽　　즉시. 예문 此是大段機會 故一邊簡通於鄕堂 又此走告於兄 望須趁卽來臨于此處 以爲議處之地 如何〔유세영柳世英, 027〕

진진津津　　넘칠 정도로 가득한 모양. 예문 故人書來自半千里外 披緘展讀 宛如承平舊夢 不覺津津有喜〔이건창李建昌, 35-106〕

진진陳陳　　오래도록 이어짐. 예문 春寒陳陳 尊履起居何似 前進叩承厚款 不勝感幸〔남언기南彦紀, 44-307〕

진질晉秩　　관직이나 품계品階가 오름. 예문 宗人省狀幸安 而意外晉秩 供歡榮感之中 旋切兢惕之私耳〔정범조鄭範朝, 41-156〕

진찰塵刹　　마음을 다하여 은혜에 보답함. '진찰'은 원래 불교 용어로서 '티끌같이 많은 무수한 세계'를 가리키는 말이다.『수능엄경』首楞嚴經 제3권의 "이 깊은 마음으로 온 세상의 부처님들을 받드는 것이야말로 부처님의 은혜에 보답하는 것"(將此深心奉塵刹 是則名爲報佛恩)이라는 게송을 주희朱熹가 인용한 이후 널리 쓰이게 되었다. 예문 惟老親 間蒙恩敍 感戴蹈慶 不知塵刹何以報答也 〔김정희金正喜, 33-93〕

진척秦瘠 월시진척越視秦瘠의 준말. 남의 어려움을 돌보지 않는 태도나 서로 무관심한 관계. '월나라 사람이 진나라 사람의 야윔은 생각하지 않는다'는 말. 예문 蓋亦半年 而一未得躬唁 一指替面 又如是遷稽 愧歎無訟 安免秦瘠之誅哉 〔이종극李鍾極, 53-65〕

진폐軫弊 폐단을 바로잡음. 예문 金剛諸刹 僧徒之難支 專由藍輿雇軍之費 此若有別般軫弊之道 卽好矣 〔강노姜㳣, 44-188〕

진폐陳弊 묵은 폐단. 예문 但以爲民陳弊之故 督過之太甚 文移之間 奴詬豕罵 其復體面 亦且任之而已 奈何奈何 〔전식全湜, 45-307〕

진하珍荷 정말 감사함. 예문 兩件佳味 珍荷珍荷 餘陽至加愛 不宣 下照 〔송시열宋時烈, 3-119〕

진한趁限 기한에 맞추어. 예문 吾則疲於做讀 未有若近日之汨汨 蓋課讀必欲成功 序藁亦欲趁限 緣是臨歲王務民事 或未免積滯時耳 〔정조正祖, 26-95〕

진향進香 국상國喪과 같은 왕실의 의례에 향을 올리는 일. 예문 昨自進香退益增罔極 〔이경석李景奭, 3-136〕

진현眞玄 참먹. 예문 謹以一笏眞玄 仰謝 〔강택일姜宅一, 41-77〕

진현陳玄 먹. 예문 伏承專价惠書 不勝仰感之至 況兩同陳玄 適到於匱乏之時 仰謝無已 〔김집金集, 21(義)-68〕 → 묵경墨卿, 묵정墨丁, 묵홀墨笏, 사매麝煤, 오옥烏玉, 현정玄精

진호珍護 모든 일이 평안함. 안부를 물을 때 쓰는 상투적 표현. 예문 伏惟梅夏 棣體動止 珍護萬重 〔신영조辛泳祚, 53-167〕

진환塵寰 속세俗世. 예문 區區 塵寰中引領詹望 寔不勝牽想遙誦 〔김정희金正喜, 33-91〕 → 속구俗臼, 연홍軟紅塵, 진구塵臼

진환陳患 고질병. 예문 陳患孔棘 菫得氷泮 而日氣愈寒 運船無期 是悶是悶 〔송광연宋光淵, 34-142〕

진후晉候 찾아가 안부를 여쭘. 진후進候. 예문 示意如是記念 不勝感荷 餘留

晉候〔민주현閔冑顯, 42-39〕 → 진배晉拜

진후鎭候　　진鎭의 일을 보시는 중에. 변방에서 군무軍務를 보고 있는 사람의 안부를 물을 때 쓰는 말. 예문 卽拜承令札 謹審暮春 鎭候動定 崇衛萬重 仰喜仰喜〔이유원李裕元, 21(智)-359〕

질아姪阿　　조카. '아'阿는 친근함을 표시하는 말. 예문 今日姪阿出分 只爲房室之難容 然此世別具門戶 豈其美算耶〔곽종석郭鍾錫, 31-133〕 → 사질舍姪

질언質言　　사실에 근거하여 말함. 예문 此則雖非可質言者 而渠輩景像 可以想得〔한영광韓靈光, 6-185〕

집미執迷　　어리석음을 고집함. 예문 宜寧東萊諸宗 若一向執迷 卽爲斥絶 亦無不可〔왕성순王性淳, 31-160〕

집사執事　　주인 가까이 있으면서 그 집 일을 맡아보는 사람. 편지에서는 상대방을 직접 지칭하지 않고 그 밑에서 일하는 이를 가리킴으로써 상대방을 높이는 말. 예문 兪監司 執事〔유이승柳以升, 3-86(봉투)〕 → 문사文史, 시사侍史, 존시尊侍, 종인從人, 종자從者, 집사集史, 하사下史, 하집사下執事, 현집사賢執事

집사集史　　집사執事. 예문 丹山先生 集史〔신완申琓, 31-27〕

집어執御01　　마부馬夫. 행차 중인 상대방을 직접 지칭하는 대신 마부로써 상대방을 가리키는 것. 예문 數日前纔還京廬 始伏聞先生執御之離違京城 已多日矣〔이기홍李箕洪, 22-199〕

집어執御02　　수레를 몲. 스승이나 어른을 뵙거나 모신다는 뜻. 예문 檜洞之枉 而金溪之弔 而並失執御役 是可謂從我之道乎〔송준필宋浚弼, 44-71〕

집탈執頉　　남의 잘못을 집어내어 트집을 잡음. 예문 密陽及淸道 俱不免封庫 未知如何執頉 而知舊中能治爲稱亦如此 信乎作宰之難也 奈何〔이백형李百亨, 7-170〕

징갱懲羹　　징갱취제懲羹吹虀. 놀란 경험이 있어 지나치게 두려워하고 경계하는 것을 비유하는 말. 뜨거운 국물에 입을 데어 놀란 나머지, 찬 나물도 불면서 먹는다(懲熱羹而吹虀兮)는 『초사』楚辭 「구장」九章 〈석송〉惜誦의 구절에서 유래한다. 예문 百爾思之 不無懲羹之私 且廉隅所在 重冒此任 斷無其義 故望紙玆封呈 伏願僉尊俯恕情勢 更差可爲之人〔정순원鄭淳元, 41-166〕

징사徵士　　학행學行이 뛰어나 임금이 벼슬을 주며 부른 선비. 예문 吾所云看

山當如陶徵士讀書法 未知如何 此言非謂初不深入 只登歇惺樓而歸也 呵呵 〔김정희金正喜, 31-68〕

징외懲畏   반성. 예문 顧此老而不死 忍見今日由中之痛 不暇懲畏 九地茫茫 一身搖直 欲狂奔亦不可得 〔이상진李尙眞, 051〕

징축徵逐   벗을 초대하거나 방문하여 친하게 지냄. 예문 少小徵逐 結契殊深 書舍鷄燈 歷歷如昨日事 〔이기정李基定, 40-222〕

차此⁰¹　서로 격의 없는 사이에 쓰는 일인칭 대명사. 예문 顧此避風鍵戶 一切 世諦了無交涉〔서상우徐相雨, 21(智)-394〕

차此⁰²　임금이 신하에게, 또는 아버지가 아들에게 보내는 편지에 쓰는 일인칭 대명사. 예문 此慈候一向康寧 伏喜伏喜〔정조正祖, 26-17〕

차간此間⁰¹　윗사람이 아랫사람에게 자기를 가리킬 때 쓰는 일인칭 대명사. 예문 此間喪制甫畢 衰病日劇 重以家間疾憂連綿 苦無佳緖 奈何〔송준길宋浚吉, 3-133〕

차간此間⁰²　여기. 이곳. 예문 泰仁綾州兩兄將次第下去 可詳此間消息耳〔이단상李端相, 22-167〕

차간此間⁰³　요즘. 예문 弟病一向沈痼 差復無期 此間私悶 難以容喩〔이시술李時術, 21(義)-368〕

차경差境　병이 차도가 있음. 예문 舍弟所患 亦入差境 私幸私幸〔홍만용洪萬容, 5-113〕→ 감점減漸, 감혈減歇, 병간病間, 식절여자食節如蔗, 자경蔗境, 차혈差歇, 향간向間02, 향차向差, 향혈向歇, 회두回頭

차골次骨　뼈에 새김. 예문 賴荷盛貺 得備甘旨 感深次骨 不知所謝〔정지화鄭知和, 6-101〕

차교差敎　택일함. 예문 第舍弟家親事 星帖旣受 實是天定 豈容人意 差敎仰呈 倘無所碍耶〔강재주姜在冑, 41-147〕

차군此君　대나무. 『진서』晉書 「왕휘지전」王徽之傳에 "휘지徽之가 대나무를 가리키며 '어떻게 하루라도 이 군(此君)이 없을 수 있겠는가'라고 읊조렸다"(徽之但

嘯詠指竹曰 何可一日無此君邪)라고 한 데에서 유래함. 예문 就悚 賤疾及舍兄之病 俱用竹瀝 而所謂此君 得之不易 前此累蒙盛惠 今又開喙 實涉無恥 以猥恃分誼 敢此復控 幸以十餘條見惠如何 〔하명○夏明, 49-363〕

차노差奴　　각 관아에 소속된 노비. 차비노差備奴. 예문 旬後欲送差奴 而恐難傳簡 勿禁事行下于閽人 則其幸復如何耶 〔김경문金敬文, 3-85〕

차대次對　　매월 여섯 차례 의정議政, 옥당玉堂, 대간臺諫 등이 입시하여 중요한 정무를 상주上奏하는 일. 예문 正叟不得鼠穴 方坐狎鷗亭矣 今日次對 諫長盡停金興慶所發之啓 今則正叟之息頗安耳 〔임윤원任胤元, 21(禮)-210〕

차돈次豚　　자기의 차남次男을 가리키는 말. 돈豚은 자신의 아들을 낮추어 이르는 말로, 삼국시대 조조曹操가 오나라 손권의 군사작전을 칭찬하면서 "마땅히 손중모 같은 아들을 낳아야 하나니, 유표劉表의 아들은 그저 개·돼지나 같다고 하겠다"(生子當如孫仲謀 劉景升兒子若豚犬耳)라고 한 고사에서 유래한다(『삼국지』三國志 권47 「오지」吳志 〈오주손권전〉吳主孫權傳). 예문 生頃以次豚之病 憂煎度日 〔이후원李厚源, 22-123〕

차래此來　　요즈음. 예문 此來 關河脩阻 雖欲寄聲 亦無由 〔김성일金誠一, 3-24〕
→ 간간01, 내자迺者, 비간比間, 비래比來, 비신比辰, 비일比日, 비자比者, 비천比天, 비하比下, 수천數天, 신하辰下, 이간爾間, 이자爾者, 임신恁辰, 자신玆辰, 즉신卽辰, 즉일卽日02, 차간此間03, 차래此來

차만差晚　　조금 늦게. 예문 拙句濫蒙稱許 尤不敢當 差晚當以躬候 〔조한영曺漢英, 4-173〕

차목差目　　임명장. 예문 敬令差目 果卽啓下否 竊爲公議幸之也 〔남유용南有容, 23-227〕

차목箚目　　간략하게 적어 놓은 항목. 예문 忽見二妙入門 兒子繼至 袖呈惠書 略道徑歸之由 一悵一慰 心畵以替顔範 箚目以替牙香 〔이진상李震相, 44-60〕

차부箚付　　상급 관청에서 하급 관청에 공문을 보냄. 예문 尹丈所受問目 曾云 見□于中原 而或子中尋來 使人問之 則又不知去處云 近於講劘之際 必有論難之處 乞與習之箚付 何如 設遇文人 而無巴鼻可問 則何愧如斯 〔조헌趙憲, 16-23〕

차사원差使員　　임무를 지워 임시로 파견하는 관원. 예문 然後來以勿拘多少 行下于差使員矣 〔유희춘柳希春, 027〕

차송差送　　사람을 뽑아 보냄. 예문 慈山有窠 方請口傳差送 〔권엽權懱, 22-235〕

차양此樣　　이와 같은 것. 예문 寄席領謝 初多間 家行醮禮 此樣一二件 可復得耶 窘甚此及 未安 〔이덕형李德馨, 3-43〕

차인差人　　관아에서 임무를 주어 파견하던 사람. 예문 金君所送人 依兄敎送縣 而差人與俱昏黑捧招而回 以晨往督書 故燈下忍病 草草 〔김령金坽, 21(義)-109〕

차장遮帳　　볕을 가리기 위하여 치는 천막. 차일장遮日帳. 예문 出樞不謂若是之遽也 遮帳屛風使竝紙幕墓閣使於今日造送矣 〔성대중成大中, 11-234〕

차제差祭　　공적公的인 제사에 제관祭官으로 임명함. 예문 差祭事 今番京外各處 獻官員數甚多 分排極難 而旣聞實有病患 卽欲變通 但單子已入啓 無如何矣 〔이광좌李光佐, 21(禮)-403〕

차제次第　　차례로. 예문 頃穩今訊 次第佩頌 〔김성근金聲根, 22-345〕

차중且中　　다름이 아니라. 드릴 말씀은. 예문 且中 奉世長者 亂離時主人 而伯仲死後 力護殯葬 恩義實多 〔조희일趙希逸, 21(義)-78〕 → 번달번달煩達, 앙공앙공仰恐, 앙모앙모仰冒, 앙유앙유仰喩, 앙백앙백仰白, 잉번잉번仍煩, 잉송잉송仍悚, 취취就, 취간취간就懇, 취고취고就告, 취공취공就拱, 취공취공就控, 취난취난就懣, 취달취달就達, 취루취루就縷, 취백취백就白, 취번취번就煩, 취송취송就悚, 취앙취앙就仰, 취중취중就中, 취첩취첩就喋, 취품취품就稟

차중此中　　윗사람이 아랫사람에게 자기를 가리킬 때 쓰는 일인칭 대명사. 예문 此中依遣 只是一病字 終謝不去耳 〔김상용金尙容, 23-35〕 → 차간此間01

차지差池　　→ 치지差池

차지次知　　담당하여 맡음. 예문 至正租 則巡使次知軍糧正租外 更無餘儲云 〔이로李魯, 12-176〕

차차次次　　어수선하고 불안한 모양. 예문 手定諸書句讀 一時呼筆 次次轉謄 必多訛纇 玆送二函 細加考準 彼此如有舛誤處 付籤紙頭爲可 〔정조正祖, 26-45〕

차첩差帖　　하급 관리의 임명장. 예문 忠義差帖 尙不覓去 亦奈何 〔신좌모申佐模, 43-145〕

차하差下　　관아의 하급 서리書吏의 급료를 지급함. 예문 閤內事勢 日益痼瘼矣 差下色書吏來告曰 來月初無差下錢財一分云 則閤屬勢將散去矣 此將奈何 〔오정근吳正根, 31-158〕

차한此漢01　　자기를 낮추어 이르는 말. 예문 沙溪先生配享此邑書院祠堂之擧

久有多士之論 而此漢在此 不敢有所勸沮矣 〔이유태李惟泰, 5-48〕

차한此漢02　　이놈. '한漢은 상놈이라는 뜻. 예문 若干粮太 使此漢負置於坐會 入見督郵 凡事相議 〔이덕운李德運, 35-50〕

차혈差歇　　병이 차도가 있음. 예문 老人繼患 初亦不至甚重 而轉入危苦 出往侍藥 明卽差歇 然後復還新寓 〔박세채朴世采, 31-21〕 → 감점減漸, 감헐減歇, 병간病間, 식절여자食節如茲, 자경蔗境, 차경差境, 향간向間02, 향차向差, 향헐向歇, 회두回頭

착공着功　　노력함. 예문 且因人聞近來大有所成就 喜幸不可量 惕惕着功 尤所望也 〔이상진李尙眞, 3-127〕

착긴着緊　　유의하여, 또는 반드시. 예문 至於着緊理會之敎 何能○○○全 〔권필權韠, 22-79〕

착실着實　　착실함. 일정한 기준이나 정도에 넉넉히 미침. 예문 貴州賑政 頗爲着實云 程夫子所謂 存心愛物 必有所濟者 信非誣矣 〔이상李翔, 5-67〕

착제着題　　적합한 글. 예문 旅軒門徒 不滿其文意 還送而請改作 則崔不聽其改而用之云 蓋崔之作有意也 然亦未知其着題也 〔강학년姜鶴年, 21(義)-250〕

착편着鞭　　길을 떠남. 예문 驪江吾所樂也 亦先生之所知 不圖先生之先吾着鞭也 南望 不覺爲之悵然 〔정몽주鄭夢周, 21(仁)-19〕 → 계계啓02, 계가啓駕, 계로啓路, 계정啓程, 발정發程, 책편策鞭, 취도就途

찬관贊冠　　관례를 돕는 사람. 예문 此處年少輩 適皆出外 無可與偕者 如得景晦爲贊冠者 亦幸矣 〔이상정李象靖, 12-234〕

찬미攢眉　　눈살을 찌푸림. 예문 弟近日頗健飯 而但索租聲喧聒蓬門 最是攢眉處也 〔황현黃玹, 37-19〕 → 추미皺眉

찬사攢謝　　두 손 모아 예를 표하여 감사드림. 예문 惠來兩種 實出盛眷 攢謝無已 〔김우석金禹錫, 44-262〕

찬정趲程　　길을 재촉함. 바삐 감. 예문 且與王則之先生 相會于京城洪尙書宅 未知尊屬幾寸親也 恨未得敎也 似一鞭趲程 一場說話 且梅集多有疑晦處 別無可叩質 欲趁明春 更駕山陰之棹 興盡而返 計矣 〔이강제李康濟, 37-155〕

찬축攢祝　　두 손 모아 기원함. 예문 到配後姑免添病 且欲將歸老慈 私計甚幸 只瞻天攢祝而已 寄貺五種 謹領啣戩 〔민진원閔鎭遠, 6-85〕

찬포饌庖　　푸줏간. 예문 饌庖事 玆錄呈 亦以此私通無妨耳〔박영수朴永壽, 31-65〕

찬하攢賀　　두 손 모아 축하함. 예문 不審新春 靜候茂納休祉 多少攢賀 實不容口〔김영근金英根, 31-83〕

참련參蓮　　생원·진사시에 합격한 사람의 명부인 연방蓮榜에 이름이 오름. 예문 李之子鄭之弟得參蓮 今將歸榮先壟〔민진장閔鎭長, 6-83〕

참망參望　　관리를 뽑는 후보 명단에 들어감. 예문 憬兒亦幸參望 而望紙未點 是亦萬幸〔미상, 22-381〕

참방參榜　　과거에 합격함. 예문 且聞豊基客又參榜 一家數人當觀大小三場 極可慰悅〔유위하柳緯河, 027〕

참상慘喪　　손아랫사람의 상喪. 예문 何其連遭慘喪 又至於此耶〔정온鄭蘊, 051〕

참월僭越　　분수에 넘침. 예문 因筆及此 深悚僭越 而實有感於哀執事厚德宏量 不覺其縷縷至此〔홍석주洪奭周, 31-61〕

참제慘制　　손아랫사람의 상喪. 예문 弟間遭季姪婦慘制 悲懷難抑〔김영수金永壽, 22-339〕

참제斬制　　참최복斬衰服을 입는 상喪. 삼년상에 입음. 예문 臘月 卄二 斬制民 尹德熙 拜手〔윤덕희尹德熙, 48-131〕→ 참최斬衰

참직參職　　참상직參上職의 준말. 6품 이상 당하관 3품까지의 관직. 예문 學日就下 斯亦人耶 且謬蒙大學之薦 屢入參職之望 措身無地〔이연경李延慶, 9-88〕

참척慘戚　　손아랫사람의 상喪. 예문 鼎重久病不死 遽遭慘戚 只願速死而無知〔민정중閔鼎重, 23-125〕

참최斬衰　　삼년상에 입는 상복. 예문 辛丑三月初五日 斬衰人 琴達淵 狀上〔금달연琴達淵, 40-46〕→ 참제斬制

참치參差　　들쑥날쑥함. 예문 懸吐謄本 須有一部全帙 可無參差 以各冊新件 送之 移謄爲可〔정조正祖, 26-47〕

참토斬土　　장사 지내기 위하여 처음 무덤을 팜. 예문 斬土之後 土色信好 開壙之際 無他患害否〔이원곤李元坤, 10-89〕

참한慚汗　　부끄러워 땀이 남. 보통 자기가 보내는 물건이 약소하다고 겸양하는 의미로 씀. 예문 就將封餘腸子卵 幷入一缸 聊表遠懷 以爲客裏飣餖一助 慚汗慚汗〔권응정權應挺, 39-31〕→ 괴한愧汗

창결悵缺　　몸시 서운함. 예문 阻戀之餘 逢別如電 治不任悵缺〔윤증尹拯, 22-173〕

창결悵缺　　창결悵缺. 예문 曾於大谷往還之日 委進高軒 兄旆已發矣 不得奉敍 悵缺何勝〔이시성李時成, 32-11〕

창두蒼頭　　노복奴僕. 예문 家乏蒼頭 買得一奴於治下 將欲斜出 而寒士之家 僅備買直之外 更無餘力 無計備納云 幸望特減所納 而卽許斜給 如何如何〔이원李薳, 5-105〕→ 전복典僕

창랑지취滄浪之取　　좋은 일이든 나쁜 일이든 그 원인이 본인에게 있음을 이르는 말. 굴원屈原의〈어부사〉漁父詞의"창랑의 물이 맑으면 내 갓끈을 씻고, 창랑의 물이 흐리면 나의 발을 씻는다"(滄浪之水淸兮 可以濯我纓 滄浪之水濁兮 可以濯我足)에서 나온 말. 예문 獄中事 尙無究竟 月餘不能脫枷 固是滄浪之取 而至情間憂爍烏可已耶〔김흥락金興洛, 32-173〕

창망悵惘　　슬프고 멍함. 예문 何當相奉 只有悵惘〔송인수宋麟壽, 23-13〕

창모悵慕　　아쉬움과 그리움. 예문 奉違隔年 一紙之信 亦不以時相寄 此中悵慕 如何仰喩〔김성일金誠一, 3-24〕

창방唱榜　　과거 합격자 명단을 발표함. 예문 悚稟 侍生家慶席 將行於十八日 而侍生方鎖直廬 同僚又將呈告 唱榜之前 無脫出之路 伏悶如何〔김좌명金佐明, 6-102〕

창병脹病　　배가 부어오르는 병. 예문 脹病○○ 一日勞動 則添一分之病 以此莫遂鄙情〔미상, 22-365〕

창상滄桑　　창해상전滄海桑田의 준말. 큰 바다가 뽕밭으로 변하고 뽕밭이 큰 바다로 변했다는 뜻으로 세상의 변화가 심함을 비유하는 말. 갈홍葛洪의『신선전』神仙傳에서 마고麻姑가 스스로 말하기를"당신을 모신 이래로 이미 동해東海가 세 번 뽕밭으로 변한 것을 보았습니다"(接侍以來 已見東海三爲桑田)라고 한 데서 유래한다. 예문 滄桑不須提說 南來以後 溟滓入眸 益不禁滔滔神馳〔서유구徐有榘, 44-335〕

창색悵轖　　섭섭하고 답답함. 예문 囊荷枉存 尙玆藏戢 而連値氄擾 竟未造別 豈勝悵轖〔서희순徐熹淳, 29-37〕

창소悵傃　　섭섭함과 그리움. 예문 聞問之阻絶 居然屢月 悵傃方深 卽奉台札 就審起處萬重 仰慰〔이익상李翊相, 23-115〕

창야唱喏　　서로 만나 예禮를 행할 때 손으로 읍揖을 하는 동시에 입으로 경하하는 말을 하는 것. 예문 猶庭唱喏之暇 惠連聯床之際 相與叩發名理 撿押禮法 其樂當何如哉 〔유인식柳寅植, 44-68〕

창양搶攘　　상황이 불안하고 어지러운 모양. 예문 聞今世變 一層搶攘 未知吾儕將稅駕何地 痛哭流涕 〔송병순宋秉珣, 38-38〕

창연悵然　　섭섭한 모양. 예문 二堅回 見書 知行期定於十三 尤用悵然 〔김상현金尙憲, 23-43〕

창우瘡疣　　폐단. 예문 觀於其下居昌等麻布事 蔚山玄風等作錢事 京外瘡疣先見之致 公之所奏 帶得如何之意 〔정조正祖, 26-83〕

창월暢月　　11월. '창'暢은 충실하다는 뜻. 11월은 만물이 움직이지 않고 안으로 충실히 하는 달이라 하여 붙여진 이름이다. 예문 癸丑暢月旣望 〔이상의李尙毅, 45-228〕 → 복월復月

창이瘡痍　　재해나 전쟁으로 인한 고통. 예문 當初文廟之作 在於瘡痍未定物力蕩竭之時 故不能如平時宏敵 固爲未盡 〔정경세鄭經世, 45-443〕

창준唱准　　인쇄의 한 과정으로, 큰 소리로 한 자씩 불러가며 교정하는 것. 예문 錄其中不入於北板者八首以上 望兄主以意增減之 以付唱准 如何 〔김만중金萬重, 5-119〕

창창悵悵　　뜻대로 되지 않아 한탄하는 모양. 예문 苦苦無暇 又緣家間病患避寓 中路憂苦度日 不得一相問 悵悵 〔이정구李廷龜, 23-41〕

창창蒼蒼　　끝없는 모양. 예문 萬事流乎蒼蒼 嚴寒雪天 尙有和暖之日 惟此之望 〔이경석李景奭, 3-137〕

창피昌被　　체면이 깎일 일을 당하여 부끄러움, 원래는 옷의 허리띠를 매지 않아 단정하지 못한 모양, 또는 방자하고 제멋대로인 모양을 가리킨다. 창피昌披. 창피猖披. 『초사』楚辭 〈이소〉離騷의 "걸주의 창피함이여, 지름길에서 걸음이 막히도다"(何桀紂之昌披兮 夫唯捷徑以窘步)에서 나온 말. 예문 若以時任久居 則似不免昌被之端 只自伏歎 〔오정근吳正根, 31-158〕

창황倉黃　　매우 바쁨. 창황倉皇, 창황倉惶, 창황倉遑, 창황倉徨. 예문 僕自村居 聞子婦産病垂死 倉黃入來 未暇奉晤 可歎 〔조석윤趙錫胤, 23-85〕

채리彩履　　나이 많은 부모를 모시고 있는 사람의 안부를 물을 때 쓰는 말.

예문 彩履佳勝 是則良慰 〔신좌모申佐模, 43-185〕

채무綵舞　　부모를 즐겁게 하기 위하여 색동옷 입고 춤을 춤. 중국 춘추시대 초楚나라 사람인 노래자老萊子가 70여 세의 나이에도 색동옷을 입고 재롱을 떨어 부모를 즐겁게 하였다는 데서 유래함. 예문 極宿增彩 萱闈花甲載回 竊惟稱觥綵舞之筵 百祥俱臻 〔김창근金昌根, 40-94〕

채신採薪　　병病. 채신지우採薪之憂의 준말. 『맹자』孟子 「공손추」公孫丑에 "어제 왕명이 있었으나 병이 들어 나무를 할 수 없는 우환이 있어서 조회에 나아가지 못했다"(昔者有王命 有採薪之憂 不能造朝)라는 구절에서 나온 말. 예문 頃時承書於鄕行臨發之日 過旬而歸 仍之採薪懶廢因循 迄此稽覆 愧多於感 無辭可自文 〔배동환裵東煥, 40-142〕 → 부신지우負薪之憂, 신우薪憂

채의綵儀　　부모님을 모시고 지냄. 중국 춘추시대 초楚나라 사람인 노래자老萊子가 70여 세의 나이에도 색동옷을 입고 재롱을 떨어 부모를 즐겁게 하였다는 고사에서 유래한다. 예문 卽承兄問札 就審旱炎 綵儀起居神相 〔박상朴祥, 051〕 → 시채侍彩, 채환彩歡, 희채戲彩

채전彩牋　　채색한 시전지詩箋紙. 예문 自作罪人 方在血淚追愆之中 故不可彩牋上有所題述 故前來十幅 謹全緘藏 前後拙語 姑將生紙錄呈耳 〔이안눌李安訥, 5-34〕

채환彩歡　　부모님을 모심. 중국 춘추시대 초楚나라 사람인 노래자老萊子가 70여 세의 나이에도 색동옷을 입고 재롱을 떨어 부모를 즐겁게 하였다는 데서 나온 말. 예문 惟彩歡增慶 不宣 〔송시열宋時烈, 052〕

책건기冊件記　　책 목록. 이두식으로는 '책발기'라고 읽음. 예문 是企左右留置 冊子數件 封之箱子付送 進上便 冊件記 在妹弟諺書中 〔이옥李沃, 14-55〕

책롱冊籠　　책을 넣어 두는 상자. 예문 冊籠進之耳 滄溟集 本來當置 而不送耳 〔이하곤李夏坤, 10-87〕

책명策名　　이름을 신하의 명단에 올린다는 뜻으로, 과거 급제 또는 벼슬살이를 이름. 『춘추좌전』春秋左傳 희공僖公 23년조 '책명위질'策名委質의 주注에 "옛사람들은 벼슬할 때에 죽간竹簡에다 자기의 이름을 써서 임금에게 바침으로써 신하의 절의를 다할 것을 밝혔다"고 한 데서 유래함. 예문 侍生枯木形骸 依舊菫存 而伯兒策名桂籍 認是平日眷庇之澤 仰謝盛德 〔안흠安欽, 41-158〕

책문柵門　　조선과 중국의 국경에 세워진 문으로 통관 업무와 교역이 이루어지던 곳. 압록강에서 100리 정도 떨어진 요녕성遼寧省 봉황성鳳凰城 어구에 설치되어 있었는데, 그 사이는 양국 간의 일종의 완충지대로서 경작이나 입주 등이 금지되었다. 예문 勅行今卄三日 已到鳳凰城云 卄四當到柵門 五六日間 必渡江矣 牌文非久當來 來月十九日間 似當到本府 奈何 〔이언순李彦淳, 44-77〕

책복册袱　　책을 싸는 보자기. 예문 册袱送矣 〔김남중金南重, 44-152〕

책색責塞　　책임을 다함. 예문 此後 則吾等之責塞焉 〔미상, 027〕 → 색책塞責

책실册室　　고을 수령의 비서 일을 맡아보던 사람. 관제官制에 따른 직책이 아니고 수령이 개인적으로 채용하였다. 책사册史, 책아册衙. 예문 册室上洛後 安信間 已聞之 而齋洞答狀 姑未下來 以此諒之如何 〔박준기朴俊琪, 42-36〕

책응策應　　그때그때 요구되는 물자를 조달하거나 업무를 이행함. 예문 頃値勅行 策應蝟毛 未暇委候 〔목대흠睦大欽, 47-63〕

책응責應　　책임지고 마련함. 예문 就 鄕居堂叔 來過子昏於弟家 而家兄適出做 凡具 弟方責應 而其中黑靴日借不得 兄之前日所着 如閑置 未可暫時許借耶 〔홍용조洪龍祚, 6-173〕

책의册衣　　책의 표지表紙. 예문 册衣不足 欲得五十餘卷所入矣 〔강선姜銑, 21(禮)-209〕 → 의지衣紙

책지册紙　　책을 만드는 데 쓰는 종이. 예문 燃藜記二卷 與册紙幷呈 幸速卽謄惠之 如何如何 甚企甚企 〔신헌申櫶, 39-229〕

책침責沈　　당대當代의 현인을 알지 못한 것을 부끄럽게 여긴다는 뜻. 송나라의 진형중陳瑩中이 정호程顥를 몰라보았다가 범순부范純夫에게서 이야기를 듣고 자기의 무지함을 부끄럽게 여기던 끝에, 섭공葉公 침沈이 공자의 성인됨을 알아보지 못하고 자로에게 물은 사실을 인용하여 섭공을 질책하는 내용의 '책침문'責沈文을 지었다는 고사에서 유래한다. 예문 省式 幷世責沈之歎 尙矣 〔장승택張升澤, 53-150〕

책편策鞭　　말을 채찍질함. 길을 나섬. 예문 兄亦以九日策鞭如何 〔김대金岱, 44-62〕 → 계계啓02, 계가啓駕, 계로啓路, 계정啓程, 발정發程, 착편着鞭, 취도就途

처당지연處堂之燕　　집에 불이 났는데도 집 안에서 집을 짓는 제비. 위험한 상황을 알지 못하는 것이 가련하다는 뜻으로 쓰인다. 예문 遼陽已爲賊斷 天下事可

知 朝夕處堂之燕 其有何況 秖自累足 〔이호민李好閔, 45-251〕

처청凄淸　　맑고 쌀쌀함. 예문 霜候凄淸 伏惟台起居神相 〔윤문거尹文擧, 22-135〕

처치處置　　삼사三司의 관원이 인피引避하였을 때 그 관원의 출사出仕나 파직罷職을 논하여 올리는 글. 예문 申臺今已出肅 爲處置 繼欲發合啓云 未知末梢之果如何也 〔조명택趙明澤, 6-193〕

척간擲奸　　적간摘奸. 죄상을 조사함. 예문 去年還上 緣年凶 多以不實穀捧上 御史擲奸時 必生事罷去○寧 故册籠二駄先送 可考受也 〔김성일金誠一, 12-167〕

척강지회陟岡之懷　　형을 그리는 마음. 『시경』詩經 「위풍」魏風 〈척호〉陟岵에 "저 산등성이에 올라가 형님을 바라보네"(陟彼岡兮 瞻望兄兮)라는 구절에서 온 말임. 예문 仰慰 惟白首陟岡之懷 昕夕問飢問寒之地 曷不爾爾 〔이기형李基馨, 40-224〕

척기戚記　　인척姻戚으로서 서로 잊지 않고 기억하는 사람에 대하여 자신을 가리키는 말. 예문 丁巳復之卄九日 戚記 在魯頓 〔김재로金在魯, 21(禮)-440〕

척량脊梁　　등뼈. 사람의 의지나 절조를 비유하는 말. 예문 嶺外紛紜 近復如何 須硬着脊梁 毋或如賤子之柔弱不立 而犯不韙之科也 〔최익현崔益鉉, 39-237〕

척말戚末　　인척姻戚 사이에 항렬이 높은 사람이 낮은 사람에게 자기를 낮추어 이르는 말. 예문 戚末 鎭龜 頓首 〔김진구金鎭龜, 31-28〕

척사尺謝　　짧은 답장. 예문 餘萬 非尺謝可旣 且有客撓 草此不宣式 〔박숙朴潚, 027〕

척소尺素　　편지. 예문 每欲奉尺素 托歲寒而因循未遂 〔유만식柳萬植, 44-72〕

→ 간척竿尺, 서각書角, 서간書柬, 서척書尺, 수묵數墨02, 수자數字, 쌍리雙鯉, 안자鴈字, 어안魚鴈, 어홍魚鴻, 인우鱗羽, 지척서咫尺書, 척안隻雁, 척저尺楮, 척제尺蹏, 척지尺紙, 함械, 홍리鴻鯉

척손戚孫　　할아버지뻘 되는 인척姻戚 어른에 대하여 자기를 가리키는 말. 예문 戚孫方到西原 明向木川 而一目馬精力日消 伏悶 〔이옥李沃, 3-92〕

척시戚侍　　인척姻戚 사이에 자기를 낮추어 이르는 말. 예문 戚侍 拜謝狀上 〔김만중金萬重, 22-193(봉투)〕

척시생戚侍生　　인척姻戚 어른에 대하여 자기를 낮추어 이르는 말. 예문 甲寅至日 戚侍生 李翻頓 〔이숙李翻, 5-102〕

척신隻身　　홀몸. 예문 一晉探候 意未嘗不在 而家事如此 隻身擔當者 似竟爲

無窮之恨 〔이정희李庭禧, 40-274〕

척안隻雁　　편지. 예문 一陽將生 隻雁先至 窮蔀病骨 頓覺新意 謹更審比沍 棣體候一如湛樂 諸節勻禧 慰游規規 允符腔禱 〔정찬석鄭贊錫, 37-103〕

척영隻影　　외로운 그림자. 짝이 없는 외로운 신세. 예문 月初遭叩盆之慟 情私酸苦不須言 而命道奇怪 三度遭此 已極乖常 身世悲慘 隻影無依 〔신재식申在植, 29-32〕

척이慼易　　형식과 내용 모두 훌륭하게 상喪을 치르는 것을 말함. 『논어』論語「팔일」八佾에 "상喪은 형식적으로 잘 치르기보다는 차라리 슬퍼하여야 한다"(喪與其易也寧戚)는 구절이 있음. 예문 伏惟 孝心純至 拚擗隕絶 何可堪居 歲年之具 想有預儲 而初終凡節 何以能無憾於孝子慼易之情也 〔조형규趙炯奎, 40-328〕

척저尺楮　　편지. 예문 夏序向闌 此時兄起居何如 區區瞻溯 尺楮難旣 〔정도복丁道復, 21(禮)-357〕

척제尺蹏　　편지. 예문 季父自經再昨年大病之後 眩瞀氣上之症 當交節輒劇 雖尋常尺蹏酬應 暫時締思 倍覺添病 〔윤심형尹心衡, 6-199〕

척제戚弟　　인척姻戚 형에 대하여 자기를 가리키는 말. 예문 戚弟 世華頓 〔이세화李世華, 22-181〕

척종戚從　　항렬이 같은 인척姻戚에 대하여 자기를 일컫는 말. 예문 戚從無事往返 用謝有靈 〔김기수金綺秀, 22-343〕

척지尺紙　　편지. 예문 頃付尺紙且唐詩 一一領未 〔신용개申用漑, 21(仁)-56〕

척촉擲躅　　척촉躑躅. 철쭉. 예문 山花雖晩 香猶不沫 且水石幽奇處 最宜初夏擲躅時 毋負之 〔최산두崔山斗, 9-90〕

척하戚下　　항렬이 높은 인척姻戚에 대하여 자기를 일컫는 말. 예문 省禮 向日所謂兩小札者 固戚下之妄言也 〔홍석주洪奭周, 31-60〕

척하생戚下生　　항렬이 높은 인척姻戚 어른에 대하여 자기를 일컫는 말. 예문 戚下生親候昨又添感 薪憂失□ 還極仰焦俯悶 〔이휘령李彙寧, 027〕

천倩　　편지를 대신 쓰게 함. 예문 餘祈迓新益珍 伏枕董倩 不具 伏惟下照 〔이필李佖, 44-264〕 → 구호口號, 대초代草, 천초倩草, 체초替艸, 호천呼倩

천거과薦擧科　　현량과賢良科. 초야에 묻혀 있는 학자·문신·효자를 추천하여 등용하는 제도. 예문 京無別奇 但沈貞爲判尹 諫院駁之且薦擧科 京外幷百二十

人中 禮曹更擇 以四十人 磨勘入啓 〔이연경李延慶, 9-75〕

천고지결千古之訣　　영원한 이별.　예문 晦台已作泉下人矣 念昔五十年情好姻誼 不意一未得見 而遂成千古之訣 自不覺涕泗之盈裾 〔김정희金正喜, 33-69〕

천군倩君　　사위.　예문 第秋夕在近 倩君之去 無物稱情 爲之缺然 〔우구하禹龜夏, 41-165〕→ 동상東床

천권天眷　　임금의 은혜.　예문 今日冢宰新命 遽屬台監 天眷加隆 時論同歸 伏想台監未敢牢守東岡之志也 〔조상우趙相愚, 3-141〕

천기泉淇　　시집간 여자가 부모를 그리워하는 것.『시경』詩經「패풍」邶風〈천수〉泉水에 "솟아나는 저 샘물도 기수淇水로 흘러가는데, 위나라에 대한 그리움, 하루도 생각하지 않는 날이 없어, 어여쁜 저 질제姪娣들과 함께 돌아갈 것을 도모하네"(毖彼泉水 亦流于淇 有懷于衛 靡日不思 孌彼諸姬 聊與之謀)라는 구절이 있다.　예문 妹氏觀行 不但慰自家泉淇之思而已 〔강필효姜必孝, 22-307〕

천년天年　　천수天壽.　예문 查下服人 前月遭再從祖母喪 喪出天年 而其家情勢便同無主事 〔이겸순李謙淳, 027〕

천락踐諾　　약속을 지킴.　예문 向在楓菊之時 不但令不能踐諾 如易甫德有輩 坐在一息之地 終不肯一來會 〔김상숙金相肅, 21(智)-92〕

천리踐履　　실천함.　예문 先生之書 始克行於百五十年之後 吾黨之慶幸 孰大於是 苟非僉君子尊衛之誠踐履之實 曷能辦此偉大之業哉 〔이장규李章珪, 53-213〕

천만千萬[01]　　사연은 많지만. 나머지 사연을 생략하며 편지 끝에 상투적으로 쓰는 말.　예문 千萬不宣 伏惟下諒 謹拜上狀 〔신점申點, 21(仁)-176〕→ 만만萬萬[01]

천만千萬[02]　　절대로.　예문 若分明勾之玄畫順下 而別圈於本文句絶處 則豈容誤印 千萬勿慮 〔이항복李恒福, 5-32〕

천만千萬[03]　　반드시, 부디.　예문 不然則西江之波 恐無補於枯肆 千萬千萬另念 〔이충익李忠翊, 21(智)-174〕

천만千萬[04]　　매우.　예문 意外承問 憑審新年 侍奉萬福 慰仰千萬 〔이시직李時稷, 21(義)-56〕→ 만만萬萬[02]

천망薦望　　빈 벼슬자리에 임명할 후보자의 명단을 임금에게 올리는 것.
예문 領曰臣於向者 箕伯薦望時 亦有所達矣 〔서명응徐命膺, 21(智)-87〕

천붕지통天崩之痛　　왕이나 부친의 상을 당한 슬픔.　예문 天崩之痛 更何言哉

不但進路遙遠 身病之外 且以家中 種種疾故 憒憒度日 〔이숙李翽, 47-125〕

천사天使　　중국에서 온 사신. 예문 洛中別無異報 天使初夏當到云 而未知的報 〔김반金槃, 22-99〕

천서天序　　계절. 절서節序. 예문 天序垂新 旣以立春爲首 人事迓新 當以立心爲主 〔이태식李泰植, 40-296〕

천수사天水事　　송사訟事. 『주역』周易의 '천수송괘'天水訟卦에서 나온 말. 예문 天水事新伯所言何如 而題音又何如 亦一耿耿 〔정광익鄭光翊, 000〕

천식賤息　　자기 자식을 낮추어 이르는 말. 예문 但賤息隨其夫 向懷德登程 翌日遭此大雨 非有跋涉沾溺之苦 則必有絶粘飢餒之患 亦頗可念 〔정경세鄭經世, 45-433〕 → 가돈家豚, 돈豚, 돈견豚犬, 돈아豚兒, 미돈迷豚, 미식迷息, 미아迷兒, 치아癡兒

천신踐信　　약속을 지킴. 예문 食玉炊桂 不獨入楚 全恃宿諾 敢此奉訴 馬草蟹胥 何時踐信耶 一紙三請 支離可笑 〔손필대孫必大, 21(義)-298〕

천양泉壤　　저승. 예문 日月有期 泉壤將閉 想惟斂契 看護襄事 益切悲慟 何以堪居 〔정경세鄭經世, 45-423〕

천양賤恙　　자신의 병을 낮추어 이르는 말. 예문 從 賤恙 至今作苦 〔김정희金正喜, 33-67〕

천엄天嚴　　매섭게 추운 날씨. 예문 爲問天嚴 雅況如何 相距不過一日之程 而致阻至此 所謂室邇人遠者 正道此也 〔정탁鄭琢, 16-56〕

천연天淵　　고천심연高天深淵의 준말. 위로는 높은 하늘까지 이르고 아래로는 깊은 못까지 이름. 현격한 차이가 남을 이르는 말. 예문 今將遠別 不知此世更有靑眼之期否乎 天淵杳然 只有夢想而已 〔유성룡柳成龍, 027〕

천은天恩　　임금의 은혜. 임금과 관련된 일에는 '천'天 자를 사용한다. 예문 拜謝天恩 仍卽移病而歸 前頭事勢大狼狽 不知所爲計 〔조복양趙復陽, 47-23〕

천익天翼　　철릭. 무관의 공복公服. 직령直領으로서, 허리에 주름이 잡히고 큰 소매가 달렸는데, 당상관은 남색이고 당하관은 분홍색이다. 첩리帖裏. 예문 㒒衣襪子下隷天翼依來 而襦袴不至 是可悶也 〔신좌모申佐模, 43-128〕

천일天日　　임금. 예문 事竟至於此 是亦數也 奈何 自有供辭 只當詳陳 以待天日之照 都事乃生相切者 必十分善護以來 〔한여직韓汝溭, 21(義)-159〕

천조荐稠　　거듭 쌓임. 예문 弟省狀依昨 而公役荐稠 殊覺滾碌 〔서희순徐熹淳, 29-37〕

천조遷厝　　무덤을 옮김. 이장移葬. 예문 尤菴先生遷厝事 曾見蘇湖書 已知其完定矣 〔권진응權震應, 21(智)-67〕

천종千鍾　　많은 봉록. 예문 非安貧者 豈辭千鍾之祿 而甘忍窮餓乎 〔이이명李頤命, 22-225〕

천중天中　　천중가절天中佳節의 준말. 단오端午를 달리 이르는 말. 예문 憑伏惟天中 靖體起居 若時康衛 允房侍學穩吉 同堂僉候勻慶 辭囂就靜 〔이중업李中業, 40-290〕

천지天只　　어머니. 『시경詩經』「용풍鄘風」〈백주〉柏舟에 "어머니는 하늘이신데 어찌 이토록 사람 마음 몰라주시는가"(母也天只 不諒人只)라는 구절에서 유래함. 예문 今得委札 悉天只之平復 及君之康吉 喜慰 〔기준奇遵, 9-78〕 → 대부인大夫人, 대석인大碩人, 북당北堂, 자위慈闈, 존당尊堂, 태석인太碩人, 훤당萱堂, 훤위萱闈

천지차天地茶　　찻잎을 가루 내어 떡 모양으로 만든 병차餠茶로, 조선 시대 왕실 진상품으로 쓰였다. 예문 此中適得天地茶一封 眞玄四笏 以爲千里面目 二玄可分與季華公爲妙 〔한준겸韓浚謙, 45-196〕

천질遷秩　　관직官職이나 품계品階가 오름. 예문 燕倅聞歸鄕里 旋又遷秩名都云 曷勝聳賀 〔김재근金在根, 027〕

천천喘喘　　헐떡이는 모양. 또는 조바심치는 모양. 예문 濩深荷腆賜 喘喘居津耳 〔한호韓濩, 22-55〕

천초倩草　　대필代筆시킴. 예문 餘適對客倩草 不宣 〔홍주원洪柱元, 22-143〕 → 구호口號, 대초代草, 천천, 체초替艸, 호천呼倩

천취遷就　　일이 미루어짐. 예문 尤相獲免命製誌文之役 自以爲幸 然區區不能無欸歎耳 家禮輯覽校正事 初欲一會商量而淨寫 故又復遷就矣 〔이유태李惟泰, 22-153〕

천포창天疱瘡　　천연두. 예문 大工者 以天疱瘡 見退而怨 〔유희춘柳希春, 027〕 → 두기痘忌, 두한痘漢, 두호痘虎, 두환痘患, 홍두紅痘

천하인泉下人　　저승 사람. 예문 晦台已作泉下人矣 念昔五十年情好姻誼 不意

一未得見 而遂成千古之訣 自不覺涕泗之盈裾〔김정희金正喜, 33-69〕

천행天行　계절에 따라 발생하는 전염병. 예문 孫婦月前病天行 至於再痛 幸不延染〔이충익李忠翊, 7-172〕

천화天和　타고난 몸의 원기元氣. 예문 然而不以無益之悲 遽傷天和 望須深效莊翁達觀〔김한익金漢益, 41-13〕

천화遷化　죽음. 예문 有生之苦 有甚於死而無知 只祈一日遷化 以忘一日之悲而已〔윤문거尹文擧, 25-17〕

천회天灰　무덤구덩이에 관을 놓고 그 주위를 회로 메운 후 관 위를 다지는 석회. 예문 昨日利於開金井云 故先去封墳 以舊壙天灰倣樣造新機而爲之 出樞則廿八日申時爲吉云 家內望哭之節 以此日時爲之〔김홍근金弘根, 50-91〕

천휴天休　하늘이 준 복. 예문 天休滋至 惟我春宮邸下 代聽機務 庭賀誕擧 歡欣慶抃 中外唯均〔김이교金履喬, 44-170〕

철리撤籬　죄인의 집 둘레에 치던 가시 울타리를 치움. 예문 撤籬之命又下 天寒之故耶〔조경趙絅, 8-118〕

철전掣電　번쩍이는 번개. 아주 짧은 시간을 비유함. 예문 夏間歷臨 眞是掣電 悵然迨未已也〔이시만李蓍晩, 29-16〕

철조徹照　편지를 잘 받아 봄. 예문 頃上一札 未知曾已徹照否〔김만기金萬基, 25-22〕 → 관령關領, 관조關照, 관청關聽01, 등람登覽, 등조登照, 등철登徹01, 입조入照, 하조下照01, 혜감惠鑑

철주掣肘　팔꿈치를 잡아당김. 일 때문에 마음대로 하지 못함을 비유하는 말. 예문 多事掣肘 亦可悶也 餘忙 只此〔이운근李雲根, 35-40〕

첨僉　여러 사람. 예문 省式 暑熱不審僉孝履支安 日月不居 奄迫再期〔김창협金昌協, 23-169〕

첨忝　욕되게도. 예문 行不才忝第 幸則幸矣〔박행의朴行義, 21(禮)-266〕

첨감添感　감기에 걸림. 예문 族弟 今方入閫 路憊添感〔이석영李錫泳, 31-161〕 → 모감冒感, 병감病感, 중감中感

첨경詹頸　그리움. 예문 稽顙 榴熱肇烘 詹頸方深〔민태호閔台鎬, 44-210〕

첨극添劇　(병이) 더욱 심해짐. 예문 足當一遭對討 此間孫婦所患 數日來添劇 方在遑遑之中〔김간金幹, 23-161〕

첨돈添頓　　시달려서 지침. 예문 夙疴一味添頓 尤無世趣 奈何 〔김정희金正喜, 33-13〕

첨련瞻戀　　우러러 그리워함. 편지 서두의 문안 인사에 상투적으로 쓰는 말. 예문 瞻戀方切 承拜情札 欣慰不可言 〔송준길宋浚吉, 052〕 → 경앙傾仰, 경앙景仰, 경현耿懸, 공소拱溯, 공소貢傃, 관송欵誦, 교송翹誦, 소溯, 소념溯念, 소앙溯仰, 소왕傃往, 송복誦服, 앙모仰慕, 앙소仰溯, 앙소昂溯, 연사戀思, 연소戀傃, 연소戀遡, 연앙戀仰, 첨경詹頸, 첨모瞻慕, 첨상瞻想, 첨소瞻溸, 첨소瞻溯, 첨소瞻遡, 첨송瞻誦, 첨송詹誦, 첨영詹咏, 첨왕瞻迬, 첨주瞻注, 첨향瞻嚮, 첨현瞻懸, 치상馳想, 치소馳傃, 치소馳泝, 치소馳遡, 치정馳情, 하소葭溯, 향소嚮傃, 향앙向仰, 현경懸頸, 현기懸企, 현념懸念, 현련懸戀, 현상懸想, 현소懸傃, 현소懸遡, 현앙懸仰, 현향懸嚮, 현현懸懸

첨망瞻望　　우러러봄. 편지 서두의 문안 인사에 상투적으로 쓰는 말. 예문 日來起居增福 瞻望戀遡 弟强疾行動 觸暑添劇 歸棲委臥 凜凜難支 〔민정중閔鼎重, 3-129〕

첨모瞻慕　　우러러 그리워함. 편지 서두의 문안 인사에 상투적으로 쓰는 말. 예문 未審比來台氣體若何 瞻慕之至 〔정지화鄭知和, 5-58〕

첨배瞻拜　　만나봄. 예문 日者 伏承辱復 悅若瞻拜 〔미상, 22-365〕

첨백添白　　머리가 더 셈. 예문 弟來此以後 所得添白 每接報牒 無非難處 才竭神疲 憊眩殆甚 公私憂悶 何以盡喩 〔이회정李會正, 44-212〕

첨사添肆　　병이 더해짐. 예문 向時不安節候 更無添肆之慮否 〔김흥락金興洛, 12-139〕

첨상瞻想　　우러러 그리워함. 편지 서두의 문안 인사에 상투적으로 쓰는 말. 예문 絶海音問無從相接 第切瞻想 而時見公牒 槩審無事 是慰是慰 〔정두경鄭斗卿, 23-77〕

첨서僉書　　여러 사람이 함께 보낸 편지. 예문 戀嫪方深 僉書遠辱 欣審春盡侍奉仕履匀勝 〔송준길宋浚吉, 23-87〕

첨소瞻溸　　마음이 쏠림. 그리워하거나 궁금해함. 예문 懷緖篆結 瞻溸際殷 卽拜承令札 〔이유원李裕元, 21(智)-359〕

첨소瞻溯　　첨소瞻溸. 예문 聞問久阻 瞻溯不已 昨自懷鄕 略到黃湖 承拜初三日惠書 〔송시열宋時烈, 3-118〕

첨소瞻遡　　첨소瞻溸. 예문 瞻遡中 承拜辱札 憑審寒沍政履起居珍毖 〔김진구金鎭龜, 23-171〕

첨손添損　　병이 더하여 몸이 상함. 예문 但慈主血症 又爲添損 悶慮萬萬 〔김유근金逌根, 22-317〕

첨송瞻誦　　우러러 그리워함. 예문 居然秋暮 瞻誦際切 卽拜惠函 謹審政體連護萬相 區區慰禱 〔민태호閔台鎬, 21(智)-402〕

첨송詹誦　　첨송瞻誦. 예문 寥泬秋色 詹誦曷極 謹詢勞攘餘 調候起居 增護平安利稅否 竝切仰慰且傃 〔신완申琓, 31-27〕

첨애僉哀　　여러 상주喪主들. 예문 省式 歲後寒猶酷 嫂主氣力 何以支保 而僉哀亦何如 〔심단沈檀, 21(禮)-155〕

첨언瞻言　　우러러봄. '언'言은 허사. 예문 仍審暑雨政履珍瑟 瞻言慰感 不容名言 〔윤선거尹宣擧, 16-126〕

첨영詹咏　　그리움. 첨영瞻詠. 예문 寒事此酷 詹咏采切 〔이하응李昰應, 31-97〕

첨왕瞻迋　　궁금해함. 그리워함. 예문 竊以潦炎彌月不已 調攝動止 近復若何 區區瞻迋 實非歇後 〔유척기兪拓基, 31-42〕

첨위僉位　　여러분. 예문 料外 華翰奉讀 不勝感悚 承審僉位多福 溸仰如渴 〔한양석韓良錫, 37-151〕

첨익僉益　　여러 친구들. 예문 在泮僉益 次次下去 留者無幾 獨爲棲屑 尤爲難堪 〔유진한柳進翰, 027〕

첨인僉堙　　상주喪主가 여러 사람일 때 위로하는 말. '인'堙은 '색'塞의 뜻으로 슬퍼서 가슴이 막힌다는 말. 예문 伏惟此時 僉堙支勝 〔이교악李喬岳, 6-158〕

첨적忝迹　　자신의 벼슬을 겸손히 이르는 말. 예문 近思錄跋 非僕淺劣所能堪 況忝迹憲長 塵案眯眼 卯申無暇 雖欲爲之 不可卒就 〔김정金淨, 9-62〕

첨절添節01　　병환. 예문 季母主添節 漸至平復 〔유진한柳進翰, 027〕

첨절添節02　　병의 상태가 악화됨. 예문 祖母自數日前 大有添節於昔者所傷 輾轉須人 所進太牢損却 煎迫之中 家君 以時祀留在外地 宿宵憂慮 如何盡言 〔이정식李庭植, 32-63〕

첨정添丁　　아들을 낳음. 예문 添丁是尊家大慶 況老人旣抱之樂 其喜可掬 何等奉賀 〔김정희金正喜, 33-15〕 → 농장弄璋

첨제忝弟　　친구 간에 자신을 낮추어 이르는 말. 예문 忝弟 功服人 郭鍾錫 拜狀 〔곽종석郭鍾錫, 31-133〕

첨주瞻注　　마음이 쏠림. 궁금함. 예문 想靜中意趣與物象俱佳 一倍瞻注 前患阿堵之症 其已快復否 〔이여李畬, 23-159〕

첨지籤紙　　참고 사항을 써서 책에 붙이거나 끼워넣는 종이쪽지. 찌, 찌지, 부전지附箋紙. 예문 來冊覽還 而籤紙中可删者直抹 而不當删者抹籤耳 〔정조正祖, 26-83〕

첨차僉次　　여러 상주喪主들에게 보내는 편지의 봉투에 쓰는 말. '차次'는 상대방이 평소의 생활공간에서 벗어나 임시로 머무르는 곳에 편지를 보낼 때 붙인다. 예문 時中 僉次 崔生員 文軒 〔양사언楊士彦, 21(仁)-155(봉투)〕

첨찰僉察　　'첨僉'은 수신인이 여럿일 경우에 쓰는 말이고, '찰察'은 편지에 쓰지 못한 사연을 살펴 달라는 뜻으로 편지 끝에 쓰는 상투적 표현. 예문 伏惟僉察 謹拜上賀狀 〔이의건李義健, 23-15〕

첨창瞻悵　　그리워 서글퍼함. 편지 서두의 문안 인사에 상투적으로 쓰는 말. 예문 音徽久曠 夢魂徒勞 不堪瞻悵之懷 〔이광적李光迪, 31-19〕

첨창詹悵　　첨창瞻悵. 예문 積違詹悵 靡日不耿 伏詢秋淸 台體萬旺 〔서경순徐璟淳, 31-88〕

첨치添齒　　나이를 먹음. 예문 弟粗保添齒 而入春來病患連仍 無一日安過之時 莫非衰老所致 自憐奈何 〔홍주원洪柱元, 22-143〕

첨하생忝下生　　첨하생添下生. '첨忝'은 자신의 편지가 상대방을 욕되게 했다는 의미로 쓰는 상투적인 표현. '하생'下生은 자기보다 지위가 높거나 나이가 많은 사람에 대하여 자신을 낮추어 일컫는 말. 예문 辛巳元月卄日 忝下生 李載衡 再拜上謝 〔이재형李載衡, 53-50〕

첨향瞻嚮　　상대방을 우러르며 그리워함. 편지 서두의 문안 인사에 상투적으로 쓰는 말. 예문 近甚阻絶 瞻嚮如何 〔홍이상洪履祥, 5-210〕

첨현瞻懸　　상대방을 우러르며 그리워함. 예문 阻闊 未有甚於近日 可勝瞻懸 〔이경억李慶億, 10-36〕

첨후僉候　　상중喪中에 있는 여러 사람의 안부. 예문 不審夏秋來 僉候起居何似 〔이이근李頤根, 23-241〕

첩貼　　세는 단위. 포육脯肉 백 장을 일컬음. 예문 下惠簡紙十九幅 清蜜三升 藥脯二貼 依領 實荷情念 感謝之至 無以爲喩〔정재륜鄭載崙, 5-137〕

첩급帖給　　→ 체급帖給

첩상貼床　　병으로 오래 자리에 누워 있음. 예문 僕歲初南下 卽患重症 殆過屢朔 尙此貼床〔익상○翊商, 49-355〕→ 첩침貼枕

첩소牒訴　　공문서와 송사訟事. 수령의 업무를 말함. 예문 昨到遂安 牒訴鬧擾中 兄札忽墜 慰豁十分 如得對晤〔이인병李寅炳, 10-45〕

첩자帖子　　글씨나 그림을 묶어 첩을 만든 것. 예문 帖子略有塗抹 而日日以客擾 未能多寫 良歎〔이광사李匡師, 48-132〕

첩자帖字　　→ 체자帖字

첩침貼枕　　병으로 오래 자리에 누워 있음. 예문 從 病情弥苦 悶然貼枕〔김정희金正喜, 33-14〕→ 첩상貼床

청淸　　꿀. 예문 聞君去年困於納淸 淸二升送去〔이황李滉, 30-208〕→ 백청白淸, 청밀淸蜜

청감淸鑑　　맑은 눈으로 보라는 뜻으로 편지에 쓰는 경어敬語. 예문 無爲堂淸鑑〔서성준徐聖濬, 40-146〕

청강淸康　　건강하게 잘 지냄. 예문 令抱之訪 備聞近日起居淸康 忻慰不可量〔권상하權尙夏, 23-153〕

청건淸健　　건강함. 예문 記末衰氣 敵耐旱熱 殊不能淸健耳〔박규수朴珪壽, 31-87〕

청고請告　　휴가 또는 사직을 청함. 예문 僕寒疾轉深 請告未允 罔知攸措〔원두표元斗杓, 44-151〕

청급請急　　휴가를 신청함. 예문 形神日就幻脫 伏悶奈何 方欲陳○請急之際 以萊城事 入於臺疏之中 ○病以情 決無仍冒之勢〔조태동趙泰東, 5-139〕

청기請起　　상중喪中에 있거나 벼슬에서 물러난 사람을 다시 기용하기를 청함. 예문 示意謹悉 値此歲儉 經始巨役 如有請起之擧 豈無顧助之道乎〔이인엽李寅燁, 21(禮)-282〕

청독淸牘　　상대방의 편지를 높여서 이르는 말. 예문 別來 懷想耿然 淸牘忽至 完對煙雲眞面〔김정희金正喜, 33-22〕

청량산淸凉散　　답답한 마음속을 뚫어 주는 약. 예문 寄餉六十枾 古所謂凌霜

侯也 卽令人心目爲快 而美味入唇 胸隔開爽 亦可謂淸凉散也 物意俱珍 珍感無量 〔홍직필洪直弼, 11-238〕

청리淸履　벼슬하지 않고 맑게 사는 사람의 안부라는 뜻으로, 학문하며 지내는 이의 안부를 미화한 말. 예문 孟冬初寒 不審侍候何似 遠惟淸履 不勝爲懷 〔구봉령具鳳齡, 21(仁)-173〕

청리聽理　송사訟事를 자세히 듣고 심리함. 예문 示事擎悉 非但令兄家事也 實狀旣如此 則何足聽理 當如戒斥退耳 〔○태현○台鉉, 26-243〕

청맹관靑盲觀　청맹과니. 겉으로 보기엔 멀쩡하나 앞을 보지 못하는 눈. 또는 그런 사람. 예문 從疝苦 近亦肆動 劇歇無常 而視崇日甚侵昏 今便爲靑盲觀也 〔김성근金聲根, 50-92〕

청면淸眄　상대방을 높여서 일컫는 말. 예문 伏承惠札 披讀以來 如奉淸眄 〔이중협李重協, 6-164〕→ 청반淸盼, 청범淸範, 청진淸塵, 청치淸致

청목淸穆　맑고 온화함. 상대방의 건강을 일컬음. 예문 兄體候連得淸穆 而且報眞玉之無欠耳 〔강진옥姜眞玉, 42-12〕

청밀淸蜜　꿀. 예문 下惠簡紙十九幅 淸蜜三升 藥脯二貼 依領 實荷情念 感謝之至 無以爲喩 〔정재륜鄭載崙, 5-136〕→ 백청白淸, 청淸

청반淸盼　상대방에 대한 미칭美稱. 천반倩盼.『시경』詩經 「위풍」衛風〈석인〉碩人의 "매력 있는 웃음 아름답도다, 아름다운 눈동자 또렷하도다"(巧笑倩兮 美目盼兮)에서 유래한다. 예문 衰病人事 恐不復再接淸盼 而遂有朝露之恨 〔박세당朴世堂, 31-20〕→ 청면淸眄, 청진淸塵, 청치淸致

청범淸範　맑고 고상한 태도. 상대방에 대한 존칭. 예문 每欲一奉淸範 而不可得矣 〔이직보李直輔, 22-295〕

청비靑批　푸른색 비점. 예문 坡文上卷又呈 下卷當於明間續付 而近因無暇 僅僅看閱 各段靑批 非十分稱量者 且因割付 有已點處處漫汚者 不可以靑批爲歸 諒此意 須於朱點 另加留意致精爲望 〔정조正祖, 39-177〕

청선靑扇　혼례 때 신랑이 얼굴을 가리는 데 사용하는 청색 부채. 예문 澄君所托靑扇 送似 所托扇待其入城後 面付計耳 〔이하곤李夏坤, 10-18〕

청승淸勝　잘 지냄. 상대방의 안부를 표현할 때 쓰는 말. 예문 頃者因許便 伏承下札 仍審起居淸勝 伏慰無任 〔유이승柳以升, 3-86〕

청신淸信　　상대방 편지를 미화하여 이르는 말. 예문 頃承淸信 語意諄複 爲賜 深重 不勝感嘆〔정탁鄭琢, 16-44〕

청안淸案　　벼슬하지 않는 사람에게 보내는 편지의 봉투에 쓰는 말. 예문 金大士 淸案〔박태관朴泰觀, 49-268(봉투)〕→ 정안淨案

청안靑眼　　반갑게 맞이함. 진晉의 완적阮籍이 친한 사람은 청안靑眼으로, 거만한 사람은 백안白眼으로 대하였다는 고사에서 나온 말. 예문 今將遠別 不知此世 更有靑眼之期否乎 天淵杳然 只有夢想而已〔유성룡柳成龍, 027〕

청완淸玩　　문방구文房具 등 선비들이 서재書齋에 갖추어 두던 물품. 또는 선비의 서재를 가리킨다. 예문 向見令所處 蠟窓棐几 淸玩滿室 所乏者梅耳〔황현黃玹, 37-29〕

청원淸遠　　청원향淸遠香. 향香의 하나. 침향沈香, 단향檀香, 소합향蘇合香 따위를 섞어 만들며, 취선향聚仙香이라고도 한다. 예문 越隣淸遠數枝覓呈 公餘淸坐時 燒去宜矣〔최석정崔錫鼎, 25-35〕

청위淸衛　　건강함. 예문 承審潦餘老堂調候淸衛 尤不任欣濯也〔박사익朴師益, 6-174〕

청장淸帳　　장부를 청산함. 밀린 세금 따위를 완납함. 예문 小人職狀姑依 而新舊稅擾 尙未淸帳 日事奔汨〔민영은閔泳殷, 44-318〕

청장력靑粧曆　　청색 표지로 겉장을 꾸민 고급스런 달력. 황장력黃粧曆을 최고로 치고, 그다음으로 청장력을 꼽으며, 그 아래로 백력白曆, 중력中曆, 월력月曆, 상력常曆 등이 있다. 예문 吏許靑粧曆 無以下送 而牛曆一件送去〔신좌모申佐模, 43-175〕

청저靑苧　　푸른색으로 염색한 모시옷. 예문 吾之靑苧襂衣 何不製置耶〔신좌모申佐模, 43-172〕

청적淸迪　　잘 지냄. 예문 備審兄旅候淸迪 尤仰尤仰〔이간李柬, 22-245〕

청전靑氈　　푸른 빛깔의 융단絨緞. 집안 대대로 내려오는 가보家寶를 이른다. 진晉나라 왕헌지王獻之가 누워 있는 방에 도둑이 들어와서 물건을 모조리 훔쳐 가려 하자 "도둑이여, 그 푸른 융단은 우리 집안에서 대대로 내려오는 유물이니 그것만은 놓고 가게"(偸兒 靑氈我家舊物 可特置之)라고 하였다는 고사에서 유래한다. 예문 況復靑氈寶物 已屬希世之珍 當卽修葺 試一彈海山浩洲之間〔김옥균金玉均, 22-357〕

청절清節　　안부의 미칭美稱. 예문 濟衆淸節益旺 庇下均休 願溯馳神 日夕無射 〔서성준徐聖濬, 40-146〕

청정清正　　맑은 눈으로 고쳐 주기 바람. 예문 今將捲歸 率此奉贐淸正 起山 相喜 〔김상희金相喜, 21(智)-298〕

청제清製　　남의 시를 높여 이르는 말. 예문 今方作帖 所欠者 只淸製耳 必趁今明搆送 以作傳家之寶 如何如何 〔남용익南龍翼, 23-127〕→ 가십佳什, 양춘陽春

청조清照　　밝게 헤아림. 편지 끝에 쓰는 상투적인 말. 예문 伏惟淸照 謝狀上 〔이상진李尙眞, 49-314〕

청주종사青州從事　　좋은 술을 의인화한 표현. 진晉나라 환온桓溫에게 술을 잘 감별하는 주부主簿가 있어서 매번 먼저 맛보게 하였는데, 좋은 술이면 '청주종사'青州從事라 하고 좋지 않은 술이면 '평원독우'平原督郵라고 했다는 말이 『세설신어』世說新語「술해」術解에 보인다. 예문 未可以二三壺見惠以救耶 或以衙釀 或以酒資 當厚償之矣 幸勿使靑州從事 化爲烏有先生 如何如何 〔이단상李端相, 16-114〕

청진清塵　　청고淸高한 기질. 상대방을 높여서 이르는 말. 예문 千萬意表 問翰遠至 開緘驚倒怳接淸塵 積鬱之思 稍覺開豁 〔이원익李元翼, 25-9〕→ 청면淸眄, 청반淸盼, 청치淸致

청천聽天　　자연에 순응함. 또는 운명에 맡김. 예문 晦叔無妄之痾 固無待藥之而後有喜 唯冀老兄安心聽天 勿以是撓靈臺焉耳 〔윤휴尹鑴, 47-13〕

청추清秋　　8월. 예문 淸秋愴慄又添 忽忽不知度遣日子 不有台問 其何以稍慰此懷 拜謝不已 〔이경전李慶全, 16-36〕→ 고추高秋, 박조剝棗

청치清致　　맑은 운치. 상대방을 가리킴. 예문 料外藏緘忽墜 披閱圭復 如對淸致 〔김유성金有性, 42-32〕

청패請牌　　패를 보내어 신하를 부를 것을 임금에게 계청함. 예문 且者 新除已有日矣 未知何日出肅也 卽當請牌 而弟於向日○見諒於寮友 每被督迫 心常慨然 故不敢以已所惡者 施之於兄 玆用奉探 幸賜回示如何 〔이정신李正臣, 21(禮)-305〕

청편清便　　별 탈 없이 편함. 예문 弟役役於待漏之役 緬想鈴齋淸便 秪切健羨而已 〔김만기金萬基, 23-141〕

청표清標　　빼어난 모습. 예문 令胤應長進 雲樹長天 時夢淸標 萬萬 〔양사언楊士彦, 21(仁)-154〕

청풍淸風　　부채의 별칭. 예문 惠送淸風四柄 依受 多感 〔이귀李貴, 22-71〕→ 선자扇子, 인풍仁風, 편면便面

청현淸顯　　중요하고 높은 벼슬. 예문 要津論議 皆以令監之尼山爲深謹 至擬淸顯之地 而道內多士之評 或不無譏誚 高明者云 兩皆可笑可笑 〔심희수沈喜壽, 45-233〕

청혜포말靑鞋布襪　　푸른 짚신과 베 버선. 시골에 사는 사람의 복장. 또는 벼슬을 버리고 은둔함을 이르는 말. 두보杜甫의 〈봉선 유소부가 새로 그린 산수화 병풍에 쓴 시〉(奉先劉少府新畵山水障歌)에 "나만 무엇 때문에 진흙에 있는 것인가? 푸른 짚신에 베 버선 신고 이제부터 은거할 것이라네"(吾獨何爲在泥滓 靑鞋布襪從此始)라는 구절이 있다. 예문 國中名山 金剛爲最 旣在台兄簿籍之內 而無以作靑鞋布襪之游 甚可歎也 〔신석희申錫禧, 29-39〕

청화淸和　　맑고 화창한 봄. 예문 伏惟淸和 令節候起居 對時冲裕 不任區區慰溯之至 〔박행의朴行義, 21(禮)-266〕

청화靑花　　청화 안료로 만든 먹. 예문 多少隨篇 錄在紙頭 覽後更以靑花評送紙邊 爲望 〔정조正祖, 19-39〕

청황미접靑黃未接　　묵은 곡식은 떨어지고 햇곡식은 나지 않음. 예문 今年望豊正切 而靑黃未接 悶急到底 悶事悶事 〔박태상朴泰尙, 21(禮)-161〕

청황지교靑黃之交　　여름과 가을 사이로, 벼를 수확하기 전. 예문 靑黃之交 其窘有甚於麥嶺 何以調度 風雨之餘 損我田穉不少 遠近所望 有可驚心 未知仁庄不受其酷耶 〔김흥락金興洛, 32-174〕

청회淸誨　　청아한 가르침. 상대방의 가르침에 대한 경사敬辭. 예문 憑諗字履萬勝 宛承淸誨 慰感無已 〔신정申晸, 23-121〕

청후聽候　　주의하여 기다림. 관가나 윗사람의 결정을 기다릴 때 사용한다. 예문 方爲聽候處分 異疾登程 而阻雨濡滯嘉興江村 〔민정중閔鼎重, 5-107〕

체棣　　형제兄弟. 『시경』詩經 「소아」小雅 〈상체〉常棣에 "산앵두꽃이여 활짝 피어 선명하지 않겠는가. 무릇 지금 사람들은 형제만 한 이가 없느니라"(常棣之華 鄂不韡韡 凡今之人 莫如兄弟)라고 한 데서 유래한다. 예문 伏惟棣體萬護 味道益深 今坐而立歲 想有所立 內則天下之大本 而外則千仞之氣象耶 〔이태식李泰植, 40-296〕

체귀遞歸　　벼슬이 갈리어 돌아옴. 예문 舍仲亦自南藩遞歸 團會度日 稍以爲

慰耳〔이창의李昌誼, 21(智)-36〕→ 체환遞還

체급帖給　　관아에서 물품을 내어줄 때 '체'帖 자를 새긴 관인을 찍은 문서를 발급하여 관청의 물건을 지급함. 예문 示籬次椵木 三十束帖給 當送二駄 可以輸去矣〔이완李浣, 21(義)-322〕

체내體內　　건강. 예문 伏未審 近日秋凉 體內諸節神相萬重〔정상순鄭尙淳, 21(智)-109〕

체대遞代　　관직이 갈림. 예문 然若有更紋之意 則方今京尹遞代 以速示之 如何如何〔구인기具仁墍, 26-137〕 → 체면遞免, 체역遞易, 체욱遞蓐, 체직遞職, 체차遞差, 체해遞解

체도體度　　상대방의 안부 또는 건강. 예문 秋氣日高 服中體度更若何 不任悲念〔채제공蔡濟恭, 31-51〕→ 기도氣度, 체리體履, 체사體事, 체우體宇, 체운體韻, 체중体中, 체후體候

체락棣樂　　형제들 간의 우애와 즐거움. 예문 未審日來初冬層堂鼎茵 益享康福 侍餘棣樂珍相 從妹亦將兒安好耶〔이정식李庭植, 32-63〕

체례體禮　　체면體面. 예문 其在至情之列者 固不當如是 故營營一哭 終未遂意 體禮廢矣〔김관현金觀鉉, 43-224〕

체리棣履　　형제들의 안부. 예문 謹惟堂上鼎席康安 省餘棣履珍相 胤君昆弟次第平吉 溯仰區區〔허임許恁, 027〕 → 체절棣節, 체체棣體, 체후棣候

체리體履　　상대방의 안부 또는 건강. 예문 且審日間體履加勝 仰慰且感 不容言喩〔민진장閔鎭長, 23-167〕→ 체도體度, 체중體中

체면替面　　편지로 만남을 대신함. 예문 別紙數疊 乃枕淚餘發譫語也 爲先替面如何〔신좌모申佐模, 43-137〕

체면遞免　　관직에서 교체됨. 예문 司僕提調 亦將遞免 則監牧之事 亦難周旋 可嘆可悶〔심희수沈喜壽, 16-65〕

체번遞番　　숙직이나 당번을 교체함. 예문 餘遞番事煩 姑此問候〔양성지梁誠之, 051〕

체벽體辟　　체찰사體察使. 지방에 군란軍亂이 있을 때 임금을 대신하여 그 지방에 나아가 군무를 총괄하여 살피던 임시 벼슬. 예문 盼再被體辟 將向貴道 喪慘憂苦之餘 舊疾還動 恐不堪馳驅 悶慮〔권반權盼, 3-34〕

체부替府　　숙부. 예문 謹審返稅后 孝體連支 替府節幷護 實多仰慰 〔유필영柳必永, 44-65〕→ 완부阮府, 완부장阮府丈, 완장阮丈, 완정阮庭, 유정猶庭, 체정替庭

체사替謝　　대신 답장을 씀. 예문 伏承尊惠家親季父問札及碧魚之貺 仰感之至 家親季父俱奉使命 遠出未還 書物當奉留以傳 替謝不備 〔민진주閔鎭周, 21(禮)-213〕

체사體事　　안부, 건강. 예문 卽伏拜先施辱札 謹審體事安護 〔윤치현尹致賢, 31-90〕→ 기도氣度, 체도體度, 체리體履, 체우體宇, 체운體韻, 체중体中, 체후體候

체상棣床　　형제가 같이 지내는 사람의 안부를 물을 때 쓰는 말. 체棣는 형제, 상床은 공부하는 책상이란 뜻으로, 형제가 책상을 나란히 하고 공부한다는 의미를 지님. 예문 伏承春殷棣床動止候萬重 庇下節均休 似聞近間聯得雙抱 人家後來之望 惟是之係焉 伏賀萬萬 〔윤주하尹胄夏, 44-64〕

체서替書　　편지로 대신함. 예문 姑此替書以謝 餘不宣 卽日宗姪端夏頓 〔이단하李端夏, 31-17〕

체송替送　　대신 보냄. 예문 換文事不得信便 替送三從哀耳 〔강이영姜利永, 41-42〕

체신替伸　　직접 가서 말하지 않고 편지로 대신함. 예문 業欲遣人探候 而汨汨未暇 今始替伸 瞻嘆可言 〔채지홍蔡之洪, 23-213〕

체신替申　　체신替伸. 예문 適仍院吏之去 薑此替申 不宣 謹狀上 〔윤양래尹陽來, 6-179〕

체안棣案　　형제가 같이 지내는 사람에게 편지 보낼 때 봉투에 쓰는 말. 함께 보라는 의미로 씀. 예문 李雅士 棣案 入納 〔김성근金聲根, 42-17(봉투)〕

체안하棣案下　　형제가 같이 지내는 사람에게 편지 보낼 때 봉투에 쓰는 말. 함께 보라는 의미로 씀. 예문 玉洞 棣案下 入納 〔강상춘姜相春, 42-9(봉투)〕

체애掣碍　　발목을 잡는 일. 예문 一晋之意有已久矣 掣碍多端 尙今稽緩 〔정재함鄭在咸, 41-45〕

체역遞易　　관직이 바뀜. 예문 遞易之際 文簿久滯 酬應之間 勞攘可想 〔박경후朴慶後, 3-89〕

체욕遞薦　　관직이 바뀜. 예문 遞薦已踰旬矣 間獲快安 台體動止旬按萬護否 〔홍종영洪鍾英, 26-169〕

체우體宇　　건강상의 안부. 예문 伏惟至沍 台體宇連護晏重 膝下勻慶 仰溯且

祝 〔김낙현金洛鉉, 22-333〕 → 기도氣度, 체도體度, 체리體履, 체사體事, 체중体中, 체후體候

체운體韻　건강상의 안부. 예문 伏不審近日堂上體韻若何 〔이의수李宜秀, 32-24〕

체위替慰　가는 대신 편지로 위문함. 예문 各有職事 未由面唔 曷勝悲悵 適逢官便 略此替慰 〔민응수閔應洙, 6-57〕

체의滯意　체한 듯한 느낌. 체기滯氣. 예문 此中微有滯意 盖以校閱與割付一一手自爲之之致 〔정조正祖, 19-39〕

체자帖字　'체'帖 자를 새긴 관인을 찍은 체문帖文이나 차첩差帖. 예문 馬妻墳山欲改造 禁伐之○ ○○主僧欲出數間之○ 而無帖字 爲之爲難 遠憫 〔윤복尹復, 8-96〕

체자遞字　관리가 역참驛站을 통해 공적公的으로 보내는 편지. 예문 兄如下一遞字於李諫 凡百穩帖都無事 而無如本然之天何 〔미상, 22-383〕

체전遞傳　역참을 통해 전달함. 예문 歲前附一書於原便 使之遞傳 想視至否 〔신흠申欽, 3-46〕

체절棣節　형제들의 안부. 예문 從氏哀老兄棣節何居 〔강필姜泌, 40-22〕

체정替庭　숙부. 예문 慈庇蔭厚 倘能恰受增祉矣 替庭臺候韶旺 西信亦承安耶 〔유인식柳寅植, 40-204〕

체중体中　안부나 건강. 예문 昨日辱復 今朝始拜領 因審猝寒 体中萬福 仰慰萬萬 〔이희조李喜朝, 23-177〕 → 기도氣度, 체도體度, 체리體履, 체사體事, 체우體宇, 체운體韻, 체후體候

체중遞中　파발 편으로. 예문 卽此遞中 伏承下札 憑審冒寒跋履餘 道體珍衛 區區瞻慰之至 〔김진규金鎭圭, 23-185〕 → 사중褫中, 치중褫中

체직滯直　당직當直을 오래 섬. 예문 胤郎入城有日 顧此滯直 尙未一面 〔신재식申在植, 22-311〕

체직遞職　임기 만료로 벼슬이 갈림. 예문 從幸蒙遞職 而交龜似在歲後 病狀也 懷緒也 觝擾也 須代之支離也 勘簿之難處也 得罪於家於世也 無非自取 奈何 〔김병덕金炳德, 50-100〕

체차遞差　임기 만료나 죄과로 인하여 벼슬이 갈림. 예문 道聞遞差 爲謝典籍之恩 黽勉達京 留一日朝謝恩 夕呈歸養狀 乃還 〔남주南趎, 9-92〕

체체棣體　　형제들. 형제가 같이 지내는 사람들의 안부를 물을 때 쓰는 말. 예문 省餘棣體節履 時諰窬 玉抱充健 閤節均慶 花樹僉節 連安否 〔이문영李文永, 31-140〕→ 체리棣履, 체절棣節, 체후棣候

체초替艸　　편지를 대필시킴. 예문 餘神昏替艸 不備候禮 〔한창수韓昌洙, 31-153〕→ 구호口號, 대초代草, 천초倩草, 천초倩草, 호천呼倩

체탐替探　　편지로 대신 안부를 물음. 예문 此往見 而所牽多端 未得如意 玆以替探 都留 不備候上 〔안희원安禧遠, 53-159〕→ 체후替候

체편遞便　　체편遞便. 역편驛便. 예문 始春初付一書於遞便 修起居之儀 〔박필경朴必慶, 027〕→ 사편私便, 발편撥便

체해遞解　　벼슬이 갈리어 사직함. 예문 鄙進則憂故如此 鄙止則無路遞解 〔임성주任聖周, 22-273〕

체환遞還　　벼슬이 갈리어 돌아옴. 예문 悌父親遞還 慮有北行 不得已赴洛 〔임제林悌, 3-50〕→ 체귀遞歸

체후替候　　만나는 대신 편지로 안부를 물음. 예문 如我癃廢之身 末由進叙阻懷 不任泄亂 謹此替候 兼謝前慢 餘不宣狀式 〔조태로趙泰老, 21(禮)-308〕→ 체탐替探

체후棣候　　형제들의 안부. 예문 秋意漸深 棣候萬重 科日迫近 想應畜銳 〔조운철趙雲澈, 31-70〕

체후體候　　건강상의 안부. 예문 仍審老兄體候康寧 尤不勝慰聳 〔권상하權尙夏, 22-197〕→ 기도氣度, 체도體度, 체리體履, 체사體事, 체우體宇, 체운體韻, 체중体中

초哨　　약 백 명을 단위로 하던 군대의 편제. 예문 先達名在軍哨之長 當此之時 分當上來 〔신좌모申佐模, 43-159〕

초草[01]　　담배. 예문 布草依到 布則姪女之無裳者解頤 草亦堪定嘔氣矣 何幸 〔미상, 22-393〕→ 남령南靈, 남종南種, 남초南草, 연초烟草, 영초靈草

초草[02]　　(편지를) 대략 쓰다. 예문 壬辰 八月望 僚下 琢 草狀 〔정탁鄭琢, 5-190〕

초객楚客　　원수. 초楚나라 사람과 월越나라 사람이 서로 원수처럼 여겼다는 데서 나온 말. 예문 兄若於此事歇念 弟將認之以爲楚客 千萬 另諒如何 〔김동삼金東三, 40-58〕→ 초월楚越

초관哨官　　각 군영에 딸린 종9품의 하급 무관. 예문 就中 閔哨官宣重 連家情親 素若相善之間 〔이덕성李德成, 3-90〕

초기初忌　　소상小祥. 예문 日月迅馳 奄經初忌 餘哀霣廓 俯仰靡逮 〔이건창李建昌·이건승李建昇·이건면李建冕, 42-59〕

초기草記　　간단하게 요지만 기록하여 상주하는 문서. 예문 因本館草記 始知兄已作濡山之行 方切瞻悵 〔어유구魚有龜, 6-166〕

초길初吉　　초하루. 예문 壬二月初吉 弟 震休 〔이진휴李震休, 3-95〕

초납招納　　불러들여서 만남. 예문 泰仁居趙喪人必泰氏 以推奴事 委送厥子 而欲得弟等書 以爲入門之路 專人疏懇 故不得已作書以送 招納另施如何 〔김유열金惟說, 49-259〕

초도初度　　생일. 예문 初度不遠 而未由盍簪 悵缺可言 〔송광연宋光淵, 34-152〕

초례醮禮　　혼례. 예문 寄席領謝 初多間家行醮禮 此樣一二件可復得耶 窘甚此及 未安 〔이덕형李德馨, 3-43〕 → 교배交拜, 근례巹禮

초료草料　　공무로 출장하는 관원에게 연도沿道의 각 역참驛站에서 역마와 식료 등을 공급하도록 명령하는 문서. 예문 就悚 願得草料一丈 切切有用處 伏望下諒曲施如何 〔김홍복金洪福, 21(禮)-237〕

초모貂帽　　담비 가죽으로 만든 모자. 예문 歸日貂帽 何以爲之 以價重毛弊 還斥則彼從輩 尤必爲未安 而在我亦似太薄矣 〔이광적李匡績, 7-197〕

초미焦尾　　거문고. 초미금焦尾琴의 준말. 동한東漢 때 오吳나라 사람 중 오동나무를 때어 밥을 짓는 자가 있었는데, 채옹蔡邕이 그 타는 소리를 듣고 좋은 재목이라 여겨 그것을 얻어 거문고를 만들었더니 아름다운 소리가 났다. 이 거문고 끝에는 불에 탄 흔적이 남아 있었기에 초미금焦尾琴이라 하였다고 한다(『후한서』後漢書「채옹전」蔡邕傳). 예문 惠送焦尾及龍門之枝 再拜高義 謝不容口 〔이원진李元鎭, 8-106〕

초복草復　　답장을 씀. 예문 來价立督受答 呼燈草復 不能一一 〔김익희金益熙, 22-155〕 → 초사草謝

초사招辭　　죄인이 진술하는 말. 예문 始聞名詿招辭 中心驚悸 旋聞有聖敎 又聞曺君得釋爲之心降 擬卽候問 不知令在何所 卽見茂伯 始知在近闕地 〔정경세鄭經世, 45-400〕 → 공사供辭

초사草事　　글 짓는 일. 예문 弟之疎迂鈍濡 本不知酬應草事 兄主之素所知 而謬當重寄 未免妄作 致此語事〔이현李玹, 051〕

초사草謝　　대충 답장을 함. 예문 行役之餘 百疾方劇 草謝不宣〔송준길宋浚吉, 052〕

→ 초복草復

초서椒酉胥　　산초를 넣어 빚은 미주美酒. 정월 초하룻날에 신神에게 바치고 축하주로 사용하였다. 예문 椒酉胥沈困 雖承示喩 未遑備悉〔김부필金富弼, 44-36〕

초소草疏　　상소上疏를 씀. 예문 方有草疏事 手忙不宣〔미상, 027〕

초손肖孫　　훌륭한 자손. 예문 尊先稿二冊 盥手擎讀 有以見古家文獻之懿 肖孫似述之勤 甚盛甚盛〔이종기李種杞, 53-147〕

초솔草率　　급히. 예문 元警明之奴告行 草率附訊〔오억령吳億齡, 3-39〕

초수初手　　어떤 일을 처음 맡은 사람. 예문 今午後赴任 而邑基與衙舍 大過所料 支供之節 亦不草草 此則幸矣 第初手生疎 來頭凡百 實爲關慮 伏悶伏悶〔김좌근金左根, 50-82〕

초승超勝　　매우 좋음. 안부를 물을 때 쓰는 상투적 표현. 예문 卽因趙生 伏承下復 仍審陽復 撫字起居超勝 區區瞻慰 不容云喩〔이숙李䎘, 5-102〕

초승超陞　　단계를 뛰어넘어 승진하는 것. 예문 生意外超陞 晝夜忙迫 悶不可言〔서필원徐必遠, 3-100〕

초신焦神　　초조한 마음. 초심焦心. 예문 方此巡視 勞徠疑懼之情 難解焦神 坐思就緖無術 遠外憧憧 曷嘗可懈耶〔서병호徐丙祜, 35-108〕

초연初筵　　결혼식 후에 여는 잔치. 예문 再邀擬以正初 而拘於俗三月之例 今纔送六足 望須帶臨以擧初筵未奉底懷〔신재문愼在文, 41-148〕

초우初虞　　장사 지낸 당일, 혼령을 위로하기 위해 처음으로 지내는 제사. 예문 去人幸帶到山所 回過初虞後 授以復書 細示襄事曲折及喪主諸人氣力如何〔정경세鄭經世, 45-420〕

초월楚越　　원수 사이. 초楚나라와 월越나라가 서로 원수처럼 생각한 데서 나온 말. 예문 山下事 事無巨細 專委座下矣 終是改差墓直 故視若楚越 誠爲慨咄〔조병응趙秉應, 43-284〕 → 초객楚客

초자醮子　　아들을 장가보냄. 예문 去春醮子 來十月晦間 欲女息許笄〔이해李瀣, 5-178〕

초전焦煎　　애가 탐. 예문 弟近以老慈病患 焦煎罔極之中 又聞此耗 這裡情狀 難以形言〔양세남梁世南, 42-53〕 → 민전悶煎, 전민煎悶, 전박煎迫, 전우煎憂, 전작煎灼, 훈심熏心

초정初丁　　한 달 중 첫 번째 정일丁日. 예문 練祀之行於末丁 亦因事勢而已 此處已以初丁 行變除節 光陰如邁 痛念尤切〔이옥李沃, 14-105〕

초정初政　　새로 등극한 임금이나 새로 도임한 관찰사·수령이 집무를 시작함. 예문 自是冗閒之局 初政易就規矩 不以年底有所可惱否〔홍순목洪淳穆, 44-199〕

초종初終　　초상이 난 뒤로부터 졸곡卒哭까지의 장례 절차. 예문 汝外家之本孫骨肉 自此無人 理實難堪也 所謂初終果如何爲之云〔신좌모申佐模, 43-121〕

초준椒樽　　초주椒酒(산초로 빚은 술)를 담은 동이. 새해 하례용 술을 가리킨다. 고대 중국에서는 정월 초하루에 초주를 가장家長에게 올려 인사하던 풍습이 있었다고 한다. 예문 椒樽餞舊 桃符迎新 懷仰正深 卽承審 春風靜候鴻禧 慰叶願聞〔서기순徐箕淳, 42-45〕

초차草此　　대충 씀. 예문 將赴急衙 草此 不宣〔이후원李厚源, 22-123〕

초참初站　　도성에서 지방으로 나갈 때 처음 만나는 역참驛站. 예문 昨日 擧動到果川 未聞平安消息 不任鬱鬱 初站凡百 能得無事否〔이경억李慶億, 10-38〕

초초草草01　　급하게 대충. 예문 草草寄謝 都付默會〔이여李畬, 23-159〕

초초草草02　　데면데면. 예문 橫逆之來 雖曰我無與焉 而廉義所關 亦不可草草自處〔김수항金壽恒, 23-129〕

초초草草03　　제대로 갖추지 못하여 초라함. 예문 此去金碩士卽宗人 而委來海外而歸 其行色極草草 恐有中路低徊之慮〔김정희金正喜, 33-27〕

초탁超擢　　벼슬의 품계品階를 뛰어넘어 발탁함. 예문 沈參判蒙超擢 可喜〔미상, 027〕

초토草土　　부모상父母喪을 지냄. 부모상을 지낼 때 풀로 만든 거적을 깔고 흙으로 만든 베개를 벤 데서 나온 말. 침초寢草. 침괴토枕塊土. 예문 哀詞 草土之餘 不作韻語 已十載 略此草上 文不能起懷耳〔이세구李世龜, 21(禮)-199〕 → 점괴苫塊

초하抄夏　　초여름. 예문 客冬下訊 在配地承讀矣 伏問抄夏 體候萬旺 胤友安侍 伏傃區區〔어윤중魚允中, 21(智)-431〕 → 수하首夏, 요하蔘夏, 조하肇夏

초한峭寒　　매서운 추위. 예문 謹承兄問札 就審峭寒 政履萬福 區區慰荷之至

〔조태채趙泰采, 23-191〕

초해初解　　초시初試에 합격함. 예문 其時得審君參初解 喜慰喜慰 今到山所 又見寄書 憑審別後侍奉無恙〔차운로車雲輅, 47-87〕→ 발해發解

초헌超軒　　종2품 이상의 벼슬아치가 타던 외바퀴 수레. 예문 不得已欲試超軒 兄轎所覆皮 未可借送耶〔송인수宋麟壽, 051〕

초후草候　　문안 편지를 씀. 예문 餘恩恩草候 不宣狀〔남유상南有常, 23-225〕

촉간囑簡　　부탁하는 편지. 예문 李家海台前囑簡 亦力請彼諾〔유경하柳經河, 027〕

촉모觸冒　　추위나 더위를 무릅씀. 예문 觸冒駈馳之餘 百骸如碎 宿嗽增苦〔신좌모申佐模, 43-188〕

촉서觸暑　　더위 먹음. 예문 日來起居增福 瞻望戀遡 弟强疾行動 觸暑添劇 歸棲委臥 凜凜難支〔민정중閔鼎重, 3-129〕→ 갈증喝症, 상서傷暑, 서감暑感, 서증暑症, 환서患暑

촉서觸緖　　연상되어 떠오르는 기억. 예문 今日又是慈忌 觸緖痛毒 殆不自堪耳〔이상정李象靖, 12-235〕

촉섭促攝　　몸조리가 촉급함. 몸이 아픈 것을 에둘러 표현한 말. 예문 方用耿耿 伏奉下札 昻慰良至 第承促攝非細 仰慮極矣〔이광좌李光佐, 21(禮)-403〕

촉슬促膝　　무릎을 마주 대고 바싹 다가앉음. 친밀하게 이야기하거나 밀담을 나누는 모양. 예문 令翰忽枉 驚慰何量 多少情語 怳如促膝細討 尤可喜也〔송규렴宋奎濂, 22-175〕

촉이屬耳　　얼마 되지 않아. 예문 美赴屬耳 治聲洋溢於中外〔안종해安宗海, 6-182〕

촌관寸管　　붓. 예문 岳君龍安倅凡事 幸留意焉 自餘非寸管可旣 只希對時益重〔오도일吳道一, 5-127〕→ 관성管城

촌교寸膠　　한 치의 아교阿膠. 아교는 끈기가 강하여 흐린 물에 넣으면 물을 맑게 만들지만, 한 치의 아교로는 큰물을 맑게 만들기 어렵다는 의미로 쓰임. 『포박자』抱朴子〈가둔〉嘉遯에, "보잘것없는 재주를 가지고서 부화뇌동하는 자들을 바로잡고 자신이 옳은 것만 믿고서 다수의 잘못됨을 성토하려 한다만, 한 치의 아교로는 탁한 황하를 맑게 할 수 없고, 한 동이의 물로는 소구蕭邱의 불길을 잡을 수 없는 법이다"라는 구절이 있다. 예문 諸公之意見如何 誠爲沓沓 儒會事 果何以爲之耶 寸膠投河 有何益哉〔신좌모申佐模, 43-162〕

촌심寸心　　작은 마음. 겸사. 예문 五馬出塞 雙鯉滯信 回首北雲 寸心如月 〔○영대○榮大, 35-116〕

촌우村憂　　마을의 근심. 마을에 전염병이 도는 상황을 말한다. 예문 弟 奉老姑 遭 而村憂大肆 便若燎原之火 這間畏經 難以形喩 未知貴處能免此患否 〔이종악李宗岳, 32-53〕

촌창村傖　　시골 늙은이. 예문 方冠之另惠 注存之摯 重可感 村傖頭顱上 恐更太侈 〔김정희金正喜, 29-36〕

총거怱遽　　바쁨. 예문 痛哭之外 夫復何言 舟中怱遽 不能一一 伏惟令下鑒 〔김남중金南重, 5-39〕

총극怱劇　　일이 많아 번거롭고 매우 바쁨. 예문 只緣世道之紛紜 人事之怱劇 尙委箱篋 未克夸耀 誠爲儒士之歎也 〔왕수환王粹煥 등, 37-55〕

총림寵臨　　상대방의 방문을 높여 이르는 말. '총'寵은 상대방이 자신에게 특별한 은총을 베풀었다는 뜻. 예문 荐荷寵臨 感慰交極 〔홍직필洪直弼, 22-313〕

총묵寵墨　　상대방이 보낸 편지를 높여 이르는 말. '총'寵은 상대방이 자신에게 특별한 은총을 베풀었다는 뜻. 예문 仍爲袖傳寵墨 謹審近候鬵栗仕體動止 一直衛護 〔민주현閔冑顯, 42-39〕

총문寵問　　상대방의 문안 편지를 높여 이르는 말. '총'寵은 상대방이 자신에게 특별한 은총을 베풀었다는 뜻. 예문 寵問忽及 累紙縱橫 〔송준길宋浚吉, 22-139〕

총신寵訊　　상대방이 보낸 문안 편지를 높여 이르는 말. '총'寵은 상대방이 자신에게 특별한 은총을 베풀었다는 뜻. 예문 一顧賁臨 窮戶生光 不啻萬丈 況又寵訊 拜承 感荷無量 而罔知攸謝 〔강진옥姜眞玉, 42-12〕

총오聰悟　　총명함. 예문 賢胤頭角已成 聰悟漸就 托付詩禮有地否 仰溯願聞無已 〔이기정李基定, 40-222〕

총요怱擾　　바쁨. 예문 常欲數數傳書 而每因怱擾 不能如意 〔왕수환王粹煥 등, 37-73〕

총재冢宰　　주대周代 육경六卿의 우두머리. 후대에 이부상서吏部尙書, 이조판서吏曹判書의 별칭으로 쓰였다. 예문 今日冢宰新命 遽屬台監 天眷加隆 時論同歸 伏想台監未敢牢守東岡之志也 〔조상우趙相愚, 3-140〕

총졸怱卒　　바쁨. 또는 촉박함. 예문 適使相之行到館 伺候匆卒 不復一一 〔정경

세鄭經世, 45-347〕

총좌叢脞　　사소한 일까지 직접 챙기며 일일이 개입함.『서경』書經「익직」益稷에 "임금이 세세히 따지며 잗달게 굴면 신하들이 열심히 할 마음이 없어져서 어떤 일이고 되는 일이 없다"(元首叢脞哉 股肱惰哉 萬事墮哉)라는 말이 나온다. 예문 弟服眷尙爾 催科叢脞 公私耦悶 〔신대균申大均, 41-212〕

총첩寵帖　　상대방의 편지를 높여 이르는 말. '총'寵은 상대방이 자신에게 특별한 은총을 베풀었다는 뜻. 예문 曩拜寵帖 稽復爲悵 〔오희상吳熙常, 22-305〕

총총怱怱　　바쁨. 예문 怱怱不盡 伏惟令鑒 謹上狀 〔오억령吳億齡, 3-39〕

총한寵翰　　상대방의 편지를 높여 이르는 말. '총'寵은 상대방이 자신에게 특별한 은총을 베풀었다는 뜻. 예문 一朔之內 再奉寵翰 辭旨勤懇 不啻面承情敎 此乃生平宿願 而今果得之 私自喜幸 當復如何 〔심광수沈光洙, 8-111〕

총함寵函　　상대방의 편지를 높여 이르는 말. '총'寵은 상대방이 자신에게 특별한 은총을 베풀었다는 뜻. 예문 若非泉老遺集 何以得群賢之寵函 又非群賢之血誠 何以竣棗梨之功 而使此窮巷固陋者 獲見泉老遺集乎 〔김효찬金孝燦, 37-130〕

최과催科　　세금을 독촉함. 예문 澗局催科 費惱必多 仰慮 〔김영수金永壽, 22-341〕

최운摧隕　　최운摧隕. 예문 昨自進香退 益增罔極 摧殞之中 得對庭玉 備閱書疏 一慰一悲 〔이경석李景奭, 3-136〕

최운摧隕　　비통하여 망연자실함. 죽음의 슬픔을 나타내는 말. 예문 生泄病 近尙無減 元氣轉益漸爾 未由進洩一哀於筵几未撤之前 情禮掃地 生不如死矣 瞻望摧隕 不知所云 〔김창즙金昌緝, 21(禮)-339〕

최이여두蕞爾如斗　　고을이 한 말들이 정도로 작다는 비유. 최이蕞爾는 매우 작은 모습을 형용하는 말. 『위지』魏志 「진류왕환전」陳留王奐傳에 "촉蜀은 매우 작은 나라로, 땅은 좁고 백성은 적다"(蜀蕞爾小國 土狹民寡)라고 하였다. 예문 邑樣雖曰蕞爾如斗 有社稷焉 有民人焉 〔정조正祖, 26-13〕

최통摧慟　　기운이 꺾일 정도로 북받치는 슬픔. 예문 仍想將喪行色 一倍摧慟 爲之酸鼻 〔김수흥金壽興, 23-119〕

최통摧痛　　최통摧慟. 예문 經世門祚不幸 叔父於七○奄忽棄背 摧痛酸苦 不自堪忍 〔정경세鄭經世, 23-37〕

최패摧敗　　마음이 몹시 아픔. 예문 服人歸來摧敗 不欲詳述 〔김창흡金昌翕, 22-

215〕

추가楸駕　　선조의 산소에 성묘하러 감. 예문 玆間 如有楸駕 當奉候於靑根路次 而但日時干晏 無以知之 〔심상규沈象奎, 31-58〕 → 추행楸行

추고推考　　죄를 심문하여 따짐. 예문 前日推考 結末如何 遙增鬱陶 〔이주李椆, 051〕

추과秋科　　가을에 보는 과거. 보통 초시初試를 말한다. 예문 秋科想戾洛 或可不之他而來枉否 〔박제가朴齊家, 38-24〕 → 추시秋試, 추장秋場

추구지설蒭狗之說　　전혀 쓸데없는 말. 추구蒭狗는 제사 지낼 때 쓰는, 짚으로 만든 개를 가리키는데, 제사가 끝나면 바로 내다 버리므로 소용이 있을 때는 이용하고 소용이 없을 때는 버리는 물건을 비유하는 말이다. 예문 卽承求言之敎 敢陳蒭狗之說 何足以摡聖聽而補萬一乎 〔이세화李世華, 5-110〕

추급推給　　찾아서 돌려줌. 예문 仍悚 妹夫宋德山家奴婢多在治下 而土豪金萬鎰金大吉等虛稱買得多數據執云 伏望明覈推給如何 〔윤황尹煌, 22-89〕

추도기秋到記　　도기到記의 출석 일수를 채운 성균관과 사학四學 유생들에게 보이던 가을철 과거 시험. 도기는 유생들이 출근하여 식당에 출입한 횟수를 적는 부책簿冊으로, 아침·저녁 두 끼를 1도到로 하여 50도가 되면 과거 볼 자격을 주었다. 50도가 찬 유생들에게 봄철에 보이는 시험을 춘도기春到記, 가을철에 보이는 시험을 추도기秋到記라고 한다. 예문 卽因灣撥 始聞秋到記 令從氏參奉大闡之快 其爲聳喜 不獨私情之栢悅 可喜非一也 〔정기선鄭基善, 26-161〕

추득推得　　달아난 죄인을 잡아옴. 추쇄推刷. 예문 玆以親往 欲爲推得 而寒士蹤跡 若非得力於官家 難免虛行 〔김수항金壽恒, 21(禮)-75〕

추래推來　　구해 옴. 예문 貴命 歸後 卽托之矣 日前始推來 而得好帖子 〔신광수申光洙, 21(智)-137〕

추로秋露　　소주燒酒의 일종. 예문 秋露參鐥 伴簡 愧歎 〔신임申銋, 22-201〕

추모秋牟　　가을보리. 가을에 씨를 뿌려 이듬해 초여름에 거두어들임. 예문 秋牟已登場耶 一家可免飢餓之患否 〔정경세鄭經世, 45-355〕

추목芻牧　　목민관牧民官. 예문 量役方始 此時芻牧之責 倍於常時矣 〔이재李縡, 23-205〕

추무秋務　　추수. 예문 來汝之敎 何待申勤 而方玆秋務溰汨 澆掃不遠 姑不能

卜陳時日〔김대락金大洛, 40-52〕→ 수장收藏, 추사秋事, 추성秋成

추문推問　　어떠한 사실을 자세히 캐어물음. 예문 且以別造願移文事 有此馳啓之擧 委送所帶軍官 伏望推問多少曲折 從長指教如何〔유심柳淰, 21(義)-378〕

추미皺眉　　눈썹을 찌푸림. 예문 肅在京 固多擾惱 歸官 亦難免有皺眉事 却笑人生不自適 奈何〔김상숙金相肅, 21(智)-93〕→ 찬미攢眉

추반追返　　장례를 지낸 뒤에 신주神主를 집에 모셔오는 일. 예문 昨日果追返而夜來勻體度神葆万安〔김정희金正喜, 33-47〕→ 반우返虞, 반혼返魂

추복追覆　　뒤늦게 답장함. 때 늦은 답장. 예문 略此草草 不備追覆禮 敬希拊序增泰〔정운오鄭雲五, 37-141〕→ 추사追謝

추사推辭　　미루고 거절함. 예문 教意奉悉 此係士林公議 且論以平日事契 豈有一毫推辭之理〔윤심형尹心衡, 6-198〕

추사秋事　　가을걷이. 예문 秋事比前稍加 寔賴座右之力〔김정희金正喜, 33-39〕→ 수장收藏, 추무秋務, 추성秋成

추사追謝　　뒤늦게 답장을 함. 예문 姑此追謝 不究〔박세채朴世采, 23-137〕→ 추복追覆

추생鯫生　　천박하고 어리석은 소인小人. 보통 자신에 대한 겸칭謙稱으로 쓴다. 예문 鯫生碌碌散秩 亦不免殘弊之憂〔이식李植, 22-101〕→ 비생鄙生, 비열鄙劣, 비인鄙人, 산인散人, 차한此漢01

추성秋成　　가을걷이. 예문 留滯至此 公私憂撓 秋成後庶幾還歸奉討〔남구만南九萬, 3-131〕→ 수장收藏, 추무秋務, 추사秋事

추송追訟　　뒤늦게 스스로를 꾸짖음. 예문 今雖追訟 烏敢望厚恕耶〔황현黃玹, 37-27〕

추시秋試　　가을철에 보이는 시험. 보통 초시初試를 말한다. 예문 此中後禛公頗有賦才 若勤做 則今秋試 可以丁寧得參 而慵懶莫甚 殊無振起之意 可嘆〔이경전李慶全, 35-19〕→ 추과秋科, 추장秋場

추신抽身　　몸을 빼냄. 또는 짬을 냄. 예문 此間必欲掃萬往赴 家內病憂 自去臘連綿不絕 無計抽身〔이봉상李鳳祥, 22-285〕→ 탈신脫身

추심推尋　　추쇄推刷. 예문 就中 杜萬戶起文有奴婢 逃接于縣地 今者親往推尋〔홍경신洪慶臣, 3-147〕

추안墜案　　편지가 옴. 겸사謙辭. 예문 前後珍札墜案 眞不覺不校之盛德至於如此之深也 〔황병중黃炳中, 37-76〕

추안犓安　　대체로 잘 지냄. 예문 記下心制人 苟延昔狀 惟幸衙候近承犓安 〔이건창李建昌·이건승李建昇·이건면李建冕, 42-59〕

추애湫隘　　집터가 낮고 좁음. 또는 누추한 집. 예문 日來炎熱 雖坐涼亭松林之間 尙不能堪 湫隘之地 何以支遣 〔이하곤李夏坤, 10-19〕

추용推用　　(돈을) 필요한 곳에 쓰다. 예문 向者惠付六十兩 已爲推用耳 〔황현黃玹, 37-21〕

추위追慰　　뒤늦게 위로함. 예문 向來喪禍之洊疊 復何言哉 追慰多愧 〔이상진李尙眞, 3-122〕

추음秋陰　　가을철의 흐린 날씨. 예문 伏承令耑書之問 以審秋陰令字候萬重 慰瀉已極 〔박장원朴長遠, 16-130〕

추의秋意　　가을 기운. 예문 比日秋意爽緊 伏不審此際 味道頤閑 體履若何 〔이맹휴李孟休, 21(智)-68〕

추이推移　　운반함. 예문 所貸木疋 適因幹者之出去 不得推移償去 〔송주석宋疇錫, 21(禮)-248〕

추장秋場　　가을에 보이는 과거. 보통 초시初試를 말한다. 예문 秋場試紙 螟蛉輩索我 士華令前 以書圖惠 〔신용개申用漑, 21(仁)-56〕 → 추과秋科, 추시秋試

추적지율追謫之律　　죽은 사람에게 형벌을 내리는 법. 예문 世道一至於此 追謫之律 至及於先庭 〔이의현李宜顯, 23-201〕

추정趨庭　　아버지의 직접적인 가르침. 『논어』論語 「계씨」季氏에 공자의 아들 이鯉가 뜰을 지나갈 때 공자가 불러 세우고 시詩와 예禮를 배워야 함을 가르쳤다는 고사에서 유래한다. 예문 就詢卽者 晨昏節 一向康健 侍況沖裕 趨庭詩禮者一一保前日樣耶 只切遠漾 〔권준희權準羲, 40-44〕 → 과정過庭, 정훈庭訓, 훈리訓鯉

추철追腏　　종묘에 있는 왕의 신위神位에 추가로 배향함. 예문 孝寧先祖 追配廟庭 今奉成命 闔族榮感 將以夏享時追腏 而祠宇今在聞慶 當先期奉來 大而家第 小而侑供 遠而祀需 近而盤纏 皆吾輩之責耳 〔이돈우李敦宇, 39-225〕

추초秋杪　　가을의 끝. 늦가을. 예문 省式 向往中 伏承問札 仍審秋杪 政履萬福 昂慰區區 〔이인엽李寅燁, 21(禮)-283〕

추파조란推波助瀾　　파도를 밀고 물결을 돕는다는 뜻으로, 좋지 않은 일을 더욱 조장한다는 말. 예문 令公來莅已久 旣已察此事情 則何不於彼等說話 委曲開釋 護得平昔相知一箇癡漢 措諸無過之域 反以彼說爲是而敎以停役 有若推波助瀾之爲者 沈思數日 私切惶惑 〔정경세鄭經世, 45-443〕

추하楸下　　조상의 묘가 있는 선산先山. 예문 楸下數椽茅齋 卽是一生經營 始役兩月 僅及三分之一 浩渺罔濟 〔박필주朴弼周, 23-199〕 → 구산舊山, 선추先楸, 송추松楸, 침추寢楸

추한墜翰　　보내신 편지. 추墜는 자기를 낮추는 겸사. 예문 卽奉墜翰 如獲更晤 慰不可量 〔송병순宋秉珣, 22-353〕

추함秋啣　　형조刑曹의 직함. 예문 少弟 秋啣尙縻 嘉肺之擾 頗妨調攝 亦堪爲悶 〔신석우申錫愚, 41-33〕

추행秋幸　　임금이 가을에 능에 행차하는 행사. 예문 秋幸 以新陵出令八月卄七日爲定 此前或無不捧受由之慮耶 〔유진한柳進翰, 027〕

추행楸行　　성묘省墓하러 감. 예문 昨者 適有楸行 侵暮歸家 忽見惠書留案 驚喜披復 〔조병덕趙秉悳, 22-327〕 → 추가楸駕

추환芻豢　　고기반찬 또는 좋은 음식을 비유하는 말. 추芻는 풀을 먹는 소와 양을, 환豢은 곡식을 먹는 개·돼지를 가리킨다.『맹자』孟子「고자 상」告子上에, "도의道義가 내 마음을 즐겁게 함이 소·양고기와 개·돼지고기가 내 입을 즐겁게 함과 같다"(故道義之悅我心 猶芻豢之悅我口)라는 구절이 있다. 예문 吾人涉學甚淺 故不知道義之悅心 甚於芻豢之悅口 〔홍직필洪直弼, 11-238〕

축성縮省　　퇴축성건退縮省愆. 물러나 움츠러서 자신의 허물을 반성함.
예문 中夜縮省 祇自兢惕 歸而今又以正朝亭役 馳赴完工 非敢言勞 而棲屑酸辛 良覺憐悶 奈何 〔강장환姜長煥, 41-74〕

축예蓄銳　　실력을 기름. 예문 慶科在前 以若蓄銳 想不坐停矣 〔김정수金正洙, 41-211〕

축월丑月　　12월. 천간天干이 축丑으로 된 달. 예문 辛酉丑月十三 榜下 昌業拜 〔김창업金昌業, 21(禮)-301〕 → 납월臘月, 사월蜡月

축융祝融　　남방南方과 여름철을 맡아보던 불의 신神. 예문 梧葉承秋 祝融謝事 淸風猶自颯然而至 實見故人 〔최산두崔山斗, 9-102〕

축일逐日　　　날마다. 예문 在京者 亦逐日往來於本司 〔홍주원洪柱元, 22-145〕

축일학逐日瘧　　　매일 열이 나는 학질. 말라리아. '며느리고금'이라고도 한다. 예문 吾病乃是逐日瘧 而又自日入後寒熮 至夜始發熱也 〔정약용丁若鏞, 17-84〕

축자逐字　　　한 글자 한 글자씩. 예문 此去朱書圈刪處 眼昏且乏暇隙 間多只刪首尾 不能逐字塗乙 此等處 各別照察 一例釐正 〔정조正祖, 26-55〕

축적踧踖　　　공손하게 삼가는 모양. 예문 不免再上前箚 而復具新箚 申陳曲折 嚴譴之降 方踧踖以俟耳 〔정구鄭逑, 22-57〕

축축蹙蹙　　　겸연쩍어 몸이 움츠러드는 모양. 예문 崇史過重之禮 今尙蹙蹙 當於症間凉生 懇用拙力 〔유필영柳必永, 44-65〕

춘궁春宮　　　왕세자. 예문 連得京報 伏聞春宮愆候 漸向平復 〔민유중閔維重, 22-179〕

춘당春堂　　　남의 아버지를 높여 이르는 말. 춘부장椿府丈. 예문 恪詢至寒 侍體上萬護 春堂氣度 一向康旺否 竝切伏傃 不任勞禱 〔김유성金有性, 42-31〕 → 대부장大府丈, 대정大庭, 존부尊府, 존정尊庭, 춘부春府, 춘부존椿府尊

춘당지거春塘之擧　　　춘당에서 보는 과거. 춘당春塘은 창덕궁 후원에 있던 춘당대春塘臺를 말한다. 예문 春塘之擧 將迫 而兄主恐未 及入見 〔신정申晸, 21(禮)-60〕

춘대春臺　　　춘당대春塘臺. 창덕궁 후원에 있던 춘당지春塘池 옆의 대 이름. 과거를 치르거나 기우제를 올리던 장소로 이용되었다. 예문 朝奇別無可聞 來問疏論 春臺考官 望猥雜請 監科試官別擇 亞銓疏請 堂上下違牌 罷散人變通 堂上六人 堂下八九人 有敍命云矣 〔조태억趙泰億, 44-164〕

춘두春頭　　　정월 초. 예문 臘尾春頭 兩度承書 迄今稽謝 〔윤종균尹鍾均, 37-118〕

춘래春來　　　봄 이후로. 예문 意外遠承眷札 從審春來闈履安穩 頗慰所思 〔이상진李尙眞, 3-124〕

춘부春府　　　상대방의 아버지. 춘부장(春府丈 혹은 椿府丈). 예문 金世祿甫許惠貲覓送 而春府多事 或慮遺忘 煩賢幸先後之 從速成惠如何 〔윤순거尹舜擧, 23-75〕

춘부존椿府尊　　　상대방의 아버지. 예문 雖無面雅 慣識聲華 尋常緬仰 而隔海路左 弔慶莫知 椿府尊不淑之報 昨年因姜棘人 始得聞之 〔고처량高處亮, 31-40〕

춘빈春貧　　　보릿고개. 춘궁春窮. 예문 但春貧至骨 親家尤急 將無以久留 〔최천건崔天健, 5-202〕 → 궁춘窮春

춘사春事　　　봄 농사. 예문 春事已闌 耿想益切 〔송근수宋近洙, 38-34〕

춘수春蒐　　임금의 봄철 사냥.『좌전』左傳 은공隱公 5년에 "그러므로 춘수·하묘·추미·동수는 모두 농한기에 모의한다"(故春蒐夏苗秋獮冬狩 皆於農隙以講事也)라는 구절이 있다. 예문 春蒐在何月 順天之行 亦在何時 其時侍側無人 則何以處之 此果可慮〔윤구尹衢, 8-17〕

춘우갑자春雨甲子　　봄 갑자일에 비가 옴. 한해旱害를 입어 흉년이 들 징조.『조야첨재』朝野僉載에 "봄 갑자일에 비가 오면 벌겋게 된 땅이 천 리요, 여름 갑자일에 비가 오면 배를 타고 저자를 가고, 가을 갑자일에 비가 오면 벼에서 싹이 나오고, 겨울 갑자일에 비가 오면 까치 둥지가 땅으로 내려간다"(春雨甲子 赤地千里 夏雨甲子 乘船入市 秋雨甲子 禾頭生耳 冬雨甲子 鵲巢下地)라는 구절이 있다. 예문 春雨甲子 赤地千里之占 而昨日忽大雪 可慮可慮〔정경세鄭經世, 45-381〕

춘은春殷　　봄이 한창일 때. 예문 春殷在邇 不欲乘和來見耶〔이승조李勝照, 42-64〕

춘조春曹　　예조禮曹를 달리 이르는 말. 예문 旣解春曹 似不可又請金吾之釋〔미상, 39-137〕

춘창春暢　　화창한 봄. 예문 卽拜情翰 備審春暢旅候萬護 區區仰慰〔서정순徐正淳, 42-47〕

춘치지명春雉之鳴　　봄 꿩의 울음. 봄 꿩이 스스로 울어서 자신이 있는 데를 알리는 것처럼 제 허물을 스스로 드러냄으로써 남이 알게 된다는 뜻. 예문 所謂金擾 微有影兆 便成春雉之鳴 又費得些少人力財力 似可得終 無他慮 此爲寬幸〔권명섭權命燮, 40-30〕

춘화春和　　봄의 화기和氣. 화창한 봄. 예문 卽伏惟春和 尊侍下起居萬福 慕慰區區不任〔유경柳經, 31-173〕

춘후春煦　　따뜻한 봄 날씨. 예문 瞻傃中 謹承耑札 就想春煦 政履淸勝 欣慰無已〔김창집金昌集, 47-165〕

출각出脚　　다시 벼슬길에 나아감. 예문 近間何況 見任 須待守也之出脚 同其去就也〔정조正祖, 26-43〕

출강出彊　　외국에 사신으로 감. 예문 鄙人抱病出彊 幸免寒尸 而風熱上攻 目疾重作 幾至成盲 而鍼藥數月 今纔向間 一味杜門 寧有可言之況耶〔전식全湜, 45-301〕

출관出關　　관문을 나섬. 또는 도성을 떠남. 예문 聖眷方隆 批諭諄切 則適職之日 顚倒出關 進退之間 似欠從容 深恐令兄思之未熟也 〔정엽鄭曄, 45-336〕

출구出柩　　발인發靷하기 위하여 관棺을 빈소에서 꺼내어 모심. 예문 役處顧助事 一依比日錄示小紙 傳令該面 而出柩 不謂若是之遽也 〔성대중成大中, 11-234〕

출궐出闕　　결원缺員이 생김. 예문 聞院正及守令文棄 明政當出 或以司藝直講次次陞差 或以直講外除而出闕 使歸於吳則幸矣 〔이제李濟, 21(禮)-316〕

출대出代　　결원缺員을 보충함. 예문 示意謹悉 而瓜狀足可成送 焉用辭狀 惟在兄周旋銓部從速出代耳 〔이진휴李慶休, 3-95〕

출륙出六　　7품 이하의 관리가 6품으로 올라감. 6품 이상을 참상參上, 7품 이하를 참하參下라고 하였는데, 참상이 되어야 임금에게 정무를 보고하는 상참常參에 참석하고 지방 수령으로 부임할 수 있었다. 예문 阮丈所營事 非不銘著于肚裡 但今政府新式中 未出六之蔭官 不得擬薦于外任 奈何 〔이채연李采淵, 39-261〕 → 승륙陞六

출막出幕　　전염병에 걸린 환자를 격리시키기 위하여 외떨어진 곳에 막을 치고 옮김. 예문 孫婦雖云近免 而春間經洋毒乳腫 雜病層生 見甚悶憐 而今方少可 然其手下奴婢 方在出幕 死生無期 是亦用心處耳 〔윤두수尹斗壽, 48-27〕

출말出末　　결말이 남. 예문 鄕中稍饒者 本無貯錢 田庄放賣後 事當出末矣 自然遲緩 〔오덕영吳悳泳, 31-96〕

출방出榜　　과거 시험 합격자를 발표함. 예문 出榜翼日 探兄行止 則已於前一日 曉頭發程 〔이면구李勉求, 34-318〕

출사出謝　　임금이 내리는 벼슬을 받고 대궐에 나아가 사은숙배함. 예문 窃伏聞 大監移長天曹 不知已出謝行公否 〔이희조李喜朝, 21(禮)-270〕 → 배사拜辭, 사조辭朝, 사폐辭陛, 숙명肅命, 숙배肅拜, 숙사肅謝, 조사朝辭, 폐사陛辭

출숙出肅　　대궐에 나아가 사은숙배함. 예문 且告新除已有日矣 未知何日出肅也 〔이정신李正臣, 21(禮)-305〕

출위出違　　외출 중이라 만나지 못함. 예문 月初 承紆顧僻陋 適出違 奉亦未追謝 反蒙來示 尤深愧仄 〔이황李滉, 30-3〕

출입出入　　들쭉날쭉함. 예문 不失筆意 則些少出入長短 不足爲欠也 〔조윤형曺允亨, 22-281〕

출장出場　　상황을 벗어남. 또는 일이 끝남. 예문 誠一狼狽風塵 無益公私 六尺之軀 垂餌於虎口 未知終如何出場耶〔김성일金誠一, 3-24〕

출주出做　　공부하러 나감. 또는 업무 보러 나감. 예문 家兄適出做 凡具 弟方責應 而其中黑靴日借不得 兄之前日所着 如閑置 未可暫時許借耶〔홍용조洪龍祚, 6-172〕

출참出站　　사신使臣이나 관찰사가 행차할 때 인근 지역의 수령이 그를 영접하고 전곡錢穀·역마驛馬를 지공支供하기 위해 역에 나가는 것. 예문 兩邑守宰出站時 台以一言稱念 則可免狼狽〔이단하李端夏, 23-113〕

충곡衷曲　　충심衷心. 예문 敢請御者之姑此盤旋以圖合席者 實出衷曲 其必合與否〔이휘령李彙寧, 027〕

충년冲年　　어린 나이. 예문 李洛書冲年妙質 材與品俱美 愛之不啻弘璧天球〔이덕무李德懋, 21(智)-166〕

충모衝冒　　어려움을 무릅씀. 예문 匪意胤君袖惠書 衝冒委顧 垂意懇厚〔김흥락金興洛, 44-61〕

충벽冲辟　　어린 임금. 예문 嚴科場 隨從奴僕之作弊者 特命宣傳官別軍職一一執捉 卽移刑曹者 多至二十餘人 場中肅然畏縮 此豈冲辟之所易辦者耶〔이재의李載毅, 44-116〕

충비冲毖　　평안함. 안부를 물을 때 쓰는 상투적 표현. 예문 匪意奉拜崇翰 謹審新正兄侍履冲毖 區區不任仰慰〔윤심형尹心衡, 6-198〕

충승冲勝　　평안함. 예문 日爲改歲 伏惟攝履冲勝〔신흠申欽, 3-46〕

충액수배衝腋受拜　　옆구리 찔러 절 받기. 예문 玉簹之惠 便成年例 意謂惠及於此矣 炎熱將半 頒給不至 想或緣忘耶 幸望下賜之 如何 此所謂衝腋受拜〔이하응李昰應, 29-41〕

충염衝炎　　더위를 무릅씀. 예문 弟衝炎冒雨 間關到鳳山 再明當與台會面於生陽舘下 預用翹企〔조태억趙泰億, 21(禮)-410〕

충유冲裕　　평안하고 여유로움. 안부를 물을 때 쓰는 상투적 표현. 예문 仍審伊節 令京次啓居神相冲裕 尤用昂慰〔유명현柳命賢, 21(禮)-195〕

충의忠義　　공신의 자손으로서 충의위忠義衛에 소속된 사람. 예문 忠義差帖尙不覓去 亦奈何〔신좌모申佐模, 43-145〕

충찰衷察　　마음으로 살펴달라는 말. 예문 至少可愧 義皆寓焉 望宜衷察〔성삼문

成三問, 21(仁)-33]

췌가贅家　　처가. 예문 高同贅家 乞爲我出力 以一護云 此某之囑也 何如 [최산두崔山斗, 9-104] → 빙가氷家

췌우贅寓　　처가에 살고 있는 사람에게 편지 보낼 때 봉투에 쓰는 말. 예문 奉復 李秀才 贅寓 [미상, 027(봉투)]

췌진贅陳　　반복하여 말함. 예문 寒暄及祈祝之辭 幷在上二十八字 不須贅陳 [김윤식金允植, 39-239]

췌흑悴黑　　슬픔으로 안색이 초췌하고 검음. 예문 見哀悴黑 驚心 念大事在前 節愼當萬倍常日 [이명한李明漢, 23-71]

취就　　다름 아니라. 드릴 말씀은. 편지에서 인사말에 이어 본론으로 들어갈 때 쓰는 표현. 예문 就 鄕居堂叔 來過子昏於弟家 而家兄適出做 凡具 弟方責應 而其中黑靴曰借不得 兄之前日所着 如閑置 未可暫時許借耶 [홍용조洪龍祚, 6-172] → 번달煩達, 앙공仰恐, 앙모仰冒, 앙백仰白, 앙유仰喩, 잉백仍白, 잉번仍煩, 잉송仍悚, 차중且中, 취간就懇, 취고就告, 취공就拱, 취공就控, 취난就戁, 취달就達, 취루就縷, 취백就白, 취번就煩, 취송就悚, 취앙就仰, 취중就中, 취첩就喋, 취품就稟

취간就懇　　다름 아니라. 부탁드릴 말씀은. 예문 就懇 同生之子蔡翼俊居在治下社倉陽乾里 屢困甚於常人 不勝矜惻 [미상, 22-373]

취고就告　　드릴 말씀은. 예문 就告 舍兄陪實錄 數三日後 將由延豊向鳥嶺 弟欲出迓於路上 仍與聯枕一宵以來 [이단상李端相, 16-115]

취공就拱　　드릴 말씀은. 예문 就拱 諸君子贊成鄙族梅泉募集刊事 當在本宗先伐謀議 而況東方文物混濁之世 泗洙一脈 混湜於金滄江 餘波遠及於梅泉之先 擔刊役 一境內賢大夫 爭奔鋟書繡梓剞劂之功 幾至全成云 [황봉黃楓, 37-80]

취공就控　　드릴 말씀은. 예문 就控 西厓先生集 家無藏本 未曾一通奉覽 如有餘件 優暇惠借如何 [허훈許薰, 027]

취난就戁　　송구스럽지만 부탁드릴 말씀은. 예문 就戁 來頭有免新之役 而大小刺紙及簇子等物 無路措辦 倘或留念耶 [박행의朴行義, 21(禮)-266]

취달就達　　드릴 말씀은. 예문 就達 弊屋始欲私自葺理 率子婦以過 忽有自公修治之擧 則心不能安 [송시열宋時烈, 16-123]

취도就途　　길을 떠남. 예문 弟今十八辭朝 爲治葬事 留滯龍仁 昨日始還弊寓

氣力委頓 脅痛兼發 而因上事急 來初六日 曳病就途〔정언황丁彦璜, 21(義)-281〕→ 계계02, 계가啓駕, 계로啓路, 계정啓程, 발정發程, 착편着鞭, 책편策鞭

취루就縷　　드릴 말씀은. 예문 就縷 婚擇在二月旬前 俯諾華盒急急惠及 能復俾免狼貝〔미상, 027〕

취리就理　　관리가 의금부에 가서 조사를 받음. 예문 令就理之厄 不勝驚歎 得承委帖 仍受惠送扇子乾魚 多謝〔정재숭鄭載崇, 47-129〕

취모세구吹毛洗垢　　자기가 싫어하는 사람의 결점을 지나치게 들추어 냄. 취모구자吹毛求疵(털을 불고 흉터를 찾음)와 세구색반洗垢索瘢(때를 닦고 흉터를 찾음)의 준말. 예문 彼所謂不先聖廟而先書院者 若非傳聞失實之論 則必是吹毛洗垢之見 經世雖極無狀 豈不知此二段輕重〔정경세鄭經世, 45-444〕

취목就木　　관에 들어감. 곧 죽는다는 의미. 예문 旣承還擲 則姑留幾日 更查後畢竟荐呈爲計矣 吾兄就木之前 豈可無好事者出耶 發笑發笑〔이기李琦, 21(智)-461〕

취배就拜　　찾아가서 만남. 예문 第以行李已戒 就拜無路 爲悵慕萬萬〔고경명高敬命, 22-37〕

취백就白　　아뢸 말씀은. 예문 就白 虛憊之人 所需藥餌 而聞黑荏子最合於弟症云 倘蒙覓惠近便 何幸何幸〔이관명李觀命, 23-193〕

취번就煩　　드릴 말씀은. 번거롭게 부탁한다는 의미. 예문 就煩 家間適有忌故 而氷丁無路得用 玆敢崇伻 仰告 特爲優惠 如何如何〔홍계적洪啓迪, 21(禮)-428〕

취별就別　　찾아가 작별함. 예문 又因病身急歸 難辦餘事 竟失就別 迨今悵恨〔박세당朴世堂, 31-20〕

취서就敍　　찾아가서 만남. 예문 入城之日 苦緣公私冗故 竟未就敍 祇今恨歎〔김수흥金壽興, 23-119〕

취서就緒　　일이 순조롭게 되어 감. 예문 伏惟肇寒 令體省護万旺 催科當頭 凡務就緒 果不至惱神否〔민영목閔泳穆, 31-101〕

취송就悚　　드릴 말씀은. 예문 就悚 庶叔寓所有册子所送者 而不得信便 敢此奉托 營中公事便 或可以付送否〔권진응權震應, 23-237〕

취심就審　　편지를 보고 안부를 알았다는 뜻. '취'就는 '인'因과 같다. '취심'就審이나 '잉심'仍審은 상대방이 보낸 편지 중에 특별한 내용이 있었을 때 사용하는 말이고, '취상'就想은 상대방에게 별일이 없었을 때 쓴다. 예문 獲承惠札 就審至涸

侍餘學履佳迪 區區欣慰無已 〔송환기宋煥箕, 21(智)-125〕 → 빙심憑審, 빙암憑諳, 빙체憑諦, 승심承審, 잉심仍審, 자심藉諗, 종심從審

취앙就仰 　　드릴 말씀은. 예문 就仰 梅泉先生募刊事 近果入料耶 〔김성규金性圭, 37-97〕

취유毳帷 　　양털로 만든 장막. 예문 但於昨日寒場毳帷 擾聒不能掛一 是歎是歎 〔정조正祖, 26-67〕

취중就中 　　드릴 말씀은. 인사말이 끝나고 본론으로 들어갈 때 쓰는 말. 예문 就中 今卄九日 女息遠行 凡事不一 其中難得 實果尤甚 貴儲各種 未可隨所有 惠濟耶 〔안방준安邦俊, 22-91〕

취첩就喋 　　드릴 말씀은. 예문 就喋 先墓碑石 今當入刻 而食道頓乏 將銜恨入地 〔이민구李敏求, 21(義)-203〕

취품就稟 　　드릴 말씀은. 예문 就稟 大婚之禁 已許矣 世道日益危厲 人事亦復難知 令意果有意於弊家成親 先定聘幣之期 卜月日之吉 然後兩家之契彌緊 〔조석윤趙錫胤, 23-85〕

취허吹噓 　　입김을 불어넣어 줌, 즉 말을 하여 도와줌. 예문 侍生 幸承大監宅吹噓緊托 前冬公科 得捷魁榜 〔한상현韓象鉉, 41-157〕

취황趣況 　　재미있는 상황. 예문 質夫留連 非不多時 頓無趣況 離違之情 無以裁住 〔김정희金正喜, 44-336〕

측仄 　　마음이 편치 않음. 상대방에 대한 미안한 마음을 표현하는 말. 예문 再蒙皂盖枉顧山役之地 旣感且仄 不知所喩 〔남구만南九萬, 3-171〕

측문側聞 　　풍문風聞. 소문. 예문 側聞 自上有厭憚謫宦侵斥道臣之敎云 誠是情外 〔이세화李世華, 5-110〕

측신厠身 　　자신이 참석함을 겸손하게 이르는 말. 예문 幸得夤緣 厠身穩討數日之暇 〔유인식柳寅植, 44-68〕

측저側佇 　　곁에서 기다림. 또는 갈망함. 예문 所冀 益懋遠業 以副側佇之情 〔윤순거尹舜擧, 23-75〕

측측惻惻 　　몹시 추운 모양. 예문 春寒惻惻 伏惟侍履凡百神相 區區瞻慰 〔조상우趙相愚, 3-140〕

층당層堂 　　조부모와 부모. 예문 未審日來初冬層堂鼎茵 益享康福 侍餘棣樂珍

相 從妹亦將兒安好耶〔이정식李庭植, 32-63〕→ 중위重闈, 층성層省, 층위層闈

층등蹭蹬　　험난한 길. 예문 僕蹭蹬歸來 辭病俟命 未知何如 憂虞不淺〔이황李滉, 3-20〕

층성層省　　조부모와 부모. 예문 戚弟 層省免添 各離依遺 私分之幸〔이대형李大衡, 53-52〕

층위層闈　　조부모와 부모. 예문 卽接啓伻靠 伏審層闈壽體候 果無大家損添 省下德履衛重 阻餘慰釋 不能自已〔남계병南啓炳, 40-124〕→ 중위重闈

치褫　　역졸驛卒. '치'褫는 '체'遞와 같다. 예문 凉意乍生 懸頒際勤 褫至得承委狀 就審邇來 郵履連勝 慰浣實深〔김유근金逌根, 21(智)-265〕

치경馳耿　　궁금함. 예문 春間愆候 尙遲痊安 由駕旋淹 想之紆鬱 況値巡家遞代 迎送爲擾 種種馳耿 如何可已〔심상규沈象奎, 39-193〕

치계馳啓　　장계狀啓를 올림. 예문 大臣以更論本道 方得詳査 旁近諸道儒生 定論馳啓然後 處置云云之意爲獻矣〔미상, 45-312〕

치구治具　　먼 길을 가기 위해 짐을 꾸림. 예문 兒子未及治具 六日始發 必後於諸人 其單行可慮念也〔이황李滉, 30-16〕→ 치행治行

치려馳慮　　궁금하고 걱정스러움. 예문 悄坐馳慮 耿耿方苦 忽承書信 慰仰如何〔이산보李山甫, 3-44〕

치령薙令　　단발령斷髮令. 예문 方此薙令大熾 村村輪回强剃 不可以一時幸免爲幸 則所謂以儒爲名者 將何以處之也〔심진택沈鎭宅, 41-92〕

치민馳悶　　근심스러움. 예문 但審兄主失平 馳悶無任 未知患何證 秪今加減如何 細示〔정철鄭澈, 23-21〕

치발治發　　행장을 꾸려서 보냄. 예문 此便回 若得甥病差歇之報 則可圖以趁夏初治發〔최흥원崔興原, 027〕→ 진송津送, 치송治送

치보馳報　　지방에서 역마를 달려 급히 중앙에 보고하던 일. 예문 陪持日及 其後比軍勝捷形止 來後以諺書馳報 君所之幸不被兵之奇 而猶未見手書爲鬱 而今可以釋念矣〔이면긍李勉兢, 7-163〕

치부置簿　　금전이나 물건 따위가 들어오고 나감을 기록함. 또는 그런 장부. 예문 貴縣論報事 幷依施 而其中三人査案 與物故置簿 皆無所付 未知其由〔신여철申汝哲, 21(禮)-140〕

치산齒酸　　이가 쑤시는 것으로 괴로움을 비유한 말. 예문 如此霜寒 想君客苦 令人齒酸 還欲無言 〔이성李宬, 35-53〕

치상馳想　　그리워함. 예문 相去遠 恨無由款曲追從 但有馳想耳 〔이상정李象靖, 21(智)-59〕

치서馳書　　급히 편지를 보냄. 예문 兄依昔潭府罷弊已極云 然爲親乞外 更未得便 則此亦何妨 汝可馳書弘兒 告訴獻叔而圖之 〔윤구尹衢, 8-12〕

치설齒舌　　구설수. 예문 僕遭齒舌不少 區區儒輩群吠 亦何異乎 〔박상朴祥, 9-72〕

치소馳傃　　치소치소. 예문 伏惟秋高 政履淸福 馳傃馳傃 〔김수항金壽恒, 21(禮)-75〕

치소馳泝　　치소치소. 예문 盛暑千萬愛重 臨墨不任馳泝 〔황정욱黃廷彧, 5-197〕

치소馳遡　　궁금함, 또는 그리움. 마음이 상대방을 향해 달려간다는 뜻. 예문 流火奄過 高秋已屆 此時兄道體如何 只切馳遡 〔이수언李秀彦, 23-147〕 → 경앙傾仰, 경앙景仰, 경현耿懸, 공소拱溯, 공소貢傃, 관송款誦, 교송翹誦, 소溯, 소념溯念, 소앙溯仰, 소왕傃往, 송복誦服, 앙모仰慕, 앙소仰溯, 앙소昻溯, 연사戀思, 연소戀傃, 연소戀遡, 연앙戀仰, 첨경詹頸, 첨련瞻戀, 첨모瞻慕, 첨상瞻想, 첨소瞻溸, 첨소瞻遡, 첨소瞻遡, 첨송瞻誦, 첨송詹誦, 첨영詹咏, 첨왕瞻注, 첨주瞻注, 첨향瞻嚮, 첨현瞻懸, 치상馳想, 치소馳傃, 치소馳泝, 치정馳情, 하소葭溯, 향소嚮傃, 향앙向仰, 현경懸頸, 현기懸企, 현념懸念, 현련懸戀, 현상懸想, 현소懸傃, 현소懸遡, 현앙懸仰, 현향懸嚮, 현현懸懸

치송治送　　준비하여 보냄. 예문 治送之節 自多關心 惱悶何喩 〔송치규宋穉圭, 22-301〕 → 진송津送

치식稚息　　어린아이. 예문 就中 十二歲稚息 未見嫁娶 則亦是餘債 明年卽十三歲 且弟之舊婚回甲 春間酌水成禮 則惟在台執議定矣 〔김낙현金洛鉉, 22-333〕

치신致訊　　문안 편지를 보냄. 예문 窃擬一者致訊 而衰懶人事 自不未果 〔미상, 027〕

치아癡兒　　자기 자식을 낮추어 부르는 말. 예문 癡兒從使行還任所 送此物來 平日每戒兒 勿爲老父索物於人 不知於何而得 〔이황李滉, 30-125〕 → 가돈家豚, 돈豚, 돈견豚犬, 돈아豚兒, 미돈迷豚, 미식迷息, 미아迷兒, 천식賤息

치원致遠　　원대한 뜻을 이룸. 예문 凡人雖有高才豪氣 若不於文字上早自着力

刻苦 則畢竟恐無致遠之道 〔박태관朴泰觀, 49-268〕

치유 致侑　　임금이 특정한 사람의 제사를 위해 제물을 보내는 일. 예문 日來何況 慕堂致侑 卜吉於卄五 兼宣華謚 〔정조正祖, 26-19〕

치장 雉帳　　꿩 문양을 그려 상여喪輿의 지붕을 덮는 데 쓰는 휘장. 예문 此處所備之物 皆可用 勿以爲慮 大擧竹格雉帳 亦造 嫂氏以此爲念 故別及之耳 〔김성일金誠一, 12-145〕

치장 鴟張　　올빼미가 날개를 편 모양. 흉포하거나 강성한 모양을 비유하는 말. 예문 荊憂間歇 而村沴一倍鴟張 死亡種種 樵汲皆染出 目下經過 便一患難中 良苦良苦 〔권세연權世淵, 32-170〕

치점 嗤點　　사람들이 비웃고 손가락질함. 예문 院記力疾草得 澁劣不成文字 可恨 覽後與諸君評訂 有未安處 ㅡㅡ指出塗改 庶免後人嗤點 〔이황李滉, 30-157〕

치정 馳情　　그리워함. 예문 秋氣乍生 卽惟靜履 益復淸勝 瞻望馳情 何日少弛 〔임방任埅, 23-151〕

치제 致祭　　임금이 죽은 신하에게 내리는 제사. 예문 昨日寃死人等 一皆伸理 秋相則 復官致祭 吳季文則 諸臣皆以快雪爲難 〔이관징李觀徵, 13-135〕

치좌 痴坐　　우두커니 앉아 있음. 예문 今日以點兵出郊 雪中痴坐 忽奉枉書 驚慰 〔고경명高敬命, 3-32〕

치중 褫中　　파발擺撥 편에. 예문 褫中獲聯翩兩札 慰抵千金 且審春和 侍履佳裕 區區喜幸當如何 〔김상성金尙星, 21(智)-35〕 → 사중褫中, 체중遞中

치지 差池　　어긋남. 예문 今番有事之日 準擬相握 而亦復差池 可恨 〔김창숙金昌淑, 40-96〕 → 노좌路左02, 상좌相左

치지 齒至　　죽을 나이가 다 됨. 예문 明年政七十 惝以齒至 〔미상, 027〕

치진 緇塵　　더러운 먼지. 속세의 비유. 예문 如僕 方將健羨之不暇 將此虛殼 以汨汨於緇塵 終何有寸分得耶 〔최산두崔山斗, 9-67〕 → 속구俗臼, 연홍진軟紅塵, 진구塵臼, 진환塵寰

치포 穉抱　　어린 손자. 예문 査弟慈節 近以風頭欠損 而穉抱則姑爲充健 〔○치황○致榥, 41-150〕

치하 治下　　관내管內. 다스리는 지역. 예문 就煩 權生員評 卽習齋之曾孫 而於弟七寸親也 家乏蒼頭 買得一奴於治下 將欲斜出 〔이원李薳, 5-105〕

치행治行　　행장을 꾸림. 예문 方以寧父治行事多之故 一未修謝 迨深罪恨 玆承專使致問 跪讀再三 〔조헌趙憲, 16-29〕 → 치구治具

치후馳候　　사람을 급히 보내어 문안드림. 예문 昨聞令旆當歷此境郵亭 卽令文上舍弘獻 持書馳候 到昏虛還 不審何故 〔최경회崔慶會, 21(仁)-195〕

칙려飭厲　　단속함. 훈계하여 독려함. 칙려飭勵. 예문 飭厲舌官 不至坐事 何待兄勤敎 此人輩必欲充壑欲而後已 是可痛歎 〔이관징李觀徵, 5-65〕

칙수勅需　　중국 사신 대접에 드는 물자의 수요需要. 예문 飢民乞糴之狀 列邑勅需之請 日日堆案 赤手空坐 無以爲應 此悶如何 〔이만웅李萬雄, 21(禮)-139〕

칙행勅行　　중국 사신 행차. 예문 頃値勅行 策應蝟毛 未暇委候 〔목대흠睦大欽, 47-63〕

친가親駕　　부모의 행차. 예문 親駕將於再昨啓發那中行 〔김정희金正喜, 33-39〕

친경親耕　　왕이 직접 농사를 짓는 의식. 예문 節製 鄕居之人 無以得見 而二月初十日 親耕設科 卽英廟朝後 初有之盛擧也 〔신좌모申佐模, 43-130〕

친사親事　　혼사婚事. 예문 仲姪親事 日吉順成 新人德容 極愜所望 〔김응순金應淳, 22-283〕

친산親山　　선친先親의 산소. 예문 親山 術家之言 不無動心 而以合窆破舊墓 擇在來月十八日 〔송병선宋秉璿, 22-349〕

친성親省　　아버지의 안부. 예문 親省近以寒感致添 所惠牲醴之需 又是饋奠中興感之具也 遇喜之地 情固難爲也 〔김대락金大洛, 40-52〕 → 정후庭候, 친절親節

친의親懿　　매우 가까운 친척. 또는 그 친척 간의 화목和睦. 예문 顧此喪亂以來 心地沮剝 無望見收於親懿記念之科 而拔例垂眷 加以厚贐 儘覺窮途 而見深情也 〔김정섭金鼎燮, 40-86〕

친절親節　　부모의 안부. 예문 自惟幸親節承甯耳 〔김성근金聲根, 22-345〕

친정親庭　　부모. 예문 晚聞君奉親庭 避寓南村 不勝嗇慮 〔성혼成渾, 23-17〕

친제親癠　　어버이의 병환. 예문 杓 親癠彌留 身病支離 旣悶且苦 〔신표申杓, 34-394〕

친지親識　　친구. 친지親知. 예문 厄患之後 專廢出入 而昨爲弔親識之喪 適一動矣 〔이단하李端夏, 31-17〕 → 교지交知, 구기舊記, 구제舊弟, 원빈元賓, 지구知舊

칠경七經　　유학의 7가지 경전. 사서四書인 『논어』·『맹자』·『중용』·『대학』과

삼경三經인 『주역』·『시경』·『서경』을 합하여 이르는 말. 예문 弟積唐帶昨 無足塵聞 下惠七經 荷玆記念 謹領珍感 無以爲喩 〔홍현주洪顯周, 44-173〕

칠선漆扇　옻칠을 한 부채. 예문 府京邸人 今隨評事之行 告歸 故憑問起居 且送漆扇常扇 各一柄 〔윤근수尹根壽, 16-27〕

칠실지우漆室之憂　나라 일을 근심함. 보통 신분에 맞지 않는 외람된 근심을 말할 때 사용한다. 『열녀전』列女傳에 춘추시대 노나라 목공穆公 때 군주는 늙고 태자는 어려서 국사國事가 대단히 위험했는데, 칠실에 사는 한 소녀가 기둥에 기대서서 한숨을 쉬며 나라와 백성을 근심했다고 한다. 예문 變異至此 漆室之憂 殆不能堪 〔이경여李敬輿, 23-55〕

칠우漆憂　칠실지우漆室之憂의 준말. 예문 霜寒木落 天道有定 而穰往熙來 人心無常 杜門病蟄 只切漆憂 〔최익현崔益鉉, 44-121〕

칠황柒黃　황칠黃漆나무 수액. 전라도 서남 해안 지역에서 주로 생산되며, 약재나 고급 도료로 쓰인다. 예문 曾使希路 覓來柒黃自淳昌 至于今已五載矣 〔이양익李良翊, 7-173〕

침독侵督　재물을 빼앗고 괴롭힘. 예문 審得還鄕無恙 深慰深慰 但聞有兵營侵督之患 奉慮實深 〔심희수沈喜壽, 16-65〕

침랑寢郞　종묘나 능침, 원園 등을 관리하는 영令 및 참봉. 예문 令胤寢郞 見在何處 忙未別書耳 〔송시열宋時烈, 3-119〕

침면沈綿　병이 오래도록 낫지 않음. 예문 生沈綿如昨 苦惱度日耳 〔정홍명鄭弘溟, 22-107〕→ 미건彌愆, 미류彌留, 미엄彌淹, 엄침淹沈

침심侵尋　점차 심해짐. 침심浸尋. 예문 光顔 兩載劇地 衰病侵尋 生民疾瘼 百未一捄 〔윤광안尹光顔, 31-54〕

침아沈痾　묵은 병. 예문 方獲承拜於此 又知沈痾之非同等閑 而誠不勝其貢慮 〔유척기兪拓基, 31-42〕→ 구신舊愼, 숙신宿愼, 숙아夙痾, 숙아宿痾, 숙증宿證, 정질貞疾, 진환陳患

침어沈魚　소금에 절인 생선. 예문 投餌沈魚 拜領佩戢 〔민진원閔鎭遠, 44-158〕

침장沈醬　젓갈을 담금. 예문 封餘生蝦三十 送于令胤所 使之沈醬送致 〔이진순李眞淳, 7-204〕

침재鋟梓　책판을 새김. 예문 頃伏覩 星湖先生之文集鋟梓事聯函 凡在後學

孰不欣幸〔한상원韓商源, 53-218〕

침징 侵徵　　부당하게 세금을 징수함. 예문 近來法廢而弊滋 保與監色 晏然自在 而乃使侵徵於其族屬 延及於他道邑〔이충익李忠翊, 7-172〕

침추 寢楸　　선영先塋. 예문 山地占得於寢楸局內云 神雖允愜 而不知形便如何〔김성근金聲根, 50-92〕→ 구산舊山, 선추先楸, 송추松楸, 추하楸下

침폄 針砭　　쇠로 만든 침과 돌침. 교훈, 따끔한 충고 등을 의미함. 예문 何意執事 過加獎許 不施針砭〔권용정權用正, 39-223〕

칭념 稱念　　잊지 말고 잘 봐달라고 부탁함. 주로 중앙관이 지방관에게, 또는 지방관으로 있는 친구에게 자신의 인척이나 노비를 잘 돌봐 주고 역을 면제해 달라(完護)고 청탁할 때 쓰는 말. 예문 且告治底居金琮來 謂我同姓 願得稱念於吾兄 作此以付 望要見饋酒顧護生光也〔김진상金鎭商, 21(禮)-463〕

칭도 稱道　　칭찬. 예문 台軒駕過橫城之日 累賜稱道 纔因本倅已得詳聞〔정지화鄭知和, 6-101〕

칭상 稱觴　　회갑 잔치 따위에서 장수를 비는 뜻으로 술잔을 올림. 헌수獻壽. 예문 尊堂晉甲重回 此爲人世之稀慶 則天之所以佑純孝者多矣 無彩稱觴 其喜何如〔이병곤李炳鯤, 53-43〕

칭색 稱塞　　직책에 따르는 책임을 다함. 예문 此時言責益難稱塞 惶蹙靡容 奈何奈何〔여선장呂善長, 21(禮)-470〕

칭위 稱謂　　칭송. 예문 仲尼大聖也 區區稱謂 何豪末之加焉〔홍석주洪奭周, 31-60〕

칭정 稱停　　공정하고 합당함. 칭정稱亭. 예문 當就草本 而略加修潤爲計 而深淺之見 無以合宜稱停於財擇 是所悶慮也〔송내희宋來熙, 11-240〕

ㅋ

쾌快　　병이 나음. 예문 一病未快 迨未得一進 遂若背恩之人 竢罪萬萬 〔이숙李潚, 21(仁)-360〕

쾌각快却　　병이 완쾌됨. 예문 身病則多服治瘧之劑 欲瘳未瘳之際 服王道糕 快却 〔이삼환李森煥, 44-100〕

쾌거夬袪　　병이 완쾌됨. 예문 閤憂雖未夬袪 今已解娩 些些症證 久當自瘳 〔남병철南秉哲, 44-196〕

쾌복夬復　　병이 완쾌됨. 예문 令婦所愼夬復云 爲慰 〔이휘정李彙廷, 44-57〕

쾌복快復　　병이 완쾌됨. 예문 前患阿堵之症 其已快復否 〔이여李畲, 23-159〕

쾌설快雪　　죄를 깨끗이 씻음. 예문 昨日冤死人等 一皆伸理 秋相則 復官致祭 吳季文則 諸臣皆以快雪爲難 〔이관징李觀徵, 13-135〕

쾌소快蘇　　병이 완쾌됨. 예문 前患落傷處 今已快蘇否 〔이의건李義健, 23-15〕

→ 평복平復

타공墮空　　물거품이 됨. 예문 嶺南之擬 旣不得 乞假之計又墮空 不知風雨對床何時可遂 〔이황李滉, 5-180〕

타락酡酪　　우유를 발효시켜 만든 식품. 예문 酡酪多多覓送何如 〔허격許格, 051〕

타연拖延　　일 없이 시간을 보냄. 예문 以交龜之稍遲 危城中拖延棲屑 初吉新伯始到營 〔정헌시鄭憲時, 35-128〕

타운朶雲　　상대방이 보낸 편지. 당나라 때 위척韋陟이 항상 다섯 빛깔 종이 편지지에 첩으로 하여금 대신 글을 쓰게 하고 자신은 서명만 하였는데, 그가 쓴 '척'陟 자가 '다섯 빛깔의 늘어진 구름'(五朶雲) 같다고 한 데서 유래한다(『신당서』新唐書「위척전」韋陟傳). 예문 歲暮天寒 正難懷人 朶雲遠墮 不勝狂喜 〔김홍집金弘集, 31-108〕

타첩妥帖　　잘 처리함. 타첩妥怙, 타첩妥貼. 예문 前等事妥帖 深望深望 〔김종한金宗漢, 31-128〕 → 온첩穩帖

타화打話　　이런저런 이야기를 나눔. 예문 僕頃往河上 與季華打話數日 〔김영조金榮祖, 44-44〕

탁견拆見　　편지를 열어 봄. 예문 日則若不在 則其友人拆見 答書切企耳 〔왕수환王粹煥, 37-140〕

탁료濁醪　　막걸리. 예문 到處遊覽雖富 行色草草徒徒 濁醪亦絶 〔김이안金履安, 22-279〕

탁배擢拜　　발탁하여 임명함. 예문 雖日此職乃是該官擢拜 旣異於例授 晏然

承當 亦有所不敢者 方此呈旬辭遞伏計 〔이세필李世弼, 5-125〕

탁비托庇　　비호하여 주시는 덕분에. 염려하여 주시는 덕분에. 예문 罪生 托庇 姑支 而姿意游覽 聊以忘憂耳 統祈台鑒 不備 〔민영익閔泳翊, 21(智)-474〕 → 몽사蒙賜, 임비臨庇, 하사荷賜

탁수낭공橐垂囊空　　주머니가 비어서 늘어짐. 돈이 없음. 가난함. 예문 此外 貲本家但知愛其財 不復知有此等稀事奇事 徒弊唇舌而已 如生之仰艶仰賀者 於橐垂囊空 何如干收拾仰呈者 豈可日應助乎哉 〔송기면宋基冕, 37-94〕

탄장彈章　　탄핵하는 글. 예문 卽見分發 叔平竟不得免彈章 不詳本旨者 雖或致訝 詳聞語意 而亦不能救 可怪可怪 〔이정구李廷龜, 45-287〕

탄협彈鋏　　궁핍함. 풍훤馮諼은 전국시대戰國時代 맹상군孟嘗君의 식객이었는데 대우가 좋지 않자 칼을 두드리며 노래 부르기를, "긴 칼아 돌아가자꾸나, 음식에 고기반찬이 없구나"(長鋏歸來乎 食無魚)라고 하니, 고기반찬을 갖다 주었다는 고사가 있다. 예문 惠郭索生薑旣足 此地所無 而正及彈鋏之中 因此加餐 〔임방任埅, 22-195〕

탈가稅駕　　이주함. '稅'은 '脫'과 같은 뜻. 예문 聞今世變 一層搶攘 未知吾儕將稅駕何地 痛哭流涕 〔송병순宋秉珣, 38-38〕

탈공稅笻　　나들이 갔다가 집에 돌아옴. 예문 僕稅笻以來 至今困頓 午窓鈔數葉書 煤灯閱數板史 亦難充課 〔황현黃玹, 37-28〕

탈습脫濕　　벼슬을 그만둠. 예문 自聞執事住近 常欲一候 而病蟄窮谷 未由自振 可嘆 比來脫濕居閒 起居萬福否 〔권이진權以鎭, 21(禮)-363〕 → 투불投紱, 투관投版, 해관解官, 해불解紱, 현거懸車

탈신脫身　　몸을 빼어 벗어남. 예문 鳳母則無事脫身 餘何足喩 〔이운근李雲根, 35-41〕 → 추신抽身

탈최脫衰　　상중喪中에 입는 최복衰服을 벗음. 예문 經世頃有召命 明曉脫衰訖 卽發西行 〔정경세鄭經世, 44-39〕

탈하頉下　　역을 면제함. 예문 全然頉下 固至望也 如或不然 則特減支供一節 俾無渙散之弊 則於坊川之役 猶勝於全然兩失也 〔이상정李象靖 등, 44-52〕

탐련貪戀　　몹시 연연함. 예문 弟年迫七十 迄可休矣 而貪戀未決 又見今年景色 雖悔奈何 〔정세규鄭世規, 8-103〕

탐리探吏　　사신의 가는 길을 탐문하던 아전. 예문 才見朝紙 銓地不無風波 而未得其詳 今行必有所聞 略示梗槩 亦望 適仍探吏 暫此替申 〔이석표李錫杓, 10-111〕

탐후探候　　안부를 물음. 예문 季父累月作客 未得源源探候 伏切不瑕之慮 〔유성시柳聖時, 027〕

탑전榻前　　임금의 앞. 예문 有藩臣自辟守令於榻前之時乎 以理推之 必無其事 〔이후원李厚源, 22-123〕

탕건宕巾　　탕건宕巾. 예문 一宕巾 因京便 以稍寬者惠之 〔이병연李秉淵, 31-74〕

탕석蕩析　　모두 파괴됨. 예문 弟僅依昨樣 而水災之慘 前古所無 田園漂沒 家室蕩析 景色愁慘 生道杳茫 只自仰屋而已 奈何奈何 〔김몽렴金夢濂, 32-143〕

탕연蕩然　　텅 빔. 예문 凡事多不如意 未知何以訖功 亦慮筆子 天將有歸計 處處求束 爲善事之資 市中亦蕩然 〔김륵金玏, 16-50〕

탕요湯撓　　병구완하느라 바쁨. 예문 知台還朝 而湯撓中 公務且劇 未暇躬候 罪負罪負 〔이익수李益壽, 6-50〕

탕우湯憂　　병환을 조심스레 일컫는 말. 예문 餘仰祝 湯憂巡安 〔이광려李匡呂, 21(智)-61〕 → 탕절湯節, 탕후湯候

탕잔蕩殘　　파탄. 예문 民事之慘酷 官家之蕩殘 有倍於所聞者 奇怪之狀 不可勝言 〔이희조李喜朝, 21(禮)-270〕

탕절湯節　　병환을 조심스레 일컫는 말. 예문 第間者 湯節彌留 豈勝驚慮 信后閏月 已收无妄之喜 〔이용희李容熙, 31-89〕 → 탕우湯憂, 탕후湯候

탕제湯劑　　탕약. 자신이 병중에 있음을 나타낼 때 쓰는 말. 예문 此久在湯劑中 苦苦度日 〔송시열宋時烈, 052〕

탕찰瑒札　　상대방의 편지를 높여서 이르는 말. 예문 崇信來到 瑒札行披 情愫款洽 勉誨丁寧 之慰如何 〔이서구李書九, 21(智)-193〕

탕후湯候　　병환을 조심스레 일컫는 말. 예문 謹審湯候沈重 焦勞可仰想 不任摯慮 〔이근명李根命, 31-125〕 → 탕우湯憂, 탕절湯節

태台　　2품 벼슬에 있는 사람에게 편지를 보낼 때 상대방을 높여 이르는 말. 예문 伏惟卽日新春 台體起居履端增福 仰慰仰慰 〔박태보朴泰輔, 23-175〕

태太　　콩. 예문 分舘已過 從速上來回刺 則可得每朔米十斗太五斗 豈不愈於道塗勞苦耶 〔신좌모申佐模, 43-119〕

태迨　　지금까지도. 태迨는 급及의 뜻. 예문 行舟飄忽 莫由攀別 嚮風慨然 迨不能已 〔오윤겸吳允謙, 45-318〕

태駄　　말이나 소가 끄는 수레. 또는 수레에 가득 실은 짐의 단위. 예문 示籬次杻木 三十束帖給 當送二駄 可以輸去矣 〔이완李浣, 21(義)-322〕

태감迨感　　지금까지도 감사함. 예문 日枉迨感 卽何侍況 〔강회백姜淮伯, 21(仁)-20〕
→ 태하迨荷

태강汰講　　향교 유생에게 경서를 강講하게 하여 합격, 불합격을 가리는 것. 합격이면 군역이 면제되고 불합격이면 군역을 져야 했다. 예문 汰講未經 尙多十餘邑 行色太忙 又不得奉叙 勢也奈何 〔김구만金龜萬, 21(禮)-114〕

태록胎錄　　별지에 씀. 별지別紙를 태지胎紙라고 함. 예문 尾錄者自持 胎錄者分與 卽歲饌名色也 〔정조正祖, 26-51〕

태병駄病　　병든 몸을 말에 실음. 예문 爲時勢及友輩所迫 駄病就仕 固非吾志 〔이연경李延慶, 9-74〕

태봉胎封　　편지 속에 따로 넣은 봉투. 예문 就達 胎封別紙及公文二張 伏乞令下察曲施 〔한효순韓孝純, 051〕

태부인太夫人　　관직에 있는 이의 어머니를 높여 이르는 말. 보통 아버지가 돌아가신 경우에 쓴다. 예문 更聞日來 兄省體奉太夫人萬祉 〔강필姜泌, 40-22〕

태사혜太史鞋　　남자의 마른신. 비단이나 가죽으로 울을 하고, 코와 뒤축 부분에는 흰 줄무늬를 새겼다. 예문 吾之太史鞋 及松脂縮持來也 〔신좌모申佐模, 43-146〕

태상胎上　　별지에 써서 동봉하여 올림. 예문 故不敢隱情於君父 略及於疏末 疏草胎上 下覽後 傳致朴察訪處 如何 〔이세화李世華, 5-111〕 → 태송胎送, 태정胎呈

태석인太碩人　　남의 어머니를 높여 이르는 말. 예문 頃伏聞太碩人有愆候 不勝驚慮 〔유낙휴柳洛休, 32-155〕

태송胎送　　동봉하여 보냄. 예문 水寒在洪兄之書胎送 卽爲信專 家豚永駿 兄須善導 書到卽爲返奇 〔김정현金正鉉, 37-123〕

태수생太瘦生　　몹시 수척함. '생生은 당唐나라 때 쓰이던 어조사. 이백李白의 시 〈두보에게 희롱 삼아 주다〉(戲贈杜甫)에 "반과산 머리에서 두보를 만났는데, 갓 쓴 머리 위로 햇볕 쨍쨍 내리네. 지난번 헤어진 후로 어찌 그리 수척하냐 물으니, 이 모두가 시 짓는 고통 때문이라네"(飯顆山頭逢杜甫 頭戴笠子日卓午 借問別來

太瘦生 總爲從前作詩苦)라는 구절이 있다. 예문 離家日久 當有歸思 幸從早○去 俾免太瘦生如何〔이상정李象靖, 12-236〕

태시胎示　편지에 동봉한 별지에서 말씀하신 것. 예문 胎示備悉 而寧欲無言耳〔정직현鄭直鉉, 41-154〕

태의迨依　지금도 생생함. 예문 頃奉迨依 卽承委翰 仍審日間啓居益勝 慰瀉則深〔이유李濡, 25-26〕

태절迨切　지금까지도 간절함. 예문 昨承惠覆 感慰迨切 不審宵回政體動止 連護万重 仰傃不任勞祝〔이만운李晩運, 44-83〕

태정胎呈　동봉하여 올림. 태지胎紙. 예문 其所答如此 故厥答唘胎呈耳〔정호鄭澔, 22-209〕

태지胎紙　편지에 동봉하는 별지別紙. 예문 且胎紙所懇 另施爲望〔이유李濡, 21(禮)-206〕→ 녹지錄紙, 별록別錄, 별지別紙, 별폭別幅, 소록小錄, 소지小紙, 소폭小幅, 영함另械, 태록胎錄, 협고夾告, 협록夾錄, 협백夾白, 협소夾疏, 협저夾楮, 협지夾紙, 협편夾片

태집台執　수신인이 2품 벼슬일 때 편지 봉투에 써서 상대방을 높이는 말. 태台는 대감, 집執은 그 밑에서 일하는 집사를 가리킴. 예문 大邱府 觀察使 台執 入納〔이완용李完用, 31-150(봉투)〕

태창太倉　나라의 창고. 예문 此亦不才倖窃 久窃太倉 今日所遭 政坐過福 互換之理 只堪一笑〔유명현柳命賢, 21(禮)-194〕

태체台體　대감의 건강. 보통 수신인이 2품의 벼슬에 있을 때에 '태'台를 쓰고, 3품 벼슬에 있으면 '영'令을 쓴다. 예문 伏惟日來台體動止一味愆重〔송환기宋煥箕, 22-291〕

태패台斾　대감의 행차에 따르는 깃발. 대감의 행차를 가리킴. 예문 台斾千里往返 伏惟行候萬相〔이단하李端夏, 23-113〕

태품胎稟　별지別紙로 아룀. 예문 有些商量 欲專人仰溷 書成而鄭重未發 今此胎稟 幸乞照回〔이상정李象靖, 12-236〕

태하迨荷　지금까지도 감사함. 예문 日昨伏奉伻問遠及 迨荷迨荷〔정지화鄭知和, 5-58〕→ 태감迨感

태화환太和丸　신경을 많이 써서 밥을 못 먹거나, 신경이 예민하여 몸이 마

를 때 먹는 보양용保養用 약. 예문 太和丸五十覓呈 第爲試用如何 〔이면인李勉人, 7-155〕

택반澤畔　　못가. 유배지를 이름. 굴원屈原의 〈어부사〉漁父辭의 "굴원이 쫓겨나 강호에서 노닐며 못가에서 시를 읊조리고 다니는데 안색은 초췌하고 모습이 수척하였다"(屈原旣放 游於江潭 行吟澤畔 顔色憔悴 形容枯槁)라는 구절에서 유래한다. 예문 澤畔之得此果 天與口福歟 〔김정희金正喜, 33-61〕 → 누소루累所, 적막지빈寂莫之濱

택사澤瀉　　소태나물. 이뇨 작용과 해열 작용이 있다. 예문 老親方在求藥中 而縣殘不能供 枳實澤瀉馬門冬山茱萸等材 如有餘 幸分惠 憑雜物領吏 敢脩候 〔조경趙絅, 44-326〕

택심宅心　　마음에 두고 잊지 않음. 존심存心. 『서경』書經 「강고」康誥에 "너는 크게 상商나라의 노성老成한 사람들을 멀리 생각하여 마음에 두고 잊지 않으며 그 가르침을 알라"(汝丕遠惟商耇成人 宅心知訓)는 구절에서 유래한다. 예문 邇日事業 又從調和新舊 設校興學 要作學界指南 用意勤矣 宅心厚矣 羨仰無已 〔유만식柳萬植, 44-72〕

택조宅兆　　무덤. 예문 宅兆似無可合處 何以爲之 造墓軍 本府城主前 成狀以送 汝親進立庭傳上 以達汝父哀懇爲可 〔김성일金誠一, 12-167〕 → 구묘丘墓, 묘궁墓宮, 유당幽堂

토吐　　톳. 김 1톳은 100장. 예문 惠送四吐海衣 依受 緊用感荷僕僕耳 〔김병연金炳淵, 42-21〕

토답討答　　답장을 받음. 예문 諸宅始有書 而大庭與汝上 當自此得人 杵湖長川 則卽傳討答爲可 〔정조正祖, 26-79〕

토붕土崩　　흙이 무너짐. 일이 잘못되어 수습할 수 없게 됨을 이르는 말. 예문 八路同飢 土崩之勢正急 台雖欲自愛 其奈社稷何 〔윤문거尹文擧, 22-135〕

토수吐手　　토시. 예문 風日不佳 不可無毛帳與揮項吐手 故玆以傳人 以及宿所 而亦未可也 〔이철영李喆榮, 10-116〕

토식討食　　음식을 얻어서 먹음. 예문 自此無以津去橐物 而倂小僕洽成兩口 客中亦沒計討食 〔윤봉구尹鳳九, 6-91〕

토편討便　　인편人便을 구함. 예문 向寄家史二册 討便入送也 〔송병선宋秉璿, 22-

347)

토홍원兎紅元　산토끼의 피에 메밀가루와 웅황雄黃을 넣어 만든 환약. 천연두 치료에 쓰임. 토홍환兎紅丸. 예문 兎紅元覔送 考方服之爲佳〔정경세鄭經世, 45-382〕

통가通家　선대先代로부터 서로 친하게 지내는 집안. 예문 冶匠役夫 皆未藉本官之力 大異所料 幸更懇裁一書 以爲顧見之地 如何 專恃通家世誼 又此煩浼悚悚 餘不宣 伏惟尊照〔강현姜鋧, 47-157〕

통간通懇　통간通懇. ~를 통하여 간청함. 예문 頃聞藍浦倅之言 則尙今留置云 幸以鄙意 通懇於營門 以爲運致公山之地 如何〔조명리趙明履, 6-204〕

통결慟結　애통하여 가슴에 맺힘. 예문 遠聞姉氏窆事旣完 慟結 無時可拜 又過卄四諱日 種種情事 益無以爲狀也〔김수항金壽恒, 16-108〕

통구通衢　사방으로 통하는 큰길. 예문 汝書以擧業爲言 叔世士子立身 此爲通衢 而國俗尤以此爲重 從前豈不欲汝致力 但念幼時全不勸課 將至過時難成 故不欲役志於此耳 非惡之也〔정경세鄭經世, 45-361〕

통기通奇　기별을 보냄. 통기通寄. 예문 見其時勢而通奇矣 以此諒焉〔김창숙金昌淑, 44-66〕

통기通氣　기운이 통함. 숨이 통함. 예문 卯君忽得支疾 望斷者兩日 始得通氣 通氣之後 往復無常 或至萬分地頭 投試參料 則少定 若是而其可支撑耶〔유도원柳道源, 32-152〕

통독痛毒　참혹할 정도로 애통함. 예문 罪人頑忍不死 屬此歲暮 痛毒如新〔이상정李象靖, 12-236〕

통독通讀　성균관에서 매월 초하루와 보름에 유생들에게 보이던 강경講經 시험. 연말에 점수를 합산하여 상위 5명에게 문과 복시에 응시하는 자격을 주었다. 예문 所教通讀輪次事 鄙疏本意 蓋爲請復舊規 而仍欲就其規 略加潤澤於節目之間 少捄時弊也 此不特陋見如是 亦與知館事商論而陳白矣〔김진규金鎭圭, 21(禮)-303〕

통망通望　관리를 뽑을 때 그 후보자로 천거됨. 예문 得與申注書直模通望 其在同道之義 事面甚好〔유백원劉百源, 31-126〕

통변痛卞　신랄하게 논파함. 변卞은 '변辨'의 뜻. 예문 册子中所陳 亦若如此 則有何痛卞之難也〔이단상李端相, 23-123〕

통석痛惜   슬프고 애석함. 예문 白洲二難令公 已作千古人 此古今所未有之變 公私痛惜 如何如何 〔이경석李景奭, 31-11〕

통승痛繩   엄하게 단속함. 예문 豚兒輩迷甚 敎導之責 亦不在僉賢耶 無乃懶 習 可悶 須痛繩之 渠每以吾言爲老生常談 又或悅而不繹 此尤悶也 〔미상, 22-393〕

통시痛施   엄하게 조치함. 예문 若於此際 使奴呈狀 則彼必痛施 幸以此意速 傳于性之處 〔미상, 027〕

통유統惟   두루 ~하기 바람. 편지 끝에 상투적으로 쓰는 말. 예문 餘不宣 統 惟照亮 〔이유李濡, 5-129〕 → 통희統希

통유通諭   널리 알림. 예문 日前自官有下帖於留鄕 自陶院有通諭四鎭 〔이만인 李晩寅, 027〕

통인通引   지방 관청의 관장官長에 딸리어 잔심부름하는 사람. 예문 但下人等 只吏房通引數三人來現 而夫馬時未來之 雖以峻辭責現 猶不敢從 其爲慢習可知 若來則當送之 〔조중립趙中立, 051〕

통장通章   여러 사람에게 돌리는 통문通文. 예문 譜所通章 已輪湖南 而各處 諸族 一不來見 此何故也 〔강운희姜運熙, 41-55〕

통전痛纏   슬픔에 잠김. 예문 國運不幸 坤聖賓天 痛纏率土 曷勝言喩 〔이현일李 玄逸, 44-47〕

통정通政   통정대부通政大夫. 정3품 문관의 품계. 고종 2년(1865)부터 종친 과 의빈儀賓의 품계로도 썼음. 예문 弟今十八日景陵酌獻禮時 以大祝勞陞通政階 〔서병호徐丙祜, 35-108〕

통투通透   철저하게 꿰뚫어 앎. 예문 聞向者 涉獵左傳云 左傳一部 果是作者 家大文字 而汝能通透誦習 則幸莫幸矣 〔이광교李廣敎, 35-70〕

통판通判   판관判官. 예문 公山通判 記室 回納 〔임상원林象元, 6-230(봉투)〕 → 반 자半刺, 반판半判, 이아貳衙

통희統希   두루 ~하기 바람. 편지 끝에 상투적으로 쓰는 말. 예문 萬萬 病草 不成字 統希令兄恕諒 〔민정중閔鼎重, 5-106〕 → 통유統惟

퇴당頹唐   퇴락. 예문 弟頹唐帶昨 無足塵聞 下惠七經 荷玆記念 謹領珍感 無 以爲喩 〔홍현주洪顯周, 44-173〕

퇴도지수退陶之壽   나이 일흔을 넘었다는 뜻. 퇴계 이황李滉이 72세까지 살왔던 데서 유래함. 예문 賤狀區區犬馬之齒 已享退陶之壽 而積病積衰 百世人人 已極苦悶〔최학길崔鶴吉, 40-332〕

퇴병退屛　　은퇴隱退. '병'屛은 '장'藏의 의미임. 예문 查勅何日入京云 而事當至何樣云耶 退屛之人亦不能無憂矣〔이관징李觀徵, 13-109〕

퇴복退伏　　은퇴하여 칩거함. 예문 病若未蘇 則何可起動而添傷乎 只恐世人未知 而一向退伏爲未安耳〔미상, 22-381〕

퇴식退食　　퇴궐退闕 후 집에서 식사를 함. 또는 조정에서 물러나 쉼. 예문 伏問夜環令體退食万旺 仰祝仰祝〔윤병정尹秉鼎, 22-337〕

퇴정退定　　날짜를 뒤로 미루어 정함. 예문 第婚禮未知郞家緣何退定 而以尊宅事勢 早晏一般 恐不若趂卽成禮矣〔윤용구尹用求, 29-46〕

퇴행退行　　출발을 늦춤. 예문 監泉親兄 聞尙未到 想阻水退行也〔정경세鄭經世, 21(仁)-416〕

퇴휴退休　　퇴직하고 휴양함. 예문 大抵衰年氣力 決不堪供世 雖使黽勉 亦無補益於明時 惟早得退休 溫理舊業 乃爲上策〔정경세鄭經世, 45-366〕

투套　　종이를 세는 단위. 예문 簡帖二十套 略送〔김상헌金尙憲, 36-19〕

투과망경投果望瓊　　과일을 주고 경옥瓊玉을 바람. 하찮은 것을 주고 중한 보물을 바란다는 뜻. 『시경』詩經 「위풍」衛風 〈목과〉木瓜의 "나에게 목과를 던져 주었는데, 아름다운 옥으로 보답하였네. 보답했노라고 여기지 않음은 길이 우호를 하고자 해서이네"(投我以木瓜 報之以瓊琚 匪報也 永以爲好也)에서 나온 말. 예문 自八月投果望瓊 至今四個月 如渴望之人眼穿始到 其欣握可知也〔왕수환王粹煥, 37-63〕

투극偸隙　　짬을 냄. 예문 初五日欲作忠州省墓之行 未前當偸隙以叙〔조상우趙相愚, 5-123〕 → 도극圖隙, 투한偸閒

투매偸埋　　남의 산소나 묏자리에 몰래 묘를 쓰는 일. 예문 不意日間有眞城先楸偸埋之變 全門方捲入 則鄙亦義難辭退 非此騎 又無以往復 不得已以李家所喂者代呈〔김상종金象鍾, 40-78〕 → 투장偸葬

투몌投袂　　소매를 떨침. 분발함을 이르는 말. 예문 小不如意 投袂而起 前路亨泰 無往不適 敢以是獻 吾知已以爲如何〔미상, 35-111〕

투북投北　　북쪽으로 유배 감. 예문 小生投北 無非自作 亦復何言 天怒大震 景象○佳 仰屋之憂 何可言〔조석윤趙錫胤, 22-133〕

투불投紱　　인끈(印紱)을 던진다는 뜻으로, 벼슬을 그만둠을 이르는 말. 투잠投簪. 예문 恐難投紱徑歸 未知將何以爲計也 〔이언강李彦綱, 5-134〕 → 탈습脫濕, 투판投版, 해관解官, 해불解紱, 현거懸車

투생偸生　　구차하게 목숨을 이어감. 예문 弟偸生如舊 苦毒日深 奈如之何 〔황석黃奭, 39-25〕 → 투식偸息

투시投示　　보여 줌. '투投'는 상대방이 던져 준다는 뜻으로, 자기를 낮추는 겸사. 예문 聞有應旨大疏 必有嘉謨谹論 可以斡旋拯救者 不知果蒙採用否 疏本後便乞投示也 〔송준길宋浚吉, 15-188〕

투식偸息　　구차하게 목숨을 이어감. 예문 比來泮村 不可久稽 纔得一丘偸息之所於近江之地 欲營小築 〔이경억李慶億, 10-51〕 → 투생偸生

투아偸兒　　도둑. 예문 第聞偸兒之鋒 至於傷人 驚慘不忍言 旣經喪葬 又遭此境 當此饑歲 其何以支存耶 〔이숭곤李崇坤, 10-90〕

투장偸葬　　남의 산소나 묏자리에 몰래 묘를 쓰는 일. 예문 朴也偸葬 洞議不峻 則掘移誠難 吾家雖獨意請掘 此計亦何必得成也 切痛切痛 〔이광직李匡直, 7-195〕 → 투매偸埋

투판投版　　벼슬을 그만둠. '판版'은 '홀笏'의 뜻. 예문 落致仕之說 始於宋時 而懸車再脂 投版重理 古今絶罕 〔김정희金正喜, 33-43〕 → 탈습脫濕, 투불投紱, 해관解官, 해불解紱, 현거懸車

투한偸閒　　짬을 냄. 예문 雖在當午蒿目之中 忙裏偸閒 一觴一咏 未害爲良吏生活 可羨可羨 〔미상, 35-112〕 → 도극圖隙, 투극偸隙

투함投啣　　명함을 줌. '투投'는 자기를 낮추는 표현. 예문 卽因家人所傳 伏聞辱臨投啣 不勝感悚 謹此還完 伏冀行李增吉 〔권혁權爀, 6-35〕

투핵投劾　　자신을 탄핵하는 글을 올림. 벼슬을 그만두는 방식의 하나. 예문 近欲趁秋凉 爲投劾引歸之計 而旱水之極 歲將大殺 因此或不無作戱之事 是可慮也 〔홍우원洪宇遠, 44-331〕

투향投餉　　보내 준 음식. 예문 投餉沈魚 拜領佩戩 〔민진원閔鎭遠, 44-158〕 → 손향損餉, 하향下餉, 혜미惠味, 혜향惠餉

투호投壺　　화살을 던져 병 속에 넣어서 승부를 가리는 놀이. 또는 그러한 놀이 기구. 예문 投壺數三部 敎工磨造以精 勿令高大 送于咸陽 〔윤구尹衢, 8-20〕

투황投荒　　변방에 유배됨. 예문 累人罪名至重 投荒猶輕 而聖慈曲軫 特借便近地 恩數曠絶 感泣罔極〔민진원閔鎭遠, 6-85〕

특간特簡　　임금의 특지特旨로 벼슬에 임용함. 예문 居留特簡 是格外異數〔김정희金正喜, 33-43〕

파把　　자루, 부채 따위를 세는 단위. 예문 九月當下去湖中 相奉有期 是則可慰 節箑四把 聊以表信 〔남이성南二星, 5-99〕

파각擺却　　포기함. 예문 士興之蹲坐南川 亦非擺却嶺計 實出於初頭生理之沒策 若有好樣接制之道 渠何敢不往醴土 〔권철신權哲身, 44-98〕

파교灞橋　　중국 장안長安 동쪽 파수灞水에 있던 다리. 장안에서 동쪽으로 떠나는 사람을 이곳에서 송별했기 때문에 시상詩想을 떠올리는 대표적인 장소가 되었다. 예문 高睡驛亭寒橋裏 不減灞橋看梅 仰俟且羨 〔신유한申維翰, 32-145〕

파리巴俚　　파巴 지방의 민간 가요. 자기가 지은 시문에 대한 겸칭. 예문 且不敢不和 玆步韻以呈 巴俚之於陽春 匪報也 〔곽종석郭鍾錫, 40-26〕 → 엄비掩鼻, 폐작弊作, 폐추弊帚

파별跛鼈　　절뚝발이 자라. 행보가 더딘 자를 이른다. 예문 近聞西事又動 無足絶氣踰嶺 豈此時不可得 誠如跛鼈坐井待死 豈謂吾儕末年情事止此耶 〔이호민李好閔, 45-262〕

파비巴鼻　　근거. 예문 緣此引出多少葛藤 終沒巴鼻 弟窃悶焉 〔김창흡金昌翕, 23-173〕

파사罷仕　　업무를 마침. 예문 申間罷仕之路 歷訪學部 敢不同去 檠上 金澤榮拜手 〔김택영金澤榮, 44-319〕

파산인罷散人　　파직되어 한가한 사람. 예문 朝奇別無可聞 來問疏論 春臺考官 望猥雜請 監科試官別擇 亞銓疏請 堂上下違牌 罷散人變通 堂上六人 堂下八九

人 有敍命云矣〔조태억趙泰億, 44-164〕

파완把玩　　음미함. 예문 雙鯉尺素 下言上言 把玩不住〔김정희金正喜, 33-16〕

파월播越　　임금이 도성을 떠나 다른 곳으로 피란함. 예문 國家播越中 私門酷禍 又至此極〔윤신지尹新之, 051〕

파타波咤　　파파타타波波咤咤. 불경佛經에 나오는 말로, 추위를 참느라 괴로워하는 소리. 예문 頷顧波咤 想如一矣 切爲悶念不已也〔신좌모申佐模, 43-151〕

파탕波蕩　　소란하여 평온하지 않음. 예문 當此朝著波蕩 左右安鮈好過 殊非此世之人也〔이진순李眞淳, 7-205〕

파토破土　　무덤을 만들려고 땅을 팜. 예문 十年經營 纔卜新山 破土之際 始覺穴犯古塚 更無餘地可以推移 不得已還載兩櫬 復向楊州舊山〔김남중金南重, 5-38〕

판겸判歉　　흉년이 들 것이라고 미리 판단함. 예문 卽玆庚炎僑中 諸節無撓 所農不至如此判歉 或有收秋之望〔유세경柳世卿, 027〕

판부判付　　상주上奏한 안案을 임금이 재가裁可하던 일. 예문 及見前後判付 知免渡海之厄〔권만權萬, 44-51〕→ 판하判下

판여板輿　　부들방석을 깐 노인용 가마. 지방관으로 있으면서 부모를 봉양한다는 의미, 또는 그 부모의 행차를 가리키는 뜻으로 쓰인다. 진晉나라 반악潘岳이 어머니를 판여에 태우고 경헌輕軒을 타고 멀리로는 왕기王畿를 유람하고, 가까이로는 가원家園을 둘러보았다는 고사에서 유래하였다. 예문 板輿之行 明當啓發 餘寒猶峭爲甚 耿耿〔김조순金祖淳, 29-29〕 | 令從卽闠任 聳賀聳賀 而可以將奉板輿 想惟榮幸 尤無比矣〔윤정현尹定鉉, 26-187〕

판자板子　　책을 간행할 때 쓰는 판板. 예문 聞方伯府伯 皆以前府使板子事被論 府伯則已爲辭狀云云 未知結末何如云 而方伯何間離營 由何邑留何邑云耶〔남천한南天漢, 32-140〕

판추判樞　　판중추부사判中樞府事. 예문 徐判樞謝狀〔서명응徐命膺, 44-165(봉투)〕

판탕板蕩　　정치를 잘못하여 나라의 형편이 어지러워짐을 이르는 말. 예문 欲於近間作西行 而凡百板蕩 極可悶也〔미상, 027〕

판하判下　　상주上奏된 안案을 임금이 재가裁可하여 해당 관청에 내려 보냄. 예문 入啓則以議大臣判下 老拙亦在獻議中 趙令公非不合此擧 而有一種論議 頗以爲不安〔미상, 45-313〕→ 판부判付

팔가八家　　『당송팔자백선』唐宋八子百選. 당송팔대가唐宋八大家의 명문장 백여 편을 정조正祖가 1781년(정조5)에 직접 편찬한 책. 6권 3책. 예문 此中批八家讀史選 爲今年三餘之工 而手定諸書句讀〔정조正祖, 26-45〕

팔로八路　　전국. 전국의 백성. 예문 八路同飢 土崩之勢正急〔윤문거尹文擧, 22-135〕

팔좌八座　　한대漢代 육조六曹의 상서尙書 및 일령一令·일복一僕을 일컬음. 조선 시대에는 육조의 판서 및 좌우찬성左右贊成을 일컬었다. 예문 龍台又八座 同車推輓 不孤爲賀〔이시원李是遠, 26-177〕

팔황八荒　　팔방八方의 끝. 곧 아주 먼 지방을 일컫는다. 예문 尋常爲恨者 知心知面 散在八荒 會合無路 未知何日 順風從帆鼓枻於黃河淸流之岸 春和景明 把酒臨風於無窮萬壽之域耶〔이영호李齡鎬, 40-254〕

패旆　　관리가 공무로 행차할 때 앞세우는 깃발. 상대방에 대한 경칭. 예문 旆臨未得迎拜 耿耿于中〔이원익李元翼, 23-25〕

패복佩服　　마음에 새김. 예문 所眎六把節簽 特出尋常 佩服風誼 珍謝僕僕〔나양좌羅良佐, 5-121〕→ 패송佩頌

패부佩符　　부신符信을 참. 지방 수령으로 있음을 비유하여 쓰는 말. 예문 弟之曾所欲爲者 兄今佩符 喜賀之外 私幸又別也〔이지번李之蕃, 051〕

패부진牌不進　　패초牌招로 부르는데 가지 않음. 패초는 '명命'자를 쓴 나무 조각(牌)에 부를 사람의 이름을 적어 불러들이는 일을 말하는데, 명패命牌를 받은 사람이 부름에 응할 수 없는 경우에 '부진'不進이라고 써서 되돌려 바쳤다. 예문 頃以牌不進之故 方在應罷中 注擬間事 非所與聞 以試當懇通於銓官爲計〔송규렴宋奎濂, 22-175〕

패삭敗削　　쇠약해짐. 예문 生離病之後 姑得粗遣 敗削之餘 蘇健未易 是悶是悶〔이덕성李德成, 3-90〕

패송佩頌　　마음에 새김. 예문 頃穩今訊 次第佩頌〔김성근金聲根, 22-345〕→ 패복佩服

패위敗胃　　잘 먹지 못해 쪼그라든 위. 예문 金鱗之惠 感荷無以爲謝 敗胃可開 尤緊尤緊耳〔○준화○駿和, 41-134〕

패자牌子　　→ 배자牌子

패자牌字　　→ 배자牌字

패지牌旨　　→ 배지牌旨

패철객佩鐵客　　나침반을 차고 다니는 사람이라는 뜻으로, 풍수가風水家를 말한다. 예문 迷兒與佩鐵客出外過旬 尙闕影響 〔정극상丁克相, 41-20〕 → 산가山家, 형가形家

패초牌招　　승정원의 승지가 임금의 명령을 받아서 신하를 부르는 일. 명패命牌에 부르는 사람의 이름을 써서 전달하여 오게 함. 명패를 받은 사람은 참석할 수 있으면 '진'進, 참석할 수 없으면 '부진'不進이라고 써서 되돌려 바쳤다. 예문 至於陳箚辭職也 聞貴院將欲還却辭箚 有牌招之擧云 〔홍중보洪重普, 051〕 → 명패命牌

팽伻　　심부름꾼. 예문 林屋長夏 雨暑惱人 忽承來伻惠書委手 驚喜披誦 不能便釋也 〔김조순金祖淳, 21(智)-217〕

팽문伻問　　심부름꾼을 통해 보낸 안부 편지. 예문 日昨伏奉伻問遠及 沍荷沍荷 〔정지화鄭知和, 5-58〕 → 팽후伻候

팽선烹鮮　　작은 생선을 삶아 요리할 때 너무 자주 뒤집으면 부스러지는 것처럼 국정國政이 번잡하지 않아야 함을 이르는 말. 곧 백성이 편안하도록 나라를 잘 다스리는 도리를 비유하는 말.『노자』老子에 "큰 나라는 작은 생선을 요리하듯 다스려야 한다"(治大國若烹小鮮)는 말이 있다. 예문 關河悠遠 朔風蕭索 家國之戀 仰想參勤 烹鮮之惠 一境覃和 則是爲報知也 他何遑顧耶 〔이재완李載完, 35-98〕

팽인伻人　　심부름꾼. 편지를 전달하는 사람. 예문 玆不及伻人相問 深以爲負 〔성혼成渾, 23-17〕

팽판烹板　　책판冊版으로 쓸 판자를 뒤틀리지 않도록 삶는 일. 예문 烹板廿三始役 此寺所來者爲四百 而一釜所入不過二十五板 若計盡烹 則似在廿七八間 〔유진한柳進翰, 027〕

팽후伻候　　심부름꾼을 통하여 문안 편지를 보냄. 예문 連日伻候 輒値駕出 區區第伏增懷悵 〔고경명高敬命, 22-37〕 → 팽문伻問

편便　　인편人便. 예문 餘立便 略此 更具夾紙 不宣謝 〔정원용鄭元容, 21(智)-288〕

편거便遽　　인편人便이 바쁨. 예문 萬萬 便遽神迷 不能究懷 〔홍서구洪瑞龜, 027〕 → 편망便忙, 편촉便促

편교偏校　　하급 무관. 예문 偏校回 承得手帖 慰浣倍品 〔이명李溟, 16-102〕

편근便近　　가까워 왕래하기 편함. 예문 峽縣新除 地旣便近 且聞廩入足以奉甘旨 閒僻足以讀書 爲之仰賀〔김종수金鍾秀, 21(智)-131〕

편도便道　　관리가 사은숙배를 않고 즉시 임지任地로 떠남. '편便'은 '즉卽'과 같은 말. 예문 大丈夫鎖鑰北門 爲雪山輕重 其亦至矣 謂必便道之任 旋聞恩許陛辭 黃金橫帶 馳騁康莊之上 生刮目相待 區區茂說何已〔황정욱黃廷彧, 5-196〕

편마編摩　　편찬編纂. 예문 至於編摩之役 區區豈敢自外 而此間事勢 委實難動〔조긍섭曺兢燮, 44-70〕

편망便忙　　편지를 전할 인편이 바쁨. 예문 統希令鑑 便忙筆凍 代草悚仄 謹上狀〔김상헌金尙憲, 21(義)-34〕 → 편거便遽, 편촉便促

편면便面　　부채, 선면扇面. 예문 且得便面題詩 淸絶無塵態 不似人世間語 奉玩不置〔윤방尹昉, 4-37〕 → 선자扇子, 인풍仁風, 청풍淸風

편발초흘編髮齠齓　　어린 시절. 예문 人家兄弟之篤友至愛 而擎於編髮齠齓時〔이광교李廣敎, 35-71〕

편성偏省　　부모 중 한 분만 생존함을 이르는 말. 예문 惟幸偏省 伯候 姑免大何耳〔김낙세金洛世, 40-50〕

편신便信　　인편으로 듣는 소식. 예문 程途不至甚遠 而便信極稀 雖有病患 無從聞知〔홍경신洪慶臣, 3-56〕

편양便養　　부모를 공양하기에 편리함. 예문 移拜便養畿邑 不勝欣幸〔이의건李義健, 45-86〕

편읍便邑　　업무가 간단하여 다스리기 편한 고을. 예문 近見 爲親作郡者 比比有之 論以情勢 則未有如弟之切急者 令須千萬留意 如關東湖西 有便邑之窠 出力周旋 如何如何〔조수익趙壽益, 21(義)-268〕

편중便中　　오는 인편을 통하여. 『퇴계집』退溪集 권11 〈답이중구문목―주자서의어〉答李仲久問目―朱子書疑語에 "편중은 편인便人 혹은 부편附便 혹은 편풍便風이라고도 하는데, 모두 전적으로 그 편지 심부름을 하기 위하여 보내는 사람이 아니고 사람을 통하여 편지를 전한다는 말이다. 대개 이 경우에 편지를 보내기 편리하기 때문에 편편이라고 했다. 편중이라고 한 것 또한 편편을 통한 가운데 이 편지를 얻었다는 말이다"(便中 或云便人 或云附便 或云便風 皆謂不專伻人 而因人傳書之名 蓋以其於事爲便 故謂之便 其曰便中者 亦謂因便之中得此書耳)라

고 하였다. 예문 便中 伏承慰問札 奉閱以還 惟有涕淚 〔민진후閔鎭厚, 44-157〕

편지便地　　편할 때. 예문 風檣對笑之約 至今差池 侯賢胤病愈 一枉于便地 企仰 〔정경세鄭經世, 45-417〕

편촉便促　　인편이 바쁨. 예문 餘萬便促不宣 伏惟尊照 〔원경하元景夏, 6-213〕
→ 편거便遽, 편망便忙

편태鞭笞　　채찍과 매. 형벌을 가리킴. 예문 簿書堆案 鞭笞聒耳 一日難堪 近欲呈病 姑未發耳 〔이연경李延慶, 9-74〕

편풍便風　　편지를 전하는 인편人便. 예문 時有便風 幸勿遲金玉之音 〔이시매李時楳, 5-45〕 → 안종雁從, 편편, 풍풍, 풍편風便

편허偏虛　　기운이 제대로 통하지 못하여 허약함. 예문 但我偏虛之證 秋來轉甚 方受由鍼治 故未還鄕 此中之恨 不可言也 〔김성일金誠一, 12-142〕

편후偏候　　편모偏母의 안부. 예문 侍生偏候粗寧伏倖 〔권재일權載一, 41-168〕

편후偏厚　　편애偏愛. 예문 捨此灾邑 適彼樂土 消受快活於荷香月色 殊怪造物之餉君偏厚若是也 〔이면백李勉伯, 7-158〕

폄례窆禮　　장례葬禮. 예문 窆禮已過 而無階一哭靈筵 北望雪涕而已 〔민진원閔鎭遠, 23-197〕 → 봉양封襄, 수양樹襄, 양襄, 양례襄禮, 양사襄事

폄장窆葬　　장사지냄. 예문 筲叔獨在驪江 其勢無以自辦窆葬 〔이여李畬, 25-25〕

평경萍梗　　부평부평浮萍과 도경桃梗을 합한 말로 정처 없이 떠돌아다니는 것을 비유하는 말. 도경桃梗은 복숭아나무를 깎아서 만든 인형으로, 『전국책』戰國策에 토우인土偶人이 도경에게 "나는 폭우가 쏟아져서 물에 뜨면 도로 흙이 되어 이 땅에 있거니와, 너는 사방으로 표류되어 어느 지경에 갈 줄 모른다"라고 한 데서 유래한다. 예문 一入深山 親舊有若隔世 萍梗相逢 亦是奇事 〔민응수閔應洙, 6-201〕

평길平吉　　평안함. 안부를 물을 때 쓰는 상투적 표현. 예문 仍審初秋 尊字況平吉 仰慰 〔유철兪㯙, 051〕

평복平復　　병이 다 나아 건강을 회복함. 예문 窃伏聞兩殿違豫之候 日向平復 臣民之慶 孰有大於此者乎 〔이유태李惟泰, 22-153〕 → 쾌쾌, 쾌각快却, 쾌거夬祛, 쾌복夬復, 쾌복快復, 쾌소快蘇

평서平書　　문안 편지. 예문 叔父主前 上平書 〔송병선宋秉璿, 22-349〕

평석平昔　　평소. 예문 再從氏凡節 平昔所欽仰者也 〔김종한金宗漢, 35-102〕

평선平善　　평안하게 잘 지냄. 예문 況審官中平善 近當賑政向歇 勞擾之餘 乍得無事 想更閒適也 〔이광려李匡呂, 7-182〕

평수기연萍水奇緣　　부평초처럼 떠돌아다니다가 우연히 만나는 인연. 당唐나라 왕발王勃이 쓴〈등왕각서滕王閣序〉의 "물 위의 부평초처럼 서로 만나니 모두 타향의 나그네이다"(萍水相逢 盡是他鄕之客)에서 유래한다. 예문 頃者欣奉 儘是萍水奇緣 未穩旋別 餘悵迄今 〔신석우申錫愚, 31-84〕 → 평합萍合, 평회萍會

평신平信　　무사하다는 소식. 예문 適憑新迎下人之去 寄此平信 兼付醢缸及魚封 〔이덕운李德運, 35-52〕

평심平心　　선입관을 버리고 마음을 공평하게 가짐. 예문 若平心細究 必有印契耳 〔김정희金正喜, 33-126〕

평인平人　　평민平民. 예문 方且息偃飮啄 自同平人所居 〔이건창李建昌, 35-106〕

평적平迪　　무사히 잘 지냄. 예문 瞻溯中承拜尊辱札 憑審此時尊政履平迪 昻慰無已 〔권시경權是經, 44-263〕

평조平朝　　새벽. 평단平旦. 예문 伏慮萬萬之際 初九平朝 雲奴始到 伏承下書 〔김광찬金光燦, 12-132〕

평종萍從　　객지에서 만나 교제함. 예문 明夕宣沙浦 欲作萍從 尊其及順川令公○○如何 〔손중돈孫仲暾, 051〕

평평平平　　그럭저럭. 예문 家小皆平平過了 釋孫日茁學語爾 〔황현黃玹, 37-25〕 → 견면遣免, 고보姑保, 구보苟保, 근보僅保, 근지堇支, 연견連遣, 열견劣遣, 의견依遣01, 의보依保, 조견粗遣, 조견면粗遣免, 조면粗免, 조보粗保, 조안粗安, 지장支將

평품平品　　보통, 평상. 예문 秋令靖體候味道萬重 仰溸區區 非止平品 〔왕수환王粹煥 등, 37-71〕 → 상품常品

평합萍合　　객지에서 우연히 만남. 평수상봉萍水相逢. 예문 名榭萍合 緣業多魔 偶然一疾 敗興而歸 只今御者留連賞了嘉境 〔조병현趙秉鉉, 22-321〕 → 평수기연萍水奇緣, 평회萍會

평향萍鄕　　타향他鄕. 예문 季氏兄遠來見訪 萍鄕相慰 其樂可掬 〔김한익金漢益, 41-13〕

평회萍會　　객지에서 우연히 만남. 예문 嘉仲相逢於積阻中 萍會之樂不可言

〔이진검李眞儉, 7-207〕 → 평수기연萍水奇緣, 평합萍合

폐각廢閣　　내버려 두고 시행하지 않음. 예문 茂生以病化去 慘慘之中 正朝祭祀未免廢閣 追慕罔極之懷 不可形言 〔이관징李觀徵, 13-145〕

폐경弊境　　수령이 자신의 관할 지역을 이르는 말. 예문 頃者華旆來住弊境之時 拘於公冗 不得更進穩做 尙今耿嘆 〔이명담李命聃, 49-310〕

폐국弊局　　곤궁한 형편. 주로 고을의 재정 형편이 어려운 것을 표현하는 말. 예문 孔路弊局 應接旁午 能不關惱否 〔권돈인權敦仁, 21(智)-261〕

폐부弊府　　자기가 다스리는 곳을 낮추어 이르는 말. 예문 仍悚 弊燭臺一雙送似 卽此反隅 可知弊府凡具之爲無形耳 〔민희閔熙, 5-60〕

폐사陛辭　　임무를 띠고 조정을 떠나는 신하가 임금께 하직을 고함. 예문 聞已陛辭 卽當離發耶 患感委頓 未由就別 悵憫何已 〔신회申晦, 21(智)-42〕 → 배사拜辭, 사조辭朝, 사폐辭陛, 숙명肅命, 숙배肅拜, 숙사肅謝, 조사朝辭, 출사出辭, 출숙出肅

폐안弊案　　자신의 책상을 낮추어 이르는 말. 예문 十五日惠復 獲拜於二十六日 間關十餘日 始到弊案 殆難於淮南万里也 〔왕수환王粹煥, 37-81〕

폐양자弊陽子　　폐양자蔽陽子. 댓개비로 엮어 만든 갓의 한 가지. 조선 시대에는 역졸驛卒이나 천인賤人·상제喪制 등이 썼다. 평량립平凉笠. 평량자平凉子. 예문 但弊陽子 不得賣給而來云 極歎極歎 〔미상, 43-42〕

폐연廢然　　실망하는 모양. 예문 如地行仙者 寧不廢然自歎哉 〔황현黃玹, 37-25〕

폐작弊作　　자기 작품을 낮추어 이르는 말. 예문 弊作纔有一二 不自收拾 爲諸從輩所持去 今皆出外未還 無憑問處 未得仰副 可恨 〔이상정李象靖, 12-235〕 → 엄비掩鼻, 파리巴俚, 폐추弊帚

폐질廢疾　　질병에 걸려 일할 수 없음. 예문 鄙生 入秋以來 連患脚濕 殆成廢疾之人 〔정경세鄭經世, 45-445〕

폐추弊帚　　해진 빗자루. 매우 가치 없는 물건을 비유하는데, 일반적으로 자기 작품에 대한 겸사로 씀. 예문 拙稿時自披閱 不直一文 何敢煩人眼目 以令屢敎勤渠 若一向牢拒 則恐或認以弊帚之自享 故不得已呈似 〔황현黃玹, 37-22〕

포包　　자루. 예문 柴炭二百同及十包 向已領到 〔홍건주洪健周, 44-315〕

포逋　　편지 끝에 이름을 생략하고 쓰는 말. 예문 丙子八月一日 服人 逋拜 〔정약용丁若鏞, 44-101〕 → 번포煩逋, 불명不名, 포송逋悚, 흠欠02, 흠명欠名

포계匏係　　박처럼 한 곳에만 매달려 있음. 세상에 쓰이지 못함의 비유. 포계匏繫.『논어』論語「양화」陽貨의 "내가 어찌 뒤웅박과 같아서 한곳에 매달린 채 먹기를 구하지 않을 수 있겠는가"(吾豈匏瓜也哉 焉能繫而不食)에서 나온 말. 예문 弟 匏係窮巷 與病爲隣 萬事都廢 先伯氏几筵尙未趍哭 此其一證也〔유상기柳相基, 37-100〕

포관격탁抱關擊柝　　감옥의 문지기와 순라군巡邏軍. 곧 지위가 낮은 벼슬아치를 이른다. 예문 古人於抱關擊柝之任 尙甘自居 此乃治民之長也〔이재완李載完, 35-99〕

포랑抱郎　　손자孫子. 예문 就令從曾抱郎雅淑之儀 見益可愛 依例旋別 伏庸薪薪〔김경석金璟錫, 49-250〕→ 소동小同, 포아抱兒

포료砲料　　포수砲手의 급료. 예문 營底年形奇荒 軍民接濟 想大費心算 而需價減捧 砲料指支 重以城役 自辦爲慮甚多 有限之廩 將何以繼之乎 且頌且悶耳〔김홍집金弘集, 44-229〕

포룡抱龍　　포룡환抱龍丸. 간을 맑게 하고 정신을 안정시키는 약. 예문 眹藥 此亦無儲 只呈抱龍瀉靑各二丸 略甚可歎〔권시경權是經, 44-269〕

포린抱鱗　　임신. 예문 阿婦有抱鱗之漸至爲七個朔 少無例證之現於外 奇幸奇幸 此於吾兩間之所共祝望者 則宜前此仰報 而吾亦未確 其意始於此書仰達耳〔강국원姜國元, 000〕

포만逋慢　　게으르고 불경스러움. 예문 歲前拜頒秩之敎 而至此稽謝 逋慢極矣〔박영순朴英舜, 53-234〕

포배逋拜　　편지 끝에 이름 대신 쓰는 말. 예문 丙子八月一日 服人 逋拜〔정약용丁若鏞, 44-101〕→ 흠배欠拜

포보炮保　　포보砲保. 훈련도감訓鍊都監의 운영을 위하여 설치한 군보軍保의 하나로, 포군砲軍 네 사람 중에 한 사람은 군역에 복무하고, 세 사람은 그 보인保人으로 쌀이나 베를 바쳤다. 예문 就控 治下陰村面 有薄庄 而今聞守直奴正作及必壽等 元非炮保 金貴宗之一族也〔권연權衍, 49-250〕

포복包卜　　꾸려진 짐. 예문 南局工匠 只留四人 無俾無益 反有貽弊 故言于海關道而出送 且有雲下包卜 故使之領送耳〔조영하趙寧夏, 21(智)-424〕

포복匍匐　　온 힘을 다하여 남의 일을 도와줌.『시경』詩經「패풍」邶風〈곡풍〉

谷風에, "무릇 이웃에 상이 있으면, 기어가서 돕는다"(凡民有喪 匍匐救之)라는 구절이 있다. '포복'匍匐에 대해 정현鄭玄은 "힘을 다함(盡力)을 말한다"라고 하였고, 주희朱熹는 "손과 발이 함께 가는 것으로 급함이 심한 것이다"라고 하였다. 예문 前日宋參議返葬時 旣蒙匍匐之恩 今又冒瀆 不勝惶悚 〔김신국金藎國, 39-47〕

포부逋負   조세租稅를 포탈함. 예문 今此志恭所逋負 分明是酒色賭博之用 而監色輩利其花費 不計其捧納之難易 而只恃日後公文族徵於他都邑 〔이충익李忠翊, 7-172〕

포사逋謝   이름을 생략하고 답장을 올림. 편한 사이에 보내는 편지의 끝에 쓴다. 예문 九月十八夕 罪累宗 未惶逋謝 〔미상, 41-59〕

포송逋悚   이름을 생략하여 죄송함. 편한 사이에 보내는 편지의 끝에 쓴다. 예문 卽 期服人 逋悚 〔미상, 6-168〕 → 번포煩逋, 불명不名, 포逋, 흠欠02, 흠명欠名

포수逋藪   포도수逋逃藪. 죄를 범하고 도망한 사람들이 모여 사는 소굴. 『서경』書經 「무성」武成에, "천하의 도망한 자들의 주인이 되어 마치 못과 수풀에 모이는 듯하다"(爲天下逋逃主 萃淵藪)라는 구절이 있는데, 그 주注에 "주紂가 물건을 버리고 백성을 해치고, 천하의 도망한 죄인들의 주인이 되니, 물고기가 못에 모이는 것과 같고, 짐승이 수풀에 모이는 것과 같은 것이다"(紂殄物害民 爲天下逋逃罪人之主 如魚之聚淵 如獸之聚藪也)라고 했다. 예문 懶漫弛縱 疎於事功之人 苞玆逋藪 癥根盤互糾結之地 〔박규수朴珪壽, 26-215〕

포아抱兒   손자. 예문 二月間 又當出巡忠州等地 抱兒可以去彼相見耶 〔정철鄭澈, 16-39〕 → 소동小同, 포랑抱郎

포욱지경抱彧之慶   손자를 얻은 경사. 예문 前秋抱彧之慶 爲哀賀萬萬 〔이익구李翊九, 53-38〕

포의布衣   베옷. 벼슬하지 않은 양반을 가리키는 말. 예문 弟脫濕養拙 依舊荊門一布衣也 良幸良幸 〔이익상李翊相, 23-115〕

포정布政   포정사布政司. 감사監司가 집무하는 관청. 감영監營. 예문 關北 布政 台座下 〔홍재철洪在喆, 26-201(봉투)〕

포진鋪陳   멍석이나 차일. 예문 前頭將行女昏 鋪陳等物 非官家 則無得路 熟手亦然 〔미상, 22-373〕

포질蒲質   부들 같은 바탕이라는 뜻으로 연약한 체질을 이르는 말. 예문 病弟

蒲質易殘 毒疾交侵 跨歲廜綴 殆無以支吾〔김도화金道和, 53-145〕

포폄褒貶　　인사 고과人事考課. 예문 褒貶等 第使傍人收送可也 燈下不一〔김용순金龍淳, 50-60〕

포풍捕風　　포풍계영捕風繫影. 바람을 잡고 그림자를 붙들어 맨다는 말로 부질없는 일을 뜻함. 예문 所謂科事 想是捕風〔신좌모申佐模, 43-133〕

포황包荒　　거친 것을 포용함. 곧 너그럽게 용납함을 이름. 포황包㡠이라고도 씀.『주역』周易〈태괘〉泰卦 '구이'九二 효사爻辭에, "거친 것을 포용하고, 황하를 맨몸으로 건너는 용기를 쓰며, 멀리 있는 것을 버리지 않고, 붕당을 없애면, 중도에 배합할 것이다"(包荒 用馮河 不遐遺 朋亡 得尙于中行)라고 한 데서 유래한다. 예문 至於一書仰候 又未之能焉 雖荷大度包荒 無物不容 而自顧罪恨 當何如也〔이종태李鍾泰, 32-36〕

포후布候　　문안 편지를 씀. 예문 査兄病報夕聞 晨起怦 故未暇布候〔이종상李鍾祥, 027〕→ 수문修問

포흠逋欠　　세금을 내지 않거나 횡령함. '포'逋는 세금을 내지 않는 것이고 '흠'欠은 횡령으로 인하여 관의 재물이 부족한 것을 말한다. 예문 逋欠一事 昭載續大典 備局何以持難耶〔박문수朴文秀, 6-229〕

표박表襮　　겉으로 드러냄. 또는 드러내어 자랑함. 예문 但數字手翰 靳於相示 小罩長銜 是表襮事〔여유길呂裕吉, 45-232〕

표석表石　　무덤 앞에 세우는 돌. 죽은 사람의 성명, 생년월일, 사망일 등을 적음. 예문 就此去表石字 因主家之求 柳法依樣染出〔조윤형曺允亨, 22-281〕

표숙表叔　　외숙外叔. 예문 異日地下 吾有歸拜 吾先妣 及吾之表叔之顔〔신좌모申佐模, 43-107〕→ 내구內舅

표용標茸　　표고버섯. 예문 標茸壹斗 海衣五吐 烟臺壹個 煙竹三枝〔유진원兪進源, 41-188〕

표재俵災　　흉년에 그 피해의 비율에 따라 조세를 감면해 주는 일. 예문 第此迤西十餘邑 告歉俵災分賑 日事擾惱 悶甚悶甚〔박영보朴永輔, 41-185〕

표제表弟　　외사촌 동생. 예문 表弟日月所迫 冠裳已變 慨廓餘懷殆難自抑〔이종상李鍾祥, 027〕

표종表從　　외사촌. 예문 表從偏省常欠全安 餘眷多病少健 仰俯煎憐 無況可

道 〔권세연權世淵, 40-36〕

품백稟白　말씀드림. 여쭘. 예문 曾達油苞二浮 今書無下答 似歸遺忘 如可得則幸爲之稟白 如何 〔곽재우郭再祐, 22-65〕

품재稟裁　물어서 바로잡음. '품'稟은 '물음', '재'裁는 '바로잡음'의 뜻. 예문 稟裁於函丈 壹遵成訓 持守不移如何如何 〔홍직필洪直弼, 21(智)-250〕

풍風　풍편風便. 즉 불확실한 인편. 상대방에게 직접 사람을 보내는 것이 아니라 상대방 지역으로 가는 사람이 있으면 부탁을 해서 간접적으로 보내는 것.
예문 因風相候 一切未遑 靜言感念 良以厚恨 〔이간李柬, 22-245〕 → 풍편風便

풍두風頭　기혈氣血이 제대로 순환되지 않아 수족手足 등이 마비되는 증세.
예문 弟近患風頭 叫苦度日 加以女兒産後之病 日惱心境 此悶何喩 〔이시성李時成, 32-48〕

풍마우風馬牛　발정 난 말이나 소들도 서로 찾을 수 없을 정도로 멀리 있는 상황을 가리키는 말.『좌전』左傳 희공僖公 4년 조의 "자네는 북해에 있고 나는 남해에 있으니 발정 난 말이나 소도 서로 미치지 못함이다"(君處北海 寡人處南海 唯是風馬牛不相及也)에서 나온 말. 예문 送令兄未數月 得蒙宰縣之恩 謂之佩南中 則幸矣 而相在是風馬牛 實無由受約束詣大府事 只增瞻遡而已 〔조경趙絅, 44-326〕

풍목風木　부모가 세상을 떠나 봉양할 수 없음을 비유하는 말. 풍수風樹.
예문 契下生 風木孱生 輥到白紛 人世緣業 無一可念 惟兄弟相守 藉爲衰暮幸事 〔조용호趙鏞浩, 40-322〕

풍비風痺　주비周痺. 팔다리와 몸이 여기저기 쑤시고 무거우며 마비가 오는 병. 예문 五載風痺 亦不暇痛楚 支離床席 一向濱死爾 〔정구鄭逑, 44-38〕

풍사風邪　바람이 원인이 되어 생긴 병. 예문 風邪作惡 數日委席 今尙圉圉莫振 自憐不已 〔유주희柳周熙, 40-208〕

풍색風色　분위기. 형편. 예문 正言兄主一起鬧 朝廷空虛 近間風色 極不佳 可笑可歎 〔남학명南鶴鳴, 21(禮)-276〕

풍요風謠　풍토와 인심. 예문 西土風謠 不幷以南 終無久留之計 稍竢涼生 欲定行止 早晚未可卜也 〔김응하金應河, 21(義)-138〕

풍우대상風雨對床　오랜만에 만나서 회포를 풂. 당나라 위응물韋應物의 시 〈시전진원상〉示全眞元常의 "어찌 알리오 비바람 몰아치는 밤에, 다시 이렇게 평상을 마주하여 잠잘 줄이야"(寧知風雨夜 復此對牀眠)라는 구절에서 유래한다.
예문 嶺南之擬 旣不得 乞假之計 又墮空 不知風雨對床何時可遂 〔이황李滉, 5-180〕

풍의風誼　　정의情誼. 예문 所貺六把節篦 特出尋常 佩服風誼 珍謝僕僕 〔나양좌羅良佐, 5-121〕

풍재風裁　　곧고 아부하지 않는 품격. 예문 弟脫濕養拙 依舊荊門一布衣也 良幸良幸 弟之濕衣 歸於台矣 果能大振風裁 以副衆望耶 〔이익상李翊相, 23-115〕

풍전風傳　　소문. 예문 遠外風傳 難得其的 尤切鬱悶 〔이이근李頤根, 23-241〕

풍질風疾　　중추 신경 계통에서 일어나는 현기증, 졸도, 경련 따위의 병증을 통틀어 이르는 말. 풍병風病. 예문 重省以風疾 已經月餘 而日益加痛 凡用刀圭 少無見效 〔신도출愼道出, 40-170〕

풍천風泉　　'비풍하천'匪風下泉의 준말. 나라가 쇠미해지거나 망했음을 가리키는 말. 『시경』詩經 「회풍」檜風의 〈비풍〉匪風과 「조풍」曹風의 〈하천〉下泉을 지칭하는 것으로서, 이 두 시는 모두 나라가 쇠미해졌음을 슬퍼하는 내용의 시이다.
예문 讀至第五編九葉 只是成仁不是忠之句 奚直文辭之使我圭復 如聞麥秀之謌 汪爾下風泉之淚 殘齡可慨也已 〔정운오鄭雲五, 37-141〕

풍체風遞　　믿음직하지 않은 인편. 예문 冬初惠訊 荷意之厚 而風遞難憑 歷時稽謝 〔김흥락金興洛, 027〕

풍편風便　　불확실한 인편. 직접 사람을 상대방에게 보내는 것이 아니라 상대방 지역으로 가는 사람이 있으면 부탁해서 간접적으로 보내는 것. 예문 風便不實 每欲一者專人 而汨汨多事 尙未遂意 人事可歎 〔이수언李秀彦, 23-147〕 → 풍風

풍한風寒　　감기. 예문 從一味病憊 數昨始省薪阡 大傷風寒 方此委呻 〔송명흠宋明欽, 23-231〕 → 감모感冒, 감수感祟, 외감外感, 한병寒病, 한수寒祟, 한질寒疾

풍현風眩　　몸이 허한 때에 풍사風邪가 머리에 침습하여 생기는 어지럼증의 일종. 예문 賤疾風眩之症 源委深固 猝得見瘳 〔한원진韓元震, 22-257〕

피대披對　　마주 앉아 마음을 털어놓음. 예문 謹荷令問錄中五味 可想令意 披對之感 有不可言 〔여유길呂裕吉, 45-232〕

피도披睹　　만나서 터놓고 속마음을 이야기함. 예문 卽因撥便 伏承崇札 拜慰之至 不翅披睹 〔장선징張善澂, 21(義)-425〕

피람披覽　　편지나 책 따위를 펼쳐 봄. 예문 昨春間在東邑 承見兄在南時覆札

至今留置几案間 每披覽 爲之噴飯滿案矣〔이덕수李德壽, 21(禮)-399〕

피모皮牟　　겉보리. 예문 汝家租留廿餘石云 兄意當令盡貿木 爲後日之用 皮牟雖數少 留種外亦當盡令貿之爲計 此於汝意如何〔윤구尹衢, 8-18〕

피무披霧　　구름과 안개를 헤치고 푸른 하늘을 봄. 곧 마음이 상쾌해짐을 비유하는 말. 예문 意外忽承令手滋 披霧之餘 如獲拜敍於几席間 不省關山之阻 猶隔千里 欣慰萬倍〔이상의李尙毅, 45-223〕

피복披復　　편지를 펼쳐 거듭 읽음. 예문 忽見惠書留案 驚喜披復〔조병덕趙秉悳, 22-327〕

피사避辭　　관리가 혐의를 피하기 위하여 임금께 올리는 사직서. 예문 司諫避辭 專爲首揆而發 而措語極重 驚心未定〔미상, 6-150〕

피송披誦　　편지를 펼쳐서 읽음. 예문 忽承來伻惠書委手 驚喜披誦 不能便釋也〔김조순金祖淳, 21(智)-217〕

피열披閱　　펼쳐서 잘 살펴봄. 예문 交河人及伯生使 俱以尊札相示 披閱感幸感幸〔이이李珥, 22-49〕

피욕被褥　　이불과 요. 예문 弟冒寒馳騁 屛軀添祟 涔涔被褥 自悶奈何〔강화영姜華永, 42-14〕

피우避寓　　역병이나 전쟁을 피하여 임시로 다른 곳에 거처함. 예문 苦苦無暇 又緣家間病患避寓 中路憂苦度日 不得一相問 悵悵〔이정구李廷龜, 23-41〕

피위披慰　　답답하고 궁금하던 마음이 후련해지고 위로됨. 예문 回撥 承拜台廿七初五兩幅覆帖 披慰之極 不翅合席晤言〔조태구趙泰耉, 21(禮)-319〕 → 경위傾慰, 위옥慰沃, 위완慰浣, 위활慰豁

피적률皮狄栗　　껍질을 벗기지 않은 올밤. 예문 療飢次燒酒一甁 藥果一封 皮狄栗一囊 亦爲送之耳〔정조正祖, 26-47〕

피차彼此　　차별함. 예문 然營門若一切防塞則已 旣有長水前例 似不當以親進不親進 有所彼此矣 未知如何〔오원吳瑗, 21(智)-16〕

피참被參　　억지로 참여함. 예문 論啓臺官 遭譴遞職 被參之人 復叨其職 決無是理〔여성제呂聖齊, 5-100〕

피추被推　　추고推考를 당함. 예문 鄙生連有病患 悶苦度日 今又以軍器事被推惶恐待罪〔김이경金以鏡, 6-26〕

피탁披濯　　답답하던 마음이 씻은 듯 후련함. 예문 卽拜台惠復 以審潦暑 旬履佳勝 何等披濯〔조태억趙泰億, 21(禮)-411〕

필독筆禿　　몽당붓. 예문 筆禿不成字 悚悚〔정경세鄭經世, 3-27〕

필률鬻栗　　추운 날씨. 『시경』詩經 「빈풍」豳風 〈칠월〉七月에, "정월의 날씨는 바람이 쌀쌀하고, 2월의 날씨는 기운이 찬데, 옷도 없고 모포毛布도 없이 어떻게 해를 마칠까"(一之日鬻發 二之日栗烈 無衣無褐 何以卒歲)라고 한 데서 나온 말이다. 예문 仍爲袖傳寵墨 謹審近候鬻栗仕體動止 一直衛護 伏切慰潔 尤副勞禱〔민주현閔胄顯, 42-39〕

필발鬻發　　동짓달의 아주 추운 날씨. 『시경』詩經 「빈풍」豳風 〈칠월〉七月에, "정월의 날씨는 바람이 쌀쌀하고, 2월의 날씨는 기운이 찬데, 옷도 없고 모포毛布도 없이 어떻게 해를 마칠까"(一之日鬻發 二之日栗烈 無衣無褐 何以卒歲)라고 한 데서 나온 말이다. 예문 今去鄭措大 卽戚孫外從妹夫也 爲治叛奴 冒此鬻發 委走治下 伏乞另施〔이옥李沃, 3-93〕

필상筆床　　책상. 예문 伻到 獲奉惠疏 辭致筆翰 宛對某巖山裡筆床餘範〔유필영柳必永, 44-65〕

필완筆腕　　글솜씨. 예문 尊弟子筆腕日健 可無素餐之憂否〔김문옥金文鈺, 41-114〕

핍경逼庚　　복날이 임박함. 예문 再惟逼庚潦熱 令篆動靖 日衛淸相〔김정희金正喜, 33-79〕

핍년逼年　　연말. 예문 兩隆專城 欣頌無窮 衍之親事順成 新人叶吉 種種騰賀 逼年年况 想福吉圓翌 朱墨之惱 漸就縠中〔김정희金正喜, 20-65〕

하荷　　감사함. 예문 烟茶之貺 尤見其解人意處 且荷且呵〔김조순金祖淳, 21(智)-217〕

하간何間　　언제. 예문 聞方伯府伯 皆以前府使板子事被論 府伯則已爲辭狀云云 未知結末何如云 而方伯何間離營 由何邑留何邑云耶〔남천한南天漢, 32-140〕

하감下鑑　　편지에 다 쓰지 못하는 사연을 헤아려 달라는 뜻으로, 편지 끝에 쓰는 상투적 표현. 예문 餘不備 下鑑 上謝狀〔남병철南秉哲, 22-335〕 → 감량鑒亮, 부소俯炤, 서량恕亮, 서량恕諒, 서조恕照, 서조犀照, 아량雅亮, 아조雅照, 이량怡亮, 정재情在, 조급照及, 조량照亮, 조량照諒, 조재照在, 조하照下, 조회照會, 하재下在, 하조下照02, 하찰下察

하거下車　　지방관의 부임. 예문 令札此到 忻審下車消息 仍想履玆新正起居增福〔김익희金益熙, 22-155〕

하고초夏枯草　　제비풀. 겨울에 나서 봄에는 흰 꽃이 피고 5월에 가서 마른다. 『본초강목』에서는 이 풀이 순양純陽의 기氣를 받아 목동증目疼症(눈이 아픈 증세)을 치료하는 데 좋은 효과가 있다고 한다. 예문 就夏枯草萬緊入用處 而京局雖有之 非眞品而藥力不如完山所産 故玆以仰懇 限三四斤 從速隨信便貿送 則於弟生色不些 另念施之 切仰切仰〔여선기呂善驥, 41-184〕

하공下工　　공을 쏟음. 예문 蘭話一卷 妄有題記 順此寄呈 可蒙領存 大抵此事 直一小技曲藝 其專心下工 無異聖門格致之學〔김정희金正喜, 33-57〕

하교下敎　　상대방의 말이나 부탁을 높여 이르는 말. 예문 下敎事 伏悉 日候猝

寒 賤慮亦○此而微稟則 事體未安 藥房 欲爲口傳陳啓以原任大臣之意亦如此 爲辭 未知如何 〔유엄柳儼, 21(禮)-492〕 → 교의敎意, 근교勤敎, 하시下示

하교河橋　이별하는 곳. 당나라 때 송지문宋之問이 두심언杜審言을 송별하며 지은 시 〈별두심언〉別杜審言에 "하교河橋에서 서로 보내지 못하니, 강가의 나무가 멀리 정을 머금었도다"(河橋不相送 江樹遠含情)라는 구절이 있다. 예문 當兄辭朝之日 適値入直 未得奉別於河橋 至今茹恨 多矣 〔김경문金敬文, 3-84〕

하납下納　영남 세곡의 절반을 일본으로 실어 보내는 것. 예문 梁山稅穀之直納甘同倉事 此是下納之物 則公私別無損益 〔정조正祖, 26-83〕

하념下念　상대방이 자신을 걱정해 준다는 말. 예문 弟僅免恙 乞勿下念 〔홍경신洪慶臣, 3-57〕

하당下堂　마루에서 떨어져 다침. 증자曾子의 제자 악정자춘樂正子春이 당堂에서 내려가다가 발을 다쳤는데, 발이 나은 뒤에도 불효를 했다는 생각에 몇 달 동안이나 근심스런 기색을 띠며 밖에 나가지 않았다는 고사(『예기』禮記 「제의」祭義)에서 유래함. 예문 謹審庚炎體事有下堂之憂 至於跨朔悆和 曷勝仰慮之至 〔허전許傳, 44-104〕

하돈河豚　복어. 예문 已料兄有此河豚之惠 物亦隨時 情又不□ 極感極感 〔미상, 22-369〕

하래下來　서울에서 시골로 내려감. 예문 聞汝有故云 下來事 何以爲之耶 量處可也 〔이운근李雲根, 35-43〕

하리下利　설사. 하리下痢. 예문 族從服人 下利之患 終未敦 而厭食甚 〔김흥락金興洛, 44-61〕

하리下理　죄인을 담당 관서에 보내어 다스림. 예문 泰安叔主 雖已見釋 竟未免下理之辱 痛歎痛歎 〔이경억李慶億, 6-33〕

하문下問　상대방의 편지를 높여 이르는 말. 예문 卽辱下問 感悚無任 〔김안국金安國, 21(仁)-73〕

하반賀班　임금에게 하례賀禮를 올리는 반열班列. 예문 賀班後 卽擬登途矣 〔신좌모申佐模, 43-117〕

하복下復　상대방의 답장을 높여서 이르는 말. 예문 因山已迫 慟隕采切 卽因趙生 伏承下復 〔이숙李䎘, 5-102〕

하복下覆　　상대방의 답장을 높여서 이르는 말. 예문 省式 月前便回 伏承下覆 尙今慰仰 〔김재찬金載瓚, 44-168〕

하복서下覆書　　상대방의 답장을 높여서 이르는 말. 예문 謹伏承大監下覆書 伏切感慰 〔여성제呂聖齊, 5-100〕

하사下史　　집사執事. 편지 봉투에 수신자의 이름을 직접 쓰는 것은 실례이므로 그 아래에서 일하는 사람을 지칭함으로써 상대방을 높이는 것. 예문 閔掌令 下史 〔권시權諰, 051(봉투)〕

하사下駟　　열등한 말. 조악한 물건이나 형편없는 작품을 비유함. 예문 下駟之報 不亦巧而較重乎 〔황현黃玹, 37-24〕

하사荷謝　　감사함. 예문 況此乾柿之惠 出於情記 荷謝不已 〔남익훈南益熏, 44-243〕

하사荷賜　　염려해 주시는 덕분에. 예문 鄙劣僅支衰病 是亦荷賜 〔이후산李後山, 21(義)-279〕 → 몽사蒙賜, 임비臨庇, 탁비托庇

하색下索　　상대방이 물건을 구해 달라고 하는 부탁을 높여 이르는 말. 예문 下索至聖保命丹 適無所儲 明朝當覓呈是計 〔심익현沈益顯, 21(禮)-183〕

하생下生　　어른에 대하여 자신을 낮추어 이르는 말. 예문 丙 元 五日 下生 李陸 〔이륙李陸, 051〕 → 소생小生, 소인小人, 시생侍生, 시하생侍下生

하서下書　　보내신 편지. '하'下는 자기를 낮추는 겸사. 예문 常川仰慕之極 忽得下書 憑審尊候康勝 〔한호韓濩, 22-55〕

하성下誠　　자기의 성의誠意를 낮추어 이르는 말. 예문 伏乞順變俯就 副此下誠 〔민익수閔翼洙, 23-219〕 → 미회微懷, 하정下情, 하종下悰, 하침下忱, 하포下抱, 하회下懷

하소葭溯　　하소遐溯. 그리움. 궁금함. 예문 積違芝輝 時深葭溯 昨承滿幅心割 欣抵空谷跫音 〔김가진金嘉鎭, 21(智)-427〕

하수下手[01]　　어떤 일에 착수함. 예문 前送狀草 緣弘溟長在憂患中 勢難下手 今玆還呈 愧歎愧歎 〔정홍명鄭弘溟, 22-105〕

하수下手[02]　　손을 댐. 사용함. 예문 多少示意謹悉 邊儲不宜容易下手者 誠切至之言也 財散之後 難復聚者 弟亦豈不知而 民命之上 事迫燃眉 亦何可膠守常套 〔조태구趙泰耉, 21(禮)-318〕

하시下示　　상대방의 말이나 부탁을 높여 이르는 말. 예문 下示給糧事 依教施之〔유이승柳以升, 3-87〕→ 교의教意, 근교勤教, 하교下教

하심下心　　뜻을 굽혀 남을 따름. 예문 惟令兄嚛運試思之 以今貌樣亦或有天道周星之日耶 恐未敢信也 低頭下心 安得不爾也 黽勉折腰於故人〔정헌시鄭憲時, 35-131〕

하업下業　　공부함. 예문 但允君自此返侍后 逐日下業 而無至虛度耶〔문창석文昌錫, 40-130〕

하유下諭　　지방의 벼슬아치에게 왕명을 내림. 예문 輦路田夫之秋還除耗 卽欲爲所重施民惠 而路邊民戶尙多未聞知之弊 是豈還到津頭不憚憊 下諭該路邑之意哉〔정조正祖, 26-13〕

하유何由　　무슨 방법으로. 어떻게. 예문 何由奉拜 得展情抱〔정광성鄭廣成, 4-94〕

하장下狀　　상대방의 편지를 높여 이르는 말. 예문 初秋下狀 尙庸慰荷〔이재곤李載崑, 31-152〕

하재下在　　편지에 다 쓰지 못하는 사연을 헤아려 달라는 말. 편지 끝에 쓰는 상투적인 표현. 예문 餘不備 伏惟僉下在〔정휘량鄭翬良, 21(智)-40〕

하정下情　　자신의 마음을 낮추어 이르는 말. 예문 伏想左右懷抱 應與下情無異〔정작鄭碏, 5-25〕→ 미회微懷, 하성下誠, 하종下悰, 하침下忱, 하포下抱, 하회下懷

하조下照01　　편지를 읽음. 예문 再度回便上札下照否 日期已迫 不得已委送人馬〔김육金堉, 23-51〕→ 관령關領, 관조關照, 관청關聽01, 등람登覽, 등조登照, 등철登徹01, 입조入照, 혜감惠鑑

하조下照02　　편지에 다 쓰지 못하는 사연을 헤아려 달라는 말. 편지 끝에 쓰는 상투적인 표현. 예문 餘陽至加愛 不宣 下照〔송시열宋時烈, 3-119〕

하존下存　　'존'存은 지방관이 보낸 문안 편지이고, '하'下는 상대방을 높인 말. 예문 卽伏承手札下存 伏慰區區〔윤지완尹趾完, 5-114〕

하종下悰　　자신의 마음을 낮추어 이르는 말. 예문 伏不審此時氣體若何 區區伏慕 不任下悰〔이세필李世弼, 5-124〕→ 미회微懷, 하성下誠, 하정下情, 하침下忱, 하포下抱, 하회下懷

하주下走　　자신을 겸손히 지칭하는 말. 예문 下走 種種傷損 到官之初 卒然危劇 恐不自全 近幸少蘇 然亦非昔狀〔박의朴漪, 21(義)-290〕

하진下塵　　상대방을 높여 이르는 말. 자신이 상대방이 일으키는 먼지 아래 있다는 뜻에서 나온 말. 예문 僕病沈海曲 已作人世老廢 且地距有間 圖得一趨下塵 知必不易 適仍鄙船載官物之歸 冒吐生平蘊悰 如獲令監一字之賜 死無長恨 〔김홍원金弘遠, 49-261〕→ 하풍下風

하집사下執事　　상대방을 직접 지칭하지 않고 그 아래에서 일하는 사람을 일컬어서 상대방을 높인 말. 예문 病蟄窮峽 謝絶人事 不敢輒以書脩起居於下執事 〔이세구李世龜, 5-130〕→ 문사文史, 시사侍史, 존시尊侍, 종인從人, 종자從者, 집사執事, 집사集史, 하사下史, 현집사賢執事

하찰下察　　편지에 다 쓰지 못하는 사연을 헤아려 달라는 뜻으로, 편지 끝에 상투적으로 쓰는 표현. 예문 姑不備 伏惟下察 〔정상순鄭尙淳, 21(智)-108〕

하촉下燭　　상대방이 나의 사정에 대해 살펴 주거나 앎. 예문 這間情勢 想已下燭 〔장석룡張錫龍, 027〕

하침下忱　　자신의 마음을 낮추어 이르는 말. 예문 臘劑五種略表下忱 〔이행우李行遇, 4-170〕→ 미회微懷, 하성下誠, 하정下情, 하종下悰, 하포下抱, 하회下懷

하토下土　　외진 곳. 예문 又懼其僻處下土 而聞見之未詳也 擧前後可攷文字 而傾倒以出之 使免於不知而妄作 〔홍석주洪奭周, 31-60〕

하포下布　　다른 사람에게 알려달라는 말. 예문 令胤許 便甚未書 此意下布 如何 〔한원진韓元震, 23-211〕

하포下抱　　자신의 마음을 낮추어 이르는 말. 예문 豈不欲造拜 兼紓下抱 而伏枕餘生 無冠服無騎乘 引領馳情而已 〔권극중權克中, 49-250〕

하풍下風　　상대방을 높여 이르는 말. 자신이 상대방의 교화 아래에 있다는 뜻에서 나온 말. 예문 聞老兄高誼 欲奔走下風 以遂平日附驥之志 〔황정욱黃廷彧, 5-196〕→ 하진下塵

하한下翰　　상대방의 편지를 높여 이르는 말. 예문 戀仰中 伏承下翰 伏審初炎 莅政凡百俱佳 慰浣不容喩 〔오도일吳道一, 5-126〕→ 괴함瑰緘, 구운邱雲, 권찰眷札, 금옥지음金玉之音, 금음金音, 내시來示02, 덕음德音, 방함芳函, 방함芳械, 성함盛緘, 손독損牘, 수고手告, 수자手字, 수자手滋, 수한手翰, 수함手緘, 숭찰崇札, 숭첩崇帖, 숭한崇翰, 옥함玉緘, 외첩巍帖, 운함雲函, 위찰委札, 위첩委帖, 자慈, 정신情訊, 청독淸牘, 청신淸信, 총문寵問, 총첩寵帖, 총한寵翰, 총함寵函, 추한隆翰, 탕찰

簡札, 하문下問, 하장下狀, 혜장惠狀, 혜함惠函, 혜함惠械, 혜함惠緘, 화독華牘, 화한華翰, 화함華函

하향下餉　　상대방이 보내 준 음식을 높여서 부른 말. 예문 下餉柑橘 定是海外珍貴之物 〔신완申琓, 3-139〕 → 손향損餉, 투향投餉, 혜미惠味, 혜향惠餉

하향유가下鄕儒家　　낙향한 양반을 말함. 예문 日昨永川鄭參奉丈胤子一慶氏東萊在任 與之聯枕 云有獨子 求媒於上道 余以此兒事 率爾發口 蓋此家爲下鄕儒家 昏譜甚好故耳 〔권만權萬, 21(禮)-476〕

하혜下惠　　상대방이 보내 준 선물을 높여 이르는 말. 예문 前懇雨傘及木角箭 留念下惠 至望 〔이인소李寅燇, 5-117〕 → 기혜奇惠, 성혜盛惠, 혜기惠寄, 혜황惠貺

하황下貺　　상대방이 보내 준 선물을 높여 이르는 말. 예문 弟菫支 無足縷縷 下貺九簽 足領厚恤 珍謝無已 〔오도일吳道一, 5-126〕

하회下回　　일의 결과. 예문 大抵事機不可預料 第看下回 如何如何 〔강종운姜鍾雲, 41-50〕

하회下懷　　자기의 마음을 낮추어 이르는 말. 예문 玆蒙俯垂慰問 貺以賻儀 其爲哀感 但切下懷 〔장현광張顯光, 23-31〕

학가鶴駕　　세자의 행차. 예문 卽聞鶴駕永還消息 國家慶幸 何可勝言 吾等亦將陪從出去 未死前庶冀一拜 私慰私慰 〔김상헌金尙憲, 21(義)-34〕 → 행저行邸

학궁지통鶴宮之慟　　왕세자의 죽음을 슬퍼함. 예문 邇來 天禍之慘 鶴宮之慟 罔極如何 〔구봉령具鳳齡, 21(仁)-172〕

학리學履　　공부하는 사람의 안부를 물을 때 쓰는 말. 예문 卽想春日學履珍福 〔이상진李尙眞, 3-122〕 → 주리做履, 주미做味, 주황做況, 주후做候

학미學味　　학문하는 재미. 예문 歲寒僉學味益裕否 瞻戀不淺 〔성만징成晩徵, 23-215〕

학사壑蛇　　'골짜기로 들어가는 뱀'이라는 뜻으로 연말年末이 되었음을 가리키는 말. 소식蘇軾의 시에, "밤을 지새우고 새해를 맞이하려는 마음은, 흡사 뱀이 골짜기로 들어가 다시는 돌아오지 않는 것처럼 아쉽기만 하구나"(欲知垂盡歲 有似赴壑蛇)라는 구절이 있다. 예문 別後急景凋殘 壑蛇駸駸 懷緖復切 〔송수면宋修勉, 48-229〕

학어鶴馭　　세자의 수레. 세자, 또는 세자의 행차를 가리킨다. 보통 사망했을 때 쓰는 표현. 주周나라 영왕靈王의 태자 교喬가 일찍이 흰 학을 타고 후씨산緱氏山에 가서 머물렀다는 고사(『열선전』列仙傳 「왕자교」王子喬)에서 유래한다. 예문 臣民無福 鶴馭上賓 慟寃之極 久而何言 〔이구원李龜遠, 7-148〕

학욕壑欲　골짜기처럼 큰 욕심. 예문 飭厲舌官 不至坐事 何待兄勤敎 此人輩必欲充壑欲而後已 是可痛歎 〔이관징李觀徵, 5-65〕

한漢　놈. 남자의 비칭卑稱. 예문 此漢至 伏承下書 〔김원행金元行, 21(智)-21〕

한강韓康　숨어사는 고사高士나 약초를 캐어 파는 사람. 한漢나라 때 명산名山을 유람하며 약초를 캐어 장안長安에서 팔면서, 가격 흥정을 하지 않았다는 사람(『후한서』後漢書 「일민전」逸民傳). 예문 季方爲飢火所驅 擬作韓康拙業 見之 可悶 〔황현黃玹, 37-27〕

한건旱乾　가뭄으로 메마름. 예문 但以旱乾 赤地千里 民將塡于溝壑 何以聊生 可悶可悶 〔김장생金長生, 23-27〕

한과汗果　밀가루를 꿀이나 설탕에 반죽하여 납작하고 네모지게 만들어 기름에 튀긴 과자. 한과漢菓. 예문 汗果四斗 倉卒造上 品因不佳 〔조속趙涑, 22-109〕

한국閑局　한가한 상태. 예문 且閑局一介老病夫 雖或有所云云 無似之言 不能見信 奈何奈何 〔이경석李景奭, 3-137〕

한내限內　기한 안에. 예문 妻甥逃婢 定日捧招云 亦望限內來現 〔김시양金時讓, 051〕

한령寒令　추운 날씨. 예문 惠我醍醐 矧審寒令 道體起居 益有平安 〔이서구李書九, 21(智)-192〕 → 한천寒天

한리閒履　벼슬 없이 한가롭게 지내는 이의 안부. 예문 卽拜惠狀 以審臘令 閒履增護 尤切仰慰 〔조인영趙寅永, 31-64〕

한미寒楣　자신의 집을 낮추어 부르는 말. 예문 今番意謂坐屈 竟孤顒望 極爲歎恨 幸須從近另圖 以光寒楣 切仰切仰 〔신간정辛澗正, 53-170〕 → 봉문蓬門, 봉조蓬藋, 봉창蓬窓, 봉필蓬蓽, 손와損窩, 야옥野屋, 형문荊門

한병寒病　추위에 의해 생긴 병. 감기. 예문 弟寒病經旬 尙未痊可 入例軍職 亦未易期 〔정지화鄭知和, 5-58〕 → 감모感冒, 감수感祟, 외감外感, 풍한風寒, 한수寒祟, 한질寒疾

한사寒事　추위. 예문 寒事轉甚 下懷益切 〔이원회李元會, 31-85〕

한사寒士　　가난하거나 권력이 없는 사람. 예문 屛子 寒士家未易辦之物 而欲拙手而揮灑之 無乃大謬耶 〔이기윤李基允, 40-220〕

한사閑事.01　　한만閑漫한 일. 긴요하지 않은 일. 예문 世界多事 豈加以區區寒暄相問 又豈可以文字閑事相告也 〔왕수환王粹煥 등, 37-64〕

한사閑事.02　　쓸데없는 짓. 예문 光陽孫宰 最可有用底人物 而立心亦不苟且 但時時作閑事 倒有十分不好處 〔최산두崔山斗, 9-82〕

한섭閑攝　　한가로이 몸조리함. 예문 玆承令問先及 就認閑攝平靜 〔장현광張顯光, 051〕

한소寒素　　빈한하고 소박함. 예문 非不浩然賦歸 依舊寒素 桂玉關心 〔신재식申在植, 22-311〕

한수寒祟　　감기. 예문 文鎬以家中喪禍及病故 滾汨三四朔 訖無開霽時刻 身家亦以寒祟 長在伏枕 悶事何喩 〔박문호朴文鎬, 37-86〕 → 감모感冒, 감수感祟, 외감外感, 풍한風寒, 한병寒病, 한질寒疾

한안閑案　　현재 관직에 있지 않고 휴양 중인 사람에게 보내는 편지 봉투에 쓰는 말. 예문 趙判書 閑案 入納 〔윤양래尹陽來, 6-178(봉투)〕

한염旱炎　　가뭄과 더위. 예문 謹承問書 具審旱炎 令監旬履佳福 豈勝仰慰 〔유득일兪得一, 5-144〕

한전寒戰　　한기가 들고 떨리는 병. 오한惡寒. 한전寒顫. 예문 弟之所患 今則往往有惡寒之候 然不至於寒戰 此則藥效 〔이분李黂, 32-4〕

한절寒節　　추운 계절. 예문 生將有燕京之行 政當寒節 可悶 奈何 〔김좌명金佐明, 23-101〕

한정汗呈　　물건이 약소해 부끄러워 땀이 남. 선물을 보내면서 상투적으로 쓰는 표현. 예문 乾柿一貼汗呈 〔이만시李晩蓍, 027〕

한종寒宗　　한미한 집안. 예문 安山先墓 纔畢石儀之役 又有山坂之不得不買者 以吾寒宗 實難爲力 〔왕성순王性淳, 44-321〕

한질寒疾　　추위에 의해 생긴 병. 감기. 예문 近以寒疾 閉戶縮首 未聞外事 〔성혼成渾, 23-17〕 → 감모感冒, 감수感祟, 외감外感, 풍한風寒, 한병寒病, 한수寒祟

한천寒天　　추운 날씨. 예문 伏惟寒天令政履萬福 仰溯區區 〔이원李蒝, 5-104〕 → 한령寒令

한청汗青　　종이가 없던 시대에 푸른 대를 불에 구워 진을 빼고 표피를 없앤 뒤 종이 대신 사용함. 문서, 서적, 역사 등을 지칭함. 한간汗簡. 예문 寒日呵凍 趁工彌難 汗青無期 賢勞殊未已 想均悶悚 〔심상규沈象奎, 26-141〕

한측汗仄　　송구스러움. 예문 想未盡諒見狀之如是 尤庸汗仄 〔김정희金正喜, 33-79〕

한한閑漢　　한가로운 사내. 주로 관직을 그만둔 사람이 자신을 지칭하는 말로 쓰임. 예문 從此可作一箇閑漢 惟是企慰耳 〔정호鄭澔, 23-165〕

한허汗虛　　허한증虛汗症. 몸이 허약해지면서 식은땀이 남. 예문 春氣稍動 汗虛又作 將如去季春日 閉戶臝臥 直至夏月 猶不脫重襲也 〔성혼成渾, 16-63〕

한회漢回　　밤사이에. 성한星漢 즉 은하수가 자리를 옮김. 예문 謹伏未審漢回 侍中棣體候一向萬安 〔유상렬柳相烈, 42-55〕

한후捍後　　행군 때 후방을 경계하고 지킴. 예문 但毛將領兵向義州 必欲窺捕虜兵之捍後者 我國恐或爲鯨戰之蝦 此則吾之私憂也 〔정경세鄭經世, 45-403〕

한훤寒暄　　날씨의 춥고 더움을 말하는 인사. 안부. 예문 從來尋數之業 一切廢却 寒暄書尺之間等 作笆籬物事 〔유동시柳東蓍, 40-188〕 → 계거啓居, 계처啓處, 기미氣味, 기처起處, 기체氣體, 동인動引, 동정動定, 동지動止, 범백凡百02, 범절凡節, 이용履用, 이음二音, 이자二字, 정인鼎茵, 정인鼎裀, 진간震艮, 행주行駐, 흥거興居

할반割半　　친형제. 예문 慟悼之懷 必不下於割半 〔권도權度, 027〕

함械　　편지. '함緘'과 통용. 예문 前付一械 未知與此鱗次照到 〔김정희金正喜, 33-111〕

함답緘答　　서면 신문에 대한 서면 대답. 함대緘對. 예문 弟等當觀兄之緘答 以爲答通於刑曹矣 〔황신黃愼, 22-73〕

함사含沙　　중국 고대 전설상의 괴물. 물속에 있으면서 모래를 머금어 사람의 그림자를 쏘면 그 사람은 병이 나서 죽는다고 한다. 곧 소인이 음흉한 수단으로 남을 해치는 것을 이르는 말. 함사사영含沙射影. 예문 第世受國恩 目覩艱危 一封肝膈 雖或不中 亦莫非至誠惻怛 而含沙之伺 適會其際 良可笑也 〔최유연崔有淵, 8-124〕

함사緘辭　　서면 신문, 또는 서면 대답. 예문 侍生以禮成祭不參 重被推切 才送緘辭 可以因此脫濕 良幸良幸 〔한영韓瀛, 21(禮)-122〕

함생咸生　　조카. 죽림칠현竹林七賢인 완적阮籍과 완함阮咸이 삼촌과 조카

사이인 것에서 유래한 말. 예문 咸生不知是何人歟 〔김정희金正喜, 33-123〕

함석函席　　학문을 강론하는 자리. 또는 스승. 예문 春秋五十一歲 而篤學實踐 以爲當世幰幪耳 不知自分猥侍函席 然切恐陰厓之木 但貽累於姬天而已 〔송상도宋相燾, 40-152〕 → 장석丈席, 장함丈函, 함연函筵, 함장函丈

함소含消　　크고 물이 많은 질 좋은 배. 함소리含消梨라고도 함. 예문 含消佳餉 珍荷珍荷 〔이황李滉, 30-5〕

함연函筵　　스승. 예문 伏惟天氣向熱 函筵氣力 神護康福 杖屨一動 士望隆翕 〔송준필宋浚弼, 44-71〕

함장函丈　　선배 학자나 스승에 대한 경칭으로 사용함. '함'函은 '용'容의 뜻. 『예기』禮記 「곡례」曲禮에 강학자와 청강자와 거리가 일장一丈이어야 한다고 하였다. 함장函杖. 예문 伏聞函丈痁患之餘 證候添重 驚心焦慮 不任形喩 〔이이근李頤根, 23-241〕

함집啣戢　　은혜를 가슴속에 간직함. 예문 下惠歲儀 非尊眷念 誰復記存 令人啣戢 不知攸謝 〔김몽양金夢陽, 44-244〕

함함顑頷　　굶주려서 얼굴빛이 누렇게 뜬 모양. 굴원屈原의 『초사』楚辭 〈이소〉 離騷에 "오래 굶주려서 얼굴빛이 누런들 무엇을 상심하리오"(長顑頷亦何傷)라는 구절이 있다. 예문 屈平豈非能安貧者 而猶曰長顑頷亦何傷 吾所云亦如是矣 〔이이명李頤命, 22-225〕

합가闔家　　온 집안. 예문 比來 闔家何如 〔유희춘柳希春, 5-20〕 → 합내閤內02, 합담閤覃, 합문閤門, 혼가渾家

합경閤境　　변경邊境 이내의 모든 지역. 관할하고 있는 행정구역. 예문 竊聞自令署篆以來 閤境稍賴 隱若一獻 蓋聖人所謂是亦爲政也 〔황현黃玹, 37-27〕

합계合啓　　홍문관弘文館·사헌부司憲府·사간원司諫院 중 세 관사 또는 두 관사가 합동으로 올리는 계사啓辭. 예문 申臺今已出肅爲處置 繼欲發合啓云 未知末梢之果如何也 〔조명택趙明澤, 6-193〕

합구合口　　상처 난 자리가 아뭄. 예문 僕之腫處 幾已合口 而時令久而不差 〔김부륜金富倫, 44-36〕

합내閤內01　　상대방의 부인을 높여서 부르는 말. 예문 庚炎比甚 伏惟城主政候有相 閤內患候 似聞益有差效 不任仰賀 〔정제두鄭齊斗 21(禮)-235〕 → 곤의壼儀, 소수

小嫂, 합중閤中, 현합賢閤

합내閤內[02]　　온 집안. 예문 更請燧改新元 體上膺福 閤內協慶 並用區區不任遠頌 〔박태영朴台榮, 21(智)-454〕

합담閤覃　　온 집안. 예문 風雪多乖 寢餐咸宜 閤覃均慶 爲頌爲禱 〔문유용文有用, 21(智)-460〕

합리閤履　　집안의 안부. 예문 意外遠承眷札 從審春來閤履安穩 頗慰所思 〔이상진李尙眞, 3-124〕 → 담절覃節, 합의閤儀, 합절閤節, 합황閤況, 합후閤候, 혼리渾履, 혼위渾衛, 혼절渾節, 혼황渾況

합문閤門　　온 집안. 예문 記下意外 蒙恩陞資 闔門感祝 〔이유원李裕元, 21(智)-358〕

합아合衙　　전 관아官衙. 합아閤衙. 예문 卽今初暑 合衙安否如何 〔김상현金尙憲, 22-85〕

합연溘然　　갑자기 죽음. 예문 服弟家門不幸 前月念日 奄遭伯兄之喪 孤露之後 依仰如父 一朝遽遭此變 慟實之極 直欲溘然此中 〔이광사李匡師, 21(智)-38〕

합우閤憂　　상대방 부인의 병을 일컫는 말. 예문 閤憂雖未夬祛 今已解娩 些些症證 久當自瘳 〔남병철南秉哲, 44-196〕 → 합환閤患

합의閤儀　　상대방 집안의 안부를 물을 때 쓰는 말. 예문 卽請春寒乖戾 靖履膺祉 胤兒善課奏吉 閤儀均祥 另漈不射 〔김봉술金鳳述, 49-256〕

합잠合簮　　합잠盍簮. 예문 同域而居 猶不能以時合簮 況今驪旆遠于千里之外乎 〔최남복崔南復, 027〕

합잠盍簪　　친구들이 모이는 것. 『주역』周易 〈예괘〉豫卦에 "의심치 않으면, 벗들이 모인다"(勿疑 朋盍簪)라는 구절이 있는데, 왕필王弼의 주注에 '합盍은 모임(會)이고, 잠簪은 빠름(疾)이다'라고 하였다. 예문 洛下盍簪之期 唯日望之 〔미상, 22-365〕

합전合展　　만나서 이야기 나눔. 예문 卽承審間經劇寒 政候萬重 慰仰之極 無讓合展 但殘郵酬接 多惱神用 是爲貢慮 〔김익문金益文, 42-33〕 → 면서面敍, 배서拜敍, 배온拜穩, 변서拚敍, 봉서奉敍, 봉전奉展, 상서相敍, 온穩, 온서穩敍, 온오穩晤, 온주穩做, 전오展晤, 조전造展

합절閤節　　집안 안부. 예문 省餘棣體節履 時譚寧 玉抱充健 閤節均慶 花樹僉節 連安否 〔이문영李文永, 31-140〕 → 담절覃節, 합리閤履, 합의閤儀, 합황閤況, 합후

閤候, 혼리渾履, 혼위渾衛, 혼절渾節, 혼황渾況

합중閤中　　남의 부인을 높여서 이르는 말. 예문 此漢至 伏承下書 仰審寒沍 氣候萬安 不勝欣慰 而只閤中憂患未已 此深仰慮 〔김원행金元行, 21(智)-21〕 → 곤의壼儀, 소수小嫂, 합내閤內01, 현합賢閤

합폄合窆　　합장合葬함. 예문 以合窆破舊墓 擇在來月十八日 〔송병선宋秉璿, 22-349〕

합하合下　　당초에, 원래. 예문 先銘 尙未泚筆 合下文拙 又値應接之煩 稽緩至此 愧悚愧悚 〔송달수宋達洙, 25-47〕

합하閤下　　상대방에 대한 존칭. 정1품의 관리에게 붙이는 말임. 예문 亡父贈諡之敎 出於閤下之入告 〔고용후高用厚, 051〕

합환閤患　　상대방 부인의 병을 높여서 부른 말. 예문 第審閤患非細 不任貢慮 〔조병덕趙秉悳, 22-327〕 → 합우閤憂

합황閤況　　집안 안부. 예문 新歲發春 想惟閤況萬福 仰賀仰賀 〔안방준安邦俊, 21(義)-65〕 → 담절覃節, 합리閤履, 합의閤儀, 합절閤節, 합후閤候, 혼리渾履, 혼위渾衛, 혼절渾節, 혼황渾況

합후閤候　　집안 안부. 예문 卽伏惟侍下閤候萬相 〔유세명柳世鳴, 44-48〕

항려伉儷　　부부. 예문 伏惟伉儷義重 悲悼沉慟 〔나만갑羅萬甲, 4-147〕

항무거巷無居　　거리에 사람이 없는 듯함. 미덥고 인자한 이가 떠남을 아쉬워하는 표현. 『시경』詩經 「정풍」鄭風〈숙우전〉叔于田의 "공숙단공叔段이 사냥을 나가니 마을에 사람이 없는 듯하다"(叔于田 巷無居人)에서 나온 말. 예문 自家則雖有考槃之樂 同社之人 實不禁巷無居之歎 〔조운철趙雲澈, 31-70〕

항안抗顔　　얼굴을 듦. 대항한다는 뜻. 예문 不可以殯殿肅謝 啓請牌招 昨日面誨 不翅丁寧 而今忽爲此示 未知何故耶 況以弟等情勢 其可更起抗顔於論列立落之際乎 〔송광연宋光淵, 21(禮)-169〕

항염亢炎　　혹독한 더위. 예문 伏惟亢炎 老兄靜養體事萬旺 允玉安侍 面面充善 大少各節 勻謐 竝用勞仰罔任 〔김재정金在鼎, 31-113〕

항품恒品　　평소. 예문 自聞行旆 得脫北窖 私心雀躍 萬倍恒品 〔윤순지尹順之, 4-142〕

항한亢旱　　심한 가뭄. 예문 亢旱此極 伏惟起居如何 前見委翰 有解歸之處 當

此歲儉 歸於何黨 不堪奉慮〔윤순지尹順之, 21(義)-214〕

항한亢暵　　심한 가뭄. 예문 間頗麥雨頻霑 亢暵之餘 可謂甘露一滴〔김정희金正喜, 33-49〕

해고海藁　　말린 생선. 예문 惠送陳玄及海藁 多謝多謝〔이건명李健命, 23-195〕
→ 고어枯魚, 고어藁魚

해곡海曲　　바닷가의 외진 곳. 예문 喪人遠謫海曲 久違侍旹〔강현姜鋧, 22-211〕

해관解官　　벼슬자리를 내놓음. 예문 軍威兄侍承 有積祟 解官調養 愛慕之地 貢慮殊深〔유창식柳昌植, 40-212〕

해귀解歸　　벼슬을 그만두고 고향으로 돌아감. 예문 亢旱此極 伏惟起居如何 前見委翰 有解歸之處 當此歲儉 歸於何黨 不堪奉慮〔윤순지尹順之, 21(義)-214〕 → 대귀大歸, 부귀賦歸

해대解帶　　허리끈을 풂. 어른의 병간호로 힘들다가, 병이 차도가 있어 여유가 생긴 상황을 말한다. 예문 此拜惠札 日間尙在侍湯 仰惟久不解帶 馳慮萬萬 不審信來有日 諸節更如何〔이광려李匡呂, 21(智)-60〕

해량海諒　　바다와 같은 아량. 예문 備盡實際 當海諒耳〔김성근金聲根, 051〕

해면解免　　해직解職. 예문 且係朝家事體 必欲解免而後已者 不但爲私計之便安〔여성제呂聖齊, 5-100〕

해묵海墨　　황해도 해주에서 나는 먹. 예문 得海墨數三丁以來 然後 吾之私藁 可謄出矣〔신좌모申佐模, 43-123〕 → 해현海玄

해미海味　　해산물. 예문 兩種海味 遠領情念〔이직보李直輔, 22-293〕

해복解卜　　해부解負. 논밭의 결부結負를 계산해 내는 것을 가리킴. 예문 命說量役已畢 解卜知數 則比癸卯量 元數加八百餘結矣〔김명열金命說, 49-377〕

해불解紱　　벼슬을 그만둠. 예문 解紱十五年 又無端作散於京司〔이민보李敏輔, 4-163〕 → 탈습脫濕, 투불投紱, 투판投版, 해관解官, 현거懸車

해사蟹舍　　어촌漁村. 예문 得此後 一兩夜於蟹舍蒲擔下 不覺向月起舞〔황현黃玹, 37-13〕

해서蟹胥　　게장. 예문 食玉炊桂 不獨入楚 全恃宿諾 敢此奉訴 馬草蟹胥 何時踐信耶 一紙三請 支離可笑〔손필대孫必大, 21(義)-298〕

해설海雪　　소금. 예문 海雪各種 至蒙專人惠來 深感厚誼 無以爲謝〔신익상申翼

相, 21〔禮〕-135〕

해송지실海松之實　　잣. 해송자海松子. 예문 又有未嫁女 冬春之交 欲許嫁於 人 而窮家百物皆窘 其中海松之實 及蠟燭 尤難辦得〔미상, 027〕 → 백자栢子

해악海嶽　　금강산金剛山. 예문 宗人發行二十五日 出入海嶽千餘里 方到襄陽 邑底 其慰幽悁 則大矣〔김이안金履安, 22-279〕

해얼海臬　　황해도 관찰사.『공거휘편』公車彙編 '소차대개식'疏箚大概式에 "기백畿伯은 기보畿輔(重任)라 하고(혹은 기얼畿臬〔新命〕이라 함), 기백箕伯은 기얼箕臬〔新命〕이라 한다. 해백海伯은 해얼海臬, 북백北伯은 북얼北臬, 영백嶺伯은 영얼嶺臬이라 하고, 완백完伯은 금백錦伯과 함께 호얼湖臬이라 칭하며, 동백東伯은 동얼東臬이라 한다"(畿伯曰畿輔重任〔或曰畿臬新命〕 箕伯曰箕臬新命 海伯曰 海臬 北伯曰北臬 嶺伯曰嶺臬 完伯錦伯幷稱湖臬 東伯曰東臬)라는 구절이 있다. 예문 移拜海臬 仰想榮萬榮萬 舍季亦移來便近之地 從玆無分離之緖〔남병철南秉哲, 26-229〕

해역咳逆　　해소병의 일종. 숨을 들이쉴 때 소리가 나는 병. 예문 浮氣咳逆等 凶兆危症 一時俱劇〔이덕운李德運, 35-8〕

해영海營　　황해도 감영監營. 예문 執事在海營日 惠書垂訊 副以珍墨之貺 在 遠承拜甚晩 不卽修謝 迨用悵恨〔박태보朴泰輔, 23-175〕

해의海衣　　김. 예문 海衣一帖 仰呈〔이종상李鍾祥, 027〕

해이解頤　　턱이 빠짐. 곧 크게 웃음. 예문 布草依到 布則姪女之無裳者解頤 草 亦堪定嘔氣矣 何幸〔미상, 22-393〕

해절駭絶　　놀라서 기절함. 예문 其爲人也 必多駭絶之行怪愕之辯 有如驚世越 俗〔황현黃玹, 37-13〕

해제孩提　　어린아이. 예문 重以偏省 今六旬 氣息奄奄 有子亦孩提 上焦俯悶 難以容達〔이정희李庭禧, 40-274〕

해착海錯　　여러 가지 해산물.『서경』書經「우공」禹貢에 "바치는 공물은 소금 과 가는 갈포葛布, 그리고 여러 가지 해산물이다"(厥貢鹽絺 海物惟錯)라는 구절 이 있는데, 그 주注에 "'착'錯은 '섞임'(雜)이다. 해산물이 한 가지 종류가 아니므로 '착'이라고 한다"(錯雜也 海物非一種 故曰錯)라고 하였다. 예문 海錯登盤 山廚動色 老饕饞肚 不慣於喫荽茹草 得以開醒病胃 甚可喜也〔신석희申錫禧, 29-39〕

해체陔體　부모를 모시는 몸이라는 뜻. 예문 又拜手畢 就審陔體日安〔김옥균金玉均, 22-357〕

해현海玄　황해도 해주에서 나는 먹. 예문 海玄五丁 送呈耳〔조운철趙雲澈, 31-70〕→ 해묵海墨

행가行駕　행차. 예문 行駕回還後 雖得消息 而末由奉展 第切瞻戀〔윤양래尹陽來, 6-178〕

행개行蓋　상대방이 타고 가는 수레. 행차. 예문 前冬行蓋之啓程也 追往門外 則駕纔發矣〔홍주원洪柱元, 22-143〕

행거行炬　불을 붙여서 들고 다니는 홰. 또는 홰를 들고 다니는 일. 예문 但店有司 往往被打於往來行旅 而亦不應路卜行炬之役 則有司之稱自公 而如盟府籌司 而爲緊任腴窠已如許矣〔정조正祖, 26-73〕

행견行遣　추방함. 유배 보냄. 예문 伏輩不測風波如此 只竢行遣耳〔이식李植, 23-53〕

행관行關　관문關文을 보냄. 관문은 동급 또는 하급 관청에 보내는 공문을 말한다. 예문 曾因定永興人尹進夏等相訟事 行關於該道〔이익수李益壽, 6-51〕

행기行己　처신. 몸가짐. 예문 愚兒行己之事 日日指導 望望〔소세양蘇世讓, 21(仁)-87〕

행기行期　떠나는 시기. 예문 二堅回 見書知行期定於十三 尤用悵然〔김상헌金尙憲, 23-43〕

행년行年　현재의 나이. 예문 第聞嫂氏又小産 驚愕 吾輩行年三十 今雖得男 及其冠 將迫五十 況又遷延無期者耶 思之悽然〔남학명南鶴鳴, 21(禮)-277〕

행담行擔　여행 때에 가지고 다니는 작은 상자. 싸리나 버들로 엮어서 만든다. 예문 汝之冊行擔 並表東十卷送之 一一考置也〔신좌모申佐模, 43-121〕

행대行臺　행차 중인 지방관의 거처가 있는 곳. 예문 北伯 行臺〔송준길宋浚吉, 15-179(봉투)〕

행량行粮　길을 가는 데 필요한 양식. 예문 就中 金安陰 以奴婢收貢 送人于道內 幸採晉人之訴 ○○生光 行粮 亦須優給 俾免路中之困〔홍무적洪茂績, 3-40〕→ 행립行粒

행례行禮　혼례 등을 거행함. 예문 就 禮日旣承牢定之敎 十二日來臨 翌早行

禮如何 于禮十五日定行爲計〔길남길남, 34-366〕| 弟明日又送喪行 慘悼不可言 此去兄所住 一日可至 初六之請 幸勿孤負 如何 他鄕行禮 望兄如歲 須諒此意也〔이민서李敏叙, 21(禮)-116〕

행리行吏 왕명을 받아 파견된 사신이나 관리. 예문 令之駐節鴒原 今月餘矣 亦非無徃來之便 而一問不及 方恠老兄之得意驕人 而悔作一行吏矣〔조문수曺文秀, 21(義)-215〕

행리行李 여행. 예문 只冀數千里寒程 行李珍重 伏惟下照〔신회申晦, 21(智)-42〕

행립行粒 길을 가는 데 필요한 양식. 예문 聞敷則欲於今廿四五間下來云 湍奴處兩奴 當徃節底 辦行粒以待之意 已爲分付 且以得馬持去之意 亦爲諄諄分付耳〔이관징李觀徵, 13-111〕→ 행량行粮

행문行文 공문公文을 보냄. 예문 欲待令更示然後 行文諸邑耳〔이시발李時發, 5-205〕

행부行部 관할 지방을 순시巡視하는 관찰사를 가리키는 말. 예문 行部果但巡北 而何日返次 撼頓無損 僉幕俱安耶〔이면승李勉昇, 7-162〕

행사行史 출장 중인 관리에게 쓰는 말. '행'行은 행차이며, '사史는 상대방을 직접 가리키지 않고 그 밑에서 심부름하는 사람을 가리켜 상대방을 높이는 말이다. 예문 通川 行史〔유근柳根, 44-147(봉투)〕

행색行色[01] 여정, 일정. 예문 弟之此行 固知不免 而惟以相逢兒輩爲幸 行色甚急 逢別俱忙〔이관징李觀徵, 5-64〕

행색行色[02] 행차. 예문 國運不幸 大監行色 尙無還期 伏惟思慕號絶 何以堪居〔미상, 3-60〕

행색行色[03] 행차 중의 안부. 예문 去後未聞行色 行期又似忩忩 爲慮〔이황李滉, 30-145〕

행색行色[04] 형편. 예문 想將喪行色 一倍摧慟 爲之酸鼻〔김수흥金壽興, 23-119〕

행색行色[05] 겉으로 드러나는 차림. 예문 此去金碩士卽宗人 而委來海外而歸 其行色極草草 恐有中路低徊之慮〔김정희金正喜, 33-27〕

행소行素 상喪을 당하여 고기나 고기가 든 음식을 먹지 않고 채식荣食을 함. 예문 汝亦勿久行素 毋致母主之疑戒 汝室亦然〔윤구尹衢, 8-18〕

행수幸須 '~하기 바랍니다'라는 뜻. 대개 '여하여하'如何如何와 같이 쓰인다. 예문 且聞 寒岡書齋 有鄭三峯集 雙梅堂集 及政經等冊云 此是士夫家希有之冊 而國家典章 多有可考之蹟 幸須開諭院儒 從速搜出借惠 如何如何〔최석항崔錫恒, 21(禮)-268〕

행심幸甚　　아주 다행임. 예문 諄諄誠誨 毋至笑棄於學徒間 幸甚〔성만징成晚徵, 23-215〕

행역行役01　　관리가 업무를 보기 위하여 돌아다니는 일. 예문 弟扶病發巡 又當儉歲 酬應之苦 行役之難 俱非所堪 奈何奈何〔유봉휘柳鳳輝, 21(禮)-314〕

행역行役02　　먼 길을 가는 것. 예문 行役之餘 百疾方劇 草謝不宣〔송준길宋浚吉, 052〕

행역行疫　　돌림병. 예문 我到天安 明向牙山 仍往內浦 還營之期 似遠 行疫日漸悶悶〔정철鄭澈, 16-38〕→ 시경時警, 시기時氣, 시륜時輪, 시질時疾, 시환時患, 여기沴氣, 여기癘氣, 염환染患, 윤증輪症, 윤행輪行, 윤환輪患

행자行資　　노자路資. 예문 就中 亡弟家奴士先 以事下去 行資可蒙覓給耶〔김창집金昌集, 21(禮)-227〕→ 노수路需

행장行藏　　관직에 나아가는 것과 물러나 은거하는 것. 『논어』論語 「술이」述而의 "등용되면 나아가 행하고 버려지면 물러나 은거한다"(用之則行 舍之則藏)라는 구절에서 유래한다. 예문 適以自陷於大何 丈夫五十年 不能識行藏 眞成崔德符之罪人矣 慙痛奈何〔정경세鄭經世, 45-415〕

행저行邸　　세자의 행차. 예문 行邸雖渡鴨水 亦何心哉〔박황朴潢, 027〕→ 학가鶴駕

행조行朝　　도성을 떠나 있는 조정. 예문 遞付閑局 又出遠外 行朝諸事 莫不相干〔김응남金應南, 12-262〕

행주行駐　　'기거'起居와 같은 뜻으로, 상대방의 안부를 물을 때 쓰는 말. 예문 聞五馬留雒有日 而抱疾應公 未因相就以敍 姑此奉書以謝 仍候行駐爾〔박장원朴長遠, 5-56〕→ 계거啓居, 계처啓處, 기미氣味, 기처起處, 기체氣體, 동인動引, 동정動定, 동지動止, 범백凡百02, 범절凡節, 이용履用, 이음二音, 이자二字, 정인鼎茵, 정인鼎裀, 진간震艮, 한훤寒暄, 흥거興居

행중行中　　상대방이 부임지赴任地로 가거나 이동이 있을 때에 쓰는 말. 예문 仍審日間寒劇 行中體候萬安 伏慰不已〔고경명高敬命, 22-37〕

행진行塵　　말을 타고 달려갈 때 일어나는 먼지. 보통 먼 길을 가는 사람을 비유한다. 예문 瞻望行塵 只自嘆咄而已 餘願千里邊城 爲國益珍 [이경헌李景憲, 39-75]

행찬行饌　　행차 중에 먹을 음식. 예문 行饌則送于咸陽知禮等處爲料 [김성일金誠一, 12-148]

행춘行春　　지방 수령이 봄에 자기 관내를 순시하는 것. 예문 唯願行春益勝以濟飢困之蒼生 [심동구沈東龜, 3-99]

행패行旆　　관리가 행차할 때 따르는 기. 관리의 행차를 가리킨다. 예문 伏想行旆已發碧蹄 兒輩必先此得還也 [김우명金佑明, 23-107]

행필行筆　　글씨를 씀. 예문 其書本難於行筆 便圖之爲佳 [김정희金正喜, 33-20]

행하行下 01　　아랫사람에게 분부함. 지시함. 예문 旬後欲送差奴 而恐難傳簡 勿禁事行下于閽人 則其幸復如何耶 [김경문金敬文, 3-85]

행하行下 02　　상전이 부리는 사람에게 주는 돈이나 물건. 예문 此去漢 善步勤實 必須賜顏 此後當輪送此漢 來頭惠聽行下 優給如何 [정조正祖, 19-171]

행헌行軒　　순시 중인 지방관을 가리키는 말. 예문 卽伏聞行軒來住花谷 聲光密邇 傾仰何量 [이세필李世弼, 5-124]

행후行候　　행차 중의 안부. 예문 台旆千里往返 伏惟行候萬相 [이단하李端夏, 23-113]

향간向間 01　　접때, 이전에. 예문 戚姪向間趨覲西邑 今始還歸 [김재로金在魯, 6-37] → 경일頃日, 이래邇來 01, 주석疇昔, 향래向來 02, 향자向者

향간向間 02　　병세가 차도가 있음. 예문 姊病熱勢向間 而痰喘似劇 [김부륜金富倫, 44-36] → 감점減漸, 감헐減歇, 병간病間, 식절여자食節如蔗, 자경蔗境, 차경差境, 차헐差歇, 향차向差, 향헐向歇, 회두回頭

향구鄕舊　　향구鄕舊. 고향친구. 예문 山舍又成 時時與鄕舊 登賞暢敍 [이현보李賢輔, 21(仁)-61]

향국鄕國　　고향. 예문 所示李君英佑彥甫事 深合事宜 但凡事先此而後彼 由親而及遠 豈可捨吾鄕國 而遠送君所耶 [김정金淨, 9-62] → 고산故山, 고원故園, 상향桑鄕, 시리柴里, 향산鄕山

향도香徒　　상여꾼. 예문 似聞京裡香徒 亦易致敗 [송명흠宋明欽, 22-269]

향래向來 01　　그동안. 예문 南來汩汩憂戚 尙闕一書仰候 恒切罪歉 意外伏承先

施下訊書 憑審向來體候起居萬安 仰慰之餘 豈勝感愧 〔심택현沈宅賢, 21(禮)-407〕
→ 간간02, 간자간者, 이래伊來, 이래邇來02, 이시伊時, 즉래卽來

향래向來02   지난번. 예문 向來台監每以數月松岳歎惜言猶在耳 推己及人 此正其時 〔정지화鄭知和, 5-59〕 → 경일頃日, 이래邇來01, 주석疇昔, 향간向間01, 향자向者

향려嚮慮   궁금하고 걱정됨. 예문 暑溽至此 每切嚮慮 便中奉疏 備審比來 孝履少愆 〔박세채朴世采, 027〕

향벽向壁   벽 쪽을 향함. 찬성하지 않음. 예문 書院儒生李芑等八十餘人 聯名呈書 而其實四十餘人 率多向壁云云 〔미상, 45-312〕

향복鼎復   지난번의 답장. 예문 省式 鼎復 計卽俯覽矣 〔이휘령李彙寧, 027〕

향산鄕山   고향. 예문 歸自鄕山 見有留書在案 〔박장원朴長遠, 5-56〕 → 고산故山, 고원故園, 상향桑鄕, 시리柴里, 향국鄕國

향소嚮愫   그리움. 예문 道途相左 末由奉對 嚮愫一念 有時憧憧 〔김수인金壽仁, 31-98〕

향소鄕所   유향소留鄕所, 향청鄕廳. 예문 西原家事 生在鄕時聞之 極爲矜惻 力言于懷鄕鄕所 俾傳于主倅而來 〔이시직李時稷, 21(義)-56〕

향신鄕紳   고을의 향반鄕班. 예문 因封在邇 鄕紳齊進 伏想有追隨之暇 而鄕閭消息 次第入聞矣 〔이중린李中麟, 40-286〕

향앙向仰   궁금함. 예문 數日來 謹未審動止何似 向仰不已 〔이의건李義健, 3-28〕

향역享役   제사를 지내는 일. 예문 吾之正朝享役 卽綏吉園也 〔정재원丁載遠, 21(智)-139〕

향왕중向往中   궁금하던 차에. 예문 省式 向往中 伏承問札 仍審秋抄 政履萬福 昂慰區區 〔이인엽李寅燁, 21(禮)-283〕

향왕지포嚮往之抱   그리운 마음. 예문 還巢之後 擬卽替書少伸嚮往之抱 而汩汩憂病 未得遑暇 〔미상, 027〕

향우鄕寓   고향 집. 예문 黃丈明向鄕寓 而身病務劇 不得奉一盃以餞 尤用悵黯 奈何 〔민진후閔鎭厚, 6-87〕

향음鄕音   시골말. 비속한 말이라는 뜻을 내포하고 있음. 예문 弟則所陳者本情 而兄主以崎嶇不平坦之心 發粗厲鄕音之語 欲以譏辱相持 極可慨然 〔이태중李台

重, 21(禮)-504〕

향일向日　　지난날. 예문 匪意承手滋 足慰向日餘懷〔송치규宋穉圭, 22-303〕

향일판香一瓣　　한 가닥 혹은 한 점의 향. 일판향一瓣香 혹은 일주향一炷香과 같은 뜻으로, 스승에 대한 존경을 나타내는 말이다. 불교에서 장로長老가 법당을 열고 도를 강講할 때에 향을 피워 제삼주향第三炷香에 이르면 장로가 "이 일판향을 나에게 도법道法을 전수해 주신 아무 법사法師에게 삼가 바칩니다"라고 말하는 데서 나온 말. 예문 且靑邱士氣尙未死 鼓動禹城 諸家濟此 未易之盛擧 令人下香一瓣〔김효찬金孝燦, 37-130〕

향임鄕任　　지방 자치기관인 향청鄕廳의 임원. 수령守令을 보좌하고 향리의 불미스런 일을 살펴서 바로잡는 역할을 담당하였다. 그 마을의 명망 있는 사람 가운데 수령이 임명하였으며 임기는 2년이다. 예문 窃聞重峯書院儒生沈廣見差本郡鄕任 以不卽現身 至被囚禁 久未得釋云〔신유申濡, 47-15〕

향자向者　　접때. 예문 向者下書 伏慰阻慕之懷 間已多日 更伏問氣候若何〔송병선宋秉璿, 22-349〕→ 경일頃日, 이래邇來01, 주석疇昔, 향간向間01, 향래向來02

향자평向子平　　→ 상자평向子平

향재鄕材　　국산國産 약재. 예문 者所藥則鄕材無儲云 故一不得帖送 奈何〔이관징李觀徵, 13-132〕

향정鄕井　　시골. 예문 令之子婚已定耶 久在鄕井 似難擇定 每爲兄慮之〔이인징李麟徵, 21(禮)-196〕

향정자香亭子　　장례 때 향로를 넣어 운반하는 정자 모양의 작은 가마. 예문 敎香亭子 來此尋覓 則無有 想皆爲曺令公家所搬取未還〔유진柳袗, 3-52〕

향차向差　　차도가 있음. 예문 此中老人之症 屢瀕危境 今幸向差 而仍至安平 亦未保矣 煎憂度日耳〔송시열宋時烈, 3-120〕→ 감점減漸, 감헐減歇, 병간病間, 식절여자食節如蔗, 자경蔗境, 차경差境, 차헐差歇, 향간向間02, 향헐向歇, 회두回頭

향천鄕薦　　지방에서 그 관내의 인재를 천거함. 또는 천거된 사람. 예문 美兄之不參鄕薦 誠可歎也〔박세표朴世標, 49-265〕

향풍向風　　인품이나 학문을 우러러 사모함. 예문 何間可有西笑之便耶 姪雖坐此無緣拜會 而五馬之屈洛 亦難頻得 尤不勝向風馳神〔이조李肇, 21(禮)-366〕

향풍嚮風　　우러러 사모함. 예문 行舟飄忽 莫由攀別 嚮風慨然 迨不能已〔오윤겸

吳允謙, 45-318〕

향헐向歇　　병이 차도가 있음. 예문 聞病患向歇云 深幸深幸〔미상, 22-389〕
→ 감점減漸, 감헐減歇, 병간病間, 자경蔗境, 차경差境, 차헐差歇, 향간向間02, 향차向差, 회두回頭

향흥鄕興　　고향 생활의 즐거움. 예문 弟爲焚黃與立石 乞暇歸山 鄕興頗多 不羨兄之燕寢凝香仙區游賞也〔남용익南龍翼, 42-36〕

허계許笄　　시집보냄. 예문 去春醮子 來十月晦間 欲女息許笄 謀計生拙 資濟無由 深以爲恨〔이해李瀣, 5-179〕

허도虛度　　헛되이 됨. 예문 呂正言丈之黃山首擬虛度 爲之切悶 然而安知爲後日之幸也〔박창수朴昌壽, 41-185〕

허배虛拜　　제수祭需를 차리지 않고 절함. 예문 明日欲往韓從家 虛拜先祠 仍向校山〔이관명李觀命, 23-193〕

허비虛憊　　몸이 허약함. 예문 就白 虛憊之人 所需藥餌 而聞黑荏子最合於弟症云 倘蒙覓惠近便 何幸何幸〔이진망李眞望, 47-171〕

허빈虛牝　　빈 골짜기.『회남자』淮南子에 구릉丘陵은 수컷(牡)이 되고 계곡谿谷은 암컷(牝)이 된다는 말이 있다. 예문 谷中歲問 虛牝黃金 冒禁何事 與世差遠 無由得聞 拙句非唯羞顙 不敢示人 處世貴無迹 不欲以不平鳴於人〔이정구李廷龜, 45-245〕

허소虛疏　　허술함. 허소虛疎. 예문 薄庄在奉化 旣無守奴 不能收拾 托於邑居老除鄕吏鄭天敍 使之看護 路遠便稀 聞問不能頻 以致事多虛疏 每欲一者躬往管檢而歸 尙未之果〔이세구李世龜, 3-97〕

허욕虛辱　　상대방이 자신을 방문하였으나 만나지 못해서 헛걸음을 하였다는 말. 예문 昨自玄友弔喪所 乘暮而歸 手書留案 不免虛辱 一感一愧〔이간李柬, 23-203〕

허저虛佇　　마음을 비우고 기다림. 허저虛竚. 예문 西行果在何日 聖上之虛竚亦已勤矣〔윤문거尹文擧, 22-135〕

허환虛還　　상대방을 만나지 못하고 허탕치고 돌아옴. 예문 華蓋南發之日 委進 値已啓 失晤 虛還〔조종진趙琮鎭, 29-30〕

헌가軒駕　　관리의 행차를 가리킴. 상대방이 탄 수레로써 상대방을 대신 지칭

하는 것. 예문 餘俟軒駕戻洛就拜 〔이세화李世華, 22-181〕

헌기軒騎　관리의 행차를 가리킴. 상대방이 탄 수레로써 상대방을 대신 지칭하는 것. 예문 生陽路上 果逢軒騎 而殘日倦慘 投店甚忙 未克停鞭而過 〔민창도閔昌道, 21(禮)-275〕

헌념獻念　걱정됨. 예문 第今歉荒溢目 憂虞罔涯 將何以副彼來蘇之望耶 前頭接濟 恐大費神用 旋切獻念 〔조봉진曺鳳振, 21(智)-90〕 → 공념控念, 공념貢念, 공려拱慮, 공려貢慮, 봉념奉念, 봉려奉慮, 앙념仰念, 여앙慮仰

헌대憲臺　사헌부司憲府. 예문 設如此事得請 則異日台雖復長 憲臺不必逐一爭執於微文末節之間也 〔미상, 45-322〕

헌리憲吏　사헌부司憲府에 소속된 아전. 예문 圻橋憲吏張世輝 則可以傳來矣 〔한원진韓元震, 22-255〕

헌미軒眉　기뻐서 눈썹이 올라감. 예문 兄爲人亦大類女郎 少慷慨激昂之氣 詩文肯之以出 使人愛賞則有之 謂能軒眉奮髥則未也 〔김문옥金文鈺, 41-118〕

헌발獻發　헌세발춘獻歲發春. 한 해가 바뀌고 다시 봄이 됨. 『초사』楚辭〈초혼〉招魂에 "해가 바뀌고 봄이 되었는데, 나만 홀로 쫓겨나서 남으로 가네"(獻歲發春兮 汩吾南征)라는 구절이 있다. 예문 獻發已久 慕仰殊切 〔이재정李在正, 027〕

헌병軒屛　상대방을 높여서 이른 말. 예문 謂以新正一叩軒屛 兼做至情人事 〔이만인李晩寅, 027〕

헌세獻歲　해가 바뀜. 예문 獻歲發春 想膺新休 遙賀遙賀 〔이후산李後山, 051〕

헌장憲長　사헌부司憲府의 수장인 대사헌大司憲. 대사간大司諫은 간장諫長, 성균관 대사성은 국자장國子長 또는 반장泮長이라고 한다. 예문 今已又除憲長 而病未承召入京 狼狽悶蹙耳 〔김광찬金光燦, 36-35〕

헌하軒下　상대방을 높인 말. 예문 竊欲躬進 奉教於軒下 而勢末由矣 〔김영金瑛, 051〕

헐극歇劇　병이 나아졌다가 다시 심해짐. 예문 鈺兩堂俱失安和 連數日迭次歇劇 焦心囚首 無暇念及他事 〔김문옥金文鈺, 41-109〕

헐박歇泊　도착함. 쉬고 묵음. 예문 孫婦之行 無事歇泊 殊以爲慰 〔이현일李玄逸, 44-47〕

헐후歇後[01]　시시함. 예문 示婚說 任生門閥 卽豊山君之後孫 而順陵參奉之六

代孫 司宰監正玄孫 而其後則連以儒家名於湖左 近來則雖無顯揚文官 豊基郡守
燨之四寸從孫女也 其外則一無掛䀛於世路 閨養之外家 卽本邑全蔚山至親也 閨
養果極賢 家且不貧 弟若歇後爲念 而發此說耶 〔미상, 027〕

헐후歇後⁰²　뒤끝이 흐림. 예문 竊以潦炎彌月不已 調攝動止 近復若何 區區瞻
迋 實非歇後 〔유척기兪拓基, 31-42〕

혁제赫蹄　편지. 원래 글씨를 쓰는 폭이 좁은 비단을 말함. 예문 玆以赫蹄書替
探起居 〔허극許極, 027〕

혁제赫蹏　혁제赫蹄. 예문 日夕鞅掌 瘖痱懸旌 赫蹏忽落此際 慰沃倍品 〔임의백
任義伯, 051〕

혁혁嚇嚇　허허. 웃는 소리. 예문 間因往復南坡 輒叩令近節 亦嘗有戲要語 令
必無不見 見必不無嚇嚇笑矣 〔황현黃玹, 37-29〕

현賢　현자賢者. 상대방을 높여 이르는 말. 예문 然雪冤伸枉 平生之志 哀窮悼
屈 況於賢乎 〔이경석李景奭, 3-137〕

현거懸車　벼슬에서 물러남. 벼슬에서 물러난 후에는 수레를 사용하지 않는
데서 유래한 말. 예문 落致仕之說 始於宋時 而懸車再脂 投版重理 古今絶罕 〔김정희
金正喜, 33-43〕 → 탈습脫濕, 투불投紱, 투판投版, 해관解官, 해불解紱

현경懸頃　궁금하여 마음에 잊지 못함. 예문 涼意乍生 懸頃際勤 袱至得承委
狀 就審邇來 郵履連勝 慰浣實深 〔김유근金逌根, 21(智)-265〕

현경顯警　큰 병이나 사고事故. 예문 査生重省姑保 而兒輩姑無顯警 以是伏
幸耳 〔정봉수鄭鳳洙, 43-276〕

현계賢契　다정한 벗이나 편한 사이인 사람을 부를 때 쓰는 호칭. '계'契는 친
하고 의기가 투합하는 사람을 지칭하는 말이다. 예문 慮人之譏笑而加勉則善矣 憂
人之非毀而自沮 則恐不足以爲士也 未知賢契當何所處也 〔이황李滉, 30-4〕

현계賢季　상대방의 동생을 높여서 부르는 말. 예문 賢季別坐得入仕錄 其喜
如何如何 〔서필원徐必遠, 3-100〕

현계사賢契史　'현계'賢契는 손아랫사람을 친근하게 부르는 말이고, '사'史는
그 밑에서 일하는 사람을 가리킨다. 편지 봉투에 수신자의 이름을 직접 쓰는 것은
실례이므로 그 아랫사람을 지칭함으로써 상대방을 높이는 말. 예문 朴生員 賢契史
〔정구鄭逑, 44-39(봉투)〕

현고現告　　범죄 사실을 해당 관청에 즉시 알림. 예문 査出現告 則自何處爲之耶〔황신黃愼, 22-73〕

현과見窠　　현재 비어 있는 벼슬자리. 예문 鄙意 若得前茂長吳命禧 爲郞屬則欲陳稟而委之 直講乃是相當之職 而今無見窠〔이제李濟, 21(禮)-316〕

현관賢關　　성균관. 예문 賢關亦有孟門之險 凡百 務爲韜晦〔이황李滉, 30-6〕→ 국자國子, 관중館中, 근궁芹宮, 근사芹舍, 반사泮舍

현궁玄宮　　임금의 무덤. 예문 仙馭賓天 玄宮奄閉 攀號之痛 益復罔極〔이직보李直輔, 22-293〕

현기懸企　　그리워함. 예문 筇束以後 無日不懸企〔김정희金正喜, 33-17〕

현기賢器　　상대방의 아들. 예문 今於賢器之過 又復寄音 副之以如斯臺原韻 贒明之眷眷此無狀 何若是其勤且摯也〔박주대朴周大, 40-140〕→ 영윤令允, 영윤令胤, 영윤英胤, 옥윤玉胤, 윤군允君, 윤군胤君, 윤랑胤郎, 윤사允舍, 윤사胤舍, 윤아胤兒, 윤옥允玉, 윤우允友, 윤우胤友, 재방梓房, 재사梓舍, 현랑賢郞, 현사賢嗣, 현윤賢允, 현윤賢胤

현념懸念　　그리워함. 예문 阻聞此久 日夕懸念 承拜問札 以審無前暑濕 旅履佳勝 區區慰昂 回程又此老炎 尤甚憂念〔곽재우郭再祐, 22-65〕

현도소장縣道疏狀　　지방에 있는 관리가 현縣이나 도道를 통하여 소장疏狀을 올림. 예문 久占閑靜之樂 必多頤養之效 爲之馳仰 第縣道疏狀 蒙遞未易 而曠久帶職 身雖安而心不安 是用奉悶〔어유구魚有龜, 6-166〕

현랑賢郞　　상대방의 아들을 높여 이르는 말. 예문 賢郞相見 殊幸 更以催歸 爲悵〔정제두鄭齊斗, 21(禮)-234〕

현련懸戀　　간절한 그리움. 궁금함. 예문 數月來 音耗無憑 懸戀悠悠〔정경세鄭經世, 3-26〕

현로賢勞　　혼자서 고생함. 『맹자』孟子「만장 상」萬章上의 "나랏일이 아님이 없거늘, 나만이 홀로 어질다 하여 수고롭다"(此莫非王事 我獨賢勞也)라는 구절에서 유래한다. 예문 此一鄕多士之責 而兩兄獨當其任 不無賢勞之歎〔이상정李象靖 등, 44-52〕

현방見方　　지금 바야흐로. 예문 今朝少出 落傷大段 見方呻楚〔조명택趙明澤, 6-193〕

현보懸保　　보증인을 세움. 예문 公錢私換 百弊具有 而監色輩給換之際 例受饒實人懸保 如有蹉跌 則保者替當 如或誤給於不實之保 則監色輩賠納〔이충익李忠翊, 7-172〕

현사懸俟　　간절히 기다림. 예문 日日懸俟 想掌珠未易遽舍 如是遲淹〔김정희金正喜, 33-15〕

현사賢史　　자기보다 나이가 적은 상대방을 높여 이르는 말. 예문 雖不敢自請 而或賜委顧 卽此所謂同價紅裳 賢史□爲我 一助如何〔권경섭權景燮, 40-28〕

현사賢嗣　　상대방의 아들. 예문 學士賢嗣 官遊在京 進士自勤讀 能訓迪其子姪 一時解紒 則不能無五月戀纏 人情現幻 類如是也〔엄세영嚴世永, 44-230〕

현상懸想　　그리움. 예문 一別忽已隔歲 悠悠懸想 得書開慰良多〔이정구李廷龜, 44-148〕

현서懸書　　글을 내걸어 알림. 예문 洋船昨日 懸書告去 揚帆出外洋 甚覺爽然 書中看意 不無後日更擧之意 而目下退去 亦足喜也〔신좌모申佐模, 43-121〕

현소懸傃　　(상대방을 향한) 그리움. 궁금함. 예문 卽惟高秋 令候萬相 無任懸傃之至〔이덕성李德成, 3-90〕

현소懸溯　　그리움. 궁금함. 예문 卽想春日 學履珍福 阻闊已久 懸溯悠悠〔이상진李尙眞, 3-122〕

현소懸遡　　그리움. 궁금함. 예문 伏惟炎霾 令候萬安 懸遡不已〔정유성鄭維城, 6-104〕 → 경앙傾仰, 경앙景仰, 경현耿懸, 공소拱溯, 공소貢傃, 관송款誦, 교송翹誦, 소溯, 소념溯念, 소앙遡仰, 소왕傃往, 송복誦服, 앙모仰慕, 앙소仰溯, 앙소昂溯, 연사戀思, 연소戀傃, 연소戀遡, 연앙戀仰, 첨경詹頸, 첨련瞻戀, 첨모瞻慕, 첨상瞻想, 첨소瞻溱, 첨소瞻溯, 첨소瞻遡, 첨송瞻誦, 첨송瞻頌, 첨영詹咏, 첨왕瞻迋, 첨주瞻注, 첨향瞻嚮, 첨현瞻懸, 치상馳想, 치소馳傃, 치소馳泝, 치소馳遡, 치정馳情, 하소葭溯, 향소嚮傃, 향앙向仰, 현경懸頸, 현기懸企, 현념懸念, 현련懸戀, 현상懸想, 현소懸傃, 현앙懸仰, 현향懸嚮, 현현懸懸

현신現身⁰¹　　도망한 노비나 죄인이 관官에 자수함. 예문 示推婢事 至今不納 痛甚 吳錫昨日着枷囚禁 期於現身亦計〔이영도李詠道, 11-193〕

현신現身⁰²　　아랫사람이 윗사람에게 처음으로 인사하러 가는 일. 예문 本郡鄕任 以不所現身 至被囚禁 久未得釋云〔신유申濡, 47-15〕

현심懸心　　걱정됨. 예문 近聞有恙 甚爲懸心 〔미상, 35-112〕

현앙懸仰　　궁금하고 그리움. 현념앙모懸念仰慕. 예문 春寒不歸 風雨益凜然 伏惟台候佳安 久未聞問 只切懸仰 〔민희閔熙, 5-60〕

현우顯憂　　큰 걱정. 예문 伏審此際堂上査丈氣力無大添損 侍奠餘哀體候支護 姉氏若甥輩俱免顯憂 〔정세영鄭世永, 027〕

현욱賢彧　　상대방의 손자를 높여 이르는 말. 예문 伏未審菊秋 道體候以時入德 允玉穩侍篤課 賢彧善養 一洞花樹 色色均慶否 溱仰區區 無任下誠之至 〔김형식金亨植, 40-104〕 → 영포令抱, 옥포玉抱, 욱랑彧郞, 욱방彧房, 욱사彧舍, 현포賢抱

현위弦韋　　활시위와 가죽. 자신의 단점을 보완하려는 표식을 뜻하는 말.『한비자』韓非子「관행」觀行의 "서문표西門豹는 성격이 급했기 때문에 가죽을 차고서 자신을 느긋하게 하려 했고, 동안우董安于는 마음이 느긋했기 때문에 활시위를 차고서 스스로를 긴장시키려 했다"(西門豹之性急 故佩韋以緩己 董安于之心緩 故佩弦以自急)라는 내용에서 나온 말. 예문 罪三從董支頑喘 而百慮薰心 復逢荒年 所愧爲人家長也 戒語正好 當銘心以代弦韋耳 〔홍낙민洪樂敏, 44-103〕

현윤賢允　　상대방의 아들을 일컫는 말. 예문 賢允連得安善 而日復日以繕寫之役 疲精渴神 〔송기로宋綺老, 31-138〕 → 영윤令允, 영윤令胤, 영윤英胤, 옥윤玉胤, 윤군允君, 윤군胤君, 윤랑胤郞, 윤사允舍, 윤사胤舍, 윤아胤兒, 윤옥允玉, 윤우允友, 윤우胤友, 재방梓房, 재사梓舍, 현기賢器, 현랑賢郞, 현사賢嗣

현윤賢胤　　상대방의 자식에 대한 존칭. 예문 賢胤啓程 客中作別 懷抱可想 謂之何哉 〔김집金集, 23-47〕

현정懸旌　　공무公務로 바쁘게 일함. 예문 日夕鞅掌 寤寐懸旌 赫蹠忽落此際 慰沃倍品 〔임의백任義伯, 051〕 → 공극供劇, 공요公擾, 교요膠撓, 구책驅策, 분록奔碌, 분망犇忙, 용록冗碌

현정懸鼎　　아궁이에 솥을 얹어 밥을 지음. 기본적인 의식주 생활을 가리킴. 예문 朝夕之計 常患懸鼎 〔고용주高墉柱, 37-66〕

현정玄精　　먹. 예문 是中 白筆三枝 玄精二片 送謝情貺 〔성삼문成三問, 21(仁)-33〕 → 묵경墨卿, 묵정墨丁, 묵홀墨笏, 사매麝煤, 오옥烏玉, 진현陳玄

현종賢宗　　동성同姓인 편지 수신자를 높여 부르는 말. 자기보다 어린 사람에게 쓴다. 예문 郵便得書 不意尊季父奄忽違世 驚怛不已 仰惟賢宗篤於親愛 沈慟之

懷 何以堪勝〔왕성순王性淳, 37-124〕

현종賢從　　종형제從兄弟를 높여 부르는 말. 예문 賢從奉謝 書信之闃然 亦久矣 戀憀之懷 常切于中 忽得手書 怳若一場面談 何慰如之〔윤두서尹斗緖, 21(禮)-368〕

현좌賢座　　상대방을 가리키는 경어敬語. 예문 非如賢座之篤好古學 環顧今世 鮮見其儔者能之乎〔서성준徐聖濬, 40-146〕

현지懸知　　미리 앎. '현'懸은 '추측함'의 뜻. 예문 疏之答 尙不承奉 懸知罪罷 惶竇惶竇 然從此可作一箇閑漢 惟是企慰耳〔정호鄭澔, 23-165〕

현질賢姪　　상대방의 조카를 높여 부르는 말. 예문 頃日承主簿之邀 進參賢姪慶席 悲喜兩極〔미상, 22-379〕→ 소완小阮, 아함阿咸, 영함令咸, 현함賢咸

현집사賢執事　　상대방을 높여 부르는 말. 상대방을 직접 언급하지 않고 그 밑에서 일하는 이를 일컬어서 상대방을 높이는 말. 예문 賢執事占取得自家境界 不可無忝 副敎意 故忘拙構呈 玆盖病傖漫吟 都不成說話 勿煩卽秘 千萬〔박주대朴周大, 40-140〕

현축懸祝　　간절히 기원함. 우러러 기원함. 예문 伏惟雪餘 台體萬嗇 懸祝懸祝〔서상우徐相雨, 21(智)-394〕

현친顯親　　과거 시험에 급제함으로써 자식이 부모의 이름을 드러냄. 예문 汝母之喜 可知也 汝生庭顯親之喜 又當何如也 汝眞孝子也〔신좌모申佐模, 43-113〕

현탈見頉　　큰 탈. 두드러진 탈. 예문 弟狀風邁浪逐 一任膝下 萬無陽況 無足道矣 而祇以大小家眷 姑無見頉爲幸耳〔하대우河大佑, 41-58〕

현탈顯頉　　큰 탈. 두드러진 탈. 예문 弟還任後 姑無顯頉是幸 而家信久阻 燥鬱難狀〔민치헌閔致憲, 41-188〕

현포賢抱　　상대방의 손자를 높여 부르는 말. 예문 賢抱納幣之期已過 想嘉悅倍萬矣〔권진응權震應, 23-237〕→ 영포令抱, 옥포玉抱, 욱랑彧郎, 욱방彧房, 욱사彧舍, 현욱賢彧

현함賢咸　　상대방의 조카를 높여 부르는 말. 진晉나라 죽림칠현竹林七賢의 한 사람인 완적阮籍의 조카 이름이 완함阮咸인 것에서 유래하였다. 예문 賢咸之喪 出於意外 驚惜何言〔송시철宋時喆, 34-84〕→ 소완小阮, 아함阿咸, 영함令咸, 현질賢姪

현합賢閤　　상대방의 부인을 높여 부르는 말. 예문 羅萬甲啓 不意凶變 台賢閤

貞敬夫人 奄忽違世 伏惟伉儷義重 悲悼沈慟 〔나만갑羅萬甲, 4-147〕 → 곤의壼儀, 소수小嫂, 합내閤內01, 합중閤中

현향懸嚮　　그리움. 예문 逖矣西土 嗣音無緣 第切懸嚮而已 〔강백년姜栢年, 44-153〕

현현懸懸　　매우 궁금함. 예문 卽玆淸和 政履如何 不任懸懸 〔정두경鄭斗卿, 23-77〕

현황玄黃　　검은 말이 누렇게 변함. 곧 말이 심하게 병든 모양을 일컬음.『시경』詩經「주남」周南 〈권이〉卷耳의 "저 높은 산마루에 오르려 하나 내 검은 말이 누렇게 되었네"(陟彼高岡 我馬玄黃)라는 구절에서 유래함. 예문 鬚者見到幸矣 第玄黃太甚 所存者皮毛耳 〔이수악李壽岳, 40-246〕

혈윤血胤　　혈통. 예문 文元公血胤之傳 傳于尊門 重之亦江山文藻之所爲屬 在他孫又有此一大擔荷 〔홍직필洪直弼, 11-236〕

협간俠間　　곁채. 예문 故家舍還退 盡報公債 借入於龍潭宅俠間 〔박필윤朴弼胤, 49-292〕

협고夾告　　별지. 사연을 따로 적어 편지에 동봉하는 종이. 예문 歸時亦太遽 似未得歷晉 恨何如之 餘在夾告 〔권세연權世淵, 40-36〕 → 녹지錄紙, 별록別錄, 별지別紙, 별폭別幅, 부저副楮, 소록小錄, 소지小紙, 소폭小幅, 영함另椷, 태록胎錄, 태지胎紙, 협록夾錄, 협백夾白, 협소夾疏, 협저夾楮, 협지夾紙, 협편夾片

협공夾控　　별지에 말씀드린 것. 예문 夾控賜覽可悉 而此家卽吾邊中名家 流寓嶺外已屢世 而保簪纓家規模 〔남헌교南獻敎, 44-314〕

협구頰口　　직접 만나서 이야기함. 예문 餘付頰口 伏惟下照 謹拜狀上 〔이유태李惟泰, 051〕 → 면경面罄, 면구面究, 면기面旣, 면달面達, 면승面承, 면오面晤, 면진面陳, 면토面討, 배실拜悉01, 배토拜討, 봉기奉旣, 봉실奉悉02, 봉진奉盡, 봉토奉討, 봉파奉破, 승토承討

협도叶度　　치수가 맞음. 예문 第唐鞋今纔制送 若不叶度 還送則更制爲計耳 〔정주영鄭疇永, 41-161〕

협록夾錄　　편지와 함께 동봉하여 보내는 별지. 예문 弟衰體遇涼益憊 不能振作 只以自悶 夾錄亦强筆起懶之作也 〔박규수朴珪壽, 29-38〕 → 녹지錄紙, 별록別錄, 별지別紙, 별폭別幅, 부저副楮, 소록小錄, 소지小紙, 소폭小幅, 영함另椷, 태록胎

錄, 태지胎紙, 협고夾告, 협소夾疏, 협저夾楮, 협지夾紙, 협편夾片

협백夾白　편지와 함께 동봉하여 보내는 별지. 예문 餘具夾白 不備 伏惟下覽 上書〔홍기주洪岐周, 31-163〕

협복夾覆　별지에 쓴 답장. 예문 多少略在夾覆 姑留續 不備〔홍재철洪在喆, 26-201〕

협소夾疏　편지와 함께 동봉하여 보내는 별지別紙. 소疏는 상중喪中에 있는 사람이라는 뜻. 예문 就此 夾疏俯覽可悉〔조석여曺錫輿, 051〕

협순浹旬　열흘. 예문 自上患候彌留 已至浹旬 群下憂慮之懷 曷勝形喩〔미상, 22-387〕

협월浹月　달포. 한 달 가량. 예문 第日計程 則匪久當抵灣 浹月燕館 家國係戀之餘 其洒然愉快 當復如何〔김시환金始煥, 21(禮)-330〕

협저夾楮　편지와 함께 동봉하여 보내는 별지. 예문 餘爲夾楮 姑不備 謹謝上〔민응식閔應植, 29-45〕

협지夾紙　편지와 함께 동봉하여 보내는 별지. 협서夾書. 별봉別封. 예문 餘立便 略此 更具夾紙〔정원용鄭元容, 21(智)-288〕

협축愜祝　간절히 기원함. 예문 伏承下翰 謹審漸熱 政體候萬晏 仰慰區區愜祝〔홍순목洪淳穆, 31-93〕

협편夾片　별지. 예문 夾片奉悉 而今則已屬過境 悵歎何極 惟希亮恕〔정원용鄭元容, 44-182〕

협호挾戶　원채와 따로 떨어져 있어서 딴 살림을 하게 된 집채. 또는 경제적으로 독립하지 못하고 주호主戶의 영향 아래 있는 호戶. 예문 正旬更送之敎 非欲逆拒 而但此處挾戶 頗有不安節 方此區別 未知前頭蔓熄何居 時氣不好 遠近傳聞甚惡 令人惝懍 正非遠游時節 恐不如杜門溫學之爲愈〔이상정李象靖, 12-235〕

협호挾護　감독하고 보살핌. 예문 凡事令須挾護 喪轝造作時 亦望助力如何〔이귀李貴, 25-13〕

형兄　상대방을 높여 부르는 말. 친구나 나이가 어린 사람에게 쓴다. 예문 向復承慰 三陽已生 一寒未已 不審此時 兄政履如何 調攝想臻勿藥也〔김진상金鎭商, 21(禮)-462〕

형가形家　풍수지리를 보는 지관地官. 예문 此爲吾家世葬阡 於神理人情 非不

允合 而未盡恰於形家說 〔이건승李建升, 051〕 → 산가山家, 패철객佩鐵客

형각形殼　　몸뚱아리. 예문 通源禍難之餘 形殼獨存 近方奔走東西 料理窆事 而尙未得完定葬所 〔유통원柳通源, 32-147〕

형단영척形單影隻　　형체도 하나이고 그림자도 하나임. 곧 외롭고 의지할 곳 없는 외톨이를 이른다. 예문 鋧白 孤露餘生 只有一兄 而獲辠神明 遽遭無涯之痛 形單影隻 如割半身 叩胸扠血 寧欲溘然而無知也 〔강현姜鋧, 22-211〕

형문荊門　　자신의 집을 겸손하게 이르는 말. 예문 弟脫濕養拙 依舊荊門一布衣也 良幸良幸 〔이익상李翊相, 23-115〕 → 봉문蓬門, 봉조蓬蔖, 봉창蓬窓, 봉필蓬蓽, 손와損窩, 야옥野屋, 한미寒楣

형문衡門　　나무 막대기로 가로막아 놓은 문. 가난한 은자의 집을 가리킨다. 예문 亦欲乘間一投衡門 穩接雅論 而如非憂遑之日 則歲前風寒 亦非病漢出頭時節也 自爾遷就 歲色又改 坐此相望之地 便成經年之阻 人事可歎 〔황익재黃翼再, 21(禮)-446〕

형병荊病　　자기 아내의 병을 가리키는 말. '형'荊은 아내의 겸칭. 후한後漢 때 양홍梁鴻의 아내 맹광孟光이 가시나무 비녀를 꽂은 데서 유래한다. 예문 此間親候 未有輕安之日 荊病薪憂 種種未已 悶擾何言 〔곽재우郭再祐, 22-65〕 → 내병內病, 실우室憂, 형우荊憂

형상荊祥　　아내의 소상小祥 또는 대상大祥. '형'荊은 '처'妻의 의미. 예문 煎悶度日之中 荊祥倏焉奄過 只增悲酸而已 〔미상, 027〕

형식荊識　　평소 흠모하던 사람을 한번 만나 봄. 이백李白이 형주자사荊州刺史인 한조종韓朝宗에게 보낸 편지인〈여한형주서〉與韓荊州書에서 "천하의 말 많은 선비들이 모여서 말하기를, '살아서 만호후에 봉해질 필요가 없고, 단지 형주자사인 한조종을 한번 알기를 원한다' 합니다"(天下談士 相聚而言曰 生不用封萬戶侯 但願一識韓荊州)라고 하였다. 예문 荊識已久 葛誼愈新 卽嘗一書奉候 而尙今未就 尤切悵歎 〔신간정辛潤正, 53-170〕 → 식형識荊

형우荊憂　　아내의 병. 예문 荊憂間歇 而村沴一倍鴟張 死亡種種 樵汲皆染出目下經過 便一患難中 良苦良苦 〔권세연權世淵, 32-170〕 → 내병內病, 실우室憂, 형병荊病

형원荊願　　상대방을 만나 보기를 간절히 바람. 이백李白이 형주자사荊州刺

史인 한조종韓朝宗에게 보낸 편지인 〈여한형주서〉與韓荊州書에서 "천하의 말 많은 선비들이 모여서 말하기를, '살아서 만호후에 봉해질 필요가 없고, 단지 형주자사인 한조종을 한번 알기를 원한다' 합니다"(天下談士 相聚而言曰 生不用封萬戶侯 但願一識韓荊州)라고 하였다. 예문 向行得遂荊願 而客裏凌遽 未得穩攄宿蘊而歸 尙今茹恨耳 〔김제원金濟元, 53-140〕

형정刑正　　형조 정랑正郎. 정5품 관직. 예문 上疏陪去人 今朝入來 特蒙天恩 陞拜刑正 無非令監之德 感泣無極 〔곽재우郭再祐, 12-263〕

형주兄主　　인척 사이의 손위 형님. 친구 사이에 상대방을 높여 부르는 말인 '형'兄과는 다른 말이다. '주'主는 손위의 일가유복친一家有服親을 지칭하는 말 뒤에 붙여 존경을 표하는 접미사. 예문 數日前 得見成川兄主書 欲預知定穴及定日 以爲凡百周旋之地 而吾輩本無主見 哀亦在遠處 莫重之大事 不能及時會議 殊可悶也 〔이지안李志安, 21(義)-316〕

형처荊妻　　자기 아내를 일컬음. '형'荊은 아내의 겸칭. 후한後漢 때 양홍梁鴻의 아내 맹광孟光이 가시나무 비녀를 꽂은 데서 유래한다. 예문 珥僅保 今春擬與渾氏同榻 因荊妻病甚 不得上洛 仰恨仰恨 〔이이李珥, 23-19〕 → 노형老荊

형태亨泰　　일이 형통하고 태평 무사함. 예문 小不如意 投袂而起 前路亨泰 無往不適 敢以是獻 吾知己以爲如何 〔미상, 35-111〕

형화荊花　　자형화紫荊花. 형제의 비유.『속제해기』續齊諧記〈자형수〉紫荊樹에 남조南朝 양梁나라 경조京兆 사람인 전진田眞 삼 형제가 재산을 똑같이 나누고 나니 오직 자형수紫荊樹 한 그루만 남았으므로, 이것을 셋으로 쪼개서 나누자고 의논하고서 다음 날 그 나무를 베러 가보니 나무가 이미 말라 버렸다. 그래서 전진이 크게 놀라 아우들에게 말하기를, "이 나무의 뿌리가 하나인지라, 장차 쪼개서 나눈다는 말을 듣고 이렇게 마른 것이니, 우리는 나무만도 못하다" 하고는, 나누었던 재산을 다시 합하여 형제간에 아주 화목하게 살았다는 고사에서 나온 말.
예문 數宵聯枕 似入蘭室 一朝分袂 如失荊花 謹審俄者 侍體候更護萬重 溸仰區區 〔홍승우洪承禹, 43-301〕

혜惠　　상대방이 보낸 물건의 이름 앞에 고마움을 표하기 위하여 붙이는 수식어. 예문 惠靑魚二編 柿一貼 敬受謝拜 〔이원익李元翼, 3-166〕

혜감惠鑑　　(상대방이) 편지를 읽음. '혜'惠는 수신자의 행위를 높이는 접두사.

예문 欲見梅集者 乃丹城人宜寧人晉州人 則廣播四方 乃吾黨之本志 故韋庵書同爲伴呈 幸須垂諒 韋庵書意 仔細惠鑑 俯從亦如何 〔김성규金性圭, 37-128〕 → 관령關領, 관조關照, 관청關聽01, 하조下照01

혜국惠局　　선혜청宣惠廳. 대동법 실시 이후 대동미大同米·대동포大同布·대동전大同錢의 출납을 관장한 관아. 예문 新莅凡務 不甚擾惱否 當此催科 似不如惠局朔米穩享也 弟狀依遣 而公私事務 日以劇酼 切悶切悶 〔이승보李承輔, 44-194〕

혜기惠寄　　상대방이 나에게 보낸 선물. 예문 惠寄花席 依領 感感 〔권반權盼, 11-192〕

혜두慧竇　　지혜가 트이는 구멍. 예문 稚孫慧竇有易開之漸 而但村有疹戒 倘其得免否 〔이진상李震相, 44-60〕

혜련惠連　　사촌 동생이나 동생의 미칭美稱. 남조南朝 송宋나라의 사혜련謝惠連이 어려서부터 총명하고 슬기로워 족형族兄인 사령운謝靈運이 매우 아낀 데서 나온 말. 예문 猶庭唱喏之暇 惠連聯床之際 相與叩發名理 撿押禮法 其樂當何如哉 〔유인식柳寅植, 44-68〕

혜미惠味　　상대방이 보내준 음식. 예문 惠味及紙束 深謝深謝 〔이은상李殷相, 22-159〕 → 손향損餉, 투향投餉, 하향下餉, 혜향惠餉

혜복惠復　　상대방의 답장을 높인 말. 예문 惠復感仰 就審近日雪寒侍體萬穆 尤不任慰頌之私 弟鹿鹿如誰昔耳 〔김응순金應淳, 22-283〕

혜소惠疏　　상중喪中에 있는 사람이 보낸 편지를 높여 이르는 말. 예문 省禮 闊焉睽阻 又此改歲 瞻溯耿然 秖有神往 客臘惠疏 日庸莊誦 悅攀深墨之容 〔심상규沈象奎, 31-58〕

혜신惠訊　　상대방이 보낸 안부편지를 높여 이르는 말. 예문 季秋惠訊 適值邅遽 稽謝至今 悚仄良多 〔박문호朴文鎬, 37-86〕

혜연惠然　　상대방이 나를 찾아온다는 뜻.『시경』詩經「패풍」邶風 〈종풍〉終風에 "하루 내내 바람 불고 또 흙비가 내리나, 순순하게 기꺼이 오기도 하나니"(終風且霾 惠然肯來)라는 구절이 있다. 예문 調候稍平之後 若更惠然 作數日之穩 則可幸 〔윤증尹拯, 22-173〕

혜엽惠葉　　상대방의 엽서를 높여 이르는 말. 예문 稽顙拜 陰十月念四出惠葉 今念九始承讀矣 〔송태회宋泰會, 37-102〕

혜장惠狀　상대방의 편지를 높여 이르는 말. 예문 回便惠狀 及其後 卽示疏批 之厚意 其回又 此惠狀 意益勤摯 益感且愧〔김진상金鎭商, 23-217〕

혜조惠照　은혜를 베풀어 살펴 주심. 예문 前示朝夕資 沈酒不復前簡 果寠甚 惠照亦不妨〔김구金絿, 21(仁)-92〕

혜찰惠札　상대방이 보낸 편지를 높여 이르는 말. 예문 謹承惠札 以審比間 政履淸勝 仰慰無已〔송인수宋麟壽, 23-13〕

혜한惠翰　상대방이 보낸 편지를 높여 이르는 말. 예문 前進忙暮 未克從頌 卽承惠翰 頗慰未恰之懷〔김집金集, 23-47〕

혜함惠函　상대방이 보낸 편지를 높여 이르는 말. 예문 兩度惠函 久未爲答 遲頓之罪 豈可免哉〔김상국金祥國, 37-79〕

혜함惠械　상대방이 보낸 편지를 높여 이르는 말. 예문 積阻懷迋 料外惠械 勝似對晤〔민헌구閔獻久, 42-41〕

혜함惠緘　상대방이 보낸 편지를 높여 이르는 말. 예문 惠緘又存 謹審雪沍 篆餘服履衛重 慰仰十分〔김정희金正喜, 20-66〕 → 괴함瑰緘, 권찰眷札, 금옥지음金玉之音, 금음金音, 내시來示02, 덕음德音, 방함芳函, 방함芳械, 성함盛緘, 손독損牘, 수고手告, 수자手字, 수자手滋, 수한手翰, 수함手緘, 숭찰崇札, 숭첩崇帖, 숭함崇緘, 옥함玉緘, 외첩巍帖, 운함雲函, 위찰委札, 위첩委帖, 자자情訊, 청독淸牘, 청신淸信, 총문寵問, 총첩寵帖, 총한寵翰, 총함寵函, 탕찰盪札, 하문下問, 하장下狀, 하한下翰, 혜장惠狀, 혜한惠翰, 혜함惠械, 화독華牘, 화한華翰, 화함華函

혜향惠餉　상대방이 보낸 음식. 예문 惠餉感領 紛擾草此矣〔한준겸韓浚謙, 44-149〕 → 손향損餉, 투향投餉, 하향下餉, 혜미惠味

혜황惠貺　상대방이 보낸 선물. 예문 惠貺各種歲儀依領 眷念感荷良深〔김진구金鎭龜, 23-171〕 → 기혜奇惠, 성혜盛惠, 하혜下惠, 하황下貺, 혜기惠寄

호虎　암행어사. 예문 此道之虎 今已上去云耶 昨見京書 兩南之外 諸道之虎 皆已還朝云耳〔이장영李長英, 7-214〕 → 수의繡衣, 수호繡虎, 지부持斧, 직지사直指使

호갑弧甲　환갑還甲. '호'弧는 남자의 생일을 뜻하는 말. 『예기』禮記 「내칙」內則에 "자식이 태어나면 남자는 문 왼쪽에 활을 놓고 여자는 문 오른쪽에 패건佩巾을 놓는다"(子生 男子設弧於門左 女子設帨於門右)라는 구절이 있다. 예문 君子易老 弧甲載屆 慶則慶矣 安得無緣境劻勷之感耶〔이준태李準泰, 40-284〕

호경呼庚　　양식을 구함.『좌전』左傳 애공哀公 13년 조의, 오吳의 신숙의申叔 儀가 공손유산씨公孫有山氏에게 양식을 구하자 대답하기를, "도정한 것은 없지만 찧지 않은 것이라면 있다. 수산首山에 올라 '경계호'庚癸乎라고 외치면 주겠다'라 고 했다"(粱則無矣 麤則有之 若登首山以呼曰 庚癸乎 則諾)는 고사에서 나온 말. 두예杜預의 주석에서 "경庚은 서쪽인데 서쪽은 곡식을 주관한다. 계癸는 북쪽이 며 물을 주관한다"(庚 西方 主穀 癸 北方 主水)라고 했다. 호경호계呼庚呼癸.
예문 小儒呼庚書 必發於未到之前 尊侍勿慮也〔임의백任義伯, 051〕

호구장戶口丈　　준호구準戶口. 또는 관인이 찍힌 호구단자. '장'丈은 문서를 기 록한 종이라는 뜻. 예문 俗語曰 如藏戶口丈 此蓋重戶口之說也 吾家每式年戶口丈 無一留在 汝輩持去 散置於何處 而不爲還送耶〔이운근李雲根, 35-40〕

호기胡寄　　급하게 써서 부침. 예문 去月之晦解顏歸便胡寄數字 計獲關聽〔최 흥원崔興原, 027〕

호도湖都　　호남 도사. 예문 此莫非吾嶺民之不幸也 亦莫非湖都之操縱也 時 已晚矣〔이로李魯, 12-176〕

호등呼燈　　등불을 켬. 예문 來价立督受答 呼燈草復 不能一一〔김익희金益熙, 22-155〕

호말豪末　　털끝. 아주 작은 일이나 적은 양을 비유함. 호말호말.예문 仲尼大聖 也 區區稱謂 何豪末之加焉〔홍석주洪奭周, 31-60〕

호모號慕　　부모의 상에 사모하여 울며 슬퍼함. 예문 歲後寒甚 未委氣力何以 支持 日月易得 大祥奄迫 想號慕之痛 益復罔極〔김창즙金昌緝, 21(禮)-338〕

호목蒿目　　세상을 걱정하여 근심 어린 눈으로 두리번거리며 봄.『장자』莊子 「변무」駢拇에 "요새 세상에 인덕이 있다는 사람들은 두리번거리며 세상의 환난을 근심한다"(今世之仁人 蒿目而憂世之患)라는 말이 있다. 예문 況有山水亭圸之勝 以 兄雅量 雖在旁午蒿目之中 忙裏偸閒 一觴一咏 未害爲良吏生活 可羨可羨〔미상, 35-112〕

호백湖伯　　전라도 관찰사. 예문 且對湖伯 槩傳台敎一二〔미상, 22-383〕

호벽號擗　　가슴을 치며 통곡함. 예문 晨夕號擗之情 恐有不得自力於一身調將 之節 則此私憂過計之不能遽忘者也〔김도화金道和, 32-169〕

호사다장好事多障　　좋은 일에는 장애가 많음. 예문 念日會 方屈指以待 第恐

好事多障耳〔유장원柳長源, 32-148〕

호상護喪[01]　　상례를 주관함. 예문 比來 何樣護喪 慮慮〔김성일金誠一, 12-145〕

호상護喪[02]　　상행喪行을 호위함. 예문 至於助墓之軍 決難開路 奈何奈何 果縣 營吏 近當下番 此吏歸時 咸還招 仍令護喪計已〔박세모朴世模, 21(義)-396〕

호서胡書　　비뚤비뚤하게 씀. 예문 曾祖誌文 亦無副本 令兒輩謄送 而灯下胡書 可嘆〔정호鄭澔, 21(禮)-226〕 → 호초胡草

호소好笑　　껄껄. 실없거나 겸연쩍은 말을 한 후 쓰는 표현. 예문 聞左右不邁 日 與各邑約束曰 隨事而施不施 無傷也 僕亦以此敢白於左右 以爲如何 好笑好笑〔이유李濡, 21(禮)-206〕 → 가가呵呵, 가가가呵呵呵

호신弧辰　　생일. '호弧'는 남자의 생일을 뜻하는 말. 『예기』禮記 「내칙」內則에 "자식이 태어나면 남자는 문 왼쪽에 활을 놓고 여자는 문 오른쪽에 패건佩巾을 놓는다"(子生 男子設弧於門左 女子設帨於門右)라는 구절이 있다. 예문 弟家親弧辰 重回 非不歡慶 而孔懷之痛益新 勿令飾喜 親敎截嚴 寥寥度日 頓無悰況 爲人子者 豈不虛悵也〔정학연丁學淵, 17-174〕

호안好顏　　안색이 좋음. 상대방의 안부를 물을 때 쓰는 말. 예문 爲地之遠 音書亦時難續 矧於好顏耶 好懷耶 耿耿不已〔정광필鄭光弼, 3-30〕

호우湖右　　호서湖西. 충청도. '호湖'는 제천 의림지를 가리킴. 예문 此間之雨 雖以故老 莫不初覩 圻甸湖右 未知如何〔정극상丁克相, 41-20〕

호우호마呼牛呼馬　　나를 소라 부르건 말이라 부르건. 남의 어떠한 나쁜 평가도 있는 그대로 받아들인다는 의미. 『장자』莊子 「천도」天道에서 노자老子가 사성기士成綺에게 "예전에 그대가 나를 소라고 불렀다면 소라 여겼을 것이고, 말이라 불렀다면 말이라 여겼을 것이오. 정말 그 사실이 있어서 남들이 이름 붙이는데 그것을 받아들이지 않는다면 두 배로 화를 입을 테지요"(昔者子呼我牛也 而謂之牛 呼我馬也 而謂之馬 苟有其實 人與之名而弗受 再受其殃)라고 한 말에서 유래한다. 예문 弟如許勞擾 歲後尙不得開一張冊 如此而何事做得 呼牛呼馬 當聽造物者處分〔이서곤李瑞坤, 10-92〕

호운號隕　　크게 욺. 정신을 잃어 쓰러질 정도로 욺. 예문 國哀 號隕何極 伏惟秋高 政履清福 馳傃馳傃〔김수항金壽恒, 21(禮)-74〕

호재好在　　잘 지냄. 예문 清兄之回 見汝書 知好在 慰慰〔정철鄭澈, 23-21〕

호절湖節　　전라도 관찰사. 예문 戚未劇任未解 病勢長苦 纔送湖節 孤懷惘然 奈何奈何 〔이시원李始源, 34-312〕

호절號絶　　울부짖음. 정신을 잃을 정도로 크게 울음. 예문 國運不幸 大監行色 尙無還期 伏惟思慕號絶 何以堪居 〔미상, 3-60〕

호좌湖左　　충청좌도. 지금의 충청북도. 예문 其後 則連以儒家名於湖左 〔미상, 027〕

호중湖中　　충청도. 호서湖西. '호'湖는 제천 의림지를 가리킴. 예문 九月當下去 湖中 相奉爲期 是卽可慰 〔남이성南二星, 5-99〕

호천呼倩　　'구호천인'口呼倩人 또는 '구호천초'口呼倩草의 준말. 편지 내용을 불러 주며 대필시킴. 예문 餘臨行撥忙呼倩 不備謝禮 〔송기로宋綺老, 31-138〕 → 구호구 號, 대초代草, 천倩, 천초倩草, 체초替艸

호청好淸　　품질 좋은 꿀. 예문 欲劑丸藥 而好淸未易 令或可覓惠耶 〔신정申晸, 22-165〕

호초胡草　　어지럽게 날려 씀. 호胡는 난亂과 같음. 예문 眼昏胡草 悚仄 〔정경세 鄭經世, 23-37〕 → 호서호서

호초주신胡艸主臣　　글씨가 어지러워 죄송함. '주신'主臣은 '황송'惶悚과 같은 말. 예문 奉拜不遠 姑此不備 忩忩胡艸主臣 伏惟台下鑒 謹再拜答謝狀上 〔이경석 李景奭, 4-155〕

호탄浩嘆　　크게 탄식함. 예문 汝之今夏做字 又不成說 此亦吾爲父之愧也 浩 嘆而已 〔신좌모申佐模, 43-117〕

호필呼筆　　불러 주며 받아쓰게 함. 예문 此中批八家讀史選 爲今年三餘之工 而手定諸書句讀 一時呼筆 次次轉謄 必多訛纇 玆送二函 細加考準 〔정조正祖, 26-45〕

호한冱寒　　혹한酷寒. 예문 瞻溯中 獲承辱札 憑審冱寒 政履萬相 仰慰區區 〔김 만중金萬重, 23-149〕

호환好還　　천리天理는 이치상 순환하게 되어 있음. 어떤 행위의 응보가 반드 시 자신에게 되돌아오게 되어 있다는 뜻으로도 쓰인다. 『도덕경』道德經 제30장의 "도道로써 임금을 보좌하는 자는 세상에 무력행사를 하지 않는다. 그 일이 곧잘 자신에게 돌아오기 때문이다"(以道佐人主者 不以兵强天下 其事好還)라는 말에

서 유래함. 예문 天道好還 是非之公 決無終泯之理 於今乃驗 爲國爲私爲儒林爲斯文 讚賀歡抃之至 言所難形 [이황李滉, 11-167]

호황好況 좋은 일. 예문 弟猶在寄京之中 又遭外孫女孩之夭 此卽洪郎女也 種種慘戚如此 無一好況 奈何奈何 [임방任埅, 23-151]

혼가渾家 온 집안. 예문 自君之去 不但閨境之追思 久而益深 吾之窀窆 更無控處 每到難堪時 渾家輒思君不已 謂君若在此 當不至如此 [이면백李勉伯, 7-158]

혼가채婚嫁債 아들과 딸의 혼례를 치르는 일. 혼례를 마치 갚아야만 할 빚처럼 표현한 말. 예문 惟思持一節 遍遊名山水與向子平爲伴而親老矣 家累又相牽 待了婚嫁債 則華髮必千莖矣 向平竟是神仙人 寧可及耶 [김문옥金文鈺, 41-118]

혼권渾眷 온 집안 식구. 수신인 집안의 전 식구에 대해 안부를 물을 때 쓰는 말. 예문 伏詢比來 閒裏眠餐萬晏否 伏溱且祝 生近以熱瀉叫苦 惟幸渾眷無恙耳 [윤치호尹致昊, 21(智)-485] → 가권家眷, 가루家累, 가소家小, 곤비梱庇, 권구眷口, 권비眷庇, 권집眷集, 권취眷聚, 담내覃內, 담비覃庇, 보권寶埢, 보담寶眷, 보담寶潭, 보담寶覃, 비내庇內, 비담庇覃, 비의庇儀, 비절庇節, 비하절庇下節, 제권諸眷, 제솔諸率

혼궤昏憒 정신이 흐리멍덩함. 예문 因山禮畢 臣民之痛 益無所及 從班地嚴 尙煩問存 書牘繼投 情意之厚 令人感歎 病蟄已久 昏憒亦甚 不敢旋修謝語 [민정중閔鼎重, 3-128]

혼리渾履 온 집안 식구들의 안부. 예문 綠陰日厚 比來渾履隨安 [김정희金正喜, 33-48] → 담절覃節, 합리閤履, 합의閤儀, 합절閤節, 합황閤況, 합후閤候, 혼위渾衛, 혼절渾節, 혼황渾況

혼보昏譜 혼맥. 예문 日昨永川鄭參奉丈胤子一慶氏東萊在任 與之聯枕 云有獨子 求媒於上道 余以此兒事 率爾發口 蓋此爲下鄕儒家 昏譜甚好故耳 [권만權萬, 21(禮)-476]

혼성昏省 혼정신성昏定晨省. 저녁에 이부자리를 깔아 드리고 아침에 밤새 잘 주무셨는지 살핌. 부모를 모시고 있다는 말로 쓰인다. 예문 査生昏省姑保 而兒輩姑無顯警 以是伏幸耳 [정봉수鄭鳳洙, 43-276]

혼위渾衛 온 집안 식구의 건강. 예문 情記宿疴頻肆 寧日常少 苦憐不可狀 惟以渾衛姑安 徜信近接 爲慰幸也 [이용희李容熙, 31-89]

혼인閽人　　문지기. 예문 旬後欲送差奴 而恐難傳簡 勿禁事行下于閽人 則其幸復如何耶 〔김경문金敬文, 3-85〕

혼절渾節　　온 집안 식구의 안부. 예문 幸伏審近寒稍弛 體上無損 渾節万安 仰慰且賀 〔이건명李健命, 44-159〕

혼조閽阻　　통행을 금함. 유행병이 도는 등의 유사시에 대궐문을 통제함. '혼'閽은 사대문을 가리킨다. 예문 年前聞令遭膝下之慘 驚悼無已 而慮有閽阻 尙稽慰問 此豈知舊之義 深愧不敏 〔이상李翔, 5-66〕

혼초昏草　　어두운 데서 대충 씀. 예문 早起昏草 不宣 卽曉 弟 棨 〔유계兪棨, 23-93〕

혼혼昏昏　　정신이 아득하여 흐린 모양. 예문 弱形體之疾 與心性之病爲朋相煽 昏昏終日 未見淸明止定之界 〔송익필宋翼弼, 22-41〕

혼황渾況　　온 집안의 안부. 예문 日間渾況何如 汝叔已入泮云 任兒得正馬發程否 〔이수일李秀逸, 35-54〕

홀기笏記　　혼례, 제례 등 예식의 순서를 기록한 것. 예문 此間笏記 疎畧猶多 因此悉改正 豈非君之賜耶 〔김흥락金興洛, 32-172〕

홀홀忽忽　　허전함. 예문 自遭此慽慘 心緖尤忽忽 了無在世惊悅 〔박숙朴㴋, 027〕

홍교洪喬　　편지가 도중에 분실됨. '홍교'는 진晉나라 예장태수豫章太守 은선殷羨의 자字. 그가 예장군 태수가 되어 부임지로 떠날 때 도성 사람들이 그가 가는 편에 백여 통의 편지를 부쳤다. 석두石頭에 이르자, 그는 모두 물속에 던지고는 "가라앉을 놈은 가라앉고 뜰 놈은 떠라. 내가 우편배달부 노릇을 할 수는 없잖아"(沈者自沈 浮者自浮 殷洪喬不能作致書郵)라고 말했다고 한다(『세설신어』世說新語「임탄」任誕). 예문 向書不作洪喬 而能入照否耶 〔왕수환王粹煥 등, 37-60〕 → 교침喬沈, 부침浮沈, 은선殷羨

홍교洪橋　　홍교洪喬. 예문 春間因本第便修候 倘免千里洪橋信息否 〔이능현李能玄, 027〕

홍동澒洞　　계속되는 모양. 예문 兒病一味澒洞 形症乖常 始也頭瘇 一大隱憂 久當完合矣 〔이의수李宜秀, 32-61〕

홍두紅痘　　마마. 천연두. 예문 紅痘消息 一如前日 無熾張之患云耳 〔이정식李庭植, 32-29〕 → 두기痘忌, 두한痘漢, 두호痘虎, 두환痘患, 천포창天疱瘡

홍라紅羅　　명나라의 별칭. 명 태조明太祖 주원장朱元璋이 홍라진인紅羅眞人이라고 불리었기 때문이다. 예문 嗚呼 神州陸沈 今二百三十年 紅羅法服 無地可覩 〔정극상丁克相, 41-19〕

홍로紅露　　홍주紅酒. 증류한 소주를 지초芝草에 통과시켜 만든 술. 예문 從兄千里步來 今方告歸 欲以數鐥紅露 仰表微懷 而遠莫致之 奈何奈何 〔박규환朴奎煥, 49-262〕

홍리鴻鯉　　편지. '홍'鴻은 '안서'雁書를 지칭한다. 흉노에 억류된 소무蘇武의 소식이 적힌 비단이 황제가 잡은 기러기 발에 묶여 있었다는 고사에서 나온 말(『한서』漢書 권54「이광소건전」李廣蘇建傳). '이'鯉는 '쌍리척소'雙鯉尺素(두 마리 잉어에서 나온 비단)를 지칭한다. 당나라 사람들은 편지를 부칠 때 잉어 모양의 두 판자 안에 편지를 넣어 보내거나, 잉어 모양으로 편지를 접어 보냈다고 한다. 이것은 옛 악부시樂府詩의 "먼 곳에서 손님이 와 두 마리 잉어를 주었는데, 아이를 시켜 요리했더니 배 속에서 비단 편지가 나왔네"(客從遠方來 遺我雙鯉魚 呼兒烹鯉魚 中有尺素書)라는 구절에서 유래한 것이다(『문선주』文選註 권27〈장성의 천굴泉窟에서 말에게 물을 먹이며〉飮馬長城窟行). 예문 比近鴻鯉去來 俱無可憑 〔김정희金正喜, 33-48〕 → 간척竿尺, 서각書角, 서간書柬, 서척書尺, 수묵數墨02, 수자數字, 쌍리雙鯉, 안자鴈字, 어안魚鴈, 어홍魚鴻, 인우鱗羽, 지척서咫尺書, 척안隻雁, 척저尺楮, 척제尺蹄, 척지尺紙, 함械

홍사종紅絲腫　　손발과 얼굴에 생기는 악성 종기의 일종. 홍사정紅絲疔. 예문 弟家厄未殄 今日喪孫兒 仲豚猝患紅絲腫 症甚不淺 慘痛憂撓 無以爲懷 〔신정申晸, 22-165〕

홍영泓穎　　벼루와 붓. '홍'泓은 연지硯池, 곧 벼루의 앞쪽에 우묵하게 팬 곳으로, 먹을 갈기 위하여 물을 붓거나 갈아 놓은 먹물이 고이는 곳이다. '영'穎은 붓의 별칭인 모영毛穎을 이른다. 예문 其間有無限說話 非泓穎所預知 姑不云 〔이황李滉, 30-100〕

홍조洪造　　큰 은덕. 예문 榮罪大恩重 生移內地 感泣洪造 不知死所 〔유계兪棨, 22-151〕

홍조鴻造　　큰 은혜. 예문 弟特蒙恩諒 調病便意 仍承由暇 曠餘省展 到底鴻造 榮感無比 〔권돈인權敦仁, 44-178〕 → 은조恩造, 은파恩波

홍지紅紙　　홍패紅牌. 문과文科 회시會試에 급제한 사람에게는 붉은 종이에 성적成績·등급等級·성명姓名을 쓴 증서證書를 주었다. 예문 夏序已屆矣 政當開 硯做字 以君篤志 何待加勉 而一意孟晋 以紅紙上題名 爲期望也 〔신좌모申佐模, 43-158〕

홍휴鴻休　　큰 복. 잘 지냄. 예문 伏詢卽日窮聿 侍餘體韻 神相康旺 同堂節宣 均得鴻休否 〔이태형李泰衡, 53-53〕

홍희鴻禧　　큰 복. 잘 지냄. 예문 椒樽餞舊 桃符迎新 懷仰正深 卽承審 春風靜候鴻禧 慰叶願聞 〔서기순徐箕淳, 42-45〕 → 가복佳福, 가승佳勝, 가안佳安, 다상多相, 만강萬康, 만기萬祺, 만녕萬寧, 만목萬穆, 만복萬福, 만비萬毖, 만상萬相, 만색萬嗇, 만수萬綏, 만승萬勝, 만안萬安, 만안萬晏, 만왕曼旺, 만왕萬旺, 만위萬衛, 만전萬典, 만중萬重, 만지萬支, 만지蔓支, 만진萬珍, 만호萬護, 만휴萬休, 무휴茂休, 배진倍珍, 보색保嗇, 숭희崇禧, 슬중瑟重, 승적勝迪, 신상神相, 안승安勝, 위중衛重, 지안止安, 진복珍福, 진비珍毖, 진상珍相, 진색珍嗇, 진중珍重01, 진호珍護, 청강淸康, 청건淸健, 청목淸穆, 청승淸勝, 청위淸衛, 청적淸迪, 초승超勝, 충비沖毖, 충승沖勝, 충유沖裕, 평길平吉, 평선平善, 평적平迪

화和　　화답시和答詩. 예문 一和奉還 嗟乎 上天孔仁 豈終使此令兄弟 含寃而不回照哉 必不然 須記老夫此言 毋過自傷也 幸甚幸甚 〔이경석李景奭, 3-136〕

화개華蓋　　화려하게 장식한 일산日傘. 보통 지방관으로 나가거나 외국으로 사신 가는 사람을 지칭. 예문 華蓋南發之日 委進 値已啓 失晤 虛還 〔조종진趙琮鎭, 29-30〕

화거化去　　죽음. 예문 五月晦間 乳嬌以無何之祟 數日重痛 忽焉化去 〔김재정金在鼎, 31-113〕

화고華稿　　남의 원고를 높여 이르는 말. 예문 華稿卽宜奉完 而貪於諷玩 淹延至今 旣感委示之意 不敢默然 略條賤見 具在別紙 乞賜斤敎如何 〔김종수金鍾秀, 21(智)-130〕

화공化公　　조물주. 조화옹造化翁. 예문 幸賴化公黙祐 因月姥而脩世好 自賀不已 〔윤치현尹致賢, 31-90〕 → 조화造化, 화아化兒

화독華牘　　상대방의 편지를 높여서 이르는 말. 예문 音信間阻 瞻仰之餘 卽承華牘 謹審此時 侍候晏重 婦阿安吉 仰慰且賀之至 〔김낙기金洛起, 49-251〕

화명花名　　노비 이름을 적은 명단. 예문 花名及別錄 ○封以呈 幸依此推之如何 〔이시방李時昉, 051〕

화문華聞　　아름다운 소식. 상대방의 소식을 일컫는 말. 예문 再飫華聞 晚此訂契 〔강화영姜華永, 42-14〕

화민化民　　자기가 사는 고을의 수령에 대하여 자신을 지칭하는 말. 수령의 교화를 받는 백성이라는 뜻의 겸사. 예문 卽日 化民 安國 〔김안국金安國, 21(仁)-72〕

화발華髮　　백발. 예문 惟思持一筇 遍遊名山水與向子平爲伴 而親老矣 家累又相牽 待了婚嫁債 則華髮必千莖矣 向平竟是神仙人 寧可及耶 〔김문옥金文鈺, 41-118〕

화복火僕　　불 때는 일 등을 하는 하인. 예문 火僕玉漢自江都入來耶 〔허격許格, 051〕

화봉華封　　축원을 이르는 말. 요堯임금이 화華 지방을 순행하였을 때, 변경을 지키는 사람(封人)이 요임금의 덕을 찬양하여, "성인聖人은 수壽하시고, 성인은 부富하시고, 성인은 다남多男하시라"고 축복하였다는 고사(『장자』莊子 「천지」天地)에서 유래한다. 화봉삼축華封三祝. 예문 尹判樞格外殊恩 直與大臣等尊 此曠世希現之瑞 可寓天保華封之祝 〔이시원李是遠, 26-177〕

화비花費　　경비經費. 예문 今此志恭所逋負 分明是酒色賭博之用 而監色輩利其花費 不計其捧納之難易 而只恃日後公文族徵於他都邑 〔이충익李忠翊, 7-172〕

화산火傘　　불볕더위. 예문 伏惟火傘方烘 鎖金焦玉 侍餘體事 此時萬護 仰庸慰傃之至 〔김보근金輔根, 22-329〕

화색火色　　화禍의 기색. 예문 洛下火色彌天 群從兄弟 俱罹極罰 分散四出 情境之慘缺 如何盡喩 〔박태겸朴泰謙, 49-267〕

화석花席　　무늬를 넣은 돗자리. 예문 惠寄花席 依領 感感 〔권반權盼, 11-192〕

화수花樹　　겨레붙이. 친척. 예문 隔歲數日入洛 欲弟兄相對守歲 以慰莫年懷事 仍謀爲花樹眞率之會 如去春小集鑄谷事 不知此計能諧否也 〔김상숙金相肅, 21(智)-92〕

화쉬花倅　　안동 부사. 예문 趙鎭安於花倅果爲緊托 到官之後 卽爲伻問 弟亦從後入見 則其酬酢似不落落 〔유우목柳宇睦, 027〕

화심禍心　　남을 해치려는 마음. 예문 弟恐禍心 因此益深 〔한영광韓靈光, 6-185〕

화아化兒　　조물주. 운명. 예문 纔免銀臺 徒役驛程 此出於意慮之外 豈非化兒之所戲劇也 〔남이웅南以雄, 21(義)-69〕 → 조화造化, 화공化公

화압花押　　편지에 쓰는 본인의 서명. 공문서公文書에 쓰는 서명은 수결手訣이라고 한다. 예문 嚮時 送呈候書而人廻 雖奉復札 旣倩人又無花押 且驚且訝 〔이원익李元翼, 25-10〕

화어華語　　중국어. 예문 上曰 應對之際 遲鈍而固滯者 則不可爲也 又命擇曉解華語者以從 〔전식全湜, 45-299〕

화일華溢　　성대한 잔치. 예문 慕堂致侑 卜吉於卄五 兼宣華溢 凡爲後裔者 孰敢不參 〔정조正祖, 26-19〕

화전華牋　　물들인 시전지詩箋紙. 예문 惠寄歲儀 深荷舊眷 兩色華牋 頓令枯硯生輝 一倍珍謝 〔남용익南龍翼, 44-259〕

화정和呈　　상대방이 보내준 시에 화답和答하여 보냄. 예문 來詩三絶 甚有意思 警切於昧者至矣 但方此競冗 不暇吟詠 故不及和呈 恨愧恨愧 〔이황李滉, 30-120〕

화제花製　　삼월 삼짇날에 보는 과거 시험. 예문 初五日花製 崔判書之次子鳳求 直赴殿試矣 〔신좌모申佐模, 43-128〕

화족華族　　남의 종족宗族을 높여 이르는 말. 예문 今見華族君 始知御者在故里 謹請伊者 靜體度護旺 觀玩有味 〔이기원李基元, 40-218〕

화종華宗　　상대방 종족宗族에 대한 미칭美稱. 예문 刪禮 復因華宗素齊公 稔聞足下嗣守舊家 克追令望 每切傾艶之私 而恨相距稍隔 無由得一接洽 〔김황金榥, 40-110〕

화충華虫　　꿩의 별칭. 예문 寄惠華虫 謹領盛念 感戢無已 〔김만중金萬重, 23-149〕

화태和泰　　건강함. 예문 每欠和泰 聞來驚慮 不啻滿萬 〔미상, 027〕

화패華旆　　고관이 공무로 행차할 때 앞세우는 깃발. 상대방에 대한 경칭. 예문 轉聞 華旆由還 而汨沒病憂 未謀進敍 〔이항李恒, 31-8〕

화표귀래華表歸來　　화표華表로 돌아옴. 사행이나 유배로 멀리 떠나 있다가 돌아옴. 정령위丁令威는 한漢나라 요동遼東 사람인데, 영허산靈虛山에서 도술을 배우고 학이 되어 요遼로 돌아와 성문의 화표주華表柱(건물이나 성곽에 세우던, 화려하게 장식한 큰 기둥) 위에 앉아 있었다. 그때 한 소년이 활을 들어 그 학을 쏘려고 하자, 학이 날아올라 공중을 배회하며 말하기를, "새가 된 정령위, 집 떠난 지 천년 만에 돌아왔네. 성곽은 의구한데 사람은 아니구나! 어이하여 신선을 배우지 않아 무덤만이 즐비한가"(有鳥有鳥丁令威 去家千年今始歸 城郭如故人民非 何不學仙冢纍纍)라고 하였다고 한다(『수신후기』搜神後記 권1). 예문 華表歸來 想不無城郭是之歎 而且聞有賣家之意 果決丁寧威之計耶 好笑好笑 〔조상우趙相愚, 5-123〕

화피靴皮　　갓신. 예문 前日所送靴皮 問其手功 卽當給五斗米云 〔이해조李海朝, 21(禮)-324〕

화한華翰　　상대방의 편지를 높인 말. 화묵華墨, 화전華箋. 예문 負病謝事 調救沒效 伏枕送日 屢枉華翰 感刻之餘 慚負心切 〔최응천崔應天, 3-172〕

화함華函　　상대방의 편지를 높인 말. 예문 際承華函 慰仰切至 〔신정희申正熙, 051〕

화후花煦　　따뜻한 봄 날씨. 예문 伏詢花煦 僉體動止 連護萬旺 仰傃且祝不任 〔강면규姜冕奎, 42-8〕

확락濩落　　살림살이가 형편없음. 예문 尹公新寓 濩落可念 忙甚未有書 勿以無書謂無心也 〔박제가朴齊家, 38-24〕

확삭矍鑠　　노인의 기력이 정정한 모양. 예문 憑伏審謝此 堂閤旂出鶴山 歷遊秋山楓菊 氣力矍鑠 可仰賀 〔유연린柳淵鱗, 40-198〕

확연廓然　　허전한 모양. 예문 弟食息苟存 又値秋序 廓然悲慕而已 〔이맹휴李孟休, 44-96〕

환문換文　　어음을 돈으로 바꾸는 일. 예문 換文事不得信便 替送三從哀耳 〔강이영姜利永, 41-42〕

환산還山　　고향으로 돌아감. 예문 情記無補公私 只自擾惱 而索米長安 已多年所 此何人斯 期於從近卸官還山計耳 〔신기선申箕善, 44-232〕 → 귀산歸山, 동귀東歸, 동래東來, 동환東還

환상還上　　→ 환자(還上)

환서患暑　　더위를 앓음. 더위를 먹어서 병이 생김. 예문 適患暑 不得就議 可歎 〔황신黃愼, 22-73〕 → 갈증喝症, 상서傷暑, 서감暑感, 서증暑症, 촉서觸暑

환세還稅　　→ 환탈還稅

환수換手　　과거 시험에서 시험을 대리로 보게 하는 것. 예문 吾初場人事 平平爲之 而但使李康濟書之 換手人事 書寫頗有不正 深悔換手之誤也 〔미상, 43-64〕

환시歡侍　　기뻐하며 부모를 모심. 부모를 모시고 있는 사람에게 안부를 물을 때 쓰는 상투적인 표현. 예문 庚炎比酷 常以侍奉起居爲慮 卽承書問 仍審歡侍萬安 良用慰豁 〔이경여李慶輿, 23-55〕 → 방성傍省, 성리省履, 성상省狀, 성시省侍, 성여省餘, 성체省體, 성후省候, 시리侍履, 시봉侍奉, 시상侍狀, 시성侍省, 시여侍餘, 시위侍闈, 시절侍節, 시체侍體, 시체도侍體度, 시하侍下, 시환侍歡, 시황侍況, 시후侍候, 신혼晨昏, 양시兩侍, 정성定省, 해체陔體, 효체孝體, 효체도孝體度

환유宦遊　　벼슬살이. 예문 三洞水石 豈不夙聞之 而無由一至其地 此承示來 尤令人神馳耳 宇內可觀處 自非有脚力 惟宦遊者可得 至如此身 京城四門內外 尙多未到 與閨中人何異 平生只是臥遊坐談 實可笑也 〔이광려李匡呂, 7-182〕 → 거관居官, 공사供仕, 공세供世, 부첩簿牒01

환자〔還上〕　　춘궁기에 곡식을 빌려 주었다가 추수기에 이자를 붙여 받는 것. 예문 日期已迫 不得不委送人馬 若無他物 則以陰城家奴子名 給還上米一二石 如何 〔김육金堉, 23-51〕

환조還租　　환곡還穀. 춘궁기에 빌려 주었다가 추수기에 이자를 붙여 받는 곡식. 조미糶米. 예문 似聞 東籍田還租 有可分給者 而必得題辭而後 方可出納云 如蒙下諾 謂欲書呈所志 拔例下副 如何如何 〔김시걸金時傑, 21(禮)-256〕

환체還遞　　임명했던 관리를 다시 교체함. 예문 昨日政除職 若過三十日未肅拜 則有還遞之規 遠地人事 有不可必 須束登途如何 〔박세표朴世標, 49-264〕

환치還治　　관아로 돌아감. '치'治는 '치소'治所의 뜻. 예문 洛下電拜 迨極依遡 伏問卽今尊駕還治 苾況諸履何羨 瞻慕區區 〔최천건崔天健, 5-202〕

환치還鴟　　돌려줌. 예문 紫玉雜詠 切於愛玩 不卽還鴟 亦姑留竢後也 〔유성룡柳成龍, 11-186〕

환침還寢　　하던 일을 중도에 그만둠. 예문 雖未知登筵之在何日 而要似不出於匪久 來疏之捧與不捧 亦不關緊 而旣到之後 不可還寢 第令送呈如何 〔김상익金尙翼, 21(智)-14〕

환탈幻脫　　살이 빠짐. 예문 侍敎生 咳嗽○滿之症 得於前多 而汔今未差 輾轉○痼 形神日就幻脫 伏悶奈何 〔조태동趙泰東, 5-139〕

환탈換脫　　살이 빠짐. 예문 弟老人氣度幸無添症 而神觀換脫 盖日甚一日 〔최흥원崔興原, 027〕

환탈還稅　　돌아가서 쉼. '稅'은 '脫'. 예문 頃聞兄旆向基川 計已還稅矣 〔유세영柳

世英, 027〕→ 귀탈歸稅, 내탈來稅

환패還旆　관리가 행차를 마치고 돌아감. 예문 府便歷臨 知有微愼 而因承還旆後一札 仍伏審玆者 動止候連享湛樂〔신사임당申師任堂, 26-121〕→ 반패返旆, 선패旋旆

활간活看　융통성 있게 봄. 예문 承以刀圭 不能專力於學問 此固學魔 然活看之 則迎醫合藥 爲親爲己者 莫非學問中事 何必開卷 咿唔然後爲學〔조재학曺在學, 40-324〕

활규濶睽　멀리 오랫동안 떨어져 있음. 예문 遜世居海 忽與尊丈奉晤於濶睽之餘 何等慰喜何等慰喜〔전우田愚, 21(智)-412〕

활별濶別　오랫동안 멀리 떨어져 있음. 예문 陞辭之期 當在何間 弟之入洛 姑未定期 若或未奉而濶別 則黯然之情 何可盡言〔윤헌주尹憲柱, 22-229〕

활석滑石　광물礦物의 한 종류. 약재로 사용함. 예문 百葉滑石三塊 因便送上 年年可知此情味也〔이병연李秉淵, 47-177〕

황각黃閣　의정부議政府의 별칭別稱. 예문 黃閣擢位 實副輿望 區區喜賀 豈在於私〔이세화李世華, 5-110〕

황견지사黃絹之辭　훌륭한 비문을 뜻함. 후한의 한단순邯鄲淳이 지은 효녀 조아曹娥의 비碑 뒷면에 채옹蔡邕이 새겨 놓은 여덟 자의 은어 "黃絹幼婦 外孫虀臼"에서 유래한다. 황견은 색사色絲이니 '절絶'이고, 유부는 소녀少女이니 '묘妙'이며, 외손은 딸(女)의 자식(子)이니 '호好'이고, 제는 매운(辛) 부추이고 구臼(절구)는 받는 것(受)이니 '사(受+辛=辭)'가 되어, 합치면 '절묘호사絶妙好辭'란 말이 된다. 『세설신어』世說新語「첩오」捷悟에 조조曹操와 양수楊修가 함께 길을 가다 이를 보았는데 양수는 그 뜻을 바로 깨달았으나 조조는 30리를 더 가서야 깨달았다는 고사가 전한다. 예문 尊先羨道之役 誠孝所到 固宜節次就緖 而旣得黃絹之辭 則何必遠索鄲衕耶〔김도화金道和, 40-56〕

황두黃豆　대두大豆. 예문 曾看郡船 春夏間 則例載米粮到京江 伏希特敎該吏載送否○ 黃豆數石亦在○幷載 是望〔미상, 22-379〕

황련黃連　미나리아재비과의 다년초多年草. 또는 약재로 쓰이는 그 뿌리. 예문 倭橘 珍感珍感 正果氷糖 豈其忘之耶 黃連渴症所啓 須毋忽毋忽〔김익희金益熙, 22-155〕

황모필黃毛筆　　족제비 꼬리털로 만든 붓. 예문 黃毛筆一柄 海衣一貼附上 〔이황李滉, 30-56〕 → 황필黃筆

황미荒迷　　바쁘고 정신이 없음. 예문 餘在從後奉悉 荒迷不次 疏禮 〔홍의섭洪宜燮, 41-13〕

황석수어黃石首魚　　황석어. 예문 所送黃石首魚一升 乾秀魚一尾 領之 〔이상의李尙毅, 051〕

황세荒歲　　흉년. 예문 所經荒歲窘境 前所未見 亦不自知如何支接得滾至此日 向後當更不成說 亦奈何 〔이광려李匡呂, 7-182〕 → 검년儉年, 검세儉歲, 겸년歉年, 고겸告歉, 기세饑歲, 비무備無, 세검歲儉, 세겸歲歉, 세쇄歲殺, 쇄세殺歲, 실임失稔, 황소荒騷, 흉겸凶歉, 흉황凶荒

황소荒騷　　흉년. 예문 嶠下荒騷 甚於丙子 滿目嗷嗷之中 渠未能離親遠遊 勢所使然 〔안흠安欽, 41-158〕

황운黃雲　　벼나 보리가 누렇게 익어서 논에 가득한 모습. 풍년을 비유하는 말. 예문 滿野黃雲 不食先飽 當今大有上瑞 安得無官民之相賀也 〔이상선李象先, 41-53〕

황육黃肉　　쇠고기. 예문 餘只冀節哀寬抑 姑不宣 疏儀 丙辰臘月小晦 宗末 容象 頓 黃肉參斤 〔이용상李容象, 42-67〕

황자況滋　　재미. 예문 兒曹無善誨 而未免樵牧名 止乃爺之咎 惟三孫明慧 智竅稍開 是暮境況滋耳 〔이능성李能性, 53-187〕

황장공책黃粧空冊　　누런 표지로 장정한 공책. 예문 黃粧空冊五卷 筆五十柄 墨二同 香草三斤 〔정조正祖, 26-29〕

황정荒政　　구황救荒 행정. 기근이 들었을 때 백성을 구제하는 행정. 예문 第殘局荒政 想去益愁亂 奉慮無已 〔이희갑李羲甲, 44-171〕

황조荒租　　정조正租에 비하여 품질이 떨어지는 쌀. 예문 示旨甚哀 敢不厚扶 但來使力單 捉携難焉 而州收貯亦不饒 略將荒租七石 正鈇十片 送之 笑領 〔박상朴祥, 9-59〕

황진荒榛　　어지럽게 우거진 잡초. 황폐해짐을 이름. 예문 顧弟茌此殘灰荒榛之中 百凡草創 萬狀辛苦 〔서병수徐丙壽, 35-109〕

황청黃淸　　누런 빛깔의 꿀. 황밀黃蜜. 예문 黃淸參升 〔정만석鄭晩錫, 39-181〕

황초黃草　　말 사료로 쓰는 건초. 예문 自聞此處有同京城喂馬極難 尊居或有

黃草與郊刈者 可以覓送否〔심희수沈喜壽, 16-65〕

황촉黃燭　　밀초. 밀랍으로 만든 초. 예문 黃燭數三雙 受行下速便 下送可也〔이수일李秀逸, 35-54〕

황필黃筆　　족제비 털로 만든 붓. 예문 黃筆十柄 唐毫二枝 南草壹斤 伴送耳〔조윤형曺允亨, 22-281〕 → 황모필黃毛筆

황하도입납黃河道入納　　편지가 전혀 엉뚱한 곳으로 배달됨을 뜻하는 속어. 예문 兼又數次片呈 一無回示 此所謂黃河道入納也〔김형식金亨植, 40-104〕

황합黃蛤　　모시조개. 예문 洪魚二尾 黃蛤二斗 爲是新味 忘略仰呈〔민희閔熙, 5-60〕

황황遑遑　　허둥지둥. 예문 此間孫婦所患 數日來添劇 方在遑遑中 身亦近得匪時泄痢 憊苶幾死 種種憂慮 不可言不可言〔김간金榦, 23-161〕

회격灰隔　　관을 구덩이 속에 내려놓고, 그 사이를 석회로 메워서 다지는 일. 예문 今則唯宜作地室築灰隔 而灰亦在近地易貿 運土等節 不必預勞民丁 葬日負土足以畢役〔성대중成大中, 11-234〕

회경回敬　　답장. 봉투에 쓰는 표현. 예문 後坪 侍做案 回敬〔송기식宋基植, 40-150(봉투)〕

회계回啓　　임금의 물음에 대하여 의견을 아룀. 예문 濟州罪人家有歸葬上言 自金吾將爲回啓〔김우항金宇杭, 6-39〕

회공會工　　회시 공부. 예문 筆墨荷見念 然兄有入學子三人 且有會工 豈有餘力每每及人耶 不敢輒受 謹已授胤君 爲添助會工 亦一贐行之意 幸恕諒如何〔이상정李象靖, 12-235〕

회관回款　　정성스러운 회답. 예문 頃荷委臨 卽當回款〔유심柳淰, 051〕

회두回頭　　나아가던 방향에서 고개를 돌린다는 말로 병이 차도가 있음을 뜻하는 말. 예문 萬姪所患 已至回頭 而末哀患寒 亦至差境耶〔심단沈檀, 21(禮)-154〕
→ 감점減漸, 감헐減歇, 병간病間, 식절여자食節如蔗, 자경蔗境, 차경差境, 차헐差歇, 향간向間02, 향차向差, 향헐向歇

회란回鑾　　지방에 나간 임금의 행차가 돌아옴. '난'鑾은 임금이 타고 다니는 수레의 말고삐에 다는 방울이다. 예문 上候浴溫之後 頗似有效 欣幸曷喩 劣生僅保病喘 他不足道 回鑾日期 時未定之矣〔정태화鄭太和, 47-26〕

회면會面　　만남. 예문 兩病 何能會面如意 惟冀善調速差 〔이황李滉, 3-20〕

회보回報　　답장. 예문 專伻仰候 李持平回報 尙不來矣 遲延是慮 〔홍처후洪處厚, 22-125〕

회상懷想　　그리움. 예문 新春懷想 更覺難堪 忽奉問札 兼受惠送各種歲儀 益知舊情不替 盛佩倍常 〔김유金楺, 23-45〕

회시回示　　답장. 예문 幸望回示於便中 以慰鄙誠 〔미상, 22-387〕

회심會心　　마음에 흐뭇하게 들어맞음. 예문 際者 金音轉而墜前 世間會心事 寧有多於是耶 〔권명섭權命燮, 40-30〕

회양懷襄　　회산양릉懷山襄陵. 홍수가 산을 에워싸고 언덕을 넘음. 『서경』書經「요전」堯典의 "넘실대는 홍수가 바야흐로 해를 끼치니 광대하게 산을 에워싸고 언덕을 넘는다"(湯湯洪水方割 蕩蕩懷山襄陵)에서 나온 말. 예문 今夏潦雨幾至懷襄 道路不通 殆至一望 〔이교악李喬岳, 6-158〕

회오會晤　　만남. 예문 每握別後 多少悵感者 餘日無幾 會晤難必故也 〔윤용구尹用求, 28-25〕

회이回移　　이문移文에 대한 회답. 이문移文은 동등한 관아 사이에 문서를 왕래하는 것을 말한다. 예문 近以不緊事 文移往覆 而文短不達意 反未免獲罪於左右 奉見回移 不勝悚然 〔이명담李命聃, 49-310〕

회일晦日　　그믐. 예문 癸九晦日 許積 〔허적許積, 5-55〕

회자回刺　　새로 급제한 자(新來)가 분관分館이 된 후에 귀복鬼服을 입고 밤에 돌아다니며 선임자에게 인사하고 사진仕進을 허락받는 일. 그때 신래자는 어떤 곤욕을 당해도 오직 선임자의 명을 따라야 했으며, 거의 10여 일이 되어야 비로소 본사本司에 참석하는 것이 허용되고, 신임 처지를 면했다고 한다. 예문 分館已過 從速上來 回刺則可得每朔米十斗太五斗 豈不愈於道塗勞苦耶 〔신좌모申佐模, 43-119〕

회장會葬　　장례식에 참석함. 예문 加以賤疾極重 半項成瘡 葬期在於九月 而病勢如此 其能跋涉會葬 未可預料 思之至此 寧欲溘然 〔신익륭申翊隆, 21(義)-297〕

회전回展　　답장. 봉투에 쓰는 표현. 예문 南原 黃雅士 侍史 回展 〔김병연金炳淵, 42-21(봉투)〕

회정回呈　　답장. 봉투에 쓰는 표현. 예문 海南 比谷面 丹山村 朴雅士良泰 省案 回呈 〔이용희李容熙, 31-89(봉투)〕

회제回題 　개인이나 하급 관청에서 올린 청원 문서에 처분 사항인 제사題辭를 써서 돌려주는 것. 예문 命說身病比來尤劇 廢食委頓之中 差定南原都會試 論報請遞 而卽見回題 不許 故不得已强起發行 〔김명열金命說, 49-255〕

회주會做　함께 모여서 공부함. 예문 欲臨科會做 而兄謂有來往之意 此正弟輩平日之深願者也 〔민우수閔遇洙, 6-177〕

회춘回春　회복. 예문 眼中親舊 日覺凋零 而西河之病 若非天幸 難望回春 公私歎惜何可言 〔이선李選, 21(禮)-106〕

회편回便　돌아가는 인편. 예문 再度回便上札 下照否 日期已迫 不得已委送人馬 〔김육金堉, 23-51〕

회행會行　회시會試를 보러 감. 회시會試는 중앙과 지방에서 초시初試에 합격한 사람을 서울에 모아 보이는 시험이다. 복시覆試. 예문 會行便 伏承下書 〔미상, 027〕

회회恢恢　능숙하고 여유 있는 모양. 『장자』莊子 「양생주」養生主에서 백정이 자신을 칭찬하는 문혜군文惠君에게 칼 쓰는 법을 설명하면서 "널찍하게 칼날을 놀려도 여유가 있습니다"(恢恢乎 其於遊刃 必有餘地矣)라고 한 데서 나온 말. 예문 第問安二字 恐不能替展積戀之懷 亦恐非游刃恢恢手段耳 呵呵 〔이단상李端相, 44-133〕

획려獲戾　벌을 받음. 예문 此間哀痛罔極之情 何可盡喩 無非不肖罪積 獲戾于天 痛哭之外 夫復何言 〔김남중金南重, 5-39〕

획이劃爾　문득. 예문 今晨劃爾承緘 開展奉閱 情懷紆鬱 不覺喃喃誦玩 紙抵于弊 〔최산두崔山斗, 9-106〕

획지畫地　감옥. '획지위뢰'畫地爲牢의 준말. 고대에는 형벌이 관대하여 땅에 동그라미를 그리고 죄인으로 하여금 그 안에 들어가 있게 함으로써 징벌을 표했다는 데서 나온 말. 예문 省式 頃從畫地出 伏聞尊叔母奄忽違世 不任驚悼 〔여필중呂必重, 21(禮)-290〕 → 복당福堂

횡노橫奴　반항하는 노비. 예문 就中 杜萬戶起文有奴婢 逃接于縣地 今者親往推尋 伏望所仰曲施生光 此時橫奴 非官威難制 更須毋泛 〔홍경신洪慶臣, 3-147〕

횡당橫當　억지로 적용시킴. 예문 姑未到此境界 使允君雖欲以橫當 是不可得也 〔김정희金正喜, 33-40〕

횡대橫帶　　관을 묻은 뒤에 구덩이 위에 덮는 널조각. 예문 地室昨日已擧耶 聞有異事云 不在金井內耶 在此不得目擊 鬱不可言 元堋輿云何 橫帶載送耳 凡事皆已措辦耶 〔이관징李觀徵, 13-113〕

횡역橫逆　　뜻밖의 재난. 예문 今番所遭 固知橫逆之甚 而亦係老兄命途 豈望章子厚所爲耶 〔민익수閔翼洙, 22-261〕

횡피橫被　　횡액을 당함. 예문 李也事 已捧招於昨日飯後 而此所謂姦贓狼藉 橫被山東者 奈何 〔이시원李是遠, 7-147〕

효두曉頭　　새벽. 예문 出榜翼日 探兄行止 則已於前一日曉頭發程 可知非不能乃不爲 前日弟所相謔之語益驗矣 〔이면구李勉求, 34-318〕

효려孝廬　　상제가 거처하는 초막. 예문 三川孝廬 入納 〔박규찬朴圭瓚, 31-171(봉투)〕

효리孝履　　상대방이 상중喪中에 있을 경우 안부를 물을 때 쓰는 말. 예문 卽此向晴 想惟孝履支勝 兒輩亦皆無恙否 〔정경세鄭經世, 22-75〕 → 복리服履, 복체服體, 복후服候, 애리哀履, 애후哀候, 제리制履

효번歊煩　　무더위. 번효煩歊. 예문 阻對懷悵 承手字 不覺歊煩之祛體也 〔이황李滉, 30-1〕

효빈效顰　　이맛살을 찡그리는 것을 모방함. 맹목적으로 모방하는 것을 말함. 『장자』莊子「천운」天運에 "미녀 서시西施가 심통心痛이 있어 이맛살을 찡그렸더니, 이웃에 사는 추녀醜女가 그것을 보고는 아름답다고 여기고 역시 가슴에 손을 얹고 이맛살을 찌푸렸다. 마을의 부자는 그것을 보고 문을 닫고 밖에 나가지 않았고, 가난한 사람은 처자를 이끌고 달아나 버렸다"(故西施病心而矉 其里之醜人 見而美之 歸亦捧心而矉 其里之富人見之 堅閉門而不出 貧人見之 挈妻子而去之走)고 하는 고사가 있다. 예문 晚翁解一首 眞捧心 卽效顰者有不被哂於大方否 〔황현黃玹, 37-13〕 → 봉심捧心

효사孝思　　돌아가신 부모를 그리워함. 상대방이 상중喪中이기 때문에 '효'孝자를 쓴 것이다. 예문 頓首再拜言 日月遒邁 老先生祥期倏迫 伏惟孝思廓然 何以堪居 〔민익수閔翼洙, 23-219〕

효성效誠　　성의를 다함. 예문 壽憂病滾滾 自阻同人 酒者先生豎碑之日 亦不能效誠而觀禮焉 宜無足置心肚 君子有容人之量 反惠手狀 致意繾綣 且感且愧 罔知攸謝 〔송수근宋壽根, 40-156〕

효체孝體　　부모를 모시고 있는 이의 안부를 일컬을 때 쓰는 말. 예문 謹審返稅后 孝體連支 替府節并護 實多仰慰〔유필영柳必永, 44-65〕→ 방성傍省, 성리省履, 성상省狀, 성시省侍, 성여省餘, 성체省體, 성후省候, 시리侍履, 시봉侍奉, 시상侍狀, 시성侍省, 시여侍餘, 시위侍闈, 시절侍節, 시체侍體, 시체도侍體度, 시하侍下, 시황侍況, 시후侍候, 신혼晨昏, 양시兩侍, 정성定省, 해체陔體, 환시歡侍

효체도孝體度　　부모를 모시고 있는 이의 안부. 예문 遠隣阻仰 伏惟新晴 孝體度萬支 區區所祝〔명범석明範錫, 31-156〕

효혁熇爀　　대단한 무더위. 예문 熇爀入秋轉甚 起居增悉否 懸仰區區〔이상李翔, 22-171〕

효혁歊赩　　땡볕 더위. 효혁熇赫. 예문 歊赩日劇 惟彩歡增慶 不宣 下照〔송시열宋時烈, 052〕

후候　　문안 편지. 예문 不備上候〔신기선申箕善, 21(智)-440〕

후기거候起居　　안부를 물음. 예문 河起溟來告行 聊此候起居 不盡所欲言 伏惟心炤 謹上問狀〔정경세鄭經世, 3-27〕

후래後來　　이후로는. 예문 然後來以勿拘多少 行下于差使員矣〔유희춘柳希春, 027〕

후록厚祿　　후한 녹봉祿俸. 예문 歲行盡矣 山屋深坐 不省戶外事 忽承厚祿 故人書來自半千里外 披緘展讀 宛如承平舊 夢不覺津津有喜〔이건창李建昌, 35-106〕

후반候班　　조정에 나아가 임금에게 문안하는 반열. 예문 前聞數日間將啓京駕 而今則想難趁參候班 卽爲卷還 以爲城外交符之地 如何如何〔정원용鄭元容, 26-157〕

후방後榜　　다음번 과거. 예문 金君得陳初試云 勤讀經書 後榜之捷可期 深賀深賀〔정경세鄭經世, 45-379〕

후배後陪　　뒤따르는 하인. 예문 夫馬及後陪及唱 承宣上去 業已上送 竊想發旆矣 方屈指苦企耳〔이휘정李彙廷, 44-81〕

후별候別　　작별 인사를 함. 예문 多日滾汩之餘 自難更入泮中 以不得候別爲悵矣〔미상, 027〕

후병詬病　　비방하여 모욕함. 예문 書札煩不究心 亦冀照後卽投水火 勿使增其詬病 幸甚幸甚〔정경세鄭經世, 45-441〕

후사자後死者　　뒤에 죽을 사람. 선현先賢에 대해 후학後學인 자신을 가리키는 말. 『논어』論語 「자한」子罕에 "공자孔子가 광匡 땅에서 경계심을 품고 있었는데 말하시기를, '문왕文王이 이미 별세하셨으니 문文이 이 몸에 있지 않은가. 하늘이 장차 이 문文을 없애려 하셨다면 뒤에 죽는 사람(내 자신)이 이 문文에 참여하지 못하였을 것이다. 그러나 하늘이 이 문文을 없애려 하지 않으셨으니 광 땅 사람들이 나를 어떻게 하겠는가"(子畏於匡 曰文王旣沒 文不在玆乎 天之將喪斯文也 後死者不得與於斯文也 天之未喪斯文也 匡人其如予何)라고 한 데서 유래한 말이다. 예문 吾儕幸蒙先王先儒培養燻陶之澤 不隨節烈而去 則收拾前人英華 以遺後人 此後死者之責 而如生等卑微者 何敢當也 〔왕수환王粹煥 등, 37-64〕

후상候上 문안 편지를 올림. 예문 餘爲探 不備 候上 〔오준영吳俊泳, 31-123〕

후서候書 문안 편지. 예문 城主台閣 入納 鎭江民候書 〔정제두鄭齊斗, 21(禮)-234〕 → 문서問書, 문신問訊, 문자問字, 문장問狀, 문찰問札, 문첩問帖, 서고書叩, 평서平書, 후후

후소候疏 상주喪主에게 보내는 위문 편지. 예문 謹拜候疏 〔신응조申應朝, 31-81(봉투)〕

후시後時 때를 놓침. 예문 若而墨丁 前冬所造 已散於京裡親舊 ○○只爲記付充貿 而餘數不敷 所呈 如是些略 亦且後時 不勝歎歎 〔홍중하洪重夏, 21(禮)-306〕

후엽後葉 뒷부분. 예문 後葉臨去極忙 暫草不成狀式 未安未安 〔유세명柳世鳴, 44-48〕

후의候儀 문안 편지. 예문 省式 昨修候儀 適値駕言 未承下覆 迨以伏恨 〔김민학金敏學, 49-255〕

후장候狀 안부 편지. 주로 봉투에 씀. 예문 任持平 記室 入納 沃川倅 候狀 〔정광진鄭光震, 31-48(봉투)〕

후적帿的 과녁. 예문 洛下士友 又無不以此身爲帿的者 〔홍석주洪奭周, 31-60〕

후진後塵 남의 뒤를 따라감을 비유하는 말. 예문 伏想閑居味道 日有久大之德業 恨不得相觀於後塵也 〔송병선宋秉璿, 25-78〕

후풍候風 바람 부는 방향을 살핌. 또는 후풍괘범候風挂帆의 준말로, 떠날 날짜가 기약이 없다는 뜻. 예문 當於晦日回泊云 候風之行 雖未指期 而沿路之官 亦難遠出 〔정경세鄭經世, 45-423〕

훈뇌熏惱 마음이 어지러움. 예문 景在 積務膠擾 熏惱多端 且以宿疴見狀殊

殞 公私苦悶 如何形喩 〔이경재李景在, 31-75〕

훈뇌薰惱　훈뇌熏惱. 예문 弟功服人 自來多病者 公私薰惱 百務纏身 萬無支吾之望 奈何奈何 〔이휘정李彙廷, 44-79〕

훈리訓鯉　아버지의 가르침. 공자가 아들 이鯉가 뜰을 달려갈 때 불러 세우고 시詩와 예禮를 배워야 한다고 가르친 고사에서 나온 말. 예문 素以訓鯉之敎 凡備非常 此外何所盡喩 〔성은호成恩鎬, 43-240〕 → 과정過庭, 정훈庭訓, 추정趨庭

훈부勳府　충훈부忠勳府. 예문 勳府無他郞廳可以推移入直之人 〔심수현沈壽賢, 6-49〕 → 맹부盟府

훈심熏心　걱정으로 속이 탐. 예문 但阿仲南爲 溢目愁惱 又重熏心 〔김정희金正喜, 33-66〕

훈자薰炙　직접 가르침을 받음. 예문 從扵昔年 年冲居遠 雖不能頻侍薰炙 自幼猶能解起敬愛慕 〔이면우李勉愚, 7-157〕 → 반회攀誨, 승효承曉, 자지炙漬

훈전暈顫　눈이 침침하고 손이 떨림. 예문 祇冀行軒 動靜珍重 謹奉疏仰候 暈顫 不次 謹疏 〔이세구李世龜, 3-97〕

훈지塤篪　형제끼리 매우 사이좋게 지냄을 말함. 훈塤이라는 악기와 지篪라는 악기 소리는 조화를 잘 이룬다는 데서 온 말이다. 『시경』詩經「소아」小雅〈하인사〉何人斯에 "큰형은 훈을 불고, 작은형은 지를 분다"(伯氏吹塤 仲氏吹篪)라고 하였다. 예문 不意寵札來墜 就審旬履 定省餘萬相 農占爲大有 塤篪湛樂 嘯詠多暇 方知刺史之榮 遙擧手頌賀不盡 〔김이양金履陽, 29-27〕

훤당萱堂　어머니. 예문 此書須一通解釋 告達于汝之萱堂 而後便諺書中 回示之意 亦告達也 〔이광교李廣敎, 35-73〕 → 대부인大夫人, 대석인大碩人, 북당北堂, 자위慈闈, 존당尊堂, 천지天只, 태석인太碩人, 훤위萱闈

훤연喧姸　날씨가 화창함. 예문 別徠餘懷 尙爾依黯 比日喧姸 〔권세연權世淵, 32-171〕

훤위萱闈　어머니. 훤위萱幃. 예문 寒令漸深 萱闈體力康衛 省餘起居增相 春致皆安否 種種溱仰 實不尋常 〔권찬도權纘度, 32-156〕

훤효喧囂　시끄럽고 떠들썩함. 예문 勝私復禮 亶在是矣 令人忻慰 不容言喩 必爲將來議禮大案 喧囂者何足云 〔미상, 45-315〕

훼병毀病　상중喪中에 지나치게 슬퍼하여 병이 남. 예문 惟蓮洞疊禍 實世間

所稀有 而龍弟毀病 又方可慮 〔김춘택金春澤, 22-237〕

훼설毀舌　비방하는 말. 예문 淳昌守罷事 毀舌盈車 還可恨也 〔최산두崔山斗, 9-82〕

휘겸撝謙　겸손함을 발휘함.『주역』周易 〈겸괘〉謙卦 '육사'六四 효사爻辭에 "이롭지 않음이 없으나 겸손함을 발휘하여야 한다"(无不利 撝謙)고 하는 말이 있다. 예문 示喩尺牘云云 何其過於撝謙也 〔황현黃玹, 37-25〕

휘신諱辰　제삿날. 예문 先査丈諱辰隔近 罔涯如新之懷 想難裁抑 〔송규호宋奎灝, 31-95〕

휘일諱日　돌아가신 날. 제삿날. 예문 遠聞姊氏窆事旣完 慟結 無時可拜 又過卄四諱日 種種情事 益無以爲狀也 〔김수항金壽恒, 16-108〕

휘장揮場　과거 시험장에서 답안지를 공개하여 칭찬하는 것. 예문 三峴英老兄 揮場嵬參 稍爲開眼處耳 〔이휘정李彙廷, 44-57〕

휘항揮項　조선 말기에 추울 때 남자들이 쓰던 방한모의 한 가지. 남바위보다 뒤가 훨씬 길고 목덜미까지 내려오는데 풍뎅이라고도 불렀다. 휘양의 원래 말. 예문 風日不佳 不可無毛帳與揮項吐手 故玆以傳人 以及宿所 而亦未可必也 〔이철영李喆榮, 10-116〕

휴경休慶　좋은 일. 복. 상대방의 안부를 물을 때 쓰는 상투어. 예문 卽惟此時政履茂應休慶 遙切慰賀 〔김유金瀏, 23-45〕

휴무休茂　편안하고 건강함. 예문 餘忙甚 不備 惟冀休茂 謹謝狀 〔이진상李震相, 44-60〕

휴이携異　다른 의견. 예문 諸孫貧窮 無他出力之路 勢當斥賣奴婢 以成兩件事 而彼此事情 不無徑庭携異之勢 〔강찬姜酇, 41-76〕

휴지休祉　복福. 예문 不審新春 靜候茂納休祉 多少攢賀 實不容口 〔김영근金英根, 31-83〕

흉겸凶歉　흉년. 예문 凶歉之餘 勅行出來 外邑將何酬應 極慮極慮 〔이관징李觀徵, 5-65〕 → 검년儉年, 검세儉歲, 겸년歉年, 고겸告歉, 기세饑歲, 비무備無, 세검歲儉, 세겸歲歉, 세쇄歲殺, 쇄세殺歲, 실임失稔, 황세荒歲, 황소荒騷, 흉황凶荒

흉음凶音　흉한 소식, 부고訃告. 예문 四月念間 聞尙書爺凶音 卽修慰狀於棘人 付之京便矣 〔민진원閔鎭遠, 23-197〕 → 경란지보耿蘭之報, 애음哀音

흉차胸次　　가슴속. 예문 第以近來憂患踵至 全廢講貫之功 胸次日以憒憒 〔이수붕李壽鵬, 12-255〕

흉황凶荒　　흉년. 예문 以凶荒必有土賊 尤可慮也 〔김장생金長生, 23-27〕

흑임자黑荏子　　검은깨. 예문 就白虛憊之人 所需藥餌 而聞黑荏子最合於弟症云 倘蒙覓惠近便 何幸何幸 〔이관명李觀命, 23-193〕

흑태黑太　　검은콩. 예문 當此早熱炎熱 可畏 必似黑太水煎服之爲可 〔미상, 43-72〕

흑화黑花　　나이가 들어 눈이 침침해짐. 늙고 노쇠했다는 뜻. 소식蘇軾의 시 〈장묵에게 주다〉(贈章黙)의 "지난해에는 흑화가 생기더니 올해는 백발이 나는구나"(前年黑花生 今歲白髮出)라는 구절에서 나온 말이다. 예문 數日來眼生黑花 往往不辨筆端 〔유성룡柳成龍, 22-53〕

흑화黑靴　　혼례婚禮 때 신는 가죽 신발. 예문 其中黑靴 日借不得 兄之前日所着 如閑置 未可暫時許借耶 〔홍용조洪龍祚, 6-173〕

흔기欣企　　기쁜 마음으로 기대함. 예문 從此 洛行不遠 奉叙有期 豫爲欣企 〔조운철趙雲澈, 31-70〕

흔도欣倒　　뒤로 넘어질 정도의 큰 기쁨. 예문 每念昔日 逢迎欣倒之時 未嘗不悵悒傾注 〔미상, 027〕

흔사欣瀉　　기쁨과 시원함. 예문 承此料外情問 欣瀉可喩 〔남이성南二星, 5-98〕

흔암欣諳　　기쁘게 앎. 알아서 기쁨. 예문 便中承拜辱翰 欣諳冬寒政候增福 〔조명리趙明履, 6-204〕

흔위忻慰　　기쁨과 위로. 예문 承拜初三日惠書 槩審近況安勝 忻慰無任 〔송시열宋時烈, 3-118〕

흔탁欣濯　　편지를 받고 궁금함과 답답함이 씻은 듯이 사라져 후련하고 기쁘다는 말. 예문 承審潦餘 老堂調候淸衛 尤不任欣濯也 〔박사익朴師益, 6-174〕

흠欠01　　섭섭함. 예문 日前之逢悤悤 殊可欠 省事連安耶 〔정조正祖, 26-51〕

흠欠02　　편지 끝에 이름을 생략하고 쓰는 말. 예문 留面 略草 卽欠 〔정조正祖, 26-65〕 → 번포煩逋, 불명不名, 포逋, 포송逋悚, 흠명欠名

흠결欠缺　　마음이 불편함. 만족스럽지 않음. 예문 如以全然無事爲欠缺 則略設奠而不用祝 或不至大害於禮意否 〔유장원柳長源, 32-150〕

흠교欠膠　　봉투를 봉하지 않음. 예문 欠膠罪悚 〔김직교金直敎, 000(봉투)〕

흠명欠名　　자신의 이름을 생략함. 편지 끝에 이름을 생략하고 쓰는 말.
예문 卽族弟 欠名 拜悚 〔홍직필洪直弼, 22-313〕 → 번포煩逋, 불명不名, 포逋, 포송逋悚, 흠欠02

흠배欠拜　　편지 끝에 이름을 생략하고 쓰는 말. 예문 紙盡不宣 卽 弟 欠拜 〔미상, 6-225〕 → 포배逋拜

흠봉欠封　　봉투를 봉하지 못함. 예문 撓忙欠封 悚歎悚歎 〔이휘령李彙寧, 027〕

흠사欠事　　유감스러운 일. 예문 呼之則應 問之則答 而自我慵疎 無一字往復 至四五朔 是則欠事 然此何是恨也 第以不見紫芝眉宇爲恨 〔왕수환王粹煥, 37-58〕

흠상欠常　　건강이 좋지 않음. 예문 第侍餘 起居欠常 爲之瞻仰 〔강박姜樸, 051〕

흠손欠損　　건강이 좋지 않음. 예문 査弟慈節 近以風頭欠損 而稱抱則姑爲充健 〔○치황○致榥, 41-150〕

흠안欠安　　(어른이) 편찮으시다는 말. 예문 頃聞欠安非細 日夜仰慮 〔나만갑羅萬甲, 4-147〕

흠염歆艶　　부러워하고 사모함. 예문 承拜情札 辭意勤溽 足當一面 何慰如之 以諦侍彩氣味增福 尤爲歆艶 〔정호鄭澔, 22-209〕

흠온欠穩　　여유를 갖고 만나지 못함. 만났다 바삐 헤어짐. 예문 省式 伏惟日間 起居萬福 日昨之拜欠穩 至今悵仰 〔민우수閔遇洙, 21(禮)-502〕

흠위欻衛　　임금의 장례 행렬에 쓰던 갖가지 기구. 왕의 빈소를 뜻한다. 예문 僕奔哭欻衛 痛隕如新 而歸廬有日 慸瘰尙苦奈何 〔송환기宋煥箕, 21(智)-124〕

흠초欠草　　편지 끝에 이름을 생략하고 쓰는 말. 예문 餘留面 姑此 卽 欠草 〔정조正祖, 26-17〕

흠탄欠歎　　실망스러움. 안타까움. 예문 但一時兩加 若非柄權 難可圖得勢 將只圖一資云 是極欠歎 〔유경하柳經河, 027〕

흠화欠和　　건강이 좋지 않음. 예문 侍生 南來以後 親候每多欠和 悶煎中又當儉年 接濟之方 全然沒策 〔우기정禹冀鼎, 41-158〕

흥감興感　　감동이 되어 일어나는 흥취. 예문 鄭丈救窮之外 又寄足襪 如許情悃 令人興感 〔이원익李元翼, 25-9〕

흥거興居　　일상생활. 기거起居와 같은 말. 예문 今年潦暑 當以別論 客中興居

平安否〔이면우李勉愚, 7-157〕

흥성興成　　구입함. 홍정이라는 뜻으로 쓰일 때도 있다. 예문 昏具多般謀劃 近爲興成而 付送遞便 亦甚虛疎〔유진한柳進翰, 027〕

희요戲要　　농지거리. 예문 間因往復南坡 輒叩令近節 亦嘗有戲要語 令必無不見 見必不無嚇嚇笑矣〔황현黃玹, 37-29〕

희채戲彩　　부모님을 모심. 초楚나라 노래자老萊子가 나이가 일흔인데도 채색 옷을 입고 재롱을 떨며 그의 부모님을 기쁘게 해 주었다는 고사에서 나온 말이다. 예문 卽承令札 憑審朱炎 戲彩製錦增福 慰豁當拜〔김만기金萬基, 23-141〕 → 시채侍彩, 채의彩儀, 채환彩歡

희태戲怠　　놀며 게으름을 피움. 예문 汝須自知謹畏 自勿懈惰 切不可恃愛而萌戲怠之心 甚善〔정경세鄭經世, 45-391〕